國家社科基金
GUOJIA SHEKE JIJIN HOUQIQI ZIZHU XIANGMU
後期資助項目

禮記鄭注彙校

Collected Emendations of Zheng Xuan's
Annotation in the Book of Rites

上 册

王鍔　彙校

中華書局
ZHONGHUA BOOK COMPANY

圖書在版編目（CIP）數據

禮記鄭注彙校／王鍔彙校. —北京：中華書局,2020.11
（國家社科基金後期資助項目）
ISBN 978-7-101-12468-2

Ⅰ.禮… Ⅱ.王… Ⅲ.①禮儀-中國-古代②《禮記》-注釋
Ⅳ.K892.9

中國版本圖書館 CIP 數據核字（2017）第 029933 號

書　　名	禮記鄭注彙校（全二册）
彙 校 者	王　鍔
叢 書 名	國家社科基金後期資助項目
責任編輯	劉　明
出版發行	中華書局
	（北京市豐臺區太平橋西里 38 號　100073）
	http://www.zhbc.com.cn
	E-mail：zhbc@zhbc.com.cn
印　　刷	北京瑞古冠中印刷廠
版　　次	2020 年 11 月北京第 1 版
	2020 年 11 月北京第 1 次印刷
規　　格	開本/710×1000 毫米　1/16
	印張 58　插頁 16　字數 1100 千字
印　　數	1-2000 册
國際書號	ISBN 978-7-101-12468-2
定　　價	198.00 元

礼记鄭注彙校

中華再造善本影印宋本纂圖互注禮記

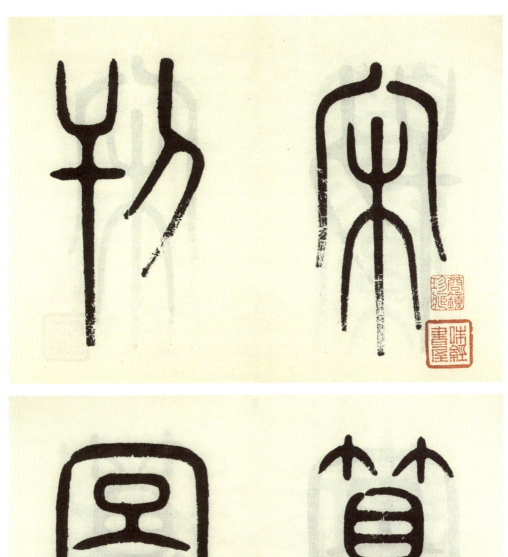

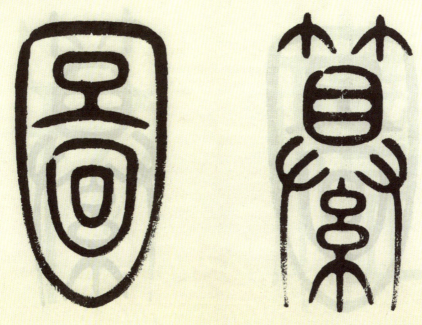

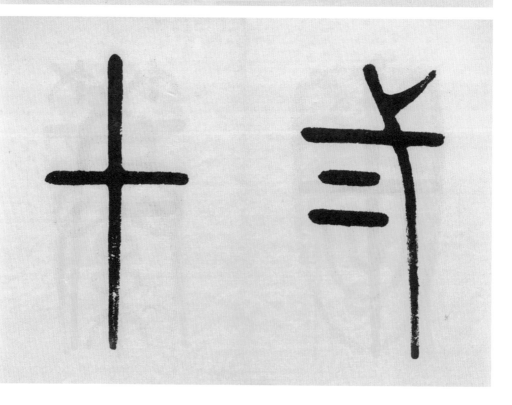

康熙甲午秋日

鹿原林佶題

遒卷雨宧三夕弍日

古緣程恩澤觀絲

苕川卷坐崇頭回識

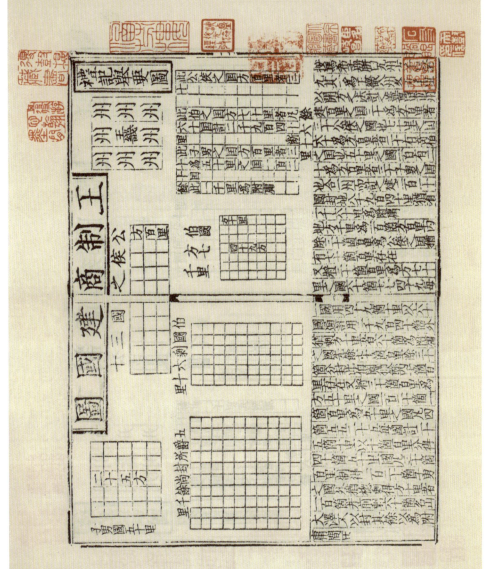

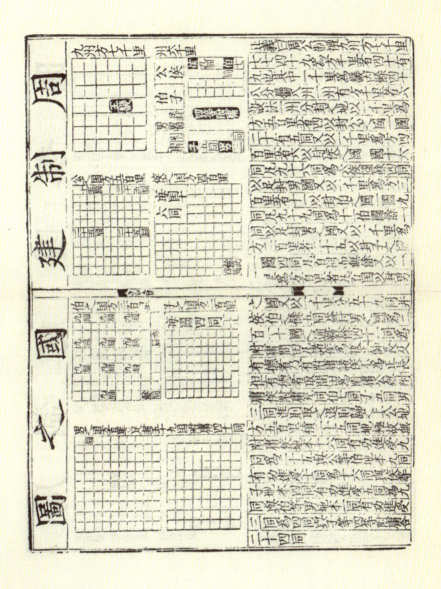

禮記纂要圖

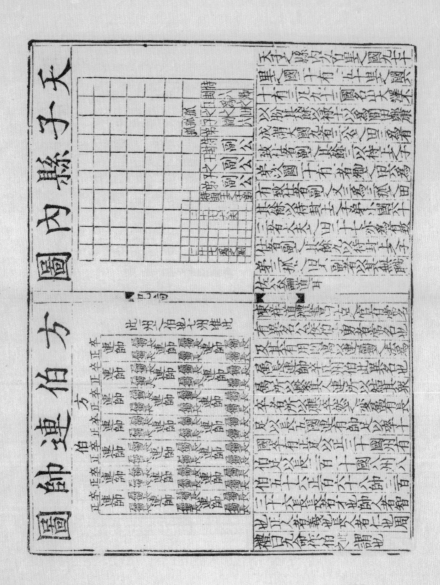

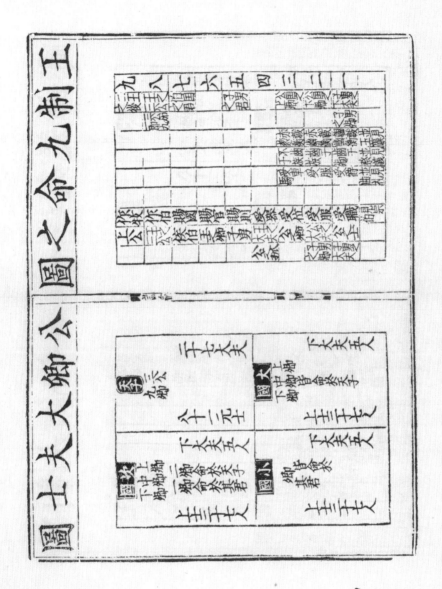

王制九命之圖　公卿大夫士圖

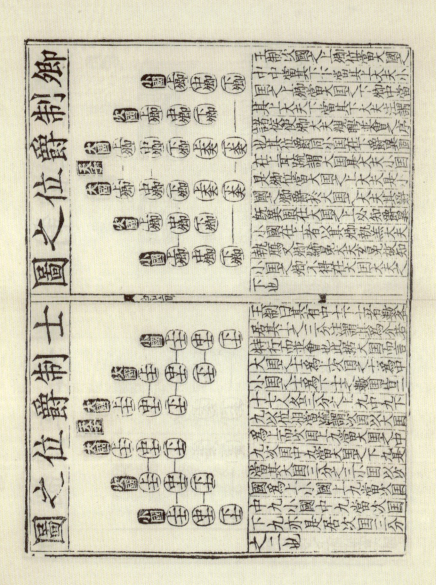

鄉制爵位之圖

士制爵位之圖

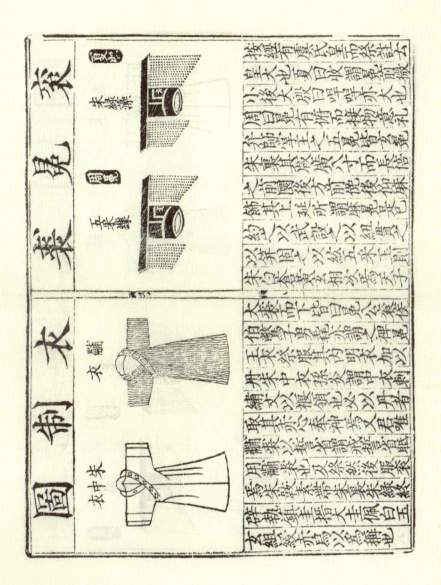

袞冕圖

衣制圖

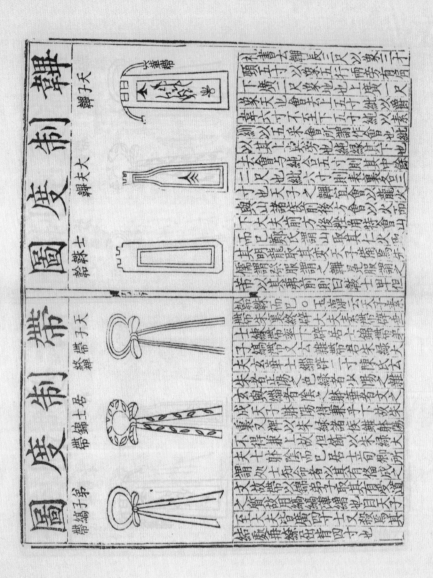

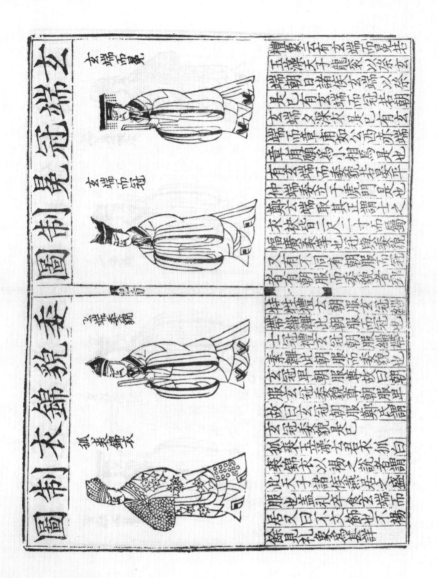

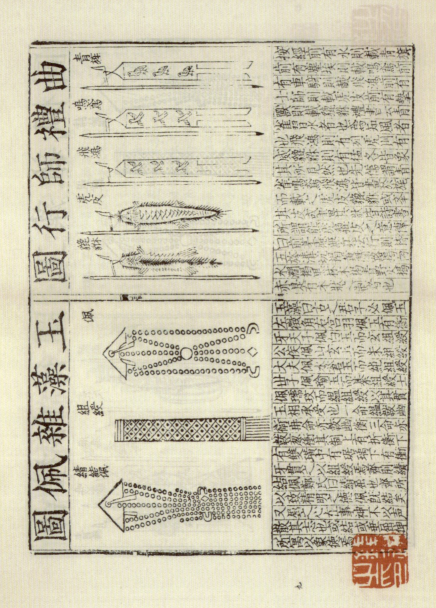

曲禮行師纏圖

青雀　鴻鴈　兆鴈　虎皮　貔豺

玉雜藻佩圖

佩　組綬　錯佩

清錢天樹跋

壬辰仲冬雪夜小飲　笑川出示此冊紙古墨古
的係　而卯宗本自元遂　全珎藏卸記皆有名
人氏夫聖學至于敬心倩本一申，与珍合而
禮行寫禮也者百行之軌範六經之統宗
也　笑川　令祖觀察公以味雍羅各其書屋今
的是左本而廣望之則　念先澤而殆措茅
意更於是乎無窮言已

秋山　孫鋆觀因識

清孫鋆跋

自陳澔注行于學宮而鄭氏廢學者欲從事

焉又惠注疏本浩繁而望洋返矣得鄭注單

行本以刊布之便於誦習漢學其復興乎

許本流傳六百有餘戴皆出名家珍藏今

吳川收得之並繪其

今先祖觀察公像於卷端出思其哲者而不

忘繩武之意云爾繕閱一過不勝懷古之思

道光癸巳夏抄怡莊楊希鈺拜觀并識

清楊希鈺跋

此宋刻篆圖互注本之重意本蓋例無之

取而鄭注縣立額可援正時俗之本以權互

司往旅帰四布節曹子之表禮祖而讀媚衷

作派祖作祖天子之棺節尺稽因能湜之物因

作用互刻凡四海之肉節盈上四等之數异四凡

九作六天子之縣肉铁食節不得往之作此儒狃席

上之孫注三十三字獨尊祝諛此不謀鄉頒酒義

鄉人士君子節不敢專大惠下注胧百八字此不脱

又禮亏舉此出戸出戸祀子者注同互刻上丗故

生池百石経同皆可与阮氏校刊記參証史館小之

同異桑堂是不少矣依校刊記楑次補入六互廣

其文也 黄小松此本見示或錄而見明此道光乙甲

午初秋李兆洛譔

清李兆洛跋

禮記自宋人以大學中庸別為四子書而
戴氏之菁華已漓自朙代教士專習陳
氏集說而康成之古注不讀益壹學者
之心思不知適以隘學者之耳目也笶川出
示此本猶見小戴氏之舊革其為圖顧
簡略重言重意㸃非治経者所亟殆宋時訓
詁初學之書然宋槧日少佳者尤不易得
此書檢訂極精字畫䏋潤南宋刋本之㝡善
者笶川好古殖學每得佳刻輒摹其
大父轉公小像于卷端益思其所嗜其
用意又有出于治経之外者矣
道光甲午人日江夏陳鑾書于吳門藩廨之
箋白堂

清陳鑾跋

清吴憲澂跋

朱子於詩廢小序此必不可廢者於易廢王弼此必當
廢者獨於神則謂其多雜亂不切於日用程非出於孔
氏之徒是併欲即經而廢之矣然馬融必授鄭氏而鄭
為之註漢儒去古未遠宜有可崇信者今祖朱子之說
人必譁咲之夫獨兩旦幼讀是經嘗舉教條以問當世
經師無不能曲為之辨則於廢之此矣不可載矣芙川家
藏多宋槧本此書尤以文氏舊物珍悟吳幸屬為跋
語文書過眼耳目之玩尚可償因題壁況經籍之傳
自先儒乎爾旦荒經之士聊書而見世之為漢學者其
勿訶諸
　　　道光丁酉十月 張爾旦識

清張爾旦跋

此書為南宋麻沙本旦備鄭注參斅自可珍

愛其刊朵老已譯蓍一子筱軒丈二致丈

併為此書訂正敕定可出参刻朱不澄可

澄正垂䓁讀老別而說之耳　笑川仁兄

以余好訊古藉出以扐未渟暑不獲意讀

僅一㢤古澤丙巳丙午閏夏季錫疇記

清季錫疇跋

是書與宋刊荀子慕圖皆註於戊己年間張伯夏滬鑽表先
得於族兄芙川家庚申粤逆陷蘇常吳地藏書為賊焚毀幾
盡而先之尊前印以□練雪縈賊方猖陣亡寶毀於賊書籍
蕩然是編之失期尋出得免天
大兵克復送伯兄乙酉逝縉甫表弟索諸友人始得珠還合
浦丙寅余館於縉甫家幸讀是書之可貴前跋盡言之
夫何屬贅弟思宋槧本在未亂前穫之者己若乎珍之
經此兵燹之後則宋槧之書而益貴者又何待言縉甫善
藏之則伯兄好古之精心如或亭焉鳴呼是書在兩受是書
者己忘規拘興懷昌勝人琴之感云
同治丙寅夏六月二十有三日長邡吳輔仁識

宋刻纂圖互注今毛詩每頁二十四行每行大二十二字小
二十四字余於愛日精廬見之蓋南宋訓蒙本如壬辰十月
為友邢松嚴以此纂圖互注重言重意重事種記未售
行款與毛詩同知宋蔣所刻原本止一種也言重意重事缺宋
印適在重價讎之家賞於錢夢廬為玩之後鈐以
丐冊不换二十餘頁為文子悱先生手鈔網審劉履
印即郎鈐於補鈔丐頁紙上是知文民所鈔劉民所補
録之夢廬持未加詳審乎□纂圖互注止而見維宗
□卷中百清□園□印景在元时己亥徐重宜文民父子
之富愛斯今小讚方雖散送仍歸海禺聚散豈竿烟雲過
眼小損為是方既也迤來宋葉亹亹翠斮存止一三殘
編新富居多夢伎夺香纸韵皆旡旡易仔堅已夏
倩善工重加満愔漫湻散語碑讀主出耄旡不授
愛後之視令蓄更為感慨旡
園園邓怀深静舉俪民侶讀九王汜
六月十百蓉镜仲諒

国家社科基金后期资助项目出版说明

后期资助项目是国家社科基金设立的一类重要项目,旨在鼓励广大社科研究者潜心治学,支持基础研究多出优秀成果。它是经过严格评审,从接近完成的科研成果中遴选立项的。为扩大后期资助项目的影响,更好地推动学术发展,促进成果转化,全国哲学社会科学工作办公室按照"统一设计、统一标识、统一版式、形成系列"的总体要求,组织出版国家社科基金后期资助项目成果。

全国哲学社会科学工作办公室

目　録

序

余昔讀禮記，見其諱有“偏”“徧”之異，學有“西”“四”之殊，而前修各據所守，聚訟不戢，逞辭以辯，繁言以解，未嘗不赧然歎息曰：“異文之所繫，大矣哉！”今夏，友人天水王君子璋持其禮記鄭注彙校稿來，曰：“請爲我序之。”余與王君，素有苔岑之契，辭命不容，遂書數語以爲弁言。

漢鄭君注小戴記，與周官、禮經並，禮堂所寫，經文是定。然熹平正始，未及勒石。晉宋以降，雖率從鄭本，然研習者各爲迻寫，訛異浸生，覽陸氏釋文，尚可略見。唐顏氏奉詔，撰爲定本，蓋其所釐定，但録經注，不附異文，觀其由諸儒非詰，始引晉宋古本作答可知也。時無刊版，勿能率從，則定猶未定也。至宋，刊版之術大行，而監撫建蜀，刊文有異；經注疏音，置位非同。雖未能正定爲一，然固後世刊本之祖也。有清一代，經學昌明，于小戴之記，若惠顧張阮，續有讎校，惜於各本窺見未周，識辨未審，誠不能無憾焉！

方今昭代休明，文運昌淑，舊本鳩聚於公藏，新術方便於自索。時運攸弘，隆業有責。於是影印原刻，彙校衆本之事乃極一時之盛。觀王君之爲此書也，以宋纂圖互注本爲底本，參校近三十種，舉凡宋元舊槧，廣攬殆盡，前修時賢之札記、批校、考異、考證、校記諸作，靡不集而酌取之。其詳記異同，慎決是非，深得顧氏“不校而校”之旨，俾研閱者一本在案，衆本兼攬，釋單文之顓固，啓異義之通解，其力勤而功偉矣！

　　王君校經衡廬，不以華辭玄論揚其聲采，懇懇然悃愊於禮學有年矣，來言續有禮學論著若干種，猶待寫定。余睹此一編，欣忭之餘，復更企而望之也。

二〇一六年夏，劉曉東

凡　例

　　一、宋本纂圖互注禮記除禮記經文、鄭玄注文和陸德明釋文外，增加纂圖、重言、重意、互注，故禮記鄭注彙校之作，以中華再造善本影印宋本纂圖互注禮記爲底本。

　　二、以撫州本、余仁仲本、婺州本、岳本、嘉靖本、叢刊本、八行本、和本、十行本、阮刻本、撫州本禮記釋文等爲對校本，以足利本、閩本、監本、毛本、殿本、吕友仁整理禮記正義等爲參校本，並參考四庫全書考證、十三經注疏正字、撫本禮記鄭注考異、七經孟子考文補遺、經典釋文彙校等校勘成果，進行彙校。

　　三、對校本、參校本及相關校勘成果簡稱如下：

　　1.陝西人民出版社二〇一一年出版十三經辭典禮記卷附唐開成石經禮記二十卷——簡稱“唐石經”；

　　2.中華再造善本影印宋紹熙年間福建刻纂圖互注禮記二十卷——簡稱“宋本”；

　　3.中華再造善本影印宋淳熙四年撫州公使庫刻禮記注二十卷——簡稱“撫州本”；

　　4.中華再造善本影印宋紹熙建安余氏萬卷堂刻禮記注二十卷——簡稱“余仁仲本”；

　　5.中華再造善本影印宋婺州義烏蔣宅崇知齋刻禮記注二十卷——簡稱“婺州本”；

　　6.國家圖書館藏明嘉靖徐氏刻禮記注二十卷——簡稱“嘉靖

本”；

　　7.美國哈佛大學哈佛燕京圖書館藏清乾隆四十八年武英殿仿宋本禮記注二十卷——簡稱“岳本”；

　　8.中華再造善本影印宋紹熙三年兩浙東路茶鹽司刻宋元遞修本禮記正義七十卷——簡稱“八行本”；

　　9.北京大學出版社二〇一四年影印日本足利學校藏禮記正義七十卷——簡稱“足利本”；

　　10.山東省圖書館藏清乾隆六十年和珅仿宋刻本附釋音禮記注疏六十三卷——簡稱“和本”；

　　11.中華再造善本影印元刻明修十三經注疏本禮記注疏六十三卷——簡稱“十行本”；

　　12.日本東京大學東洋文化研究所藏李元陽刻十三經注疏本禮記注疏六十三卷——簡稱“閩本”，該本有殘缺者，以美國哈佛大學漢和圖書館藏李元陽刻十三經注疏本禮記注疏六十三卷校勘；

　　13.日本國立公文書館藏明國子監刻十三經注疏本禮記注疏六十三卷——簡稱“監本”；

　　14.美國哈佛大學漢和圖書館藏汲古閣刻十三經注疏本禮記注疏六十三卷——簡稱“毛本”；

　　15.清乾隆四年武英殿刻十三經注疏本禮記注疏六十三卷——簡稱“殿本”；

　　16.中華書局一九八〇年影印清阮元校刻十三經注疏本禮記注疏六十三卷——簡稱“阮刻本”；

　　17.上海古籍出版社二〇〇八年出版呂友仁整理禮記正義七十卷——簡稱“呂本”；

　　18.四部叢刊影印宋本纂圖互注禮記二十卷——簡稱“叢刊

本”;

19.臺北學海出版社一九七九年影印來青閣本禮記鄭注——簡稱“來青閣本”;

20.潘宗周影印宋紹熙本禮記正義七十卷——簡稱“潘本”;

21.中華再造善本影印撫州本禮記釋文四卷——簡稱“撫釋一”;

22.日本東京大學東洋文化研究所藏禮記釋文四卷(傅增湘舊藏)——簡稱“撫釋二”,“撫釋二”與“撫釋一”文字相同者不錄,衹録異文;

23.臺北商務印書館影印文淵閣四庫全書本沈廷芳(浦鏜)十三經注疏正字——簡稱“正字”;

24.民國十二年夏五月北京直隸書局影印盧文弨群書拾補——簡稱“拾補”;

25.臺北商務印書館影印文淵閣四庫全書本清王太岳等纂輯欽定四庫全書考證——簡稱“考證”;

26.清乾隆四年武英殿刻十三經注疏本禮記注疏六十三卷考證——簡稱“殿本考證”;

27.清乾隆四十八年武英殿仿宋本禮記注二十卷附考證——簡稱“岳本考證”;

28.民國施氏醒園本張敦仁撫本禮記鄭注考異二卷——簡稱“考異”;

29.中華書局一九八〇年影印清阮元校刻十三經注疏本附禮記注疏校勘記六十三卷——簡稱“阮校”;

30.鳳凰出版社二〇〇五年影印清經解本阮元禮記釋文校勘記四卷——簡稱“阮校釋文”;

31.中華再造善本影印宋紹熙年間福建刻纂圖互注禮記二十

卷中清吴憲澂朱批——簡稱"吴氏朱批";

32.中華書局二〇〇九年出版雪克輯校孫詒讓十三經注疏校記禮記正義校記——簡稱"孫校";

33.臺北學海出版社一九七九年影印來青閣本禮記鄭注附楊壽祺禮記鄭注余本岳本對校札記——簡稱"楊氏札記";

34.中華書局二〇〇六年出版黃焯彙校經典釋文彙校——簡稱"彙校";

35.上海古籍出版社二〇〇八年出版吕友仁整理禮記正義七十卷之校勘記——簡稱"吕校"。

四、日本山井鼎、物觀七經孟子考文補遺以崇禎本即毛本禮記注疏爲底本,校以宋板即足利本禮記正義、古本即足利學校所藏古寫本禮記、足利本即學部所印活字板、正德本即元刻明修十行本、嘉靖本即閩本、萬曆本即監本禮記注疏及元文即陸德明經典釋文,有考異、補闕、補脱、正誤、謹按、存舊等目。考異一目,存古本、宋板、足利本即活字本經注之異文,助字甚夥,多"之""也"字,無關經義,偶採一二,簡稱"考補"。

五、禮記鄭注彙校之作,不改底本,底本之訛脱衍倒,均在"校勘記"説明。所有"校勘記",以"脚注"形式置於當頁下端,以①②③等順序排列。

六、叢刊本、來青閣本、潘本,依據宋本纂圖互注禮記、余仁仲本、八行本影印,影印之時,糾繆正誤,更改文字,已不同原本,故作爲他本對待。

七、撫州本、余仁仲本、岳本、十行本、阮刻本等所附釋文,校之陸氏釋文,出文注音,釋義文字,删節不一,"校勘記"詳列釋文差異,不斷是非。

八、"校勘記"版本排序,先唐石經,次經注本,次注疏本,故唐石經在前，撫州本、余仁仲本、婺州本、岳本、嘉靖本次之，足利本、八行本、和本、十行本、閩本、監本、毛本、殿本、阮刻本殿後；有關釋文者，則將彙校、撫釋一、撫釋二放於前，注疏本置於後，即先彙校卷第十一、撫釋一、撫釋二，次余仁仲本、岳本、和本、十行本、閩本、監本、毛本、殿本、阮刻本等。

九、宋本纂圖互注禮記在每段前有“○”，表示一段的開始，此次整理，大致依據宋本纂圖互注禮記所劃分段落，在每段前增加篇名和段落順序號，如 1·1、1·2、1·3 等，1·1 即指禮記第一篇曲禮上的第一段；纂圖互注禮記沒有分段的，根據上下文意分段，亦標序號。

十、宋本纂圖互注禮記多用異體字，今將不涉及辨析之異體字改爲規範繁體字。禮記鄭注彙校之作，僅限於傳世刻本文獻，敦煌寫本、出土簡帛與禮記有關者，不納入本書校勘範圍。

纂圖互注禮記卷之一

曲禮上第一①陸德明音義曰：本或作“曲禮上”者，後人加也。檀弓、雜記放此。曲禮者，是儀禮之舊名，委曲説禮之事②。

禮記陸曰：此記二禮之遺闕，故名禮記③。　　　　　　　鄭氏注④

1·1 曲禮曰：“毋不敬⑤，禮主於敬。○陸曰：毋，音無。説文云：“止之詞。其字從女，内有一畫，象有姦之形，禁止之勿令姦。古人云毋，猶今人言莫

---

①考異曰：“曲禮上：岳本、十行以來本皆同此。唐石本無‘上’字，嘉靖本亦然。案：有者出於正義，無者出於釋文，各見本書。又案：但於下題之，自足分別，不必預題‘上’也，釋文是矣，檀弓、雜記同。”

②“陸德明音義曰本或作曲禮上者後人加也檀弓雜記放此曲禮者是儀禮之舊名委曲説禮之事”，余仁仲本同，岳本無此三十八字，彙校卷第十一、撫釋一無“陸德明音義曰”六字，和本、十行本、閩本、監本、毛本、殿本、阮刻本“陸德明音義曰”作“陸曰”，殿本“陸德明音義曰”作“音義”。

③“陸曰此記二禮之遺闕故名禮記”，余仁仲本同，岳本無此十三字，彙校卷第十一、撫釋一、殿本無“陸曰”二字，和本、十行本、閩本、監本、毛本、阮刻本“陸曰”作“陸德明音義曰”。

④撫州本題“禮記卷第一”，首行頂格書寫；次行頂格題“曲禮上第一”，空二格題“禮記”，空三格題“鄭氏注”。余仁仲本“禮記卷第一”，首行頂格書寫；次行頂格題“曲禮上第一”，三行空三格題“禮記”，空十一格題“鄭氏注”。婺州本題“禮記卷第一”，首行頂格書寫；次行頂格題“曲禮第一”，空三格題“禮記”，空三格題“鄭氏注”。岳本題“禮記卷第一”，首行頂格書寫；次行頂格題“曲禮上第一”，空三格題“鄭氏注”。嘉靖本題“禮記卷第一”，首行頂格書寫；次行頂格題“曲禮第一”，空四格題“禮記”，空二格題“鄭氏注”。

⑤“毋不敬”，撫州本、余仁仲本、岳本、嘉靖本、和本、十行本、閩本、監本、毛本、殿本、阮刻本同，婺州本“敬”缺末筆。

也①。"案："毋"字，與父母字不同，俗本多亂，讀者皆朱點"母"字，以作無音，非也。後放此。疑者特復音之②。 重意哀公問："君子毋不敬也。" **儼若思**，儼，矜莊貌。人之坐思，貌必儼然。○儼，魚檢反。本亦作"嚴"，同，矜莊貌③。思，如字，徐息嗣反④。矜，居冰反⑤。 **安定辭。** 審言語也。易曰："言語者，君子之樞機。"○樞，昌朱反⑥。 **安民哉！** 此上三句，可以安民。説曲禮者，美之云耳。

　　1·2○**敖不可長，欲不可從，志不可滿，樂不可極。** 四者，慢遊之道。桀、紂所以自禍。○敖，五報反，慢也，王肅五高反，遨遊也。長，丁丈反，盧植、馬融、王肅並直良反。欲，如字。從，足用反，放縱也。樂，音洛，皇侃音岳。極，如字。桀，其列反，夏主，名癸。紂，直丑反，殷主，名辛⑦。

　　1·3○**賢者狎而敬之，**狎，習也，近也，謂附而近之，習其所行也。月令曰："雖有貴戚近習。"○狎，户甲反⑧。滅，音戚，本亦作"戚"⑨。 **畏而愛之。**

---

①"古人云毋猶今人言莫也"，彙校卷第十一、撫釋一、余仁仲本、和本、十行本、閩本、監本、毛本、殿本、阮刻本同，岳本無此十字。

②"後放此疑者特復音之"，彙校卷第十一、撫釋一、余仁仲本、和本、十行本、閩本、監本、毛本、殿本、阮刻本同，岳本作"後並不音"。

③"本亦作嚴同矜莊貌"，彙校卷第十一、余仁仲本、和本、十行本、閩本、監本、毛本、殿本、阮刻本同，撫釋一"貌"作"皃"，岳本無此八字。

④"徐"，彙校卷第十一、撫釋一、余仁仲本、和本、十行本、閩本、監本、毛本、殿本、阮刻本同，岳本作"又"。

⑤"矜居冰反"，彙校卷第十一、撫釋一、余仁仲本、和本、十行本、閩本、監本、毛本、殿本、阮刻本同，岳本無此四字。

⑥"樞昌朱反"，彙校卷第十一、撫釋一、余仁仲本、和本、十行本、閩本、監本、毛本、殿本、阮刻本同，岳本無此四字。

⑦"敖五報反慢也王肅五高反遨遊也長丁丈反盧植馬融王肅並直良反欲如字從足用反放縱也樂音洛皇侃音岳極如字桀其列反夏主名癸紂直丑反殷主名辛"，彙校卷第十一、撫釋一、余仁仲本、和本、十行本、閩本、監本、毛本、殿本、阮刻本"欲如字"下有"一音喻"三字；彙校卷第十一、撫釋一、余仁仲本、和本、十行本、閩本、監本、毛本、殿本、阮刻本"極如字"下有"皇紀力反"四字，"夏"下、"殷"下皆有"之末"二字；岳本"王肅"、"盧植馬融王肅並"、"皇侃"並作"又"，"丁丈反"作"展丈反"，無"慢也"、"遨遊也"、"欲如字"、"放縱也"、"極如字桀其列反夏主名癸紂直丑反殷主名辛"三十字。

⑧"户甲反"下，彙校卷第十一、撫釋一、余仁仲本、和本、十行本、閩本、監本、毛本、殿本、阮刻本有"近附近之近下注内不出者皆同"十三字，岳本無。

⑨"滅音戚本亦作戚"，彙校卷第十一、撫釋一、余仁仲本、和本、十行本、阮刻（轉下頁注）

心服曰畏。曾子曰："吾先子之所畏。"**愛而知其惡，憎而知其善**。謂凡與人交，不可以己心之愛憎，誣人之善惡。○誣，音無，後並同①。**積而能散**，謂己有蓄積，見貧窮者，則當能散以賙救之，若宋樂氏。○蓄，勑六反。賙，音周②。樂，音岳，謂宋司城樂喜。**安安而能遷**。謂己今安此之安，圖後有害，則當能遷。晉咎犯與姜氏醉重耳而行③，近之。○害，如字，本亦作"難"，乃旦反。咎，其九反。重，直龍反④。**臨財毋苟得**，爲傷廉也。○爲，于僞反，下"爲傷"、"爲近"皆同⑤。**臨難毋苟免**，爲傷義也。○難，乃旦反。**狠毋求勝**⑥，**分毋求多**，爲傷平也。狠，閱也，謂爭訟也。詩云："兄弟閱於牆。"○狠，胡懇反。勝，舒證反。分，扶問反。閱，呼歷反⑦，猶鬭也⑧。**疑事毋質**，質，成也。彼己俱疑，而己成言之，終不然，則傷知。○知，音智。**直而勿有**。直，正也。己若不疑，則當稱師友而正之，謙也。

　　1·4○**若夫**，言若欲爲丈夫也。春秋傳曰："是謂我非夫。"○夫，方于

（接上頁注）本同，閩本、監本、毛本、殿本作"戚音俶本亦作俶"，是，岳本無此七字。

① "誣音無後並同"，彙校卷第十一、撫釋一、余仁仲本、和本、十行本、閩本、監本、毛本、殿本、阮刻本同，岳本無此六字。

② "蓄勑六反賙音周"，彙校卷第十一、撫釋一、余仁仲本、十行本、閩本、監本、毛本、殿本、阮刻本同，岳本無此七字。

③ "咎犯"，余仁仲本、岳本、和本、十行本、閩本、監本、毛本、殿本、阮刻本同，撫州本、婺州本、嘉靖本、八行本"咎"作"舅"。阮校曰："晉咎犯　閩、監、毛本同，岳本同，惠棟校宋本'咎'作'舅'，嘉靖本同，宋監本同。案：作'咎'者，釋文本也；作'舅'者，正義本也。今正義本亦作'咎'，則後人依釋文改之，疏中'舅'字尚仍其舊，衛氏集説亦作'晉舅犯'。"

④ "害如字本亦作難乃旦反咎其九反重直龍反"，余仁仲本、和本、十行本、閩本、監本、毛本、阮刻本同，彙校卷第十一、撫釋一、殿本"九"作"久"，岳本無此十八字。

⑤ "爲傷爲近皆"，彙校卷第十一、撫釋一、余仁仲本、和本、十行本、閩本、監本、毛本、殿本、阮刻本同，岳本無此五字。

⑥ "狠"，嘉靖本同，唐石經、撫州本、余仁仲本、婺州本、岳本、八行本、和本、十行本、閩本、監本、毛本、殿本、阮刻本作"很"，是，下注及釋文同。

⑦ "閱呼歷反"，彙校卷第十一、撫釋一、余仁仲本、十行本、閩本、監本、毛本、阮刻本同，撫釋二作"閱呼質反"，岳本作"閱喜激反"，和本、殿本作"閱呼歷反"。黃焯曰："歷，宋本同，盧本作'歷'，孫校改作'質'。"

⑧ "猶鬭也"下，彙校卷第十一、撫釋一、余仁仲本、和本、十行本、閩本、監本、毛本、殿本、阮刻本有"爭爭鬭之爭下文皆同"九字，岳本無。

反，丈夫也①。**坐如尸**，視貌正。重言"坐如尸"，又玉藻。重意"坐如尸"，少儀："尸則坐。"**立如齊**，磬且聽也。齊，謂祭祀時。○齊，側皆反，本亦作"齋"②。**禮從宜**，事不可常也。晉士匄帥師侵齊，聞齊侯卒，乃還。春秋善之。○匄，本亦作"匃"，音蓋③。還，音旋④。**使從俗**。亦事不可常也。牲幣之屬，則當從俗所出。禮器曰："天不生，地不養，君子不以爲禮，鬼神不饗。"○使，色吏反。幣，徐扶世反。饗，許兩反⑤。

　　1·5○夫禮者，所以定親疏，決嫌疑，別同異，明是非也。**禮不妄説人**，爲近佞媚也。君子説之，不以其道，則不説也。○夫，音扶，凡發語之端皆然。後放此⑥。疏，所居反，或作"疎"⑦。決，徐古穴反⑧。嫌，户恬反。別，被列反，下同⑨。説，音悦，又始悦反⑩。佞，徐乃定反，口才曰佞。媚，眉忌反，意向曰媚⑪。**不辭費**。爲傷信。君子先行其言而後從之。○辭，本又作

<hr>

①"丈夫也"，彙校卷第十一、撫釋一、余仁仲本、和本、十行本、閩本、監本、毛本、殿本、阮刻本同，岳本無此三字。

②"齋"下，彙校卷第十一、撫釋一、余仁仲本、和本、十行本、閩本、監本、毛本、殿本、阮刻本有"音同注同"四字，岳本無"本亦作齋音同注同"八字。

③"匃本亦作匃音蓋"，彙校卷第十一、撫釋一、余仁仲本、和本、十行本、閩本、監本、毛本、殿本、阮刻本同，岳本無此七字。

④"旋"下，彙校卷第十一、撫釋一、余仁仲本、岳本、和本、十行本、閩本、監本、毛本、殿本、阮刻本有"後放此"三字。

⑤"幣徐扶世反饗許兩反"，彙校卷第十一、撫釋一、余仁仲本、和本、十行本、閩本、監本、毛本、殿本、阮刻本同，岳本無此九字。

⑥"凡發語之端皆然後放此"，彙校卷第十一、撫釋一、余仁仲本、和本、十行本、閩本、監本、毛本、殿本、阮刻本同，岳本脱"然後"二字。

⑦"或作疎"，彙校卷第十一、撫釋一、余仁仲本、和本、十行本、閩本、監本、毛本、殿本、阮刻本同，岳本無此三字。

⑧"徐"，彙校卷第十一、撫釋一、余仁仲本、和本、十行本、閩本、監本、毛本、殿本、阮刻本同，岳本無此字。

⑨"同"上，彙校卷第十一、撫釋一、余仁仲本、和本、十行本、閩本、監本、毛本、殿本、阮刻本有"注下文"三字，岳本無。

⑩"始悦反"下，彙校卷第十一、撫釋一、余仁仲本、和本、十行本、閩本、監本、毛本、殿本、阮刻本有"注同"二字，岳本無。

⑪"佞徐乃定反口才曰佞媚眉忌反意向曰媚"，彙校卷第十一、撫釋一、余仁仲本、和本、十行本、閩本、監本、毛本、殿本、阮刻本無"徐"字，是；岳本無此十七字。

“詞”，同。説文以“詞”爲“言詞”之字。辭，不受也。後皆放此①。費，芳味反，言
而不行爲辭費。**禮不踰節，不侵侮，不好狎。**爲傷敬也。人則習近爲好
狎。○侮，徐亡撫反，輕慢也。好，呼報反，注同②。**脩身踐言，謂之善行。**
踐，履也，言履而行之。○行，下孟反，下同③。**行脩言道，禮之質也。**言
道，言合於道。質，猶本也。禮爲之文飾耳。重言禮之質也，又樂記。**禮聞取**
於人，不聞取人。謂君人者取於人，謂高尚其道。取人，謂制服其身。○取
於，舊十樹反④，謂趣就師求道也；皇如字，謂取師之道。取人，如字，謂制師使從
己。**禮聞來學，不聞往教。**尊道藝。

　　1·6○**道德仁義，非禮不成；教訓正俗，非禮不備；分争**
辨訟⑤，非禮不決；君臣、上下、父子、兄弟，非禮不定；宦學事
師，非禮不親；班朝治軍，涖官行法，非禮威嚴不行；禱祠祭
祀，供給鬼神，非禮不誠不莊。分、辨，皆別也。宦，仕也。班，次也。
涖，臨也。莊，敬也。學，或爲“御”。○辨，皮勉反，徐方勉反⑥。上下，上謂公
卿，下謂大夫上⑦。宦，音患。朝，直遥反。涖，本亦作“莅”，音利⑧。禱，丁老

---

① “同説文以詞爲言詞之字辭不受也後皆放此”，彙校卷第十一、撫釋一、余仁仲本、十行
　本、閩本、監本、毛本、殿本、阮刻本同，岳本作“後放此”。
② “侮徐亡撫反輕慢也好呼報反注同”，彙校卷第十一、撫釋一、余仁仲本、和本、十行本、
　閩本、監本、毛本、殿本、阮刻本同，岳本作“侮亡撫反好呼報反”。
③ “同”上，彙校卷第十一、撫釋一、余仁仲本、岳本、和本、十行本、閩本、監本、毛本、殿本、
　阮刻本有“行脩”二字。
④ “十樹反”，彙校卷第十一、撫釋一、余仁仲本、岳本、和本、十行本、閩本、監本、毛本、殿
　本、阮刻本“十”作“七”，是。
⑤ “辨”，唐石經、撫州本、余仁仲本、婺州本、嘉靖本、八行本、和本、十行本、阮刻本同，岳
　本、閩本、監本、毛本、殿本作“辯”，注文同。阮校曰：“分争辨訟　石經同，嘉靖本同，
　閩、監、毛本‘辨’作‘辯’，岳本同，釋文出‘辯訟’，衛氏集説亦作‘辯’。案五經文字云：
　‘辯，理也。辨，別也。經典或通用之。’此注‘辨’訓‘別’，固當以‘辨’爲本字也。”
⑥ “徐方勉反”，彙校卷第十一、撫釋一、和本、十行本、閩本、監本、毛本、殿本、阮刻本同；
　余仁仲本“方”作“友”，非；岳本無此四字。
⑦ “上下上謂公卿下謂大夫上”，彙校卷第十一、撫釋一、余仁仲本、和本、十行本、閩本、監
　本、毛本、殿本、阮刻本“大夫上”之“上”作“士”，是；岳本無此十一字。
⑧ “本亦作莅音利”，彙校卷第十一、撫釋一、余仁仲本、十行本、閩本、監本、毛(轉下頁注)

反。鄭云："求福曰禱。"祠，音詞，求得曰祠。共，音恭，本或作"洪"①。莊，側良反，徐側亮反②。是以君子恭敬、撙節、退讓以明禮。撙，猶趨也。○撙，祖本反。趨，七俱反，就也，向也③。鸚鵡能言，不離飛鳥；猩猩能言，不離禽獸。今人而無禮，雖能言，不亦禽獸之心乎！夫唯禽獸無禮，故父子聚麀。聚，猶共也。鹿牝曰麀④。○鸚，本或作"嬰"，厄耕反。鵡，本或作"毋"，同音武⑤。离，力智反，下同。猩，本又作"狌"⑥，音生。禽獸，盧本作"走獸"。麀，音憂，牝鹿也⑦。牝，頻忍反⑧。是故聖人作⑨，爲禮以教人，使人以有禮，知自別於禽獸。大上貴德，大上，帝皇之世，其民施而不惟報。○大，音泰，注同。大上，謂三皇五帝之世⑩。施，始豉反，下同。其

──────────

（接上頁注）本、殿本、阮刻本作"本亦作莅徐音利沈力二反又力位反"，岳本作"音利"；和本"莅"作"荏"。

① "禱丁老反鄭云求福曰禱祠音詞求得曰祠共音恭本或作洪"，彙校卷第十一、余仁仲本、和本、十行本、閩本、監本、毛本、殿本、阮刻本"洪"作"供"，是；岳本無"禱丁老反鄭云求福曰禱祠音詞求得曰祠"、"本或作洪"二十一字，"共音恭"作"供音恭"。

② "莊側良反徐側亮反"，岳本無此八字；彙校卷第十一、撫釋一、余仁仲本、和本、十行本、閩本、監本、毛本、殿本、阮刻本"側亮反"下有"學或爲御鄭此注爲見他本也後放此"十五字，是。

③ "趨七俱反就也向也"，彙校卷第十一、撫釋一、余仁仲本、和本、閩本、監本、毛本、殿本、阮刻本同，岳本無此八字；十行本"七"誤作"士"。

④ "牡"，撫州本、余仁仲本、婺州本、岳本、嘉靖本、八行本、和本、十行本、閩本、監本、毛本、殿本、阮刻本、吳氏朱批、叢刊本作"牝"，是。

⑤ "鸚本或作嬰厄耕反鵡本或作毋同音武"，彙校卷第十一、撫釋一、余仁仲本、和本、十行本、閩本、監本、毛本、殿本、阮刻本作"嬰本或作鸚厄耕反母本或作鵡同音武諸葛恪茂后反"，岳本作"鸚厄耕反鵡音武"。

⑥ "猩本又作狌"，彙校卷第十一、撫釋一、余仁仲本、和本、十行本、閩本、監本、毛本、殿本、阮刻本作"狌本又作猩"，岳本無"本又作狌"四字。

⑦ "牝鹿也"，彙校卷第十一、撫釋一、余仁仲本、和本、十行本、閩本、監本、毛本、殿本、阮刻本同，岳本無此三字。

⑧ "頻忍反"下，彙校卷第十一、撫釋一、余仁仲本、十行本、閩本、監本、毛本、殿本、阮刻本有"徐扶盡反舊扶死反"八字，和本"扶死反"作"扶允反"；岳本無此八字。

⑨ "是故"，撫州本、余仁仲本、婺州本、岳本、嘉靖本、八行本、和本、十行本、閩本、監本、毛本、殿本、阮刻本同，唐石經作"是以"，是。

⑩ "注同大上謂三皇五帝之世"，彙校卷第十一、撫釋一、余仁仲本、和本、十行本、閩本、監本、毛本、殿本、阮刻本同，岳本無此十一字。

次務施報。二王之世①，禮始興焉。禮尚往來，往而不來，非禮也；來而不往，亦非禮也。人有禮則安，無禮則危，重言非禮也，亦非禮也，又曾子問。重意人有禮則安，無禮則危。禮運篇：失之者死，得之者生。故曰：禮者，不可不學也。夫禮者，自卑而尊人。雖負販者，必有尊也，而況富貴乎？負販者，尤輕佻志利②，宜若無禮然。○佻，吐彫反。販，方萬反③。○重言必有尊也，又曾子問。富貴而知好禮，則不驕不淫。貧賤而知好禮，則志不懾。懾，猶怯惑。○好，呼報反，下同。懾，之涉反。怯，丘劫反。何胤云："懾所行爲怯④。"

1·7○人生十年曰幼，學；名曰幼，時始可學也。内則曰："十年，出就外傅，居宿於外，學書計。"○重意十年曰幼，學。内則：十年，學幼儀。二十曰弱⑤，冠；三十曰壯⑥，有室；有室，有妻也，妻稱室。○冠，古亂反。重意二十曰弱，冠；三十曰壯，有室。内則：二十而冠，三十而有室。四十曰強，而仕；五十曰艾，服官政。艾，老也。○艾，五蓋反，謂蒼艾色；一音刈，治也。重意四十曰強，而仕。内則：四十始仕。六十曰耆，指使；指事使人也。六十不與服戎，不親學。○耆，渠夷反，賀揚云⑦："至也，至老境也。"與，音預。七十曰

---

① "二王"，撫州本、余仁仲本、婺州本、岳本、嘉靖本、八行本、和本、十行本、閩本、監本、毛本、殿本、阮刻本、吳氏朱批、叢刊本 "二" 作 "三"，是。

② "佻"，余仁仲本、岳本、嘉靖本、八行本、和本、十行本、閩本、監本、毛本、殿本、阮刻本同，撫州本、婺州本作 "佻"。考異曰："尤輕佻志利：各本 '佻' 作 '佻'，惟傳校葉鈔釋文作 '佻'，與此合。"

③ "佻吐彫反販方萬反"，彙校卷第十一、撫釋一、余仁仲本、岳本、和本、十行本、閩本、監本、毛本、殿本、阮刻本作 "販方萬反佻吐彫反"，是。

④ "何胤云懾所行爲怯"，彙校卷第十一、撫釋一、余仁仲本、十行本、閩本、監本、毛本、殿本、阮刻本同，岳本無此八字。

⑤ "二十"，撫州本、余仁仲本、婺州本、岳本、嘉靖本、八行本、和本、十行本、閩本、監本、毛本、殿本、阮刻本同，唐石經作 "廿"。

⑥ "三十"，撫州本、余仁仲本、婺州本、岳本、嘉靖本、八行本、和本、十行本、閩本、監本、毛本、殿本、阮刻本同，唐石經作 "卅"。

⑦ "賀揚云"，余仁仲本、十行本同，岳本無此三字；彙校卷第十一、撫釋一、和本、閩本、監本、毛本、殿本、阮刻本 "揚" 作 "瑒"，是。

老,而傳;傳家事,任子孫,是謂宗子之父。○傳,直專反,沈直戀反①。八十、九十曰耄;耄,惛忘也。春秋傳曰:"謂老將知,耄又及之。"○耄,本又作"旄",同,亡報反,注同②。惛,音昏,一音呼困反③。忘,亡亮反④;又如字。知,音智。七年曰悼。悼,憐愛也。○悼,徒報反。悼與耄,雖有罪,不加刑焉。愛幼而尊老。百年曰期,頤。期,猶要也。頤,養也,不知衣服食味,孝子要盡養道而已。○頤,羊時反。要,於遥反,又如字,下同。養道,羊尚反,又如字⑤。大夫七十而致事,致其所掌之事於君而告老。○重意大夫七十而致事。内則:七十致仕。若不得謝,謝,猶聽也。君必有命,勞苦辭謝之。其有德,尚壯,則不聽耳。○聽,吐丁反。後可以意求,皆不音。勞,如字,又力報反⑥。則必賜之几杖,行役以婦人,適四方,乘安車。自稱曰"老夫",几杖、婦人、安車,所以養其身體也。安車,坐乘,若今小車也。老夫,老人稱也⑦。亦明君尊賢⑧。

---

①"沈直戀反",彙校卷第十一、余仁仲本、和本、十行本、閩本、監本、毛本、殿本、阮刻本作"沈直戀反",撫釋一作"沈丁戀反",岳本"沈"作"又"。

②"耄本又作旄同亡報反注同",彙校卷第十一、撫釋一、余仁仲本、和本、十行本、閩本、監本、毛本、阮刻本作"旄本又作耄同亡報反注同本或作八十曰耄九十曰旄後人妄加之",岳本作"耄莫報反",殿本作"耄本又作旄同亡報反注同本或作八十曰耄九十曰旄後人妄加之"。

③"一音呼困反",余仁仲本、和本、十行本、閩本、監本、毛本、阮刻本同,岳本無此五字;彙校卷十一、撫釋一"困"作"困",非。黃焯曰:"宋本'困'作'困'。段云:'作困是。集韻去聲可證。'"

④"忘亡亮反",彙校卷第十一、撫釋一、余仁仲本、和本、十行本、閩本、監本、毛本、阮刻本同,岳本作"忘巫放反";殿本作"官忘亮反",非。

⑤"下同養道羊尚反又如字",彙校卷第十一、撫釋一、余仁仲本、和本、十行本、閩本、監本、毛本、殿本、阮刻本同,岳本無此十字。

⑥"勞如字又力報反",彙校卷第十一、撫釋一、余仁仲本、和本、十行本、閩本、監本、毛本、殿本、阮刻本同,岳本無此七字。

⑦"也",撫州本、余仁仲本、婺州本、岳本、八行本、和本、十行本、閩本、監本、毛本、殿本、阮刻本同,嘉靖本脱。

⑧"尊",余仁仲本、嘉靖本同;撫州本、婺州本、岳本、八行本、和本、十行本、閩本、監本、毛本、殿本、阮刻本作"貪",非。阮校曰:"亦明君貪賢　閩、監、毛本同,岳本同,惠棟校宋本'貪'作'尊',嘉靖本同,儀禮經傳通解同。案:考文引古本、足利本亦作'尊'。"呂校云:"孫詒讓校記云當作'尊',揆諸文義,作'尊'近是。"

春秋傳曰："老夫耄矣。"○坐乘，繩證反。稱，尺證反①。**於其國則稱名。** 君雖尊異之，自稱猶若臣。**越國而問焉，必告之以其制。** 鄰國來問，必問於老者以荅之。制，法度。

1·8○**謀於長者，必操几杖以從之。** 從，猶就也。○長，丁丈反②，下皆同。操，七刀反。**長者問，不辭讓而對，非禮也。** 當謝不敏，若曾子之爲。

1·9 **凡爲人子之禮③，冬溫而夏凊④，昏定而晨省。** 安定其牀袵也⑤。省，問其安否何如。○夏，遐嫁反。凊，七性反，字從水，冷也。袵，而審反，席也⑥。**在醜夷不爭。** 醜，衆也。夷，猶儕也。四皓曰："陛下之等夷。"○儕，仕皆反，等也；沈才詣反。皓，户老反。四皓：園公、綺李、夏黃公、角里先生⑦。

————————

①"坐乘繩證反稱尺證反"，彙校卷第十一、撫釋一、余仁仲本、岳本同，和本、十行本、閩本、監本、毛本、殿本、阮刻本脱此九字；又，岳本"坐乘"上衍"乘安如字自稱平聲"八字。

②"長丁丈反"，彙校卷第十一、撫釋一、余仁仲本、和本、十行本、閩本、監本、毛本、殿本、阮刻本同，岳本作"長展丈反"。岳本考證曰："武英殿注疏本、汲古閣本、兼義本並作'丁丈反'。案：切音用'丁'字爲母，往往讀作'錚'，非'丁'字本音，如'丁仲'爲'種'，'丁長'爲'張'是也。然岳氏嘗謂'丁'之爲'征'、'蒲'之爲'扶'，究係吴音，不當用爲字母，則此作'展丈反'，乃據監韻以訂吴音之失也。"

③"凡"上，宋本多抄一"曲"字，已用墨筆圈去。

④"凊"，唐石經、撫州本、余仁仲本、婺州本、岳本、嘉靖本、八行本、和本、十行本、閩本、監本、毛本、殿本、阮刻本作"凊"，是。

⑤"安定其牀袵也"，撫州本、余仁仲本、八行本、和本、閩本、監本、毛本、殿本、阮刻本同；婺州本、岳本、嘉靖本、足利本作"定安"，是；十行本"袵"作"在"，非。考異曰："讀'定'字逗，'安'字下屬。"阮校曰："安定其牀袵也　閩、監、毛本作'袵'，此本'袵'誤'在'。岳本'安定'作'定安'，嘉靖本同，考文引宋板同，通典六十八同。案：以'安其牀袵'訓'定'字，與'以問其安否何如'訓'省'字，文法同。岳本爲是。正義亦云'定安'也。"

⑥"字從水冷也袵而審反席也"，岳本無此十一字；彙校卷第十一、撫釋一、余仁仲本、十行本、閩本、監本、毛本、殿本、阮刻本"水"作"冫冰"，"冷也"下有"本或水旁作非也"七字，"而審反"下有"徐而鳩反"四字；和本"水旁作"作"作水旁"。

⑦"角"，撫釋一、余仁仲本、和本、十行本、閩本、阮刻同，彙校卷第十一、監本、毛本、殿本同作"角"。黃焯曰："宋本'角'作'角'，撫本、十行本同。孫星衍云：'"角"宜作"角"，"角"不成字，唐、宋人不考古，始作此。'焯案：'角'俗作'角'而讀爲'禄'，遂與'角'别，不知'角'本有'禄'音，集韻、類篇並有'盧谷'一切，可證。又此字之譌，或出自宋以後，觀宋本不作'角'可知也。"岳本無"等也沈才詣反皓户老反四皓園公綺李夏黃公角里先生"二十三字。

1·10 **夫爲人子者**①，**三賜不及車馬。** 三賜，三命也。凡仕者，一命而受爵，再命而受衣服，三命而受車馬。車馬，而身所以尊者備矣。卿大夫士之子不受，不敢以成尊比踰於父。天子諸侯之子不受，自卑遠於君。○遠，于方反②。**故州閭鄉黨稱其孝也，兄弟親戚稱其慈也，僚友稱其弟也，執友稱其仁也，交遊稱其信也。** 不敢重受賜者心也③，如此而五者備有焉。周禮二十五家爲閭，四閭爲族，五族爲黨，五黨爲州，五州爲鄉。僚友，官同者。執友，志同者。○僚，本又作"寮"，了彫反，同官者。弟，大計反，下注同④。**見父之執，不謂之進不敢進，不謂之退不敢退，不問不敢對。** 敬父同志如事父。**此孝子之行也。** 重言孝子之行也，又祭統。

1·11○**夫爲人子者，出必告，反必面；** 告、面同耳。反言面者，從外來，宜知親之顏色安否。○行，下孟反⑤。告，音谷⑥。重意出必告。下篇：反必告。**所遊必有常，所習必有業；** 緣親之意，欲知之。**恒言不稱老。** 廣敬。**年長以倍，則父事之。** 謂年二十於四十者。人年二十弱，冠。成人，有爲人父之端，今四十於二十者，有子道。内則曰："年二十，惇行孝弟。"○冠，工喚反。惇，都温反⑦。**十年以長，則兄事之。五年以長，則肩隨之。** 肩隨

---

① "夫"上，宋本多抄一"曲"字，已用墨筆圈去。

② "方"，撫釋一、十行本作"万"，彙校卷第十一、余仁仲本、岳本、和本、閩本、監本、毛本、殿本、阮刻本作"萬"，是。

③ "重受"，余仁仲本、八行本、和本、十行本、閩本、監本、毛本、殿本、阮刻本同；撫州本、婺州本、岳本、嘉靖本、足利本作"受重"，是。阮校曰："不敢重受賜者心也如此　閩、監、毛本亦誤作'重受'，……考文引宋板、古本、足利本作'受重'，岳本、嘉靖本同。案：'受重'與疏合。"

④ "僚本又作寮了彫反同官者弟大計反下注同"，彙校卷第十一、撫釋一、余仁仲本、和本、十行本、閩本、監本、毛本、殿本、阮刻本同，岳本無"本又作寮"、"同官者"、"下注同"十字。

⑤ "行下孟反"，余仁仲本、十行本、阮刻本同，岳本、和本、閩本、監本、毛本、殿本此四字在經文"此孝子之行也"下，是；又，十行本、閩本、監本、毛本、阮刻本"行"下衍一"音"字。

⑥ "音谷"，彙校卷第十一、撫釋一、余仁仲本、岳本、和本、十行本、閩本、監本、毛本、殿本、阮刻本作"古毒反"。

⑦ "冠工喚反惇都温反"，彙校卷第十一、撫釋一、余仁仲本、和本、十行本、閩本、監本、毛本、殿本、阮刻本同，岳本無此八字。

者，與之並行差退。○差，初佳反，徐初宜反①。**羣居五人，則長者必異席。**
席以四人爲節，因宜有所尊。

　　1·12○**爲人子者，居不主奧，坐不中席，行不中道，立不中
門。**謂與父同宮者也，不敢當其尊處。室中西南隅謂之奧。道有左右②。中
門，謂棖闑之中央。内則曰："由命士以上，父子皆異宮。"○奧，烏報反，沈於
六反。處，昌慮反，下同。棖，直衡反，闑也。闑，魚列、五結二反。上，時掌反，
後"以上"皆同③。重意立不中門。玉藻：賓入不中門。**食饗不爲槩，**槩，量
也，不制待賓客饌具之所有。○食，音嗣。饗，本又作"享"④，香兩反。槩，古愛
反。饌，土恋反⑤。**祭祀不爲尸。**尊者之處，爲其失子之道⑥。然則尸，筮無
父者⑦。○爲其，于僞反⑧。下注除"不爲狐"⑨，皆同。**聽於無聲，視於無
形。**恒若親之將有教使然。**不登高，不臨深，不苟訾，不苟笑。**爲其近

---

①"徐初宜反"，彙校卷第十一、撫釋一、余仁仲本、和本、十行本、閩本、監本、毛本、殿本、
　阮刻本同，岳本無此四字。
②"左"，撫州本、余仁仲本、婺州本、岳本、嘉靖本、八行本、和本、閩本、監本、毛本、殿本、
　阮刻本同，十行本作墨釘。
③"沈於六反處昌慮反下同棖直衡反闑也闑魚列五結二反上時掌反後以上皆同"，岳本
　"沈"作"又"，無"處昌慮反下同"、"闑也闑魚列五結二反"十五字；"後以上皆同"，彙校
　卷第十一、撫釋一、余仁仲本、岳本、和本、十行本、閩本、監本、毛本、殿本、阮刻本作"凡
　言以上皆放此"，是。
④"本又作享"，彙校卷第十一、撫釋一、余仁仲本、和本、十行本、閩本、監本、毛本、殿本、
　阮刻本同，岳本無此四字。
⑤"饌土恋反"，彙校卷第十一、撫釋一、余仁仲本、和本、十行本、閩本、監本、毛本、殿本、
　阮刻本作"饌士戀反"，是；岳本無此四字。
⑥"爲其失子之道"，余仁仲本、岳本、八行本、和本、十行本、閩本、監本、毛本、殿本、阮刻
　本同；撫州本、婺州本、嘉靖本、足利本無"之"字，是。考異曰："嘉靖本同此，岳本、十行
　以來本'子'下皆衍'之'字。"
⑦"筮"上，撫州本、余仁仲本、婺州本、岳本、嘉靖本、八行本、和本、十行本、閩本、監本、毛
　本、殿本、阮刻本有"卜"字，是。
⑧"于僞反"，彙校卷第十一、撫釋一、岳本同；余仁仲本、和本、十行本、閩本、監本、毛本、
　殿本、阮刻本"于"上衍一"音"字。
⑨"除不爲狐"，岳本無此四字彙校卷第十一、撫釋一、余仁仲本、和本、十行本、閩本、監
　本、毛本、殿本、阮刻本同，"狐"作"孤"，是。

危辱也。人之性,不欲見毀訾,不欲見笑,君子樂然後笑。○訾,音紫,毀①,沈又將知反。樂,音洛②。

　　1·13○**孝子不服闇,不登危,懼辱親也**。服,事也。闇,冥也。不於闇冥之中從事,爲卒有非常,且嫌失禮也。男女夜行以燭。○冥,本亦作"暝"③,莫定反,下文同。卒,才忽反④。**父母存,不許友以死**,爲忘親也。死爲報仇讎。**不有私財**。

　　1·14○**爲人子者,父母存,冠衣不純素**。爲其有喪象也。純,緣也。玉藻曰:"縞冠玄武,子姓之冠也。縞冠素紕⑤,既祥之冠也。"深衣曰:"具父母,衣純以青。"○純,諸允反,又之閏反,下注皆同⑥。緣,悦絹反。縞,古老反,又古到反⑦。紕,婢支反;徐補移反⑧。重意父母存,不有私財。坊記篇:父母在,不敢私其財。**孤子當室,冠衣不純采**。早喪親,雖除喪,不忘哀也。謂年未三十者⑨,三十壯,有室,有代親之端,不爲孤也。當室,適子也。深衣曰:"孤子,衣

─────────────

① "毀"下,彙校卷第十一、撫釋一、余仁仲本、和本、十行本、閩本、監本、毛本、殿本、阮刻本有"也"字,岳本無"毀也"二字。

② "沈又將知反樂音洛",彙校卷第十一、撫釋一、余仁仲本、和本、十行本、閩本、監本、毛本、殿本、阮刻本同,岳本無"沈"、"樂音洛"四字。

③ "冥本亦作暝",彙校卷第十一、撫釋一、余仁仲本、和本、十行本、閩本、監本、毛本、殿本、阮刻本作"暝本亦作冥",岳本無此五字。

④ "莫定反下文同卒才忽反",彙校卷第十一、十行本、閩本、監本、毛本、殿本、阮刻本同,撫釋一、余仁仲本、和本無"文"字,岳本無此十字。黃焯曰:"宋本'才'作'子',撫本作'七',盧本作'寸'。焯案:作'七'、作'寸',皆是也,作'子'、作'才',非。阮謂'子'、'七'同母字,誤甚。盧氏不識雙聲,阮亦昧此耶?"

⑤ "縞",唐石經、撫州本、余仁仲本、婺州本、岳本、嘉靖本、八行本、和本、閩本、監本、毛本、殿本、阮刻本同;十行本作"高",非。

⑥ "下注皆同",彙校卷第十一、撫釋一、余仁仲本、和本、十行本、閩本、監本、毛本、殿本、阮刻本"注"上有"及"字,是;岳本無"及注皆"三字。

⑦ "又古到反",彙校卷第十一、撫釋一、余仁仲本、和本、十行本、閩本、監本、毛本、殿本、阮刻本"又"上有"沈"字,是;岳本無"沈又古到反"五字。

⑧ "紕婢支反徐補移反",彙校卷第十一、撫釋一、余仁仲本、和本、十行本、閩本、監本、毛本、殿本、阮刻本同,岳本作"紕音毗又被移反"。

⑨ "三",余仁仲本、婺州本、岳本、嘉靖本、八行本、和本、十行本、閩本、監本、毛本、殿本、阮刻本同,撫州本作"二",非。

純以素。"○早喪，息浪反。適，丁歷反。

1·15○幼子常視，毋誑。視，今之"示"字。小未有所知，常示以正物，以正教之，無誑欺。○視，音示。誑，本或作"詿"，同九況反，欺也①。童子不衣裘裳，裘大溫，消陰氣，使不堪苦。不衣裘裳，便易②。○衣，於既反，下同。大，音泰，徐池佐反。便，婢面反。易，以豉反③。立必正方，不傾聽。習其自端正。長者與之提攜，則兩手奉長者之手，習其扶持尊者。提攜，謂牽將行。○提，大兮反。攜，户圭反。奉，芳勇反，又扶恭反，下及注"奉扃"、"奉席"、"奉箕"皆同④。負劍辟咡詔之，負謂置之於背，劍謂挾之於旁。辟咡詔之，謂傾頭與語。口旁曰咡。○辟，匹亦反，側也；徐芳益反；沈扶亦反，注同⑤。咡，如志反⑥。何云："口耳之間曰咡。"挾，音恊⑦。○重意辟咡詔之。少儀篇：辟咡而對。則掩口而對。習其鄉尊者屏氣也。○掩，於檢反⑧。鄉，許亮反，本亦作"嚮"，後文、注皆同⑨。屏，必領反⑩。

---

①"誑本或作詿同九況反欺也"，彙校卷第十一、撫釋一、余仁仲本、和本、閩本、監本、毛本、阮刻同，岳本作"誑九況反"，殿本"同"上衍"注"字。

②考異曰："不衣裘裳便易：案正義云'又應給役，若著裳則不便'云云，是此句中無'裘'字明甚，有者衍耳。"

③"池佐反便婢面反易以豉反"，岳本無此十一字；監本、毛本"池"作"佗"，彙校卷第十一、撫釋一、余仁仲本、和本、閩本、殿本、阮刻本作"他"，是。

④"下及注奉扃奉席奉箕皆同"，彙校卷第十一、撫釋一、余仁仲本、和本、閩本、監本、毛本、殿本、阮刻同，岳本作"下奉扃席箕皆同"。

⑤"側也徐芳益反沈扶亦反注同"，彙校卷第十一、撫釋一、余仁仲本、和本、閩本、監本、毛本、殿本、阮刻同，岳本作"又扶赤反"。

⑥"如志反"，岳本同，彙校卷第十一、撫釋一、余仁仲本、和本、閩本、監本、毛本、殿本、阮刻本"如"上有"徐"字。

⑦"何云口耳之間曰咡挾音恊"，彙校卷第十一、撫釋一、余仁仲本、和本、閩本、監本、毛本、殿本、阮刻同，岳本無此十一字。

⑧"掩於檢反"，彙校卷第十一、撫釋一、余仁仲本、和本、閩本、監本、毛本、殿本、阮刻本同，岳本無此四字。

⑨"本亦作嚮後文注皆同"，岳本作"後文皆同"，彙校卷第十一、撫釋一、余仁仲本、和本、閩本、監本、毛本、殿本、阮刻本"亦"作"又"。

⑩自"冠衣不純采"之疏文"爾者通者有二"至"幼子常視毋誑"一節疏文"立必至而"，十行本缺一頁，即和本卷一第廿四頁。

1·16○從於先生，不越路而與人言。尊不二也。先生，老人教學者①。○從，才用反，下皆同。遭先生於道，趨而進，正立拱手。爲有教使。○拱，俱勇反。先生與之言，則對；不與之言，則趨而退。爲其不欲與己並行。從長者而上丘陵，則必鄉長者所視。爲遠視不察，有所問。○上，時掌反，下同。登城不指，城上不呼。爲惑人。○呼，火故反，號叫也。將適舍，求毋固。謂行而就人館。固，猶常也。求主人物，不可以舊常，或時乏無②。周禮士訓下“地物原其生，以詔地求”其類③。將上堂，聲必揚。警内人也。○警，京領反④。户外有二屨⑤，言聞則入，言不聞則不入。將入户，視必下。入户奉扃，視瞻毋回。不干掩人之私也。奉扃，敬也。○屨，紀其反，單下曰屨⑥。聞，音問，又如字，下同。視，常止反，下同，徐音示⑦。扃，古螢反，何云：“閞也。”二云門扇上鐶鈕⑧。瞻毋，徐音如字⑨。

①“老”，撫州本、余仁仲本、婺州本、岳本、嘉靖本、八行本、和本、閩本、監本、毛本、殿本、阮刻本同；十行本作“者”，非。阮校曰：“先生老人教學者　閩、監、毛本作‘老’，岳本、嘉靖本同，衛氏集説同。此本‘老’誤‘者’。”

②“或”，撫州本、余仁仲本、婺州本、岳本、嘉靖本、八行本、毛本同；和本、十行本、閩本、監本、殿本、阮刻本作“致”。

③“周禮士訓下地物原其生以詔地求其類”，撫州本、余仁仲本、婺州本、岳本、嘉靖本、八行本、和本、十行本、閩本、監本、毛本、殿本、阮刻本作“周禮土訓辨地物原其生以詔地求其類”，是。周禮地官土訓曰：“以辨地物而原其生，以詔地求。”宋本“土”誤作“士”，“辨”誤作“下”。

④“警京領反”，彙校卷第十一、撫釋一、余仁仲本、和本、十行本、閩本、監本、毛本、殿本、阮刻本同，岳本無此四字。

⑤自“將上堂聲必揚”之疏文“物故曰求毋固也”至“户外有二屨”一節疏文“故注云示不”，十行本缺一頁，即和本卷二第二頁。

⑥“屨紀其反單下曰屨”，彙校卷第十一、撫釋一、余仁仲本、岳本、和本、閩本、監本、毛本、殿本、阮刻本“其”作“具”，是；岳本無“單下曰屨”四字。

⑦“徐音示”，岳本作“又市志反”，彙校卷第十一、撫釋一、余仁仲本、和本、閩本、監本、毛本、殿本、阮刻本“示”下有“沈又市志反”五字。

⑧“何云閞也二云門扇上鐶鈕”，彙校卷第十一、撫釋一、余仁仲本、和本、閩本、監本、毛本、殿本、阮刻本“二”作“一”，是；岳本無“何云”、“一云門扇上鐶鈕”九字。

⑨“瞻毋徐音如字”，余仁仲本、和本、閩本、監本、毛本、殿本、阮刻本同，彙校卷第十一、撫釋一作“瞻無徐如字”，岳本無此六字。

戶開亦開，戶闔亦闔。不以後來變先。○闔，胡臘反。**有後入者，闔而勿遂。**示不拒人。○拒，其許反①。**毋踐屨，毋踖席，摳衣趨隅。必慎唯諾。**趨隅升席，必由下也。慎唯諾者，不先舉，見問乃應。○踖，在亦反②，躐也。摳，苦侯反，提也，下及注同。趨，七俱反，向也，注同③。唯，于癸反，應辭也，注同，徐于比反，沈以水反④。諸⑤，乃各反。應，"應對"之應⑥。**大夫、士出入君門，由闑右，**臣統於君。闑，門橛。○闑，魚列反，橛也。橛，求月反，門中木。**不踐閾。**閾，門限也。○閾，于逼反，又況棫反⑦。<u>重意</u>不踐閾。玉藻：不履閾。

　　1·17○**凡與客入者，每門讓於客。**下賓也。敵者迎於大門外。聘禮曰："君迎賓於大門內。"○下，遐嫁反。**客至於寢門，則主人請入爲席，**爲，猶敷也，雖君亦然。○敷，芳夫反⑧。**然後出迎客；客固辭，**又讓先入。**主人肅客而入。**肅，進也。進客，謂道之。○道，音導⑨。**主人入門而右，客入門而左。**右，就其右；左，就其左。**主人就東階，客就西階。**

---

① "拒其許反"，<u>余仁仲</u>本、<u>和</u>本、<u>閩</u>本、<u>監</u>本、<u>毛</u>本、<u>阮刻</u>本同，<u>彙校</u>卷第十一、<u>撫釋</u>一、<u>殿</u>本作"拒其庶反"，<u>岳</u>本無此四字。<u>阮校</u>釋文曰："<u>葉</u>本'庶'作'許'，是也，十行本同。"

② "在亦反"下，<u>彙校</u>卷第十一、<u>撫釋</u>一、<u>余仁仲</u>本、<u>岳</u>本、<u>和</u>本、<u>閩</u>本、<u>監</u>本、<u>毛</u>本、<u>殿</u>本、<u>阮刻</u>本有"一音席"三字，是。

③ "注同"下，<u>彙校</u>卷第十一、<u>撫釋</u>一、<u>余仁仲</u>本、<u>監</u>本、<u>毛</u>本、<u>殿</u>本、<u>阮刻</u>本有"本又作走徐音奏又如字"十字，<u>岳</u>本無，<u>余仁仲</u>本"走"作"奏"，<u>和</u>本、<u>閩</u>本作"趆"。<u>黃焯</u>曰："宋本、朱鈔'走'作'趀'，葉鈔作"趆'，十行本作'趆'。案：作'趀'是也。'趀'、'趆'皆誤。"

④ "應辭也注同徐于比反沈以水反"，<u>彙校</u>卷第十一、<u>撫釋</u>一、<u>余仁仲</u>本、<u>和</u>本、<u>閩</u>本、<u>監</u>本、<u>毛</u>本、<u>殿</u>本、<u>阮刻</u>本同，<u>岳</u>本無此十三字。

⑤ "諸"，<u>彙校</u>卷第十一、<u>撫釋</u>一、<u>余仁仲</u>本、<u>岳</u>本、<u>和</u>本、<u>閩</u>本、<u>監</u>本、<u>毛</u>本、<u>殿</u>本、<u>阮刻</u>本作"諾"，是。

⑥ "應應對之應"，<u>彙校</u>卷第十一、<u>撫釋</u>一、<u>余仁仲</u>本、<u>和</u>本、<u>閩</u>本、<u>監</u>本、<u>毛</u>本、<u>殿</u>本、<u>阮刻</u>本同，<u>岳</u>本無此五字。

⑦ "又"，<u>岳</u>本同，<u>彙校</u>卷第十一、<u>撫釋</u>一、<u>余仁仲</u>本、<u>和</u>本、十行本、<u>閩</u>本、<u>監</u>本、<u>毛</u>本、<u>殿</u>本、<u>阮刻</u>本作"一音"。

⑧ "敷芳夫反"，<u>彙校</u>卷第十一、<u>撫釋</u>一、<u>余仁仲</u>本、<u>和</u>本、十行本、<u>閩</u>本、<u>監</u>本、<u>毛</u>本、<u>殿</u>本、<u>阮刻</u>本同，<u>岳</u>本無此四字。

⑨ "道音導"，<u>彙校</u>卷第十一、<u>撫釋</u>一、<u>余仁仲</u>本、<u>和</u>本、十行本、<u>閩</u>本、<u>監</u>本、<u>毛</u>本、<u>殿</u>本、<u>阮刻</u>本同，<u>岳</u>本無此三字。

客若降等，則就主人之階；降，下也。謂大夫於君，士於大夫也。不敢輒由其階，卑統於尊，不敢自專。**主人固辭，然後客復就西階**。復其正。○復，音服，後同，更不重出①。○重言主人固辭，又下文。**主人與客讓登，主人先登，客從之，拾級聚足**，拾，當爲涉，聲之誤也。級，等也。涉等聚足，謂前足躡一等，後足從之併。○拾，依注音涉。級，音急，階等②。攝③，女攝反。併，步頂反。**連步以上**④，重蹉跌也。連步，謂足相隨不相過也。○上，時掌反，下皆同。重，直勇反，徐治恭反。蹉，本亦作“差”，同七何反。跌，大結反。過，古臥反。後不音者，放此⑤。**上於東階則先右足，上於西階則先左足**。近於相鄉，敬。

　　1·18○**帷薄之外不趨**，不見尊者，行自由，不爲容也。入則容，行而張足曰趨。○帷，位悲反，帷，幔也。薄，平搏反，簾也⑥。**堂上不趨**，爲其迫也，堂下則趨。○爲，于僞反，下並同。迫，音伯⑦。重言堂上不趨。又見少儀、問喪。**執玉不趨**。志重玉也。聘禮曰：“上介授賓玉於廟門外。”○介，音界⑧。**堂上**

---

① “後同更不重出”，彙校卷第十一、撫釋一、余仁仲本、和本、十行本、閩本、監本、毛本、殿本、阮刻本作“後此音更不重出”，岳本作“後不重出”。

② “拾依注音涉級音急階等”，彙校卷第十一、撫釋一、余仁仲本、和本、十行本、閩本、監本、毛本、殿本、阮刻本同，岳本無“依注”、“階等”四字。

③ “攝”，彙校卷第十一、撫釋一、余仁仲本、岳本、和本、十行本、閩本、監本、毛本、殿本、阮刻本作“躡”，是。

④ 自“戶外有二屨”一節疏文“拒人毋踐履”至經文“連步以上”之“連”字，是和本卷二第三頁，十行本重復，並依次編爲第二頁、第三頁。兩頁相校，十行本第二頁A面第四、五、六行各有一墨釘，第四行墨釘是“既”字，第三頁無墨釘，二頁有前後印之差異。

⑤ “重直勇反徐治恭反蹉本亦作差同七何反跌大結反過古臥反後不音者放此”，彙校卷第十一、撫釋一、余仁仲本、和本、十行本、閩本、監本、毛本、殿本、阮刻本同，岳本無此三十一字。

⑥ “帷位悲反帷幔也薄平搏反簾也”，彙校卷第十一、撫釋一、余仁仲本、和本、十行本、閩本、監本、毛本、殿本、阮刻本同，岳本無此十三字。

⑦ “迫音伯”，彙校卷第十一、撫釋一、余仁仲本、和本、十行本、閩本、監本、毛本、殿本、阮刻本同，岳本無此三字。

⑧ “介音界”，彙校卷第十一、撫釋一、余仁仲本、和本、十行本、閩本、監本、毛本、殿本、阮刻本同，岳本無此三字。

接武，武，迹也。迹相接，謂每移足①，半躡之。中人之迹，尺二寸。**堂下布武**。武②，謂每移足各自成迹，不相躡。**室中不翔**。又爲迫也③。行而張拱曰翔。**並坐不橫肱**。爲害旁人。○並，如字，又步頂反，後放此④。肱，古弘反。**授立不跪，授坐不立**。爲煩尊者俛仰受之⑤。○跪，求委反，本又作“危”。授坐，本又作“俛仰”⑥。重意授立不跪，授坐不立。少儀：受立不坐。

　　1·19○**凡爲長者糞之禮，必加帚於箕上**。如是得兩手奉箕，恭也。謂初執而往時也。弟子職曰：“執箕膺⑦，厥中有帚。”○爲，于僞反。糞，本又作“攢”⑧，徐音奮⑨，掃席前曰攢。帚，之手反。箕，音基。膺，於陵反。葉，如字，箕舌⑩。**以袂拘而退，其塵不及長者**。謂埽時也，以袂擁帚之前，埽而

---

① “謂”，撫州本、余仁仲、婺州本、岳本、八行本、和本、十行本、閩本、監本、毛本、殿本、阮刻本同，嘉靖本作“爲”，非。
② “武”，撫州本、余仁仲本、婺州本、嘉靖本、八行本、和本、十行本、閩本、監本、毛本、阮刻本同；岳本、殿本“武”上有“布”字。考異曰：“毛居正六經正誤云：‘注“武”字，當作“布”，蓋上句注已云“武，迹也”，此注釋“布”字義，不當又云“武”。’今案：其説非也，此注總解‘布武’，亦不容單舉‘布’字，乃衍‘武’字耳。不複出經文，注例前後如此者多矣。岳本於‘武’上增‘布’字，亦未是。”阮校曰：“‘武’上脱‘布’字，當從岳本。衛氏集説亦作‘布武’。”鍔案：張説是。
③ “又”，撫州本、余仁仲本、婺州本、岳本、嘉靖本、八行本、和本、十行本、閩本、監本、毛本、殿本、阮刻本同，考證據衛湜禮記集説改作“亦”，是；“爲”下，撫州本、余仁仲本、婺州本、岳本、嘉靖本、八行本、和本、十行本、閩本、監本、毛本、殿本、阮刻本有“其”字，是。
④ “後放此”，彙校卷第十一、撫釋一、余仁仲本、和本、十行本、閩本、監本、毛本、殿本、阮刻本同，岳本作“後同”。
⑤ “煩”，撫州本、余仁仲本、岳本、嘉靖本、八行本、和本、十行本、閩本、監本、毛本、殿本、阮刻本同；婺州本作“須”，非。
⑥ “本又作危授坐本又作俛仰”，彙校卷第十一、撫釋一、余仁仲本、和本、十行本、閩本、監本、毛本、殿本、阮刻本同，岳本無此十一字。
⑦ “膺”下，撫州本、余仁仲本、婺州本、岳本、嘉靖本、八行本、和本、十行本、閩本、監本、毛本、殿本、阮刻本有“搊”字，是。
⑧ “糞本又作攢，”彙校卷第十一、撫釋一、余仁仲本、和本、十行本、閩本、監本、毛本、殿本、阮刻本作“攢本又作糞”，岳本無此五字。
⑨ “徐音奮”，彙校卷第十一、撫釋一、余仁仲本、和本、十行本、閩本、監本、毛本、殿本、阮刻本同，岳本無“徐”字。
⑩ “葉如字箕舌”，彙校卷第十一、撫釋一、余仁仲本、和本、十行本、閩本、監（轉下頁注）

却行之。○袂，武世反，衣袖末①。拘，古侯反，徐音俱③。埽，先報反，又先早反。擁，於勇反③。**以箕自鄉而扱之。**扱，讀曰吸，謂收糞時也。箕去棄物，以鄉尊者則不恭。○扱，許急反，斂也④。去，丘呂反，下注同。**奉席如橋衡。**横奉之，令左昂右低，如有首尾然。橋，井上𣗥槔，衡上低昂。○橋，居廟反。令，力呈反。昂，本又作"卬"，又作"仰"，同，五剛反，又魚丈反，下同⑤。𣗥，本又作"契"，又作"絜"，同，音結⑥。槔，古毫反。𣗥槔，依字作"桔槔"，見莊子⑦。**請席何鄉？請衽何趾？**順尊者所安也。衽，臥席也。坐間鄉，臥間趾，因於陰陽。○衽，而審反。趾，音止。重意請席何鄉？請衽何趾？内則：奉席請何鄉？將衽，長者奉席，請何趾⑧？**席南鄉、北鄉，以西方爲上；東鄉、西鄉，以南方爲上。**布席無常，此其順之也。上，謂席端也。坐在陽，則上左；坐在陰，則上右。○坐，才卧反，又如字⑨。**若非飲食之客，則布席，席間函丈。**謂講問之客也。函，猶容也。講問宜相對，容丈，足以指畫也。飲食之客，布席於

（接上頁注）本、毛本、殿本、阮刻本同，岳本作"撝以涉反箕舌"。

① "衣袖末"，彙校卷第十一、撫釋一、余仁仲本、和本、十行本、閩本、監本、毛本、殿本、阮刻本同，岳本無此三字。

② "徐音俱"，彙校卷第十一、撫釋一、余仁仲本、和本、十行本、閩本、監本、毛本、殿本、阮刻本同，岳本作"又音俱"。

③ "埽先報反又先早反擁於勇反"，監本、毛本、殿本、阮刻本同，岳本無此十二字。彙校卷第十一、撫釋一、余仁仲本、和本、十行本、閩本"埽"作"掃"；彙校卷第十一、撫釋一、余仁仲本、和本、十行本、閩本、監本、毛本、殿本、阮刻本"埽"上有"謂"字。

④ "扱許急反斂也"，岳本作"扱音吸斂也"，彙校卷第十一、撫釋一、余仁仲本、和本、十行本、閩本、監本、毛本、殿本、阮刻本"扱"下有"依注音吸"四字。

⑤ "令力呈反昂本又作卬又作仰同五剛反又魚丈反下同"，彙校卷第十一、撫釋一、余仁仲本、和本、十行本、閩本、監本、毛本、殿本、阮刻本"昂本又作卬"作"卬本又作昂"，岳本無此二十二字。

⑥ "本又作契又作絜同"，彙校卷第十一、撫釋一、余仁仲本、和本、十行本、閩本、監本、毛本、殿本、阮刻本同，岳本無此八字。

⑦ "槔古毫反𣗥槔依字作桔槔見莊子"，撫釋一"槔"作"皋"，彙校卷第十一、余仁仲本、和本、十行本、閩本、監本、毛本、殿本、阮刻本"𣗥槔"作"絜皋"，岳本無此十四字。

⑧ "衽"，内則作"趾"，是。

⑨ "坐才卧反又如字"，彙校卷第十一、撫釋一、余仁仲本、和本、十行本、閩本、監本、毛本、殿本、阮刻本同，岳本無此七字。

牖前。丈，或爲杖。○函，胡南反。丈，如字，“丈尺”之“丈”，王肅作“杖”。畫，胡麥反。牖，羊九反①。**主人跪正席**，雖來講問，猶以客禮待之，異於弟子。**客跪，撫席而辭**。撫之者，荅主人之親正。**客徹重席，主人固辭**。徹，去也，去重席，謙也。再辭曰固。○重，直龍反，注同。再辭曰固，一本作“曰固辭”②。**客踐席，乃坐**。客安，主人乃敢安也③。講問宜坐。**主人不問，客不先舉**。客自外來，宜問其安否、無恙及所爲來故。○恙，羊尚反。爾雅云：“憂也。”④爲，于僞反，下同。**將即席，容毋怍**。怍，顏色變也。○怍，才洛反，慙也⑤。**兩手摳衣，去齊尺**。齊，謂裳下緝也。○齊，音咨，注同，本又作“齋”。緝，七立反⑥。**衣毋撥**，撥，發揚貌。○撥，半末反⑦。**足毋蹶**。蹶，行遽貌。○蹶，本又作“蹙”，居衛反，又求月反。遽，其據反⑧。

　1·20○**先生書策琴瑟在前，坐而遷之，戒勿越**。廣敬也。在前，謂當行之前。○策，本又作“筴”，初革反，編萠也⑨。**虛坐盡後**，謙也。○

---

① “丈尺之丈王肅作杖畫胡麥反牖羊九反”，彙校卷第十一、撫釋一、余仁仲本、和本、十行本、閩本、監本、毛本、殿本、阮刻本同，岳本無此十六字。
② “注同再辭曰固一本作曰固辭”，彙校卷第十一、撫釋一、余仁仲本、和本、十行本、閩本、監本、毛本、殿本、阮刻本同，岳本無此十二字。
③ “客安主人乃敢安也”，撫州本、余仁仲本、婺州本、岳本、嘉靖本、足利本、和本、十行本、閩本、監本、毛本、殿本、阮刻本同，八行本脫“客”與下“安”二字，潘本同，呂本已補。細審之，八行本此頁乃後人修版。
④ “爾雅云憂也”，彙校卷第十一、撫釋一、余仁仲本、和本、十行本、閩本、監本、毛本、殿本、阮刻本同，岳本無此五字。
⑤ “慙也”，彙校卷第十一、撫釋一、余仁仲本、和本、十行本、閩本、監本、毛本、殿本、阮刻本同，岳本無此二字。
⑥ “注同本又作齋緝七立反”，余仁仲本、和本、十行本、閩本、監本、毛本、殿本、阮刻本同，岳本無此十字，彙校卷第十一、撫釋一“緝”上有“謂裳下緝”四字。
⑦ “半末反”，岳本同，彙校卷第十一、撫釋一、余仁仲本、和本、十行本、閩本、監本、毛本、殿本、阮刻本“反”下有“發揚”二字。
⑧ “蹶本又作蹙居衛反又求月反遽其據反”，岳本作“蹶居衛反又求月反”，彙校卷第十一、撫釋一、余仁仲本、和本、十行本、閩本、監本、毛本、殿本、阮刻本“求月反”下有“行急遽貌”四字。
⑨ “策本又作筴初革反編萠也”，彙校卷第十一、撫釋一、余仁仲本、和本、十行本、閩本、監本、毛本、殿本、阮刻本作“筴本又作策初革反編簡也”，岳本無此十一字。

盡，律忍反①，後放此。**食坐盡前。**爲汙席。○汙，"汙辱"之汙，又故反，後放此②。**坐必安，執爾顔。**執，猶守也。**長者不及，毋儳言。**儳，猶暫也，非類雜。○儳，仕鑒反③。**正爾容，聽必恭。**聽先生之言，既説又敬。○説，音悦④。**毋剿説，**剿，猶擥也，謂取人之説以爲己説。○剿，初交反，一音初教反，擥取。説，如字，注同，徐舒鋭反。擥，徐力敢反⑤。**毋雷同。**雷之發聲，物無不同時應者。人之言，當各由己，不當然也。孟子曰："人無是非之心⑥，非人也。"○應，"應對"之應，下同⑦。**必則古昔，稱先王。**言必有依據。**侍坐於先生，先生問焉，終則對。**不敢錯亂尊者之言。○坐，才卧反，後放此。○重意侍坐於先生。玉藻：侍食於先生。**請業則起，請益則起。**尊師重道也。起，若今摳衣前請也。業，謂篇卷也。益，謂受説不了，欲師更明説之。子路問政，子曰："先之勞之。"請益，曰："無倦。"○卷，音眷⑧。**父召無諾，先生召無諾，唯而起。**應辭，"唯"恭於"諾"。○唯，于癸反，徐于比反⑨。○重意父召無諾。玉藻：父

---

① "律忍反"，彙校卷第十一、撫釋一、余仁仲本、岳本、和本、十行本、閩本、監本、毛本、殿本、阮刻本"律"作"津"，是。

② "汙汙辱之汙又故反後放此"，岳本無此十一字，彙校卷第十一、撫釋一、余仁仲本、和本、十行本、閩本、監本、毛本、殿本、阮刻本"故"上有"一"字，是。

③ "仕鑒反"，彙校卷第十一、撫釋一、余仁仲本、和本、十行本、閩本、監本、毛本、殿本、阮刻本作"徐仕鑒反又蒼鑒反又蒼陷反"，岳本作"仕鑒反又蒼鑒反"。

④ "説音悦"，彙校卷第十一、撫釋一、余仁仲本、和本、十行本、閩本、監本、毛本、殿本、阮刻本同，岳本無此三字。

⑤ "剿初交反一音初教反擥取説如字注同徐舒鋭反擥徐力敢反"，彙校卷第十一、撫釋一、余仁仲本、和本、十行本、閩本、監本、毛本、殿本、阮刻本同，岳本作"剿初交反又初教反説如字又音税擥力敢反"。

⑥ "人"，撫州本、余仁仲本、婺州本、岳本、嘉靖本、八行本、和本、十行本、閩本、監本、毛本、殿本、阮刻本同，考證謂當據孟子、衛湜禮記集説刪此字。

⑦ "應應對之應下同"，彙校卷第十一、撫釋一、余仁仲本、和本、十行本、閩本、監本、毛本、殿本、阮刻本同，岳本無此七字。

⑧ "卷音眷"，岳本無此三字，十行本"眷"誤作"春"，彙校卷第十一、撫釋一、余仁仲本、和本、十行本、閩本、監本、毛本、殿本、阮刻本"眷"下有"徐久戀反"四字。

⑨ "徐于比反"，岳本無此四字，彙校卷第十一、撫釋一、余仁仲本、和本、十行本、閩本、監本、毛本、殿本、阮刻本"比反"下有"注同"二字。

命呼，唯而不諾。**侍坐於所尊，敬毋餘席。**必盡其所近尊者之端，爲有後來
者。○爲，于僞反，下"爲饌"同。**見同等不起。**不爲私敬。**燭至起，**異晝夜。
食至起，爲饌變。**上客起。**敬尊者。**燭不見跋。**跋，本也。燭盡則去之，嫌
若燭多，有厭倦。○見，賢遍反。跋，半末反。去，起呂反，下"風去"、"免去"同。燭，
才性反。厭，於豔反①，下同。**尊客之前不叱狗。**主人於尊客之前，不敢倦，嫌若
風去之。○叱，尺質反。狗，古口反。風，芳鳳反②。**讓食不唾。**嫌有穢惡。唾③，
吐臥反。穢，紆廢反。徐烏外反。惡，烏路反④。

　　1・21○**侍坐於君子，君子欠伸、撰杖屨、視日蚤莫，侍坐者請
出矣。**以君子有倦意也。撰，猶持也。○欠，丘斂反。伸，音身。撰，仕轉反。
屨，紀具反，下同。蚤，音早。莫，音暮。⬛重言⬛"侍坐於君子"，本篇二，少儀一。○
⬛重意⬛少儀：問日之蚤莫。**侍坐於君子，君子問更端，則起而對。**離席對，
敬異事也。君子必令復坐。○離，力智反。令，力呈反⑤。**侍坐於君子，若有
告者曰："少間，願有復也。"則左右屏而待。**復，白也。言欲須少空間，
有所白也。屏，猶退也，隱也。○間，音閑，注同。**毋側聽，**嫌探人之私也。側
聽，耳屬於垣。○探，音貪。屬，之玉反。垣，音袁⑥。**毋噭應，毋淫視，毋怠
荒，遊毋倨，立毋跛，坐毋箕，寢毋伏，斂髮毋髢，冠毋免，勞毋袒，暑

---

① "下風去免去同燭才性反厭於豔反"，彙校卷第十一、撫釋一、余仁仲本、和本、十行本、閩本、
　監本、毛本、殿本、阮刻本同，岳本無此十四字。
② "風芳鳳反"，余仁仲本、岳本同，彙校卷第十一、撫釋一作"風去方鳳反"，和本、十行本、閩本、
　監本、毛本、殿本、阮刻本作"風音芳鳳反"。
③ 據彙校卷第十一、撫釋一、余仁仲本、岳本、和本、十行本、閩本、監本、毛本、殿本、阮刻
　本，"唾"下是釋文文字，當在"唾"上補"○"號。
④ "穢紆廢反徐烏外反惡烏路反"，彙校卷第十一、撫釋一、余仁仲本、和本、十行本、閩本、
　監本、毛本、殿本、阮刻本同，岳本無此十二字。
⑤ "令力呈反"，彙校卷第十一、撫釋一、余仁仲本、和本、十行本、閩本、監本、毛本、殿本、
　阮刻本同，岳本無此四字。
⑥ "垣音袁"，彙校卷第十一、撫釋一、余仁仲本、和本、十行本、閩本、監本、毛本、殿本、阮
　刻本同，岳本無此三字。

毋褰裳。皆爲其不敬。噭，號呼之聲也。淫視，睇眄也①。怠荒，放散身體也。跛，偏在也②。伏，覆也。髦③，髮也，毋垂餘奸髮也④。免，去也。褰，袪也。髦，或爲“肆”。○噭，古弔反。視，如字，徐市志反⑤。倨，音據。跛，彼義反，又波我反⑥。髦，徒細反，髮垂如髮⑦。祖，徒旱反，露也⑧。褰，起連反。爲，于僞反⑨，下“爲妨”、“爲于”、“皆爲”、“爲其”、“爲後”同⑩。號，户高反，本又作“嗁”字。呼，火故反，又如字。睇，大計反。眄，莫遍反。覆，芳伏反⑪。髮，皮義反。袪，丘魚反。肆，以二反，餘也⑫。

　　1·22○**侍坐於長者，屨不上於堂**，屨賤，空則不陳於尊者之

————————

① “眄”，余仁仲本、岳本、嘉靖本、八行本、和本、十行本、閩本、監本、毛本、殿本、阮刻本同；撫州本、婺州本作“盼”，非。

② “偏在”，撫州本、余仁仲本、婺州本、岳本、嘉靖本、八行本、和本、十行本、閩本、監本、毛本、殿本、阮刻本作“偏任”，是。

③ “髦”，撫州本、余仁仲本、婺州本、岳本、嘉靖本、八行本、和本、十行本、閩本、監本、毛本、殿本、阮刻本、叢刊本作“髦”，是。

④ “奸”，撫州本、余仁仲本、婺州本、岳本、嘉靖本、八行本、和本、十行本、閩本、監本、毛本、殿本、阮刻本作“如”，是。

⑤ “徐”，彙校卷第十一、撫釋一、余仁仲本、和本、十行本、閩本、監本、毛本、殿本、阮刻本同，岳本作“又”。

⑥ “波我反”，岳本同，彙校卷第十一、撫釋一、余仁仲本、和本、十行本、閩本、監本、毛本、殿本、阮刻本“我反”下有“徐方寄反”四字。

⑦ “髮垂如髮”，彙校卷第十一、撫釋一、余仁仲本、和本、十行本、閩本、監本、毛本、殿本、阮刻本同，岳本無此四字。

⑧ “露也”，彙校卷第十一、撫釋一、余仁仲本、和本、十行本、閩本、監本、毛本、殿本、阮刻本同，岳本無此二字。

⑨ “僞”，彙校卷第十一、撫釋一、余仁仲本、岳本、和本、十行本、閩本、監本、毛本、殿本、阮刻本、叢刊本作“僞”，是。

⑩ “爲妨爲于皆爲爲其爲後”，彙校卷第十一、撫釋一、余仁仲本、和本、十行本、閩本、監本、毛本、殿本、阮刻本同，岳本無此十字。

⑪ “號户高反本又作嗁字呼火故反又如字睇大計反眄莫遍反覆芳伏反”，彙校卷第十一、撫釋一、余仁仲本、和本、十行本、閩本、監本、毛本、殿本、阮刻本同，岳本無此二十八字。

⑫ “袪丘魚反肆以二反餘也”，彙校卷第十一、撫釋一、余仁仲本、和本、十行本、閩本、監本、毛本、殿本、阮刻本同，岳本無此十字。

側。○上，時掌反。**解屨不當敢階**①。爲妨後升者。○妨，音方②。**就屨，跪而舉之，屛於側。**謂獨退也。就，猶著也。屛，亦不當階。○着，子畧反③。**鄕長者而屨，跪而遷屨，俯而納屨。**謂長者送之也，不得屛，遷之而已。俯，俛也。納，内也。遷，或爲"還"。**離坐離立，毋往參焉。離立者，不出中間。**爲干人私也。离，兩也。

1·23○**男女不雜坐，不同椸枷，不同巾櫛，不親授。嫂叔不通問，諸母不漱裳。外言不入於梱，内言不出於梱。女子許嫁、纓，非有大故，不入其門。姑、姊、妹、女子子已嫁而反，兄弟弗與同席而坐，弗與同器而食。**皆爲重別，防淫亂。不雜坐，謂男子在堂，女子在房也。椸，可以枷衣者。通問，謂相稱謝也。諸母，庶母也。漱，澣也。庶母賤，可使漱衣，不可使漱裳④。裳賤，尊之者，亦所以遠別。外言、内言，男女之職也。不出入者，不以相問也。梱，門限也。女子許嫁繁纓⑤，有從人之端也。大故，宮中有災變，若疾病，乃後入也。女子有宮者，亦謂由命士以上也。春秋傳曰："羣公子之舍，則已卑矣。"女子十年而不出嫁，乃成人⑥，可以出矣。猶不與男子共席而坐，亦遠別也。○椸，羊支反，衣枷也。枷，本又作"架"，又音嫁，古本無此字⑦。

---

①"當敢"，撫州本、<u>余仁仲</u>本、婺州本、<u>岳</u>本、嘉靖本、八行本、<u>和</u>本、十行本、<u>閩</u>本、監本、毛本、殿本、阮刻本作"敢當"，是。

②"妨音方"，殿本同，<u>彙校</u>卷第十一、撫釋一、<u>余仁仲</u>本、<u>和</u>本、十行本、<u>閩</u>本、監本、毛本、阮刻本作"妨音芳"，<u>岳</u>本無此三字。

③"着子畧反"，<u>岳</u>本無此四字，<u>彙校</u>卷第十一、撫釋一、<u>余仁仲</u>本、<u>和</u>本、十行本、<u>閩</u>本、殿本、阮刻本作"著丁畧反"，是；監本、毛本"丁"誤作"納"。

④"可"，撫州本、<u>余仁仲</u>本、婺州本、<u>岳</u>本、嘉靖本、八行本、<u>和</u>本、<u>閩</u>本、監本、毛本、殿本、阮刻本同；十行本作"自"，非。

⑤"繁"，撫州本、<u>余仁仲</u>本、婺州本、<u>岳</u>本、嘉靖本、八行本、<u>和</u>本、<u>閩</u>本、監本、毛本、殿本、阮刻本作"繫"，十行本作"系"，是。

⑥"乃"，撫州本、<u>余仁仲</u>本、婺州本、<u>岳</u>本、嘉靖本、八行本、<u>和</u>本、十行本、<u>閩</u>本、監本、毛本、殿本、阮刻本作"及"，是。

⑦"枷本又作架又音嫁古本無此字"，<u>岳</u>本作"枷音嫁"，<u>彙校</u>卷第十一、撫釋一、<u>余仁仲</u>本、<u>和</u>本、十行本、<u>閩</u>本、監本、毛本、殿本、阮刻本"又"作"徐"。

櫛，側乙反。“嫂”，字又作“㛋”①，素早反②。漱，悉侯反。梱，本又作“閫”③，苦本反。別，彼列反，下及注同。瀚，户菅反④。 重言 “外言不入於梱，内言不出於梱”，又内則。女子子，又喪服、表記。 重意 内則篇：男女不同椸枷。又，“内言不出，外言不入”。 **父子不同席。** 異尊卑也。 重意 内則：男女不同席。 **男女非有行媒，不相知名；** 見媒往來傳婚姻之言，乃相知姓⑤。○媒，音梅⑥。傳，直專反⑦。 **非受幣，不交不親。** 重別有禮，乃相纏固。 **故日月以告君，** 周禮：凡取判妻入子者，媒氏書之以告君，謂此也。○判，普叛反⑧。 **齊戒以告鬼神，** 昏禮，凡受女之禮，皆於廟爲神席以告鬼神，謂此也。○齊，側皆反。 **爲酒食以召鄉黨僚友，** 會賓客也。 **以厚其別也。** 慎也⑨。 **取妻不取同姓，故買妾不知其姓，則卜之。** 爲其近獸也⑩。妾賤，或時非勝⑪，取之於

---

①“字又作㛋”，彙校卷第十一、撫釋一、余仁仲本、和本、十行本、閩本、監本、毛本、殿本、阮刻本同，岳本無此四字。

②“素早反”，彙校卷第十一、撫釋一、余仁仲本、岳本、和本、監本、毛本、殿本、阮刻本同；十行本、閩本脱“反”字。

③“本又作閫”，彙校卷第十一、撫釋一、余仁仲本、和本、十行本、閩本、監本、毛本、殿本、阮刻本同，岳本無此四字。

④“瀚户菅反”，岳本無此四字，彙校卷第十一、撫釋一、余仁仲本、和本、十行本、閩本、監本、毛本、殿本、阮刻本“菅”作“管”。

⑤“姓”下，撫州本、余仁仲本、婺州本、岳本、嘉靖本、八行本、和本、十行本、閩本、監本、毛本、殿本、阮刻本有“名”字，是。

⑥“梅”下，彙校卷第十一、撫釋一、余仁仲本、和本、十行本、閩本、監本、毛本、殿本、阮刻本有“不相知本或作不相知名名衍字耳”十四字，岳本無。

⑦“傳直專反”，彙校卷第十一、撫釋一、余仁仲本、和本、十行本、閩本、監本、毛本、殿本、阮刻本同，岳本無此四字。

⑧“判普叛反”，彙校卷第十一、撫釋一、余仁仲本、和本、十行本、閩本、監本、毛本、殿本、阮刻本同，岳本無此四字。

⑨“慎”上，撫州本、余仁仲本、婺州本、岳本、嘉靖本、八行本、和本、十行本、閩本、監本、毛本、殿本、阮刻本有“厚重”二字，是。

⑩“近”下，撫州本、余仁仲本、婺州本、岳本、嘉靖本、八行本、和本、十行本、閩本、監本、毛本、殿本、阮刻本有“禽”字，叢刊本補之，是。

⑪“勝”，撫州本、余仁仲本、婺州本、岳本、嘉靖本、八行本、和本、十行本、閩本、監本、毛本、殿本、阮刻本、叢刊本作“媵”，是。

賤者。世無本繫。○取,七住反,本亦作"娶"①,下"賀取妻"同。騰,羊證反,又繩證反。繫,音計,又户計反②。重言"取妻不娶同姓,故買妾不知其姓,則卜之"。又坊記。**寡婦之子,非有見焉,弗與爲友。**辟嫌也。有見,謂有奇才卓然,衆人所知。○見,賢遍反。辟,音避,下同,餘放此③。重言寡婦之子,坊記。重意坊記:不有見焉,則弗友也。

1·24○**賀取妻者,曰:"某子使某,聞子有客④,使某羞。"**謂不在賓客之中,使人往者。羞,進也,言進於客。古者謂候爲進,其禮蓋壺酒、束脩若大也⑤。不斥主人,昏禮不賀。**貧者不以貨財爲禮,老者不以筋力爲禮。**禮許儉,不非無也。年五十始杖,八十拜君命,一坐再至。○筋,音斤。

1·25○**名子者不以國,不以日月,不以隱疾,不以山川。**此在常語之中,爲後難諱也。春秋傳曰:"名終將諱之。"隱疾,衣中之疾也,謂若黑臀、黑肱矣。疾在外者,雖不得言,尚可指摘。此則無時可辟⑥,俗語云:"隱疾難爲醫。"○臀,徒孫反。摘,吐曆反⑦,或音的。醫,於其反⑧。重意内則:凡名子不以日月,不以國,不以隱疾。互注左相六年⑨:"子同生"。"公問名於申繻。

---

① "取七住反本亦作娶",彙校卷第十一、撫釋一、余仁仲本、和本、十行本、閩本、監本、毛本、殿本、阮刻本同,岳本作"取本作娶"。

② "騰羊證反又繩證反繫音計又户計反",彙校卷第十一、撫釋一、余仁仲本同,岳本無此十五字;和本、十行本、閩本、監本、毛本、殿本、阮刻本"户"上衍"音"字。

③ "下同餘放此",彙校卷第十一、撫釋一、余仁仲本、和本、十行本、閩本、監本、毛本、阮刻本作"本亦作避下同餘皆放此",岳本作"餘放此"。

④ "聞",唐石經、撫州本、余仁仲本、婺州本、岳本、嘉靖本、八行本、和本、閩本、監本、毛本、殿本、阮刻本同;十行本作"門",非。

⑤ "大",婺州本同;撫州本、余仁仲本、岳本、嘉靖本、八行本、和本、十行本、閩本、監本、毛本、殿本、阮刻本作"犬",是。少儀:"其以乘壺酒,束脩,一犬賜人。"

⑥ "辟",撫州本、余仁仲本、婺州本、岳本、嘉靖本、和本、十行本、閩本、監本、毛本、殿本、阮刻本同,八行本作"避"。

⑦ "吐曆反",彙校卷第十一、撫釋一、余仁仲本、十行本、閩本、監本、毛本、殿本、阮刻本同,岳本作"梯激反",和本"曆"作"歷";又,彙校卷第十一、撫釋一、余仁仲本、和本、十行本、閩本、監本、毛本、殿本、阮刻本"吐"上有"徐"字。

⑧ "醫於其反",彙校卷第十一、撫釋一、余仁仲本、和本、十行本、閩本、監本、毛本、殿本、阮刻本同,岳本無此四字。

⑨ "相",叢刊本改作"桓",是。

對曰：'名有五，有信，有義，有象，有假，有類。不以國，不以官，不以山川，不以隱疾。故以國則廢名，以官則廢職，以山川則廢主。晉以僖侯廢司徒，宋以武公廢司空。先君獻、武廢二山，是以大物不可以命。'"

　　1·26〇**男女異長。**各自爲伯季也。**男女二十**①，**冠而字。**成人矣，敬其名。〇冠，古亂反。重意上文"二十曰弱冠"，内則："二十而冠。"**父前子名，君前臣名。**對至尊，無大小皆相名。**女子許嫁，笄而字。**以許嫁爲成人。〇笄，古兮反。重意内則：十有五年而笄。

　　1·27〇**凡進食之禮，左殽右胾，食居人之左，羹居人之右**；皆便食也。殽，骨體也。胾，切肉也。食，飯屬也。居人左右，明其近也。殽在俎，胾在豆。〇殽，户交反，熟肉有骨曰殽②。胾，仄吏反，大臠③。食，音嗣，飯也，注"食飯屬"同④。羹，古衡反。便，婢面反，下同。近，如字⑤。**膾炙處外，醢醬處内，**殽胾之外内也。近醢醬者，食之主。膾炙皆在豆。〇膾，古外反。炙，章夜反，注同⑥。醢，徐音海，本又作"醯"，呼兮反⑦。醬，子匠反。**葱渼處末**⑧，渼，烝葱也，處

---

①"男女二十"，唐石經作"男子廿"，撫州本、余仁仲本、婺州本、岳本、嘉靖本、八行本、和本、十行本、閩本、監本、毛本、殿本、阮刻本，吳氏朱批作"男子二十"，是。

②"熟肉有骨曰殽"，彙校卷第十一、撫釋一、余仁仲本、和本、十行本、閩本、監本、毛本、殿本、阮刻本同，岳本無此六字。

③"胾仄吏反大臠"，岳本作"胾音劊"；彙校卷第十一、撫釋一、余仁仲本、和本、十行本、閩本、監本、毛本、殿本、阮刻本"仄"作"側"，"臠"作"𦞦"，是。

④"食音嗣飯也注食飯屬同"，彙校卷第十一、撫釋一、余仁仲本、和本、十行本、閩本、監本、毛本、殿本、阮刻本同，岳本作"食居音嗣注食飯同"；彙校卷第十一、撫釋一、余仁仲本、和本、十行本、閩本、監本、毛本、殿本、阮刻本"同"下有"徐音自"三字。

⑤"羹古衡反便婢面反下同近如字"，岳本無此十三字；彙校卷第十一、撫釋一、余仁仲本、和本、十行本、閩本、監本、毛本、殿本、阮刻本"古衡反"下有"舊音衡"三字。

⑥"注同"，彙校卷第十一、撫釋一、余仁仲本、和本、十行本、閩本、監本、毛本、殿本、阮刻本同，岳本無此二字。

⑦"醢徐音海本又作醯呼兮反"，彙校卷第十一、撫釋一、余仁仲本、和本、十行本、閩本、監本、毛本、殿本、阮刻本同，岳本無"醢徐音海本又作"七字。

⑧"渼"，余仁仲本、婺州本、岳本、嘉靖本、八行本、和本、十行本、閩本、監本、毛本、殿本、阮刻本同；撫州本作"渫"，是。阮校曰："葱渼處末　閩、監、毛本同，石經同，岳本、嘉靖本同，衛氏集説同，釋文出'葱渫'。案：'渫'，本字；'渼'，唐人避諱字。石經中凡偏旁涉'世'字者，多改從'云'，如'棄'作'弃'，'葉'作'萊'。……廣韻'葱渫'作'藻'。"

醢醬之左。言末者,殊加也。湆在豆。○湆,以制反。炙,之承反①。**酒漿處右**②。處羹之右。此言若酒若漿耳。兩有之,則左酒右漿。此大夫、士與賓客燕食之禮,其禮食,則宜放公食大夫禮云。○漿,子羊反③。燕,本亦作"宴",於遍反④。放,方兩反。食,音嗣,此儀禮篇名也,後放此。下及注"執食"同⑤。重意少儀:客爵居左,其飲居右。**以脯脩置者,左胸右末**。亦便食也⑥。屈中曰胸。○胸,其俱反。**客若降等,執食興辭**;辭者,辭主人之臨己食,若欲食於堂下然。**主人興辭於客,然後客坐**。復坐。重言又下文。**主人延客祭**,延,道也。祭,祭先也。君子有事,不忘本也。客不降等⑦,則先祭。○客祭,禮,飲食必祭,示有所先也。干寶注周禮云:"祭五行六陰之伸,與人起居⑧。"道,音導。**祭食,祭所先進**。主人所先進先祭之,所後進後祭之,如其次。**殽之序,徧祭之**。謂戠炙膾也。以其本出於性體也⑨。公食大夫禮:魚、腊、湆、醬不祭

---

① "炙之承反",彙校卷第十一、撫釋一、余仁仲本、和本、十行本、閩本、監本、毛本、殿本、阮刻本同;岳本無此四字。

② "右",唐石經、撫州本、余仁仲本、婺州本、岳本、嘉靖本、八行本、和本、十行本、閩本、毛本、阮刻本同;監本、殿本作"内",非。

③ "子羊反"下,彙校卷第十一、撫釋一、余仁仲本、和本、十行本、閩本、監本、毛本、殿本、阮刻本有"字亦作將"四字,岳本無。

④ "燕本亦作宴於遍反",彙校卷第十一、撫釋一、余仁仲本、和本、十行本、閩本、監本、毛本、殿本、阮刻本同;岳本無此八字。

⑤ "食音嗣此儀禮篇名也後放此下及注執食同",岳本作"公食音嗣執食同",彙校卷第十一、撫釋一、余仁仲本、和本、十行本、閩本、監本、毛本、殿本、阮刻本"食"上有"公"字,"及"上有"文"字;十行本"音嗣"作"悳朐",非。

⑥ "亦",撫州本、余仁仲本、婺州本、岳本、嘉靖本、八行本、和本、閩本、監本、毛本、殿本、阮刻本同;十行本作"應",非。

⑦ "不",撫州本、余仁仲本、婺州本、嘉靖本、八行本同,岳本、和本、十行本、閩本、監本、毛本、殿本、阮刻本作"若",是。岳本考證曰:"'不'字,當爲'若'字之訛。玩疏則知,'主人先祭',專指卑客而言,非敵客也。"考異曰:"十行以來本'不'作'若',誤。"

⑧ "客祭禮飲食必祭示有所先也干寶注周禮云祭五行六陰之伸與人起居",岳本無此二十九字;彙校卷第十一、撫釋一、余仁仲本、和本、十行本、閩本、監本、毛本、殿本、阮刻本"伸"作"神",是。

⑨ "性",撫州本、余仁仲本、婺州本、岳本、嘉靖本、八行本、和本、十行本、閩本、監本、毛本、殿本、阮刻本、作"牲",是。

也。○徧,音遍,下注同①。腊,音昔②。湆,音泣。**三飯,主人延客食胾,然後辯殽**。先食胾,後食殽,殽尊也。凡食殽,辯於肩,食肩則飽也。○飯,扶晚反③,下注"禮飯以手"同。依字書,食旁作下④,扶万反;食旁作反,扶晚反⑤,二字不同,今則混之,故隨俗而音此⑥。辯,音遍,下同。**主人未辯,客不虛口**。俟主人也⑦。虛口,謂酳也。客自敵以上,其酳不待主人飽,主人不先飽也。○酳,音胤⑧,又士覲反,漱口也。以酒曰酳,以水曰漱。**侍食於長者,主人親饋,則拜而食**。勸長者食耳。雖賤,不得執食,興辭拜而已,示敬也。○饋,其類反⑨。重言侍食於長者,又下文。**主人不親饋,則不拜而食**。以其禮於已不隆。重意坊記:主人親饋,則客祭;主人不親饋,則客不祭。**共食不飽**,謙也。謂共羹飯之大器也。**共飯不澤手**。爲汙手不絜也⑩。澤,謂

---

① "下注同",彙校卷第十一、撫釋一、余仁仲本、和本、十行本、閩本、監本、毛本、殿本、阮刻本同,岳本無此三字。

② "腊音昔",彙校卷第十一、撫釋一、余仁仲本、和本、十行本、閩本、監本、毛本、殿本、阮刻本同,岳本無此三字。

③ "扶晚反",余仁仲本、岳本、和本、十行本、閩本、監本、毛本、殿本、阮刻本同,彙校卷第十一、撫釋一作"符晚反"。

④ "下",監本誤作"十";彙校卷第十一、撫釋一余仁仲本、和本、十行本、閩本、毛本、殿本、阮刻本、叢刊本作"卞",是。楊氏札記曰:"卞字一點,原刻甚小。"鍔案:來青閣本作"卞"。

⑤ "扶晚反",彙校卷第十一、撫釋一、余仁仲本、和本、十行本、閩本、監本、毛本、殿本、阮刻本作"符晚反"。

⑥ "此"下,彙校卷第十一、撫釋一、余仁仲本、和本、十行本、閩本、監本、毛本、殿本、阮刻本有"字"字,是;岳本無"下注禮飯以手同依字書食旁作下扶萬反食旁作反扶晚反二字不同今則混之故隨俗而音此"三十八字。

⑦ "也",撫州本、余仁仲本、婺州本、岳本、嘉靖本、八行本、和本、十行本、閩本、監本、毛本、殿本、阮刻本同;叢刊本作"之",非。

⑧ "胤",余仁仲本、十行本、閩本、監本、毛本、阮刻本同,彙校卷第十一、撫釋一、和本、殿本缺末筆,岳本作"靷"。

⑨ "其類反",岳本同,彙校卷第十一、撫釋一、余仁仲本、和本、十行本、閩本、監本、毛本、殿本、阮刻本"其"上有"徐"字,十行本"類"誤作"顏"。

⑩ "汙手",余仁仲本、嘉靖本、叢刊本同,和本、十行本、閩本、監本、毛本、殿本、阮刻本作"汙手";撫州本、婺州本、岳本、八行本作"汙生",是。岳本考證曰:"諸本俱作'汙手不絜'。案正義云:'絜,净也。'若澤手,手必汙生,則不絜净。原本'汙生'解'澤手',於理爲長。一本作'汙生不圭',圭,絜也,義同。"阮校曰:"爲汙手不絜也　閩、監、(轉下頁注)

捼莎也①。禮，飯以手。澤，或爲“擇”。○爲，于僞反。汗，下半反，本或作“汗”②。捼，乃禾反。沈耳佳反③。莎，息禾反，又息隨反④。**毋摶飯**，爲欲致飽，不嫌⑤。○摶，徒端反。爲，于僞反，下皆同⑥。**毋放飯**，去手箇飯於器中⑦，人所穢。○去，起呂反。**毋流歠**，大歠，嫌欲疾。○歠，川悦反。重言“毋放飯，毋流歠”，又少儀。**毋咤食**，嫌薄之。○咤，陟嫁反，叱咤也⑧。**毋齧骨**，爲有聲響，不敬。○齧，五結反。**毋反魚肉**，爲已歷口，人所穢。**毋投與狗骨**，爲其賤飲食之物。**毋固獲**，爲其不廉也，欲專之曰固，爭取曰獲。○獲，如字，鄭横霸反，一音護⑨。**毋揚飯**，飯黍毋以箸，**毋嚽羹**，亦嫌欲疾也。嚽爲不嚼菜。○飯，

（接上頁注）毛本同，惠棟校宋本‘手’作‘生’，是也，宋監本同。岳本作‘爲汗生不潔也’，衛氏集説作‘謂汗手不潔也’。案疏言‘汗生’，知此處當作‘生’。古書‘潔’多作‘絜’，嘉靖本作‘爲汗手不潔也’。○按正義云：‘一本“汗生不圭”，圭，潔也。’”王大隆來青閣本跋文謂當作“汗手”。

① “謂”，撫州本、余仁仲本、婺州本、岳本、八行本、和本、十行本、閩本、監本、毛本、殿本、阮刻本同，嘉靖本作“爲”，非。

② “汗下半反本或作汗”，彙校卷第十一、撫釋一、余仁仲本、和本、十行本、閩本、監本、毛本、殿本、阮刻本同，岳本無此八字。

③ “沈”，彙校卷第十一、撫釋一、余仁仲本、和本、十行本、閩本、監本、毛本、殿本、阮刻本同，岳本作“又”。

④ “又息隨反”，岳本無此四字，彙校卷第十一、撫釋一、余仁仲本、和本、十行本、閩本、監本、毛本、殿本、阮刻本“又”上有“沈”字。

⑤ “嫌”，撫州本、余仁仲本、婺州本、岳本、嘉靖本、八行本、和本、十行本、閩本、監本、毛本、殿本、阮刻本作“謙”，是。

⑥ “爲于僞反下皆同”，彙校卷第十一、撫釋一、余仁仲本、和本、十行本、閩本、監本、毛本、殿本、阮刻本同，岳本無此七字。

⑦ “箇”，撫州本、余仁仲本、岳本、嘉靖本、八行本、和本、十行本、閩本、監本、毛本、殿本、阮刻本作“餘”，是；“中”，撫州本、余仁仲本、岳本、嘉靖本、八行本、和本、十行本、閩本、監本、毛本、殿本、阮刻本同，婺州本作“眾”，非。

⑧ “叱咤也”，彙校卷第十一、撫釋一、余仁仲本、和本、十行本、閩本、監本、毛本、殿本、阮刻本同，岳本無此三字。

⑨ “獲如字鄭横霸反一音護”，岳本無此十字，彙校卷第十一、撫釋一作“固獲並如字徐云鄭横霸反專之曰固爭取曰獲一音護”，余仁仲本、和本、十行本、閩本、監本、毛本、殿本、阮刻本作“固獲並如字徐云鄭横霸反一音護”。

扶晚反。箸,直慮反。説文云:"飯攲也①。"噎,他荅反,一音吐計反,又音退②。嚼,疾略反③。**毋絮羹**,爲其詳於味也。絮,猶調也。○絮,勑慮反,謂加以鹽梅也。**毋刺齒**,爲其弄口也。口容止。○刺,七亦反。弄,魯凍反④。**毋歠醢。**亦嫌詳於味也。歠者,爲其淡故。○淡,度敢反⑤。**客絮羹,主人辭不能亨;客歠醢,主人辭以寠。**優賓。○亨,普彭反⑥,煮也。寠,其禹反,貧也。**濡肉齒決**,決,猶斷也。○濡,音瀀,字亦作"瀀"⑦。斷,音短⑧。**乾肉不齒決。**堅,宜用手。**毋嘬炙。**爲其貪食甚也。嘬,謂一舉盡臠。特牲、少牢:嚌之,加于俎。○嘬,初怪反。炙,章夜反。臠,力轉反。少,徐武照反,凡"少牢"皆同。嚌,才細反⑨。**卒食,客自前跪,徹飯齊以授相者。**謙也。自,從也。齊,醬屬也。相者,主人贊饌者。公食大夫禮:"賓卒食,北面取粱與醬以降也⑩。"○卒,子恤反,後

---

①"説文云飯攲也",彙校卷第十一、撫釋一、余仁仲本、和本、十行本、閩本、監本、毛本、殿本、阮刻本同,岳本無此六字。

②"噎他荅反一音吐計反又音退",余仁仲本、和本、十行本、閩本、監本、毛本、殿本、阮刻本同,岳本作"噎他荅反又吐計反",彙校卷第十一、撫釋一"音退"下有"不嚼菜也"四字。

③"疾略反"下,彙校卷第十一、撫釋一、余仁仲本、和本、十行本、閩本、監本、毛本、殿本、阮刻本有"又序略反"四字,岳本無。

④"弄魯凍反",彙校卷第十一、撫釋一、余仁仲本、和本、十行本、閩本、監本、毛本、殿本、阮刻本同,岳本無此四字。

⑤"淡度敢反",彙校卷第十一、撫釋一、余仁仲本、和本、十行本、閩本、監本、毛本、殿本、阮刻本同,岳本無此四字。

⑥"亨普彭反",彙校卷第十一、撫釋一、余仁仲本、和本、十行本、閩本、監本、毛本、殿本、阮刻本同,岳本作"亨音烹"。

⑦"濡音瀀字亦作瀀",彙校卷第十一、撫釋一、余仁仲本、和本、十行本、閩本、監本、毛本、殿本、阮刻本作"瀀音濡字亦作濡",岳本無此七字。

⑧"音短",彙校卷第十一、撫釋一、余仁仲本、和本、十行本、閩本、監本、毛本、殿本、阮刻本同,岳本"音短"下衍"下同"二字。

⑨"臠力轉反少徐武照反凡少牢皆同嚌才細反",彙校卷第十一同,岳本無此十八字;撫釋一、余仁仲本、和本、十行本、閩本、監本、毛本、殿本、阮刻本"武"作"式",是。和本、十行本、閩本、監本、毛本、殿本、阮刻本"才"上衍"音"字。

⑩"粱與醬",撫州本、余仁仲本、婺州本、岳本、嘉靖本、和本、十行本、閩本、監本、毛本、殿本、阮刻本同,八行本、潘本脫"粱"字。

更不音者,同。齊,本又作"齍"①,將兮反。相,息亮反,及注同②。 **主人興,辭於客,然後客坐。** 不聽,親徹。 **侍飲於長者,酒進則起,拜受於尊所。** 降席拜受,敬也。燕飲之禮鄉尊③。○鄉,音向。 **長者辭,少者反席而飲。長者舉未釂,少者不敢飲。** 不敢先尊者。盡爵曰釂④。燕禮曰:"公卒爵而後飲也。"○少,式召反,下皆同。釂,子妙反⑤,盡也。先,悉薦反,又如字⑥。 **長者賜,少者、賤者不敢辭。** 不敢亢禮也。賤者,僮僕之屬。○亢,苦浪反。僮,音同⑦。 **賜果於君前,其有核者懷其核。** 嫌棄尊者物也。木實曰果。○核,戶革反⑧。 **御食於君,君賜餘,器之溉者不寫,其餘皆寫。** 重汙辱君之器也。溉,謂陶梓之器。不溉,謂萑竹之器也。寫者,傳己器中,乃食之也。勸侑曰御。○溉,古愛反。重,直勇反,徐治龍反。陶,音桃,瓦器也,沈音遙。萑,音丸,葦也。傳,直專反。侑,音又⑨。 **餕餘不祭,父不祭子,夫不祭妻。** 食人之餘曰餕⑩。而不祭,唯此類也。食尊者之餘則祭,盛之。○餕,子閏

---

①"齊本又作齍",彙校卷第十一、撫釋一、余仁仲本、和本、十行本、閩本、監本、毛本、殿本、阮刻本作"齍本又作齊",岳本無此五字。

②"及注同",岳本無此三字;彙校卷第十一、撫釋一、余仁仲本、和本、十行本、閩本、監本、毛本、殿本、阮刻本無"及"字,是。

③"降席拜受敬也燕飲之禮鄉尊",撫州本、余仁仲本、婺州本、岳本、嘉靖本、八行本、和本、閩本、監本、毛本、殿本、阮刻本同;十行本作"起而拜受敬也君飲之禮鄉尊",非。

④"盡爵",撫州本、余仁仲本、婺州本、岳本、嘉靖本、八行本、和本、十行本、閩本、監本、毛本、殿本、阮刻本同,考證據衞湜禮記集說謂"盡"上有"飲"字。

⑤"子妙反",彙校卷第十一、撫釋一、余仁仲本、岳本、和本、閩本、監本、毛本、殿本、阮刻本同;十行本"妙"作"超",非。

⑥"盡也先悉薦反又如字",彙校卷第十一、撫釋一、余仁仲本、和本、十行本、閩本、監本、毛本、殿本、阮刻本同,岳本無此九字。

⑦"僮音同",彙校卷第十一、撫釋一、余仁仲本、和本、十行本、閩本、監本、毛本、殿本、阮刻本同,岳本無此三字。

⑧"戶革反",彙校卷第十一、撫釋一、余仁仲本、岳本、和本、監本、毛本、阮刻本同;十行本、閩本"革"作"華",非。

⑨"重直勇反徐治龍反陶音桃瓦器也沈音遙萑音丸葦也傳直專反侑音又",彙校卷第十一、撫釋一、余仁仲本、和本、十行本、閩本、監本、毛本、殿本、阮刻本同,岳本無此二十九字。

⑩"餕",撫州本、余仁仲本、婺州本、岳本、嘉靖本、八行本、和本、十行本、閩(轉下頁注)

反。**御同於長者，雖貳不辭，**謂侍食於長者，饌具與之同也。貳，謂重殽膳也。辭之，爲長者嫌。○重，直龍反。**偶坐不辭。**盛饌不爲己。○偶，五口反，配也，一曰副貳也。坐，才卧反，又如字①。**羹之有菜者用梜，其無菜者不用梜。**梜，猶箸也，今人或謂箸爲梜提。○梜，古叶反，沈音甲②；字林作筴，云"箸也，公洽反③。"箸，直慮反。**爲天子削瓜者副之，巾以絺；**副，析也。既削，又四析之，乃横斷之而巾覆焉。○爲，于僞反，下同。削，息畧反。瓜，古華反④。副，普逼反。絺，勑宜反，細葛。析，星歷反，下同。斷，音短，下同⑤。**爲國君者華之，巾以綌；**華，中裂之，不四析也。○華，胡瓜反。綌，去逆反，麤葛也⑥。**爲大夫累之，**累，倮也，謂不巾覆也。○累，力果反，又如字⑦。倮，力果反⑧。**士疐之，**不中裂，横斷去疐而已。○疐，音帝。去，起吕反。**庶人齕之。**不横斷。○齕，恨没反，徐胡切反。**父母有疾，冠者不櫛，行不翔，**憂不爲容也。○冠，如字，徐古亂反⑨。爲，如字，徐于僞

（接上頁注）本、監本、毛本、殿本、阮刻本重，是；叢刊本"餕"下有"ㄔ"，蓋重文號也。

①"一曰副貳也坐才卧反又如字"，彙校卷第十一、撫釋一、余仁仲本、和本、十行本、閩本、監本、毛本、殿本、阮刻本同，岳本無此十二字。

②"梜古叶反沈音甲"，岳本作"梜古協反又音甲"，彙校卷第十一、撫釋一、余仁仲本、和本、十行本、閩本、監本、毛本、殿本、阮刻本"叶"作"協"，"音"上有"又"字。

③"字林作筴云箸也公洽反"，彙校卷第十一、撫釋一、余仁仲本、和本、十行本、閩本、監本、毛本、殿本、阮刻本同，岳本無此十字。

④"瓜古華反"，彙校卷第十一、撫釋一、余仁仲本、和本、十行本、閩本、監本、毛本、殿本、阮刻本同，岳本無此四字。

⑤"析星歷反下同斷音短下同"，彙校卷第十一、撫釋一、余仁仲本、和本、十行本、閩本、監本、毛本、殿本、阮刻本同，岳本無此十一字。

⑥"麤葛也"，彙校卷第十一、撫釋一、余仁仲本、岳本、和本、十行本、閩本、監本、毛本、殿本、阮刻本無"也"字，是。

⑦"又"，岳本同；彙校卷第十一、撫釋一、余仁仲本、和本、十行本、閩本、監本、毛本、殿本、阮刻本作"一音"，是。

⑧"倮力果反"，彙校卷第十一、撫釋一、余仁仲本、和本、十行本、閩本、監本、毛本、殿本、阮刻本同，岳本無此四字；"果反"下，彙校卷第十一、撫釋一、余仁仲本、和本、十行本、閩本、監本、毛本、殿本、阮刻本有"沈胡瓦反"四字。

⑨"徐"，彙校卷第十一、撫釋一、余仁仲本、和本、十行本、閩本、監本、毛本、殿本、阮刻本同，岳本作"又"。

反①。**言不惰**，憂不在私好。惰，不正之言②。○惰，徒禾反，又徒卧反③。**琴瑟不御**，憂不在樂。**食肉不至變味，飲酒不至變貌**，憂不在味。**笑不至矧，怒不至詈**。憂在心，難變也。齒本曰矧，大笑則見。○矧，本又作"哂"，失忍反④。詈，力智反，罵詈⑤。**疾止復故**。自若常也。**有憂者側席而坐**，側，猶特也。憂不在接人，不布它面席⑥。**有喪者專席而坐**。降居處也。專，猶單也。

　　1·28○**水潦降，不獻魚鼈**。不饒多也。○潦，音老，雨水謂之潦⑦。**獻鳥者佛其首**，爲其啄害人也⑧。佛，戾也，蓋爲小竹籠以冒之。○佛，本又作"拂"⑨，

---

① "爲如字徐于僞反"，彙校卷第十一、撫釋一、余仁仲本、和本、十行本、閩本、監本、毛本、殿本、阮刻本同，岳本無此七字。

② "惰不正之言"，余仁仲本、嘉靖本、和本、十行本、閩本、監本、毛本、殿本、阮刻本、叢刊本同；撫州本、婺州本、八行本無此五字，岳本置於釋文。考證曰："此係疏文釋經'惰'字，誤衍於此。"考異曰："憂不在私好：十行以來本此下皆衍'惰不正之言'五字，嘉靖本亦然。因岳本取正義語附載之，遂誤入鄭注耳。"阮校曰："惰不正之言　閩、監、毛本同，嘉靖本同。惠棟校宋本無此五字，宋監本同，衛氏集説同，考文引古本、足利本同，通典六十八引同。岳本有此五字，而別入於釋文。按釋文亦無此五字，當因正義誤入。"鍔案：王、張、阮説是。

③ "又徒卧反"，彙校卷第十一、撫釋一、余仁仲本作"一音徒卧反好呼報反"，岳本作"又徒卧反好呼報反"，和本、十行本、閩本、監本、毛本、殿本、阮刻本作"一音徒卧反好音呼報反"。

④ "本又作哂失忍反"，彙校卷第十一、撫釋一、余仁仲本、和本、十行本、閩本、監本、毛本、殿本、阮刻本同，岳本無"本又作哂"四字；又，彙校卷第十一、撫釋一、余仁仲本、和本、十行本、閩本、監本、毛本、殿本、阮刻本"失忍反"下有"又詩忍反"四字。

⑤ "詈"下，彙校卷第十一、撫釋一、余仁仲本、和本、十行本、閩本、監本、毛本、殿本、阮刻本有"則見賢遍反"五字，岳本少"則"字。

⑥ "它"，撫州本、余仁仲本、婺州本、岳本、嘉靖本、八行本、和本、十行本、閩本、監本、毛本、殿本、阮刻本作"他"。

⑦ "雨水謂之潦"，彙校卷第十一、撫釋一、余仁仲本、和本、十行本、閩本、監本、毛本、殿本、阮刻本同，岳本無此五字。

⑧ "啄害人也"，撫州本、余仁仲本、婺州本、岳本、嘉靖本、八行本、和本、十行本、閩本、監本、毛本、殿本、阮刻本作"喙害人也"，是。

⑨ "佛本又作拂"，彙校卷第十一、撫釋一、余仁仲本、和本、十行本、閩本、監本、毛本、殿本、阮刻本作"拂本又作佛"，岳本無"本又作拂"四字。

扶弗反,下同。爲,于僞反,下"爲其"同①。啄,吁廢反,又陟邁反,又知肯、丁角反②。戾,力計反。籠,力東反。冒,莫報反③。**畜鳥者則勿佛也。** 畜,養也,養則馴。○畜,許六反,徐况又反④。馴,似遵反,狎也,徐食倫反,沈養純反⑤。**獻車馬者執策綏,獻甲者執胄,獻杖者執末,獻民虜者操右袂,獻粟者執右契,獻米者操量鼓,獻孰食者操醬齊,獻田宅者操書致。** 凡操、執者,謂手所舉以告者也。設其大者,舉其小者,便也。甲,鎧也。胄,兜鍪也。民虜,軍所獲也,操其右袂制之。契,券要也,右爲尊。量鼓,量器名。○綏,音雖,執以登車者⑥。胄,直又反。操,七刀反,持也⑦,下及注皆同。契,若計反⑧。量,音亮,又音良,升斛⑨。鼓,隱義云:"樂浪人呼爲十二石者爲鼓⑩。"齊,本又作"齍",同,子兮反⑪。便,婢面反。鎧,苦愛反。兜,丁侯反。鍪,莫侯反。券,字又作"絭",音勸⑫。 **凡**

---

① "爲其",彙校卷第十一、撫釋一、余仁仲本、和本、十行本、閩本、監本、毛本、殿本、阮刻本同,岳本無此二字。

② "啄吁廢反又陟邁反又知肯丁角反",彙校卷第十一、撫釋一、余仁仲本、和本、十行本、閩本、監本、毛本、殿本、阮刻本"啄"作"喙","肯"下有作"反又"二字,是;監本、毛本、殿本"丁角反"作"竹角反",岳本無"又陟邁反又知肯丁角反"十字。

③ "戾力計反籠力東反冒莫報反",彙校卷第十一、撫釋一、余仁仲本、和本、十行本、閩本、監本、毛本、殿本、阮刻本同,岳本無此十二字。

④ "徐",彙校卷第十一、撫釋一、余仁仲本、和本、十行本、閩本、監本、毛本、殿本、阮刻本同,岳本作"又"。

⑤ "馴似遵反狎也徐食倫反沈養純反",彙校卷第十一、撫釋一、余仁仲本、和本、十行本、閩本、監本、毛本、殿本、阮刻本同,岳本無此十四字。

⑥ "執以登車者",彙校卷第十一、撫釋一、余仁仲本、和本、十行本、閩本、監本、毛本、殿本、阮刻本同,岳本無此五字。

⑦ "持也",彙校卷第十一、撫釋一、余仁仲本、和本、十行本、閩本、監本、毛本、殿本、阮刻本同,岳本無此二字。

⑧ "若計反",彙校卷第十一、撫釋一、余仁仲本、岳本、和本、十行本、閩本、監本、毛本、殿本、阮刻本"若"作"苦",是。

⑨ "升斛",彙校卷第十一、撫釋一、余仁仲本、和本、十行本、閩本、監本、毛本、殿本、阮刻本同,岳本無此二字。

⑩ "爲",彙校卷第十一、撫釋一、余仁仲本、岳本、和本、十行本、閩本、監本、毛本、殿本、阮刻本作"容",是。

⑪ "齊本又作齍同子兮反",彙校卷第十一、撫釋一、余仁仲本、和本、十行本、閩本、監本、毛本、殿本、阮刻本同,岳本無"本又作齍同"五字。

⑫ "便婢面反鎧苦愛反兜丁侯反鍪莫侯反券字又作絭音勸",彙校卷第十一、(轉下頁注)

遺人弓者，張弓尚筋，弛弓尚角，弓有往來體，皆欲令其下曲，隈然順也。遺人無時，已定體則張之，未定體則弛之。○遺，于季反，與也，注同①。弛，本又作“施”，同隈，式是反，謂不張也，注同②。隈，本又作“頹”，徒回反③。右手執簫，左手承弣，簫，弭頭也，謂之簫。簫，邪也。弣，把中④。○弣，音撫，徐音甫⑤，下同。弭，亡婢反，弓末也。邪，似嗟反⑥。把，音霸，手執處也⑦。尊卑垂帨。帨，佩巾也。磬折則佩垂，授受之儀，尊卑一。○帨，徐始銳反。磬，徐苦定反。折，徐時列反，又之列反，沈云：“舊音逝⑧。”若主人拜，拜受也。則客還辟，辟拜。辟拜，謙不敢當。○辟辟，上扶亦反，下音避，注同⑨。主人自受，由客之左，接下承弣，由，從也，從客之左，右客，尊之。接下，接客手下也。承弣卻手，則簫覆手與？○覆，芳服反。與，音餘。鄉與客並，然後受。於堂上，

———

（接上頁注）撫釋一、余仁仲本、和本、十行本、閩本、監本、毛本、殿本、阮刻本同，岳本無此二十三字。

① “與也注同”，彙校卷第十一、撫釋一、余仁仲本、和本、十行本、閩本、監本、毛本、殿本、阮刻本同，岳本無此四字。

② “弛本又作施同隈，式是反謂不張也注同”，彙校卷第十一、撫釋一、余仁仲本、和本、十行本、閩本、監本、毛本、殿本、阮刻本無“隈”字，岳本作“弛式是反”。

③ “隈本又作頹徒回反”，岳本無此八字，彙校卷第十一、撫釋一、余仁仲本、和本、十行本、閩本、監本、毛本、殿本、阮刻本“回反”下有“順貌”二字。

④ “把”，余仁仲本、婺州本、岳本、嘉靖本、八行本、和本、十行本、閩本、監本、毛本、殿本、阮刻本同，撫州本作“杷”。考異曰：“各本‘杷’作‘把’，釋文作‘把’，蓋據之改也。儀禮大射注‘弣，弓杷也’，嚴州本字亦從‘木’，與此正同，皆於釋文不合，乃宋時俗寫。”

⑤ “徐音甫”，彙校卷第十一、撫釋一、余仁仲本、和本、十行本、閩本、監本、毛本、殿本、阮刻本同，岳本無此三字。

⑥ “弭亡婢反弓末也邪似嗟反”，彙校卷第十一、撫釋一、余仁仲本、和本、十行本、閩本、監本、毛本、殿本、阮刻本同，岳本無此十一字。

⑦ “手執處也”，彙校卷第十一、撫釋一、余仁仲本、和本、十行本、閩本、監本、毛本、殿本、阮刻本同，岳本無此四字。

⑧ “帨徐始銳反磬徐苦定反折徐時列反又之列反沈云舊音逝”，彙校卷第十一、撫釋一、余仁仲本、和本、十行本、閩本、監本、毛本、殿本、阮刻本同，岳本無三“徐”字、“沈云舊音逝”五字。

⑨ “辟辟上扶亦反下音避注同”，岳本作“辟辟上蒲亦反下音避”，殿本作“辟辟上辟扶亦反下辟音避注同”，彙校卷第十一、撫釋一、余仁仲本、和本、十行本、閩本、監本、毛本、阮刻本作“辟辟上扶亦反下辟音避注同”。

則俱南面。禮,敵者並授。**進劍者左首。**左首,尊也。**進戈者前其鐏,後其刃。進矛戟者前其鐓。**後刃,敬也。三兵鐏、鐓雖在下,猶爲首。鋭底曰鐏,取其鐏地①。平底曰鐓,取其鐓地。○鐏,在困反,舊子困反,注同,一讀注音作管反②。矛,本又作"舒",音謀,兵器③。鐓,本又作"錞",徒對反,注同,一讀注丁亂反④。銳,以税反。底,丁禮反⑤。**進几杖者拂之。**尊者所馮依,拂去塵,敬。○拂,如字。馮,皮冰反。去,起呂反⑥。**效馬效羊者右牽之,**用右手便,效,猶呈見。○效,胡教反,下同。便,婢面反。見,賢遍反⑦。**效犬者左牽之。**大齛齧人⑧,右手當禁備之。○齛,本亦作"噬"⑨,常世反。**執禽者左首。**左首尊。**飾羔鴈者以繢。**繢,畫也。諸侯大夫以布,天子大夫以畫。○繢,胡對反。**受珠玉者以掬。**慎也,掬,手中。○掬,九六反。兩手曰掬⑩。**受弓**

①"鐏地",撫州本、余仁仲本、婺州本、嘉靖本、八行本、十行本、阮刻本同;岳本、和本、閩本、監本、毛本、殿本作"鐏也",非,下"鐓地"同。考異曰:"俗注疏本'地'作'也',誤,下句'取其鐓地'同。詩小戎正義所引兩字皆作'地',可證。凡嘉靖本、岳本及十行本初刻,皆未誤。"

②"注同一讀注音作管反",岳本無此九字,彙校卷第十一、撫釋一、余仁仲本、和本、十行本、閩本、監本、毛本、殿本、阮刻本"管"作"管"。

③"矛本又作舒音謀兵器",彙校卷第十一、撫釋一、余仁仲本、和本、十行本、閩本、監本、毛本、殿本、阮刻本同,岳本無此九字。

④"鐓本又作錞徒對反注同一讀注丁亂反",彙校卷第十一、撫釋一、余仁仲本、和本、十行本、閩本、監本、毛本、殿本、阮刻本同,岳本作"鐓徒對反"。

⑤"銳以税反底丁禮反",彙校卷第十一、撫釋一、余仁仲本同,岳本、和本、十行本、閩本、監本、毛本、阮刻本、岳本無此八字。

⑥"馮皮冰反去起呂反",彙校卷第十一、撫釋一、余仁仲本、和本、十行本、閩本、監本、毛本、殿本、阮刻本同,岳本無此八字。

⑦"便婢面反見賢遍反",彙校卷第十一、撫釋一、余仁仲本、和本、十行本、閩本、監本、毛本、殿本、阮刻本同,岳本無此八字。

⑧"大",撫州本、余仁仲本、婺州本、岳本、嘉靖本、八行本、和本、十行本、閩本、監本、毛本、殿本、阮刻本作"犬",是。

⑨"本亦作噬",彙校卷第十一、撫釋一、余仁仲本、和本、十行本、閩本、監本、毛本、殿本、阮刻本同,岳本無此四字。

⑩"兩手曰掬",彙校卷第十一、撫釋一、余仁仲本、和本、十行本、閩本、監本、毛本、殿本、阮刻本同,岳本無此四字。

劍者以袂。敬也。**飮玉爵者弗揮。**爲其寶而脆①。○揮,音輝,何云②:"振
去餘酒曰揮。"脆,七歲反③。**凡以弓劍、苞苴、簞笥問人者,**問,猶遺也。
苞苴,裹魚肉或以葦,或以茅。簞笥,盛飯食者,圜曰簞,方曰笥。○苞苴,子餘
反。苞,裹也。苴,藉也④。簞,音單。笥,思嗣反⑤。簞笥,竹器也。裹,音果。
葦,韋鬼反。盛,音成。圜,音員⑥。**操以受命,如使之容。**謂使者。○
使,色吏反,注及下"使者"、"使也"並同⑦。**凡爲君使者,已受命,君言不
宿於家。**急君使也。言,謂有故所問也。聘禮曰:"君有言⑧,則以束帛如享
禮⑨。"○爲,于僞反,下注"爲哀樂"、"爲其廢事"並同⑩。**君言至,則主人出
拜君言之辱;使者歸,則必拜送于門外。**敬君命也。此謂國君問事於
其臣。重言聘義:拜君命之辱。**若使人於君所,則必朝服而命之;使者**

---

① "脆",余仁仲本、嘉靖本、和本、十行本、閩本、監本、毛本、殿本、阮刻本同;撫州本、婺州
本、岳本、八行本作"脃",是。阮校曰:"爲其寶而脆　閩、監、毛本同,嘉靖本同,惠棟校宋
本'脆'作'脃',宋監本同,岳本同,釋文同。五經文字云:'脃從刀從𦨭,作"脆",訛。'"

② "何云",彙校卷第十一、撫釋一、余仁仲本、和本、十行本、閩本、監本、毛本、殿本、阮刻
本同,岳本無此二字。

③ "脆七歲反",余仁仲本、和本、十行本、閩本、監本、毛本、殿本、阮刻本同,岳本無此四
字;彙校卷第十一、撫釋一作"脃七歲反",是。

④ "苞裹也苴藉也",彙校卷第十一、撫釋一、余仁仲本、和本、十行本、閩本、監本、毛本、殿
本、阮刻本同,岳本無此六字。

⑤ "思嗣反"下,彙校卷第十一、撫釋一、余仁仲本、和本、十行本、閩本、監本、毛本、殿本、
阮刻本有"字林先自反沈息里反"九字,岳本無。

⑥ "簞笥竹器也裹音果葦韋鬼反盛音成圜音員",彙校卷第十一、撫釋一、余仁仲本、和本、
十行本、閩本、監本、毛本、殿本、阮刻本同,岳本無此十八字。

⑦ "使者使也並",彙校卷第十一、撫釋一、余仁仲本、和本、十行本、閩本、監本、毛本、殿
本、阮刻本同,岳本無此五字。

⑧ "君",撫州本、余仁仲本、婺州本、岳本、嘉靖本、八行本、和本、十行本、閩本、監本、毛
本、殿本、阮刻本同;聘禮、足利本作"若",是。考異曰:"'君'當作'若',此撫本之誤,各
本誤與此同,惟山井鼎所據宋板不誤,今未見也。"鍔案:山井鼎所據宋板,即足利本也。

⑨ "享",撫州本、婺州本、足利本、八行本同,余仁仲本、岳本、嘉靖本、和本、十行本、閩本、
監本、毛本、殿本、阮刻本作"饗",非。考異曰:"各本'享'作'饗',誤。山井鼎所據不
誤,與此同。"

⑩ "爲哀樂爲其廢事",岳本無此七字;彙校卷第十一、撫釋一、余仁仲本、和本、十行本、閩
本、監本、毛本、殿本、阮刻本"廢"下有"喪"字,是。

反,則必下堂而受命。此臣有所告請於其君。○朝,音條①。

1·29○博聞强識而讓,敦善行而不怠,謂之君子。敦,厚也②。○識,如字,又式異反。行,下孟反,皇如字③。怠,音代④。君子不盡人之歡,不竭人之忠,以全交也。歡,謂飲食。忠,謂衣服之物。禮曰:"君子抱孫不抱子。"此言孫可以爲王父尸,子不可以爲父尸⑤。以孫與祖昭穆同。○昭,時招反。重意祭統:孫爲王父尸。爲君尸者,大夫、士見之則下之。君知所以爲尸者,則自下之。尊尸也。下,下車也。國君或時幼少,不能盡識羣臣,有以告者,乃下之。○少,式召反。尸必式。禮之。重言尸必式。又曾子問、雜記。乘必以几。尊者慎也。○乘,繩證反,下注二處"乘車"同⑥。齊者不樂不弔。爲哀樂則失正,散其思也。○齊,側皆反。樂,音洛,下"無容樂"、"非樂所"同⑦。思,絲嗣反,又如字。

1·30○居喪之禮,毀瘠不形,視聽不衰,爲其廢喪事。形,謂骨

---

① "音條",彙校卷第十一、撫釋一、余仁仲本、岳本、和本、十行本、閩本、監本、毛本、殿本、阮刻本作"直遥反",是。

② "厚也",撫州本、余仁仲本、婺州本、岳本、嘉靖本、八行本、和本、十行本、閩本、監本、毛本、殿本、阮刻本無"也"字。

③ "皇如字",彙校卷第十一、撫釋一、余仁仲本、和本、十行本、閩本、監本、毛本、殿本、阮刻本同,岳本無此三字。

④ "怠音代",彙校卷第十一、撫釋一、余仁仲本、和本、十行本、閩本、監本、毛本、殿本、阮刻本同,岳本作"怠音待"。

⑤ 宋本於此下,錯亂嚴重。經文"子不可以爲父尸"以下,本應是鄭玄注文"以孫與祖昭穆同",然宋本將注文"以孫與祖昭穆同"至重意文字"則不問其所",編爲卷一第十六頁,經文"弔喪弗能賻不問其所費"一節下之重意文字"費於有病者之側",至經文"内事以柔日"之注文"順其居内爲陰重意表記外事用剛日内事用柔日",編爲第十四、第十五頁,裝訂時將第十六頁置於第十五頁之後,導致順序錯亂。今據撫州本、余仁仲本、婺州本、岳本、嘉靖本、八行本、和本、十行本、閩本、監本、毛本、殿本、阮刻本乙正。

⑥ "二處乘車",彙校卷第十一、撫釋一、余仁仲本、和本、十行本、閩本、監本、毛本、殿本、阮刻本同,岳本無此四字。

⑦ "下無容樂非樂所同",彙校卷第十一、撫釋一、余仁仲本、和本、十行本、閩本、監本、毛本、殿本、阮刻本同,岳本無此八字。

見。○瘠，在昔反①，瘦也。見，賢遍反②。**升降不由阼階，出入不當門隧。**常若親存。隧，道也。○阼，才故反。隧，音遂③。**居喪之禮，頭有創則沐，身有瘍則浴，有疾則飲酒食肉，疾止復初。不勝喪，乃比於不慈不孝。**勝，任也。○創，初良反，又初亮反。瘍，音羊④，本或作“痒”。勝，音升。任，而金反。重意雜記下：“身有痒則俗⑤，首有瘡則沐。”○檀弓上：“喪有疾，食肉飲酒。”雜記下：“有疾飲酒食肉。”又“病則飲酒食肉。”喪大記：“有疾食肉飲酒，可也。”**五十不致毀，六十不毀，七十唯衰麻在身，飲酒食肉，處於內。**所以養衰老⑥。人五十，始衰也。○衰，七雷反。重言五十不致毀，六十不毀。又雜記下：“七十唯衰麻在身。”又喪大記一。**生與來日，死與往日。**與，猶數也。生數來日，謂成服杖以死明日數也。死數往日，謂殯斂以死日數也。此士禮，貶於大夫者，大夫以上皆以來日數。士喪禮曰：“死日而襲，厥明而小斂，又厥明大斂而殯。”則死三日。而更言三日成服杖，似異日矣。喪大記曰：“士之喪，二日而殯，三日之朝，人杖⑦。”二者相推，其然朋矣⑧。與，或爲

---

①“在昔反”，彙校卷第十一、撫釋一、余仁仲本、岳本同，和本、十行本、閩本、監本、毛本、殿本、阮刻本“在”上衍“音”。

②“瘦也見賢遍反”，彙校卷第十一、撫釋一、余仁仲本、和本、十行本、閩本、監本、毛本、殿本、阮刻本同，岳本無此六字。

③“隧音遂”，彙校卷第十一、撫釋一、余仁仲本、和本、十行本、閩本、監本、毛本、殿本、阮刻本同，岳本無此三字。

④“羊”，彙校卷第十一、撫釋一、余仁仲本、岳本、和本同，十行本、閩本、監本、毛本、殿本、阮刻本作“恙”，非。

⑤“俗”，雜記下、叢刊本作“浴”，是。

⑥“衰老”，撫州本、余仁仲本、婺州本、岳本、嘉靖本、和本、十行本、閩本、監本、毛本、殿本、阮刻本同；八行本作“老人”，非。阮校曰：“所以養衰老人五十始衰也　閩、監、毛本同，岳本、嘉靖本同，惠棟校宋本‘養’下無‘衰’字，‘人’字重，衛氏集説亦無，‘人’字不重。”

⑦“人”上，撫州本、余仁仲本、婺州本、岳本、嘉靖本、八行本、和本、十行本、閩本、監本、毛本、殿本、阮刻本有“主”字，是。

⑧“朋”，撫州本、余仁仲本、婺州本、岳本、嘉靖本、八行本、和本、十行本、閩本、監本、毛本、殿本、阮刻本作“明”，是。

“予”。○數，所主反，下皆同。殯，必刃反。斂，力驗反，下同。貶，彼檢反①。**知生者弔，知死者傷。知生而不知死，弔而不傷；知死而不知生，傷而不弔。** 人恩各施於所知也。弔、傷，皆謂致命辭也。雜記曰：“諸侯使人弔辭曰：‘寡君聞君之喪，寡君使某，如何不淑！’”此施於生者，傷辭未聞也。説者有弔辭云：“皇天降災，子遭罹之。如何不淑！”此施於死者，蓋本傷辭。辭畢，退，皆哭。○傷，如字，下同②。**弔喪弗能賻，不問其所費。問疾弗能遺，不問其所欲。見人弗能館，不問其所舍。賜人者不曰來取，與人者不問其所欲。** 皆謂傷恩也③。見人，見行人。館，舍也。與人不問其所欲，己物或時非其所欲，將不與也。○賻，音附。公羊傳曰：“錢財曰賻。”穀梁傳曰：“歸生者曰賻。”不問其所費④，芳味反，一本作“有所費”，下句放此⑤。遺，于季反，與也⑥。爲，于僞反，下“爲其”皆同⑦。重意表記：“君子於有喪者之側，不能賻焉，則不問其所費。於有病者之側，不能饋焉，則不問其所欲。有客不能館，則不問其所舍。”

　　1·31○**適墓不登壟，** 爲其不敬。壟，冢也。墓，塋域。○壟，力勇反。塋，音營⑧。**助葬必執紼。** 葬，喪之大事。紼，引車索。○紼，音弗。引車，本亦作

---

① “殯必刃反斂力驗反下同貶彼檢反”，岳本無此十四字，彙校卷第十一、撫釋一、余仁仲本、和本、十行本、閩本、監本、毛本、殿本、阮刻本“必刃反”下有“下同”二字，“彼檢反”下有“字林方犯反”五字。

② “傷如字下同”，岳本無此五字，彙校卷第十一、撫釋一、余仁仲本、和本、十行本、閩本、監本、毛本、殿本、阮刻本“下同”下有“舊式亮反”四字。

③ “謂”，撫州本、婺州本、八行本同；余仁仲本、岳本、嘉靖本、和本、十行本、閩本、監本、毛本、殿本、阮刻本作“爲”，是。

④ “公羊傳曰錢財曰賻穀梁傳曰歸生者曰賻不問其所”，彙校卷第十一、撫釋一、余仁仲本、和本、十行本、閩本、監本、毛本、殿本、阮刻本同，岳本無此二十一字。

⑤ “一本作有所費下句放此”，彙校卷第十一、撫釋一、余仁仲本、和本、十行本、閩本、監本、毛本、殿本、阮刻本同，岳本無此十字。

⑥ “與也”，彙校卷第十一、撫釋一、余仁仲本、和本、十行本、閩本、監本、毛本、殿本、阮刻本同，岳本無此二字。

⑦ “爲于僞反下爲其皆同”，岳本作“爲于僞反下同”，彙校卷第十一、撫釋一、余仁仲本、和本、十行本、閩本、監本、毛本、殿本、阮刻本“爲于”上有“皆”字。

⑧ “塋音營”，彙校卷第十一、撫釋一、余仁仲本、和本、十行本、閩本、監本、毛本、殿本、阮刻本同，岳本無此三字。

“引棺”①。索,悉各反②。**臨喪不笑。**臨哀宜有哀色③。**揖人必違其位。**禮以變爲敬。**望柩不歌,入臨不翔。**哀傷之,無容樂。○柩,求又反。臨,如字,舊力鴆反。**當食不歎。**食或以樂,非歎所。**鄰有喪,春不相;里有殯,不巷歌。**助哀也。相,謂送杵声。○春,束容反。相,息亮反,注同。杵,昌呂反④。⬜重言⬜見檀弓上。**適墓不歌,**非樂所。**哭日不歌。**哀未忘也。**送喪不由徑,送葬不辟塗潦。**所哀在此。○徑,經定反,邪路也。辟,音避⑤,下注同。**臨喪則必有哀色,執紼不笑,臨樂不歎,介胄則有不可犯之色。**貌與事宜相配。介,甲也。**故君子戒慎,不失色於人。**色属而内任⑥,貌恭心狠⑦,非情者也。○荏,而審反,柔弱貌。狠,胡墾反⑧。**國君撫式,大夫下之。大夫撫式,士下之。**撫,猶據也。據式小俛,崇敬也。乘車必正立。○俛,音免。**禮不下庶人,**爲其遽於事,且不能備物。○下,遐嫁反,又如字。遽,其庶反⑨。**刑不上大夫。**不與賢者犯法,其犯法,則在八議,輕重不在刑書。○上,時掌反。與,音預。**刑人不在君側。**爲怨恨爲害也。

---

①“引車本亦作引棺”,彙校卷第十一、撫釋一、余仁仲本、和本、十行本、閩本、監本、毛本、殿本、阮刻本作“引棺本亦作引車”,岳本無此七字。

②“索悉各反”,彙校卷第十一、撫釋一、余仁仲本、和本、十行本、閩本、監本、毛本、殿本、阮刻本同,岳本無此四字。

③“臨哀”,撫州本、余仁仲本、婺州本、岳本、嘉靖本、八行本、和本、十行本、閩本、監本、毛本、殿本、阮刻本“哀”作“喪”,是。

④“注同杵昌吕反”,彙校卷第十一、撫釋一、余仁仲本、和本、十行本、閩本、監本、毛本、殿本、阮刻本同,岳本無此六字。

⑤“音避”下,彙校卷第十一、撫釋一、余仁仲本、和本、十行本、閩本、監本、毛本、殿本、阮刻本有“本亦作避”四字,岳本無此四字及下“下注同”三字。

⑥“任”,撫州本、余仁仲本、婺州本、岳本、嘉靖本、八行本、和本、十行本、閩本、監本、毛本、殿本、阮刻本、叢刊本作“荏”,是。

⑦“貌恭心狠”,“狠”,十行本、殿本同;撫州本、余仁仲本、婺州本、岳本、嘉靖本、和本、閩本、監本、毛本、阮刻本作“很”,是。

⑧“柔弱貌狠胡墾反”,十行本、殿本同,岳本無此七字,彙校卷第十一、撫釋一、余仁仲本、和本、閩本、監本、毛本、阮刻本有“狠”作“很”。

⑨“遽其庶反”,岳本無此四字,彙校卷第十一、撫釋一、余仁仲本、和本、十行本、閩本、監本、毛本、殿本、阮刻本“庶反”下有“沈又其於反”五字。

春秋傳曰：“近刑人，則輕死之道。”

1·32○**兵車不式**，尚威武，不崇敬。重意少儀：武車不式。**武車綏旌**，盡飾也。綏，謂垂舒之也。武車，亦兵車。○綏，耳佳反。**德車結旌**。不盡飾也。結，謂收斂之也。德車，乘車。

1·33○**史載筆，士載言**。謂從於會同，各持其職以待事也。筆，謂書具之屬。言，謂會同盟要之辭。**前有水，則載青旌。前有塵埃，則載鳴鳶。前有車騎，則載飛鴻。前有士師，則載虎皮。前有摯獸，則載貙貅**。載，謂舉於旌首以警衆也。禮，君行師從，卿行旅從。前驅舉此，則士衆知所有。所舉各以其類象。青，二雀①，水鳥。鳶鳴則將風。鴻，取飛有行列也。士師，謂兵衆。虎，取其有威勇也。貙貅，亦摯獸也。書曰：“如虎如貔。”士，或爲“仕”。○載，音戴②，下及注同。埃，烏來反③。鳶，説專反，鴟也。騎，其寄反④。摯，音至。貙，孔安國云：“執夷反，虎屬，皆健⑤。”貅，本亦作“犺”，許求反⑥。從，才用反⑦。行，户剛反⑧。**行，前朱鳥而後玄武，左青龍而右白虎；招摇在上，急繕其怒**，以此四獸爲軍陳，象天也。急，猶堅也。繕，讀曰勁。又畫招

①“二”，撫州本、余仁仲本、婺州本、岳本、嘉靖本、八行本、和本、十行本、閩本、監本、毛本、殿本、阮刻本作“青”，是。

②“音戴”下，彙校卷第十一、撫釋一、余仁仲本、和本、十行本、閩本、監本、毛本、殿本、阮刻本有“本亦作戴”四字，岳本無。

③“埃烏來反”，彙校卷第十一、撫釋一、余仁仲本、和本、十行本、閩本、監本、毛本、殿本、阮刻本同，岳本無此四字。

④“鴟也騎其寄反”，彙校卷第十一、撫釋一、余仁仲本、和本、十行本、閩本、監本、毛本、殿本、阮刻本同，岳本無此六字。

⑤“貙孔安國云執夷反虎屬皆健”，彙校卷第十一、撫釋一作“貙婢支反徐扶夷反孔安國云貙執夷虎屬皆猛健”，余仁仲本、和本、十行本、閩本、監本、毛本、殿本、阮刻本作“貙婢支反徐扶夷反孔安國云貙執夷反虎屬皆猛健”，岳本作“貙婢支反”。

⑥“貅本亦作犺許求反”，彙校卷第十一、撫釋一、余仁仲本、和本、閩本、監本、毛本、殿本、阮刻本作“貅本亦作犺許求反又虛虯反貙貅摯獸警音景”，岳本作“貅許求反”，十行本“犺”誤作“犹”。

⑦“才用反”下，彙校卷第十一、撫釋一、余仁仲本、岳本、和本、十行本、閩本、監本、毛本、殿本、阮刻本有“下同”二字。

⑧“行户剛反”，彙校卷第十一、撫釋一、余仁仲本、和本、十行本、閩本、監本、毛本、殿本、阮刻本同，岳本無此四字。

搖星於旌旗上，以起居堅勁，軍之威怒，象天帝也。招搖星，在北斗杓端，主指者。○招搖，如字，北斗第七星①。繕，依注音勁，吉政反②。陳，直覲反。杓，敷昭反③。**進退有度**，度，謂伐與步數。重言進退有度，經解。**左右有局，各司其局**。局，部分也。○分，扶問反。

　　1·34○**父之讎，弗與共戴天**。父者，子之天。殺己之天，與共戴天，非孝子也。行求殺之，乃止。○讎，常由反。**兄弟之讎，不反兵**。恆執殺之備。**交遊之讎，不同國**。讎不吾辟，則殺之。交遊，或爲朋友。

　　1·35○**四郊多壘，此卿、大夫之辱也**。辱其謀人之國，不能安也。壘，軍辟也④。數見侵伐則多壘。○壘，徐力鬼反⑤。壁，本又作“辟”，布狄反⑥。數，色角反⑦。**地廣大，荒而不治，此亦士之辱也**。辱其親民不能安。荒，穢也。

　　1·36○**臨祭不惰**。爲無神也。○爲，于僞反；下“爲不”、“爲其”、“爲有”皆同⑧。**祭服敝則焚之，祭器敝則埋之，龜筴敝則埋之，牲死則埋之**。此皆不欲人褻之也。焚之，必已不用。埋之，不知鬼神之所爲。○埋，

---

①“如字北斗第七星”，岳本無“北斗第七星”五字，彙校卷第十一、撫釋一、余仁仲本、岳本、和本、十行本、閩本、監本、毛本、殿本、阮刻本“如字”上有“並”字。

②“繕依注音勁吉政反”，彙校卷第十一、撫釋一、余仁仲本、和本、十行本、閩本、監本、毛本、殿本、阮刻本同，岳本作“繕音勁”。

③“杓敷昭反”，岳本無此四字，彙校卷第十一、撫釋一、余仁仲本、和本、十行本、閩本、監本、毛本、殿本、阮刻本“昭”作“招”，“反”下有“徐必遥反”四字。

④“軍辟”，撫州本、余仁仲本、婺州本、岳本、嘉靖本、八行本、和本、十行本、閩本、監本、毛本、殿本、阮刻本“辟”作“壁”。

⑤“徐力鬼反”，岳本作“力軌反”，彙校卷第十一、撫釋一、余仁仲本、和本、十行本、閩本、監本、毛本、殿本、阮刻本“鬼”作“軌”，“鬼反”下有“又力水反”四字。

⑥“壁本又作辟布狄反”，彙校卷第十一、撫釋一、余仁仲本、和本、十行本、閩本、監本、毛本、殿本、阮刻本作“辟本又作壁布狄反”，岳本無此八字。

⑦“數色角反”，彙校卷第十一、撫釋一、余仁仲本、和本、十行本、閩本、監本、毛本、殿本、阮刻本同，岳本無此四字。

⑧“爲不爲其爲有”，彙校卷第十一、撫釋一、余仁仲本、和本、十行本、閩本、監本、毛本、殿本、阮刻本同，岳本無此六字。

武垂反①。褻,息列反,慢也②。**凡祭於公者,必自徹其俎。**臣不敢煩君使也。大夫以下,或使人歸之。祭於公,助祭於君也。○使,色吏反③。

　　1·37○**卒哭乃諱。**敬鬼神之名④。諱,辟也,生者不相辟名。衛侯,名惡,大夫有名惡,君臣同名,春秋不非。○辟,音避,下皆同。**禮,不諱嫌名,二名不偏諱。**爲其難辟也。嫌名,謂聲音相近⑤,若禹與雨、丘與區也。偏,謂二名不一一諱也⑥。孔子之母,名徵在,言"在"不稱"徵",言"徵"不稱"在"。○禹與雨,並于矩反,一讀雨,音于許反。丘與區,並去求反,一讀區,音羌蚪反。案,漢和帝名肇,不改京兆郡;魏武帝名操,陳思王詩云"脩阪造雲日",是不諱嫌名⑦。重言"二名不遍諱",又檀弓下。**逮事父母,則諱王父母。不逮事父母,則不諱王父母。**逮,及也,謂幼孤不及識父母。思不至於相名⑧,孝子聞名心瞿⑨,諱之由心,此謂庶人。適士以上,廟事祖,雖不逮事父母,猶諱祖。○逮,音

---

①"武垂反",彙校卷第十一、撫釋一、余仁仲本、和本、閩本、監本、毛本、殿本、阮刻本作"徐武乖反",是;岳本無"徐"字,十行本"垂"誤作"帝"。

②"慢也",彙校卷第十一、撫釋一、余仁仲本、和本、十行本、閩本、監本、毛本、殿本、阮刻本同,岳本無此二字。

③"使色吏反",彙校卷第十一、撫釋一、余仁仲本、和本、十行本、閩本、監本、毛本、殿本、阮刻本同,岳本無此四字。

④"名"下,撫州本、余仁仲本、婺州本、岳本、嘉靖本、八行本、和本、十行本、閩本、監本、毛本、殿本、阮刻本有"也"字,是。

⑤"聲音",撫州本、余仁仲本、婺州本、岳本、嘉靖本、八行本、和本、十行本、閩本、監本、毛本、殿本、阮刻本作"音聲",是。

⑥"一一",余仁仲本、婺州本、岳本、嘉靖本、八行本、和本、十行本、閩本、監本、毛本、殿本、阮刻本同;撫州本作"二",非。

⑦"禹與雨並于矩反一讀雨音于許反丘與區並去求反一讀區音羌蚪反案漢和帝名肇不改京兆郡魏武帝名操陳思王詩云脩阪造雲日是不諱嫌名",岳本無此五十九字,彙校卷第十一、撫釋一、余仁仲本、和本、十行本、閩本、監本、毛本、殿本、阮刻本"羌蚪反"下有"又丘于反"四字。

⑧"思不至於相名",撫州本、余仁仲本、婺州本、岳本、嘉靖本、八行本、和本、十行本、閩本、監本、毛本、殿本、阮刻本"思"作"恩","相"作"祖",是。

⑨"瞿",撫州本、余仁仲本、岳本、八行本、和本、十行本、閩本、監本、毛本、殿本、阮刻本同,婺州本、嘉靖本作"懼"。阮校曰:"孝子聞名心瞿　各本同,嘉靖本'瞿'作'懼',通典一百四引亦作'懼'。釋文出'心瞿'云:'本又作懼。'"

代，又大計反①。瞿，本又作“懼”，同，俱付反②。適，丁歷反③。**君所無私諱，**謂臣言於君前，不辟家諱，尊無二。**大夫之所有公諱。** 辟君諱也。⬛重意玉藻：於大夫所，有公諱，無私諱。**詩、書不諱，臨文不諱，**爲其失事正。⬛重言“臨文不諱”，又玉藻。**廟中不諱。** 爲有事於高祖④，則不諱曾祖以下，尊無二也。出於下則諱上⑤。⬛重言“廟中不諱”。又玉藻。**夫人之諱，雖質君之前，臣不諱也。** 臣於夫人之家，恩遠也。質，猶對也。**婦諱不出門。** 婦親遠，於宮中言辟之。**大功、小功不諱。入竟而問禁，入國而問俗，入門而問諱。** 皆爲敬主人也。禁，謂政教。俗，謂常所行與所惡也。國，城中也。○竟，音境。惡，烏路反。

　　1·38○**外事以剛日，**順其出爲陽也，出郊爲外事。春秋傳曰：“甲午祠兵。”**内事以柔日。** 順其居内爲陰。⬛重意表記：外事用剛日，内事用柔日。**凡卜筮日，旬之外曰“遠某日”，旬之内曰“近某日”。** 旬，十日也。○筮，市制反。**喪事先遠日，吉事先近日，**孝子之心。喪事，葬與練，詳也⑥。吉事，祭祀、冠、取之屬也。○冠，古亂反。**曰：“爲日，假爾泰龜有常，假爾泰筮有常。”**命龜筮辭。龜筮於吉凶有常，大事卜，小事筮。○假，古雅反，下同。**卜筮不過三。** 求吉不過三。魯四卜郊，春秋譏之。**卜筮不相襲。**

---

① “又”，岳本同，彙校卷第十一、撫釋一、余仁仲本、和本、十行本、閩本、監本、毛本、殿本、阮刻本作“一音”。

② “瞿本又作懼同俱付反”，彙校卷第十一、撫釋一、余仁仲本、和本、十行本、閩本、監本、毛本、殿本、阮刻本“付”作“附”，岳本無“本又作懼”四字。

③ “適丁歷反”，彙校卷第十一、撫釋一、余仁仲本、岳本、閩本、監本、毛本、殿本、阮刻本同；和本、十行本“適”作“邑”，和本“丁”作“下”，非。

④ “爲有事於高祖”，撫州本、余仁仲本、婺州本、岳本、嘉靖本、八行本、和本、十行本、閩本、監本、毛本、殿本、阮刻本同。考異曰：“案：正義複舉此注‘爲’作‘謂’，是也。各本誤與此同。山井鼎曰：‘古本作“謂”，依正義爲之耳’。”

⑤ “出”，撫州本、余仁仲本、婺州本、岳本、嘉靖本、八行本、和本、十行本、閩本、監本、毛本、殿本、阮刻本無此字，是。

⑥ “詳”，撫州本、余仁仲本、婺州本、岳本、嘉靖本、八行本、和本、十行本、閩本、監本、毛本、殿本、阮刻本作“祥”，是。

卜不吉則又筮，筮不吉則又卜，是瀆龜筮也。晉獻公卜取驪姬不吉，公曰“筮之”是也。○瀆，徒木反。驪，力知反①。○重言又表記。龜爲卜，筴爲筮。卜筮者，先聖王之所以使民信時日、敬鬼神、畏法令也，所以使民決嫌疑、定猶與也。故曰：疑而筮之，則弗非也；日而行事，則必踐之。弗非，無非之者。日，所卜筮之吉日也。踐，讀曰善，聲之誤也。筴，或爲“著”。○與，音預，本亦作“豫”②。踐，依注音善，王如字，云“履也”。著，音尸③。互注書洪範：“乃命卜筮。汝則有大疑，謀及卜筮。”左相十一年④：“卜以決疑，不疑何卜？”

1·39○君車將駕，則僕執策立於馬前。監駕其爲馬行⑤。○監，古銜反。爲，于僞反⑥。已駕，僕展軨，展軨其視⑦。○軨，歷丁反，一音領，盧云⑧：“車轄頭軺也。”舊云“車闌也”⑨。效駕。日已駕⑩。奮衣由右上，取貳綏，奮，振去塵也。貳，副也。○上，時掌反，下“犬馬不上”、下注“而上車”同⑪。

---

① “瀆徒木反驪力知反”，余仁仲本、和本、十行本、閩本、監本、毛本、殿本、阮刻本同，岳本無此八字，彙校卷第十一、撫釋一“驪”作“麗”。

② “本亦作豫”，彙校卷第十一、撫釋一，余仁仲本、和本、十行本、閩本、監本、毛本、殿本、阮刻本同，岳本無此四字。

③ “踐依注音善王如字云履也著音尸”，彙校卷第十一、撫釋一，余仁仲本、和本、十行本、閩本、監本、毛本、殿本、阮刻本同，岳本作“踐音善”。

④ “相”，叢刊本改作“桓”，是。

⑤ “其”，撫州本、余仁仲本、婺州本、岳本、嘉靖本、八行本、和本、十行本、閩本、監本、毛本、殿本、阮刻本作“且”，是。

⑥ “爲于僞反”，彙校卷第十一、撫釋一，余仁仲本、和本、十行本、閩本、監本、毛本、殿本、阮刻本同，岳本無此四字。

⑦ “其”，撫州本、余仁仲本、婺州本、岳本、嘉靖本、八行本、和本、十行本、閩本、監本、毛本、殿本、阮刻本作“具”，是。

⑧ “盧云”，彙校卷第十一、撫釋一，余仁仲本、和本、十行本、閩本、監本、毛本、殿本、阮刻本同，岳本無此二字。

⑨ “車闌也”，彙校卷第十一、撫釋一，余仁仲本、和本、十行本、閩本、監本、毛本、殿本、阮刻本同，岳本脫“也”字。

⑩ “日”，撫州本、余仁仲本、婺州本、岳本、嘉靖本、八行本、和本、十行本、閩本、監本、毛本、殿本、阮刻本作“白”，是。

⑪ “犬馬不上下注而上車”，彙校卷第十一、撫釋一，余仁仲本、和本、十行本、閩本、監本、毛本、殿本、阮刻本同，岳本無此九字。

去，羌呂反。**跪乘**，未敢立，敬也。○乘，繩證反，下"除乘"、"君不乘奇車"、"乘路馬"皆同①。**執策分轡，驅之五步而立**。調試之。○轡，悲位反。四馬八轡，故云分②。**君出就車，則僕并轡授**③，車上，僕所主。○并，必政反。**左右攘辟**。謂羣臣陪位侍駕者。攘，卻也。或者攘，古"讓"字。○攘，如羊反，卻也④，又音讓。辟，音避，徐扶亦反⑤。**車驅而騶，至于大門，君撫僕之手，而顧命車右就車。門閭、溝渠，必步**⑥。車右，勇力之上⑦，備制非常者。君行則陪乘，君式則下步行。○驅，起俱反，徐起遇反⑧。騶，仕救反，又七須反⑨。**凡僕人之禮，必授人綏。若僕者降等，則受；不然則否。若僕者降等，則撫僕之手；不然，則自下拘之**。撫，小止之，謙也。自下拘之，由僕手下取之也。僕與己同爵，則不受。○拘，古侯反，又音俱。**客車不入大門**。謙也。**婦人不立乘**。異於男子。**犬馬不止於堂**⑩。非摯

---

① "乘路馬"，彙校卷第十一、撫釋一、余仁仲本、和本、十行本、閩本、監本、毛本、殿本、阮刻本同，岳本"馬"下衍"外"字。
② "四馬八轡故云分"，彙校卷第十一、撫釋一、余仁仲本、和本、十行本、閩本、監本、毛本、殿本、阮刻本同，岳本無此七字。
③ "授"下，唐石經、撫州本、余仁仲本、婺州本、岳本、嘉靖本、八行本、和本、十行本、閩本、監本、毛本、殿本、阮刻本有"綏"字，是。
④ "卻也"，彙校卷第十一、撫釋一、余仁仲本、和本、十行本、閩本、監本、毛本、殿本、阮刻本同，岳本無此二字。
⑤ "徐扶亦反"下，彙校卷第十一、撫釋一、余仁仲本、和本、十行本、閩本、監本、毛本、殿本、阮刻本有"本或作避字非也"七字，岳本"徐"作"又"。
⑥ 經文"步"至疏文"君初來"，是十行本第二十頁；疏文"欲上"至經文"入國不馳"之"入"，是十行本第二十一頁，然因二頁是補刻，皆錯標爲二十頁，導致倒裝，二十一頁在前，二十頁在後。故第二十一頁A面有朱批曰："此二十一頁也。"
⑦ "上"，撫州本、余仁仲本、婺州本、岳本、嘉靖本、八行本、和本、十行本、閩本、監本、毛本、殿本、阮刻本作"士"，是。
⑧ "徐"，彙校卷第十一、撫釋一、余仁仲本、和本、十行本、閩本、監本、毛本、殿本、阮刻本同，岳本作"又"。
⑨ "七須反"下，彙校卷第十一、撫釋一、余仁仲本、和本、十行本、閩本、監本、毛本、殿本、阮刻本有"徐仕遘反"四字，岳本"徐"作"又"。
⑩ "止"，撫州本、余仁仲本、婺州本、岳本、嘉靖本、八行本、和本、十行本、閩本、監本、毛本、殿本、阮刻本作"上"，是。

幣也。○摯,本亦作"贄",音至①。**故君子式黃髮**,敬老也。發句言"故",明此衆篇雜辭也。**下卿位**,尊賢也。卿位,卿之朝位也。君出,過之而上車;入,未至而下車。○朝,直遙反,下同②。**入國不馳**,愛人也。馳,善躪人也。○躪,力刃反。**入里必式**。不誣十室。**君命召,雖賤人,大夫、士必自御之**。御,當爲"訝"。訝,迎也。君雖使賤人來,必自出迎之,尊君命也。春秋傳曰:"跛者御跛者,眇者御眇者。"皆訝也,世人亂之。○訝,五嫁反③。跛,波我反。眇,名小者④。**介者不拜,爲其拜而䓟**⑤。䓟則失容節。䓟,猶詐也。○䓟⑥,子臥反,又側嫁反,挫也,沈租稼反,又子猥反,盧本又作"蹲"⑦。重言"介者不拜",又見少儀篇。**祥車曠左**。空神位也。祥車,葬之乘車。**乘君之乘車,不敢曠左,左必式**。君存,惡空其位。○惡,烏路反。**僕御婦人,則進左手,後右手**。遠嫌。○遠,于萬反。重意下篇,則尚左手。**御國君,則進右手,後左手而俯**⑧。敬也。**國君不乘奇車**。出入必正也。奇車,獵衣之屬。○奇,居宜反,奇邪不正之車。何云:"不如法之車⑨。"**車上不**

---

① "摯本亦作贄音至",彙校卷第十一、撫釋一、余仁仲本、和本、十行本、閩本、監本、毛本、殿本、阮刻本作"贄本亦作摯音至",岳本無此七字。

② "朝直遙反下同",彙校卷第十一、撫釋一、余仁仲本、和本、十行本、閩本、監本、毛本、殿本、阮刻本同,岳本無此六字。

③ "訝五嫁反",彙校卷第十一、撫釋一、余仁仲本、和本、十行本、閩本、監本、毛本、殿本、阮刻本作"衙依注音訝五嫁反",岳本作"衙音訝五嫁反"。

④ "者",彙校卷第十一、撫釋一、余仁仲本、岳本、和本、十行本、閩本、監本、毛本、殿本、阮刻本作"反",是。

⑤ "䓟"下,撫州本、余仁仲本、婺州本、岳本、嘉靖本、八行本、和本、十行本、閩本、監本、毛本、殿本、阮刻本有"拜"字,是。

⑥ "䓟"上,岳本有"爲其于僞反下注同"八字,余仁仲本、和本、十行本、閩本、監本、毛本、殿本、阮刻本有"爲其于僞反下注爲惑爲掩同"十二字,彙校卷第十一、撫釋一"下注"下有"爲若"二字。

⑦ "沈租稼反又子猥反盧本又作蹲",彙校卷第十一、撫釋一、余仁仲本、和本、十行本、閩本、監本、毛本、殿本、阮刻本同,岳本無此十三字。

⑧ "後",撫州本、余仁仲本、婺州本、岳本、八行本、和本、十行本、閩本、監本、毛本、殿本、阮刻本同,嘉靖本作"復",非。

⑨ "奇居宜反奇邪不正之車何云不如法之車",彙校卷第十一、撫釋一、余仁仲(轉下頁注)

廣欼，爲若自矜。廣，猶弘也。○欼，開代反。**不妄指。**爲惑衆。**立視五**
巂，立，平視也。巂，猶規也①。謂輪轉之度。巂，或爲②。○巂，本又作“攜”，惠主
反③，車輪轉一周爲巂，一周丈九尺八寸地④。本又作“蘽”，如捶反⑤。**式視馬**
尾，小俛。**顧不過轂。**爲掩在後。**國中以策彗卹勿驅，塵不出軌。**
入國不馳。彗，竹帚。卹勿，搔摩也。○彗，音遂，徐雖醉反，又囚歲反⑥。卹，蘇
没反，注同。驅，如字。勿，音没⑦。搔，素刀反。摩，莫何反⑧。**國君下齊牛，**
式宗廟。大夫、士下公門，式路馬。乘路馬，必朝服，載鞭策，不敢
授綏，左必式。步路馬，必中道。以足蹙路馬芻，有誅。齒路馬，有
誅。皆廣敬也。路馬，君之馬。載鞭策，不敢執也。齒，欲年也⑨。誅，罰也。○

（接上頁注）本、和本、十行本、閩本、監本、毛本、殿本、阮刻本作“奇車居宜反奇邪不正之車
　何云不如法之車”，岳本作“奇居宜反不正之車”。

① “猶”，余仁仲本、婺州本、岳本、嘉靖本、八行本、和本、十行本、閩本、監本、毛本、殿本、
　阮刻本同；撫州本作“謂”，非。阮校曰：“巂猶規也　閩、監、毛本同，岳本、嘉靖本同，宋
　監本‘猶’改‘謂’。”

② “或爲”下，撫州本、余仁仲本、婺州本、岳本、嘉靖本、和本、十行本、閩本、監本、毛本、殿
　本有“蘽”字，八行本、阮刻本作“蘽”。

③ “本又作攜惠主反”，彙校卷第十一、撫釋一、余仁仲本、和本、十行本、閩本、監本、毛本、
　殿本、阮刻本“主”作“圭”，是；岳本無“本又作攜”四字。

④ “地”，彙校卷第十一、撫釋一、余仁仲本、岳本、十行本同；和本、閩本、監本、毛本、殿本、
　阮刻本作“也”，非。

⑤ “本又作蘽如捶反”，彙校卷第十一、撫釋一、余仁仲本、和本、十行本、閩本、監本、毛本、
　阮刻本作“蘽本又作蘽如捶反徐而媿反”，岳本作“蘽如捶反”，殿本作“蘽本又作蘽如捶
　反徐而媿反”。

⑥ “徐雖醉反又囚歲反”，彙校卷第十一、撫釋一、余仁仲本、和本、十行本、閩本、監本、毛
　本、殿本、阮刻同，岳本“徐”作“又”，無“又囚歲反”四字。

⑦ “注同驅如字勿音没”，彙校卷第十一、撫釋一、余仁仲本、和本、十行本、閩本、監本、毛本、
　殿本、阮刻本作“注同勿音没注同驅如字又羌遇反”，岳本作“勿音没驅如字又羌遇反”。

⑧ “搔素刀反摩莫何反”，彙校卷第十一、撫釋一、余仁仲本、和本、十行本、閩本、監本、毛
　本、殿本、阮刻同，岳本無此八字。

⑨ “齒欲年也”，撫州本、余仁仲本、婺州本、岳本、嘉靖本、八行本、十行本、閩本、監本、毛本、
　阮刻同，和本“年”上衍“知”字，殿本“欲”作“數”。岳本考證曰：“欲年：殿本、閣本
　作‘數年’解，似直捷然。案：‘欲年’，猶‘欲知其年’，古人往往以‘年’字作‘活’解，如左
　傳‘有與疑年，使之年’是也，義無不通。”

齊，則皆反①。鞭，必綩反②。躄，本又作"蹴"，徐采六反，又子六反③。

曲禮下第二

鄭氏注

2·1凡奉者當心，提者當帶。高下之節。○奉，本亦作"捧"，同芳勇反④。提，徒兮反。執天子之器則上衡，謂高於心，弥敬也。此衡，謂與心平。○上，時掌反。國君則平衡，大夫則綏之，士則提之。綏，讀曰妥。妥之，謂下於心。○綏，湯果反⑤，又他回反。凡執主器，執輕如不克。重慎之也。主，君也。克，勝也。○勝，音升。執主器，操幣圭璧⑥，則尚左手；行不舉足，車輪曳踵；重慎也。尚左手，尊左也。車輪，謂行不絕也⑦。○操，七刀反。行不舉足，一本作"行舉足"⑧。曳，以制反。踵，支勇反。重言"行

---

① "則皆反"，監本、毛本同；彙校卷第十一、撫釋一、余仁仲本、岳本、和本、十行本、閩本、殿本、阮刻本"則"作"側"，是。

② "鞭必綩反"，彙校卷第十一、撫釋一、余仁仲本、和本、十行本、閩本、監本、毛本、殿本、阮刻同，岳本無此四字。

③ "躄本又作蹴徐采六反又子六反"下，彙校卷第十一、撫釋一、余仁仲本、和本、十行本、閩本、監本、毛本、殿本、阮刻本有"芻初俱反"四字，岳本無"本又作蹴徐"、"芻初俱反"九字。

④ "本亦作捧同"，彙校卷第十一、撫釋一、余仁仲本、和本、十行本、閩本、監本、毛本、殿本、阮刻本同，岳本無此五字。

⑤ "綏湯果反"，彙校卷第十一、撫釋一、余仁仲本、和本、十行本、閩本、監本、毛本、殿本、阮刻本作"綏依注音妥湯果反"，岳本作"綏音妥"。

⑥ "璧"，唐石經、撫州本、余仁仲本、婺州本、岳本、嘉靖本、八行本、和本、十行本、閩本、監本、毛本、殿本、阮刻本作"璧"，是。

⑦ "也"，余仁仲本、嘉靖本、八行本、和本、十行本、閩本、監本、毛本、殿本、阮刻本同；撫州本、婺州本、岳本作"地"，是。阮校曰："車輪謂行不絕也　閩、監、毛本同，岳本'也'作'地'，嘉靖本同，宋監本同，案經傳通解亦作'地'，考文引古本'也'上有'地'字。正義云：'如車輪曳地而行。'注有'地'字爲是。"

⑧ "行不舉足一本作行舉足"，彙校卷第十一、撫釋一、余仁仲本作"行舉足一本作行不舉足"；和本、十行本、閩本、監本、毛本、殿本、阮刻本脫此十字。

不舉足”，又玉藻．ⓘ重意玉藻：“舉則曳踵。”○上篇：則進左手。**立則磬折，垂**
佩。主佩倚，則臣佩垂；主佩垂，則臣佩委。君臣俛仰之節。倚，謂附
於身。小俛則垂，大俛則委於地。○折，之列反，又市列反①，一音逝。佩，步內
反②。倚，於綺反③。**執玉，其有藉者，則裼④，無藉者則襲。**藉，藻也。
裼、襲，文質相變耳。有藻爲文，裼見美亦文；無藻爲質，襲充美亦質。圭璋特而
襲，璧琮加束帛而裼⑤，亦是也。○藉，在夜反⑥，下同。裼，星歷反⑦。藻，音早，
本又作“繰”⑧。見，賢遍反⑨。琮，才冬反⑩。

　　2·2○**國君不名卿老、世婦。大夫不名世臣、姪娣。士不**
名家相、長妾。雖貴，於其國家，猶有所尊也。卿老，上卿也。世臣，父時老
臣。○姪，大節反，字林⑪：“丈一反”。娣，大計反。相，息亮反。長，丁丈反⑫，

---

① “又市列反”，彙校卷第十一、撫釋一、余仁仲本、岳本同，和本、十行本、閩本、監本、毛
　本、殿本、阮刻本脱此四字。
② “佩步內反”，岳本無此四字，彙校卷第十一、余仁仲本、和本、十行本、閩本、監本、毛本、
　殿本、阮刻本“內反”下有“本或作珮非”五字。
③ “倚於綺反”，岳本同，彙校卷第十一、撫釋一作“佩倚范於綺反謂附身也徐又音其綺
　反”，余仁仲本作“范於綺反徐又音其綺反”，和本、十行本、閩本、監本、毛本、殿本、阮刻
　本作“范於綺反徐其綺反”。
④ “裼”，嘉靖本、十行本同；唐石經、撫州本、余仁仲本、婺州本、岳本、八行本、和本、閩本、
　監本、毛本、殿本、阮刻本作“裼”，是，下注文、釋文同。
⑤ “璧”，撫州本、余仁仲本、婺州本、岳本、嘉靖本、八行本、和本、十行本、閩本、監本、毛
　本、殿本、阮刻本作“璧”，是。
⑥ “在夜反”，彙校卷第十一、撫釋一、余仁仲本、岳本、和本、閩本、監本、毛本、殿本、阮刻
　本同；十行本作“在支反”，非。
⑦ “裼星歷反”，彙校卷第十一、撫釋一、余仁仲本作“裼星曆反”，和本、十行本、閩本、監
　本、毛本、殿本、阮刻本作“裼星歷反”，岳本作“裼先擊反”。
⑧ “本又作繰”，彙校卷第十一、撫釋一、余仁仲本、和本、十行本、閩本、監本、毛本、殿本、
　阮刻本同，岳本無此四字。
⑨ “見賢遍反”，彙校卷第十一、撫釋一、余仁仲本、岳本同，和本、十行本、閩本、監本、毛
　本、殿本、阮刻本脱此四字。
⑩ “琮才冬反”，彙校卷第十一、撫釋一、余仁仲本、和本、十行本、閩本、監本、毛本、殿本、
　阮刻本同，岳本無此四字。
⑪ “字林”，彙校卷第十一、撫釋一、余仁仲本、和本、十行本、閩本、監本、毛本、殿本、阮刻
　本同，岳本作“又”。
⑫ “丁丈反”，彙校卷第十一、撫釋一、余仁仲本、岳本、和本、十行本、閩本、監（轉下頁注）

下注“長老”同①。**君大夫之子，不敢自稱曰“余小子”。** 辟天子之子，未除喪之名。君大夫，天子大夫有土地者。○辟，音避②，下同。**大夫、士之子，不敢自稱曰“嗣子某”，** 亦辟其君之子，未除喪之名。重言“大夫士之子”，又內則。**不敢與世子同名。** 辟僭偪也③。其先之生，則亦不改。世，或爲“大”。○僭，作念反。偪，胡孝反④。重言“不敢與世子同名”，又內則。

2·3○**君使士射，不能，則辭以疾，言曰：“某有負薪之憂。”** 射者，所以觀德，唯有疾可以辭也。使士射，謂以備耦也。憂，或爲“疾”。○使，音史。射，市夜反。則辭以疾，如字，本又作“有疾”。“爲疾”，如字，本又作“疢”，音救⑤。**侍於君子，不顧望而對，非禮也。** 禮，尚謙也。不顧望，若子路師尔而對⑥。

2·4○**君子行禮，不求變俗。** 求，猶務也。不務變其故俗，重本也。謂去先祖之國，居他國。**祭祀之禮，居喪之服，哭泣之位，皆如其國之故，謹脩其法而審行之。** 其法，謂其先祖之制度，若夏、殷。**去國三世，爵祿有列於朝，出入有詔於國，** 三世，自祖至孫。踰久可以忘故俗，而猶不變者，爵祿有列於朝，謂君不絕其祖祀，復立其族，若臧紇奔邾，立臧爲矣。

（接上頁注）本、毛本、阮刻本同，殿本作“竹丈反”。

① “長老”，彙校卷第十一、撫釋一、余仁仲本、和本、十行本、閩本、監本、毛本、殿本、阮刻本同，岳本無此二字。

② “音避”下，彙校卷第十一、撫釋一、余仁仲本、和本、十行本、閩本、監本、毛本、殿本、阮刻本有“本又作避”四字，岳本無。

③ “辟”，余仁仲本、婺州本、岳本、嘉靖本、八行本、和本、十行本、閩本、監本、毛本、殿本、阮刻本同；撫州本作“僻”，非。

④ “僭作念反偪胡孝反”，彙校卷第十一、撫釋一、余仁仲本、和本、十行本、閩本、監本、毛本、殿本、阮刻本同，岳本無此八字。

⑤ “則辭以疾如字本又作有疾爲疾如字本又作疢音救”，彙校卷第十一、撫釋一、余仁仲本、和本、十行本、閩本、監本、毛本、殿本、阮刻本同，岳本無此二十一字。

⑥ “師尔”，撫州本、余仁仲本、婺州本、嘉靖本、八行本、和本、十行本、阮刻本作“帥爾”，岳本、閩本、監本、毛本、殿本、叢刊本作“率爾”，是。阮校曰：“若子路帥爾而對　宋監本同，嘉靖本同，閩、監、毛本‘帥’作‘率’，岳本同，考文引宋板作‘帥’，足利本作‘帥爾先對’，‘帥’字是也，‘先’字非也。正義標起止云：‘禮尚至而對’，是正義本不作‘先’。”

詔，告也，謂與卿大夫吉凶往來相赴告。○三世，盧、王云：“世，歲也。萬物以歲爲世①。”朝，直遥反，下皆同。復，扶富反，下“復還”同②。紒，恨發反，徐胡切反，沈胡謁反③。**若兄弟宗族猶存，則反告於宗後④。** 謂無列無詔者。反告，亦謂吉凶也。宗後，宗子也。**去國三世，爵禄無列於朝，出入無詔於國，唯興之日，從新國之法。** 以故國與己無恩。興，謂起爲卿大夫。

　　2·5○**君子已孤不更名。** 亦重本。已孤暴貴，不爲父作謚。子事父，無貴賤。○爲，于僞反。謚，音示。

　　2·6○**居喪未葬，讀喪禮；既葬，讀祭禮。喪復常，讀樂章。** 爲禮各於其時。**居喪不言樂，祭事不言凶，公庭不言婦女。** 非其時也。

　　2·7○**振書端書於君前，有誅。倒筴側龜於君前，有誅。** 臣不豫事，不敬也。振，去塵也。端，正也。倒，顚倒也。側，反側也。皆謂甫省視之。○倒，多老反。去，羌吕反，下“徹猶去”、“去琴瑟”同⑤。顚，丁田反⑥。**龜筴、几杖、席蓋、重素、袗絺綌，不入公門。** 龜筴，嫌問國家吉凶。几杖，嫌自長老。席蓋，載喪車也。雜記曰：“士輔⑦，葦席以爲屋⑧，蒲席以爲裳帷。”重

――――――――――

① “三世盧王云世歲也萬物以歲爲世”，彙校卷第十一、撫釋一、余仁仲本、和本、十行本、閩本、監本、毛本、殿本、阮刻本同，岳本無此十四字。

② “下皆同復扶富反下復還同”，彙校卷第十一、撫釋一、余仁仲本同，和本、十行本、閩本、監本、毛本、殿本、阮刻本“扶富反”作“扶又反”，岳本無此十一字。

③ “徐胡切反沈胡謁反”，彙校卷第十一、撫釋一、余仁仲本、和本、十行本、閩本、監本、毛本、殿本、阮刻本同，岳本無此八字。

④ “後”，撫州本、余仁仲本、婺州本、岳本、八行本、和本、十行本、閩本、監本、毛本、殿本、阮刻本同，嘉靖本作“復”，非。

⑤ “下徹猶去去琴瑟同”，彙校卷第十一、撫釋一、余仁仲本、和本、十行本、閩本、監本、毛本、殿本、阮刻本同，岳本無“徹猶去去琴瑟”六字。

⑥ “顚丁田反”，余仁仲本、和本、十行本、閩本、監本、毛本、殿本、阮刻本同，彙校卷第十一、撫釋一作“慎丁田反”，岳本無此四字。

⑦ “輔”，撫州本、余仁仲本、婺州本、岳本、嘉靖本、八行本、和本、十行本、閩本、監本、毛本、殿本、阮刻本、叢刊本作“輲”，是。

⑧ “葦”，撫州本、余仁仲本、婺州本、岳本、嘉靖本、八行本、和本、十行本、閩本、監本、毛本、殿本、阮刻本“葦”，是。

素，衣裳皆素，喪服也。袗，單也。<u>孔子</u>曰：“當暑，袗絺綌，必表而出之。”爲其形褻。○重素，直龍反，注同。重素，衣裳皆素①。袗，之忍反。輤，千見反。葦，于鬼反。爲，于僞反②。<u>重言</u>袗絺綌，不入公門。又<u>玉藻</u>。袗，作振。“不入公門”六，本篇三，<u>玉藻</u>三。**苞屨、扱衽、厭冠，不入公門。**此皆凶服也。苞，藨也。齊衰，藨蒯之菲也。<u>問喪</u>曰：“親始死，扱上衽③。”厭，猶伏也，喪冠厭伏。苞，或爲“菲”。○苞，自表反④，草也。扱，初洽反。衽，而審反⑤。厭，於涉反。藨，白表反，又扶苗反⑥。齊，本又作“齋”，音咨。衰，七雷反，下同⑦。蒯，苦怪反。菲，扶味反，屨也。**書方、衰、凶器，不以告，不入公門。**此謂喪在内，不得不入，當先告君耳。方，板也。<u>士喪禮</u>下篇曰：“書賵於方，若九、若七、若五。”凶器，明器也。○板，字又作“版”，音同⑧。賵，芳仲反。車馬曰賵。**公事不私議。**嫌若姦也。

2·8○**君子將營宮室，宗廟爲先，廄庫爲次，居室爲後。**重先祖及國之用⑨。○廄，九又反。

2·9○**凡家造，祭器爲先，犧賦爲次，養器爲後。**大夫稱家，謂

---

① “重素直龍反注同重素衣裳皆素”，<u>彙校</u>卷第十一、<u>撫釋</u>一、<u>余仁仲</u>本、<u>和</u>本、<u>十行</u>本、<u>閩</u>本、<u>監</u>本、<u>毛</u>本、<u>殿</u>本、<u>阮刻</u>本同，<u>岳</u>本作“重直龍反”。

② “葦于鬼反爲于僞反”，<u>岳</u>本無此八字，<u>彙校</u>卷第十一、<u>撫釋</u>一、<u>余仁仲</u>本、<u>和</u>本、<u>十行</u>本、<u>閩</u>本、<u>監</u>本、<u>毛</u>本、<u>殿</u>本、<u>阮刻</u>本“爲”下有“其”字。

③ “上”，<u>問喪</u>、<u>余仁仲</u>本、<u>婺州</u>本、<u>岳</u>本、<u>嘉靖</u>本、八行本、<u>和</u>本、<u>十行</u>本、<u>閩</u>本、<u>監</u>本、<u>毛</u>本、<u>殿</u>本、<u>阮刻</u>本同；<u>撫州</u>本作“一”，非。

④ “自”，<u>彙校</u>卷第十一、<u>撫釋</u>一、<u>余仁仲</u>本、<u>岳</u>本、<u>和</u>本、<u>十行</u>本、<u>閩</u>本、<u>監</u>本、<u>毛</u>本、<u>殿</u>本、<u>阮刻</u>本作“白”，是。

⑤ “衽而審反”，<u>彙校</u>卷第十一、<u>撫釋</u>一、<u>余仁仲</u>本、<u>和</u>本、<u>十行</u>本、<u>閩</u>本、<u>監</u>本、<u>毛</u>本、<u>殿</u>本、<u>阮刻</u>本同，<u>岳</u>本無此四字。

⑥ “又”，<u>岳</u>本同，<u>彙校</u>卷第十一、<u>撫釋</u>一、<u>余仁仲</u>本、<u>和</u>本、<u>十行</u>本、<u>閩</u>本、<u>監</u>本、<u>毛</u>本、<u>殿</u>本、<u>阮刻</u>本作“一音”。

⑦ “齊本又作齊音咨衰七雷反下同”，<u>岳</u>本無此十三字，<u>彙校</u>卷第十一、<u>撫釋</u>一、<u>余仁仲</u>本、<u>和</u>本、<u>十行</u>本、<u>閩</u>本、<u>監</u>本、<u>毛</u>本、<u>殿</u>本、<u>阮刻</u>本作“齊衰本又作齋音咨下七雷反下文同”。

⑧ “板字又作版音同”，<u>彙校</u>卷第十一、<u>撫釋</u>一、<u>余仁仲</u>本、<u>和</u>本、<u>十行</u>本、<u>閩</u>本、<u>監</u>本、<u>毛</u>本、<u>殿</u>本、<u>阮刻</u>本同，<u>岳</u>本無此七字。

⑨ “重先祖及國之用”，<u>撫州</u>本、<u>余仁仲</u>本、<u>婺州</u>本、<u>岳</u>本、<u>嘉靖</u>本、八行本、<u>和</u>本、<u>閩</u>本、<u>監</u>本、<u>毛</u>本、<u>殿</u>本、<u>阮刻</u>本同；十行本作“重先禮及國之廟”，非。

家始造事。犧賦，以稅出牲。○凡家造，才早反①。犧，許宜反。養，羊尚反，一如字。**無田禄者，不設祭器。有田禄者，先爲祭服。**祭器可假，祭服宜自有。**君子雖貧，不粥祭器；雖寒，不衣祭服；爲宮室，不斬於丘木。**廣敬鬼神也。粥，賣也。丘，壟也。○粥，音育。不②，於既反。**大夫、士去國，祭器不踰竟。**此用君禄所作，取以出竟，恐辱親也。○去國，祭器不踰竟，音境，注及下同，一本作"大夫、士去國"，下"去國踰竟"亦然③。**大夫寓祭器於大夫，士寓祭器於士。**寓，寄也。與得用者言寄，覬已後還④。○寓，魚具反。覬，音冀⑤。**大夫、士去國，踰竟，爲壇位，鄉國而哭；素衣，素裳，素冠；徹緣，鞮屨，素簚，乘髦馬，不蚤鬋，不祭食；不説人以無罪；婦人不當御。三月而復服。**言以喪禮自處也。臣無君，猶無天也。壇位，除地爲位也。徹，猶去也。鞮屨，無絇之菲也。簚，覆笭也。髦馬，不鬆落也。蚤，讀爲爪。鬋，鬋鬢也。不自説於人以無罪，嫌惡其君也。御，接見也。三月一時，天氣變，可以遂去也。簚，或爲"幕"。○壇，徐音善，注同⑥。鄉，許亮反。緣，悦絹反。鞮，都兮反，又徒兮反⑦。簚，本又作"懱"，莫曆反，注同，白狗皮⑧。髦，音

---

① "凡家造才早反"，彙校卷第十一、撫釋一、余仁仲本、和本、十行本、閩本、監本、毛本、殿本、阮刻本"凡家造才早反一本作凡家造器器衍字"，岳本作"造才早反"。
② "不"，彙校卷第十一、撫釋一、余仁仲本、岳本、和本、十行本、閩本、監本、毛本、殿本、阮刻本作"衣"，是。
③ "去國祭器不踰竟音境注及下同一本作大夫士去國下去國踰竟亦然"，彙校卷第十一、撫釋一、余仁仲本、和本、十行本、閩本、監本、毛本、殿本、阮刻同，岳本作"竟音境下同"。
④ "覬"，撫州本、余仁仲本、婺州本、岳本、嘉靖本、八行本、和本、閩本、監本、毛本、殿本、阮刻本同；十行本作"凱"，非。
⑤ "覬音冀"，彙校卷第十一、撫釋一、余仁仲本、和本、十行本、閩本、監本、毛本、殿本、阮刻本同，岳本無此三字。
⑥ "壇徐音善注同"，彙校卷第十一、撫釋一、余仁仲本、和本、十行本、閩本、監本、毛本、殿本、阮刻本同，岳本作"壇音善"。
⑦ "徒兮反"下，彙校卷第十一、撫釋一、和本、殿本、阮刻本有"鞮屨屨無絇"五字，岳本無，余仁仲本、十行本、閩本、監本、毛本"無"誤作"綏"。
⑧ "簚本又作懱莫曆反注同白狗皮"，岳本作"簚莫歷反"；彙校卷第十一、撫釋一、余仁仲本、和本、十行本、閩本、監本、毛本、殿本、阮刻本作"簚本又作懱莫曆反注同白狗皮覆笭"，是。

毛。蚤，依注音爪①，謂除爪也。鬌，子淺反。絇，求俱反。笭，力丁反，車闌。鬄，吐曆反②，又他計反。說，亦劣反，又如字。惡，烏路反③。見，賢遍反，下文"見國君"、注"謂見"同④。幕，莫曆反，又音莫⑤。**大夫、士見於國君，君若勞之，則還辟，再拜稽首**；謂見君，既拜矣，而後見勞也。聘禮曰："君勞使者及介，君皆荅拜。"○勞，力報反，注及下"君勞"同⑥。辟，婢亦反，下同。還辟，逡巡也。使，色吏反⑦。**君若迎拜，則還辟，不敢荅拜**⑧。嫌與君亢賓主之禮。迎拜，謂君迎而先拜之。聘禮曰："大夫入門再拜，君拜其辱。"**大夫、士相見，雖貴賤不敵，主人敬客，則先拜客；客敬主人，則先拜主人。**尊賢。**凡非弔喪，非見國君，無不荅拜者。**禮尚往來。喪，賓不荅拜，不自賓客也。國君見士，不荅其拜，士賤。○見，賢遍反，下"大夫見"、"士見"、下注"拜見"同⑨。**大夫見於國君，國君拜其辱。士見於大夫，大夫拜其辱。同國始相見，主人拜其辱。**自外來而拜，拜見也。自內來而拜⑩，拜

---

① "依注"，彙校卷第十一、撫釋一、余仁仲本、和本、十行本、閩本、監本、毛本、殿本、阮刻本同，岳本無此二字。

② "鬄吐曆反"，彙校卷第十一、撫釋一、余仁仲本、和本、十行本、閩本、監本、毛本、殿本、阮刻本同，岳本作"鬄梯激反"。

③ "惡烏路反"，彙校卷第十一、撫釋一、余仁仲本、和本、十行本、閩本、監本、毛本、殿本、阮刻本同，岳本作"惡去聲"。

④ "見賢遍反下文見國君注謂見同"，彙校卷第十一、撫釋一、余仁仲本、和本、十行本、閩本、監本、毛本、殿本、阮刻本同，岳本作"見音現下見於見君同"。

⑤ "幕莫曆反又音莫"，彙校卷第十一、撫釋一、余仁仲本、和本、十行本、閩本、監本、毛本、殿本、阮刻本同，岳本無此七字。

⑥ "注及下君勞同"，彙校卷第十一、撫釋一、余仁仲本、和本、十行本、閩本、監本、毛本、殿本、阮刻本同，岳本作"下同"。

⑦ "使色吏反"，彙校卷第十一、撫釋一、余仁仲本、和本、十行本、閩本、監本、毛本、殿本、阮刻本同，岳本無此四字。

⑧ "荅拜"，唐石經、撫州本、余仁仲本、岳本、嘉靖本、和本、十行本、阮刻本同，婺州本、八行本、閩本、監本、毛本、殿本作"答拜"，下同。

⑨ "見賢遍反下大夫見士見下注拜見同"，彙校卷第十一、撫釋一、余仁仲本、和本、十行本、閩本、監本、毛本、殿本、阮刻本"見賢"上有"非"字，岳本作"見相見見士如字"。

⑩ "而"，撫州本、余仁仲本、岳本、嘉靖本、八行本、和本、十行本、閩本、監本、毛本、殿本、阮刻本同；婺州本作"非"，非。

辱也。**君於士，不荅拜也。非其臣，則荅拜之。**不臣人之臣。**大夫於其臣，雖賤，必荅拜之。**辟正君。○辟，音避。**男女相荅拜也。**嫌遠別不相荅拜，以明之。○相荅拜，一本作"不相荅拜"。皇云："後人加'不'字耳①。"別，彼列反。**國君春田不圍澤，大夫不掩羣，士不取麛卵。**生乳之時，重傷其類。○麛，音迷。卵，力管反。乳，如注反。⎡重意⎦王制："天子不合圍，諸侯不掩群。"

　2・10○**歲凶，年穀不登，**登，成也。**君膳不祭肺，馬不食穀，馳道不除，祭事不縣；大夫不食粱，士飲酒不樂。**皆自爲貶損②，憂民也。禮，食殺牲則祭先，有虞氏以首，夏后氏以心，殷人以肝，周人以肺。朕不肺③，則不殺也。天子食，日少牢，朔月大牢。諸侯食，日特牲，朔月少牢。除，治也。不治道，爲妨民取蔬食也。縣，樂器，鍾磬之屬也。粱，加食也。不樂，去琴瑟。○肺，芳廢反④。縣，音玄⑤。爲，如字，舊于僞反。下"爲妨"，于僞反⑥。**君無故玉不去身，大夫無故不徹縣，士無故不徹琴瑟。**憂樂不相干也。故，謂災患喪病。○樂，音洛⑦。⎡重意⎦玉藻：君子無故玉不去身。**士有獻於國君，他日，君問之**

―――――――――

① "相荅拜一本作不相荅拜皇云後人加不字耳"，彙校卷第十一、撫釋一、余仁仲本、和本、十行本、閩本、監本、毛本、殿本、阮刻本同，岳本無此十八字。

② "自爲"，余仁仲本、岳本、嘉靖本、和本、十行本、閩本、監本、毛本、殿本、阮刻本同；撫州本、婺州本、八行本作"爲自"，是。阮校曰："皆自爲貶損憂民也　閩、監、毛本同，岳本同，嘉靖本同，考文引宋板'自爲'作'爲自'，古本、足利本同。案：衛氏集説作'皆爲歲凶自貶損憂民也'，'歲凶'二字，是衛氏所增成，'自'字在'爲'字下，則與宋板合，正義亦言'自貶損'。"

③ "朕不肺"，撫州本、余仁仲本、婺州本、岳本、嘉靖本、八行本、和本、十行本、閩本、監本、毛本、殿本、阮刻本作"不祭肺"，是。

④ "肺芳廢反"，彙校卷第十一、撫釋一、余仁仲本、岳本同，和本、十行本、閩本作"肺音芳廢"，監本、毛本、殿本、阮刻本作"肺音芳廢反"，皆非。

⑤ "音玄"，岳本作"音懸"，彙校卷第十一、撫釋一、余仁仲本、和本、十行本、閩本、監本、毛本、殿本、阮刻本"玄"下有"下同"二字。

⑥ "爲如字舊于僞反下爲妨于僞反"，彙校卷第十一、撫釋一、余仁仲本同，岳本無此十三字，和本、十行本、閩本、監本、毛本、殿本、阮刻本"舊"下"妨"下皆衍"音"字，殿本"妨"下衍"同"字。

⑦ "樂音洛"，彙校卷第十一、撫釋一、余仁仲本、和本、十行本、閩本、監本、毛本、殿本、阮刻本同，岳本無此三字。

曰:"安取彼?"再拜稽首而后對。起敬也。**大夫私行、出疆,必請;反必有獻。士私行、出疆,必請;反必告。**臣不敢自專也。私行,謂以己事也。士言告者,不必有其獻也。告反而已。○强①,居良反,下同。重意上篇:出必告。**君勞之,則拜;問其行,拜而后對。**亦起敬也。問行,謂道中無恙及所經過。○恙,羊尚反②。

　　2·11○**國君去其國,止之曰:"奈何去社稷也③?"大夫,曰:"奈何去宗廟也?"士,曰:"奈何去墳墓也?"**皆臣民殷勤之言④。**國君死社稷,**死其所受於天子也,謂見侵伐也。春秋傳曰:"國滅,君死之,正也。"**大夫死衆,士死制。**死其所受於君。衆,謂君師⑤。制,謂君教令所使爲之。

　　2·12○**君天下曰"天子"。朝諸侯,分職授政任功,曰"予一人"。**皆擯者辭也。天下,謂外及四海也。今漢於蠻夷稱天子,於王侯稱皇帝。覲禮曰:"伯父實來,予一人嘉之⑥。"余、予,古今字。○分,方云

---

① "强",彙校卷第十一、撫釋一、余仁仲本、岳本、和本、十行本、閩本、監本、毛本、殿本、阮刻本作"疆",是。

② "恙羊尚反",彙校卷第十一、撫釋一、余仁仲本同,岳本無此四字,和本、十行本、閩本、監本、毛本、殿本、阮刻本"恙"下衍"音"字。

③ "奈何",余仁仲本、婺州本、岳本、嘉靖本、八行本同,唐石經、撫州本、和本、十行本、閩本、監本、毛本、殿本、阮刻本作"奈何",下同。阮校曰:"奈何去社稷也　閩、監、毛本同,石經同,岳本'奈'作'奈',嘉靖本同,衛氏集說同,後放此。案:此本疏中,亦皆作'奈'字。○按:作'奈',俗字也。"

④ "臣民",撫州本、余仁仲本、婺州本、岳本、嘉靖本、八行本、和本、十行本、閩本、監本、毛本、殿本、阮刻本作"民臣",是。

⑤ "君",余仁仲本、岳本、嘉靖本、和本、十行本、閩本、監本、毛本、殿本、阮刻本同;撫州本、婺州本、八行本作"軍",非。考異曰:"'軍'當作'君',此撫本之誤,各本不如此。正義引熊氏云'衹得死君之師衆'可證。山井鼎所據與此同,亦誤。阮校曰:"衆謂君師　閩、監、毛本同,岳本、嘉靖本同,衛氏集說同,惠棟校宋本'君'作'軍'。"

⑥ "予",覲禮、撫州本、婺州本、八行本同;余仁仲本、岳本、嘉靖本、和本、十行本、閩本、監本、毛本、殿本、阮刻本作"余",非。考異曰:"予一人嘉之:各本'予'作'余',今案,各本非也。此當經文作'余',注引覲禮作'予',前經不敢自稱曰'余小子',經固是'余'字矣,後經'天子未除喪曰予小子',疑亦是'余',其誤與此經同也。此經正義本當未誤,故玉藻正義云:'"凡自稱,天子曰予一人"者,案曲禮下云:"天子曰余一人",予、余不同者,鄭注曲禮云:"余、予,古今字耳。"蓋古稱予,今稱余,其義同。'孔之所言,最爲(轉下頁注)

反，徐扶問反①。擯，必刃反。予一人，依字音羊汝反。鄭云："余、予，古今字。"
則同音餘②。重言曰"予一人"，又玉藻。**踐阼，臨祭祀，内事曰"孝王
某"，外事曰"嗣王某"**。皆祝辭也。唯宗廟稱孝，天地社稷祭之郊内，而曰
"嗣王"，不敢同外内。○皆祝辭，本或作"皆祝祝辭也"，下祝字，之又反，又之六
反③。**臨諸侯，畛於鬼神，曰"有天王某甫"**。畛，致也。祝告致于鬼神
辭也④。曰"有天王某甫"。某甫，且字也。不名者，不親往也。周禮：大會同，過
山川，則大祝用事焉。鬼神，謂百辟卿士也。畛，或爲"祇"。○畛，之忍反。父，
音甫，注同⑤。大祝，音泰，下文注除"大宗"，皆同。辟，必亦反⑥。**崩，曰"天
王崩"**。史書策辭。**復，曰"天子復矣"**。始死時，呼魄辭也。不呼名，臣不
名君也。諸侯呼字。**告喪，曰"天王登假"**。告，赴也。登，上也。假，已也。

（接上頁注）明晰。此正義中'予'字，非其舊也。釋文本亦當未誤，故經'余'無音，注'予'
有音，次第在音注'皆擯'之下，云'予一人，依字音羊汝反。鄭云："余、予，古今字。"則
同音餘'。陸之此言，亦謂讀注所引覲禮之'予'，同禮記此經之'余'也。其在儀禮之
'予'，仍依字讀'羊汝反'，而無音矣。若此爲音經，則次第當在上，且又必當曰：'依注
音余'，或曰'音余'，出注始合前後之例，今皆不然，可知其爲音注無疑。唐石本作
'予'，乃當時經已有譌者耳。如'豚曰腯肥'，以注引春秋'腯'字爲經字，經注遂不可
通，是其比也。而岳本以來，復改此注之'予'以就經，失之甚矣。山井鼎曰：'古本經作
"余"。'又曰'注作"予"。與覲禮合。'彼直據覲禮改注，又據注改經耳。凡其古本異同
之近是者，大抵此類，茲亦聊出之。"
①"徐"，彙校卷第十一、撫釋一、余仁仲本、和本、十行本、閩本、監本、毛本、殿本、阮刻本
同，岳本作"又"。
②"擯必刃反予一人依字音羊汝反鄭云余予古今字則同音餘"，彙校卷第十一、撫釋一、余
仁仲本、和本、十行本、閩本、監本、毛本、殿本、阮刻本同，岳本無此二十四字。
③"皆祝辭本或作皆祝祝辭也下祝字之又反又之六反"，彙校卷第十一、撫釋一、余仁仲
本、和本、十行本、閩本、監本、毛本、殿本、阮刻本同，岳本無此二十一字。
④"致"，余仁仲本、岳本、嘉靖本、和本、十行本、閩本、監本、毛本、殿本、阮刻本同，撫州
本、婺州本、八行本作"至"。阮校曰："祝告致於鬼神辭也　閩、監、毛本同，岳本同，嘉
靖本亦作'致'，正義同，惠棟校宋本作'至'。"
⑤"父音甫注同"，彙校卷第十一、撫釋一、余仁仲本、和本、十行本、閩本、監本、毛本、殿
本、阮刻本同，岳本無此五字。
⑥"辟必亦反"，彙校卷第十一、撫釋一、余仁仲本、和本、十行本、閩本、監本、毛本、殿本、
阮刻本同，岳本無此四字。

上已者,若僊去云耳。○假,音遐,注同①。登上,時掌反,下同。僊,音仙②。**措
之廟,立之主,曰"帝"。**同之天神。春秋傳曰:"凡君,卒哭而祔,祔而作
主。"○措,七故反,置也。祔,音附③。**天子未除喪,曰"予小子"。**謙,未
敢稱一人。春秋傳曰:"以諸侯之踰年即位,亦知天子之踰年即位。以天子三年
然後稱王,亦知諸侯於其封内三年稱子。"**生名之,死亦名之。**生,名之曰
"小子王";死,亦曰"小子王"也。晉有小子侯,是僭取於子天號也④。

　　2·13○**天子有后,有夫人,有世婦,有嬪,有妻,有妾。**妻,八十
一御妻。周禮謂之女御,以其御序於王之燕寢。妾,賤者。○嬪,音頻。**天子建
天官,先六大,曰大宰、大宗、大史、大祝、大士、大卜,典司六典。**
典,法也。此蓋殷時制也。周則大宰爲天官,大宗曰宗伯,宗伯爲春官,大史以下
屬焉。大士以神仕者。互注禮,天官大宰之取,掌建邦之六典,以佐王治邦國。春
官大宗伯之職,掌建邦之天神、人鬼、地示之禮,以佐王建邦國。大史掌建邦之六
典,以逆邦國之治,大祝掌六祝之辭,以事鬼神示,大卜掌三兆之法。**天子之五
官,曰司徒、司馬、司空、司士、司寇,典司五衆。**衆,謂羣臣也。此亦
殷時制也。周則司士屬司馬,大宰、司徒、宗伯、司馬、司寇、司空,爲六官。

　　2·14○**天子之六府,曰司土、司木、司水、司草、司器、司貨,
典司六職。**府,王藏六物之稅者⑤。此亦殷時制也。周則皆屬司徒。司土,土
均也。司木,山虞也。司水,川衡也。司草,稻人也。司器,角人也。司貨,廿人

---

① "注同",彙校卷第十一、撫釋一、余仁仲本、和本、十行本、閩本、監本、毛本、殿本、阮刻
本同,岳本無此二字。
② "登上時掌反下同僊音仙",彙校卷第十一、撫釋一、余仁仲本、和本、十行本、閩本、監
本、毛本、殿本、阮刻本同,岳本作"上時掌反"。
③ "置也祔音附",彙校卷第十一、撫釋一、余仁仲本、和本、十行本、閩本、監本、毛本、殿
本、阮刻本同,岳本無此五字。
④ "子天",撫州本、余仁仲本、婺州本、岳本、嘉靖本、八行本、和本、十行本、閩本、監本、毛
本、殿本、阮刻本作"天子",是。
⑤ "王",撫州本、余仁仲本、婺州本、岳本、嘉靖本、八行本、和本、十行本、閩本、監本、毛
本、岳本、阮刻本、叢刊本作"主",是。

也。○卝，華猛反①，又號猛反②，徐故孟反。卝人，掌金玉錫石未成器者。**天子之六工，曰土工、金工、石工、木工、獸工、草工，典制六材。**此亦殷時制也。周則皆屬司空。土工，陶、旊也。金工，築、冶、鳧、㮚、鍛、桃也。石工，玉人、磬人也。木工，輪、輿、弓、廬、匠、車、梓也。獸工，函、鮑、韗、韋、裘也。唯草工職亡，蓋謂作萑葦之器。○陶，音桃，陶人爲瓦器也③。旊，方往反，旊人爲簠簋之屬④。築，音竹，築氏爲書刀⑤。冶，音也，冶氏爲箭鏃⑥。鳧，音符，鳧氏爲鍾也⑦。段，本又作“鍛”，多亂反，段氏爲錢鎛⑧。函，音含。函人爲甲鎧⑨。韗，況萬反，一音運，又音況運反，韗爲鼓⑩。萑，音丸⑪。**五官致貢曰享。**貢，功也。享，獻也。致其歲終之功於王，謂之獻也。周禮大宰：“歲終，則令百官

---

① “卝華猛反”，撫釋一、余仁仲本、岳本、十行本、閩本、監本、毛本、殿本、阮刻本同，彙校卷第十一、和本作“卝革猛反”，撫釋二作“卝𡍩猛反”。

② “號猛反”，彙校卷第十一、撫釋一、余仁仲本、岳本、和本、十行本、閩本、監本、毛本、殿本、阮刻本作“虢猛反”，是；和本、十行本、閩本、監本、毛本、殿本、阮刻本“虢”上衍“音”字。岳本考證曰：“華猛，諸本作‘𡍩猛’，非。案：‘華’與‘虢’係兩音，故云‘又’，若‘𡍩’與‘虢’則同爲一母矣，不必云‘又’也。”

③ “陶人爲瓦器也”，彙校卷第十一、撫釋一、余仁仲本、和本、十行本、閩本、監本、毛本、殿本、阮刻本同，岳本無此六字。

④ “旊人爲簠簋之屬”，彙校卷第十一、撫釋一、余仁仲本、和本、十行本、閩本、監本、毛本、殿本、阮刻本同，岳本無此七字。

⑤ “築氏爲書刀”，彙校卷第十一、撫釋一、余仁仲本、和本、十行本、閩本、監本、毛本、殿本、阮刻本同，岳本無此五字。

⑥ “冶氏爲箭鏃”，彙校卷第十一、撫釋一、余仁仲本、和本、阮刻本同，岳本無此五字；十行本“鏃”作墨釘，閩本、監本、毛本、殿本作“煎金”，非。

⑦ “鳧氏爲鍾也”，彙校卷第十一、撫釋一、余仁仲本、和本、十行本、閩本、監本、毛本、殿本、阮刻本同，岳本無此五字。

⑧ “段本又作鍛多亂反段氏爲錢鎛”，彙校卷第十一、撫釋一、余仁仲本、和本、十行本、閩本、監本、毛本、殿本、阮刻本同，岳本作“鍛多亂反”。

⑨ “函人爲甲鎧”，彙校卷第十一、撫釋一、余仁仲本、和本、十行本、閩本、監本、毛本、殿本、阮刻本同，岳本無此五字。

⑩ “韗況萬反一音運又音況運反韗爲鼓”，岳本作“韗況萬反一音運”；彙校卷第十一、撫釋一、余仁仲本、和本、十行本、閩本、監本、毛本、殿本、阮刻本作“爲鼓”上有“人”字，是。

⑪ “萑音丸”，彙校卷第十一、撫釋一、余仁仲本、和本、十行本、閩本、監本、毛本、殿本、阮刻本同，岳本無此三字。

府各正其治，受其會，聽其政事①，而詔王廢置。"○享，許兩反，舊許亮反②，後皆放此，不復重出。治，直吏反③。會，古外反。

2·15○五官之長曰伯，謂爲三公者。周禮："九命作伯。"○長，丁丈反④，後皆同。是職方。職，主也。是伯分主東西者。春秋傳曰："自陝以東，周公主之；自陝以西，召公主之；一相處乎内。"是，或爲"氏"。○陝，式冉反，依字當作"陝"。何休注公羊傳云："弘農陝縣是也。"一云當作"郟"，古洽反，謂王城郟鄏也。召，時照反，又作邵，音同。相，息亮反⑤。其摈於天子也，曰"天子之吏"。摈者辭也。春秋傳曰："王命委之三吏。"謂三公也。○摈，本又作"儐"⑥，必刃反。天子同姓謂之"伯父"，異姓謂之"伯舅"。自稱於諸侯曰"天子之老"，於外曰公，於其國曰君。稱之以父與舅，親親之辭也。外，自其私土之外，天子畿内⑦。九州之長，入天子之國曰牧。每一州之中，天子選諸侯之賢者，以爲之牧也。周禮曰："乃施典於邦國而建其牧。"○牧，牧養之牧，徐音目⑧。天子同姓謂之"叔父"，異姓謂之"叔舅"。於外曰"侯"，於其國曰"君"。牧，尊於大國之君，而謂之叔父，辟二伯也，亦以此爲

---

① "政事"，叢刊本同；撫州本、余仁仲本、婺州本、岳本、嘉靖本、八行本、和本、十行本、閩本、監本、毛本、殿本、阮刻本作"致事"，是。

② "許亮反"，彙校卷第十一、撫釋一、余仁仲本、岳本、十行本、閩本、監本、毛本、殿本、阮刻本同，和本"許"作"計"，非。

③ "治直吏反"，彙校卷第十一、撫釋一、余仁仲本同，岳本無此四字，和本、十行本、閩本、監本、毛本、殿本、阮刻本"直"上衍"音"字。

④ "長丁丈反"，彙校卷第十一、撫釋一、余仁仲本、和本、十行本、閩本、監本、毛本、殿本、阮刻本同，岳本作"長展丈反"。

⑤ "依字當作陝何休注公羊傳云弘農陝縣是也一云當作郟古洽反謂王城郟鄏也召時照反又作邵音同相息亮反"，彙校卷第十一、撫釋一、余仁仲本、和本、十行本、閩本、監本、毛本、殿本、阮刻本同，岳本無此四十五字。

⑥ "本又作儐"，彙校卷第十一、撫釋一、余仁仲本、和本、十行本、閩本、監本、毛本、殿本、阮刻本同，岳本無此四字。

⑦ "畿内"下，彙校卷第十一、撫釋一、余仁仲本、和本、十行本、閩本、監本、毛本、殿本、阮刻本有"○天子謂之伯父本或有同姓二字衍文"十五字釋文，岳本無。

⑧ "牧養之牧徐"，彙校卷第十一、撫釋一、余仁仲本、和本、十行本、閩本、監本、毛本、殿本、阮刻本同，岳本無此五字。

尊。禮或損之而益，謂此類也。外，自其國之外，九州之中，曰侯曰①，本爵也。二王之後不爲牧。○辟，音避，下同②。**其在東夷、北狄、西戎、南蠻，雖大曰“子”。** 謂九州之外長也。天子亦選其諸侯之賢者以爲之子。子，猶牧也。入天子之國曰子，天子亦謂之子，雖有侯伯之地，本爵亦無過子，是以同名曰子。**於内自稱曰“不穀”，** 與民言之，謙稱。穀，善也。○謙稱，尺證反。**於外自稱曰“王老”。** 威遠國也。外，亦其戎狄之中。**庶方小侯，入天子之國曰“某人”，於外曰“子”，自稱曰“孤”。** 謂戎狄子、男君也。男者，於外亦曰男③，舉尊言之。**天子當依而立，諸侯北面而見天子曰“覲”。天子當宁而立，諸公東面、諸侯西面曰“朝”。** 諸侯春見曰朝，受摯於朝，受享於序④，生氣文也。秋見曰覲，一受之於廟，殺氣質也。朝者，位於内朝而序進；覲者，位於廟門外而序入。王南面，立於依宁而受焉。夏宗依春，冬遇依秋。春秋時，齊侯言魯昭公⑤，以遇禮相見，取易畧也。覲禮今存，朝、宗、遇禮今亡。○依，本又作“扆”，同，於豈反，注同，狀如屏風，畫爲斧文，高八尺⑥。見，賢遍反，下文注除“相見”皆同。覲，其靳反⑦。宁，徐珍呂反，又音儲，門屏之間曰

---

①“侯曰”，撫州本、余仁仲本、婺州本、岳本、嘉靖本、八行本、和本、十行本、閩本、監本、毛本、殿本、阮刻本作“侯者”，是。

②“辟音避下同”，彙校卷第十一、撫釋一、余仁仲本、和本、十行本、閩本、監本、毛本、殿本、阮刻本同，岳本無此五字。

③“男者於外亦曰男”，撫州本、余仁仲本、婺州本、岳本、嘉靖本、八行本、和本、十行本、閩本、監本、毛本、殿本、阮刻本同，考證曰：“此釋經‘於外曰子’，下‘男’字當是‘子’字之訛。”

④“序”，撫州本、余仁仲本、婺州本、岳本、嘉靖本、八行本、和本、十行本、閩本、監本、毛本、殿本、阮刻本作“廟”，是。

⑤“言”，撫州本、余仁仲本、婺州本、岳本、嘉靖本、八行本、和本、十行本、閩本、監本、毛本、殿本、阮刻本作“唁”，是。

⑥“依本又作扆同於豈反注同狀如屏風畫爲斧文高八尺”，彙校卷第十一、撫釋一、余仁仲本、和本、十行本、閩本、監本、毛本、殿本、阮刻本同，岳本作“依於豈反狀如屏風畫爲斧文”。

⑦“下文注除相見皆同覲其靳反”，彙校卷第十一、撫釋一、余仁仲本、和本、十行本、閩本、監本、毛本、殿本、阮刻本同，岳本無此十二字。

宁。夏,户嫁反。唁,音彦。穀梁傳云:弔失國曰唁①。易,以豉反。重意明堂:天子負斧,南鄉而立。諸侯未及期相見曰"遇",相見於郤地曰"會",諸侯使大夫問於諸侯曰"聘"。約信曰"誓",涖牲曰"盟"。及,至也。郤,間也。涖,臨也。坎用牲,臨而讀其盟書。聘禮今存,遇、會、誓、盟禮亡。誓之辭,尚書見有六篇。○郤,丘逆反。涖,音利②,又音類③。盟,音明,徐音亡幸反④。郤間,如字,又音閑。坎,苦感反⑤,後同。

2・16○諸侯見天子曰"臣某侯某"⑥。謂嗇夫承命,告天子辭也。其爲州牧,則曰"天子之老臣某侯某奉圭請覲。"○嗇,音色⑦。其與民言自稱曰"寡人"。謙也。於臣亦然。○自謂,一本作"自稱"⑧。其在凶服曰"適子孤"。凶服,亦謂未除喪。○適,音的。臨祭祀,内事曰"孝子某侯某",外事曰"曾孫某侯某"。稱國者,遠辟天子。死曰"薨"。亦史書策辭。復曰"某甫復矣"。某甫,且字⑨。既葬,見天子曰"類見"。代父受國。類,猶象也。執皮帛,象諸侯之禮見也。其禮亡。言謚曰"類"。使大

---

① "宁徐珍吕反又音儲門屏之間曰宁夏户嫁反唁音彦穀梁傳云弔失國曰唁",彙校卷第十一、撫釋一、余仁仲本、和本、十行本、閩本、監本、毛本、殿本、阮刻本同,岳本作"宁珍吕反又音儲門屏之間"。

② "音利"下,彙校卷第十一、撫釋一、余仁仲本、和本、十行本、閩本、監本、毛本、殿本、阮刻本有"徐力二反"四字,岳本無。

③ "又音類",彙校卷第十一、撫釋一、余仁仲本、和本、十行本、閩本、監本、毛本、殿本、阮刻本同,岳本無此三字。

④ "徐音亡幸反",彙校卷第十一、撫釋一、余仁仲本、和本、十行本、閩本、監本、毛本、殿本、阮刻本同,岳本作"又音莫更反"。

⑤ "苦感反"下,彙校卷第十一、撫釋一、余仁仲本、和本、十行本、閩本、監本、毛本、殿本、阮刻本有"徐又苦敢反"五字,岳本無。

⑥ "諸侯",撫州本、余仁仲本、岳本、嘉靖本、八行本、和本、十行本、閩本、監本、毛本、殿本、阮刻本同;婺州本重"諸"字,非。

⑦ "嗇音色",彙校卷第十一、撫釋一、余仁仲本、和本、十行本、閩本、監本、毛本、殿本、阮刻本同,岳本無此三字。

⑧ "自謂一本作自稱",彙校卷第十一、撫釋一、余仁仲本、和本、十行本、閩本、監本、毛本、殿本、阮刻本同,岳本無此七字。

⑨ "且字",撫州本、余仁仲本、婺州本、岳本、嘉靖本、八行本、和本、十行本、閩本、監本、毛本、殿本、阮刻本同,考證曰:"'且字',當作'其字'。"

夫行,象聘問之禮也。言謚者,序其行及謚所宜,其禮亡。○其行,下孟反。**諸侯使人使於諸侯,使者自稱曰"寡君之老"。** 繫於君,以爲尊也。此謂諸侯之卿上大夫。○使於,色吏反,下同。**天子穆穆,諸侯皇皇,大夫濟濟,士蹌蹌,庶人僬僬。** 皆行容止之貌也。聘禮曰:"賓入門皇。"又曰:"皇且行。"又曰①:"衆介北面蹌焉②。"凡行容,尊者體盤,卑者體蹙。○濟,子禮反③。蹌,本又作"鶬",或作"蹡",同,七良反④。僬,子妙反。盤,步丹反。蹙,將六反⑤。**天子之妃曰后,** 后之言後也。○妃,芳菲反。**諸侯曰夫人,** 夫之言扶⑥。**大夫曰孺人,** 孺之言屬⑦。○孺,而樹反。**士曰婦人,** 婦之言服。**庶人曰妻。**

---

① "皇且行又曰",撫州本、余仁仲本、岳本、嘉靖本、八行本、和本、阮刻本同;十行本、閩本、監本、毛本、殿本"又"作"者",非。阮校曰:"皇且行又曰　惠棟校宋本作'行又',岳本同,嘉靖本同,衛氏集說同,此本'行又'二字闕。閩、監、毛本'又'作'者',非。"鍔案:阮說非,十行本不缺此二字,且作"行者",故閩、監、毛本沿襲而誤。

② "蹌焉",撫州本、婺州本、八行本同;余仁仲本、岳本、嘉靖本、和本、十行本、閩本、監本、毛本、殿本、阮刻本作"蹌蹌焉",非。阮校曰:"衆介北面蹌蹌焉　閩、監、毛本同,岳本同,嘉靖本同,衛氏集說同,惠棟校宋本'蹌蹌焉'三字作'蹌焉'二字,宋監本同。齊召南考證云:'按:鄭用聘禮記文,當作"衆介北面蹌焉",此下疏亦作"蹌焉",則"蹌蹌"二字並誤也。'○按:段玉裁云:'依說文當作"蹖蹖",爲行皃。"蹌"訓動也。然則禮言行容者,皆"蹖"爲正字,"蹌"爲假借字。'"考異曰:"各本'蹌'下更有'蹌'字,誤也。山井鼎所據與此同。毛居正曰:'"蹌"作"蹡",誤。興國軍本作"蹌"。'是宋監本與此同。'今案:釋文音經'蹌蹌'云:'本又作鶬,或作蹡,同七良反。'是正文有作'蹌蹌',注有作'蹡焉'之本,非無出也。但正文既從'蹌蹌',而注仍作'蹡',則爲歧耳。聘禮作'蹌',士冠禮鄭注云'行翔而前鶬焉'。可見'蹌'、'鶬'、'蹡'三文之非有異也。毛居正泥'蹡'爲'鏗蹡'字,未得假借之理。正義所用本,經、注皆爲'蹌'字,與或作者不同。"鍔案:阮、段、張說是。

③ "子禮"二字,彙校卷第十一、撫釋一、余仁仲本、和本、十行本、閩本、監本、毛本、殿本、阮刻本同,十行本作墨釘。

④ "本又作鶬或作蹡同",彙校卷第十一、撫釋一、余仁仲本、和本、十行本、閩本、監本、毛本、殿本、阮刻本同,岳本無此八字。

⑤ "蹙將六反",彙校卷第十一、撫釋一、余仁仲本、岳本、和本同,十行本四字作墨釘,閩本"將六反"三字作墨釘,監本、毛本、殿本、阮刻本"將"作"子",非。

⑥ "夫之",撫州本、余仁仲本、岳本、嘉靖本、八行本、和本、十行本、閩本、監本、毛本、殿本、阮刻本同;婺州本作"夫人",非。

⑦ "孺之",撫州本、余仁仲本、岳本、嘉靖本、八行本、和本、十行本、閩本、監本、毛本、殿本、阮刻本同;婺州本作"孺人",非。

妻之言齊。**公侯有夫人，有世婦，有妻，有妾。**貶於天子也。無后與嬪，去上中①。○貶，皮檢反。去，羌吕反。**夫人自稱於天子曰"老婦"，**自稱於天子，謂畿内諸侯之夫人助祭，若時事見。**自稱於諸侯曰"寡小君"；**謂享來朝諸侯之時②。**自稱於其君曰"小童"，自世婦以下自稱曰"婢子"。**小童，若云未成人也。婢之言卑也，於其君稱此③，以接見體敵，嫌其當④。○童，本或作"僮"⑤。**子於父母，則自名也。**名，父母所爲也。言子者，通男女⑥。**列國之大夫，入天子之國，曰"某士"；**亦謂諸侯之卿也⑦。三命以下，於天子爲士。曰"某士者"，若晉韓起聘於周⑧。擯者曰："晉士起。"**自稱曰"陪臣某"。**陪，重也⑨。○

---

① "中"，撫州本、余仁仲本、岳本、嘉靖本、八行本、和本、十行本、閩本、監本、毛本、殿本、阮刻本同；婺州本作"下"，非。

② "享"，撫州本、余仁仲本、婺州本、岳本、嘉靖本、八行本、和本、十行本、閩本、監本、毛本、殿本、阮刻本作"饗"。

③ "其君稱"三字，撫州本、余仁仲本、岳本、嘉靖本、八行本、和本、毛本、殿本、阮刻本同；十行本、閩本作墨釘，監本缺。阮校曰："於其君稱此　毛本如此，岳本、嘉靖本同，衛氏集説同。此本'其君稱'三字闕，閩、監本同。"

④ "嫌其當"三字，撫州本、余仁仲本、岳本、嘉靖本、八行本、和本、毛本、殿本、阮刻本同；十行本、閩本作墨釘，監本缺。阮校曰："嫌其當　毛本如此，岳本、嘉靖本同，衛氏集説同。此本三字闕，閩、監本同。"

⑤ "童本或作僮"，彙校卷第十一、撫釋一、余仁仲本、和本、十行本、閩本、監本、毛本、殿本、阮刻本同，岳本無此五字。

⑥ "言子者通男女"六字，撫州本、余仁仲本、岳本、嘉靖本、八行本、和本、毛本、殿本、阮刻本同；十行本、閩本作墨釘，監本缺。阮校曰："言子者通男女　毛本如此，岳本、嘉靖本同，衛氏集説無'者'字。此本六字闕，閩本闕五字，監本同。案：考文，古本亦無'者'字。"

⑦ "之卿也"三字，撫州本、余仁仲本、岳本、嘉靖本、八行本、和本、毛本、殿本、阮刻本同；十行本、閩本作墨釘，監本缺。阮校曰："亦謂諸侯之卿也　毛本如此，岳本、嘉靖本同，衛氏集説同。此本'之卿也'三字闕，閩、監本同。"

⑧ "者若晉"三字，撫州本、余仁仲本、岳本、嘉靖本、八行本、和本、阮刻本同；十行本作墨釘，閩本、監本、毛本、殿本"若"誤作"如"。阮校曰："曰某士者如晉韓起聘於周　閩、監、毛本如此。岳本'如'作'若'，嘉靖本同，宋監本同，衛氏集説同，此本'者如晉'三字闕。"

⑨ "陪重也"三字，撫州本、余仁仲本、岳本、嘉靖本、八行本、和本、毛本、殿本、阮刻本同；十行本、閩本作墨釘，監本缺。阮校曰："陪重也　毛本如此，岳本、嘉靖本同，衛氏集説同。此本三字闕，閩、監本同。"

重,直恭反①。**於外曰"子"**,子,有德之稱。魯春秋曰:"齊高子來盟。"○稱,
尺證反②。**於其國曰"寡君之老"。使者自稱曰"某"。**使,謂使人於諸
侯也。某,名也。○使自稱,色吏反,注"使謂"同,本或作"使者自稱"③。

　　2·17○**天子不言出,諸侯不生名,君子不親惡。**天子之言出,
諸侯之生名,皆有大惡。君子所遠,出、名以絶之。春秋傳曰:"天王出居於鄭"、
"衛侯朔入於衛"是也。○遠,于萬反。**諸侯失地,名;滅同姓,名。**絶之。
爲人臣之禮,不顯諫。爲奪美也。顯,明也,謂明言其君惡,不幾微。○爲
奪,于僞反。**三諫而不聽,則逃之。**逃,去也。君臣有義則合,無義則离。
子之事親也,三諫而不聽,則號泣而隨之。至親無去,志在感動之。○
號,户刀反。

　　2·18○**君有疾飲藥,臣先嘗之。親有疾飲藥,子先嘗之。**
嘗,度其所堪。○度,待各反④。[重意]親有疾飲藥,子先嘗之。文王世子:疾之
藥,必親嘗之。**醫不三世,不服其藥。**慎物齊也。○齊,才細反。**儗人必
於其倫。**儗,猶比也。倫,猶類也。比大夫當於大夫,比士當於士,不以其類,
則有所褻。○儗,魚起反,注同。褻,息列反⑤。

　　2·19○**問天子之年,對曰:"聞之,始服衣若干尺矣。"**既不敢
言年,又不敢斥至尊所能。**問國君之年,長,曰:"能從宗廟社稷之事
矣。"幼,曰:"未能從宗廟社稷之事也。"問大夫之子,長,曰:"能**

---

① "重直恭"三字,彙校卷第十一、余仁仲本、岳本、和本、毛本、殿本、阮刻本同;十行本、閩
　本作墨釘,監本缺。
② "稱尺證反",彙校卷第十一、撫釋一、余仁仲本、和本、十行本、閩本、監本、毛本、殿本、
　阮刻本同,岳本無此四字。
③ "使自稱色吏反注使謂同本或作使者自稱",彙校卷第十一、撫釋一、余仁仲本、和本、毛
　本、殿本、阮刻本同,岳本作"使色吏反";十行本、閩本"稱色吏"、"本或作"六字作墨釘,
　監本"本或作"三字缺。
④ "度待各反",彙校卷第十一、撫釋一、余仁仲本、和本、十行本、閩本、監本、毛本、殿本、
　阮刻本同,岳本作"度待洛反"。
⑤ "褻息列反",彙校卷第十一、撫釋一、余仁仲本、和本、十行本、閩本、監本、毛本、殿本、
　阮刻本同,岳本無此四字。

御矣”。幼，曰：“未能御也。”問士之子，長，曰：“能典謁矣。”幼，曰：“未能典謁也。”問庶人之子，長，曰“能負薪矣。”幼，曰：“未能負薪也。”皆言其能，則長幼可知。御，猶主也。書曰：“越乃御事。”謂主事者。謁，請也，謂能擯贊出入，以事請告也。四十强而仕①，五十命爲大夫。重意“自問天子之年，未能負薪也”，重見少儀十七。

2・20〇問國君之富，數地以對，山澤之所出。問大夫之富，曰：“有宰食力，祭器衣服不假。”問士之富，以車數對。問庶人之富，數畜以對。皆在其所制，以多少對。宰，邑士也。食力，謂民之賦稅。〇數，色主反，下“數畜”同②。畜，許又反。鄭注周禮云：“始養曰畜。”③

2・21〇天子祭天地，祭四方，祭山川，祭五祀，歲徧。諸侯方祀，祭山川，祭五祀，歲徧。大夫祭五祀，歲徧。士祭其先。祭四方，謂祭五官之神於四郊也。句芒在東，祝融、后土在南，蓐收在西，玄冥在北。詩云：“來方禋祀④。”方祀者，各祭其方之官而已。五祀，户、竈、中霤、門、行也。此蓋殷時制也。祭法曰：“天子立七祀，諸侯立五祀，大夫立三祀⑤，士立二祀。”謂周制也。〇徧，音遍，本亦作“遍”，下同⑥。句，古侯反。下音亡⑦。蓐，音辱。冥，亡丁反。禋，音因。霤，力救反⑧。重言“天子祭天地三”，王制第四、禮運第九各一。

---

①“四”上，撫州本、余仁仲本、婺州本、岳本、嘉靖本、八行本、和本、十行本、閩本、監本、毛本、殿本、阮刻本有“禮”字，是。

②“數畜”，彙校卷第十一、撫釋一、余仁仲本、和本、十行本、閩本、監本、毛本、殿本、阮刻本同，岳本無此二字。

③“鄭注周禮云始養曰畜”，彙校卷第十一、撫釋一、余仁仲本、和本、十行本、閩本、監本、毛本、殿本、阮刻本同，岳本無此九字。

④“來方”，撫州本、余仁仲本、婺州本、岳本、嘉靖本、八行本、和本、閩本、監本、毛本、殿本、阮刻本同；十行本作“東方”，非。

⑤“立三祀”，撫州本、余仁仲本、婺州本、岳本、嘉靖本、和本、十行本、閩本、監本、毛本、殿本、阮刻本同；八行本脱“立”字，潘本已補。

⑥“本亦作遍下同”，彙校卷第十一、撫釋一、余仁仲本、和本、十行本、閩本、監本、毛本、殿本、阮刻本同，岳本無此六字。

⑦“句古侯反下音亡”，余仁仲本、和本同，十行本、閩本、監本、毛本、殿本、阮刻本作“句古侯反芒音亡”，岳本無“芒音亡”三字；彙校卷十一、撫釋一作“句芒古侯反下音亡”，是。

⑧“蓐音辱冥亡丁反禋音因霤力救反”，彙校卷第十一、撫釋一、余仁仲本、和（轉下頁注）

2·22○凡祭,有其廢之,莫敢舉也;有其舉之,莫敢廢也。爲
其瀆神也。廢、舉,謂若殷廢農祀棄①,後不可復廢棄祀農也。後有德者繼之,不
嫌也。○爲,于僞反。復,扶又反。非有所祭而祭之②,名曰淫祀。淫祀
無福。妄祭,神不饗。○妄祭,本亦作"無福"。

2·23○天子以犧牛,諸侯以肥牛,大夫以索牛,士以羊、豕。
犧,純毛也。肥,養於滌也。索,求得而用之。○索,所百反,注同,求也③。牷,音
全,一本作"純"④。滌,直的反,養牲宮也⑤,徐又同弔反⑥。支子不祭,祭必
告于宗子。不敢自專。謂宗子有故,支子當攝而祭者也。五宗皆然。

2·24○凡祭宗廟之禮,牛曰一元大武,豕曰剛鬣,豚曰腯
肥,羊曰柔毛,鷄曰翰音,犬曰羹獻,雉曰疏趾,兔曰明視;脯曰尹
祭,槀魚曰商祭⑦,鮮魚曰脡祭;水曰清滌,酒曰清酌;黍曰薌合,
梁曰薌萁⑧,稷曰明粢,稻曰嘉蔬,韭曰豐本,鹽曰鹹鹺;玉曰嘉
玉,幣曰量幣。號牲物者,異於人用也⑨。元,頭也。武,迹也。腯,亦肥也,

───────

(接上頁注)本、十行本、閩本、監本、毛本、殿本、阮刻本同,岳本無此十四字。
①"祀棄",十行本、閩本"祀"作"事",非。
②"有"唐石經、撫州本、余仁仲本、婺州本、岳本、嘉靖本、八行本、和本、閩本、監本、毛本、
　殿本、阮刻本作"其",是。
③"求也",彙校卷第十一、撫釋一、余仁仲本、和本、十行本、閩本、監本、毛本、殿本、阮刻
　本同,岳本無此二字。
④"牷音全一本作純",彙校卷第十一、撫釋一、余仁仲本、和本、十行本、閩本、監本、毛本、
　殿本、阮刻本同,岳本無此七字。
⑤"宫",彙校卷第十一、余仁仲本同,岳本、和本、十行本、閩本、監本、毛本、殿本、阮刻本
　同作"官",非。
⑥"徐",彙校卷第十一、撫釋一、余仁仲本、和本、十行本、閩本、監本、毛本、殿本、阮刻本
　同,岳本無此字。
⑦"槀魚曰商祭",唐石經、撫州本、余仁仲本、婺州本、岳本、八行本、和本、閩本、監本、毛
　本、殿本、阮刻本同;十行本"魚"作"兔",嘉靖本"商"作"商",注文同,非。
⑧"梁",唐石經、撫州本、余仁仲本、婺州本、岳本、嘉靖本、八行本、和本、十行本、閩本、監
　本、毛本、殿本、阮刻本作"粱",是。
⑨"號牲物者異於人用也",撫州本、余仁仲本、婺州本、岳本、嘉靖本、八行本、和本、毛本、
　殿本、阮刻本同;十行本缺"者"、"用"二字,閩本作墨釘,監本缺。阮校曰:"號(轉下頁注)

春秋傳作“脤”。脤，充貌也。翰，猶長也①。羹獻，食人之餘也。尹，正也。商，猶量也。脡，直也。其，辭也。嘉，善也②。稻，菰蔬之屬也。豐，茂也。大鹹曰醝，今河東云。幣，帛也。○大武③，如字，一音泰。鬣，力輒反。豚，徒門反。脤，徒忽反，注同，本或作“豚”④。翰，戶旦反。羹，古衡反，徐又音衡⑤。槀，苦老反，乾魚⑥。鮮，音仙。脡，他頂反⑦，徐唐頂反⑧。薌，音香。合，如字，或音閤。其，字又作“箕”，同，音姬，語辭也；王音期，期，時也⑨。稷曰明粢，音咨，一本作“明粱”，古本無此句⑩。疏，本又作“蔬”，色魚反⑪。韭，音久。鹹，本又作“醎”，音咸⑫。醯，

（接上頁注）牲物者異於人用也　毛本如此，岳本、嘉靖本同，宋監本同，衛氏集説同。此本‘者’、‘用’二字闕，閩、監本同。”

①“翰猶長也”，撫州本、余仁仲本、婺州本、岳本、嘉靖本、八行本、和本、阮刻本同，十行本、閩本、監本、毛本、殿本作“翰長聲也”。阮校曰：“翰猶長也　惠棟校宋本作‘猶長’，宋監本同，岳本、嘉靖本同，閩、監、毛本‘猶長’作‘長聲’，衛氏集説同。此本‘猶長’二字闕。釋文出‘翰長’，通典四十八引‘翰長也’，無‘猶’字。”

②“嘉善也”，撫州本、余仁仲本、婺州本、岳本、嘉靖本、八行本、和本、毛本、殿本、阮刻本同，十行本、閩本作墨釘，監本缺。阮校曰：“嘉善也　毛本作‘嘉善’，岳本、嘉靖本、宋監本同。此本‘嘉善’二字闕，閩、監本同。”

③“○大”，余仁仲本、岳本、和本、閩本、監本、毛本、阮刻本同，十行本作墨釘。

④“注同本或作豚”，彙校卷第十一、撫釋一、余仁仲本、和本同，岳本無此六字；十行本“或作”作墨釘，閩本、監本、毛本、殿本、阮刻本“或”誤作“亦”。

⑤“徐”，彙校卷第十一、撫釋一、余仁仲本、和本、十行本、閩本、監本、毛本、殿本、阮刻本同，岳本無此字。

⑥“乾魚”，彙校卷第十一、撫釋一、余仁仲本、和本、十行本、閩本、監本、毛本、殿本、阮刻本同，岳本無此二字。

⑦“他頂反”，彙校卷第十一、撫釋一、余仁仲本、岳本、和本；十行本、閩本、監本、毛本、殿本、阮刻本“他”作“肥”，非。

⑧“徐唐頂反”，彙校卷第十一、撫釋一、余仁仲本、十行本、閩本、監本、毛本、殿本、阮刻本同，岳本無此四字。

⑨“其字又作箕同音姬語辭也王音期期時也”，彙校卷第十一、撫釋一、余仁仲本、和本、十行本、閩本、監本、毛本、殿本、阮刻本同，岳本作“其音姬又音期”。

⑩“稷曰明粢音咨一本作明粱古本無此句”，岳本作“粢音咨”；彙校卷第十一、撫釋一、余仁仲本、和本、十行本、閩本、監本、毛本、殿本、阮刻本“粱”作“梁”，是。

⑪“疏本又作蔬色魚反”，彙校卷第十一、撫釋一、余仁仲本、和本、十行本、阮刻本同，閩本、監本、毛本、殿本作“蔬本又作疏色魚反”，岳本作“疏色魚反”。

⑫“鹹本又作醎音咸”，彙校卷第十一、撫釋一、余仁仲本、和本、十行本、閩本、監本、毛本、殿本、阮刻本同，岳本無此七字。

才何反。量，音亮，又音良。作腯，徒忽反。翰長，如字，菰音孤，本亦作“苽”，音同[①]。

2·25○天子死曰崩，諸侯曰薨，大夫曰卒，士曰不禄，庶人曰死。異死名者，爲人褻其無知，若猶不同然也。自上顛壞曰崩。薨，顛壞之聲。卒，終也。不禄，不終其禄。死之言澌也，精神澌盡也。○爲，于僞反[②]。傎，音顛[③]。澌，本又作“㱼”，同，音賜[④]。**在牀曰尸，**尸，陳也，言形體在。**在棺曰柩。**柩之言究也。○柩，音舊。白虎通云：“久也。”重言一見問喪十七[⑤]。**羽鳥曰降，四足曰漬。**異於人也。降，落也。漬，謂相纖汙而死也[⑥]。春秋傳曰：“大災者何？大漬也。”○降，户江反，又音絳，注同[⑦]。漬，辭賜反。纖[⑧]，子廉反。汙，“穢汙”之汙，一作汗，户旦反。**死寇曰兵。**異於凡人，當饗禄其後。**祭王父曰皇祖考，王母曰皇祖妣，父曰皇考，母曰皇妣，夫曰皇辟。**更設稱號，尊神，異於人也。皇，君也。考，成也，言其德行之成也。妣之言媲也，媲於考也。辟，法也，妻所取法也。○妣，必履反。辟，婢亦反，徐扶亦反。稱，尺證反，下之“稱”皆同。行，下孟反，下同。媲，普計反[⑨]。**生曰父，曰母，曰妻；死曰考，曰妣，曰**

①“作腯徒忽反翰長如字菰音孤本亦作苽音同”，彙校卷第十一、撫釋一、余仁仲本、和本、十行本、閩本、監本、毛本、殿本、阮刻本同，岳本無此十八字。

②“爲于僞反”，彙校卷第十一、撫釋一、余仁仲本、岳本同，和本、十行本、閩本、監本、毛本、殿本、阮刻本脱此四字。

③“傎音顛”，彙校卷第十一、撫釋一、余仁仲本、和本、十行本、閩本、監本、毛本、殿本、阮刻本同，岳本無此三字。

④“澌本又作㱼同音賜”，彙校卷第十一、撫釋一、余仁仲本、和本、十行本、閩本、監本、毛本、殿本、阮刻本同，岳本作“澌音賜”。

⑤“十七”，當作“三十五”，問喪是禮記第三十五篇。

⑥“纖汙”，余仁仲本、嘉靖本同，毛本“汙”誤作“汗”；撫州本、婺州本、岳本、八行本、和本、十行本、閩本、監本、殿本、阮刻本作“瀸汙”，是。阮校曰：“漬謂相瀸汙而死也　閩、監本同，岳本同，毛本‘汙’誤‘汗’，嘉靖本‘瀸’誤‘纖’。”

⑦“注同”，彙校卷第十一、撫釋一、余仁仲本、和本、十行本、閩本、監本、毛本、殿本、阮刻本同，岳本無此二字。

⑧“纖”，彙校卷第十一、撫釋一、余仁仲本、岳本、和本、十行本、閩本、監本、毛本、殿本、阮刻本作“瀸”，是。

⑨“徐扶亦反稱尺證反下之稱皆同行下孟反下同媲普計反”，彙校卷第十一、撫釋一、余仁仲本、和本、十行本、閩本、監本、毛本、殿本、阮刻本同，岳本無此二十三字。

嬪。嬪，婦人有法度者之稱也。周禮：“九嬪掌婦學之法，教九御婦德、婦言、婦容、婦功。”壽考曰卒，短折曰不祿。祿謂有德行任爲大夫、士而不爲者①，老而死從大夫之稱，少而死從士之稱。○折，市設反。任②，音壬，又如字。

2·26○天子視不上於袷，不下於帶。袷，交領也。天子至尊，臣視之，目不過此。○上③，時掌反，下及注同。袷，音劫。國君，綏視。視國君弥高。○綏，讀爲妥。妥視，謂視上於袷④。綏⑤，依注音妥，他果反⑥。大夫，衡視。視大夫又弥高也。衡，平也。平視，謂視面也。士，視五步。士視，得旁遊目五步之中也。視大夫以上，上下遊目不得旁。○遊，如字，徐音流⑦。凡視，上於面則敖，敖則仰。○敖，五報反。下於帶則憂，憂則低。傾則姦。辟頭旁視，心不正也。傾，或爲側。○辟，本或作“僻”⑧，匹亦反。

2·27○君命，大夫與士肄。肄，習也。君有命，大夫則與士展習其事，謂欲有所發爲也。○君命，絕句。肄，本又作“肆”，同，以二反⑨。在官言官，在府言府，在庫言庫，在朝言朝。唯君命所在，就展習之也。

──────────

①“祿謂有德行任爲大夫士而不爲者”，考異曰：“案正義云：‘鄭知有德行’云云，是此句首無‘祿’字明甚，有者衍耳。”鍔案：張説是。

②“任”，彙校卷第十一、撫釋一、余仁仲本、岳本、和本、閩本、監本、毛本、殿本、阮刻本同；十行本作“仁”，非。

③“上”，彙校卷第十一、撫釋一、余仁仲本、岳本、和本、閩本、監本、毛本、殿本、阮刻本同；十行本作“主”，非。

④“○綏讀爲妥妥視謂視上於袷”十一字，據撫州本、余仁仲本、婺州本、岳本、嘉靖本、八行本、和本、十行本、閩本、監本、殿本、阮刻本，皆鄭玄注文，當删“○”號；毛本“上”誤作“止”。

⑤據彙校卷第十一、撫釋一、余仁仲本、岳本、和本、閩本、監本、毛本、殿本、阮刻本，“綏”下是釋文文字，當在“綏”上補“○”號。

⑥“依注音妥他果反”，彙校卷第十一、撫釋一、余仁仲本、和本、十行本、閩本、監本、毛本、殿本、阮刻本同，岳本作“音妥”。

⑦“徐”，彙校卷第十一、撫釋一、余仁仲本、和本、十行本、閩本、監本、毛本、殿本、阮刻本同，岳本作“又”。

⑧“本或作僻”，余仁仲本、和本、十行本、閩本、監本、毛本、殿本、阮刻本同，彙校卷第十一、撫釋一作“本又作僻”，岳本無此四字。

⑨“肄本又作肆同以二反”，余仁仲本、和本、十行本、閩本、監本、毛本、殿本同，彙校卷第十一、撫釋一、阮刻本作“肆本又作肄同以二反”，岳本作“肄以二反”。

官,謂板圖文書之處①。府,謂寶藏貨賄之處也。庫,謂車馬兵甲之處也。朝,謂君臣謀政事之處也。○處,昌慮反,下皆同。藏,才浪反。賄,呼罪反,字林音悔②。**朝言不及犬馬。**非公議也。**輟朝而顧,不有異事,必有異慮。**心不正,志不在君。輟,猶止也。○輟,丁劣反。**故輟朝而顧,君子謂之固。**固,謂不達於禮也。**在朝言禮,問禮對以禮。**於朝廷言,無所不用禮。**大饗不問卜,**祭五帝於明堂,莫適卜也。郊特牲曰:“郊血,大饗腥。”○適,丁歷反。腥,音星③。**不饒富。**富之言備也。備而已,勿多於禮也。

　　2·28○**凡摯,天子鬯,諸侯圭,卿羔,大夫鴈,士雉,庶人之摯匹。童子委摯而退。**摯之言至也。天子無客禮,以鬯爲摯者,所以唯用告神爲至也。童子委摯而退,不與成人爲禮也。説者以匹爲鶩。○摯,音至,徐之二反,本又作“贄”,同④。鬯,勑亮反,香酒⑤。摯匹,依注作“鶩”,音木,鴨也⑥。**野外軍中無摯,以纓、拾、矢可也。**非爲禮之處,用時物相禮而已。纓,馬繁纓也。拾,謂射韝。○樊,本又作“繁”,步丹反⑦。韝,徐音溝,又古侯反,一音古豆反⑧。**婦人之摯:椇、榛、脯、脩、棗、栗。**婦人無外事,見以羞物也。椇、榛,木名。椇,枳也,有實,今邡、鄛之東食之。榛,實似栗而小。○椇,俱羽反。

---

① “板”,撫州本、余仁仲本、婺州本、嘉靖本、八行本、和本、十行本、閩本、阮刻本同,岳本、監本、毛本、殿本作“版”。

② “處昌慮反下皆同藏才浪反賄呼罪反字林音悔”,彙校卷第十一、撫釋一、余仁仲本、和本、十行本、閩本、監本、毛本、殿本、阮刻本同,岳本無此十九字。

③ “腥音星”,彙校卷第十一、撫釋一、余仁仲本、和本、十行本、閩本、監本、毛本、殿本、阮刻本同,岳本無此三字。

④ “徐之二反本又作贄同”,彙校卷第十一、撫釋一、余仁仲本、和本、十行本、閩本、監本、毛本、殿本、阮刻本同,岳本無此九字。

⑤ “香酒”,彙校卷第十一、撫釋一、余仁仲本、和本、十行本、閩本、監本、毛本、殿本、阮刻本同,岳本無此二字。

⑥ “摯匹依注作鶩音木鴨也”,彙校卷第十一、撫釋一、余仁仲本、和本、十行本、閩本、監本、毛本、殿本、阮刻本同,岳本作“匹音木鴨也”。

⑦ “樊本又作繁步丹反”,彙校卷第十一、撫釋一、余仁仲本、和本、十行本、阮刻本同,閩本、監本、毛本、殿本作“繁本又作樊步丹反”,岳本作“繁步丹反”。

⑧ “韝徐音溝又古侯反一音古豆反”,彙校卷第十一、撫釋一、余仁仲本、和本、十行本、閩本、監本、毛本、殿本、阮刻本同,岳本作“韝音溝又古豆反”。

榛，側巾反，字林云："仕巾反，木叢也"；古本又作"亲"，音壯巾反，云似梓，實如小
栗也。見，賢遍反。棋，居紙反①。邳，彼悲反②，下邳也③。郯，音談，東海縣名④。

2·29○納女於天子曰"備百姓"，於國君"備酒漿"⑤，於大夫曰
"備埽灑"。納女，猶致女也。壻不親迎，則女之家遣人致之，此其辭也。姓之言生
也。天子，皇后以下百二十人，廣子姓也。酒漿、埽灑，賤婦人之職⑥。○埽，悉報反。
灑，所買反，又山寄反。迎，魚敬反。賤婦人之職，本又有無"婦"字者⑦。

　　　　　　　　　　　　　　　　　纂圖互注禮記卷之一⑧

————————

① "字林云仕巾反木叢也古本又作亲音壯巾反云似梓實如小栗也見賢遍反棋居紙反"，彙
校卷第十一、撫釋一、余仁仲本、和本、十行本、閩本、監本、毛本、殿本、阮刻本"棋"作
"枳"，是；岳本無此三十四字。
② "彼悲反"，彙校卷第十一、撫釋一、余仁仲本、岳本、和本、十行本、閩本、監本、毛本、殿
本、阮刻本"彼"作"被"，是。
③ "下邳也"，彙校卷第十一、撫釋一、余仁仲本、和本、十行本、閩本、監本、毛本、殿本、阮
刻本同，岳本無此三字。
④ "東海縣名"，彙校卷第十一、撫釋一、余仁仲本、和本、十行本、閩本、監本、毛本、殿本、
阮刻本同，岳本無此四字。
⑤ "國君"下，唐石經、撫州本、余仁仲本、婺州本、岳本、嘉靖本、八行本、和本、十行本、閩
本、監本、毛本、殿本、阮刻本有"曰"字，是。
⑥ "賤"，余仁仲本、岳本、嘉靖本、和本、十行本、閩本、監本、毛本、殿本、阮刻本同；撫州
本、婺州本、八行本無此字，是。考異曰："各本'婦'上有'賤'字，惟山井鼎所據與此同。
案：釋文本有'賤'字，又云：'本又有無'婦'字者。'以此訂之，似當是本又有無'賤'字
者，但未敢輒定。"阮校曰："賤婦人之職　閩、監、毛本同，岳本、嘉靖本同，釋文同，衛氏
集說同，考文引宋板無'賤'字，是也。"
⑦ "賤婦人之職本又有無婦字者"，彙校卷第十一、撫釋一、余仁仲本、和本、十行本、閩本、
監本、毛本、殿本、阮刻本同，岳本無此十二字。
⑧ 宋本卷一末頁B面第六行有"康熙丙子上元後弍日長洲西堂老人尤侗借讀"十九字墨書題
記。撫州本卷一末頁A面第三行頂格題"禮記卷第一"，空三格題"經五千七百二十二字，注
八千三百二十七字"。余仁仲本卷一末頁B面第七行頂格題"禮記卷第一"，第八行低五格題
"經伍仟陸伯玖拾字"，第九行低五格題"注捌仟肆伯單壹字"，第十行低五格題"音義陸仟伍
拾柒字"，第十一行低十二格題"余氏刊于萬卷堂"。婺州本卷一末頁A面第八行頂格題"禮
記卷第一"，空四格題"經五千七百二十八字，注八千三百二十七字"；B面有雙行牌記"婺州
義烏酥谿蔣宅崇知齋刊"十二字。嘉靖本卷一末頁B面第二行題"經五千六百九十字，注八
千四百一字"。阮刻本記"宋監本題禮記卷第一經五千七百二十二字，注八千三百二十七字。
嘉靖本題禮記卷第一經五千六百九十字，注八千四百一字"。

纂圖互注禮記卷之二①

檀弓上第三_{陸曰：檀弓}，魯人。○檀，大丹反，姓也。弓，名，以其善於禮，故以名篇②。

禮記　　　　　　　　　　　　　　　　　　　鄭氏注

3・1公儀仲子之喪，檀弓免焉。故爲非禮，以非仲子也。禮，朋友皆在他邦，乃袒、免。○公儀仲子③，公儀，氏；仲子，字。魯之同姓也，其名未聞④。免，音問，注同⑤，以布廣一寸，從項中而前交於額上，又卻向後繞於髻。袒，音

———

① 撫州本題“禮記卷第二”，首行頂格書寫；次行頂格題“檀弓上第三”，空二格題“禮記”，空一格題“鄭氏注”。余仁仲本題“禮記卷第二”，首行頂格書寫；次行頂格題“檀弓上第三”，第三行空低三格題“禮記”，空九格題“鄭氏注”。婺州本題“禮記卷第二”，首行頂格書寫；次行頂格題“檀弓第三”，空二格題“禮記”，空二格題“鄭氏注”。嘉靖本題“禮記卷第二”，首行頂格書寫；次行頂格題“檀弓上第三”，空三格題“禮記”，空二格題“鄭氏注”。

② “陸曰檀弓魯人○檀大丹反姓也弓名以其善於禮故以名篇”，余仁仲本、和本、十行本、閩本、監本、毛本、阮刻本作“○陸曰檀弓魯人檀大丹反姓也弓名以其善於禮故以名篇”，是；岳本、殿本無此二十四字；彙校卷第十一、撫釋一無“陸曰”二字。

③ “公儀仲子”，彙校卷第十一、撫釋一、余仁仲本、和本、十行本、閩本、監本、毛本、殿本、阮刻本同，岳本無此四字。

④ “魯之同姓也其名未聞”，彙校卷第十一、撫釋一、余仁仲本、和本、十行本、閩本、監本、毛本、殿本、阮刻本同，岳本無此九字。

⑤ “注同”，彙校卷第十一、撫釋一、余仁仲本、和本、十行本、閩本、監本、毛本、殿本、阮刻本同，岳本無此二字。

但。**仲子舍其孫而立其子**。此其所立非也。公儀，蓋魯同姓。周禮，適子死，立適孫爲後。○舍，音捨，下皆同。適，多曆反①，下皆同。**檀弓曰："何居？我未之前聞也。"**居，讀爲"姬姓"之"姬"，齊、魯之間語助也。前，猶故也。○居，音姬，下同。重言"何居"三，一見下文，一見郊特牲十一篇。○我未之前聞也。郊特牲：吾未之聞也。**趨而就子服伯子於門右，曰："仲子舍其孫而立其子，何也？"**去賓位，就主人兄弟之賢者而問之。子服伯子，蓋仲孫蔑之玄孫子服景伯。蔑，魯大夫。○蔑，芒結反。**伯子曰："仲子亦猶行古之道也。昔者文王舍伯邑考而立武王，微子舍其孫腯而立衍也。夫仲子亦猶行古之道也。"**伯子爲親者隱耳。立子非也，文之立武王②，權也；微子適子死，立其弟衍，殷禮也。○腯，徐本作"遁"③，徒本反，又徒遜反。衍，以善反。爲，于僞反，下"爲晉"、"禮爲"、"爲師"同④。**子游問諸孔子，孔子曰："否，立孫。"**據周禮。孔子曰否，絕句⑤。

　　3·2○**事親有隱而無犯**，隱，謂不稱揚其過失也。無犯，不犯顏而諫。論語曰："事父母幾諫。"**左右就養無方**，左右，謂扶持之。方⑥，猶常也。子則然，無常人。○左右，徐上音佐，下音佑⑦，今並如字，下同。養，以尚反，下同。

---

① "適多曆反"，余仁仲本、十行本、閩本、監本、毛本、殿本同，彙校卷第十一、撫釋一、和本、阮刻本"曆"作"歷"，岳本作"適低激反"。

② "文之"，余仁仲本、十行本、閩本、監本、毛本、殿本、阮刻本同；撫州本、婺州本、岳本、嘉靖本、八行本、和本"文"下有"王"字，是。阮校曰："文之立武王權也　閩、監、毛本同，惠棟校宋本'文'下有'王'字，宋監本、岳本、嘉靖本同，考文引古本、足利本同。"

③ "徐本作遁"，彙校卷第十一、撫釋一、余仁仲本、和本、十行本、閩本、監本、毛本、殿本、阮刻本同，岳本無此四字。

④ "爲晉禮爲爲師"，彙校卷第十一、撫釋一、余仁仲本、和本、十行本、閩本、監本、毛本、殿本、阮刻本同，岳本無此六字。

⑤ "孔子曰否絕句"，岳本無此六字，據彙校卷第十一、撫釋一、余仁仲本、和本、十行本、閩本、監本、毛本、殿本、阮刻本，"孔子"下是釋文文字，當在"孔子"上補"○"號。

⑥ "方"，撫州本、余仁仲本、岳本、嘉靖本、八行本、和本、十行本、閩本、監本、毛本、殿本、阮刻本同；婺州本作"力"，非。

⑦ "徐上音佐下音佑"，彙校卷第十一、撫釋一、余仁仲本、和本、十行本、閩本、監本、毛本、殿本、阮刻本同，岳本作"徐音佐佑"。

服勤至死，致喪三年。勤，勞辱之事也。致，謂戚容稱其服也。凡此以恩爲制①。○稱，尺證反。重意問喪三十五：服勤三年。事君有犯而無隱，既諫，人有問其國政者，可以語其得失，若齊晏子爲晉叔向言之。○語，魚據反，又如字②。向，香亮反③。叔向，羊舌肸④。左右就養有方，不可侵官。服勤至死，方喪三年。方喪，資於事父，凡此以義爲制。事師無犯無隱，左右就養無方，服勤至死，心喪三年。心喪，戚容如父而無服也。凡此以恩義之間爲制。

　　3·30○季武子成寢。武子，魯公子季友之曾孫季孫夙。杜氏之葬在西階之下，請合葬焉，許之。入宮而不敢哭。武子曰："合葬，非古也。自周公以來，未之有改也。自見夷人冢墓以爲宅，欲文過之⑤。○葬，才浪反，又如字。合，如字，徐音閤，後"合葬"皆同⑥。文，如字，徐音問⑦。吾許其大而不許其細，何居?"命之哭。記此者，善其不奪人之恩。

---

① "凡"，撫州本、余仁仲本、婺州本、岳本、嘉靖本、八行本、和本、閩本、監本、毛本、殿本、阮刻本同；十行本作"此"，非。

② "語魚據反又如字"，彙校卷第十一、撫釋一、余仁仲本、和本、十行本、閩本、監本、毛本、殿本、阮刻本同，岳本無此七字。

③ "向香亮反"，彙校卷第十一、撫釋一、余仁仲本、和本、十行本、閩本、監本、毛本、殿本、阮刻本同，岳本作"向香兩反"。

④ "叔向羊舌肸"，彙校卷第十一、撫釋一、余仁仲本、和本、十行本、閩本、監本、毛本、殿本、阮刻本同，岳本無此五字。

⑤ "自見夷人冢墓以爲宅欲文過之"，余仁仲本、嘉靖本同，和本、十行本、閩本、監本、毛本、殿本、阮刻本"宅"作"寢"，撫州本、婺州本、岳本、八行本無"之"字，殿本"之"作"也"。岳本考證曰："爲宅，殿本、閩本、永懷堂本俱作'爲寢'。案：'宅'與'寢'義同，凡居室曰寢。劉氏亦云：'寢者，所以安其家宅居處也。'見爾雅釋言。原本'爲宅'二字，意甚明曉。"阮校曰："自見夷人冢墓以爲寢欲文過之　閩、監、毛本同，嘉靖本'寢'作'宅'，惠棟校宋本亦作'宅'，無'之'字，岳本同，宋監本同，衛氏集説亦無'之'字，'宅'作'寢'。○按：疏標起訖無'之'字。"

⑥ "徐音閤後合葬皆同"，彙校卷第十一、撫釋一、余仁仲本、和本、十行本、閩本、監本、毛本、殿本、阮刻本同，岳本作"又音閤後皆同"。

⑦ "文如字徐音問"，彙校卷第十一、撫釋一、余仁仲本、和本、十行本、閩本、監本、毛本、殿本、阮刻本同，岳本無此六字。

　　3·4○**子上之母死而不喪。**<u>子上</u>，<u>孔子</u>曾孫，<u>子思</u>伋之子，名<u>白</u>，其母出。○不喪，如字，下同，徐息浪反，下放此①。伋，音急，<u>子思</u>名也，<u>孔子</u>之孫②。**門人問諸<u>子思</u>曰：“昔者子之先君子喪出母乎？”曰：“然。”**禮，爲出母期；父卒，爲父後者不服耳。○期，居宜反，本又作“朞”③，後放此。**“子之不使<u>白</u>也喪之，何也？”<u>子思</u>曰：“昔者吾先君子無所失道，道隆則從而隆，道污則從而污。**污，猶殺也。有隆有殺，進退如禮。○隆，力中反，盛也④。污，音烏，下同。殺，所戒反，又所例反，下同⑤。**伋則安能？**自予不能及。○予，羊許反，許也，一云我也⑥，又音餘。**爲<u>伋</u>也妻者，是爲<u>白</u>也母；不爲<u>伋</u>也妻者，是不爲<u>白</u>也母。”故<u>孔氏</u>之不喪出母，自<u>子思</u>始也。**記禮所由廢⑦，非之。○<u>重意</u><u>孔氏</u>之不喪出母。喪服小記：“爲父後者，爲出母無服。”

　　3·5○**<u>孔子</u>曰：“拜而后稽顙，頹乎其順也。**此<u>殷</u>之喪拜也。頹，順也。先拜賓，順於事也。○顙，素黨反。稽顙，觸地無容⑧。頹，徒回反。**稽顙而后拜，頎乎其至也。**此<u>周</u>之喪拜也。頎，至也，先觸地無容，哀之至。○頎，音懇，惻隱之貌，又音畿。觸，昌欲反。**三年之喪，吾從其至**

---

① “不喪如字下同徐息浪反下放此”，<u>彙校卷第十一</u>、<u>撫釋一</u>、<u>余仁仲本</u>、<u>和本</u>、<u>十行本</u>、<u>閩本</u>、<u>監本</u>、<u>毛本</u>、<u>殿本</u>、<u>阮刻本</u>同，<u>岳本</u>作“喪如字下同又息浪反”。
② “子思名也孔子之孫”，<u>彙校卷第十一</u>、<u>撫釋一</u>、<u>余仁仲本</u>、<u>和本</u>、<u>十行本</u>、<u>閩本</u>、<u>監本</u>、<u>毛本</u>、<u>殿本</u>、<u>阮刻本</u>同，<u>岳本</u>無此八字。
③ “本又作朞”，<u>彙校卷第十一</u>、<u>撫釋一</u>、<u>余仁仲本</u>、<u>和本</u>、<u>十行本</u>、<u>閩本</u>、<u>監本</u>、<u>毛本</u>、<u>殿本</u>、<u>阮刻本</u>同，<u>岳本</u>無此四字。
④ “盛也”，<u>彙校卷第十一</u>、<u>撫釋一</u>、<u>余仁仲本</u>、<u>和本</u>、<u>十行本</u>、<u>閩本</u>、<u>監本</u>、<u>毛本</u>、<u>殿本</u>、<u>阮刻</u>本同，<u>岳本</u>無此二字。
⑤ “下同”，<u>彙校卷第十一</u>、<u>撫釋一</u>、<u>余仁仲本</u>、<u>和本</u>、<u>十行本</u>、<u>閩本</u>、<u>監本</u>、<u>毛本</u>、<u>殿本</u>、<u>阮刻</u>本同，<u>岳本</u>無此二字。
⑥ “許也一云我也”，<u>彙校卷第十一</u>、<u>撫釋一</u>、<u>余仁仲本</u>、<u>和本</u>、<u>十行本</u>、<u>閩本</u>、<u>監本</u>、<u>毛本</u>、<u>殿本</u>、<u>阮刻本</u>同，<u>岳本</u>無此六字。
⑦ “記禮”，<u>撫州本</u>、<u>余仁仲本</u>、<u>婺州本</u>、<u>岳本</u>、<u>和本</u>、<u>八行本</u>、<u>十行本</u>、<u>閩本</u>、<u>監本</u>、<u>毛本</u>、<u>殿本</u>、<u>阮刻本</u>同，<u>嘉靖本</u>倒作“禮記”。
⑧ “稽顙觸地無容”，<u>彙校卷第十一</u>、<u>撫釋一</u>、<u>余仁仲本</u>、<u>和本</u>、<u>十行本</u>、<u>閩本</u>、<u>監本</u>、<u>毛本</u>、<u>殿本</u>、<u>阮刻本</u>同，<u>岳本</u>無此六字。

者。"重者尚哀戚,自期如殷可。

3·6○孔子既得合葬於防,言既得者,少孤,不知其墓。○少,詩召反,下文同①。曰:"吾聞之,古也墓而不墳,墓,謂兆域,今之封塋也。古,謂殷時也。土之高者曰墳。○墳,扶云反。今丘也,東西南北之人也,不可以弗識也。"於是封之,崇四尺,東西南北,言居無常處也②。聚土曰封。封之,周禮也。周禮曰:"以爵等爲丘封之度。"崇,高也。高四尺,蓋周之士制。○識,式志反,又如字。處,昌慮反。"之度",本又作"之數"③。孔子先反,當脩虞事。門人後,雨甚,至,後,待封也。孔子問焉,曰:"爾來何遲也?"曰:"防墓崩。"言所以遲者,脩之而來。防墓,防地之墓也。庾云:"防衛墓崩④。"孔子不應。以其非禮。○應,"應對"之應。三,三言之,以孔子不聞。○三,息暫反,又如字。孔子泫然流涕曰:"吾聞之,古不脩墓。"脩,猶治也。○泫,胡犬反。涕,音體。

3·7○孔子哭子路於中庭。寢中庭也。與哭師同,親之。有人弔者,而夫子拜之⑤。爲之主也。既哭,進使者而問故。使者,自衛來赴者。故,謂死之意狀。○使,色吏反,下及注同。使者曰:"醢之矣!"時衛世

---

①"下文同",彙校卷第十一、撫釋一、余仁仲本、和本、十行本、閩本、監本、毛本、殿本、阮刻本同,岳本無"文"字。
②"處",余仁仲本、岳本、嘉靖本、和本、十行本、閩本、監本、毛本、殿本、阮刻本同;撫州本、婺州本、八行本無此字。考異曰:"各本'常'下有'處'字,唯山井鼎所據與此同。案:釋文以'常處'作音,故各本據增也。"阮校曰:"言居無常處也 閩、監、毛本同,岳本、嘉靖本同,衛氏集説同,宋監本無'處'字,考文引宋板同,案通典一百三引'言居無常也',亦無'處'字。"
③"之度本又作之數",彙校卷第十一、撫釋一、余仁仲本、和本、十行本、閩本、監本、毛本、殿本、阮刻本同,岳本無此七字。
④"防墓防地之墓也庾云防衛墓崩",岳本無此十三字,據彙校卷第十一、撫釋一、余仁仲本、和本、十行本、閩本、監本、毛本、殿本、阮刻本,"防墓"下是釋文文字,當在"防墓"上補"○"號。
⑤"夫子",撫州本、余仁仲本、婺州本、岳本、嘉靖本、足利本、和本、十行本、閩本、監本、毛本、殿本、阮刻本同;八行本"夫子"作"天子",非。

子蒯聵篡輒而立,子路死之。醢之者①,示欲啗食以怖衆②。○醢,音海。蒯,苦怪反。聵,五怪反。蒯聵,衛靈公之太子,出公輒之父,莊公也③。篡輒④,初患反。輒,出公名也。啗,本又作"啖",待敢反。怖,普故反⑤。**遂命覆醢。** 覆,棄之不忍食。○覆,芳服反,注同⑥。

3·8○曾子曰:"朋友之墓有宿草而不哭焉。"宿草,謂陳根也。爲師心喪三年,於朋友期,可。○期,音朞。

3·9○子思曰:"喪三日而殯,凡附於身者,必誠必信,勿之有悔焉耳矣。三月而葬,凡附於棺者,必誠必信,勿之有悔焉耳矣。言其日月,欲以盡心脩備之。附於身,謂衣衾⑦;附於棺,謂明器之屬。○衾,音欽⑧。**喪三年以爲極亡,** 去已久遠,而除其喪。○以爲極亡,並如字。極,已也,徐紀力反⑨。王以"極"字絕句,"亡"作"忘",向下讀;孫依鄭作"亡",而如王分句⑩。**則弗**

---

① "醢",撫州本、余仁仲本、婺州本、岳本、嘉靖本、八行本、和本、閩本、監本、毛本、殿本、阮刻本同;十行本作"民",非。

② "啗",撫州本、余仁仲本、婺州本、岳本、嘉靖本、八行本、和本、閩本、監本、毛本、殿本、阮刻本同;十行本作"呼",非。

③ "也",彙校卷第十一、撫釋一、余仁仲本、和本、閩本、監本、毛本、殿本、阮刻本同;十行本作"出",非。

④ "篡",彙校卷第十一、撫釋一、余仁仲本、和本、閩本、監本、毛本、殿本、阮刻本同;十行本作"墓",非。

⑤ "蒯聵衛靈公之太子出公輒之父莊公也篡輒初患反輒出公名也啗本又作啖待敢反怖普故反",彙校卷第十一、撫釋一、余仁仲本、和本、十行本、閩本、監本、毛本、殿本、阮刻本同,岳本無此三十八字。

⑥ "注同",彙校卷第十一、撫釋一、余仁仲本、和本、十行本、閩本、監本、毛本、殿本、阮刻本同,岳本無此二字。

⑦ "衣衾",撫州本、余仁仲本、岳本、嘉靖本、八行本、和本、十行本、閩本、監本、毛本、殿本、阮刻本同;婺州本"衾"作"裳",非。

⑧ "衾音欽",彙校卷第十一、撫釋一、余仁仲本、和本、十行本、閩本、監本、毛本、殿本、阮刻本同,岳本無此三字。

⑨ "以爲極亡並如字極已也徐紀力反",彙校卷第十一、撫釋一、余仁仲本、和本、阮刻本同,岳本作"極如字又紀力反";十行本脱"也"字,閩本、監本、毛本、殿本"已也"誤作"亡"。

⑩ "孫依鄭作亡而如王分句",彙校卷第十一、撫釋一、余仁仲本、和本、十行本、閩本、監本、毛本、殿本、阮刻本同,岳本無此十字。

之忘矣。則之言曾。**故君子有終身之憂**，念其親。**而無一朝之患**，毀不滅性。**故忌日不樂。**"謂死日，言忌日不用舉吉事。○樂，如字，又音岳①。

3·10○**孔子少孤，不知其墓**，孔子之父郰叔梁紇與顏氏之女徵在野合而生孔子，徵在恥焉，不告。○郰，側留反，又作"鄒"②。紇，恨發反，徐胡切反③，又胡没反。**殯於五父之衢。**欲有所就而問之。孔子亦爲隱焉。殯於家，則知之者，無由怪已，欲發問端。五父，衢名，蓋郰曼父之鄰。○父，音甫，注及下同。衢，求于反。爲，如字，又于僞反。曼，音萬④。**人之見之者，皆以爲葬也。**見柩行於路。**其慎也，蓋殯也。**慎，當爲"引"，禮家讀"然"，聲之誤也。殯引，飾棺以輤；葬引，飾棺以柳翣。孔子是時以殯引，不以葬引，時人見者，謂不知禮。○慎，依注作"引"⑤，羊刃反。輤，七見反。翣，所甲反。**問於郰曼父之母，然後得合葬於防。**曼父之母，與徵在爲鄰，相善。

3·11○**鄰有喪，舂不相。里有殯，不巷歌。**皆所以助哀也。相，謂以音聲相勸。○相，息亮反，注同⑥。重言一見曲禮上。**喪冠不緌。**去飾。○緌，本又作"綏"⑦，同，耳隹反。去，起呂反。

3·12○**有虞氏瓦棺，**始不用薪也。有虞氏上陶。○陶，大刀反⑧。

---

①"岳"，彙校卷第十一、撫釋一、余仁仲本、和本、十行本、閩本同，岳本、監本、毛本、殿本、阮刻本作"洛"。

②"又作鄒"，彙校卷第十一、撫釋一、余仁仲本、和本、十行本、閩本、監本、毛本、殿本、阮刻本同，岳本無此三字。

③"徐胡切反"，彙校卷第十一、撫釋一、余仁仲本、和本、十行本、閩本、監本、毛本、殿本、阮刻本同，岳本無此四字。

④"爲如字又于僞反曼音萬"，余仁仲本、和本、十行本、閩本、監本、毛本、殿本、阮刻本同，岳本無此十字，彙校卷第十一、撫釋一"萬"作"万"。

⑤"依注作引"，彙校卷第十一、撫釋一、余仁仲本、和本、十行本、閩本、監本、毛本、殿本、阮刻本同，岳本無此四字。

⑥"注同"，彙校卷第十一、撫釋一、余仁仲本、和本、十行本、閩本、監本、毛本、殿本、阮刻本同，岳本無此二字。

⑦"本又作綏"，彙校卷第十一、撫釋一、余仁仲本、和本、十行本、閩本、監本、毛本、殿本、阮刻本同，岳本無此四字。

⑧"陶大刀反"，彙校卷第十一、撫釋一、余仁仲本、和本、十行本、閩本、監本、毛本、殿本、阮刻本同，岳本無此四字。

<u>夏后氏堲周</u>，火孰曰堲，燒土冶以周於棺也，或謂之土周，由是也。弟子職曰：“右手折堲。”○堲周，本又作“聖”，同，子栗反①，又音稷，注下同。何云：“冶土爲甎，四周於冢。”燒，叔招反②。折，之設反。管子云：“左手執燭，右手折即。”即，燭頭燼也。弟子職，其篇名③。**殷人棺椁**，椁，大也，以木爲之，言椁大於棺也。<u>殷人上梓</u>。○棺，音官。椁，音郭。梓，音子④。**周人牆置翣**。牆，柳衣也⑤。凡此言後王之制文。○牆，在良反⑥。重意周人牆置翣。明堂:周之璧翣。**周人以殷人之棺椁葬長殤，以夏后氏之堲周葬中殤、下殤，以有虞氏之瓦棺葬無服之殤**。略未成人⑦。○長殤，丁丈反，下式羊反⑧。十六至十九爲長殤，十二至十五爲中殤，八歲至十一爲下殤，七歲已下爲無服之殤。生未三月，不爲殤⑨。

3·13○<u>夏后氏尚黑</u>，以建寅之月爲正，物生色黑。○正，音征，下同，又如字⑩。**大事斂用昏**，昏時亦黑。此大事，謂喪事也⑪。○斂，力驗反，下

---

① “堲周本又作聖同子栗反”，<u>岳</u>本作“堲子栗反”；彙校卷第十一、<u>撫釋</u>一、<u>余仁仲</u>本、<u>和</u>本、<u>十行</u>本、<u>閩</u>本、<u>監</u>本、<u>毛</u>本、<u>殿</u>本、<u>阮刻</u>本作“即周本又作堲同子栗反”，是。

② “何云冶土爲甎四周於冢燒叔招反”，<u>岳</u>本無此十四字。“冢”，彙校卷第十一、<u>撫釋</u>一、<u>余仁仲</u>本、<u>和</u>本同；<u>十行</u>本作“家”，<u>閩</u>本、<u>監</u>本、<u>毛</u>本、<u>殿</u>本、<u>阮刻</u>本作“棺”，皆非。

③ “管子云左手執燭右手折即即燭頭燼也弟子職其篇名”，彙校卷第十一、<u>撫釋</u>一、<u>余仁仲</u>本、<u>和</u>本、<u>十行</u>本、<u>閩</u>本、<u>監</u>本、<u>毛</u>本、<u>殿</u>本、<u>阮刻</u>本同，<u>岳</u>本無此二十二字。

④ “梓音子”，彙校卷第十一、<u>撫釋</u>一、<u>余仁仲</u>本、<u>和</u>本、<u>十行</u>本、<u>閩</u>本、<u>監</u>本、<u>毛</u>本、<u>殿</u>本、<u>阮刻</u>本同，<u>岳</u>本無此三字。

⑤ “牆柳衣也”，考異曰：“案：此當衍‘衣’字。下文‘飾棺牆置翣’注之正義有明文，不知者誤以彼注‘衣’字入此耳。”正字曰：“‘衣’，衍字。從下‘飾棺牆’疏校。”鍔案：<u>張</u>、<u>沈</u>説是。

⑥ “牆在良反”，彙校卷第十一、<u>撫釋</u>一、<u>余仁仲</u>本、<u>和</u>本、<u>十行</u>本、<u>閩</u>本、<u>監</u>本、<u>毛</u>本、<u>殿</u>本、<u>阮刻</u>本同，<u>岳</u>本無此四字。

⑦ “略”，<u>撫州</u>本、<u>余仁仲</u>本、<u>婺州</u>本、<u>岳</u>本、<u>嘉靖</u>本、<u>八行</u>本、<u>和</u>本、<u>十行</u>本、<u>閩</u>本、<u>監</u>本、<u>毛</u>本、<u>殿</u>本、<u>阮刻</u>本同，正字曰：“‘殤’誤‘略’，從續通解校。”

⑧ “長殤丁丈反下式羊反”，彙校卷第十一、<u>撫釋</u>一、<u>余仁仲</u>本、<u>和</u>本、<u>十行</u>本、<u>閩</u>本、<u>監</u>本、<u>毛</u>本、<u>殿</u>本、<u>阮刻</u>本同，<u>岳</u>本作“長展兩反殤式羊反”。

⑨ “十六至十九爲長殤十二至十五爲中殤八歲至十一爲下殤七歲已下爲無服之殤生未三月不爲殤”，彙校卷第十一、<u>撫釋</u>一、<u>余仁仲</u>本、<u>和</u>本、<u>十行</u>本、<u>閩</u>本、<u>監</u>本、<u>毛</u>本、<u>殿</u>本、<u>阮刻</u>本同，<u>岳</u>本無此四十字。

⑩ “正音征下同又如字”，彙校卷第十一、<u>撫釋</u>一、<u>余仁仲</u>本、<u>和</u>本、<u>十行</u>本、<u>閩</u>本、<u>監</u>本、<u>毛</u>本、<u>殿</u>本、<u>阮刻</u>本同，<u>岳</u>本無此八字。

⑪ “喪”，<u>婺州</u>本、<u>余仁仲</u>本、<u>岳</u>本、<u>嘉靖</u>本、<u>八行</u>本、<u>和</u>本、<u>十行</u>本、<u>閩</u>本、<u>監</u>本、（轉下頁注）

皆同。**戎事乘驪，**戎，兵也。馬黑色曰驪①。爾雅曰："駽，牝驪、牡玄。"○驪，力知反，徐郎兮反②，純黑色馬。駽，音來，馬七尺已上爲駽③。**牲用玄。**玄，黑類也。**殷人尚白，**以建丑之月爲正，物牙色白。**大事斂用日中，**日中時亦白。**戎事乘翰，**翰，白色馬也。易曰："白馬翰如。"○翰，字又作"鶾"，胡旦反，又音寒④。**牲用白。周人尚赤，**以建子之月爲正，物萌色赤。○萌，亡耕反⑤。**大事斂用日出，**日出時亦赤。**戎事乘騵，**騵，騂馬白腹。○騵，音原。騂，力求反，赤馬黑鬣尾⑥。**牲用騂。**騂，赤類。○騂，息營反，徐呼營反⑦，純赤色也，一云"赤黃色"⑧。重言一見郊特牲十一篇。

　　3·14○**穆公之母卒，**穆公，魯哀公之曾孫。**使人問於曾子曰："如之何？"**問居喪之禮。曾子，曾參之子，名申。○參，所金反，一音七南反，後同⑨。**對曰："申也聞諸申之父曰：'哭泣之哀，齊斬之情，饘粥之食，自天子**

（接上頁注）毛本、殿本、阮刻本同；撫州本作"葬"，非。

①"黑"，撫州本、余仁仲本、岳本、嘉靖本、八行本、和本、十行本、閩本、監本、毛本、殿本、阮刻本同；婺州本作"異"，非。

②"徐郎兮反"，彙校卷第十一、撫釋一、余仁仲本、和本同，十行本、閩本、監本、毛本、殿本、阮刻本作"徐郎志反"，岳本無此四字。

③"純黑色馬駽音來馬七尺已上爲駽"，彙校卷第十一、撫釋一、余仁仲本、和本、閩本、監本、毛本、殿本、阮刻本同，岳本無此十四字，十行本"尺"誤作"天"。

④"翰字又作鶾胡旦反又音寒"，彙校卷第十一、撫釋一、余仁仲本、和本同，岳本作"翰胡旦反又音寒"；十行本、閩本、監本、毛本、殿本、阮刻本"鶾"作"鶾"，是。

⑤"萌亡耕反"，彙校卷第十一、撫釋一、余仁仲本、和本、十行本、閩本、監本、毛本、殿本、阮刻本同，岳本作"萌芒耕反"。

⑥"赤馬黑鬣尾"，彙校卷第十一、撫釋一、余仁仲本、和本、十行本、閩本、監本、毛本、殿本、阮刻本同，岳本無此五字。

⑦"徐"，彙校卷第十一、撫釋一、余仁仲本、和本、十行本、閩本、監本、毛本、殿本、阮刻本同，岳本作"又"。

⑧"純赤色也一云赤黃色"，彙校卷第十一、撫釋一、余仁仲本、和本、十行本、閩本、監本、毛本、殿本、阮刻本同，岳本無此九字。

⑨"一音七南反後同"，彙校卷第十一、撫釋一、余仁仲本、和本、十行本、閩本、監本、毛本、殿本、阮刻本同，岳本無此七字。

達。子喪父母，尊卑同。○齊，音咨，本亦作“齋”，“齋衰”字，後皆放此①。饘，本又作“飦”②，之然反。説文云：“糜也，周謂之饘，宋、衞謂之飱③。”粥，之六反，徐又音育④。字林云：“淖糜也⑤。”布幕，衞也。縿幕，魯也。’”幕，所以覆棺上也。縿，繒也。縿，讀如綃。衞，諸侯禮。魯，天子禮⑥。兩言之者，僭已久矣。幕，或爲“幦”。○幕，本又作“冪”⑦，音莫，徐音覓⑧，下同。縿，音綃，徐又音蕭⑨。繒，古謙反。綃，音消，本又作“綃”，桑堯反。僭，子念反。幦，莫曆反⑩。

　　3·15○晉獻公將殺其世子申生。信驪姬之譖。○孋，本又作“麗”，亦作“驪”，同力知反⑪。公子重耳謂之曰：“子蓋言子之志於公乎？”蓋，皆當爲“盍”，盍，何不也。志，意也。重耳欲使言見譖之意。重耳，申生

---

① “齊音咨本亦作齋衰字後皆放此”，岳本作“齊音咨後放此”；彙校卷第十一、撫釋一、余仁仲本、和本、十行本、閩本、監本、毛本、殿本、阮刻本“字”上有“之”字，是。

② “本又作飦”，彙校卷第十一、撫釋一、余仁仲本、和本、十行本、閩本、監本、毛本、殿本、阮刻本同，岳本無此四字。

③ “説文云糜也周謂之饘宋衞謂之飱”，彙校卷第十一、撫釋一、和本、十行本、閩本、監本、毛本、殿本、阮刻本同，余仁仲本、岳本無此十四字。

④ “徐”，彙校卷第十一、撫釋一、余仁仲本、和本、十行本、閩本、監本、毛本、殿本、阮刻本同，岳本無此字。

⑤ “字林云淖糜也”，彙校卷第十一、余仁仲本、和本、閩本、監本、毛本、殿本、阮刻本同，十行本“淖”誤作“綽”，岳本無此六字。

⑥ “天”，撫州本、余仁仲本、岳本、嘉靖本、和本、十行本、閩本、監本、毛本、殿本、阮刻本同；婺州本作“大”，非。

⑦ “本又作冪”，彙校卷第十一、余仁仲本、和本、閩本、監本、毛本、殿本、阮刻本同，十行本“冪”誤作“幕”，岳本無此四字。

⑧ “徐”，彙校卷第十一、撫釋一、余仁仲本、和本、十行本、閩本、監本、毛本、殿本、阮刻本同，岳本作“又”。

⑨ “徐”，彙校卷第十一、撫釋一、余仁仲本、和本、十行本、閩本、監本、毛本、殿本、阮刻本同，岳本無此字。

⑩ “繒古謙反綃音消本又作綃桑堯反僭子念反幦莫曆反”，岳本無二十二字，彙校卷第十一、撫釋一、余仁仲本、和本、十行本、閩本、監本、毛本、殿本、阮刻本“又”上有“徐”字，和本“曆”作“歷”。

⑪ “孋本又作麗亦作驪同力知反”，彙校卷第十一、撫釋一、余仁仲本、和本、十行本、閩本、監本、毛本、殿本、阮刻本同，岳本無此十二字。

異母弟,後立爲文公。○重,直龍反,注皆同。子蓋,依注音盍①,户臘反,下同。

世子曰:"不可,君安驪姬,是我傷公之心也。"言其意,則驪姬必誅也。
驪姬,獻公伐驪戎所獲女也。申生之母蚤卒,驪姬嬖焉。○蚤,音早②。嬖,必計
反。曰:"然則蓋行乎?"行,猶去也。世子曰:"不可。君謂我欲弒君
也。天下豈有無父之國哉!吾何行如之?"言人有父,則皆惡欲弒父
者。○弒,本又作"煞",音試,注同,徐云:"字又作'弒',音同。"惡,烏路反③。
使人辭於狐突曰:"申生有罪,不念伯氏之言也,以至于死④。申
生不敢愛其死。辭,猶告也。狐突,申生之傅,舅犯之父也。前此者,獻公使
申生伐東山皋落氏,狐突謂申生,欲使之行。今言此者,謝之。伯氏,狐突別
氏。○突,徒忽反。傅,音富。咎,其九反。皋,古刀反⑤。雖然,吾君老矣,
子少,國家多難,子,驪姬之子奚齊。○少,詩召反。難,乃旦反。伯氏不
出而圖吾君;圖,猶謀也。不出爲君謀國家之政。然則自皋落氏反後,狐突
懼,乃稱疾。○爲,于僞反,下"爲時"同⑥。伯氏苟出而圖吾君,申生受賜
而死!"賜,猶惠也。再拜稽首乃卒。既告狐突,乃雉經。○雉經,如字,徐
古定反,如雉之自經也⑦。是以爲恭世子也。言行如此,可以爲恭於孝,則

①"依注音盍",彙校卷第十一、撫釋一、余仁仲本、和本、十行本、閩本、監本、毛本、殿本、
　阮刻本同,岳本無此四字。
②"蚤音早",彙校卷第十一、撫釋一、余仁仲本、和本、十行本、閩本、監本、毛本、殿本、阮
　刻本同,岳本無此三字。
③"弒本又作煞音試注同徐云字又作弒音同惡烏路反",彙校卷第十一、撫釋一、余仁仲
　本、和本、十行本、閩本、監本、毛本、殿本、阮刻本同,岳本無此二十一字。
④"于",唐石經、撫州本、余仁仲本、岳本、嘉靖本、八行本、和本、十行本、閩本、監本、毛
　本、殿本、阮刻本同,婺州本脱此字。
⑤"傅音富咎其九反皋古刀反",彙校卷第十一、撫釋一、余仁仲本、和本、十行本、閩本、監
　本、毛本、殿本、阮刻本同,岳本無此十一字。
⑥"爲于僞反下爲時同",彙校卷第十一、撫釋一、余仁仲本、和本、十行本、閩本、監本、毛
　本、殿本、阮刻本同,岳本無此八字。
⑦"雉經如字徐古定反如雉之自經也",彙校卷第十一、撫釋一、余仁仲本、和本、十行本、
　閩本、監本、毛本、殿本、阮刻本同,岳本無此十四字。

未之有。○共，音恭，本亦作“恭”，注同。行，下孟反①。互注左僖四年，晉獻公以驪姬爲夫人，生奚齊，其娣生卓子，及將立奚齊，既與中大夫成謀，姬謂太子曰：“君夢齊姜，必速祭之。”太子祭于曲沃，歸胙于公，公田，姬寘諸宮六日。公至，毒而獻之。公祭之地，地墳；與犬，犬斃；與小臣，小臣亦斃。姬泣曰：“賊由太子。”太子奔新城，公殺其傅杜原款。或謂太子：“子辭，君必辯焉。”太子曰：“君非姬氏，居不安，食不飽。我辭，姬必有罪。君老矣，吾又不樂。”曰：“子其行乎！”太子曰：“君實不察其罪，被此名也以出，人誰納我？”十二月戊申，縊于新城。

　　3·16○魯人有朝祥而莫歌者，子路笑之。笑其爲樂速。○莫，音暮。樂，音洛，又音岳②。夫子曰：“由！爾責於人，終無已夫？三年之喪，亦已久矣夫！”爲時如此，人行三年喪者希，抑子路以善彼。○已夫，音扶，絕句。本或作“已矣夫”③。子路出，夫子曰：“又多乎哉？踰月則其善也。”又，復也。○復，扶又反④。

　　3·17 魯莊公及宋人戰于乘丘，十年夏。○乘，繩證反。夏，户嫁反⑤。縣賁父御，卜國爲右。縣、卜，皆氏也。凡車右，勇力者爲之。○縣，音玄，卷内皆同⑥。賁父，上音奔，下音甫，人名字皆同⑦。馬驚敗績，驚奔失

---

① “共音恭本亦作恭注同行下孟反”，彙校卷第十一、撫釋一、余仁仲本、和本、十行本、閩本、監本、毛本、殿本、阮刻本同，岳本無此十三字。

② “又音岳”，彙校卷第十一、撫釋一、余仁仲本、和本、十行本、閩本、監本、毛本、殿本、阮刻本同，岳本無此三字。

③ “已夫音扶絕句本或作已矣夫”，彙校卷第十一、撫釋一、余仁仲本、和本、十行本、閩本、監本、毛本、殿本、阮刻本同，岳本作“夫音扶”。

④ “復扶又反”，彙校卷第十一、撫釋一、余仁仲本、和本、十行本、閩本、監本、毛本、殿本、阮刻本同，岳本無此四字。

⑤ “夏户嫁反”，彙校卷第十一、撫釋一、余仁仲本、和本、十行本、閩本、監本、毛本、殿本、阮刻本同，岳本無此四字。

⑥ “卷内皆同”，彙校卷第十一、撫釋一、余仁仲本、和本、十行本、閩本、監本、毛本、殿本、阮刻本同，岳本無此四字。

⑦ “賁父上音奔下音甫人名字皆同”，彙校卷第十一、撫釋一、余仁仲本、和本、十行本、閩本、監本、毛本、殿本、阮刻本同，岳本作“賁音奔”。

列。馬驚敗，一本無"驚"字①。**公隊，佐車授綏，**戎車之貳曰佐。授綏乘公。隊，直類反②。綏，息佳反③。**公曰："末之，卜也。"**末之，猶微哉。言卜國無勇。**縣賁父曰："他日不敗績，而今敗績，是無勇也。"**公他日戰，其御馬，未嘗驚奔。**遂死之。**二人赴敵而死。**圉人浴馬，有流矢在白肉。**圉人，掌養馬者。白肉，股裏肉。○圉，魚呂反。股裏，上音古，下音里④。**公曰："非其罪也。"**流矢中馬，非御與右之罪。○中，丁仲反⑤。**遂誄之。**誄其赴敵之功，以爲謚。○誄，力軌反，謚也⑥。**士之有誄，自此始也。**記禮失所由來也。周雖以士爲爵，猶無謚也。殷大夫以上爲爵。○上，時掌反⑦。

3·18○**曾子寢疾，病。**病，謂疾困。**樂正子春坐於牀下，**子春，曾參弟子。**曾元、曾申坐於足，**元、申，曾參之子。**童子隅坐而執燭。**隅坐，不與成人竝。○成人竝，音並，絶句⑧。**童子曰："華而睆，大夫之簀與！"**華，畫也。簀，謂牀笫也。説者以睆爲刮節目，字或爲"刮"。○睆，華板反，明貌。孫炎云："睆，漆也。"徐又音刮⑨。簀，音責。與，音餘，下同。畫，衡賣反。

---

①"馬驚敗一本無驚字"，岳本無此八字；據彙校卷第十一、撫釋一、余仁仲本、和本、十行本、閩本、監本、毛本、殿本、阮刻本，此八字是釋文文字，當在"馬驚"上補"○"號。

②"直類反"，彙校卷第十一、撫釋一、余仁仲本、岳本、和本、毛本、阮刻本同；十行本、閩本、監本、殿本"直"作"宜"，非。

③"隊直類反綏息佳反"，據彙校卷第十一、撫釋一、余仁仲本、岳本、和本、十行本、閩本、監本、毛本、殿本、阮刻本，此八字是釋文文字，當在"隊"上補"○"號。

④"股裏上音古下音里"，彙校卷第十一、撫釋一、余仁仲本、和本、十行本、閩本、監本、毛本、殿本、阮刻本同，岳本無此八字。

⑤"中丁仲反"，彙校卷第十一、撫釋一、余仁仲本、和本、十行本、閩本、監本、毛本、殿本、阮刻本同，岳本無此四字。

⑥"謚也"，彙校卷第十一、撫釋一、余仁仲本、和本、十行本、閩本、監本、毛本、殿本、阮刻本同，岳本無此二字。

⑦"上時掌反"，彙校卷第十一、撫釋一、余仁仲本、和本、十行本、閩本、監本、毛本、殿本、阮刻本同，岳本無此四字。

⑧"成人竝音並絶句"，彙校卷第十一、撫釋一、余仁仲本、和本、十行本、閩本、監本、毛本、殿本、阮刻本同，岳本無此七字。

⑨"孫炎云睆漆也徐"，彙校卷第十一、撫釋一、余仁仲本、和本、十行本、閩本、監本、毛本、殿本、阮刻本同，岳本無此七字。

牀第，上音牀，下側吏反①。刮，古滑反②。**子春曰：“止！”**以疾困③，不可動。**曾子聞之，瞿然曰：“呼！”**呼，虛憊之聲。○瞿，紀具反，下同。曰吁，音虛，注同，吹氣聲也，一音況于反④。憊，皮拜反，羸困也⑤。**曰：“華而睆，大夫之簀與？”曾子曰：“然！斯季孫之賜也，我未之能易也。元，起易簀！”**未之能易，已病故也。**曾元曰：“夫子之病革矣，不可以變，幸而至於旦，請敬易之。”**言夫子者，曾子親没之後，齊嘗聘以爲卿而不爲也。革，急也。變，動也。幸，覬也。○革，紀力反，徐又音極，注同。請，七領反。覬，音冀⑥。重言“夫子之病革矣”二，並本篇。**曾子曰：“爾之愛我也，不如彼。**彼，童子也。**君子之愛人也以德，**成己之德。**細人之愛人也以姑息。**息，猶安也。言苟容取安也。**君何求哉⑦？吾得正而斃焉⑧，斯已矣！”**斃，仆也。○斃，音弊。仆，蒲北反，又音赴⑨。**舉扶而易之，反席未安而没。**言病雖困，猶勤於禮。○没，音殁。

---

①“牀第上音牀下側吏反”，彙校卷第十一、撫釋一、余仁仲本、和本、十行本、閩本、監本、毛本、殿本、阮刻本同，岳本作“第側吏反”。

②“刮古滑反”，彙校卷第十一、撫釋一、余仁仲本、和本、十行本、閩本、監本、毛本、殿本、阮刻本同，岳本無此四字。

③“疾”，撫州本、余仁仲本、婺州本、岳本、嘉靖本、八行本、和本、十行本、閩本、監本、毛本、殿本、阮刻本作“病”，是。

④“曰吁音虛注同吹氣聲也一音況于反”，彙校卷第十一、撫釋一、余仁仲本、十行本、阮刻本同，岳本作“呼音吁”；和本、閩本、監本、毛本、殿本“吁”改作“呼”，非。

⑤“憊皮拜反羸困也”，彙校卷第十一、撫釋一、余仁仲本、和本、十行本、閩本、監本、毛本、殿本、阮刻本同，岳本無此七字。

⑥“徐又音極注同請七領反覬音冀”，彙校卷第十一、撫釋一、余仁仲本、和本、閩本、監本、毛本、殿本同，岳本無此十四字，十行本、阮刻本“徐”誤作“并”。

⑦“君”，余仁仲本、嘉靖本、十行本同；唐石經、撫州本、婺州本、岳本、八行本、和本、閩本、監本、毛本、殿本、阮刻本作“吾”，是。楊氏札記曰：“余本原刻‘君’字，被墨筆改‘吾’字。岳、撫、阮‘吾’，互注‘君’。”

⑧“得”，唐石經、撫州本、余仁仲本、婺州本、岳本、和本、八行本、十行本、閩本、監本、毛本、殿本、阮刻本同，嘉靖本作“德”，非。

⑨“斃音弊仆蒲北反又音赴”，彙校卷第十一、撫釋一、余仁仲本、和本、十行本、閩本、監本、毛本、阮刻本同，殿本“蒲北反”作“薄北反”；岳本作“吾一作君”，非。

3·19○始死,充充如有窮。既殯,瞿瞿如有求而弗得。既葬,皇皇如有望而弗至。練而慨然,祥而廓然。皆憂悼在心之貌也。求,猶索物。○慨,苦愛反。廓,苦郭反,何云:"開也。"索,所白反①。重言"始死,充充如有窮"止"祥而廓然",下篇:"始死,皇皇焉如有求而弗得。及殯,望望焉如有從而弗及。既葬,慨焉如不及其反而息。"問喪第三十五:"其送往也,望望然、汲汲然如有追而弗及也。其反哭也,皇皇然若有求而弗得也。"

3·20○邾婁復之以矢,蓋自戰於升陘始也。戰於升陘,魯僖二十二年秋也。時師雖勝,死傷亦甚,無衣可以招魂。○邾,音誅。婁,力俱反,或如字。邾人呼邾声曰婁,故曰邾婁。公羊傳與此記同,左氏、穀梁但作"邾"②。○陘③,音形。僖,許宜反④。魯婦人之髽而弔也,自敗於臺鮐始也。敗於臺鮐,魯襄四年秋也。臺,當爲"壺",字之誤也。春秋傳作"狐鮐"。時家家有喪,髽而相弔。去纚而紒曰髽。禮,婦人弔服,大夫之妻錫衰,士之妻則疑衰與⑤?皆吉笄無首素總。○髽,側瓜反。臺鮐,上音胡,下音臺⑥。去,羌吕反。纚,所買反,又所綺反,黑繒韜⑦。紒,音計。錫衰,上悉歷反,下七雷反⑧。與,音餘。笄,音雞。總,音摠⑨。重意魯婦人之髽而弔也。喪服小記:"爲婦人則髽。"

---

① "何云開也索所白反",彙校卷第十一、撫釋一、余仁仲本、和本、十行本、閩本、監本、毛本、殿本、阮刻本同,岳本無此八字。

② "邾人呼邾声曰婁故曰邾婁公羊傳與此記同左氏穀梁但作邾",彙校卷第十一、撫釋一、余仁仲本、和本、十行本、閩本、監本、毛本、殿本、阮刻本同,岳本無此二十五字。

③ 據彙校卷第十一、撫釋一、余仁仲本、岳本、和本、十行本、閩本、監本、毛本、阮刻本,自"邾音朱"以下,皆是釋文文字,"陘"上"○"號當删。

④ "僖許宜反",彙校卷第十一、撫釋一、余仁仲本、和本、十行本、閩本、監本、毛本、殿本、阮刻本同,岳本無此四字。

⑤ "士之妻",撫州本、余仁仲本、婺州本、岳本、嘉靖本、足利本、和本、十行本、閩本、監本、毛本、殿本、阮刻本同;八行本"士"作"上",非、潘本改作"士"。

⑥ "臺鮐上音胡下音臺",彙校卷第十一、撫釋一、余仁仲本、和本、十行本、閩本、監本、毛本、殿本、阮刻本同,岳本作"臺音胡鮐音臺"。

⑦ "黑繒韜",彙校卷第十一、撫釋一、余仁仲本、和本、十行本、閩本、監本、毛本、殿本、阮刻本同,岳本無此三字。

⑧ "錫衰上悉歷反下七雷反",彙校卷第十一、撫釋一、余仁仲本、和本、十行本、閩本、監本、毛本、殿本、阮刻本同,岳本作"衰七雷反"。

⑨ "笄音鷄總音摠",彙校卷第十一、撫釋一、余仁仲本、和本、十行本、閩本、監(轉下頁注)

3·21○南宮縚之妻之姑之喪，南宮縚，孟僖子之子南宮閲也，字子容，其妻，孔子兄女。○縚，吐刀反。閲，音悦①。夫子誨之髽。曰："爾毋從從爾，爾毋扈扈爾。誨，教也。爾，女也。從從，謂大高。扈扈，謂大廣。爾，語助。○毋，音無，後同②。從，音摠，高也③，一音崇，又仕江反④。扈，音户，大也⑤。女，音汝⑥。大，音泰，一音勑佐反，下"大廣已"、"猶大夫重"同⑦。蓋榛以爲笄，長尺，而總八寸。"總，束髮垂爲飾。齊衰之總八寸。○榛，側巾反，木名，又士鄰反⑧。長，直亮反，凡度長短曰長，皆同此音⑨。

3·22○孟獻子禫，縣而不樂，比御而不入。可以御婦人矣，尚不復寢。孟獻子，魯大夫仲孫蔑。○禫，大感反。比，必利反，下"比及"同。蔑，迷結反⑩。夫子曰："獻子加於人一等矣！"加，猶踰也。

3·23○孔子既祥，五日彈琴而不成聲，哀未忘。○彈，徒丹反⑪。

（接上頁注）本、毛本、殿本、阮刻本同，岳本無此六字。

① "閲音悦"，彙校卷第十一、撫釋一、余仁仲本、和本、十行本、閩本、監本、毛本、殿本、阮刻本同，岳本無此三字。

② "毋音無後同"，彙校卷第十一、撫釋一、余仁仲本、和本、十行本、閩本、監本、毛本、殿本、阮刻本同，岳本無此五字。

③ "高也"，彙校卷第十一、撫釋一、余仁仲本、和本、十行本、閩本、監本、毛本、殿本、阮刻本同，岳本無此二字。

④ "又仕江反"，彙校卷第十一、撫釋一、余仁仲本、和本、十行本、閩本、監本、毛本、殿本、阮刻本同，岳本無此四字。

⑤ "扈音户大也"，彙校卷第十一、撫釋一、余仁仲本、和本、十行本、閩本、監本、毛本、殿本、阮刻本作"扈音户廣也大也"，岳本作"扈音户"。

⑥ "女音汝"，彙校卷第十一、撫釋一、余仁仲本、十行本、閩本、監本、毛本、殿本、阮刻本同，岳本無此三字。

⑦ "一音勑佐反下大廣已猶大夫重同"，彙校卷第十一、撫釋一、余仁仲本、和本、十行本、閩本、監本、毛本、殿本、阮刻本同，岳本無此十四字。

⑧ "木名又士鄰反"，彙校卷第十一、撫釋一、余仁仲本、和本、十行本、閩本、監本、毛本、殿本、阮刻本同，岳本無此六字。

⑨ "凡度長短曰長皆同此音"，彙校卷第十一、撫釋一、余仁仲本、和本、十行本、閩本、監本、毛本、殿本、阮刻本同，岳本無此十字。

⑩ "蔑迷結反"，彙校卷第十一、撫釋一、余仁仲本、和本、十行本、閩本、監本、毛本、殿本、阮刻本同，岳本無此四字。

⑪ "彈徒丹反"，彙校卷第十一、撫釋一、余仁仲本、和本、十行本、閩本、監本、（轉下頁注）

十日而成笙歌。踰月且異旬也。祥亦凶事，用遠日。五日彈琴，十日笙歌，除由外也。琴以手，笙歌以氣。○笙，音生①。

3·24○**有子蓋既祥而絲屨組纓。**譏其早也。禮，既祥，白屨無絢，縞冠素紕。有子，孔子弟子有若。○屨，音句。組，音祖。絢，其俱反。縞，古老反，又古報反②。

3·25○**死而不弔者三：**謂輕身忘孝也③。**畏，**人或時以非罪攻己，不能有以說之死之者，孔子畏於匡。**厭，**行止危險之下。○厭，于甲反。**溺，**不乘橋船。○溺，奴狄反。

3·26○**子路有姊之喪，可以除之矣而弗除也。孔子曰："何弗除也?"子路曰："吾寡兄弟而弗忍也。"孔子曰："先王制禮，行道之人皆弗忍也。"**行道，猶行仁義。○弗除，如字，徐治慮反④。**子路聞之，遂除之。**重言"先王制禮"三，下文二，又禮器第十："先王之制禮也。"○"遂除之"二，一見下文。

3·27○**太公封於營丘，比及五世，皆反葬於周。**齊太公受封，留爲大師，死葬於周，子孫生焉，不忍離也，五世之後，乃葬於齊。齊曰營丘。○大，音泰。注及下注"大史公"皆同⑤。○離，力智反，下"相離"同⑥。**君子曰："樂，樂其所自生。禮，不忘其本。"**言其似禮樂之義。○樂樂，並音岳，一

（接上頁注）毛本、殿本、阮刻本同，岳本無此四字。

① "笙音生"，彙校卷第十一、撫釋一、余仁仲本、和本、十行本、閩本、監本、毛本、殿本、阮刻本同，岳本無此三字。

② "縞古老反又古報反"，彙校卷第十一、撫釋一、余仁仲本、和本、十行本、閩本、監本、毛本、殿本、阮刻本同，岳本無此八字。

③ "忘孝也"，撫州本、余仁仲本、婺州本、岳本、嘉靖本、和本、十行本、閩本、監本、毛本、殿本、阮刻本同，八行本、潘本"忘"作"亡"。

④ "徐"，彙校卷第十一、撫釋一、余仁仲本、和本、十行本、閩本、監本、毛本、殿本、阮刻本同，岳本作"又"。

⑤ "大史公"，彙校卷第十一、撫釋一、余仁仲本、和本、十行本、閩本、監本、毛本、殿本、阮刻本同，岳本無此三字。

⑥ "離力智反下相離同"，彙校卷第十一、撫釋一、余仁仲本、和本、十行本、閩本、監本、毛本、殿本、阮刻本同，岳本無此八字，"離"上衍"○"號。

讀下五教反，又音洛。重言"樂樂其所自生"二，一見樂記十九；禮運第九："樂也者，樂其所自成。"重意禮不忘其本。禮運："禮者，反其所自生。"樂記："禮反其所自始。"**古之人有言曰："狐死正丘首，仁也。"**正丘首，正首丘也。仁，恩也。○首，手又反，注同①。

3·28○**伯魚之母死，期而猶哭。**伯魚，孔子子也，名鯉。猶，尚也。○期，音基。鯉，音里。**夫子聞之曰："誰與哭者?"門人曰："鯉也。"夫子曰："嘻！其甚也。"**嘻，悲恨之聲。○與，音餘，下"餘閣也與"同②。嘻，許其反，又於其反。**伯魚聞之，遂除之。**

3·29○**舜葬於蒼梧之野，**舜征有苗而死，因留葬焉。書説舜曰："陟方乃死。"蒼梧，於周南越之地，今爲郡。○梧，音吾。陟，知力反，升也③。**蓋三妃未之從也。**古者不合葬。帝嚳而立四妃矣，象后妃四星，其一明者爲正妃，餘三小者爲次妃。帝堯因焉。至舜不告而取，不立正妃，但三妃而已，謂之三夫人。離騒所歌湘夫人，舜妃也。夏后氏增以三三而九，合十二人。春秋説云："天子取十二。"即夏制也。以虞、夏及周制差之，則殷人又增以三九二十七，合三十九人。周人上法帝嚳，立正妃，又三二十七爲八十一人，以增之合百二十一人。其位，后也，夫人也，嬪也，世婦也，女御也，五者相參④，以定尊卑。○嚳，苦毒反，高辛氏帝也。騒，素刀反，一音蕭。湘，音相⑤。差，初佳反，又初宜反⑥。嬪，

---

① "注同"，彙校卷第十一、撫釋一、余仁仲本、和本、十行本、閩本、監本、毛本、殿本、阮刻本同，岳本無此二字。

② "下餘閣也與同"，彙校卷第十一、撫釋一、余仁仲本、和本、十行本、閩本、監本、毛本、殿本、阮刻本同，岳本無此六字。

③ "梧音吾陟知力反升也"，彙校卷第十一、撫釋一、余仁仲本、和本、十行本、閩本、監本、毛本、殿本、阮刻本同，岳本無此九字。

④ "參"，余仁仲本、嘉靖本、和本、十行本、閩本、監本、毛本、殿本、阮刻本同，撫州本、婺州本、岳本、八行本作"三"。阮校曰："五者相參　閩、監、毛本同，嘉靖本同，惠棟校宋本'參'作'三'，宋監本同，岳本同，通典五十八引作'五者相參'。"

⑤ "音相"，彙校卷第十一、撫釋一、余仁仲本、殿本同，和本、十行本、閩本、監本、毛本、阮刻本脱此二字。

⑥ "初宜反"，彙校卷第十一、撫釋一、余仁仲本、和本、閩本、監本、毛本、殿本、阮刻本同，十行本"宜"字作墨釘。

婢人反①。**季武子曰：“周公蓋祔**②**。”**祔，謂合葬。合葬自周公以來。○祔，音父③。**曾子之喪，浴於爨室。**見曾元之辭易簀，矯之以謙儉也。禮，死浴於適室。○爨，七亂反。矯，居表反。儉，其檢反④。適，丁歷反。

3·30○**大功廢業。或曰：大功，誦可也。**許其口習故也。

3·31○**子張病，召申祥而語之曰：“君子曰終，小人曰死。**申祥，子張子，欲使執喪，成己志也。死之言澌也，事卒爲終，消盡爲澌。太史公傳曰：“子張姓顓孫。”今曰申祥，周、秦之聲，二者相近，未聞孰是。○語，魚據反。澌，本又作“斯”⑤，音賜，下同。顓，音專。近，“附近”之近⑥。**吾今日其庶幾乎！”**言易成也。○易，以豉反。

3·32○**曾子曰：“始死之奠，其餘閣也與？”**不容改新閣庋藏食物。○奠，田練反。閣，音各⑦。庋，字又作“庪”，同九毀反⑧，又居僞反。**曾子曰：“小功不爲位也者，是委巷之禮也。**譏之也。位，謂以親疏叙列哭也。委巷，猶街里委曲所爲也。○街，音佳。**子思之哭嫂也爲位，**善之也。禮，嫂叔無服。○嫂，悉早反，注同⑨。**婦人倡踊。**有服者，娣姒婦小功。倡，先也。○倡，

---

①“高辛氏帝也騷素刀反一音蕭湘音相差初佳反又初宜反嬪婢人反”，彙校卷第十一、撫釋一、余仁仲本、殿本同，岳本無此二十七字。

②“祔”，撫州本、婺州本、余仁仲本、岳本、嘉靖本、八行本、和本、十行本、閩本、監本、毛本、殿本、阮刻本同，唐石經作“附”。

③“○祔音父”，彙校卷第十一、撫釋一、余仁仲本、和本、十行本、閩本、監本、毛本、殿本、阮刻本同，岳本無此四字。

④“矯居表反儉其檢反”，彙校卷第十一、撫釋一、余仁仲本、和本、十行本、閩本、監本、毛本、殿本、阮刻本同，岳本無此八字。

⑤“本又作斯”，彙校卷第十一、撫釋一、余仁仲本、和本、十行本、閩本、監本、毛本、殿本、阮刻本同，岳本無此四字。

⑥“顓音專近附近之近”，彙校卷第十一、撫釋一、余仁仲本、和本、十行本、閩本、監本、毛本、殿本、阮刻本同，岳本無此八字。

⑦“閣音各”，彙校卷第十一、撫釋一、余仁仲本、和本、十行本、閩本、監本、毛本、殿本、阮刻本同，岳本無此三字。

⑧“庋字又作庪同”，彙校卷第十一、撫釋一、余仁仲本、和本、十行本、閩本、監本、毛本、殿本、阮刻本同，岳本無此六字。

⑨“注同”，彙校卷第十一、撫釋一、余仁仲本、和本、十行本、閩本、監本、毛本、（轉下頁注）

昌尚反,注同①。踴,音勇。娣姒,大計反,下音似③。**申祥之哭言思也亦
然。**"説者云:言思,子游之子,申祥妻之昆弟,亦無服。過此以往,獨哭不爲位。

3·33○**古者冠縮縫,今也衡縫。**縮,從也。今禮制,衡,讀爲橫。
今冠橫縫,以其辟積多。○縮,所六反。縫,音逢,又扶用反,下同。衡,依注音
衡,華彭反③。從,子容反。**故喪冠之反吉,非古也。**解時人之惑。喪冠縮
縫,古冠耳。○解,佳買反④。**曾子謂子思曰:"伋! 吾執親之喪也,水
漿不入於口者七日。"**言己以疾時禮而不如⑤。○伋,音急。漿,子良反⑥。
**子思曰:"先王之制禮也,過之者俯而就之;不至焉者跂而及之。
故君子之執親之喪也,水漿不入於口者三日,杖而后能起。"**爲
曾子言難繼,以禮抑之。○俯,音甫⑦。跂,丘豉反。爲,于僞反⑧。

3·34○**曾子曰:"小功不税,**據禮而言也。日月已過,乃聞喪而服曰
税。大功已上然⑨。小功輕,不服。○税,徐他外反,注同。上,時掌反⑩。**則**

(接上頁注)殿本、阮刻本同,岳本無此二字。

① "注同",彙校卷第十一、撫釋一、余仁仲本、和本、十行本、閩本、監本、毛本、殿本、阮刻
本同,岳本無此二字。

② "娣姒大計反下音似",彙校卷第十一、撫釋一、余仁仲本、和本、十行本、閩本、監本、毛
本、殿本、阮刻本同,岳本無此八字。

③ "衡依注音衡華彭反",岳本作"衡音橫";彙校卷第十一、撫釋一、余仁仲本、和本、十行
本、閩本、監本、毛本、殿本、阮刻本作"衡依注音橫華彭反",是。

④ "解佳買反",彙校卷第十一、撫釋一、余仁仲本、和本、十行本、閩本、監本、毛本、殿本、
阮刻本同,岳本無此四字。

⑤ "言己以疾時禮而不如",撫州本、余仁仲本、婺州本、岳本、八行本、和本、十行本、閩本、
監本、毛本、殿本、阮刻本同,考證曰:"'人之不然'訛作'禮而不如',據集説改。"

⑥ "伋音急漿子良反",彙校卷第十一、撫釋一、余仁仲本、和本、十行本、閩本、監本、毛本、
殿本、阮刻本同,岳本無此七字。

⑦ "俯音甫",彙校卷第十一、撫釋一、余仁仲本、和本、十行本、閩本、監本、毛本、殿本、阮
刻本同,岳本無此三字。

⑧ "爲于僞反",彙校卷第十一、撫釋一、余仁仲本、十行本、閩本、監本、毛本、殿本、阮刻本
同,岳本無此四字。

⑨ "已上然",撫州本、余仁仲本、婺州本、岳本、八行本、和本、十行本、閩本、監本、毛本、殿
本、阮刻本"已"作"以",是。

⑩ "税徐他外反注同上時掌反",彙校卷第十一、撫釋一、余仁仲本、和本、十行(轉下頁注)

是遠兄弟終無服也。言相離遠者,聞之恒晚。**而可乎?**"以己恩怪之。

　　3·35○**伯高之喪**,伯高死時在衞①,未聞何國人。**孔氏之使者未至**,謂賵賻者。○使,色吏反。賵,音附②。賻,芳用反。**冉子攝束帛乘馬而將之。**冉子,孔子弟子冉有。攝,猶貸也。○乘,繩證反,四馬曰乘。貸,他代反③。**孔子曰:"異哉! 徒使我不誠於伯高。"**徒,猶空也。禮,所以副忠信也,忠信而無禮,何傳乎? ○副,音仆④。傳,直專反,一本作"傅",音附⑤。**伯高死於衞,赴於孔子。**赴,告也。凡有舊恩者,則使人告之。**孔子曰:"吾惡乎哭諸?**以其交會尚新。○惡,音烏。惡乎,猶於何也⑥。**兄弟,吾哭諸廟;父之友,吾哭諸廟門之外**;別親疏也。○別,彼列反,下同⑦。**師,吾哭諸寢;朋友,吾哭諸寢門之外;所知,吾哭諸野。**別輕重也。**於野則已疏,於寢則已重,**已,猶大也。**夫由賜也見我,吾哭諸賜氏。"**本於恩,哭於子貢寢門之外。○夫,舊音扶,皇如字,謂丈夫,即伯高。見,如字,皇賢遍反⑧。**遂命子貢爲之主,**明恩所由。**曰:"爲爾哭也,來者**

(接上頁注)本、閩本、監本、毛本、殿本、阮刻本同,岳本作"稅他外反"。

① "衞",撫州本、余仁仲本、婺州本、岳本、和本、八行本、十行本、閩本、監本、毛本、殿本、阮刻本同,嘉靖本作"位",非。

② "賵音附",彙校卷第十一、撫釋一、余仁仲本、和本、十行本、閩本、監本、毛本、殿本、阮刻本同,岳本無此三字。

③ "四馬曰乘貸他代反",彙校卷第十一、撫釋一、余仁仲本、和本、十行本、閩本、監本、毛本、殿本、阮刻本同,岳本無此八字。

④ "副音仆",彙校卷第十一、撫釋一、余仁仲本、和本、十行本、閩本、監本、毛本、殿本、阮刻本同,岳本無此三字。

⑤ "一本作傅音附",彙校卷第十一、撫釋一、余仁仲本、和本、十行本、閩本、監本、毛本、殿本、阮刻本同,岳本無此六字。

⑥ "惡乎猶於何也",彙校卷第十一、撫釋一、余仁仲本、和本、十行本、閩本、監本、毛本、殿本、阮刻本同,岳本無此六字。

⑦ "別彼列反下同",彙校卷第十一、撫釋一、余仁仲本、和本、十行本、閩本、監本、毛本、殿本、阮刻本同,岳本無此六字。

⑧ "夫舊音扶皇如字謂丈夫即伯高見如字皇賢遍反",彙校卷第十一、撫釋一、余仁仲本、和本、十行本、閩本、監本、毛本、殿本、阮刻本同,岳本作"夫音扶又如字見如字又賢遍反"。

拜之，知伯高而來者，勿拜也。"異於正主。○爲，于僞反，下注"爲其疾"、"爲襲"、"爲我"、"我爲"皆同①。來者，一本作"爲爾哭也來者"②。

3·36○曾子曰："喪有疾，食肉飲酒，必有草木之滋焉。"增以香味，爲其疾不嗜食。○滋，音咨。嗜，市志反③。以爲薑桂之謂也。爲記者正。曾子所云"草木滋"者，謂薑桂。○薑，居良反④。

3·37○子夏喪其子而喪其明。明，目精。○而喪，息浪反，下"喪明"、"喪爾明"同。曾子弔之曰："吾聞之也，朋友喪明則哭之。"痛之。曾子哭，子夏亦哭。曰："天乎！予之無罪也。"怨天罰無罪。曾子怒曰："商！女何無罪也？吾與女事夫子於洙、泗之間，言其有師也。洙、泗，魯水名。○女，音汝，下同。洙，音殊。泗，音四。洙、泗，二水名⑤。退而老於西河之上，西河，龍門至華陰之地。○華，徐胡化反⑥。使西河之民疑女於夫子，爾罪一也；言其不稱師也。喪爾親，使民未有聞焉，爾罪二也；言居親喪無異稱。○稱，尺證反。喪爾子，喪爾明，爾罪三也。言隆於妻子。而曰女何無罪與？"子夏投其杖而拜，曰："吾過矣！吾過矣！謝之，且服罪也。○與，音餘。重言"吾過矣！吾過矣！"二，下篇一；又下文"我過矣！我過矣！"吾離羣而索居，亦已久矣！"羣，謂同門

---

①"注爲其疾爲襲爲我我爲"，彙校卷第十一、撫釋一、余仁仲本、和本、十行本、閩本、監本、毛本、殿本、阮刻本同，岳本無此十字。

②"來者一本作爲爾哭也來者"，彙校卷第十一、撫釋一、余仁仲本、和本、十行本、閩本、監本、毛本、殿本、阮刻本同，岳本無此十一字。

③"滋音咨嗜市志反"，彙校卷第十一、撫釋一、余仁仲本、和本、十行本、閩本、監本、毛本、殿本、阮刻本同，岳本無此七字。

④"薑居良反"，彙校卷第十一、撫釋一、余仁仲本、和本、十行本、閩本、監本、毛本、殿本、阮刻本同，岳本無此四字。

⑤"洙音殊泗音四洙泗二水名"，彙校卷第十一、撫釋一、余仁仲本、和本、十行本、閩本、監本、毛本、殿本、阮刻本同，岳本無此十一字。

⑥"徐"，彙校卷第十一、撫釋一、余仁仲本、和本、十行本、閩本、監本、毛本、殿本、阮刻本同，岳本無此字。

朋友也。索，猶散也。○離羣，羣，朋友也，上音胃①。索，悉各反，猶散也②，下注
"索居"同。

3·38○夫晝居於内③，問其疾可也。似有疾。○晝，知又反④。
夜居於外，弔之可也。似有喪。是故君子非有大故，不宿於外；大
故，謂喪憂。非致齊也，非疾也，不晝夜居於内。内，正寢之中。○齊，
側皆反。

3·39○高子皋之執親之喪也，子皋，孔子弟子，名柴。泣血三
年，言泣无声，如血出。未嘗見齒。言笑之微。○見，賢遍反。君子以爲
難。言人不能然⑤。

3·40○衰，與其不當物也，寧無衰。惡其亂禮。不當物，謂精麄
廣狹不應法制⑥。○衰，七雷反，下同，後五服之衰，皆放此，不復音⑦。當，丁浪
反，注同。惡，烏路反。麄，本又作"麤"，七奴反。狹，音洽。應，"應對"之應⑧。

─────────────

① "離羣羣朋友也上音胃"，彙校卷第十一、撫釋一、余仁仲本、和本、十行本、閩本、監本、
毛本、殿本、阮刻本同，岳本作"離音胃"。
② "猶散也"，彙校卷第十一、撫釋一、余仁仲本、和本、十行本、閩本、監本、毛本、殿本、阮
刻本同，岳本無此三字。
③ "内"，唐石經、撫州本、余仁仲本、婺州本、岳本、嘉靖本、八行本、和本、閩本、監本、毛
本、殿本、阮刻本同；十行本作"肉"，非。
④ "晝知又反"，彙校卷第十一、撫釋一、余仁仲本、和本、十行本、閩本、監本、毛本、殿本、
阮刻本同，岳本無此四字。
⑤ "能然"，撫州本、余仁仲本、婺州本、岳本、八行本、和本、閩本、監本、毛本、殿本、阮刻本
同，嘉靖本作"能也"；十行本作"礼然"，非。阮校曰："言人不能然　閩、監、毛本作'能
然'，岳本同，此本'能'誤'禮'。衛氏集說作'言人不能然也'。嘉靖本作'言人不能
也'，惠棟校宋本同。"
⑥ "麄"，余仁仲本、嘉靖本、和本、十行本、閩本、監本、毛本、阮刻本同，撫州本、婺州本、岳
本、八行本、殿本作"麤"。阮校曰："謂精麄廣狹　閩、監、毛本同，嘉靖本同，惠棟校宋
本'麄'作'麤'，宋監本、岳本同，衛氏集說作'粗'。釋文出'精麄'云：'本又作麤。'○
按：段玉裁云：'篇、韻"麤"訓"不精"，俗作"麄"，今人概用作"粗"，"粗"行而"麤"廢矣。'"
⑦ "後五服之衰皆放此不復音"，彙校卷第十一、撫釋一、余仁仲本、和本、十行本、閩本、監
本、毛本、殿本、阮刻本同，岳本無此十一字。
⑧ "注同惡烏路反麄本又作麤七奴反狹音洽應應對之應"，彙校卷第十一、撫釋一、余仁仲
本、和本、十行本、閩本、監本、毛本、殿本、阮刻本同，岳本無此二十二字。

齊衰，不以邊坐；大功，不以服勤。_{爲褻喪服。邊，偏倚也。○褻，息列}
反。倚，於彼反，又於寄反^①。

　　3·41○**孔子之衛**，遇舊館人之喪，_{前日，君所使舍己。}入而哭之哀。
出，使**子貢**說驂而賻之。_{賻，助喪用也。驂馬曰驂。○稅，本又作"說"，同他活}
反^②，徐又始銳反，下及注同^③。驂，七南反，夾服馬也。賻，芳非反^④。　**子貢**
曰："於門人之喪，未有所說驂。說驂於舊館，無乃已重乎？"_{言說}
_{驂大重，比於門人，恩爲偏頗。○頗，破多反}^⑤。夫子曰："予鄉者入而哭
之，遇於一哀而出涕。_{遇，見也。舊館人恩雖輕，我入哭，見主人爲我盡一}
_{哀，是以厚恩待我，我爲出涕。恩重，宜有施惠。○鄉，本又作"嚮"}^⑥，許亮反。
出，如字，徐尺遂反^⑦。涕，音體。施，始豉反^⑧。予惡夫涕之無從也，小子
行之！"_{客行無他物可以易之者，使遂以往。○惡，烏路反。夫，音扶。}

　　3·42○**孔子**在衛。有送葬者，而夫子觀之，曰："善哉爲喪
乎！足以爲法矣！小子識之。"**子貢**曰："夫子何善爾也？"曰："其
往也如慕，其反也如疑。"_{慕，謂小兒隨父母啼呼。疑者，哀親之在彼，如不}

---

① "倚於彼反又於寄反"，彙校卷第十一、撫釋一、余仁仲本、和本、十行本、閩本、監本、毛
本、殿本、阮刻本同，岳本無此八字。

② "本又作說同"，彙校卷第十一、撫釋一、余仁仲本、和本、十行本、閩本、監本、毛本、殿
本、阮刻本同，岳本無此五字。

③ "徐"，彙校卷第十一、撫釋一、余仁仲本、和本、十行本、閩本、監本、毛本、殿本、阮刻本
同，岳本無此字。

④ "驂七南反夾服馬也賻芳非反"，彙校卷第十一、撫釋一、余仁仲本、和本、十行本、閩本、
監本、毛本、殿本、阮刻本同，岳本無此十二字。

⑤ "頗破多反"，彙校卷第十一、撫釋一、余仁仲本、和本、十行本、閩本、監本、毛本、殿本、
阮刻本同，岳本無此四字。

⑥ "本又作嚮"，彙校卷第十一、撫釋一、余仁仲本、和本、十行本、閩本、監本、毛本、殿本、
阮刻本同，岳本無此四字。

⑦ "徐"，彙校卷第十一、撫釋一、余仁仲本、和本、十行本、閩本、監本、毛本、殿本、阮刻本
同，岳本作"又"。

⑧ "施始豉反"，彙校卷第十一、撫釋一、余仁仲本、和本、十行本、閩本、監本、毛本、殿本、
阮刻本同，岳本無此四字。

欲還然。〇識，式志反，又音式，下及注"章識"皆同①。呼，火故反。**子貢曰：
"豈若速反而虞乎？"**速，疾。**子曰："小子識之，我未之能行也。"**哀
戚，本也。祭祀，末也。

3·43〇**顏淵之喪，饋祥肉。**饋，遺也。〇饋，其位反。遺，于季反②。
孔子出受之，入，彈琴而后食之③。彈琴，以散哀也。

3·44〇**孔子與門人立，拱而尚右，二三子亦皆尚右。**傚孔子也。〇
拱，恭勇反。傚，本又作"效"，胡教反，下同④。**孔子曰："二三子之嗜學也，**嗜，
貪。〇嗜，市志反，注同⑤。**我則有姊之喪故也。"二三子皆尚左。**復正
也。喪尚右，右，陰也。吉尚左，左，陽也。

3·45〇**孔子蚤作，**作，起。〇蚤，音早⑥。**負手曳杖，消摇於門。**
欲人之怪己。〇曳，羊世反，亦作"拽"⑦。消摇，本又作"逍遥"⑧。**歌曰："泰
山其頹乎！**泰山，衆山所仰。〇頹，徒回反。**梁木其壞乎！"**梁木，衆木所
放。〇放，方兩反。**哲人其萎乎！**哲人，亦衆人所仰放也。以上二句喻之。

---

① "及注章識"，彙校卷第十一、撫釋一、余仁仲本、和本、十行本、閩本、監本、毛本、殿本、
　阮刻本同，岳本無此四字。

② "遺于季反"，彙校卷第十一、撫釋一、余仁仲本、和本、十行本、閩本、監本、毛本、殿本、
　阮刻本同，岳本無此四字。

③ "后"，唐石經、余仁仲本、婺州本、岳本、嘉靖本、八行本、和本、十行本、閩本、監本、毛
　本、殿本、阮刻本同；撫州本作"後"。考異曰："'後'當作'后'，唐石本作'后'，此撫本之
　誤，各本不如此。"

④ "傚本又作效胡教反下同"，彙校卷第十一、撫釋一、余仁仲本、和本、十行本、閩本、監
　本、毛本、殿本、阮刻本同，岳本無此十字。

⑤ "注同"，彙校卷第十一、撫釋一、余仁仲本、和本、十行本、閩本、監本、毛本、殿本、阮刻
　本同，岳本無此二字。

⑥ "蚤音早"，彙校卷第十一、撫釋一、余仁仲本、和本、十行本、閩本、監本、毛本、殿本、阮
　刻本同，岳本無此三字。

⑦ "曳羊世反亦作拽"，閩本、監本、毛本、殿本同，撫釋一、余仁仲本、和本、十行本、阮刻本
　作"拽羊世反亦作曳"，彙校卷第十一作"枻羊世反亦作曳"，岳本作"曳羊世反"。黃焯
　曰："'枻'，宋本作'枻'，後從'世'皆同，撫本作'拽'。"

⑧ "消摇本又作逍遥"，彙校卷第十一、撫釋一、余仁仲本、和本、十行本、閩本、監本、毛本、
　殿本、阮刻本同，岳本無此七字。

萎，病也。詩云："無木不萎。"○萎，本又作"委"，同紆危反，注同①。**既歌而入，當户而坐。**蚤坐，急見人也。**子貢聞之，曰："泰山其頹，則吾將安仰？梁木其壞，哲人其萎，則吾將安放？夫子殆將病也？"**覺孔子歌意。殆，幾也。○幾，音祈，又音機②。**遂趨而入。夫子曰："賜！爾來何遲也！**坐則望之。**夏后氏殯於東階之上，則猶在阼也。殷人殯於兩楹之間，則與賓主夾之也。周人殯於西階之上，則猶賓之也。**以三王之禮占己夢。○阼，才故反。楹，音盈。夾，本又作"俠"，古洽反，下注同③。**而丘也，殷人也。予疇昔之夜，夢坐奠於兩楹之間，**是夢坐兩楹之間而見饋食也。言奠者，以爲凶象。疇，發聲也。昔，由前也④。○食，如字，又音嗣。疇，直留反⑤。**夫明王不興，而天下其孰能宗予？予殆將死也。"**孰，誰也。宗，尊也。兩楹之間，南面鄉明，人君聽治正坐之處。今無明王，誰能尊我以爲人君乎？是我殷家奠殯之象，以此自知將死。○鄉，本又作"鄉"，同許亮反。治，直吏反。坐，才卧反，又如字。處，昌慮反⑥。**蓋寢疾七日而没。**明聖人知命。

3·46○**孔子之喪，門人疑所服。**無喪師之禮。**子貢曰："昔者，夫子之喪顏淵，若喪子而無服；喪子路亦然。請喪夫子若喪**

---

① "萎本又作委同紆危反注同"，殿本同，彙校卷第十一、撫釋一、余仁仲本、和本、十行本、閩本、監本、毛本、阮刻本作"委本又作萎同紆危反注同"，岳本作"萎紆危反"。

② "幾音祈又音機"，彙校卷第十一、撫釋一、余仁仲本、和本、十行本、閩本、監本、毛本、殿本同、阮刻本同，岳本作"幾音祁又音饑"。

③ "夾本又作俠古洽反下注同"，彙校卷第十一、撫釋一、余仁仲本、和本、十行本、閩本、監本、毛本、殿本同、阮刻本同，岳本作"夾古洽反"。

④ "由"，撫州本、余仁仲本、婺州本、岳本、嘉靖本、八行本、和本、十行本、閩本、監本、毛本、殿本、阮刻本作"猶"，是。

⑤ "食如字又音嗣疇直留反"，彙校卷第十一、撫釋一、余仁仲本、和本、十行本、閩本、監本、毛本、殿本、阮刻本同，岳本無此十字。

⑥ "鄉本又作鄉同許亮反治直吏反坐才卧反又如字處昌慮反"，彙校卷第十一、撫釋一、余仁仲本、和本、十行本、閩本、監本、毛本、殿本、阮刻本同，岳本無此二十四字。

父而無服。"無服,不爲衰,吊服而加麻①,心喪三年。

3·47○**孔子之喪,公西赤爲志焉。**公西赤,孔子弟子,字子華。志,謂章識。**飾棺牆,**牆之障柩,猶垣牆障家②。**置翣,**牆,柳衣。翣,以布衣木,如攝與③。○置,知吏反④。翣,所甲反。衣,於既反⑤。攝,所甲反,又所洽反⑥。與,音餘。**設披,周也;設崇,殷也;綢練設旐,夏也。**夫子雖殷人,兼用三王之禮,尊之。披,柩行夾引棺者。崇,崇牙。旐,旗飾也⑦。綢練,以練綢旐之杠。此旐⑧,葬乘車所建也。旐之旒,緇布,廣充幅,長尋曰旐。爾雅説旐旗曰:"素錦綢杠。"○披,彼義反。綢,吐刀反,韜也,徐直留反,注同⑨。旐,直小

———————

① "吊",撫州本、余仁仲本、婺州本、岳本、嘉靖本、八行本、和本、十行本、閩本、監本、毛本、殿本、阮刻本作"弔"。

② "牆之障柩猶垣牆障家",撫州本、余仁仲本、岳本、嘉靖本、八行本、和本、十行本、閩本、監本、毛本、殿本、阮刻本同;婺州本無此九字,是。考補曰:"'牆之障柩猶垣牆障家',無此九字,謹按:下注云'牆柳衣',此注衍文,古本近是。"阮校曰:"牆之障柩猶垣牆障家　閩、監、毛本同,岳本、嘉靖本同,衛氏集説亦有,考文古本無此九字。盧文弨云:'牆下注九字,古本無,乃疏中語也。'山井鼎云:'下注"牆柳衣",此注爲衍文,明矣。'"考異云:"撫本初刻並無此九字,最是。修版時誤於他本,剜擠入之,故其添補痕跡,今猶宛然。"

③ "攝",撫州本、余仁仲本、婺州本、岳本、嘉靖本、八行本、十行本、閩本、監本、毛本、殿本、阮刻本同,和本作"福",非,下釋文同。

④ "置知吏反",彙校卷第十一、撫釋一、余仁仲本、和本、十行本、閩本、監本、毛本、殿本、阮刻本同,岳本無此四字。

⑤ "衣於既反",彙校卷第十一、撫釋一、余仁仲本、和本、十行本、閩本、監本、毛本、殿本、阮刻本同,岳本作"衣去聲"。

⑥ "又所洽反",彙校卷第十一、撫釋一、余仁仲本、和本、十行本、閩本、監本、毛本、殿本、阮刻本同,岳本無此四字。

⑦ "崇崇牙旐旗飾也",撫州本、余仁仲本、婺州本、岳本、嘉靖本同;八行本作"崇牙旐旗飾也",和本、十行本、閩本、監本、毛本、殿本、阮刻本作"崇牙旐旗飾也",皆非。阮校曰:"崇牙旐旗飾也　閩、監、毛本同,衛氏集説同。岳本'崇'字重,宋監本同,考文引古本、足利本同。又云:'宋板"崇牙"上闕字,似脱一"崇"字。'嘉靖本亦作'崇崇牙'。"鍔案:足利本、八行本"崇牙"上闕"崇"字,"旐旗"作"旗旐",非;潘本亦闕一"崇"字,然"旗旐"改作"旐旗"。

⑧ "此旐",撫州本、余仁仲本、婺州本、岳本、嘉靖本、足利本、和本、十行本、閩本、監本、毛本、殿本、阮刻本同;八行本"此"作"是",非。

⑨ "韜也徐直留反注同",彙校卷第十一、撫釋一、余仁仲本、和本、十行本、閩本、監本、毛本、殿本、阮刻本同,岳本作"又直留反"。

反。杠,音江,竿也①。乘,繩證反。廣,光浪反,凡度廣狹曰廣,他皆放此。幅,芳木反②。重意"設披"至"夏也"。明堂:"夏后氏之綢練,殷之崇牙,周之璧翣。"

3·48○子張之喪,公明儀爲志焉。志,亦謂章識。褚幕丹質③,以丹布幕爲褚,葬覆棺,不牆不翣。○褚,張呂反。幕,音莫。褚幕,覆棺者④。蟻結于四隅,畫褚之四角,其文如蟻行,往來相交錯。蟻,蚍蜉也。殷之蟻結⑤,似今蛇文畫。○蟻,魚綺反,又作"蛾"⑥。蚍,避尸反,徐扶夷反⑦。蜉,音浮。殷士也。學於孔子,倣殷禮。

3·49○子夏問於孔子曰:"居父母之仇,如之何?"夫子曰:"寢苫,枕干,不仕,雖除喪,居處猶若喪也。干,盾也。○仇,音求,讎也⑧。苫,始占反,草也⑨。枕,之鴆反。楯,本又作"盾",食允反,又音允⑩。弗與共天下也。不可以並生。遇諸市朝,不反兵而鬬。"言雖適市朝,不釋

---

① "竿也",彙校卷第十一、撫釋一、余仁仲本、和本、十行本、閩本、監本、毛本、殿本、阮刻本同,岳本無此二字。

② "凡度廣狹曰廣他皆放此幅芳木反",彙校卷第十一、撫釋一、余仁仲本、和本、十行本、閩本、監本、毛本、殿本、阮刻本同,岳本無此十四字。

③ "褚",唐石經、撫州本、余仁仲本、婺州本、岳本、和本、八行本、十行本、閩本、監本、毛本、殿本、阮刻本同,嘉靖本作"褚",下注文"畫褚"之"褚"同,非。

④ "幕音莫褚幕覆棺者",彙校卷第十一、撫釋一、余仁仲本、和本、十行本、閩本、監本、毛本、殿本、阮刻本同,岳本無此八字。

⑤ "殷",撫州本、余仁仲本、婺州本、岳本、嘉靖本、八行本、和本、閩本、監本、毛本、殿本、阮刻本同,十行本作墨釘。

⑥ "又作蛾",彙校卷第十一、撫釋一、余仁仲本、和本、十行本、閩本、監本、毛本、殿本、阮刻本同,岳本無此三字。

⑦ "徐扶夷反",彙校卷第十一、撫釋一、余仁仲本、和本、十行本、閩本、監本、毛本、殿本、阮刻本同,岳本無此四字。

⑧ "仇音求讎也",彙校卷第十一、撫釋一、余仁仲本、和本、十行本、閩本、監本、毛本、殿本、阮刻本同,岳本無此五字。

⑨ "草也",彙校卷第十一、撫釋一、余仁仲本、和本、十行本、閩本、監本、毛本、殿本、阮刻本同,岳本無此二字。

⑩ "楯本又作盾食允反又音允",彙校卷第十一、撫釋一、余仁仲本、和本、十行本、閩本、監本、毛本、殿本、阮刻本同,岳本無此十一字。

兵。○朝，直遥反，注同①。曰："請問居昆弟之仇，如之何？"曰："仕，弗與共國，銜君命而使，雖遇之不鬭。"爲負而廢君命。○銜，音咸。使，色吏反。爲，于僞反，下"爲其負"、"相爲"同②。曰："請問居從父昆弟之仇，如之何？"曰："不爲魁。魁，猶首也。天文北斗，魁爲首，杓爲末。○從，如字，徐才用反。魁，苦回反。杓，必遥反，又匹遥反③。主人能，則執兵而陪其後。"爲其負，當成之。○陪，步回反④。

3·50○**孔子之喪，二三子皆経而出。** 尊師也。出，謂有所之適。然則凡弔服加麻者，出則變服。○経，大結反。**羣居則経，出則否。** 羣，謂七十二弟子相爲朋友服。**子夏曰："吾離羣而索居。"**

3·51○**易墓，非古也。** 易，謂芟治草木。不易者，丘陵也。○易，以豉反，注同。芟，所銜反⑤。

3·52○**子路曰："吾聞諸夫子，喪禮，與其哀不足而禮有餘也，不若禮不足而哀有餘也。** 喪主哀。**祭禮，與其敬不足而禮有餘也，不若禮不足而敬有餘也。"** 祭主敬。

3·53○**曾子弔於負夏，** 負夏，衛地。**主人既祖，填池，** 祖，謂移柩車去載處，爲行始也。填池，當爲"奠徹"，聲之誤也。奠徹，謂徹遣奠，設祖奠。○填池，依注音奠，徐、盧、王並如字⑥。處，昌慮反，下同⑦。遣奠，棄戰反，

---

① "朝直遥反注同"，彙校卷第十一、撫釋一、余仁仲本、和本、十行本、閩本、監本、毛本、殿本、阮刻本同，岳本無此六字。
② "下爲其負相爲同"，彙校卷第十一、撫釋一、余仁仲本、和本、十行本、閩本、監本、毛本、殿本、阮刻本同，岳本無此七字。
③ "杓必遥反又匹遥反"，彙校卷第十一、撫釋一、余仁仲本、和本、十行本、閩本、監本、毛本、殿本、阮刻本同，岳本無此八字。
④ "陪步回反"，彙校卷第十一、撫釋一、余仁仲本、和本、十行本、閩本、監本、毛本、殿本、阮刻本同，岳本無此四字。
⑤ "注同芟所銜反"，彙校卷第十一、撫釋一、余仁仲本、和本、十行本、閩本、監本、毛本、殿本、阮刻本同，岳本無此六字。
⑥ "填池依注音奠徐盧王並如字"，彙校卷第十一、撫釋一、余仁仲本、十行本同，岳本作"填音奠池音徹又如字"；和本、閩本、監本、毛本、殿本、阮刻本"徐"作"徹"，是。
⑦ "處昌慮反下同"，彙校卷第十一、撫釋一、余仁仲本、和本、十行本、閩本、監（轉下頁注）

本或作“遷奠”，非①。**推柩而反之**，反於載處，榮曾子吊，欲更始。○推，昌佳反，又吐回反。柩，其久反。**降婦人而后行禮**。禮，既祖而婦人降。今反柩，婦人辟之，復升堂矣。柩無反而反之，而又降婦人，蓋欲矜賓於此婦人，皆非。○辟，音避，下“辟賢”、“辟不壞”並同②。○復③，扶又反。**從者曰：“禮與？”**怪之。○從，才用反，下同。與，音餘，下同④。**曾子曰：“夫祖者，且也。**且，未定之辭。○夫，音扶。**且胡爲其不可以反宿也？”**給説。**從者又問諸子游曰：“禮與？”**疑曾子言非。**子游曰：“飯於牖下，小斂於户内，大斂於阼，殯於客位，祖於庭，葬於墓，所以即遠也。故喪事有進而無退。”**朋友柩非⑤。○飯，煩晚反。牖，羊九反⑥。斂，力驗反。禮家凡小斂、大斂之字皆同，不重出⑦。○阼⑧，才故反。重言“飯於牖下”至“所以即遠也”二，一見坊記三十篇，“即”字作“小”。**曾子聞之曰：“多矣乎！予出祖**

<hr />

（接上頁注）本、毛本、殿本、阮刻本同，岳本無此六字。

① “本或作遷奠非”，彙校卷第十一、撫釋一、余仁仲本、和本、十行本、閩本、監本、毛本、殿本、阮刻本同，岳本無此六字。

② “下辟賢辟不壞並同”，岳本無此八字；彙校卷第十一、撫釋一、余仁仲本、和本、十行本、閩本、監本、毛本、殿本、阮刻本“壞”作“懷”，是。

③ 據彙校卷第十一、撫釋一、余仁仲本、岳本、和本、十行本、閩本、監本、毛本、殿本、阮刻本，“辟音避”以下皆是釋文文字，“復”上“○”號當删。

④ “從才用反下同與音餘下同”，彙校卷第十一、撫釋一、余仁仲本、和本、十行本、閩本、監本、毛本、殿本、阮刻本同，岳本無此十一字。

⑤ “朋友”，余仁仲本、十行本同；撫州本、婺州本、岳本、嘉靖本、八行本、和本、閩本、監本、毛本、殿本、阮刻本、吳氏朱批作“明反”，是。楊氏札記曰：“明反柩非　余本原刻‘明反’，被淡墨筆改成‘朋友’，岳、撫、阮‘明反’，互注‘朋友’。”鍔案：據楊氏札記，則余本本亦作“明反”，是。

⑥ “牖羊九反”，彙校卷第十一、撫釋一、余仁仲本、十行本、閩本、監本、毛本、殿本、阮刻本同，岳本作“牖音有”，和本“九”作“久”。

⑦ “禮家凡小斂大斂之字皆同不重出”，彙校卷第十一、撫釋一、余仁仲本、和本、十行本、閩本、監本、毛本、殿本、阮刻本同，岳本無此十四字。

⑧ 據彙校卷第十一、撫釋一、余仁仲本、岳本、和本、十行本、閩本、監本、毛本、殿本、阮刻本，“飯煩晚反”以下皆是釋文文字，“阼”上“○”號當删。

者。"善子游言,且服①。且服也②,本或作"且服過"。

3·54○曾子襲裘而弔,子游裼裘而弔。曾子指子游而示人曰:"夫夫也,爲習於禮者,如之何其裼裘而弔也?"曾子蓋知臨喪無飾。夫夫,猶言此丈夫也。子游於時名爲習禮。○裼,星曆反③。夫夫,上音扶,下如字,一讀並如字,注及下同④。主人既小斂,袒,括髪,子游趨而出,襲裘帶絰而入。於主人變,乃變也。所弔者,朋友。○袒括,徒旱反⑤,下古活反⑥。曾子曰:"我過矣! 我過矣! 夫夫是也。"服且善子游⑦。重意上文,下篇:"吾過矣! 吾過矣!"

3·55○子夏既除喪而見⑧,見於孔子。○見,賢遍反,注及下同⑨。

---

① "善子游言且服",撫州本、余仁仲本、婺州本、嘉靖本、八行本、和本、十行本、閩本、監本、毛本、殿本、阮刻本同,岳本"服"下有"也"字,據釋文誤增耳。阮校曰:"善子游言且服　閩、監、毛本同,嘉靖本同,岳本'服'下有'也'字。釋文出'且服也'云:'本或作且服過'。考文引古本作'且服過也',足利本無'也'字。"

② 據彙校卷第十一、撫釋一、余仁仲本、和本、閩本、監本、毛本、殿本、阮刻本,"且服"下是釋文文字,當在"且服"上補"○"號。"且服也",彙校卷第十一、撫釋一同,余仁仲本、和本、閩本、監本、毛本、殿本、阮刻本無"也"字,是。

③ "裼星曆反",彙校卷第十一、撫釋一、余仁仲本、和本、十行本、閩本、監本、毛本、殿本、阮刻本同,岳本作"裼先激反"。

④ "注及下同",彙校卷第十一、撫釋一、余仁仲本、和本、十行本、閩本、監本、毛本、殿本、阮刻本同,岳本無此四字。

⑤ "徒旱反",彙校卷第十一、撫釋一、余仁仲本、和本、岳本、閩本、監本、毛本、殿本、阮刻本同,十行本"旱"字作墨釘。

⑥ "下古活反",彙校卷第十一、撫釋一、余仁仲本、和本、十行本、閩本、監本、毛本、殿本、阮刻本同,岳本無此四字。

⑦ "服且善子游",撫州本、余仁仲本、婺州本、岳本、嘉靖本、八行本、和本、阮刻本同;十行本、閩本、監本、毛本、殿本、阮刻本"且"作"是",十行本"游"字下有一墨釘,閩本、監本、毛本、殿本有一"言"字,皆非。阮校曰:"服是善子游　此本'游'下空闕。閩、監、毛本'游'下有'言'字,衛氏集説同,惠棟校宋本無'言'字,'是'作'且',宋監本同,岳本、嘉靖本同,考文引古本、足利本同。"

⑧ "子夏",唐石經、撫州本、余仁仲本、岳本、嘉靖本、八行本、和本、十行本、閩本、監本、毛本、岳本、阮刻本同,婺州本作"子游",非。

⑨ "見賢遍反注及下同",彙校卷第十一、撫釋一、余仁仲本、和本、十行本、閩本、監本、毛本、殿本、阮刻本同,岳本作"見音現下同"。

予之琴，和之不和①，彈之而不成聲。樂由人心。○予，羊汝反，下同。和，音禾，或胡臥反，下同。樂，音岳，又音洛②。作而曰："哀未忘也。先王制禮，而弗敢過也。"作，起。○忘，音亡③。子張既除喪而見，予之琴，和之而和，彈之而成聲。作而曰："先王制禮，不敢不至焉。"雖情異，善其俱順禮④。

　　3·56○司寇惠子之喪，惠子，衛將軍文子彌牟之弟惠叔蘭也，生虎者⑤。○彌，亡卑反。牟，莫侯反⑥。子游爲之麻衰、牡麻絰。惠子廢適立庶，爲之重服以譏之。麻衰，以吉服之布爲衰。○爲之，于僞反，注"爲之重服"、下"爲之服"皆同。適，丁歷反，下文及注同⑦。文子辭曰："子辱與彌牟之弟游，謝其存時。又辱爲之服，敢辭！"止之服也。子游曰："禮也！"文子退，反哭。子游名習禮，文子亦以爲當然，未覺其所譏。子游趨而就諸臣之位。深譏之。大夫之家臣，位在賓後。文子又辭曰："子辱與彌牟之弟游，又辱爲之服，又辱臨其喪，敢辭！"止之在臣位。子游曰："固以請！"再不從命。文子退，扶適子南面而立，曰："子辱與彌牟

---

① "不和"，余仁仲本、十行本同，唐石經、撫州本、婺州本、岳本、嘉靖本、八行本、和本、閩本、監本、毛本、殿本、阮刻本"不"上有"而"字，是。
② "樂音岳又音洛"，彙校卷第十一、撫釋一、余仁仲本、和本、十行本、閩本、監本、毛本、殿本、阮刻本同，岳本無此六字。
③ "忘音亡"，彙校卷第十一、撫釋一、余仁仲本、和本、十行本、閩本、監本、毛本、殿本、阮刻本同，岳本無此三字。
④ "善其俱順禮"，撫州本、余仁仲本、婺州本、嘉靖本、八行本、和本、阮刻本同；十行本"其"作"○"，岳本、閩本、監本、毛本、殿本作"同"，非。阮校曰："善其俱順禮　惠棟校宋本作'其'，宋監同，嘉靖本、考文引古本、足利本同。此本'其'誤'○'，閩、監、毛本作'同'，岳本同，衛氏集說同。"
⑤ "生"，撫州本、余仁仲本、婺州本、岳本、嘉靖本、八行本、和本、閩本、監本、毛本、殿本、阮刻本同；十行本作"注"，非。
⑥ "彌亡卑反牟莫侯反"，彙校卷第十一、撫釋一、余仁仲本、和本、十行本、閩本、監本、毛本、殿本、阮刻本同，岳本無此八字。
⑦ "爲之于僞反注爲之重服下爲之服皆同適丁歷反下文及注同"，彙校卷第十一、撫釋一、余仁仲本、和本、十行本、閩本、監本、毛本、殿本、阮刻本同，岳本無此二十五字。

之弟游，又辱爲之服，又辱臨其喪。虎也，敢不復位！"覺所譏也。虎，適子名。文子親扶而辭，敬子游也。南面而立，則諸臣位在門内北面明矣。子游趨而就客位。所譏行。

3·57○將軍文子之喪，既除喪，而后越人來弔。主人深衣練冠，待于廟，垂涕洟。主人，文子之子簡子瑕也。深衣練冠，凶服變也。待于廟，受弔不迎賓也。○涕，他計反①。洟，音夷，自目曰涕，自鼻曰洟。瑕，音遐，本又作"蝦"，古雅反②。子游觀之曰："將軍文氏之子，其庶幾乎！亡於禮者之禮也，其動也中。"中禮之變。○中，丁仲反，注及下注"禮中"之"中"同③。

3·58○幼名，冠字，五十以伯仲，死謚，周道也。絰也者，實也。所以表哀戚。○冠，古亂反。掘中霤而浴，毀竈以綴足；及葬，毀宗躐行，出于大門，殷道也。明不復有事於此。周人浴不掘中霤，葬不毀宗躐行。毀宗，毀廟門之西而出。行神之位，在廟門之外。○掘，求月反，又求勿反。霤，力救反。綴，丁劣反，又丁衛反。躐，良輒反。復，扶又反。學者行之。學於孔子者行之，倣殷禮。

3·59○子柳之母死，子碩請具。具，葬之器用。子柳，魯叔仲皮之子，子碩兄。○碩，音石。子柳曰："何以哉？"言無其財。子碩曰："請鬻庶弟之母。"鬻，謂嫁之也。妾賤，取之曰買。○鬻，本又作"粥"，音育，賣也，注同④。子柳曰："如之何其粥人之母以葬其母也？不可！"忠恕。既葬，子碩欲以賻布之餘具祭器。古者謂錢爲泉布，所以

---

① "他計反"，彙校卷第十一、撫釋一、余仁仲本、岳本同，和本、十行本、閩本、監本、毛本、殿本、阮刻本"他"上衍"音"字。

② "瑕音遐本又作蝦古雅反"，彙校卷第十一、撫釋一、余仁仲本同，岳本無此十字；和本、十行本、閩本、監本、毛本、殿本、阮刻本"蝦"下衍"音"字。

③ "注及下注禮中之中同"，彙校卷第十一、撫釋一、余仁仲本、和本、閩本、監本、毛本、殿本、阮刻同，殿本作"注及下注同"；十行本"下"作"不"，非。

④ "鬻本又作粥音育賣也注同"，彙校卷第十一、撫釋一、余仁仲本、和本、十行本、閩本、監本、毛本、殿本、阮刻同，岳本作"粥音育"。

通布貨財。**子柳曰：“不可！吾聞之也，君子不家於喪。**惡因死者以爲利。○惡，烏路反①。**請班諸兄弟之貧者。”**以分死者所矜也，禄多則與鄰里鄉黨。

3·60○**君子曰：“謀人之軍，師敗則死之；謀人之邦，邑危則亡之。”**利己忘衆②，非忠也。言亡之者，雖辟賢，非義退。

3·61○**公叔文子升於瑕丘，蘧伯玉從。**二子③，衛大夫。文子，獻公之孫，名拔。○蘧，本又作“璩”④，其魚反。從，才用反，又如字。拔，皮八反，徐蒲末反⑤。**文子曰：“樂哉斯丘也！死則我欲葬焉。”蘧伯玉曰：“吾子樂之，則瑗請前。”**刺其欲害人良田。瑗，伯玉名。○樂，音洛，下同，一讀下音五教反⑥。瑗，于卷反，又於願反。刺，七賜反⑦。

3·62○**弁人有其母死而孺子泣者。**言聲無節。○弁，皮彦反。孺，而注反⑧。**孔子曰：“哀則哀矣，**此誠哀。**而難爲繼也。**失禮中。**夫

---

① “惡烏路反”，彙校卷第十一、撫釋一、余仁仲本、和本、十行本、閩本、監本、毛本、殿本、阮刻本同，岳本無此四字。

② “忘”，撫州本、余仁仲本、婺州本、岳本、嘉靖本、八行本、和本、十行本、閩本、監本、毛本、殿本、阮刻本作“亡”。阮校曰：“利己亡衆　閩、監、毛本同，岳本、嘉靖本同，衛氏集說‘亡’作‘忘’，考文引古本同。”楊氏札記曰“余本原刻‘亡’字，‘亡’下墨筆加‘心’，改成‘忘’字。岳、撫、阮‘亡’，互注‘忘’。”

③ “二”，撫州本、婺州本、岳本、嘉靖本、八行本、和本、十行本、閩本、監本、毛本、殿本、阮刻本同；余仁仲本作“三”，非。楊氏札記曰：“原刻‘二’字，墨筆在中間加一畫，改成‘三’字。”鍔案：余仁仲本作“三”，乃後人誤改，來青閣本作“二”。

④ “本又作璩”，彙校卷第十一、撫釋一、余仁仲本、和本、十行本、閩本、監本、毛本、殿本、阮刻本同，岳本無此四字。

⑤ “拔皮八反徐蒲末反”，彙校卷第十一、撫釋一、余仁仲本、和本、十行本、閩本、監本、毛本、殿本、阮刻本同，岳本無此八字。

⑥ “一讀下音五教反”，彙校卷第十一、撫釋一、余仁仲本、和本同，殿本作“一五教反”；十行本“音”作“而”，閩本、監本、毛本、殿本、阮刻本作“樂”，皆非。

⑦ “刺七賜反”，彙校卷第十一、撫釋一、余仁仲本、和本、十行本、閩本、監本、毛本、殿本、阮刻本同，岳本無此四字。

⑧ “孺而注反”，彙校卷第十一、撫釋一、余仁仲本、和本、十行本、閩本、監本、毛本、殿本、阮刻本同，岳本無此四字。

禮，爲可傳也，爲可繼也。故哭、踊有節。”傳，直專反①。

　　3·63○叔孫武叔之母死，武叔，公子牙之六世孫②，名州仇，毀孔子者。既小斂，舉者出戶③，出戶袒，且投其冠，括髮。戶出戶④，乃變服，失哀節。冠，素委貌。○括，古活反⑤。子游曰：“知禮！”譏之。○譏，昌之反⑥。

　　3·64○扶君，卜人師扶右，射人師扶左。謂君疾時也。卜，當爲“僕”，聲之誤也。僕人、射人，皆平生時贊正君服位者。○卜人師，依注音僕，師長也，謂大僕也，本或無“師”字者，非也。前儒如字，卜人及醫師也⑦。君薨以是舉。不忍變也。周禮射人：“大喪，與僕人遷尸。”

　　3·65○從母之夫，舅之妻，二夫人相爲服，君子未之言也。二夫人，猶言此二人也。時有此二人同居，死相爲服者。甥居外家而非之。○從，才用反。夫人，音扶，注同⑧。爲，于僞反，注及下注“夫爲妻”同⑨。或曰：

----

① 據彙校卷第十一、撫釋一、余仁仲本、岳本、和本、十行本、閩本、監本、毛本、殿本、阮刻本，“傳直專反”是釋文文字，當於“傳”前補“○”號。
② “孫”，撫州本、余仁仲本、婺州本、岳本、八行本、和本、十行本、閩本、監本、毛本、殿本、阮刻本同，嘉靖本作“縣”，非。
③ “戶”，唐石經、撫州本、余仁仲本、婺州本、岳本、嘉靖本、十行本、阮刻本同，八行本、和本、閩本、監本、毛本、殿本作“尸”，非。阮校曰：“舉者出戶出戶袒　石經同，宋監本、岳本、嘉靖本同，衛氏集説同。閩、監、毛本上‘戶’字作‘尸’，誤。石經考文提要云：‘上出戶謂舉尸者，下出戶謂武叔。斂者舉尸出戶，而武叔猶冠，隨以出戶，急思括髮，乃投其冠，忽遽失節之甚。宋大字本、南宋巾箱木、余仁仲本、劉叔剛本俱作“舉者出戶出戶袒”。’”
④ “戶出戶”，撫州本、余仁仲本、婺州本、岳本、嘉靖本、八行本、和本、十行本、閩本、監本、毛本、殿本、阮刻本上“戶”字作“尸”，是。
⑤ “括古活反”，彙校卷第十一、撫釋一、余仁仲本、和本、十行本、閩本、監本、毛本、殿本、阮刻本，岳本無此四字。
⑥ “譏昌之反”，彙校卷第十一、撫釋一、余仁仲本、和本、十行本、閩本、監本、毛本、殿本、阮刻本同，岳本無此四字。
⑦ “卜人師依注音僕師長也謂大僕也本或無師字者非也前儒如字卜人及醫師也”，彙校卷第十一、撫釋一、余仁仲本、和本、十行本、閩本、監本、毛本、殿本、阮刻本同，岳本作“卜音僕”。
⑧ “夫人音扶注同”，彙校卷第十一、撫釋一、余仁仲本、和本、十行本、閩本、監本、毛本、殿本、阮刻本同，岳本作“夫音扶”。
⑨ “注及下注夫爲妻同”，彙校卷第十一、撫釋一、余仁仲本、和本、十行本、閩本、監本、毛本、殿本、阮刻本同，岳本無此八字。

“同爨緦。”以同居，生緦之親，可。○爨緦，上七亂反，下音絲①。

3·66○喪事欲其縱縱爾，趨事貌。縱，讀如“總領”之“摠”。○縱，依注音摠，急遽反②。吉事欲其折折爾。安舒貌。詩云：“好人提提。”○折，大兮反，注同③。故喪事雖遽不陵節，吉事雖止不怠。陵，躐也。止，立俟事時也。怠，惰也。○躐，力輒反。惰，徒臥反④。故騷騷爾則野，謂大疾。○騷，素刀反，急疾貌⑤。大音泰，一音地佐反，下注同⑥。鼎鼎爾則小人。謂大舒。君子蓋猶猶爾。疾舒之中。

3·67○喪具，君子恥具。辟不懷也。喪具，棺衣之屬。一日二日而可爲也者，君子弗爲也。謂絞、紟、衾、冒。○絞，户交反，後同。紟，其蔭反。冒，莫報反。

3·68○喪服，兄弟之子猶子也，蓋引而進之也。嫂叔之無服也，蓋推而遠之也。或引或推，重親遠別。○遠，于萬反。別，彼列反。姑、姊、妹之薄也，蓋有受我而厚之者也。欲其一心於厚之者⑦。姑、姊、妹嫁，大功。夫爲妻，期。○期，音基⑧。

---

① “爨緦上七亂反下音絲”，彙校卷第十一、撫釋一、余仁仲本同，岳本作“爨七亂反緦音絲”，和本、十行本、閩本、監本、毛本、殿本、阮刻本作“爨緦上七亂反下音思”。

② “縱依注音摠急遽反”，岳本作“縱音摠”，彙校卷第十一、撫釋一作“縱依注音摠急遽兒”，余仁仲本、和本、十行本、閩本、監本、毛本、殿本、阮刻本作“縱依注音摠急遽貌”，是。

③ “注同”，彙校卷第十一、撫釋一、余仁仲本、和本、十行本、閩本、監本、毛本、殿本、阮刻本同，岳本無此二字。

④ “躐力輒反惰徒臥反”，彙校卷第十一、撫釋一、余仁仲本、和本、十行本、閩本、監本、毛本、殿本、阮刻本同，岳本無此八字。

⑤ “急疾貌”，余仁仲本、和本、十行本、閩本、監本、毛本、殿本、阮刻本同，彙校卷第十一、撫釋一作“急疾兒”，岳本無此三字。

⑥ “一音地佐反下注同”，余仁仲本同，岳本無此八字；彙校卷第十一、撫釋一、和本、十行本、閩本、監本、毛本、殿本、阮刻本作“一音他佐反下注同”，是。

⑦ “一心”，撫州本、婺州本、岳本、嘉靖本、八行本、和本、十行本、閩本、監本、毛本、殿本、阮刻本同；余仁仲本“一”下有“人”字，非。楊氏札記曰：“原刻一，‘一’下墨筆加‘人’字，今依原刻將墨筆‘人’字除去。”來青閣本無“人”字，是。

⑧ “期音基”，彙校卷第十一、撫釋一、余仁仲本、和本、十行本、閩本、監本、毛（轉下頁注）

3·69○食於有喪者之側，未嘗飽也。助哀戚也。

3·70○曾子與客立於門側，其徒趨而出。徒，謂客之旅。曾子曰："爾將何之?"曰："吾父死，將出哭於巷。"以爲不可發凶於人之館。曰："反哭於爾次。"次，舍也。禮，館人使專之，若其自有然。曾子北面而弔焉。

3·71○孔子曰："之死而致死之，不仁而不可爲也；之死而致生之，不知而不可爲也。之，往也。死之、生之，謂無知與有知也。爲，猶行也。○知，音智①。是故竹不成用，瓦不成味，木不成斲，成，猶善也。竹不可善用，謂邊無縢。味，當作"沬"。沬，靧也。○味，依注音沬②，亡曷反。斲，陟角反。縢，本又作"縢"，徒登反③。靧，音悔，洗面④。琴瑟張而不平⑤，竽笙備而不和，無宮商之調。○竽笙，音于，下音生⑥。和，胡臥反。調，直弔反⑦。有鐘磬而無簨虡，不縣之也。橫曰簨，植曰虡。○簨，息允反。虡，音巨。植，時力反，又音值⑧。其曰明器，神明之也。"言神明死者也。神明者，非人所知，故其器如此。

（接上頁注）本、殿本、阮刻本同，岳本無此三字。

① "知音智"，彙校卷第十一、撫釋一、余仁仲本、和本、十行本、閩本、監本、毛本、殿本、阮刻本同，岳本無此三字。

② "依注音沬"，彙校卷第十一、撫釋一、余仁仲本、和本、十行本、閩本、監本、毛本、殿本、阮刻本同，岳本無此四字。

③ "縢本又作縢徒登反"，彙校卷第十一、撫釋一、余仁仲本、和本、十行本、閩本、監本、毛本、殿本、阮刻本同，岳本無此八字。

④ "洗面"，彙校卷第十一、撫釋一、余仁仲本、和本、十行本、閩本、監本、毛本、殿本、阮刻本同，岳本無此二字。

⑤ "琴瑟張"，唐石經、撫州本、余仁仲本、岳本、嘉靖本、八行本、和本、十行本、閩本、監本、毛本、殿本、阮刻本同；婺州本脱"張"字。

⑥ "竽笙音于下音生"，彙校卷第十一、撫釋一、余仁仲本、和本、十行本、閩本、監本、毛本、殿本、阮刻本同，岳本無此七字。

⑦ "調直弔反"，彙校卷第十一、撫釋一、余仁仲本、和本、十行本、閩本、監本、毛本、殿本、阮刻本同，岳本無此四字。

⑧ "植時力反又音值"，彙校卷第十一、撫釋一、余仁仲本、和本、十行本、閩本、監本、毛本、殿本、阮刻本同，岳本無此七字。

3·72○有子問於曾子曰：“問喪於夫子乎？”有子，孔子弟子有若

也。夫子卒後問此，庶有異聞也。喪，謂仕失位也。魯昭公孫於齊曰：“喪人其何

稱？”○問喪，問，或作“聞”。喪，息浪反，注及下皆同①。孫，音遜。曰：“聞之

矣。喪欲速貧，死欲速朽。”有子曰：“是非君子之言也。”貧、朽，非

人所欲。○朽，許久反②。曾子曰：“參也聞諸夫子也。”有子又曰：“是

非君子之言也。”曾子曰：“參也與子游聞之。”有子曰：“然！然則

夫子有爲言之也。”曾子以斯言告於子游。子游曰：“甚哉！有子

之言似夫子也。昔者，夫子居於宋，見桓司馬自爲石椁，三年而

不成，桓司馬，宋向戌之孫，名魋。○有爲，于僞反，下“爲桓司馬”、“爲敬叔”、

“則爲”之注“爲民”、“作爲嫁母”③，皆同。向，式上反。戌，音恤。魋，大回反。

夫子曰：‘若是其靡也，死不如速朽之愈也。’死之欲速朽，爲桓司

馬言之也。靡，侈。○侈，昌氏反，又申氏反④。南宮敬叔反，必載寶而

朝。敬叔，魯孟僖子之子仲孫閱，蓋嘗失位去魯，得反，載其寶來朝於君。○朝，

直遙反，注同。僖，許宜反。閱，音悦⑤。夫子曰：‘若是其貨也，喪不如

速貧之愈也。’喪之欲速貧，爲敬叔言之也。”曾子以子游之言告

於有子。有子曰：“然！吾固曰‘非夫子之言也’。”曾子曰：“子何

以知之？”有子曰：“夫子制於中都，四寸之棺，五寸之椁，以斯知

不欲速朽也。中都，魯邑名也。孔子嘗爲之宰，爲民作制。孔子由中都宰爲

司空，由司空爲司寇。昔者，夫子失魯司寇，將之荆，將應聘於楚。○應，

---

① “問喪問或作聞喪息浪反注及下皆同”，彙校卷第十一、撫釋一、余仁仲本、和本、十行
本、閩本、監本、毛本、殿本、阮刻本同，岳本作“喪息浪反下同”。

② “朽許久反”，彙校卷第十一、撫釋一、余仁仲本、和本、十行本、閩本、監本、毛本、殿本、
阮刻本同，岳本無此四字。

③ “爲桓司馬爲敬叔則爲之注爲民作爲嫁母”，彙校卷第十一、撫釋一、余仁仲本、和本、十
行本、閩本、監本、毛本、殿本、阮刻本同，岳本無此十七字。

④ “侈昌氏反又申氏反”，彙校卷第十一、撫釋一、余仁仲本、和本、十行本、閩本、監本、毛
本、殿本、阮刻本同，岳本無此八字。

⑤ “注同僖許宜反閱音悦”，彙校卷第十一、撫釋一、余仁仲本、和本、十行本、閩本、監本、
毛本、殿本、阮刻本同，岳本無此九字。

“應對”之應^①。<small>蓋先之以</small>子夏<small>，又申之以</small>冉有<small>，以斯知不欲速貧也。”</small><small>言汲汲於仕得禄。○汲，音急^②。</small>

3·73○陳莊子死，赴於魯，魯人欲勿哭。<small>君無哭鄰國大夫之禮。</small>陳莊子<small>，齊大夫陳恒之孫，名伯。</small>繆公召縣子而問焉。縣子曰：“古之大夫，束脩之問不出竟，雖欲哭之，安得而哭之？<small>以其不外交。○繆，音木。竟，音境。</small>今之大夫，交政於中國，雖欲弗哭^③，焉得而弗哭。<small>言時君弱臣强，政在大夫，專盟會以交接。○焉，於虔反。</small>且臣聞之，哭有二道，有愛而哭之，有畏而哭之。”<small>以權微勸之。</small>公曰：“然！然則如之何而可？”縣子曰：“請哭諸異姓之廟。”<small>明不當哭。</small>於是與哭諸縣氏。

3·74○仲憲言於曾子曰：“夏后氏用明器，示民無知也。<small>所謂致死之。</small>仲憲<small>，孔子弟子原憲。</small>殷人用祭器，示民有知也。<small>所謂致生之。</small>周人兼用之，示民疑也。”<small>言使民疑於無知與有知。</small>曾子曰：“其不然乎！其不然乎！<small>非其說之非也。</small>夫明器，鬼器也；祭器，人器也。夫古之人，胡爲而死其親乎！”<small>言仲憲之言，三者皆非。此或用鬼器，或用人器。</small>

3·75○公叔木有同母異父之昆弟死，問於子游。<small>木，當爲“朱”，春秋作“戌”，衛公叔文之子^④，定公十四年奔魯。○木，音式樹反，又音朱，徐之樹反^⑤。</small>

---

① “應應對之應”，彙校卷第十一、撫釋一、余仁仲本、和本、十行本、閩本、監本、毛本、殿本、阮刻本同，岳本作“應去聲”。

② “汲音急”，彙校卷第十一、撫釋一、余仁仲本、和本、十行本、閩本、監本、毛本、殿本、阮刻本同，岳本無此三字。

③ “弗”，唐石經、撫州本、余仁仲本、婺州本、岳本、嘉靖本、八行本、和本、十行本、閩本、監本、毛本、殿本、阮刻本作“勿”，是。

④ “衛公叔文之子”，撫州本、余仁仲本、婺州本、岳本、嘉靖本、八行本、和本、十行本、閩本、監本、毛本、殿本、阮刻本“文”下有“子”字，是。

⑤ “木音式樹反又音朱徐之樹反”，彙校卷第十一、撫釋一、余仁仲本、和本、十行本、閩本、監本、毛本、殿本、阮刻本同，岳本作“木式樹反又音朱”。黃焯曰：“宋本‘音’下‘式’上皆空白，敦煌本‘音’下出‘戌’字，‘式’作‘或’。‘或’當爲‘式’之誤，釋文有以注音方式表異文或誤字者，不下數十百處，此蓋承漢人‘讀爲’、‘當爲’之例。如此條云‘木音戌，式樹反’，此謂‘公叔木’即‘公叔戌’，非謂‘木’有‘戌’音。”

<u>子游</u>曰：“其大功乎？”疑所服也。親者，屬大功是。<u>狄儀</u>有同母異父之昆弟死，問於<u>子夏</u>。<u>子夏</u>曰：“我未之前聞也。<u>魯</u>人則爲之齊衰。”<u>狄儀</u>行齊衰。今之齊衰，<u>狄儀</u>之問也。

3·76○<u>子思</u>之母死於<u>衛</u>。<u>子思</u>，<u>孔子</u>孫，<u>伯魚</u>之子。<u>伯魚</u>卒，其妻嫁於<u>衛</u>。<u>柳若</u>謂<u>子思</u>曰：“子，聖人之後也。四方於子乎觀禮，子蓋慎諸！”<u>柳若</u>，<u>衛</u>人也。見<u>子思</u>欲爲嫁母服，恐其失禮，戒之。嫁母，齊衰期。<u>子思</u>曰：“吾何慎哉！吾聞之，有其禮，無其財，君子弗行也。謂時可行，而財不足以備禮。有其禮，有其財，無其時①，君子弗行也。謂財足以備禮，而時不得行者。吾何慎哉！”時所止則止，時所行則行，無所疑也。喪之禮，如子贈襚之屬，不踰主人。○襚，音遂②。

3·77○<u>縣子瑣</u>曰：“吾聞之：古者不降，上下各以其親。古③，謂<u>殷</u>時也。上不降遠，下不降卑。○瑣，息果反，依字作“瑣”④。<u>滕伯文</u>爲<u>孟虎</u>齊衰，其叔父也；爲<u>孟皮</u>齊衰，其叔父也。”<u>伯文</u>，<u>殷</u>時<u>滕</u>君也，爵爲伯，名<u>文</u>。○<u>滕</u>，扶登反⑤。爲，于僞反，下及下注“爲人”同⑥。

3·78○<u>后木</u>曰：“喪，吾聞諸<u>縣子</u>曰：‘夫喪，不可不深長思也。<u>后木</u>，<u>魯孝公</u>子，<u>惠伯鞏</u>之後。○鞏，恭勇反⑦。買棺外内易。’我死則

---

① “無其時”，<u>唐石經</u>、<u>撫州本</u>、<u>余仁仲本</u>、<u>岳本</u>、<u>嘉靖本</u>、八行本、<u>和本</u>、十行本、<u>閩本</u>、<u>監本</u>、<u>毛本</u>、<u>殿本</u>、<u>阮刻本</u>同，<u>婺州本</u>脱“其”字。
② “襚音遂”，<u>彙校</u>卷第十一、<u>撫釋</u>一、<u>余仁仲本</u>、<u>和本</u>、十行本、<u>閩本</u>、<u>監本</u>、<u>毛本</u>、<u>殿本</u>、<u>阮刻本</u>同，<u>岳本</u>無此三字。
③ “古”，<u>撫州本</u>、<u>余仁仲本</u>、<u>岳本</u>、<u>嘉靖本</u>、八行本、<u>和本</u>、十行本、<u>閩本</u>、<u>監本</u>、<u>毛本</u>、<u>殿本</u>、<u>阮刻本</u>同，<u>婺州本</u>作“故”，非。
④ “瑣息果反依字作瑣”，<u>彙校</u>卷第十一、<u>撫釋</u>一、<u>余仁仲本</u>、<u>和本</u>、十行本、<u>閩本</u>、<u>監本</u>、<u>毛本</u>、<u>殿本</u>、<u>阮刻本</u>同，<u>岳本</u>無此八字。
⑤ “滕扶登反”，<u>岳本</u>無此四字，<u>彙校</u>卷第十一、<u>撫釋</u>一、<u>余仁仲本</u>、<u>和本</u>、十行本、<u>閩本</u>、<u>監本</u>、<u>毛本</u>、<u>殿本</u>、<u>阮刻本</u>作“滕徒登反”，是。
⑥ “爲于僞反下及下注爲人同”，<u>彙校</u>卷第十一、<u>撫釋</u>一、<u>余仁仲本</u>、<u>和本</u>、十行本、<u>閩本</u>、<u>監本</u>、<u>毛本</u>、<u>殿本</u>、<u>阮刻本</u>同，<u>岳本</u>作“爲去聲下同”。
⑦ “鞏恭勇反”，<u>彙校</u>卷第十一、<u>撫釋</u>一、<u>余仁仲本</u>、<u>和本</u>、十行本、<u>閩本</u>、<u>監本</u>、<u>毛本</u>、<u>殿本</u>、<u>阮刻本</u>同，<u>岳本</u>無此四字。

亦然。"此孝子之事，非所託。○易，以豉反。

3·79○曾子曰："尸未設飾，故帷堂，小斂而徹帷。"仲梁子曰："夫婦方亂，故帷堂，小斂而徹帷。"斂者，動搖尸①。帷堂，爲人褻之。言方亂，非也。仲梁子，魯人也。○帷，意悲反②。

3·80○小斂之奠。子游曰："於東方。"曾子曰："於西方，斂斯席矣。"曾子以俗説，非。又大斂奠於堂，乃有席。小斂之奠在西方，魯禮之末失也。末出失禮之爲③。

3·81○縣子曰："綌衰繐裳，非古也。"非時尚輕涼慢禮。○綌衰，去逆反，麤葛也，下七回反④。繐，音歲，布細而疎曰繐。涼，音良⑤。

3·82○子蒲卒，哭者呼"滅"。滅，蓋子蒲名。子皋曰："若是野哉！"非之也，唯復呼名。子皋，孔子弟子高柴。○皋，音高⑥。哭者改之。

3·83○杜橋之母之喪，宮中無相，以爲沽也。沽，猶畧也。○相，息亮反。沽，音古。

3·84○夫子曰："始死，羔裘玄冠者，易之而已。"羔裘玄冠，夫子不以弔。不以吉服弔喪。○易，音亦，徐以豉反⑦。

3·85○子游問喪具。夫子曰："稱家之有亡。"子游曰：

---

①"尸"，撫州本、余仁仲本、婺州本、岳本、嘉靖本、八行本、和本、閩本、監本、毛本、殿本、阮刻本同，十行本作"口"，非。

②"帷意悲反"，彙校卷第十一、撫釋一、余仁仲本、十行本、和本、閩本、監本、毛本、殿本、阮刻本同，岳本無此四字。黃焯曰"毛居正曰：'意悲反'，當作'洧悲反'，毛説近之。"

③"末出"，撫州本、余仁仲本、婺州本、岳本、嘉靖本、八行本、和本、十行本、閩本、監本、毛本、殿本、阮刻本"出"作"世"，是。

④"綌衰去逆反麤葛也下七回反"，撫釋一、余仁仲本、和本、十行本、閩本、監本、毛本、殿本、阮刻本同，彙校卷第十一作"綌衰去逆反麤葛也下七雷反"，岳本作"綌去逆反衰七回反"。

⑤"布細而疎曰繐涼音良"，彙校卷第十一、撫釋一、余仁仲本、和本、十行本、閩本、監本、毛本、殿本、阮刻本同，岳本無此九字。

⑥"皋音高"，彙校卷第十一、撫釋一、余仁仲本、和本、十行本、閩本、監本、毛本、殿本、阮刻本同，岳本無此三字。

⑦"徐"，彙校卷第十一、撫釋一、余仁仲本、和本、十行本、閩本、監本、毛本、殿本、阮刻本同，岳本作"又"。

“有無惡乎齊①?”惡乎齊,問豐省之比。○稱,尺證反。有亡,皇如字,無也,一音無,下同②。惡,音烏,注同③。齊,才細反,又如字,注同。省,所領反④。比,必利反。**夫子曰:“有,毋過禮。苟亡矣,斂首足形,**形,體。○毋,音無⑤。**還葬,**還之言便也。言已斂即葬,不待三月。○還,音旋⑥。斂,力驗反。**縣棺而封,**不設碑綍,不備禮。封,當爲“窆”。窆,下棺也。春秋傳作“塴”。○縣,音玄。封,依注作“窆”,彼驗反,徐又甫鄧反⑦。碑,彼皮反⑧。綍,音律。塴,北鄧反。**人豈有非之者哉!”**不責於人所不能。

　　3·86○**司士賁告於子游曰:“請襲於牀。”**時失之也。禮,唯始死廢牀⑨。○賁,音奔,人名⑩。**子游曰:“諾!”縣子聞之曰:“汰哉!叔氏專以禮許人。”**當言禮然,言諾,非也。叔氏,子游字。○汰,本又作“大”,音

---

① “有無惡乎齊”,撫州本、余仁仲本、婺州本、嘉靖本、八行本、和本、十行本、阮刻本同,岳本、閩本、監本、毛本、殿本“無”作“亡”。阮校曰:“有無惡乎齊　石經同,岳本同,嘉靖本同,考文引宋板同。閩、監、毛本‘無’作‘亡’,衛氏集説同。釋文出‘有亡’云:‘皇如字,無也,一音無,下同。’知此處亦作‘亡’字也。石經考文提要曰:‘坊本作有無。案,上稱家之有亡,下苟亡矣,俱作亡,此作無,歧出。’”楊氏札記曰:“岳亡。”

② “有亡皇如字無也一音無下同”,彙校卷第十一、撫釋一、余仁仲本、和本、十行本、閩本、監本、毛本、殿本、阮刻本同,岳本作“亡如字一音無下同”。

③ “注同”,彙校卷第十一、撫釋一、余仁仲本、和本、十行本、閩本、監本、毛本、殿本、阮刻本同,岳本無此二字。

④ “注同省所領反”,彙校卷第十一、撫釋一、余仁仲本、和本、十行本、閩本、監本、毛本、阮刻本同,殿本作“注同省所傾反”,岳本無此六字。

⑤ “毋音無”,彙校卷第十一、撫釋一、余仁仲本、和本、十行本、閩本、監本、毛本、殿本、阮刻本同,岳本無此三字。

⑥ “還音旋”,彙校卷第十一、撫釋一、余仁仲本、和本、十行本、閩本、監本、毛本、殿本、阮刻本同,岳本作“還旬緣反”。

⑦ “封依注作窆彼驗反徐又甫鄧反”,彙校卷第十一、撫釋一、余仁仲本、和本、十行本、閩本、監本、毛本、殿本、阮刻本同,岳本作“封彼驗反又甫鄧反”。

⑧ “碑彼皮反”,彙校卷第十一、撫釋一、余仁仲本、和本、十行本、閩本、監本、毛本、殿本、阮刻本同,岳本無此四字。

⑨ “始”,撫州本、余仁仲本、婺州本、八行本、和本、十行本、阮刻本同,岳本、閩本、監本、毛本、殿本同,嘉靖本作“姑”,非。

⑩ “人名”,彙校卷第十一、撫釋一、余仁仲本、和本、十行本、閩本、監本、毛本、殿本、阮刻本同,岳本無此二字。

泰，自矜大^①。

3·87○宋襄公葬其夫人，醯醢百甕。曾子曰："既曰明器矣，而又實之。"言名之爲明器，而與祭器皆實之，是亂鬼器與人器。○醯，呼兮反。醢，音海。甕，烏弄反^②。

3·88○孟獻子之喪，獻子，魯大夫仲孫蔑。司徒旅歸四布。旅，下士也。司徒使下士歸四方之賻布。夫子曰："可也。"時人皆貪，善其能廉。

3·89○讀賵。曾子曰："非古也，是再告也。"曾子言非。禮，祖而讀賵^③。賓致命^④，將行，主人之吏又讀賵^⑤，所以存録之。

3·90○成子高寢疾，成子高，齊大夫，國成伯高父也。慶遺入請曰："子之病革矣！如至乎大病，則如之何？"觀其意。革，急也。遺，慶封之族。○遺，于季反，又如字。革，紀力反。重意本篇："曾子寢疾，病至。曾元曰：'夫子之病革矣！'"子高曰："吾聞之也，生有益於人，死不害於人。吾縱生無益於人，吾可以死害於人乎哉？我死，則擇不食之地而葬我焉。"不食，謂不墾耕。○墾，苦狠反^⑥。

---

① "汰本又作大音泰自矜大"，彙校卷第十一、撫釋一、余仁仲本、和本、十行本、閩本、監本、毛本、殿本、阮刻本同，岳本作"汰音泰"。

② "甕烏弄反"，彙校卷第十一、撫釋一、余仁仲本、和本、十行本、閩本、監本、毛本、殿本、阮刻本同，岳本無此四字。

③ "曾子言非禮祖而讀賵"，撫州本、婺州本、八行本、阮刻本同；十行本"言非"作墨釘，岳本、閩本、監本、毛本、殿本"非"作"喪"，余仁仲本、岳本、嘉靖本、和本、閩本、監本、毛本、殿本"祖"作"祖"，皆非。阮校曰："曾子言非禮祖而讀賵　惠棟校宋本如此，宋監本同，此本'言非'二字闕，'祖'字同，閩、監、毛本'非'作'喪'，'祖'作'祖'，岳本作'非禮祖'，嘉靖本同，衛氏集說二句倒置，惟'非'字不誤，'祖'亦作'祖'。考文云：古本作'曾子言非也禮祖而讀賵'，宋板、足利本同，但無'也'字。案：考文之宋板即惠棟所校之宋本，今惠校作'祖'，考文作'祖'，疑'祖'誤也。"

④ "賓致命"，撫州本、余仁仲本、婺州本、岳本、嘉靖本、八行本、和本、閩本、監本、毛本、殿本、阮刻本同，十行本"致"作墨釘。

⑤ "主人之吏"，撫州本、余仁仲本、婺州本、嘉靖本、八行本、和本、阮刻本同；岳本、十行本、閩本、監本、毛本、殿本"吏"作"史"，是。考異曰："'吏'當作'史'，此撫本之誤，嘉靖本、岳本亦然，十行本改爲'史'，是矣，在既夕有明文。又，雜記注不誤也。"

⑥ "墾苦狠反"，彙校卷第十一、撫釋一、余仁仲本、和本、十行本、閩本、監本、（轉下頁注）

3・91○子夏問諸夫子曰："居君之母與妻之喪。""居處、言語、飲食衍爾。"衍爾，自得貌。爲小君惻隱，不能至。○衍，苦旦反，注同。爲，于僞反，下"爲之殷"、"爲其久"、"爲君服"同①。

3・92○賓客至，無所館。夫子曰："生於我乎館，死於我乎殯。"仁者不厄人。

3・93○國子高曰："葬也者，藏也。藏也者，欲人之弗得見也。是故衣足以飾身，棺周於衣，椁周於棺，土周於椁。言皆所以爲深邃，難人發見之也。國子高，成子高也。成，諡也。○邃，先遂反②。難，乃旦反。見，如字，又賢遍反。反壤樹之哉！"反，覆也③。怪不如大古也。而反封樹之，意在於儉，非周禮。○壤，而丈反。覆④，扶又反，舊音服，非。大，音泰⑤。

3・94○孔子之喪，有自燕來觀者，舍於子夏氏。子夏曰："聖人之葬人，與人之葬聖人也，子何觀焉？"與，及也。○燕，烏田反。昔者夫子言之曰：'吾見封之若堂者矣，封，築土爲壟。堂形四方而高。○壟，力勇反⑥。見若坊者矣，坊形旁殺，平上而長。○坊，音防。殺，色戒反，下同⑦。見若覆夏屋者矣，覆，謂茨瓦也。夏屋，今之門廡也，其形旁廣而卑。○茨，徐在私

（接上頁注）毛本、殿本、阮刻本同，岳本無此四字。

① "注同爲于僞反下爲之殷爲其久爲君服同"，彙校卷第十一、撫釋一、余仁仲本、和本、十行本、閩本、監本、毛本、殿本、阮刻本同，岳本無此十七字。

② "邃先遂反"，彙校卷第十一、撫釋一、余仁仲本、和本、十行本、閩本、監本、毛本、殿本、阮刻本同，岳本無此四字。

③ "覆"，余仁仲本、婺州本、嘉靖本、和本、十行本、閩本、監本、毛本、殿本、阮刻本同，撫州本、岳本、八行本作"復"。考補曰："覆"，古本作"復"。釋文亦作"復"。

④ "覆"，彙校卷第十一、撫釋一、余仁仲本、岳本、和本、十行本、閩本、監本、毛本、殿本、阮刻本作"復"。

⑤ "非大音泰"，彙校卷第十一、撫釋一、余仁仲本、和本、十行本、閩本、監本、毛本、殿本、阮刻本同，岳本無此四字。

⑥ "壟力勇反"，彙校卷第十一、撫釋一、余仁仲本、和本、十行本、閩本、監本、毛本、殿本、阮刻本同，岳本無此四字。

⑦ "殺色戒反下同"，彙校卷第十一、撫釋一、余仁仲本、和本、十行本、閩本、監本、毛本、殿本、阮刻本同，岳本無此六字。

反，茅覆屋。廡，音武。卑，如字，又音婢①。**見若斧者矣，**斧形旁殺，刃上而長。

從若斧者焉。'孔子以爲刃上難登，狹又易爲功。○狹，户甲反。易，以豉反②。

馬鬣封之謂也。俗間名。○鬣，力輒反③。**今一日而三斬板，而已封，**

板，蓋廣二尺，長六尺。斬板，謂斷其縮④。三斷正之⑤，旁殺，蓋高四尺，其廣

袤未聞也。詩云："縮板以載。"○斷，音短，下同。上，時掌反，下"以上"同⑥。廣

袤，古曠反，下音茂，徐又亡侯反⑦。**尚行夫子之志乎**⑧？"尚，庶幾也。

　　3·95○**婦人不葛帶。**婦人質，不變重者，至期除之。卒哭，變絰

而已。

　　3·96○**有薦新，如朔奠。**重新物，爲之殷奠。

　　3·97○**既葬，各以其服除。**卒哭，當變衰麻者變之，或有除者，不視

主人。

　　3·98○**池視重霤。**如堂之有承霤也⑨。承霤以木爲之，用行水，以宫

---

①"茨徐在私反茅覆屋廡音武卑如字又音婢"，彙校卷第十一、撫釋一、余仁仲本、和本、十行本、閩本、監本、毛本、殿本、阮刻本同，岳本無此十七字。

②"狹户甲反易以豉反"，彙校卷第十一、撫釋一、余仁仲本、和本、十行本、閩本、監本、毛本、殿本、阮刻本同，岳本無此八字。

③"輒"，彙校卷第十一、撫釋一、余仁仲本、岳本、和本、閩本、監本、毛本、殿本、阮刻本同，十行本作墨釘。

④"其"，撫州本、余仁仲本、婺州本、岳本、嘉靖本、八行本、和本、阮刻本同；十行本、閩本、監本、毛本、殿本作"莫"，非。

⑤"正"，余仁仲本、嘉靖本同，撫州本、婺州本、岳本、和本、十行本、閩本、監本、毛本、殿本、阮刻本作"止"；八行本作"上"，是。阮校曰："三斷止之旁殺　閩、監、毛本同，岳本同，衛氏集説同；嘉靖本'止'誤'正'，惠棟校宋本'止'作'上'，考文引古本、足利本同。釋文出'上之'云：時掌反，下'以上'同。"

⑥"下同上時掌反下以上同"，彙校卷第十一、撫釋一、余仁仲本、和本、十行本、閩本、監本、毛本、殿本、阮刻本同，岳本無此十字。

⑦"廣袤古曠反下音茂徐又亡侯反"，彙校卷第十一、撫釋一、余仁仲本、和本、十行本、閩本、監本、毛本、殿本、阮刻本同，岳本作"袤音茂"。

⑧"乎"下，唐石經、撫州本、余仁仲本、婺州本、岳本、嘉靖本、八行本、和本、十行本、閩本、監本、毛本、殿本、阮刻本有"哉"字，是。

⑨"堂"，撫州本、余仁仲本、婺州本、岳本、嘉靖本、八行本、十行本、阮刻本同，和本、閩本、監本、毛本、殿本作"屋"。

之飾也①。柳，宮象也。以竹爲池，衣以青布，縣銅魚焉。今宮中有承霤，云以銅爲之。○重，直容反。衣②，于既反。

3·99○**君即位而爲椑**，椑，謂杝棺。親尸者，椑，堅著之言也，言天子椑内，又有水兕革棺。○椑，蒲歷反。徐房益反③，櫬尸棺④。杝，音移。著，直畧反。兕，徐里反⑤。**歲壹漆之**，若未成然。○漆，音七⑥。**藏焉**。虛之不合⑦。○令，力政反，本又作“合”⑧。

3·100○**復，楔齒，綴足，飯，設飾，帷堂，並作**。設飾，謂遷尸，又加新衣。○楔，悉節反。綴，丁劣反，又丁衛反。飯，煩晚反，唅也⑨。**父兄命赴者**。謂大夫以上也。士，主人親命之。

3·101○**君復於小寢、大寢、小祖、大祖、庫門、四郊**。尊者求之備也，亦他日所嘗有事。

3·102○**喪不剥，奠也與？祭肉也與？** 剥，猶倮也。有牲肉則巾之，爲其久設，塵埃加也。脯醢之奠不巾。○剥，邦角反。與，音餘，下同。倮，力果反，謂不巾

---

① “以”，余仁仲本同；撫州本、婺州本、岳本、嘉靖本、八行本、和本、十行本、閩本、監本、毛本、殿本、阮刻本作“亦”，是。

② “衣”上，岳本有“雷力救反”四字，彙校卷第十一、撫釋一、余仁仲本、和本、十行本、閩本、監本、毛本、殿本、阮刻本皆無。

③ “徐”，彙校卷第十一、撫釋一、余仁仲本、和本、十行本、閩本、監本、毛本、殿本、阮刻本同，岳本作“又”。

④ “櫬尸棺”，彙校卷第十一、撫釋一、余仁仲本、和本、十行本、閩本、監本、毛本、殿本、阮刻本同，岳本無此三字。

⑤ “兕徐里反”，彙校卷第十一、撫釋一、余仁仲本、和本、十行本、閩本、監本、毛本、殿本、阮刻本同，岳本無此四字。

⑥ “漆音七”，彙校卷第十一、撫釋一、余仁仲本、和本、十行本、閩本、監本、毛本、殿本、阮刻本同，岳本無此三字。

⑦ “合”，撫州本、余仁仲本、婺州本、岳本、嘉靖本、八行本、和本、十行本、閩本、監本、殿本、阮刻本同，毛本作“令”，考補謂古本同。

⑧ “令力政反本又作合”，彙校卷第十一、撫釋一、余仁仲本、和本、十行本、閩本、監本、毛本、殿本、阮刻本同，岳本無此八字。

⑨ “唅也”，彙校卷第十一、撫釋一、余仁仲本、和本、十行本、閩本、監本、毛本、殿本、阮刻本同，岳本無此二字。

覆也。埃，音哀①。**既殯旬，而布材與明器。**木工宜乾，腊且豫成②。材，椁材也。○腊，音昔。**朝奠日出，夕奠逮日。**陰陽交接，庶幾遇之。○逮，音代，或大計反。**父母之喪，哭無時，使必知其反也。**謂既練，或時爲君服金革之事，反必有祭。重意問喪三十五：“哭泣無時。”**練，練衣黃裏，緣緣；**小祥練冠，練中衣，以黃爲内，緣爲飾。黃之色，卑於纁。緣，纁之類，明外除。○緣，七絹反，淺赤色，今之紅也③。緣，悦絹反，下注同。纁，本又作“纁”，許云反④。**葛要経，繩屨無絇；角瑱。**瑱，充耳也。吉時以玉，人君有瑱。○要経，一遥反，下注“小要”同，下大結反⑤。絇，其俱反，屨頭飾⑥。瑱，吐練反。**鹿裘，衡長袪。**衡，當爲“横”，字之誤也。袪，謂褎緣袂口也。練而爲裘，横廣之，又長之，又爲袪，則先時狹短，無袪可知。吉時麛裘。○衡，依注作“横”⑦，華彭反，下“衡三”同。袪，起魚反，一音丘據反⑧。褎，本又作“袖”，音徐秀反⑨。袂，面世反⑩。**袪，禓之可也。**

---

① “謂不巾覆也埃音哀”，彙校卷第十一、撫釋一、余仁仲本、和本、十行本、閩本、監本、毛本、殿本、阮刻本同，岳本無此八字。

② “豫成”，撫州本、余仁仲本、婺州本、岳本、嘉靖本、八行本、和本、監本、毛本、阮刻本同；十行本、閩本作墨釘，殿本作“豫暴”，非。

③ “淺赤色今之紅也”，彙校卷第十一、撫釋一、余仁仲本、和本、十行本、閩本、監本、毛本、殿本、阮刻本同，岳本無此七字。

④ “纁本又作纁許云反”，彙校卷第十一、撫釋一、余仁仲本、和本、十行本、閩本、監本、毛本、殿本、阮刻本同，岳本無此八字。

⑤ “要経一遥反下注小要同下大結反”，彙校卷第十一、撫釋一、余仁仲本、和本、十行本、閩本、監本、毛本、殿本、阮刻本同，岳本作“要一遥反経大結反”。

⑥ “屨頭飾”，彙校卷第十一、撫釋一、余仁仲本、和本、十行本、閩本、監本、毛本、殿本、阮刻本同，岳本無此三字。

⑦ “依注作横”，彙校卷第十一、撫釋一、余仁仲本、和本、十行本、閩本、監本、毛本、殿本、阮刻本同，岳本無此四字。

⑧ “一音”，彙校卷第十一、撫釋一、余仁仲本、和本、十行本、閩本、監本、毛本、殿本、阮刻本同，岳本作“又”。

⑨ “本又作袖音”，彙校卷第十一、撫釋一、余仁仲本、和本、十行本、閩本、監本、毛本、殿本、阮刻本同，岳本無此五字。

⑩ “袂面世反”，彙校卷第十一、撫釋一、余仁仲本、和本、十行本、閩本、監本、毛本、殿本、阮刻本同，岳本無此四字。

裼，表裘也。有袪而裼之，備飾也。玉藻曰："麛裘青豻褎①，絞衣以裼之。"鹿裘，亦用絞乎？○裼，音昔。麛，音迷，本又作"麑"，同，鹿子也②。豻，音岸，胡地野犬③。絞，戶交反。

3·103○有殯，聞遠兄弟之喪，雖緦必往。親骨肉也。非兄弟，雖鄰不往。疏無親也。所識，其兄弟不同居者皆弔。就其家弔之，成恩舊也。

3·104○天子之棺四重，尚深邃也。諸公三重，諸侯再重，大夫一重，士不重。○重，直龍反，注皆同。邃，雖遂反④。水兕革棺被之，其厚三寸；以水牛、兕牛之革以爲棺被，革各厚三寸，合六寸也，此爲一重。○被，皮寄反，注同⑤。厚，胡豆反，度厚薄曰厚，皆同此音⑥。杝棺一，所謂椑棺也。爾雅曰："椴，杝。"○杝，羊支反，木名⑦。椴，徒亂反。梓棺二。所謂屬與大棺。梓，音子⑧。屬，音燭。

3·105○四者皆周。周，帀也。凡棺，用能濕之物。○帀，本又作"匝"，同，子合反⑨。能濕，乃代反。棺束，縮二衡三，衽每束一。衡，亦當

---

① "豻"，撫州本、余仁仲本、岳本、嘉靖本、和本、十行本、閩本、監本、毛本、殿本、阮刻本同，婺州本、八行本作"犴"。

② "本又作麑同鹿子也"，彙校卷第十一、撫釋一、余仁仲本、和本、十行本、閩本、監本、毛本、殿本、阮刻本同，岳本無此八字。

③ "胡地野犬"，彙校卷第十一、撫釋一、余仁仲本、和本、十行本、閩本、監本、毛本、殿本、阮刻本同，岳本無此四字。

④ "注皆同邃雖遂反"，彙校卷第十一、撫釋一、余仁仲本、和本、十行本、閩本、監本、毛本、殿本、阮刻本同，岳本無此七字。

⑤ "注同"，彙校卷第十一、撫釋一、余仁仲本、和本、十行本、閩本、監本、毛本、殿本、阮刻本同，岳本無此二字。

⑥ "度厚薄曰厚皆同此音"，彙校卷第十一、撫釋一、余仁仲本、和本、十行本、閩本、監本、毛本、殿本、阮刻本同，岳本無此九字。

⑦ "木名"，彙校卷第十一、撫釋一、余仁仲本、和本、十行本、閩本、監本、毛本、殿本、阮刻本同，岳本無此二字。

⑧ "梓音子"，岳本無此三字；據彙校卷第十一、撫釋一、余仁仲本、和本、十行本、閩本、監本、毛本、殿本、阮刻本，"梓"下是釋文文字，當在"梓"上補"○"號。

⑨ "本又作匝同子合反"，余仁仲本同，岳本無"本又作匝同"五字，彙校卷第十一、撫釋一"匝"作"迊"，和本、十行本、閩本、監本、毛本、殿本、阮刻本"合"作"荅"。

爲"橫"。衽①，今小要衽，或作"漆"，或作"髹"。○衽，而審反，又而鴆反。髹，又作"髹"②，許求反。**柏椁以端長六尺。** 以端，題湊也，其方蓋一尺。○題，徒低反③，頭也。湊，七豆反，聚也④。

3·106○**天子之哭諸侯也，爵弁、絰、紂衣。** 服士之祭服以哭之，明爲變也。天子至尊，不見尸柩，不弔服，麻不加於采。此言絰，衍字也。時人聞有弁絰⑤，因云之耳。周禮：王弔諸侯，弁絰、緦衰也。○紂，本又作"緇"，又作"純"，同，側其反⑥。爲，于僞反，下文及注"爲其變"皆同⑦。衍，以善反⑧。**或曰："使有司哭之。"** 非也，哀戚之事，不可虛。**爲之不以樂食。** 蓋謂殯斂之間。

3·106○**天子之殯也，菆塗龍輴以椁。** 菆木以周龍輴加椁而塗之⑨。天子殯以輴車，畫轅爲龍。○菆，才官反。輴，勅倫反。轅，音袁⑩。**加斧于**

---

① "衽"，撫州本、余仁仲本、婺州本、八行本、和本、十行本、阮刻本同，岳本、閩本、監本、毛本、殿本同，嘉靖本作"任"，非。
② "又作髹"，彙校卷第十一、撫釋一、余仁仲本、和本、十行本、閩本、監本、毛本、殿本、阮刻本同，岳本無此三字。
③ "徒低反"，彙校卷第十一、撫釋一、余仁仲本、和本、十行本、閩本、監本、毛本、殿本、阮刻本同，岳本無此三字。
④ "聚也"，彙校卷第十一、撫釋一、余仁仲本、和本、十行本、閩本、監本、毛本、殿本、阮刻本同，岳本無此二字。
⑤ "聞"，余仁仲本、婺州本、岳本、嘉靖本、八行本同；撫州本、和本、十行本、閩本、監本、毛本、殿本、阮刻本作"閒"，非。
⑥ "本又作緇又作純同"，彙校卷第十一、撫釋一、余仁仲本、和本、十行本、閩本、監本、毛本、殿本、阮刻本同，岳本無此八字。
⑦ "文及注爲其變"，彙校卷第十一、撫釋一、余仁仲本、和本、十行本、閩本、監本、毛本、殿本、阮刻本同，岳本無此六字。
⑧ "衍以善反"，彙校卷第十一、撫釋一、余仁仲本、和本、十行本、閩本、監本、毛本、殿本、阮刻本同，岳本無此四字。
⑨ "加"，余仁仲本、嘉靖本、和本、十行本、閩本、監本、毛本、殿本、阮刻本同；撫州本、婺州本、岳本、八行本作"如"，考補謂古本作"如"，是。阮校曰："菆木以周龍輴加椁而塗之閩、監、毛本同，嘉靖本同，衛氏集說同，惠棟校宋本'加'作'如'，宋監本、岳本同，續通解同。案：作'如'是也。正義云'象椁之形'，正申此'如'字之義。○按：穀梁僖九年疏引作'如'。"
⑩ "轅音袁"，彙校卷第十一、撫釋一、余仁仲本、和本、十行本、閩本、監本、毛(轉下頁注)

椁上，畢塗屋。斧，謂之黼，白黑文也。以刺繡於絞幕，加椁以覆棺，已，乃屋其上，盡塗之。○黼，音甫。刺，七亦反①。絞，音消。幕，音莫②。天子之禮也。

　　3・107○唯天子之喪，有別姓而哭。使諸侯同姓、異姓、庶姓，相從而爲位，別於朝覲來時。朝覲，爵同同位。○別，彼列反，注同。朝，直遥反，下同③。

　　3・108○魯哀公誄孔丘曰："天不遺耆老，莫相予位焉。嗚呼！哀哉，尼父！"誄其行以爲謚也。莫，無也。相，佐也。言孔子死，無佐助我處位者。尼父，因其字以爲之謚④。○誄，力軌反。耆，巨支反。相，息亮反，注同。父，音甫。行，下孟反⑤。重言"嗚呼哀哉"二，禮運一。互注左哀十六年：夏四月己丑，孔丘卒。公誄之曰："旻天不弔，不慭遺一老，俾屏余一人以在位，煢煢余在疚。嗚乎哀哉！尼父，無自律。"

（接上頁注）本、殿本、阮刻本同，岳本無此三字。

① "黼音甫刺七亦反"，彙校卷第十一、撫釋一、余仁仲本、和本、十行本、閩本、監本、毛本、殿本、阮刻本同，岳本無此七字。

② "幕音莫"，彙校卷第十一、撫釋一、余仁仲本、和本、十行本、閩本、監本、毛本、殿本、阮刻本同，岳本無此三字。

③ "注同朝直遥反下同"，彙校卷第十一、撫釋一、余仁仲本、和本、十行本、閩本、監本、毛本、殿本、阮刻本同，岳本無此八字。

④ "其字"，余仁仲本、嘉靖本、和本、十行本、閩本、監本、毛本、殿本、阮刻本同；撫州本、岳本作"且字"，是；婺州本、八行本"且"下衍"一"字。考補曰：古本作"且一字"，足利本同，活字本作"且字"。阮校曰："尼父因其字以爲之謚　閩、監、毛本同，嘉靖本同，衛氏集說同。惠棟校宋本'其'作'且一'。岳本亦作'且'，無'一'字，宋監本同，考文引古本與宋本同，足利本與岳本同。段玉裁云：'"且字"見儀禮者四，見禮記者三，見公羊傳者三，疏家多不得其解。今案説文："且，薦也。"凡承藉於下曰且。凡冠而字，祗有一字耳，必五十而後以伯仲，故下一字，所以承藉伯仲也，言伯某、仲某，是稱其字；單言某甫，是稱其且字。若韓非子於孔子單言"尼"，蓋五十以前事也。此注家"且字"之説也，其説甚詳，不可備録。'又云：'檀弓注"且字"，俗本訛作"其字"，今本左傳哀十六年疏引訛作"目字"，宋本禮記注疏訛作"且一字"三字，惟南宋禮記監本及慶元本左傳哀十六年疏作"且字"，不誤。'"瞿鏞鐵琴銅劍樓藏書目録卷四曰："'且一'者，孔子字仲尼，因承藉一父字，以爲之謚，是'一'字當有者。"鍔案：段説是，瞿説非也。

⑤ "注同父音甫行下孟反"，彙校卷第十一、撫釋一、余仁仲本、和本、十行本、閩本、監本、毛本、殿本、阮刻本同，岳本無此九字。

　　3·109○國亡大縣邑，公、卿、大夫、士皆厭冠，哭於大廟三日，君不舉。軍敗失地，以喪歸也。厭冠，今喪冠，其服未聞。○大縣，郡縣之縣①。厭，于葉反，注同②。大，音泰。或曰："君舉而哭於后土。"后土，社也。

　　3·110○孔子惡野哭者。爲其變衆。周禮銜枚氏：掌禁野叫呼、歡呼於國中者③，行歌哭於國中之道者。○惡，烏路反。銜枚，上音咸，下木杯反④。呼，火故、火胡二反。

　　3·111○未仕者，不敢稅人。如稅人，則以父兄之命。不專家財也。稅，謂遺于人⑤。○稅，始鋭反⑥，謂以物遺人也⑦。遺，維季反。

　　3·112○士備入而后朝夕踊。備，猶盡也。國君之喪，嫌主人哭⑧，入則踊。

---

①"大縣郡縣之縣"，彙校卷第十一、撫釋一、余仁仲本、和本、十行本、閩本、監本、毛本、殿本、阮刻本同，岳本無此六字。

②"注同"，彙校卷第十一、撫釋一、余仁仲本、和本、十行本、閩本、監本、毛本、殿本、阮刻本同，岳本無此二字。

③"歡呼"，余仁仲本、婺州本、十行本、閩本、監本、毛本、殿本、阮刻本同，撫州本、岳本、嘉靖本、八行本、和本"呼"作"嗚"，考補謂古本、活字本、足利本作"嗚"。阮校曰："掌禁野叫呼歡呼於國中者　閩、監、毛本同，惠棟校宋本下'呼'作'嗚'，宋監本、岳本、嘉靖本同，考文引古本、足利本同，衛氏集説作'掌鼜呼歡嗚於國中者'，無'野'字，作'鼜嗚'字，與周官經合，釋文出'叫呼'。"

④"銜枚上音咸下木杯反"，余仁仲本、和本、十行本、閩本、監本、毛本、殿本、阮刻本同，岳本無此九字，彙校卷第十一、撫釋一"杯"誤作"坏"。

⑤"謂遺于人"，余仁仲本、嘉靖本、和本、十行本、閩本、監本、毛本、殿本、阮刻本同；撫州本、婺州本、岳本、八行本"于"作"予"，是。阮校曰："稅謂遺于人　閩、監、毛本同，嘉靖本同。衛氏集説'于'作'於'。惠棟校宋本'于'作'予'，宋監本同，岳本同。考文引古本、足利本亦作'予'，是；'人'下有'物'字，非。正義皆云'謂以物遺人也'，是足利本所據補也。"

⑥"始鋭反"，彙校卷第十一、撫釋一、余仁仲本、十行本、閩本、監本、毛本、殿本、阮刻本同，岳本、和本"始"誤作"如"。

⑦"謂以物遺人也"，彙校卷第十一、撫釋一、余仁仲本、和本、十行本、閩本、監本、毛本、殿本、阮刻本同，岳本無此六字。

⑧"嫌"，撫州本、余仁仲本、婺州本、岳本、嘉靖本、八行本、和本、監本、毛本、殿本、阮刻本同，十行本、閩本作墨釘，監本缺。

3・113○**祥而縞**，縞冠素紕也。○縞，古老反，注同①。紕，避支反。
是月禫，徙月樂。言禫，明月可以用樂。○禫，大感反。樂，音岳②。

3・114○**君於士，有賜帟**。帟，幕之小者，所以承塵。賜之，則張於
殯上。大夫以上，幕人職供焉。○帟，音亦。共，音恭，本亦作"供"③。

　　　　　　　　　　　　　　　纂圖互注禮記卷之二④

---

①"注同"，彙校卷第十一、撫釋一、余仁仲本、和本、十行本、閩本、監本、毛本、殿本、阮刻
　本同，岳本無此二字。

②"樂音岳"，彙校卷第十一、撫釋一、余仁仲本、和本、十行本、閩本、監本、毛本、殿本、阮
　刻本同，岳本無此三字。

③"本亦作供"，彙校卷第十一、撫釋一、余仁仲本、和本、十行本、閩本、監本、毛本、殿本、
　阮刻本同，岳本無此四字。

④撫州本卷二末頁 A 面第五行頂格題"禮記卷第二"，空四格題"經五千四百二十二字，注
　五千三百二十字"。余仁仲本卷二末頁 B 面第十一行下題"禮記卷第二"。婺州本卷二
　末頁 A 面第五行頂格題"禮記卷第二"，空四格題"經五千二百二十五字，注五千二百五
　十五字"。嘉靖本卷二末頁 B 面第八行下端題"卷終"二字，欄外題"經五千二百一十九
　字，注五千三百六十五字"。阮刻本記"宋監本題禮記卷第二經五千四百二十二字，注
　五千三百二十字。嘉靖本題卷終經五千二百一十九字，注五千三百六十五字"。

纂圖互注禮記卷之三

檀弓下第四

禮記　　　　　　　　　　　　　　　　　　鄭氏注①

4·1君之適長殤，車三乘。公之庶長殤，車一乘。大夫之適長殤，車一乘。皆下成人也。自上而下，降殺以兩②。成人遣車五乘，長殤三乘，下殤一乘，尊卑以此差之。庶子言公，卑遠之。傳曰：“大功之殤，中從上③。”○適，丁歷反，下及下“適室”同④。長殤，丁丈反，下及注同，下式羊反⑤。乘，繩證反，下

---

①撫州本題“禮記卷第三”，首行頂格書寫；次行頂格題“檀弓下第四”，空二格題“禮記”，空二格題“鄭氏注”。余仁仲本題“禮記卷第三”，首行頂格書寫；次行頂格題“檀弓下第四”，三行空三格題“禮記”，空九格題“鄭氏注”。婺州本題“禮記卷第三”，首行頂格書寫；次行頂格題“檀弓下第四”，空三格題“禮記”，空五格題“鄭氏注”。嘉靖本題“禮記卷第三”，首行頂格書寫；次行頂格題“檀弓下第四”，空三格題“禮記”，空二格題“鄭氏注”。

②“兩”，撫州本、余仁仲本、岳本、嘉靖本、八行本、和本、十行本、閩本、監本、毛本、殿本、阮刻本同，婺州本作“降”，非。

③“中”，撫州本、余仁仲本、婺州本、岳本、嘉靖本、八行本、和本同；十行本、閩本、監本、毛本、殿本、阮刻本作“小”，非。阮校曰：“大功之殤小從上　閩、監、毛本同，惠棟校宋本‘小’作‘中’，宋監本、岳本、嘉靖本同，考文引古本、足利本同。案：作‘中’是也，正義可證。”

④“及下適室”，彙校卷第十一、撫釋一、余仁仲本、和本、十行本、閩本、監本、毛本、殿本、阮刻本同，岳本無此四字。

⑤“長殤丁丈反下及注同下式羊反”，彙校卷第十一、撫釋一、余仁仲本、和本、十行本、閩本、監本、毛本、殿本、阮刻本同，岳本作“長丁丈反下同殤音傷”。

及注同。皆下,户嫁反①。殺,色戒反。遣,棄戰反。差,初佳反,又初宜反。遠,
于萬反②。

4·2○公之喪,諸達官之長杖。謂君所命,雖有官職,不達於君,則
不服斬。

4·3○君於大夫,將葬,弔於宮;及出,命引之,三步則止。以義
奪孝子。宮,殯宮。出,謂柩已在路。如是者三,君退。退,去也。三命引之③,
凡移九步。朝亦如之,哀次亦如之。君弔不必於宮。朝喪,朝廟也。次,他
日賓客所受大門外舍也④。孝子至此而哀,君或於是弔焉。○朝,直遥反,注同⑤。

4·4○五十無車者,不越疆而弔人。氣力始衰。○疆,居良反,本
又作"壃",下"越疆"同⑥。

4·5○季武子寢疾,蟜固不説齊衰而入見。曰:"斯道也,將
亡矣! 士唯公門説齊衰。"季武子,魯大夫季孫夙也。世爲上卿,强且專
政,國人事之如君。蟜固能守禮,不畏之,矯失俗也。道,猶禮也。○蟜,居表反。
蟜固,人姓名⑦。説,他活反,本亦作"稅",徐又音申鋭反⑧,下同。見,賢遍反。

---

① "乘繩證反下及注同皆下户嫁反",彙校卷第十一、撫釋一、余仁仲本、和本、十行本、閩
本、監本、毛本、殿本、阮刻本同,岳本作"乘去聲皆下户嫁反",非。

② "差初佳反又初宜反遠于萬反",余仁仲本、和本、十行本、閩本、監本、毛本、殿本、阮刻
本同,彙校卷第十一、撫釋一"萬"作"万",岳本無此十二字。

③ "三",撫州本、余仁仲本、岳本、嘉靖本、八行本、和本、十行本、閩本、監本、毛本、殿本、
阮刻本同,婺州本作"王",非。

④ "所受",撫州本、余仁仲本、婺州本、岳本、嘉靖本、八行本、和本、十行本、閩本、監本、毛
本、殿本、阮刻本同,考補謂"受"下古本、活字本有"命"字。

⑤ "注同",彙校卷第十一、撫釋一、余仁仲本、和本、十行本、閩本、監本、毛本、殿本、阮刻
本同,岳本無此二字。

⑥ "本又作壃下越疆同",彙校卷第十一、撫釋一、余仁仲本、十行本、閩本、監本、毛本、殿
本、阮刻本同,岳本無此八字;和本"壃"作"疆",非。

⑦ "蟜固人姓名",彙校卷第十一、撫釋一、余仁仲本、和本、十行本、閩本、監本、毛本、殿
本、阮刻本同,岳本無此五字。

⑧ "本亦作稅徐又音申鋭反",彙校卷第十一、撫釋一、余仁仲本、和本、十行本、閩本、監
本、毛本、殿本、阮刻本同,岳本作"又申鋭反"。

蟜,居表反①。**武子曰:"不亦善乎! 君子表微。"**時無如之何,佯若善之。表,猶明也。**及其喪也,曾點倚其門而歌。**明己不與也。點,字晳,曾參父。○點,多忝反。倚,于綺反,徐其綺反。晳,星曆反②。

4·6○**大夫弔,當事而至,則辭焉。**辭,猶告也。擯者以主人有事告也,主人無事,則爲大夫出。○擯,必刃反,本又作"儐",同③,後放此。爲,于僞反,下"亦爲"、"爲之變"同④。**弔於人,是日不樂。**君子哀樂不同日。子於是日哭,則不歌。○日,人一反⑤。樂,音岳,又音洛,注同⑥。**婦人不越疆而弔人。**不通於外。**行弔之日,不飲酒食肉焉。**以全哀也。**弔於葬者,必執引。若從柩及壙,皆執紼。**示助之以力。車曰引,棺曰紼。從柩羸者。○引,音胤,注同,車索⑦。壙,苦晃反,又音曠,後同。紼,音弗,棺索⑧。羸,音盈。

4·7○**喪,公弔之,必有拜者。**往謝之。**雖朋友、州里、舍人可也。**謂無主後。**弔曰:"寡君承事。"**示亦爲執事來。**主人曰:"臨。"**君辱臨其臣之喪。○臨,如字,徐力鴆反⑨。**君遇柩於路,必使人弔之⑩。**君

---

①"蟜居表反",岳本無此四字;彙校卷第十一、撫釋一、<u>余仁仲</u>本、和本、十行本、閩本、監本、毛本、殿本、阮刻本作"矯居表反",是。

②"徐其綺反晳星曆反",彙校卷第十一、撫釋一、<u>余仁仲</u>本、和本、十行本、閩本、監本、毛本、殿本、阮刻本同,<u>岳</u>本無此八字。

③"本又作儐同",彙校卷第十一、撫釋一、<u>余仁仲</u>本、和本、十行本、閩本、監本、毛本、殿本、阮刻本同,<u>岳</u>本無此五字。

④"爲于僞反下亦爲爲之變同",彙校卷第十一、撫釋一、<u>余仁仲</u>本、和本、十行本、閩本、監本、毛本、殿本、阮刻本同,<u>岳</u>本無此十一字。

⑤"日人一反",彙校卷第十一、撫釋一、<u>余仁仲</u>本、和本、十行本、閩本、監本、毛本、殿本、阮刻本同,<u>岳</u>本無此四字。

⑥"注同",彙校卷第十一、撫釋一、<u>余仁仲</u>本、和本、十行本、閩本、監本、毛本、殿本、阮刻本同,<u>岳</u>本無此二字。

⑦"引音胤注同車索",彙校卷第十一、撫釋一、<u>余仁仲</u>本、和本、十行本、閩本、監本、毛本、殿本、阮刻本同,<u>岳</u>本作"引音酳"。

⑧"棺索",彙校卷第十一、撫釋一、<u>余仁仲</u>本、和本、十行本、閩本、監本、毛本、殿本、阮刻本同,<u>岳</u>本無此二字。

⑨"徐",彙校卷第十一、撫釋一、<u>余仁仲</u>本、和本、十行本、閩本、監本、毛本、殿本、阮刻本同,<u>岳</u>本作"又"。

⑩"使人",撫州本、<u>余仁仲</u>本、婺州本、<u>岳</u>本、嘉靖本、八行本、和本、十行本、閩(轉下頁注)

於民臣,有父母之恩。**大夫之喪,庶子不受弔。**不以賤者爲有爵者主。

4·8○**妻之昆弟爲父後者死,哭之適室。**以其正也。**子爲主祖免,哭踊。**親者主之。○免,音問。**夫入門右,**北面辟正主。○辟,音避,下"辟難"同。**使人立于門外告來者,狎則入哭。**狎,相習知者。○使,色吏反,又如字。狎,户甲反。**父在,哭於妻之室。**不以私喪干尊。**非爲父後者,哭諸異室。**

4·9○**有殯,聞遠兄弟之喪,哭于側室。**嫌哭殯。**無側室,哭于門内之右。**近南者,爲之變位。○近,"附近"之近①。**同國,則往哭之。**喪無外事。

4·10○**子張死,曾子有母之喪,齊衰而往哭之。或曰:"齊衰不以弔。"**以其無服,非之。**曾子曰:"我弔也與哉!"**於朋友哀痛甚而往哭之,非若凡弔。○與,音餘。

4·11○**有若之喪,悼公弔焉。**悼公,魯哀公之子。○悼,音道②。**子游擯由左。**擯,相侑喪禮者。喪禮廢亡,時人以爲此儀當如詔辭,而皆由右相。是善子游正之。孝經説曰:"以身擯侑。"○擯,必刃反,注同③。相,息亮反,下同。詔,音照。侑,音又④。

4·12○**齊穀王姬之喪,**穀,當爲"告",聲之誤也。王姬,周女,齊襄公之夫人。○穀,音告,又古毒反。**魯莊公爲之大功。或曰:"由魯嫁,故爲之服姊妹之服。"或曰:"外祖母也,故爲之服。"**春秋"周女由魯嫁,

---

(接上頁注)本、監本、毛本、殿本、阮刻本同,考補謂古本無"人"字。

①"近附近之近",彙校卷第十一、撫釋一、余仁仲本、和本、十行本、閩本、監本、毛本、殿本、阮刻本同,岳本無此五字。

②"悼音道",彙校卷第十一、撫釋一、余仁仲本、和本、十行本、閩本、監本、毛本、殿本、阮刻本同,岳本無此三字。

③"注同",彙校卷第十一、撫釋一、余仁仲本、和本、十行本、閩本、監本、毛本、殿本、阮刻本同,岳本無此二字。

④"詔音照侑音又",彙校卷第十一、撫釋一、余仁仲本、和本、十行本、閩本、監本、毛本、殿本、阮刻本同,岳本無此六字。

卒,服之如内女服姊妹"是也。天子爲之無服。嫁於王者之後,乃服之。莊公,齊襄公女弟文姜之子,當爲舅之妻,非外祖母也。外祖母,又小功也。○爲之,于僞反①,下及注同。王,如字,徐于況反②。

4·13○晉獻公之喪,秦穆公使人弔公子重耳。獻公殺其世子申生,重耳辟難出奔,是時在翟,就弔之。○重,直龍反,注及下皆同③。難,乃旦反④。翟,音迪,本又作"狄"⑤。且曰:"寡人聞之,亡國恒於斯,得國恒於斯,言在喪代之際⑥。雖吾子儼然在憂服之中,喪亦不可久也,時亦不可失也,孺子其圖之。"勸其反國,意欲納之。喪,謂亡失位。孺,穉也。○嚴,魚檢反,本亦作"儼",同⑦。喪,息良反,注及下皆同⑧。孺,如樹反,後同⑨。穉,克吏反,又作"稚",同⑩。以告舅犯。舅犯,重耳之舅狐偃也,字子犯。舅犯曰:"孺子其辭焉! 喪人無寶,仁親以爲寶。寶,謂善道可守者。仁親,親行仁義。父死之謂何? 又因以爲利,欲反國求爲後,是

---

①"于僞反",彙校卷第十一、撫釋一、余仁仲本、和本、十行本、閩本、監本、毛本、殿本、阮刻本同,岳本作"去聲"。

②"王如字徐于況反",彙校卷第十一、撫釋一、余仁仲本、和本、十行本、閩本、監本、毛本、殿本、阮刻本同,岳本無此七字。

③"注及",彙校卷第十一、撫釋一、余仁仲本、和本、十行本、閩本、監本、毛本、殿本、阮刻本同,岳本無此二字。

④"難乃旦反",彙校卷第十一、撫釋一、余仁仲本、和本、十行本、閩本、監本、毛本、殿本、阮刻本同,岳本無此四字。

⑤"本又作狄",彙校卷第十一、撫釋一、余仁仲本、和本、十行本、閩本、監本、毛本、殿本、阮刻本同,岳本無此四字。

⑥"代",余仁仲本、婺州本、岳本、八行本、和本、十行本、閩本、監本、毛本、殿本、阮刻本同;撫州本、嘉靖本作"伐",非。

⑦"本亦作儼同",彙校卷第十一、撫釋一、余仁仲本、和本、十行本、閩本、監本、毛本、殿本、阮刻本同,岳本無此五字。

⑧"喪息良反注及下皆同",彙校卷第十一、撫釋一、余仁仲本、和本、十行本、閩本、監本、毛本、殿本、阮刻本作"喪息浪反注及下皆同",岳本作"喪息浪反下皆同"。

⑨"後同",彙校卷第十一、撫釋一、余仁仲本、和本、十行本、閩本、監本、毛本、殿本、阮刻本同,岳本無此二字。

⑩"穉克吏反又作稚同",彙校卷第十一、撫釋一、余仁仲本、和本、十行本、閩本、監本、毛本、殿本、阮刻本作"穉直吏反本又作稚同",是;岳本無此九字。

利父死。而天下其孰能説之？孺子其辭焉！”説，猶解也。公子**重耳**對客曰：“君惠弔亡臣**重耳**，身喪父死，不得與於哭泣之哀，以爲君憂。謝之。○與，音預。父死之謂何？或敢有他志，以辱君義？”稽顙而不拜，哭而起，起而不私。他志，謂私心。○稽，音啓。顙，桑黨反。**子顯以致命於穆公**。使者公子縶也。盧氏云：“古者名字相配，‘顯’當作‘韅’。”○顯，依注音韅①，呼遍反，徐苦見反②。使，色吏反③。縶，陟立反，後同④。**穆公曰：“仁夫公子重耳！夫稽顙而不拜，則未爲後也，故不成拜⑤。哭而起，則愛父也。起而不私，則遠利也。”**○夫，音符。遠，于萬反。

　　4·14○**帷殯，非古也，自敬姜之哭穆伯始也。**穆伯，魯大夫季悼子之子公甫靖也。敬姜，穆伯妻⑥，文伯歜之母也。禮，朝夕哭，不帷。○歜，昌燭反。

　　4·15○**喪禮，哀戚之至也。**節哀，順變也。**君子念始之者也。**始，猶生也。念父母生己，不欲傷其性。**復，盡愛之道也，有禱祠之心焉。**復，謂招魂，且分禱五祀，庶幾其精氣之反。○禱，丁老反，一音丁報反。祠，音詞⑦。**望反諸幽，求諸鬼神之道也。**鬼神處幽闇，望其從鬼神所

---

①“依注音韅”，彙校卷第十一、撫釋一、余仁仲本、和本、十行本、閩本、監本、毛本、殿本、阮刻本同，岳本無此四字。

②“徐”，彙校卷第十一、撫釋一、余仁仲本、和本、十行本、閩本、監本、毛本、殿本、阮刻本同，岳本作“又”。

③“使色吏反”，彙校卷第十一、撫釋一、余仁仲本、和本、十行本、閩本、監本、毛本、殿本、阮刻本同，岳本無此四字。

④“後同”，彙校卷第十一、撫釋一、余仁仲本、和本、十行本、閩本、監本、毛本、殿本、阮刻本同，岳本無此二字。

⑤“不成”，唐石經、撫州本、婺州本、岳本、嘉靖本、八行本、和本、十行本、閩本、監本、毛本、殿本、阮刻本同，余仁仲本重一“不”字，非。

⑥“穆伯妻”，余仁仲本、婺州本、岳本、嘉靖本、八行本、和本、十行本、閩本、監本、毛本、殿本、阮刻本同，撫州本作“妻”上有“之”字。

⑦“祠音詞”，彙校卷第十一、撫釋一、余仁仲本、和本、十行本、閩本、監本、毛本、殿本、阮刻本同，岳本無此三字。

來。**北面，求諸幽之義也。** 鄉其所從來也。禮，復者升屋，北面。○鄉，本又作“嚮”，同，許亮反①。**拜稽顙，哀戚之至隱也。稽顙，隱之甚也。** 隱，痛也。稽顙者②，觸地無容。**飯用米貝，弗忍虛也。不以食道，用美焉爾。** 尊之也。食道褻，米、貝美。○飯，扶晚反。褻，息列反。**銘，明旌也。** 神明之精③。○銘，音名。旌，音精④。**以死者爲不可別已，故以其旗識之。** 不可別，形貌不見。○別已，彼列反，注同，本或無“已”字，非⑤。識，式至反，皇如字⑥。**愛之，斯録之矣。敬之，斯盡其道焉耳。** 謂重與奠。○與奠也，與，音如字，一本作“重與奠與”，二“與”，並音餘⑦。**重，主道也。** 始死，未作主，以重主其神也。重，既虞而埋之，乃後作主。春秋傳曰：“虞主用桑，練主用栗。”**殷主綴重焉，** 綴，猶聯也。殷人作主而聯其重，縣諸廟也，去顯考，乃埋之。○綴，丁劣反，又丁衛反。聯，音連。縣，音玄⑧。**周主重徹焉。** 周人作主，徹重埋之。**奠以素器，以生者有哀素之心也。** 哀素，言哀痛無飾也。凡物無飾曰素。**唯祭祀之禮，主人**

―――――――

① “本又作嚮同”，彙校卷第十一、撫釋一、余仁仲本、和本、十行本、閩本、監本、毛本、殿本、阮刻本同，岳本無此五字。

② “者”，撫州本、余仁仲本、婺州本、岳本、八行本、和本、十行本、閩本、監本、毛本、殿本、阮刻本同，嘉靖本作“首”，非。

③ “精”，余仁仲本、嘉靖本、和本、十行本、閩本、監本、毛本、殿本、阮刻本同，撫州本、婺州本、岳本、八行本作“旌”，考補謂古本作“旌”，是。

④ “銘音名旌音精”，彙校卷第十一、撫釋一、余仁仲本、和本、十行本、閩本、監本、毛本、殿本、阮刻本同，岳本無此六字。

⑤ “別已彼列反注同本或無已字非”，彙校卷第十一、撫釋一、余仁仲本、和本、十行本、閩本、監本、毛本、殿本、阮刻本同，岳本作“別彼列反”。

⑥ “皇”，彙校卷第十一、撫釋一、余仁仲本、和本、十行本、閩本、監本、毛本、殿本、阮刻本同，岳本作“又”。

⑦ “與奠也與音如字一本作重與奠與二與並音餘”，彙校卷第十一、撫釋一、余仁仲本、和本、十行本、閩本、監本、毛本、殿本、阮刻本作“重與奠也與音如字一本作重與奠與二與並音餘”，是；岳本誤作“重直龍反下皆同”。

⑧ “聯音連縣音玄”，彙校卷第十一、撫釋一、余仁仲本、和本、十行本、閩本、監本、毛本、殿本、阮刻本同，岳本無此六字。

自盡焉爾。豈知神之所饗^①？亦以主人有齊敬之心也。哀則以素，敬則以飾，禮由人心而已。○齊，側皆反。辟踊，哀之至也。有筭，爲之節文也。筭，數也。○辟踊，婢亦反，下音勇^②。筭，桑亂反。[重言]“哀之至也”三，一見下文，一見問喪三十七。袒、括髮，變也。愠，哀之變也。去飾，去美也。袒、括髮，去飾之甚也。有所袒，有所襲，哀之節也。弁絰葛而葬，與神交之道也。接神之道，不可以純凶。天子諸侯變服而葬，冠素弁，以葛爲環絰。既虞，卒哭，乃服受服也。雜記曰：“凡弁絰，其衰侈袂。”○括，觀闊反^③。愠，庚、皇紆粉反，積也，又紆運反，怨恚也，徐又音鬱^④。去，羌呂反，下及注“去樂”、“去桃茢”並同。衰，七雷反。侈袂，昌氏反，下弥世反^⑤。[重言]“袒括髮”三，上篇一，又奔喪三十四“括髮、袒，成踊。”有敬心焉，踊時哀衰而敬生，敬則服有飾。大夫、士三月而葬，未踊時。○衰，所追反^⑥。周人弁而葬，殷人冔而葬。周弁殷冔，俱象祭冠而素，禮同也。○冔，況甫反。歠主人、主婦、室老，爲其病也。君命食之也。尊者奪人易也。歠，歠粥也。○歠，徐昌悦反，一音常悦反^⑦。爲其，于僞反，下注“爲父

───────────────

① “豈知神之所饗”，唐石經、撫州本、余仁仲本、婺州本、岳本、嘉靖本、八行本、和本、十行本、閩本、監本、毛本、殿本、阮刻本同，考補謂“神”上古本、活字本有“鬼”字，“饗”下古本有“焉”字。

② “辟踊婢亦反下音勇”，彙校卷第十一、撫釋一、余仁仲本、和本、十行本、閩本、監本、毛本、殿本、阮刻本同，岳本作“辟婢亦反”。

③ “觀闊反”，彙校卷第十一、撫釋一、余仁仲本、和本、岳本、閩本、監本、毛本、殿本、阮刻本同；十行本“反”作“及”，非。

④ “愠庚皇紆粉反積也又紆運反怨恚也徐又音鬱”，彙校卷第十一、撫釋一、余仁仲本、和本、十行本、閩本、監本、毛本、殿本、阮刻本同，岳本作“愠紆粉反又紆運反”。

⑤ “下及注去樂去桃茢並同衰七雷反侈袂昌氏反下弥世反”，彙校卷第十一、撫釋一、余仁仲本、和本、十行本、閩本、監本、毛本、殿本、阮刻本同，岳本無此二十三字。

⑥ “所追反”，彙校卷第十一、撫釋一、余仁仲本、和本、十行本、閩本、監本、毛本、殿本、阮刻本同，岳本作“如字”。

⑦ “歠徐昌悦反一音常悦反”，彙校卷第十一、撫釋一、余仁仲本、和本、十行本、閩本、監本、毛本、殿本、阮刻本同，岳本作“歠昌悦反又常悦反”。

母”、“爲有凶”、“爲人甚”同①。食，音嗣。易，以豉反。粥，之六反，後同②。**反哭，升堂，反諸其所作也。**親所行禮之處③。○處，昌慮反，下同④。**主婦入于室，反諸其所養也。**親所饋食之處。○養，徐羊尚反⑤。**反哭之弔也，哀之至也。反而亡焉，失之矣，於是爲甚。**哀痛甚。**殷既封而弔，周反哭而弔。**封，當爲“窆”，窆，下棺也。○封，依注音窆⑥，彼驗反，下同。**孔子曰：“殷已愨，吾從周。”**愨者，得哀之始，未見其甚。○愨，本又作“㲉”，苦角反，注及後同⑦。重言“吾從周”三，一見坊記三十，一見中庸三十一。**葬於北方北首，三代之達禮也，之幽之故也。**北方，國北也。○首，手又反。**既封，主人贈，而祝宿虞尸。**贈，以幣送死者於壙也。於主人贈，祝先歸。**既反哭，主人與有司視虞牲，**日中將虞，省其牲。**有司以几筵舍奠於墓左⑧，反。日中而虞。**所使奠墓，有司來歸，乃虞也。舍奠墓左，爲父母形體在此，禮其神也。周禮冢人：“凡祭墓，爲尸。”舍奠，音釋，同⑨。**葬**

---

① “注爲父母爲有凶爲人甚”，<u>彙</u>校卷第十一、<u>撫釋</u>一、<u>余仁仲</u>本、<u>和</u>本、十行本、<u>閩</u>本、<u>監</u>本、<u>毛</u>本、<u>殿</u>本、<u>阮</u>刻本同，<u>岳</u>本無此十字。
② “粥之六反後同”，<u>彙</u>校卷第十一、<u>撫釋</u>一、<u>余仁仲</u>本、<u>和</u>本、十行本、<u>閩</u>本、<u>監</u>本、<u>毛</u>本、<u>殿</u>本、<u>阮</u>刻本同，<u>岳</u>本無此六字。
③ “處”，<u>撫州</u>本、<u>余仁仲</u>本、<u>岳</u>本、<u>嘉靖</u>本、八行本、<u>和</u>本、十行本、<u>閩</u>本、<u>監</u>本、<u>毛</u>本、<u>殿</u>本、<u>阮</u>刻本同；<u>婺州</u>本作“所”，非。
④ “處昌慮反下同”，<u>彙</u>校卷第十一、<u>撫釋</u>一、<u>余仁仲</u>本、<u>和</u>本、十行本、<u>閩</u>本、<u>監</u>本、<u>毛</u>本、<u>殿</u>本、<u>阮</u>刻本同，<u>岳</u>本無此六字。
⑤ “徐”，<u>彙</u>校卷第十一、<u>撫釋</u>一、<u>余仁仲</u>本、<u>和</u>本、十行本、<u>閩</u>本、<u>監</u>本、<u>毛</u>本、<u>殿</u>本、<u>阮</u>刻本同，<u>岳</u>本無此字。
⑥ “依注音窆”，<u>彙</u>校卷第十一、<u>撫釋</u>一、<u>余仁仲</u>本、<u>和</u>本、十行本、<u>閩</u>本、<u>監</u>本、<u>毛</u>本、<u>殿</u>本、<u>阮</u>刻本同，<u>岳</u>本無此四字。
⑦ “㲉本又作㲉苦角反注及後同”，<u>彙</u>校卷第十一、<u>撫釋</u>一、<u>余仁仲</u>本、<u>和</u>本、<u>閩</u>本、<u>監</u>本、<u>毛</u>本、<u>殿</u>本、<u>阮</u>刻本同，<u>岳</u>本作“㲉苦角反”，十行本“苦”字作墨釘。
⑧ “舍”，<u>唐石經</u>、<u>撫州</u>本、<u>余仁仲</u>本、<u>岳</u>本、<u>嘉靖</u>本、八行本、<u>和</u>本、十行本、<u>閩</u>本、<u>監</u>本、<u>毛</u>本、<u>殿</u>本、<u>阮</u>刻本同；<u>婺州</u>本作“合”，非。
⑨ 據<u>彙</u>校卷第十一、<u>余仁仲</u>本、<u>岳</u>本、<u>和</u>本、十行本、<u>閩</u>本、<u>監</u>本、<u>毛</u>本、<u>殿</u>本、<u>阮</u>刻本，“舍奠”下是<u>釋文</u>文字，當在“舍奠”上補“○”號。“舍奠音釋同”，<u>彙</u>校卷第十一、<u>撫釋</u>一、<u>余仁仲</u>本、<u>和</u>本、十行本、<u>閩</u>本、<u>監</u>本、<u>毛</u>本、<u>殿</u>本、<u>阮</u>刻本作“舍奠音釋注同”，<u>岳</u>本作“舍音釋”。

日虞，弗忍一日離也。弗忍其無所歸。○離，力智反，下同。是日也，以虞易奠。虞，喪祭也。卒哭曰成事。既虞之後，卒哭而祭，其辭蓋曰：“哀薦成事。”成祭事也。祭以吉爲成。○卒，遵聿反①。是日也，以吉祭易喪祭。卒哭，吉祭。○易，以豉反，徐音亦②。明日，祔于祖父。祭告於其祖之廟。○祔，音附。其變而之吉祭也，比至於祔，必於是日也接，不忍一日末有所歸也。末，無也。日有所用接之，虞禮所謂“他用剛日”者③。其祭，祝曰“哀薦”，曰“成事”。○比，必利反。末，莫葛反④。殷練而祔，周卒哭而祔，孔子善殷。期而神之，人情。○期，音基⑤。

　　4·16○君臨臣喪，以巫祝桃茢執戈，惡之也。爲有凶邪之氣在側，君聞大夫之喪，去樂，卒事而往，未襲也。其已襲則止，巫去桃茢。桃，鬼所惡。茢，萑苕，可埽不祥。○茢，音列，徐音例⑥。杜預云：“黍穰也。”鄭注周禮云：“苕帚⑦。”惡，烏路反，注及下注同⑧。凶邪，似嗟反，下注同⑧。萑，音完。苕，大彫反。所以異於生也。生人無凶邪。

　　4·17○喪有死之道焉，言人之死，有如鳥獸死之狀，鳥獸之死，人賤

---

① “卒遵聿反”，余仁仲本、岳本同，彙校卷第十一、撫釋一“卒”下有“哭”字，和本、十行本、閩本、監本、毛本、殿本、阮刻本脱此四字。
② “徐”，彙校卷第十一、撫釋一、余仁仲本、和本、十行本、閩本、監本、毛本、殿本、阮刻本同，岳本作“又”。
③ “者”，撫州本、余仁仲本、婺州本、嘉靖本、八行本同，岳本、和本、十行本、閩本、監本、毛本、殿本、阮刻本作“也”，是。阮校曰：“他用剛日也　閩、監、毛本同，惠棟校宋本‘也’作‘者’，嘉靖本同，考文引足利本同。”
④ “末莫葛反”，彙校卷第十一、撫釋一、余仁仲本、岳本“葛”作“曷”，和本、十行本、閩本、監本、毛本、殿本、阮刻本無此四字。
⑤ “期音基”，彙校卷第十一、撫釋一、余仁仲本、和本、十行本、閩本、監本、毛本、殿本、阮刻本同，岳本無此三字。
⑥ “徐”，彙校卷第十一、撫釋一、余仁仲本、和本、十行本、閩本、監本、毛本、殿本、阮刻本同，岳本作“又”。
⑦ “杜預云黍穰也鄭注周禮云苕帚”，彙校卷第十一、撫釋一、余仁仲本、和本、十行本、閩本、監本、毛本、殿本、阮刻本“帚”作“帚”，岳本無此十三字。
⑧ “注及下注同凶邪似嗟反下注同”，彙校卷第十一、撫釋一、余仁仲本、和本、十行本、閩本、監本、毛本、殿本、阮刻本同，岳本無此十三字。

之。**先王之所難言也。**聖人不明説，爲人甚惡之。○難，乃旦反。

　　4·18○**喪之朝也，順死者之孝心也。**朝，謂遷柩於廟。○朝，直遥反，注及下皆同。**其哀離其室也，故至於祖考之廟而后行。殷朝而殯於祖，周朝而遂葬。**

　　4·19○**孔子謂爲明器者，知喪道矣，備物而不可用也。**神與人異道，則不相傷。**哀哉！死者而用生者之器也，不殆於用殉乎哉？**殆，幾也。殺人以衛死者曰徇①。用其器者，漸幾於用人。○殉，辭俊反，以人從死曰殉②。幾，音祈，又音機，下同③。**其曰明器，神明之也。**神明死者，異於生人。**塗車芻靈，自古有之，**芻靈，束茅爲人焉④，謂之靈者，神之類。○芻，初拘反。**明器之道也。**言與明器同。**孔子謂爲芻靈者善，謂爲俑者不仁⑤，不殆於用人乎哉⑥？**俑，偶人也。有面目機發，有似於生人。孔子善古而非周。○俑，音勇。

　　4·20○**穆公問於子思曰："爲舊君反服，古與?"**仕焉而已者。穆公，魯哀公之曾孫。○爲，于偽反，下"爲君"、"爲使人"皆同⑦。與，音餘，下同。**子思曰："古之君子，進人以禮，退人以禮，故有舊君反服之禮也。**

---

① "徇"，余仁仲本、嘉靖本同；撫州本、婺州本、岳本、八行本、和本、十行本、閩本、監本、毛本、殿本、阮刻本作"殉"，是。

② "以人從死曰殉"，彙校卷第十一、撫釋一、余仁仲本、和本、十行本、閩本、監本、毛本、殿本、阮刻本同，岳本無此六字。

③ "下同"，彙校卷第十一、撫釋一、余仁仲本、和本、十行本、閩本、監本、毛本、殿本、阮刻本同，岳本無此二字。

④ "焉"，婺州本、八行本同；撫州本、余仁仲本、岳本、嘉靖本、和本、十行本、閩本、監本、毛本、殿本、阮刻本、吳氏朱批、叢刊本作"馬"，是。

⑤ "不仁"，唐石經、撫州本、余仁仲本、婺州本、岳本、嘉靖本、八行本、和本、十行本、閩本、殿本、阮刻本同；監本、毛本"仁"誤"二"。

⑥ "不殆"，唐石經、撫州本、余仁仲本、婺州本、岳本、嘉靖本、八行本、和本、監本、毛本、殿本同，十行本、閩本、阮刻本脱"不"字。阮校曰："殆於用人乎哉　閩本同，監、毛本'殆'上有'不'字，石經同，岳本同，嘉靖本同，衛氏集説同。"

⑦ "爲君爲使人"，彙校卷第十一、撫釋一、余仁仲本、和本、十行本、閩本、監本、毛本、殿本、阮刻本同，岳本無此五字。

今之君子，進人若將加諸膝，退人若將隊諸淵①，毋爲戎首，不亦善乎？又何反服之禮之有？”言放逐之臣，不服舊君也。爲兵主來攻伐曰戎首。○膝，音悉。隊，本又作“墜”②，直媿反。

4·21○悼公之喪，季昭子問於孟敬子曰：“爲君何食？”悼公，魯哀公之子。昭子，康子之曾孫，名强。敬子，武伯之子，名捷。○捷，音在接反③。敬子曰：“食粥，天下之達禮也。吾三臣者之不能居公室也，四方莫不聞矣。言鄰國皆知吾等不能居公室，以臣禮事君也。三臣，仲孫、叔孫、季孫氏④。勉而爲瘠，則吾能，毋乃使人疑夫不以情居瘠者乎哉！我則食食。”存時不盡忠⑤，喪又不盡禮，非也。孔子曰：“喪事不敢不勉。”○瘠，徐在益反⑥。夫，音扶。食食，上如字，下音嗣。

4·22○衛司徒敬子死，司徒，官氏。公子許之後。子夏弔焉，主人未小斂，絰而往。子游弔焉，主人既小斂，子游出，絰，反哭。皆以朋友之禮往，而二人異。子夏曰：“聞之也與？”曰：“聞諸夫子：主人未改服，則不絰。”

4·23○曾子曰：“晏子可謂知禮也已，恭敬之有焉。”言禮者，敬而已矣。有若曰：“晏子一狐裘三十年⑦，遣車一乘，及墓而反。

---

① “隊”，撫州本、余仁仲本、婺州本、岳本、嘉靖本、八行本、和本、十行本、閩本、監本、毛本、殿本、阮刻本同，唐石經作“墜”。

② “本又作墜”，彙校卷第十一、撫釋一、余仁仲本、和本、十行本、閩本、監本、毛本、殿本、阮刻本同，岳本無此四字。

③ “音在接反”，彙校卷第十一、撫釋一、余仁仲本、和本、岳本、十行本、閩本、監本、毛本、殿本、阮刻本皆無“音”字，是。

④ “氏”，撫州本、余仁仲本、婺州本、岳本、嘉靖本、八行本、和本、十行本、閩本、監本、毛本、殿本同；阮刻本作“也”，非。

⑤ “存”，撫州本、余仁仲本同，婺州本、岳本、八行本、和本、十行本、閩本、監本、毛本、殿本、阮刻本同，嘉靖本作“有”，非。

⑥ “徐”，彙校卷第十一、撫釋一、余仁仲本、和本、十行本、閩本、監本、毛本、殿本、阮刻本同，岳本無此字。

⑦ “三十”，撫州本、余仁仲本、婺州本、岳本、嘉靖本、八行本、和本、十行本、閩本、監本、毛本、殿本、阮刻本同，唐石經作“卅”，下同。

國君七个，遣車七乘；大夫五个，遣車五乘。晏子焉知禮？”言其大儉偪下，非之。及墓而反，言其既窆則歸，不留賓客有事也。人臣賜車馬者，乃得有遣車。遣車之差，大夫五，諸侯七，則天子九。諸侯不以命數、喪數略也。个，謂所包遣奠牲體之數也。雜記曰：“遣車視牢具。”○遣，棄戰反，下文及注同①。乘，繩證反，下同②。个，古賀反，下及注同③。焉，於虔反。大，音泰，或他佐反。偪，音逼，本或作“逼”。包，伯交反④。**曾子曰：“國無道，君子恥盈，禮焉。國奢，則示之以儉；國儉，則示之以禮。”**時齊方奢，矯之是也。**國昭子之母死，問於子張曰：“葬及墓，男子婦人安位？”**國昭子，齊大夫。**子張曰：“司徒敬子之喪，夫子相，男子西鄉，婦人東鄉。”**夾羨道爲位。夫子，孔子也。○相，息亮反，下注同。鄉，許亮反，下皆同。俠，古洽反，一音頰⑤。羨，徐音賤，音義隱云：“羨，車道⑥。”**曰：“噫！毋。”**噫，不寤之聲。毋，禁止之辭。○噫，本又作“意”，同，于其反⑦。毋，音無。**曰：“我喪也，斯沾。**斯，盡也。沾，讀曰覘。覘，視也。國昭子自謂齊之大家，有事人盡視之，欲人觀之，法其所爲。○斯，音賜。沾，依注音覘，勑廉反⑧。**爾專之。賓爲賓焉，主爲**

---

① “下文及注同”，彙校卷第十一、撫釋一、余仁仲本、岳本同，和本、十行本、閩本、監本、毛本、殿本、阮刻本脫。

② “下同”，彙校卷第十一、撫釋一、余仁仲本、岳本同，和本、十行本、閩本、監本、毛本、殿本、阮刻本脫。

③ “下及注同”，彙校卷第十一、撫釋一、余仁仲本、岳本同，和本、十行本、閩本、監本、毛本、殿本、阮刻本脫。

④ “偪音逼本或作逼包伯交反”，彙校卷第十一、撫釋一、余仁仲本、和本、十行本、閩本、監本、毛本、殿本、阮刻本同，岳本無此十一字。

⑤ “俠古洽反一音頰”，彙校卷第十一、撫釋一、余仁仲本、和本、十行本、閩本、監本、毛本、殿本、阮刻本同，岳本無此七字。

⑥ “羨徐音賤音義隱云羨車道”，彙校卷第十一、撫釋一、余仁仲本、和本、十行本、閩本、監本、毛本、殿本、阮刻本同，岳本作“羨音賤”。

⑦ “噫本又作意同于其反”，彙校卷第十一、撫釋一、余仁仲本、和本、十行本、閩本、監本、毛本、殿本、阮刻本同，岳本作“噫於其反”。

⑧ “沾依注音覘勑廉反”，彙校卷第十一、撫釋一、余仁仲本、和本、十行本、閩本、監本、毛本、殿本、阮刻本同，岳本作“沾音覘”。

主焉，專，猶司也①。時子張相。婦人從男子，皆西鄉。"非也。

4·24○穆伯之喪，敬姜晝哭。文伯之喪，晝夜哭。孔子曰："知禮矣！"喪夫，不夜哭，嫌思情性也。文伯之喪，敬姜據其牀而不哭，曰："昔者吾有斯子也，吾以將爲賢人也，蓋見其有才藝。吾未嘗以就公室。未嘗與到公室，觀其行也。季氏，魯之宗卿。敬姜有會見之禮。○行，下孟反。見，賢遍反，下文"不敢見"同②。今及其死也，朋友諸臣未有出涕者，而内人皆行哭失聲。斯子也，必多曠於禮矣夫！"内人，妻妾。○夫，音扶，下同。本亦有無"夫"字者③。

4·25○季康子之母死，陳褻衣。褻衣，非上服④，陳之將以斂。敬姜曰："婦人不飾，不敢見舅姑。將有四方之賓來，褻衣何爲陳於斯？"命徹之。言四方之賓，嚴於舅姑。敬姜者，康子從祖母。○從，才用反。

4·26○有子與子游立，見孺子慕者。有子謂子游曰："予壹不知夫喪之踊也，予欲去之久矣。情在於斯，其是也夫！"喪之踊，猶孺子之號慕。○去，羌吕反。號，户刀反。子游曰："禮有微情者，節哭踊。有以故興物者。衰絰之制。有直情而徑行者，戎狄之道也。哭踊無節，衣服無制。○徑，古定反。禮道則不然。與戎狄異。人喜則斯

---

① "司"，余仁仲本、嘉靖本、和本、十行本、阮刻本同；撫州本、婺州本、岳本、八行本、閩本、監本、毛本、殿本作"同"，是。阮校曰："專猶司也　惠棟校宋本同，嘉靖本同，衛氏集説同，閩、監、毛本'司'誤'同'，岳本同。浦鏜云：'司誤同，疏内亦誤同，從六經正誤校。'"考異曰："毛居正曰：'"司"作"同"，誤。建本作"司"。'案：此説最誤。正義云：'專，猶同也。爾當同此婦人與男子一處。若婦女之賓爲賓位焉，與男子之賓同處；婦女之主爲主位焉，與男子之主同處'云云。正義三言'同處'，以釋注之'同'字，其不作'司'，的然無疑。建本有特爲譌錯，誼父依之，非矣。嘉靖本、十行本作'司'，其出於建本與。"鍔案：張説是。

② "下文不敢見同"，彙校卷第十一、撫釋一、余仁仲本、和本、十行本、閩本、監本、毛本、殿本、阮刻本同，岳本無此六字。

③ "本亦有無夫字者"，彙校卷第十一、撫釋一、余仁仲本、和本、十行本、閩本、監本、毛本、殿本、阮刻本同，岳本無此七字。

④ "上"，撫州本、余仁仲本、婺州本、岳本、嘉靖本、八行本、和本、十行本、閩本、監本、毛本、殿本、阮刻本同，考補謂活字本作"正"。

陶，陶，鬱陶也。○陶，徒刀反。**陶斯咏，**咏，謳也。○咏，音詠。謳，本亦作
“嘔”，烏侯反①。**咏斯猶，**猶，當爲“搖”，聲之誤也。搖，謂身動搖也。秦人猶、
搖聲相近。○猶，依注作“搖”②，音遥。近，“附近”之近③。**猶斯舞，**手舞之。
舞斯慍，慍，猶怒也。**慍斯戚，**戚，憤恚。○慍斯戚，紆運反。此喜怒哀樂相
對。本或於此句上有“舞斯慍”一句并注，皆衍文。憤，扶粉反。恚，一瑞反④。
戚斯歎，歎，吟息。○吟，本或作“唫”，魚今反⑤。**歎斯辟，**辟，拊心。○辟，婢
亦反，撫心也⑥。**辟斯踊矣**⑦！踊，躍。○躍，羊灼反。**品節斯，斯之謂
禮。**舞踊皆有節，乃成禮。**人死，斯惡之矣；無能也，斯倍之矣。**無能，
心謂之無所復能。○惡，音烏路反⑧。倍，音佩，下同。復，扶又反。**是故制絞
衾，設蔞翣，爲使人勿惡也。**絞衾，尸之飾。蔞翣，棺之牆飾。周禮“蔞”作
“柳”。○絞衾，户交反，下音欽⑨。蔞，音柳。翣，所甲反。**始死，脯醢之奠；**

---

① “謳本亦作嘔烏侯反”，彙校卷第十一、撫釋一、余仁仲本、和本、十行本、閩本、監本、毛
　本、殿本、阮刻本同，岳本無此八字。
② “依注作搖”，彙校卷第十一、撫釋一、余仁仲本、和本、十行本、閩本、監本、毛本、殿本、
　阮刻本同，岳本無此四字。
③ “近附近之近”，彙校卷第十一、撫釋一、余仁仲本、和本、十行本、閩本、監本、毛本、殿
　本、阮刻本同，岳本無此五字。
④ “慍斯戚紆運反此喜怒哀樂相對本或於此句上有舞斯慍一句并注皆衍文憤扶粉反恚一
　瑞反”，余仁仲本、和本、十行本、閩本、監本、毛本、殿本、阮刻本同，彙校卷第十一、撫釋
　一作“慍斯戚紆運反怒也戚憤恚也此喜慍哀樂相對本或於此句上有舞斯慍一句并注皆
　衍文憤扶粉反恚一瑞反”，岳本作“慍紆運反”。
⑤ “吟本或作唫魚今反”，彙校卷第十一、撫釋一、余仁仲本、和本、十行本、閩本、監本、毛
　本、殿本、阮刻本同，岳本無此八字。
⑥ “撫心也”，彙校卷第十一、撫釋一、余仁仲本、和本、十行本、閩本、監本、毛本、殿本、阮
　刻本同，岳本無此三字。
⑦ “人喜則斯陶陶斯咏咏斯猶猶斯舞舞斯慍慍斯戚戚斯歎歎斯辟辟斯踊矣”，彭林郭店楚
　簡性自命出補釋一文認爲，當是“喜斯慆慆斯奮奮斯咏咏斯猷猷斯舞舞喜之終也慍斯
　憂憂斯戚戚斯戁戁斯辟辟斯通通慍之終也”。
⑧ “惡音烏路反”，彙校卷第十一、撫釋一、余仁仲本、和本、十行本、閩本、監本、毛本、殿
　本、阮刻本無“音”字，岳本作“惡去聲下同”。
⑨ “絞衾户交反下音欽”，彙校卷第十一、撫釋一、余仁仲本、和本、閩本、監本、毛本、殿本、
　阮刻本同，岳本作“絞户交反”，十行本“欽”誤作“飾”。

將行，遣而行之；既葬而食之，將行，將葬也。葬有遣奠。食，反虞之祭。○食，音嗣，注同，謂虞祭也①。未有見其饗之者也。自上世以來，未之有舍也。爲使人勿倍也。舍，猶廢也。○舍，音捨，注同②。故子之所剌於禮者，亦非禮之訾也。"訾，病也。○訾，似斯反。

4・27○吳侵陳，斬祀殺厲。祀，神位有屋樹者。厲，疫病。吳侵陳，以魯哀元年秋。○疫，音役③。師還出竟，陳大宰嚭使於師。夫差謂行人儀曰④："是夫也多言，盍嘗問焉？師必有名，人之稱斯師也者，則謂之何？"太宰、行人，官名也。夫差，吳子光之子。盍，何不也。嘗，猶試也。夫差修舊怨，庶幾其師有善名。○還，音旋。竟，音境。大，音泰，注及下文注"大宰"、"大師"、"太史"、"太廟"、"大傅"皆同⑤。嚭，普彼反。使，色吏反⑥。夫差，音扶，下初佳反，吳王名，闔廬子。盍，户臘反⑦。大宰嚭曰："古之侵伐者，不斬祀，不殺厲，不獲二毛。獲，謂係虜之。二毛，鬢髮斑白。○斑，伯山反，本又作"頒"，音同⑧。今斯師也，殺厲與？其不謂之殺厲之師與？"欲微切之，故其言似若不審然，正言殺厲，重人。○與，音餘，下及注"有

①"注同謂虞祭也"，彙校卷第十一、撫釋一、余仁仲本、和本、十行本、閩本、監本、毛本、殿本、阮刻本同，岳本無此六字。
②"注同"，彙校卷第十一、撫釋一、余仁仲本、和本、十行本、閩本、監本、毛本、殿本、阮刻本同，岳本無此二字。
③"疫音役"，彙校卷第十一、撫釋一、余仁仲本、和本、十行本、閩本、監本、毛本、殿本、阮刻本同，岳本無此三字。
④"陳大宰嚭使於師夫差謂行人儀曰"，岳本考證曰："案嚭乃吳太宰儀，則陳行人也。此是記者簡錯，故洪邁云當作'陳行人儀使於師夫差謂太宰嚭曰'。"
⑤"注及下文注大宰大師太史太廟大傅皆同"，彙校卷第十一、撫釋一、余仁仲本、和本、十行本、閩本、監本、毛本、殿本、阮刻本同，岳本作"下皆同"。
⑥"使色吏反"，彙校卷第十一、撫釋一、余仁仲本、和本、十行本、閩本、監本、毛本、殿本、阮刻本同，岳本作"使去聲"。
⑦"吳王名闔廬子盍户臘反"，彙校卷第十一、撫釋一、余仁仲本、和本、十行本、閩本、監本、毛本、殿本、阮刻本同，岳本無此十字。
⑧"斑伯山反本又作頒音同"，彙校卷第十一、撫釋一、余仁仲本、和本、十行本、閩本、監本、毛本、殿本、阮刻本同，岳本無此十字。

此與"同①。曰："反爾地，歸爾子，則謂之何?"子，謂所獲民臣。曰："君王討敝邑之罪，又矜而赦之，師與，有無名乎②?"又微勸之，終其意。吳、楚僭號稱王。

4·28○顏丁善居喪：顏丁，魯人。始死，皇皇焉，如有求而弗得；及殯，望望焉，如有從而弗及；既葬，慨焉，如不及其反而息。從，隨也。慨③，憊貌。○慨，皆愛反。憊，皮拜反④。重意前篇云："始死，充充如有窮；既殯，瞿瞿如有求而弗得；既葬，皇皇如有望而弗至；練而慨然，祥而廓然。"

子張問曰："書云：'高宗三年不言，言乃讙。'有諸?"時人君無行三年之喪禮者，問有此與? 怪之也。讙，喜說也。言乃喜悅，則民臣望其言久。○讙，音歡。說，音悅，下同⑤。重意高宗三年不言。喪服四制六⑥："高宗諒闇，三年不言。"仲尼曰："胡爲其不然也! 古者天子崩，王世子聽於冢宰三年。"冢宰，天官卿，貳王事者。三年之喪，使之聽朝。

4·29○知悼子卒，未葬。悼子，晉大夫荀盈，魯昭九年卒⑦。○知，音智，下同。平公飲酒，與羣臣燕。平公，晉侯彪。○彪，彼虯反。師曠、李調侍，侍，與君飲也。燕禮記曰："請旅侍臣。"李調，如字，左傳作"外嬖嬖叔"⑧。

---

① "及注有此與"，彙校卷第十一、撫釋一、余仁仲本、和本、十行本、閩本、監本、毛本、殿本、阮刻同，岳本無此五字。

② "有"，撫州本、余仁仲本、岳本、嘉靖本、八行本、和本、十行本、閩本、監本、毛本、殿本、阮刻本同；婺州本作"其"，非。

③ "慨"，撫州本、余仁仲本、岳本、嘉靖本、八行本、和本、監本、毛本、殿本同；婺州本、十行本、閩本、阮刻本作"既"，非。阮校曰："既憊貌　閩本同，監、毛本'既'作'慨'，岳本同，嘉靖本同，衛氏集說同。"

④ "憊皮拜反"，彙校卷第十一、撫釋一、余仁仲本、和本、十行本、閩本、監本、毛本、殿本、阮刻本同，岳本無此四字。

⑤ "說音悅下同"，彙校卷第十一、撫釋一、余仁仲本、和本、十行本、閩本、監本、毛本、殿本、阮刻本同，岳本無此五字。

⑥ "六"上，當補"四十"二字，喪服四制是禮記第四十六篇。

⑦ "昭"，撫州本、余仁仲本、婺州本、岳本、嘉靖本、八行本、和本、閩本、監本、毛本、殿本、阮刻本同；十行本作"此"，非。

⑧ "李調如字左傳作外嬖嬖叔"，彙校卷第十一、撫釋一、余仁仲本、和本、十行本、閩本、監本、毛本、殿本、阮刻本同，岳本無此十一字；此十一字是釋文文字，當在"李調"上補"○"號。

鼓鐘。樂作也。燕禮:賓入門,奏肆夏,既獻而樂闋。獻君亦如之。○闋,苦穴反,止也①。杜蕢自外來,聞鐘聲,曰:"安在?"怪之也。杜蕢,或作"屠蒯"。○蕢,苦怪反,注"蒯"同。屠,音徒②。曰:"在寢。"燕於寢。杜蕢入寢,歷階而升。酌,曰:"曠飲斯。"又酌,曰:"調飲斯。"又酌③,堂上北面,坐飲之。降,趨而出。三酌皆罰。○曠飲,於鳩反,下"飲斯"、"飲之"、"飲曠"、"飲調"、"飲寡人"皆同④。平公呼而進之,曰:"蕢,曩者,爾心或開予,是以不與爾言。曩,曏也,謂始來入時。開,謂諫爭有所發起。○曩,乃黨反。曏,本亦作"嚮",同許亮反。爭,"爭鬭"之爭⑤。爾飲曠,何也?"曰:"子卯不樂。紂以甲子死,桀以乙卯亡,王者謂之疾日,不以舉樂爲吉事,所以自戒懼。○子卯不樂⑥,如字。賈逵云:"桀以乙卯日死,受以甲子日亡,故以爲戒。"鄭同。漢書翼奉說則不然。張晏云:"子刑卯,卯刑子,相刑之日,故以爲忌。而云夏、殷亡日,不推湯、武以興乎?"疾日,音人一反⑦。知悼子在堂,斯其爲子卯也大矣。言大臣喪,重於疾日也。雜記曰:"君於卿大夫,比葬不食肉,比卒哭,不舉樂。"○比,必利反,下同。曠也,大師也,不以詔,是以飲之也。"詔,告也。大師典奏樂。"爾飲調,何也?"曰:"調

---

① "止也",彙校卷第十一、撫釋一、余仁仲本、和本、十行本、閩本、監本、毛本、殿本、阮刻本同,岳本無此二字。

② "注蒯同屠音徒",彙校卷第十一、撫釋一、余仁仲本、和本、十行本、閩本、監本、毛本、殿本、阮刻本同,岳本無此六字。

③ "又",撫州本、余仁仲本、岳本、嘉靖本、八行本、和本、十行本、閩本、監本、毛本、殿本、阮刻本同;婺州本作"人",非。

④ "曠飲於鳩反下飲斯飲之飲曠飲調飲寡人皆同",彙校卷第十一、撫釋一、余仁仲本、和本、十行本、閩本、監本、毛本、殿本、阮刻本同,岳本作"飲除一飲飲何外音蔭",非。

⑤ "嚮本亦作嘌同許亮反爭爭鬭之爭",彙校卷第十一、撫釋一、余仁仲本、和本、十行本、閩本、監本、毛本、殿本、阮刻本同,岳本無此十四字。

⑥ "子卯不",彙校卷第十一、撫釋一、余仁仲本、和本、十行本、閩本、監本、毛本、殿本、阮刻本同,岳本無此三字。

⑦ "賈逵云桀以乙卯日死受以甲子日亡故以爲戒鄭同漢書翼奉說則不然張晏云子刑卯卯刑子相刑之日故以爲忌而云夏殷亡日不推湯武以興乎疾日音人一反",岳本無此六十五字;彙校卷第十一、撫釋一、余仁仲本、和本、十行本、閩本、監本、毛本、殿本、阮刻本無"音"字,是。

也，君之褻臣也，爲一飲一食，忘君之疾，是以飲之也。"言調貪酒食。褻，嬖也。近臣，亦當規君疾憂。○爲，于僞反。嬖，必計反①。"爾飲，何也?"曰："蕢也，宰夫也。非刀匕是共，又敢與知防，是以飲之也。"防，禁放溢。○匕，必李反。共，音供。與，音預。防，音房，又扶放反。平公曰："寡人亦有過焉，酌而飲寡人。"聞義則服。杜蕢洗而揚觶，舉爵於君也。禮"揚"作"騰"②。揚，舉也；又送也③。"揚"近得之。○觶④，之豉反，字林音支⑤，又云"酒器"。近，"附近"之近，下"聲相近"同⑥。公謂侍者曰："如我死，則必毋廢斯爵也。"欲後世以爲戒。至于今，既畢獻，斯揚觶，謂之杜舉。此爵遂因杜蕢爲名。畢獻，獻賓與君。

---

①"嬖必計反"，彙校卷第十一、撫釋一、余仁仲本、和本、十行本、閩本、監本、毛本、殿本、阮刻本同，岳本無此四字。

②"騰"，撫州本、余仁仲本、婺州本、岳本、嘉靖本、八行本、十行本、阮刻本同，和本、閩本、監本、毛本、殿本作"媵"，非。阮校曰："禮揚作騰　宋監本、岳本、嘉靖本、惠棟校宋本同，閩、監、毛本'騰'作'媵'，衛氏集説同，下'騰送也'同。段玉裁云：'説文"媵，送也"，媵即媵字，"騰"非是。'考異曰："嘉靖本、岳本、十行本皆與此同。俗注疏本'騰'作'媵'，下'騰送也'同。案俗本非。鄉飲酒義注云：'今禮皆作"騰"。'射義注云：'今禮"揚"皆作"騰"。'可證也。儀禮古文作'媵'，今文作'騰'，見燕及大射二篇。鄭彼經從'媵'，而此注用'騰'者，以訓'送'之字，古文'媵'爲正，若今文作'騰'，是爲假借，義得兩通。賈燕禮疏云：'"騰"與"媵"皆是"送"義。'而其引此注字爲'媵'者，取順彼經文。又謂'媵'、'騰'同字也。此正義引彼經則作'媵'，複舉此注則作'騰'，意亦謂'媵'、'騰'同字也。十行本正義中尚未全誤，俗本盡依燕禮總改成'媵'，似是實非者也。又案燕禮注'今文媵，皆作騰'，不誤。大射注'古文媵，皆作騰'，'古'當是'今'耳。漢石經大射殘字作'媵'，蔡雝當是今文，但未必合於鄭。凡漢人中，同習一家而經字互異者多矣，恐難以相決。"鍔案：張説是。

③"又"，撫州本、余仁仲本、婺州本、岳本、嘉靖本、八行本、十行本、阮刻本作"騰"；和本、閩本、監本、毛本、殿本作"媵"，非。

④"觶"，彙校卷第十一、撫釋一、余仁仲本、岳本、和本、閩本、監本、毛本、殿本、阮刻本同；十行本作"觴"，非。

⑤"字林"，彙校卷第十一、撫釋一、余仁仲本、和本、十行本、閩本、監本、毛本、殿本、阮刻本同，岳本作"又"。

⑥"又云酒器近附近之近下聲相近同"，彙校卷第十一、撫釋一、余仁仲本、和本、十行本、閩本、監本、毛本、殿本、阮刻本同，岳本無此十四字。

4・30○**公叔文子卒**，文子，衞獻公之孫，名拔，或作“發”。○拔，蒲八反①。**其子戍請謚於君。曰：“日月有時，將葬矣，請所以易其名者。”**謚者，行之迹。有時，猶言有數也。大夫士，三月而葬。○行，下孟反。**君曰：“昔者衞國凶饑，夫子爲粥，與國之餓者**②，**是不亦惠乎？**君，靈公也。○粥，音祝。**昔者衞國有難，夫子以其死衞寡人，不亦貞乎？**難，謂魯昭公二十年，盗殺衞侯之兄縶也，時齊豹作亂，公如死鳥③。○難，乃旦反，注同④。**夫子聽衞國之政，脩其班制，以與四鄰交，衞國之社稷不辱，不亦文乎？**班制，謂尊卑之差。**故謂夫子‘貞惠文子’。”**後不言“貞惠”者，文足以兼之。

4・31○**石駘仲卒**，駘仲，衞大夫石蜡之族⑤。○駘，大來反。蜡，七客反。**無適子，有庶子六人，卜所以爲後者。**莫適立也。○適，丁歷反，注同。**曰：“沐浴佩玉則兆。”**言齊絜則得吉兆。○齊，側皆反⑥。**五人者皆沐浴佩玉。石祁子曰：“孰有執親之喪而沐浴佩玉者乎？”不沐浴佩玉。**心正且知禮。**石祁子兆，**衞人以龜爲有知也。

4・32○**陳子車死於衞，其妻與其家大夫謀以殉葬**，子車，齊大夫。**定，而后陳子亢至，以告。曰：“夫子疾，莫養於下，請以殉葬。”**子亢，子車弟，孔子弟子。下，地下。○亢，音剛，又苦浪反。養，羊尚反，下

────────────

① “拔蒲八反”，彙校卷第十一、撫釋一、余仁仲本、和本、十行本、閩本、監本、毛本、殿本、阮刻本同，岳本無此四字。
② “餓”，唐石經、撫州本、余仁仲本、岳本、嘉靖本、八行本、和本、十行本、閩本、監本、毛本、殿本、阮刻本同；婺州本作“饑”，非。
③ “如”，撫州本、余仁仲本、婺州本、岳本、嘉靖本、八行本、和本、閩本、監本、毛本、殿本、阮刻本同；十行本作“知”，非。
④ “注同”，彙校卷第十一、撫釋一、余仁仲本、和本、十行本、閩本、監本、毛本、殿本、阮刻本同，岳本無此二字。
⑤ “衞大夫石蜡之族”，撫州本、余仁仲本、婺州本、岳本、嘉靖本、八行本、和本、十行本、閩本、監本、毛本、殿本、阮刻本“蜡”作“碏”，是；和本“族”下衍“也”字。
⑥ “齊側皆反”，彙校卷第十一、撫釋一、余仁仲本、和本、十行本、閩本、監本、毛本、殿本、阮刻本同，岳本無此四字。

皆同。子亢曰：“以殉葬，非禮也。雖然，則彼疾當養者，孰若妻與宰？得已，則吾欲已；不得已，則吾欲以二子者之爲之也。”度諫之，不能止①。以斯言拒之。猶止也②。○度，大洛反③。重言“以殉葬，非禮也”二，下文一。於是弗果用。果，決。重意下文“弗果殺”。

4·33○子路曰：“傷哉貧也！生無以爲養，死無以爲禮也。”孔子曰：“啜菽飲水，盡其歡，斯之謂孝。斂手足形④，還葬而無椁，稱其財，斯之謂禮。”還，猶疾也，謂不及其日用⑤。○啜，昌劣反。叔，或作“菽”，音同，大豆也。王云：“熬豆而食曰啜菽。”⑥斂，力檢反。還，音旋，後同。稱，尺證反，下注“之稱”同⑦。重言“斂手足形，還葬”二，上篇一。

4·34○衛獻公出奔，反於衛，及郊，將班邑於從者而后入。欲賞從者，以懼居者。獻公以魯襄十四年出奔齊，二十六年復歸於衛。○從，才用反，注下同⑧。柳莊曰：“如皆守社稷，則孰執羈靮而從？如皆從，

---

① “止”，撫州本、余仁仲本、婺州本、岳本、嘉靖本、八行本、和本、閩本同；十行本、監本、毛本、殿本、阮刻本作“正”，非。阮校曰：“度諫之不能正　閩、監、毛本同。惠棟校宋本‘正’作‘止’，宋監本、岳本、嘉靖本同，衛氏集説同，考文引古本、足利本同。案：正義云‘子亢不能止之’，又云‘自度不能止’，據此則作‘止’者爲是。”

② “猶”上，撫州本、余仁仲本、婺州本、岳本、嘉靖本、八行本、和本、十行本、閩本、監本、毛本、殿本、阮刻本有“已”字，是。

③ “度大洛反”，彙校卷第十一、撫釋一、余仁仲本、和本、十行本、閩本、監本、毛本、殿本、阮刻本同，岳本無此四字。

④ “手”，唐石經、撫州本、余仁仲本、婺州本、岳本、嘉靖本、八行本、和本、十行本、閩本、監本、毛本、殿本、阮刻本同，考異曰：“今案：首也，足也，形也，是三事，故鄭注彼經以體解形。此經不注者，已具於彼也。首，言上之所始。足，言下之所終。形，言中之所該。斂法備此三者，士喪可考。”張謂當作“首”，是。

⑤ “用”，撫州本、余仁仲本、婺州本、岳本、嘉靖本、八行本、和本、十行本、閩本、監本、毛本、殿本、阮刻本、吳氏朱批、叢刊本作“月”，是。

⑥ “叔或作菽音同大豆也王云熬豆而食曰啜菽”，岳本無此十八字；彙校卷第十一、撫釋一、余仁仲本、和本、十行本、閩本、監本、毛本、殿本、阮刻本“啜菽”作“啜叔”。

⑦ “下注之稱同”，彙校卷第十一、撫釋一、余仁仲本、和本、十行本、閩本、監本、毛本、殿本、阮刻本同，岳本無此五字。

⑧ “注”，彙校卷第十一、撫釋一、余仁仲本、和本、十行本、閩本、監本、毛本、殿本、阮刻本同，岳本無此字。

則執守社稷？言從守若一。靮，紖也。○羈，音基。靮，丁歷反。紖，陳忍反。
君反其國而有私也，毋乃不可乎？”言有私，則生怨。弗果班。

4·35○衛有大史曰柳莊，寢疾。公曰：“若疾革，雖當祭，必告。”
革，急也。○革，本又作“亟”，居力反，注同①。公再拜稽首，請於尸曰：“有
臣柳莊也者，非寡人之臣，社稷之臣也。聞之死，請往。急弔賢
者。不釋服而往，遂以襚之。脫君祭服以襚臣，親賢也。所以此襚之者，
以其不用襲也。凡襚以斂。○襚，音遂。脫，本亦作“説”，又作“税”，同，他活
反②。與之邑裒氏與縣潘氏，書而納諸棺曰：“世世萬子孫毋變
也！”所以厚賢也③。裒、縣潘，邑名。○縣，音玄，注同④。潘，普干反。

4·36○陳乾昔寢疾，屬其兄弟而命其子尊己曰：“如我死，
則必大爲我棺，使吾二婢子夾我。”婢子，妾也⑤。○乾，音干。屬，之玉
反。夾，古洽反。陳乾昔死，其子曰：“以殉葬，非禮也，況又同棺
乎？”弗果殺。善尊己，不陷父於不義。重言“以殉葬，非禮也”二，上文
一。○弗果殺，上文“弗果用”。

4·37○仲遂卒于垂，壬午猶繹，萬入去籥。春秋經在宣八年。
仲遂，魯莊公之子東門襄仲。先日辛巳，有事於太廟，而仲遂卒。明日而繹，非
也。萬，干舞也。籥，籥舞也。傳曰：“去其有聲者，廢其無聲者。”○繹，音亦。

---

① “革本又作亟居力反注同”，彙校卷第十一、撫釋一、余仁仲本、和本、十行本、閩本、監
本、毛本、殿本、阮刻本同，岳本作“革居力反”。
② “脫本亦作説又作税同他活反”，彙校卷第十一、撫釋一、余仁仲本、和本、十行本、閩本、
監本、毛本、殿本、阮刻本同，岳本無此十二字。
③ “厚”，撫州本、余仁仲本、婺州本、岳本、八行本、和本、十行本、閩本、監本、毛本、殿本、
阮刻本同，嘉靖本作“享”，非。
④ “注同”，彙校卷第十一、撫釋一、余仁仲本、和本、十行本、閩本、監本、毛本、殿本、阮刻
本同，岳本無此二字。
⑤ “妾”，撫州本、余仁仲本、岳本、嘉靖本、八行本、和本、十行本、閩本、監本、毛本、殿本、
阮刻本同；婺州本作“妄”，非。

去,羌吕反,注同。籥,羊灼反①。**仲尼曰:"非禮也,卿卒不繹。"**

　　4·38○**季康子之母死,公輸若方小**。公輸若,匠師。方小,言年尚幼,未知禮也。**斂,般請以機封**,斂,下棺於椁。般,若之族,多技巧者。見若掌斂事而年尚幼,請代之而欲嘗其技巧。○般,音班,注及下同②。封,彼驗反。技,其綺反,下同③。**將從之**。時人服般之巧。**公肩假曰:"不可。夫魯有初**,初,謂故事。**公室視豐碑**,言視者,時僭天子也。豐碑,斲大木爲之,形如石牌,於椁前後四角樹之,穿中於間爲鹿盧,下棺以綍繞。天子六綍四碑,前後各重鹿盧也。○碑,彼皮反。僭,子念反,後皆同。斲,丁角反④。綍,音律。繞,而沼反⑤。重,直龍反。**三家視桓楹**。時僭諸侯,諸侯下天子也。斲之,形如大楹耳。四植謂之桓。諸侯四綍二碑,碑如桓矣。大夫二綍二碑,士二綍無碑。○下,戶嫁反。植,時力反⑥。**般,爾以人之母嘗巧,則豈不得以?** 以,已字。言强有强使女者與⑦。僭於禮,有以作機巧⑧,非也。"以"與

---

①"注同籥羊灼反",彙校卷第十一、撫釋一、余仁仲本、和本、十行本、閩本、監本、毛本、殿本、阮刻本同,岳本無此六字。

②"注及下同",彙校卷第十一、撫釋一、余仁仲本、和本、十行本、閩本、監本、毛本、殿本、阮刻本同,岳本無此四字。

③"技其綺反下同",彙校卷第十一、撫釋一、余仁仲本、和本、十行本、閩本、監本、毛本、殿本、阮刻本同,岳本無此六字。

④"僭子念反後皆同斲丁角反",彙校卷第十一、撫釋一、余仁仲本、和本、十行本、閩本、監本、毛本、殿本、阮刻本同,岳本無此十一字。

⑤"繞而沼反",彙校卷第十一、撫釋一、余仁仲本、和本、十行本、閩本、監本、毛本、殿本、阮刻本同,岳本無此四字。

⑥"植時力反",彙校卷第十一、撫釋一、余仁仲本、和本、十行本、閩本、監本、毛本、殿本、阮刻本同,岳本無此四字。

⑦"言强",余仁仲本同,十行本、閩本、監本、毛本、殿本"强"作"誰";撫州本、婺州本、岳本、嘉靖本、八行本、和本、阮刻本、吳氏朱批作"言寧",是。阮校曰:"言寧有强使女者與　惠棟校宋本作'寧',宋監本、岳本、嘉靖本同,此本'寧'誤'强',閩、監、毛本作'誰',亦非。考文云:'古本、足利本作"寧"。'"

⑧"以",撫州本、余仁仲本、婺州本、岳本、嘉靖本、八行本、和本、十行本、閩本、監本、毛本、殿本、阮刻本作"似",是。

“已”字本同。爾目，古“以”字①。○强，其丈反。女，音汝。與，音餘，下“苦與”同②。**其母以嘗巧者乎③，則病者乎？** 毋，無也。於女寧有病苦與④？止之。○毋，音無。**噫！**”不寤之声。○噫，於其反。**弗果從。**

4・39○**戰于郎。** 郎，魯近邑也。哀十一年，“齊國書帥師伐我”是也。**公叔禺人遇負杖入保者息。** 遇，見也。見走辟齊師，將入保，罷倦，加其杖頸上，兩手掖之休息者。保，縣邑小城。禺人，昭公之子。春秋傳曰公叔務人。○禺，音遇，又音務，注同⑤。辟，音避。罷，音皮。倦，其卷反。頸，吉領反。掖，音亦⑥。**曰：“使之雖病也，**謂時繇役。○繇，本亦作“徭”⑦，音遥。**任之雖重也，**謂時稅賦⑧。**君子不能爲謀也，士弗能死也，不可。** 君子，謂卿大夫也。魯政既惡，復無謀臣，士又不能死難，禺人恥之。○弗能，“弗”亦作“不”⑨。

----

① “爾目古以字”，岳本無此五字，十行本“爾”字作墨釘；據彙校卷第十一、撫釋一、余仁仲本、和本、十行本、閩本、監本、毛本、殿本、阮刻本，“爾目”下是釋文文字，應將“强其丈反”上之“○”號，移至“爾目”二字上。

② “女音汝與音餘下苦與同”，彙校卷第十一、撫釋一、余仁仲本、和本、十行本、閩本、監本、毛本、殿本、阮刻本同，岳本無此十字。

③ “母”，毛本、殿本、阮刻同；撫州本、余仁仲本、婺州本、岳本、嘉靖本、八行本、和本、十行本、閩本、監本作“毋”，是。阮校曰：“其母以嘗巧者乎　惠棟校宋本、宋監本、閩本、石經、岳本同，衛氏集説同，監、毛本‘毋’誤‘母’，嘉靖本同。釋文出‘其毋’，云‘音無’，注亦云：‘毋，無也。’則經不作‘母’，明甚。盧文弨校云：‘依注當作毋，下放此。’又禮記音義考證云：‘近人所讀，“則豈不得以其母以嘗巧者乎”爲一句，改毋爲母，與鄭注不合，失之矣。’○按：當作‘毋’，故陸德明音無，今釋文作母，亦非。”阮説是也。

④ “苦”，撫州本、余仁仲本、岳本、八行本、和本、十行本、閩本、監本、毛本、殿本、阮刻本同，婺州本、嘉靖本作“若”，非。

⑤ “注同”，彙校卷第十一、撫釋一、余仁仲本、和本、十行本、閩本、監本、毛本、殿本、阮刻本同，岳本無此二字。

⑥ “倦其卷反頸吉領反掖音亦”，彙校卷第十一、撫釋一、余仁仲本、和本、十行本、閩本、監本、毛本、殿本、阮刻本同，岳本無此十一字。

⑦ “本亦作徭”，彙校卷第十一、撫釋一、余仁仲本、十行本、和本、閩本、監本、毛本、殿本、阮刻本同，岳本無此四字。

⑧ “稅賦”，撫州本、余仁仲本、婺州本、岳本、嘉靖本、八行本、和本、十行本、閩本、監本、毛本、殿本、阮刻本作“賦稅”，是。

⑨ “弗能弗亦作不”，彙校卷第十一、撫釋一、余仁仲本、和本、十行本、閩本、監本、毛本、殿本、阮刻本同，岳本無此六字。

爲,于僞反,下注"國爲"、下"爲懿"同。復,扶又反,下"復射"、"謂不復"同①。難,乃旦反②。**我則既言矣!**欲敵齊師,踐其言。**與其鄰重汪踦往,皆死焉。**奔敵,死齊寇。鄰,鄰里也。重,皆當爲"童"。童,未冠者之稱,姓汪名踦。鄰,或爲"談"。春秋傳曰"童汪踦"。○重,依注音"童"③,下同。汪,烏黃反。踦,魚綺反。冠,古亂反④。**魯人欲勿殤重汪踦**,見其死君事,有士行,欲以成人之喪治之。言魯人者,死君事,國爲斂葬。○行,下孟反。**問於仲尼。仲尼曰:"能執干戈以衛社稷,雖欲勿殤也,不亦可乎?"**善之。

4·40○**子路去魯,謂顏淵曰:"何以贈我?"**贈,送。**曰:"吾聞之也:去國,則哭于墓而后行;反其國,不哭,展墓而入。"**無君事,主於孝。哭,哀去也。展,省視之。**謂子路曰:"何以處我?"**處,猶安也。**子路曰:"吾聞之也:過墓則式,過祀則下。"**居者,主於敬。

4·41○**工尹商陽與陳棄疾追吳師,及之。**工尹,楚官名⑤。棄疾,楚公子棄疾也。以魯昭八年,帥師滅陳,縣之,楚人善之,因號焉。至十二年,楚子狩於州來,使蕩侯、潘子、司馬督、囂尹午、陵尹喜圍徐以懼矣⑥,於時有吳師。陳,成作"陵"⑦,楚人聲。馬裂,音篤,本亦作"督"⑧。**陳棄疾謂工尹商**

---

① "注國爲下爲懿同復扶又反下復射謂不復",彙校卷第十一、撫釋一、余仁仲本、和本、十行本、閩本、監本、毛本、殿本、阮刻本同,岳本無此十七字。
② "難乃旦反",彙校卷第十一、撫釋一、余仁仲本、和本、十行本、閩本、監本、毛本、殿本、阮刻本同,岳本無此四字。
③ "依注",彙校卷第十一、撫釋一、余仁仲本、和本、十行本、閩本、監本、毛本、殿本、阮刻本同,岳本無此二字。
④ "冠古亂反",彙校卷第十一、撫釋一、余仁仲本、和本、十行本、閩本、監本、毛本、殿本、阮刻本同,岳本無此四字。
⑤ "楚",撫州本、余仁仲本、婺州本、岳本、嘉靖本、足利本、和本、十行本、閩本、監本、毛本、殿本、阮刻本同;八行本作"是",非。
⑥ "矣",撫州本、余仁仲本、婺州本、岳本、嘉靖本、八行本、和本、十行本、閩本、監本、毛本、殿本、阮刻本,吳氏朱批作"吳",是。
⑦ "成",撫州本、余仁仲本、婺州本、岳本、嘉靖本、八行本、和本、十行本、閩本、監本、毛本、殿本、阮刻本,吳氏朱批作"或",是。
⑧ "馬裂音篤本亦作督",岳本無此八字;據彙校卷第十一、撫釋一、余仁仲本、和本、十行本、閩本、監本、毛本、殿本、阮刻本,"馬裂"下是釋文文字,當在"馬裂"上補"○"號。

陽曰："王事也，子手弓而可。"手弓。"子射諸！"商陽仁，不忍傷人，以王事勸之。○射，食亦反，下同①。射之，斃一人，韔弓。不忍復射。斃，仆也。韔，弢也。○斃，本亦作"弊"②，婢世反，下同。韔，勅亮反。仆，蒲北反，又音赴。弢，吐刀反③。又及，謂之，又斃二人。每斃一人，揜其目。揜其目，不忍視之。○又及，本或作"又及一人"。又一人，後人妄加耳④。止其御曰："朝不坐，燕不與。殺三人，亦足以反命矣！"朝燕於寢，大夫坐於上，士立於下。然則商陽與御者，皆士也。兵車參乘，射者在左，戈盾在右，御在中央。○朝，直遥反。與，音預。乘，繩證反⑤。盾，食允反，又音允⑥。孔子曰："殺人之中，又有禮焉。"善之。

　　4·42○諸侯伐秦，曹桓公卒于會，魯成十三年，"曹伯盧卒於師"是也。盧，謚宣，言桓，聲之誤也。○桓，依注音"宣"⑦。諸侯請含，以明友有相啖食之道。○含，胡闇反。啖，徒暫反。食，音嗣，徐音自⑧。使之襲。非也。襲，賤者之事。

　　4·43○襄公朝于荆，康王卒。在魯襄二十八年。康王，楚子昭也。楚言荆者，州言之。荆人曰："必請襲。"欲使襄公衣之。○衣，於既反。魯人

---

① "下同"，彙校卷第十一、撫釋一、余仁仲本、和本、十行本、閩本、監本、毛本、殿本、阮刻本同，岳本無此二字。
② "本亦作弊"，彙校卷第十一、撫釋一、余仁仲本、和本、十行本、閩本、監本、毛本、殿本、阮刻本同，岳本無此四字。
③ "仆蒲北反又音赴弢吐刀反"，彙校卷第十一、撫釋一、余仁仲本、和本、十行本、閩本、監本、毛本、殿本、阮刻本同，岳本無此十一字。
④ "又及本或作又及一人又一人後人妄加耳"，彙校卷第十一、撫釋一、余仁仲本、和本、十行本、閩本、監本、毛本、殿本、阮刻本同，岳本無此十七字。
⑤ "乘繩證反"，彙校卷第十一、撫釋一、余仁仲本、和本、十行本、閩本、監本、毛本、殿本、阮刻本同，岳本無此四字。
⑥ "又音允"，彙校卷第十一、撫釋一、余仁仲本、和本、十行本、閩本、監本、毛本、殿本、阮刻本同，岳本無此三字。
⑦ "○桓依注音宣"，彙校卷第十一、撫釋一、和本、閩本、監本、毛本、殿本同，余仁仲本、十行本、阮刻本脱"○"號，岳本無"依注"二字，嘉靖本衍"桓依注音宣"五字。
⑧ "徐音自"，彙校卷第十一、撫釋一、余仁仲本、和本、十行本、閩本、監本、毛本、殿本、阮刻本同，岳本無此三字。

曰：“非禮也。”荆人强之，欲尊康王。○强，其丈反，下注同①。巫先拂柩，荆人悔之。巫祝桃茢，君臨臣喪之禮。○拂，芳勿反。柩，其久反。茢，音列②。

4·44○滕成公之喪，魯昭三年。使子叔敬叔弔，進書。子叔敬叔，魯宣公弟叔肸之曾孫叔弓也。進書，奉君弔書。○肸，許乙反。子服惠伯爲介，惠伯，慶父玄孫之子，名叔③。介，副也。○介，音界，注及後同④。及郊，爲懿伯之忌不入。郊，滕之近郊也。懿伯，惠伯之叔父。忌，怨也。敬叔有怨於懿伯，難惠伯也。春秋傳曰：“敬叔不入。”○難，乃旦反。惠伯曰：“政也，不可以叔父之私，不將公事。”政，君命所爲。敬叔於昭穆以懿伯爲叔父⑤。○昭，音常遥反⑥。遂入。惠伯强之，乃入。

4·45○哀公使人弔蕡尚⑦，遇諸道，辟於路，畫宮而受弔焉。哀公，魯君也。畫宮，畫地爲宮象。○蕡，苦怪反。辟，音避，又婢亦反。畫，音獲，注同⑧。曾子曰：“蕡尚不如杞梁之妻之知禮也。行弔禮於野，非。齊莊公襲莒于奪，杞梁死焉。魯襄二十二年⑨，“齊侯襲莒”是也。

---

① “注”，彙校卷第十一、撫釋一、余仁仲本、和本、十行本、閩本、監本、毛本、殿本、阮刻本同，岳本無此字。

② “茢音列”，彙校卷第十一、撫釋一、余仁仲本、和本、十行本、閩本、監本、毛本、殿本、阮刻本同，岳本無此三字。

③ “叔”，撫州本、余仁仲本、婺州本、岳本、嘉靖本、八行本、和本、十行本、閩本、監本、毛本、殿本、阮刻本作“椒”，是。

④ “注及後同”，彙校卷第十一、撫釋一、余仁仲本、和本、十行本、閩本、監本、毛本、殿本、阮刻本同，岳本無此四字。

⑤ “敬叔於昭穆以懿伯爲叔父”，正義曰：“此後人轉寫鄭注之誤，當云‘敬叔於昭穆以惠伯爲叔父’。”

⑥ “音常遥反”，彙校卷第十一、撫釋一、余仁仲本、岳本、和本、十行本、閩本、監本、毛本、阮刻本無“音”字，是；監本、毛本、殿本“常”誤作“尚”，十行本、閩本“遥”誤作“逆”。

⑦ 嘉靖本卷三第十八頁B面第一行至第六行中間有殘缺，導致“叔敬”、“肸之”、“伯慶”、“名叔”、“滕之近”、“叔父”、“伯”、“君命”、“穆以”、“弔”十九經注文字殘缺。

⑧ “注同”，彙校卷第十一、撫釋一、余仁仲本、和本、十行本、閩本、監本、毛本、殿本、阮刻本同，岳本無此二字。

⑨ “二十二”，余仁仲本、嘉靖本、和本、十行本、閩本、阮刻本同；撫州本、婺州本、岳本、八行本、監本、毛本、殿本作“二十三”，是。阮校曰：“魯襄二十二年齊侯襲莒　閩（轉下頁注）

春秋傳曰:"杞殖、華還載甲,夜入且于之隧。"隧、奪,聲相近,或爲"兌"。梁即殖也。○于奪,徒外反,注并"兌"同①。杞,音豈。殖,時職反。華,胡化反。且,子餘反。**其妻迎其柩於路而哭之哀。莊公使人弔之。對曰:'君之臣不免於罪,則將肆諸市朝而妻妾執。**肆,陳尸也。大夫以上於朝,士以下於市。執,拘也。○肆,殺三日②,音四。朝,直遥反。上,時掌反。拘,音俱③。**君之臣免於罪,則有先人之敝廬在,君無所辱命。'"**無所辱命,辭不受也。春秋傳曰:"齊侯弔諸其室。"○廬,力居反。

4·46○**孺子䵘之喪,**魯哀公之少子。○䵘,吐孫反。**哀公欲設撥,**撥,可撥引輴車,所謂紼。○撥,半末反。輴,勅倫反④。**問於有若。有若曰:"其可也,君之二臣猶設之⑤。"**猶,尚也。以臣况子也。三臣,仲孫、叔孫、季孫氏。**顔柳曰:"天子龍輴而椁幬,**輴,殯車也,畫轅爲龍。幬,覆也。殯,以椁覆棺而塗之,所謂菆塗龍輴以椁。○椁,音郭。幬,大報反。攢塗,才丸反,下音徒⑥。**諸侯輴而設幬,**輴不畫龍。**爲楡沈,故設撥。**以水澆楡白皮之汁,有急以播地,於引輴車滑。○沈,本又作"瀋",同,昌審反⑦。澆,古堯反。汁,之十反。滑,于八反⑧。

(接上頁注)本同,嘉靖本同,監、毛本'二'作'三',岳本同,衛氏集説同。案:依春秋,當作'三'。"

①"注并兌同",彙校卷第十一、撫釋一、余仁仲本、和本、十行本、閩本、監本、毛本、殿本、阮刻本同,岳本無此四字。

②"殺三日",岳本無此三字;彙校卷第十一、撫釋一、余仁仲本、和本、十行本、閩本、監本、毛本、殿本、阮刻本"日"下有"陳尸"二字。

③"上時掌反拘音俱",岳本無此七字;彙校卷第十一、撫釋一、監本、毛本、殿本同,余仁仲本、和本、十行本、閩本、阮刻本"時"作"詩"。

④"撥半末反輴勅倫反",彙校卷第十一、撫釋一、余仁仲本、和本、十行本、閩本、監本、毛本、殿本、阮刻本同,岳本"反"下皆衍"下同"二字。

⑤"二",唐石經、撫州本、余仁仲本、婺州本、岳本、嘉靖本、八行本、和本、十行本、閩本、監本、毛本、殿本、阮刻本、吳氏朱批作"三",是。

⑥"攢塗才丸反下音徒",彙校卷第十一、撫釋一、余仁仲本、和本、十行本、閩本、監本、毛本、殿本、阮刻本同,岳本作"菆才丸反"。

⑦"沈本又作瀋同昌審反",十行本、閩本、監本、毛本、殿本、阮刻本同,岳本作"沈昌審反";彙校卷第十一、撫釋一、余仁仲本、和本"作瀋"作"作潘",是。

⑧"澆古堯反汁之十反滑于八反",彙校卷第十一、撫釋一、余仁仲本、和本、十(轉下頁注)

三臣者廢輴而設撥，竊禮之不中者也，而君何學焉？”止其學非禮也。廢，去也。綍繫於輴，三臣於禮去輴。今有綍①，是用輴，僭禮也。殯禮，大夫畫置西序，士掘肂見衽。○中，丁仲反，又如字。學，如字，或音户教反②，非，注同。去，羌呂反，下同③。掘，求勿反，義求月反④，又户忽反⑤。肂，本又作“肆”⑥，以二反，棺坎也。見，賢遍反。衽，而審反⑦。

4·47○悼公之母死，母，哀公之妾。哀公爲之齊衰。有若曰：“爲妾齊衰，禮與？”譏而問之。妾之貴者，爲之緦耳。○爲，于僞反，下“爲妾”、注“爲之”、下“弗爲服”皆同⑧。與，音餘。公曰：“吾得已乎哉？魯人以妻我。”言國人皆名之爲我妻，重服嬖妾，文過，非也。○嬖，必計反⑨。

4·48○季子皋葬其妻，犯人之禾。季子皋，孔子弟子高柴。孟氏之邑成宰，或氏季。犯，躐也。○躐，力輒反。申祥以告曰：“請庚之。”申祥，子張子。庚，償也。○庚，古衡反。償，徐音尚⑩。子皋曰：“孟氏不以

（接上頁注）行本、閩本、監本、毛本、殿本、阮刻本同，岳本無此十二字。

①“綍”，撫州本、余仁仲本、婺州本、岳本、嘉靖本、八行本、和本、閩本、監本、毛本、殿本、阮刻本同；十行本作“縮”，非。

②“音”，彙校卷第十一、撫釋一、余仁仲本、和本、十行本、閩本、監本、毛本、殿本、阮刻本同，岳本無此字。

③“注同去羌呂反下同”，彙校卷第十一、撫釋一、余仁仲本、和本、十行本、閩本、監本、毛本、殿本、阮刻本同，岳本無此八字。

④“義”，彙校卷第十一、撫釋一、余仁仲本、岳本、和本、十行本、閩本、監本、毛本、殿本、阮刻本作“又”，是。

⑤“又户忽反”，彙校卷第十一、撫釋一、余仁仲本、和本、十行本、閩本、監本、毛本、殿本、阮刻本同，岳本無此四字。

⑥“本又作肆”，彙校卷第十一、撫釋一、余仁仲本、和本、十行本、閩本、監本、毛本、殿本、阮刻本同，岳本無此四字。

⑦“棺坎也見賢遍反衽而審反”，彙校卷第十一、撫釋一、余仁仲本、和本、十行本、閩本、監本、毛本、殿本、阮刻本同，岳本無此十一字。

⑧“爲妾注爲之下弗爲服”，彙校卷第十一、撫釋一、余仁仲本、和本、十行本、閩本、監本、毛本、殿本、阮刻本同，岳本無此九字。

⑨“嬖必計反”，彙校卷第十一、撫釋一、余仁仲本、和本、十行本、閩本、監本、毛本、殿本、阮刻本同，岳本無此四字。

⑩“徐”，彙校卷第十一、撫釋一、余仁仲本、和本、十行本、閩本、監本、毛本、殿（轉下頁注）

是罪予，時僭侈。○僭，子念反。侈，昌氏反，又赤氏反①。朋友不以是棄予③，言非大故。以吾爲邑長於斯也，買道而葬，後難繼也。"恃寵虐民，非也。○長，丁丈反。

　　4・49○仕而未有禄者，君有餽焉，曰"獻"。使焉，曰"寡君"。見在臣位，與有禄同也。君有餽，有餽於君。○餽，本又作"饋"，其位反③，遺也。使，色吏反。見，賢遍反④。違而君薨，弗爲服也。以其恩輕也。違，去也。

　　4・50○虞而立尸，有几筵，卒哭而諱。諱，避其名。○辟，音避。生事畢，而鬼事始已。謂不復餽食於下室，而鬼神祭之。已，辭也。既卒哭，宰夫執木鐸以命于宫曰："舍故而諱新。"故，爲高祖之父當遷者也⑤。易説帝乙曰："易之帝乙爲成湯，書之帝乙六世王。天之錫命，疏可同名。"○鐸，大各反。舍，音捨。自寢門至于庫門。百官所在。庫門，宮外門。明堂位曰："庫門，天子臯門。"

　　4・51○二名不偏諱，夫子之母名徵在，言"在"不稱"徵"，言"徵"不稱"在"。稱，舉也。雜記曰："妻之諱，不舉諸其側。"重言"二名不偏諱"二，一見曲禮上。

　　4・52○軍有憂，則素服哭於庫門之外。憂，謂爲敵所敗也。素

（接上頁注）本、阮刻本同，岳本無此字。

① "僭子念反侈昌氏反又赤氏反"，彙校卷第十一、撫釋一、余仁仲本、和本、十行本、閩本、監本、毛本、殿本、阮刻本同，岳本無此十二字。

② "予"，唐石經、撫州本、余仁仲本、婺州本、岳本、嘉靖本、八行本、和本、閩本、監本、毛本、殿本、阮刻本同；十行本作"子"，非。

③ "餽本又作饋其位反"，彙校卷第十一、撫釋一、余仁仲本、和本、十行本、閩本、監本、毛本、殿本、阮刻本同，岳本作"饋其位反"。

④ "見賢遍反"，彙校卷第十一、撫釋一、余仁仲本、和本、十行本、閩本、監本、毛本、殿本、阮刻本同，岳本無此四字。

⑤ "爲"，余仁仲本、嘉靖本、和本、十行本、閩本、監本、毛本、殿本、阮刻本同；撫州本、婺州本、岳本、八行本作"謂"，是。阮校曰："故爲高祖之父當遷者也　閩、監、毛本同，嘉靖本同，惠棟校宋本'爲'作'謂'，宋監本、岳本同，衛氏集説同，考文引古本、足利本同。"

服者,縞冠也。○敗,必邁反①。**赴車不載槖韔。** 兵不戢,示當報也。以告喪之辭言之,謂還告於國。槖,甲衣。韔,弓衣。○槖,音羔。韔,本亦作"韔"②,勑亮反。戢,側立反。

4·53○**有焚其先人之室,則三日哭。** 謂人燒其宗廟③,哭者哀精神之有虧傷。**故曰:"新宮火,亦三日哭。"** 火,人火也④。新宮火,在魯成三年。

4·54○**孔子過泰山側,有婦人哭於墓者而哀,夫子式而聽之。** 怪其哀甚。**使子路問之曰**⑤**:"子之哭也,壹似重有憂者。"而曰:"然! 昔者吾舅死於虎,吾夫又死焉,今吾子又死焉!"** 而,猶乃也。夫之父曰舅。○重,直用反。**夫子曰:"何爲不去也?"曰:"無苛政。"夫子曰:"小子識之,苛政猛於虎也。"**

4·55○**魯人有周豐也者,哀公執摯請見之。** 下賢也。摯,禽摯也。諸侯而用禽摯,降尊就卑之義。○苛,音何,本亦作"荷"。識,伸志反,又如字⑥。贊,

---

① "敗必邁反",彙校卷第十一、撫釋一、余仁仲本、和本、十行本、閩本、監本、毛本、殿本、阮刻本同,岳本無此四字。
② "本亦作韔",彙校卷第十一、撫釋一、余仁仲本、和本、十行本、閩本、監本、毛本、殿本、阮刻本同,岳本無此四字。
③ "人",余仁仲本、婺州本、岳本、嘉靖本、和本、十行本、閩本、監本、毛本、殿本、阮刻本同;撫州本、八行本作"火",是。
④ "火",撫州本、余仁仲本、婺州本、岳本、嘉靖本、八行本、十行本、閩本、監本、毛本、殿本、阮刻本同;和本作"人",非。
⑤ "子路",余仁仲本、嘉靖本、和本、十行本、閩本、監本、毛本、殿本、阮刻本同;唐石經、撫州本、婺州本、岳本、八行本作"子貢",是。阮校曰:"使子路問之　閩、監、毛本同,嘉靖本同,衛氏集說同,惠棟校宋本'路'作'貢',石經、宋監本、岳本同。石經考文提要云:'案九經三傳沿革例云:"實使子貢。而興國本及建諸本皆作子路,疏亦不明言何人。及考石本、舊監本、蜀大字本、越上注疏本,皆作子貢"。'以文選李善注及藝文類聚、白孔六帖、太平御覽、孔子家語所引證之,則作'子貢'是也。"
⑥ "苛音何本亦作荷識伸志反又如字",彙校卷第十一、撫釋一、閩本、監本、毛本、阮刻本在經文"苛政猛於虎也"下,是,岳本無此十四字;彙校卷第十一、撫釋一、余仁仲本、和本、十行本、閩本、監本、毛本、阮刻本"伸"作"申",和本、十行本、閩本、監本、毛本、阮刻本"志"作"吉",殿本"伸志反"誤作"甲吉反"。

音至。下，戶嫁反。重言“小子識之”二，一見上篇。而曰：“不可。”辭君以尊見卑。士禮，先生異爵者，請見之，則辭。公曰：“我其已夫？”已，止也。重强變賢。○夫，音扶①。强，其丈反。使人問焉。曰：“有虞氏未施信於民而民信之，夏后氏未施敬於民而民敬之，何施而得斯於民也？”時公與三桓始有惡，懼將不安。對曰：“墟墓之間，未施哀於民而民哀。社稷宗廟之中，未施敬於民而民敬。言民見悲哀之處則悲哀，見莊敬之處則莊敬，非必有使之者。墟，毀滅無後之地。○虛，本亦作“墟”，同起魚反②，注同。處，昌慮反，下同③。殷人作誓而民始畔，周人作會而民始疑，會，謂盟也。盟誓，所以結衆以信，其後外恃衆而信不由中，則民畔疑之。孔子曰：“其身正，不令而行。其身不正，雖令不從。”苟無禮義、忠信、誠愨之心以涖之，雖固結之，民其不解乎？”涖，臨也。○涖，音利，又音類④。解，佳買反，舊胡買反。

　　4·56○喪不慮居，謂賣舍宅以奉喪⑤。毀不危身，謂憔悴將滅性。○憔，在遥反。悴，在醉反⑥。喪不慮居，爲無廟也。毀不危身，爲無後也。

　　4·57○延陵季子適齊，於其反也，其長子死，葬於嬴、博之間。季子，名札，魯昭二十七年，“吳公子札聘於上國”是也。季子讓國居延陵，因號焉。春秋傳謂延陵，延州來。嬴、博，齊地，今泰山縣是也。○爲，于僞反，下同。長，丁

---

① “夫音扶”，彙校卷第十一、撫釋一、余仁仲本、岳本、和本、十行本、閩本、監本、毛本、殿本、阮刻本作“夫音符”。

② “本亦作墟同”，彙校卷第十一、撫釋一、余仁仲本、和本、十行本、閩本、監本、毛本、殿本、阮刻本同，岳本無此五字。

③ “注同處昌慮反下同”，彙校卷第十一、撫釋一、余仁仲本、和本、十行本、閩本、監本、毛本、殿本、阮刻本同，岳本無此八字。

④ “又音類”，彙校卷第十一、撫釋一、余仁仲本、和本、十行本、閩本、監本、毛本、殿本、阮刻本同，岳本無此三字。

⑤ “舍宅”，撫州本、余仁仲本、婺州本、岳本、嘉靖本、八行本、和本、十行本、閩本、監本、毛本、殿本、阮刻本同，岳本作“宅舍”。

⑥ “憔在遥反悴在醉反”，彙校卷第十一、撫釋一、余仁仲本、和本、十行本、閩本、監本、毛本、殿本、阮刻本同，岳本無此八字。

丈反，下“官長”并注同①。嬴，音盈。札，側八反②。**孔子曰：“延陵季子，吳之習於禮者也。”往而觀其葬焉。**往弔之。**其坎深不至於泉，**以生恕死。○深，式鳩反。**其斂以時服。**以行時之服，不改制節。**既葬而封，廣輪揜坎，其高可隱也。**示節也③。輪，從也。隱，據也。封可手據，謂高四尺④。○廣，古曠反。揜，本又作“掩”，於檢反⑤。隱，於刃反，注同⑥。從，子容反。**既封，左袒，右還其封，且號者三，曰：“骨肉歸復于土，命也。若魂氣，則無不之也，無不之也。”**還，圍也。號，哭且言也。命，猶性也⑦。○號，户高反，注同⑧。**而遂行。**行，去也。**孔子曰：“延陵季子之於禮也，其合矣乎！”**

　　4·58○**邾婁考公之喪，**考公，隱公益之曾孫。考，或爲“定”。○婁，力俱反，下同。**徐君使容居來弔、含。**弔且含。○含，胡闇反，注及下同⑨。

---

① “下官長并注同”，彙校卷第十一、撫釋一、余仁仲本、和本、十行本、閩本、監本、毛本、殿本、阮刻本同，岳本無此六字。
② “札側八反”，彙校卷第十一、撫釋一、余仁仲本、和本、十行本、閩本、監本、毛本、殿本、阮刻本同，岳本無此四字。
③ “示”，余仁仲本、和本、十行本、閩本、監本、毛本、殿本、阮刻本同；撫州本、婺州本、岳本、嘉靖本、八行本作“亦”，是。阮校曰：“示節也　閩、監、毛本同，衛氏集説同，惠棟校宋本‘示’作‘亦’，宋監本、岳本、嘉靖本同，續通解同，考文引古本、足利本同。案：依正義，作‘亦’字是也。”
④ “四尺”，余仁仲本、嘉靖本、八行本、十行本、阮刻本同；撫州本、婺州本、岳本、足利本、和本、閩本、監本、毛本、殿本“尺”下有“所”字，吳氏朱批補“所”字，是。阮校曰：“謂高四尺所　閩、監、毛本有‘所’字，岳本同，衛氏集説同，此本‘所’字脱，嘉靖本同。”
⑤ “揜本又作掩於檢反”，彙校卷第十一、撫釋一、余仁仲本、和本、閩本、監本、毛本、殿本、阮刻本同，岳本作“揜音奄”；十行本“檢”誤作“斂”。
⑥ “注同”，彙校卷第十一、撫釋一、余仁仲本、和本、十行本、閩本、監本、毛本、殿本、阮刻本同，岳本無此二字。
⑦ “猶”，撫州本、余仁仲本、婺州本、岳本、嘉靖本、八行本、和本、阮刻本同；十行閩本、監本、毛本、殿本作“須”，非。阮校曰：“命猶性也　惠棟校宋本作‘猶’，宋監本、岳本、嘉靖本同，衛氏集説同。此本‘猶’誤‘須’，閩、監、毛本同。”
⑧ “注同”，彙校卷第十一、撫釋一、余仁仲本、和本、十行本、閩本、監本、毛本、殿本、阮刻本同，岳本無此二字。
⑨ “注及”，彙校卷第十一、撫釋一、余仁仲本、和本、十行本、閩本、監本、毛本、殿本、阮刻本同，岳本無此二字。

曰：“寡君使容居坐含，進侯玉，其使容居以含。”欲親含，非也。含不使賤者。君行則親含，大夫歸含耳。言侯玉者，時徐譖稱王，自比天子。○僭，子念反①。有司曰：“諸侯之來辱敝邑者，易則易，于則于，易于雜者，未之有也。”易，謂臣禮。于，謂君禮。雜者，容居以臣欲行君禮。徐自比天子，使大夫敵諸侯，有司拒之。○易則易，並以豉反，下及注同②。拒，本又作“距”③。重言“未之有也”凡四，二見大學四十二，一見射義四十六。容居對曰：“容居聞之，事君不敢忘其君④，亦不敢遺其祖。昔我先君駒王西討，濟於河，無所不用斯言也。容居，魯人也，不敢忘其祖。”言我祖與今君，於諸侯初如是，不聞義則服。駒王，徐先君僭號。容居，其子孫也。濟，渡也。言西討渡於河，廣大其國。魯，魯鈍也。言魯鈍者，欲自明不妄。○頓，徒困反，本亦作“鈍”⑤。

　　4・59○子思之母死於衛，嫁母也，姓庶氏。赴於子思，子思哭於廟。門人至，曰：“庶氏之母死，何爲哭於孔氏之廟乎？”門人，弟子也。嫁母與廟絕族。子思曰：“吾過矣！吾過矣！”遂哭於他室。

　　4・60○天子崩，三日，祝先服；祝佐含斂，先病⑥。○祝，之六反⑦。

————————

① “僭子念反”，彙校卷第十一、撫釋一、余仁仲本、和本、十行本、閩本、監本、毛本、殿本、阮刻本同，岳本無此四字。

② “易則易並以豉反下及注同”，彙校卷第十一、撫釋一、余仁仲本、和本、十行本、閩本、監本、毛本、殿本、阮刻本同，岳本作“易以豉反下同”。

③ “拒本又作距”，彙校卷第十一、撫釋一、余仁仲本、和本、十行本、閩本、監本、毛本、殿本、阮刻本同，岳本無此五字。

④ “事君”，唐石經、撫州本、余仁仲本、婺州本、岳本、嘉靖本、足利本、和本、十行本、閩本、監本、毛本、殿本、阮刻本同，八行本、潘本“君”字殘缺爲“石”字。

⑤ “本亦作鈍”，彙校卷第十一、撫釋一、余仁仲本、和本、十行本、閩本、監本、毛本、殿本、阮刻本同，岳本無此四字。

⑥ “病”，撫州本、余仁仲本、婺州本、岳本、嘉靖本、八行本、阮刻本同；和本、十行本、閩本、監本、毛本、殿本作“服”，非。阮校曰：“祝佐含斂先病　宋監本、岳本、嘉靖同，惠棟校宋本亦作‘病’，閩、監、毛本‘病’誤‘服’。”

⑦ “祝之六反”，彙校卷第十一、撫釋一、余仁仲本、和本、十行本、閩本、監本、毛本、殿本、阮刻本同，岳本無此四字。

重言“吾過矣！吾過矣”二，一見上篇。又“我過矣！我過矣！”①五日，官長服；官長，大夫、士。七日，國中男女服；庶人。三月，天下服。諸侯之大夫。虞人致百祀之木，可以爲棺椁者斬之。虞人，掌山澤之官。百祀，畿内百縣之祀也。以爲棺椁，作棺椁也。斬，伐也。○畿，音祈②。不至者，廢其祀，刖其人。

　　4·61○齊大饑，黔敖爲食於路，以待餓者而食之。有餓者蒙袂輯屨，貿貿然來。蒙袂，不欲見人也。輯，斂也。斂屨，力憊不能屨也。貿貿，目不明之貌③。○刖，勿粉反，徐亡粉反④。饑，居宜反，字林九衣反，本又作“飢”，同⑤。黔，其廉反，徐渠嚴反⑥。而食，音嗣，下“奉食”同。袂，弥世反。輯，側立反。貿，徐亡救反，又音茂，一音牟⑦。斂，力檢反，下同⑧。黔敖左奉食，右執飲，曰：“嗟！來食！”揚其目而視之，曰：“予唯不食嗟來之食，以至於斯也！”嗟！來食！雖閔而呼之，非敬辭。○奉，芳勇反。從而謝焉，終不食而死。從，猶就也。曾子聞之，曰：“微與？其嗟也可去，其謝也可食。”微，猶無也。無與，止其狂狷之辭。○與，音餘，注同⑨。狷，音絹。

---

①“重言吾過矣吾過矣二一見上篇又我過矣我過矣”二十字，當移至“遂哭於他室”下。

②“畿音祈”，彙校卷第十一、撫釋一、余仁仲本、和本、十行本、閩本、監本、毛本、殿本、阮刻本同，岳本無此三字。

③“目不明之貌”，撫州本、余仁仲本、婺州本、岳本、嘉靖本、八行本、十行本、閩本、監本、毛本、殿本、阮刻本同，和本“貌”下衍“所以狀其饑憊甚也”八字。

④“刖勿粉反徐亡粉反”，彙校卷第十一、撫釋一、余仁仲本、十行本同，閩本、監本、毛本、殿本、阮刻本移至經文“刖其人”下，岳本“徐”作“又”，和本脱此八字。

⑤“饑居宜反字林九衣反本又作飢同”，彙校卷第十一、撫釋一、余仁仲本、和本、十行本、閩本、監本、毛本、殿本、阮刻本同，岳本作“饑居希反”。

⑥“徐渠嚴反”，彙校卷第十一、撫釋一、余仁仲本、和本、十行本、閩本、監本、毛本、殿本、阮刻本同，岳本無此四字。

⑦“貿徐亡救反又音茂一音牟”，彙校卷第十一、撫釋一、余仁仲本、和本、十行本、閩本、監本、毛本、殿本、阮刻本同，岳本作“貿亡救反一音牟”。

⑧“斂力檢反下同”，彙校卷第十一、撫釋一、余仁仲本、和本、十行本、閩本、監本、毛本、殿本、阮刻本同，岳本無此六字。

⑨“注同”，彙校卷第十一、撫釋一、余仁仲本、和本、十行本、閩本、監本、毛本、殿本、阮刻本同，岳本無此二字。

4·62○邾婁定公之時,有弒其父者。定公,貜且也。魯文十四年即位。○有弒,本又作"弑",同,式志反,下"臣殺"、"子殺"同①。貜,俱縛反。且,子餘反。有司以告,公瞿然失席,曰:"是寡人之罪也!"民之無禮,教之罪②。○瞿,本又作"懼"③,紀具反。曰:"寡人嘗學斷斯獄矣:臣弒君,凡在官者殺無赦;子弒父,凡在官者殺無赦④。言諸臣子孫,無尊卑皆得殺之,其罪無赦。○斷,音丁亂反⑤。殺其人,壞其室,洿其宮而豬焉。明其大逆,不欲人復處之。豬,都也。南方謂都爲豬⑥。○殺,如字。壞,音怪。洿,音烏⑦。豬,音誅。復,扶又反。蓋君踰月而后舉爵。"自貶損。

4·63○晉獻文子成室,晉大夫發焉。文子,趙武也。作室成,晉君獻之,謂賀也。諸大夫亦發禮以往。張老曰:"美哉輪焉! 美哉奐焉!心譏其奢也。輪,輪囷,言高大。奐,言衆多。○奐,音喚,本亦作"煥"⑧。囷,起倫反。歌於斯,哭於斯,聚國族於斯。"祭祀、死喪、燕會於此足矣。言此

---

① "有弒本又作弑同式志反下臣殺子殺同",岳本作"弑式志反";彙校卷第十一、撫釋一、余仁仲本、和本、十行本、閩本、監本、毛本、殿本、阮刻本"有弒"作"有殺",是。

② "教之罪",撫州本、余仁仲本、婺州本、岳本、嘉靖本、八行本、和本、十行本、閩本、監本、毛本、殿本、阮刻本同,正字曰:"脱'不',集説校。"

③ "本又作懼",彙校卷第十一、撫釋一、余仁仲本、和本、十行本、閩本、監本、毛本、殿本、阮刻本同,岳本無此四字。

④ "在官",撫州本、余仁仲本、婺州本、嘉靖本同;唐石經、岳本、八行本、和本、十行本、閩本、監本、毛本、殿本、阮刻本、潘本"官"作"宮",是。阮校曰:"子弒父凡在宮者殺無赦　閩、監、毛本同,石經同,衛氏集説同,岳本'宮'作'官',嘉靖本同,考文引古本、足利本同。正義云:'此"在宮"字,諸本或爲"在官",恐與上"在官"相涉而誤也。'據此,則作'在官'者,亦孔氏所見之本,而非正義所用之本也。"

⑤ "音",彙校卷第十一、撫釋一、余仁仲本、岳本、和本、十行本、閩本、監本、毛本、殿本、阮刻本無此字,是。

⑥ "豬",撫州本、余仁仲本、婺州本、岳本、嘉靖本、八行本、和本、閩本、監本、毛本、殿本、阮刻本同;十行本作"緒",非。

⑦ "烏",彙校卷第十一、撫釋一、余仁仲本、岳本、和本、閩本、監本、毛本、殿本、阮刻本同;十行本作"損",非。

⑧ "本亦作煥",彙校卷第十一、撫釋一、余仁仲本、和本、十行本、閩本、監本、毛本、殿本、阮刻本同;岳本無此四字。又,彙校卷第十一、撫釋一、余仁仲本、和本、十行本、閩本、監本、毛本、殿本、阮刻本"煥"下有"奐爛言衆多也"六字。

者,欲防其後復爲。文子曰:"武也得歌於斯,哭於斯,聚國族於斯,是全要領以從先大夫於九京也。"北面再拜稽首。全要領者,免於刑誅也。晉卿大夫之墓地在九原。京,蓋字之誤,當爲"原"。〇要,一遥反,注及下注"要君"同①。京,音原,下同,下亦作"原"字②。君子謂之善頌善禱。善頌,謂張老之言。善禱,謂文子之言。禱,求也。〇禱,丁老反,祈也③。

　　4·64〇仲尼之畜狗死,畜狗,馴守。〇畜,許六反,又許又反。馴守,上音巡,下如字,又手又反④。使子貢埋之。曰:"吾聞之也,敝帷不棄,爲埋馬也。敝蓋不棄,爲埋狗也。丘也貧! 無蓋。於其封也,亦予之席,毋使其首陷焉。"封,當爲"窆"。陷,謂没於土。〇貢,本亦作"贛",音同⑤。爲埋,于僞反,下亡皆反,下並同⑥。狗,古口反⑦。封,彼劍反,出注⑧。路馬死,埋之以帷。路馬,君所乘者。其他狗馬,不能以帷蓋。

　　4·65〇季孫之母死⑨,哀公弔焉。曾子與子貢弔焉,闍人爲君在,弗内也。闍人,守門者。〇闍,音昏。弗内,上如字,下音納⑩。曾子

---

① "注及下注要君同",彙校卷第十一、撫釋一、余仁仲本、和本、十行本、閩本、監本、毛本、殿本、阮刻本同,岳本無此七字。
② "下亦作原字",彙校卷第十一、撫釋一、余仁仲本、和本、十行本、閩本、監本、毛本、殿本、阮刻本同,岳本無此五字。
③ "祈也",彙校卷第十一、撫釋一、余仁仲本、和本、十行本、閩本、監本、毛本、殿本、阮刻本同,岳本無此二字。
④ "馴守上音巡下如字又手又反",彙校卷第十一、撫釋一、余仁仲本、和本、十行本、閩本、監本、毛本、殿本、阮刻本同,岳本無此十二字。
⑤ "貢本亦作贛音同",彙校卷第十一、撫釋一、余仁仲本、和本、十行本、閩本、監本、毛本、殿本、阮刻本同,岳本無此七字。
⑥ "爲埋于僞反下亡皆反下並同",彙校卷第十一、撫釋一、余仁仲本、和本、十行本、閩本、監本、毛本、殿本、阮刻本同,岳本作"爲于僞反埋亡皆反下同"。
⑦ "狗古口反",彙校卷第十一、撫釋一、余仁仲本、十行本、和本、閩本、監本、毛本、殿本、阮刻本同,岳本無此四字。
⑧ "出注",彙校卷第十一、撫釋一、余仁仲本、和本、十行本、閩本、監本、毛本、殿本、阮刻本同,岳本無此二字。
⑨ "季孫",唐石經、撫州本、余仁仲本、婺州本、岳本、嘉靖本、足利本、和本、十行本、閩本、監本、毛本、殿本、阮刻本同;八行本、潘本"季孫"上衍一"葬"字。
⑩ "弗内上如字下音納",彙校卷第十一、撫釋一、余仁仲本、和本、閩本、監本、(轉下頁注)

與子貢入，於其廐而脩容焉。更莊飾。○廐，九又反。**子貢先入。閽
人曰：“鄉者已告矣！”**既不敢止，以言下之。○鄉，許亮反。下，户嫁反①。
曾子後入，閽人辟之②。見兩賢相隨，彌益恭也③。○辟，音避，下同。**涉
内霤，卿大夫皆辟位，公降一等而揖之。**禮之。○霤，力又反。**君子
言之曰：“盡飾之道，斯其行者遠矣！”**

　　4·66○**陽門之介夫死，**陽門，宋國門名。介夫，甲衛士。**司城子
罕入而哭之哀。**宋以武公諱“司空”爲“司城”。子罕，戴公子樂甫術之後樂
喜也。○罕，吁旱反④。**晉人之覘宋者，反報於晉侯曰：“陽門之介夫
死**⑤，**而子罕哭之哀，而民説，殆不可伐也。”**覘，闚視也。○覘，勑廉反，
下同。説，音悦，下注同。闚，去規反⑥。**孔子聞之曰：“善哉，覘國乎！** 善
其知微。**詩云：‘凡民有喪，扶服救之。’**救，猶助也。○扶服，並如字，又上
音蒲，下音蒲北反，本又作“匍匐”，音同⑦。重言一見孔子閒居三十九，“扶服”作
“匍匐”；又問喪三十五：“故匍匐而哭之。”**雖微晉而已，天下其孰能當**

—————————

（接上頁注）毛本、殿本、阮刻本同，岳本作“内音納”；十行本“納”作“昏”，非。

①“户嫁反”，彙校卷第十一、撫釋一、余仁仲本、岳本、和本、阮刻本同；十行本、閩本、監
　本、毛本、殿本“嫁”作“籬”，非。

②“之”，唐石經、撫州本、余仁仲本、岳本、嘉靖本、八行本、和本、十行本、閩本、監本、毛
　本、殿本、阮刻本同；婺州本作“見”，非。

③“弥益恭也”，撫州本、余仁仲本、婺州本、岳本、嘉靖本、八行本、和本、阮刻本同，十行
　本、閩本、監本、毛本、殿本作“彌益敬也”。阮校曰：“見兩賢相隨彌益恭也　惠棟校宋
　本作‘彌益恭’，宋監本、岳本、嘉靖本同，衛氏集説同。閩、監、毛本作‘彌敬’。此本作
　‘禮益霤’，‘霤’字涉下‘霤’字誤也。”

④“罕吁旱反”，彙校卷第十一、撫釋一、余仁仲本、岳本、十行本、閩本、監本、毛本、殿本、
　阮刻本同，和本“吁”作“可”，非。

⑤“陽門”，唐石經、撫州本、余仁仲本、岳本、嘉靖本、八行本、和本、十行本、閩本、監本、毛
　本、殿本、阮刻本同；婺州本脱“門”字。

⑥“下注同闚去規反”，彙校卷第十一、撫釋一、余仁仲本、和本、十行本、閩本、監本、毛本、
　殿本、阮刻本同，岳本無此七字。

⑦“本又作匍匐音同”，彙校卷第十一、撫釋一、余仁仲本、和本、十行本、閩本、監本、毛本、
　殿本、阮刻本同，岳本無此七字。

之?"微，猶非也。○當，丁郎反①。

4·67○曾莊公之喪②，既葬，而絰不入庫門。時子般弒，慶父作亂，閔公不敢居喪。葬已，吉服而反。正君臣，欲以防過之③。微弱之至。○般，音班。弒，音試。過，於葛反④。士大夫既卒哭，麻不入。麻，猶絰也。羣臣畢虞、卒哭，亦除喪也。閔公既吉服，不與虞、卒哭。○與，音預。

4·68○孔子之故人曰原壤，其母死，夫子助之沐椁。沐，治也。○壤，如丈反。原壤登木曰："久矣！予之不託於音也。"木，椁材也。託，寄也。謂叩木以作音。○材，音才⑤。歌曰："貍首之斑然，執女手之卷然！"說人辭也。○貍，音力知反⑥。女，如字，徐音汝⑦。卷，音權⑧，本又作"拳"⑨。夫子爲弗聞也者而過之。佯不知。○佯，音羊⑩。從者曰："子未可以已乎？⑪"已，

———————

①"當丁郎反"，彙校卷第十一、撫釋一、余仁仲本、和本、十行本、閩本、監本、毛本、殿本、阮刻本同，岳本無此四字。

②"曾"，撫州本、余仁仲本、婺州本、岳本、嘉靖本、八行本、和本、十行本、閩本、監本、毛本、殿本、阮刻本、吳氏朱批作"魯"，是。

③"過"，撫州本、余仁仲本、婺州本、岳本、嘉靖本、八行本、和本、十行本、閩本、監本、毛本、殿本、阮刻本作"遏"，是。

④"弒音試過於葛反"，彙校卷第十一、撫釋一、余仁仲本、和本、十行本、閩本、監本、毛本、殿本、阮刻本同，岳本無此七字。

⑤"材音才"，彙校卷第十一、撫釋一、余仁仲本、和本、十行本、閩本、監本、毛本、殿本、阮刻本同，岳本無此三字。

⑥"音"，彙校卷第十一、撫釋一、余仁仲本、岳本、和本、十行本、閩本、監本、毛本、殿本、阮刻本無此字，是。

⑦"徐"，彙校卷第十一、撫釋一、余仁仲本、和本、十行本、閩本、監本、毛本、殿本、阮刻本同，岳本作"又"。

⑧"權"，彙校卷第十一、撫釋一、余仁仲本、岳本、和本、閩本、監本、毛本、殿本、阮刻本同；十行本作"女"，非。

⑨"本又作拳"，彙校卷第十一、撫釋一、余仁仲本、和本、十行本、閩本、監本、毛本、殿本、阮刻本同，岳本無此四字。

⑩"佯音羊"，彙校卷第十一、撫釋一、余仁仲本、和本、十行本、閩本、監本、毛本、殿本、阮刻本同，岳本無此三字。

⑪"未"，唐石經、撫州本、余仁仲本、婺州本、岳本、嘉靖本、八行本、和本、十行本、閩本、監本、毛本、殿本、阮刻本作"末"，是。

猶止也。○從，才用反。以、已，並音以①。**夫子曰："丘聞之，親者毋失其爲親也，故者毋失其爲故也。"**

4·69○**趙文子與叔譽觀乎九原。**叔譽，叔向也，晉羊舌大夫之孫，名肹②。○譽，音預。向，許亮反。肹，許乙反。**文子曰："死者如可作也，吾誰與歸?"**作，起也。**叔譽曰："其陽處父乎!"**陽處父，襄公之大傅。○父，音甫，注同。傅，音賦③。**文子曰："行并植於晉國，不没其身，其知不足稱也。"**并，猶專也。謂剛而專己，爲狐射姑所殺。没，終也。○植，或爲"特"④。行，舊下孟反，皇如字⑤。并，必正反，注同⑥。植，直吏反，又時力反，注同⑦。知，音智。射，音亦，又音夜。**"其舅犯乎?"文子曰："見利不顧其君，其仁不足稱也。"**謂久與文公辟難，至將反國，無安君之心。及河授璧⑧，詐請亡，要君以利⑨。○辟

---

① "以已並音以"，彙校卷第十一、撫釋一、余仁仲本、和本、十行本、閩本、監本、毛本、殿本、阮刻本同，岳本無此五字。
② "肹"，撫州本、余仁仲本、婺州本、岳本、嘉靖本、八行本、和本、閩本、監本、毛本、殿本同，十行本、阮刻本脱。阮校曰："晉羊舌大夫之孫名肹 閩、監、毛本有'肹'字，岳本同，嘉靖本同，衛氏集説同，此本'肹'字脱。釋文出'名肹'。"
③ "注同傅音賦"，彙校卷第十一、撫釋一、余仁仲本、和本、十行本、閩本、監本、毛本、殿本、阮刻本同，岳本無此五字。
④ "植或爲特"，據撫州本、余仁仲本、婺州本、岳本、嘉靖本、八行本、和本、十行本、閩本、監本、毛本、殿本、阮刻本，此四字是注文，應將"植"上"○"號移至"特"字下。
⑤ "行舊下孟反皇如字"，彙校卷第十一、撫釋一、余仁仲本、和本、十行本、閩本、監本、毛本、殿本、阮刻本同，岳本作"行下孟反又如字"。
⑥ "注同"，彙校卷第十一、撫釋一、余仁仲本、和本、十行本、閩本、監本、毛本、殿本、阮刻本同，岳本無此二字。
⑦ "注同"，彙校卷第十一、撫釋一、余仁仲本、和本、十行本、閩本、監本、毛本、殿本、阮刻本同，岳本無此二字。
⑧ "璧"，撫州本、余仁仲本、婺州本、岳本、嘉靖本、八行本、閩本、監本、毛本、殿本、阮刻本同，和本、十行本作"壁"，非。
⑨ "利"下，撫州本、余仁仲本、婺州本、嘉靖本、八行本有"是"字，岳本、和本、十行本、閩本、監本、毛本、殿本、阮刻本有"是也"二字。阮校曰："要君以利是也 閩、監、毛本同，惠棟校宋本無'也'字，宋監本、嘉靖本同，考文引足利本同，案此本疏標起止亦無'也'字。"楊氏札記曰："岳、阮'要君以利是也'，互注與余本同。"鍔案：宋本無"是也"二字，余本有"是"字，楊説非也。

難①,乃旦反。要,一遥反。**我則隨武子乎!利其君,不忘其身;謀其身,不遺其友。**"武子,士會也。食邑於隨、范,字季。**晉人謂文子知人。**見其所善於前,則知其來所舉。**文子其中退然如不勝衣,**中,身也。退,柔和貌。鄉射記曰:"弓二寸以爲侯中。"退,或爲"妥"。○追然,音退,本亦作"退"②。勝,音升。妥,他果反。**其言吶吶然如不出諸其口③。**吶吶,舒小貌。○吶,如悦反,徐奴劣反④。**所舉於晉國管庫之士,七十有餘家。**管庫之士,府史以下,官長所置也。舉之於君,以爲大夫士也。管,鍵也,庫物所藏。○長,丁丈反⑤。鍵,其展反,徐其偃反,籥也⑥。**生不交利,**廉也。**死不屬其子焉。**絜也。○屬,音燭。

4·70○**叔仲皮學子柳。**叔仲皮,魯叔孫氏之族。學,教也。子柳,仲皮之子。○學,户教反,注同⑦。**叔仲皮死,其妻魯人也,衣衰而繆絰。**衣,當爲"齋"⑧,瓌字也⑨。繆,讀爲"木繆垂"之繆⑩。士妻爲舅姑之服也。言雖魯

---

① "辟難",彙校卷第十一、撫釋一同,余仁仲本、岳本、和本、十行本、閩本、監本、毛本、殿本、阮刻本無"辟"字。

② "追然音退本亦作退",彙校卷第十一、撫釋一、余仁仲本、和本、十行本、閩本、監本、毛本、殿本、阮刻本同,岳本無此八字。

③ "諸",唐石經、撫州本、余仁仲本、婺州本、岳本、嘉靖本、八行本同,和本、十行本、閩本、監本、毛本、殿本、阮刻本脱,考補謂古本有"諸"字。

④ "徐",彙校卷第十一、撫釋一、余仁仲本、和本、十行本、閩本、監本、毛本、殿本、阮刻本同,岳本作"又"。

⑤ "長丁丈反",彙校卷第十一、撫釋一、余仁仲本、和本、十行本、閩本、監本、毛本、殿本、阮刻本同,岳本無此四字。

⑥ "徐其偃反籥也",彙校卷第十一、撫釋一、余仁仲本、和本、十行本、閩本、監本、毛本、殿本、阮刻本同,岳本無此六字。

⑦ "注同",彙校卷第十一、撫釋一、余仁仲本、和本、十行本、閩本、監本、毛本、殿本、阮刻本同,岳本無此二字。

⑧ "齋",余仁仲本、和本、岳本、閩本、監本、毛本、殿本同,撫州本、婺州本、嘉靖本、八行本、十行本、阮刻本作"齊"。

⑨ "瓌",撫州本、余仁仲本、婺州本、岳本、嘉靖本、八行本、和本、十行本、閩本、監本、毛本、殿本、阮刻本、吴氏朱批作"壞",是。

⑩ "繆讀爲木繆垂之繆",十行本、阮刻本、閩本、監本、毛本、殿本"讀"誤作"當"。"木",撫州本、余仁仲本、婺州本、嘉靖本、八行本、和本、十行本同,阮刻本作"本",(轉下頁注)

鈍，其於禮勝學。○衣衰，依注“衣”作“齋”①，音咨。繆，依注讀曰樛，音居虬反③。
爲舅，于僞反，下“爲舅”、“爲天子”、“不爲兄”、“不爲壘”同③。魯頓，徒困反，又作
“鈍”④。 **叔仲衍以告，**告子柳⑤。言此非也。衍，蓋皮之弟。衍，或爲
“皮”。○衍，以善反，注同⑥。 **請繐衰而環絰。**繐衰，小功之縷而四升半之
衰。環絰，弔服之絰。時婦人好輕細，而多服此者⑦。衍既不知禮之本，子柳亦
以爲然，而請於衍，使其妻爲舅服之。○繐衰，上音歲，下七雷反⑧。縷，力主
反。好，呼報反⑨。曰：“昔者吾喪姑姊妹亦如斯，末吾禁也。衍荅子
柳也。姑姊妹在室，齊衰，與婦爲舅姑同。末，無也。言無禁我，欲其言行。○

（接上頁注）岳本、閩本、監本、毛本、殿本作“不”，是。撫州本、余仁仲本、婺州本、岳本、嘉靖
本、八行本、和本、十行本、閩本、監本、毛本、殿本、阮刻本下二“繆”字作“樛”，是。阮校
曰：“繆讀爲木樛垂之樛　惠棟校宋本如此，疏同，宋監本、岳本、嘉靖本同。此本‘讀’誤
‘當’，閩、監、毛本同，‘木’作‘不’。衛氏集説作‘讀爲不樛垂之樛’。段玉裁云：‘“不樛”
是也，“木樛”誤。’岳本禮記考證云：‘案喪服傳作“不樛垂”。孔氏云：“樛謂兩股相交也，
五服之絰皆然，唯弔服環絰不樛。”又雜記云：“纚而不樛，是環絰不樛也。”据此則原本
“木”字乃“不”字之訛。’
①“衣作齋”，彙校卷第十一、撫釋一、余仁仲本、和本、十行本、閩本、監本、毛本、殿本、阮
刻本同，岳本無此三字。
②“依注讀曰樛音”，彙校卷第十一、撫釋一、余仁仲本、和本、十行本、閩本、監本、毛本、殿
本、阮刻本同，岳本無此六字。
③“爲舅爲天子不爲兄不爲壘”，彙校卷第十一、撫釋一、余仁仲本、和本、十行本、閩本、監
本、毛本、殿本、阮刻本同，岳本無此十一字。
④“魯頓徒困反又作鈍”，彙校卷第十一、撫釋一、余仁仲本同，岳本無此八字。十行本“又
作鈍”作“亦作頗”，和本、閩本、監本、毛本、殿本、阮刻本作“亦作頓”，皆非。
⑤“子柳”，撫州本、余仁仲本、婺州本、岳本、嘉靖本、和本、閩本、監本、毛本、殿本、阮刻本
同；十行本作“子鄭”，非。
⑥“注同”，彙校卷第十一、撫釋一、余仁仲本、和本、十行本、閩本、監本、毛本、殿本、阮刻
本同，岳本無此二字。
⑦“此”，撫州本、余仁仲本、婺州本、岳本、嘉靖本、和本同，十行本、閩本、監本、毛本、殿
本、阮刻本脱。阮校曰：“而多服此者　惠棟校宋本有‘此’字，宋監本、衛氏集説、岳本、
嘉靖本並同。此本‘此’字脱。閩、監、毛本同。”
⑧“繐衰上音歲下七雷反”，彙校卷第十一、撫釋一、余仁仲本、和本、十行本、閩本、監本、
毛本、殿本、阮刻本同，岳本作“繐音歲衰七雷反”。
⑨“縷力主反好呼報反”，彙校卷第十一、撫釋一、余仁仲本、和本、十行本、閩本、監本、毛
本、殿本、阮刻本同，岳本無此八字。

喪，如字。末，莫曷反。**退，使其妻繐衰而環絰。** 婦以諸侯之大夫爲天子之衰①、弔服之絰服其舅，非。

4·71○**成人有其兄死而不爲衰者，聞子皋將爲成宰，遂爲衰。成人曰：“蠶則績而蟹有匡，范則冠而蟬有緌。兄則死而子皋爲之衰。”** 蚩兄死者，言其衰之不爲兄死②。如蟹有匡、蟬有緌，不爲蠶之績、范之冠也。范，蜂也。蟬，蜩也。緌爲蜩喙③，長在腹下。○成，本或作“郕”④，音承⑤。蠶，七南反⑥。蟹，户買反。緌，耳佳反。蚩，昌之反。蜂，孚逢反。蜩，音條⑦。喙，呼惠反，又丁角反⑧。

4·72○**樂正子春之母死，五日而不食。曰：“吾悔之！** 勉强過禮。子春，曾子弟子。○强，其丈反⑨。**自吾母而不得吾情，吾惡乎用吾情！”** 惡乎，猶於何也。○惡，音烏，注同⑩。

---

① “婦以”，撫州本、余仁仲本、婺州本、岳本、嘉靖本、和本、十行本、閩本、監本、毛本、殿本、阮刻本同，八行本“婦”下衍“人”字。阮校曰：“婦以諸侯之大夫爲天子之衰　閩、監、毛本同，岳本同，嘉靖本同，衛氏集説同，惠棟校宋本‘婦’下有‘人’字，考文引古本‘婦以’作‘使婦人以’。○按：疏標起訖無‘人’字。”“天子”，撫州本、余仁仲本、八行本、和本、十行本、閩本、監本、毛本、阮刻本同；婺州本作“夫子”，非。

② “之”，撫州本、余仁仲本、岳本、嘉靖本、八行本、和本、十行本、閩本、監本、毛本、殿本、阮刻本同；婺州本作“者”，非。

③ “爲”，婺州本、余仁仲本、嘉靖本、和本、十行本、閩本、監本、毛本、殿本、阮刻本同，撫州本、岳本、八行本作“謂”，是。

④ “本或作郕”，彙校卷第十一、撫釋一、余仁仲本、和本、阮刻本同，岳本無此四字；十行本、閩本、監本、毛本、殿本“郕”作“鄭”，非。

⑤ “承”，彙校卷第十一、撫釋一、余仁仲本、岳本、阮刻本同，和本、十行本、閩本、監本、毛本、殿本作“丞”。

⑥ “蠶七南反”，余仁仲本、閩本、監本、毛本、殿本、阮刻本同，和本、十行本“蠶”作“蚕”，彙校卷第十一、撫釋一、岳本作“蠶士南反”，撫釋二作“蠶才南反”。

⑦ “蜂孚逢反蜩音條”，彙校卷第十一、撫釋一、余仁仲本、和本、十行本、閩本、監本、毛本、殿本、阮刻本同，岳本無此七字。

⑧ “又丁角反”，彙校卷第十一、撫釋一、余仁仲本、和本、十行本、閩本、阮刻本同，岳本無此四字，監本、毛本、殿本作“又竹角反”。

⑨ “强其丈反”，彙校卷第十一、撫釋一、余仁仲本同，和本、十行本、閩本、監本、毛本、殿本、阮刻本作“强其兩反”。

⑩ “注同”，彙校卷第十一、撫釋一、余仁仲本、和本、十行本、閩本、監本、毛本、（轉下頁注）

4·73○**歲旱，穆公召縣子而問然**。然之言焉也。凡穆，或作
"繆"。○旱，音汗。縣，音懸。繆，音穆。**曰："天久不雨，吾欲暴尪而奚
若?"**奚若，何如也。尪者面鄉天，覬天哀而雨之①。○雨，于付反，注及下同②。
暴，步卜反，下同。尪，烏光反。鄉，許亮反。覬，音冀，本又作"幾"，音同③。
曰："天則不雨，而暴人之疾子④，虐，毋乃不可與?"錮疾，人之所哀，
暴之是虐。暴人之疾子，一讀以"子"字向下。○與⑤，音餘。錮，音固。**"然則
吾欲暴巫而奚若?"曰："天則不雨，而望之愚婦人，於以求之，毋
乃已疏乎?"**已，猶甚也。巫，主接神，亦覬天哀而雨之。春秋傳說巫曰："在女
曰巫，在男曰覡。"周禮女巫："旱暵則舞雩。"○覡，胡狄反。旱暵，呼旦反。雩，音
于⑥。**"徙市則奚若?"曰："天子崩，巷市七日;諸侯薨，巷市三日。
爲之徙市，不亦可乎?"**徙市者，庶人之喪禮。今徙市，是憂戚於旱若喪。○
徙市，上音死，下音是⑦。爲，于僞反。不亦可乎，"可"，或作"善"⑧。

4·74○**孔子曰："衛人之祔也，離之**。祔，謂合葬也。離之，有以

──────────

（接上頁注）殿本、阮刻本同，岳本無此二字。

①"覬天哀而雨之"，考異曰："案:釋文以'庶覬'作音，云'音幾，本亦作幾，音同。'當是所
　據之本，因改'庶幾'爲'覬'，而'庶'字長於'覬'上，誤也。曲禮下注云'覬已後還'，上
　篇注云'幸，覬也'，王制注云'覬其見新人有所化也'，皆不言'庶'，此注正義無文，蓋未
　必與釋文同矣。"

②"注及"，彙校卷第十一、撫釋一、余仁仲本、和本、十行本、閩本、監本、毛本、殿本、阮刻
　本同，岳本無此二字。

③"覬音冀本又作幾音同"，彙校卷第十一、撫釋一、余仁仲本、和本、十行本、閩本、監本、
　毛本、殿本、阮刻本同，岳本無此九字。

④"疾子"，唐石經、撫州本、余仁仲本、婺州本、岳本、嘉靖本、八行本、和本、十行本、閩本、
　監本、毛本、殿本、阮刻本同，考補謂古本、活字本"疾"上有"錮"字。

⑤據彙校卷第十一、撫釋一、余仁仲本、和本、十行本、閩本、監本、毛本、殿本、阮刻本，"暴
　人之疾子一讀以子字向下"十二字是釋文文字，應將"與"上"○"號移至"暴人"上。

⑥"雩音于"，彙校卷第十一、撫釋一、余仁仲本、和本、十行本、閩本、監本、毛本、殿本、阮
　刻本同，岳本無此三字。

⑦"徙市上音死下音是"，彙校卷第十一、撫釋一、余仁仲本、和本、十行本、閩本、監本、毛
　本、殿本、阮刻本同，岳本無此八字。

⑧"不亦可乎可或作善"，彙校卷第十一、撫釋一、余仁仲本、和本、十行本、閩本、監本、毛
　本、殿本、阮刻本同，岳本無此八字。

間其椁中。○袝，音附，下同。合，音閤，下同。間，“間厠”之間①。**魯人之袝**
也，合之，善夫！"善夫，善魯人也。袝葬當合也。○善夫，音扶。

纂圖互注禮記卷之三②

---

① “下同間間厠之間”，彙校卷第十一、撫釋一、余仁仲本、和本、十行本、閩本、監本、毛本、
殿本、阮刻本同，岳本無此七字。

② 撫州本卷三末頁 A 面第五行頂格題“禮記卷第三”，空三格題“經五千八十一字，注四千
九百三十六字”；第六至八行有題跋曰：“虞氏中云：‘此篇乃漢文帝博士諸生所作。’○
李氏曰：‘劉氏七略，其本制、兵制、服制等篇，今但有一篇，疑小戴所删。履祥按：文公
儀禮有王制十篇，蓋得古意。’”鍔案：此蓋針對下篇王制所題。余仁仲本卷三末頁 B 面
第三行頂格題“禮記卷第三”，第四行空五格題“經伍仟柒拾肆字”，第五行空五格題“注
肆仟捌伯玖拾捌字”，第六行空五格題“音義貳仟玖伯壹拾陸字”，第八行空十一格題
“余仁仲刊于家塾”。婺州本卷三末頁 A 面第九行頂格題“禮記卷第三”，空四格題“經
五千八十一字，注四千九百三十六字”。嘉靖本卷三末頁 B 面第二行題“經五千七百四
字，注四千八百九十八字”。阮刻本記“宋監本禮記卷第三，經五千八十一字，注四千九
百三十六字。嘉靖本禮記卷第三，經五千七百四字，注四千八百九十八字”。

纂圖互注禮記卷之四

王制第五○陸曰："如字，徐于況反。盧云：'漢文帝令博士諸生作此篇。'"①

　　禮記　　　　　　　　　　　　　　　　　　　鄭氏注②

　　5·1王者之制禄爵，公、侯、伯、子、男，凡五等。諸侯之上大夫卿、下大夫、上士、中士、下士，凡五等。二五，象五行剛柔十日。禄，所受食。爵，秩次也。上大夫曰卿。○王者，如字，徐于況反③。十日，人一反④。

　　5·2○天子之田方千里，象日月之大⑤，亦取晷同也。此謂縣内，以

---

①"陸曰如字徐于況反盧云漢文帝令博士諸生作此篇"，余仁仲本、和本、閩本、監本、毛本、阮刻本同；岳本、殿本無此十九字，彙校卷第十一、撫釋一無"陸曰"二字。

②撫州本題"禮記卷第四"，首行頂格書寫；次行頂格題"王制第五"，空二格題"禮記"，空二格題"鄭氏注"。余仁仲本題"禮記卷第四"，首行頂格書寫；次行頂格題"王制第五"，第三行空三格題"禮記"，空九格題"鄭氏注"。婺州本題"禮記卷第四"，首行頂格書寫；次行頂格題"王制第五"，空三格題"禮記"，空三格題"鄭氏注"。嘉靖本題"禮記卷第四"，首行頂格書寫；次行頂格題"王制第五"，空三格題"禮記"，空三格題"鄭氏注"。

③"徐"，彙校卷第十一、撫釋一、余仁仲本、和本、十行本、閩本、監本、毛本、殿本、阮刻本同，岳本作"又"。

④"十日人一反"，彙校卷第十一、撫釋一、余仁仲本、和本、閩本、監本、毛本、殿本、阮刻本同，岳本無此五字。十行本缺一頁，自卷首即"附釋音禮記注疏卷第十一"始，至疏文"乃云諸侯之田"止，即和本卷十一第一頁。

⑤"象日月"，撫州本、余仁仲本、婺州本、岳本、嘉靖本、八行本、和本、十行本、閩本、監本、毛本、殿本、阮刻本同，考補謂"象"上古本有"皆"字。

禄公、卿、大夫、元士。○暑，音軌，日景①。**公、侯田方百里，伯七十里，子、男五十里。不能五十里者，不合於天子，附於諸侯，曰附庸。天子之三公之田視公、侯，天子之卿視伯，天子之大夫視子、男，天子之元士視附庸。**皆象星辰之大小也。不合，謂不朝會也。小城曰附庸。附庸者，以國事附於大國，未能以其名通也。視，猶比也。元，善也。善士，謂命士也。此地，殷所因夏爵三等之制也。殷有鬼侯、梅伯，春秋變周之文，從殷之質，合伯、子、男以爲一，則殷爵三等者，公、侯、伯也。異畿内謂之子。周武王初定天下，更立五等之爵，增以子、男，而猶因殷之地，以九州之界尚狹也。周公攝政，致太平，斥大九州之界，制禮成武王之意，封王者之後爲公，及有功之諸侯，大者地方五百里，其次侯四百里，其次伯三百里，其次子二百里，其次男百里。所因殷之諸侯，亦以功黜陟之，其不合者，皆益之地爲百里焉。是以周世有爵尊而國小、爵卑而國大者。唯天子畿内不增②，以禄羣臣，不主爲治民。○朝，直遥反，卷内皆同③。畿，求衣反。狹，音洽，後文同。大平，音泰。斥，昌石反。黜陟，上丑律反，下竹力反④。主爲，于僞反，下"爲有"、"亦爲有"同⑤。

　　5·3○制：**農田百畝。百畝之分，上農夫食九人，其次食八人，其次食七人，其次食六人，下農夫食五人。庶人在官者，其禄以是爲差也。**農夫皆受田於公，田肥墝有五等，收入不同也。庶人在官，謂府

---

① "日景"，彙校卷第十一、撫釋一、余仁仲本同，和本、十行本、閩本、監本、毛本、殿本、阮刻本作"日影"，岳本無此二字。

② "畿内"，余仁仲本、婺州本、岳本、嘉靖本、八行本、和本、十行本、閩本、監本、毛本、阮刻本同，撫州本"内"下有"千里"二字。阮校曰："唯天子畿内不增　閩、監、毛本同，岳本同，嘉靖本同，衛氏集説同，續通解'畿内'下有'千里'二字，宋監本同，考文引古本同。案：正義無'千里'二字。"

③ "卷内皆同"，彙校卷第十一、撫釋一、余仁仲本、和本、十行本、閩本、監本、毛本、殿本、阮刻本同，岳本無此四字。

④ "狹音洽後文同大平音泰斥昌石反黜陟上丑律反下竹力反"，彙校卷第十一、撫釋一、余仁仲本、和本、十行本、閩本、監本、毛本、殿本、阮刻本同，岳本無此二十四字。

⑤ "下爲有亦爲有同"，彙校卷第十一、撫釋一、余仁仲本、和本、十行本、閩本、監本、毛本、殿本、阮刻本同，岳本無此七字。

史之屬，官長所除，不命於天子①、國君者。分，或爲“糞”。○分，扶問反。食，音嗣，下同，徐音自②。差，初佳反，徐初宜反③，下注同。墝，本又作“墩”④，苦交反。長，丁丈反，下文、注皆同。糞，方運反⑤。**諸侯之下士視上農夫，禄足以代其耕也。中士倍下士，上士倍中士，下大夫倍上士。卿四大夫禄，君十卿禄。次國之卿三大夫禄，君十卿禄。小國之卿倍大夫禄，君十卿禄。**此班禄尊卑之差。

5·4○**次國之上卿，位當大國之中，中當其下，下當其大夫⑥。小國之上卿，位當大國之下卿，中當其上大夫，下當其下大夫。**此諸侯使卿大夫覿聘並會之序也⑦。其爵位同⑧，小國在下。爵異，固在上耳⑨。○頵，音吐弔反⑩。**其有中士、下士者，數各居其上之三分。**謂其爲介，若

————————

① “天子”，撫州本、婺州本、岳本、嘉靖本、八行本、和本、十行本、閩本、監本、毛本、殿本、阮刻本同；余仁仲本“天”作“夫”，非。

② “徐音自”，彙校卷第十一、撫釋一、余仁仲本、和本、十行本、閩本、監本、毛本、殿本、阮刻本同，岳本無此三字。

③ “徐”，彙校卷第十一、撫釋一、余仁仲本、和本、十行本、閩本、監本、毛本、殿本、阮刻本同，岳本作“又”。

④ “本又作墩”，彙校卷第十一、撫釋一、余仁仲本、和本、十行本、閩本、監本、毛本、殿本、阮刻本同，岳本無此四字。

⑤ “長丁丈反下文注皆同糞方運反”，彙校卷第十一、撫釋一、余仁仲本、十行本、閩本、監本、毛本、殿本、阮刻本同，岳本無此十三字，和本“文”下衍“及”字。

⑥ “大夫”上，唐石經、撫州本、余仁仲本、婺州本、岳本、嘉靖本、八行本、和本、十行本、閩本、監本、毛本、殿本、阮刻本有“上”字，是。

⑦ “此諸侯”，撫州本、余仁仲本、婺州本、岳本、嘉靖本、八行本、和本、十行本、閩本、監本、毛本、殿本、阮刻本同，考補謂“此”下古本、活字本有“謂”字。

⑧ “爵位”，余仁仲本、嘉靖本、和本、十行本、閩本、監本、毛本、殿本、阮刻本同，撫州本、婺州本、岳本、八行本作“位爵”，是。阮校曰：“其爵位同　閩、監、毛本同，嘉靖本同，衛氏集説同，惠棟校宋本‘爵位’作‘位爵’，宋監本、岳本同，考文引古本同。”考異曰：“其位爵同小國在下：岳本同此。嘉靖本、十行本以來本‘爵’字在‘位’上，誤。案：此讀當以‘其位’斷句，‘爵’字下屬。‘爵同’與下句‘爵異’相對，正義可證也。”鍔案：張説是。

⑨ “固”，撫州本、余仁仲本、婺州本、岳本、嘉靖本、八行本、和本、十行本、閩本、監本、殿本、阮刻本同；毛本作“故”，是。

⑩ “音吐弔反”，彙校卷第十一、撫釋一、余仁仲本、岳本、和本、十行本、閩本、監本、毛本、殿本、阮刻本皆無“音”字，是。

特行而並會也。居，猶當也。此據大國而言，大國之士爲上，次國之士爲中，小國之士爲下。士之數，國皆二十七人，各三分之，上九、中九、下九，以位相當，則次國之上士當大國之中，中當其下，小國之上士當大國之下。凡非命士，亦無出會之事。春秋傳謂士爲微。○三分，如字。介，音界①。

5·5○凡四海之内九州。州方千里，州建百里之國三十，七十里之國六十，五十里之國百有二十②，凡二百一十國。名山大澤不以封，其餘以爲附庸間田。八州，州二百一十國。建，立也。立大國三十，十，三公也。立次國六十，十，六卿也。立小國百二十，十二小卿也③。名山大澤不以封者④，與民同財，不得障管，亦賦稅之而已。此大界方三千里，三三而九，方千里者九也。其一爲縣内，餘八各立一州⑤，此殷制也。周公制禮⑥，九州大界方七千里，七七四十九，方千里者四十有九也。其一爲畿内，餘四十八，八州各有方千里者六，設法一州，封地方五百里者不過四，謂之大國。又封方四百里者不過六，又封方三百里者不過十一，謂之次國；又封方二百里者不過二十五，及餘方百里者⑦，

---

① "介音界"，余仁仲本、十行本、閩本、監本、毛本、殿本、阮刻本同，彙校卷第十一、撫釋一、和本"介"上有"爲"字，岳本無此三字。
② "二十"，撫州本、余仁仲本、婺州本、岳本、嘉靖本、八行本、和本、十行本、閩本、監本、毛本、殿本、阮刻本同，唐石經作"廿"，下同。
③ "十二小卿也"，撫州本、余仁仲本、婺州本、岳本、嘉靖本、八行本、和本、十行本、閩本、監本、毛本、殿本、阮刻本同，各本"十二"上俱脱一"十"字。阮校曰："立小國百二十十二小卿也　閩、監、毛本同，岳本同，嘉靖本同，衛氏集説同，惠棟校宋本'十'、'十'二字下又重'十'字。○按：正義云'當十於十二小卿也'，是正義本'十'字當重。又云'定本云十二小卿，重有十字，俗本直云十二小卿，俗本誤也'。今各本脱一'十'字，反同於正義所譏之俗本，大謬也。"考異曰："又各本盡然，蓋沿譌久矣。"鍔案：阮説是。
④ "不以"，撫州本、余仁仲本、婺州本、岳本、嘉靖本、八行本、和本、十行本、閩本、監本、毛本、殿本、阮刻本同，考補謂古本作"不用"。
⑤ "州"，撫州本、余仁仲本、婺州本、岳本、嘉靖本、和本、八行本、閩本、監本、毛本、殿本、阮刻本同；十行本作"也"，非。
⑥ "禮"，撫州本、余仁仲本、婺州本、岳本、嘉靖本、八行本、十行本、閩本、監本、毛本、殿本、阮刻本同，和本作"里"，非。
⑦ "及餘方百里"，撫州本、余仁仲本、婺州本、岳本、嘉靖本、八行本、和本、十行本、閩本、監本、毛本、殿本、阮刻本同，考補謂"餘"下古本、活字本有"封"字。

謂之小國。盈上四等之數，并四十六①，一州二百一十國②，則餘方百里者百六十四也。凡處地，方千里者五，方百里者五十九，其餘方百里者四十一，附庸地也。○間，音閑，下同。章，之尚反，又如字，本又作“障”，音同③。

5·6○天子之縣内，方百里之國九，七十里之國二十有一，五十里之國六十有三，凡九十三國。名山大澤不以朌。其餘以禄士，以爲間田。縣内，夏時天子所居州界名也。殷曰畿④。詩殷頌曰：“邦畿千里，維民所止。”周亦曰畿。畿内大國九者，三公之田三，爲有致仕者副之爲六也，其餘三，待封王之子弟。次國二十一者，卿之田六，亦爲有致仕者副之爲十二，又三爲三孤之田，其餘六，亦待封王之子弟。小國六十三⑤，大夫之田二十七，亦爲有致仕者副之爲五十四，其餘九，亦以待封王之子弟。三孤之田不副者，以其無職，佐公論道耳。雖有致仕⑥，猶可即而謀焉。朌，讀爲班。○朌，音班，賦也。

5·7○凡九州，千七百七十三國。天子之元士、諸侯之附庸

---

① “四十六”，余仁仲本、婺州本、岳本、嘉靖本、八行本、和本同；撫州本、十行本、閩本、監本、毛本、殿本、阮刻本作“四十九”，非。阮校曰：“盈上四等之數并四十九　閩、監、毛本同，衛氏集説同，惠棟校宋本‘九’作‘六’，岳本同，嘉靖本同，考文引古本、足利本同。岳本禮記考證云：‘盈上四等之數，謂添上公、侯、伯、子四等數也。上既云方五百里者四，四百里者六，三百里者十一，二百里者二十五，綜四、六、十一、二十五計之，共應四十六，并小國一百六十四，是爲一州二百一十國，則非四十九明矣。諸本“六”作“九”，非。’”

② “一州”，撫州本、余仁仲本、婺州本、岳本、嘉靖本、八行本、和本、閩本、監本、毛本、殿本、阮刻本同；十行本“一”作“二”，非。

③ “下同章之尚反又如字本又作障音同”，彙校卷第十一、撫釋一、余仁仲本同，和本作“障之尚反”，岳本無“章之尚反又如字本又作障音同”十三字，閩本、監本、毛本、殿本“章”作“障”，十行本誤作“民”，十行本、閩本、監本、毛本、殿本、阮刻本無“又如字本又作障音同”九字。

④ “殷曰畿”，撫州本、余仁仲本、婺州本、岳本、嘉靖本、八行本、和本、十行本、閩本、監本、毛本、殿本、阮刻本同，考補謂“畿”下古本、活字本有“内”字。

⑤ “六十三”，撫州本、余仁仲本、婺州本、岳本、八行本、十行本、和本、閩本、監本、毛本、殿本、阮刻本同，嘉靖本脱“六”字。

⑥ “雖有致仕”，余仁仲本、嘉靖本、和本、十行本、閩本、監本、毛本、殿本、阮刻本同；撫州本、婺州本、岳本、八行本“有”作“其”，考補謂古本、活字本作“其”，是。阮校曰：“雖有致仕　閩、監、毛本同，嘉靖本同，衛氏集説同，惠棟校宋本‘有’作‘其’，宋監本、岳本同。案依正義作‘其’。”鍔案：阮説是也。

不與。 不與，不在數中也。春秋傳曰①："禹會諸侯於塗山，執玉帛者萬國。"言執玉帛，則是唯謂中國耳。中國而言萬國，則是諸侯之地，有方百里，有方七十里，有方五十里者。禹承堯、舜而然矣。要服之内，地方七千里，乃能容之。夏末既衰，夷狄内侵，諸侯相并，土地減，國數少。殷湯承之，更制中國，方三千里之界，亦分爲九州，而建此千七百七十三國焉。周公復唐、虞之舊域，分其五服爲九，其要服之内②，亦方七千里，而因殷諸侯之數，廣其土，增其爵耳。孝經説曰："周千八百諸侯，布列五千里内。"此文改周之法，關盛衰之中，三七之間，以爲説也。終此説之意，五五二十五，方千里者二十五③，其一爲畿内，餘二十四州各有方千里者三④，其餘諸侯之地，大小則未得而聞。〇與，音預，注及下注"不與"同⑤。塗，音徒。要，一遥反，下"要服"皆同。并，必政反，又如字。減，古斬反。關盛衰，並讀如字⑥。

5·8〇**天子百里之内以共官，千里之内以爲御。** 謂此地之田税所給也。官，謂其文書財用也。御，謂衣食。〇共，音恭。

5·9〇**千里之外，設方伯五國以爲屬，屬有長。十國以爲連，連有帥。三十國以爲卒，卒有正。二百一十國以爲州，州有**

---

① "曰"，撫州本、余仁仲本、婺州本、岳本、嘉靖本、和本、八行本同，十行本、閩本、監本、毛本、殿本、阮刻本作"云"。阮校曰："春秋傳云　閩、監、毛本同。惠棟校宋本'云'作'曰'，宋監本、岳本同，嘉靖本同，衛氏集説同，考文引古本、足利本同。"

② "内"，撫州本、余仁仲本、婺州本、岳本、嘉靖本、八行本、和本、閩本、監本、毛本、殿本、阮刻本同；十行本作"方"，非。

③ "二十五"，余仁仲本、嘉靖本、和本、十行本、閩本、監本、毛本、殿本、阮刻本同；撫州本、婺州本、岳本、八行本"五"下有"也"字。阮校曰："方千里者二十五　閩、監、毛本同，嘉靖本同，惠棟校宋本'五'下有'也'字，宋監本、岳本同。"

④ "二十四州各有方千里者三"，撫州本、余仁仲本、婺州本、岳本、嘉靖本、八行本、閩本、監本、毛本、殿本、阮刻本同，和本、十行本"二十四"作"三十四"，和本"三"作"五"，皆非。

⑤ "注及下注不與同"，彙校卷第十一、撫釋一、余仁仲本、和本、十行本、閩本、監本、毛本、殿本、阮刻本同，岳本作"下同"。

⑥ "塗音徒要一遥反下要服皆同并必政反又如字減古斬反關盛衰並讀如字"，彙校卷第十一、撫釋一、余仁仲本、和本、十行本、閩本、監本、毛本、殿本、阮刻本同，岳本無此三十字。

伯。屬、連、卒、州，猶聚也。伯、帥、正，亦長也。凡長，皆因賢侯爲之。殷之州長曰伯，虞、夏及周皆曰牧。○帥，色類反，注及下同①。卒，子忽反，下及注同②。牧，音木③。**八州八伯，五十六正，百六十八帥，三百三十六長。八伯各以其屬屬於天子之老二人，分天下以爲左右，曰二伯。**老，謂上公。周禮曰："九命作伯。"春秋傳曰："自陝以東，周公主之。自陝以西，召公主之。"○陝，失冉反④，一音古洽反。召，詩照反⑤。

5·10○**千里之内曰甸，**能治田⑥，出穀稅。○甸，大薦反。**千里之外曰采，**九州之内地，取其美物，以當穀稅。○采，蒼改反。當，丁浪反，又如字⑦。**曰流。**謂九州之外也。夷狄流移，或貢或不。禹貢荒服之外，"三百里蠻，二百里流。"○蠻，莫還反⑧。

---

① "注及"，彙校卷第十一、撫釋一、余仁仲本、和本、十行本、閩本、監本、毛本、殿本、阮刻本同，岳本無此二字。
② "注及"，彙校卷第十一、撫釋一、余仁仲本、和本、十行本、閩本、監本、毛本、殿本、阮刻本同，岳本無此二字。
③ "牧音木"，彙校卷第十一、撫釋一、余仁仲本、和本、十行本、閩本、監本、毛本、殿本、阮刻本同，岳本無此三字。
④ "失冉反"，彙校卷第十一、撫釋一、余仁仲本、岳本、閩本、監本、毛本、殿本、阮刻本同；和本、十行本"失"作"朱"，非。
⑤ "召詩照反"，余仁仲本、和本、十行本、閩本、監本、毛本、殿本、阮刻本同，彙校卷第十一、撫釋一作"召時照反"，岳本無此四字。
⑥ "能"，余仁仲本同；撫州本、婺州本、岳本、八行本、和本、十行本、閩本、監本、毛本、殿本、阮刻本、吳氏朱批、叢刊本作"服"，嘉靖本作"使"，皆非。阮校曰："服治田出穀稅閩、監、毛本同，岳本同，嘉靖本'服'誤'使'，衛氏集説作'甸謂服治田出穀稅'，'甸謂'二字，衛氏以意增成之耳。考文云：'古本"服"上有"甸"字，"稅"下有"者也"二字，足利本作"甸服能治田出穀稅者"。'皆非。正義云：'定本直云"服治田出穀稅"。無"甸"字。'可見當時本不一，而正義則定從定本也。疏中標起止，亦無'甸'字可證。"王大隆曰："各本'能'皆作'服'，惟日本山井鼎七經孟子考文引足利本作'甸服能治田出穀稅者'，正有'能'字，與此本合。案考文所引足利本，雖往往有增字以引申其義者，然此注則必有所本。正義引定本直云'服治田出穀稅者'，必以'甸'已見經，不煩重出'能者'二字，文皆可省，不有此本，何從見鄭注真面。至嘉靖本遂誤'能'爲'使'矣。"
⑦ "又如字"，彙校卷第十一、撫釋一、余仁仲本、和本、十行本、閩本、監本、毛本、殿本、阮刻本同，岳本無此三字。
⑧ "蠻莫還反"，彙校卷第十一、撫釋一、余仁仲本、和本、十行本、閩本、監本、毛本、殿本、阮刻本同，岳本無此四字。

5·11〇天子：三公，九卿，二十七大夫，八十一元士。此夏制也。明堂位曰：夏后氏之官百。舉成數也。

5·12〇大國：三卿，皆命於天子。下大夫五人，上士二十七人。

5·13〇次國：三卿，二卿命於天子，一卿命於其君，下大夫五人，上士二十七人。

5·14〇小國：二卿，皆命於其君，下大夫五人，上士二十七人。命於天子者，天子選用之，如今詔書除吏矣。小國亦三卿，一卿命於天子，二卿命於其君，此文似誤脱耳。或者欲見畿内之國二卿與？〇選，宣戀反。見，賢遍反。與，音餘①。天子使其大夫爲三監，監於方伯之國，國三人。使佐方伯，領諸侯。〇監，古蹔反。監於，古藍反②，卷末同。重意篇末“天子之大夫爲三監，監於諸侯之國者。”

5·15〇天子之縣内諸侯，禄也。選賢置之於位，其國之禄如諸侯，不得世③。外諸侯，嗣也。有功乃封之，使之世也。冠禮記曰：“繼世以立諸侯，象賢也。”〇冠，古亂反。

5·16〇制：三公一命卷，若有加，則賜也，不過九命。次國之君不過七命，小國之君不過五命。卷，俗讀也，其通則曰袞。三公八命矣，復加一命，則服龍袞，與王者之後同。多於此，則賜非命服也。虞、夏之制，天子服有日月星辰。周禮曰：“諸公之服，自袞冕而下，如王之服。”〇命卷，音袞，古本反④。復，扶

①“選宣戀反見賢遍反與音餘”，彙校卷第十一、撫釋一、余仁仲本、和本、十行本、閩本、監本、毛本、殿本、阮刻本同，岳本無此十一字。

②“古藍反”，彙校卷第十一、撫釋一、余仁仲本、和本、十行本、閩本、監本、毛本、殿本、阮刻本“藍”作“衔”，是。

③“世”，撫州本、余仁仲本、婺州本、岳本、嘉靖本、八行本、和本同；十行本、閩本、監本、毛本、殿本、阮刻本作“位”，非。阮校曰：“不得位　閩、監、毛本同，衛氏集説同。惠棟校宋本‘位’作‘世’，宋監本、岳本、嘉靖本同。〇按正義云：‘不得繼世之事’，則作‘世’是也。”

④“古本反”，彙校卷第十一、撫釋一、余仁仲本、和本、十行本、閩本、監本、毛本、殿本、阮刻本同，岳本無此三字。

又反。冕,音勉①。

5·17○大國之卿不過三命,下卿再命②,小國之卿與下大夫一命。不著次國之卿者,以大國之下互明之,此卿命則異,大夫皆同。周禮公、侯、伯之卿三命,其大夫再命,子、男之卿再命,其大夫一命。

5·18○凡官民材,必先論之。論,謂考其德行道藝。○行,下孟反③。論辨,然後使之。辨,謂考問得其定也。易曰:"問以辨之。"任事,然後爵之。爵,謂正其秩次。○任,而鴆反。位定,然後禄之。與之以常食。○與,如字,又音預④。重言"位定,然後禄之"二,下文一。

5·19○爵人於朝,與士共之。刑人於市,與衆棄之。必共之者,所以審慎之也。書曰:"克明德慎罰。"是故公家不畜刑人,大夫弗養,士遇之塗,弗與言也。屏之四方,唯其所之,不及以政,亦弗故生也⑤。屏,猶放去也。已施刑,則放之棄之。役賦不與,亦不授之以田,困乏又無賙餼也。虞書曰"五流有宅,五宅三居"是也。周則墨者使守門,劓者使守關,宮者使守內,刖者使守囿,髡者使守積。○畜,許六反。涂,音徒,本又作"塗"⑥。屏,必政反。去,羌吕反。賙,音周。餼,許既反。有宅,王肅注尚書如字,鄭音知稼反,懲艾也,下同。劓,魚氣反。刖,五刮反,又音月。囿,音

---

①"冕音勉",彙校卷第十一、撫釋一、余仁仲本、和本、十行本、閩本、監本、毛本、殿本、阮刻本同,岳本無此三字。

②"再命",撫州本、余仁仲本、岳本、嘉靖本、八行本、和本、十行本、閩本、監本、毛本、殿本、阮刻本同;婺州本"命"作"拜",非。

③"行下孟反",彙校卷第十一、撫釋一、余仁仲本、和本、十行本、閩本、監本、毛本、殿本、阮刻本同,岳本無此四字。

④"與如字又音預",彙校卷第十一、撫釋一、余仁仲本、和本、十行本、閩本、監本、毛本、殿本、阮刻本同,岳本無此六字。

⑤"亦",唐石經、余仁仲本、婺州本、嘉靖本、八行本、十行本、阮刻本同,考補謂古本、活字本同;撫州本墨筆改作"示",岳本、和本、閩本、監本、毛本、殿本同,非。阮校曰:"亦弗故生也　石經、岳本、嘉靖本、宋監本同,惠棟校宋本亦作'亦',閩、監、毛本'亦'誤'示',衛氏集説同。按正義云:'非但不使,意在亦不欲使生。'正疏經文'亦'字義。石經考文提要云:'宋大字本、余仁仲本、劉叔剛本、禮記纂言皆作"亦"。'"

⑥"涂音徒本又作塗",彙校卷第十一、撫釋一、余仁仲本、和本、十行本、閩本、監本、毛本、殿本、阮刻本同,岳本無此七字。

又①。毼,五忽反,本又作"完",音同,徐户官反②。積,子智反。

5·20○諸侯之於天子也,比年一小聘,三年一大聘,五年一朝。比年,每歲也。小聘使大夫,大聘使卿,朝則君自行。然此大聘與朝,晉文霸時所制也。虞、夏之制,諸侯歲朝。周之制,侯、甸、男、采、衛、要服六者,各以其服數來朝。○一朝,直遥反③。數,色角反,又所具反④。

5·21○天子五年一巡守。天子以海内爲家,時一巡省之。五年者,虞、夏之制也。周則十二歲一巡守。○守,手又反,本或作"狩",後"巡守"皆同⑤。省,色景反⑥。

5·22○歲二月東巡守,至于岱宗,岱宗,東嶽。○岱,音代。柴而望祀山川。柴,祭天告至也。○柴,仕佳反,依字作"祡"⑦。覲諸侯,覲,見也。○覲見,如字,舊賢遍反⑧。問百年者就見之。就見老人。重意祭義二十四:"八十不俟朝,君問則就之。"命大師陳詩,以觀民風。陳詩,謂采其詩而視之。○大,音泰,後"大學"、"大祖"、"大子"、"大樂正"、"大史"皆同。命市納賈,以觀民之所好惡、志淫好辟。市,典市者。賈,謂物貴賤厚薄也。質

---

① "去羌呂反䦉音周饟許既反有宅王肅注尚書如字鄭音知稼反懿艾也下同劀魚氣反刖五刮反又音月面音兀",彙校卷第十一、撫釋一、余仁仲本、和本、十行本、閩本、監本、毛本、殿本、阮刻同,岳本無此四十四字。

② "毼五忽反本又作完音同徐户官反",彙校卷第十一、撫釋一、余仁仲本、和本、十行本、閩本、監本、毛本、殿本、阮刻同,岳本作"毼五忽反又作完"。

③ "一朝直遥反",彙校卷第十一、撫釋一、余仁仲本、和本、十行本、閩本、監本、毛本、殿本、阮刻本同,岳本無此五字。

④ "又所具反",彙校卷第十一、撫釋一、余仁仲本、和本、十行本、閩本、監本、毛本、殿本、阮刻本同,岳本無此四字。

⑤ "本或作狩後巡守皆同",彙校卷第十一、撫釋一、余仁仲本、和本、十行本、閩本、監本、毛本、殿本、阮刻本同,岳本作"後皆同"。

⑥ "省色景反",彙校卷第十一、撫釋一、余仁仲本、和本、十行本、閩本、監本、毛本、殿本、阮刻本同,岳本無此四字。

⑦ "柴仕佳反依字作祡",彙校卷第十一、撫釋一、余仁仲本、和本、十行本、閩本、監本、毛本、殿本、阮刻本同,岳本無此八字。

⑧ "覲見如字舊賢遍反",彙校卷第十一、撫釋一、余仁仲本、和本、十行本、閩本、監本、毛本、殿本、阮刻本同,岳本無此八字。

則用物貴,淫則侈物貴,民之志淫邪,則其所好者不正。○賈,音嫁,注同①。好,呼報反,下及注同。惡,烏路反②。辟,匹亦反,徐芳亦反。侈,昌氏反,又式氏反。邪,似嗟反③。**命典禮考時月,定日、同、律、禮、樂、制度、衣服,正之。** 同,陰律也。**山川神祇有不舉者爲不敬,不敬者君削以地。** 舉,猶祭也。○削,息約反。**宗廟有不順者爲不孝,不孝者君絀以爵。** 不順者,謂若逆昭穆。○絀,丑律反,退也。昭,常遥反,凡言昭穆,放此④。**變禮易樂者爲不從,不從者君流。** 流,放也。○樂,音岳。**革制度衣服者爲畔,畔者君討。** 討,誅也。**有功德於民者,加地進律。** 律,法也。重意祭法二十三:"此皆有功烈於民者也。"**五月南巡守,至于南嶽,如東巡守之禮。八月西巡守,至于西嶽,如南巡守之禮。十有一月北巡守,至于北嶽,如西巡守之禮。歸假于祖、禰,用特。** 假,至也。特,特牛也⑤。祖卜及禰,皆一牛。○嶽,音岳,下同⑥。假,音格。禰,乃禮反,父廟也。

5・23○**天子將出,類乎上帝,宜乎社,造乎禰。諸侯將出,宜乎社,造乎禰。** 帝,謂五德之帝,所祭於南郊者。類、宜、造,皆祭名,其禮亡。○禷,音類⑦。造,七報反,下及注同。重意大傳十六:"柴於上帝,宜於社。"

5・24○**天子無事,與諸侯相見曰朝。** 事,謂征伐。○與,如字。

---

① "注同",彙校卷第十一、撫釋一、余仁仲本、和本、十行本、閩本、監本、毛本、殿本、阮刻本同,岳本無此二字。

② "好呼報反下及注同惡烏路反",彙校卷第十一、撫釋一、余仁仲本、和本、十行本、閩本、監本、毛本、殿本、阮刻本同,岳本作"好惡皆去聲"。

③ "徐芳亦反侈昌氏反又式氏反邪似嗟反",彙校卷第十一、撫釋一、余仁仲本、和本、十行本、閩本、監本、毛本、殿本、阮刻本同,岳本無此十六字。

④ "退也昭常遥反凡言昭穆放此",彙校卷第十一、撫釋一、余仁仲本、和本、十行本、閩本、監本、毛本、殿本、阮刻本同,岳本無此十二字。

⑤ "特特牛也",撫州本、余仁仲本、婺州本、嘉靖本、八行本、和本、十行本、閩本、監本、毛本、殿本、阮刻本同,岳本脱一"特"字。

⑥ "嶽音岳下同",彙校卷第十一、撫釋一、余仁仲本、和本、十行本、閩本、監本、毛本、殿本、阮刻本同,岳本無此五字。

⑦ "禷音類",彙校卷第十一、撫釋一、余仁仲本、和本、十行本、閩本、監本、毛本、殿本、阮刻本同,岳本無此三字。

朝，直遥反①。**考禮、正刑、一德，以尊于天子。天子賜諸侯樂，則以柷將之；賜伯、子、男樂，則以鼗將之。** 將，謂執以致命。柷、鼗，皆所以節樂。○柷，昌六反。樂，音岳②。鼗，音桃。

5・25○**諸侯，賜弓矢然後征，賜鈇鉞然後殺，賜圭瓚然後爲鬯；未賜圭瓚，則資鬯於天子。** 得其器，乃敢爲其事。圭瓚，鬯爵也。鬯，秬酒也。○鈇，芳于反③，又音斧。鉞，音越。圭，字又作“珪”。案說文，珪，古字；圭，今字④。瓚，才旦反。鬯，勑亮反。秬，音巨，黑黍也⑤。

5・26○**天子命之教，然後爲學。小學在公宮南之左，大學在郊⑥。** 學，所以學士之宮。尚書傳曰：“百里之國，二十里之郊；七十里之國，九里之郊；五十里之國，三里之郊。”此小學、大學，殷之制。**天子曰辟廱，諸侯曰頖宮。** 尊卑學異名。辟，明也。雍，和也。所以明和天下。頖之言班也，所以班政教也。○辟，音璧，注同⑦。頖，音判。

5・27○**天子將出征，類乎上帝，宜乎社，造乎禰，禡於所征之地；** 禡，師祭也。爲兵禱，其禮亦亡。○禡，馬怕反，又音百，注同。爲，于僞反，下“爲盡物”同。禱，丁老反⑧。**受命於祖，** 告祖也。**受成於學，** 定兵謀也。**出**

---

① “與如字朝直遥反”，彙校卷第十一、撫釋一、余仁仲本、和本、十行本、閩本、監本、毛本、殿本、阮刻本同，岳本無此七字。

② “樂音岳”，彙校卷第十一、撫釋一、余仁仲本、和本、十行本、閩本、監本、毛本、殿本、阮刻本同，岳本無此三字。

③ “鈇芳于反”，彙校卷第十一、撫釋一、岳本、和本、十行本、閩本、監本、毛本、殿本、阮刻本作“鈇方于反”；余仁仲本“鈇”作“鈇”，非。

④ “圭字又作珪案說文珪古字圭今字”，彙校卷第十一、撫釋一、余仁仲本、十行本、閩本、監本、毛本、殿本、阮刻本同，和本“案”作“按”，岳本無此十四字。

⑤ “鬯勑亮反秬音巨黑黍也”，彙校卷第十一、撫釋一、余仁仲本、和本、閩本、監本、毛本、殿本、阮刻本同，岳本作“鬯音暢秬音巨”；十行本脫“反”字。

⑥ “在郊”，唐石經、撫州本、余仁仲本、婺州本、岳本、嘉靖本、八行本、和本、十行本、閩本、監本、毛本、殿本、阮刻本同，考補謂“郊”上古本有“東”字。

⑦ “璧注同”，阮刻本同，彙校卷第十一、撫釋一、余仁仲本、和本、十行本、閩本、監本、毛本、殿本作“璧注同”，是；岳本無此三字。

⑧ “注同爲于僞反下爲盡物同禱丁老反”，彙校卷第十一、撫釋一、余仁仲本、和本、十行本、閩本、監本、毛本、殿本、阮刻本同，岳本無此十五字。

征，執有罪，反釋奠于學，以訊馘告。釋菜奠幣，禮先師也。訊馘，所生獲斷耳者。詩曰：“執訊獲醜。”又曰：“在頖獻馘。”○馘，或爲“國”①。訊，本又作“誶”，音信，注同②。馘，古獲反，截耳。斷，音短，下“斷殺”同③。重意“反釋奠于學”。文王世子：“凡立學者，必釋奠于先聖先師。”

5·28○天子、諸侯無事，則歲三田，一爲乾豆，二爲賓客，三爲充君之庖。三田者，夏不田，蓋夏時也。周禮：“春曰蒐，夏曰苗，秋曰獮，冬曰狩。”乾豆，謂腊之以爲祭祀豆實也。庖，今之厨也。○乾，音干。庖，步交反。蒐，所求反④。獮，息淺反。腊，音昔⑤。無事而不田曰不敬，田不以禮曰暴天物。不敬者，簡祭祀，略賓客。天子不合圍，諸侯不掩羣。爲盡物也。○合，如字，徐音閤⑥。揜，音掩，本又作“掩”⑦。重意“天子不合圍，諸侯不掩群。”曲禮下：“國君春日不圍澤，大夫不掩羣。”天子殺則下大綏，諸侯殺則下小綏，綏，當爲“緌”。緌，有虞氏之旌旗也。下，謂弊之。○綏，依注音緌⑧，耳佳反，下注同。大夫殺則止佐車。佐車止，則百姓田獵。佐車，驅逆之車。○獵，力輒反⑨。驅，丘于反，又丘遇反。獺祭魚，然後虞人入澤梁。豺祭獸，然

---

①據撫州本、余仁仲本、婺州本、岳本、嘉靖本、八行本、和本、十行本、閩本、監本、毛本、殿本、阮刻本，“馘或爲國”四字是注文，應將“馘”上“○”號移至“爲國”下。
②“訊夲又作誶音信注同”，彙校卷第十一、撫釋一、余仁仲本、和本、十行本、閩本、監本、毛本、殿本、阮刻本同，岳本作“訊音信”。
③“截耳斷音短下斷殺同”，彙校卷第十一、撫釋一、余仁仲本、和本、十行本、閩本、監本、毛本、殿本、阮刻本，岳本無此九字。
④“蒐所求反”，彙校卷第十一、撫釋一、余仁仲本、岳本、十行本、閩本、監本、毛本、殿本、阮刻本同，和本“求”作“交”，非。
⑤“腊音昔”，彙校卷第十一、撫釋一、余仁仲本、和本、十行本、閩本、監本、毛本、殿本、阮刻本同，岳本無此三字。
⑥“徐”，彙校卷第十一、撫釋一、余仁仲本、和本、十行本、閩本、監本、毛本、殿本、阮刻本同，岳本作“又”。
⑦“揜音掩本又作掩”，彙校卷第十一、撫釋一、余仁仲本、和本、十行本、閩本、監本、毛本、殿本、阮刻本同，岳本無此七字。
⑧“綏依注音緌”，余仁仲本、和本、十行本同，彙校卷第十一、撫釋一、岳本、閩本、監本、毛本、殿本、阮刻本上“綏”作“緌”，是；岳本無“依注音緌”四字。
⑨“獵力輒反”，彙校卷第十一、撫釋一、余仁仲本、和本、十行本、閩本、監本、毛本、殿本、阮刻本同，岳本無此四字。

後田獵。鳩化爲鷹，然後設罻羅。草木零落，然後入山林。昆蟲未
蟄，不以火田。取物必順時候也。梁，絶水取魚者。罻，小網也。昆，明也。明
蟲者，得陽而生，得陰而藏。○獺，徐他達反，又他瞎反①。豺，仕皆反。罻，音尉，
一音鬱。零，本又作"苓"，音同。説文云："草曰苓，木曰落。"蟲，直隆反，下同②。
蟄，直立反。重言"獺祭魚，豺祭獸，草木零落"二，並見月令。重意"鳩化爲
鷹"。月令"鷹化爲鳩"。不麛，不卵，不殺胎，不殀夭，重傷未成物。殀，
斷殺。少長曰夭。○麛，本又作"麑"，音迷，同③。卵，力管反。胎，吐來反。殀
夭，上於表反，下烏老反④。斷，丁亂反，又音段。少長，上詩召反，下丁丈反⑤。
重意"不麛不卵"。月令"毋麛毋卵"。○"不殺胎，不殀夭"。月令"毋殺孩蟲、
胎、夭、飛鳥"。不覆巢。覆，敗也。○覆，芳服反，注同⑥。重意月令"毋
覆巢。"

5·29○冢宰制國用，必於歲之杪。五穀皆入，然後制國用。
制國用，如今度支經用⑦。杪，末也。○杪，亡小反。度支，上大各反，下音之⑧。
用地小大，視年之豐耗。小國大國，豐凶之年，各以歲之收入，制其用多少，

---

① "獺徐他達反又他瞎反"，彙校卷第十一、撫釋一、余仁仲本、和本、十行本、閩本、監本、
毛本、殿本、阮刻本同，岳本作"獺他達反"。
② "零本又作苓音同説文云草曰苓木曰落蟲直隆反下同"，彙校卷第十一、撫釋一、余仁仲
本、和本、十行本、閩本、監本、毛本、殿本、阮刻本同，岳本無此二十二字。
③ "麛本又作麑音迷同"，彙校卷第十一、撫釋一、余仁仲本、和本、十行本、閩本、監本、毛
本、殿本、阮刻本同，岳本作"麛音迷"。
④ "殀夭上於表反下烏老反"，彙校卷第十一、撫釋一、余仁仲本、和本、十行本、閩本、監
本、毛本、殿本、阮刻本同，岳本作"殀於表反夭烏老反"。
⑤ "又音段少長上詩召反下丁丈反"，彙校卷第十一、撫釋一、余仁仲本、和本、十行本、閩
本、監本、毛本、殿本、阮刻本同，岳本無此十三字。
⑥ "注同"，彙校卷第十一、撫釋一、余仁仲本、和本、十行本、閩本、監本、毛本、殿本、阮刻
本同，岳本無此二字。
⑦ "支"，撫州本、余仁仲本、婺州本、岳本、嘉靖本、八行本、和本、閩本、監本、毛本、殿本、
阮刻本同；十行本作"友"，非。
⑧ "度支上大各反下音之"，岳本無此九字；彙校卷第十一、撫釋一、余仁仲本、和本、閩
本、監本、毛本、殿本、阮刻本無此"上"字，是；和本、閩本、監本、毛本"之"誤作"支"，十行
本誤作"友"。

多不過禮,少有所殺。○耗,呼報反。殺,色戒反,又色例反①。**以三十年之通制國用,量入以爲出。**通三十年之率,當有九年之蓄。出,謂所當給爲。○量,音亮。率,音律,又音類,本又作"緷"②。之畜,勑六反,後皆同③。**祭用數之仭。**等今年一歲經用之數,用其什一。○仭,音勒,又音力。什,音十④。**喪三年不祭,唯祭天地社稷爲越紼而行事。**不敢以卑廢尊。越,猶躐也。紼,輴車索。○紼,音弗。躐,力輒反⑤。輴,勑倫反。索,悉各反⑥。**喪用三年之仭,**喪大事,用三歲之什一。**喪祭,用不足曰暴,有餘曰浩。**暴,猶耗也。浩,猶饒也。○浩,胡老反。**祭,豐年不奢,凶年不儉。**常用數之仭。**國無九年之蓄曰不足,無六年之蓄曰急,無三年之蓄曰國非其國也。三年耕,必有一年之食。九年耕,必有三年之食。以三十年之通,雖有凶旱水溢,民無菜色,然後天子食,日舉以樂。**菜色,食菜之色。民無食菜之飢色,天子乃日舉樂以食⑦。○日,人一反,下同⑧。

5·30○**天子七日而殯,七月而葬。諸侯五日而殯,五月而**

---

①"又色例反",彙校卷第十一、撫釋一、余仁仲本、和本、十行本、閩本、監本、毛本、殿本、阮刻本同,岳本無此四字。

②"本又作緷",彙校卷第十一、撫釋一、余仁仲本、和本、十行本、閩本、監本、毛本、殿本、阮刻本同,岳本無此四字。

③"之畜勑六反後皆同",彙校卷第十一、撫釋一、余仁仲本、和本、閩本、監本、毛本、殿本、阮刻本同,岳本無此八字,十行本"六"誤作"天"。

④"什音十",彙校卷第十一、撫釋一、余仁仲本、和本、十行本、閩本、監本、毛本、殿本、阮刻本同,岳本無此三字。

⑤"躐力輒反",彙校卷第十一、撫釋一、余仁仲本、和本、十行本、閩本、監本、毛本、殿本、阮刻本同,岳本無此四字。

⑥"索悉各反",彙校卷第十一、撫釋一、余仁仲本、和本、十行本、閩本、監本、毛本、殿本、阮刻本同,岳本無此四字。

⑦"天子乃日舉樂以食",撫州本、余仁仲本、婺州本、嘉靖本、八行本同;十行本、阮刻本作"天子乃日舉以樂以食",岳本、和本、閩本、監本、毛本、殿本作"天子乃日舉以樂侑食",皆非。考異曰:"天子乃日舉樂以食:十行初刻本'舉'下衍一'以'字,俗注疏本因其不可通,遂改'樂'下'以'字爲'侑',誤甚。"

⑧"日人一反下同",彙校卷第十一、撫釋一、余仁仲本、和本、十行本、閩本、監本、毛本、殿本、阮刻本同,岳本無此六字。

葬。**大夫、士、庶人三日而殯，三月而葬**。尊者舒，卑者速。春秋傳曰：
“天子七月而葬，同軌畢至。諸侯五月，同盟至。大夫三月，同位至。士踰月，外
姻至。”重言“五月而葬，三月而葬”二，一見雜記二十一篇。互注左隱元年“秋七
月，天王使宰咺來歸惠公、仲子之賵。緩，且子氏未薨，故名”云云，見本注。杜預
注此言，赴弔各以遠近爲差，因爲葬節。**三年之喪，自天子達**。下通庶人，
於父母同。天子、諸侯降期。○期，居宜反。重意三年問三十八篇：“夫三年之
喪，天下之達喪也。”**庶人縣封，葬不爲雨止，不封不樹。喪不貳事**，縣
封，當爲“縣窆”。縣窆者，至卑，不得引綍下棺。雖雨猶葬，以其禮儀少。封，謂
聚土爲墳。不封之，不樹之，又爲至卑，無飾也。周禮曰：“以爵等爲丘封之度與
其樹數。”則士以上乃皆封、樹。貳之言二也，庶人終喪無二事，不使從政也。喪
大記曰：“大夫、士既葬，公政入於家。既卒哭，弁絰帶，金革之事無辟也。”○縣
封，上音玄，下音窆①，彼驗反②。不爲，于僞反，注“又爲”同③。綍，音弗。上，時
掌反。下“大夫以上”同。辟，音避④。**自天子達於庶人。喪從死者，祭
從生者。支子不祭**。從死者，謂衣、衾、棺、椁。從生者，謂奠祭之牲器。○
重言“自天子達於庶人”。大學：“自天子以至于庶人。”中庸：“達乎諸侯、大夫及
士、庶人。”○“支子不祭”，一見曲禮。

5·31○**天子七廟，三昭三穆，與大祖之廟而七**。此周制。七
者，大祖及文王、武王之祧，與親廟四。太祖，后稷。殷則六廟，契及湯與二昭二
穆。夏則五廟，無大祖，禹與二昭二穆而已。○祧，他彫反。契，息列反⑤。重言

---

① “音窆”，彙校卷第十一、撫釋一、余仁仲本、和本、十行本、閩本、監本、毛本、殿本、阮刻
　本同，岳本無此二字。
② “彼驗反”，彙校卷第十一、撫釋一、余仁仲本、岳本同，和本、十行本、閩本、監本、毛本、
　殿本、阮刻本“驗”作“念”。
③ “不爲于僞反注又爲同”，彙校卷第十一、撫釋一、余仁仲本、和本、十行本、閩本、監本、
　毛本、殿本、阮刻本同，岳本作“爲于僞反”。
④ “綍音弗上時掌反下大夫以上同辟音避”，彙校卷第十一、撫釋一、余仁仲本、和本、十行
　本、閩本、監本、毛本、殿本、阮刻本同，岳本無此十六字。
⑤ “契息列反”，彙校卷第十一、撫釋一、余仁仲本、和本、十行本、閩本、監本、毛本、殿本、
　阮刻本同，岳本無此四字。

“天子七廟”二，一見禮器。**諸侯五廟，二昭二穆，與大祖之廟而五。**大
祖，始封之君。王者之後，不爲始封之君廟。**大夫三廟，一昭一穆，與大
祖之廟而三。**大祖，別祖始爵者①。大傳曰：“別子爲祖。”謂此雖非別子，始
爵者亦然。**士一廟，**謂諸侯之中士、下士，名曰官師者。上士二廟。重意“天
子七廟，諸侯五廟，大夫三廟，士一廟。”禮器：“天子七廟，諸侯五，大夫三，士一。”
祭法：“王立七廟，諸侯立五廟，大夫立三廟，適士二廟。”**庶人祭於寢。**寢，適
寢也。○適，下歷反②。

　　5·32○**天子、諸侯宗廟之祭，春曰礿，夏曰禘，秋曰嘗，冬曰
烝。**此蓋夏、殷之祭名。周則改之，春曰祠，夏曰礿，以禘爲殷祭。詩小雅曰：“礿
祠烝嘗，于公先王。”此周四時祭宗廟之名。○礿，余若反。夏曰，户嫁反，注“夏曰
礿”、“夏祭曰”、下云“夏薦”同③。禘，大計反。烝，之承反。祠，音詞④。重意祭
統：“夏祭曰禘，秋祭曰嘗。”郊特牲：“春禘而秋嘗。”祭法二十三篇：“春禘秋嘗。”

　　5·33○**天子祭天地，諸侯祭社稷，大夫祭五祀。**五祀，謂司命
也、中霤也、門也、行也、厲也。此祭，謂大夫有地者。其無地，祭三耳。○霤，力
救反。重言“天子祭天地，諸侯祭社稷”二，一見禮運第九，又曲禮下“天子祭天
地”。**天子祭天下名山大川：五嶽視三公，四瀆視諸侯。**視，視其牲
器之數。**諸侯祭名山大川之在其地者。**魯人祭泰山，晉人祭河是也。

　　5·34○**天子、諸侯祭因國之在其地而無主後者⑤。**謂所因之
國先王先公有功德，宜享世祀，今絶無後爲之祭主者。昔夏后氏郊鯀，至杞爲夏

---

① “別祖”，撫州本、余仁仲本、婺州本、岳本、嘉靖本、八行本、和本、十行本、閩本、監本、毛
本、殿本、阮刻本作“別子”，是。
② “適下歷反”，岳本作“適音的”；彙校卷第十一、撫釋一、余仁仲本、和本、十行本、閩本、
監本、毛本、殿本、阮刻本作“適丁歷反”，是。
③ “注夏曰礿夏祭曰下云夏薦同”，彙校卷第十一、撫釋一、余仁仲本、和本、十行本、閩本、
監本、毛本、殿本、阮刻本同，岳本作“下同”。
④ “烝之承反祠音詞”，彙校卷第十一、撫釋一、余仁仲本、和本、十行本、閩本、監本、毛本、
殿本、阮刻本同，岳本無此七字。
⑤ “天子諸侯”，唐石經、撫州本、余仁仲本、婺州本、岳本、嘉靖本、八行本、和本、十行本、
閩本、監本、毛本、殿本、阮刻本同，考補謂“天子”下活字本有“命”字。

後而更郊禹。晉侯夢黃熊入國而祀夏郊，此其禮也。○鯀，古本反①。能，乃登反，本又作"熊"，音雄②。

5·35○天子犆礿、祫禘、祫嘗、祫烝。犆，猶一也。祫，合也。天子、諸侯之喪畢，合先君之主於祖廟而祭之，謂之祫。後因以爲常，天子先祫而後時祭，諸侯先時祭而後祫。凡祫之歲，春一礿而已。不祫，以物無成者，不殷祭。周改夏祭曰礿，以禘爲殷祭也。魯禮，三年喪畢，而祫於大祖。明年，春禘於群廟。自爾之後，五年而再殷祭。一祫一禘。○犆，音特。祫，音洽。諸侯礿則不禘，禘則不嘗，嘗則不烝，烝則不礿。虞、夏之制，諸侯歲朝，廢一時祭。○朝，直遙反。諸侯礿犆，互明犆礿文。○互，音户，又户故反③。禘，一犆一祫。下天子也。祫歲不禘。○下，户嫁反④。嘗祫，烝祫。

5·36○天子社稷皆大牢，諸侯社稷皆少牢。大夫、士宗廟之祭，有田則祭，無田則薦。有田者，既祭又薦新⑤。祭以首時，薦以仲月。士薦牲用特豚。大夫以上用羔，所謂"羔豚而祭，百官皆足"。詩曰："四之日其早，獻羔祭韭。"○大牢，如字，又音泰。少，詩照反。日，人一反⑥。庶人春薦韭，夏薦麥，秋薦黍，冬薦稻。韭以卵，麥以魚，黍以豚，稻以鴈。庶人無常牲，取與新物相宜而已。○稻，音盜。卵，力管反⑦。祭天地之

---

① "鯀古本反"，彙校卷第十一、撫釋一余仁仲本、和本、十行本、閩本、監本、毛本、殿本、阮刻本同，作"鮌古本反"，岳本無此四字。

② "能乃登反本又作熊音雄"，彙校卷第十一、撫釋一、余仁仲本同；岳本作"熊音能又音雄"，和本、十行本、閩本、監本、毛本、阮刻本"本"上有"一"字，皆非。

③ "互音户又户故反"，彙校卷第十一、撫釋一、余仁仲本、和本、十行本、閩本、監本、毛本、殿本、阮刻本同，岳本無此七字。

④ "下户嫁反"，彙校卷第十一、撫釋一、余仁仲本、和本、十行本、閩本、監本、毛本、殿本、阮刻本同，岳本無此四字。

⑤ "薦新"，撫州本、余仁仲本、婺州本、岳本、嘉靖本、八行本、和本、十行本、閩本、監本、毛本、殿本、阮刻本同，考補謂"新"下古本、活字本有"物"字。

⑥ "日人一反"，彙校卷第十一、撫釋一、余仁仲本、和本、十行本、閩本、監本、毛本、殿本、阮刻本同，岳本無此四字。

⑦ "稻音盜卵力管反"，彙校卷第十一、撫釋一、余仁仲本、和本、十行本、閩本、監本、毛本、殿本、阮刻本同，岳本無此七字。

牛角繭栗,宗廟之牛角握,賓客之牛角尺。握,謂長不出膚。○繭,字又作"蠒"①,公典反。握,厄角反。長,丁丈反。膚,方于反②。諸侯無故不殺牛,大夫無故不殺羊,士無故不殺犬、豕,庶人無故不食珍。故,謂祭饗。重言"諸侯無故不殺牛,大夫無故不殺羊,士無故不殺犬、豕"二,一見玉藻十三篇,"諸侯"作"君"。

5·37○庶羞不踰牲。祭以羊,則不以牛肉爲羞。燕衣不踰祭服,寢不踰廟。

5·38○古者公田藉而不稅,藉之言借也。借民力治公田,美惡取於此,不稅民之所自治也。孟子曰:"夏后氏五十而貢,殷人七十而助,周人百畝而徹。"則所云"古者",謂殷時。○燕,伊見反。藉,在亦反。稅,式銳反。借,子亦反。市廛而不稅,廛,市物邸舍,稅其舍,不稅物③。○廛,直連反。邸,丁禮反④。關譏而不征,譏,譏異服,識異言。征,亦稅也。周禮:"國凶札,則無門關之征⑤,猶譏也。"○譏,居宜反⑥。征,本又作"正",音同,注、下皆同⑦。札,側八反,又音截⑧。林麓川澤以時入而不禁。麓,山足也。○麓,音鹿。夫圭田無征。夫,猶治也。征,稅也。孟子曰:"卿以下必有圭田。"治圭田者不稅,

---

① "字又作蠒",彙校卷第十一、撫釋一、余仁仲本、和本、十行本、閩本、監本、毛本、殿本、阮刻本同,岳本無此四字。
② "長丁丈反膚方于反",彙校卷第十一、撫釋一、余仁仲本、和本、阮刻本同,殿本"長丁丈反膚方乎反",岳本無此八字;十行本、閩本、監本、毛本作"長丁丈反膚於乎反",非。
③ "物"上,撫州本、余仁仲本、婺州本、岳本、嘉靖本、八行本、和本、十行本、閩本、監本、毛本、殿本、阮刻本有"其"字,是。
④ "邸丁禮反",彙校卷第十一、撫釋一、余仁仲本、和本、十行本、閩本、監本、毛本、殿本、阮刻本同,岳本無此四字。
⑤ "征",周禮地官司關、余仁仲本、婺州本、岳本、嘉靖本、八行本、和本、十行本、閩本、監本、毛本、殿本、阮刻本同;撫州本重"征"字,非。
⑥ "譏居宜反",彙校卷第十一、撫釋一、余仁仲本、和本、十行本、閩本、監本、毛本、殿本、阮刻本同,岳本無此四字。
⑦ "征本又作正音同注下皆同",彙校卷第十一、撫釋一、余仁仲本、和本、閩本、監本、毛本、殿本、阮刻本同,岳本無此十一字;十行本"本"誤作"亦"。
⑧ "札側八反又音截",彙校卷第十一、撫釋一、余仁仲本、和本、十行本、閩本、監本、毛本、殿本、阮刻本同,岳本作"札如字又音截"。

所以厚賢也。此則周禮之士田，以任近郊之地，税什一。○圭，音珪①。

　　5·39○用民之力，歲不過三日。治宮室、城郭、道渠。田里不粥，墓地不請。皆受於公，民不得私也。粥，賣也。請，求也。○粥，音育，後皆同②。

　　5·40○司空執度度地，司空，冬官卿，掌邦事者。度，丈尺也。○度度，上如字，下大洛反，量也③。居民，山川沮澤，時四時，觀寒煖燥濕④。沮，謂萊沛。○沮，將慮反。沮，沮洳也。煖，乃管反，又況袁反，下文同⑤。萊，音來。何胤云：“草所生曰萊。”庾云：“草也。”⑥沛，蒲貝反。何胤云：“水所生曰沛。”何休注公羊傳云：“草棘曰沛。”⑦量地遠近，制邑井之處。○處，昌慮反⑧。興事任力。事，謂築邑廬宿市也。○任，而鴆反。築，音竹⑨。凡使民，任老者之事，食壯者之食。寬其力，饒其食。○食壯，音嗣，又如字，下側狀反⑩。

---

①“圭音珪”，彙校卷第十一、撫釋一、余仁仲本、和本、十行本、閩本、監本、毛本、殿本、阮刻本同，岳本無此三字。

②“粥音育後皆同”，余仁仲本、岳本同，彙校卷第十一、撫釋一作“粥音育賣也後皆同”，和本、十行本、閩本、監本、毛本、殿本、阮刻本脱。

③“量也”，彙校卷第十一、撫釋一、余仁仲本、和本、十行本、閩本、監本、毛本、殿本、阮刻本同，岳本無此二字。

④“寒”，撫州本、余仁仲本、岳本、嘉靖本、八行本、和本、十行本、閩本、監本、毛本、殿本、阮刻本同；婺州本作“塞”。

⑤“煖乃管反又況袁反下文同”，彙校卷第十一、撫釋一、余仁仲本、和本、十行本、閩本、監本、毛本、殿本、阮刻本同，岳本無此十一字。

⑥“萊音來何胤云草所生曰萊庾云草也”，彙校卷第十一、撫釋一、余仁仲本、和本、十行本、閩本、監本、毛本、殿本、阮刻本同，岳本作“草所生曰萊”。

⑦“沛蒲貝反何胤云水所生曰沛何休注公羊傳云草棘曰沛”，彙校卷第十一、撫釋一、余仁仲本、和本、十行本、閩本、監本、毛本、殿本、阮刻本同，岳本作“沛蒲貝反水所生曰沛”。

⑧“處昌慮反”，彙校卷第十一、撫釋一、余仁仲本、和本、十行本、閩本、監本、毛本、殿本、阮刻本同，岳本無此四字。

⑨“築音竹”，彙校卷第十一、撫釋一、余仁仲本、和本、十行本、閩本、監本、毛本、殿本、阮刻本同，岳本無此三字。

⑩“下側狀反”，彙校卷第十一、撫釋一、余仁仲本、和本、十行本、閩本、監本、毛本、殿本、阮刻本同，岳本無此三字。

5·41○凡居民材，必因天地寒煖燥濕。使其材藝堪地氣也①。○燥，素老反。廣谷大川異制，謂其形象。民生其間者異俗，謂其所好惡。○好惡，上呼報反，下烏路反②。剛柔、輕重、遲速異齊，謂其情性緩急。○齊，才細反。緩，戶管反③。五味異和，謂香臭與鹹苦。○和，胡臥反，下同。臭，尺救反④。器械異制，謂作務之用。○械，戶戒反。何休注公羊云："攻守之器曰械。"鄭注大傳云："禮樂之器及兵甲也。"郭璞三蒼解詁云："械，器之捴名。"⑤衣服異宜。謂旃裘與絺綌⑥。○旃裘，上之然反，下音求。絺，勑宜反。綌，去逆反⑦。脩其教，不易其俗。齊其政，不易其宜。教謂禮義，政謂刑禁。中國戎夷五方之民，皆有性也，不可推移。地氣使之然。東方曰夷，被髮文身，有不火食者矣。南方曰蠻，雕題交趾，有不火食者矣。彫文，謂刻其肌，以丹青涅之。交趾，足相鄉然。浴則同川，臥則僢。不火食，地氣煖，不爲病。○被，皮義反，下同。雕，本又作"彫"，同。彫，刻

---

① "藝"，余仁仲本、岳本、嘉靖本、和本、十行本、閩本、監本、毛本、殿本、阮刻本同；撫州本、婺州本、八行本作"埶"。阮校曰："使其材藝堪地氣也　閩、監、毛本同，岳本同，嘉靖本同，衛氏集説同。惠棟校宋本'藝'作'埶'，宋監本同。"

② "好惡上呼報反下烏路反"，彙校卷第十一、撫釋一、余仁仲本、和本、十行本、閩本、監本、毛本、殿本、阮刻本同，岳本無此十字。

③ "緩戶管反"，彙校卷第十一、撫釋一、余仁仲本、和本、十行本、閩本、監本、毛本、殿本、阮刻本同，岳本無此四字。

④ "臭尺救反"，彙校卷第十一、撫釋一、余仁仲本、和本、閩本、監本、毛本、殿本、阮刻本同，岳本無此四字；十行本"臭"誤作"其"。

⑤ "何休注公羊云攻守之器曰械鄭注大傳云禮樂之器及兵甲也郭璞三蒼解詁云械器之捴名"，彙校卷第十一、撫釋一、余仁仲本、和本、毛本、殿本、阮刻本同，岳本無此三十七字；十行本、閩本、監本"三"誤作"王"。

⑥ "旃裘"，余仁仲本、岳本、嘉靖本、和本、十行本、閩本、監本、毛本、殿本、阮刻本同；撫州本、婺州本、八行本"旃"作"氈"，是。阮校曰："謂旃裘與絺綌　閩、監、毛本同，岳本同，嘉靖本同，衛氏集説同。惠棟校宋本'旃'作'氈'字，宋監本同。○按：'氈'，正字。'旃'，假借字。""綌"，撫州本、余仁仲本、岳本、八行本、十行本、閩本、監本、毛本、殿本、阮刻本同；婺州本作"絡"，非。

⑦ "旃裘上之然反下音求絺勑宜反綌去逆反"，彙校卷第十一、撫釋一、余仁仲本、和本、十行本、閩本、監本、毛本、殿本、阮刻本同，岳本無此十七字。

鏤也①。題，大兮反②。趾，音止。刻，音克。肌，音飢③。涅，乃結反。相繆，許亮反④。僢，昌戀反。**西方曰戎，被髮衣皮，有不粒食者矣。北方曰狄，衣羽毛穴居⑤，有不粒食者矣。**不粒食，地氣寒，少五穀。○衣，於既反，下同。粒，音立⑥。**中國、夷、蠻、戎、狄，皆有安居、和味、宜服、利用、備器。**其事雖異，各自足。**五方之民，言語不通，嗜欲不同。達其志，通其欲，東方曰寄，南方曰象，西方曰狄鞮，北方曰譯。**皆俗間之名，依其事類耳。鞮之言知也，今冀部有言“狄鞮”者。○嗜欲，市志反。寄，京義反。鞮，丁兮反⑦。譯，音亦⑧。間，如字，又“間厠”之間⑨。

5·42○**凡居民，量地以制邑，度地以居民，地邑民居，必參相得也。**得，猶足也。○度，大洛反。參，七南反。**無曠土，無游民，食節事時，民咸安其居，樂事勸功，尊君親上，然後興學。**立小學、大學。○咸，行緘反。樂，音岳，又音洛⑩。

---

① “雕本又作彫同彫刻鏤也”，彙校卷第十一、撫釋一、余仁仲本、和本、閩本、監本、毛本、殿本、阮刻本同，岳本無此十字；十行本“雕本又作彫”誤作“正本又作郡”。

② “題大兮反”，彙校卷第十一、撫釋一、余仁仲本、岳本、和本、監本、毛本、殿本、阮刻本同；十行本、閩本“兮”誤作“弓”。

③ “趾音止刻音克肌音飢”，彙校卷第十一、撫釋一、余仁仲本、和本、十行本、閩本、監本、毛本、殿本、阮刻本同，岳本無此九字。

④ “相繆許亮反”，彙校卷第十一、撫釋一、余仁仲本、和本、十行本、閩本、監本、毛本、殿本、阮刻本同，岳本無此五字。

⑤ “羽毛”，唐石經、撫州本、余仁仲本、婺州本、岳本、嘉靖本、和本、十行本、閩本、監本、毛本、殿本、阮刻本同；八行本作“毛羽”，非。

⑥ “粒音立”，彙校卷第十一、撫釋一、余仁仲本、和本、十行本、閩本、監本、毛本、殿本、阮刻本同，岳本無此三字。

⑦ “鞮丁兮反”，彙校卷第十一、撫釋一、余仁仲本、岳本、和本、阮刻本同；十行本、閩本、監本、毛本“丁”作“于”，殿本作“子”，皆非。

⑧ “譯音亦”，彙校卷第十一、撫釋一、余仁仲本、和本、十行本、閩本、監本、毛本、殿本、阮刻本同，岳本作“譯如字”。

⑨ “間如字又間厠之間”，彙校卷第十一、撫釋一、余仁仲本、和本、十行本、閩本、監本、毛本、殿本、阮刻本同，岳本無此八字。

⑩ “咸行緘反樂音岳又音洛”，彙校卷第十一、撫釋一、余仁仲本、和本、十行本、閩本、監本、毛本、殿本、阮刻本同，岳本無此十字。

5·43○司徒脩六禮以節民性，明七教以興民德，齊八政以防淫，一道德以同俗，養耆老以致孝，恤孤獨以逮不足。上賢以崇德，簡不肖以絀惡。司徒，地官卿，掌邦教者。逮，及也。簡，差擇也。○防，本又作“坊”，音同。恤，辛律反①。逮，音代，又大計反。肖，音笑②。絀，勅律反。命鄉簡不帥教者以告，帥，循也。不循教，謂敖很不孝弟者。司徒使鄉簡擇以告者，鄉屬司徒。○帥，音率。循，音巡③。敖，本又作“傲”，同，五報反④。很，胡墾反。弟，大計反，本又作“悌”⑤。耆老皆朝于庠，元日習射上功，習鄉上齒，大司徒帥國之俊士與執事焉。將習禮以化之，使之觀焉。耆老，致仕及鄉中老賢者。朝，猶會也。此庠，謂鄉學也。鄉，謂飲酒也。鄉禮，春秋射，國蜡而飲酒養老。○朝，直遥反。庠，音祥⑥。與，音預。蜡，仆詐反⑦。不變，命國之右鄉簡不帥教者移之左，命國之左鄉簡不帥教者移之右，如初禮。中年考校，而又不變，使轉徙其居⑧，覬其見新人，有所化也。亦復習禮於鄉學，使之觀焉。○覬，音冀。復，音扶又反⑨，下“又復”、“復移”、

---

① “防本又作坊音同恤辛律反”，余仁仲本、和本、十行本、閩本、監本、毛本、殿本、阮刻本同，岳本無此十一字，彙校卷第十一、撫釋一“律”作“聿”。

② “肖音笑”，彙校卷第十一、撫釋一、余仁仲本、和本、十行本、閩本、監本、毛本、殿本、阮刻本同，岳本無此三字。

③ “循音巡”，彙校卷第十一、撫釋一、余仁仲本、和本、十行本、閩本、監本、毛本、殿本、阮刻本同，岳本無此三字。

④ “敖本又作傲同”，彙校卷第十一、撫釋一、余仁仲本、和本、十行本、閩本、監本、毛本、殿本、阮刻本同，岳本無此六字。

⑤ “弟大計反本又作悌”，彙校卷第十一、撫釋一、余仁仲本、和本、十行本、閩本、監本、毛本、殿本、阮刻本同，岳本無此八字。

⑥ “庠音祥”，彙校卷第十一、撫釋一、余仁仲本、和本、十行本、閩本、監本、毛本、殿本、阮刻本同，岳本無此三字。

⑦ “蜡仆詐反”，彙校卷第十一、撫釋一、余仁仲本、岳本、和本、十行本、閩本、監本、毛本、殿本、阮刻本作“蜡仕詐反”，是。

⑧ “使轉徙其居”，撫州本、余仁仲本、岳本、嘉靖本、和本、十行本、閩本、監本、毛本、殿本、阮刻本同，婺州本、八行本“居”作“序”，非。阮校曰：“使轉徙其居　閩、監本同，岳本同，嘉靖本同，衛氏集說同，毛本‘轉’誤‘專’。惠棟校宋本‘居’作‘序’，‘轉’字同，通典五十三引亦作‘轉徙其序居’。”

⑨ “音扶又反”，彙校卷第十一、撫釋一、余仁仲本、岳本、和本、十行本、閩本、（轉下頁注）

“復與”同①。**不變，移之郊，如初禮。** 郊，鄉界之外者也，稍出遠之。後中年，又爲之習禮於郊學。○爲，于僞反，下“爲親”、“爲其大”、“亦爲”皆同②。**不變，移之遂，如初禮。** 遠郊之外曰遂，遂大夫掌之，又中年復移之使居遂，又爲習禮於遂之學。**不變，屏之遠方，終身不齒。** 遠方，九州之外。齒，猶録也。**命鄉論秀士，升之司徒，曰選士。** 移名於司徒也③。秀士，鄉大夫所考有德行道藝者。○選，宣戀反，下皆同。行，下孟反④。**司徒論選士之秀者而升之學，曰俊士。** 可使習禮者。學，大學。**升於司徒者，不征於鄉；升於學者，不征於司徒，曰造士。** 不征，不給其縣役。造，成也⑤。能習禮，則爲成士。○給，音急⑥。繇，本又作“縣”⑦，音遥。**樂正崇四術，立四教，** 樂正，樂官之長，掌國子之教。虞書曰：“夔命汝典樂，教胄子。”崇，高也。高尚其術以作教也。幼者，教之於小學。長者，教之於大學。尚書傳曰：“年十五始入小學，十八入大學。”○樂，音岳。長，丁丈反，下同。夔，求龜反。命女，音汝⑧。**順先王詩、書、禮、樂以造士。** 順此四術而教，以成是士也。**春秋教以**

（接上頁注）監本、毛本、殿本、阮刻本無“音”字，是。

①“下又復復移復與同”，彙校卷第十一、撫釋一、余仁仲本、和本、十行本、閩本、監本、毛本、殿本、阮刻本同，岳本無此八字。

②“下爲親爲其大亦爲皆同”，岳本無此十字，余仁仲本、和本、十行本、閩本、監本、毛本、殿本、阮刻本作“下爲親爲爲其大亦爲皆同”；彙校卷第十一、撫釋一作“下又爲親爲爲其大亦爲皆同”，是。

③“移名”，撫州本、余仁仲本、婺州本、岳本、嘉靖本、八行本同；和本、十行本、閩本、監本、毛本、殿本、阮刻本“名”作“居”，非。阮校曰：“移居於司徒也　閩、監、毛本作‘名’，岳本同，嘉靖本同，衛氏集説同。此本‘名’誤‘居’。”

④“行下孟反”，彙校卷第十一、撫釋一、余仁仲本、和本、十行本、閩本、監本、毛本、殿本、阮刻本同，岳本無此四字。

⑤“成也”，撫州本、余仁仲本、婺州本、岳本、嘉靖本、足利本、和本、十行本、閩本、監本、毛本、殿本、阮刻本同；八行本“成”作“之”，非。

⑥“給音急”，彙校卷第十一、撫釋一、余仁仲本、和本、十行本、閩本、監本、毛本、殿本、阮刻本同，岳本無此三字。

⑦“本又作縣”，彙校卷第十一、撫釋一、余仁仲本、和本、十行本、閩本、監本、毛本、殿本、阮刻本同，岳本無此四字。

⑧“樂音岳長丁丈反下同夔求龜反命女音汝”，彙校卷第十一、撫釋一、余仁仲本、和本、十行本、閩本、監本、毛本、殿本、阮刻本同，岳本無此十七字。

禮、樂，冬夏教以詩、書。春夏，陽也。詩、樂者聲，聲亦陽也。秋冬，陰也。書、禮者事，事亦陰也。互言之者，皆以其術相成。○夏，戶嫁反，注及下注"夏官"同①。重意文王世子："春夏學干戈，秋冬學羽籥。"又"秋學禮，冬讀書。"王大子、王子、羣后之大子，卿大夫、元士之適子，國之俊選，皆造焉。皆以四術成之。王子，王之庶子也。羣后，公及諸侯。○適，丁歷反，下注同②。造，才早反，徐七到反③。凡入學以齒。皆以長幼受學，不用尊卑。將出學，小胥、大胥、小樂正簡不帥教者以告于大樂正，大樂正以告于王。此所簡者，謂王大子、王子、羣后之大子，卿大夫、元士之適子。大胥、小胥，皆樂官屬也。出學，謂九年大成，學止也。○胥，息餘反，又息呂反，下同。王命三公、九卿、大夫、元士皆入學。不變，王親視學。亦謂使習禮以化之。不變，王又親爲之臨視，重棄賢者子孫④。此習禮皆於大學也。不變，王三日不舉，去食樂，重棄人。○去，丘呂反⑤。重意玉藻第十三："君不舉。"曾子問第七："取婦之家，三日不舉樂。"郊特牲十一："昏禮不舉樂。"屏之遠方，西方曰棘，東方曰寄，終身不齒。棘，當爲"僰"⑥，僰之言偪，使之偪寄於夷戎⑦，不屏於南北，爲其大遠。○屏，必郢反。棘，依注音僰，又作"僰"，蒲北

---

①"夏戶嫁反注及下注夏官同"，彙校卷第十一、撫釋一、余仁仲本、和本、十行本、閩本、監本、毛本、殿本、阮刻本同，岳本無此十一字。

②"下注同"，彙校卷第十一、撫釋一、余仁仲本、和本、十行本、閩本、監本、毛本、殿本、阮刻本同，岳本無此三字。

③"徐"，彙校卷第十一、撫釋一、余仁仲本、和本、十行本、閩本、監本、毛本、殿本、阮刻本同，岳本作"又"。

④"重棄"，撫州本、余仁仲本、婺州本、岳本、嘉靖本、足利本、和本、十行本、閩本、監本、毛本、殿本、阮刻本、潘本同，八行本"重"字作墨釘。

⑤"去丘呂反"，彙校卷第十一、撫釋一、余仁仲本、和本、十行本、閩本、監本、毛本、殿本、阮刻本同，岳本無此四字。

⑥"當爲"，撫州本、余仁仲本、婺州本、岳本、嘉靖本、八行本同，和本、十行本、閩本、監本、毛本、殿本、阮刻本脫"爲"字。

⑦"寄"，撫州本、余仁仲本、岳本、嘉靖本、八行本、和本、十行本、閩本、監本、毛本、殿本、阮刻本同；婺州本作"守"，非。

反，偪也①。偪，彼力反。大，音太，舊他佐反②。**大樂正論造士之秀者以告于王，而升諸司馬，曰進士。**移名於司馬。司馬，夏官卿，主邦政者。進士，可進受爵禄也。**司馬辨論官材，**辨其論，官其材，觀其所長。○其論，如字，舊力困反。**論進士之賢者以告於王，而定其論。**各署其所長。**論定然後官之，**使之試守。**任官然後爵之，**命之。○任，而金反，下注同。**位定然後禄之。大夫廢其事，終身不仕，死以士禮葬之。**以不任大夫也。重言“位定然後禄之”二，上文一。**有發，則命大司徒教士以車甲。**乘兵車衣甲之儀。有發，謂有軍師發卒。○衣，於既反。卒，子忽反③。**凡執技，論力。適四方，贏股肱，決射御。**謂攓衣出其臂脛，使之射御，決勝負，見勇力。○技，其綺反，本或作“伎”，後同④。贏，本又作“臝”⑤，力果反。肱，古弘反⑥。攓，舊音患，今讀宜音“宣”，依字作“搴”。字林云：“搴，搴臂也。”先全反⑦。脛，胡定反。見，賢遍反⑧。**凡執技以事上者，祝、史、射、御、醫、卜及百工。**言技，謂此七者。**凡執技以事上者，不貳事，不移官，**欲專其事，亦爲不德。**出鄉不與士齒。**賤也。於其鄉中則齒，親親也。**仕於家**

---

① “棘依注音㦸又作㦸蒲北反偪也”，彙校卷第十一、撫釋一、余仁仲本、和本、十行本、閩本、監本、毛本、殿本、阮刻本同，岳本作“棘蒲北反”。

② “偪彼力反大音太舊他佐反”，余仁仲本、和本、十行本、閩本、監本、毛本、殿本、阮刻本同，岳本無此十一字，彙校卷第十一、撫釋一“太”作“泰”。

③ “卒子忽反”，彙校卷第十一、撫釋一、余仁仲本、和本、十行本、閩本、監本、毛本、殿本、阮刻同，岳本無此四字。

④ “本或作伎後同”，彙校卷第十一、撫釋一、余仁仲本、和本、十行本、閩本、監本、毛本、殿本、阮刻本同，岳本無此六字。

⑤ “本又作臝”，彙校卷第十一、撫釋一、余仁仲本、和本、十行本、閩本、監本、毛本、殿本、阮刻本同，岳本無此四字。

⑥ “肱古弘反”，彙校卷第十一、撫釋一、余仁仲本、和本、十行本、閩本、監本、毛本、殿本、阮刻本同，岳本無此四字。

⑦ “攓舊音患今讀宜音宣依字作搴字林云搴搴臂也先全反”，彙校卷第十一、撫釋一、余仁仲本同，岳本作“攓音患又先全反”；和本、十行本、閩本、監本、毛本、殿本、阮刻本“搴”作“攓”，非。

⑧ “脛胡定反見賢遍反”，彙校卷第十一、撫釋一、余仁仲本、和本、十行本、閩本、監本、毛本、殿本、阮刻本同，岳本無此八字。

者，出鄉不與士齒。亦賤。

5·44○司寇正刑明辟，以聽獄訟。司寇，秋官卿，掌刑者。辟，罪也。○辟，婢亦反，注同①。必三刺。以求民情，斷其獄訟之中，一曰訊群臣，二曰訊群吏，三曰訊萬民。○刺，七智反，殺也。斷，丁亂反，下“制斷”、“斷計”同。中，如字，又丁仲反②。有旨無簡，不聽。簡，誠也。有其意無其誠者，不論以爲罪。附從輕，附，施刑也。求出之，使從輕。赦從重。雖是罪可重，猶赦之。

5·45○凡制五刑，必即天論。制，斷也。即，就也。必即天論，言與天意合。閔子曰：“古之道，不即人心。”即，或爲“則”。論，或爲“倫”。○論，音倫，理也，注同③。郵罰麗於事。郵，過也。麗，附也。過人、罰人，當各附於其事，不可假他以喜怒。○郵，音尤，俗作“郵”④。麗，郎計反。當，丁郎反。假，古雅反⑤。

5·46○凡聽五刑之訟，必原父子之親、立君臣之義以權之，權，平也。意論輕重之序、慎測淺深之量以別之，意，思念也。淺深，謂俱有罪，本心有善惡。○量，徐音亮⑥，後皆同。別，彼列反。悉其聰明、致其忠愛以盡之。盡其情。疑獄，氾與衆共之。衆疑，赦之。必察小大之比以成之。小大，猶輕重。已行故事曰比。○氾，本又作“汎”⑦，孚劍反。

---

①“注同”，彙校卷第十一、撫釋一、余仁仲本、和本、十行本、閩本、監本、毛本、殿本、阮刻本同，岳本無此二字。

②“下制斷斷計同中如字又丁仲反”，彙校卷第十一、撫釋一、余仁仲本、和本、十行本、閩本、監本、毛本、殿本、阮刻本同，岳本無此十三字。

③“注同”，彙校卷第十一、撫釋一、余仁仲本、和本、十行本、閩本、監本、毛本、殿本、阮刻本同，岳本無此二字。

④“俗作郵”，彙校卷第十一、撫釋一、余仁仲本、和本、十行本、閩本、監本、毛本、殿本、阮刻本同，岳本無此三字。

⑤“麗郎計反當丁郎反假古雅反”，彙校卷第十一、撫釋一、余仁仲本、和本、十行本、閩本、監本、毛本、殿本、阮刻本同，岳本無此十二字。

⑥“徐”，彙校卷第十一、撫釋一、余仁仲本、和本、十行本、閩本、監本、毛本、殿本、阮刻本同，岳本無此字。

⑦“本又作汎”，彙校卷第十一、撫釋一、余仁仲本、和本、十行本、閩本、監本、毛本、殿本、阮刻本同，岳本無此四字。

比,必利反,注同,例也①。

　　5·47○成獄辭,史以獄成告於正,正聽之。史,司寇吏也。正,於周鄉、師之屬②。今漢有正平丞,秦所置。○平,彼命反③。正以獄成告于大司寇,大司寇聽之棘木之下。周禮鄉、師之屬,"辨其獄訟,異其死刑之罪而要之","職聽於朝,司寇聽之"。朝,王之外朝也。左九棘,孤卿大夫位焉。右九棘,公、侯、伯、子、男位焉。面三槐,三公位焉。○棘,紀力反。要之,於妙反,謂要最,舊一遥反。槐,回、懷二音④。大司寇以獄之成告於王,王命三公參聽之。王使三公復與司寇及正共平之,重刑也。周禮:王欲免之,乃命公會其期。三公以獄之成告於王,王三又,然後制刑。又,當作"宥"。宥,寬也。一宥曰不職⑤,再宥曰過失,三宥曰遺忘。○又,義作"宥"⑥。忘,音妄。重意文王世子第八:"及三宥,不對,走出,致刑于甸人。"

　　5·48○凡作刑罰,輕無赦。法雖輕,不赦之,爲人易犯。○爲,于僞反。易,以豉反,後"易犯"同⑦。刑者,侀也。侀者,成也,一成而不可變,故君子盡心焉。變,更也。○侀,音刑。

　　5·49○析言破律,亂名改作,執左道以亂政,殺。析言破律,巧賣法令者也。亂名改作,謂變易官與物之名,更造法度。左道,若巫蠱及俗禁。○

---

① "注同例也",彙校卷第十一、撫釋一、余仁仲本、和本、十行本、閩本、監本、毛本、殿本、阮刻本同,岳本無此四字。
② "周",撫州本、余仁仲本、婺州本、岳本、嘉靖本、八行本、和本、十行本、閩本、監本、毛本、殿本、阮刻本同,叢刊本作"問",非。
③ "平彼命反",余仁仲本、和本、十行本、閩本、監本、毛本、殿本、阮刻本同,彙校卷第十一、撫釋一、岳本作"平皮命反"。
④ "槐回懷二音",彙校卷第十一、撫釋一、余仁仲本、和本、十行本、閩本、監本、毛本、殿本、阮刻本同,岳本無此五字。
⑤ "職",叢刊本同,撫州本、余仁仲本、婺州本、岳本、嘉靖本、八行本、和本、十行本、閩本、監本、毛本、殿本、阮刻本、吳氏朱批作"識",是。
⑥ "又義作宥",彙校卷第十一、撫釋一、余仁仲本、和本、十行本、閩本、監本、毛本、殿本、阮刻本同,岳本無此四字。
⑦ "後易犯同",彙校卷第十一、撫釋一、余仁仲本、和本、十行本、閩本、監本、毛本、殿本、阮刻本同,岳本無此四字。

析,思歷反。亂名,如字,王肅作"循名"。巧,起教反,又如字。蠱,音古①。**作淫聲、異服、奇技、奇器以疑衆,殺。** 淫声,鄭、衛之屬也。異服,若聚鷸冠、瓊弁也。奇技、奇器,若公輸般請以機窆。○鷸,伊必反,徐音述②。弁,皮戀反③。般,百間反。**行僞而堅、言僞而辯、學非而博、順非而澤以疑衆,殺。** 皆謂虛華捷給,無誠者也。○行,下孟反。華,户瓜反,又如字④。**假於鬼神、時日、卜筮以疑衆,殺。** 今時持喪葬、築蓋、嫁取、卜數文書⑤,使民倍禮違制。○日,人一反⑥。**此四誅者,不以聽。** 爲其爲善大⑦,而辭不可明⑧。**凡執禁以齊衆,不赦過。** 亦爲人將易犯。**有圭璧金璋,不粥於市。命服、命車,不粥於市。宗廟之器,不粥於市。犧牲,不粥於市。戎器,不粥於市。** 尊物非民所宜有。戎器,軍器也。粥,賣也。○璋,之羊反⑨。**用器不中度,不粥於市。兵車不中度,不粥於市。布帛精麤不中**

---

① "亂名如字王肅作循名巧起教反又如字蠱音古",彙校卷第十一、撫釋一、余仁仲本、和本、十行本、閩本、監本、毛本、殿本、阮刻本同,岳本無此十九字。

② "徐",彙校卷第十一、撫釋一、余仁仲本、和本、十行本、閩本、監本、毛本、殿本、阮刻本同,岳本作"又"。

③ "弁皮戀反",彙校卷第十一、撫釋一、余仁仲本、和本、十行本、閩本、監本、毛本、殿本、阮刻本同,岳本無此四字。

④ "華户瓜反又如字",彙校卷第十一、撫釋一、余仁仲本、和本、十行本、閩本、監本、毛本、殿本、阮刻本同,岳本無此七字。

⑤ "今時持喪葬築蓋",撫州本、余仁仲本、婺州本、岳本、嘉靖本、和本、八行本、閩本、監本、毛本、殿本、阮刻本同;十行本"持"作"特","築"作"葬",皆非。阮校曰:"今時持喪葬築蓋　閩、監、毛本如此,岳本、嘉靖本同,衛氏集説同。此本'持'誤'特'、'築'誤'葬',今訂正。"

⑥ "日人一反",彙校卷第十一、撫釋一、余仁仲本、和本、十行本、閩本、監本、毛本、殿本、阮刻本同,岳本無此四字。

⑦ "善",撫州本、余仁仲本、婺州本、岳本、嘉靖本、八行本、和本、十行本、閩本、監本、毛本、殿本、阮刻本作"害",是。

⑧ "明",撫州本、余仁仲本、婺州本、岳本、嘉靖本、八行本同;和本、十行本、閩本、監本、毛本、殿本、阮刻本作"習",非。阮校曰:"而辭不可習　惠棟校宋本作'明',宋監本、岳本、嘉靖本同,考文引足利本同。此本'明'誤'習',閩、監、毛同,衛氏集説同。"

⑨ "璋之羊反",彙校卷第十一、撫釋一、余仁仲本、和本、十行本、閩本、監本、毛本、殿本、阮刻本同,岳本作"粥音育下竝同",非。

數,幅廣狹不中量,不粥於市。姦色亂正色,不粥於市。凡以其不可用也。用器,弓矢、耒耜、飲食器也。度,丈尺也。數,升縷多少。○中,丁仲反,下皆同。幅,方服反。耒耜,上力對反,下音似①。錦文珠玉成器,不粥於市。衣服飲食,不粥於市。不示民以奢與貪也。成,猶善也。五穀不時,果實未孰,不粥於市。物未成,不利人。木不中伐,不粥於市。伐之非時,不中用。周禮:仲冬斬陽木,仲夏斬陰木。○夏,户嫁反。下"春夏"同②。禽獸魚鼈不中殺,不粥於市。殺之非時,不中用。月令:季冬始漁。周禮:春獻鼈蜃。○蜃,常忍反,雉化爲之③。關執禁以譏,禁異服,識異言。關,竟上門。譏,訶察④。○竟,音境。苛,音何,又呼河反,本亦作"呵"⑤。

　　5·50○大史典禮,執簡記,奉諱惡。簡記,策書也。諱,先王名。惡,忌日,若子卯。○惡,烏路反,注同。策書,側八反⑥。天子齊戒受諫。歲終,群臣奉歲事⑦,諫王當所改爲也。○齊,側皆反,本亦作"齋",下皆同⑧。司會以歲之成質於天子。司會,冢宰之屬,掌計要者。成,計要也。質,平也⑨。

----

①"幅方服反耒耜上力對反下音似",余仁仲本、和本、十行本、閩本、監本、毛本、殿本、阮刻本同,岳本無此十三字;彙校卷第十一、撫釋一無"上"字。

②"夏户嫁反下春夏同",彙校卷第十一、撫釋一、余仁仲本、和本、十行本、閩本、監本、毛本、殿本、阮刻本同,岳本無此八字。

③"蜃常忍反雉化爲之",彙校卷第十一、撫釋一、余仁仲本、和本、十行本、閩本、監本、毛本、殿本、阮刻本同,岳本無此八字。

④"訶",撫州本、余仁仲本、婺州本、岳本、八行本、和本、十行本、閩本、監本、毛本、殿本、阮刻本作"呵",嘉靖本作"苛",是。

⑤"苛音何又呼河反本亦作呵",彙校卷第十一、撫釋一、余仁仲本、和本、十行本、閩本、監本、毛本、殿本、阮刻本同,岳本無此十一字。

⑥"注同策書側八反",彙校卷第十一、撫釋一、余仁仲本、和本、十行本、閩本、監本、毛本、殿本、阮刻本同,岳本無此七字。

⑦"奉",撫州本、余仁仲本、婺州本、岳本、嘉靖本、八行本、和本、十行本、閩本、監本、毛本、殿本、阮刻本作"奏",是。

⑧"本亦作齋下皆同",彙校卷第十一、撫釋一、余仁仲本、和本、十行本、閩本、監本、毛本、殿本、阮刻本同,岳本無此七字。

⑨"質平也",余仁仲本、岳本、嘉靖本、和本、十行本、閩本、監本、毛本、殿本、(轉下頁注)

平其計要。○會,古外反,注同①。**冢宰齊戒受質。**贊王受之③。**大樂正、大司寇、市三官以其成從質於天子。**大樂正,於周宗伯之屬。市,司市也,於周司徒之屬。從,從於司會也。**大司徒、大司馬、大司空齊戒受質。百官各以其成質於三官。大司徒、大司馬、大司空以百官之成質於天子。**百官,此三官之屬③。**百官齊戒受質,**受平報也。**然後休老勞農,**饗養之。○勞,力報反。**成歲事,**斷計要也。**制國用。**

5·51○**凡養老,有虞氏以燕禮,夏后氏以饗禮,殷人以食禮,周人脩而兼用之。**兼用之,備陰陽也。凡飲,養陽氣。凡食,養陰氣。陽用春夏,陰用秋冬。○食,音嗣,注及下注并下文"食之"④,並同。養,如字,徐以尚反,下同⑤。重言"自凡養老"至"唯衰麻爲喪"一段,並重出內則十二篇。**五十養於鄉,六十養於國,七十養於學,達於諸侯。**天子、諸侯養老,同也。國,國中小學,在王宮之左⑥。學,大學也,在郊。小學在國中,大學在郊,此殷制明矣。

5·52○**八十拜君命,一坐再至,瞽亦如之。九十使人受。**

(接上頁注)阮刻本同;撫州本、婺州本、八行本"平"上有"猶"字,是。阮校曰:"質平也　閩、監、毛本同,岳本同,嘉靖本同,惠棟校宋本、宋監本'平'上有'猶'字,衛氏集説同。"

①"注同",彙校卷第十一、撫釋一、余仁仲本、和本、十行本、閩本、監本、毛本、殿本、阮刻本同,岳本無此二字。

②"贊王",撫州本、余仁仲本、婺州本、岳本、足利本、和本同;嘉靖本、八行本、十行本、閩本、監本、毛本、殿本、阮刻本"贊"作"質",蓋涉上而誤。阮校曰:"質王受之　閩、監、毛本同,嘉靖本同,岳本'質'作'贊',衛氏集説同,考文引宋板、古本、足利本同,宋監本亦作'贊'。"呂本改作"贊王"。

③"三",撫州本、余仁仲本、岳本、嘉靖本、八行本、和本、十行本、閩本、監本、毛本、殿本、阮刻本同;婺州本作"正",非。

④"注并下文食之",彙校卷第十一、撫釋一、余仁仲本、和本、十行本、閩本、監本、毛本、殿本、阮刻本同,岳本無此六字。

⑤"徐以尚反下同",彙校卷第十一、撫釋一、余仁仲本、和本、十行本、閩本、監本、毛本、殿本、阮刻本同,岳本作"又以尚反"。

⑥"宮",撫州本、余仁仲本、岳本、嘉靖本、八行本、和本、十行本、閩本、監本、毛本、殿本、阮刻本同;婺州本作"言",非。

命,謂君不親饗食,必以其禮致之。○饎,音古。**五十異粮,六十宿肉,七十貳膳,八十常珍,九十飲食不離寢,膳飲從於遊可也。**粮,糧也。貳,副也。遊,謂出入止觀。○粮,陟良反。離,力智反。觀,古亂反。**六十歲制,七十時制,八十月制,九十日脩,唯絞紟衾冒,死而后制。**絞紟衾冒,一日二日而可爲者。○絞,戶交反。紟,其鴆反。冒,亡報反。**五十始衰,六十非肉不飽,七十非帛不煖,八十非人不煖,九十雖得人不煖矣。**煖,溫。○煖,乃管反,下同①。**五十杖於家,六十杖於鄉,七十杖於國,八十杖於朝,九十者,天子欲有問焉,則就其室,以珍從。**尊養之。○從,才用反,又如字。**七十不俟朝,**大夫、士之老者,揖君則退。**八十月告存,**每月致膳。**九十日有秩,**秩,常也,有常膳。**五十不從力政,六十不與服戎,七十不與賓客之事,八十齊喪之事弗及也。**力稍衰也。力政,成道之役也②。與,及也。八十不齊,則不祭也,子代之祭,是謂宗子不孤。○與,音預,下及注同。**五十而爵,**賢者命爲大夫。**六十不親學,**不能備弟子禮。**七十致政,唯衰麻爲喪。**致政,還君事。重言"凡養老有虞以燕禮"至"唯衰麻爲喪",重見內則十二篇。

5·53○**有虞氏養國老於上庠,養庶老於下庠。夏后氏養國老於東序,養庶老於西序。殷人養國老於右學,養庶老於左學。周人養國老於東膠,養庶老於虞庠。虞庠在國之西郊。**皆學名也。異者,四代相變耳。或上西,或上東,或貴在國,或貴在郊。上庠、右學,大學也,在西郊。下庠、左學,小學也,在國中王宮之東。東序、東膠,亦大學,在國中王宮之東。西序、虞庠,亦小學也,西序在西郊。周立小學於西郊。膠之言糾也,庠之言養也。周之小學,爲有虞氏之庠制,是以名庠。云其立鄉學

————————

① "煖乃管反下同",彙校卷第十一、撫釋一、余仁仲本、和本、十行本、閩本、監本、毛本、殿本、阮刻本同,岳本無此六字。

② "成",撫州本、余仁仲本、婺州本、岳本、嘉靖本、八行本、和本、十行本、閩本、監本、毛本、殿本、阮刻本作"域",是。

亦如之。膠，或作"綟"。○糾，居黝反，徐居酉反。綟，音求，又音虯①。<u>重言</u>"有
虞氏養國老於上庠"至下章"玄衣而養老"，並重出内則十二篇。

5·54○<u>有虞氏</u>皇而祭，深衣而養老。<u>夏后氏</u>收而祭，燕衣
而養老。<u>殷人</u>冔而祭，縞衣而養老。<u>周人</u>冕而祭，玄衣而養老。
皇②，冕屬也，畫羽飾焉。凡冕屬，其服皆玄上纁下。<u>有虞氏</u>十三章③，周九章，
夏、殷未聞。凡養老之服，皆其時與羣臣燕之服。<u>有虞氏</u>質，深衣而已。夏而改
之，尚黑而黑衣裳。殷尚白而縞衣裳。周則兼用之，玄衣素裳，其冠則弁追④、章
甫、委貌也。諸侯以天子之燕服爲朝服。燕禮曰："燕，朝服。"服是服也，王者之
後，亦以燕服爲之。<u>魯</u>季康子朝服以縞，僭宋之禮也。天子皮弁，以日視朝
也。○翌，音皇，本又作"皇"⑤。冔，況甫反。縞，古老反，又古報反。纁，許云
反。牟，亡侯反⑥。追，丁雷反。<u>重言</u>"有虞氏養國老於上庠"至"玄衣而養老"
二，重見内則十二篇。凡三王養老皆引年，已而引户校年，當行復除也。老
人衆多，非賢者，不可皆養。○復除，上音福，下如字，又直慮反⑦。八十者，一
子不從政。九十者，其家不從政。廢疾非人不養者，一人不從
政。廢，廢於人事。○養，如字，又以尚反。<u>重言</u>"八十者，一子不從政。九十
者，其家不從政"二，一見内則十二篇。父母之喪，三年不從政。齊衰、大

---

①"糾居黝反徐居酉反綟音求又音虯"，彙校卷第十一、撫釋一、<u>余仁仲</u>本、和本同，<u>岳</u>本無
　此十四字，十行本、<u>閩</u>本"黝"作墨釘，<u>監</u>本、<u>毛</u>本、<u>殿</u>本作"悠"，非。
②"皇"，撫州本、<u>余仁仲</u>本、<u>婺州</u>本、<u>岳</u>本、<u>嘉靖</u>本、八行本、<u>閩</u>本、<u>監</u>本、<u>毛</u>本、<u>殿</u>本同，和
　本、十行本、<u>阮刻</u>本作"玄"，非。
③"十三"，<u>余仁仲</u>本、<u>嘉靖</u>本同，撫州本、<u>婺州</u>本、<u>岳</u>本、八行本、和本、十行本、<u>閩</u>本、<u>監</u>本、
　<u>毛</u>本、<u>殿</u>本、<u>阮刻</u>本作"十二"，是。
④"弁追"，<u>余仁仲</u>本、十行本、<u>阮刻</u>本同；撫州本、<u>婺州</u>本、<u>岳</u>本、<u>嘉靖</u>本、八行本、和本、<u>閩</u>
　本、<u>監</u>本、<u>毛</u>本、<u>殿</u>本"弁"作"牟"，是。<u>阮校</u>曰："其冠則牟追　<u>閩</u>、<u>監</u>、<u>毛</u>本作'牟'，<u>岳</u>本
　同，<u>嘉靖</u>本同，衛氏集説同，此本'牟'誤'弁'，釋文出'則牟追'。"
⑤"翌音皇本又作皇"，彙校卷第十一、撫釋一、<u>余仁仲</u>本、和本、十行本、<u>閩</u>本、<u>監</u>本、<u>毛</u>本、
　<u>殿</u>本、<u>阮刻</u>本同，<u>岳</u>本無此七字。
⑥"纁許云反牟亡侯反"，彙校卷第十一、撫釋一、<u>余仁仲</u>本、和本、十行本、<u>閩</u>本、<u>監</u>本、<u>毛</u>
　本、<u>殿</u>本、<u>阮刻</u>本同，<u>岳</u>本無此八字。
⑦"復除上音福下如字又直慮反"，彙校卷第十一、撫釋一、<u>余仁仲</u>本、和本、十行本、<u>閩</u>本、
　<u>監</u>本、<u>毛</u>本、<u>殿</u>本、<u>阮刻</u>本同，<u>岳</u>本作"復除音福"。

功之喪,三月不從政。將徙於諸侯,三月不從政。自諸侯來徙家,期不從政。自,從也。○期,音基。

5·55○少而無父者謂之孤,老而無子者謂之獨,老而無妻者謂之矜,老而無夫者謂之寡。此四者,天民之窮而無告者也,皆有常餼。餼,廩也。○少,詩照反,下注"少者"同①。○矜②,本又作"鰥",同,古頑反③。廩,兵品反④。

5·56○瘖、聾、跛、躃、斷者、侏儒、百工,各以其器食之。斷,謂支節絕也。侏儒,短人也。器,能也。○瘖,於金反,啞也⑤。聾,力東反。跛,彼我反。躄,必亦反,兩足不能行也⑥。侏,音朱。

5·57○道路,男子由右,婦人由左,車從中央。道有三塗⑦,遠別也。○別,彼列反,下文并注同⑧。重言內則:"男子由右,女子由左。"父之齒隨行,兄之齒鴈行,朋友不相踰。廣敬也,謂於塗中。○行,如字,一音戶剛反⑨。下"鴈行"同。輕任并,重任分,斑白者不提挈⑩。皆謂以與少者。雜色

---

① "下注少者同",彙校卷第十一、撫釋一、余仁仲本、和本、十行本、閩本、監本、毛本、殿本、阮刻本同,岳本無此五字。

② 據彙校卷第十一、撫釋一、余仁仲本、岳本、和本、十行本、閩本、監本、毛本、殿本、阮刻本,"少詩照反"以下皆是釋文文字,"矜"上"○"號當删。

③ "本又作鰥同",彙校卷第十一、撫釋一、余仁仲本、和本、十行本、閩本、監本、毛本、殿本、阮刻本同,岳本無此五字。

④ "廩兵品反",彙校卷第十一、撫釋一、余仁仲本、十行本、閩本、監本、毛本、殿本、阮刻本同,岳本無此四字;和本"兵"作"立",非。

⑤ "啞也",彙校卷第十一、撫釋一、余仁仲本、和本、十行本、閩本、監本、毛本、殿本、阮刻本同,岳本無此二字。

⑥ "兩足不能行也",彙校卷第十一、撫釋一、余仁仲本、和本、十行本、閩本、監本、毛本、殿本、阮刻本同,岳本無此六字。

⑦ "有",撫州本、余仁仲本、婺州本、岳本、嘉靖本、八行本同,和本、十行本、閩本、監本、毛本、殿本、阮刻本作"中",非。

⑧ "文并注",彙校卷第十一、撫釋一、余仁仲本、和本、十行本、閩本、監本、毛本、殿本、阮刻本同,岳本無此三字。

⑨ "一音",彙校卷第十一、撫釋一、余仁仲本、和本、十行本、閩本、監本、毛本、殿本、阮刻本同,岳本作"又"。

⑩ "斑白者",唐石經、撫州本、余仁仲本、婺州本、岳本、嘉靖本、八行本同,十(轉下頁注)

曰斑。○并，必性反，本又作“併”。提，音啼。挈，本亦作“挈”①，苦結反。○重言祭義二十四：“斑白者不以任。”君子耆老不徒行，庶人耆老不徒食。徒，猶空也。○重言“庶人耆老不徒食”二，内則一。

5·58○大夫祭器不假。祭器未成，不造燕器。造，爲也。

5·59○方一里者，爲田九百畝。一里，方三百步。方七里者②，爲方一里者百，爲田九萬畝。方百里者，爲方十里者百，爲田九十億畝。億，今十萬。○億，於力反③。方千里者，爲方百里者百，爲田九萬億畝④。萬億，今萬萬也。

5·60○自恒山至於南河，千里而近。冀州域。自南河至於江，千里而近。豫州域。自江至於衡山，千里而遥，荆州域。自東河至於東海，千里而遥，徐州域。自東河至於西河，千里而近，亦冀州域。自西河至於流沙，千里而遥，雍州域。○雍⑤，於用反。西不盡流沙，南不盡衡山，東不盡東海，北不盡恒山，凡四海之内，斷長補短，方三千里，爲田八十萬億一萬億畝，九州之大計。○斷，音短。

（接上頁注）行本、阮刻本“斑”作“班”，和本、十行本、閩本、監本、毛本、殿本、阮刻本脱“者”字。

① “本又作併提音啼挈本亦作”，彙校卷第十一、撫釋一、余仁仲本、和本、十行本、閩本、監本、毛本、殿本、阮刻本同，岳本無此十一字。

② “七”，唐石經、撫州本、余仁仲本、婺州本、岳本、嘉靖本、八行本、和本、十行本、閩本、監本、毛本、殿本、阮刻本、吳氏朱批作“十”，是。

③ “億於力反”，彙校卷第十一、撫釋一、余仁仲本、和本、十行本、閩本、監本、毛本、殿本、阮刻本同，岳本無此四字。

④ “爲田九萬億畝”，正義曰：“計千里之方，爲方百里者百。一箇百里之方既爲九十億畝，則十箇百里方爲九百億畝，百箇百里方爲九千億畝。今乃云‘九萬億畝’，與數不同者，若以億言之，當云‘九千億畝’；若以萬言之，當云‘九萬萬畝’。但書經戰國及秦之世，經籍錯亂。此經上下，或億或萬，字相交涉，遂誤爲‘萬億’。鄭未注之前，書本既爾，鄭更不顯言其錯，因此錯本‘萬億’之言，即云此經‘萬億’者，即今之‘萬萬’。皇氏以爲‘億數不定，或以十萬爲億，或以萬萬爲億，或以一萬爲億。此云萬億者，秖是萬萬也。六國時或將萬爲億，故云萬億’。但古事難委，未知孰是，故備存焉。”

⑤ “雍”，彙校卷第十一、撫釋一、岳本、和本、閩本、監本、毛本、殿本、阮刻本同，余仁仲本、十行本脱此字。

方百里者爲田九十億畝，山陵①、林麓、川澤、溝瀆、城郭、宮室、塗巷，三分去一，其餘六十億畝。以一大國爲率，其餘所以授民也。山足曰麓。○去，羌呂反。率，音律，又音類。

5·61○古者以周尺八尺爲步，今以周尺六尺四寸爲步。古者百畝，當今東田百四十六畝三十步。古者百里，當今百二十一里六十步四尺二寸二分。周尺之數②，未詳聞也。按禮制③，周猶以十寸爲尺。蓋六國時，多變亂法度。或言周尺八寸，則步更爲八八六十四寸。以此計之，古者百畝，當今百五十六畝二十五步。古者百里，當今百二十五里。

5·62○方千里者，爲方百里者百。封方百里者三十國④，其餘方百里者七十。又封方七十里者六十，爲方百里者二十九，方十里者四十。其餘方百里者四十，方十里者六十。又封方五十里者百二十，爲方百里者三十。其餘方百里者十，方十里者六十。名山大澤不以封，其餘以爲附庸、間田⑤。諸侯之有功者，取於間田以禄之；其有削地者，歸之間田。重意“封方百里者三十國”，篇首云：“州建百里之國三十。”○又“封方七十里者六十”，篇首云：“七十里之國六十。”○又“封方五十里者百二十”，篇首“五十里之國百有二十”。

---

① “陵”，唐石經、撫州本、余仁仲本、婺州本、岳本、嘉靖本、八行本、和本、閩本、監本、毛本、殿本、阮刻本同，十行本作“陽”，非。阮校曰：“山陵　閩、監、毛本作‘陵’，石經同，岳本同，嘉靖本同，衛氏集説同。此本‘陵’誤‘陽’。”

② “尺”，撫州本、余仁仲本、婺州本、岳本、嘉靖本、八行本、和本、閩本、監本、毛本、殿本、阮刻本同；十行本作“又”，非。阮校曰：“周尺之數　閩、監、毛本作‘尺’，岳本同，嘉靖本同，衛氏集説同。此本‘尺’誤‘又’。”

③ “按”，和本、十行本、閩本、毛本、阮刻本同，撫州本、余仁仲本、婺州本、岳本、嘉靖本、八行本、監本、殿本作“案”。

④ “三十”，撫州本、余仁仲本、婺州本、岳本、嘉靖本、八行本、和本、閩本、監本、毛本、殿本、阮刻本同，唐石經作“卅”；十行本作“二十”，非。阮校曰：“封方百里者三十國　閩、監、毛本作‘三’，岳本同，嘉靖本同，衛氏集説同。此本‘三’誤‘二’，石經‘三十’作‘卅’。”

⑤ “間”，余仁仲本、婺州本、嘉靖本、八行本、和本同，唐石經、撫州本、岳本、十行本、閩本、監本、毛本、殿本、阮刻本作“閒”，下同。

重言"名山大澤不以封，其餘以爲附庸、間田"二，重出篇首。

5·63○天子之縣內方千里者，爲方百里者百。封方百里者九，其餘方百里者九十一。又封方七十里者二十一，爲方百里者十，方十里者二十九。其餘方百里者八十，方十里者七十一。又封方五十里者六十三，爲方百里者十五，方十里者七十五。其餘方百里者六十四，方十里者九十六。重言"天子之縣內，封方百里者九"，又"封方七十里者二十一"，又"封方五十里者六十三"，並重見篇首。但無"又"、"封"字。

5·64○諸侯之下士祿食九人，中士食十八人，上士食三十六人。下大夫食七十二人，卿食二百八十八人，君食二千八百八十人。次國之卿食二百一十六人，君食二千一百六十人。小國之卿食百四十四人，君食千四百四十人。次國之卿命於其君者，如小國之卿。天子之大夫爲三監，監於諸侯之國者，其祿視諸侯之卿，其爵視次國之君，其祿取之於方伯之地。

5·65○方伯爲朝天子，皆有湯沐之邑於天子之縣內，視元士。給齊戒，自潔清之用，浴用湯，沐用潘，○間田，音閑，下同①。祿食，音嗣，又如字②，下皆同。爲朝，于僞反。清，如字，徐才性反③。潘，芳袁反，米汁也。重意"天子之大夫爲三監，監於諸侯之國"，篇首"天子使其大夫爲三監，監於方伯之國"。

5·66○諸侯世子世國，象賢也。大夫不世爵，使以德，爵以功。謂縣內及列國諸侯爲天子大夫者。不世爵而世祿，辟賢也。○辟，音避。未賜爵，視天子之元士，以君其國。列國及縣內之國也。

5·67○諸侯之大夫，不世爵祿。

---

①"間田音閑下同"，彙校卷第十一、撫釋一、余仁仲本、岳本、和本、十行本、閩本、監本、毛本、殿本、阮刻本同；惟閩本、監本、毛本、殿本將此六字置於上經文"歸之間田"下，甚確。

②"又"，彙校卷第十一、撫釋一、余仁仲本、岳本、和本、十行本、閩本、監本、毛本、殿本、阮刻本同；十行本作"文"，非。

③"清如字徐才性反"，彙校卷第十一、撫釋一、余仁仲本、和本、十行本、閩本、監本、毛本、殿本、阮刻本同，岳本無此七字。

5・68〇六禮：冠、昏、喪、祭、鄉、相見。鄉，鄉飲酒、鄉射。〇冠，古亂反。

5・69〇七教：父子、兄弟、夫婦、君臣、長幼、朋友、賓客。

5・70〇八政：飲食、衣服、事爲、異別、度、量、數、制。飲食爲上，衣服次之。事爲，謂百工技藝也。異別，五方用器不同也。度，丈尺也。量，斗斛也。數，百十也。制，布帛幅廣狹也。〇長，丁丈反。斛，洪谷反。幅，芳服反①。狹，户甲反②。

纂圖互注禮記卷之四③

---

① “幅芳服反”，余仁仲本、和本、十行本、閩本、監本、毛本、殿本、阮刻本同，彙校卷第十一、撫釋一、岳本作“幅方服反”。

② “狹户甲反”，彙校卷第十一、撫釋一、余仁仲本、和本、十行本、閩本、監本、毛本、殿本、阮刻本同，岳本無此四字。

③ 撫州本卷四末頁B面第三行頂格題“禮記卷第四”，空三格題“經四千三百三十九字，注五千一百六十一字”。余仁仲本卷四末頁B面第三行頂格題“禮記卷第四”，第四行空五格題“經肆仟肆伯叁拾捌字”，第五行空五格題“注伍仟壹伯伍拾捌字”，第六行空五格題“音義貳仟壹伯玖拾捌字”，第八行空十一格題“仁仲比校訖”。婺州本卷四末頁B面第八行頂格題“禮記卷第四”，空四格題“經四千三百三十九字，注五千一百六十一字”。嘉靖本卷四末頁B面第二行題“經四千四百三十字，注五千一百五十八字”。阮刻本記“宋監本禮記卷第四，經四千三百三十九字，注五千一百六十一字。嘉靖本禮記卷第四，經四千四百三十字，注五千一百五十八字”。

纂圖互注禮記卷之五

月令第六○陸曰：此是吕氏春秋十二紀之首，後人删合爲此記。蔡伯喈、王
肅云："周公所作。"①

礼記　　　　　　　　　　　　　　　　鄭氏注②

6·1孟春之月，日在營室，昏參中，旦尾中。孟，長也。日月之
行，一歲十二會，聖王因其會而分之，以爲大數焉。觀斗所建，命其四時。此云孟
春者，日月會於諏訾，而斗建寅之辰也。凡記昏明中星者，爲人君南面而聽天下，
視時候以授民事。○參，所林反。中，如字，徐丁仲反，後放此③。長，丁丈反。
諏，足俱反，又足侯反，本又作"娵"，同④。訾，子斯反。爲人，于僞反⑤。其日

---

① "陸曰此是吕氏春秋十二紀之首後人删合爲此記蔡伯喈王肅云周公所作"，和本、余仁
　仲本、十行本、閩本、監本、毛本、殿本、阮刻本同，岳本無此三十字，彙校卷第十一、撫釋
　一無"陸曰"二字。
② 撫州本題"禮記卷第五"，首行頂格書寫；次行頂格題"月令第六"，空三格題"禮記"，空
　二格題"鄭氏注"。余仁仲本題"禮記卷第五"，首行頂格書寫；次行頂格題"月令第六"，
　第三行空三格題"禮記"，空九格題"鄭氏注"。婺州本題"禮記卷第五"，首行頂格書寫；
　次行頂格題"月令第六"，空四格題"禮記"，空三格題"鄭氏注"。嘉靖本題"禮記卷第
　五"，首行頂格書寫；次行頂格題"月令第六"，空四格題"禮記"，空二格題"鄭氏注"。
③ "中如字徐丁仲反後放此"，彙校卷第十一、撫釋一、余仁仲本、和本、十行本、閩本、阮刻
　本同，監本、毛本、殿本作"中如字徐竹仲反後放此"，岳本作"中如字又丁仲反後同"。
④ "本又作娵同"，彙校卷第十一、撫釋一、余仁仲本、和本、十行本、閩本、監本、毛本、殿
　本、阮刻本同，岳本無此五字。
⑤ "爲人于僞反"，彙校卷第十一、撫釋一、余仁仲本、和本、十行本、閩本、監(轉下頁注)

甲乙。乙之言軋也。日之行，春，東從青道，發生萬物，月爲之佐。時與物皆解孚甲①，自抽軋而出，因以爲日名焉。乙不爲月名者，君統臣功也。○軋，乙八反。孚，音敷②。**其帝大皞**，**其神句芒**，此蒼精之君，木官之臣，自古以來著德立功者也③。大皞，宓戲氏。句芒，少皞氏之子，曰重，爲木官。○大皞，上音太④，後文及注"大簇"、"大史"、"大寢"、"大室"、"大微"、"大廟"、"大祝"、"大尉"、"大宰"皆同；皞，亦作"昊"，胡老反⑤。大昊，宓戲也⑥。句芒，古侯反，下音亡。句芒，木正也，少皞之子曰重爲之，後"句芒"皆放此⑦。宓戲，音密，又音服；戲，又作"虧"，亦作"犧"，又作"義"，同，許宜反⑧。重，直龍反。**其蟲鱗**，象物孚甲將解。鱗，龍蛇之屬。**其音角**。謂樂器之聲也。三分羽益一以生角，角數六十四，屬木者，以其清濁中，民象也。春氣和，則角声調⑨。樂記曰："角亂則

（接上頁注）本、毛本、殿本、阮刻本同，岳本無此五字。

① "與"，撫州本、余仁仲本、婺州本、岳本、嘉靖本、八行本、和本、十行本、閩本、監本、毛本、殿本、阮刻本作"萬"，是。

② "軋乙八反孚音敷"，彙校卷第十一、撫釋一、余仁仲本、和本、十行本、閩本、監本、毛本、殿本、阮刻本同，岳本無此七字。

③ "自"，撫州本、余仁仲本、婺州本、岳本、嘉靖本、八行本、和本、閩本、監本、毛本、殿本、阮刻本同；十行本作"宮"，非。阮校曰："自古以來　閩、監、毛本作'自'，岳本同，嘉靖本同，衛氏集説同。此本'自'誤'宮'。"

④ "太"，余仁仲本、岳本、十行本、閩本、監本、毛本、殿本、阮刻本同，彙校卷第十一、撫釋一作"泰"，和本作"大"。

⑤ "大皞上音太後文及注大簇大史大寢大室大微大廟大祝大尉大宰皆同皞亦作昊胡老反"，彙校卷第十一、撫釋一、余仁仲本、和本、十行本、閩本、監本、毛本、殿本、阮刻本同，岳本作"大音太後大簇大史大寢大室大微大廟大祝大尉大宰皆同皞胡老反"。

⑥ "大昊宓戲也"，彙校卷第十一、撫釋一、余仁仲本、和本、十行本、閩本、監本、毛本、殿本、阮刻本同，岳本無此五字。

⑦ "句芒古侯反下音亡句芒木正也少皞之子曰重爲之後句芒皆放此"，彙校卷第十一、撫釋一、余仁仲本、和本、十行本、閩本、監本、毛本、阮刻本同，岳本作"句古侯反"；殿本脱"後句芒皆放此"六字。

⑧ "宓戲音密又音服戲又作虧亦作犧又作義同許宜反"，彙校卷第十一、撫釋一、余仁仲本、和本、十行本、閩本、監本、毛本、殿本、阮刻本同，岳本無此二十一字。

⑨ "調"，撫州本、余仁仲本、婺州本、岳本、嘉靖本、八行本、和本、閩本、監本、毛本、殿本、阮刻本同；十行本作"謂"，非。阮校曰："春氣和則角聲調　閩、監、毛本作'調'，岳本同，嘉靖本同，衛氏集説同。此本'調'誤'謂'。"

憂，其民怨。"凡聲尊卑，取象五行，數多者濁，數少者清，大不過宮，細不過羽。

律中大蔟，律，候氣之管，以銅爲之。中，猶應也。孟春氣至，則大蔟之律應。應，謂吹灰也。大蔟者，林鍾之所生，三分益一，律長八寸。凡律，空圍九分。周語曰："大蔟，所以金奏，贊陽出滯。"○律中，丁仲反，後放此。凡如此之例，十二月文、注，皆可以類求之①。蔟，七豆反，奏也。應，"應對"之應，下皆放此。長，直亮反，又如字，後皆放此②。律空，徐音孔③。**其數八，**數者，五行佐天地生物、成物之次也④。易曰："天一地二，天三地四，天五地六，天七地八，天九地十。"而五行自水始，火次之，木次之，金次之，土爲後。木，生數三，成數八。但言八者，舉其成數。**其味酸，其臭羶，**木之臭味也。凡酸羶者，皆屬焉。○羶，失然反。**其祀户，祭先脾。**春，陽氣出，祀之於户，内陽也。祀之先祭脾者，春爲陽中，於藏直脾，脾爲尊。凡祭五祀，於廟用特牲，有主有尸，皆先設席于奥。祀户之禮，南面設主于户内之西，乃制脾及腎爲俎，奠于主北。又設盛于俎西，祭黍稷，祭肉，祭醴，皆三。祭肉，脾一，腎再。既祭，徹之，更陳鼎俎，設饌于筵前。迎尸畧如祭宗廟之儀⑤。○脾，婢支反。藏，才浪反，後放此。直，丈吏反，又如字，下"宿直"同，後放此。奥，烏報反。腎，時忍反⑥。○重言"其日甲乙"至"祭先脾"三，重見仲春、季春，除"律中大蔟"一句。

6·2○**東風解凍，蟄蟲始振，魚上冰，獺祭魚，鴻鴈來。**皆記時候也。振，動也。夏小正："正月啓蟄，魚陟負冰。"漢始亦以驚蟄爲正月中。

---

① "凡如此之例十二月文注皆可以類求之"，彙校卷第十一、撫釋一、余仁仲本、和本、十行本、閩本、監本、毛本、殿本、阮刻本同，岳本無此十六字。
② "應應對之應下皆放此長直亮反又如字後皆放此"，彙校卷第十一、撫釋一、余仁仲本、和本、十行本、閩本、監本、毛本、殿本、阮刻本同，岳本無此二十字。
③ "律空徐音孔"，彙校卷第十一、撫釋一、余仁仲本、和本、十行本、閩本、監本、毛本、殿本、阮刻本同，岳本作"空音孔"。
④ "成物"，撫州本、余仁仲本、岳本、嘉靖本、八行本、和本、十行本、閩本、監本、毛本、殿本、阮刻本同；婺州本脱此二字。
⑤ "如祭"，余仁仲本、婺州本、岳本、嘉靖本、八行本、和本、十行本、閩本、殿本、阮刻本同；監本、毛本"如"作"于"，撫州本"祭"作"察"，皆非。
⑥ "後放此奥烏報反腎時忍反"，彙校卷第十一、撫釋一、余仁仲本、和本、十行本、閩本、監本、毛本、殿本、阮刻本同，岳本無此十一字。

此時魚肥美，獺將食之，先以祭也。鴈自南方來，將北反其居。今月令“鴻”皆爲“候”①。○凍，東送反。蟄，直立反。上，時掌反，下注“以上”同。獺，它達反，又他瞎反②。重言“獺祭魚”二，前見王制第四。○“鴻鴈來”二，仲秋一，季秋“鴻鴈來賓”。

6·3○天子居青陽左个，乘鸞路，駕倉龍，載青旂，衣青衣，服倉玉，食麥與羊。其器疏以達。皆所以順時氣也。青陽左个，大寢東堂北偏。鸞路，有虞氏之車，有鸞和之節而飾之以青③，取其名耳。春言鸞，冬夏言色，互文。馬八尺以上爲龍。凡所服玉，謂冠飾及所珮者之珩璜也④。麥實有孚甲，屬木。羊，火畜也。時尚寒，食之以安性也。器疏者，刻鏤之，象物當貫土而出也。凡此車馬衣服，皆所取於殷時而有變焉，非周制也。周禮朝、祀、戎、獵，車服各以其事，不以四時爲異。又玉藻曰：“天子龍袞以祭，玄端而朝日，皮弁以日視朝。”與此皆殊。○个，古賀反，後放此。鸞，力官反。路，本又作“輅”⑤。載，音戴，後放此。旂，巨機反，後放此。衣青，於既反，後放此，下注“衣甲”，“保猶衣”同。㞦，本又作“器”，同。冬夏，此卷內可以意求之。璜，音黃⑥。畜，許六反⑦。

───────────

① “皆”，撫州本、余仁仲本、婺州本、岳本、嘉靖本、八行本、和本、十行本、閩本、監本、毛本、殿本、阮刻本同，考補謂活字本作“或”。

② “凍東送反蟄直立反上時掌反下注以上同獺它達反又他瞎反”，和本、十行本、閩本、監本、毛本、殿本、阮刻本脱此二十五字，岳本作“凍東送反蟄直立反獺他達反”，彙校卷第十一、撫釋一、余仁仲本“它”作“他”。

③ “有鸞和之節而飾之以青”，撫州本、余仁仲本、婺州本、岳本、嘉靖本、八行本、和本、閩本、監本、毛本、殿本、阮刻本同；十行本“鸞”作“故”，“飾”作“皆”，皆非。阮校曰：“有鸞和之節而飾之以青　閩、監、毛本如此，宋監本同，岳本同，嘉靖本同，衛氏集説同。此本‘鸞’誤‘故’，‘飾’誤‘節’。”

④ “珮”，余仁仲本、岳本、嘉靖本、和本、十行本、阮刻本同；撫州本、婺州本、八行本、閩本、監本、毛本、殿本作“佩”，是。阮校曰：“及所珮者之衡璜也　岳本同，嘉靖本同。宋監本、閩、監、毛本‘珮’作‘佩’，衛氏集説同，案此本正義亦皆作‘佩’。○按：‘佩’，正字。‘珮’，俗作字。”又，“珩”，撫州本、余仁仲本、婺州本、岳本、嘉靖本、八行本、十行本、閩本、監本、毛本、殿本、阮刻本作“衡”。

⑤ “路本又作輅”，彙校卷第十一、撫釋一、余仁仲本、和本、十行本、閩本、監本、毛本、殿本、阮刻本同，岳本無此五字。

⑥ “下注衣甲保猶衣同㞦本又作器同冬夏此卷內可以意求之璜音黃”，彙校卷第十一、撫釋一、余仁仲本、和本、十行本、閩本、監本、毛本、殿本、阮刻本同，岳本無此二十七字。

⑦ “畜許六反”，毛本、殿本、阮刻本同；彙校卷第十一、撫釋一、余仁仲本、岳本、和本、閩本、監本“六”作“又”；十行本“許”誤作“謀”。

貫,古亂反。朝,直遥反,下文、注同。卷,本又作"袞",古本反。玄端①,音冕。　重言"乘鸞路"至"其器疏以達"三,後見仲春、季春。重意"其器疏以達","夏令,其器高以粗";"中央,其器圜以閎";"秋,其器廉以深";"冬,其器閎以奄"。

6·4○是月也,以立春。先立春三日,大史謁之天子曰:"某日立春,盛德在木。"天子乃齊。　太史,禮官之屬,掌正歲年以序事。謁,告也。○先,悉薦反。齊,側皆反,本亦作"齋"②,卷内放此③。○重言"是月也"五十八,互見本篇。○"大史謁之天子曰"、"天子乃齊"四,後見孟夏、孟秋、孟冬。重意"盛德在木","夏,盛德在火";"中央,盛德在土";"秋,盛德在金";"冬,盛德在水"。

6·5○立春之日,天子親帥三公、九卿、諸侯、大夫以迎春於東郊。還反④,賞公、卿、諸侯、大夫於朝。　迎春,祭倉帝靈威仰於東郊之兆也。王居明堂禮曰:"出十五里迎歲。"蓋殷禮也。周近郊五十里。賞,謂有功德者有以顯賜之也。朝,大寢門外。○還,音旋,後放此。重言"天子親帥三公、九卿、諸侯、大夫"四,孟夏、孟秋、孟冬一,惟冬夏無"諸侯"字。○"還反"四,後見孟夏、孟秋、孟冬。

6·6○命相布德和令,行慶施惠,下及兆民。　相,謂三公⑤,相王之事也。德,謂善教也。令,謂時禁也。慶,謂休其善也。惠,謂恤其不足也。天子曰兆民。○相,息亮反,注同,下"善相"并注放此⑥。施,如字,又始豉反⑦。

---

① "貫古亂反朝直遥反下文注同卷本又作袞古本反玄",彙校卷第十一、撫釋一、余仁仲本、和本、十行本、閩本、監本、毛本、殿本、阮刻本同,岳本無此二十一字。

② "本亦作齋",彙校卷第十一、撫釋一、余仁仲本、和本、十行本、閩本、監本、毛本、殿本、阮刻本同,岳本無此四字。

③ "卷",撫州本、婺州本、岳本、和本、閩本、監本、毛本、殿本、阮刻本同;余仁仲本、十行本作"巷",非。

④ "反",撫州本、余仁仲本、婺州本、岳本、嘉靖本、八行本、十行本、閩本、監本、毛本、殿本、阮刻本同;唐石經作"乃",釋文出"還乃",考異、呂本皆云當作"乃",屬下讀,是。

⑤ "謂",撫州本、余仁仲本、岳本、嘉靖本、和本、十行本、閩本、監本、毛本、殿本、阮刻本同;婺州本、八行本作"語",非。

⑥ "相息亮反注同下善相并注放此",彙校卷第十一、撫釋一、余仁仲本、和本、閩本、監本、毛本、殿本、阮刻本同,岳本作"相去聲下善相同";十行本"反"誤作"天"。

⑦ "始豉反",彙校卷第十一、撫釋一、余仁仲本、和本、十行本、閩本、監本、毛本、殿本、阮刻本同,岳本作"去聲"。

休,詳收①、許虯二反,美也②。**慶賜遂行,毋有不當。** 遂,猶達也,言使當得者皆得,得者無非其人。○毋,音無,本亦作"無",下同③。當,丁浪反。重言"慶賜遂行"三,後見孟夏。

6·7○**乃命大史守典奉法,司天日月星辰之行,宿離不貸,毋失經紀,以初爲常。** 典,六典。法,八法也。离,讀如"儷偶"之儷。宿儷,謂其屬馮相氏、保章氏掌天文者,相與宿偶,當審候伺,不得過差也。經紀,謂天文進退度數。○宿,息六反,徐音秀④。离,依注音儷,吕計反,偶也⑤。貸,吐得反,徐音二⑥。馮,音憑。相,息亮反,又如字⑦。伺,音司,又息似反⑧。

6·8○**是月也,天子乃以元日祈穀于上帝。** 謂以上辛郊祭天也。春秋傳曰:"夫郊祀后稷,以祈農事,是故啓蟄而郊,郊而後耕。"上帝,太微之帝也。**乃擇元辰,天子親載耒耜,措之于參保介之御間,帥三公、九卿、諸侯、大夫躬耕帝籍⑨,天子三推,三公五推,卿、諸侯九推。**

---

① "詳",彙校卷第十一、撫釋一、余仁仲本、岳本、和本、十行本、閩本、監本、毛本、殿本、阮刻本作"許",是。

② "美也",彙校卷第十一、撫釋一、余仁仲本、和本、十行本、閩本、監本、毛本、殿本、阮刻本同,岳本無此二字。

③ "毋音無本亦作無下同",彙校卷第十一、撫釋一、余仁仲本、和本、十行本、閩本、監本、毛本、殿本、阮刻本同,岳本無此九字。

④ "宿息六反徐音秀",彙校卷第十一、撫釋一、余仁仲本、和本、十行本、閩本、監本、毛本、殿本、阮刻本同,岳本作"宿如字又音秀"。

⑤ "离依注音儷吕計反偶也",彙校卷第十一、撫釋一、余仁仲本、和本、十行本、閩本、監本、毛本、殿本、阮刻本同,岳本作"离音儷"。

⑥ "徐",彙校卷第十一、撫釋一、余仁仲本、和本、十行本、閩本、監本、毛本、殿本、阮刻本同,岳本作"又"。

⑦ "馮音憑相息亮反又如字",彙校卷第十一、撫釋一、余仁仲本、和本、十行本、閩本、監本、毛本、殿本、阮刻本同,岳本作"馮相去聲"。

⑧ "息似反",彙校卷第十一、撫釋一、余仁仲本、和本、十行本、閩本、監本、毛本、殿本、阮刻本作"息嗣反",岳本作"去聲"。

⑨ "籍",閩本、監本、毛本、殿本;撫州本、余仁仲本、婺州本、岳本、嘉靖本、八行本、和本、十行本、阮刻本作"藉",是。阮校曰:"躬耕帝藉　宋監本同,岳本同,嘉靖本同,惠棟校宋本同,衛氏集説同。閩、監、毛本'藉'誤'籍'。釋文出'帝藉'云:'在亦反。'石經字亦作'藉',注放此。"

元辰,蓋郊後吉辰也①。耒,耜之上曲也。保介,車右也。置耒於車右與御者之
間,明已勸農,非農者也。人君之車,必使勇士衣甲居右而參乘,備非常也。保,
猶衣也。介,甲也。帝藉,爲天神借民力所治之田也。○耒,力對反。字林云:
"耕曲木,垂所作,力佳反。"又力水反②。耜,音似。措,七故反,置也③。介,音
界,注同④。藉,在亦反,説文作"耤千畝"⑤。推,出佳反⑥,又吐回反,下同。推,
謂伐也。乘,繩證反。爲,于僞反,下"爲仲春"、"爲傷"、"爲死氣"皆同⑦。**反,
執爵于大寢,三公、九卿、諸侯、大夫皆御,命曰勞酒。**既耕而宴飲,
以勞群臣也。大寢,路寢。御,侍也。○勞,力報反,注同⑧。

6·9○是月也,天氣下降,地氣上騰,天地和同,草木萌動。
此陽氣蒸達,可耕之候也。農書曰:"土上冒橛⑨,陳根可拔,耕者急發。"○上,時

────────

① "吉辰也",撫州本、余仁仲本、婺州本、嘉靖本、和本、十行本、閩本、監本、毛本、殿本、阮
　刻本同;岳本、八行本"辰"作"亥",是。阮校曰:"蓋郊後吉辰也　閩、監、毛本同,嘉靖
　本同,衛氏集説同。惠棟校宋本'辰'作'亥',岳本同,考文引古本同,岳本禮記考證云:
　'吉亥,猶詩云"吉日維戊"。疏以陰陽式法,亥爲天,故耕用亥日。皇氏云:"正月建寅,
　日月會辰在亥,故耕用亥。"其明證也。本改作"吉辰",反失其義。'鍔案:阮説是。
② "字林云耕曲木垂所作力佳反又力水反",彙校卷第十一、撫釋一、余仁仲本、和本、十行
　本、閩本、監本、毛本、殿本、阮刻本同,岳本無此十六字。
③ "置也",彙校卷第十一、撫釋一、余仁仲本、和本、十行本、閩本、監本、毛本、殿本、阮刻
　本同,岳本無此二字。
④ "注同",彙校卷第十一、撫釋一、余仁仲本、和本、十行本、閩本、監本、毛本、殿本、阮刻
　本同,岳本無此二字。
⑤ "説文作耤千畝",岳本無此六字;彙校卷第十一、撫釋一、余仁仲本、和本、十行本、閩
　本、監本、毛本、殿本、阮刻本作"説文作耤云帝耤千畝",是。
⑥ "佳",彙校卷第十一、撫釋一、余仁仲本、岳本、十行本、閩本、監本、毛本、殿本、阮刻本
　同,和本作"崔",非。
⑦ "推謂伐也乘繩證反爲于僞反下爲仲春爲傷爲死氣皆同",彙校卷第十一、撫釋一、余仁
　仲本、和本、阮刻本同,岳本無此二十三字,十行本、閩本、監本、毛本、殿本"仲"誤作
　"神"。
⑧ "注同",彙校卷第十一、撫釋一、余仁仲本、和本、十行本、閩本、監本、毛本、殿本、阮刻
　本同,岳本無此二字。
⑨ "土上冒橛",余仁仲本、嘉靖本同;撫州本、婺州本、岳本、八行本、和本、十行本、閩本、監
　本、毛本、殿本、阮刻本"上"作"長",非;十行本"橛"作墨釘。阮校曰:"土長冒橛　閩、監、
　毛本同,岳本同,嘉靖本同,衛氏集説同。釋文出'氣上'云:'時掌反',注"土上"同。是釋
　文本作'土上'。正義本作'土長'也,考文引古本、足利本'長'作'上',同釋文本也。"

掌反，注“土上”同。萌，莫耕反①。蒸，音證，又之烝反。冒，莫報反，覆也②。厥③，求月反。重意“天氣下降，地氣上騰”，孟冬“天氣上騰，地氣下降”。**王命布農事，命田舍東郊，皆脩封疆，審端經術**④。田，謂田畯，王農之官也⑤。舍東郊，順時氣而居，以命其事也。封疆，田首之分職。術，周禮作“遂”。夫間有遂，遂上有徑。遂，小溝也。步道曰徑。今尚書曰：“分命羲仲，宅嵎夷”也。○疆，居良反，注皆同⑥。經術，古定反，注同⑦。術，依注音遂⑧。畯，音俊。分，扶問反。嵎，音愚⑨。**善相丘陵、阪險、原隰土地所宜，五穀所殖，以教道民，必躬親之**。相，視也⑩。○阪險，上音反，又蒲版反；下許檢反。道，音導⑪。**田事既飭，先定準直，農乃不惑**。說所以命田舍東郊之意也。

---

① “上時掌反注土上同萌莫耕反”，彙校卷第十一、撫釋一、余仁仲本、和本、十行本、閩本、監本、毛本、殿本、阮刻本同，岳本無此十二字。

② “冒莫報反覆也”，彙校卷第十一、撫釋一、余仁仲本、和本、十行本、閩本、監本、毛本、殿本、阮刻本同，岳本無此六字。

③ “厥”，彙校卷第十一、撫釋一、余仁仲本、和本、岳本、十行本、閩本、監本、毛本、殿本、阮刻本作“橛”，是。

④ “經”，余仁仲本、十行本、阮刻本同，唐石經、撫州本、婺州本、岳本、嘉靖本、八行本、和本、閩本、監本、毛本、殿本、吳氏朱批作“徑”。阮校曰：“閩、監、毛本‘經’作‘徑’，岳本同，嘉靖本同，衛氏集説同。釋文出‘經術’云：‘古定反，注同。’呂覽亦作‘經’，此本注、疏俱作‘經’。”

⑤ “王”，撫州本、余仁仲本、婺州本、岳本、嘉靖本、八行本、和本、十行本、閩本、監本、毛本、殿本、阮刻本作“主”，是。

⑥ “注皆同”，彙校卷第十一、撫釋一、余仁仲本、和本、十行本、閩本、監本、毛本、殿本、阮刻本同，岳本無此三字。

⑦ “注同”，彙校卷第十一、撫釋一、余仁仲本、和本、十行本、閩本、監本、毛本、殿本、阮刻本同，岳本無此二字。

⑧ “依注”，彙校卷第十一、撫釋一、余仁仲本、和本、十行本、閩本、監本、毛本、殿本、阮刻本同，岳本無此二字。

⑨ “分扶問反嵎音愚”，彙校卷第十一、撫釋一、余仁仲本、和本、十行本、閩本、監本、毛本、殿本、阮刻本同，岳本無此七字。

⑩ “也”，撫州本、余仁仲本、婺州本、岳本、嘉靖本、八行本、阮刻本同；和本、十行本、閩本、監本、毛本、殿本作“之”，非。阮校曰：“相視也　惠棟校宋本作‘也’，岳本同，嘉靖本同，衛氏集説同。此本‘也’誤‘之’，閩、監、毛本同。”

⑪ “阪險上音反又蒲版反下許檢反道音導”，彙校卷第十一、撫釋一、余仁仲本、和本、十行本、閩本、監本、毛本、殿本、阮刻本同，岳本作“阪音反又蒲版反”。

準直,謂封疆徑遂也。夏小正曰:"農率均田。"○飭,音勑。率,所類反,謂田正。

6·10○是月也,命樂正入學習舞。爲仲春將釋菜。重意"仲春上丁,命樂正習舞釋菜。"○"仲丁,又命樂正入學習舞;季秋上丁,命樂正入學習吹。"乃脩祭典,重祭禮①,歲始省録②。命祀山林川澤,犧牲毋用牝③。爲傷妊生之類。○牝,頻忍反。妊,而林反,又而鴆反④。

6·11○禁止伐木,盛德所在。毋覆巢,毋殺孩蟲、胎、夭、飛鳥,毋麛,毋卵。爲傷萌幼之類。○覆,芳服反。孩,户哀反。胎,吐來反⑤。夭,烏老反。麛,音迷。卵,力管反⑥。重意"毋覆巢"至"毋卵",王制:"不殀,不殺胎,不卵疾夭,不覆巢。"⑦毋聚大衆,毋置城郭。爲妨農之始。掩骼埋胔。謂死氣逆生也⑧。骨枯曰骼,肉腐曰胔。○骼,江百反。胔,才賜反。蔡云:"露骨曰骼,有肉曰胔。"胔⑨,亦作"骴"。腐,扶矩反⑩。

----

① "禮",撫州本、余仁仲本、婺州本、岳本、嘉靖本、八行本、和本、十行本、閩本、監本、毛本、殿本、阮刻本同,考補謂古本作"祀"。

② "省録",余仁仲本、嘉靖本、和本、十行本、閩本、監本、毛本、岳本同;撫州本、婺州本、岳本、八行本、阮刻本"録"下有"也"字,是。阮校曰:"歲始省録也　惠棟校宋本有'也'字,宋監本同,岳本同,衛氏集說同。此本'也'字脱,閩、監、毛本同,嘉靖本同。考文云:'古本"也"作"之"。'"

③ "毋用牝",余仁仲本、婺州本、岳本、嘉靖本、八行本、和本、十行本、閩本、監本、毛本、殿本、阮刻本同;撫州本脱"用"字。

④ "而林反又而鴆反",彙校卷第十一、撫釋一、余仁仲本、和本、十行本、閩本、監本、毛本、殿本、阮刻本作"而林而鴆二反",岳本無此七字。

⑤ "胎吐來反",彙校卷第十一、撫釋一、余仁仲本、和本、十行本、閩本、監本、毛本、殿本、阮刻本同,岳本無此四字。

⑥ "卵力管反",彙校卷第十一、撫釋一、余仁仲本、和本、十行本、閩本、監本、毛本、殿本、阮刻本同,岳本無此四字。

⑦ "不殀不殺胎不卵疾夭不覆巢",王制作"不殀不卵不殺胎不殀夭不覆巢",是。

⑧ "謂",撫州本、余仁仲本、嘉靖本、和本、十行本、閩本、監本、毛本、殿本、阮刻本同;婺州本、岳本、八行本作"爲",是。

⑨ "蔡云露骨曰骼有肉曰胔胔",彙校卷第十一、撫釋一、余仁仲本、和本、十行本、閩本、監本、毛本、殿本、阮刻本同,岳本無此十一字。

⑩ "腐扶矩反",彙校卷第十一、撫釋一、余仁仲本、監本、毛本、殿本同,岳本無此四字,和本、十行本、閩本、阮刻本"腐"誤作"胔"。

6·12〇是月也，不可以稱兵，稱兵必天殃①。逆生氣。兵戎不起，不可從我始。爲客不利，主人則可②。毋變天之道，以陰政犯陽。毋絶地之理，易剛柔之宜。毋亂人之紀。仁之時而舉義事。

6·13〇孟春行夏令，則雨水不時③，巳之氣乘之也。四月，於消息爲乾。草木蚤落，生日促。〇蚤，音早。重意仲夏，王制：“草木零落。”孟夏“草木蚤枯”。國時有恐。以火訛相驚④。〇恐，丘勇反⑤。重意季春“國有大恐”，仲秋“國乃有恐”。行秋令，則民大疫⑥，申之氣乘之也。七月始殺。〇疫，音役。猋風暴雨摠至，正月宿直尾、箕，箕好風，其氣逆也。回風爲猋。〇猋，必遥反，徐方遥反⑦，本又作“飄”⑧。宿，音秀。好，呼報反⑨。藜莠蓬蒿並興。生氣亂，惡物茂。〇藜，力兮反。莠，音酉。行冬令，則水潦爲敗，雪霜大摯，首種不入。亥之氣乘之也。舊説，首種謂稷。〇潦，音

---

① “必天殃”，撫州本、余仁仲本、婺州本、岳本、嘉靖本、八行本、和本、十行本、閩本、監本、毛本、殿本、阮刻本同，唐石經“必”下有“有”字，考補謂古本、活字本同。

② “主人”，撫州本、余仁仲本、婺州本、岳本、嘉靖本、八行本、和本、閩本、監本、毛本、殿本、阮刻本同；十行本“主”作“至”，非。阮校曰：“主人則可　　閩、監、毛本作‘主’，岳本同，嘉靖本同，衛氏集説同。此本‘主’誤‘至’。”

③ “雨水”，撫州本、余仁仲本、婺州本、岳本、嘉靖本、八行本、和本、十行本、閩本、監本、毛本、殿本、阮刻本同，考異謂正義作“風雨”，與吕氏春秋、淮南時則訓合。

④ “火”，撫州本、余仁仲本、岳本、嘉靖本、八行本、和本、十行本、閩本、監本、毛本、殿本、阮刻本同；婺州本作“禾”，非。

⑤ “恐丘勇反”，彙校卷第十一、撫釋一、余仁仲本、和本、十行本、閩本、監本、毛本、殿本、阮刻本同，岳本無此四字。

⑥ “民”上，撫州本、余仁仲本、婺州本、岳本、嘉靖本、八行本、和本、十行本、閩本、監本、毛本、殿本、阮刻本有“其”字，是。

⑦ “徐方遥反”，毛本同，彙校卷第十一、撫釋一、余仁仲本、和本、十行本、閩本、監本、殿本、阮刻本作“徐芳遥反”，岳本作“又芳遥反”。

⑧ “本又作飄”，彙校卷第十一、撫釋一、余仁仲本、和本、十行本、閩本、監本、毛本、殿本、阮刻本同，岳本無此四字。

⑨ “好呼報反”，彙校卷第十一、撫釋一、余仁仲本、和本、十行本、閩本、監本、毛本、殿本、阮刻本同，岳本無此四字。

老。摯，音至，蔡云：“傷折。”①種，章勇反，蔡云：“宿麥。”②

　　6・14 仲春之月，日在奎，昏弧中，旦建星中。仲，中也。仲春者，日月會於降婁，而斗建卯之辰也。弧在輿鬼南，建星在斗上。○奎，苦圭反。弧，音胡。降，戶江反。重意“旦建星中”，孟秋“昏建星中”。其日甲乙，其帝大皥，其神句芒，其蟲鱗。其音角，律中夾鍾。其數八。其味酸，其臭羶。其祀戶，祭先脾。夾鍾者，夷則之所生，三分益一，律長七寸二千一百八十七分寸之千七十五③。仲春氣至，則夾鍾之律應。周語曰：“夾鍾出四隙之細。”○夾，古洽反，一音頰。隙，去逆反④。始雨水，桃始華，倉庚鳴，鷹化爲鳩。皆記時候也。倉庚，驪黃也。鳩，搏穀也。漢始以雨水爲二月節。○倉庚，並如字，本或加“鳥”，非⑤。○驪，力知反⑥。搏，音博。重意“鷹化爲鳩”，王制：“鳩化爲鷹。”

　　6・15○天子居青陽大廟，乘鸞路，駕倉龍，載青旂，衣青衣，服倉玉，食麥與羊，其器疏以達。青陽大廟，東堂當大室。

　　6・16○是月也，安萌牙⑦，養幼少，存諸孤，助生氣也。○少，詩召反⑧。

---

① “蔡云傷折”，彙校卷第十一、撫釋一、余仁仲本、和本、十行本、閩本、監本、毛本、殿本、阮刻本同，岳本無此四字。

② “蔡云宿麥”，彙校卷第十一、撫釋一、余仁仲本、和本、十行本、閩本、監本、毛本、殿本、阮刻本同，岳本無此四字。

③ “二千”，撫州本、余仁仲本、婺州本、岳本、嘉靖本、八行本、和本、閩本、監本、毛本、殿本、阮刻本同；十行本“二”作“三”，非。

④ “隙去逆反”，彙校卷第十一、撫釋一、余仁仲本、和本、十行本、閩本、監本、毛本、殿本、阮刻本同，岳本無此四字。

⑤ “倉庚並如字本或加鳥非”，彙校卷第十一、撫釋一、余仁仲本、和本、十行本、閩本、監本、毛本、殿本、阮刻本同，岳本無此十字。

⑥ “驪力知反”，彙校卷第十一、撫釋一、余仁仲本、和本、十行本、閩本、監本、毛本、殿本、阮刻本同，岳本無此四字。又據彙校卷第十一、撫釋一、余仁仲本、和本、十行本、閩本、監本、毛本、殿本、阮刻本，“倉庚”下皆是釋文文字，當删“驪”上“○”號。

⑦ “牙”，撫州本、余仁仲本、婺州本、岳本、八行本、和本、十行本、阮刻本同，嘉靖本、閩本、監本、毛本、殿本作“芽”字，非。

⑧ “少詩召反”，彙校卷第十一、撫釋一、余仁仲本、和本、十行本、閩本、監本、毛本、殿本、阮刻本同，岳本作“少去聲”。

擇元日，命民社。社，后土也，使民祀焉，神其農業也。祀社，日用甲。**命有司省囹圄，去桎梏，毋肆掠，止獄訟。**順陽寬也。省，減也。囹圄，所以禁守繫者，若今別獄矣。桎梏，今械也，在手曰梏，在足曰桎。肆，謂死刑暴尸也。周禮曰：“肆之三日。”掠，謂捶治人。○省，所省反①，注同，徐所幸反②。囹，音零。圄，魚呂反。囹圄，今之獄③。去，羌呂反。桎，音質，今之械也④。梏，古毒反，今之杻也⑤。掠，音亮，考捶⑥。械，戶戒反。暴，步卜反。捶，之藥反⑦。

重言“命有司”，季春、仲夏、孟秋各一，仲秋二，季秋、孟冬一，仲冬二，季冬一。**是月也，玄鳥至。至之日，以大牢祠于高禖，天子親往，**玄鳥，燕也。燕以施生時來，巢人堂宇而孚乳，嫁娶之象也，媒氏之官以爲候。高辛氏之世，玄鳥遺卵，娀簡吞之而生契，後王以爲媒官嘉祥，而立其祠焉。變媒言禖，神之也。○禖，音梅。施，始豉反。孚乳，上如字，一音方付反，下而樹反，季春同⑧。娀簡，夙中反。簡狄，有戎氏女⑨。契，息列反。重意“元鳥至”，仲秋“元鳥歸”。**后妃帥九嬪御。**御，謂從往侍祠。周禮：天子有夫人、有嬪、有世婦、有女御，獨云“帥

---

① “所省反”，彙校卷第十一、撫釋一、余仁仲本、岳本、和本、十行本、閩本、監本、毛本、殿本、阮刻本“省”作“景”，是。
② “注同徐所幸反”，彙校卷第十一、撫釋一、余仁仲本、和本、十行本、閩本、監本、毛本、殿本、阮刻本同，岳本作“又所幸反”。
③ “囹圄今之獄”，彙校卷第十一、撫釋一、余仁仲本、和本、十行本、閩本、監本、毛本、殿本、阮刻本同，岳本無此五字。
④ “今之械也”，彙校卷第十一、撫釋一、余仁仲本、和本、十行本、閩本、監本、毛本、殿本、阮刻本同，岳本無此四字。
⑤ “今之杻也”，彙校卷第十一、撫釋一、余仁仲本、和本、十行本、閩本、監本、毛本、殿本、阮刻本同，岳本無此四字。
⑥ “考捶”，彙校卷第十一、撫釋一、余仁仲本、十行本、閩本、監本、毛本、殿本、阮刻本同，岳本無此二字，和本“捶”誤作“棰”。
⑦ “之藥反”，彙校卷第十一、撫釋一、余仁仲本、岳本、和本、閩本、監本、毛本、殿本、阮刻本“藥”作“槊”；十行本“藥”作“樂”，非。
⑧ “孚乳上如字一音方付反下而樹反季春同”，岳本作“孚方無反又芳付反乳而樹反”，彙校卷第十一、撫釋一、余仁仲本、和本、十行本、閩本、監本、毛本、殿本、阮刻本“方”作“芳”。
⑨ “簡狄有戎氏女”，彙校卷第十一、撫釋一、余仁仲本、和本、十行本、閩本、監本、毛本、殿本、阮刻本同，岳本無此六字。

九嬪”,舉中言也。○嬪,皮人反。從,才用反①。**乃禮天子所御,帶以弓韣,授以弓矢于高禖之前。**天子所御,謂今有娠者。於祠,大祝酌酒,飲於高禖之庭,以神惠顯之也。帶以弓韣,授以弓矢,求男之祥也。王居明堂禮曰:“帶以弓韣,禮之禖下②,其子必得天材。”○韣,大木反,弓衣。娠,音身,一音震,謂懷妊③。

6·17○**是月也,日夜分,雷乃發聲,始電。蟄蟲咸動,啓戶始出④。**又記時候。發,猶出也。○電,大練反。重言“日夜分”四,下文一,仲秋二。○“雷乃發聲”二,仲冬;又下文“雷將發聲”,仲秋“雷乃收聲”。

6·18○**先雷三日,奮木鐸以令兆民曰⑤:“雷將發聲,有不戒其容止者,生子不備⑥,必有凶災。”**主戒婦人有娠者也。容止,猶動靜。○先,悉薦反,奮,方問反。鐸,大各反⑦。**日夜分,則同度、量、鈞、衡、石,角斗甬,正權概。**因晝夜等而平當平也。同、角、正,皆謂平之也。丈尺曰度,斗斛曰量,三十斤曰鈞,稱上曰衡,百二十斤曰石。甬,今斛也。稱錘曰權。概,平斗斛者。○度量,上音杜,下音亮,注同⑧。甬,音勇。權概,古代

---

① “嬪皮人反從才用反”,彙校卷第十一、撫釋一、余仁仲本、岳本“皮”作“毗”,是;和本、十行本、閩本、監本、毛本、殿本、阮刻本脱此八字。

② “下”,撫州本、余仁仲本、婺州本、岳本、八行本、和本、十行本、閩本、監本、毛本、殿本、阮刻本同,嘉靖本作“卜”,非。

③ “謂懷妊”,彙校卷第十一、撫釋一、余仁仲本、和本、十行本、閩本、監本、毛本、殿本、阮刻本同,岳本無此三字。

④ “始”,撫州本、余仁仲本、婺州本、岳本、嘉靖本、八行本、和本、閩本、監本、毛本、殿本、阮刻本同;十行本作“而”,非。

⑤ “奮木鐸”,撫州本、余仁仲本、婺州本、岳本、嘉靖本、八行本、和本、十行本、閩本、監本、毛本、殿本、阮刻本同。考異曰:“案釋文以‘奮鐸’作音,考吕氏春秋作‘奮鐸’,淮南時則訓作‘振鐸’,蓋釋文本無‘木’字者是也,但無以知正義本之有否。”

⑥ “生子”,撫州本、余仁仲本、岳本、嘉靖本、八行本、和本、十行本、閩本、監本、毛本、岳本、阮刻本同,婺州本脱此二字。

⑦ “鐸大各反”,彙校卷第十一、撫釋一、余仁仲本、和本、十行本、閩本、監本、毛本、殿本、阮刻本同,岳本無此四字。

⑧ “度量上音杜下音亮注同”,彙校卷第十一、撫釋一、余仁仲本、和本、十行本、閩本、監本、毛本、殿本、阮刻本同,岳本作“度如字量音亮”。

反。稱，尺證反，下同①。錘，丈僞反，又丈爲反②。○**重言**"則同度、量，角斗甬"一，仲秋一。**重意**"鈞衡石"，仲秋"平權衡，正鈞石"。**是月也，耕者少舍，乃脩闔扇，寢廟畢備。**舍，猶止也。因蟄蟲啓户，耕事少間而治門户也。用木曰闔，用竹葦曰扇。畢，猶皆也。凡廟前曰廟，後曰寢。○闔，户臘反。間，音閑。**毋作大事，以妨農之事。**大事，兵、役之屬。**重意**"毋作太事"，仲秋"凡舉大事"。**是月也，毋竭川澤，毋漉陂池，毋焚山林。**順陽養物也。畜水曰陂，穿地通水曰池。○麗③，音鹿，竭也。陂池，彼宜反。尚書傳云："澤障曰陂，停水曰池。"畜，勑六反④。

6·19○**天子乃鮮羔開冰，先薦寢廟。**鮮，當爲獻，聲之誤也。獻羔，謂祭司寒也。祭司寒而出冰，薦於宗廟，乃後賦之。春秋傳曰："古者，日在北陸而藏冰，西陸朝覿而出之。其藏冰也，深山窮谷，固陰冱寒，於是乎取之。其出之也，朝之禄位，賓、食、喪、祭，於是乎用之。其藏之也，黑牡秬黍，以饗司寒。其出之也，桃弧棘矢，以除其災。其出入也時，食肉之禄，冰皆與焉。大夫命婦，喪浴用冰，祭寒而藏之，獻羔而啓之，公始用之。火出而畢賦，自命夫命婦，至于老疾，無不受冰。"○鮮，依注音獻⑤。覿，大歷反。冱，户故反。朝，直遥反。秬，音巨⑥。與，音預。祭寒，本或作"祭司寒"，按左氏傳無"司"字⑦。○**重言**"先薦寢廟"七，孟夏、仲夏、孟秋、仲秋、季秋、季冬各一。**上丁，命樂正習舞、釋菜。**

---

① "下同"，彙校卷第十一、撫釋一、余仁仲本、和本、十行本、閩本、監本、毛本、殿本、阮刻本同，岳本無此二字。

② "錘丈僞反又丈爲反"，彙校卷第十一、撫釋一、余仁仲本、十行本、閩本、監本、毛本、殿本、阮刻本同，岳本作"錘丈僞反又音椎"。

③ "麗"，彙校卷第十一、撫釋一、余仁仲本、岳本、和本、十行本、閩本、監本、毛本、殿本、阮刻本作"漉"，是。

④ "竭也陂池彼宜反尚書傳云澤障曰陂停水曰池畜勑六反"，彙校卷第十一、撫釋一、余仁仲本、和本、十行本、閩本、監本、毛本、殿本、阮刻本同，岳本無此二十三字。

⑤ "依注"，彙校卷第十一、撫釋一、余仁仲本、和本、十行本、閩本、監本、毛本、殿本、阮刻本同，岳本無此二字。

⑥ "覿大歷反冱户故反朝直遥反秬音巨"，彙校卷第十一、撫釋一、余仁仲本、和本、十行本、閩本、監本、毛本、殿本、阮刻本同，岳本無此十五字。

⑦ "祭寒本或作祭司寒按左氏傳無司字"，彙校卷第十一、撫釋一、余仁仲本、和本、十行本、閩本、監本、毛本、殿本、阮刻本"按"作"案"，岳本無此十五字。

樂正,樂官之長也。命習舞者,順萬物始出地鼓舞也。將舞,必釋菜於先師以禮之。<u>夏小正</u>曰:“丁亥,萬舞入學①。”○長,丁丈反②。重意“命樂正”,詳見孟春。

天子乃帥三公、九卿、諸侯、大夫,親往視之。 順時達物也。重言“天子乃帥三公、九卿、諸侯、大夫,親往視之”二,季春一。**仲丁,又命樂正入學習樂③。** 爲季春,將習合樂也④。習樂者,習歌與八音。○中丁,音仲,本亦作“仲”⑤。爲,于僞反,下注同。

6·20○**是月也,祀不用犧牲,用圭璧,更皮幣。** 爲季春將選而合騰之也。更,猶易也。當祀者古以玉帛而已⑥。

6·21○**仲春行秋令,則其國大水,寒氣緫至,** 西之氣乘之也。八月宿直昴、畢,畢好雨。○好,呼報反⑦。**寇戎來征。** 金氣動也。畢又爲邊兵。**行冬令,則陽氣不勝,麥乃不熟。** 子之氣乘之也。十一月爲大陰。○大,音泰。**民多相掠。** 陰姦衆也。**行夏令,則國乃大旱,煖氣早來,** 午之氣乘之也。○煖,乃緩反,又音暄。**蟲螟爲害。** 暑氣所生,爲災害也。○螟,音亡丁反⑧。

---

① “舞”,<u>余仁仲本</u>、<u>嘉靖本</u>、<u>十行本</u>、<u>閩本</u>、<u>監本</u>、<u>毛本</u>、<u>殿本</u>、<u>阮刻本</u>同;<u>撫州本</u>、<u>婺州本</u>、<u>岳本</u>、<u>八行本</u>、<u>和本</u>作“用”,是。<u>阮校</u>曰:“萬舞入學　<u>閩</u>、<u>監</u>、<u>毛本</u>同,<u>嘉靖本</u>同,<u>衛氏集説</u>同。<u>惠棟</u>校宋本‘舞’作‘用’,<u>正義</u>同,<u>宋監本</u>同,<u>岳本</u>同,<u>考文</u>引古本、<u>足利本</u>同。○按:<u>大戴記</u>正作‘用’。”
② “長丁丈反”,<u>彙校</u>卷第十一、<u>撫釋</u>一、<u>余仁仲本</u>、<u>和本</u>、<u>十行本</u>、<u>閩本</u>、<u>監本</u>、<u>毛本</u>、<u>殿本</u>、<u>阮刻本</u>同,<u>岳本</u>無此四字。
③ “樂”,<u>撫州本</u>、<u>余仁仲本</u>、<u>婺州本</u>、<u>岳本</u>、<u>嘉靖本</u>、<u>八行本</u>、<u>和本</u>、<u>閩本</u>、<u>監本</u>、<u>毛本</u>、<u>殿本</u>同;<u>十行本</u>、<u>阮刻本</u>作“舞”,非。<u>阮校</u>曰:“入學習舞　<u>閩</u>、<u>監</u>、<u>毛本</u>‘舞’作‘樂’,<u>岳本</u>同,<u>嘉靖本</u>同,<u>衛氏集説</u>同,此本誤。”
④ “將習合樂也”,<u>余仁仲本</u>、<u>嘉靖本</u>、<u>和本</u>、<u>十行本</u>、<u>閩本</u>、<u>監本</u>、<u>毛本</u>、<u>殿本</u>、<u>阮刻本</u>同;<u>撫州本</u>、<u>婺州本</u>、<u>岳本</u>、<u>八行本</u>無“習”字,是。
⑤ “中丁音仲本亦作仲”,<u>彙校</u>卷第十一、<u>撫釋</u>一、<u>余仁仲本</u>、<u>和本</u>、<u>十行本</u>、<u>閩本</u>、<u>監本</u>、<u>毛本</u>、<u>殿本</u>、<u>阮刻本</u>同,<u>岳本</u>無此八字。
⑥ “古”,<u>撫州本</u>、<u>余仁仲本</u>、<u>婺州本</u>、<u>岳本</u>、<u>嘉靖本</u>、<u>八行本</u>、<u>和本</u>、<u>十行本</u>、<u>閩本</u>、<u>監本</u>、<u>毛本</u>、<u>殿本</u>、<u>阮刻本</u>同。<u>阮校</u>曰:“考文引古本、<u>足利本</u>‘古’作‘告’。”<u>鍔案</u>:作“告”疑是。
⑦ “好呼報反”,<u>彙校</u>卷第十一、<u>撫釋</u>一、<u>余仁仲本</u>、<u>和本</u>、<u>十行本</u>、<u>閩本</u>、<u>監本</u>、<u>毛本</u>、<u>殿本</u>、<u>阮刻本</u>同,<u>岳本</u>無此四字。
⑧ “音亡丁反”,<u>彙校</u>卷第十一、<u>撫釋</u>一、<u>余仁仲本</u>、<u>和本</u>、<u>岳本</u>、<u>十行本</u>、<u>閩本</u>、<u>監本</u>、<u>毛本</u>、<u>殿本</u>、<u>阮刻本</u>無“音”字,是。

爾雅云：“食苗心，螟。”①

6·22 季春之月，日在胃，昏七星中，旦牽牛中。季，少也。季春者，日月會於大梁，而斗建辰之辰。○胃，音謂。少，詩召反。重意“昏七星中”，孟冬“旦七星中，旦牽牛中”。仲秋“昏牽牛中”。其日甲乙，其帝大皞，其神句芒，其蟲鱗。其音角，律中姑洗。其數八。其味酸，其臭羶，其祀户，祭先脾。姑洗者，南宫之所生也②。三分益一，律長七寸九分寸之一。季春氣至，則姑洗之律應。周語曰：“姑洗，所以脩絜百物，考神納賓。”○洗，素典反。

6·23○桐始華，田鼠化爲鴽，虹始見，萍始生③。皆記時候也。鴽，毋無④。螮蝀謂之虹。蓱，萍也，其大者曰蘋。○鴽，音如，毋無也，蔡云⑤：“鵪鶉之屬。”虹，音紅，又音絳，螮蝀也⑥。見，賢遍反。蓱，步丁反，水上浮萍也⑦。毋無，上音牟⑧，又如字。螮，本作“蝃”，丁計反，亦作“蝭”，同。蝀，本亦作“東”，

───────

①“爾雅云食苗心螟”，彙校卷第十一、撫釋二、余仁仲本同，岳本作“爾雅曰食苗心曰螟”；和本、十行本、閩本、監本、毛本、殿本“爾”上衍“又”字，撫釋一“云”誤作“亡”，十行本誤作“去”。

②“宫”，撫州本、婺州本、余仁仲本、岳本、嘉靖本、八行本、和本、十行本、閩本、監本、毛本、殿本、阮刻本作“吕”，是。

③“萍”，余仁仲本、和本、十行本、閩本、監本、毛本、殿本、阮刻本同；撫州本、婺州本、岳本、嘉靖本、八行本、吳氏朱批作“蓱”，是。阮校曰：“萍始生　惠棟校宋本‘萍’作‘蓱’，岳本同，嘉靖本同，衛氏集説同，石經同。此本作‘萍’，誤，閩、監、毛本同。釋文出‘蓱始’。石經考文提要云：按鄭注‘蓱，萍也’，則經文非‘萍’明甚，宋大字本亦作‘蓱’。”

④“毋無”，撫州本、余仁仲本、岳本、嘉靖本、和本、十行本、閩本、阮刻本同，監本、毛本、殿本作“鵪毋”；婺州本、八行本作“母無”，是，下釋文同。考異曰：“釋文云：‘母無，上音牟，又如字。’毛居正曰：‘如字者，讀“父母”之“母”，平聲，則音牟。今作“毋”，誤。’是也。而俗注疏本又將注及釋文、正義中‘母無’盡改爲‘鵪毋’，則誤之甚者。”

⑤“毋無也蔡云”，彙校卷第十一、撫釋一、余仁仲本、和本、十行本、閩本、阮刻本同，岳本無此五字，監本、毛本、殿本“毋無”作“鵪毋”，非。

⑥“螮蝀也”，彙校卷第十一、撫釋一、余仁仲、和本、十行本、閩本、監本、毛本、殿本、阮刻本同，岳本無此三字。

⑦“水上浮萍也”，彙校卷第十一、撫釋一、余仁仲本、和本、十行本、閩本、監本、毛本、殿本、阮刻本同，岳本無此五字。

⑧“上”，彙校卷第十一、撫釋一、余仁仲本、和本、十行本、閩本、監本、毛本、殿本、阮刻本同，岳本無此字。

同丁孔反。萍,音平。蘋,毗人反①。重意"虹始見",孟夏"藏不見"。

6·24○天子居青陽右个,乘鸞路,駕倉龍,載青旂,衣青衣,服倉玉,食麥與羊。其器疏以達。青陽右个,東堂南偏。

6·25○是月也,天子乃薦鞠衣于先帝,爲將蠶,求福祥之助也。鞠衣,黃桑之服。先帝,大皞之屬。○鞠,居六反,如菊華也②,又去六反,如麴塵③。爲,于僞反,下文"乃爲"、注"爲鳥"同④。命舟牧覆舟,五覆五反,乃告舟備具于天子焉。舟牧,主舟之官也。覆反舟者,備傾漏也⑤。○覆,芳服反,下及注同⑥。天子始乘舟,薦鮪于寢廟。進時美物。鮪⑦,于軌反。乃爲麥祈實。於含秀求其成也。不言所祈,承寢廟可知。

6·26○是月也,生氣方盛,陽氣發泄,句者畢出,萌者盡達,不可以內。時可宣出,不可收斂也。句,屈生者。芒而直曰萌。○泄,息列反。句,古侯反。天子布德行惠,命有司發倉廩,賜貧窮,振乏絶;振,猶救也。○廩,力甚反。開府庫,出幣帛,周天下,勉諸侯,聘名士,禮賢者。周,謂給不足也。勉,猶勸也。聘,問也。名士,不仕者。

6·27○是月也,命司空曰:"時雨將降,下水上騰,循行國

---

① "蝘本作蠘丁計反亦作蜥同蝀本亦作棟同丁孔反萍音平蘋毗人反",彙校卷第十一、撫釋一、余仁仲本、和本、十行本、閩本、監本、毛本、殿本、阮刻本同,岳本無此二十七字。

② "如菊華也",彙校卷第十一、撫釋一、余仁仲本、和本、十行本、閩本、監本、毛本、殿本、阮刻本同,岳本無此四字。

③ "如麴塵",彙校卷第十一、撫釋一、余仁仲本、和本、十行本、閩本、監本、毛本、殿本、阮刻本同,岳本無此三字。

④ "爲于僞反下文乃爲注爲鳥同",彙校卷第十一、撫釋一、余仁仲本、和本、十行本、閩本、監本、毛本、殿本、阮刻本同,岳本無此十二字。

⑤ "漏",撫州本、余仁仲本、婺州本、岳本、嘉靖本、八行本同;和本、監本、毛本、殿本、阮刻本作"側",十行本、閩本作"備",皆非

⑥ "下及注同",彙校卷第十一、撫釋一、余仁仲本、和本、十行本、閩本、監本、毛本、殿本、阮刻本同,岳本無此四字。

⑦ 據彙校卷第十一、撫釋一、余仁仲本、岳本、和本、十行本、閩本、監本、毛本、殿本、阮刻本,"鮪于軌反"是釋文文字,當在"鮪"上補"○"號。

邑，周視原野，修利隄防，道達溝瀆，開通道路，毋有障塞。"廣平曰原。國也，邑也，平野也，溝瀆與道路，皆不得不通，所以除水潦，便民事也。古者，溝上有路。○上，時掌反，下注"以上"同①。行，下孟反。隄，丁兮反。防，音房②。道，音導③。障，之亮反，又音章。便，婢面反④。

6·28○田獵罝罘、羅罔、畢翳、餧獸之藥，毋出九門。為鳥獸方孚乳，傷之，逆天時也。獸罟曰罝罘，鳥罟曰羅罔。小而柄長謂之畢。翳，射者所以自隱也。凡諸罟及毒藥，禁其出九門，明其常有時，不得用耳。天子九門者：路門也，應門也，雉門也，庫門也，皋門也，城門也，近郊門也，遠郊門也，關門也。今月令無"罘"，"翳"為"弋"也⑤。○罝，子斜反。罘，音浮。翳，於計反。餧，於偽反。罟，音古。弋，羊職反⑥。

6·29○是月也，命野虞無伐桑柘⑦，愛蠶食也。野虞，謂主田及山林之官。○柘，之夜反。鳴鳩拂其羽，戴勝降于桑，蠶將生之候也。鳴鳩飛且翼相擊，趨農急也。戴勝，織紝之鳥，是時恒在桑。言降者，若時始自天來，重之也。○戴，音帶，注同，本亦作"載"，戴勝，鳥名⑧。紝，女今反。具曲植籧

---

① "上時掌反下注以上同"，彙校卷第十一、撫釋一、余仁仲本、和本、十行本、閩本、監本、毛本、殿本、阮刻本同，岳本無此九字。

② "隄丁兮反防音房"，余仁仲本、和本、十行本、閩本、監本、毛本、殿本、阮刻本同，岳本無此七字，彙校卷第十一、撫釋一作"隄防丁兮反下音房"。

③ "道音導"，彙校卷第十一、撫釋一、余仁仲本、和本、十行本、閩本、監本、毛本、殿本、阮刻本同，岳本無此三字。

④ "便婢面反"，彙校卷第十一、撫釋一、余仁仲本、和本、十行本、閩本、監本、毛本、殿本、阮刻本同，岳本無此四字。

⑤ "也"，撫州本、余仁仲本、婺州本、岳本、八行本、和本、十行本、閩本、監本、毛本、殿本、阮刻本無此字。

⑥ "罟音古弋羊職反"，彙校卷第十一、撫釋一、余仁仲本、和本、十行本、閩本、監本、毛本、殿本、阮刻本同，岳本無此七字。

⑦ "無"，撫州本、余仁仲本、婺州本、岳本、嘉靖本、八行本、和本、十行本、阮刻本同，閩本、監本、毛本、殿本作"毋"，是。考異曰："各本與此同。俗注疏本'無'作'毋'，唐删定月令作'無'，彼前後皆作'無'故也。吕氏春秋亦然，淮南時則訓皆作'毋'。此'無'字於前後歧，蓋後人亂之。下文'無有敢惰'同，又'無有所私'亦當同。"

⑧ "注同本亦作載戴勝鳥名"，彙校卷第十一、撫釋一、余仁仲本、和本、十行本、（轉下頁注）

筐,時所以養蠶器也。曲,薄也。植,槌也。○植,直吏反。籧筐,居呂反,亦作
"筥",下丘狂反。方曰筐,圓曰筥①。槌,直追反,又直類反,又丈僞反②。**后妃**
齊戒,親東鄉躬桑,禁婦女毋觀,省婦使,以勸蠶事。后妃親採桑,示
帥先天下也。東鄉者,鄉時氣也。是明其不常留養蠶也。留養者,所卜夫人與世
婦。婦,謂世婦及諸臣之妻也。內宰職曰:"仲春,詔后帥外內命婦始蠶于北郊。"
女,外內子女也。夏小正曰:"妾子始蠶,執養宮事。"毋觀,去容飾也。婦使,縫線
組紃之事③。○鄉④,許亮反,注同⑤。觀,古喚反,注同⑥。省,所景反。去,起呂
反。線⑦,息賤反。組,音祖⑧。紃,音旬。**蠶事既登,分繭稱絲效功,以**
共郊廟之服,無有敢惰。登,成也。敕往蠶者,蠶畢將課功,以勸戒之。○
繭,古典反。效,戶教反⑨。共,音恭。惰,徒臥反。重言"蠶事既登",孟春"田事
既飭"。

　　6·30○**是月也,命工師,令百工審五庫之量**:金、鐵,皮、

────────────

(接上頁注)閩本、監本、毛本、殿本、阮刻本同,岳本無此十字。

① "籧筐居呂反亦作筥下丘狂反方曰筐圓曰筥",彙校卷第十一、撫釋二、余仁仲本、和本、
　十行本、閩本、監本、毛本、殿本、阮刻本同,岳本作"籧居呂反";撫釋一"下"誤作"丁"。

② "又丈僞反",彙校卷第十一、撫釋一、余仁仲本、和本、十行本、閩本、監本、毛本、殿本、
　阮刻本同,岳本無此四字。

③ "線",撫州本、余仁仲本、岳本、嘉靖本、和本、閩本、監本、毛本、殿本、阮刻本同;十行本
　作"綿",非。阮校曰:"縫線組紃之事　閩、監、毛本作'線',岳本、嘉靖本同,衛氏集
　說同。此本'線'誤'綿'。釋文出'線'云:'息賤反。'"

④ "○",彙校卷第十一、余仁仲本、和本、岳本、閩本、監本、毛本、阮刻本同;十行本作
　"曰",非。

⑤ "注同",彙校卷第十一、撫釋一、余仁仲本、和本、十行本、閩本、監本、毛本、殿本、阮刻
　本同,岳本無此二字。

⑥ "注同",彙校卷第十一、撫釋一、余仁仲本、和本、十行本、閩本、監本、毛本、殿本、阮刻
　本同,岳本無此二字。

⑦ "線",彙校卷第十一、撫釋一、余仁仲本、岳本、閩本、監本、毛本、殿本、阮刻本同,和本、
　十行本作"綿",非。

⑧ "組音祖",彙校卷第十一、撫釋一、余仁仲本、和本、十行本、閩本、監本、毛本、殿本、阮
　刻本同,岳本無此三字。

⑨ "效戶教反",彙校卷第十一、撫釋一、余仁仲本、和本、十行本、閩本、監本、毛本、殿本、
　阮刻本同,岳本無此四字。

革①，角、齒，羽、箭、幹，脂、膠、丹、漆，毋或不良。工師，司空之屬官也。五庫，藏此諸物之舍也。量，謂物善惡之舊法也。幹，器之木也。凡輮幹，有當用脂。良，善也。○量，音亮，注同②。筋，音斤。幹，古旦反。輮，如九反。

　　6・31○百工咸理，監工日號：“毋悖于時，毋或作爲淫巧，以蕩上心！”咸，皆也。於百工食理治其事之時③，工師則監之，日號令之，戒之以此二事也。悖，猶逆也。百工作器物各有時，逆之則不善。時者，若弓人“春液角，夏治筋，秋合三材，冬定體”之屬也。淫巧，謂僞飾不如法也。蕩，謂動之使生奢泰也。今月令無“于時”，“作爲”爲“詐僞”。○監，古衙反，注同④。悖，必內反。巧，如字，又苦孝反，注同⑤。液，音亦。重言“毋或作爲淫巧，以蕩上心”二，一見孟冬。

　　6・32○是月之末，擇吉日，大合樂。天子乃率三公⑥、九卿、諸侯、大夫親往視之。大合樂者，所以助陽達物、風化天下也。其禮亡，今天子以大射、郡國以鄉射禮代之。重言“天子乃帥三公、九卿、諸侯、大夫，親往視之”二，仲春一。

　　6・33○是月也，乃合累牛騰馬遊牝于牧。累、騰，皆乘匹之名。是

---

①“革”下，撫州本、余仁仲本、婺州本、岳本、嘉靖本、八行本、和本、十行本、閩本、監本、毛本、殿本、阮刻本，吳氏朱批有“筋”字，當補。

②“注同”，彙校卷第十一、撫釋一、余仁仲本、和本、十行本、閩本、監本、毛本、殿本、阮刻本同，岳本無此二字。

③“食”，撫州本、余仁仲本、婺州本、岳本、嘉靖本、八行本、和本、十行本、閩本、監本、毛本、殿本、阮刻本作“皆”，是。

④“注同”，彙校卷第十一、撫釋一、余仁仲本、和本、十行本、閩本、監本、毛本、殿本、阮刻本同，岳本無此二字。

⑤“巧如字又苦孝反注同”，彙校卷第十一、撫釋一、余仁仲本、和本、十行本、閩本、監本、毛本、殿本、阮刻本同，岳本無此九字。

⑥“率”，撫州本、余仁仲本、婺州本、岳本、嘉靖本、八行本、和本、十行本、阮刻本同，閩本、監本、毛本、殿本作“帥”。考異曰：“俗注疏本‘率’作‘帥’，唐删定月令作‘率’，彼前後‘帥’皆作‘率’故也，呂氏春秋亦然。此‘率’字於前後亦歧，俗本所改蓋是，各本與此同，非。”

月所合牛馬,謂繫在廐者。其牝欲遊,則就牧之牡而合之①。○累,力追反,注同②。騰,大登反。牝,毗忍反,徐扶死反③。乘,繩證反④。廐,居又反。**犧牲駒犢,舉書其數。** 以在牧而校數書之,明出時無他故,至秋當録内,且以知生息之多少也。○數,所主反。

6·34○**命國難,九門磔攘,以畢春氣。** 此難,難陰氣也。陰寒至此不止,害將及人。所以及人者,陰氣右行,此月之中,日行歷昴,昴有大陵積尸之氣,氣佚則厲鬼隨而出行。命方相氏帥百隸,索室歐疫以逐之⑤。又磔牲以攘於四方之神,所以畢止其災也。王居明堂禮曰:"季春,出疫于郊,以攘春氣。"○難,乃多反,後及注同⑥,驅疫鬼⑦。磔,竹伯反。攘,本又作"攘"⑧,如羊反。佚,音逸,後同。索,所白反⑨。歐疫,丘于反。重意"命國難",仲秋"天子乃難",季秋"命有司大難"。

6·35○**季春行冬令,則寒氣時發,草木皆肅,** 丑之氣乘之也。肅,

---

① "牡",撫州本、余仁仲本、婺州本、岳本、八行本、和本、十行本、殿本、阮刻本同,嘉靖本、閩本、監本、毛本作"牝",非。

② "注同",彙校卷第十一、撫釋一、余仁仲本、和本、十行本、閩本、監本、毛本、殿本、阮刻本同,岳本無此二字。

③ "徐",彙校卷第十一、撫釋一、余仁仲本、和本、十行本、閩本、監本、毛本、殿本、阮刻本同,岳本作"又"。

④ "乘繩證反",彙校卷第十一、撫釋一、余仁仲本、和本、十行本、閩本、監本、毛本、殿本、阮刻本同,岳本無此四字。

⑤ "索室歐疫",余仁仲本、婺州本、嘉靖本、八行本同;撫州本、岳本、和本、閩本、監本、毛本、殿本作"歐"作"毆",是,下釋文同。十行本、阮刻本"索"作"素",非。阮校曰:"索室毆疫以逐之　閩、監、毛本如此,岳本同,衛氏集説同。此本'索'誤'素','毆'誤'毆',嘉靖本'索'字同,'毆'誤'歐'。釋文出'索室毆疫'。○按:依説文當作'毆'。"

⑥ "及注",彙校卷第十一、撫釋一、余仁仲本、和本、十行本、閩本、監本、毛本、殿本、阮刻本同,岳本無此二字。

⑦ "驅疫鬼",彙校卷第十一、撫釋一、余仁仲本、岳本同;和本、十行本、閩本、監本、毛本、殿本、阮刻本脱此三字。

⑧ "攘本又作攘",彙校卷第十一、撫釋一、余仁仲本、和本、殿本、阮刻本同;十行本、閩本、監本、毛本脱"攘"字,岳本無"攘本又作"四字。

⑨ "佚音逸後同索所白反",彙校卷第十一、撫釋一、余仁仲本、和本、十行本、閩本、監本、毛本、殿本、阮刻本同,岳本無此九字。

謂枝葉縮栗。**國有大恐。**以水詆相驚。○恐，丘勇反①。重意孟春“國時有恐”，仲秋“國乃有恐”。**行夏令，則民多疾疫，時雨不降，**未之氣乘之也。六月宿直鬼，鬼爲天尸，時又有暑也②。**山陵不收。**高者暵於熱也。○暵，呼旱反，又呼旦反③。**行秋令，則天多沈陰，淫雨蚤降，**戌之氣乘之也。九月多陰。淫，霖也。雨三日以上爲霖。今月令曰“霒雨”。○蚤，音早。**兵革並起。**陰氣勝也。

6·36 **孟夏之月，日在畢，昏翼中，旦婺女中。**孟夏者，日月會於實沈，而斗建巳之辰。○婺，音務。**其日丙丁。**丙之言炳也。日之行，夏，南從赤道，長育萬物，月爲之佐，時萬物皆炳然著見而强大，又因以爲日名焉。易曰：“齊乎巽，相見乎離。”○炳，音丙。長，丁丈反。此月内，除“律長”、“長大”、“維長”，皆同④。著見，賢遍反。**其帝炎帝，其神祝融。**此赤精之君，火官之臣，自古以來，著德立功者也。炎帝，大庭氏也⑤。祝融，顓頊氏之子，曰黎，爲火官。○炎，于廉反。炎帝，神農也。顓頊，上音專，下音勗⑥。**其蟲羽。**象物從風鼓葉，飛鳥之屬。**其音徵。**三分宮，去一以生徵，徵數五十四。屬火者，以其微清，事之象也。夏氣和則徵声調。樂記曰：“徵亂則哀，其事勤。”○徵，張里反，後放此。去，起呂反。**律中中吕。**孟夏氣至，則中吕之律應。中吕者，無射之所生，三分益一，律長六寸萬九十六百八十三分寸之萬二千九百七十四⑦。周語曰：

---

①“恐丘勇反”，彙校卷第十一、撫釋一、余仁仲本、和本、十行本、閩本、監本、毛本、殿本、阮刻本同，岳本無此四字。

②“有暑”，撫州本、余仁仲本、婺州本、岳本、嘉靖本、八行本、和本、十行本、閩本、監本、毛本、殿本、阮刻本同，考補謂古本、活字本“暑”上有“大”字。

③“又呼旦反”，彙校卷第十一、撫釋一、余仁仲本、和本、十行本、閩本、監本、毛本、殿本、阮刻本同，岳本無此四字。

④“炳音丙長丁丈反此月内除律長長大維長皆同”，余仁仲本、十行本、閩本同，岳本無此十九字；彙校卷第十一、撫釋一、和本、監本、毛本、殿本、阮刻本“維”作“繼”，是。

⑤“大”，撫州本、余仁仲本、婺州本、岳本、嘉靖本、八行本、和本、閩本、監本、毛本、殿本、阮刻本同，十行本作“火”，非。

⑥“炎于廉反炎帝神農也顓頊上音專下音勗”，彙校卷第十一、撫釋一、余仁仲本、和本、十行本、閩本、監本、毛本、殿本、阮刻本同，岳本無此十七字。

⑦“六寸”，撫州本、余仁仲本、婺州本、嘉靖本、八行本、和本、十行本、閩本、監本、毛本、殿本、阮刻本同；岳本作“六十”，非。“九十”，撫州本、余仁仲本、婺州本、岳本、（轉下頁注）

“中呂宣中氣。”○中呂，音仲，又如字。射，音亦。**其數七**。火，生數二，成數七。但言七者，亦舉其成數。**其味苦，其臭焦**。火之臭味也。凡苦、焦者，皆屬焉。○焦，子遥反。**其祀竈，祭先肺**。夏，陽氣盛，熱於外，祀之於竈，從熱類也。祀之先祭肺者，陽位在上，肺亦在上，肺爲尊也。竈在廟門外之東。祀竈之禮，先席於門之奥，東面，設主于竈陘，乃制肺及心肝爲俎①，奠于主西。又設盛于俎南，祭黍三②，祭肺、心、肝各一，祭醴二③。亦既祭徹之，更陳鼎俎，設饌于筵前。迎尸，如祀户之禮。○肺，方廢反④。陘，音刑。重言“其日丙丁”至“祭先肺”三，仲夏、季夏各一，“除律中中呂”一句。

　　6·37○**螻蟈鳴，蚯蚓出⑤，王瓜生，苦菜秀**。皆記時候也。螻蟈，蛙也。王瓜，萆挈也。今月令云：“王萯生。”夏小正云：“王萯秀。”未聞孰是。○螻，音樓⑥。蟈，古獲反。螻蟈，蛙也。蔡云：“螻，螻蛄。蟈，蛙也。”⑦○蛙，烏蝸反，即蝦蟇也⑧。蚓，以忍反。萆挈，上皮八反，下起八反⑨。萯，房九反。重意“蚯

<hr>

（接上頁注）嘉靖本、八行本、和本、十行本、閩本、監本、毛本、殿本、阮刻本作“九千”，是。

① “制”，撫州本、余仁仲本、婺州本、嘉靖本、八行本、和本、十行本、閩本、監本、毛本、殿本、阮刻本同；岳本作“下”，非。

② “祭”上，撫州本、余仁仲本、婺州本、岳本、嘉靖本、八行本、和本、十行本、閩本、監本、毛本、殿本、阮刻本有“亦”字，是。

③ “二”，撫州本、余仁仲本、嘉靖本、和本、十行本、閩本、監本、毛本同；婺州本、岳本、八行本、殿本、阮刻本作“三”，是。阮校曰：“祭醴三者　閩、監本同，毛本‘三’誤‘二’。”

④ “方廢反”，彙校卷第十一、撫釋一、余仁仲本、岳本、和本、十行本、閩本、監本、毛本、殿本、阮刻本“方”作“芳”。

⑤ “蚯蚓”，余仁仲本、婺州本、嘉靖本、八行本、和本、十行本、閩本、監本、毛本、殿本、阮刻本同；撫州本、岳本“蚯”作“丘”，下釋文同。阮校曰：“蚯蚓出　閩、監、毛本同，嘉靖本同，衛氏集説同，石經同，惠棟校宋本‘蚯’作‘邱’，岳本同，釋文出‘邱蚓’。”

⑥ “螻音樓”，彙校卷第十一、撫釋一、余仁仲本、和本、十行本、閩本、監本、毛本、殿本、阮刻本同，岳本作“螻音婁”。

⑦ “螻蟈蛙也蔡云螻螻蛄蟈蛙也”，彙校卷第十一、撫釋一、余仁仲本、和本、十行本、閩本、監本、毛本、殿本、阮刻本同，岳本無此十二字。

⑧ “蛙烏蝸反即蝦蟇也”，彙校卷第十一、撫釋一、余仁仲本、和本、十行本、閩本、監本、毛本、殿本、阮刻本同，岳本無此八字；“蛙”上“○”號當删，“螻音樓”以下皆釋文文字。

⑨ “萆挈上皮八反下起八反”，彙校卷第十一、撫釋一、余仁仲本、和本、十行本、閩本、監本、毛本、殿本、阮刻本同，岳本作“萆皮八反挈起八反”。

蚓出”，仲冬“蚯蚓結”。

6·38○天子居明堂左个，乘朱路，駕赤駵，載赤旂，衣朱衣，服赤玉，食菽與鷄。其器高以粗。明堂左个，大寢南堂東偏也。菽實浮甲堅合，屬水①。鷄，木畜，時熱食之，亦以安性也②。粗，猶大也。器高大者，象物盛長。○駵，音留③，字本又作“騮”④。菽，本又作“叔”，音同。粗，七奴反⑤。畜，許又反，下“水畜”同⑥。重言“乘朱路”至“其器高以粗”七句三重，一見仲夏，一見季夏。重意見孟春。

6·39○是月也，以立夏。先立夏三日，大史謁之天子曰：“某日立夏，盛德在火。”天子乃齊。謁，告也。○先，悉薦反⑦。重言見孟春“天子乃齊”注下。立夏之日，天子親帥三公、九卿、大夫以迎夏於南郊。還反，行賞，封諸侯，慶賜遂行，無不欣説。迎夏，祭赤帝赤熛怒於南郊之兆也。不言“帥諸侯”，而云“封諸侯”，諸侯時或無在京師者，空其文也。祭統曰：“古者於禘也，發爵賜服，順陽義也；於嘗也，出田邑，發秋政，順陰義也。”今此行賞可也，而封諸侯則違於古。封諸侯、出土地之事，於時未可，似失之。○欣説，上許斤反，下音悦。熛怒，上必遥反，下奴故反⑧。重言“天子親帥三公、九

────────────

①“水”，撫州本、余仁仲本、婺州本、岳本、嘉靖本、八行本、十行本、閩本、監本、毛本、殿本、阮刻本同，和本、足利本作“木”，非。阮校曰：“菽實孚甲堅合屬水　惠棟校宋本、宋監本亦作‘水’，閩、監、毛本同，岳本同，嘉靖本同。衞氏集説‘水’作‘木’，考文引宋板同。○按：作‘木’非也。鄭注‘麥屬木，黍屬火，麻屬金，菽屬水，稷屬土’，五穀所配之方如是。”

②“性”，撫州本、余仁仲本、婺州本、岳本、嘉靖本、八行本、和本、閩本、監本、毛本、殿本、阮刻本同，十行本作墨釘。

③“留”，彙校卷第十一、撫釋一、余仁仲本、岳本、和本、十行本、閩本、監本、毛本、殿本、阮刻本同，十行本作墨釘。

④“字本又作騮”，岳本無此五字，彙校卷第十一、撫釋一、余仁仲本、和本、十行本、閩本、監本、毛本、殿本、阮刻本無“字”字。

⑤“菽本又作叔音同粗七奴反”，彙校卷第十一、撫釋一、余仁仲本、和本、十行本、閩本、監本、毛本、殿本、阮刻本同，岳本無此十一字。

⑥“水畜”，彙校卷第十一、撫釋一、余仁仲本、和本、十行本、閩本、監本、毛本、殿本、阮刻本同，岳本無此二字。

⑦“先悉薦反”，彙校卷第十一、撫釋一、余仁仲本、和本、十行本、閩本、監本、毛本、殿本、阮刻本同，岳本無此四字。

⑧“欣説上許斤反下音悦熛怒上必遥反下奴故反”，岳本作“説音悦熛必遥反”，（轉下頁注）

卿、大夫”四，孟春、孟秋各一，有“諸侯”字，惟孟冬與此同。○“慶賜遂行”二，孟春一。

6・40○乃命樂師習合禮樂。爲將飲酎。○爲，于僞反，下“爲逆”、“爲妨”、“爲傷”，下文“爲天子”，皆同①。酎，直又反，重釀之酒。命大尉贊桀俊，遂賢良，舉長大。助長氣也。贊，猶出也。桀俊，能者也。遂，猶進也。三王之官，有司馬，無大尉。秦官則有太尉，今俗人皆云周公作月令②，未通於古。○長大，如字，下“繼長”同，或丁丈反，非也③。行爵出禄，必當其位。使順之也。○當，丁浪反④。

6・41○是月也，繼長增高，謂草木盛蕃廡。○蕃廡，音煩，下亡甫反，下同⑤。毋有壞墮，亦爲逆時氣。○壞，音怪，注同。墮，許規反，又作“隳”，下注同⑥。毋起土功，毋發大衆，爲妨蠶農之事。毋伐大樹。亦爲逆時氣。是月也，天子始絺，初服暑服。○絺，敕其反。命野虞出行田原，爲天子勞農勸民，毋或失時。重敕之。○行，下孟反，下同。勞，力報反⑦。重意“勸民，毋或失時”，仲秋“毋或失時”。

（接上頁注）彙校卷第十一、撫釋一、余仁仲本、和本、十行本、閩本、監本、毛本、殿本、阮刻本“慓”作“慓”，無“上必”之“上”字，是。

①“爲于僞反下爲逆爲妨爲傷下文爲天子皆同”，彙校卷第十一、撫釋一、余仁仲本、和本、十行本、閩本、監本、毛本、殿本、阮刻本同，岳本作“爲去聲下同”。

②“俗人”，撫州本、婺州本、岳本、嘉靖本、八行本、和本、十行本、閩本、監本、毛本、殿本、阮刻本、來青閣本同；余仁仲本作“後人”，非。楊氏札記曰：“原書有紙洞，補好後劣工描成‘後’字，但原刻‘俗’字，尚有筆劃可循也，今改正。”

③“或丁丈反非也”，彙校卷第十一、撫釋一、余仁仲本、和本、十行本、閩本、阮刻本同，監本、毛本、殿本作“或竹丈反非也”，岳本作“或上聲非”。

④“當丁浪反”，彙校卷第十一、撫釋一、余仁仲本、和本、十行本、閩本、監本、毛本、殿本、阮刻本同，岳本作“當去聲”。

⑤“蕃廡音煩下亡甫反下同”，彙校卷第十一、撫釋一、余仁仲本、和本、十行本、閩本、監本、毛本、殿本、阮刻本同，岳本無此十字。

⑥“又作隳下注同”，彙校卷第十一、撫釋一、余仁仲本、和本、十行本、閩本、監本、毛本、殿本、阮刻本同，岳本無此六字。

⑦“行下孟反下同勞力報反”，彙校卷第十一、撫釋一、余仁仲本、和本、十行本、閩本、監本、毛本、殿本、阮刻本同，岳本作“行去聲下同勞去聲”。

6·42○命司徒巡行縣鄙[①],命農勉作,毋休于都。急趨於農也。縣、鄙、鄉、遂之屬,主民者也。王居明堂禮曰:"毋宿于國[②]。"今月令"休"爲"伏"。

6·43○是月也,驅獸毋害五穀,毋大田獵。爲傷蕃廡之氣。農乃登麥。天子乃以彘嘗麥,先薦寢廟。登,進也。麥之新,氣尤盛,以彘食之,散其熱也。彘,水畜。重言"先薦寢廟"七,餘附孟春。重意"農乃登麥",仲夏"農乃登黍",孟秋"農乃登穀"。○"天子乃以彘嘗麥",仲夏"天子乃以雛嘗黍",季秋"天子乃以大嘗麻",又仲秋"以大嘗麻"。

6·44○是月也,聚畜百藥。蕃廡之時,毒氣盛。○畜,丑六反,又許六反。靡草死,麥秋至。斷薄刑,決小罪,舊説云:"靡草,薺、亭歷之屬。"祭統曰:"草艾則墨。"謂立秋後也[③]。刑無輕於墨者。今以純陽之月,斷刑決罪,與"毋有壞墮"自相違,似非。○斷,丁亂反,注同[④]。薺,才禮反。艾,魚廢反,後皆同[⑤]。出輕繫。崇寬。

6·45○蠶事畢,后妃獻繭,乃收繭税,以桑爲均,貴賤長幼如一,以給郊廟之服。后妃獻繭者,内命婦獻繭於后妃。收繭税者,收於外命婦。外命婦雖就公桑蠶室而蠶,其夫亦當有祭服以助祭,收以近郊之税耳。貴賤長幼如一,國服同。

6·46○是月也,天子飲酎,用禮樂。酎之言醇也,謂重釀之酒也。

---

①"巡行",撫州本、余仁仲本、婺州本、岳本、嘉靖本、八行本、和本、十行本、阮刻本同;閩本、監本、毛本、殿本作"循行",非。

②"宿于",余仁仲本、婺州本、岳本、嘉靖本、八行本、和本、十行本、閩本、監本、毛本、殿本同,撫州本脱此二字。

③"後",撫州本、余仁仲本、岳本、嘉靖本、八行本、和本、十行本、閩本、監本、毛本、殿本、阮刻同;婺州本作"月",非。

④"注同",彙校卷第十一、撫釋一、余仁仲本、和本、十行本、閩本、監本、毛本、殿本、阮刻本同,岳本無此二字。

⑤"艾魚廢反後皆同",彙校卷第十一、撫釋一、余仁仲本、和本、十行本、閩本、監本、毛本、殿本、阮刻本同,岳本作"艾音乂後同"。

春酒至此始成，與羣臣以禮樂飲之於朝①，正尊卑也。孟冬云："大飲蒸。"②此言用禮樂，互其文。○醇，音純。重，直龍反，或直用反。釀，女亮反。朝，直遥反。蒸，之承反，後皆同③。

6·47○孟夏行秋令，則苦雨數來，五穀不滋，申之氣承之也④。苦雨，白露之類，時物得雨傷。○數，所角反。四鄙入保。金氣爲害也。鄙，界上邑。小城曰保。行冬令，則草木蚤枯，長日促。重言"草木蚤枯"，孟春"草木蚤枯"。後乃大水，敗其城郭。亥之氣乘之也。行春令，則蝗蟲爲災，暴風來格。寅之氣乘之也。必以蝗蟲爲災者，寅有啓蟄之氣，行於初暑，則當蟄者大出矣。格，至也。○蝗，徐華孟反，范音横，字林音皇⑤。秀草不實。氣更生之，不得成也。

6·48仲夏之月，日在東井，昏亢中，旦危中。仲夏者，日月會於鶉首，而斗建午之辰也。○亢，音剛，又苦浪反。其日丙丁。其帝炎帝，其神祝融。其蟲羽。其音徵，律中蕤賓。其數七。其味苦，其臭焦。其祀竈，祭先肺。蕤賓者，應鍾之所生，三分益一，律長六寸八十一分寸之二十六。仲夏氣至，則蕤賓之律應。周語曰："蕤賓，所以安静神人，獻酬交錯⑥。"○蕤，人誰反。應，"應對"之應。酢，才各反⑦。

①"與"，余仁仲本、婺州本、岳本、嘉靖本、八行本、和本、十行本、閩本、監本、毛本、殿本、阮刻本同；撫州本作"舉"，非。
②"蒸"，撫州本、余仁仲本、婺州本、嘉靖本、八行本、和本、十行本、閩本、監本、毛本、殿本、阮刻本同，下釋文出"飲蒸"；岳本作"烝"，孟冬同。
③"醇音純重直龍反或直用反釀女亮反朝直遥反蒸之承反後皆同"，彙校卷第十一、撫釋一、余仁仲本、和本、十行本、閩本、監本、毛本、殿本、阮刻本同，岳本無此二十六字。
④"承"，撫州本、余仁仲本、婺州本、岳本、嘉靖本、八行本、和本、十行本、閩本、監本、毛本、殿本、阮刻本作"乘"，是。
⑤"蝗徐華孟反范音横字林音皇"，岳本作"蝗華孟反又音横字林音黄"，彙校卷第十一、撫釋一、余仁仲本、和本、十行本、閩本、監本、毛本、殿本、阮刻本"皇"作"黄"。
⑥"錯"，撫州本、余仁仲本、婺州本、岳本、嘉靖本、八行本、和本、十行本、閩本、監本、毛本、殿本、阮刻本作"酢"，是。
⑦"應應對之應酢才各反"，彙校卷第十一、撫釋一、余仁仲本、和本、十行本、閩本、監本、毛本、殿本、阮刻本同，岳本無此九字。

6·49○小暑至，螳蜋生，鵙始鳴，反舌無聲。皆記時候也。螳蜋，螵蛸母也。鵙，博勞也。反舌，百舌鳥。○螳，音堂。蜋，音郎。鵙，古闃反，字林工役反。反舌，蔡伯喈云：“蝦蟇。”螵，匹遥反。蛸，音消①。搏，音博，又作伯。

6·50○天子居明堂太廟，乘朱路，駕赤駵，載赤旂，衣朱衣，服赤玉，食菽與雞。其器高以粗。明堂大廟，南堂當大室也。養壯佼。助長氣也。○交②，古卯反。長，丁丈反，下“長氣”同③。

6·51○是月也，命樂師脩鞀鞞鼓，均琴瑟管簫，執干戚戈羽，調竽笙竾簧，飭鍾磬柷敔④。爲將大雩帝，習樂也。脩、均、執、調、飭者，治其器物，習其事之言。○鞀，大刀反，本亦作“鼗”，同⑤。鞞，步西反。竽，音于。竾，音池，本又作“篪”，同。簧，音黄⑥。飭，音勑。柷，昌六反。敔，魚吕反，本又作“圉”。爲，于僞反，下文“爲民”，注“爲傷”、“爲其”皆同。雩，音于⑦。重言“命樂師”二，季冬一。

6·52○命有司爲民祈祀山川百源，大雩帝，用盛樂。乃命百縣雩祀百辟、卿士有益於民者，以祈穀實。陽氣盛而常旱，山川百源，能興雲雨者也。衆水始所出爲百源。必先祭其本乃雩。雩，吁嗟求雨之祭

---

① “字林工役反反舌蔡伯喈云蝦蟇螵匹遥反蛸音消”，彙校卷第十一、撫釋一、余仁仲本、和本、十行本、閩本、監本、毛本、殿本、阮刻本同，岳本無此二十字。
② “交”，彙校卷第十一、撫釋一、余仁仲本、岳本、和本、十行本、閩本、監本、毛本、殿本、阮刻本作“佼”，是。
③ “下長氣同”，彙校卷第十一、撫釋一、余仁仲本、和本、十行本、閩本、監本、毛本、殿本、阮刻本同，岳本無此四字。
④ “敔”，撫州本、余仁仲本、婺州本、岳本、嘉靖本、八行本、和本、閩本、監本、毛本、殿本、阮刻本同；十行本作“故”，非。
⑤ “本亦作鼗同”，彙校卷第十一、撫釋一、余仁仲本、和本、十行本、閩本、監本、毛本、殿本、阮刻本同，岳本無此五字。
⑥ “本又作篪同簧音黄”，彙校卷第十一、撫釋一、余仁仲本、和本、十行本、閩本、監本、毛本、殿本、阮刻本同，岳本無此八字。
⑦ “本又作圉爲于僞反下文爲民注爲傷爲其皆同雩音于”，彙校卷第十一、撫釋一、余仁仲本、和本、十行本、閩本、監本、毛本、殿本、阮刻本同，岳本無此二十二字。

也。雩帝，謂爲壇南郊之傍①，雩五精之帝，配以先帝也。自"韜韠"至"柷敔"皆作，曰盛樂。凡他雩，用歌舞而已。百辟卿士，古者上古②，若句龍、后稷之類也。春秋傳曰："龍見而雩。"雩之正，當以四月③。凡周之秋，三月之中而旱，亦脩雩禮以求雨，因著正雩此月，失之矣。天子雩上帝，諸侯以下雩上公。周冬及春夏雖旱，禮有禱無雩。○辟，必亦反，注同。句，古侯反。見，賢遍反，下"御見"同④。

6·53○**農乃登黍**。登，進也。重意孟夏"農乃登麥"，孟秋"農乃登穀"。

6·54○**是月也，天子乃以雛嘗黍，羞以含桃，先薦寢廟**。此嘗雛也。而云以"嘗黍"⑤，不以牲主穀也。必以黍者，黍，火穀，氣之主也。含桃，櫻桃也。○雛，仕于反，又仕俱反，鷄也。爾雅云："生啄，雛。"⑥含桃，本又作"函"，胡南反。含桃，櫻桃也。櫻，於耕反⑦。重言"先薦寢廟"七，詳見孟夏。

6·55○**令民毋艾藍以染**，爲傷長氣也。此月藍始可別。夏小正曰：

---

① "傍"，撫州本、余仁仲本、婺州本、岳本、嘉靖本、八行本、和本、十行本、閩本、監本、毛本、殿本、阮刻本作"旁"，是。

② "上古"，余仁仲本、嘉靖本、十行本、監本、毛本同；撫州本、婺州本、岳本、八行本、和本、閩本、殿本、阮刻本作"上公"，是。阮校曰："古者上公　惠棟校宋本、宋監本作'公'，岳本同，衛氏集説同。此本'公'誤'古'，閩、監、毛本同，嘉靖本同。浦鏜從假樂、雲漢詩疏校作'古者上公以下'，考文引古本亦作'古者上公以下'。"

③ "當"，撫州本、余仁仲本、婺州本、岳本、嘉靖本、八行本、監本、毛本、殿本同；和本、十行本、閩本、阮刻本作"常"，非。阮校曰："雩之正常以四月　閩本同。監、毛本'常'作'當'，岳本同，嘉靖本同，衛氏集説同。"

④ "辟必亦反注同句古侯反見賢遍反下御見同"，彙校卷第十一、撫釋一、和本、閩本、監本、毛本、殿本同；岳本作"爲去聲後同"，非。余仁仲本、十行本、阮刻本"古侯反"之"反"作"同"，非。

⑤ "以嘗"，撫州本、余仁仲本、婺州本、岳本、嘉靖本、八行本、和本、十行本、閩本、監本、毛本、殿本、阮刻本同，考補謂古本、活字本"嘗"上有"雛"字。

⑥ "雛仕于反又仕俱反鷄也爾雅云生啄雛"，彙校卷第十一、撫釋一、余仁仲本、和本同，岳本作"雛仕于反鷄也"；十行本、閩本、監本、毛本、阮刻本"鷄"誤作"雛"，殿本脱"鷄也"二字。

⑦ "含桃本又作函胡南反含桃櫻桃也櫻於耕反"，岳本無此十八字；彙校卷第十一、撫釋一、余仁仲本、和本、十行本、閩本、監本、毛本、殿本、阮刻本"胡"作"湖"，十行本"耕"誤作"桃"。

"五月,啓灌藍蓼。"○藍,力甘反。別,彼列反,下文"別羣"同①。**毋燒灰**,爲傷火氣也。火之氣於是爲盛。火之滅者爲灰。**毋暴布**。不以陰功干大陽之事。○暴,步卜反。大,音太。

6·56○**門閭毋閉,關市毋索**。順陽敷縱,不難物。○索,所白反。難,乃旦反,又如字②。

6·57○**挺重囚,益其食**。挺,猶寬也。○挺,大頂反③。

6·58○**游牝別羣**,孕妊之欲止也④。**則縶騰駒**。爲其牡氣有餘⑤,相蹄齧也。○執,如字,蔡本作"縶"⑥。蹄,大計反,齧也,本或作"跇",音同⑦。**班馬政**。馬政,謂養馬之政教也。廋人職曰:"掌十有二閑之政教,以阜馬⑧、佚特、教駣、攻駒。"此之謂也。○廋,所留反。駣,音兆,又音道,字林音桃⑨。重言"班馬政"二,季秋一。

6·59○**是月也,日長至,陰陽爭,死生分**。爭者,陽方盛,陰欲起也。分,猶半也。○爭,"爭鬭"之爭,注同⑩。重言"陰陽爭"二,仲冬一。重意"日

---

① "別彼列反下文別羣同",彙校卷第十一、撫釋一、余仁仲本、和本、閩本、監本、毛本、殿本、阮刻本同,岳本無此九字;十行本"下"誤作"王"。

② "難乃旦反又如字",彙校卷第十一、撫釋一、余仁仲本、和本、十行本、閩本、監本、毛本、殿本、阮刻本同,岳本作"難去聲"。

③ "挺大頂反",彙校卷第十一、撫釋一、岳本同;余仁仲本、和本、十行本、閩本、監本、毛本、殿本、阮刻本脱此四字。

④ "止也"下,岳本衍"○別彼列反"五字。

⑤ "牡",撫州本、余仁仲本、婺州本、十行本、阮刻本同,岳本、嘉靖本、八行本、和本、殿本作"壯";閩本、監本、毛本作"牝",非。

⑥ "執如字蔡本作縶",彙校卷第十一、撫釋一、余仁仲本、和本、十行本、阮刻本同,閩本、監本、毛本、殿本作"縶如字蔡本作執",岳本作"縶音執"。

⑦ "蹄大計反齧也本或作跇音同",彙校卷第十一、撫釋一、余仁仲本、和本、十行本、閩本、監本、毛本、殿本、阮刻本同,岳本無此十二字。

⑧ "阜馬",周禮夏官廋人、撫州本、余仁仲本、婺州本、岳本、八行本、和本、閩本、監本、毛本、殿本、阮刻本同;十行本"阜"作"韋",非。

⑨ "字林",彙校卷第十一、撫釋一、余仁仲本、和本、十行本、閩本、監本、毛本、殿本、阮刻本同,岳本作"又"。

⑩ "爭爭鬭之爭注同",彙校卷第十一、撫釋一、余仁仲本、和本、十行本、閩本、監本、毛本、殿本、阮刻本同,岳本無此七字。

長至”，仲冬“日短至”。**君子齊戒，處必掩身，毋躁。**掩，猶隱翳也。躁，猶動也。今月令“毋躁”爲“欲静”。重言“君子齊戒，處必掩身，毋躁”二，仲冬一。**止聲色，毋或進。**進，猶御見也。聲，謂樂也。易及樂，春秋説：“夏至，人主與羣臣從八能之士作樂五日。”今正之①，非其道也。○從，子用反。重意“止聲色”，仲冬“去聲色”。**薄滋味，毋致和。**爲其氣異，此時傷人。○和，户卧反。**節耆欲②，定心氣。**微陰扶精，不可散也。○耆，市志反。重意“節嗜欲，定心氣”，仲冬“禁嗜欲，安形性”。**百官静事毋刑，**罪罰之事③，不可以聞。今月令“刑”爲“徑”。**以定晏陰之所成。**晏，安也。陰稱安④。○晏，伊見反。

　　6・60○**鹿角解，蟬始鳴，半夏生，木堇榮。**又記時候也。半夏，藥草。木堇，王蒸也。○解，户賣反。始，市志反。夏，户嫁反⑤。堇，音謹，一名舜華。蒸，之承反⑥。

　　6・61○**是月也，毋用火南方。**陽氣盛，又用火於其方，害微陰也。**可以居高明，可以遠眺望，可以升山陵，可以處臺榭。**順陽在上也。高明，謂樓觀也。闍者，謂之臺。有木者，謂之榭。○榭，音謝。觀，古唤反⑦。闍，音都。

————————

① “正”，撫州本、余仁仲本、婺州本、岳本、嘉靖本、八行本、和本、十行本、閩本、監本、毛本、殿本、阮刻本作“止”，是。

② “耆欲”，撫州本、余仁仲本、岳本、和本、十行本、閩本、監本、毛本、殿本、阮刻本同；婺州本、嘉靖本、八行本作“嗜欲”，是。阮校曰：“節耆欲　閩、監、毛本同，岳本同，衛氏集説同，嘉靖本初作‘耆’，後改‘嗜’。釋文出‘嗜欲’，石經作‘節嗜欲’，考文引古本、足利本‘耆’亦作‘嗜’。盧文弨校云：‘耆，惠棟本改作嗜，疑宋本亦作嗜也。’○按：‘嗜’，正字。‘耆’，假借字。”

③ “罰”，撫州本、余仁仲本、婺州本、岳本、八行本、和本、十行本、閩本、監本、毛本、殿本、阮刻本同，嘉靖本作“討”，非。

④ “安”，撫州本、余仁仲本、岳本、嘉靖本、八行本、和本、十行本、閩本、監本、毛本、殿本、阮刻本同；婺州本作“也”，非。

⑤ “夏户嫁反”，彙校卷第十一、撫釋一、余仁仲本、和本、十行本、閩本、監本、毛本、殿本、阮刻本同，岳本無此四字。

⑥ “一名舜華蒸之承反”，彙校卷第十一、撫釋一、余仁仲本、和本、十行本、閩本、監本、毛本、殿本、阮刻本同，岳本無此八字。

⑦ “觀古唤反”，彙校卷第十一、撫釋一、余仁仲本、和本、十行本、閩本、監本、毛本、殿本、阮刻本同，岳本無此四字。

6·62〇仲夏行冬令，則雹凍傷穀，子之氣乘之也。陽爲雨①，陰起脅之，凝爲雹。〇雹，步角反。凍，丁貢反②。**道路不通，暴兵來至。**盜賊攻劫，亦雹之類。**行春令，則五穀晚熟，**卯之氣乘之也，生日長。**百螣時起，其國乃饑。**螣，蝗之屬。言"百"者，明衆類並爲害。〇螣，音特，食苗葉蟲。饑，居疑反，又音機③。**行秋令，則草木零落，**酉之氣乘之也。八月宿直昴、畢，爲天獄，主殺。〇零，本又作"苓"，音同④。重言"草木零落"二，一見王制第四篇。**果實早成，**生日短。**民殃於疫。**大陵之氣來爲害也。〇殃，於良反。疫，音役⑤。

　　6·63**季夏之月，日在柳，昏火中，旦奎中。**季夏者，日月會於鶉火，而斗建未之辰也。**其日丙丁。其帝炎帝，其神祝融。其蟲羽，其音徵，律中林鍾。其數七，其味苦，其臭焦，其祀竈，祭先肺。**林鍾者，黄鍾之所生，三分去一，律長六寸。季夏氣至，則林鍾之律應。周語曰："林鍾和展百物，俾莫不任肅純恪。"〇去，起吕反，後放此⑥。任，音壬，又如字。恪，苦各反。**温風始至，蟋蟀居壁，鷹乃學習，腐草爲螢。**皆記時候也。鷹學習，謂攫搏也。夏小正曰："六月，鷹始摯。"螢，飛蟲，螢火也。〇蟋蟀，上音悉，下音率⑦。

---

①"雨"，撫州本、余仁仲本、婺州本、岳本、嘉靖本、八行本、和本、閩本、監本、毛本、殿本、阮刻本同；十行本作"助"，非。

②"凍丁貢反"，彙校卷第十一、撫釋一、余仁仲本、和本、十行本、閩本、監本、毛本、殿本、阮刻本同，岳本無此四字。

③"居疑反又"，彙校卷第十一、撫釋一、余仁仲本、和本、十行本、閩本、監本、毛本、殿本、阮刻本同，岳本無此四字。

④"零本又作苓音同"，彙校卷第十一、撫釋一、余仁仲本、和本、十行本、閩本、監本、毛本、殿本、阮刻本同，岳本無此七字。

⑤"殃於良反疫音役"，彙校卷第十一、撫釋一、余仁仲本、和本、十行本、閩本、監本、毛本、殿本、阮刻本同，岳本無此七字。

⑥"後放此"，彙校卷第十一、撫釋一、余仁仲本、和本、十行本、閩本、監本、毛本、殿本、阮刻本同，岳本無此三字。

⑦"蟋蟀上音悉下音率"，彙校卷第十一、撫釋一、余仁仲本、和本、十行本、閩本、監本、毛本、殿本、阮刻本同，岳本無此八字。

腐，扶矩反。熒，本又作"螢"①，戸扃反，或作"腐草化爲螢者"，非也。攫，俱縛反，一音九碧反。搏，音博。摰，音至，本亦作"鷙"，同②。重意"鷹乃學習"，孟秋"鷹乃祭鳥"。

6·64○天子居明堂右个，乘朱路，駕赤駵，載赤旂，衣朱衣，服赤玉，食菽與鷄。其器高以粗。明堂右个，南堂西偏也。

6·65○命漁師伐蛟、取鼉、登龜、取黿。四者，甲類，秋乃堅成。周禮曰："秋獻龜魚。"又曰："凡取龜，用秋時。"是夏之秋也。作月令者，以爲此秋據周之時也，周之八月，夏之六月，因書於此，似誤也。蛟言"伐"者，以其有兵衛也。龜言"登"者，尊之也。鼉黿言"取"，羞物賤也。鼉皮又可以冒鼓。今月令"漁師"爲"榜人"。○蛟，音交。鼉，大多反，又徒丹反③。黿，音元。冒，亡報反④。榜，必孟反。命澤人納材葦。蒲葦之屬，此時游刃⑤，可取作器物也。○葦，于鬼反。刃，而慎反。

6·66○是月也，命四監大合百縣之秩芻，以養犧牲，令民無不咸出其力。四監，主山林川澤之官⑥。百縣，鄉、遂之屬。地有山林川澤者也。秩，常也。百縣給國養犧牲之芻，多少有常，民皆當出力爲艾之。今月令"四"爲"田"。○爲艾，于僞反，下文"爲民"，注"爲求"、"爲其"同⑦。以共皇天

①"本又作螢"，彙校卷第十一、撫釋一、余仁仲本、和本、十行本、閩本、監本、毛本、殿本、阮刻本同，岳本無此四字。

②"或作腐草化爲螢者非也攫俱縛反一音九碧反搏音博摰音至本亦作鷙同"，彙校卷第十一、撫釋一、余仁仲本、和本、十行本、閩本、監本、毛本、殿本、阮刻本同，岳本無此三十字。

③"又徒丹反"，彙校卷第十一、撫釋一、余仁仲本、和本、十行本、閩本、監本、毛本、殿本、阮刻本同，岳本無此四字。

④"冒亡報反"，彙校卷第十一、撫釋一、余仁仲本、和本、十行本、閩本、監本、毛本、殿本、阮刻本同，岳本無此四字。

⑤"游"，撫州本、余仁仲本、婺州本、岳本、嘉靖本、八行本、和本、十行本、閩本、監本、毛本、殿本、阮刻本、吳氏朱批作"柔"，是。

⑥"主"，撫州本、余仁仲本、婺州本、岳本、嘉靖本、足利本、十行本、閩本、監本、毛本、殿本、阮刻本、潘本同；八行本、和本作"王"，非。

⑦"爲艾于僞反下文爲民注爲求爲其同"，岳本無此十五字；彙校卷第十一、撫釋一、余仁仲本、和本、十行本、閩本、監本、毛本、殿本、阮刻本"求"下有"福"字，是。

上帝、名山大川、四方之神，以祠宗廟社稷之靈，以爲民祈福。牲以供祠神靈，爲民求福，明使民艾芻，是不虛取也。皇天，北辰耀魄寶，冬至所祭於員丘也①。上帝，太微五帝。○共，音恭。○重言"以共皇天上帝"三，季冬二。

6·67○是月也，命婦官染采，黼黻文章，必以法故，無或差貸。婦官，染人也。采，五色。○黼，音甫。黻，音佛②。差貸，音二，又他得反。黑黄倉赤，莫不質良，毋敢詐僞。質，正也。良，善也。所用染者，當得真采正善也。以給郊廟祭祀之服，以爲旗章，以別貴賤等給之度③。旗章，旌旗及章識也。○別，彼列反。旗，音其④。識，申志反，又如字。

6·68○是月也，樹木方盛，乃命虞人入山行木，毋有斬伐。爲其未堅刃也。○行，下孟反。不可以興土功，不可以合諸侯，不可以起兵動衆。土將用事，氣欲静。毋舉大事，以摇養氣。大事，興繇役以有爲。○繇役，音遥。毋發令而待，以妨神農之事也。發令而待，謂出繇役之令，以預驚民也。民驚則心動，是害土神之氣。土神稱曰神農者，以其主於稼穡。水潦盛昌，神農將持功，舉大事則有天殃。言土以受天雨澤，安静養物爲功，動之則致害也。孝經説曰："地順受澤，謙虛開張。含泉任萌，滋物歸中。"

6·69○是月也，土潤溽暑⑤，潤溽，謂塗溫也⑥。○溽，如字，本或作

---

① "員"，撫州本、余仁仲本、婺州本、岳本、嘉靖本、八行本、和本作"圓"，十行本、閩本、監本、毛本、殿本、阮刻本作"圛"。

② "佛"，彙校卷第十一、撫釋一、余仁仲本、岳本、和本、十行本、閩本、監本、毛本、殿本、阮刻本作"弗"，是。

③ "等給之度"，撫州本、余仁仲本、婺州本、嘉靖本、八行本、和本、十行本、閩本、監本、毛本、殿本、阮刻本同，唐石經、岳本"給"作"級"，是。

④ "旗音其"，彙校卷第十一、撫釋一、余仁仲本、和本、十行本、閩本、監本、毛本、殿本、阮刻本同，岳本無此三字。

⑤ "溽"，余仁仲本、嘉靖本、和本、十行本、閩本、監本、毛本、殿本、阮刻本同；撫州本、婺州本、岳本、八行本作"辱"，注文、釋文同，考補謂古本同。阮校曰："土潤溽暑　閩、監、毛本同，岳本同，嘉靖本同，衛氏集説同，石經同。惠棟校宋本'溽'作'辱'，宋監本同，考文引古本同。釋文出'辱暑'云：'本或作"溽"。'注，此本作'潤辱'，與惠棟校宋本同，各本俱作'溽'。"

⑥ "溫"，撫州本、余仁仲本、婺州本、和本、十行本、閩本同；岳本、嘉靖本作"濕"，（轉下頁注）

“溽”，音同，濕也①。**大雨時行，燒薙行水，利以殺草，如以熱湯**，薙，謂迫也芟草也②。此謂欲稼萊地，先薙其草，草乾燒之，至此月大雨，流水潦畜於其中，則草死不復生，而地美可稼也。薙人“掌殺草”③，職曰：“夏日至而薙之。”又曰：“如欲其化也，則以水火變之。”○薙，地計反④，又直履反。芟，所銜反。萊，音來。畜，勑六反。復，扶又反。夏日，人一反⑤。**可以糞田疇，可以美土疆**⑥。土潤溽⑦，膏澤易行也。糞、美，互文耳。土疆，强檗之地⑧。○糞，方問反。疆⑨，其丈反，注並同⑩。

────────────

（接上頁注）八行本、監本、毛本、殿本、阮刻本作“淫”，是。阮校曰：“謂塗淫也　監、毛本作‘淫’。岳本作‘濕’，嘉靖本同，衛氏集説同。此本‘淫’誤‘温’，閩本同。○按：淫，正字；濕，假借字。”

①“辱如字本或作溽音同濕也”，彙校卷第十一、撫釋一、余仁仲本、和本、十行本、閩本、監本、毛本、殿本、阮刻本同，岳本無此十一字。

②“迫也”，余仁仲本、十行本、閩本、監本、毛本同；撫州本、婺州本、岳本、嘉靖本、八行本、和本、殿本、阮刻本“也”作“地”，是。

③“薙人”，撫州本、余仁仲本、婺州本、岳本、嘉靖本、八行本、和本、十行本、閩本、監本、毛本、殿本、阮刻本同；周禮秋官作“薙氏”，是。

④“地計反”，彙校卷第十一、撫釋一、余仁仲本、岳本、和本、閩本、監本、毛本、殿本、阮刻本“地”作“他”，是；十行本誤作“他訐及”。

⑤“萊音來畜勑六反復扶又反夏日人一反”，余仁仲本、和本、十行本、閩本、監本、毛本、殿本、阮刻本同，岳本無此十六字；彙校卷第十一、撫釋一倒作“萊音來夏日人一反畜勑六反復扶又反”。

⑥“土疆”，十行本、閩本、監本、毛本、殿本同；撫州本、余仁仲本、婺州本、岳本、嘉靖本、八行本、和本、阮刻本作“土彊”，是。阮校曰：“可以美土彊　惠棟校宋本、宋監本並作‘彊’，岳本同，嘉靖本同，石經同。此本‘彊’誤‘疆’，閩、監、毛本同，衛氏集説同，注放此。釋文出‘土彊’，云注同。此本疏中皆作‘彊’，不誤。”

⑦“溽”，余仁仲本、岳本、嘉靖本、和本、十行本、閩本、監本、毛本、殿本、阮刻本同，撫州本、婺州本、八行本作“辱”。阮校曰：“土潤溽　閩、監、毛本同，岳本同，嘉靖本同，衛氏集説同。考文引宋板‘溽’作‘辱’，古本同。”

⑧“土疆强檗之地”，十行本、閩本、監本、毛本、殿本同，婺州本作“土彊檗水之地”；撫州本、余仁仲本、岳本、嘉靖本、八行本、和本、阮刻本作“土彊强檗之地”，是。鍔案：正義云：“‘土彊，强檗之地’者，强是不軟，檗是墺墘也，並謂磽磻磊魂之地也。草人職云：‘彊檗用蕡。’彊檗，强堅者也。”釋文曰：“彊，其丈反，注同。强，其兩反。”

⑨“彊”，彙校卷第十一、余仁仲本、閩本、監本、毛本、殿本、阮刻本同；撫釋一、岳本、和本、十行本作“疆”字，是。

⑩“注並同”，岳本無此三字；彙校卷第十一、撫釋一、余仁仲本、和本、十行本、閩本、監本、毛本、殿本、阮刻本無“並”字，是。

易，以豉反。強，其兩反。樂，好覽反。

6·70○季夏行春令，則穀實鮮落，國多風欬。辰之氣乘之也。未屬巽，辰又在巽位，二氣相亂爲害。○鮮，音仙，又仙典反。欬，苦代反。民乃遷徙。象風轉移物也。行秋令，則丘隰水潦，戌之氣乘之也。九月宿直奎，奎爲溝瀆，溝瀆與此月大雨并，而高下大水①。禾稼不熟。傷於水也。乃多女災。含任之類敗也。行冬令，則風寒不時，丑之氣乘之也。鷹隼蚤鷙，得疾癘之氣也。○隼，息允反。蚤鷙，上音早，下音至，亦作"鴑"，擊也②。四鄙入保。象鳥雀之走竄也。都邑之城曰保。○竄，七亂反③。

6·71 中央土。火休而盛德在土也。○央，於相反。其日戊己，戊之言茂也，己之言起也。日之行，四時之間從黃道，月爲之佐。至此，萬物皆枝葉茂盛，其含秀者抑屈而起，故因以爲日名焉。其帝黃帝，其神后土。此黃精之君，土官之神，自古以來著德立功者也。黃帝，軒轅氏也。后土，亦顓頊氏之子，也黎④，兼爲土官。其蟲倮。象物露見，不隱藏，虎豹之屬恒淺毛⑤。○倮，力果反，又乎瓦反。見，賢遍反。其音宮，聲始於宮，宮數八十一。屬土者，以其最濁，君之象也。季夏之氣和，則宮聲調。樂記曰："宮亂則荒，其君驕。"律中黃鍾之宮。

---

①"大"，撫州本、余仁仲本、婺州本、岳本、嘉靖本、八行本、和本、十行本、閩本、監本、毛本、殿本、阮刻本作"皆"，是。

②"蚤鷙音早下音至亦作鴑擊也"，彙校卷第十一、撫釋一、余仁仲本、和本、十行本、閩本、監本、毛本、殿本、阮刻本同，岳本作"鷙音至"。考異曰："鷹隼蚤鷙：各本盡作'鷙'。釋文云：'亦作鴑'。案：此獨用亦作字，蓋非也。"

③"竄七亂反"，彙校卷第十一、撫釋一、余仁仲本、和本、十行本、閩本、監本、毛本、殿本、阮刻本同，岳本無此四字。

④"也黎"，閩本、監本、毛本、殿本作"曰犂"；撫州本、余仁仲本、婺州本、岳本、嘉靖本、八行本、和本、十行本、阮刻本作"曰黎"，是。阮校曰："后土亦顓頊氏之子曰黎　毛本'土'誤'氏'，'黎'作'犂'，閩本、監本、衛氏集説本亦作'犂'，考文引古本作'蔾'，餘並作'黎'。○按：依説文當作'䞂'，假借作'黎'，誤作'蔾'，俗省作'犂'。"

⑤"恒"，撫州本、余仁仲本、婺州本、岳本、嘉靖本、八行本、和本、閩本、監本、毛本、殿本、阮刻本同；十行本作"相"，非。阮校曰："恒淺毛　閩、監、毛本作'恒'，岳本同，嘉靖本同，衛氏集説同。此本'恒'誤'淺'。"鍔案：阮説非也，"恒"誤"相"，非"恒"誤"淺"。

黃鍾之宮最長也。十二律轉相生，五聲具①，終於六十焉。季夏之氣至，則黃鍾之宮應。禮運曰：“五聲、六律、十二管，還相爲宫。”**其數五，**土，生數五，成數十。但言五者，土以生爲本。**其味甘，其臭香。**土之臭味也。凡甘香者，皆屬之。**其祀中霤，祭先心。**中霤，猶中室也。土主中央，而神在室。古者複穴，是以名室爲霤云。祀之先祭心者，五藏之次，心次肺，至此，心爲尊也。祀中霤之禮，設主於牖下，乃制心及肺、肝爲俎，其祭肉②，心、肺、肝各一，他皆如祀户之禮。〇霤，力又反。複，方服反③。藏，才浪反。**天子居大廟大室，乘大路，駕黃駵，載黃旂，衣黃衣，服黃玉，食稷與牛。其器圜以閎。**大廟大室，中央室也。大路，殷路也。車如殷路之制，而飾之以黃。稷，五穀之長。牛，土畜也。器圜者，象土周布於四時④。閎，讀如紘。紘，謂中寬，象土含物。〇圜，于權反⑤。閎，音宏。長，丁丈反⑥。畜，呼又反，下“金畜”同⑦。[重意]春，其器疏以達；夏，其器高以粗；秋，其器廉以深；冬，其器閎以奄。

6·72　**孟秋之月，日在翼，昏建星中，旦畢中。**孟秋者，日月會於鶉尾，而斗建申之辰也。[重意]“昏建星中”，仲春“旦建星中”。**其日庚辛。**庚之言更也，辛之言新也。日之行，秋，西從白道，成孰萬物，月爲之佐，萬物皆肅然

①“具”，撫州本、余仁仲本、婺州本、岳本、嘉靖本、八行本、和本、閩本、監本、毛本、殿本、阮刻本同；十行本作“是”，非。

②“肉”，撫州本、余仁仲本、婺州本、岳本、嘉靖本、足利本、和本、十行本、閩本、監本、毛本、殿本、阮刻本同；八行本、潘本作“内”，非。

③“複方服反”，彙校卷第十一、撫釋一、余仁仲本、和本、十行本、閩本、監本、毛本、殿本、阮刻本同，岳本無此四字。

④“布”，余仁仲本、婺州本、嘉靖本、和本、閩本、監本、毛本、殿本；撫州本、岳本、八行本、十行本、阮刻本作“帀”，是。阮校曰：“象土周帀於四時者　惠棟校宋本‘匝’作‘帀’，閩、監、毛本‘匝’誤‘布’，下‘周匝’同。”

⑤“圜于權反”，彙校卷第十一、撫釋一、余仁仲本、和本、十行本、閩本、監本、毛本、殿本、阮刻本同，岳本作“圜音圓”。

⑥“長丁丈反”，彙校卷第十一、撫釋一、余仁仲本、和本、十行本、閩本、監本、毛本、殿本、阮刻本同，岳本無此四字。

⑦“下金畜同”，彙校卷第十一、撫釋一、余仁仲本、和本、十行本、閩本、監本、毛本、殿本、阮刻本同，岳本無此四字。

改更,秀實新成,又因以爲日名焉。**其帝少皞,其神蓐收。**此白精之君①,金官之臣。自古以來,著德立功者也。**少皞**,金天氏。**蓐收**,少皞氏之子,曰該,爲金官。○少,詩召反,注下放此。**少皞**,黃帝之子②。蓐,音辱。**其蟲毛。**象物應涼氣而備寒,狐貉之屬,生旄毛也③。○應,“應對”之應。貉,户各反,依字作“貊”。旄,之然反④。**其音商⑤**,三分徵益一,以生商,商數七十二。屬金者,以其濁次宫,臣之象也。秋氣和則商声調。樂記曰:“商亂則陂,其官壞。”○陂,彼義反。**律中夷則。**孟秋氣至,則夷則之律應。夷則者,大吕之所生也。三分去一,律長五寸七百二十九分寸之四百五十一。周語曰:“夷則,所以詠歌九則,平民無貳。”**其數九。**金,生數四,成數九。但言九者,亦舉其成數。**其味辛,其臭腥,**金之臭味也。凡辛、腥者,皆屬焉。**其祀門,祭先肝。**秋,陰氣出,祀於門⑥,外陰也。祀之先祭肝者,秋爲陰中,於藏直肝,肝爲尊也。祀門之禮,北面,設主于門左樞,乃制肝及肺、心爲俎,奠于主南,又設盛于俎東,其他皆如祭竈之禮。○樞,昌朱反⑦。重言“其日庚辛”至“祭先肝”十句三,仲秋、季秋各一,除“律中夷則”一句。**涼風至,白露降,寒蟬鳴,鷹乃祭鳥,用始行戮。**皆記時候也。寒蟬,寒蜩,謂蜺也。鷹祭鳥者,將食之,示有先也。既祭之後,不必盡食。若人君行刑,戮之而已。○戮,音六。蜩,大彫反。蜺,五兮反,

------

① “君”,撫州本、余仁仲本、婺州本、岳本、嘉靖本、八行本、和本、閩本、監本、毛本、殿本、阮刻本同;十行本作“若”,非。

② “注下放此少皞黃帝之子”,彙校卷第十一、撫釋一、余仁仲本、和本、十行本、閩本、監本、毛本、殿本、阮刻本同,岳本無此十字。

③ “也”,撫州本、余仁仲本、婺州本、岳本、嘉靖本、八行本、和本、阮刻本同;十行本、閩本、監本、毛本、殿本作“出”,非。

④ “應應對之應貉户各反依字作貊旄之然反”,彙校卷第十一、撫釋一、余仁仲本、和本、十行本、閩本、監本、毛本、殿本、阮刻本同,岳本無此十七字。

⑤ “商”,撫州本、余仁仲本、婺州本、岳本、嘉靖本、和本、十行本、閩本、監本、毛本、殿本、阮刻本、潘本同;八行本作“商”,注文同,非。

⑥ “於”上,撫州本、余仁仲本、婺州本、岳本、嘉靖本、八行本、和本、十行本、閩本、監本、毛本、殿本、阮刻本有“之”字,是。

⑦ “樞昌朱反”,彙校卷第十一、撫釋一、余仁仲本同,岳本、和本、十行本、閩本、監本、毛本、殿本、阮刻本脱此四字。

寒螿①。重意"鷹乃祭鳥"，季夏"鷹乃學習"。

6·73○天子居總章左个，乘戎路，駕白駱，載白旂，衣白衣，服白玉，食麻與犬。其器廉以深。總章左个，大寢西堂南偏。戎路，兵車之②，制如周革路，而飾之以白。白馬黑鬣曰駱。麻，實有文理③，屬金。犬，金畜也。器廉以深，象金傷害，物入藏。○總，子孔反。駱，音洛。鬣，音獵，本亦作"髦"，音毛，又一本作"旄"，毛也④。重言"乘戎路"至"其器廉以深"七句三，一見仲秋，一見季秋。

6·74○是月也，以立秋。先立秋三日，大史謁之天子曰："某日立秋，盛德在金。"謁，告也⑤。○先，悉薦反⑥。天子乃齊。立秋之日，天子親帥三公、九卿、諸侯、大夫以迎秋於西郊。還反，賞軍帥、武人於朝。迎秋者，祭白帝白招拒於西郊之兆也。軍帥，諸將也。武人，謂環人之屬，有勇力者。○帥，所類反，下同，本或作"師"，注放此。朝，直遙反⑦。拒，音矩。將，子匠反，下同⑧。重言詳附孟春。天子乃命將帥選士厲兵，簡練桀俊，專任有功，以征不義，征之言正也，伐也。詰誅暴慢，以明好惡，順彼遠方。詰，謂問其罪，窮治之也。順，猶服也。○詰，去吉反。好惡，

---

① "寒螿"，彙校卷第十一、撫釋一、余仁仲本、和本、十行本、閩本、監本、毛本、殿本、阮刻本同，岳本無此二字。

② "之"，撫州本、余仁仲本、婺州本、岳本、嘉靖本、八行本、和本、十行本、閩本、監本、毛本、殿本、阮刻本作"也"，是。

③ "文"，撫州本、余仁仲本、婺州本、岳本、嘉靖本、八行本、和本、閩本、監本、毛本、殿本、阮刻本同；十行本作墨釘。

④ "鬣音獵本亦作髦音毛又一本作旄毛也"，余仁仲本、和本、十行本、閩本、監本、毛本、阮刻本同，岳本無此十六字；彙校卷第十一、撫釋一、殿本下"毛"作"尾"，是。

⑤ "也"，撫州本、余仁仲本、婺州本、岳本、嘉靖本、八行本、和本、十行本、閩本、監本、毛本、殿本、阮刻本無此字，是。

⑥ "先悉薦反"，彙校卷第十一、撫釋一、余仁仲本、和本、十行本、閩本、監本、毛本、殿本、阮刻本同，岳本無此四字。

⑦ "本或作師注放此朝直遙反"，彙校卷第十一、撫釋一、余仁仲本、和本、十行本、閩本、監本、毛本、殿本、阮刻本同，岳本無此十一字。

⑧ "將子匠反下同"，彙校卷第十一、撫釋一、余仁仲本、和本、十行本、閩本、監本、毛本、殿本、阮刻本同，岳本無此六字。

並如字，又上呼報反，下烏路反①。

6·75○是月也，命有司脩法制，繕囹圄，具桎梏，禁止姦，慎罪邪，務搏執。順秋氣，政尚嚴。○繕，市戰反②。邪，似差反。搏，音博③。命理瞻傷、察創、視折，理，治獄官也。有虞氏曰士，夏曰大理，周曰大司寇。創之淺者曰傷④。○創，初良反，注同⑤。審斷，決獄訟，必端平。端，猶正也。○審斷決，丁亂反，下同，蔡徒管反，一讀絕句，“決”字下屬⑥。戮有罪，嚴斷刑。天地始肅，不可以贏。肅，嚴急之言也。贏，猶解也。○贏，音盈，注同⑦。解，古賣反。

6·76○是月也，農乃登穀。天子嘗新，先薦寢廟。黍稷之屬，於是始孰。 重意 “農乃登穀”，孟夏“農乃登麥”，仲夏“農乃登黍”。 重言 “先薦寢廟”七，詳見孟春。命百官始收斂，順秋氣，收斂物。 重言 “命百官”三，孟冬、季秋各一。完隄坊，謹壅塞，以備水潦。備者，備八月也。八月宿直畢，畢好雨。○完，胡官反。隄，本又作“堤”，丁兮反。防，本又作“坊”，音房。壅，於勇反。好，呼報反⑧。脩宮室，坏牆垣，補城郭。象秋收斂，物當藏也。○坏，

---

①“好惡並如字又上呼報反下烏路反”，彙校卷第十一、撫釋一、余仁仲本、十行本、閩本、監本、毛本、殿本、阮刻本同，岳本作“好惡並如字又去聲”，和本脫“又”字。

②“繕市戰反”，彙校卷第十一、撫釋一、余仁仲本、岳本、十行本、閩本、監本、毛本、殿本、阮刻本同，和本“市”作“申”。

③“邪似差反搏音博”，彙校卷第十一、撫釋一、余仁仲本、和本、十行本、閩本、監本、毛本、殿本、阮刻本同，岳本無此七字。

④“淺”，撫州本、余仁仲本、婺州本、八行本、和本、十行本、閩本、監本、毛本、殿本、阮刻本同；岳本作“殘”，非。

⑤“注同”，彙校卷第十一、撫釋一、余仁仲本、和本、十行本、閩本、監本、毛本、殿本、阮刻本同，岳本無此二字。

⑥“蔡徒管反一讀絕句決字下屬”，彙校卷第十一、撫釋一、余仁仲本、和本、十行本、閩本、監本、毛本、殿本、阮刻本同，岳本無此十二字。

⑦“注同”，彙校卷第十一、撫釋一、余仁仲本、和本、十行本、閩本、監本、毛本、殿本、阮刻本同，岳本無此二字。

⑧“隄本又作堤丁兮反防本又作坊音房壅於勇反好呼報反”，余仁仲本、和本、十行本、閩本、監本、毛本、殿本、阮刻本同，岳本無此二十三字；彙校卷第十一、撫釋一“堤”作“提”，非。

步回反。垣,音袁①。

6·77○是月也,毋以封諸侯、立大官,毋以割地、行大使、出大幣。古者於嘗,出田邑,此其月也,而禁封諸侯、割地②,失其義。○使,色吏反③。

6·78○孟秋行冬令,則陰氣大勝。亥之氣乘之也。介蟲敗穀,介,甲也。甲蟲屬冬,敗穀者,稻蟹之屬。○介,音界,注同。蟹,胡買反④。戎兵乃來。十月宿直營室,營室之氣爲害也。營室主武事⑤。行春令,則國乃旱⑥。寅之氣乘之也。雲雨以風除也。陽氣復還,五穀無實。陽氣能生而不能成。○復還,上扶又反⑦,下音環,又音旋。行夏令,則國多火災。巳之氣乘之也。寒熱不節,民多瘧疾。瘧疾,寒熱所爲也⑧。今月令"瘧

---

①"垣音袁",彙校卷第十一、撫釋一、余仁仲本、和本、十行本、閩本、監本、毛本、殿本、阮刻本同,岳本無此三字。

②"此其月也而禁封諸侯割地",撫州本、余仁仲本、婺州本、岳本、嘉靖本、八行本、和本、阮刻本同;十行本、閩本、監本、毛本、殿本"月也"作"嘗並秋",非。閩本已將"嘗並秋"墨筆改作"月也"。阮校曰:"此其月也而禁封諸侯割地　惠棟校宋本如此,岳本同,嘉靖本同,衛氏集説同,考文引古本、足利本同。此本'月也而禁'四字闕,閩、監、毛本補'嘗並秋而禁'五字,其'嘗並秋'三字誤也。宋監本亦作'此其月也',無'秋'字。"

③"使色吏反",彙校卷第十一、撫釋一、余仁仲本、岳本、和本、閩本、監本、毛本同,十行本、阮刻本"色"作"疏"。

④"介音界注同蟹胡買反",彙校卷第十一、撫釋一、余仁仲本、和本、十行本、閩本、監本、毛本、殿本、阮刻本同,岳本無此九字。

⑤"事",余仁仲本、嘉靖本、和本、十行本、閩本、監本、毛本、殿本、阮刻本同,撫州本、婺州本、岳本、八行本作"士"。阮校曰:"營室主武事　閩、監、毛本同,嘉靖本同,衛氏集説同,惠棟校宋本'事'作'士',岳本同,考文引古本同。案此本疏標起止作'士',下又作'事',歧出。下'孟冬天子乃命將帥講武'注,亦有此五字,而各本皆作'武士',是此亦當定作'士'也。"考異曰:"營室主武士:岳本及山井鼎所據同此,蓋非也。其本作'事',不作'士'。"

⑥"則國",叢刊本同,撫州本、余仁仲本、婺州本、岳本、嘉靖本、八行本、和本、十行本、閩本、監本、毛本、殿本、阮刻本"國"上有"其"字,是。

⑦"上",彙校卷第十一、撫釋一、余仁仲本、岳本、和本、十行本、閩本、監本、毛本、殿本、阮刻本無此字,是。

⑧"也",撫州本、余仁仲本、婺州本、岳本、嘉靖本、八行本、和本、阮刻本同;十行本作墨釘,閩本、監本、毛本、岳本作"者",非。阮校曰:"寒熱所爲也　惠棟校宋本(轉下頁注)

疾”爲“疾疫”①。〇瘧，魚畧反。

6・79 仲秋之月，日在角，昏牽牛中，旦觜觿中。仲秋者，日月會於壽星，而斗建酉之辰也。〇觜，子斯反，又子髓反。觿，户圭反，又户規反②。重意“昏牽牛中”，季春“旦牽牛中”。其日庚辛，其帝少皞，其神蓐收。其蟲毛。其音商，律中南吕。其數九。其味辛，其臭腥。其祀門，祭先肝。南吕者，大蔟之所生，三分去一，律長五寸三分寸之十③。仲秋氣至，則南吕之律應。周語曰：“南吕者，贊陽秀物。”

6・80〇盲風至，鴻鴈來，玄鳥歸，羣鳥養羞。皆記時候也。盲風，疾風也。玄鳥，燕也。歸，謂去蟄也。凡鳥隨陰陽者，不以中國爲居。羞，謂所食也。夏小正曰：“九月，丹鳥羞白鳥。”説曰：“丹鳥也者，謂丹良也。白鳥也者，謂閩蚋也。其謂之鳥者，重其養者也。有翼爲鳥。養也者，不盡食也。”二者文異，群鳥、丹良，未聞孰是。〇盲，亡庚反。閩，音文，依字作“䗈”，又作“蚊”。蚋，人鋭反，又如税反④。養，餘亮反⑤，下同。重意“鴻鴈來”二，孟春一，季秋“鳴鴈來賓”。〇“元鳥歸”，仲春“元鳥至”。

6・81 天子居總章大廟⑥，乘戎路，駕白駱，載白旂，衣白衣，服白玉，食麻與犬。其器廉以深。總章太廟，西堂當大室也。

（接上頁注）作‘也’，宋監本同，岳本同，嘉靖本同，衛氏集説同，考文引古本、足利本同。此本‘也’字闕，閩、監、毛本誤‘者’。”

① “疾疫”，撫州本、余仁仲本、婺州本、岳本、嘉靖本、八行本、和本、阮刻本同；十行本“疾”字作墨釘，閩本、監本、毛本、殿本作“屬”，非。阮校曰：“今月令瘧疾爲疾疫　惠棟校宋本如此，宋監本同，岳本同，嘉靖本同，考文引古本、足利本同。此本下‘疾’字闕，閩、監、毛本‘疾’作‘屬’。”

② “又户規反”，彙校卷第十一、撫釋一、余仁仲本、和本、十行本、閩本、監本、毛本、殿本、阮刻本同，岳本無此四字。

③ “十”，撫州本、余仁仲本、婺州本、岳本、嘉靖本、八行本、和本、十行本、閩本、監本、毛本、殿本、阮刻本作“一”，是。

④ “依字作䗈又作蚊蚋人鋭反又如税反”，岳本無此十五字；彙校卷第十一、撫釋一、余仁仲、和本、十行本、閩本、監本、毛本、殿本、阮刻本“税”作“悦”，是。

⑤ “養餘亮反”，彙校卷第十一、撫釋一、余仁仲本、和本、十行本、閩本、監本、毛本、殿本、阮刻本同，岳本作“養去聲”。

⑥ 據宋本上下文，“天子”上，當補“〇”號，余仁仲本有。

6·82○是月也，養衰老，授几杖，行糜粥飲食。助老氣也。行，猶賜也。○糜，亡皮反。粥，之六反，字林羊六反①。

6·83○乃命司服，具飭衣裳，文繡有恒，制有小大，度有長短②。此謂祭服也。文，謂畫也。祭服之制，畫衣而繡裳。○飭，丑力反，後放此③。衣服有量，必循其故。此謂朝、燕及他服。凡此，爲寒益至也。詩云："七月流火，九月授衣。"於是作之可也。○量，音亮④，下"度量"同⑤。朝，直遥反⑥。爲，于僞反⑦，下"爲民"同。冠帶有常。因制衣服而作之也。

6·84○乃命有司申嚴百刑，斬殺必當，毋或枉橈。枉橈不當，反受其殃。申，重也。當，謂值其罪。○當，丁浪反，下"不當"及注同⑧。枉，紆往反⑨。橈，女教反，又乃絞反，字林作"撓"，非。重，直用反⑩。

6·85○是月也，乃命宰、祝循行犧牲，視全具，案芻豢，瞻肥瘠，察物色，必比類，量小大，視長短，皆中度。五者備

---

① "粥之六反字林羊六反"，彙校卷第十一、撫釋一、余仁仲本、和本、十行本、閩本、監本、毛本、殿本、阮刻本同，岳本作"粥音祝"。
② "長短"，余仁仲本、嘉靖本、和本、十行本、閩本、監本、毛本、殿本、阮刻本同，撫州本、婺州本、岳本、八行本作"短長"。
③ "飭丑力反後放此"，彙校卷第十一、撫釋一、余仁仲本、和本、十行本、閩本、監本、毛本、殿本、阮刻本同，岳本作"飭音勑"。
④ "亮"，彙校卷第十一、撫釋一、余仁仲本、岳本、十行本、閩本、監本、毛本、殿本、阮刻本同，和本作"量"，非。
⑤ "度量"，彙校卷第十一、撫釋一、余仁仲本、和本、十行本、閩本、監本、毛本、殿本、阮刻本同，岳本無此二字。
⑥ "朝直遥反"，彙校卷第十一、撫釋一、余仁仲本、和本、十行本、閩本、監本、毛本、殿本、阮刻本同，岳本無此四字。
⑦ "爲于僞反"，彙校卷第十一、撫釋一、余仁仲本、和本、十行本、閩本、監本、毛本、殿本、阮刻本同，岳本作"爲去聲"。
⑧ "當丁浪反下不當及注同"，彙校卷第十一、撫釋一、余仁仲本、和本、十行本、閩本、監本、毛本、殿本、阮刻本同，岳本作"當去聲下同"。
⑨ "枉紆往反"，彙校卷第十一、撫釋一、余仁仲本、和本、十行本、閩本、監本、毛本、殿本、阮刻本同，岳本無此四字。
⑩ "字林作撓非重直用反"，彙校卷第十一、撫釋一、余仁仲本、和本、十行本、閩本、監本、毛本、殿本、阮刻本同，岳本無此九字。

當，上帝其饗。於鳥獸肥充之時，宜省群牲也。宰、祝①，大宰、大祝，主祭祀之官也②。養牛羊曰芻，犬豕曰豢。五者，謂所視也、所案也、所瞻也、所察也、所量也。此皆得其正，則上帝饗之。上帝饗之，而無神不饗也。○行，下孟反。芻，初俱反，草也③。豢，音患，養也，以所食得名。瞻，音占④。瘠，在亦反⑤。中，丁仲反⑥。

6·86○天子乃難，以達秋氣。此難，難陽氣也。陽暑至此不衰，害亦將及人。所以及人者，陽氣左行，此月宿直昴、畢，昴、畢亦得大陵積尸之氣，氣佚則屬，鬼亦隨而出行，於是亦命方相氏帥百隸而難之。王居明堂禮曰："仲秋，九門磔攘，以發陳氣，禦止疾疫。"○難，乃多反，注同⑦。以犬嘗麻，先薦寢廟。麻始熟也。重言"先薦寢廟"七，見孟春。

6·87○是月也，可以築城郭，建都邑，穿竇窖，脩囷倉。爲民將入，物當藏也。穿竇窖者，入地圓曰竇⑧，方曰窖。王居明堂禮曰："仲秋，命庶民畢

---

①"祝"，撫州本、余仁仲本、婺州本、岳本、八行本、和本、十行本、閩本、監本、毛本、殿本、阮刻本同，嘉靖本作"祀"，非。

②"祭祀"，余仁仲本、岳本、嘉靖本、和本、十行本、閩本、監本、毛本、殿本、阮刻本同；撫州本、婺州本、八行本作"祭祝"，非。阮校曰："大宰大祝主祭祀之官也　閩、監、毛本同，岳本同，嘉靖同，衛氏集説同。惠棟校宋本'祀'作'祝'。"

③"草也"，彙校卷第十一、撫釋一、余仁仲本、和本、十行本、閩本、監本、毛本、殿本、阮刻本同，岳本無此二字。

④"養也以所食得名瞻音占"，彙校卷第十一、撫釋一、余仁仲本、和本、十行本、閩本、監本、毛本、殿本、阮刻本同，岳本無此十字。

⑤"瘠在亦反"，彙校卷第十一、撫釋一、余仁仲本、和本、十行本、閩本、監本、毛本、殿本、阮刻本同，岳本作"瘠音籍"。

⑥"中丁仲反"，彙校卷第十一、撫釋一、余仁仲本、和本、十行本、閩本、監本、毛本、殿本、阮刻本同，岳本無此四字。

⑦"注同"，彙校卷第十一、撫釋一、余仁仲本、和本、十行本、閩本、監本、毛本、殿本、阮刻本同，岳本無此二字。

⑧"圓"，撫州本、余仁仲本、嘉靖本和本、十行本、閩本、監本同；婺州本、岳本、八行本、毛本、殿本、阮刻本作"隋"，是。阮校曰："入地隋曰竇　毛本作'隋'，岳本同。衛氏集説'隋'誤'惰'。釋文出'隋曰'云：'他果反，謂狹而長。'此本'隋'誤'圓'，閩、監本同，嘉靖本同。"

入于室①。曰：'時殺將至，毋罹其災。'"○竇，音豆。窌，古孝反②。困，丘倫反。隋，他果反，謂狹而長。

6·88○乃命有司趣民收斂，務畜菜，多積聚。 始爲禦冬之備。○趣，七住反，本又作"趍"③，又七綠反。務畜，丑六反。乃勸種麥，毋或失時；其有失時，行罪無疑。 麥者，接絕續乏之穀，尤重之。 重言"毋或失時"二，孟夏一。

6·89○是月也，日夜分，雷始收聲，蟄蟲坏户，殺氣侵盛，陽氣日衰，水始涸。 又記時候也。雷始收聲在地中，動內物也。坏，益也。蟄蟲益户，謂稍小之也④。涸，竭也。此甫八月中，氣雨未止⑤，而云水竭，非也。周語曰："辰角見而雨畢，天根見而水涸。"又曰："雨畢而除道，水涸而成梁。"辰角見，九月本也。天根見，九月末也⑥。王居明堂禮曰："季秋除道致梁，以利農也。"○坏⑦，音陪。浸，子鴆反⑧。涸，户各反。見，賢遍反，下同⑨。重言"日夜分"四，下文

①"仲秋命庶"，撫州本、余仁仲本、婺州本、岳本、嘉靖本、八行本、和本、阮刻本同；十行本、閩本作墨釘，監本、毛本、殿本"命庶"誤作"農隙"。阮校曰："仲秋命庶民畢入于室　惠棟校宋本如此，宋監本同，岳同，嘉靖同，考文引古本、足利本同。此本'仲秋命庶'四字闕，閩本同。監、毛本'命庶'誤'農隙'，衛氏集説同。"
②"竇音豆窌古孝反"，彙校卷第十一、撫釋一、余仁仲本、和本、岳本、毛本、殿本、阮刻本同，十行本、閩本作墨釘，監本缺此七字。
③"本又作趍"，彙校卷第十一、撫釋一、余仁仲本、和本、十行本、閩本、監本、毛本、殿本、阮刻本同，岳本無此四字。
④"小"，撫州本、余仁仲本、婺州本、岳本、嘉靖本、八行本、和本、閩本、監本、毛本、殿本、阮刻本同；十行本作"水"，非。
⑤"氣雨"，余仁仲本、嘉靖本、毛本同；撫州本、婺州本、岳本、八行本、和本、十行本、閩本、監本、殿本、阮刻本作"雨氣"，是。
⑥"末"，撫州本、余仁仲本、婺州本、岳本、嘉靖本、八行本、和本、閩本、監本、毛本、殿本、阮刻本同；十行本作"本"，非。
⑦"坏"，彙校卷第十一、撫釋一、余仁仲本、岳本、和本、閩本、監本、毛本、殿本、阮刻本同；十行本作"不"，非。
⑧"浸子鴆反"，彙校卷第十一、撫釋一、余仁仲本、和本、十行本、閩本、監本、毛本、殿本、阮刻本同，岳本無此四字。
⑨"見賢遍反下同"，彙校卷第十一、撫釋一、余仁仲本、和本、十行本、閩本、監本、毛本、殿本、阮刻本同，岳本無此六字。

一，仲春一。重意“雷始收聲”，仲春、仲冬“雷乃發聲”。**日夜分，則同度量，平權衡，正鈞石，角斗甬。是月也，易關市，來商旅，納貨賄，以便民事。四方來集，遠鄉皆至，則財不匱，上無乏用，百事乃遂。**易關市，謂輕其稅，使民和之①。商旅，賈客也。匱，亦乏也。遂，猶成也。○易，以豉反，注同②。便，婢面反。匱，其位反，注同③。賈，音古，又古雅反④。重言“則同度量，角斗甬”二，仲春一。重意“平權衡，正鈞石”，仲春“鈞衡石”。

6·90○**凡舉大事，毋逆大數，必順其時，慎因其類。**事，謂興土功、合諸侯、舉兵衆也。季夏禁之，孟秋始征伐，此月築城郭，季秋教田獵，是以於中爲之戒焉。重意“凡舉大事”，仲春“毋作大事”。

6·91○**仲秋行春令，則秋雨不降，**卯之氣乘之也。卯宿直房、心，心爲天火⑤。**草木生榮，**應陽動也。○應，“應對”之應⑥。**國乃有恐。**以火訛相驚。○恐，丘勇反⑦。**行夏令，則其國乃旱，蟄蟲不藏，五穀復生。**午之氣乘之也。○復，扶又反。**行冬令，則風災數起，**子之氣乘之也。北風殺物。○數，所角反。**收雷先行，**先，猶蚤也。冬至閉藏⑧。**草木蚤死。**寒氣

---

①“和”，撫州本、余仁仲本、婺州本、岳本、嘉靖本、八行本、和本、十行本、閩本、監本、毛本、殿本、阮刻本、吳氏朱批作“利”，是。
②“注同”，彙校卷第十一、撫釋一、余仁仲本、和本、十行本、閩本、監本、毛本、殿本、阮刻本同，岳本無此二字。
③“注同”，彙校卷第十一、撫釋一、余仁仲本、和本、十行本、閩本、監本、毛本、殿本、阮刻本同，岳本無此二字。
④“又古雅反”，彙校卷第十一、撫釋一、余仁仲本、和本、十行本、閩本、監本、毛本、殿本、阮刻本同，岳本無此四字。
⑤“天火”，余仁仲本、十行本同；撫州本、婺州本、岳本、嘉靖本、和本、閩本、監本、毛本、殿本、阮刻本作“大火”，是。
⑥“應應對之應”，彙校卷第十一、撫釋一、余仁仲本、和本、十行本、閩本、監本、毛本、殿本、阮刻本同，岳本無此五字。
⑦“恐丘勇反”，彙校卷第十一、撫釋一、余仁仲本、和本、十行本、閩本、監本、毛本、殿本、阮刻本同，岳本無此四字。
⑧“冬至閉藏”，撫州本、余仁仲本、婺州本、岳本、嘉靖本、八行本、和本、十行本、閩本、監本、毛本、殿本、阮刻本、吳氏朱批“至”作“主”，是。八行本、潘本脱“藏”字，旦本已補。

盛也。

6·92 季秋之月，日在房，昏虚中，旦柳中。季秋者，日月會於大火，而斗建戌之辰也。其日庚辛。其帝少皞，其神蓐收。其蟲毛。其音商，律中無射。其數九。其味辛，其臭腥。其祀門，祭先肝。無射者，夾鍾之所生。三分去一，律長四寸六千五百六十一分寸之六千五百二十四。季秋氣至，則無射之律應。周語曰："無射，所以宣布喆人之令德，示小民軌儀。"○射，音亦。喆，貞列反。

6·93○鴻鴈來賓，爵入大水爲蛤，鞠有黃華，豺乃祭獸戮禽。皆記時候也。來賓，言其客止未去也。大水，海也。戮，猶殺也。○"來賓"，高誘注吕氏春秋則云"賓雀"，與鄭異①。蛤，古荅反。鞠，本又作"菊"，九六反②。豺，音柴。僇，音六，本或作"戮"③。重意"鴻鴈來賓"，孟春、仲秋"鴻鴈來"。"豺乃祭獸"，王制："豺祭獸。"

6·94○天子居總章右个，乘戎路，駕白駱，載白旂，衣白衣，服白玉，食麻與犬。其器廉以深。總章右个，西堂北偏。

6·95○是月也，申嚴號令，申，重。○重，直用反④。命百官貴賤無不務內，以會天地之藏，無有宣出。內，謂收斂入之也。會，猶聚也。○重言"命百官"三，孟秋、季冬各一。

6·96○乃命冢宰，農事備收，備，猶盡也。舉五穀之要，定其租稅之簿。○簿，步古反，徐步各反⑤。藏帝藉之收於神倉，祗敬必

---

① "來賓高誘注吕氏春秋則云賓雀與鄭異"，彙校卷第十一、撫釋一、余仁仲本、和本、十行本、閩本、監本、毛本、殿本、阮刻本同，岳本無此十六字。

② "鞠本又作菊九六反"，彙校卷第十一、撫釋一、余仁仲本、和本、十行本、閩本、監本、毛本、殿本、阮刻本同，岳本作"鞠本作菊"。

③ "僇音六本或作戮"，彙校卷第十一、撫釋一、余仁仲本、和本、十行本、閩本、監本、毛本、殿本、阮刻本同，岳本無此七字。

④ "重直用反"，彙校卷第十一、撫釋一、余仁仲本、和本、十行本、閩本、監本、毛本、殿本、阮刻本同，岳本無此四字。

⑤ "簿步古反徐步各反"，彙校卷第十一、撫釋一、余仁仲本、和本、十行本、閩本、監本、毛本、殿本、阮刻本同，岳本無此八字。

飪。重粢盛之委也。帝藉,所耕千畝也。藏祭祀之穀爲神倉。祗,亦敬也。○收,如字,又守又反①。委,紆僞反。

　　6·97○是月也,霜始降,則百工休。寒而膠漆之作,不堅好也。

　　6·98○乃命有司曰:“寒氣總至,民力不堪,其皆入室。”總,猶猥卒。○猥卒,溫罪反,下七忽反②。

　　6·99○上丁,命樂正入學習吹。爲將饗帝也。春夏重舞,秋冬重吹也。○吹,昌睡反,注同③。爲,于僞反,下文“縣爲”、注“主爲”、“又爲”同④。重意注見仲春。

　　6·100○是月也,大饗帝。言大饗者,遍祭五帝也。曲禮曰:“大饗不問卜。”謂此也。○徧,音遍⑤。嘗,犧牲告備于天子。嘗者,謂嘗群神也。天子親嘗帝。使有司祭乎群神⑥,禮畢而告焉。

　　6·101○合諸侯制,百縣爲來歲受朔日,與諸侯所稅於民輕重之法、貢職之數,以遠近土地所宜爲度,以給郊廟之事,無有所私。秦以建亥之月爲歲首,於是歲終,使諸侯及鄉、遂之官受此法焉。合諸侯制者,定其國家、宮室、車旗、衣服、禮儀也。諸侯言“合制”,百縣言“受朔日”,互文

---

①“收如字又守又反”,彙校卷第十一、撫釋一、余仁仲本、和本、十行本、閩本、監本、毛本、殿本、阮刻本同,岳本無此七字。

②“下七忽反”,彙校卷第十一、撫釋一、余仁仲本、和本、十行本、閩本、監本、毛本、殿本、阮刻本同,岳本作“音卒”。

③“吹昌睡反注同”,彙校卷第十一、撫釋一、余仁仲本、和本、閩本、監本、毛本、殿本、阮刻本同,岳本作“吹去聲”,十行本脱“睡”字。

④“爲于僞反下文縣爲注主爲又爲同”,彙校卷第十一、撫釋一、余仁仲本、和本、十行本、閩本、監本、毛本、殿本、阮刻本同,岳本作“爲去聲下爲來同”。

⑤“徧音遍”,彙校卷第十一、撫釋一、余仁仲本同,岳本、和本、十行本、閩本、監本、毛本、殿本、阮刻本脱此三字。

⑥“乎”,余仁仲本、岳本、嘉靖本同,撫州本、婺州本、八行本、和本、十行本、閩本、監本、毛本、殿本、阮刻本作“于”,是。阮校曰:“使有司祭于群神　閩、監、毛本同,衛氏集説同,岳本‘于’作‘乎’,嘉靖本同,考文引足利本同,惠棟校宋本亦作‘乎’,疏中仍作‘于’。”鍔案:八行本、潘本作“于”,阮謂“惠棟校宋本亦作‘乎’”,非。

也。貢職，所入天子①。凡周之法，以正月和之，正歲而縣於象魏。○合諸侯制，絕句。縣，音玄。

6·102○是月也，天子乃教於田獵，以習五戎，班馬政。教於田獵，因田獵之禮，教民以戰法也。五戎，謂五兵，弓矢、殳、矛、戈、戟也。馬政，謂齊其色，度其力，使同乘也。校人職曰：“凡軍事，物馬而頒之。”○殳，音殊。矛，亡侯反。度，大各反。乘，繩證反。校，戶教反。頒，音班②。重言“班馬政”二，仲夏。

命僕及七騶咸駕，載旌旂，授車以級，整設于屏外。僕，戎僕及御夫也。七騶，謂趣馬，主爲諸官駕說者也。既駕之，又爲之載旌旗。司馬職曰：“仲秋，教治兵，如振旅之陳。辨旗物之用，王載大常，諸侯載旂，軍吏載旗，師都載旜，鄉遂載物③，郊野載旐，百官載旟”是也。級，等次也。整，正列也。設，陳也。屏，所田之地門外之蔽。○騶，側求反。載，丁代反，又如字，注同。旐，音兆。級，九立反。趣，七住反，又七走反。說，始銳反。陳，直覲反。大，音太。旟，音餘④。

司徒搢扑，北面誓之。誓軍以軍法也⑤。○搢，如字，又音箭。扑，普卜反。

天子乃厲飾，執弓挾矢以獵。厲飾，謂戎服，尚威武也。今月令“獵”爲“射”。○挾，子協反，又音協。命主祠祭禽于四方。以所獲禽，祀四方之神也。司馬職曰：“羅弊，致禽以祀祊。”○祊，鄭注周禮音方⑥。

---

① “所入”，余仁仲本、嘉靖本、和本、十行本、閩本、監本、毛本、殿本、阮刻本同；撫州本、婺州本、岳本、八行本“所”上有“謂”字，是。阮校曰：“貢職謂所入天子　惠棟校宋本有‘謂’字，宋監本同，岳本同，考文引古本、足利本同。此本‘謂’字脫，閩、監、毛本同，嘉靖本同，衛氏集説同，續通解亦有‘謂’字。”

② “矛亡侯反度大各反乘繩證反校戶教反頒音班”，彙校卷第十一、撫釋一、余仁仲本、和本、十行本、閩本、監本、毛本、殿本、阮刻本同，岳本無此十九字。

③ “鄉遂”，撫州本、余仁仲本、婺州本、岳本、嘉靖本、八行本、和本、十行本、閩本、監本、毛本、殿本、阮刻本同，考異、段玉裁周禮漢讀考、孫詒讓周禮正義謂當作“鄉家”，是。

④ “注同旐音兆級九立反趣七住反又七走反説始銳反陳直覲反大音太旟音餘”，余仁仲本、和本、十行本、閩本、監本、毛本、殿本、阮刻本同，岳本無此三十一字，彙校卷第十一、撫釋一“太”作“泰”。

⑤ “誓軍”，撫州本、余仁仲本、婺州本、岳本、嘉靖本、八行本、和本、十行本、閩本、監本、毛本、殿本、阮刻本作“誓眾”，是。

⑥ “鄭注周禮”，彙校卷第十一、撫釋一、余仁仲本、和本、十行本、閩本、監本、毛本、殿本、阮刻本同，岳本無此四字。

6・103〇是月也，草木黄落，乃伐薪爲炭。伐木必因殺氣。〇炭，吐旦反①。重意“草木黄落”，仲夏、王制：“草木零落。”

6・104〇蟄蟲咸俯在内，皆墐其户。墐，爲塗閉之，辟殺氣。〇堇②，其靳反。辟，音避。乃趣獄刑，毋留有罪。殺氣已至，有罪者即決也。〇趣，音促，又七住反。收禄秩之不當，供養之不宜者。天氣殺而萬物咸藏，可以去之也。禄秩之不當，恩所增加也。供養之不宜，欲所貪耆，熊蹯之屬，非常食。〇當，丁浪反，注同③。供養，九用反，下餘亮反，注同④。去，起吕反。耆，市志反。熊，乎弓反。蹯，音煩⑤。

6・105〇是月也，天子乃以犬嘗稻，先薦寢廟。稻始熟也。重言“先薦寢廟”七，詳見孟春。

6・106〇季秋行夏令，則其國大水，冬藏殃敗，民多鼽嚏。未之氣乘之也。六月宿直東井，氣多暑雨。〇鼽，音求。説文云：“病塞鼻窒。”⑥嚏。丁計反。行冬令，則國多盗賊，邊竟不寧，土地分裂。丑之氣乘之也。極陰爲外，邊竟之象也。大寒之時，地隆坼也。〇竟，音境，注及後同。隆，六中反。坼，刃白反⑦。行春令，則煖風來至，民氣解惰，辰之氣乘之

---

①“炭吐旦反”，彙校卷第十一、撫釋一、余仁仲本、和本、十行本、閩本、監本、毛本、殿本、阮刻本同，岳本無此四字。

②“堇”，彙校卷第十一、撫釋一、余仁仲本、岳本、和本、十行本、閩本、監本、毛本、殿本、阮刻本作“墐”，是。

③“注同”，彙校卷第十一、撫釋一、余仁仲本、和本、十行本、閩本、監本、毛本、殿本、阮刻本同，岳本無此二字。

④“供養九用反下餘亮反注同”，彙校卷第十一、撫釋一、余仁仲本、和本、十行本、閩本、監本、毛本、殿本、阮刻本同，岳本作“供九用反養餘亮反”。

⑤“去起吕反耆市志反熊乎弓反蹯音煩”，彙校卷第十一、撫釋一、余仁仲本、和本、十行本、閩本、監本、毛本、殿本、阮刻本同，岳本無此十五字。

⑥“説文云病塞鼻窒”，彙校卷第十一、撫釋一、余仁仲本、和本、十行本、閩本、監本、毛本、殿本、阮刻本同，岳本無此七字。

⑦“注及後同隆六中反坼刃白反”，岳本無此十二字，彙校卷第十一、撫釋一、余仁仲本、和本、十行本、閩本、監本、毛本、殿本、阮刻本“刃”作“丑”，是。

也。巽爲風。○煖，乃管反，又許元反。解，古買反。隋，徒卧反①。**師興不居**。辰宿直角，角主兵。不居，象風行不休止也。

　　6·107○**孟冬之月，日在尾，昏危中，旦七星中**。孟冬者，日月會於析木之律②，而斗建亥之辰也。○析，思歷反。○重意季春“昏七星中”。**其日壬癸**。壬之言任也，癸之言揆也。日之行，東③，北從黑道，閉藏萬物，月爲之佐，時萬物懷任於下，揆然萌牙，又因以爲日名焉。**其帝顓頊，其神玄冥**。此黑精之君，水官之臣。自古以來，著德立功者也。顓頊，高陽氏也④。玄冥，少皡氏之子，曰脩，曰熙，爲水官。○顓，音專。頊，音許玉反⑤。冥，亡丁反。**其蟲介**。介，甲也。象物閉藏地中，龜鼈之屬。○鼈，必滅反⑥。**其音羽**，三分商去一，以生羽，羽數四十八。屬水者，以爲最清，物之象也。冬氣和，則羽聲調⑦。樂記曰：“羽亂則危，其財匱。”○匱，其位反⑧。**律中應鍾**。孟冬氣至，則應鍾之律應。應鍾者，姑洗之所生，三分去一，律長四寸二十七分寸

---

① “隋徒卧反”，彙校卷第十一、撫釋一、余仁仲本、和本、十行本、閩本、監本、毛本、殿本、阮刻本同，岳本無此四字。

② “律”，撫州本、余仁仲本、婺州本、岳本、嘉靖本、八行本、和本、十行本、閩本、監本、毛本、殿本、阮刻本作“津”，是。

③ “東”，余仁仲本、嘉靖本、和本、十行本、閩本、監本、毛本、殿本、阮刻本同；撫州本、婺州本、岳本、八行本作“冬”，是。

④ “高陽氏也”，撫州本、余仁仲本、婺州本、嘉靖本、八行本、和本、十行本、閩本、監本、毛本、阮刻本同；岳本脱“也”字。阮校曰：“顓頊高陽氏也　閩、監、毛本同，嘉靖本同，衛氏集説同，岳本‘也’字脱。”

⑤ “音許玉反”，余仁仲本、和本、十行本、閩本、監本、毛本、殿本、阮刻本同；彙校卷第十一、撫釋一、岳本無“音”字，是。

⑥ “鼈必滅反”，彙校卷第十一、撫釋一、余仁仲本、和本、十行本、閩本、監本、毛本、殿本、阮刻本同，岳本無此四字。

⑦ “聲調”，撫州本、余仁仲本、婺州本、岳本、嘉靖本、八行本、和本、殿本同；十行本作“聲調謂”，閩本、監本、毛本、阮刻本作“聲調調”，皆非。阮校曰：“冬氣和則羽聲調　惠棟校宋本如此，宋監本同，岳本同，嘉靖本同，衛氏集説同。此本‘調’字誤重，閩、監、毛本同。”鍔案：阮説不確，十行本不重“調”，“調”誤作“謂”。

⑧ “匱其位反”，彙校卷第十一、撫釋一、余仁仲本、和本、十行本、閩本、監本、毛本、殿本、阮刻本同，岳本無此四字。

之二十。周語曰："應鍾均利器用，俾應復。"○應，"應對"之應，注同①。**其數六。** 水，生數一，成數六。但言六者，亦舉其成數。**其味鹹，其臭朽。** 水之臭味也。凡鹹、朽者，皆屬焉。氣若有若無爲朽。○朽，許九反，本亦作"殠"，字林云："殠，腐也。"說文云：殠，或爲"朽"字②。**其祀行，祭先腎。** 冬，陰盛，寒於水③，祀之於行，從辟除之類也。祀之先祭腎者，陰位在下，腎亦在下，腎爲尊也。行在廟門外之西，爲軷壤④，厚一寸⑤，廣五尺，輪四尺。祀行之禮，北面，設主于軷上，乃制腎及脾爲俎，奠于主南，又設盛于俎東，祭肉，腎一，脾再。其他皆如祀門之禮。○辟，必亦反，又婢亦反。軷，步曷反。壤，如丈反。厚，户豆反。廣，古曠反⑥。重言"其日壬癸"至"祭先腎"十一句，除"律中應鍾"一句，重見仲冬、季冬。

　　6·108○**水始冰，地始凍，雉入大水爲蜃，虹藏不見。** 皆記時候也。大水，淮也。大蛤曰蜃。○蜃，常忍反。見，賢遍反，下注"録見"同⑦。重意中冬"虹始見"。

　　6·109○**天子居玄堂左个，乘玄路，駕鐵驪，載玄旂，衣黑衣，服玄玉，食黍與彘。其器閎以奄。** 玄堂左个，北堂西偏也。鐵驪，色

---

① "應應對之應注同"，彙校卷第十一、撫釋一、余仁仲本、和本、十行本、閩本、監本、毛本、殿本、阮刻本同，岳本作"應去聲"。

② "本亦作殠字林云殠腐也說文云殠或爲朽字"，彙校卷第十一、撫釋一、余仁仲本、和本、十行本、閩本、監本、毛本、殿本、阮刻本同，岳本無此十八字。

③ "水"，撫州本、余仁仲本、婺州本、岳本、嘉靖本、八行本、和本、十行本、閩本、監本、毛本、殿本、阮刻本同，足利本作"外"，是。考異曰："'外'字蓋是矣。"

④ "壤"，撫州本、余仁仲本、婺州本、岳本、嘉靖本、八行本、和本、十行本、閩本、監本、毛本、殿本、阮刻本同，殿本考證謂當作"壇"，吕本引孫詒讓曰："未必'壇'是而'壤'非也。"

⑤ "一"，撫州本、余仁仲本、婺州本、岳本、嘉靖本、八行本、和本、十行本、閩本、監本、毛本、殿本、阮刻本作"二"，是。

⑥ "軷步曷反壤如丈反厚户豆反廣古曠反"，彙校卷第十一、撫釋一、余仁仲本、和本、十行本、閩本、監本、毛本、殿本、阮刻本同，岳本無此十六字。

⑦ "下注録見同"，彙校卷第十一、撫釋一、余仁仲本、和本、十行本、閩本、監本、毛本、殿本、阮刻本同，岳本無此五字。

如鐵。黍秀舒散，屬火，寒時食之，亦以安生也①。彘，水畜也。器閎而奄，象物閉藏也。今月令曰："乘轚路。"似當爲"衿"，字之誤也。○驪，力知反。彘，直吏反。衿，之忍反，又之刃反②。重言"乘玄路"至"其器閎以奄"十句，重見仲冬、季冬。

6·110○是月也，以立冬。先立冬三日，太史謁之天子曰："某日立冬，盛德在水。"天子乃齊。謁，告。○先，悉薦反③。立冬之日，天子親帥三公、九卿、大夫以迎冬於北郊。還反，賞死事，恤孤寡。迎冬者，祭黑帝叶光紀於北郊之兆也。死事，謂以國事死者，若公叔禺人、顏涿聚者也。孤寡，其妻子也。有以惠賜之，大功加賞。○叶，本又作"汁"④，音協。禺，音遇。涿，丁角反，又作涿，同⑤。重言"天子親帥三公、九卿、大夫"四，見孟春。

6·111○是月也，命大史釁龜、筴、占兆，審卦吉凶。筴，著也。占兆，龜之繇文也。周禮龜人"上春釁龜"，謂建寅之月也。秦以其歲首使大史釁龜筴，與周異矣。卦吉凶，謂易也。審，省録之，而不釁筮。筮短，賤於兆也。今月令曰"釁祠"，祠，衍字。○釁，許靳反。筴，初格反。著，音尸。繇，直又反。是察阿黨⑥，則罪無有掩蔽⑦。阿黨，謂治獄吏以私恩曲橈相爲也。○爲，

---

①"生"，撫州本、余仁仲本、婺州本、岳本、嘉靖本、八行本、和本、十行本、閩本、監本、毛本、殿本、阮刻本、吳氏朱批作"性"，是。

②"彘直吏反衿之忍反又之刃反"，彙校卷第十一、撫釋一、余仁仲本、和本同，岳本無"衿之忍反又之刃反"八字；十行本"彘直吏"、"忍反又"六字作墨釘，閩本、監本、毛本、殿本、阮刻本作"鐵他結反轚之忍反衿之刃反"，非。

③"先悉薦反"，彙校卷第十一、撫釋一、余仁仲本、和本、十行本、閩本、監本、毛本、殿本、阮刻同，岳本無此四字。

④"本又作汁"，彙校卷第十一、撫釋一、余仁仲本、和本、十行本、閩本、監本、毛本、殿本、阮刻同，岳本無此四字。

⑤"涿丁角反又作涿同"，彙校卷第十一、撫釋一、余仁仲本、十行本、閩本、監本、毛本、殿本、阮刻同，岳本無此八字；和本"涿"作"逐"，非。

⑥"是察阿黨"，撫州本、余仁仲本、婺州本、岳本、嘉靖本、八行本、和本、十行本、閩本、監本、毛本、殿本、阮刻本同，考補謂古本、活字本"察"上有"月也"二字。

⑦"蔽"，余仁仲本、嘉靖本同；唐石經、撫州本、婺州本、岳本、八行本、和本、十行本、閩本、監本、毛本、殿本、阮刻本、吳氏朱批作"蔽"，是。

于僞反,下“爲仲冬”、“爲天子”皆同①。

6·112○是月也,天子始裘。九月授衣,至此可以加裘。

6·113○命有司曰:“天氣上騰,地氣下降,天地不通,閉塞而成冬。”使有司助閉藏之氣。門户可閉閉之,窗牖可塞塞之。○上,時掌反,又如字,下“上泄”同②。重意孟春:天氣下降,地氣上騰。命百官謹蓋藏。謂府庫困倉有藏物。○藏,才浪反,又如字。重言“命百官”二,孟秋一。命司徒循行積聚,無有不斂。謂芻禾薪蒸之屬。○行,下孟反。積聚,子賜反,下才柱反,又並如字,仲冬同③。坏城郭,戒門閭,脩鍵閉,愼管籥,固封疆,備邊竟,完要塞,謹關梁,塞徯徑。坏,益也。鍵,牡。閉,牝也。管籥,搏鍵器也。固封疆,謂使有司循其溝樹,及其衆庶之守法也。要塞,邊城要害處也。梁,橋横也。徯徑,禽獸之道也。今月令“疆”,或爲“壐”。○鍵,其輦反,又其偃反④。籥,羊灼反。疆,居良反,注及下注同⑤。塞,先代反,注同⑥。塞徯,上先則反,下音奚⑦。徑,古定反。牡,亡古反,又茂后反。搏,音博,一本作“傳”,直專反。處,尺慮反。壐,音徒⑧。

———————

①“爲于僞反下爲仲冬爲天子皆同”,彙校卷第十一、撫釋一、余仁仲本、和本、十行本、閩本、監本、毛本、殿本、阮刻本同,岳本作“爲去聲下同”。

②“上時掌反又如字下上泄同”,彙校卷第十一、余仁仲本同,岳本無此十一字;撫釋一無“又”字,撫釋二“又”作“一”,和本、十行本、閩本、監本、毛本、殿本、阮刻本“泄”誤作“世”。

③“積聚子賜反下才柱反又並如字仲冬同”十六字,彙校卷第十一、撫釋一、余仁仲本、和本同;十行本“反下才”、“並如字”六字作墨釘,閩本、監本、毛本、殿本“下才”誤作“或七”,阮刻本“才”誤作“七”,閩本、監本、毛本、殿本、阮刻本“並如字”誤作“才屢反”。

④“又其偃反”,彙校卷第十一、撫釋一、余仁仲本、和本、十行本、閩本、監本、毛本、殿本、阮刻本同,岳本無此四字。

⑤“疆居良反注及下注同”,彙校卷第十一、撫釋一、余仁仲本、和本、十行本、閩本、監本、毛本、殿本、阮刻本同,岳本無此九字。

⑥“注同”,彙校卷第十一、撫釋一、余仁仲本、和本、十行本、閩本、監本、毛本、殿本、阮刻本同,岳本無此二字。

⑦“塞徯上先則反下音奚”,彙校卷第十一、撫釋一、余仁仲本、和本、十行本、閩本、監本、毛本、殿本、阮刻本同,岳本作“徯音奚”。

⑧“徑古定反牡亡古反又茂后反搏音博一本作傳直專反處尺慮反壐音徒”,(轉下頁注)

　　6·114○飭喪紀,辨衣裳,審棺椁之薄厚,塋丘壟之大小、高卑、厚薄之度①,貴賤之等級。此亦閉藏之具,順時飭正之也。辨衣裳,謂襲、斂、尊卑所用也,所用又有多少。○塋,音營。壟,力勇反。襲,音習。斂,力驗反,又力檢反②。

　　6·115○是月也,命工師效功,陳祭器,案度程③,毋或作爲淫巧,以蕩上心,必功致爲上。霜降而百工休,至此物皆成也。工師,下官之長也④。效功,錄見百工所作器物也。主於祭器,祭器尊也。度,謂制大小也。程,謂器所容也。淫巧,謂奢僞怪好也。蕩,謂搖動生其奢淫。○效,戶教反。巧,如字,又苦孝反,注同⑤。致,直吏反,下注同。長,丁丈反⑥。重言“毋或作爲淫巧,以蕩上心”二,一見季春。物勒工名,以考其誠,勒,刻也。刻工姓名於其器,以察其信⑦,知其不功致⑧。功有不當,必行其罪,以窮其

（接上頁注）彙校卷第十一、撫釋一、余仁仲本、和本、十行本、閩本、監本、毛本、殿本、阮刻本同,岳本無此二十九字。

①“厚薄”,余仁仲本、婺州本、岳本、嘉靖本、八行本、和本、十行本、閩本、監本、毛本、殿本、阮刻本同,唐石經、撫州本作“薄厚”。

②“襲音習斂力驗反又力檢反”,彙校卷第十一、撫釋一、余仁仲本、和本、十行本、閩本、監本、毛本、殿本、阮刻本同,岳本無此十一字。

③“案”,撫州本、余仁仲本、婺州本、岳本、嘉靖本、八行本同,和本、十行本、閩本、監本、毛本、殿本、阮刻本作“按”。阮校曰:“按度程　閩、監、毛本同。岳本“按”作“案”,嘉靖本同,衛氏集説同,石經同。石經考文提要云:‘宋大字本、宋本九經、南宋巾箱本、余仁仲本皆作“案”。’”

④“下”,撫州本、余仁仲本、婺州本、岳本、嘉靖本、八行本、和本、十行本、閩本、監本、毛本、殿本、阮刻本、吳氏朱批、叢刊本作“工”,是。

⑤“效戶教反巧如字又苦孝反注同”,彙校卷第十一、撫釋一、余仁仲本、和本、十行本、閩本、監本、毛本、殿本、阮刻本同,岳本無此十三字。

⑥“下注同長丁丈反”,彙校卷第十一、撫釋一、余仁仲本、和本、十行本、閩本、監本、毛本、殿本、阮刻本同,岳本無此七字。

⑦“察”,撫州本、余仁仲本、婺州本、岳本、八行本、和本、十行本、閩本、監本、毛本、殿本、阮刻本同,嘉靖本作“祭”,非。

⑧“知其不功致”,撫州本、余仁仲本、婺州本、岳本、嘉靖本、八行本、和本、十行本、閩本、監本、毛本、殿本、阮刻本同。考異曰:“案正義云‘於後以考其誠信與不’云云,是其本作‘知其功致不’明甚。不者,否也。各本皆誤倒。”

情。功不當者,取材美而器不堅也。○當,丁浪反,注同①。

6·116○**是月也,大飲烝**。十月農功畢,天子、諸侯與其羣臣飲酒於大學,以正齒位,謂之大飲,別之於他。其禮亡。今天子以燕禮、郡國以鄉飲酒禮代之。燕②,謂有牲體爲俎也。黨正職曰:"國索鬼神而祭祀,則以禮屬民而飲酒于序,以正齒位。"亦謂此時也。詩云:"十月滌場,朋酒斯饗,曰殺羔羊。躋彼公堂,稱彼兕觥③,受福無疆。"是頌大飲之詩。○別,彼列反。索,所百反④。屬,之玉反,下同。滌,大歷反。場,直良反。躋,子兮反。兕,徐履反⑤。觥,古宏反。

6·117○**天子乃祈來年于天宗,大割祠于公社及門閭,臘先祖、五祀**。此周禮所謂蜡祭也。天宗,謂日月星辰也。大割,大殺羣牲割之也。臘,謂以田獵所得禽祭也。五祀,門、户、中霤、竈、行也。或言"祈年",或言"大割",或言"臘",互文。○臘,力合反⑥。蜡,仕迓反,字林作"禚"⑦。**勞農以休息之**。黨正"屬民飲酒正齒位"是也。○勞,力報反。

6·118○**天子乃命將帥講武、習射御、角力**。爲仲冬將大閱,簡習之,亦因營室主武士也。凡田之禮,唯狩最備。夏小正:"十一月,王狩。"○將

---

①"當丁浪反注同",彙校卷第十一、撫釋一、余仁仲本、和本、十行本、閩本、監本、毛本、殿本、阮刻本同,岳本作"當下浪反",非。

②"燕",撫州本、余仁仲本、婺州本、岳本、嘉靖本、八行本、和本、十行本、閩本、監本、毛本、殿本同;阮刻本作"烝",是。阮校曰:"烝謂有牲體爲俎也　惠棟校宋本作'烝',考文引古本同,此本'烝'誤'燕',閩、監、毛本同,岳本同,嘉靖同,衛氏集説同。○按正義亦作'烝'。"鍔案:八行本、潘本作"燕",阮謂"惠棟校宋本作'烝'",非。

③"觥",撫州本、余仁仲本、婺州本、岳本、嘉靖本、八行本、和本、十行本、閩本、監本、毛本、殿本、阮刻本、吳氏朱批、叢刊本作"觥",是。

④"別彼列反索所百反",彙校卷第十一、撫釋一、余仁仲本、和本、十行本、閩本、監本、毛本、殿本、阮刻本同,岳本無此八字。

⑤"下同滌大歷反場直良反躋子兮反兕徐履反",彙校卷第十一、撫釋一、余仁仲本、和本、十行本、閩本、監本、毛本、殿本、阮刻本同,岳本無此十八字。

⑥"臘力合反",彙校卷第十一、撫釋一、余仁仲本、和本、十行本、閩本、監本、毛本、殿本、阮刻本同,岳本無此四字。

⑦"字林作禚",彙校卷第十一、撫釋一、余仁仲本、和本、十行本、閩本、監本、毛本、殿本、阮刻本同,岳本無此四字。

帥,上子匠反,下色類反。閲,音悦。狩,手又反①。

6·119○是月也,乃命水虞、漁師收水泉池澤之賦,毋或敢侵削衆庶兆民,以爲天子取怨于下。其有若此者,行罪無赦。因盛德在水,收其税。

6·120○孟冬行春令,則凍閉不密,地氣上泄,寅之氣乘之也。○泄,息列反,下同②。民多流亡。象蟄蟲動。行夏令,則國多暴風,方冬不寒,蟄蟲復出。巳之氣乘之也。立夏巽用事,巽爲風。○復,扶又反。行秋令,則雪霜不時,申之氣乘之也。小兵時起,土地侵削。申,陰氣尚微。申宿直參、伐,參、伐爲兵。○參,所林反,下同③。

6·121仲冬之月,日在斗,昏東辟中,旦軫中。仲冬者,日月會於星紀,而斗建子之辰也。○辟,必亦反,又必狄反④。其日壬癸。其帝顓頊,其神玄冥。其蟲介。其音羽,律中黄鍾。其數六。其味鹹,其臭朽。其祀行,祭先腎。黄鍾者,律之始也。九寸,仲冬氣至,則黄鍾之律應。周語曰:“黄鍾,所以宣養六氣、九德。”

6·122○冰益壯,地始坼,鶡旦不鳴,虎始交。皆記時候也。鶡旦,求旦之鳥也。交,猶合也。○壯,莊亮反。曷,本亦作“鶡”,同户割反。鶡旦,鳥名⑤。

6·123○天子居玄堂大廟,乘玄路,駕鐵驪,載玄旂,衣黑衣,服玄玉,食黍與彘。其器閎以奄。玄堂大廟,北堂當大室。

---

① “將帥上子匠反下色類反閲音悦狩手又反”,彙校卷第十一、撫釋一、余仁仲本、和本、十行本、閩本、監本、毛本、殿本、阮刻本同,岳本作“將子匠反”。

② “泄息列反下同”,彙校卷第十一、撫釋一、余仁仲本、和本、十行本、閩本、監本、毛本、殿本、阮刻本同,岳本無此六字。

③ “下同”,彙校卷第十一、撫釋一、余仁仲本、和本、十行本、閩本、監本、毛本、殿本、阮刻本同,岳本無此二字。

④ “又必狄反”,彙校卷第十一、撫釋一、余仁仲本、和本、十行本、閩本、監本、毛本、殿本、阮刻本同,岳本無此四字。

⑤ “壯莊亮反曷本亦作鶡同户割反鶡旦鳥名”,余仁仲本、和本、十行本、閩本、監本、毛本、殿本、阮刻本同,岳本作“鶡户割反”,彙校卷第十一、撫釋一“户割反”作“苦割反”。

6・124○飭死事。飭軍士，戰必有死志。命有司曰："土事毋作，慎毋發蓋，毋發室屋，及起大眾，以固而閉。地氣沮泄①，是謂發天地之房，諸蟄則死，民必疾疫，又隨以喪。命之曰暢月。而，猶女也。暢，猶充也。大陰用事，尤重閉藏。○暢，勑亮反。女，音汝。大，音太②。

6・125○是月也，命奄尹，申宮令，審門閭，謹房室，必重閉。奄尹，主領奄豎之官也，於周則爲内宰，掌治王之内政、宮令，幾出入及開閉之屬③。重閉，外内閉也。○重，直龍反，注同④。省婦事，毋得淫，雖有貴戚近習，毋有不禁。省婦事，所以静陰類也。淫，謂女功奢僞怪好物也。貴戚，謂姑、姊、妹之屬。近習，天子所親幸者。○省，所景反。注同⑤。

6・126○乃命大酋：秫稻必齊，麴蘖必時，湛熾必絜，水泉必香，陶器必良，火齊必得。兼用六物，大酋監之，毋有差貸。酒孰曰酋。大酋者，酒官之長也，於周則爲酒人。秫稻必齊，謂孰成也。湛，漬也。熾，炊也。火齊，腥孰之調也。物，猶事也。差貸，謂失誤，有善有惡也。古者，穫稻而漬米麴，至春而爲酒。詩云："十月穫稻，爲此春酒，以介眉壽。"○酋，子由反，又在由反。秫，音述。麴，丘六反。蘖，魚列反。湛，子廉反。熾，尺志反。

---

① "地氣沮泄"，撫州本、余仁仲本、婺州本、岳本、嘉靖本、八行本、和本、十行本、閩本、監本、毛本、殿本、阮刻本同，考補謂古本"沮"作"且"。考異曰："山井鼎云：'古本"沮"作"且"。'案呂氏春秋作'且'，古本蓋依之也，唐删定月令亦作'且'，近盧召弓氏謂釋文無'沮'音，正義亦不解'沮'，此經當本作'且'。今案，若作'沮'，當與儒行'世亂不沮'同義"，彼釋文云'徐在吕反'，則此或如盧説矣。其正義本無所言之。"

② "女音汝大音太"，余仁仲本、和本、十行本、閩本、監本、毛本、殿本、阮刻本同，岳本無此六字，彙校卷第十一、撫釋一"太"作"泰"。

③ "幾"，余仁仲本、岳本、十行本、阮刻本同，撫州本、婺州本、嘉靖本、八行本、和本、閩本、監本、毛本、殿本作"譏"。阮校曰："幾出入及開閉之屬 惠棟校宋本同，岳本同，閩、監、毛本'幾'作'譏'，嘉靖本同，衛氏集説同。"鍔案：八行本、潘本作"譏"，阮謂"惠棟校宋本同"，即作"幾"，非。

④ "注同"，彙校卷第十一、撫釋一、余仁仲本、和本、十行本、閩本、監本、毛本、殿本、阮刻本同，岳本無此二字。

⑤ "注同"，彙校卷第十一、撫釋一、余仁仲本、和本、十行本、閩本、監本、毛本、殿本、阮刻本同，岳本無此二字。

齊,才計反,注“火齊”同①。監,古銜反。貸,音二,又他得反,注同。長,丁丈反。
穫,户郭反②。

6·127○天子命有司祈祀四海、大川、名源、淵澤、井泉。順
其德盛之時祭之也。今月令“淵”爲“深”。

6·128○是月也,農有不收藏積聚者,馬牛畜獸有放佚者,
取之不詰。此收斂尤急之時,人有取者不罪③,所以警懼其主也④。王居明堂
禮曰:“孟冬之月,命農畢積聚,繫收牛馬。”○畜,許六反。詰,音起吉反。山林
藪澤,有能取蔬食、田獵禽獸者,野虞教道之。其有相侵奪者,罪之
不赦。務收斂野物也。大澤曰藪。草木之實爲蔬食。○藪,素口反。道,音導⑤。

6·129○是月也,日短至,陰陽爭,諸生蕩。爭者,陰方盛,陽欲起
也。蕩,謂物動,萌牙也⑥。○爭,“爭鬭”之爭,注同⑦。重言“日短至”二,一見下
文,仲夏“日長至”。○“陰陽爭”二,仲夏。君子齊戒,處必掩身,身欲寧,去聲
色,禁耆慾,安形性,事欲静,以待陰陽之所定。寧,安也。聲,謂樂也⑧。

---

①“注火齊同”,彙校卷第十一、撫釋一、余仁仲本、和本、十行本、閩本、監本、毛本、殿本、
阮刻本同,岳本無此四字。

②“注同長丁丈反穫户郭反”,彙校卷第十一、撫釋一、余仁仲本、和本、十行本、閩本、監
本、毛本、殿本、阮刻本同,岳本無此十字。

③“不”,撫州本、余仁仲本、婺州本、岳本、嘉靖本、和本、十行本、閩本、監本、毛本、殿本、
阮刻本同,八行本作“公”,非。

④“主”,撫州本、余仁仲本、婺州本、岳本、嘉靖本、和本、足利本、十行本、閩本、監本、毛
本、殿本、阮刻本同,八行本、潘本作“王”,非。

⑤“藪素口反道音導”,彙校卷第十一、撫釋一、余仁仲本、和本、十行本、閩本、監本、毛本、
殿本、阮刻本同,岳本無此七字。

⑥“萌芽”,余仁仲本、嘉靖本、和本、十行本、閩本、監本、毛本、殿本、阮刻本同;撫州本、婺
州本、岳本、八行本“萌”上有“將”字,是。阮校曰:“蕩謂物動將萌牙也　惠棟校宋本有
‘將’字,宋監本同,岳本同,考文引古本、足利本同,此本‘將’字脱,閩、監、毛本同,嘉靖
本同,衛氏集説同。盧文弨校云:‘初學記作“謂物將萌牙者”。’亦有‘將’字也。”

⑦“爭爭鬭之爭注同”,彙校卷第十一、撫釋一、余仁仲本、和本、十行本、閩本、監本、毛本、
殿本、阮刻本同,岳本無此七字。

⑧“寧安也聲謂樂也”,撫州本、婺州本、岳本、嘉靖本、八行本、和本、十行本、閩本、監本、毛本、
殿本、阮刻本同;余仁仲本作“寧安居不作樂也”,非。楊氏札記曰:“也聲謂樂,此四字原書破
缺,裝訂時劣工妄墊作‘安居不作樂也’,四字錯了三字,余改正。”鍔案:楊氏説是。

易及樂、春秋説云：“冬至，人主與羣臣從八能之士作樂五日。”此言“去聲色”，又相反。○去，起呂反，注及下同。耆，市志反。從，子用反①。重意詳見仲夏。

6・130○芸始生，荔挺出，蚯蚓結，麋角解，水泉動。 又記時候也。芸，香草也。荔挺，馬薤也。水泉動，潤上行。○芸，音云。荔，力計反。挺，大頂反②。麋，亡悲反。解，音蟹③。薤，户介反。上，時丈反④。

6・131○日短至，則伐木取竹箭。 此其堅成之極時。

6・132○是月也，可以罷官之無事、去器之無用者。 謂先時權所建作者也。天地閉藏，而萬物休，可以去之。

6・133○塗闕廷門閭，築囹圄，此以助天地之閉藏也⑤。 順時氣也。

6・134○仲冬行夏令，則其國乃旱，午之氣乘之也。 氛霧冥冥，霜降之氣散相亂也⑥。○氛，芳云反⑦。 雷乃發聲。 震氣動也。午屬震。 行秋令，則天時雨汁，瓜瓠不成，酉之氣乘之也。 酉，宿直昴、畢⑧，畢好雨，

---

①“去起呂反注及下同耆市志反從子用反”，彙校卷第十一、撫釋一、余仁仲本、和本、十行本、閩本、監本、毛本、殿本、阮刻本同，岳本作“去上聲下同耆音嗜從音縱”。

②“芸音云荔力計反挺大頂反”，彙校卷第十一、撫釋一、余仁仲本、和本、十行本、閩本、監本、毛本、殿本、阮刻本同，岳本無此十一字。

③“麋亡悲反解音蟹”，彙校卷第十一、余仁仲本、和本、十行本、閩本、監本、毛本、殿本、阮刻本同，岳本作“麋音眉”；撫釋一“麋亡悲反解音蟹”在“薤户介反”下。

④“上時丈反”，彙校卷第十一、撫釋一、余仁仲本、和本、十行本、閩本、監本、毛本、殿本、阮刻本同，岳本無此四字。

⑤“此以”，余仁仲本、嘉靖本、和本、十行本、閩本、監本、毛本、殿本、阮刻本同；撫州本、婺州本、殿本、八行本“以”上有“所”字，是。阮校曰：“此所以助天地之閉藏也　惠棟校宋本有‘所’字，宋監本同，岳本同，考文引古本、足利本同，此本‘所’字脱，閩、監、毛本同，嘉靖本同，衞氏集説同。”

⑥“霜降”，余仁仲本、嘉靖本、和本、十行本、閩本、監本、毛本、殿本同；撫州本、婺州本、岳本、八行本、阮刻本“降”作“露”，是。阮校曰：“霜露之氣　惠棟校宋本作‘露’，宋監本同，岳本同，衞氏集説同，考文引足利本同。此本‘露’誤‘降’，閩、監、毛本同，嘉靖本同。”

⑦“氛芳云反”，彙校卷第十一、撫釋一、余仁仲本、和本、十行本、閩本、監本、毛本、殿本、阮刻本同，岳本作“氛音分”。

⑧“直”，撫州本、余仁仲本、婺州本、岳本、嘉靖本、八行本、和本、十行本、阮刻本同；閩本、監本、毛本、殿本作“值”，下同。

雨汁者,水雪雜下也。子,宿直虚、危,虚、危内有瓜瓠①。〇雨汁,于付反,下音執,注同②。瓠,户故反。好,呼報反③。**國有大兵。**兵亦軍之氣④。**行春令,則蝗蟲爲敗,**當蟄者出,卯之氣乘之也。**水泉咸竭,**大水爲旱⑤。**民多疥癘。**疥癘之病,孚甲象也⑥。〇疥,音介。

6・135 **季冬之月,日在婺女,昏婁中,旦氐中。**季冬者,日月會於玄枵,而斗建丑之辰也。〇婺,無付反。婁,力侯反。氐,丁兮反,又音丁計反。枵,許驕反⑦。**其日壬癸。其帝顓頊,其神玄冥。其蟲介。其音羽,律中大吕。其數六。其味鹹,其臭朽。其祀行,祭先腎。**大吕者,蕤賓之所主也⑧。三分益一,律長八寸二百四十三分寸之百四⑨。季冬氣至,則大吕之律應。周語曰:"大吕助陽宣物。"

6・136〇**鴈北鄉,鵲始巢,雉雊鷄乳。**皆記時候也。雊,雉鳴也。

---

① "子宿直虚危虚危内有瓜瓠",撫州本、余仁仲本、婺州本、岳本、嘉靖本、和本、十行本、閩本、監本、毛本、殿本、阮刻本同;八行本不重"虚危"二字,非。
② "雨汁于付反下音執注同",彙校卷第十一、撫釋一、余仁仲本、和本、十行本、閩本、監本、毛本、殿本、阮刻本同,岳本作"雨汁于付反汁音執"。
③ "好呼報反",彙校卷第十一、撫釋一、余仁仲本、和本、十行本、閩本、監本、毛本、殿本、阮刻本同,岳本無此四字。
④ "軍",撫州本、余仁仲本、婺州本、嘉靖本、八行本、十行本、閩本、監本、毛本、阮刻本同,岳本、和本、殿本作"酉",吴氏朱批作"畢"。阮校曰:"兵亦軍之氣　閩、監、毛本同,岳本同,嘉靖本同,衛氏集説'軍'作'金',考文引古本'軍'作'畢'。〇按:集説是也。"鍔案:考異謂作"畢",近是。
⑤ "大水",十行本作"天火";撫州本、余仁仲本、婺州本、岳本、嘉靖本、八行本、和本、閩本、監本、毛本、殿本、阮刻本、吴氏朱批作"大火",是。
⑥ "象也",撫州本、余仁仲本、婺州本、岳本、嘉靖本、八行本同,和本、十行本、閩本、監本、毛本、殿本、阮刻本作"之象"。
⑦ "又音丁計反枵許驕反",余仁仲本、和本、十行本、閩本、監本、毛本、殿本、阮刻本同,岳本無此九字,彙校卷第十一、撫釋一"又"作"一"。
⑧ "主",撫州本、余仁仲本、婺州本、岳本、嘉靖本、八行本、和本、十行本、閩本、監本、毛本、殿本、阮刻本作"生",是。
⑨ "八寸",撫州本、余仁仲本、岳本、八行本、嘉靖本、和本、十行本、閩本、監本、毛本、殿本、阮刻本同;婺州本"寸"作"十",非。

詩云：“雄之朝雊，尚求其雌。”○鄉，音向。雊，古豆反①。乳，如住反。

6·137○天子居玄堂右个，乘玄路，駕鐵驪，載玄旂，衣黑衣，服玄玉，食黍與彘。其器閎以奄。玄堂右个，北堂東偏。

6·138○命有司大難旁磔，出土牛，以送寒氣。此難，難陰氣也。難陰始於此者，陰氣右行，此月之中，日歷虛、危，虛、危有墳墓四司之氣，爲厲鬼，將隨强陰出害人也。旁磔，於四方之門磔攘也。出，猶作也。作土牛者，丑爲牛，牛可牽止也②。送，猶畢也。○難，乃多反，下注同③。磔，竹百反。爲厲，于僞反④。

6·139○征鳥厲疾。殺氣當極也。征鳥，題肩也，齊人謂之擊征，或名曰鷹，仲春化爲鳩。○題，大兮反⑤。乃畢山川之祀，及帝之大臣、天之神祇。四時之功成於冬，孟月祭其宗，至此可以祭其佐也。帝之大臣，句芒之屬。天之神祇，司中、司命、風師、雨師。○祇，音祈⑥。

6·140○是月也，命漁師始漁，天子親往，乃嘗漁⑦，先薦寢廟。天子必親往視漁，明漁非常事，重之也。此時魚絜美。

6·141○冰方盛，水澤腹堅。命取冰。腹，厚也。此月日在北陸，

---

① “雊古豆反”，彙校卷十一、撫釋一、余仁仲本、岳本、殿本同；和本、十行本、閩本、監本、毛本、阮刻本“古”作“音”，非。
② “止”，撫州本、余仁仲本、婺州本、岳本、嘉靖本、八行本、十行本、閩本、監本、毛本、殿本、阮刻本同，和本作“正”，非。
③ “下注同”，彙校卷第十一、撫釋一、余仁仲本、和本、十行本、閩本、監本、毛本、殿本、阮刻本同，岳本無此三字。
④ “爲厲于僞反”，彙校卷第十一、撫釋一、余仁仲本、和本、十行本、閩本、監本、毛本、殿本、阮刻本同，岳本無此五字。
⑤ “題大兮反”，彙校卷十一、余仁仲本、岳本、和本、閩本、監本、毛本、殿本、阮刻本同；十行本“大”作“本”，非。
⑥ “祈”，監本、毛本、殿本同，彙校卷十一、撫釋一、余仁仲本、和本、岳本、十行本、閩本、阮刻本作“祁”。
⑦ “漁”，余仁仲本、婺州本、嘉靖本、十行本同；撫州本、岳本、八行本、和本、閩本、監本、毛本、殿本、阮刻本作“魚”，是。

冰堅厚之時也。北陸，謂虛也。今月令無“堅”。○腹，本又作“複”，又方服反①。**冰以入，令告民出五種。**冰既入，而令田官告民出五種，明大寒氣過，農事將起也。○種，章勇反，注同②。**命農計耦耕事，脩耒耜，具田器。**耜者，耒之金也。廣五寸，田器，鎡錤之屬。○鎡，音兹。錤，音基。

6・142○**命樂師大合吹而罷。**歲將終，與族人大飲，作樂於大寢，以綴恩也。言“罷”者，此用禮樂於族人最盛。後年若時，乃復然也。凡用樂，必有禮，用禮則有不用樂者。王居明堂禮：“季冬，命國爲酒，以合三族，君子悦，小人樂。”○合，古荅反。吹，昌睡反。罷，如字，又音皮。復，扶又反。子説，音悦。人樂，音洛③。

6・143○**乃命四監收秩薪柴，以共郊廟及百祀之薪燎。**四監，主山林川澤之官也。大者可析，謂之薪；小者合束，謂之柴。薪施炊爨④，柴以給燎。春秋傳曰：“其父析薪。”今月令無“及百祀之薪燎”。○共，音恭，下文“以共”皆同⑤。燎，力召反。析，思歷反，下同。爨，七亂反⑥。

6・144○**是月也，日窮于次，月窮于紀，星回于天，數將幾終。**言日月星辰運行，于此月皆周匝於故處也。次，舍也。紀，會也⑦。○幾，

---

① “腹本又作複又方服反”，彙校卷第十一、撫釋一、余仁仲本、和本、十行本、閩本、監本、毛本、殿本、阮刻本同，岳本無此九字。

② “注同”，彙校卷第十一、撫釋一、余仁仲本、和本、十行本、閩本、監本、毛本、殿本、阮刻本同，岳本無此二字。

③ “復扶又反子説音悦人樂音洛”，彙校卷第十一、撫釋一、余仁仲本、和本、十行本、閩本、監本、毛本、殿本、阮刻本同，岳本無此十二字。

④ “爨”，撫州本、婺州本、岳本、八行本、和本、閩本、監本、毛本、殿本、阮刻本同；余仁仲本、嘉靖本、十行本作“爇”，非。阮校曰：“薪施炊爨　閩、監、毛本作‘爇’，岳本同，衛氏集説同。此本‘爨’誤‘爇’，嘉靖本同。釋文出‘炊爨’。”

⑤ “下文以共皆同”，彙校卷第十一、撫釋一、余仁仲本、和本、十行本、閩本、監本、毛本、殿本、阮刻本同，岳本無此六字。

⑥ “析思歷反下同爨七亂反”，彙校卷第十一、撫釋一、和本、閩本、監本、毛本、殿本、阮刻本同，岳本無此十字；余仁仲本、十行本“爨”作“爇”，非。

⑦ “紀會也”，撫州本、余仁仲本、婺州本、岳本、嘉靖本、八行本、和本、十行本、閩本、監本、毛本、殿本、阮刻本同。阮校曰：“紀會也　閩、監、毛本同，岳本同，嘉靖本同，衛氏集説同。考文引古本‘會’上有‘猶’字，盧文弨校云‘初學記同’。○按：考文所據‘古本’，非取諸正義，即取諸唐、宋人類書，此其一也。”

音祈，又音機。處，昌慮反①。**歲且更始，專而農民，毋有所使。**而，猶女也。言專一女農民之心，令之豫有志於耕稼之事，不可徭役。徭役之，則志散失業也。○女，音汝。令，力呈反②。

　　6・145○**天子乃與公卿大夫共飭國典，論時令，以待來歲之宜。**飭國典者，和六典之法也。周禮以正月爲之建寅而縣之，今用此月，則所因於夏、殷也。○縣，音玄③。

　　6・146○**乃命太史次諸侯之列，賦之犧牲，以共皇天上帝、社稷之饗。**此所與諸侯共者也。列，國有大小也，賦之犧牲，大者出多，小者出少。饗，獻也。**乃命同姓之邦，共寢廟之芻豢。**此所以與同姓共也④。芻豢，猶犧牲。**命宰歷卿、大夫至于庶民土田之數，而賦犧牲，以共山林名川之祀。**此所與卿、大夫、庶民共者也。歷，猶次也。卿、大夫采地，亦有大小，其非采地⑤，以其邑之民多少賦之。**凡在天下九州之民者，無不咸獻其力，以共皇天上帝、社稷寢廟、山林名川之祀。**民非神之福不生。雖有其邦國、采地，此賦要由民出。

　　6・147○**季冬行秋令，則白露蚤降，介蟲爲妖。**戌之氣乘之也。九月初，尚有白露，月中乃爲霜。丑爲鼈蟹。**四鄙入保。**畏兵、辟寒氣⑥。○辟，毗異反。**行春令，則胎夭多傷。**辰之氣乘之也。夭，少長也。此月物甫

---

① “處昌慮反”，彙校卷第十一、撫釋一、余仁仲本、和本、十行本、閩本、監本、毛本、殿本、阮刻本同，岳本無此四字。
② “令力呈反”，彙校卷第十一、撫釋一、余仁仲本、和本、十行本、閩本、監本、毛本、殿本、阮刻本同，岳本無此四字。
③ “縣音玄”，彙校卷第十一、撫釋一、余仁仲本、和本、十行本、閩本、監本、毛本、殿本、阮刻本同，岳本無此三字。
④ “此所以與同姓共也”，撫州本、余仁仲本、婺州本、岳本、嘉靖本、八行本、和本、閩本、監本、毛本、殿本、阮刻本同，考異曰：“山井鼎曰：‘古本作“此所與同姓共者也”。’今案：依前後句例，蓋是矣。”
⑤ “地”，婺州本、余仁仲本、岳本、嘉靖本、八行本、和本、十行本、閩本、監本、毛本、殿本、阮刻本同；撫州本作“也”，非。
⑥ “寒氣”，余仁仲本、嘉靖本同；撫州本、婺州本、岳本、八行本、和本、十行本、閩本、監本、毛本、殿本、阮刻本“氣”作“象”，非。

萌芽。季春，乃句者畢出，萌者盡達。胎夭多傷者，生氣早至，不充其性。○胎，
吐來反①。夭，烏老反，注同。少長，上討召反，下丁丈反。句，古侯反②。**國多**
固疾，生不充性，有久病也③。**命之曰逆。**眾害莫大於此。**行夏令，則水**
潦敗國，時雪不降，冰凍消釋。未之氣乘之也。季夏，大雨時行。○消
釋，如字，一本作"液"④，音亦。

禮記卷之五⑤

---

① "胎吐來反"，彙校卷第十一、撫釋一、<u>余仁仲</u>本、和本、十行本、<u>閩</u>本、<u>監</u>本、<u>毛</u>本、<u>殿</u>本、
　<u>阮</u>刻同，<u>岳</u>本無此四字。

② "注同少長上討召反下丁丈反句古侯反"，<u>岳</u>本無此十六字，彙校卷第十一、撫釋一、余
　<u>仁仲</u>本、和本、十行本、<u>閩</u>本、<u>監</u>本、<u>毛</u>本、<u>殿</u>本、<u>阮</u>刻本"討"作"詩"，是。

③ "病"，<u>余仁仲</u>本、<u>嘉靖</u>本同；<u>撫州</u>本、<u>婺州</u>本、<u>岳</u>本、八行本、和本、十行本、<u>閩</u>本、<u>監</u>本、<u>毛</u>
　本、<u>殿</u>本、<u>阮</u>刻本作"疾"，是。

④ "一本作液"，彙校卷第十一、撫釋一、<u>余仁仲</u>本、和本、十行本、<u>閩</u>本、<u>監</u>本、<u>毛</u>本、<u>殿</u>本、
　<u>阮</u>刻同，<u>岳</u>本無此四字。

⑤ <u>撫州</u>本卷五末頁 B 面第六行頂格題"禮記卷第五"，空三格題"經四千三百三十九字，注
　五千三百六十一字"。<u>余仁仲</u>本卷五末頁 B 面第八行頂格題"禮記卷第五"，第九行空
　四格題"經伍仟玖拾壹字"，第十行空四格題"注玖仟陸伯陸拾叁字"，第十一行空四格
　題"音義叁仟伯捌拾肆字"，空三格題"仁仲比校訖"。<u>婺州</u>本卷五第二十二頁 B 面第
　十行題"禮記卷第五"，末頁 A 面題"婺州義烏酥谿蔣宅崇知齋刊"十二字雙行牌記。<u>嘉</u>
　<u>靖</u>本卷五末頁 B 面第六行題"經五千九十一字，注九千六百六十三字"。<u>阮</u>刻本記"宋
　監本禮記卷第五，經四千三百三十九字，注五千三百六十一字。嘉靖本禮記卷第五，經
　五千九十一字，注九千六百六十三字"。

纂圖互注禮記卷之六

曾子問第七○陸曰："曾子，孔子弟子曾參也。以其所問多明於禮，故著姓名以顯之。"①

禮記   鄭氏注②

7·1曾子問曰："君薨而世子生，如之何?"孔子曰："卿、大夫、士從攝主，北面於西階南；變於朝夕哭位也。攝主，上卿代君聽國政③。大祝裨冕，執束帛，升自西階，盡等，不升堂，命毋哭。將有事，宜清静也。裨冕者，接神則祭服也。諸侯之卿、大夫所服裨冕，絺冕也，玄冕也。士服爵弁服。大祝裨冕，則大夫。○大祝，音泰，下文、注"大祝"、"大宰"、"大宗"、"大廟"、"大史"，皆同此音，下之六反。説文云："祝，祭主贊詞者。"④裨，婢支反。

―――――――

① "陸曰曾子孔子弟子曾參也以其所問多明於禮故著姓名以顯之"，余仁仲本、和本、十行本、閩本、監本、毛本、殿本、阮刻本同，岳本無此二十六字，彙校卷第十二、撫釋一無"陸曰"二字。

② 撫州本題"禮記卷第六"，首行頂格書寫；次行頂格題"曾子問第七"，空三格題"禮記"，空一格題"鄭氏注"。余仁仲本題"禮記卷第六"，首行頂格書寫；次行頂格題"曾子問第七"，第三行空三格題"禮記"，空九格題"鄭氏注"。嘉靖本題"禮記卷第六"，首行頂格書寫；次行頂格題"曾子問第七"，空三格題"禮記"，空二格題"鄭氏注"。

③ "國政"下，正字謂當有"者"字。

④ "大祝音泰下文注大祝大宰大宗大廟大史皆同此音下之六反説文云祝祭主贊詞者"，彙校卷第十二、撫釋一、余仁仲本、十行本、閩本、監本、毛本、殿本、阮刻本同，岳本作"大音泰下皆同祝之六反下同"，和本"下之六反"之"下"作"祝"。

毋，音無，本亦作“無”。絺，知里反，本又作“希”，徐張履反①。**祝聲三，告曰：‘某之子生，敢告。’**聲，噫歆警神也。某，夫人之氏也。○祝，之六反，下同，徐又反②。三，息暫反，又如字，下“聲三”及“三者三”，皆放此③。噫，於其反。歆，許金反。警，居領反④。[重言]“祝聲三”二，見下文。**升，奠幣于殯東几上，哭，降。**几筵於殯東，明繼體也。**眾主人、卿、大夫、士、房中皆哭，不踊。**眾主人，君之親也。房中，婦人。**盡一哀，反位，遂朝奠。**反朝夕哭位。**小宰升，舉幣。**所主也。舉而下，埋之階間。**三日，眾主人、卿、大夫、士如初位，北面。**三日，負子日也。初，告生時。**大宰、大宗、大祝皆裨冕，少師奉子以衰，祝先，子從，宰、宗人從，入門，哭者止。**宰，宗人詔贊君事者。○少，升召反，下“少喪”并注同⑤。○奉，芳勇反⑥，下注“奉”者同⑦。衰，七雷反，下同。從，才用反，下同。**子升自西階，殯前北面。祝立于殯東南隅。祝聲三，曰：“某之子某，從執事敢見。”子拜稽顙，哭。**奉子者拜，哭。○見，賢遍反，下“而見伯父”、“廟見”、“旅見”同⑧。**祝、宰、宗人、眾主人、卿、大夫、士哭，踊三者三，降，東反位，皆袒。**

---

① “裨婢支反毋音無本亦作無絺知里反本又作希徐張履反”，彙校卷第十二、撫釋一、余仁仲本、和本、十行本、閩本、監本、毛本、殿本、阮刻本同，岳本作“裨音皮絺張里反”。

② “祝之六反下同徐之又反”，彙校卷第十二、撫釋一、余仁仲本、和本、十行本、閩本、監本、毛本、殿本、阮刻本同，岳本作“祝又音呪”。

③ “下声三及三者三皆放此”，彙校卷第十二、撫釋一、余仁仲本、和本、十行本、閩本、監本、毛本、殿本、阮刻本同，岳本作“後同”。

④ “噫於其反歆許金反警居領反”，彙校卷第十二、撫釋一、余仁仲本、和本、十行本、閩本、監本、毛本、殿本、阮刻本同，岳本無此十二字。

⑤ “下少喪并注同”，彙校卷第十二、撫釋一、余仁仲本、和本、十行本、閩本、監本、毛本、殿本、阮刻本同，岳本無此六字。

⑥ “奉芳勇反”，彙校卷十二、撫釋一、余仁仲本、岳本同，和本、十行本、閩本、監本、毛本、殿本、阮刻本“芳”作“方”；又，“少升召反”以下皆釋文文字，當刪“奉”上“○”號。

⑦ “下注奉者同”，彙校卷第十二、撫釋一、余仁仲本、和本、十行本、閩本、監本、毛本、殿本、阮刻本同，岳本無此五字。

⑧ “而見伯父廟見旅見”，彙校卷第十二、撫釋一、余仁仲本、和本、十行本、閩本、監本、毛本、殿本、阮刻本同，岳本無此八字。

子踊，房中亦踊，三者三，襲、衰、杖，踊、襲、衰杖，成子禮也。奠①，出。亦謂朝奠。大宰命祝、史以名徧告于五祀山川。因負子名之。喪，於禮畧也。○徧，音遍，下同②。

7·2○曾子問曰："如已葬而世子生，則如之何?"孔子曰："大宰、大宗從大祝而告于禰。告生也。○禰，本又作"祗"③，乃禮反。重言"則如之何"五，互見前篇。三月，乃名于禰，以名徧告，及社稷、宗廟、山川。"

7·3○孔子曰："諸侯適天子，必告于祖，奠于禰。皆奠幣以告之，互文也。冕而出視朝。聽國事也。諸侯朝天子，必裨冕，爲將廟受也。裨冕者，公袞，侯、伯鷩，子、男毳。○朝，直遥反，注及下同④。爲，于僞反，下"爲事"同。袞，古本反⑤。鷩，必列反。毳，昌鋭反。命祝、史告于社稷、宗廟、山川。臨行，又徧告宗廟，孝敬之心也。乃命國家五官而后行，五官，五大夫典事者。命者，勅之以其職。道而出，祖道也。聘禮曰："出祖釋軷，祭酒脯"也。○軷，步末反。告者，五日而徧，過是，非禮也。既告，不敢久留。凡告，用牲幣；反，亦如之。牲，當爲"制"，字之誤也。制幣，一丈八尺。○牲幣，依注"牲"音"制"⑥。○諸侯相見⑦，必告于禰。道近，或可以不親告

---

①"奠"，唐石經、撫州本、余仁仲本、婺州本、岳本、嘉靖本、八行本、十行本、閩本、監本、毛本、殿本、阮刻本同，和本作"亦"，非。

②"徧音遍下同"，彙校卷第十二、撫釋一、余仁仲本、和本、十行本、閩本、監本、毛本、殿本、阮刻本同，岳本無此五字。

③"本又作祗"，彙校卷第十二、撫釋一、余仁仲本、和本、十行本、閩本、監本、毛本、殿本、阮刻本同，岳本無此四字。

④"注及"，彙校卷第十二、撫釋一、余仁仲本、和本、十行本、閩本、監本、毛本、殿本、阮刻本同，岳本無此二字。

⑤"爲于僞反下爲事同袞古本反"，彙校卷第十二、撫釋一、余仁仲本、和本、十行本、閩本、監本、毛本、殿本、阮刻本同，岳本無此十二字。

⑥"牲幣依注"，彙校卷第十二、撫釋一、余仁仲本、和本、十行本、閩本、監本、毛本、殿本、阮刻本同，岳本無此四字。

⑦"諸侯"上"○"號，乃衍文，當删。"諸侯相見"至"而后聽朝而入"，仍是孔子之語。

祖。**朝服而出視朝**，朝服，爲事故也。**命祝、史告于五廟所過山川。**山川，所不過則不告，貶於適天子也。**亦命國家五官道而出。反，必親告于祖、禰，乃命祝、史至于前所告者，而后聽朝而入。”**反，必親告祖禰，同出入禮。

7·4○**曾子問曰：“並有喪，如之何？何先何後？”**並，謂父母若親同者同月死。**孔子曰：“葬，先輕而後重；其奠也，先重而後輕：禮也。自啓及葬不奠。**不奠，務於當葬者。**行葬，不哀次。**不哀次，輕於在殯者。**反葬奠，而后辭於殯，遂脩葬事。**殯，當爲“賓”，聲之誤也。辭於賓，謂告將葬啓期也。○殯，音賓，出注①。**其虞也，先重而後輕，禮也。”**

7·5○**孔子曰：“宗子雖七十，無無主婦，**族人之婦，不可無統②。**非宗子，雖無主婦，可也。”**

7·6○**曾子問曰：“將冠子，冠者至，揖讓而入，聞齊衰、大功之喪，如之何？”**冠者，賓及贊者。○冠，古亂反，下及注皆同③。**孔子曰：“內喪則廢，外喪則冠而不醴，徹饌而埽，即位而哭。如冠者未至，則廢。**內喪，同門也。不醴，不醴子也。其廢者，喪成服，因喪而冠。○饌，仕戀反。埽，悉報反。重言“即位而哭”二，下文一，奔喪一。○**如將冠子④，而未及期日，而有齊衰、大功、小功之喪，則因喪服而冠。”**廢吉禮而因喪冠，俱成人之服。及，至也。**“除喪不改冠乎？”孔子曰：“天子賜諸侯、大夫冕弁服於大廟，歸設奠，服賜服，於斯乎有冠醮，無冠醴。**酒爲醮。冠禮，醴重而醮輕。此服賜服，酌用酒，尊賜也。不醴，明不爲改冠，改冠

---

①“出注”，彙校卷第十二、撫釋一、余仁仲本、和本、十行本、閩本、監本、毛本、殿本、阮刻本同，岳本無此二字。

②“統”，撫州本、余仁仲本、岳本、嘉靖本、八行本、和本、閩本、監本、毛本、殿本同，十行本作“紞”，阮刻本作“紀”。

③“及注”，彙校卷第十二、撫釋一、余仁仲本、和本、十行本、閩本、監本、毛本、殿本、阮刻本同，岳本無此二字。

④“如將”上“○”號，乃衍文，當删。“如將冠子”至“喪服而冠”，仍是孔子答曾子之語。

當醴之。醮，子妙反。○酌而無獻酬曰醮①。**父没而冠，則已冠，埽地而登於禰**②，**已祭而見伯父、叔父，而后饗冠者。**”饗，謂禮之。

　　7·7○**曾子問曰：“祭，如之何則不行旅酬之事矣？”孔子曰：“聞之，小祥者，主人練祭而不旅，奠酬於賓，賓弗舉，禮也。**”奠無尸，虞不致爵，小祥不旅酬，大祥無無筭爵，弥吉。**昔者魯昭公練而舉酬，行旅，非禮也。孝公大祥，奠酬弗舉，亦非禮也。**”孝公，隱公之祖父。重言“非禮也，亦非禮也”，並重見曲禮第一。

　　7·8○**曾子問曰：“大功之喪，可以與於饋奠之事乎？”**饋奠，在殯時也。○與，音預，下“至說衰與奠”皆同③。**孔子曰：“豈大功耳！自斬衰以下皆可，禮也。”曾子曰：“不以輕服而重相爲乎？”**怪以重服而爲人執事。○爲，于僞反，注“爲人”、“其所爲服”、“爲君”、“爲其”皆同④。**孔子曰：“非此之謂也。**非謂爲人，謂於其所爲服也。**天子諸侯之喪，斬衰者奠。**爲君服者皆斬衰，唯主人不奠。**大夫，齊衰者奠。**服斬衰者不奠，辟正君也。齊衰者，其兄弟。○辟，音避，下同⑤。**士則朋友奠，不足則取於大功以下者，不足則反之。**”服齊衰者不奠，辟大夫也。言不足者，謂殷奠時。○“士則朋友”，一本作“士則朋友奠”。

　　7·9○**曾子問曰：“小功可以與於祭乎？”**祭，謂虞、卒哭時。**孔子曰：“何必小功耳！自斬衰以下與祭，禮也。”曾子曰：“不以輕**

①據彙校卷第十二、撫釋一、余仁仲本、和本、岳本、閩本、監本、毛本、殿本、阮刻本，“醮子妙反”仍是釋文文字，“酌而”上之“○”號，當移至“醮子妙反”上。

②“登”，唐石經、撫州本、余仁仲本、岳本、嘉靖本、八行本、和本、十行本、閩本、監本、毛本、殿本、阮刻本作“祭”，是。“禰”，唐石經、撫州本、余仁仲本、岳本、八行本、和本、十行本、閩本、監本、毛本、殿本、阮刻同，嘉靖本作“彌”，非。

③“下至說衰與奠皆同”，彙校卷第十二、撫釋一、余仁仲本、和本、十行本、閩本、監本、毛本、殿本、阮刻本同，岳本作“下與奠同”。

④“注爲人其所爲服爲君爲其皆同”，彙校卷第十二、撫釋一、余仁仲本、和本、十行本、閩本、監本、毛本、殿本、阮刻本同，岳本無此十三字。

⑤“下同”，彙校卷第十二、撫釋一、余仁仲本、和本、十行本、閩本、監本、毛本、殿本、阮刻本同，岳本無此二字。

喪而重祭乎?”怪使重者執事。孔子曰:“天子、諸侯之喪祭也,不斬衰者不與祭。大夫齊衰者與祭。士祭不足,則取於兄弟大功以下者。”

7·10○曾子問曰:“相識,有喪服,可以與於祭乎?”問已有喪服,可以助所識者祭否? 孔子曰:“緦不祭,又何助於人?”

7·11○曾子問曰:“廢喪服,可以與於饋奠之事乎?”謂新除喪服也。孔子曰:“説衰與奠,非禮也。執事於人之神,爲其忘哀疾也①。○説,湯活反。以擯相,可也。”

7·12○曾子問曰:“昏禮既納幣,有吉日,女之父母死,則如之何?”吉日,取女之吉日。○相,息亮反②。取,七住反,本亦作“娶”,下文“取婦”、“取女”同③。孔子曰:“壻使人弔。如壻之父母死,則女之家亦使人弔。必使人弔者,未成兄弟。父喪稱父,母喪稱母;禮,宜各以其敵者也。父使人弔之,辭云:“某子聞某之喪,某子使某,如何不淑。”母則若云:“宋蕩伯姬聞姜氏之喪,伯姬使某,如何不淑。”凡弔辭一耳。父母不在,則稱伯父、世母。弔禮不可廢也。伯父母又不在,則稱叔父母。壻,已葬,壻之伯父致命女氏曰:‘某之子有父母之喪,不得嗣爲兄弟,使某致命。’女氏許諾而弗敢嫁,禮也。必致命者,不敢以累年之喪,使人失嘉會之時。○累,力蛪反④。壻免喪,女之父母使人請,壻弗取而后嫁之,禮

---

① “忘哀疾也”,撫州本、余仁仲本、岳本、嘉靖本、八行本、和本、十行本、閩本、監本、毛本、殿本、阮刻本同,考證曰:“刊本‘戚’訛‘疾’,據續通解改。”

② “相息亮反”,彙校卷第十二、撫釋一、余仁仲本、和本、十行本、閩本、監本、毛本、殿本、阮刻本同,岳本置於經文“以擯相可也”下,是。

③ “本亦作娶下文取婦取女同”,彙校卷第十二、撫釋一、余仁仲本、和本、十行本、閩本、監本、毛本、殿本、阮刻本同,岳本無此十一字。

④ “累力蛪反”,彙校卷第十二、撫釋一、余仁仲本、和本、十行本、閩本、監本、毛本、殿本、阮刻本同,岳本無此四字。

也。請，請成婚①。女之父母死，壻亦如之。"女免喪，壻之父母亦使人請，其已葬時，亦致命。

7·13○曾子問曰："親迎，女在塗，而壻之父母死，如之何?"孔子曰："女改服，布深衣，縞總，以趨喪。布深衣，縞總，婦人始喪未成服之服。○迎，魚敬反，下同。縞，古老反。總，音摠。女在塗，而女之父母死，則女反。"奔喪，服期。○期②，居宜反，下同。"如壻親迎，女未至而有齊衰、大功之喪，則如之何?"孔子曰："男不入，改服於外次；女入，改服於内次。然後即位而哭。"不聞喪，即改服者，昏禮重於齊衰以下。曾子問曰："除喪則不復昏禮乎?"復，猶償也。○償，音尚。孔子曰："祭，過時不祭，禮也。又何反於初?"重喻輕也。同牢及饋饗，相飲食之道。○過，古臥反③。飲，於鴆反。食，音寺。孔子曰："嫁女之家，三夜不息燭，思相離也。親骨肉也。○離，力智反。取婦之家，三日不舉樂，思嗣親也。重世變也。重意"取婦之家，三日不舉樂"，郊特牲："昏禮不舉。"檀弓上："忌日不樂。"祭統三十六④："齊者不樂。"三月而廟見，稱來婦也。擇日而祭於禰，成婦之義也。謂舅姑没者也。必祭成婦義者，婦有供養之禮⑤，猶舅姑存時，盥饋特豚於室。○供，九用反。養，羊尚反。盥饋，音管，下其位反⑥。

7·14○曾子問曰："女未廟見而死，則如之何?"孔子曰：

---

①"婚"，撫州本、余仁仲本、岳本、嘉靖本、八行本、和本、十行本、閩本、監本、毛本、殿本、阮刻本作"昏"。

②"○"，余仁仲本、和本、岳本、閩本、監本、毛本、殿本、阮刻本同，十行本作墨釘。

③"過古臥反"，彙校卷第十二、撫釋一、余仁仲本、和本、十行本、閩本、監本、毛本、殿本、阮刻本同，岳本無此四字。

④"三十六"，當作"二十五"，祭統是禮記第二十五篇。

⑤"供"，余仁仲本、岳本、嘉靖本、八行本、和本、十行本、閩本、監本、毛本、殿本、阮刻本同，撫州本作"共"，非。

⑥"下其位反"，彙校卷第十二、撫釋一、余仁仲本、和本、十行本、閩本、監本、毛本、殿本、阮刻本同，岳本無此四字。

“不遷於祖，不祔於皇姑，壻不杖、不菲、不次，歸葬于女氏之黨，示未成婦也。”遷，朝廟也。壻雖不備喪禮，猶爲之服齊衰也。○菲，一本作“扉”①，扶畏反，草履。朝，直遥反。爲，于僞反，下“爲庶母”、“爲其”，下文“君爲”，皆同②。

7·15○曾子問曰：“取女有吉日而女死，如之何？”孔子曰：“壻齊衰而弔，既葬而除之。夫死亦如之。”未有期、三年之恩也。女服斬衰。

7·16○曾子問曰：“喪有二孤，廟有二主，禮與？”怪時有之。○與，音餘，下“禮與”同③。孔子曰：“天無二日，土無二王。嘗禘郊社，尊無二上，未知其爲禮也。尊喻卑也。神雖多，猶一一祭之。重言“天無二日，土無二王”三，一見坊記，一見喪服四制。○“尊無二上”二，重見坊記。昔者齊桓公亟舉兵，作僞主以行；及反，葬諸祖廟④。廟有二主，自桓公始也。僞，猶假也。舉兵，以遷廟主行，無則主命。爲假主，非也。○亟，徐起吏反⑤。喪之二孤，則昔者衛靈公適魯，遭季桓子之喪，衛君請弔，哀公辭，不得命。公爲主，客入弔，康子立於門右，北面；公揖讓，升自東階，西鄉。客升自西階，弔。公拜，興，哭，康子拜稽顙於位，有司弗辯也。今之二孤，自季康子之過也。”辯，猶正也。若康

①“一本作扉”，彙校卷第十二、撫釋一、余仁仲本、和本、十行本、閩本、監本、毛本、殿本、阮刻本同，岳本無此四字。
②“爲于僞反下爲庶母爲其下文君爲皆同”，彙校卷第十二、撫釋一、余仁仲本、和本、十行本、閩本、監本、毛本、殿本、阮刻本同，岳本無此十六字。
③“下禮與同”，彙校卷第十二、撫釋一、余仁仲本、和本、十行本、閩本、監本、毛本、殿本、阮刻本同，岳本無此四字。
④“葬諸祖廟”，余仁仲本、嘉靖本、和本、十行本、閩本、監本、毛本、殿本同；唐石經、撫州本、岳本、八行本、阮刻本“葬”作“藏”，是。阮校曰：“藏諸祖廟　惠棟校宋本作‘藏’，宋監本同，石經同，岳本同，衛氏集説同，考文引古本、足利同。此本‘藏’誤‘葬’，閩、監、毛本同，嘉靖本同。石經考文提要云：‘宋大字本、劉叔剛本、至善堂九經本皆作“藏”。’”
⑤“徐”，彙校卷第十二、撫釋一、余仁仲本、和本、十行本、閩本、監本、毛本、殿本、阮刻本同，岳本無此字。

子者,君弔其臣之禮也①。鄰國之君弔,君爲之主,主人拜稽顙,非也,當哭踊而已。靈公先桓子以魯哀公二年夏卒,桓子以三年秋卒,是出公也。○鄉,許亮反。先,悉薦反。夏,户嫁反②。

　　7·17○曾子問曰:"古者師行,必以遷廟主行乎?"孔子曰:"天子巡守,以遷廟主行,載于齊車,言必有尊也。今也取七廟之主以行,則失之矣。齊車,金路。○守,手又反,本亦作"狩"③。齊,側皆反,本亦作"齋",注及下同。齊車,祭祀所乘金輅也④。重意"言必有尊也",曲禮上:"必有尊也。"當七廟、五廟無虚主。虚主者,唯天子崩,諸侯薨,與去其國,與祫祭於祖,爲無主耳。吾聞諸老聃曰:'天子崩,國君薨,則祝取羣廟之主而藏諸祖廟,禮也。卒哭成事,而后主各反其廟。老聃,古壽考者之號也,與孔子同時。藏諸主於祖廟⑤,象有凶事者聚也。卒哭成事,先祔之祭名也。○祫,音洽。聃,他甘反。老聃,即老子也。祔,音附⑥。君去其國,大宰取羣廟之主以從,禮也。鬼神依人者也。○從,才用反,下"椑從"、"而從"同⑦。祫祭於祖,則祝迎四廟之主。祝,接神者也。主出廟入廟,必蹕。'蹕,止行也⑧。○蹕,音畢。老

────────

① "君",撫州本、余仁仲本、岳本、嘉靖本、八行本、和本、閩本、監本、毛本、殿本、阮刻本同;十行本作"言",非。
② "夏户嫁反",彙校卷第十二、撫釋一、余仁仲本、和本、十行本、閩本、監本、毛本、殿本、阮刻本同,岳本無此四字。
③ "本亦作狩",彙校卷第十二、撫釋一、余仁仲本、和本、十行本、閩本、監本、毛本、殿本、阮刻本同,岳本無此四字。
④ "本亦作齋注及下同齊車祭祀所乘金輅也",彙校卷第十二、撫釋一、余仁仲本、和本、十行本、閩本、監本、毛本、殿本、阮刻本同,岳本無此十七字。
⑤ "諸",撫州本、余仁仲本、岳本、嘉靖本、八行本、和本、閩本、監本、毛本、殿本、阮刻本同;十行本作"詩",非。
⑥ "老聃即老子也祔音附",彙校卷第十二、撫釋一、余仁仲本、和本、十行本、閩本、監本、毛本、殿本、阮刻本同,岳本無此九字。
⑦ "下椑從而從同",彙校卷第十二、撫釋一、余仁仲本、和本、十行本、閩本、監本、毛本、殿本、阮刻本同,岳本無此六字。
⑧ "止行也",余仁仲本、和本、十行本、閩本、監本、毛本、殿本、阮刻本同,撫州(轉下頁注)

聊云。"

7·18○曾子問曰:"古者師行無遷主,則何主?"孔子曰:"主命。"問曰:"何謂也?"孔子曰:"天子、諸侯將出,必以幣帛皮圭告于祖禰,遂奉以出,載于齊車以行。每舍奠焉,而后就舍。以脯醢禮神,乃敢即安也。所告而不以出,即埋之。反必告,設奠;卒,斂幣玉藏諸兩階之間,乃出。蓋貴命也。"

7·19○子游問曰:"喪慈母如母,禮與?"如母,謂父卒三年也。子游意,以爲國君亦當然。禮所云者,乃大夫以下,父所使妾養妾子。重意"反必告",曲禮:"出必告。"孔子曰:"非禮也。古者男子外有傅,内有慈母,君命所使教子也,何服之有? 言無服也。此指謂國君之子也。大夫、士之子,爲庶母慈己者服小功;父卒,乃不服。昔者魯昭公少喪其母,有慈母良,及其死也,公弗忍也,欲喪之。有司以聞曰:'古之禮,慈母無服。據國君也。良,善也。謂之慈母,固爲其善。國君之妾,子於禮不服也。昭公年三十,乃喪齊歸,猶無慼容,是不少,又安能不忍於慈母? 此非昭公明矣,未知何公也。○少喪,如字,下及注皆同①,讀者亦息浪反。今也君爲之服,是逆古之禮而亂國法也。若終行之,則有司將書之,以遺後世,無乃不可乎!'公曰:'古者天子練冠以燕居。'公弗忍也,遂練冠以喪慈母。喪慈母,自魯昭公始也。公之言又非也。天子練冠以燕居,蓋謂庶子王爲其母②。○遺,如字③,猶垂反,又于季反。"曾子問曰:"諸

(接上頁注)本、岳本、八行本"也"作"者"。阮校曰:"止行也　闽、監、毛本同,嘉靖本同,衛氏集説同,惠棟校宋本'也'作'者',岳本同,考文引古本同,足利本作'者也'。"鍔案:足利本作"止行者",阮説非也。

①"及注皆",彙校卷第十二、撫釋一、余仁仲本、和本、十行本、閩本、監本、毛本、殿本、阮刻本同,岳本無此三字。

②"謂",撫州本、余仁仲本、嘉靖本、八行本、和本、十行本、閩本、監本、毛本、殿本、阮刻本同;岳本作"諸",非。

③"如字",彙校卷第十二、撫釋一、余仁仲本、和本、十行本、閩本、監本、毛本、殿本、阮刻本同,岳本無此二字。

侯旅見天子，入門，不得終禮，廢者幾?"旅，衆。○幾，居豈反，下同。
孔子曰："四。""請問之。"曰："大廟火，日食，后之喪，雨霑服失
容，則廢。大廟，始祖廟。宗廟皆然，主於始祖耳。○霑，竹廉反。如諸侯
皆在而日食，則從天子救日，各以其方色與其兵。示奉時事有所討
也。方色者，東方衣青，南方衣赤，西方衣白，北方衣黑，兵未聞也。○衣，於既
反，又如字，下同①。大廟火，則從天子救火，不以方色與兵。"

　　7·20○曾子問曰："諸侯相見，揖讓入門，不得終禮，廢者
幾?"孔子曰："六。""請問之。"曰："天子崩，太廟火，日食，后、夫
人之喪，雨霑服失容，則廢。"夫人，君之夫人。

　　7·21○曾子問曰："天子嘗、禘、郊、社、五祀之祭，簠簋既陳，
天子崩，后之喪，如之何?"孔子曰："廢。"既陳，謂夙興陳饌牲器時也。天
子七祀，言五者，關中言之。○禘，大計反②。簠，音甫，徐方于反，又音蒲③。簋，
音軌。饌，仕戀反，又仕轉反，下同④。

　　7·22○曾子問曰："當祭而日食、大廟火，其祭也如之何?"
孔子曰："接祭而已矣。如牲至未殺，則廢。接祭而已，不迎尸也。天
子崩，未殯，五祀之祭不行。既殯而祭。其祭也，尸入，三飯不
侑、酳不酢而已矣。自啓至于反哭，五祀之祭不行。已葬而祭，
祝畢獻而已。"既葬弥吉。畢獻祝而後止⑤。郊、社亦然。唯嘗、禘宗廟，俟吉

---

①"又如字下同"，彙校卷十二、撫釋一同；余仁仲本、和本、十行本、閩本、監本、毛本、殿
本、阮刻本脱此五字，岳本無"下同"二字。

②"禘大計反"，彙校卷第十二、撫釋一、余仁仲本、和本、十行本、閩本、監本、毛本、殿本、
阮刻本同，岳本無此四字。

③"簠音甫徐方于反又音蒲"，彙校卷第十二、撫釋一、余仁仲本、和本、十行本、閩本、監
本、毛本、殿本、阮刻本同，岳本作"簠音甫又方于反"。

④"饌仕戀反又仕轉反下同"，彙校卷第十二、撫釋一、余仁仲本、和本、十行本、閩本、監
本、毛本、殿本、阮刻本同，岳本無此十字。

⑤"畢獻祝"，撫州本、余仁仲本、岳本、嘉靖本、八行本、和本、十行本、閩本、監本、殿本、阮
刻本同；毛本倒作"祝畢獻"，非。考異曰："畢獻祝而後止：俗注疏本作'祝畢獻'，誤也。
注以'畢獻祝'解經之'祝畢獻'，誤改轉同經文，全失其意。"

也。○飯，扶晚反，下同。不侑，音又，絕句，下皆放此。醋，音胤，又仕覲反。酢，
才各反①。

7·23○曾子問曰："諸侯之祭社稷，俎豆既陳，聞天子崩、后
之喪、君薨、夫人之喪，如之何？"孔子曰："廢。亦謂夙興陳饌牲器時
也。自薨比至于殯，自啓至于反哭，奉帥天子。"帥，循也。所奉循如天
子者，謂五祀之祭也。社稷亦然。○比，必利反。

7·24○曾子問曰："大夫之祭，鼎俎既陳，籩豆既設，不得成
禮，廢者幾？"孔子曰："九。""請問之。"曰："天子崩，后之喪，君
薨，夫人之喪，君之大廟火，日食，三年之喪，齊衰，大功，皆廢。
外喪自齊衰以下②，行也。齊衰，異門則祭。其齊衰之祭也，尸入，三
飯不侑、醋不酢而已矣。大功，酢而已矣。小功、緦③，室中之事
而已矣。室中之事，謂賓長獻。○長，知丈反，下文"誄長"同④。士之所以
異者，緦不祭。然則士不得成禮者十一。所祭，於死者無服則祭。"謂若
舅、舅之子、從母昆弟。曾子問曰："三年之喪，弔乎？"孔子曰："三年
之喪，練不羣立，不旅行。爲其苟語忘哀也。○爲，于僞反，下"爲彼"、"爲
親"、"妻爲"、"婦爲"、"爲已病"皆同⑤。君子禮以飾情，三年之喪而弔
哭，不亦虛乎！"爲彼哀則不專於親也，爲親哀則是妄弔。

7·25○曾子問曰："大夫、士有私喪，可以除之矣，而有君服
焉，其除之也如之何？"孔子曰："有君喪，服於身，不敢私服，又何

---

①"酢才各反"，彙校卷第十二、撫釋一、余仁仲本、和本、十行本、閩本、監本、毛本、殿本、
阮刻本同，岳本無此四字。

②"自齊衰"，唐石經、撫州本、余仁仲本、岳本、嘉靖本、和本、十行本、閩本、監本、毛本、殿
本、阮刻本同；足利本脫"衰"字，八行本脫"齊"字。

③"緦"下，考補謂古本有"麻"字。

④"下文誄長同"，彙校卷第十二、撫釋一、余仁仲本、和本、十行本、閩本、監本、毛本、殿
本、阮刻本同，岳本無此五字。

⑤"爲彼爲親妻爲婦爲爲已病"，彙校卷第十二、撫釋一、余仁仲本、和本、十行本、閩本、監
本、毛本、殿本、阮刻本同，岳本無此十一字。

除焉！重喻輕也。私喪，家之喪也。喪服四制曰："門外之治義斷恩。"○治，直
吏反①。斷，丁亂反。重言"可以除之矣"二，一見檀弓上第三。於是乎有過
時而弗除也，君之喪服除，而后殷祭，禮也。"謂主人也。支子則否。○
除，如字，徐直慮反②。

7·26○曾子問曰③："父母之喪，弗除可乎？"以其有終身之憂。
孔子曰："先王制禮，過時弗舉，禮也。非弗能勿除也，患其過於
制也，故君子過時不祭，禮也。"言制禮以爲民中，過其時，則不成禮。○
中，如字，又丁仲反④。重言"先王制禮"四，檀弓上三。

7·27○曾子問曰："君薨既殯，而臣有父母之喪，則如之何？"
孔子曰："歸居于家，有殷事則之君所，朝夕否。"居家者，因其哀後隆於
父母。殷事，朔月、月半薦新之奠也。曰："君既啓，而臣有父母之喪，則如
之何？"孔子曰："歸哭而反，送君。"言送君，則既葬而歸也。歸哭者，服君
服而歸，不敢私服也。曰："君未殯，而臣有父母之喪，則如之何？"孔子
曰："歸殯，反于君所。有殷事則歸，朝夕否。其哀雜，主於君。大夫、
室老行事，士則子孫行事。大夫、士，其在君所之時，則攝其事。大夫内
子，有殷事，亦之君所，朝夕否。"謂夫之君既殯而有舅姑之喪者。内子，
大夫適妻也⑤。妻爲夫之君，如婦爲舅姑，服齊衰。○適，丁歷反。

7·28○賤不誄貴，幼不誄長，禮也。誄，累也，累列生時行迹，讀

―――――――――

① "治直吏反"，彙校卷第十二、撫釋一、余仁仲本、和本、十行本、閩本、監本、毛本、殿本、
阮刻本同，岳本無此四字。
② "徐直慮反"，彙校卷第十二、撫釋一、余仁仲本、和本、十行本、閩本、監本、毛本、殿本、
阮刻本同，岳本無此四字。
③ "曾子問曰"，撫州本、余仁仲本、岳本、嘉靖本、八行本同，和本、十行本、閩本、監本、毛
本、殿本、阮刻本脱"問"字。
④ "中如字又丁仲反"，彙校卷第十二、撫釋一、余仁仲本、和本、十行本、閩本、監本、毛本、
殿本、阮刻本同，岳本無此七字。
⑤ "適妻"，撫州本、余仁仲本、岳本、嘉靖本、八行本、毛本同，和本、十行本、閩本、監本、殿
本、阮刻本脱"適"字。

之以作謚①。謚當由尊者成。○諡，力水反，謂謚也②。行，下孟反。謚，音示，徐又以二反③。**唯天子，稱天以諡之。** 以其無尊焉。春秋公羊説以爲，讀諡制謚於南郊，若云受之於天然。**諸侯相諡，非禮也。** 禮，當言諡於天子也。天子乃使大史賜之謚。

　　7·29○**曾子問曰："君出疆，以三年之戒，以椑從。君薨，其入如之何？"** 其出有喪備，疑喪入必異也。戒，猶備也，謂衣衾也。親身棺曰椑，其餘，可死乃具也。○疆，居良反④。椑，薄曆反，親身棺，謂杝棺也⑤。**孔子曰："共殯服，** 此謂君以大斂⑥。殯服，謂布深衣，苴絰，散帶垂。殯時主人所服，共之以待其來也⑦。其餘殯事，亦皆具焉。○共殯，音恭，注同，下必刃反。苴絰，七餘反，下大結反。散，息但反⑧。**則子麻弁絰、疏衰、菲、杖，** 棺柩未安，不忍成服於外也。麻弁絰者，布弁而加環絰也。布弁，如爵弁而用布。杖者，爲已病。○弁，皮彦反。柩，其又反。如爵，"如"或作"加"，誤也。爲已，音以⑨。**入自闕，升自西階。** 闕，謂毀宗也。柩毀宗而入，異於生也。升自西階，亦異

---

① "讀"，撫州本、余仁仲本、岳本、嘉靖本、八行本、十行本、阮刻本同，和本、閩本、監本、毛本、殿本作"諡"，非。
② "謂謚也"，彙校卷第十二、撫釋一、余仁仲本、和本、十行本、閩本、監本、毛本、殿本、阮刻本同，岳本無此三字。
③ "徐又以二反"，彙校卷第十二、撫釋一、余仁仲本、和本、十行本、閩本、監本、毛本、殿本、阮刻本同，岳本無此五字。
④ "疆居良反"，彙校卷第十二、撫釋一、余仁仲本、和本、十行本、閩本、監本、毛本、殿本、阮刻本同，岳本無此四字。
⑤ "椑薄曆反親身棺謂杝棺也"，彙校卷第十二、撫釋一、余仁仲本、和本、閩本、監本、毛本、殿本、阮刻本同，岳本作"椑音闢從去聲下同"，非；十行本"杝"誤作"也"，二"棺"字作墨釘。
⑥ "此謂君以大斂"，余仁仲本、嘉靖本同，撫州本"此"誤作"比"；撫州本、殿本、八行本、和本、十行本、閩本、監本、毛本、殿本、阮刻本"以"作"已"，是。
⑦ "待"，撫州本、余仁仲本、嘉靖本、八行本、和本、十行本、閩本、監本、毛本、殿本、阮刻本同；岳本作"侍"，非。
⑧ "共殯音恭注同下必刃反苴絰七餘反下大結反散息但反"，彙校卷第十二、撫釋一、余仁仲本、和本、十行本、閩本、監本、毛本、殿本、阮刻本同，岳本無此二十三字。
⑨ "弁皮彦反柩其又反如爵如或作加誤也爲已音以"，彙校卷第十二、撫釋一、余仁仲本、和本、十行本、閩本、監本、毛本、殿本、阮刻本同；岳本改作"菲扶沸反"，非。

生也。所毁宗，殯宮門西也。於此正棺，而服殯服，既塗而成服。殷，柩出毁宗；周，柩入毁宗，禮相變也。**如小斂，則子免而從柩**，謂君已小斂也。主人布深衣。不括髮者，行遠不可無節①。○免，音問。**入自門，升自阼階。**親未在棺，不忍異入，使如生來反。**君、大夫、士一節也②。"曾子問曰："君之喪既引，聞父母之喪，如之何?"孔子曰："遂，既封而歸，不俟子。"**遂，遂送君也。封，當爲"窆"。子，嗣君也。○引，以刃反，下皆同。封，音窆，彼驗反③。

　　7·30○**曾子問曰："父母之喪，既引及塗，聞君薨，如之何?"孔子曰："遂，既封，改服而往。"**封，亦當爲"窆"。改服，括髮，徒跣，布深衣，扱上衽，不以私喪包至尊。○既封，依注音"窆"，彼驗反④。塗，音徒⑤。扱，初洽反。衽，而審反，又而鴆反⑥。

　　7·31○**曾子問曰："宗子爲士，庶子爲大夫，其祭也如之何?"孔子曰："以上牲祭於宗子之家。**貴禄重宗也。上牲，大夫少牢。**祝曰：'孝子某，爲介子某，薦其常事。'**介，副也。不言庶，使若可以祭然。○祝，皇之六反⑦，舊之又反，下同。爲，于僞反，下注"爲有異居"、"爲無日"

---

① "無節"，十行本"無"作墨釘；撫州本、余仁仲本、岳本、嘉靖本、八行本、和本、十行本、閩本、監本、毛本、殿本、阮刻本"節"作"飾"，是。
② "一節"，唐石經、余仁仲本、岳本、嘉靖本、八行本、和本、十行本、閩本、監本、毛本、殿本、阮刻本同，撫州本作"主節"，非。
③ "封音窆彼驗反"，余仁仲本、和本、十行本、閩本、監本、毛本、殿本、阮刻本同，岳本作"封彼驗反下同"；彙校卷第十二、撫釋一作"既封依注音窆彼驗反"，是。
④ "既封依注音窆彼驗反"，余仁仲本、和本、十行本、閩本、監本、毛本、阮刻本同，衍文；岳本、殿本無此九字，是。
⑤ "塗音徒"，彙校卷第十二、撫釋一、余仁仲本、和本、十行本、閩本、監本、毛本、殿本、阮刻本同，岳本無此三字。
⑥ "衽而審反又而鴆反"，彙校卷第十二、撫釋一、余仁仲本、和本、十行本、閩本、監本、毛本、殿本、阮刻本同，岳本無此八字。
⑦ "皇"，彙校卷第十二、撫釋一、余仁仲本、和本、十行本、閩本、監本、毛本、殿本、阮刻本同，岳本無此字。

同。介，音界，副也，下同①。若宗子有罪，居于他國，庶子爲大夫，其祭也，祝曰：'孝子某，使介子某，執其常事。'此之謂宗子攝大夫。○"其祭也"，本或此下有"如之何"三字，非也②。攝主不厭祭，不旅、不假、不綏祭，不配。皆辟正主。厭，厭飫神也。厭有陰有陽。迎尸之前③，祝酌奠，奠之且饗，是陰厭也；尸謖之後，徹薦俎、敦，設於西北隅，是陽厭也。此不厭者，不陽厭也。不旅，不旅酬也。假，讀爲"嘏"，不嘏，不嘏主人也④。不綏祭，謂今主人也。綏，周禮作"墮"。不配者，祝辭不言"以某妃配某氏"。○厭，本或作"懕"⑤，於艷反，注、下皆同⑥。綏，注作"墮"，同許垂反，徐又況垂反，注同⑦。辟，音避，下同。飫，於去反⑧。謖，色六反，起也⑨。敦，音對，又東論反。嘏，古雅反⑩。布奠於賓，賓奠而不舉，布奠，謂主人酬賓，奠觶於薦北。賓奠，謂取觶奠於薦南也。此酬之始也。奠之不舉，止旅⑪。○觶，之豉反。字林音支。

---

① "下注爲有異居爲無日同介音界副也下同"，彙校卷第十二、撫釋一、余仁仲本、和本、十行本、閩本、監本、毛本、殿本、阮刻本同，岳本無此十七字。

② "其祭也本或此下有如之何三字非也"，彙校卷第十二、撫釋一、余仁仲本、和本、十行本、閩本、監本、毛本、殿本、阮刻本同，岳本無此十五字。

③ "尸"，撫州本、余仁仲本、岳本、嘉靖本、八行本、和本、阮刻本同；十行本作"王"，閩本、監本、毛本、殿本作"主"，非。阮校曰："迎尸之前　惠棟校宋本作'尸'，岳本同，嘉靖本同，衛氏集說同。此本'尸'誤'王'，閩、監、毛本誤'主'，通典五十一引亦作'迎尸'。"

④ "不嘏不嘏主人也"，撫州本、余仁仲本、岳本、嘉靖本、和本、十行本、閩本、監本、毛本、殿本、阮刻本同；八行本不重"不嘏"二字，潘本、呂本同，非。

⑤ "本或作懕"，彙校卷第十二、撫釋一、余仁仲本、和本、十行本、閩本、監本、毛本、殿本、阮刻本同，岳本無此四字。

⑥ "注下皆同"，彙校卷第十二、撫釋一、余仁仲本、和本、十行本、閩本、監本、毛本、殿本、阮刻本同，岳本無此四字。

⑦ "綏注作墮同許垂反徐又況垂反注同"，彙校卷第十二、撫釋一、余仁仲本、和本、十行本、閩本、監本、毛本、殿本、阮刻本同，岳本作"綏許垂反"。

⑧ "下同飫於去反"，彙校卷第十二、撫釋一、余仁仲本、和本、十行本、閩本、監本、毛本、殿本、阮刻本同，岳本無此六字。

⑨ "起也"，彙校卷第十二、撫釋一、余仁仲本、和本、十行本、閩本、監本、毛本、殿本、阮刻本同，岳本無此二字。

⑩ "又東論反嘏古雅反"，彙校卷第十二、撫釋一、余仁仲本、和本、十行本、閩本、監本、毛本、殿本、阮刻本同，岳本無此八字。

⑪ "止旅"，撫州本、余仁仲本、岳本、嘉靖本、八行本、和本、閩本、監本、毛本、殿（轉下頁注）

不歸肉。肉，俎也。謂與祭者留之共燕①。○歸，如字，徐其位反③。與，音預。
其辭于賓曰：‘宗兄、宗弟、宗子在他國，使某辭。’”辭，猶告也。宿賓
之辭，與宗子爲列，則曰“宗兄”若“宗弟”；昭穆異者，曰“宗子”而已。其辭若云
“宗兄某在他國，使某執其常事，使某告。”○其辭，如字，告也，下及注同。昭穆，
常遙反，下音木，後放此③。

　　7·32○曾子問曰：“宗子去在他國，庶子無爵而居者，可以祭
乎？”孔子曰：“祭哉！”有子孫存，不可以乏先祖之祀。請問：“其祭如之
何？”孔子曰：“望墓而爲壇，以時祭。不祭于廟，無爵者賤，遠辟正主。○
壇，大丹反，下注同，注或作“墠”，音善。遠，徐于萬反④。若宗子死，告於
墓，而后祭於家。言祭於家，容無廟也。宗子死，稱名不言‘孝’，孝，
宗子之稱。不敢與之同其辭，但言“子某薦其常事”。○稱，尺證反。身没而
已。至子可以稱孝。子游之徒有庶子祭者，以此，以，用也。用此禮祭
也。若義也。若，順。今之祭者，不首其義，故誣於祭也。”首，本也。
誣，猶妄也。

　　7·33○曾子問曰：“祭必有尸乎？言無益，無用爲。若厭祭亦可
乎？”厭時無尸。孔子曰：“祭成喪者必有尸，尸必以孫，孫幼則使人
抱之。無孫則取於同姓可也。人以有子孫爲成人，子不殤父，義由此也。
重意“尸必以孫”，曲禮上、祭統二十五並云：“孫爲王父尸。”○“孫幼則使人抱之”，
曲禮上：“君子抱孫不抱子。”祭殤必厭，蓋弗成也。厭飫而已，不成其爲人。

（接上頁注）本、阮刻本同，十行本脱“止”字。

①“謂與”，撫州本、余仁仲本、岳本、嘉靖本、八行本、和本、十行本、閩本、監本、毛本、殿
　本、阮刻本同；足利本作“諸與”，釋文出“諸與”，是。

②“徐”，彙校卷第十二、撫釋一、余仁仲本、和本、十行本、閩本、監本、毛本、殿本、阮刻本
　同，岳本作“又”。

③“其辭如字告也下及注同昭穆常遙反下音木後放此”，余仁仲本、十行本、和本、閩本、監
　本、毛本、殿本、阮刻本同，岳本無此二十一字，彙校卷第十二、撫釋一“辭”作“詞”。

④“下注同注或作墠音善遠徐于萬反”，余仁仲本、和本、十行本、閩本、監本、毛本、殿本、
　阮刻本同，岳本無此十四字，彙校卷第十二、撫釋一“萬”作“万”。

祭成喪而無尸，是殤之也。"與不成人同。孔子曰："有陰厭，有陽厭。"言祭殤之禮，有於陰厭之者，有於陽厭之者。曾子問曰："殤不祔祭，何謂陰厭、陽厭？"祔，當爲"備"，聲之誤也。言殤乃不成人，祭之不備禮，而云"陰厭、陽厭乎"？此失孔子指也。祭成人，始設奠於奧，迎尸之前，謂之陰厭；尸謖之後，改饌於西北隅，謂之殤厭①。殤則不備。○附，依注音備，本或作"祔"，亦同②。奧，於報反。孔子曰："宗子爲殤而死，庶子弗爲後也。族人以其倫代之，明不序昭穆立之廟。其祭之，就其祖而已，代之者主其禮。其吉祭，特牲。尊宗子，從成人也。凡殤則特豚。自卒哭成事之後爲吉祭。祭殤不舉③，無肵俎，無玄酒，不告利成。此其無尸，及所降也。其他如成人。舉肺脊、肵俎、利成，禮之施於尸者。○肵，音其，又忌依反④，敬也。是謂陰厭。是宗子而殤，祭之於奧之禮；小宗爲殤，其祭禮亦如之。凡殤與無後者，祭於宗子之家，當室之白，尊于東房，是謂陽厭。"凡殤，謂庶子之適也，或昆弟之子，或從父昆弟。無後者如有昆弟及諸父，此則今死者，皆宗子大功之内親，共祖、禰者。言"祭於宗子之家"者，爲有異居之道也。無廟者，爲壇祭之。親者，共其牲物，宗子皆主其禮。當室之白，尊於東房，異於宗子之爲殤。當室之白，謂西北隅得户明者也。明者曰陽。凡祖廟在小宗之家，小宗祭之亦然，宗子之適亦爲，凡殤，過此以往，則不祭也。祭適者，天子下祭五，諸侯下祭三，大夫下祭二，士以下祭子而上⑤。○適，丁歷反，下同⑥。

---

① "殤"，撫州本、余仁仲本、岳本、嘉靖本、八行本、和本、十行本、閩本、監本、毛本、殿本、阮刻本、吳氏朱批、叢刊本作"陽"，是。
② "附依注音備本或作祔亦同"，彙校卷第十二、撫釋一、余仁仲本、和本、十行本、閩本、監本、毛本、殿本、阮刻本同，岳本作"附音備"。
③ "不舉"，唐石經、撫州本、余仁仲本、岳本、嘉靖本、八行本、十行本、閩本、阮刻本同，和本、監本、毛本、殿本"舉"下衍"肺"字。
④ "又忌依反"，彙校卷第十二、撫釋一、余仁仲本、和本、十行本、閩本、監本、毛本、殿本、阮刻本同，岳本無此四字。
⑤ "上"，撫州本、余仁仲本、岳本、嘉靖本、八行本、和本、十行本、閩本、監本、毛本、殿本、阮刻本、叢刊本作"止"，是。
⑥ "下同"，彙校卷第十二、撫釋一、余仁仲本、和本、十行本、閩本、監本、毛本、殿本、阮刻本同，岳本作"下皆同"。

“如有昆弟”，一本作“如有”①，共其，音恭②。

7·34○曾子問曰：“葬引至于堩，日有食之，則有變乎，且不乎？”堩，道也。變，謂異禮。○堩，古鄧反。且，如字，徐子餘反③。孔子曰：“昔者吾從老聃助葬於巷黨，及堩，日有食之。老聃曰：‘丘，止柩，就道右。止哭以聽變。既明反，而后行，曰：“禮也。”’巷黨，黨名也。就道右者，行相左也。變，日食也。反，復也。○從，才用反，又如字。既明反，絕句④。反葬，而丘問之曰：‘夫柩，不可以反者也。日有食之，不如其已之遲數，則豈如行哉？’已，止也。數，讀爲速。老聃曰：‘諸侯朝天子，見日而行，逮日而舍奠。大夫使，見日而行，逮日而舍。舍奠，每將舍，奠行主。○朝，直遥反。使，色吏反，下“君使”、“所使”同⑤。夫柩不蚤出，不莫宿，侵晨夜，則近姦寇。○蚤，音早⑥。莫，音暮。近，“附近”之近⑦。見星而行者，唯罪人與奔父母之喪者乎！日有食之，安知其不見星也。爲無日而慝作，豫止也。○慝，他得反，惡也⑧。且君子行禮，不以人之親痁患。’痁，病也。以人之父母行禮而恐懼其有患害，不爲也。○痁，始

①“如有昆弟一本作如有”，阮刻本同；岳本無此九字，余仁仲本、和本、十行本、閩本、監本、毛本、殿本作“如有昆弟一本作加有”，彙校卷第十二、撫釋一作“如有昆弟一本作加有昆弟”，皆非。

②“共其音恭”，彙校卷第十二、撫釋一、余仁仲本、和本、十行本、閩本、監本、毛本、殿本、阮刻本同，岳本作“共音恭”。

③“徐子餘反”，彙校卷第十二、撫釋一、余仁仲本、和本、十行本、閩本、監本、毛本、殿本、阮刻本同，岳本無此四字。

④“既明反絕句”，彙校卷第十二、撫釋一、余仁仲本、和本、十行本、閩本、監本、毛本、殿本、阮刻本同，岳本無此五字。

⑤“下君使所使同”，彙校卷第十二、撫釋一、余仁仲本、和本、十行本、閩本、監本、毛本、殿本、阮刻本同，岳本無此六字。

⑥“蚤音早”，彙校卷第十二、撫釋一、余仁仲本、和本、十行本、閩本、監本、毛本、殿本、阮刻本同，岳本無此三字。

⑦“近附近之近”，彙校卷第十二、撫釋一、余仁仲本、和本、十行本、閩本、監本、毛本、殿本、阮刻本同，岳本無此五字。

⑧“惡也”，彙校卷第十二、撫釋一、余仁仲本、和本、十行本、閩本、監本、毛本、殿本、阮刻本同，岳本無此二字。

占反,病也。恐,丘勇反①。**吾間諸老聃云②**。"

7・35○**曾子問曰:"爲君使而卒於舍。禮曰:'公館復,私館不復。'凡所使之國,有司所授舍,則公館已,何謂私館不復也?"**復,始死招魂。○爲③,于僞反,又如字。重言"公館復,私館不復"三,一見雜記下三十篇④,一見喪大記二十一⑤。**孔子曰:"善乎問之也! 善其問難明也。自卿、大夫之家⑥,曰私館;公館與公所爲曰公館。'公館復',此之謂也。"**公館,若今縣官宮也⑦。宮所爲⑧,君所命使舍己者。重言"此之謂也"九,禮器、大傳、祭義、喪服、內則各一,樂記二,經解三。

7・36○**曾子問曰:"下殤土周,葬于園,遂輿機而往,塗邇故也。**土周,聖周也。周人以夏后氏之聖周,葬下殤於園中,以其去成人遠,不就墓也。機,輿尸之牀也,以繩絸其中央,反以繩從兩旁鉤之⑨。禮,以機舉尸,輿之以就園,而斂葬焉,塗近故耳。輿機,或爲"餘機"。○邇,音迩,近也。即,本又作"聖",子栗反,下同。絸,本又作"絹",古鄧反,一音古恒反。鉤,本又作"拘",古侯

<hr/>

①"病也恐丘勇反",彙校卷第十二、撫釋一、余仁仲本、和本、十行本、閩本、監本、毛本、殿本、阮刻本同,岳本無此六字。

②"間",唐石經、撫州本、余仁仲本、岳本、嘉靖本、八行本、和本、十行本、閩本、監本、毛本、殿本、阮刻本作"聞",是。

③"爲",岳本、殿本同,彙校卷十二、撫釋一、余仁仲本、和本、十行本、閩本、監本、毛本、阮刻本作"爲君"。

④"三十",當是"二十一"之誤,雜記下是禮記第二十一篇。

⑤"二十一",當是"二十二"之誤,喪大記是禮記第二十二篇。

⑥"大夫之家",余仁仲本、岳本、和本、十行本、阮刻本同;唐石經、撫州本、八行本、閩本、監本、毛本、殿本"大夫"下有"士"字,是。

⑦"宮",撫州本、余仁仲本、岳本、嘉靖本、八行本、和本、十行本、閩本、阮刻本同;監本、毛本、殿本作"舍",非。阮校曰:"公館若今縣官宮也　閩本同,惠棟校宋本同,疏同,岳本同,嘉靖本同,考文引古本同,監、毛本'宮'作'舍',衛氏集説同。"

⑧"宮",余仁仲本、十行本、閩本同;撫州本、岳本、嘉靖本、八行本、和本、監本、毛本、殿本、阮刻本、吳氏朱批作"公",是。

⑨"反",撫州本、余仁仲本、岳本、嘉靖本、八行本、和本、十行本、閩本、監本、毛本、殿本、阮刻本、吳氏朱批作"又",是。

反。斂，力驗反，下同①。**今墓遠，則其葬也如之何？**"今人斂下殤於宮中，而葬於墓，與成人同，墓塋乃遠，其葬當輿其棺乎？載之也？問禮之變也。**孔子曰："吾聞諸老聃曰：'昔者史佚有子而死，下殤也，墓遠。**蓋欲葬墓，如長殤，從成人也。長殤有送葬車者，則棺載之矣。史佚，成王時賢史也②。賢，猶有所不知。○佚，音逸。長，丁丈反，下同。則棺③，古患反，下文"棺斂"、"衣棺"、注"棺謂"皆同④。**召公謂之曰：何以不棺斂於宮中？**欲其斂於宮中，如成人也。斂於宮中，則葬當載之。○召，本又作"邵"，同，上照反，下同⑤。**史佚曰：吾敢乎哉？**畏知禮也⑥。**召公言於周公。**爲史佚問。○爲，于僞反，下"爲辟"、下文"有爲"並同⑦。**周公曰：豈？不可。**言是豈，於禮不可。不許也。○周公曰豈，絕句。言是豈，絕句。於禮不可，絕句。**史佚行之。**失指以爲許也。遂用召公之言。**下殤用棺衣棺，自史佚始也。'"**棺，謂斂於棺。

　　7・37○曾子問曰⑧："卿、大夫將爲尸於公，受宿矣，而有齊

---

①"邇音邇近也即本又作聖子栗反下同絚本又作緪古鄧反一音古恒反鈞本又作拘古侯反斂力驗反下同"，彙校卷第十二、撫釋一、余仁仲本、和本、十行本、閩本、監本、毛本、殿本、阮刻本同，岳本作"聖子栗反緪古鄧反鈞古侯反斂力驗反"。

②"成王"，余仁仲本、岳本、嘉靖本、八行本、和本、十行本、閩本、監本、毛本、殿本、阮刻本同，撫州本作"武王"，考異曰："'成'字，非也。"

③"長丁丈反下同則"，彙校卷第十二、撫釋一、余仁仲本、和本、十行本、閩本、監本、毛本、殿本、阮刻本同，岳本無此七字。

④"注棺謂"，彙校卷第十二、撫釋一、余仁仲本、和本、十行本、閩本、監本、毛本、殿本、阮刻本同，岳本無此三字。

⑤"召本又作邵同上照反下同"，彙校卷第十二、撫釋一、余仁仲本、和本、十行本、閩本、監本、毛本、殿本、阮刻本同，岳本作"召上照反"。

⑥"畏知禮也"，撫州本、余仁仲本、岳本、嘉靖本、八行本、和本、十行本、閩本、監本、毛本、殿本、阮刻本同，考證曰："刊本'者'訛'也'，今據集説改。"

⑦"爲于僞反下爲辟下文有爲並同"，彙校卷第十二、撫釋一、余仁仲本、和本、十行本、閩本、監本、毛本、殿本、阮刻本同，岳本無此十三字。

⑧"曾子問曰"，唐石經、撫州本、余仁仲本、岳本、嘉靖本、八行本、和本同；十行本缺一頁，內容自疏文"葬於園中也"至經文"曾"字，即和本卷十九第二十一頁；閩本、監本用墨筆補足，毛本、殿本缺，阮刻本補。阮校曰："故用土周而　惠棟校宋本作'故'。此本'故'誤'所'，閩、監、毛本同。此本第二十頁止此，共二十一頁全脫，閩、監、毛本同。因共空白二十三行，今據惠棟校宋本補。"

衰内喪，則如之何？”**孔子**曰：“出舍於公館以待事，禮也。”吉凶不可以同處。○處，昌慮反^①。**孔子曰：“尸弁冕而出**，爲君尸或弁者，先祖或有爲大夫、士者。**卿、大夫、士皆下之**，見而下車。**尸必式**，小俛禮之。**必有前驅**。爲辟道。○辟，婢亦反。重言“尸必式”三，一見曲禮上，一見雜記上。

7·38○**子夏問曰：“三年之喪，卒哭，金革之事無辟也者，禮與？初有司與？”**疑有司初使之然。○辟，音避，下同。與，音餘，下皆同^②。**孔子曰：“夏后氏三年之喪，既殯而致事；殷人既葬而致事^③**。致事，還其職位於君。則卒哭而致事^④。**記曰：‘君子不奪人之親，亦不可奪親也。’此之謂乎！”**二者，恕也，孝也。重意“君子不奪人之親，亦不可奪親也”，雜記下二十二^⑤、服問二十六^⑥：“君子不奪人之喪，亦不奪喪也。”文王世子：“不奪人親也。”**子夏曰：“金革之事無辟也者，非與？”**疑禮當有然。**孔子曰：“吾聞諸老聃曰：‘昔者魯公伯禽有爲爲之也。’**伯禽，周公子，封於魯，有徐戎作難，喪，卒哭而征之，急王事也。征之，作費誓。○難，乃旦反。費，音秘。**今以三年之喪，從其利者，吾弗知也。”**時多攻取之兵，言非禮也。

---

① “處昌慮反”，彙校卷第十二、撫釋一、余仁仲本同，和本、十行本、閩本、監本、毛本、殿本、阮刻本脱此四字。

② “下皆同”，彙校卷第十二、撫釋一、余仁仲本、和本、十行本、閩本、監本、毛本、殿本、阮刻本同，岳本作“下同”。

③ “致事”，唐石經、余仁仲本、岳本、嘉靖本、八行本、和本、十行本、閩本、監本、毛本、殿本、阮刻本同；撫州本“致事”下有“周人卒哭而致事”七字，非。考異曰：“經文自來無此一句也，興國本改作經，而撫本乃依之剜添，失之矣。”

④ “則卒哭而致事”，撫州本、余仁仲本、岳本、嘉靖本、和本、閩本、監本、毛本、殿本、十行本同；八行本、阮刻本“則”作“周”，是。阮校曰：“周卒哭而致事　惠棟校宋本作‘周’，岳本同，考文引足利本同。此本‘周’誤‘則’，閩、監、毛本同，嘉靖本同，衛氏集説同。浦鏜校云：‘按皇氏疏，則“周人卒哭而致事”，是鄭君從夏、殷推而知之，當是注文。而孔氏云：孔子既前答周人卒哭而致事，則又似屬經文而誤入注耳。’”

⑤ “二十二”，當是“二十一”之誤，雜記下是禮記第二十一篇。

⑥ “二十六”，當是“三十六”之誤，服問是禮記第三十六篇。

文王世子第八

○陸曰：“文王，周文王昌也。鄭云：‘以其善爲世子之禮，故著謚號標篇，言可法也。’”①

禮記　　　　　　　　　　　　　　　　　　　鄭氏注②

8·1　文王之爲世子，朝於王季日三。三皆曰朝，以其禮同。○朝，直遥反。三，如字，又息暫反。鷄初鳴而衣服，至於寢門外，問内豎之御者曰：“今日安否？何如？”内豎，小臣之屬，掌外内之通命者。御，如今小史直日矣。○衣，徐於既反，又如字。豎，上主反。重言“鷄初鳴而衣服”，内則十二：“鷄初鳴。”内豎曰：“安！”文王乃喜。孝子恒兢兢。及日中，又至，亦如之。又，復也。○復，扶又反③。及莫，又至，亦如之。莫，夕也。○莫，音暮，注及篇末皆同④。其有不安節，則内豎以告文王，文王色憂，行不能正履。節，謂居處故事。履，蹈地也。○蹈，徒報反⑤。王季復膳，飲食安也。然後亦復初。憂解。○解，胡買反⑥。重言“然後亦復

---

① “陸曰文王周文王昌也鄭云以其善爲世子之禮故著謚號標篇言可法也”，余仁仲本、和本、十行本、閩本、監本、毛本、殿本、阮刻本同，岳本無此二十九字，彙校卷第十三、撫釋一無“陸曰”二字。

② 撫州本題“文王世子第八”，頂格書寫，空三格題“鄭氏注”。余仁仲本題“文王世子第八”，頂格書寫，次行空三格題“禮記”，空九格題“鄭氏注”。嘉靖本題“文王世子第八”，頂格書寫；空二格題“禮記”，空二格題“鄭氏注”。

③ “復扶又反”，彙校卷第十二、撫釋一、余仁仲本、和本、十行本、閩本、監本、毛本、殿本、阮刻本同，岳本無此四字。

④ “注及篇末皆同”，彙校卷第十二、撫釋一、余仁仲本、和本、十行本、閩本、監本、毛本、殿本、阮刻本同，岳本無此六字。

⑤ “蹈徒報反”，彙校卷第十二、撫釋一、余仁仲本、和本、十行本、閩本、監本、毛本、殿本、阮刻本同，岳本無此四字。

⑥ “解胡買反”，彙校卷第十二、撫釋一、余仁仲本、和本、十行本、閩本、監本、毛本、殿本、阮刻本同，岳本無此四字。

初”三，篇末二。**食上，必在視寒煖之節**；在，察也。○上，時掌反①。煖，乃管反，徐況煩反②。**食下，問所膳。**問所食者。**命膳宰曰：“末有原。”應曰：“諾！”然後退。**末，猶勿也。原，再也，勿有所再進，爲其失飪，臭味惡也。退，反其寢。○末，亡葛反③。應，“應對”之應。爲，于僞反。飪，而審反，生熟之節④。重意“至於寢門外止，然後退”，見卷末。**武王帥而行之，不敢有加焉。**庶幾程式之。帥，循也。**文王有疾，武王不説冠帶而養。**言常在側。○税，本亦作“晚”，又作“説”，同，音他活反⑤。養，羊尚反。**文王一飯，亦一飯；文王再飯，亦再飯。**欲知氣力箴藥所勝。○一，本亦作“一”⑥。飯，扶晚反，下及篇末皆同⑦。箴，本亦作“鍼”⑧，之林反。勝，音升⑨。重意篇末“嘗饌膳，則世子亦能食；嘗饌寡，則世子亦不能飽。”**旬有二日，乃間。**間，猶瘳也。○瘳，丑由反。差也⑩。**文王謂武王曰：“女何夢矣？”**間後容

---

① “上時掌反”，彙校卷第十二、撫釋一、余仁仲本、和本、十行本、閩本、監本、毛本、殿本、阮刻本同，岳本無此四字。

② “徐況煩反”，彙校卷第十二、撫釋一、余仁仲本、和本、十行本、閩本、監本、毛本、殿本、阮刻本同，岳本無此四字。

③ “亡葛反”，彙校卷十二、撫釋一、余仁仲本、和本、岳本、十行本、閩本、監本、毛本、殿本、阮刻本“葛”作“曷”。

④ “應應對之應爲于僞反飪而審反生熟之節”，彙校卷第十二、撫釋一、余仁仲本、和本、十行本、閩本、監本、毛本、殿本、阮刻本同，岳本無此十七字。

⑤ “税本亦作晚又作説同音他活反”，岳本作“説他活反”；彙校卷第十二、撫釋一、余仁仲本、和本、十行本、閩本、監本、毛本、殿本、阮刻本“晚”作“脱”，是。

⑥ “一本亦作一”，彙校卷第十二、撫釋一、余仁仲本、和本、十行本、閩本、監本、毛本、殿本、阮刻本作“壹本亦作一”，是；岳本無此五字。

⑦ “及篇末皆”，彙校卷第十二、撫釋一、余仁仲本、和本、十行本、閩本、監本、毛本、殿本、阮刻本同，岳本無此四字。

⑧ “本亦作鍼”，余仁仲本、和本、十行本、閩本、監本、毛本、阮刻本同，岳本無此四字；彙校卷第十二、撫釋一、殿本“鍼”作“鍼”，是。

⑨ “勝音升”，彙校卷第十二、撫釋一、余仁仲本、和本、十行本、閩本、監本、毛本、殿本、阮刻本同，岳本無此三字。

⑩ “瘳丑由反差也”，彙校卷第十二、撫釋一、余仁仲本、和本、十行本、閩本、監本、毛本、殿本、阮刻本同，岳本無此六字。

卧。○女,音汝,後同①。**武王對曰:"夢帝與我九齡。"**帝,天也。○聆,音零,本或作"齡"②。**文王曰:"女以爲何也?"武王曰:"西方有九國焉,君王其終撫諸?"**撫,猶有也。言"君王",則此受命之後也。**文王曰:"非也。古者謂'年齡'。齒亦齡也。我百,爾九十,吾與爾三焉。"**年,天氣也。齒,人壽之數也。九齡,九十年之祥也。文王以勤憂損壽,武王以安樂延年,言"與爾三"者,明傳業於女,女受而成之。○壽,音受,後同。樂,音洛。予爾,羊汝反。傳,直專反③。**文王九十七乃終,武王九十三而終。**君子曰終,終其成功。**成王幼,不能涖阼,**涖,視也。不能視阼階,行人君之事。○涖,音吏,又音類,下同④。涖視,本或作"涖臨也"⑤。[重言]二,下文一,明堂十四篇:"成王幼弱。"**周公相踐阼而治,**踐,履也。代成王履阼階,攝王位治天下也。○相,息亮反。治,徐直吏反,下注"治定"同,一音如字⑥。[重意]"周公相踐阼而治",下文"踐祚而治",明堂篇:"周公踐天子之位,以治天下。"**抗世子法於伯禽,欲令成王之知父子、君臣、長幼之道也。**抗,猶舉也,謂舉以世子之法,使與成王居而學之。○抗,苦浪反。長,丁丈反,後皆同。[重言]"抗世子法於伯禽"三,重見下文。○"欲令成王之知父子、君臣、長幼之道也",下文一,"道"作"義"字;又云:"欲其知父子、君臣之道也。"**成王有過,則撻伯禽,所以示成王世子之道也。**以成王之過擊伯禽,則足以感喻焉。○撻,

---

① "後同",彙校卷第十二、撫釋一、余仁仲本、和本、十行本、閩本、監本、毛本、殿本、阮刻本同,岳本無此二字。

② "聆音零本或作齡",彙校卷第十二、撫釋一、余仁仲本、和本、十行本、閩本、監本、毛本、殿本、阮刻本同,岳本無此七字。

③ "壽音受後同樂音洛予爾羊汝反傳直專反",彙校卷第十二、撫釋一、余仁仲本、和本、十行本、閩本、監本、毛本、殿本、阮刻本同,岳本無此十七字。

④ "下同",彙校卷第十二、撫釋一、余仁仲本、和本、十行本、閩本、監本、毛本、殿本、阮刻本同,岳本無此二字。

⑤ "涖視本或作涖臨也",彙校卷十二、撫釋一"莅視本或作涖臨也",余仁仲本、和本、十行本、閩本、監本、殿本、阮刻本作"莅視本或作莅臨也",岳本無此八字,毛本下"莅"字誤作"吏"。

⑥ "治徐直吏反下注治定同一音如字",彙校卷第十二、撫釋一、余仁仲本、和本、十行本、閩本、監本、毛本、殿本、阮刻本同,岳本無此十四字。

他達反,擊也①。**文子之爲世子也**②。題上事。

8·2○**凡學世子及學士,必時**。四時各有宜學③。士,謂司徒論俊選所升於學者。○學,戶教反④,教也。下"小樂正學干"、"籥師學戈"、"學舞干戚"同。選,息戀反,後同⑤。**春夏學干戈,秋冬學羽籥,皆於東序**。干,盾也。戈,句矛戟也⑥。干戈,萬舞,象武也,用動作之時學之。羽籥,籥舞,象文也,用安靜之時學之。詩云:"左手執籥,右手秉翟。"○夏,戶嫁反,下放此⑦。籥,羊灼反。楯,人準反,又音尹⑧。句,古侯反。翟,大曆反⑨。重意王制:"春秋教以禮、樂,冬夏教以詩、書。"**小樂正學干**⑩,**大胥贊之;籥師學戈,籥師丞贊之**。四人皆樂官之屬也。通職,秋冬亦學以羽籥。小樂正⑪,樂師也。周禮樂師:"掌國學之政,教國子小舞。"大胥:"掌學士之

---

①"撻他達反擊也",彙校卷第十二、撫釋一、余仁仲本、和本、十行本、閩本、監本、毛本、殿本、阮刻本同;岳本作"撻音闥"。

②"文子",唐石經、撫州本、余仁仲本、岳本、嘉靖本、八行本、和本、十行本、閩本、監本、毛本、殿本、阮刻本,吳氏朱批作"文王",是。

③"四時各有宜學",撫州本、余仁仲本、岳本、嘉靖本、八行本、和本、十行本、阮刻本同;閩本、監本、毛本、殿本"有"下衍"所"字。

④"學戶教反",彙校卷十二、撫釋一、余仁仲本、岳本、和本、十行本、閩本、監本、毛本、殿本、阮刻本"教"作"孝"。

⑤"下小樂正學干籥師學戈學舞干戚同選息戀反後同",彙校卷第十二、撫釋一、余仁仲本、和本、十行本、閩本、監本、毛本、殿本、阮刻本同,岳本作"下小樂正學干學戈學舞同"。

⑥"矛",余仁仲本、嘉靖本、十行本、阮刻本同;撫州本、岳本、八行本、和本、閩本、監本、毛本、殿本作"子",是。阮校曰:"戈句矛戟也　閩、監、毛本作'子',岳本同,衛氏集說同,此本'子'誤'矛',嘉靖本同。釋文出'句子'。"

⑦"夏戶嫁反下放此",彙校卷第十二、撫釋一、余仁仲本、和本、十行本、閩本、監本、毛本、殿本、阮刻本同,岳本無此七字。

⑧"楯人準反又音尹",岳本作"盾食準反";彙校卷第十二、撫釋一、余仁仲本、和本、十行本、閩本、監本、毛本、殿本、阮刻本"人"作"食",是。

⑨"翟大曆反",彙校卷十二、撫釋一、余仁仲本、和本、閩本、監本、毛本、殿本、阮刻本同;十行本"翟"作"霍",非。

⑩"小樂正學干",唐石經、撫州本、余仁仲本、岳本、嘉靖本、八行本、和本、殿本、阮刻本同;閩本、監本、毛本"樂"作"學",十行本"干"作"于",皆非。

⑪"小",撫州本、余仁仲本、岳本、嘉靖本、八行本、和本、閩本、監本、毛本、殿本、阮刻本同;十行本作"師",非。

版,以待教諸子①。春入學,舍菜,合舞;秋頒學,合聲。"籥師:"掌教國子舞羽、吹籥。"○大,如字,又音泰②。胥,息余反,又息吕反,注皆放此。版,音板,本又作"板"③。舍菜,音釋,後"舍菜"同。頒,音班④。**胥鼓南**。南,南夷之樂也。胥掌以六樂之會正舞位,旄人教夷樂,則以鼓節之。詩云:"以雅以南,以籥不僭。"○旄,音毛⑤。僭,七尋反,又子念反⑥。**春誦夏弦,大師詔之。瞽宗秋學禮,執禮者詔之。冬讀書,典書者詔之。禮在瞽宗,書在上庠**。誦,謂歌樂也。弦,謂以絲播詩。陽用事則學之以聲,陰用事則學之以事。因時順氣,於功易成也。周立三代之學,學書於有虞氏之學,典、謨之教所興也;學舞於夏后氏之學,文武中也;學禮、樂於殷氏之學⑦,功成治定,與己同也。○大,音太,下文、注"大樂正"、"大學"、"大傅"、"大祖"、"大寢"皆同⑧。瞽,音古⑨。瞽宗,殷學名。庠,音詳⑩。上庠,虞學名。播,波我反。

---

① "教",撫州本、余仁仲本、岳本、嘉靖本、八行本、和本、十行本、閩本、監本、毛本、殿本、阮刻本作"致",是。

② "泰",彙校卷十二、撫釋一同;余仁仲本、岳本、和本、十行本、閩本、監本、毛本、殿本、阮刻本作"太"。

③ "版音板本又作板",彙校卷第十二、撫釋一、余仁仲本、和本、十行本、閩本、監本、毛本、殿本、阮刻本同,岳本無此七字。

④ "頒音班",彙校卷第十二、撫釋一、余仁仲本、和本、十行本、閩本、監本、毛本、殿本、阮刻本同,岳本無此三字。

⑤ "旄音毛",彙校卷第十二、撫釋一、余仁仲本、和本、十行本、閩本、監本、毛本、殿本、阮刻本同,岳本無此三字。

⑥ "又子念反",彙校卷第十二、撫釋一、余仁仲本、和本、十行本、閩本、監本、毛本、殿本、阮刻本同,岳本無此四字。

⑦ "殷氏",撫州本、余仁仲本、岳本、嘉靖本、八行本、和本、十行本、閩本、監本、毛本、殿本、阮刻本無"氏"字,是。

⑧ "下文注大樂正大學大傅大祖大寢皆同",彙校卷第十二、撫釋一、余仁仲本、和本、閩本、監本、毛本、殿本、阮刻本同,岳本作"下大樂正大學大傅大寢皆同";十行本"同"作"問",非。

⑨ "瞽音古",彙校卷第十二、撫釋一、余仁仲本、和本、十行本、閩本、監本、毛本、殿本、阮刻本同,岳本無此三字。

⑩ "庠音詳",彙校卷第十二、撫釋一、余仁仲本、和本、十行本、閩本、監本、毛本、殿本、阮刻本同,岳本無此三字。

易，以豉反^①。

　　8·3〇凡祭與養老乞言、合語之禮，皆小樂正詔之於東序。學以三者之威儀也。養老乞言，養老人之賢者，因從乞善言可行者也。合語，謂鄉射、鄉飲酒、大射、燕射之屬也。鄉射記曰：“古者於旅也語。”〇合，如字，徐音閣，注同^②，下“大合樂”放此。 重意 “與養老乞言”，王制、内則云：“凡三王養老，皆乞言。”大樂正學舞干戚、語説、命乞言，皆大樂正授數。學以三者之義也。戚，斧也。語説，合語之説也。數，篇數。〇説，如字，徐始鋭反，注“語説”同^③。大司成論説在東序。論説，課其義之深淺、才能優劣。此云“樂正司業，父師司成”，則大司成，司徒之屬師氏也。師氏掌以美詔王^④，教國子以三德、三行及國中失之事也。〇論，力門反，徐力頓反，注同^⑤。行，下孟反，下文“德行”同^⑥。凡侍坐於大司成者，遠近間三席，可以問，間，猶容也。容三席，則得指畫相分别也。席之制，廣三尺三寸三分，則是所謂函丈也。〇坐，才卧反，又如字。遠近間，並如字。間，猶容也，注同，徐古辨反，同^⑦。畫，乎麥反。别，彼列反^⑧。廣，古曠反，又如字。三寸，一本作“廣三尺三寸三分”。函，胡南反^⑨。 終

---

①“播波我反易以豉反”，彙校卷第十二、撫釋一、余仁仲本、和本、十行本、閩本、監本、毛本、殿本、阮刻本同，岳本無此八字。

②“徐音閣注同”，彙校卷第十二、撫釋一、余仁仲本、和本、十行本、閩本、監本、毛本、殿本、阮刻本同，岳本作“又音閣”。

③“徐始鋭反注語説同”，彙校卷第十二、撫釋一、余仁仲本、和本、十行本、閩本、監本、毛本、殿本、阮刻本同，岳本作“又始鋭反”。

④“美”，撫州本、余仁仲本、岳本、嘉靖本、八行本、和本、十行本、阮刻本同，閩本、監本、毛本、殿本作“媺”。

⑤“徐力頓反注同”，彙校卷第十二、撫釋一、余仁仲本、和本、十行本、閩本、監本、毛本、殿本、阮刻本同，岳本作“又力頓反”。

⑥“下文德行同”，彙校卷第十二、撫釋一、余仁仲本、和本、十行本、閩本、監本、毛本、殿本、阮刻本同，岳本無此五字。

⑦“間猶容也注同徐古辨反同”，彙校卷第十二、撫釋一、十行本、監本、毛本、殿本、阮刻本同，岳本作“間如字又古辨反”，余仁仲本、和本、閩本“辨”作“辧”。

⑧“畫乎麥反别彼列反”，彙校卷第十二、撫釋一、余仁仲本、和本、十行本、閩本、監本、毛本、殿本、阮刻本同，岳本無此八字。

⑨“又如字三寸一本作廣三尺三寸三分函胡南反”，彙校卷第十二、撫釋一、余仁仲本、和本、十行本、閩本、監本、毛本、殿本、阮刻本同，岳本無此十九字。

則負牆。郤就後席相辟。○辟，音避，下“辟君”同。重意“夫子閒居，負牆而立。”列事未盡，不問。錯尊者之語，不敬也。

8·4○凡學，春官釋奠于其先師，秋冬亦如之。官，謂禮、樂、詩、書之官。周禮曰：“凡有道者，有德者，使教焉，死則以爲樂祖，祭於瞽宗。”此之謂先師之類也。若漢，禮有高堂生，樂有制氏，詩有毛公，書有伏生，億可以爲之也。不言夏，夏從春可知也。釋奠者，設薦饌酌奠而已，無迎尸以下之事。○億，本又作“噫”，音抑①。凡始立學者，必釋奠于先聖、先師。及行事，必以幣。謂天子命之教，始立學官者也。先聖，周公若孔子。凡釋奠者，必有合也。國無先聖、先師，則所釋奠者，當與鄰國合也。有國故則否。若唐、虞有夔、伯夷②，周有周公，魯有孔子，則各自奠之，不合也。○夔，求龜反③。

8·5○凡大合樂，必遂養老。大合樂，謂春入學舍菜，合舞；秋頒學，合聲。於是時也，天子則視學焉。遂養老者，謂用其明日也。鄉飲酒、鄉射之禮：“明日，乃息司正④，徵唯所欲，以告於先生、君子可也。”是養老之象類。凡語于郊者，語，謂論説於郊學。必取賢斂才焉。或以德進，或以事舉，或以言揚。“大樂正論造士之秀者，升諸司馬，曰進士。”謂此矣。曲藝皆誓之，曲藝，爲小技能也⑤。誓，謹也。皆使謹習其事。○技，其彼反⑥。以待又

---

①“億本又作噫音抑”，彙校卷第十二、撫釋一、余仁仲本、和本、十行本、閩本、監本、毛本、殿本、阮刻本同，岳本無此七字。

②“伯夷”，撫州本、余仁仲本、岳本、嘉靖本、八行本、和本、十行本、阮刻本同；閩本、監本、毛本、殿本“伯”上衍“龍”字。

③“夔求龜反”，彙校卷第十二、撫釋一、余仁仲本、和本、十行本、閩本、監本、毛本、殿本、阮刻本同，岳本無此四字。

④“乃息司正”，撫州本、余仁仲本、嘉靖本、八行本、和本、十行本、閩本、監本、毛本、殿本、阮刻本同；岳本“司正”下衍“云”字。

⑤“爲小技能也”，撫州本、余仁仲本、岳本、嘉靖本、八行本、和本、十行本、閩本、監本、毛本、殿本、阮刻本同。考異曰：“案正義云：‘謂小小技術。’則‘爲’當作‘謂’，各本皆誤，下注‘爲後復論説也’同。凡古書‘爲’、‘謂’多互譌。”鍔案：張説是。

⑥“技其彼反”，彙校卷第十二、撫釋一、余仁仲本、和本、十行本、閩本、監本、毛本、殿本、阮刻本同，岳本無此四字。

語，又語，爲後復論説也。○復，扶又反①。**三而一有焉**，三説之中，有一善則取之。以有曲藝，不必盡善。**乃進其等**，進於衆學者。**以其序**，又以其藝爲次。**謂之郊人，遠之**，俟事官之缺者以代之②。遠之者，不曰俊選，曰郊人，賤技藝。○遠，于萬反，注同③。**於成均以及取爵於上尊也。**董仲舒曰："五帝名大學曰成均。"則虞庠近是也。天子飲酒于虞庠，則郊人亦得酌于上尊以相旅。○近，"附近"之近④。

　　8·6○**始立學者，既興器用幣**，興，當爲"釁"，字之誤也。禮樂之器成，則釁之。又用幣告先聖、先師以器成。○興，依注爲"釁"⑤，音虛覲反。**然後釋菜。**告先聖、先師以器成，有時將用也⑥。○重意月令："入學釋菜。"**不舞，不授器。**釋菜禮輕也。釋奠則舞，舞則授器。司馬之屬，司兵、司戈、司盾⑦。祭祀授舞者，兵也。**乃退，儐于東序，一獻，無介，語，可也。**言乃退者，謂得立三代之學者。釋菜于虞庠，則儐賓于東序。魯之學有米廩、東序、瞽宗也。○儐，必刃反，本亦作"擯"，注同。介，如字，下注同，副也。廩，力甚反⑧。**教世子。**亦題上事。

　　8·7○**凡三王教世子，必以禮樂。樂，所以脩內也；禮，所以**

――――――――――

① "復扶又反"，彙校卷第十二、撫釋一、余仁仲本、和本、十行本、閩本、監本、毛本、殿本、阮刻本同，岳本無此四字。

② "缺者"，撫州本、余仁仲本、岳本、嘉靖本、足利本、和本、十行本、閩本、監本、毛本、殿本、阮刻本、潘本同；八行本"缺"作"鈌"，非。

③ "注同"，彙校卷第十二、撫釋一、余仁仲本、和本、十行本、閩本、監本、毛本、殿本、阮刻本同，岳本無此二字。

④ "近附近之近"，彙校卷第十二、撫釋一、余仁仲本、和本、十行本、閩本、監本、毛本、殿本、阮刻本同，岳本無此五字。

⑤ "依注爲釁"，彙校卷第十二、撫釋一、余仁仲本、和本、十行本、閩本、監本、毛本、殿本、阮刻本同，岳本無此四字。

⑥ "有時"，正字謂是衍文。

⑦ "司戈司盾"，余仁仲本、岳本、嘉靖本、八行本、和本、十行本、閩本、監本、毛本、殿本、阮刻本同；撫州本無下"司"字，是。孫校曰："夏官作'司戈盾'，是一官，上注分爲二，似誤。"

⑧ "本亦作擯注同介如字下注同副也廩力甚反"，彙校卷第十二、撫釋一、余仁仲本、和本、十行本、閩本、監本、毛本、殿本、阮刻本同，岳本無此十八字。

脩外也。禮樂交錯於中，發形於外，是故其成也懌，恭敬而温文。中，心中也。懌，説懌。○懌，音亦。重意"樂所以修内也，禮所以修外也"，樂記十九、祭義二十四云："樂也者，動於内者也；禮也者，動於外者也。"立大傅、少傅以養之，欲其知父子、君臣之道也。養，猶教也。言養者，積浸成長之。○少傅，詩照反，下音賦，後同。浸，子鴆反①。重言"欲其知父子、君臣之道也"，見上文。大傅審父子、君臣之道以示之，謂爲之行其禮。○爲，于僞反，下"爲説其"、"爲君"皆同②。少傅奉世子以觀大傅之德行而審喻之。爲説其義。大傅在前，少傅在後，謂其在學時。入則有保，出則有師，謂燕居出入時。是以教喻而德成也。以有四人維持之。師也者，教之以事而喻諸德者也。保也者，慎其身以輔翼之而歸諸道者也。慎其身者，謹安護之。記曰："虞、夏、商、周有師保，有疑丞，記所云，謂天子也。取以成説。設四輔及三公，不必備，唯其人。"語使能也。語，言也。得能則用之，無則已，不必備其官也。小人處其位，不如且闕。君子曰："德，德成而教尊，教尊而官正，官正而國治，君之謂也。"仲尼曰："昔者周公攝政踐阼而治，抗世子法於伯禽，所以善成王也。聞之曰：'爲人臣者，殺其身，有益於君，則爲之。'況于其身以善其君乎！周公優爲之。"聞之者，聞之於古也。于，讀爲"迂"，迂，猶廣也，大也。○治，直吏反，下"而治"、"國治"並同③。于，依注作"迂"，音同④，又音

---

① "下音賦後同浸子鴆反"，彙校卷第十二、撫釋一、余仁仲本、和本、十行本、閩本、監本、毛本、殿本、阮刻本同，岳本無此九字。

② "下爲説其爲君皆同"，彙校卷第十二、撫釋一、余仁仲本、和本、十行本、閩本、監本、毛本、殿本、阮刻本同，岳本無此八字。

③ "治直吏反下而治國治並同"，彙校卷第十二、撫釋一、余仁仲本、和本、十行本、閩本、監本、毛本、殿本、阮刻本同，岳本無此十一字。

④ "音同"，彙校卷第十二、撫釋一、余仁仲本、和本、十行本、閩本、監本、毛本、殿本、阮刻本同，岳本無此二字。

紞①。重言“踐阼而治”二，前見篇首。○“抗世子法於伯禽”三，上文一，下文一。是故知爲人子，然後可以爲人父；知爲人臣，然後可以爲人君；知事人，然後能使人。成王幼，不能涖阼，以爲世子，則無爲也。以爲世子，若爲世子時。是故抗世子法於伯禽，使之與成王居，亦學此禮於成王側。欲令成王之知父子、君臣、長幼之義也。君之於世子也，親則父也，尊則君也。有父之親，有君之尊，然後兼天下而有之。是故養世子不可不慎也。處君父之位，覽海内之士，而近不能教其子，則其餘不足觀矣。○令，力呈反②。重言“欲令成王之知父子、君臣、長幼之義也”，重見篇首，“義”字作“道”。行一物而三善皆得者，唯世子而已，其齒於學之謂也。物，猶事也。故世子齒於學，國人觀之，曰：“將君我而與我齒讓，何也？”曰：“有父在，則禮然。”然而衆知父子之道矣。其二曰：“將君我而與我齒讓，何也？”曰：“有君在，則禮然。”然而衆著於君臣之義也。其三曰：“將君我而與我齒讓，何也？”曰：“長長也。”然而衆知長幼之節矣。故父在斯爲子，君在斯謂之臣，居子與臣之節，所以尊君親親也。故學之爲父子焉，學之爲君臣焉，學之爲長幼焉。學，教。○學，音效，下及注同③。重言“長長也”二，一見大傳十六。○“所以尊君親親也”，大傳、中庸：“親親也。”父子、君臣、長幼之道得而國治。語曰：“樂正司業，父師司成。一有元良，萬國以貞。”世子之謂也。司，主也。一，一人也。元，大也。良，善也。貞，正也。周公踐阼。亦題上事。

8·8○庶子之正於公族者，教之以孝弟、睦友、子愛，明父子

---

① “紞”，撫州本、余仁仲本、岳本、八行本、和本、閩本、監本、毛本、殿本、阮刻本同；十行本作“紂”，非。

② “令力呈反”，彙校卷第十二、撫釋一、余仁仲本、和本、十行本、閩本、監本、毛本、殿本、阮刻本同，岳本無此四字。

③ “及注”，彙校卷第十二、撫釋一、余仁仲本、和本、十行本、閩本、監本、毛本、殿本、阮刻本同，岳本無此二字。

之義、長幼之序。正者，政也。庶子，司馬之屬，掌國子之倅，爲政於公族者。〇弟，大計反，又作“悌”，下“孝弟”皆同①。倅，七對反，副也②。**其朝于公，内朝則東面，北上，臣有貴者以齒**；内朝，路寢庭。〇朝，直遥反，後不出者，並同。**其在外朝則以官，司士爲之。**外朝，路寢門之外庭。司士，亦司馬之屬也，掌群臣之班，正朝儀之位也。**其在宗廟之中，則如外朝之位，宗人授事，以爵以官。**宗人，掌禮及宗廟也。以爵，貴賤異位也。以官，官各有所掌也，若司徒奉牛，司馬奉羊，司空奉豕。**其登、餕、獻、受爵，則以上嗣。**上嗣，君之適長子。以特牲饋食禮言之，受爵，謂上嗣舉奠也。獻，謂舉奠、洗爵、酌、入也；餕，謂宗人遣舉奠，盥，祝命之餕也。大夫之嗣無此禮，辟君也。〇餕，音俊。適，丁歷反。盥，音管③。**庶子治之，雖有三命，不踰父兄。**治之，治公族之禮也。唯於内朝則然，其餘會聚之事，則與庶姓同。一命齒于鄉里，再命齒于父族，三命不齒。不齒者，特爲位，不在父兄行列中。〇行，户剛反。**其公大事，則以其喪服之精麤爲序，雖於公族之喪，亦如之，以次主人。**大事，謂死喪也。其爲君雖皆斬衰，序之必以本親也。主人，主喪者。次主人者，主人恒在上，主人雖有父兄，猶不得下齒之④。**若公與族燕，則異姓爲賓，**同宗，無相賓客之道。**膳宰爲主人。**燕尊⑤，不獻酒。**公與父兄齒，**親親也。**族食，世降一等。**親者稠，疏者希。〇稠，直由反，密也⑥。

---

① “又作悌下孝弟皆同”八字，<u>彙校</u>卷十二、<u>撫釋</u>一、<u>余仁仲</u>本同，<u>和</u>本、<u>十行</u>本、<u>閩</u>本、<u>監</u>本、<u>毛</u>本、<u>殿</u>本、<u>阮刻</u>本無此八字，<u>岳</u>本作“下皆同”。

② “倅七對反副也”，<u>彙校</u>卷第十二、<u>撫釋</u>一、<u>余仁仲</u>本、<u>和</u>本、<u>十行</u>本、<u>閩</u>本、<u>監</u>本、<u>毛</u>本、<u>殿</u>本、<u>阮刻</u>本同，<u>岳</u>本無此六字。

③ “適丁歷反盥音管”，<u>彙校</u>卷第十二、<u>撫釋</u>一、<u>余仁仲</u>本、<u>和</u>本、<u>十行</u>本、<u>閩</u>本、<u>監</u>本、<u>毛</u>本、<u>殿</u>本、<u>阮刻</u>本同，<u>岳</u>本作“適音的”。

④ “齒之”，<u>撫州</u>本、<u>余仁仲</u>本、<u>岳</u>本、<u>嘉靖</u>本、<u>八行</u>本、<u>和</u>本、<u>十行</u>本、<u>閩</u>本、<u>監</u>本、<u>毛</u>本、<u>殿</u>本、<u>阮刻</u>本無“之”字，是。

⑤ “燕尊”，<u>撫州</u>本、<u>余仁仲</u>本、<u>岳</u>本、<u>嘉靖</u>本、<u>八行</u>本、<u>和</u>本、<u>十行</u>本、<u>閩</u>本、<u>監</u>本、<u>毛</u>本、<u>殿</u>本、<u>阮刻</u>本“燕”作“君”，是。

⑥ “稠直由反密也”，<u>彙校</u>卷第十二、<u>撫釋</u>一、<u>余仁仲</u>本、<u>和</u>本、<u>十行</u>本、<u>閩</u>本、<u>監</u>本、<u>毛</u>本、<u>殿</u>本、<u>阮刻</u>本同，<u>岳</u>本無此六字。

8·9○其在軍①，則守於公禰。謂從軍者。公禰，行主也。行以遷主，言禰，在外親也。公若有出疆之政，謂朝、覲、會、同也。○疆，居良反②。庶子以公族之無事者守於公宮，正室守大廟。止室③，適子也。大廟，大祖之廟。○守，如字，又手又反，下同。諸父守貴宮、貴室，謂守路寢。○守貴室，本或作“守貴宮貴室”④。諸子諸孫守下宮、下室。下宮，親廟也。下室，燕寢。或言宮，或言廟，通異語。

8·10○五廟之孫，祖廟未毀，雖爲庶人，冠、取妻必告，死必赴，練、祥則告。赴、告於君也。實四廟孫，而言五廟者，容顯考爲始封子也。○冠，古亂反。取，七喻反，後放此。重言“五廟之孫”至“死必赴”五句三，重見篇末。族之相爲也，宜弔不弔，宜免不免，有司罰之。弔，謂六世以往。免，謂五世。○爲，于僞反，下“爲君”同⑤。免，音問，下及注同⑥。至于賵、賻、承、含，皆有正焉。承，讀爲“贈”，聲之誤也。正，正禮也。○賵，芳鳳反⑦，下同⑧。賻，音附。承，音贈，出注⑨。含，胡暗反，本又作“含”。賵、賻、

---

① “軍”下，考補謂古本有“旅”字。
② “疆居良反”，彙校卷第十二、撫釋一、余仁仲本、和本、十行本、閩本、監本、毛本、殿本、阮刻本同，岳本無此四字。
③ “止”，撫州本、余仁仲本、岳本、嘉靖本、八行本、和本、十行本、閩本、監本、毛本、殿本、阮刻本，吳氏朱批作“正”，是。
④ “守貴室本或作守貴宮貴室”，彙校卷第十二、撫釋一、余仁仲本、和本、十行本、閩本、監本、毛本、殿本、阮刻本同，岳本無此十一字。
⑤ “下爲君同”，彙校卷第十二、撫釋一、余仁仲本、和本、十行本、閩本、監本、毛本、殿本、阮刻本同，岳本無此四字。
⑥ “下及注同”，彙校卷第十二、撫釋一、余仁仲本、和本、十行本、閩本、監本、毛本、殿本、阮刻本同，岳本無此四字。
⑦ “反”，彙校卷第十二、撫釋一、余仁仲本、岳本同，和本、十行本、閩本、監本、毛本、殿本、阮刻本作“切”。
⑧ “下同”，彙校卷第十二、撫釋一、余仁仲本、和本、十行本、閩本、監本、毛本、殿本、阮刻本同，岳本無此二字。
⑨ “出注”，彙校卷第十二、撫釋一、余仁仲本、和本、十行本、閩本、監本、毛本、殿本、阮刻本同，岳本無此二字。

唅、遂①，皆贈喪之物也。車馬曰賵，布帛曰賻，珠玉曰唅，衣服曰襚，總謂之贈。贈，猶送也②。**公族其有死罪，則磬于甸人。**不於市朝者，隱之也。甸人，掌郊野之官。縣縊殺之曰磬。○甸，大遍反③。縣，音玄。縊，一智反④。**其刑罪，則纖剸，亦告于甸人。**纖，讀爲“殲”。殲，刺也。剸，割也。宮割、臏、墨、劓、刖，皆以刀鋸刺割人體也。告，讀爲“鞠”，讀書用法曰鞠。○纖，依注音鍼，之林反，徐子廉反，注本或作“纖讀爲殲”者，是依徐音而改也⑤。剸，之免反。告，依注作“鞠”⑥，久六反。刺，七以反，又七智反，下同⑦。臏，頻忍反，徐扶忍反。劓，魚器反。鋸，徐音據⑧。**公族無宮刑。**宮，割淫刑，重言二，一見篇末。**獄成，有司讞于公。其死罪，則曰：“某之罪在大辟。”其刑罪，則曰：“某之罪在小辟。”**成，平也。讞之言白也。辟，亦罪也。○讞，魚列反，言也⑨。辟，婢亦反，後不音者⑩，放此。**公曰：“宥之。”**宥，寬也。欲寬其罪，出於刑

---

①“本又作含賵賻唅遂”，岳本無此八字；彙校卷第十二、撫釋一、余仁仲本、和本、十行本、閩本、監本、毛本、殿本、阮刻本“含”作“唅”，是。

②“贈猶送也”，彙校卷第十二、撫釋一、余仁仲本、和本、十行本、閩本、監本、毛本、殿本、阮刻本同，岳本無此四字。

③“大遍反”，彙校卷第十二、撫釋一、余仁仲本、和本、十行本、閩本、監本、毛本、殿本、阮刻本同，岳本“反”下衍“下同”二字。

④“一智反”，彙校卷第十二、撫釋一、余仁仲本、和本、十行本、閩本、監本、毛本、殿本、阮刻本同，岳本作“音意”。

⑤“纖依注音鍼之林反徐子廉反注本或作纖讀爲殲者是依徐音而改也”，彙校卷第十二、撫釋一、余仁仲本、和本、十行本、閩本、監本、毛本、殿本、阮刻本同，岳本作“纖之林反又子廉反”。鍔案：考異謂“殲”當作“鍼”。

⑥“依注作鞠”，彙校卷第十二、撫釋一、余仁仲本、和本、十行本、閩本、監本、毛本、殿本、阮刻本同，岳本無此四字。

⑦“刺七以反又七智反下同”，彙校卷第十二、撫釋一、余仁仲本、和本、十行本、閩本、監本、毛本、殿本、阮刻本同，岳本無此十字。

⑧“徐扶忍反劓魚器反鋸徐音據”，彙校卷第十二、撫釋一、余仁仲本同，岳本無此十二字；和本、十行本、閩本、監本、毛本、殿本、阮刻本脫“劓魚器反”四字。

⑨“讞魚列反言也”，彙校卷第十二、撫釋一、余仁仲本、和本、十行本、閩本、監本、毛本、殿本、阮刻本“魚”上有“徐”字，岳本無“言也”二字。

⑩“不音者”，彙校卷第十二、撫釋一、余仁仲本、和本、十行本、閩本、監本、毛本、殿本、阮刻本同，岳本無此三字。

也。○宥，音又①。**有司又曰：“在辟。”公又曰：“宥之。”**又，復也。○復，扶又反，下“不復”、“復自行”皆同②。**有司又曰：“在辟。”及三宥，不對，走出，致刑于甸人。**對，荅也。先者，君每言“宥”，則荅之，以將更寬之，至於三，罪定，不復荅。走往刑之。爲君之恩無已。重意“及三宥”，王制五云：“王三又。”**公又使人追之，曰：“雖然，必赦之。”有司對曰：“無及也。”**罪既正，不可宥。乃欲赦之，重刑殺其類也。**反命于公。**白已刑殺。**公素服不舉，爲之變，如其倫之喪，無服。**素服，於凶士爲吉③，於吉事爲凶，非喪服也。君雖不服臣，卿大夫死，則皮弁、錫衰以居。往弔，當事則弁絰④。於士蓋疑衰，同姓則緦衰，以弔之。今無服者，不往弔也。倫，謂親疏之比也。素服，亦皮弁矣。○爲之，于僞反，下“不爲服”、“爲忝祖”、注“非爲”、“又爲之舞”同⑤。比，必利反。**親哭之。**不往弔，爲位哭之而已。君於臣，使有司哭之。

8·11○**公族朝于内朝，内親也。雖有貴者，以齒，明父子也。**謂以宗族事會。**外朝以官，體異姓也。**體，猶連結也。

8·12○**宗廟之中，以爵爲位，崇德也。**崇，高也。**宗人授事以官，尊賢也。**官各有能。重言“尊賢也”，一見中庸三十一篇，祭義二十四：“教不伐，以尊賢也。”**登餕、受爵以上嗣，尊祖之道也。**上嗣，祖之正統。重意大傳十六篇：“尊祖之義也。”**喪紀以服之，輕重爲序，不奪人親也。**紀，猶事也。重意曾子問第七：“君子不奪人之親。”**公與族燕則以齒，而孝**

---

① “宥音又”，彙校卷第十二、撫釋一、余仁仲本、和本、十行本、閩本、監本、毛本、殿本、阮刻本同，岳本無此三字。

② “復扶又反下不復復自行皆同”，彙校卷第十二、撫釋一、余仁仲本、和本、十行本、閩本、監本、毛本、殿本、阮刻本同，岳本無此十二字。

③ “士”，撫州本、余仁仲本、岳本、嘉靖本、八行本、和本、十行本、閩本、監本、毛本、殿本、阮刻本、吳氏朱批作“事”，是。

④ “絰”，撫州本、余仁仲本、岳本、嘉靖本、八行本、和本、閩本、監本、毛本、殿本、阮刻本同；十行本作墨釘。

⑤ “下不爲服爲忝祖注非爲又爲之舞同”，彙校卷第十二、撫釋一、余仁仲本、和本、十行本、閩本、監本、毛本、殿本、阮刻本同，岳本無此十五字。

弟之道達矣。以至尊不自異於親之列。其族食,世降一等,親親之殺也。殺,差也。○殺,色戒反,徐所例反。差,玄佳反,徐初宜反①。戰則守於公禰,孝愛之深也。行主,君父之象。正室守大廟,尊宗室而君臣之道著矣。以其不敢以庶守君所重。諸父諸兄守貴室,子弟守下室,而讓道達矣。以其貴者守貴,賤者守賤,上言父子孫,此言兄弟,互相備也。

8·13○五廟之孫,祖廟未毀,雖及庶人,冠、取妻必告,死必赴,不忘親也。親未絕而列於庶人,賤無能也。敬弔、臨、賻、賵,睦友之道也。古者庶子之官治,而邦國有倫;邦國有倫,而衆鄉方矣。鄉方,言知所鄉。○臨,如字,徐力鴆反。治,直吏反。鄉,許亮反,注同②。公族之罪,雖親不以犯有司,正術也,所以體百姓也。犯,猶干也。術,法也。○百姓,本或作"異姓",非③。刑于隱者,不與國人慮兄弟也。弗弔,弗爲服,哭于異姓之廟,爲忝祖,遠之也。素服居外,不聽樂,私喪之也,骨肉之親無絕也。公族無宮刑,不翦其類也。翦,割截也。○遠,于萬反。

8·14○天子視學,大昕鼓徵,所以警衆也。早昧爽擊鼓,以召衆也。警,猶起也。周禮:"凡用樂",大胥"以鼓徵學士"。○昕,音欣,說文云:"旦明日將出也,讀若希。"警,音景④。衆至,然後天子至,乃命有司行事,興秩節,祭先師、先聖焉。興,猶舉也。秩,常也。節,猶禮也。使有司攝其事,舉常禮,祭先師、先聖。不親祭之者,視學,觀禮耳,非爲彼報也。有司卒事,反命。告祭畢也。祭畢,天子乃入。始之養也,又之養老之處。凡

---

①"徐所例反差玄佳反徐初宜反",岳本無此十二字;彙校卷第十二、撫釋一、余仁仲本、和本、十行本、閩本、監本、毛本、殿本、阮刻本"玄"作"初",是。

②"臨如字徐力鴆反治直吏反鄉許亮反注同",彙校卷第十二、撫釋一、余仁仲本、和本、十行本、閩本、監本、毛本、殿本、阮刻本同,岳本作"臨如字又力鴆反鄉許亮反"。

③"百姓本或作異姓非",彙校卷第十二、撫釋一、余仁仲本、和本、十行本、閩本、監本、毛本、殿本、阮刻本同,岳本無此八字。

④"說文云旦明日將出也讀若希警音景",彙校卷第十二、撫釋一、余仁仲本、和本、十行本、閩本、監本、毛本、殿本、阮刻本同,岳本無此十五字。

大合樂，必遂養老，是以往焉。言“始”，始立學也。○養，如字，徐羊尚反，後皆依徐音①。處，昌慮反，下同②。**適東序，釋奠於先老。**親奠之者，己所有事也。養老東序，則是視學於上庠。**遂設三老、五更、羣老之席位焉。**三老、五更，各一人也，皆年老更事致仕者也。天子以父兄養之，下天下之孝弟也③。名以三、五者，取象三辰五星，天所因以照明天下者。群老無數，其禮亡。以鄉飲酒禮言之，席位之處④，則三老如賓，五更如介，羣老如衆賓必也。○更，江衡反，注同，蔡作叟，素口反⑤。**適饌，省醴、養老之珍具，**親視其所有。**遂發咏焉。退脩之以孝養也。**發咏，謂以樂納之。退脩之，謂既迎而入，獻之以醴，獻畢而樂闋。○咏，音詠。闋，苦穴反，終也⑥。**反，登歌清廟。**反，謂獻羣老畢，皆升就席也。反就席，乃席立於西階上⑦。歌清廟以樂之。○樂，音洛⑧。重意明堂十四、仲尼燕居二十七：“升歌清廟。”**既歌而語，以成之也。**言父子、君臣、長幼之道，合德音之致，禮之大者也。

---

①“養如字徐羊尚反後皆依徐音”，彙校卷第十二、撫釋一、余仁仲本、和本、閩本、監本、毛本、殿本、阮刻本同，岳本作“養如字又去聲後皆去聲”；十行本“羊”誤作“主”。

②“處昌慮反下同”，彙校卷第十二、撫釋一、余仁仲本、和本、十行本、閩本、監本、毛本、殿本、阮刻本同，岳本無此六字。

③“下天”，撫州本、余仁仲本、岳本、嘉靖本、八行本、和本、十行本、閩本、監本、毛本、殿本、阮刻本、叢刊本“下”作“示”，是。“弟”，撫州本、八行本同，余仁仲本、岳本、嘉靖本、和本、十行本、閩本、監本、毛本、殿本、阮刻本作“悌”。

④“席”，撫州本、余仁仲本、岳本、嘉靖本、八行本同；和本、十行本、閩本、監本、毛本、殿本、阮刻本作“帝”，非。

⑤“注同蔡作叟素口反”，岳本無此八字，彙校卷第十二、撫釋一、余仁仲本、和本、阮刻本“素”上有“音”字；和本、十行本、閩本“素”作“系”，監本、毛本、殿本作“絲”，非。

⑥“咏音詠闋苦穴反終也”，彙校卷十二、撫釋一、余仁仲本同，岳本作“咏音詠闋苦穴反”；和本、十行本、閩本、監本、毛本、殿本、阮刻本脫此九字。

⑦“立”，余仁仲本、嘉靖本、十行本、阮刻本作“正”；撫州本、岳本、八行本、和本、閩本、監本、毛本、殿本、吳氏朱批作“工”，是。阮校曰：“乃席正於西階上　閩、監、毛本作‘工’，岳本同，衛氏集說同，此本‘工’誤‘正’，嘉靖本同，考文引古本、足利本同。通典亦作‘席工’。”

⑧“樂音洛”，彙校卷十二、撫釋一、余仁仲本同；岳本、和本、十行本、閩本、監本、毛本、殿本、阮刻本脫此三字。

既歌,謂樂正告"正歌備"也。語,談説也。歌備而旅,旅而説父子、君臣、長幼之道,説合樂之所美①,以成其意。鄉射記曰:"古者於族也語②。"**下管象,舞大武,大合衆以事,達有神,興有德也。** 象,周武王伐紂之樂也。以管播其聲,又爲之舞。皆於堂下。衆,謂所合學士也。達有神,明天授命周家之有神也。興有德,美文王、武王有德。師樂爲用,前歌後舞③。○重言"下管象舞、大武"三,明堂、祭義各一。**正君臣之位、貴賤之等焉,而上下之義行矣。** 由清廟與武也。**有司告以樂闋。** 闋,終也。告君以歌舞之樂終。此所告者,謂無筭樂。**王乃命公、侯、伯、子、男及羣吏曰:"反,養老幼于東序。"終之以仁也。** 羣吏,鄉、遂之官。王於燕之末而命諸侯時朝會在此者,各反養老如此禮,是終其仁心。孝經説所謂"諸侯歸,各帥於國,大夫勤於朝,州里馹於邑"是也。○馹,皇音冀,及也,本又作"愷",又作"駿","駿"亦作"驥"④。

8・15○**是故聖人之記事也,慮之以大**,謂先本於孝弟之道。**愛之以敬**,謂省其所以養老之具。**行之以禮**,謂親迎之,如見父兄。**脩之以孝養**,謂親獻之薦之。**紀之以義**,謂既歌而語之。**終之以仁。** 謂又以命諸侯歸於國,復自行之。

8・16○**是故古之人,一舉事而衆皆知其德之備也。古之君子舉大事,必慎其終始⑤,而衆安得不喻焉?** 言其爲之,本末露見,

───────────

① "説",撫州本、余仁仲本、岳本、嘉靖本、八行本同;和本、十行本、閩本、監本、毛本、殿本、阮刻本作"諸",非。
② "族",余仁仲本、十行本同;撫州本、岳本、嘉靖本、八行本、和本、閩本、監本、毛本、殿本、阮刻本、吳氏朱批、叢刊本作"旅",是。
③ "舞",撫州本、岳本、嘉靖本、八行本、殿本、阮刻本同;余仁仲本、和本、十行本、閩本、監本、毛本作"武",非。
④ "馹皇音冀及也本又作愷又作駿駿亦作驥",彙校卷第十二、撫釋一、余仁仲本、和本、十行本、閩本、監本、毛本、殿本、阮刻本同,岳本作"馹音冀及也"。
⑤ "始",唐石經、撫州本、余仁仲本、岳本、嘉靖本、八行本、和本、閩本、監本、毛本、殿本、阮刻本同;十行本作"姑",非。

盡可得而知也。喻，猶曉也。**兌命曰：“念終始典于學。”**兌，當爲“説”，説命，書篇名，殷高宗之臣傅説之所作。典，常也。念事之終始，常於學，學，禮義之府。○兌，注作“説”，同音悦①。

8·17○**世子之記曰：“朝夕至于大寢之門外，問於内豎，曰：‘今日安否？何如？’**朝夕，朝朝暮夕也。日中又朝，文王之爲世子，非禮之制。世子之禮亡，言此存其記。○朝夕至于，直遥反。旦曰朝，暮曰夕，舊如字。朝朝，上如字，下文“朝夕之食上”同，下直遥反②。**内豎曰：‘今日安。’世子乃有喜色。其有不安節，則内豎以告世子，世子色憂不滿容。**色憂，憂淺也。不及文王行不能正履。**内豎言‘復初’，然後亦復初。朝夕之食上，世子必在視寒煖之節；食下，問所膳，羞必知所進，以命膳宰，然後退。**羞必知所進，必知親所食。○上，時掌反③。重意重見篇首。**若内豎言‘疾’，則世子親齊玄而養。**親，猶自也。養疾者齊，玄，玄冠、玄端也。○齊，側皆反，注同④。**膳宰之饌，必敬視之。**疾者之食，齊和所欲或異。○齊，才細反。和，胡卧反⑤。**疾之藥，必親嘗之。**試毒味也。重意“疾之藥，必親嘗之”，曲禮下：“親有疾，飲藥，子先嘗之。”**嘗饌善，則世子亦能食。**善，謂多於前。**嘗饌寡，世子亦不能飽。**又不及武王一飯、再飯。

---

①“兌注作説同音悦”，彙校卷第十二、撫釋一、余仁仲本、和本、十行本、閩本、監本、毛本、殿本、阮刻本同；岳本作“兌音兑”，非。

②“朝夕至于直遥反旦曰朝暮曰夕舊如字朝朝上如字下文朝夕之食上同下直遥反”，彙校卷第十二、撫釋一、余仁仲本、和本、十行本、閩本、監本、毛本、殿本、阮刻本同，岳本作“朝夕音潮朝朝上如字”。

③“上時掌反”，彙校卷十二、撫釋一、余仁仲本、和本同；岳本、十行本、閩本、監本、毛本、殿本、阮刻本脱此四字。

④“注同”，彙校卷十二、撫釋一、余仁仲本、和本、十行本、閩本、監本、毛本、殿本、阮刻本同，岳本無此二字。

⑤“和胡卧反”，彙校卷第十二、撫釋一、余仁仲本、和本、十行本、閩本、監本、毛本、殿本、阮刻本同，岳本作“和去聲”。

以至于復初，然後亦復初。”復常所服。重言“然後亦復初”三，上文
一，篇首一。

纂圖互注禮記卷之六^①

---

①撫州本卷六末頁A面第六行頂格題“禮記卷第六”，空三格題“經五千七百六十四字，注
五千五百字”。余仁仲本卷六末頁B面第十一行頂格題“禮記卷第六”，下小字雙行，空
一格題“經伍仟柒伯柒拾貳字”，空一格題“注伍仟伍伯貳拾伍字”，另行空一格題“音義
貳仟貳伯伍拾貳字”。嘉靖本卷六末頁B面第十行題“經五千七百七十二字，注五千五
百二十五字”。阮刻本記“宋監本禮記卷第六，經五千七百六十四字，注五千五百字。
嘉靖本禮記卷第六，經五千七百七十二字，注五千五百二十五字”。

纂圖互注禮記卷之七

禮運第九○陸曰："鄭云：'禮運者，以其記五帝、三王相變易及陰陽轉旋之道。'"①

　　　　禮記　　　　　　　　　　　　　　　　　　　鄭氏注②

　　9·1昔者仲尼與於蜡賓，蜡者，索也。歲十二月合聚萬物而索饗之③，亦祭宗廟，時孔子仕魯，在助祭之中。○與，音預。蜡，仕嫁反，祭名，夏曰清祀，殷曰嘉平，周曰蜡，秦曰蠟，字林作"禣"。索，所百反④。**事畢，出遊於觀之上，喟然而嘆。**觀，闕也。孔子見魯君於祭禮有不備，於此又覩象魏舊章之處，感而嘆之。○觀，古亂反，注同⑤。喟，去媿反，又苦怪反，説文云："大息。"⑥處，昌

---

① "陸曰鄭云禮運者以其記五帝三王相變易及陰陽轉旋之道"，余仁仲本、和本、十行本、閩本、監本、毛本、殿本、阮刻本同，岳本無此二十四字，彙校卷第十三、撫釋一無"陸曰"二字。

② 撫州本題"禮記卷第七"，首行頂格書寫；次行頂格題"禮運第九"，空三格題"禮記"，空一格題"鄭氏注"。余仁仲本題"禮記卷第七"，首行頂格書寫；次行頂格題"禮運第九"，第三行空三格題"禮記"，空九格題"鄭氏注"。嘉靖本題"禮記卷第七"，首行頂格書寫；次行頂格題"禮運第九"，空四格題"禮記"，空二格題"鄭氏注"。

③ "聚"，撫州本、余仁仲本、岳本、嘉靖本、八行本、和本、十行本、閩本、監本、殿本、阮刻本同；毛本作"祭"，非。

④ "祭名夏曰清祀殷曰嘉平周曰蜡秦曰蠟字林作禣索所百反"，彙校卷第十二、撫釋一、余仁仲本、和本、十行本、閩本、監本、毛本、殿本、阮刻本同，岳本無此二十四字。

⑤ "觀古亂反注同"，彙校卷第十二、撫釋一、余仁仲本、和本、十行本、閩本、監本、毛本、殿本、阮刻本同，岳本作"觀去聲"。

⑥ "喟去媿反又苦怪反説文云大息"，彙校卷第十二、撫釋一、余仁仲本、和本、（轉下頁注）

慮反,下"同處"同①。**仲尼之嘆,蓋嘆魯也。言偃在側,曰:"君子何嘆?"**言偃,孔子弟子子游。**孔子曰:"大道之行也,與三代之英,丘未之逮也,而有志焉。**大道,謂五帝時也。英,俊選之尤者。逮,及也,言不及見。志,謂識古文。不言魯事,爲其大切,廣言之。○逮,音代,一音代計反②。選,宣面反,下文皆同。爲,于僞反,下文"爲己"皆同③。**大道之行也,天下爲公,選賢與能,講信脩睦。**公,猶共也。禪位授聖,不家之。睦,親也。○禪,善面反④。重言"講信脩睦"四,下文三。**故人不獨親其親,不獨子其子,**孝慈之道廣也。**使老有所終,壯有所用,幼有所長,矜寡孤獨廢疾者,皆有所養。**無匱乏也。○長,丁丈反。矜,古頑反⑤。匱,其魏反⑥。**男有分,**分,猶職也。○分,扶問反,注同⑦。**女有歸。**皆得良奧之家。○奧,烏報反。**貨,惡其弃於地也,不必藏於己;力,惡其不出於身也,不必爲己。**勞事不憚,施無吝心⑧,仁厚之教也。○惡,烏故反,下同⑨。憚,大旦反。

(接上頁注)閩本、監本、毛本、殿本同,岳本作"喟去媿反";十行本、阮刻本"媿"誤作"位",十行本"云"誤作"去"。

① "處昌慮反下同處同",彙校卷第十二、撫釋一、余仁仲本、和本、十行本、閩本、監本、毛本、殿本、阮刻本同,岳本無此八字。

② "逮音代一音代計反",彙校卷第十二、撫釋一、余仁仲本、和本、十行本、閩本、監本、毛本、殿本、阮刻本同,岳本無此八字。

③ "選宣面反下文皆同爲于僞反下文爲己皆同",彙校卷第十二、撫釋一、余仁仲本、和本、十行本、閩本、監本、毛本、殿本、阮刻本同,岳本作"選去聲爲去聲下爲己皆同"。

④ "禪善面反",彙校卷第十二、撫釋一、余仁仲本、和本、十行本、閩本、監本、毛本、殿本、阮刻本同,岳本無此四字。

⑤ "長丁丈反矜古頑反",彙校卷第十二、撫釋一、余仁仲本、和本、閩本、監本、毛本、殿本、阮刻本同,岳本作"矜音鰥長上聲";十行本"矜"誤作"若"。

⑥ "匱其魏反",余仁仲本、和本、十行本、閩本、監本、毛本、殿本、阮刻本同,岳本無此四字,彙校卷第十二、撫釋一"魏"作"媿"。

⑦ "分扶問反注同",彙校卷第十二、撫釋一、余仁仲本、和本、十行本、閩本、監本、毛本、殿本、阮刻本同,岳本作"分去聲"。

⑧ "吝",撫州本、余仁仲本、岳本、嘉靖本、八行本、和本、閩本、監本、毛本、殿本、阮刻本同;十行本作"客",非。

⑨ "惡烏故反下同",彙校卷十二、撫釋一、余仁仲本、和本、閩本、監本、毛本、阮刻本同,岳本作"惡烏路反";殿本脫"下同"二字,十行本"同"誤作"周"。

吝,力刃反,又力覲反①。是故謀閉而不興,盜竊亂賊而不作,尚辭讓之
故也。故外戶而不閉,禦風氣而已。○禦,魚吕反②。是謂大同。同,猶
和也,平也。今大道既隱,隱,猶去也。天下爲家,傳位於子。○傳,丈專
反③。重意下文"聖人耐以天下爲一家"。各親其親,各子其子,貨、力爲
己,裕狹嗇④。○狹,音洽。嗇,音色⑤。大人世及以爲禮,城郭溝池以
爲固,亂賊繁多,爲此以服之也。大人,諸侯也。禮義以爲紀,以正君臣,
以篤父子,以睦兄弟,以和夫婦,以設制度,以立田里,以賢勇知,
以功爲己,故謀用是作,而兵由此起。以其違大道敦朴之本也⑥。教令
之稠⑦,其弊則然。老子曰:"法令滋章,盜賊多有⑧。"○知,音智。朴,普角反。
稠,直由反⑨。重言"以正君臣,以篤父子,以睦兄弟"二,下一。"以正君臣"四,
下文、冠義、聘義各一。禹、湯、文、武、成王、周公,由此其選也。由,用

---

① "憚大旦反吝力刃反又力覲反",彙校卷第十二、撫釋一、余仁仲本、十行本、閩本、監本、
　毛本、殿本、阮刻本同,岳本無此十二字。

② "禦魚吕反",彙校卷十二、撫釋一、余仁仲本同;岳本、和本、十行本、閩本、監本、毛本、
　殿本、阮刻本脱此四字。

③ "傳丈專反",彙校卷第十二、撫釋一、余仁仲本、和本、十行本、閩本、監本、毛本、殿本、
　阮刻本同,岳本無此四字。

④ "裕",撫州本、余仁仲本、岳本、嘉靖本、八行本、和本、十行本、閩本、監本、毛本、殿本、
　阮刻本、吳氏朱批、叢刊本作"俗",是。

⑤ "狹音洽嗇音色",彙校卷第十二、撫釋一、余仁仲本、和本、十行本、閩本、監本、毛本、殿
　本、阮刻本同,岳本無此六字。

⑥ 十行本缺一頁,内容自注文"本也"至疏文"民有相",即和本卷二十一第五頁。

⑦ "本也教",撫州本、余仁仲本、岳本、嘉靖本、八行本、和本、毛本、殿本、阮刻本同;
　閩本作墨釘,監本缺"本也"二字。阮校曰:"敦朴之本也教令之稠　宋監本同,毛
　本同,岳本同,嘉靖本同,考文引宋板同,衛氏集説同。閩本'本也教'三字闕,監本
　闕'本也'二字。"

⑧ "盜賊多",撫州本、余仁仲本、岳本、嘉靖本、八行本、和本、監本、毛本、殿本、阮刻本同;
　閩本作墨釘。阮校曰:"盜賊多有　監、毛本同,岳本同,嘉靖本同,衛氏集説同。閩本
　'盜賊多'三字闕。"

⑨ "朴普角反稠直由反",彙校卷第十二、撫釋一、余仁仲本、和本、閩本、監本、毛本、殿本、
　阮刻本同,岳本無此八字。

也。能用禮義以成治。○治，直吏反①。**此六君子者，未有不謹於禮者**
也，以著其義，以考其信，著有過，刑仁講讓，示民有常。考，成也。
刑，猶則也。**如有不由此者，在執者去，衆以爲殃**。執，執位也。去，罪
退之也。殃，猶禍惡也。○執，音世，本亦作“勢”②。去，羌吕反，注同。殃，於良
反③。**是謂小康。”**康，安也。大道之人，以禮於忠信爲薄。言小安者，失之則
賊亂將作矣。

9·20○言偃復問曰：“**如此乎禮之急也？**”孔子曰：“**夫禮，先**
王以承天之道，以治人之情，故失之者死，得之者生。詩曰：‘相
鼠有體，人而無禮。人而無禮，胡不遄死？’相，視也。遄，疾也。言鼠
之有身體，如人而無禮者矣。人之無禮，可憎賤如鼠，不如疾死之愈。○復，扶又
反，下“復問”同。相，息亮反，注同。遄，市專反④。重意夫禮失之者死，得之者
生。曲禮上“有禮則安，無禮則危”。**是故夫禮，必本於天，殽於地，列於**
鬼神，聖人則天之明，因地之利，取法度於鬼神，以制禮下教令也。既又祀之，
盡其敬也，教民嚴上也。鬼者，精魂所歸；神者，引物而出，謂祖廟山川五祀之屬
也。○殽，户教反，法也，徐户交反⑤。重言“夫禮必本於天”三，二見下文。**達**
於喪、祭、射、御、冠、昏、朝、聘，民知嚴上，則此禮達於下也。○冠，古亂
反。朝，直遥反⑥。**故聖人以禮示之，故天下國家可得而正也。”**民知

---

① “治直吏反”，彙校卷第十二、撫釋一、余仁仲本、和本、閩本、監本、毛本、殿本、阮刻本
　同，岳本無此四字。
② “本亦作勢”，彙校卷第十二、撫釋一、余仁仲本、和本、閩本、監本、毛本、殿本、阮刻本
　同，岳本無此四字。
③ “注同殃於良反”，彙校卷第十二、撫釋一、余仁仲本同，岳本無此六字，和本、閩本、監
　本、毛本、殿本、阮刻本脱“殃於良反”四字。
④ “下復問同相息亮反注同遄市專反”，彙校卷第十二、撫釋一、余仁仲本、和本、十行本、
　閩本、監本、毛本、殿本、阮刻本同，岳本無此十四字。
⑤ “法也徐户交反”，彙校卷第十二、撫釋一、余仁仲本、和本、十行本、閩本、監本、毛本、殿
　本、阮刻本同，岳本作“又户交反”。
⑥ “冠古亂反朝直遥反”，彙校卷第十二、撫釋一、余仁仲本、和本、十行本、閩本、監本、毛
　本、殿本、阮刻本同，岳本無此八字。

禮則易教。○易，以豉反①。

9·3○言偃復問曰：“夫子之極言禮也，可得而聞與？”欲知禮終始所成。○極，如字，徐紀力反②。與，音餘。孔子曰：“我欲觀夏道，欲行其禮，觀其所成。是故之杞，杞，夏后氏之後也。而不足徵也，徵，成也。無賢君，不足與成也。吾得夏時焉。得夏四時之書也。其書存者，有小正。○有小正，音征，本或作“有夏小正”③。我欲觀殷道，是故之宋，而不足徵也，宋，殷人之後也。吾得坤乾焉。得殷陰陽之書也。其書存者，有歸藏。○坤，苦門反。乾，其連反④。坤乾之義，夏時之等，吾以是觀之。觀於二書之意。互注語八佾篇：“夏禮吾能言之，杞不足徵也。殷禮吾能言之，宋不足徵也。文獻不足故也，足，則吾能徵之矣。”

9·4○“夫禮之初，始諸飲食，其燔黍捭豚，汙尊而抔飲，蕢桴而土鼓，猶若可以致其敬於鬼神。言其物雖質畧，有齊敬之心，則可以薦羞於鬼神，鬼神饗德，不饗味也。中古未有釜、甑，釋米捭肉，加於燒石之上而食之耳，今北狄猶然。汙尊，鑿地爲尊也。抔飲，手掬之也。蕢，讀爲由，聲之誤也。由⑤，塊也，謂摶土爲桴也。土鼓，築土爲鼓也。○燔，音煩。捭，卜麥反，注作“擗”，又作“擘”，皆同⑥。汙尊，烏華反，注同，一音作烏⑦。抔，步侯反。蕢，

---

① “易以豉反”，彙校卷第十二、撫釋一、余仁仲本、和本、十行本、閩本、監本、毛本、殿本、阮刻本同，岳本無此四字。

② “徐紀力反”，彙校卷第十二、撫釋一、余仁仲本、和本、十行本、閩本、監本、毛本、殿本、阮刻本同，岳本無此四字。

③ “有小正音征本或作有夏小正”，彙校卷第十二、余仁仲本、和本、十行本、閩本、監本、毛本、殿本、阮刻本同，岳本無此十二字，撫釋一作“有小正”倒作“小有正”。

④ “坤苦門反乾其連反”，彙校卷第十二、撫釋一、余仁仲本、和本、十行本、閩本、監本、毛本、殿本、阮刻本同，岳本無此八字。

⑤ “由”，撫州本、余仁仲本、岳本、嘉靖本、八行本、和本、閩本、監本、毛本、殿本、阮刻本同；十行本作“曰”，非。

⑥ “注作擗又作擘皆同”，彙校卷第十二、撫釋一、余仁仲本、和本、閩本、監本、毛本、殿本、阮刻本同，岳本無此八字，十行本“擘”誤作“塵”。

⑦ “注同一音作烏”，彙校卷第十二、撫釋一、余仁仲本、和本、十行本、閩本、監本、毛本、殿本、阮刻本同，岳本無此六字。

依注音由①，苦對反，又苦怪反，土塊也②。桴，音浮，鼓槌。齊，側皆反。釜，本又作“鬴”，音父。甀，即孕反。燒，如字，又舒照反。鑿，在洛反。掬，九六反，本亦作“臼”，音蒲侯反。塯，普遍反。摶，徒端反。築，徐音竹③。重言蕢桴而土鼓。玉藻十三篇：“土鼓蕢桴。”及其死也，升屋而號，告曰：‘皋某復！’招之於天。○號，户毛反。皋，音羔④。然後飯腥而苴孰。飯以稻米。上古未有火化。苴孰，取遣奠有火利也⑤。苴，或爲“俎”。○飯，扶晚反，注同⑥。腥，音星。苴，子餘反，苞也，徐争初反⑦。遣，弃戰反。故天望而地藏也，體魄則降，知氣在上，地藏謂葬。○知，音智。故死者北首，首，陰也。○首，手又反，注同⑧。生者南鄉。鄉，陽也。○鄉，許亮反，注同⑨。皆從其初。謂今行之然也。

　　9·5○“昔者先王未有宫室，冬則居營窟，夏則居橧巢；寒則累土，暑則聚薪柴居其上。○窟，苦忽反。橧，本又作“增”，又作“曾”，同，則登反⑩。

---

①“依注音由”，彙校卷第十二、撫釋一、余仁仲本、和本、十行本、閩本、監本、毛本、殿本、阮刻本同，岳本無此四字。

②“也”，彙校卷第十二、撫釋一、余仁仲本、和本、十行本、閩本、監本、毛本、殿本、阮刻本同，岳本無此字。

③“齊側皆反釜本又作鬴音父甀即孕反燒如字又舒照反鑿在洛反掬九六反本亦作臼音蒲侯反塯普遍反摶徒端反築徐音竹”，彙校卷第十二、撫釋一、余仁仲本、和本、十行本、閩本、監本、毛本、殿本、阮刻本同，岳本無此五十字。

④“皋音羔”，彙校卷第十二、撫釋一、余仁仲本、和本、十行本、閩本、監本、毛本、殿本、阮刻本同，岳本無此三字。

⑤“遣”，撫州本、余仁仲本、岳本、嘉靖本、八行本、和本、閩本、監本、毛本、殿本、阮刻本同；十行本作“清”，非。

⑥“注同”，彙校卷第十二、撫釋一、余仁仲本、和本、十行本、閩本、監本、毛本、殿本、阮刻本同，岳本無此二字。

⑦“徐争初反”，彙校卷第十二、撫釋一、余仁仲本、和本、十行本、閩本、監本、毛本、殿本、阮刻本同，岳本無此四字。

⑧“注同”，彙校卷第十二、撫釋一、余仁仲本、和本、十行本、閩本、監本、毛本、殿本、阮刻本同，岳本無此二字。

⑨“注同”，彙校卷第十二、撫釋一、余仁仲本、和本、十行本、閩本、監本、毛本、殿本、阮刻本同，岳本無此二字。

⑩“本又作增又作曾同”，彙校卷第十二、撫釋一、余仁仲本、和本、毛本、殿本、阮刻本同，岳本無此八字，十行本、閩本、監本缺。

槤,本又作"巢",助交反①。互注孟滕文下:"當堯之時,水逆行,氾濫於中國,民無所定,下者爲巢,上者爲營窟。"**未有火化**,食腥也。**食草木之實、鳥獸之肉,飲其血,茹其毛;未有麻絲,衣其羽皮。**此上古之時也。○茹,音汝。衣,於既反。

9·6○"**後聖有作**,作,起。**然後脩火之利**,尅冶萬物。**范金**,鑄作器用。○鑄,之樹反②。**合土**,瓦瓴、甍及甒、大。○合,如字,徐音閣③。令,音零④。甍,步歷反。甒,音武。大,音泰。甒、大,皆樽名。**以爲臺榭宮室牖户**,榭,器之所藏也。○榭,音謝,本亦作"謝"⑤。牖,音酉。**以炮**,裹燒之也。○炮,薄交反,徐扶交反。裹,音果⑥。**以燔**,加於火上。○燔,音煩。**以亨**,煮之鑊也。○亨,普伻反,煮也,下"合亨"同⑦。鑊,户郭反。**以炙**,貫之火上。○炙,之石反。貫,古亂反⑧。**以爲醴酪。**烝釀之也。酪,酢酨。○醴,音禮。駱,音洛。烝,之承反。釀,女亮反⑨。酢,七故反。酨,才再反,徐祖冀反⑩。

---

① "槤本又作巢助交反",彙校卷第十二、撫釋一、余仁仲本、和本、毛本、殿本、阮刻本同,岳本無此八字,十行本、閩本、監本缺。

② "鑄之樹反",彙校卷第十二、撫釋一、余仁仲本、和本、殿本、阮刻本同,岳本無此四字,十行本、閩本、監本、毛本缺。

③ "徐",彙校卷第十二、撫釋一、余仁仲本、和本、毛本、殿本、阮刻本同,岳本作"又",十行本、閩本、監本缺。

④ "令音零",彙校卷第十二、撫釋一、余仁仲本、殿本同,十行本、閩本、監本、毛本缺,岳本無此三字,和本、阮刻本作"瓴音令"。

⑤ "本亦作謝",彙校卷第十二、撫釋一、余仁仲本、和本、毛本、殿本、阮刻本同,岳本無此四字,十行本、閩本、監本缺。

⑥ "徐扶交反裹音果",彙校卷第十二、撫釋一、余仁仲本、和本、毛本、殿本、阮刻本同,岳本無此七字,十行本、閩本、監本缺。

⑦ "煮也下合亨同",彙校卷第十二、撫釋一、余仁仲本、和本、毛本、殿本、阮刻本同,岳本無此六字,十行本、閩本、監本缺。

⑧ "貫古亂反",彙校卷第十二、撫釋一、余仁仲本、和本、毛本、殿本、阮刻本同,岳本無此四字,十行本、閩本、監本缺。

⑨ "醴音禮駱音洛烝之承反釀女亮反",岳本無此十四字,十行本、閩本、監本缺;彙校卷第十二、撫釋一、余仁仲本、和本、毛本、殿本、阮刻本"駱"作"酪",是。

⑩ "徐",彙校卷第十二、撫釋一、余仁仲本、和本、毛本、殿本、阮刻本同,岳本作"又",十行本、閩本、監本缺。

治其麻絲，以爲布帛，以養生送死，以事鬼神上帝，皆從其朔。朔，亦初也，亦謂今行之然①。

9·7○"故玄酒在室，醴醆在户，粢醍在堂，澄酒在下，陳其犧牲，備其鼎俎，列其琴瑟管磬鍾鼓，脩其祝嘏，以降上神與其先祖，以正君臣，以篤父子，以睦兄弟，以齊上下，夫婦有所。是謂承天之祜。此言今禮饌具所因於古及其事義也。粢，讀爲"齊"，聲之誤也。周禮："五齊，一曰泛齊，二曰醴齊，三曰盎齊，四曰醍齊，五曰沈齊。"字雖異，醆與盎、澄與沈，蓋同物也。奠之不同處，重古畧近也。祝，祝爲主人饗神辭也。嘏，祝爲尸致福於主人之辭也。祜，福也，福之言備也。○醆，側眼反。粢，依注爲"齊"②，才細反，注"五齊"皆同③。醍，音體。嘏，本或作"假"，古雅反。祜，音户。粢讀，音咨④。泛，芳斂反，徐音汎⑤。盎，烏浪反。爲主人，于僞反，下同⑥。重意"玄酒在室，醴醆在户"，坊記三十篇："醴酒在室，醍酒在堂。"重言"澄酒在下"二，一見坊記。

9·8○"作其祝號，玄酒以祭，薦其血毛，腥其俎，孰其殽；與其越席，疏布以冪；衣其澣帛；醴醆以獻，薦其燔炙。君與夫人交獻，以嘉魂魄，是謂合莫。此謂薦上古中古之食也。周禮祝號有六："一曰神號，二曰鬼號，三曰祇號，四曰牲號，五曰齍號⑦，六曰幣號。"號者，所以尊神顯

---

① 十行本缺一頁，内容自疏文"上古中古而來"至疏文"六紀計一百六"，即和本卷二十一第十一頁，然用卷二十二之第十一頁冒充，以欺世人，閩本、監本、毛本亦多殘缺。

② "依注爲齊"，彙校卷第十二、撫釋一、余仁仲本、和本、十行本、閩本、監本、毛本、殿本、阮刻本同，岳本無此四字。

③ "注五齊皆同"，彙校卷第十二、撫釋一、余仁仲本、和本、十行本、閩本、監本、毛本、殿本、阮刻本同，岳本無此五字。

④ "嘏本或作假古雅反祜音户粢讀音咨"，彙校卷第十二、撫釋一、余仁仲本、和本、十行本、閩本、監本、毛本、殿本、阮刻本同，岳本無此十五字。

⑤ "泛芳斂反徐音汎"，余仁仲本、和本、閩本、監本、毛本、殿本、阮刻本同，彙校卷第十二、撫釋一"斂"作"劍"，岳本"徐"作"又"，十行本"泛"誤作"乏"。

⑥ "爲主人于僞反下同"，彙校卷第十二、撫釋一、余仁仲本同，岳本無此八字，和本、十行本、閩本、監本、毛本、殿本、阮刻本脱。

⑦ "齍號"，撫州本、余仁仲本、嘉靖本、十行本、阮刻本同；岳本、八行本、和本、閩本、監本、毛本、殿本作"齍號"，是。

物也。腥其俎，謂豚解而腥之，及血毛，皆所以法於大古也。孰其殽，謂體解而爓之。此以下，皆所法於中古也。越席，翦蒲席也。冪，覆尊也。澣帛，練染以爲祭服。嘉，樂也。莫，虛無也。<u>孝經</u>説曰：“上通無莫。”○祝，之六反，<u>徐</u>之又反，注同。殽，本或作“肴”，户交反①。越席，音活，注同，字書作“趏”，<u>杜元凱</u>云：“結草。”②冪，本又作“羃”，同，莫歷反③。衣其，於既反。澣，户管反。示號，音祇，本又作“祇”。齍，音咨，<u>皇</u>云：“黍稷。”大古，音太，下“大史”同。爓，似廉反。染，如豔反，又如琰反。樂也，音洛④。

　　9·9○“然後退而合亨，體其犬豕牛羊，實其簠簋籩豆鉶羹，祝以孝告，嘏以慈告，是謂大祥。此謂薦今世之食也。體其犬豕牛羊，謂分別骨肉之貴賤，以爲衆俎也。祝以孝告，嘏以慈告，各首其義也。祥，善也。今世之食，於人道爲善也。○鉶⑤，本又作“銒”⑥，音刑，盛和羹器，形如小鼎⑦。羹，音庚，舊音衡。別，彼列反，下文同⑧。此禮之大成也。”解<u>子游</u>以禮所成也⑨。

――――――――――

① “徐之又反注同殽本或作肴户交反”，<u>彙校</u>卷第十二、<u>撫釋</u>一、<u>余仁仲</u>本、<u>和</u>本、<u>閩</u>本、<u>監</u>本、<u>毛</u>本、<u>殿</u>本、<u>阮</u>刻本同，<u>岳</u>本無此十四字；十行本“注”字作墨釘。

② “注同字書作趏杜元凱云結草”，<u>彙校</u>卷第十二、<u>撫釋</u>一、<u>余仁仲</u>本、<u>和</u>本、十行本、<u>閩</u>本、<u>監</u>本、<u>毛</u>本、<u>殿</u>本、<u>阮</u>刻本同，<u>岳</u>本無此十二字。

③ “本又作羃同”，<u>彙校</u>卷第十二、<u>撫釋</u>一、<u>余仁仲</u>本、<u>和</u>本、十行本、<u>閩</u>本、<u>監</u>本、<u>毛</u>本、<u>殿</u>本、<u>阮</u>刻本同，<u>岳</u>本無此五字。

④ “示號音祇本又作祇齍音咨皇云黍稷大古音太下大史同爓似廉反染如豔反又如琰反樂也音洛”，<u>余仁仲</u>本、<u>和</u>本、<u>阮</u>刻本同，<u>岳</u>本無此三十九字。十行本、<u>閩</u>本“皇云”二字作墨釘，<u>監</u>本、<u>殿</u>本缺；十行本、<u>閩</u>本、<u>監</u>本、<u>毛</u>本、<u>殿</u>本、<u>阮</u>刻本脱“古”字，<u>彙校</u>卷第十二、<u>撫釋</u>一“太”作“泰”，十行本“樂”字作墨釘。

⑤ “鉶”，<u>余仁仲</u>本、<u>毛</u>本同，十行本、<u>閩</u>本作墨釘，<u>監</u>本缺；<u>彙校</u>卷十二、<u>撫釋</u>一、<u>岳</u>本、<u>和</u>本、<u>殿</u>本、<u>阮</u>刻本作“銒”，是。

⑥ “本”，<u>彙校</u>卷十二、<u>撫釋</u>一、<u>余仁仲</u>本、<u>和</u>本、<u>毛</u>本、<u>殿</u>本、<u>阮</u>刻本同；十行本、<u>閩</u>本作墨釘，<u>監</u>本缺。

⑦ “形”，<u>彙校</u>卷十二、<u>撫釋</u>一、<u>余仁仲</u>本、<u>和</u>本、<u>閩</u>本、<u>監</u>本、<u>毛</u>本、<u>殿</u>本、<u>阮</u>刻本同；十行本作“刑”，非。<u>岳</u>本無“本又作鉶”、“盛和羹器形如小鼎”十二字。

⑧ “羹音庚舊音衡別彼列反下文同”，<u>彙校</u>卷第十二、<u>撫釋</u>一、<u>余仁仲</u>本、<u>和</u>本、<u>毛</u>本、<u>殿</u>本、<u>阮</u>刻本同，<u>岳</u>本無此十三字；十行本、<u>閩</u>本“羹音庚”三字作墨釘，<u>監</u>本缺。

⑨ “解子游以禮所成也”，<u>撫州</u>本、<u>余仁仲</u>本、<u>嘉靖</u>本、<u>和</u>本、<u>毛</u>本、<u>阮</u>刻本同；十行本有“解”、“禮”二字，其餘六字作墨釘；<u>閩</u>本有“解”字，其餘七字作墨釘；<u>監</u>本、<u>殿</u>本存“解”字，其餘七字缺。

9·10○**孔子**曰："嗚呼哀哉！我觀周道，**幽**、**厲傷之，吾舍魯何適矣！** 政亂禮失，以爲魯尚愈。○於，音烏。乎，好奴反。舍，音捨，下"舍禮"皆同①。重言"嗚呼哀哉"二，一見檀弓上篇中。**魯之郊、禘，非禮也。周公其衰矣！** 非，猶失也。魯之郊，牛口傷、鼷鼠食其角，又有四卜郊不從，是周公之道衰矣。言子孫不能奉行興之。○禘，大計反。鼷，音兮②。**杞之郊也，禹也；宋之郊也，契也。是天子之事守也。** 先祖法度，子孫所當守。○契，息列反。**故天子祭天地，諸侯祭社稷。**

9·11○"**祝嘏莫敢易其常古，是謂大假。** 假，亦大也。不敢改其常古之法度，是謂大大也，將言今不然。重言"天子祭天地，諸侯祭社稷"二，一見王制第五，又曲禮"天子祭天地"。

9·12○"**祝嘏辭説③，藏於宗祝巫史，非禮也，是謂幽國。** 藏於宗祝巫史，言君不知有也。幽，闇也④。國闇者，君與大夫俱不明也。**醆斚及尸君，非禮也，是謂僭君。** 僭禮之君也。醆、斚，先王之爵也，唯魯與王者之後得用之耳，其餘諸侯用時王之器而已。○醆斚，古雅反，又音嫁，爵名也，夏曰醆，殷曰斚，周曰爵。僭，子念反，注同⑤。

9·13○"**冕弁兵革，藏於私家，非禮也，是謂脅君。** 劫脅之君也。冕弁，君之尊服。兵革，君之武衞及軍器也。○脅，許劫反。

9·14○"**大夫具官，祭器不假，聲樂皆具，非禮也，是謂亂**

---

① "於音烏乎好奴反舍音捨下舍禮皆同"，彙校卷第十二、撫釋一、余仁仲本、和本、十行本、閩本、監本、毛本、殿本、阮刻本同，岳本無此十五字。

② "鼷音兮"，彙校卷第十二、撫釋一、余仁仲本、和本、十行本、閩本、監本、毛本、殿本、阮刻本同，岳本無此三字。

③ "辭"，撫州本、余仁仲本、岳本、嘉靖本、八行本、和本、閩本、監本、毛本、殿本、阮刻本同；十行本作"詳"，非。

④ "闇也"，撫州本、余仁仲本、岳本、嘉靖本、八行本、和本、閩本、監本、毛本、殿本同，十行本、阮刻本脱"闇"字。阮校曰："幽闇也　閩、監、毛本有'闇'字，岳本同，嘉靖本同，衞氏集説同。此本'闇'字脱。"

⑤ "爵名也夏曰醆殷曰斚周曰爵僭子念反注同"，彙校卷第十二、撫釋一、余仁仲本同，岳本無此十八字；和本、十行本、閩本、監本、毛本、殿本、阮刻本脱"僭子念反注同"六字。

國。臣之奢富,儗於國君,敗亂之國也。<u>孔子</u>謂:"<u>管仲</u>官事不攝,焉得儉?"○
儗,音擬。焉,於虔反①。

9·15○"故仕於公曰臣,仕於家曰僕。三年之喪與新有昏
者,期不使。以衰裳入朝,與家僕雜居齊齒,非禮也,是謂君與臣
同國。臣有喪昏之事而不歸,反服其衰裳以入朝,或與僕相等輩而處,是謂君
臣共國,無尊卑也。有喪昏不歸,唯君耳。臣有喪昏,當致事而歸。僕又不可與
士齒。○期,居其反。朝,直遥反,注同。或與僕相,息亮反,一讀如字,則連下爲
句。等輩,卜内反②。故天子有田以處其子孫,諸侯有國以處其子
孫,大夫有采以處其子孫,是謂制度。言今不然也。<u>春秋</u>昭元年:"<u>秦伯</u>
之弟<u>鍼</u>出奔<u>晉</u>。"刺其有千乘之國③,不能容其母弟。○鍼,其廉反,又祗廉反。
乘,時證反④。故天子適諸侯,必舍其祖廟,而不以禮籍入,是謂天子
壞法亂紀。以禮籍入,謂大史典禮執簡,記奉諱惡也。天子雖尊,舍人宗廟,猶
有敬焉,自拱勑也。○壞,音怪。惡,烏路反。拱,徐居勇反,後"拱持"同⑤。重言
"天子適諸侯"三,禮器、郊特牲各一。諸侯非問疾弔喪而入諸臣之家,
是謂君臣爲謔。無故而相之,是戲謔也。<u>陳靈公</u>與<u>孔甯</u>、<u>儀行父</u>數如<u>夏氏</u>,
以取弑焉⑥。○謔,許約反。甯,本又作"寧",案<u>左傳</u>作"寧",<u>公羊</u>作"甯",各依
字讀。父,音甫。數,色角反。取弑,申志反,又如字⑦。

---

① "焉於虔反",<u>彙</u>校卷第十二、<u>撫</u>釋一、<u>余仁仲</u>本、<u>和</u>本、十行本、<u>閩</u>本、<u>監</u>本、<u>毛</u>本、<u>殿</u>本、
<u>阮</u>刻本同,<u>岳</u>本無此四字。
② "朝直遥反注同或與僕相息亮反一讀如字則連下爲句等輩卜内反",<u>彙</u>校卷第十二、<u>撫</u>
釋一、<u>余仁仲</u>本、<u>和</u>本、十行本、<u>閩</u>本、<u>監</u>本、<u>毛</u>本、<u>殿</u>本、<u>阮</u>刻本同,<u>岳</u>本無此二十七字。
③ "刺",<u>撫</u>州本、<u>余仁仲</u>本、<u>岳</u>本、<u>嘉靖</u>本、八行本、<u>和</u>本、<u>閩</u>本、<u>監</u>本、<u>毛</u>本、<u>殿</u>本、<u>阮</u>刻本
同;十行本作"剥",非。
④ "又祗廉反乘時證反",<u>彙</u>校卷第十二、<u>撫</u>釋一、<u>余仁仲</u>本、<u>和</u>本、十行本、<u>閩</u>本、<u>監</u>本、<u>毛</u>
本、<u>殿</u>本、<u>阮</u>刻本同,<u>岳</u>本無此八字。
⑤ "拱徐居勇反後拱持同",<u>彙</u>校卷第十二、<u>撫</u>釋一、<u>余仁仲</u>本、<u>和</u>本、十行本、<u>閩</u>本、<u>監</u>本、
<u>毛</u>本、<u>殿</u>本、<u>阮</u>刻本同,<u>岳</u>本無此九字。
⑥ "焉",<u>撫</u>州本、<u>余仁仲</u>本、<u>嘉靖</u>本、八行本、<u>和</u>本、十行本、<u>閩</u>本、<u>監</u>本、<u>毛</u>本、<u>殿</u>本、<u>阮</u>刻本
同;<u>岳</u>本脱此字。
⑦ "甯本又作寧案左傳作寧公羊作甯各依字讀父音甫數色角反取弑申志反又(轉下頁注)

9·16○“是故禮者，君之大柄也，所以別嫌明微，儐鬼神，考制度，別仁義，所以治政安君也。疾今失禮如此，爲言禮之大義也。柄，所操以治事。○柄，兵命反。儐，必刃反。治政，皇如字，徐直吏反，下文注“以治事”同。爲，于僞反，下“又爲”、“遂爲”皆同。操，七刀反①。故政不正則君位危，君位危則大臣倍、小臣竊，刑肅而俗敝，則法無常；法無常而禮無列，禮無列，則士不事也。刑肅而俗敝，則民弗歸也，是謂疵國。又爲言政失君危之禍敗也。肅，駿也。疵，病也。○倍，步內反。敝，音弊，本亦作“弊”②。疵，才斯反。峻，恤俊反③。

9·17○“故政者，君之所以藏身也。於此，又遂爲之言政也。藏，謂輝光於外④，而形體不見，若日月星辰之神。○輝，音暉。見，賢遍反⑤。是故夫政，必本於天，殽以降命。降，下也。殽天之氣，以下教令，天有運移之期，陰陽之節也。○殽，戶教反，注及下同⑥。重言“必本於天”，又上文一，下文一。命降于社之謂殽地，謂教令由社下者也。社，土地之主也。周禮土會之法，有五地之物生。○會，古外反。降于祖廟之謂仁義，謂教令由祖下者。大傳曰：“自禰率而上至于祖，遠者輕，仁也。自祖率而下至于禰，高者重，義

（接上頁注）如字”，余仁仲本、和本、十行本、閩本、監本、毛本、殿本、阮刻本同，岳本無此三十三字，彙校卷第十二、撫釋一“又如”作“或如”。

① “治政皇如字徐直吏反下文注以治事同爲于僞反下又爲遂爲皆同操七刀反”，余仁仲本、和本、十行本、閩本、監本、毛本、殿本、阮刻本同，岳本無此三十一字；彙校卷第十二、撫釋一“事”作政，是；十行本、阮刻本“七”誤作“士”。

② “敝音弊本亦作弊”，彙校卷第十二、撫釋一、余仁仲本、和本、十行本、閩本、監本、毛本、殿本、阮刻本同，岳本無此七字。

③ “峻恤俊反”，彙校卷第十二、撫釋一、余仁仲本、和本、十行本、閩本、監本、毛本、殿本、阮刻本同，岳本無此四字。

④ “輝”，八行本、和本、十行本、閩本、監本、毛本、殿本、阮刻本同，撫州本、余仁仲本、岳本、嘉靖本作“煇”。

⑤ “輝音暉見賢遍反”，彙校卷第十二、撫釋一、余仁仲本同，岳本無此七字；和本、十行本、閩本、監本、毛本、殿本、阮刻本“輝”作“煇”。

⑥ “注及”，彙校卷第十二、撫釋一、余仁仲本、和本、十行本、閩本、監本、毛本、殿本、阮刻本同，岳本無此二字。

也。”○上，時掌反。下“上配”、“上生”皆同①。**降於山川之謂興作**，謂教令由山川下者也。山川有草木禽獸，可作器物，共國事。○共，音恭。**降於五祀之謂制度。**謂教令由五祀下者。五祀，有中霤、門、戶、竈、行之神，此始爲宮室制度。**此聖人所以藏身之固也。**政之行如此，何用城郭溝池之爲？

9·18○“**故聖人參於天地，並於鬼神，以治政也。處其所存，禮之序也；玩其所樂，民之治也。**並，併也，謂比方之也。存，察也。治，所以樂其事居也。○所樂，音岳，又音洛，又五孝反，好也，注同。治，直吏反，注同。上“以自治”、注“自治”、“成治”，皆放此。併，步頂反②。**故天生時而地生財，人，其父生而師教之，四者君以正用之。故君者，立於無過之地也。**順時以養財，尊師以教民，而以治政，則無過差矣。易曰：“‘何以守位？’曰：‘仁。’‘何以聚人？’曰：‘財。’”○差，初佳反，一音初買反。曰仁，本亦作“人”③。重意“故天生時而地生財”，禮器“合於天時設於地財”。

9·19○“**故君者，所明也，非明人者也。君者，所養也，非養人者也。君者，所事也，非事人者也。故君明人則有過，養人則不足，事人則失位。**明，猶尊也。○養，羊尚反④，又如字，下同⑤。**故百姓則君以自治也，養君以自安也，事君以自顯也。故禮達而分定，故人皆愛其死，而患其生。**則，當爲“明”。人之道，身治、居安、名顯，則不苟生也。不義而死，舍義而生，是不愛死患生也。○則君，則音明，出注。分，扶

---

① “上時掌反下上配上生皆同”，彙校卷第十二、撫釋一、余仁仲本、和本、十行本、閩本、監本、毛本、殿本、阮刻本同，岳本無此十一字。
② “好也注同治直吏反注同上以自治注自治成治皆放此併步頂反”，岳本無此二十六字；彙校卷第十二、撫釋一、余仁仲本、和本、十行本、閩本、監本、毛本、殿本、阮刻本“上”作“下”，“注自治”作“注身治”，是。
③ “差初佳反一音初買反曰仁本亦作人”，彙校卷第十二、撫釋一、余仁仲本、和本、十行本、閩本、監本、毛本、殿本、阮刻同，岳本無此十五字。
④ “羊尚反”，彙校卷十二、余仁仲本、岳本、閩本、監本、毛本、殿本、阮刻本同；十行本“尚”作“向”，非。
⑤ “下同”，彙校卷第十二、撫釋一、余仁仲本、和本、十行本、閩本、監本、毛本、殿本、阮刻本同，岳本無此二字。

問反,後文注“除三分去一”、“三分益一”皆同。舍,音捨①。

9·20○“故用人之知去其詐,用人之勇去其怒,用人之仁去其貪。用知者之謀、勇者之斷、仁者之施,足以成治矣。詐者害民信,怒者害民命,貪者害民財,三者亂之原。○知,音智,注同②。去,羌吕反,後皆同。斷,丁亂反。施,始豉反,下“施生”同③。

9·21○“故國有患,君死社稷,謂之義;大夫死宗廟,謂之變。變,當爲“辯”,聲之誤也。辯,猶正也。君守社稷,臣衛君宗廟者。患,謂見圍人。○之變,音辯,出注④。

9·22○“故聖人耐以天下爲一家,以中國爲一人者,非意之也,必知其情,辟於其義,明於其利,達於其患,然後能爲之。耐,古“能”字,傳書世異,古字時有存者,則亦有今誤矣。意,心所無慮也。辟,開也。○耐,音能。辟,婢亦反,徐芳益反。傳,丈專反⑤。

9·23○“何謂人情?喜、怒、哀、懼、愛、惡、欲,七者弗學而能。何謂人義?父慈、子孝、兄良、弟弟、夫義、婦聽、長惠、幼順、君仁、臣忠,十者謂之人義。互注左隱三年:石碏曰:“君義、臣行、父慈、子孝、兄愛、弟敬,所謂六順也。”講信脩睦,謂之人利。爭奪相殺,謂之人患。極言人事。○惡,烏路反,下皆同⑥。弟弟,上如字,下音悌。長,丁丈

---

① “則君則音明出注分扶問反後文注除三分去一三分益一皆同舍音捨”,彙校卷第十二、撫釋一、余仁仲本、和本、十行本、閩本、監本、毛本、殿本、阮刻本同,岳本作“則音明分扶問反”。

② “注同”,彙校卷第十二、撫釋一、余仁仲本、和本、十行本、閩本、監本、毛本、殿本、阮刻本同,岳本無此二字。

③ “後皆同斷丁亂反施始豉反下施生同”,彙校卷第十二、撫釋一、余仁仲本、和本、十行本、閩本、監本、毛本、殿本、阮刻本同,岳本無此十五字。

④ “出注”,彙校卷第十二、撫釋一、余仁仲本、和本、十行本、閩本、監本、毛本、殿本、阮刻本同,岳本無此二字。

⑤ “徐芳益反傳丈專反”,彙校卷第十二、撫釋一、余仁仲本、和本、十行本、閩本、監本、毛本、殿本、阮刻本同,岳本無此八字。

⑥ “惡烏路反下皆同”,彙校卷第十二、撫釋一、余仁仲本、和本、十行本、閩本、監本、毛本、殿本、阮刻本同,岳本作“惡去聲下同”。

反。争，“争鬭”之争①。重言“講信脩睦”四，並本篇。故聖人之所以治人七情，脩十義，講信脩睦，尚辭讓，去争奪，舍禮何以治之？唯禮可耳。飲食男女，人之大欲存焉。互注孟萬章上：“好色，人之所欲。富，人之所欲。”死亡貧苦，人之大惡存焉。故欲、惡者，心之大端也。人藏其心，不可測度也。美惡皆在其心，不見其色也。欲一以窮之，舍禮何以哉？言人情之難知，明禮之重。○度，大洛反。見，賢遍反。

9・24○“故人者，其天地之德、陰陽之交、鬼神之會、五行之秀氣也。言人兼此，氣性純也。

9・25○“故天秉陽，垂日星；秉，猶持也，言天持陽氣，施生照臨下主②。地秉陰，竅於山川。播五行於四時，和而后月生也。是以三五而盈，三五而闕。竅，孔也。言地持陰氣，出内於山川，以舒五行於四時，此氣和，乃后月生而上配日，若臣功成進爵位也。一盈一闕，屈伸之義也。必三五者，播五行於四時也。一曰水，二曰火，三曰木，四曰金，五曰土，合爲十五之成數也。○竅，徐苦弔反③。播，彼左反，舒也。五行四時，絶句，本亦作“播五行於四時”。伸，音申④。五行之動，迭相竭也。五行、四時、十二月，還相爲本也。五聲、六律、十二管，還相爲宮也。五味、六和、十二食，還相爲質也。五色、六章、十二衣，還相爲質也。竭，猶負戴也⑤，言五行運轉，更相爲始也。五聲，宫、商、角、徵、羽也。其管陽曰律，陰曰吕，布十二

----

① “長丁丈反争争鬭之争”，彙校卷第十二、撫釋一、余仁仲本、和本、十行本、閩本、監本、毛本、殿本、阮刻本同，岳本無此九字。

② “主”，撫州本、余仁仲本、岳本、嘉靖本、八行本、和本、十行本、閩本、監本、毛本、殿本、阮刻本、吳氏朱批、叢刊本作“也”，是。

③ “徐”，彙校卷第十二、撫釋一、余仁仲本、和本、十行本、閩本、監本、毛本、殿本、阮刻本同，岳本無此字。

④ “五行四時絶句本亦作播五行於四時伸音申”，彙校卷第十二、撫釋一、余仁仲本同，岳本無此十八字；和本、十行本、閩本、監本、毛本、殿本、阮刻本“申”作“升”，非。

⑤ “戴”，撫州本、余仁仲本、岳本、嘉靖本、八行本、毛本同，和本、十行本、閩本、監本、殿本、阮刻本作“載”。阮校曰：“竭猶負載也　閩、監本同。毛本‘載’作‘戴’，岳本同，嘉靖本同，衛氏集説同，五經算術下引亦作‘載’。按：載、戴，古多通同。”

辰,始於黃鍾,管長九寸,下生者三分去一,上生者三分益一,終於南呂,更相爲宫,凡六寸也①。五味,酸、苦、辛、鹹、甘也。和之者,春多酸,夏多苦,秋多辛,冬多鹹,皆有滑、甘,是謂六和。五色、六章,畫績事也。周禮考工記曰:"土以黃,其象方;天時變,火以圜,山以章,水以龍;鳥、獸、蛇。雜四時五色之位以章之,謂之巧也。"○迭,大計反,又田結反。竭,義作揭,其列反,負擔也②。還,音旋,下同。六和,户卧反,注同。更,古衡反,下同。徵,張里反。南事,律名,京房律始於執始,終於南事,凡六十。績,户對反。圜,音環,又音圓③。

　　9·26○"故人者,天地之心也,五行之端也。食味、別聲、被色而生者也。此言兼氣性之効也。○別,彼列反。被,皮義反,徐扶義反④。故聖人作則,必以天地爲本,以陰陽爲端,以四時爲柄,以日星爲紀,月以爲量,鬼神以爲徒,五行以爲質,禮義以爲器,人情以爲田,四靈以爲畜。天地以至於五行,其制作所取象也。禮義人情,其政治也。四靈者,其徵報也。此則春秋"始於元,終於麟,包之矣"。吕氏説月令,而謂之"春秋",事類相近焉。量,猶分也。鬼神,謂山川也。山川助地,通氣之象也。器,所以操事。田,人所抒治也。禮之位,賓主象天地,介僎象陰陽,四面之位象四時,三賓象三光,夫婦象日月,亦是也。○柄,本又作"枋",兵命反⑤。量,音亮,下同⑥。畜,許又反,下同。治,直吏反。麟,良人反。近,"附近"之

---

① "寸",撫州本、余仁仲本、岳本、嘉靖本、八行本、和本、十行本、閩本、監本、毛本、殿本、阮刻本作"十",是。

② "竭義作揭其列反負擔也",彙校卷第十二、撫釋一、和本、十行本、閩本、監本、毛本、殿本、阮刻本同,岳本作"竭其列反";余仁仲本"擔"誤作"檐"。

③ "注同更古衡反下同徵張里反南事律名京房律始於執始終於南事凡六十績户對反圜音環又音圓",彙校卷第十二、撫釋一、余仁仲本、和本、十行本、閩本、監本、毛本、殿本、阮刻本同,岳本無此四十字。

④ "徐扶義反",彙校卷十二、撫釋一、余仁仲本、和本、閩本、監本、毛本、殿本同,岳本無此四字,十行本、阮刻本"扶"作"法"。

⑤ "柄本又作枋兵命反",彙校卷第十二、撫釋一、余仁仲本、和本、十行本、閩本、監本、毛本、殿本、阮刻本同,岳本無此八字。

⑥ "下同",彙校卷第十二、撫釋一、余仁仲本、和本、十行本、閩本、監本、毛本、殿本、阮刻本同,岳本無此二字。

近。操，七刀反①。挴，溥侯反，徐音普溝反②。介撰，上音界，下音遵③。**以天地爲本，故物可舉也**；初④，天地所養生。**以陰陽爲端，故情可睹也**；情以陰陽通也。○睹，丁古反。**以四時爲柄，故事可勸也**；事以四時成。**以日星爲紀，故事可列也**；事以日與星爲候，興作有次第。**月以爲量，故功有藝也**；藝，猶才也。十二月各有分，猶人之才各有所長也。藝，或爲“倪”。○倪，五計反，視也⑤。**鬼神以爲徒，故事有守也**⑥；山川守職不移。**五行以爲質，故事可復也**；事下竟，復由上始也。**禮義以爲器，故事行有考也**；考，成也。器利則事成。**人情以爲田，故人以爲奧也**；奧，猶主也，田無主則荒。**四靈以爲畜，故飲食有由也**。由，用也。四靈與羞物爲羣。

9・27○“**何謂四靈？麟、鳳、龜、龍，謂之四靈。故龍以爲畜，故魚鮪不淰；鳳以爲畜，故鳥不獝；麟以爲畜，故獸不狘；龜以爲畜，故人情不失**。淰之言閃也。獝、狘，飛走之貌也。失，猶去也。龜，北方之靈，信則至矣。○鮪，于軌反，魚名⑦。淰，音審，徐舒冉反⑧。畜，字又作

————————

①“下同治直吏反麟良人反近附近之近操七刀反”，彙校卷第十二、撫釋一、余仁仲本、和本、十行本、閩本、監本、毛本、殿本、阮刻本同，岳本無此十九字。

②“挴溥侯反徐音普溝反”，岳本作“挴薄侯反”；彙校卷第十二、撫釋一、余仁仲本、和本、十行本、閩本、監本、毛本、殿本、阮刻本“溥”作“薄”，是。

③“介撰上音界下音遵”，十行本同，岳本無此八字；彙校卷第十二、撫釋一、余仁仲本、和本、閩本、監本、毛本、殿本、阮刻本“撰”作“僎”，是。

④“初”，撫州本、余仁仲本、岳本、嘉靖本、八行本、和本、十行本、閩本、監本、毛本、殿本、阮刻本作“物”，是。

⑤“視也”，彙校卷第十二、撫釋一、余仁仲本、和本、十行本、閩本、監本、毛本、殿本、阮刻本同，岳本無此二字。

⑥“有”，唐石經、撫州本、余仁仲本、岳本、嘉靖本、八行本、阮刻本同；和本、十行本、閩本、監本、毛本、殿本作“可”，非。

⑦“魚名”，彙校卷第十二、撫釋一、余仁仲本、和本、十行本、閩本、監本、毛本、殿本、阮刻本同，岳本無此二字。

⑧“淰音審徐舒冉反”，彙校卷第十二、撫釋一、余仁仲本、和本、十行本、閩本、監本、毛本、殿本、阮刻本同，岳本作“淰音審又音閃”。

“獝”，況必反①。狔，況越反。閦，失冉反②。

9·28○“故先王秉蓍龜，列祭祀，瘞繒，宣祝嘏辭説，設制度。故國有禮，官有御，事有職，禮有序。皆卜筮所造置也。埋牲曰瘞③，幣帛曰繒。宣，猶揚也。繒，或作“贈”。○蓍，音尸。瘞，於例反，一音於器反④。繒，本又作“增”，同，似仍反，又則登反，又似登反⑤。

9·29○“故先王患禮之不達於下也。患下不信也。

9·30○“故祭帝於郊，所以定天位也；祀社於國，所以列地利也；祖廟，所以本仁也；山川，所以儐鬼神也；五祀，所以本事也。故宗祝在廟，三公在朝，三老在學，王前巫而後史，卜筮瞽侑皆在左右，王中心無爲也，以守至正。此所以達禮於下也。教民尊神，慎居處也。宗，宗人也。瞽，樂人也。侑，四輔也。○儐，皇音賓，敬也，舊必信反⑥。朝，直遥反，下同。筮，市制反。瞽，音古。侑，音又⑦。

9·31○“故禮行於郊，而百神受職焉；禮行於社，而百貨可極焉；禮行於祖廟，而孝慈服焉；禮行於五祀，而正法則焉。言信得其禮，則神物與人皆應之。百神，列宿也。百貨，金玉之屬。○應，“應對”之

---

①“獝字又作獝況必反”，彙校卷第十二、撫釋一、余仁仲本、和本、十行本、閩本、監本、毛本、殿本、阮刻本同，岳本作“獝況必反”。

②“閦失冉反”，彙校卷第十二、撫釋一、余仁仲本、和本、十行本、閩本、監本、毛本、殿本、阮刻本同，岳本無此四字。

③“埋”，撫州本、岳本、嘉靖本、八行本、和本、閩本、監本、毛本、殿本、阮刻本同；余仁仲本、十行本作“理”，非。

④“一音於器反”，彙校卷第十二、撫釋一、余仁仲本、和本、十行本、閩本、監本、毛本、殿本、阮刻本同，岳本無此五字。

⑤“繒本又作增同似仍反又則登反又似登反”，彙校卷第十二、撫釋一、余仁仲本、和本、十行本、閩本、監本、毛本、殿本、阮刻本同，岳本作“繒似仍反又音增”。

⑥“儐皇音賓敬也舊必信反”，彙校卷第十二、撫釋一、余仁仲本、和本、十行本、閩本、監本、毛本、殿本、阮刻本同，岳本作“儐音賓又必信反”。

⑦“朝直遥反下同筮市制反瞽音古侑音又”，彙校卷第十二、撫釋一、余仁仲本、和本、十行本、閩本、監本、毛本、殿本、阮刻本同，岳本無此十六字。

應。宿,音秀①。**故自郊社、祖廟、山川、五祀,義之脩而禮之藏也。**脩,猶飾也②。藏,若其城郭然。○藏,如字,徐才浪反③。

9·32○**"是故夫禮,必本於大一,分而爲天地,轉而爲陰陽,變而爲四時,列而爲鬼神。其降曰命**,聖人象此,下之以爲教令。○大,音泰,下注同④。**其官於天也。**官,猶法也。此聖人所以法於天也。

9·33○**"夫禮必本於天**,本於天一與天之義⑤。重言三,上文一。**動而之地**,後法地也。**列而之事**,後法五祀。五祀,所以本事也。**變而從時**,後法四時。**恊於分藝。**恊,合也。言禮合於月之分,猶人之才也。○"合於月之分",本或作"日月之分"。日,往字⑥。**其居人也曰養**,養,當爲"義",字之誤也。下之則爲教令,居人身爲義。孝經説曰:"義由人出。"○養,音義,出注⑦。**其行之以貨力、辭讓、飲食、冠、昏、喪、祭、射、御、朝、聘。**貨,摯幣庭實也。力,筋骸强者也。不則偃罷。○冠,古亂反。摯,本又作"贄",音至⑧。罷,音皮。

9·34○**"故禮義也者,人之大端也。所以講信脩睦,而固人**

---

①"應應對之應宿音秀",彙校卷第十二、撫釋一、余仁仲本、和本、十行本、閩本、監本、毛本、殿本、阮刻本同,岳本無此八字。

②"飾",撫州本、余仁仲本、岳本、嘉靖本、八行本、和本、十行本、閩本、監本、毛本、殿本同;阮刻本作"節",非。

③"徐",彙校卷第十二、撫釋一、余仁仲本、和本、十行本、閩本、監本、毛本、殿本、阮刻本同,岳本作"又"。

④"下注同",彙校卷第十二、撫釋一、余仁仲本、和本、十行本、閩本、監本、毛本、殿本、阮刻本同,岳本無此三字。

⑤"天一",撫州本、余仁仲本、岳本、嘉靖本、八行本、和本、十行本、閩本、監本、毛本、殿本、阮刻本、吳氏朱批、叢刊本"天"作"大",是。

⑥"合於月之分本或作日月之分日往字",岳本無此十五字;彙校卷第十二、撫釋一、余仁仲本、和本、十行本、閩本、監本、毛本、殿本、阮刻本、吳氏朱批、叢刊本"往"作"衍",是。

⑦"出注",彙校卷第十二、撫釋一、余仁仲本、和本、十行本、閩本、監本、毛本、殿本、阮刻本同,岳本無此二字。

⑧"摯本又作贄音至",彙校卷第十二、撫釋一、余仁仲本、和本、十行本、閩本、監本、毛本、殿本、阮刻本同,岳本無此七字。

之肌膚之會①、筋骸之束也；所以養生、送死、事鬼神之大端也，所以達天道、順人情之大竇也。竇，孔穴也。○竇，音豆。重言“所以養生送死”二，下文一。“事鬼神之大端也”，下文“事鬼神之常也”。故唯聖人爲知禮之不可以已也，故壞國、喪家、亡人，必先去其禮。言愚者之反聖人也。○壞，音怪，又乎怪反。喪，息浪反②。

9·35○“故禮之於人也，猶酒之有蘗也，君子以厚，小人以薄。皆得以爲美味，性善者醇耳。○蘗，魚列反。醇，市春反③。故聖王脩義之柄、禮之序，以治人情。治者，去瑕穢，養菁華也④。○菁，子丁反⑤。故人情者，聖王之田也，脩禮以耕之，和其剛柔。陳義以種之，樹以善道。講學以耨之，存是去非類也。○耨，奴豆反，鉏也⑥。本仁以聚之，合其所盛。○盛，市正反，又音成。播樂以安之。感動使之堅固。故禮也者，義之實也。恊諸義而恊，恊，合也。合禮於義，則與義合，不乖剌。○剌，力達反，本或作“制”⑦。則禮雖先王未之有，可以義起也。以其合於

①“人之”，唐石經、撫州本、余仁仲本、岳本、嘉靖本、八行本、和本、阮刻本同；十行本“之”字作墨釘，閩本、監本、毛本、殿本脱“之”字。阮校曰：“而固人之肌膚之會　石經同，惠棟校宋本同，岳本同，嘉靖本同。閩、監、毛本上‘之’字脱，衞氏集説同。石經考文提要云：‘宋大字本、宋本九經、南宋巾箱本、余仁仲本、劉叔剛本、九經誤字皆有上“之”字。’”鍔案：閩、監、毛本、殿本此類脱文，皆源於十行本之墨釘。

②“壞音怪又乎怪反喪息浪反”，彙校卷十二、撫釋一、余仁仲本、和本、監本、毛本、殿本、阮刻本同；十行本“壞音”、“怪反喪”五字作墨釘，閩本下“怪”字作墨釘，殿本無“喪息浪反”四字。

③“醇市春反”，彙校卷第十二、撫釋一、余仁仲本、和本、十行本、閩本、監本、毛本、殿本、阮刻本同，岳本無此四字。

④“治者去瑕穢養菁華也”，撫州本、余仁仲本、岳本、嘉靖本、八行本、和本、閩本、監本、毛本、殿本同；十行本、阮刻本“去瑕穢”作“瑕穢養”，非。阮校曰：“治者去瑕穢養菁華也　閩、監、毛本如此，岳本同，嘉靖本同，衞氏集説同。此本誤脱‘去’字，重‘養’字。”

⑤“菁子丁反”，彙校卷第十二、撫釋一、余仁仲本、和本、十行本、閩本、監本、毛本、殿本、阮刻本同，岳本無此四字。

⑥“鉏也”，彙校卷第十二、撫釋一、余仁仲本、和本、十行本、閩本、監本、毛本、殿本、阮刻本同，岳本無此二字。

⑦“本或作制”，彙校卷第十二、撫釋一、余仁仲本、和本、十行本、閩本、監本、（轉下頁注）

義，可以義起作。**義者，藝之分、仁之節也。**藝，猶才也。**恊於藝，講於仁，得之者强。**有義則人服之也。**仁者，義之本也，順之體也，得之者尊。**有仁則人仰之也①。**故治國不以禮，猶無耜而耕也；**無以入也。○耜，音似。**爲禮不本於義，猶耕而弗種也；**嘉穀無由生也②。○種，之用反。不，亦作"弗"；何休注公羊云："弗者，不之深也。"下皆放此③。**爲義而不講之以學，猶種而弗耨也；**苗不殖，草不除。**講之以學而不合之以仁，猶耨而弗穫也；**無以知收之豐荒也。○穫，户郭反。收，如字，又手又反⑤。**合之以仁而不安之以樂，猶穫而弗食也；**不知味之甘苦。**安之以樂而不達於順，猶食而弗肥也。**功不見也。○見，賢遍反。**四體既正，膚革充盈，人之肥也。父子篤，兄弟睦，夫婦和，家之肥也。大臣法，小臣廉，官職相序，君臣相正，國之肥也。天子以德爲惠⑥，以樂爲御，諸侯以禮相與，大夫以法相序，士以信相考，百姓以睦相守，天下之肥也。是謂大順。大順者，所以養生、送死、事鬼神之常也。**常，謂皆有禮，用無匱乏也。車，或爲"居"。重言見上文。**故事大積焉而不苑，並行而不繆，細行而不失，深而通，茂而有間，連而**

（接上頁注）毛本、殿本、阮刻本同，岳本無此四字。

①"仁"，撫州本、余仁仲本、岳本、嘉靖本、八行本、和本、十行本、閩本、監本、毛本、殿本同；阮刻本作"人"，非。

②"嘉穀"，撫州本、余仁仲本、岳本、嘉靖本、八行本、和本、阮刻本同；十行本、閩本作墨釘，監本、毛本、殿本缺。阮校曰："嘉穀無由生　惠棟校宋本同，宋監本同，岳本同，嘉靖本同。衛氏集説'穀'作'禾'，閩、監、毛本'嘉穀'二字闕。"

③"不亦作弗何休注公羊云弗者不之深也下皆放此"，彙校卷第十二、撫釋一、余仁仲本、和本、殿本、阮刻本同，岳本無此二十字；十行本"亦"誤作"人"，十行本、閩本"何休注"三字作墨釘，監本、毛本缺。

④"以學"，唐石經、撫州本、余仁仲本、岳本、嘉靖本、八行本、和本、閩本、監本、毛本、殿本同；十行本、阮刻本"以"作"於"，非。

⑤"穫户郭反收如字又手又反"，彙校卷第十二、撫釋一、余仁仲本、和本、十行本、閩本、監本、毛本、殿本、阮刻本同，岳本無此十一字。

⑥"惠"，唐石經、撫州本、余仁仲本、岳本、嘉靖本、八行本、和本、十行本、閩本、監本、毛本、殿本、阮刻本、吴氏朱批作"車"，是。

不相及也，動而不相害也，此順之至也。言人皆明於禮，無有蓄亂滯合者，各得其分理，順其職也。○苑，于粉反①，積也。繆，音謬。畜，丑六反②。重言“此順之至也”二，一見祭統二十五篇，無“此”字。故明於順，然後能守危也。能守自危之道也。君子居安如危，小人居危如安。易曰：“危者安其位。”

9·36○“故禮之不同也，不豐也，不殺也，所以持情而合危也。豐、殺，謂天子及士，名位不同，禮亦異數，所以拱持其情，合安其危。○殺，所戒反，徐所例反，注同③。故聖王所以順，山者不使居川，不使渚者居中原，而弗敝也。小洲曰渚，廣平曰原。山者利其禽獸，渚者利其魚鹽，中原利其五穀，使各居其所安，不易其利，勞敝之也。民失其業則窮，窮則濫④。○渚，之汝反。用水、火、金、木、飲食必時。用水，謂漁人以“時漁爲梁”，“春獻鼈蜃，秋獻龜魚”也。用火，謂司爟“四時變國火，以救時疾”及“季春出火”、“季秋納火”也。用金，謂卝人以時“取金、玉、錫、石”也。用木，謂山虞“仲冬斬陽木，仲夏斬陰木”。飲食，謂“食齊視春時⑤，羹齊視夏時，醬齊視秋時，飲齊視冬時”。○漁，音魚。鼈，必列反⑥。蜃，石忍反。爟，古亂反。卝，華猛反，又瓜猛

---

① “苑于粉反”，彙校卷第十二、撫釋一、余仁仲本、和本、十行本、閩本、監本、毛本、殿本、阮刻本同，岳本作“苑紆粉反”。

② “畜丑六反”，彙校卷第十二、撫釋一、余仁仲本、和本、十行本、閩本、監本、毛本、殿本、阮刻本同，岳本無此四字。

③ “徐所例反注同”，彙校卷第十二、撫釋一、余仁仲本、和本、十行本、閩本、監本、毛本、殿本、阮刻本同，岳本無此六字。

④ “窮則濫”，余仁仲本、岳本、和本、十行本、閩本、監本、毛本、殿本、阮刻本同，嘉靖本、八行本作“窮斯濫”；撫州本作“窮斯盜”，是。考異曰：“窮斯盜：嘉靖本‘盜’作‘濫’，岳本、十行本以來本‘斯盜’作‘則濫’。案：‘斯盜’是也。坊記云：‘約斯盜。’注云：‘約，猶窮也。’此取彼文，當依撫本。”

⑤ “視”，撫州本、岳本、嘉靖本、八行本、和本、十行本、閩本、監本、毛本、殿本、阮刻本同；余仁仲本作“見”，非。楊氏札記曰：“衤旁原書裝訂時，被劣工粘於‘見’後，今改正。”

⑥ “漁音魚鼈必列反”，彙校卷第十二、撫釋一、余仁仲本、十行本、閩本、監本、毛本、殿本、阮刻本同，岳本無此七字。

反,徐古猛反①。夏,戶嫁反,下同。謂食,音嗣②。齊,才細反,下皆同③。**合男女,頒爵位,必當年德。**謂媒氏"令男三十而娶,女二十而嫁"。司士"稽士任,進退其爵祿也"。○頒,音班④。當,丁浪反。媒,音梅。取,音娶,本又作"娶"。稽,古兮反⑤。**用民必順,**不奪農時。**故無水旱昆蟲之災,民無凶饑妖孽之疾。**言大順之時,陰陽和也。昆蟲之災,螟螽之屬也。○栽,音災⑥。妖孽,又作"蠥",魚列反。妖,又作"祆",説文云:"衣服歌謡草木之怪謂之祆,禽獸蟲蝗之怪謂之蠥。"螟,亡丁反。螽,徐音終⑦。**故天不愛其道,地不愛其寶,人不愛其情。**言嘉瑞出,人情至也。**故天降膏露,地出醴泉,山出器車,河出馬圖,鳳皇麒麟,皆在郊棷,龜龍在宮沼,其餘鳥獸之卵胎,皆可俯而闚也。**膏,猶甘也。器,謂若銀甕丹甑也。馬圖,龍馬負圖而出也。棷,聚草也。沼,池也。○澧,本又作"醴",音禮。麒麟,音其,下音栗人反⑧。棷,素口反,徐揔會反,澤也,本或作"藪"。沼,之紹反。卵,力管反。胎,土才反。俯,音府。闚,本又作"闚"⑨,去規反。甕,本又作"罋",烏弄反,徐

————————

① "徐古猛反",彙校卷第十二、撫釋一、余仁仲本、和本、十行本、閩本、監本、毛本、殿本、阮刻本同,岳本無此四字。

② "夏户嫁反下同謂食音嗣",彙校卷第十二、撫釋一、余仁仲本、和本、十行本、閩本、監本、毛本、殿本、阮刻本同,岳本無此十字。

③ "下皆同",彙校卷第十二、撫釋一、余仁仲本、和本、十行本、閩本、監本、毛本、殿本、阮刻本同,岳本無此三字。

④ "頒音班",彙校卷第十二、撫釋一、余仁仲本、和本、十行本、閩本、監本、毛本、殿本、阮刻本同,岳本無此三字。

⑤ "媒音梅取音娶本又作娶稽古兮反",彙校卷第十二、撫釋一、余仁仲本、和本、十行本、閩本、監本、毛本、殿本、阮刻本同,岳本無此十四字。

⑥ "栽音災",彙校卷第十二、撫釋一、余仁仲本、和本、十行本、閩本、監本、毛本、殿本、阮刻本同,岳本無此三字。

⑦ "妖孽又作蠥魚列反妖又作祆説文云衣服歌謡草木之怪謂之祆禽獸蟲蝗之怪謂之蠥螟亡丁反螽徐音終",彙校卷第十二、余仁仲本、和本、十行本、閩本、監本、毛本、殿本、阮刻本同,岳本作"孽魚列反";撫釋一"祆"作"秖",非。

⑧ "澧本又作醴音禮麒麟音其下音栗人反",彙校卷第十二、撫釋一、余仁仲本、和本、十行本、閩本、監本、毛本、殿本、阮刻本同,岳本無此十六字。

⑨ "徐揔會反澤也本或作藪沼之紹反卵力管反胎土才反俯音府闚本又作",彙校卷第十二、撫釋一、余仁仲本、和本、十行本、閩本、監本、毛本、殿本、阮刻本同,岳本(轉下頁注)

於弄反①。**則是無故**，非有他事使之然也。**先王能脩禮以達義，體信以達順故，此順之實也。**"實，猶誠也，盡也。互注易係辭："河出圖，洛出書，聖人則之。"

禮器第十○陸曰："鄭云：'以其記禮，使人成器。孔子謂子貢瑚璉之器是也。'"②

　　　　禮記　　　　　　　　　　　　　　　　　鄭氏注③

　10·1 **禮器，是故大備。大備，盛德也。**禮器，言禮使人成器，如末粗之爲用也。人情以爲田，脩禮以耕之，此是也。大備，自耕至於食之而肥④。**禮，釋回，增美質，措則正，施則行。**釋，猶去也。回，邪辟也。質，猶性也。措，置也。○錯，七路反，本又作"措"，又厝，音同。去，起吕反。邪，似嗟反。辟，匹亦反⑤。**其在人也，如竹箭之有筠也，如松柏之有心也，二者居天下之大端矣，故貫四時而不改柯易葉。**箭，篠也。端，本也。四物於天下，最得氣之本，或柔刃於外，或和澤於内，用此不變傷也。人之得禮，亦猶然也。○箭，節見反。筠，于貧反，鄭云"竹之青皮也"。貫，古亂反。柯，古何反。

────────

①"甕本又作舊烏弄反徐於弄反"，彙校卷第十二、撫釋一、余仁仲本、和本、十行本、閩本、監本、毛本、殿本、阮刻本同，岳本無此十二字。
②"陸曰鄭云以其記禮使人成器孔子謂子貢瑚璉之器是也"，余仁仲本、和本、十行本、閩本、監本、毛本、殿本、阮刻本同，岳本無此二十三字，彙校卷第十三、撫釋一無"陸曰"二字。
③撫州本題"禮器第十"，頂格書寫，空四格題"鄭氏注"。余仁仲本題"禮器第十"，頂格書寫，下雙行釋文，空一格題"鄭氏注"。嘉靖本題"禮器第十"，頂格書寫，空八格題"鄭氏注"。
④"而"，撫州本、余仁仲本、岳本、嘉靖本、八行本、和本、阮刻本同；十行本、閩本、監本、毛本、殿本作"弗"，非。阮校曰："自耕至於食之而肥　惠棟校宋本同，宋監本同，岳本同，嘉靖本同，考文引古本、足利本同。閩、監、毛本'而'誤'弗'，衛氏集説同。"
⑤"錯七路反本又作措又厝音同去起吕反邪似嗟反辟匹亦反"，余仁仲本、和本、十行本、閩本、監本、毛本、殿本、阮刻本同，岳本無此二十四字，彙校卷第十二、撫釋一"厝"上有"作"字。

篠,西了反,徐音小。刃,而慎反①。**故君子有禮,則外諧而内無怨**,人恊服也。**故物無不懷仁,鬼神饗德**。懷,歸也。

　　10·2〇**先王之立禮也,有本有文**②。**忠信,禮之本也。義理,禮之文也。無本不立,無文不行**。言必外内具也。〇[重言]"禮之本也"二,一見昏義四十四篇:"未禮其本也③。"〇"禮之文也"二,一見樂記十九。**禮也者,合於天時,設於地財,順於鬼神,合於人心,理萬物者也**。鬼神所祀,事有德也。[重意]"合於天時,設於地財",禮運:"天生時而地生財。"**是故天時有生也,地理有宜也,人官有能也,物曲有利也**,言皆有異。**故天不生,地不養,君子不以爲禮,鬼神弗饗也**。天不生,謂非其時物也。地不養,謂非此地所生。**居山以魚鼈爲禮,居澤以鹿豕爲禮,君子謂之不知禮**。不順其鄉之所有也。**故必舉其定國之數,以爲禮之大經**。定國之數,謂地物所出多少。**禮之大倫,以地廣狹**;謂貢賦之常差。〇狹,音洽,又户夾反。差,所佳反,徐初宜反④。**禮之薄厚,與年之上下**。用年之豐凶也。〇上,時掌反⑤。**是故年雖大殺,衆不匡懼,則上之制禮也節矣**。言用之有節也。殺,謂穀不孰也。匡,猶恐也。〇殺,色戒反,徐所例反,注同⑥。

---

① "鄭云竹之青皮也貫古亂反柯古何反篠西了反徐音小刃而慎反",<u>彙校</u>卷第十二、<u>撫釋</u>一、<u>余仁仲本</u>、<u>和本</u>、<u>十行本</u>、<u>閩本</u>、<u>監本</u>、<u>毛本</u>、<u>殿本</u>、<u>阮刻本</u>同,<u>岳本</u>無此二十六字。

② "有本有文",<u>撫州本</u>、<u>余仁仲本</u>、<u>岳本</u>、<u>嘉靖本</u>、<u>八行本</u>、<u>和本</u>、<u>十行本</u>、<u>閩本</u>、<u>監本</u>、<u>毛本</u>、<u>殿本</u>、<u>阮刻本</u>同,<u>唐石經</u>脱"有文"二字。考異曰:"<u>唐石本</u>無'有文'二字。案:此於正義、<u>釋文</u>未有明文,但石本既無,必相傳如此,詳下經云'無本不立'。此經云'先王之立禮也有本',八字作一句讀,上下相應矣,無者是也。"<u>段玉裁經韻樓集禮器先王之立禮也有本有文謂唐石經奪</u>"有文"二字,是也。

③ "未禮其本也","未",衍文,當删;"其"乃"之"之誤。昏義云:"昏禮者,禮之本也。"

④ "又户夾反差所佳反徐初宜反",<u>岳本</u>無此十二字,<u>彙校</u>卷第十二、<u>撫釋</u>一、<u>余仁仲本</u>、<u>和本</u>、<u>十行本</u>、<u>閩本</u>、<u>監本</u>、<u>毛本</u>、<u>殿本</u>、<u>阮刻本</u>"所"作"初",是。

⑤ "上時掌反",<u>彙校</u>卷第十二、<u>撫釋</u>一、<u>余仁仲本</u>、<u>和本</u>、<u>十行本</u>、<u>閩本</u>、<u>監本</u>、<u>毛本</u>、<u>殿本</u>、<u>阮刻本</u>同,<u>岳本</u>無此四字。

⑥ "徐所例反注同",<u>彙校</u>卷第十二、<u>撫釋</u>一、<u>余仁仲本</u>、<u>和本</u>、<u>十行本</u>、<u>閩本</u>、<u>監本</u>、<u>毛本</u>、<u>殿本</u>、<u>阮刻本</u>同,<u>岳本</u>無此六字。

匡懼①,音匡,又丘往反。恐,丘勇反②。

10·3○禮,時爲大,順次之,體次之,宜次之,稱次之③。言聖
人制禮所先後也。○稱,尺證反,後皆同。堯授舜,舜授禹,湯放桀,武王
伐紂,時也。言受命,改制度。互注孟梁惠王下:"齊宣王問曰:'湯放桀,武王
伐紂,有諸?'孟子對曰:'於傳有之。'曰:'臣弑其君,可乎?'曰:'賊仁者,謂之賊;
賊義者,謂之殘;殘賊之人,謂之一夫。聞誅一夫紂矣,未聞弑君也。'"詩云:
"匪革其猶,聿追來孝。"革,急也。猶,道也。聿,述也。言文王改作者,非
必欲急行己之道,乃追述先祖之業,來居此爲孝。○革,紀力反,注同④。

10·4○天地之祭,宗廟之事,父子之道,君臣之義,倫也。倫
之言順也。

10·5○社稷山川之事,鬼神之祭,體也。天地人之別體也。

10·6○喪祭之用⑤,賓客之交,義也。義之言宜也,人道之宜。

10·7○羔豚而祭,百官皆足;大牢而祭,不必有餘:此之謂
稱也。足,猶得也。稱,稱牲之大小而爲俎,此指謂助祭者耳。而云"百官",喻
衆也。諸侯以龜爲寶,以圭爲瑞;家不寶龜,不藏圭,不臺門,言有
稱也。古者貨貝、寶龜,大夫以下有貨耳。易曰:"十朋之龜。"瑞,信也。諸侯
執瑞,孤卿以下執摯。闍者謂之臺。○堵,本又作"闍",音都,又丁古反,徐音常

---

① "匡懼",十行本同;彙校卷十二、撫釋一、余仁仲本、和本、閩本、監本、毛本、殿本、阮刻
本作"恇懼"。阮校曰:"衆不匡懼 閩、監、毛本同,石經同,岳本同,衛氏集説同。惠棟
校宋本'匡'作'恇',注仍作'匡',嘉靖本同。釋文出'恇懼'云:'音匡。'○按:恇,正字;
匡,假借字。"鍔案:阮謂惠棟校宋本"匡"作"恇",然八行本無釋文,經、注、疏文皆作
"匡";又,閩本、監本、毛本、阮刻本作"恇懼",阮説非也。

② "音匡又丘往反恐丘勇反",彙校卷第十二、撫釋一、余仁仲本、和本、十行本、閩本、監
本、毛本、殿本、阮刻本同,岳本作"如字又丘往反"。

③ "次之",唐石經、撫州本、余仁仲本、岳本、嘉靖本、八行本、和本、閩本、監本、毛本、殿
本、阮刻同;十行本"之"作"也",非。

④ "注同",彙校卷第十二、撫釋一、余仁仲本、和本、十行本、閩本、監本、毛本、殿本、阮刻
本同,岳本無此二字。

⑤ "用",唐石經、撫州本、余仁仲本、岳本、嘉靖本、八行本、和本、閩本、監本、毛本、殿本、
阮刻本同;十行本作"川",非。

邪反^①。

　　10·8○禮有以多爲貴者。天子七廟，諸侯五，大夫三，士一。天子之豆二十有六，諸公十有六，諸侯十有二，上大夫八，下大夫六。諸侯七介、七牢，大夫五介、五牢。天子之席五重，諸侯之席三重，大夫再重。天子崩，七月而葬，五重八翣；諸侯五月而葬，三重六翣；大夫三月而葬，再重四翣。此以多爲貴也。豆之數，謂天子朔食、諸侯相食及食大夫。公食大夫禮曰：“宰夫自東房薦豆六^②，設于醬東。”北食下大夫而豆六^③，則其餘著矣。聘禮：“致饔餼於上大夫，堂上八豆，設于户西。”則凡致饔餼，堂上之豆數亦如此。周禮：“公之豆四十，其東西夾各十有二；侯伯之豆三十有二^④，其東西夾各十；子男之豆二十有四^⑤，其東西夾各六。”諸侯七介、七牢者，周之侯伯也。大夫五介、五牢者，侯伯之卿使聘者也。周禮，上公九介、九牢，侯伯七介、七牢，子男五介、五牢。聘義所云“上公七介，諸侯五介^⑥，子男三介。”乃謂其使者也。天子葬五重者，謂杭木與茵也^⑦。葬者，杭木在上，茵在下。士喪禮下篇陳器曰：“杭木，橫三縮二，加杭席三。加茵，用疏布，緇翦，有幅，亦縮二橫三。”此士之禮一重者。以此差之，上公四重。○介，音界，副也，

----

① “堵本又作闍音都又丁古反徐音常邪反”，彙校卷第十二、撫釋一、余仁仲本、和本、閩本、監本、毛本、殿本、阮刻本同；岳本作“闍音都”，十行本“堵”誤作“諸”。

② “宰夫”，撫州本、余仁仲本、岳本、嘉靖本、足利本、和本、十行本、閩本、監本、毛本、殿本、阮刻本、潘本同；八行本“宰”作“牢”，非。

③ “北”，余仁仲本、八行本、十行本同；撫州本、岳本、嘉靖本、足利本、和本、閩本、監本、毛本、殿本、阮刻本、潘本作“此”，是。

④ “三十有二”，撫州本、余仁仲本、岳本、嘉靖本、足利本、和本、十行本、閩本、監本、毛本、殿本、阮刻本同；八行本、潘本作“二十有二”，非。

⑤ “二十有四”，撫州本、余仁仲本、岳本、嘉靖本、八行本、和本、毛本、阮刻本同；十行本、閩本、監本、殿本作“三十有四”，非。

⑥ “諸侯”，聘義、撫州本、余仁仲本、岳本、嘉靖本、八行本、和本、十行本、閩本、監本、毛本、殿本、阮刻本作“侯伯”，是。

⑦ “杭木”，撫州本、余仁仲本、嘉靖本、十行本、阮刻本同；岳本、八行本、和本、閩本、監本、毛本、殿本作“抗木”，是。阮校曰：“謂杭木與茵也　宋監本同，嘉靖本同，閩、監、毛本‘杭’作‘抗’，正義同，岳本同，衛氏集説同，釋文出‘抗木’，音苦浪反。○按，依説文，正字當作‘抗’，從扌亢聲。”鍔案：阮説是。下“杭”字，皆當作“抗”。宋板書常將“扌”、“木”旁相混。

後皆同，俗讀古賀反，非也①。重，直龍反，下及注同②。晏，所甲反。相食，音嗣，下同。饎，許既反。夾，古洽反，又古協反。使，色吏反③。杭木，苦浪反，又音剛，又户剛反④。茵，音因。縮，所六反⑤。重意天子七廟，諸侯五，大夫三，士二。王制："天子七廟，諸侯五廟，大夫三廟，士二廟。"祭法篇："王立七廟，諸侯立五廟，大夫立三廟，適士二廟，官師一廟。"重言"天子七月而葬，諸侯五月而葬，大夫三月而葬"二，並見王制第五篇。

10·9○有以少爲貴者。天子無介，祭天特牲。天子適諸侯，諸侯膳以犢。諸侯相朝，灌用鬱鬯，無籩豆之薦。大夫聘禮以脯醢，天子一食，諸侯再，大夫、士三，食力無數。大路繁纓一就，次路繁纓七就。圭璋特，琥璜爵。鬼神之祭單席，諸侯視朝，大夫特，士旅之。此以少爲貴也。天子無介，無客禮也。灌，獻也。一食、再食、三食，謂告飽也。食力，謂工商農也。大路繁纓一就，殷祭天之車也。周禮：王之五路，玉路繁纓十有二就，金路九就，象路七就，革路五就，木路剗繁鵠纓。圭璋特，朝聘以爲瑞，無幣帛也。琥璜爵者，天子酬諸侯，諸侯相酬，以此玉將幣也。大夫特，士旅之，謂君揖之。○犢，音獨，本亦作"特"。朝，直遙反，下及注同。灌，古亂反，注同⑥。鬯，丑亮反。脯醢，上音甫，下音海⑦。繁，步干反，下

---

①"副也後皆同俗讀古賀反非也"，彙校卷第十二、撫釋一、余仁仲本、和本、十行本、閩本、監本、毛本、殿本、阮刻本同，岳本無此十二字。
②"重直龍反下及注同"，岳本作"重平聲"；彙校卷第十二、撫釋一、余仁仲本、和本、十行本、閩本、監本、毛本、殿本、阮刻本"同"上有"皆"字，是。
③"饎許既反夾古洽反又古協反使色吏反"，彙校卷第十二、撫釋一、余仁仲本、和本、十行本、閩本、監本、毛本、殿本、阮刻本同，岳本無此十六字。
④"杭木苦浪反又音剛又户剛反"，岳本作"抗音伉又音剛"；彙校卷第十二、撫釋一、余仁仲本、和本、十行本、閩本、監本、毛本、殿本、阮刻本"杭"作"抗"，是。
⑤"茵音因縮所六反"，彙校卷第十二、撫釋一、余仁仲本、和本、十行本、閩本、監本、毛本、殿本、阮刻本同，岳本無此七字。
⑥"本亦作特朝直遙反下及注同灌古亂反注同"，彙校卷第十二、撫釋一、余仁仲本、和本、十行本、閩本、監本、毛本、殿本、阮刻本同，岳本無此十八字。
⑦"脯醢上音甫下音海"，彙校卷第十二、撫釋一、余仁仲本、和本、十行本、閩本、監本、毛本、殿本、阮刻本同，岳本作"醢音海"。

及注同①。琥，音虎，又作"虎"②。璜，音黃。單，音丹。翦，子淺反，一音牋。鵠，胡毒反。重言"天子適諸侯，諸侯膳以犢"二，一見郊特牲，"以"作"用"。○"灌用鬱鬯"二，一見下篇郊特牲。"大路繁纓一就"一，一見下篇郊特牲，又"次路五就"。

10·10○有以大爲貴者。宮室之量，器皿之度，棺椁之厚，丘封之大，此以大爲貴也。

10·11○有以小爲貴者。宗廟之祭，貴者獻以爵，賤者獻以散，尊者舉觶，卑者舉角。五獻之尊，門外缶，門内壺，君尊瓦甒，此以小爲貴也。凡觴：一升曰爵，二升曰觚，三升曰觶，四升曰角，五升曰散。五獻，子男之饗禮也。壺大一石，瓦甒五斗，缶大小未聞也。易曰："尊酒，簋貳③，用缶。"○量，音亮。皿，命景反，字林音猛④。散，悉旦反，注同⑤。觶，支豉反⑥。缶，方有反。甒，音武。觚，音孤⑦。

10·12○有以高爲貴者。天子之堂九尺，諸侯七尺，大夫五尺，士三尺，天子、諸侯臺門，此以高爲貴也。

10·13○有以下爲貴者。至敬不壇，埽地而祭。天子、諸侯之尊廢禁，大夫、士棜禁。此以下爲貴也。廢，猶去也。棜，斯禁也。

---

① "下及注同"，彙校卷第十二、撫釋一、余仁仲本、和本、十行本、閩本、監本、毛本、殿本、阮刻本同，岳本無此四字。
② "又作虎"，彙校卷第十二、撫釋一、余仁仲本、和本、十行本、閩本、監本、毛本、殿本、阮刻本同，岳本無此三字。
③ "簋貳"，周易坎卦、撫州本、余仁仲本、岳本、嘉靖本、八行本、和本、十行本、閩本、監本、毛本、殿本、阮刻本、吳氏朱批作"簋貳"，是。
④ "字林音猛"，彙校卷第十二、撫釋一、余仁仲本、和本、十行本、閩本、監本、毛本、殿本、阮刻本同，岳本無此四字。
⑤ "注同"，彙校卷第十二、撫釋一、余仁仲本、和本、十行本、閩本、監本、毛本、殿本、阮刻本同，岳本無此二字。
⑥ "支豉反"，彙校卷第十二、撫釋一、余仁仲本、岳本、和本、閩本、監本、毛本、殿本、阮刻本同；十行本"支"作"文"，非。
⑦ "觚音孤"，彙校卷第十二、撫釋一、余仁仲本、和本、十行本、閩本、監本、毛本、殿本、阮刻本同，岳本無此三字。

謂之椸者,無足,有似於椸,或因名云耳。大夫用斯禁,士用棜禁①,如今方案②。隋長局足③,高三寸。○壇,大丹反。棜,於據反。去,起呂反④。斯禁,如字,劉昌宗音賜⑤。隋,他果反⑥。高,如字,又古報反⑦。重言"埽地而祭"二,一見本篇、郊特牲。

　　10·14○禮有以文爲貴者。天子龍袞,諸侯黼,大夫黻,士玄衣纁裳。天子之冕,朱緑藻,十有二旒;諸侯九,上大夫七,下大夫五,士三。此以文爲貴也。此祭冕服也。朱緑,似夏、殷禮也。周禮,天子五采藻。○卷,本又作"袞",同古本反⑧。黼,音甫。黻,音弗。纁,字又

─────────

① "士用棜禁",撫州本、余仁仲本、岳本、嘉靖本、八行本、和本、十行本、閩本、監本、毛本、殿本、阮刻本同。阮校曰:"士用棜禁　閩、監、毛本同,岳本同,嘉靖本同,衞氏集説同。惠棟云:'棜字衍。'案惠棟是也。"鍔案:儀禮士冠禮:"尊于房户之間,兩甒,有禁。"鄭玄注:"禁,承尊之器也。名之爲禁者,因爲酒戒也。"鄉飲酒禮:"尊兩壺于房户間,斯禁。"鄭玄注:"斯禁,禁切地無足者。"特牲饋食禮:"壺棜禁。"玉藻曰:"大夫側尊用棜,士側尊用禁。"鄭玄注:"棜,斯禁也,無足。"據此則禁有足。棜、棜禁、斯禁同一物,無足。就棜、禁用途而言,天子、諸侯之尊用棜,不用禁;大夫、士用禁,不用棜,此"以下爲貴"者。此處"大夫、士棜禁",乃因"天子、諸侯之尊廢禁",針對天子、諸侯廢禁,大夫、士用棜禁,以示尊卑,對舉而言。大夫、士對舉,大夫用棜,士用禁;散文則俱可用棜禁。宋本作"棜禁",傳世各本同。惠棟所言不確,北大點校本據以删去"棜"字,非也。

② "如今方案",余仁仲本、岳本、嘉靖本、監本、毛本、殿本、阮刻本同,和本、十行本、閩本"案"作"按";撫州本、八行本"如"上有"禁"字,是。阮校曰:"如今方案　閩、監、毛本同,岳本同,嘉靖本同,衞氏集説'如'上有'禁'字,宋監本同;考文引宋板、古本、足利本同。按正義,'如'上'禁'字當有。"

③ "隋長局足",岳本、和本、十行本、閩本、監本、毛本、殿本、阮刻本同;撫州本、嘉靖本、八行本"隋"作"惰",非。阮校曰:"隋長局足　閩、監、毛本同,岳本同,衞氏集説同,釋文出'隋長',嘉靖本'隋'誤'惰',按:此本正義作'隨'。"

④ "去起呂反",彙校卷第十二、撫釋一、余仁仲本、和本、十行本、閩本、監本、毛本、殿本、阮刻本同,岳本無此四字。

⑤ "斯禁如字劉昌宗音賜",彙校卷第十二、撫釋一、余仁仲本、和本、十行本、閩本、監本、毛本、殿本、阮刻本同,岳本作"禁如字又音賜"。

⑥ "他果反",彙校卷十二、撫釋一、岳本、殿本同;余仁仲本、和本、十行本、閩本、監本、毛本、阮刻本"他"作"池",非。

⑦ "高如字又古報反",彙校卷第十二、撫釋一、余仁仲本、和本、十行本、閩本、監本、毛本、殿本、阮刻本同,岳本無此七字。

⑧ "卷本又作袞同古本反",彙校卷第十二、撫釋一、余仁仲本、和本、十行本、閩(轉下頁注)

作“繡”①，許云反。繅，本又作“躁”，亦作“藻”，同子老反，注同②。重言“藻十有二旒”三，郊特牲、玉藻各一。

10·15〇有以素爲貴者。至敬無文，父黨無容，大圭不琢，大羹不和，大路素而越席，犧尊疏布鼏，樿杓，此以素爲貴也。大圭，長三尺，杼上，終葵首。琢，當爲“篆”，字之誤也。明堂位曰：“大路，殷路也。”鼏，或作“冪”③。樿，木白理也。〇琢，字又作琢，丈轉反，徐又依字丁角反④。大羹，音泰。和，胡卧反。越席，音活⑤。犧尊，鄭素何反，王如字⑥。幎，本又作“冪”，又作“鼏”，莫歷反⑦。樿，章善反，又市戰反。杓，市約反⑧。長，直亮反。杼，直吕反。幕，音莫。重言“大圭不琢”二，一見郊特牲。“大羹不和”三，郊特牲、樂記各一。孔子曰：“禮不可不省也，禮不同，不豐，不殺。”此之謂也。蓋言稱也。省，察也。不同，言異也。〇殺，所戒反，又所例反，下“而殺”、注“芟殺”皆同⑨。重言“此之謂也”九，大傳、祭義、喪服四制各一，樂記二，經解三。

（接上頁注）本、監本、毛本、殿本、阮刻本同，岳本作“衮古本反”。

① “熏字又作”，彙校卷第十二、撫釋一、余仁仲本、和本、十行本、閩本、監本、毛本、殿本、阮刻本同，岳本無此四字。

② “繅本又作躁亦作藻同子老反注同”，余仁仲本、十行本同，岳本無此十四字；彙校卷第十二、撫釋一、和本、閩本、監本、毛本、殿本、阮刻本“躁”作“躁”，是。

③ “冪”，撫州本、余仁仲本、岳本、八行本、和本、十行本、閩本、監本、毛本、殿本、阮刻本作“幕”，是。阮校曰：“鼏或作幕　閩、監、毛本同，岳本同，嘉靖本同，衛氏集説同，釋文出‘作幕’云：‘音莫。’考文引足利本‘幕作鼏’。按釋文，經‘鼏’，本又作‘冪’。若注‘幕’作‘冪’，將成‘冪作鼏’，不可讀矣。”鍔案：足利本作“幕”。

④ “琢字又作琢丈轉反徐又依字丁角反”，和本同，岳本作“琢丈轉反又丁角反”。彙校卷十二、撫釋一、余仁仲本、阮刻本“又作琢”作“又作琢”，殿本“丁角反”作“竹角反”。

⑤ “活”，彙校卷十二、撫釋一、余仁仲本、岳本、閩本、監本、毛本、殿本、阮刻本同；十行本作“沽”，非。

⑥ “犧尊鄭素何反王如字”，彙校卷第十二、撫釋一、余仁仲本、和本、十行本、閩本、監本、毛本、殿本、阮刻本同，岳本作“犧素何反又如字”。

⑦ “幎本又作冪又作鼏莫歷反”，彙校卷第十二、撫釋一、余仁仲本、和本、阮刻本同，岳本作“鼏莫歷反”；十行本、閩本、監本、毛本、殿本“冪”作“幕”，是。

⑧ “市約反”，余仁仲本、岳本、和本、閩本、監本、毛本、殿本、阮刻本同，彙校卷十二、撫釋一作“市灼反”；十行本作“市幼反”，非。

⑨ “又所例反下而殺注芟殺皆同”，彙校卷第十二、撫釋一、余仁仲本、和本、十行本、閩本、監本、毛本、殿本、阮刻本同，岳本無此十二字。

禮之以多爲貴者，以其外心者也。外心，用心於外，其德在表也。**德發揚，詡萬物**，詡，猶普也，徧也。○詡，況矩反。徧，音遍①。**大理物博，如此則得不以多爲貴乎？故君子樂其發也。**發，猶見也。樂多其外見也。○樂，五孝反，注同②。見，賢遍反，下"外見"、"告見"皆同③。**禮之以少爲貴者，以其內心者也。**內心，用心於內，其德在內。**德産之致也精微**，致，致密也。○致，直致反④，注皆同⑤。**觀天下之物，無可以稱其德者。**萬物皆天所生，孰可奉薦以稱也。**如此，則得不以少爲貴乎？是故君子慎其獨也。**少其牲物，致誠慤。○慤，字又作"愨"，苦角反，下文同⑥。

　　10·16○**古之聖人，內之爲尊，外之爲樂，少之爲貴，多之爲美，是故先王之制禮也，不可多也，不可寡也，唯其稱也。**

　　10·17○**是故君子大牢而祭謂之禮，匹士大牢而祭謂之攘。**君子，謂大夫以上。攘，盜竊也。○樂，音洛。匹士，本或作"正士"⑦。攘，如羊反。上，時掌反⑧。重言"先王之制禮也"五，下文三，檀弓上一。**管仲鏤簋、朱紘、山節、藻梲，君子以爲濫矣。**濫，亦盜竊也。鏤簋，謂刻而飾之，大夫刻爲龜耳，諸侯飾以象，天子飾以玉。朱紘，天子冕之紘也。諸侯青紐紘，大

---

① "徧音遍"，彙校卷第十二、撫釋一、余仁仲本、和本、十行本、閩本、監本、毛本、殿本、阮刻本同，岳本無此三字。

② "注同"，彙校卷第十二、撫釋一、余仁仲本、和本、十行本、閩本、監本、毛本、殿本、阮刻本同，岳本無此二字。

③ "下外見告見皆同"，彙校卷第十二、撫釋一、余仁仲本、和本、十行本、閩本、監本、毛本、殿本、阮刻本同，岳本無此七字。

④ "直致反"，彙校卷第十二、撫釋一、余仁仲本、岳本、和本、十行本、閩本、監本、毛本、殿本、阮刻本作"直置反"。

⑤ "注皆同"，彙校卷第十二、撫釋一、余仁仲本、和本、十行本、閩本、監本、毛本、殿本、阮刻本同，岳本無此三字。

⑥ "慤字又作愨苦角反下文同"，彙校卷第十二、撫釋一、余仁仲本、和本、十行本、閩本、監本、毛本、殿本、阮刻本同，岳本無此十一字。

⑦ "樂音洛匹士本或作正士"，彙校卷第十二、撫釋一、余仁仲本、和本、十行本、閩本、監本、毛本、殿本、阮刻本同，岳本無此十字。

⑧ "上時掌反"，彙校卷第十二、撫釋一、余仁仲本、和本、十行本、閩本、監本、毛本、殿本、阮刻本同，岳本無此四字。

夫、士當緇組紘①、纁邊。栭謂之節。梁上楹謂之梲。宮室之飾，士首本，大夫達

棱，諸侯斲而礱之，天子加密石焉，無畫山藻之禮也。○鏤簋，力豆反，下音軌。

紘，音宏。藻梲，章悅反，依字當作“棳”，梁上侏儒柱②。栭，音而。棱③，力登反。

斲，陟角反。礱，力工反④。重言“管仲鏤簋、朱紘、山節、藻梲”二，重見雜記下二

十一。晏平仲祀其先人⑤，豚肩不揜豆，澣衣濯冠以朝，君子以爲

隘矣。隘，猶狹陋也。祀不以少牢，與無田者同，不盈禮也。大夫、士有田則

祭，無田則薦。澣衣濯冠，儉不務新。○澣，又作“浣”，户管反⑥。濯，直角反。

朝，直遥反⑦。隘，本又作“阨”⑧，於賣反。重言“晏平仲祀其先人，豚肩不揜豆”

二，一見雜記下。

　　10・18○是故君子之行禮也，不可不慎也。衆之紀也，紀散

而衆亂。言二大夫皆非也。紀，絲縷之數有紀。孔子曰：“‘我戰則克，祭

則受福。’蓋得其道矣。”我，我知禮者也。克，勝也。重言“我戰則克，祭則

受福”。郊特牲：“故以戰則克，以祭則受福。”君子曰：“祭祀不祈，祈，求也。

祭祀不爲求福也。詩云：“自求多福。”福由己耳⑨。○爲，于僞反。下“爲母”、

---

①“紘”，撫州本、余仁仲本、岳本、嘉靖本、八行本、和本、閩本、監本、毛本、殿本、阮刻本
　同；十行本作墨釘。

②“藻梲章悅反依字當作棳梁上侏儒柱”，彙校卷第十二、撫釋一、余仁仲本、和本、十行
　本、閩本、監本、毛本、殿本、阮刻本同，岳本作“梲章悅反”。

③“棱”，彙校卷第十二、撫釋一、余仁仲本、和本、十行本、閩本、監本、毛本、殿本、阮刻本
　作“棱”，是。

④“斲陟角反礱力工反”，彙校卷第十二、撫釋一、余仁仲本、和本、十行本、閩本、監本、毛
　本、殿本、阮刻本同，岳本無此八字。

⑤“平”，唐石經、撫州本、余仁仲本、岳本、嘉靖本、八行本、和本、閩本、監本、毛本、殿本、
　阮刻本同；十行本作“乎”，非。

⑥“澣又作浣户管反”，彙校卷第十二、撫釋一、余仁仲本、閩本、監本、毛本、殿本、阮刻本
　同，岳本作“澣户管反”；和本、十行本“户”作“尸”，非。

⑦“朝直遥反”，彙校卷第十二、撫釋一、余仁仲本、和本、十行本、閩本、監本、毛本、殿本、
　阮刻本同，岳本無此四字。

⑧“本又作阨”，彙校卷第十二、撫釋一、余仁仲本、和本、十行本、閩本、監本、毛本、殿本、
　阮刻本同，岳本無此四字。

⑨“自求多福福由己耳”，余仁仲本、岳本、嘉靖本、八行本、和本、十行本、閩本、監本、毛
　本、殿本、阮刻本同；撫州本“由”上不重“福”字，非。

“爲父母”皆同①。**不麾蚤**，麾之言快也。祭有時，不以先之爲快也。齊人所善曰麾。○摩，本又作“麾”，毀皮反。齊人謂快爲麾②。蚤，音早。**不樂葆大**，謂器幣也。葆之言褒也。○葆，音保，又保毛反，本又作“保”③。**不善嘉事**，嘉事之祭，致夫人是也。禮宜告見於先祖耳，不善之而祭。**牲不及肥大，薦不美多品。**”以禮之義，有以小、少爲貴也。

10·19○**孔子曰：“臧文仲安知禮？夏父弗綦逆祀而弗止也。燔柴於奧。**文仲，魯公子彄之曾孫臧孫辰也。莊、文之間爲大夫④，於時爲賢，是以非之，不正禮也。文二年“八月丁卯⑤，大事于大廟，躋僖公”，始逆祀⑥，是夏父弗綦爲宗人之爲也⑦。奧，當爲“爨”，字之誤也，或作“竈”。禮，尸卒食而祭。饎爨，饗爨也。時人以爲祭火神，乃燔柴。○父，音甫。不綦⑧，音忌。不，亦作“弗”。燔，音煩，又芳云反⑨。奧，依注作“爨”⑩，七亂反，下同⑪。彄，苦侯反。大

---

①“爲于僞反下爲母爲父母皆同”，彙校卷第十二、撫釋一、余仁仲本、和本、十行本、閩本、監本、毛本、殿本、阮刻本同，岳本無此十二字。

②“摩本又作麾毀皮反齊人謂快爲麾”，余仁仲本、和本、閩本、監本、毛本、殿本、阮刻本同，岳本作“麾毀皮反”；彙校卷第十二、撫釋一、十行本“爲麾”作“爲摩”。阮校曰：“注疏本引釋文作‘摩’，是也。‘麾’，俗‘摩’字。”

③“本又作保”，彙校卷第十二、撫釋一、余仁仲本、和本、十行本、閩本、監本、毛本、殿本、阮刻本同，岳本無此四字。

④“孫臧孫辰也莊文”，撫州本、余仁仲本、岳本、嘉靖本、八行本、和本、閩本、監本、毛本、殿本、阮刻本同；十行本缺“孫臧”、“也莊”四字，“辰”誤作“反”，“文”誤作“又”。

⑤“也文二年八月”，撫州本、余仁仲本、岳本、嘉靖本、八行本、和本、毛本、殿本、阮刻本同，十行本缺此六字，閩本、監本缺“也”字。

⑥“祀”，撫州本、余仁仲本、岳本、嘉靖本、八行本、和本、閩本、監本、毛本、殿本、阮刻本同，十行本作“也”，非。

⑦“宗人”，撫州本、余仁仲本、岳本、嘉靖本、八行本、十行本、毛本同，和本、殿本、阮刻本、吳氏朱批、叢刊本作“宗伯”。

⑧“父音甫不”，彙校卷第十二、撫釋一、余仁仲本、和本、毛本、殿本、阮刻本同，岳本無此四字。

⑨“不亦作弗燔音煩又芳云反”，彙校卷第十二、撫釋一、余仁仲本、和本、毛本、殿本、阮刻本同，岳本無此十一字。

⑩“依注作爨”，彙校卷第十二、撫釋一、余仁仲本、和本、毛本、殿本、阮刻本同，岳本無此四字。

⑪“下同”，彙校卷第十二、撫釋一、余仁仲本、和本、毛本、殿本、阮刻本同，岳本無此二字。

廟，音太，下注“大平”、下文“大廟”，並同。躋，子西反，升也，本又作“隮”①。饎爨，
昌志反，下七亂反②。**夫奧者，老婦之祭也，盛於盆，尊於瓶。**”老婦，先炊
者也。盆、瓶，炊器也。明此祭先炊，非祭火神，燔柴似失之。〇盛，音成。缾，步
丁反③。

　　10·20〇**禮也者，猶體也。**若人身體。**體不備，君子謂之不成
人。設之不當，猶不備也。禮有大，有小，有顯，有微。大者不可
損，小者不可益，顯者不可揜，微者不可大也。故經禮三百，曲禮
三千，其致一也。**致之言至也。一，謂誠也。經禮，謂周禮六篇④，其官有三
百六十。曲，從事也⑤。事禮，謂今禮也。禮篇多亡，本數未聞，其中事儀三
千。〇當，丁浪反。**未有入室而不由戶者。**三百三千，皆猶誠也⑥。<u>重意</u>
中庸：“禮儀三百，威儀三千，待其人而後行。”**君子之於禮也，有所竭情盡**

———————

① “大廟音太下注大平下文大廟並同躋子西反升也本又作隮”，<u>余仁仲</u>本、<u>和</u>本、<u>毛</u>本、<u>阮</u>
刻本同，<u>岳</u>本無此二十四字；<u>彙校</u>卷第十二、<u>撫釋</u>一、<u>殿</u>本“太”作“泰”。
② “饎爨昌志反下七亂反”，<u>彙校</u>卷第十二、<u>撫釋</u>一、<u>余仁仲</u>本、<u>和</u>本、<u>毛</u>本、<u>殿</u>本、<u>阮</u>刻
本同，<u>岳</u>本作“饎音熾”。又，“爲也”至“七亂反”九十九字，<u>撫州</u>本、<u>余仁仲</u>本、<u>和</u>
本、<u>毛</u>本、<u>阮</u>刻本同；十行本惟有“祭爨饗爨”、“忌不亦作弗”、“苦侯反大廟”、“本又
作躋饎”、“志反下七亂”二十四字，其餘爲墨釘；<u>閩</u>本有“本又作躋”、“下七亂反”八
字，其餘缺；<u>監</u>本有“音忌不亦作弗”、“彊苦侯反大廟”、“也本又作躋饎”、“爨昌志
反下七亂”二十五字，其餘缺。<u>阮</u>校曰：“是夏父弗綦爲宗伯之爲也奧當爲爨字之
誤也或作竈禮尸卒食而祭饎爨饗爨也時人以爲祭火神乃燔柴　<u>毛</u>本同，<u>岳</u>本同，
<u>嘉靖</u>本同，<u>衛氏集説</u>同，<u>惠棟</u>校<u>宋</u>本同，考文引古本同。<u>閩</u>、<u>監</u>本自‘爲也’以下多
闕文。”<u>鍔</u>案：阮説不確。
③ “缾步丁反”，<u>彙校</u>卷第十二、<u>撫釋</u>一、<u>余仁仲</u>本、<u>和</u>本、<u>十行</u>本、<u>閩</u>本、<u>監</u>本、<u>毛</u>本、<u>殿</u>本、
<u>阮</u>刻本同，<u>岳</u>本無此四字。
④ “謂”下，<u>撫州</u>本、<u>余仁仲</u>本、<u>岳</u>本、<u>嘉靖</u>本、<u>八行</u>本、<u>和</u>本、<u>十行</u>本、<u>閩</u>本、<u>監</u>本、<u>毛</u>本、<u>殿</u>
本、<u>阮</u>刻本有“周禮也”三字，是。
⑤ “從”，<u>余仁仲</u>本同；<u>撫州</u>本、<u>岳</u>本、<u>嘉靖</u>本、<u>八行</u>本、<u>和</u>本、<u>十行</u>本、<u>閩</u>本、<u>監</u>本、<u>毛</u>本、<u>殿</u>
本、<u>阮</u>刻本作“猶”，是。
⑥ “猶”，<u>撫州</u>本、<u>余仁仲</u>本、<u>岳</u>本、<u>嘉靖</u>本、<u>八行</u>本、<u>和</u>本、<u>十行</u>本、<u>閩</u>本、<u>監</u>本、<u>毛</u>本、<u>殿</u>本、
<u>阮</u>刻本同。考異曰：“<u>毛居正</u>曰：‘“由”作“猶”，誤。’案以正義證之，是也。<u>山井鼎</u>曰：
‘足利本“猶”作“由”。’”<u>鍔</u>案：足利本不作“猶”。

慎，致其敬而誠若，謂以少、小、下、素爲貴也。若，順也①。有美而文而誠若。謂以多、大、高、文爲貴也②。君子之於禮也，有直而行也，謂若始死，哭踊無節也。有曲而殺也，謂若父在，爲母期也。○期，音基。有經而等也，謂若天子以下至士、庶人，爲父母三年。有順而討也，討，猶去也。謂若天子以十二、公以九、侯伯以七、子男以五爲節也。○去，起呂反。下“去寶”同③。有撕而播也，撕之言芟也，謂芟殺有所與也。若祭者，貴賤皆有所得，不使虛也。○撕，所監反，又所覽反。芟，所咸反。有推而進也，謂若王者之後，得用天子之禮。有放而文也，謂若天子之服，服日月以至黼黻④。○放，方往反。“有放”、“必放”同⑤。有放而不致也，謂若諸侯自山龍以下⑥。○不致，本或作“不至”⑦。有順而摭也。謂若君沐粱，大夫沐稷，士沐粱。○摭，之石反。三代之禮，一也，民共由之。或素或青，夏造殷因。一也，俱趨誠也。由，用也。素尚白，青尚黑者也⑧。言所尚雖異，禮則相因耳。孔子曰：“殷因於

---

① “謂以少小下素爲貴也若順也”，撫州本、余仁仲本、岳本、嘉靖本、八行本、和本、毛本、殿本、阮刻本同；十行本惟有“下素”、“順也”四字，其餘爲墨釘，閩本、監本缺。阮校曰：“謂以少小下素爲貴也若順也　此注在‘致其敬而誠若’之下，惠棟校宋本同，毛本同，岳本同，嘉靖本同。閩、監本十二字闕。”

② “謂以多大高文爲貴也”，撫州本、余仁仲本、岳本、嘉靖本、八行本、和本、毛本、殿本、阮刻本同；十行本作墨釘，閩本缺，監本存“爲貴者”三字，毛本“也”下有一墨釘。阮校曰：“謂以多大高文爲貴也　此注在‘有美而文而誠若’之下，惠棟校宋本同，毛本同，岳本同，嘉靖本同，衛氏集説同。閩、監本九字闕，毛本‘也’下衍墨釘。”

③ “下去寶同”，余仁仲本、和本、閩本同，岳本無此四字；十行本“寶”作“寶”，監本、毛本、殿本、阮刻本作“之”，彙校卷十二、撫釋一作“寶”，是，本篇下文有“穗去寶曰靫”。

④ “服日月”，撫州本、余仁仲本、岳本、嘉靖本、和本、十行本、閩本、監本、毛本、殿本、阮刻本同；八行本“服”作“象”。阮校曰：“服日月以至黼黻　閩、監、毛本同，岳本同，嘉靖本同，惠棟校宋本‘服’作‘象’，衛氏集説同。考文云：古本作‘服’，足利本作‘服象’。”

⑤ “有放必放同”，彙校卷第十二、撫釋一、余仁仲本、和本、十行本、閩本、監本、毛本、殿本、阮刻本同，岳本無此五字。

⑥ “謂若諸侯自山龍以下”，撫州本、余仁仲本、岳本、嘉靖本、和本、監本、毛本、殿本、阮刻本同；十行本“諸”、“山”二字作墨釘，閩本“山”作墨釘。

⑦ “不致本或作不至”，彙校卷第十二、撫釋一、余仁仲本、和本、十行本、閩本、監本、毛本、殿本、阮刻本同，岳本無此七字。

⑧ “青尚黑”，撫州本、余仁仲本、岳本、嘉靖本、八行本、阮刻本同；和本、十行（轉下頁注）

夏禮，所損益可知也。周因於殷禮，所損益可知也。”變白黑，言素青者，秦二世
時，趙高欲作亂，或以青爲黑、黑爲黃，民言從之，至今語猶存也①。

10·21〇周坐尸，詔侑武方，其禮亦然，其道一也。言此亦周所
因於殷也。武，當爲“無”，聲之誤也。方，猶常也。告尸行節，勸尸飲食无常②，若
孝子之爲也。孝子就養無方。詔侑，或爲“詔囿”。〇侑，音又，本或作“宥”③。
武，音無。養，羊讓反。詔圜，音圓，下“圜丘”同，本亦作“詔圓”④。重意“其道一
也”，郊特牲篇。祭義：“其義一也”。樂記：“其極一也”。夏立尸而卒祭，夏
禮，尸有事乃坐⑤。殷坐尸，無事猶坐。周旅酬六尸。使之相酌也。后稷之
尸，發爵不受旅。曾子曰：“周禮其猶醵與！”合錢飲酒爲醵，旅酬相酌似之
也。王居明堂之禮：“仲秋，乃命國醵。”〇醵，其庶反，又其約反。與，音餘。

10·22〇君子曰：“禮之近人情者，非其至者也。”近人情者褻，
而遠之者敬。〇近，“附近”之近，注同⑥。遠，于萬反。郊血，大饗腥，三

（接上頁注）本、閩本、監本、毛本、殿本作“黑尚青”，非。阮校曰：“青尚黑者也　惠棟校宋
本如此，宋監本同，岳本同，嘉靖本同，衛氏集説同。此本‘青’、‘黑’二字互倒，閩、監、
毛本同。”

①“也”，撫州本、余仁仲本、嘉靖本、八行本、和本、十行本、閩本、監本、毛本、殿本、阮刻本
同；岳本作“焉”，非。

②“无”，撫州本、余仁仲本、岳本、嘉靖本、八行本、毛本、阮刻本作“無”；和本、十行本、閩
本、監本、殿本作“者”，非。“無常”下，段玉裁經韻樓集禮器注告尸行節勸尸飲食無常
人者若孝子之爲也孝子就養無方謂當補入“人者”二字。

③“本或作宥”，彙校卷第十二、撫釋一、余仁仲本、和本、十行本、閩本、監本、毛本、殿本、
阮刻本同，岳本無此四字。

④“詔圜音圓下圜丘同本亦作詔圓”，岳本無此十三字。“詔圓”，彙校卷十二、撫釋一、余仁
仲本、和本、閩本同，十行本、監本、毛本、殿本、阮刻本作“詔囿”。阮校曰：“詔侑或爲詔
囿　岳本同，嘉靖本同，閩、監、毛本‘詔’作‘詔’。釋文‘詔圜’云：‘本亦作“詔圓”。’
考文云：‘古本、足利本“囿”作“圜”。’按：段玉裁云：‘韻會二蕭引亦作“詔囿”。’”

⑤“乃”，撫州本、余仁仲本、岳本、嘉靖本、八行本、和本、阮刻本同；十行本、閩本、監本、毛
本、殿本作“則”，叢刊本作“而”，非。阮校曰：“夏禮尸有事乃坐　惠棟校宋本作‘乃’，
宋監本同，岳本同，嘉靖本同，衛氏集説同，考文引古本、足利本同，此本‘乃’誤‘則’，
閩、監、毛本同，通典四十八引亦作‘夏禮，尸有事乃坐’。”

⑥“近附近之近注同”，彙校卷第十二、撫釋一、余仁仲本、和本、十行本、閩本、監本、毛本、
殿本、阮刻本同，岳本無此七字。

獻爓，一獻孰。郊，祭天也。大饗，祫祭先王也。三獻，祭社稷、五祀。一獻，祭群小祀也。爓，沉肉於湯也。血、腥、爓、孰，遠近備古今也。尊者先遠，差降而下，至小祀孰而已。○爓，似廉反。〔重言〕三見，下篇郊特牲。**是故君子之於禮也，非作而致其情也，**作，起也。敬非己情也，所以下彼。○下，戶嫁反①。**此有由始也。**有所法也。**是故七介以相見也，不然則已慤；三辭三讓而至，不然則已蹙。**已，猶甚也。慤、蹙，愿貌。大愿則辭不見，情無由至也。○蹙，本又作"慼"②，子六反，又音促。愿，音願③。大，音泰。見，賢遍反，下"龍見"同④。**故魯人將有事於上帝，必先有事於頖宮。**上帝，周所郊祀之帝，謂蒼帝靈威仰也。魯以周公之故，得郊祀上帝，與周同。先有事於頖宮，告后稷也。告之者，將以配天，先仁也。頖宮⑤，郊之學也。詩所謂"頖宮"也，字或爲"泮宮"。○頖，本或作"泮"，依注音判⑥。**晉人將有事於河，必先有事於惡池。**惡，當爲"呼"，聲之誤也。呼池、漚夷⑦，并州川。○惡，依注音"呼"，又作"虖"，好故反。池，大河反，注同。漚夷，烏侯反⑧。**齊人將有事於泰山，必先有事於配林。**配林，林名。○泰，本或作"大"，

①"下戶嫁反"，彙校卷第十二、撫釋一、余仁仲本、和本、十行本、閩本、監本、毛本、殿本、阮刻本同，岳本無此四字。

②"本又作慼"，彙校卷第十二、撫釋一、余仁仲本、和本、十行本、閩本、監本、毛本、殿本、阮刻本同，岳本無此四字。

③"愿音願"，彙校卷第十二、撫釋一、余仁仲本、和本、十行本、閩本、監本、毛本、殿本、阮刻本同，岳本無此三字。

④"見賢遍反下龍見同"，彙校卷第十二、撫釋一、余仁仲本、和本、十行本、閩本、監本、毛本、殿本、阮刻本同，岳本無此八字。

⑤"頖宮"，撫州本、余仁仲本、岳本、嘉靖本、八行本同，和本、十行本、閩本、監本、毛本、殿本、阮刻本脫"宮"字。

⑥"本或作泮依注"，彙校卷第十二、撫釋一、余仁仲本、和本、十行本、閩本、監本、毛本、殿本、阮刻本同，岳本無此六字。

⑦"漚夷"，岳本、嘉靖本、和本、十行本、阮刻本同；撫州本、余仁仲本、八行本、閩本、監本、殿本、毛本作"嘔夷"，是。

⑧"惡依注音呼又作虖好故反池大河反注同漚夷烏侯反"，余仁仲本、和本、十行本、閩本、監本、毛本、殿本、阮刻本同，岳本作"惡音呼又好故反池大河反嘔烏侯反"，彙校卷第十二、撫釋一"好故反"作"好胡反"。

音同，下注放此①。**三月繫，七日戒，三日宿，慎之至也。** 繫，繫牲于牢也。戒，散齊也。宿，致齊也。將有祭祀之事，必先敬慎如此，不敢忽也②。○順之至也，“順”當作“慎”③。散齊，悉旦反，下測皆反，後放此④。

10・23○**故禮有擯詔，樂有相步，溫之至也**。皆爲溫藉重禮也⑤。擯詔，告道賓主者也。相步，扶工也。詔，或爲“紹”。○相，息亮反，注同⑥。溫，紆運反，注同⑦。藉，徐子夜反。道，音導⑧。

10・24○**禮也者，反本脩古，不忘其初者也。故凶事不詔，朝事以樂。** 二者反本也。哭泣由中，非由人也。朝廷養賢，以樂樂之也。○朝，直遙反，下“朝夕”、注“視朝”同。樂樂，上音岳，下音洛⑨。**醴酒之用，玄酒之尚，割刀之用，鸞刀之貴，莞簟之安，而蒿鞂之設。** 三者脩古。穗去實曰鞂。禹貢“三百里納鞂服”。○鸞，力端反⑩。莞，音官，一音

---

① “泰本或作大音同下注放此”，彙校卷第十二、撫釋一、余仁仲本、和本、十行本、閩本、監本、毛本、殿本、阮刻本同，岳本無此十一字。

② “忍”，十行本作“忽”，叢刊本缺，撫州本、余仁仲本、岳本、嘉靖本、八行本、和本、閩本、監本、毛本、殿本、阮刻本、吳氏朱批作“切”，是。

③ “順之至也順當作慎”，彙校卷第十二、撫釋一、余仁仲本、和本、十行本、閩本、監本、毛本、殿本、阮刻本同，岳本無此八字。

④ “散齊悉旦反下測皆反後放此”，岳本作“散悉旦反”，彙校卷第十二、撫釋一、余仁仲本、和本、十行本、閩本、監本、毛本、殿本、阮刻本“測”作“側”。

⑤ “也”，撫州本、余仁仲本、岳本、嘉靖本、八行本、和本、毛本、阮刻本同；十行本、閩本、監本、殿本作“有”，非。

⑥ “注同”，彙校卷第十二、撫釋一、余仁仲本、和本、十行本、閩本、監本、毛本、殿本、阮刻本同，岳本無此二字。

⑦ “注同”，彙校卷第十二、撫釋一、余仁仲本、和本、十行本、閩本、監本、毛本、殿本、阮刻本同，岳本無此二字。

⑧ “藉徐子夜反道音導”，彙校卷第十二、撫釋一、余仁仲本、和本、十行本、閩本、監本、毛本、殿本、阮刻本同，岳本無此八字。

⑨ “朝直遙反下朝夕注視朝同樂樂上音岳下音洛”，彙校卷十二、撫釋一、余仁仲本同，岳本作“朝音潮後同樂樂上音岳下音洛”；和本、十行本、閩本、監本、毛本、殿本、阮刻本脫此十九字。

⑩ “鸞力端反”，彙校卷第十二、撫釋一、余仁仲本、和本、十行本、閩本、監本、毛本、殿本、阮刻本同，岳本無此四字。

丸。篡，徒點反①。藁，字又作"藳"②，古老反。秫，江八反，徐古八反。穟，音遂③。**是故先王之制禮也，必有主也。** 主，謂本與古也。**故可述而多學也。** 以本與古求之而已。

10·25○**君子曰："無節於内者，觀物弗之察矣。** 節，猶驗也。**欲察物而不由禮，弗之得矣。"故作事不以禮，弗之敬矣。出言不以禮，弗之信矣。故曰："禮也者，物之致也。"** 致之言至也，極也。

10·26○**是故昔先王之制禮也，因其財物而致其義焉爾。故作大事必順天時。** 大事，祭祀也。春秋傳曰："啓蟄而郊，龍見而雩，始殺而嘗，閉蟄而烝。"○烝，之承反④。**爲朝夕必放於日月，** 日出東方，月生西方⑤。**爲高必因丘陵，** 謂冬至祭天於圜丘之上。**爲下必因川澤。** 謂夏至祭地於方澤之中。**是故天時雨澤，君子達亹亹焉。** 達，猶皆也⑥。亹亹，勉勉也。君子愛物，見天雨澤，皆勉勉勸樂。○亹，亡匪反，徐音尾⑦。樂，音洛⑧。

10·27○**是故昔先王尚有德，尊有道，任有能，舉賢而置之，聚**

---

① "篡徒點反"，彙校卷第十二、撫釋一、余仁仲本、和本、十行本、閩本、監本、毛本、殿本、阮刻本同，岳本無此四字。

② "字又作藳"，彙校卷第十二、撫釋一、余仁仲本、和本、十行本、閩本、監本、毛本、殿本、阮刻本同，岳本無此四字。

③ "徐古八反穟音遂"七字，彙校卷十二、撫釋一、余仁仲本同，岳本無此七字，和本、十行本、閩本、監本、毛本、殿本、阮刻本脱。

④ "烝之承反"，彙校卷第十二、撫釋一、余仁仲本、和本、十行本、閩本、監本、毛本、殿本、阮刻本同，岳本無此四字。

⑤ "生"，余仁仲本、岳本、嘉靖本、八行本、和本、十行本、閩本、監本、毛本、殿本、阮刻本同，撫州本作"出"。阮校曰："月生西方　宋監本'生'改'出'。"考異曰："月出西方：各本'出'作'生'。案下注云'月出西方而東行也'，與此相承接，不當改爲'生'。山井鼎曰：'古本作"出"。'"

⑥ "也"，撫州本、余仁仲本、岳本、嘉靖本、八行本、監本、毛本、殿本、阮刻本同，和本、十行本、閩本作"焉"，非。

⑦ "徐"，彙校卷第十二、撫釋一、余仁仲本、和本、十行本、閩本、監本、毛本、殿本、阮刻本同，岳本作"又"。

⑧ "樂音洛"，彙校卷第十二、撫釋一、余仁仲本、和本、十行本、閩本、監本、毛本、殿本、阮刻本同，岳本無此三字。

衆而誓之。古者將有大事,必選賢誓衆,重事也。**是故因天事天**,天高,因
高者以事也。**因地事地**,地下,因下者以事也。**因名山升中于天**,名,猶大
也。升,上也。中,猶成也。謂巡守至於方嶽,燔柴祭天,告以諸侯之成功也。孝
經説曰:“封乎泰山,考績燔燎;禪乎梁父①,刻石紀號也。”○上,時掌反。守,手又
反。燎,力妙反,又力弔反。禪,善戰反。梁父,音甫,本亦作“甫”②。**因吉土
以饗帝于郊**。吉土,王者所卜而居之土也。饗帝於郊,以四時所兆,祭於四郊
者也。今漢亦四時迎氣,其禮則簡。**升中于天,而鳳皇降,龜龍假**;功成而
太平,陰陽氣和,而致象物。○假,音格,至也。**饗帝於郊,而風雨節③,寒暑
時**。五帝主五行,五行之氣和,而庶登得其序也④。五行,木爲雨,金爲賜⑤,火
爲煥,水爲寒,土爲風。○暘,音陽。煥,於六反⑥。**是故聖人南面而立,而
天下大治**。南面立者視朝。○治,直吏反,下及注同⑦。重意大傳:“聖人南
面而治天下”。仲尼燕居:“南面而立,夫是以而天下太平也⑧。”

　　10·28○**天道至教,聖人至德**。自下事也⑨。**廟堂之上,罍尊**

---

①“梁父”,撫州本、余仁仲本、岳本、嘉靖本、八行本、和本、十行本、閩本、監本、毛本、殿
　本、阮刻本作“梁甫”。
②“上時掌反守手又反燎力妙反又力弔反禪善戰反梁父音甫本亦作甫”,彙校卷第十
　二、撫釋一、余仁仲本、和本、十行本、閩本、監本、毛本、殿本、阮刻本同,岳本無此
　二十八字。
③“節”,撫州本、余仁仲本、岳本、嘉靖本、八行本、和本、十行本、閩本、監本、毛本、殿本、
　阮刻本同;唐石經無此字,考異謂是。
④“登”,撫州本、余仁仲本、岳本、嘉靖本、八行本、和本、十行本、閩本、監本、毛本、殿本、
　阮刻本、吳氏朱批、叢刊本作“徵”,是。
⑤“賜”,撫州本、余仁仲本、岳本、嘉靖本、八行本、和本、十行本、閩本、監本、毛本、殿本、
　阮刻本、吳氏朱批、叢刊本作“暘”,是。
⑥“暘音陽煥於六反”,彙校卷第十二、撫釋一、余仁仲本、和本、十行本、閩本、監本、毛本、
　殿本、阮刻本同,岳本無此七字。
⑦“治直吏反下及注同”,彙校卷第十二、撫釋一、余仁仲本同,岳本無此八字,和本、十行
　本、閩本、監本、毛本、殿本、阮刻本“下及”倒作“及下”。
⑧“而”,衍文,仲尼燕居無“而”字。
⑨“自”,余仁仲本、嘉靖本同,十行本、監本、毛本作“日”;撫州本、岳本、八行本、和本、閩
　本、殿本、阮刻本作“目”,是。阮校曰:“目下事也　閩本作‘日’,惠棟校宋本同,宋監本
　同,岳本同,衛氏集説同。此本‘目’誤‘日’,監、毛本同。嘉靖本誤‘自’。”

在阼，犧尊在西。廟堂之下，縣鼓在西，應鼓在東。禮樂之器，尊西也。小鼓謂之應。犧，周禮作"獻"。○罍，音雷①。犧，素河反，注及下同②。縣，音玄③。應，"應對"之應。作獻，本又作"戲"，同，素河反，下同④。君在阼，夫人在房，人君尊東也。天子諸侯有左右房。大明生於東，月生於西，此陰陽之分，夫婦之位也。大明，日也。○分，扶問反⑤。君西酌犧象，夫人東酌罍尊，象日出東方而西行也，月出西方而東行也。周禮曰："春祠夏禴，祼用雞彝鳥彝，皆有舟。其朝踐用兩獻尊，其再獻用兩象尊，皆有罍。諸臣之所酢。"○夏禴，户嫁反，下音藥⑥。祼，古亂反。彝，徐音夷⑦。禮交動乎上⑧，樂交應乎下，和之至也。言交乃和。

　　10·29○禮也者，反其所自生。自，由也。制禮者，本己所由，得民心也。樂也者，樂其所自成。作樂者⑨，緣民所樂於己之功。舜之民樂其紹堯而作大韶，湯、武之民樂其濩伐而作濩武。○護，户故反，本亦作"濩"⑩。

---

①"罍音雷"，彙校卷第十二、撫釋一、余仁仲本、和本、十行本、閩本、監本、毛本、殿本、阮刻本同，岳本無此三字。

②"犧素河反注及下同"，彙校卷第十二、撫釋一、余仁仲本、和本、十行本、閩本、監本、毛本、殿本、阮刻本同，岳本作"犧獻皆素河反"，非。

③"縣音玄"，彙校卷第十二、撫釋一、余仁仲本、和本、十行本、閩本、監本、毛本、殿本、阮刻本同；岳本作"縣音懸"，非。

④"應應對之應作獻本又作戲同素河反下同"，彙校卷第十二、撫釋一、余仁仲本、和本、十行本、閩本、監本、毛本、殿本、阮刻本同，岳本無此十七字。

⑤"分扶問反"，彙校卷第十二、撫釋一、余仁仲本、和本、十行本、閩本、監本、毛本、殿本、阮刻本同，岳本作"分去聲"。

⑥"夏禴户嫁反下音藥"，彙校卷第十二、撫釋一、余仁仲本、和本、十行本、閩本、監本、毛本、殿本、阮刻本同，岳本作"禴音藥"。

⑦"彝徐音夷"，彙校卷第十二、撫釋一、余仁仲本、和本、閩本、監本、毛本、殿本、阮刻本同，岳本無此四字，十行本"夷"誤作"事"。

⑧"交"，撫州本、余仁仲本、岳本、嘉靖本、八行本、和本、閩本、監本、毛本、殿本、阮刻本同；十行本作"文"，非。

⑨"者"，撫州本、余仁仲本、岳本、嘉靖本、八行本、阮刻本同，和本、十行本、閩本、監本、毛本、殿本脱。阮校曰："作樂者緣民所樂於己之功　惠棟校宋本有'者'字，宋監本同，岳本同，嘉靖本同，考文引古本、足利本同。此本'者'字脱，閩、監、毛本同。"

⑩"護户故反本亦作濩"，彙校卷第十二、撫釋一、余仁仲本同，岳本無此八字，（轉下頁注）

重意檀弓上、樂記十九："樂,樂其所自生。"○"禮也者,反其所自生"。檀弓："禮
不忘其本"。樂記："禮反其所自始。"是故先王之制禮也以節事,動反本
也。脩樂以道志。勸之善也①。○道,音導②。故觀其禮樂而治亂可
知也。國亂禮慢而樂淫也。蘧伯玉曰："君子之人達。"觀其禮樂,則知治
亂也。蘧伯玉,衛大夫也,名瑗。○蘧,其居反。瑗,于卷反③。故觀其器而
知其工之巧,觀其發而知其人之知。禮樂亦猶是也。○知,音智。故
曰："君子慎其所以與人者。"將以是觀④。

　　10·30○太廟之內敬矣,君親牽牲,大夫贊幣而從;納牲於庭
時也,當用幣告神而殺牲。○從,才用反,下同⑤。君親制祭,夫人薦盎;親
制祭,謂朝事進血膋時。所制者,制肝洗於鬱鬯,以祭於室及主。○盎,烏浪反。
膋,了彫反。重意祭義二十四篇:"夫人奠盎。"君親割牲,夫人薦酒;親割,
謂進牲執體時。重意"夫人薦酒",祭義:"夫人薦豆。"卿大夫從君,命婦從
夫人。洞洞乎其敬也,屬屬乎其忠也,勿勿乎其欲其饗之也。勿
勿,猶勉勉也。○洞,音動⑥。屬,之玉反。重意"卿大夫從君"至"其饗之也"。
祭義:"卿大夫相君,命婦相夫人,濟濟乎其敬也,愉愉乎其忠也,勿勿乎其欲其饗
之也。"○"洞洞乎、屬屬乎",又見祭義篇。納牲詔於庭,血毛詔於室,羹

（接上頁注）和本、十行本、閩本、監本、毛本、殿本、阮刻本"本亦"作"又",非。

① "勸",撫州本、余仁仲本、岳本、八行本、和本、閩本、監本、毛本、殿本、阮刻本同;十行本
作"歡",非。

② "道音導",彙校卷第十二、撫釋一、余仁仲本、和本、十行本、閩本、監本、毛本、殿本、阮
刻本同,岳本無此三字。

③ "瑗于卷反",彙校卷第十二、撫釋一、余仁仲本、和本、十行本、閩本、監本、毛本、殿本、
阮刻本同,岳本無此四字。

④ "是",余仁仲本、岳本、嘉靖本、八行本、和本、十行本、閩本、監本、毛本、殿本、阮刻本
同;撫州本作"見",非。

⑤ "下同",彙校卷第十二、撫釋一、余仁仲本、和本、十行本、閩本、監本、毛本、殿本、阮刻
本同,岳本無此二字。

⑥ "動",彙校卷第十二、撫釋一、余仁仲本、岳本、和本、十行本、閩本、監本、毛本、殿本、阮
刻本作"慟",是。

定詔於堂，三詔皆不同位，蓋道求而未之得也。肉謂之羹。道，猶言也。○定，徐丁磬反，一音如字①。設祭于堂，設祭之饌於堂，人君禮然②。爲祊乎外，祊祭，明日之繹祭也。謂之祊者，於廟門之旁，因名焉。其祭之禮，既設祭於室，而事尸於堂，孝子求神，非一處也。周禮曰："夏后氏世室，門堂三之二，室三之一。"詩頌絲衣曰："自堂徂基。"○祊，百彭反。繹，音亦。處，昌慮反③。故曰："於彼乎？於此乎？"不知神之所在也。重言二，一見下篇郊特牲。

　　10·31○一獻質，謂祭羣小祀也。三獻文，謂祭社稷、五祀。五獻察，察，明也。謂祭四望、山川也。七獻神。謂祭先公。

　　10·32○大饗其王事與！盛其饌與貢，謂祫祭先王。○事與，音餘。三牲魚腊，四海九州之美味也。籩豆之薦，四時之和氣也。此饌，諸侯所獻。○腊，音昔。内金，示和也。此所貢也。内之庭實，先設之。金從革，性和。荆、楊二州貢金三品④。○内，音納。束帛加璧，尊德也。貢享所執致命者，君子於玉比德焉。龜爲前列，先知也。龜知事情者，陳於庭在前。荆州納錫、大龜。重言一，二見下篇。金次之，見情也。金炤物。金有兩義，先入後設。○見，賢遍反，下注"世一見"同。炤，音照，本亦作"照"⑤。丹、漆、絲、纊、竹、箭，與眾共財也。萬民皆有此物，荆州貢丹，兗州貢漆、絲，豫州貢纊，楊州貢篠簜⑥。○纊，音曠，綿也，劉昌宗古曠反。

────────────

① "定徐丁磬反一音如字"，阮刻本同，岳本作"定丁磬反一如字"；彙校卷第十二、撫釋一、余仁仲本、和本、十行本、閩本、監本、毛本、殿本"磬"作"罄"。

② "然"，撫州本、余仁仲本、岳本、嘉靖本、八行本同；和本、十行本、閩本、監本、毛本、殿本、阮刻本作"焉"，非。

③ "繹音亦處昌慮反"，彙校卷第十二、撫釋一、余仁仲本、和本、十行本、閩本、監本、毛本、殿本、阮刻本同，岳本無此七字。

④ "楊"，撫州本、余仁仲本、嘉靖本、八行本、十行本、閩本、監本、阮刻本同，岳本、和本、毛本、殿本作"揚"。

⑤ "下注世一見同炤音照本亦作照"，彙校卷第十二、撫釋一、余仁仲本、和本、十行本、閩本、監本、毛本、殿本、阮刻本同，岳本無此十三字。

⑥ "楊州"，余仁仲本、嘉靖本、十行本、閩本、監本、毛本、阮刻本同，撫州本、岳本、八行本、和本、殿本作"揚州"；"簜"，撫州本、余仁仲本、岳本、嘉靖本、八行本、和本、十行本、閩本、監本、毛本、殿本、阮刻本作"簜"，是。

蕩，大黨反①。**其餘無常貨，各以其國之所有，則致遠物也。** 其餘，謂九州之外夷服、鎮服、蕃服之國。周禮："九州之外，謂之蕃國，世一見，各以其所貢寶爲摯②。"周穆王征犬戎，得白狼、白鹿近之。○蕃，本又作"藩"，方煩反，下同。近，"附近"之近③。**其出也，肆夏而送之，蓋重禮也。** 出，謂諸侯之賓也，禮畢而出，作樂以節之。肆夏，當爲陔夏。○肆，依注作"陔"，古來反，注又作"祴"，音同④。

10·33○**祀帝於郊，敬之至也。** 言就而祭之，不敢致也。重言"敬之至也"，二見郊特牲，五見祭義，一見聘義。重意哀公問："敬之至矣。"下文"仁之至也"，祭義、中庸"孝之至也"。**宗廟之祭，仁之至也。** 仁，恩也。父子主恩也。**喪禮，忠之至也。** 謂哭踊袒襲也。○袒襲，音但，下音習⑤。**備服器，仁之至也。** 謂小斂、大斂之衣服，葬之明器。**賓客之用幣，義之至也。** 謂來賵賻。**故君子欲觀仁義之道，禮其本也。** 言禮有節，於內可以觀也。重意篇首。昏義："禮之本也"。**君子曰："甘受和，白受采，忠信之人，可以學禮。苟無忠信之人，則禮不虛道。是以得其人之爲貴也。"** 道，猶由也，從也。○和，户卧反。

10·34○**孔子曰："誦詩三百，不足以一獻。一獻之禮，不足以大饗。大饗之禮，不足以大旅。大旅具矣，不足以饗帝。** 誦詩

---

① "劉昌宗古曠反蕩大黨反"，岳本無此十字；彙校卷第十二、撫釋一、余仁仲本、和本、十行本、閩本、監本、毛本、殿本、阮刻本"蕩"作"盪"，是。

② "貢"，撫州本、余仁仲本、岳本、嘉靖本、十行本、阮刻本同，八行本、和本、閩本、監本、毛本、殿本作"貴"。阮校曰："各以其所貢寶爲摯　惠棟校宋本同，宋監本同，岳本同，嘉靖本同，考文引古本，足利本同，閩、監、毛本'貢'作'貴'，衛氏集説同，正義引注亦作'貴'。○按：'貴'與周禮大行人同。"鍔案：考異謂作"貢"是也。

③ "蕃本又作藩方煩反下同近附近之近"，彙校卷第十二、撫釋一、余仁仲本、和本、十行本、閩本、監本、毛本、殿本、阮刻本同，岳本無此十五字。

④ "肆依注作陔古來反注又作祴音同"，彙校卷第十二、撫釋一、余仁仲本、和本、十行本、閩本、監本、毛本、殿本、阮刻本同，岳本作"肆古來反"。

⑤ "袒襲音但下音習"，彙校卷第十二、撫釋一、余仁仲本、和本、十行本、閩本、監本、毛本、殿本、阮刻本同，岳本無此七字。

三百，喻習多言而不學禮也。大旅，祭五帝也。饗帝，祭天。**毋輕議禮。**"謂若誦詩者，不可以强言禮。○强，其丈反①。

10·35○**子路爲季氏宰。**宰，治邑吏也。**季氏祭，逮闇而祭，日不足，繼之以燭。**謂舊時也。**雖有强力之容、肅敬之心，皆倦怠矣。**以其久也。**有司跛倚以臨祭，其爲不敬大矣。**偏任爲跛，依物爲倚。○跛，彼義反，注同②。倚，於綺反，注同③。**他日祭，子路與，室事交乎户，堂事交乎階，質明而始行事，晏朝而退。**室事，祭時。堂事，儐尸。○與，音預④。朝，直遥反，又張遥反⑤。重言"質明而始行事"二，一見聘義四十八。**孔子聞之，曰："誰謂由也而不知禮乎！"**多其知禮。

纂圖互注禮記卷之七⑥

---

①"强其丈反"，彙校卷第十二、撫釋一、余仁仲本、和本、十行本、閩本、監本、毛本、殿本、阮刻本同，岳本無此四字。

②"注同"，彙校卷第十二、撫釋一、余仁仲本、和本、十行本、閩本、監本、毛本、殿本、阮刻本同，岳本無此二字。

③"注同"，彙校卷第十二、撫釋一、余仁仲本、和本、十行本、閩本、監本、毛本、殿本、阮刻本同，岳本無此二字。

④"預"，彙校卷十二、撫釋一、余仁仲本、岳本同，和本、十行本、閩本、監本、毛本、殿本、阮刻本作"豫"。

⑤"朝直遥反又張遥反"，彙校卷第十二、撫釋一、余仁仲本、和本、十行本、閩本、監本、毛本、殿本、阮刻本同，岳本無此八字。

⑥撫州本卷七末頁 B 面第二行頂格題"禮記卷第七"，空三格題"經四千九百二十一字，注五千七百四十字"。余仁仲本卷七末頁 B 面第二行頂格題"禮記卷第七"，第三行空四格題"經伍仟壹伯玖拾壹字"，第四行空四格題"注伍仟陸伯玖拾伍字"，第五行空四格題"音義貳仟玖伯捌拾伍字"，第七行空九格題"余氏刊于萬卷堂"。嘉靖本卷七末頁 B 面第二行題"經五千一百九十一字，注五千六百九十五字"。阮刻本記"宋監本禮記卷第七，經四千九百二十一字，注五千七百四十字。嘉靖本禮記卷第七，經五千一百九十一字，注五千六百九十五字"。

纂圖互注禮記卷之八

郊特牲第十一○陸曰:"鄭云:'以其記祭天用騂犢之義也。'郊者,祭天之
名;用一牛,故曰特牲。"①

禮記　　　　　　　　　　　　　　　　鄭氏注②

11·1郊特牲而社稷大牢。天子適諸侯,諸侯膳用犢;諸侯
適天子,天子賜之禮大牢,貴誠之義也。故天子牲孕弗食也,祭
帝弗用也。犢者,誠愨未有牝牡之情,是以小爲貴也。孕,任子也。易曰:"婦
孕不育。"○膳,市戰反③。犢,音獨④。孕,餘證反⑤。愨,苦角反⑥。重言"天子

①"陸曰鄭云以其記祭天用騂犢之義也郊者祭天之名用一牛故曰特牲",余仁仲本、十行
本、閩本、監本、毛本、殿本、阮刻本同,岳本無此二十三字,彙校卷第十三、撫釋一無"陸
曰"二字。

②撫州本題"禮記卷第八",首行頂格書寫;次行頂格題"郊特牲第十一",空三格題"鄭氏
注"。余仁仲本題"禮記卷第八",首行頂格書寫;次行頂格題"郊特牲第十一",第三行
空三格題"禮記",空九格題"鄭氏注"。嘉靖本題"禮記卷第八",首行頂格書寫;次行頂
格題"郊特牲第九",空二格題"禮記",空二格題"鄭氏注"。

③"市戰反",彙校卷第十二、撫釋一、余仁仲本、和本、岳本、閩本、監本、毛本、殿本、阮刻
本同;十行本"市"作"而",非。

④"犢音獨",彙校卷第十二、撫釋一、余仁仲本、和本、十行本、閩本、監本、毛本、殿本、阮
刻本同,岳本無此三字。

⑤"孕餘證反",彙校卷第十二、撫釋一、余仁仲本、和本、十行本、閩本、監本、毛本、殿本、
阮刻本同,岳本作"孕餘正反"。

⑥"愨苦角反",彙校卷第十二、撫釋一、余仁仲本、和本、十行本、閩本、監本、毛本、殿本、
阮刻本同,岳本無此四字。

適諸侯，諸侯膳用犢”二，一見禮器第十，“用”作“以”字；又“天子適諸侯”，見禮運。**大路繁纓一就，先路三就，次路五就**。此因小說以少爲貴者①。禮器言“次路七就”，與此乖，字之誤也。○繁，步干反②。重言“大路繁纓一就”三，一見前篇禮器。**郊血，大饗腥，三獻爓，一獻孰，至敬不饗味，而貴氣臭也**。血、腥、爓，祭用氣。○爓，本亦“臑”③，夕廉反。○重言“郊血，大饗腥，三獻爓，一獻孰”二，見下篇禮器④。**諸侯爲賓，灌用鬱鬯，灌用臭也。大饗尚腶脩而已矣**。亦不饗味也。此大饗，饗諸侯也。○灌，本又作“祼”⑤，古喚反。腶脩⑥，丁喚反，鍛脯加薑桂曰腶脩⑦。重言“灌用鬱鬯”三，前見禮器第十。

11・2○**大饗，君三重席而酢焉**。言諸侯相饗，獻酢禮敵也。○重，直龍反，下注同。酢，才各反⑧。**三獻之介，君專而酢焉⑨，此降尊以就卑也**。三獻，卿大夫來聘，主君饗燕之。以介爲賓，賓爲苟敬⑩，則徹重席而受

---

①“小”，撫州本、余仁仲本、岳本、嘉靖本、八行本、和本、十行本、閩本、監本、毛本、殿本、阮刻本同，正字謂“上”誤作“小”，是。

②“步干反”，彙校卷第十二、撫釋一、余仁仲本、和本、岳本、閩本、監本、毛本、殿本、阮刻本同；十行本“干”作“于”，非。

③“本亦臑”，岳本無此三字，彙校卷第十二、撫釋一、余仁仲本作“本亦作臑”，十行本、閩本、監本、毛本、殿本、阮刻本作“本又作臑”；和本“臑”作“闍”，非。

④“下”，當作“上”或“前”字，禮器是禮記第十篇。

⑤“本又作祼”，彙校卷第十二、撫釋一、余仁仲本、和本、十行本、閩本、監本、毛本、殿本、阮刻本同，岳本無此四字。

⑥“腶脩”，彙校卷第十二、撫釋一、余仁仲本同，岳本、和本、十行本、閩本、監本、毛本、殿本、阮刻本無“腶”字。

⑦“鍛脯加薑桂曰腶脩”，彙校卷第十二、撫釋一、余仁仲本、和本、十行本、閩本、監本、毛本、殿本、阮刻本同，岳本無此八字。

⑧“下注同酢才各反”，彙校卷第十二、撫釋一、余仁仲本、和本、十行本、閩本、監本、毛本、殿本、阮刻本同，岳本無此七字。

⑨“專”下，唐石經、撫州本、余仁仲本、岳本、嘉靖本、八行本、和本、十行本、閩本、監本、毛本、殿本、阮刻本有“席”字，是。

⑩“苟敬”，撫州本、余仁仲本、岳本、嘉靖本、八行本、和本、閩本、阮刻本同；十行本、監本、毛本、殿本“苟”作“尊”，非。阮校曰：“賓爲苟敬　閩本同，惠棟校宋本同，正義同，宋監本同，岳本同，嘉靖本同，考文引古本、足利本同。○按儀禮正作‘賓爲苟敬’，監、毛本‘苟’誤‘尊’，衛氏集說同，疏中六‘苟敬’字皆放此。”

酢也①。專，猶單也。○介，音界，注同。單，音丹，下文注同②。**饗禘有樂而
食嘗無樂，陰陽之義也。凡飲，養陽氣也。凡食，養陰氣也。故
春禘而秋嘗，春饗孤子，秋食耆老，其義一也。而食嘗無樂。**言義
同，而或用樂，或不用樂也。此禘，當爲“禴”，字之誤也。王制曰：“春禴夏禘。”○
饗禘，音藥，下“春禘”同③。食，音嗣。夏，户嫁反④。互言“陰陽之義也”三，並
見本篇。“其義一也”四，一見下文，樂記十九篇、祭義二十四各一。互注“春禘
而秋嘗”，王制：“夏曰禘，秋曰嘗。”祭法：“春禘秋嘗。”**飲，養陽氣也，故有
樂；食，養陰氣也，故無聲。凡聲，陽也。**

11·3○**鼎俎奇而籩豆偶，陰陽之義也。籩豆之實，水土之品
也。**水土之品，言非人常所食。○奇，居宜反，下“鼎俎奇”同⑤。重言“鼎俎奇而
籩豆偶，陰陽之義也”二，一見下文。**不敢用褻味而貴多品，所以交於旦
明之義也。**“旦”當爲“神”，篆字之誤也。○褻，息列反。旦，音神，出注⑥。篆，
直轉反。重言“所以交於神明之義也”二，下文一；又雜記：“交於神明之道也。”

11·4○**賓入大門而奏肆夏，示易以敬也。**賓，朝聘者。易，和悦
也。○易，以豉反，注同。朝，直遙反，下文注“朝覲”、“朝服”皆同⑦。**卒爵而樂**

---

①“酢”，撫州本、余仁仲本、岳本、嘉靖本、八行本、和本、十行本、閩本、監本、毛本、殿本、
阮刻本同，考補謂古本、活字本“酢”下有“酒”字。

②“注同單音丹下文注同”，彙校卷第十二、撫釋一、余仁仲本、和本、十行本、閩本、監本、
毛本、殿本、阮刻本同，岳本無此九字。

③“春禘”，彙校卷第十二、撫釋一、余仁仲本、和本、十行本、閩本、監本、毛本、殿本、阮刻
本同，岳本無此二字。

④“夏户嫁反”，彙校卷第十二、撫釋一、余仁仲本、和本、十行本、閩本、監本、毛本、殿本、
阮刻本同，岳本無此四字。

⑤“鼎俎奇”，彙校卷第十二、撫釋一、余仁仲本、和本、十行本、閩本、監本、毛本、殿本、阮
刻本同，岳本無此三字。

⑥“出注”，彙校卷第十二、撫釋一、余仁仲本、和本、十行本、閩本、監本、毛本、殿本、阮刻
本同，岳本無此二字。

⑦“注同朝直遙反下文注朝覲朝服皆同”，彙校卷第十二、撫釋一、余仁仲本同，岳本無此
十五字，和本、十行本、閩本、監本、毛本、殿本、阮刻本脱“文”字。

閡，**孔子屢歎之**。美此禮也。○閡，苦穴反，止也。屢，力住反，本又作“屢”①。**奠酬而工升歌，發德也**。以詩之義，發明賓主之德。**歌者在上，匏竹在下，貴人聲也**。匏，笙也。○匏，步文反。竹，篪笛也②。**樂由陽來者也，禮由陰作者也，陰陽和而萬物得**。得，得其所。

　　11・5○**旅幣無方，所以別土地之宜，而節遠邇之期也**。旅，衆也。邇，近也。○別，彼列反，下注“無別”同③。**龜爲前列，先知也。以鐘次之，以和居參之也**。鐘④，金也。獻金爲作器，鐘其大者。以金參居庭實之間，示和也。○爲作，于僞反，下文“爲君”同⑤。重言“龜爲前列，先知也”二，一見禮器第十。**虎豹之皮，示服猛也。束帛加璧，往德也**。

　　11・6○**庭燎之百，由齊桓公始也**。僭天子也。庭燎之差，公蓋五十，侯伯子男皆三十。○往，皇如字，徐于況反。燎，力妙反，徐力弔反。僭，子念反，後同⑥。**大夫之奏肆夏也，由趙文子始也**。僭諸侯。趙文子，晉大夫，名武。**朝覲，大夫之私覿，非禮也。大夫執圭而使，所以申信也**。其君親來，其臣不敢私見於主國君也⑦。以君命聘，則有私見。○覿，大歷反，下同⑧。

---

① “止也屢力住反本又作屢”，彙校卷第十二、撫釋一、余仁仲本、和本、十行本、閩本、監本、毛本、殿本、阮刻本同，岳本無此十字。

② “匏步文反竹篪笛也”，岳本作“匏步交反”；彙校卷第十二、撫釋一“文”作“郊”，余仁仲本、和本、十行本、閩本、監本、毛本、殿本、阮刻本作“交”，是。

③ “下注無別同”，彙校卷第十二、撫釋一、余仁仲本、和本、十行本、閩本、監本、毛本、殿本、阮刻本同，岳本無此五字。

④ “鐘”，撫州本、余仁仲本、岳本、八行本、和本、十行本、閩本、監本、毛本、殿本、阮刻本同，嘉靖本作“鍾”，下“鐘其大者”同。

⑤ “爲作于僞反下文爲君同”，彙校卷第十二、撫釋一、余仁仲本、和本、十行本、閩本、監本、毛本、殿本、阮刻本同，岳本無此十字。

⑥ “往皇如字徐于況反燎力妙反徐力弔反僭子念反後同”，彙校卷第十二、撫釋一、余仁仲本、和本、十行本、閩本、監本、毛本、殿本、阮刻本同，岳本無此二十二字。

⑦ “主”，撫州本、余仁仲本、岳本、嘉靖本、和本、十行本、閩本、監本、毛本、殿本、阮刻本、潘本同；八行本作“王”，非。

⑧ “覿大歷反下同”，彙校卷第十二、撫釋一、余仁仲本同，岳本作“覿大歷反”，和本、十行本、閩本、監本、毛本、殿本、阮刻本“歷”作“力”。

使，色吏反①。見，賢遍反，下同②。**不敢私覿，所以致敬也。而庭實私覿，何爲乎諸侯之庭？** 非其與君無別。重言"所以致敬也"四，下文、鄉飲酒、聘義。**爲人臣者無外交，不敢貳君也。** 私覿，是外交也。

11·7○**大夫而饗君，非禮也。** 其饗君，由强且富也。**大夫强而君弑之③，義也，由三桓始也。** 三桓，魯桓公之子，莊公之弟公子慶父④、公子牙、公子友，慶父與牙通於夫人，以脅公，季友以君命鴆牙，後慶父弑二君，又死也。○慶父，音甫。鴆，直蔭反。弑，音試⑤。**天子無客禮，莫敢爲主焉。君適其臣，升自阼階，不敢有其室也。** 明饗君非禮也。○升自阼，才路反，本又作"升自阼階"⑥。**覲禮，天子不下堂而見諸侯。** 正君臣也。**下堂而見諸侯，天子之失禮也，由夷王以下。** 夷王，周康王之玄孫之子也。時微弱，不敢自尊於諸侯。

11·8○**諸侯之宮縣而祭以白牡，擊玉磬，朱干設錫，冕而舞大武，乘大路，諸侯之僭禮也。** 言此皆天子之禮也。宮縣，四面縣也。干，盾也。錫，傅其背如龜也。武，萬舞也。白牡、大路，殷天子禮也。○縣，音玄，注及下同⑦。錫，音陽，注同。盾，本亦作"楯"，純尹反，又音尹⑧。傅，音附。

---

① "色吏反"，彙校卷十二、余仁仲本、岳本、和本、閩本、監本、毛本、殿本、阮刻本同；十行本"吏"作"使"，非。

② "見賢遍反下同"，彙校卷第十二、撫釋一、余仁仲本、和本、十行本、閩本、監本、毛本、殿本、阮刻本同，岳本無此六字。

③ "弑"，叢刊本同；唐石經、撫州本、余仁仲本、岳本、嘉靖本、八行本、和本、十行本、閩本、監本、毛本、殿本、阮刻本、吳氏朱批作"殺"，是。

④ "莊公"，撫州本、余仁仲本、岳本、嘉靖本、八行本、和本、閩本、監本、毛本、殿本同；十行本、阮刻本脱"莊"字。

⑤ "慶父音甫鴆直蔭反弑音試"，余仁仲本同，岳本無此十一字，和本、十行本、閩本、監本、毛本、殿本、阮刻本"蔭"作"陰"，彙校卷第十二、撫釋一"弑"作"殺"。

⑥ "升自阼才路反本又作升自阼階"，彙校卷第十二、撫釋一、余仁仲本、和本、十行本、閩本、監本、毛本、殿本、阮刻本同，岳本作"阼才路反"。

⑦ "注及下同"，彙校卷第十二、撫釋一、余仁仲本、和本、十行本、閩本、監本、毛本、殿本、阮刻本同，岳本無此四字。

⑧ "注同盾本亦作楯純尹反又音尹"，彙校卷第十二、撫釋一、余仁仲本、和本、十行本、閩本、監本、毛本、殿本、阮刻本同，岳本無此十三字。

背,補佩反①。重言“朱干設錫,冕而舞大武”二,一見明堂十四篇,“設錫”作“玉戚”。臺門而旅樹,反坫,繡黼丹朱中衣,大夫之僭禮也。言此皆諸侯之禮也。旅,道也。屏謂之樹。樹所以蔽行道。管氏樹塞門。塞,猶蔽也。禮,天子外屏,諸侯内屏,大夫以簾,士以帷。反坫,反爵之坫也,蓋在尊南。兩君相見,主君既獻,於反爵焉。繡黼丹朱,以爲中衣領緣也。繡,讀爲綃。綃,繒名也。詩云:“素衣朱綃。”又云:“素衣朱襮。”襮,黼領也。○坫,丁念反②。繡,依注作“綃”③,音消,注或作“綃”,亦同。黼,音甫。簾,音廉。於反爵焉,本或作“賓反爵焉”,非④。緣,移絹反。繒,似陵反⑤。襮,音博。故天子微,諸侯僭;大夫强,諸侯脅。於此相貴以等,相覿以貨,相賂以利,而天下之禮亂矣。言僭所由,諸侯不敢祖天子,大夫不敢祖諸侯,而公廟之設於私家,非禮也。由三桓始也。言仲孫、叔孫、季孫氏皆立桓公廟。魯以周公之故,立文王廟,三家見而僭焉。

　　11·9○天子存二代之後,猶尊賢也。尊賢不過二代。過之,遠難法也。二,或爲“三”。○過,古卧反。

　　11·10○諸侯不臣寓公,故古者寓公不繼世。寓,寄也。寄公之子,非賢者,世不足尊也。寓,或爲“託”也。○寓,音遇⑥。

---

① “背補佩反”,彙校卷第十二、撫釋一、余仁仲本、和本、十行本、閩本、監本、毛本、殿本、阮刻本同,岳本無此四字。

② “丁念反”,彙校卷十二、撫釋一、岳本、和本、十行本、閩本、監本、毛本、殿本、阮刻本、來青閣本同;余仁仲本“丁”作“于”,非。楊氏札記曰:“原刻‘丁’字,被淡墨筆描成‘于’字,今改正。”

③ “依注作綃”,彙校卷第十二、撫釋一、余仁仲本、和本、十行本、閩本、監本、毛本、殿本、阮刻本同,岳本無此四字。

④ “注或作綃亦同黼音甫簾音廉於反爵焉本或作賓反爵焉非”,彙校卷第十二、撫釋一、余仁仲本、和本、閩本、監本、毛本、殿本、阮刻本同,岳本無此二十四字,十行本“於”誤作“旅”。

⑤ “繒似陵反”,彙校卷第十二、撫釋一、余仁仲本、和本、十行本、閩本、監本、毛本、殿本、阮刻本同,岳本無此四字。

⑥ “寓音遇”,彙校卷第十二、撫釋一、余仁仲本、和本、十行本、閩本、監本、毛本、殿本、阮刻本同,岳本無此三字。

11·11○君之南鄉，荅陽之義也。臣之北面，荅君也。荅，對也。○鄉，許亮反，下“君南鄉”同①。

11·12○大夫之臣不稽首，非尊家臣，以辟君也。辟國君也。○辟，音避，注同②。大夫有獻弗親，君有賜不面拜，爲君之荅己也。不面拜者，於外告小臣，小臣受以入也。小臣“掌三公及孤卿之復逆也”。

11·13○鄉人禓，禓，强鬼也。謂時儺，索室毆疫，逐强鬼也。禓，或爲“獻”，或爲“儺”。○禓，音傷，鬼名也③。强，其丈反。難，乃多反，下同，本又作“儺”。索，色百反，下文、注皆同。毆，字又作“驅”，同，起居反④。孔子朝服立于阼，存室神也。神依人也。互注語鄉黨篇：“鄉人儺，朝服而立于阼階。”孔子曰：“射之以樂也，何以聽？何以射？”多其射容與樂節相應也。重言“何以聽？何以射”二，一見射義四十六篇。孔子曰：“士，使之射，不能則辭以疾，縣弧之義也。”男子生而設弧於門左，示有射道而未能也。女子設帨。○弧，音胡。帨，始鋭反⑤。

11·14○孔子曰：“三日齊，一日用之，猶恐不敬。二日伐鼓，何居？”居，讀爲姬，語之助也。何居，怪之也。伐，猶擊也。齊者止樂，而

①“君南鄉”，彙校卷第十二、撫釋一、余仁仲本、和本、十行本、閩本、監本、毛本、殿本、阮刻本同，岳本無此三字。

②“注同”，彙校卷第十二、撫釋一、余仁仲本、和本、十行本、閩本、監本、毛本、殿本、阮刻本同，岳本無此二字。

③“鬼名也”，彙校卷第十二、撫釋一、余仁仲本、和本、十行本、閩本、監本、毛本、殿本、阮刻本同，岳本無此三字。

④“難乃多反下同本又作儺索色百反下文注皆同毆字又作驅同起居反”，余仁仲本、十行本同，彙校卷第十二、撫釋一、閩本、阮刻本“毆”作“敺”，和本、監本、毛本、殿本作“毆”，是；岳本無此二十八字，和本、十行本、閩本、監本、毛本、殿本、阮刻本脱“字”字，和本“驅”誤作“駈”，十行本“又作驅”誤作“文作駈”。

⑤“始鋭反”，彙校卷十二、撫釋一、余仁仲本、和本、閩本、監本、毛本、殿本、阮刻本同；十行本“始”作“如”，非。

二日擊鼓①，則是成一日齊也。○齊，本又作“齊”，同，側皆反，後放此。何居②，音姬。<u>重言</u>“何居”三，檀弓上二。**孔子曰：“繹之於庫門内，祊之於東方，朝市之於西方，失之矣。”**祊之禮，宜於廟門外之西室，繹又於其堂，神位在西也③。此二者同時，而大名曰繹。其祭禮簡，而事尸禮大。朝市，宜於市之東偏。周禮市有三期：“大市，日側而市，百族爲主。朝市，朝時而市，商賈爲主。夕市，夕時而市，販夫販婦爲主。”○繹，音亦。祊，百彭反。賈，音古。販，甫萬反④。

　　11·15○**社祭土而主陰氣也。君南鄉於北墉下，荅陰之義也。**牆謂之墉。北墉，社内北牆。○墉，本亦作“墉”⑤，音容。**日用甲，用日之始也。國中之神，莫貴於社。天子大社，必受霜露風雨，以達天地之氣也。**大社，王爲羣姓所立。○大，音太⑥，下文、注“大社”、“大陽”、“大廟”、“大古”、“大王”皆同。爲，于僞反，下文“爲社”、“爲焚”皆同⑦。**是故喪國之社屋之，不受天陽也。薄社北牖，使陰明也。**絕其陽，通其陰而已。薄社，殷之社。殷始都薄。○喪，息浪反。薄，本又作“亳”⑧，步各反。牖，音酉。

---

① “二日”，<u>撫州本</u>、<u>余仁仲本</u>、<u>岳本</u>、<u>嘉靖本</u>、<u>八行本</u>、<u>十行本</u>、<u>閩本</u>、<u>監本</u>、<u>毛本</u>、<u>殿本</u>、<u>阮刻本</u>同，<u>和本</u>作“三日”，非。
② “齊本又作齊同側皆反後放此何”，<u>十行本</u>、<u>閩本</u>、<u>阮刻本</u>同，<u>岳本</u>作“齊側皆反”；<u>余仁仲本</u>“齊本又作齊”作“齋本又作齊”，<u>彙校卷十二</u>、<u>撫釋一</u>、<u>和本</u>、<u>監本</u>、<u>毛本</u>、<u>殿本</u>作“齊本又作齋”。
③ “在”，<u>撫州本</u>、<u>余仁仲本</u>、<u>岳本</u>、<u>嘉靖本</u>、<u>八行本</u>、<u>阮刻本</u>同；<u>和本</u>、<u>十行本</u>、<u>閩本</u>、<u>監本</u>、<u>毛本</u>、<u>殿本</u>作“於”，非。
④ “賈音古販甫萬反”，<u>彙校卷第十二</u>、<u>撫釋一</u>、<u>余仁仲本</u>、<u>和本</u>、<u>十行本</u>、<u>閩本</u>、<u>監本</u>、<u>毛本</u>、<u>殿本</u>、<u>阮刻本</u>同，<u>岳本</u>無此七字。
⑤ “本亦作墉”，<u>彙校卷第十二</u>、<u>撫釋一</u>、<u>余仁仲本</u>、<u>和本</u>、<u>十行本</u>、<u>閩本</u>、<u>監本</u>、<u>毛本</u>、<u>殿本</u>、<u>阮刻本</u>同，<u>岳本</u>無此四字。
⑥ “太”，<u>余仁仲本</u>、<u>岳本</u>、<u>和本</u>、<u>十行本</u>、<u>閩本</u>、<u>監本</u>、<u>毛本</u>、<u>殿本</u>、<u>阮刻本</u>同，<u>彙校卷第十二</u>、<u>撫釋一</u>作“泰”。
⑦ “文注大社大陽大廟大古大王皆同爲于僞反下文爲社爲焚”，<u>彙校卷第十二</u>、<u>撫釋一</u>、<u>余仁仲本</u>同，<u>岳本</u>無此二十四字，<u>和本</u>、<u>十行本</u>、<u>閩本</u>、<u>監本</u>、<u>毛本</u>、<u>殿本</u>、<u>阮刻本</u>“大陽”誤作“大王”。
⑧ “本又作亳”，<u>彙校卷第十二</u>、<u>撫釋一</u>、<u>余仁仲本</u>、<u>和本</u>、<u>十行本</u>、<u>閩本</u>、<u>監本</u>、<u>毛本</u>、<u>殿本</u>、<u>阮刻本</u>同，<u>岳本</u>無此四字。“亳”疑當作“亳”。

社，所以神地之道也。地載萬物，天垂象，取財於地，取法於天，是以尊天而親地也，故教民美報焉。家主中霤而國主社，示本也。中霤，亦土神也。重言"天垂象"二，下文一。"取財於地，取法於天"，三年問篇："上取象於天，下取法於地。"唯為社事，單出里。唯為社田，國人畢作。唯社，丘乘共粢盛，所以報本反始也。單出里，皆往祭社於都鄙。二十五家為里。畢作，人則盡行，非徒羨也。丘，十六井也。四丘，六十四井，曰甸，或謂之乘①。乘者，以於車賦出長轂一乘。乘，或為"鄰"。○乘，時證反，注同②，又徒偏反。共，音恭。粢，音資。甸，徒練反，又繩證反③。重意下文"大報本反始也"。

11·16○季春出火，為焚也。謂焚萊也。凡出火，以火出，建辰之月火始出。然後簡其車賦而歷其卒伍④，而君親誓社，以習軍旅，左之右之，坐之起之，以觀其習變也。簡、歷，謂算具陳列之也。君親誓社，誓吏士以習軍旅，既而遂田以祭社也。言祭社，則此是仲春之禮也。仲春以火田，田止弊火，然後獻禽。至季春火出，而民乃用火。今云"季春出火"，乃誓社⑤，記者誤也。社，或為"省"。○卒，祖忽反⑥。算，思管反。省，思淺反。而流示之禽，而鹽諸利，以觀其不犯命也。流，猶行也。行，行田也。鹽，讀為艷。行田示之以禽，使欲艷之，觀其用命不也。謂禽為利者，凡田，大獸公之，小禽私

---

① "或"，撫州本、余仁仲本、岳本、嘉靖本、八行本、和本、閩本、監本、毛本、殿本、阮刻本同；十行本作"故"，非。

② "注同"，彙校卷第十二、撫釋一、余仁仲本、和本、十行本、閩本、監本、毛本、殿本、阮刻本同，岳本無此二字。

③ "粢音資甸徒練反又繩證反"，彙校卷第十二、撫釋一、余仁仲本、和本、十行本、閩本、監本、毛本、殿本、阮刻本同，岳本無此十一字。

④ "歷"，唐石經、撫州本、余仁仲本、岳本、嘉靖本、和本、十行本、閩本、監本、毛本、殿本、阮刻本同；八行本、潘本作"備"，非。

⑤ "乃誓社"，撫州本、余仁仲本、岳本、嘉靖本、八行本同，和本、十行本、閩本、監本、毛本、殿本、阮刻本"乃"下衍"牧"字。

⑥ "卒祖忽反"，彙校卷第十二、撫釋一、余仁仲本、和本、十行本、閩本、監本、毛本、殿本、阮刻本同，岳本無此四字。

之①。○鹽，依注音艷②。行行，上如字，下及下“行田”③，皆下孟反。歆，許金反④。**求服其志，不貪其得。**失伍而獲，猶爲犯命。**故以戰則克，以祭則受福。**重意禮器：“我戰則克，祭則受福。”

11·17○**天子適四方，先柴。**所到必先燔柴，有事於上帝也。書曰：“歲二月，東巡守，至于岱宗，柴。”○燔，音煩。守，手又反。岱，音代⑤。

11·18○**郊之祭也，迎長日之至也，**易説曰：“三王之郊，一用夏正。”夏正，建寅之月也。此言長日者⑥，建卯而晝夜分，分而日長也。○正，音征，下同⑦。重言“郊之祭也”，互見下文。**大報天而主日也。**大，猶徧也。天之神，日爲尊。○徧，音遍⑧。○重意祭義十四⑨：“郊之祭，大報天而主日。”**兆於南郊，就陽位也。**日，太陽之精也。**掃地而祭，於其質也。器用陶匏，以象天地之性也。**觀天下之物，無可以稱其德。○稱，尺證反。重言“掃地而祭”四，一見篇末，一見禮器十篇，一見樂記十九。○“器用陶匏”二，篇末。**於郊，故謂之郊。牲用騂，尚赤也。用犢，貴誠也。**尚赤

---

①“之”，撫州本、余仁仲本、岳本、嘉靖本、八行本、和本、閩本、監本、毛本、殿本、阮刻本同；十行本作“也”，非。

②“依注”，彙校卷第十二、撫釋一、余仁仲本、和本、十行本、閩本、監本、毛本、殿本、阮刻本同，岳本無此二字。

③“及下行田”，彙校卷第十二、撫釋一、余仁仲本、和本、十行本、閩本、監本、毛本、殿本、阮刻本同，岳本無此四字。

④“歆許金反”，彙校卷第十二、撫釋一、余仁仲本、和本、十行本、閩本、監本、毛本、殿本、阮刻本同，岳本無此四字。

⑤“燔音煩守手又反岱音代”，彙校卷第十二、撫釋一、余仁仲本、和本、閩本、監本、毛本、殿本、阮刻本同，岳本無此十字，十行本“手”誤作“乎”。

⑥“長日”上，撫州本、余仁仲本、岳本、嘉靖本、八行本、和本、十行本、閩本、監本、毛本、殿本、阮刻本有“迎”字，是。

⑦“正音征下同”，彙校卷第十二、撫釋一、余仁仲本、和本、十行本、閩本、監本、毛本、殿本、阮刻本同，岳本無此五字。

⑧“徧音遍”，彙校卷第十二、撫釋一、余仁仲本、和本、十行本、閩本、監本、毛本、殿本、阮刻本同，岳本無此三字。

⑨“十四”上，脱“二”字，祭義是禮記第二十四篇。

者,周也。○騂,息營反,徐呼營反①。重言“牲用騂”二,檀弓上一,祭法二十三篇:
“牲用犢。”**郊之用辛也,周之始郊,日以至。**言日以周郊天之月而至,陽氣新
用事,順之而用辛日,此説非也。郊天之月而日至,魯禮也。三王之郊,一用夏正。
魯以無冬至祭天於圓丘之事,是以建子之月郊天,示先有事也。用辛日者,凡爲人
君,當齊戒自新耳。周衰禮廢,儒者見周禮盡在魯,因推魯禮以言周事。○圜,本又
作“圓”,音員。凡爲,如字,或于僞反,非也②。**卜郊③,受命于祖廟,作龜于禰
宫,尊祖親考之義也。**受命,謂告之。退而卜。**卜之日,王立于澤,親聽
誓命,受教諫之義也。**澤,澤宫也,所以擇賢之宫也。既卜,必到澤宫,擇可與祭
祀者,因誓勑之以禮也。禮器曰“舉賢而置之,聚衆而誓之”是也。○可與,如字,一
音預。**獻命庫門之内,戒百官也。大廟之命,戒百姓也。**王自澤宫而還,
以誓命重相申勑也。庫門在雉門之外,入庫門,則至廟門外矣。大廟者④,祖廟也。
百官,公卿以下也。百姓,王之親也。入廟戒親親也。王自此還,齊路寢之室。
庫,或爲“廏”。○還,音旋,下同。重,直用反。廏,九又反⑤。**祭之日,王皮
弁以聽祭報,示民嚴上也。**報,猶白也。夙興,朝服以待白祭事者⑥,乃後
服祭服而行事也。周禮“祭之日”,小宗伯“逆粢省鑊,告時于王,告備于王”
也。○鑊,户郭反⑦。**喪者不哭,不敢凶服。氾埽反道,鄉爲田燭,**謂

①“徐呼營反”,彙校卷第十二、撫釋一、余仁仲本、和本、十行本、閩本、監本、毛本、殿本、
　阮刻本同,岳本無此四字。
②“圜本又作圓音員凡爲如字或于僞反非也”,彙校卷第十二、撫釋一、余仁仲本、和本、十
　行本、閩本、監本、毛本、殿本、阮刻本同,岳本無此十七字。
③“卜郊”,唐石經、撫州本、余仁仲本、岳本、嘉靖本、和本、十行本、閩本、監本、毛本、殿
　本、阮刻本同;八行本、潘本脱“卜”字。
④“太廟者”,撫州本、余仁仲本、岳本、嘉靖本、和本、十行本、閩本、監本、毛本、殿本、阮刻
　本同;八行本、潘本脱“者”字。
⑤“下同重直用反廏九又反”,彙校卷第十二、撫釋一、余仁仲本、和本、十行本、閩本、監
　本、毛本、殿本、阮刻本同,岳本無此十字。
⑥“白”,撫州本、余仁仲本、岳本、八行本、和本、十行本、閩本、監本、毛本、殿本、阮刻本
　同,嘉靖本作“曰”,非。
⑦“鑊户郭反”,彙校卷第十二、撫釋一、余仁仲本、和本、閩本、監本、毛本、殿本、阮刻本
　同,岳本無此四字;十行本“户”作“尸”,非。

郊道之民爲之也。反道,剗令新土在上也。田燭,田首爲燭也。○氾,芳劍反,本亦作"汎"①。埽,素報反。剗,初産反,徐又初展反。令,力呈反②。**弗命而民聽上。**化王嚴上。**祭之日,王被衮以象天,**謂有日、月、星辰之章③,此魯禮也。周禮:"王祀昊天上帝,則服大裘而冕,祀五帝,亦如之。"魯侯之服,自衮冕而下也。○被,皮義反。卷,本又作"衮",同,古本反,注"卷冕"同。冕,亡展反,字林亡辨反④。**戴冕璪十有二旒,則天數也;**天之大數,不過十二。○載,丁代反,本亦作"戴"⑤。璪,音早。過,古禾反⑥。重意"璪十有二旒",禮器、玉藻篇:"藻十有二旒。"**乘素車,貴其質也;旒十有二旒,龍章而設日月,以象天也。**設日、月畫於旒上。素車,殷路也。魯公之郊,用殷禮也。重言"貴其質也"三,一見下文,一見鄉飲酒四十四。○"旒十有二旒",一見明堂十四。"龍章而設日月",明堂篇:"日月之章。"**天垂象,聖人則之,**郊所以明天道也。明,謂則之以示人也。互注易係辭:"天垂象,見吉凶,聖人象之。河出圖,洛出書,聖人則之。"**帝牛不吉,以爲稷牛。**養牲必養二也。**帝牛必在滌三月,稷牛唯具,所以別事天神與人鬼也。**滌,牢中所搜除處也。唯具,遭時又選可用也。○滌,范音迪,徐徒嘯反⑦。別,彼列反。所搜,本又作"瘦",所流反。處,昌慮反,下"之處"、"同

---

① "本亦作汎",彙校卷第十二、撫釋一、余仁仲本、和本、十行本、閩本、監本、毛本、殿本、阮刻本同,岳本無此四字。

② "徐又初展反令力呈反",彙校卷第十二、撫釋一、余仁仲本、和本、閩本、監本、毛本、殿本、阮刻本同,岳本無此九字;十行本"令"作"今",非。

③ "章",撫州本、余仁仲本、岳本、嘉靖本、八行本、和本、閩本、監本、毛本、殿本、阮刻本同;十行本作"象",非。

④ "卷本又作衮同古本反注卷冕同冕亡展反字林亡辨反",彙校卷第十二、撫釋一、余仁仲本、和本、十行本、閩本、監本、毛本、殿本、阮刻本同,岳本無此二十二字。

⑤ "載丁代反本亦作戴",彙校卷第十二、撫釋一、余仁仲本、和本、十行本、閩本、監本、毛本、殿本、阮刻本同,岳本無此八字。

⑥ "過古禾反",彙校卷第十二、撫釋一、余仁仲本、和本、十行本、閩本、監本、毛本、殿本、阮刻本作"過古和反",岳本無此四字。

⑦ "滌范音迪徐徒嘯反",彙校卷第十二、撫釋一、余仁仲本、和本、十行本、閩本、監本、毛本、殿本、阮刻本同,岳本作"滌音迪又徒嘯反"。

處”皆同①。**萬物本乎天，人本乎祖，此所以配上帝也。**言俱本可以配。**郊之祭也，大報本反始也。**重言“郊之祭也，大報本反始也”，重見上文。

　　11・19○**天子大蜡八。**所祭有八神也。○蜡八，仕詐反。蜡祭有八神：先嗇一，司嗇二，農三，郵表畷四，貓虎五，坊六，水庸七，昆蟲八②。**伊耆氏始爲蜡，**伊耆氏，古天子號也③。○耆，巨夷反。或云即帝堯是也④。**蜡也者，索也。**謂求索也。**歲十二月，合聚萬物而索饗之也。**歲十二月，周之正數，謂建亥之月也。饗者，祭其神也。萬物有功加於民者，神使爲之也，祭之以報焉，造者配之也。**蜡之祭也，主先嗇而祭司嗇也，**先嗇，若神農者。司嗇，后稷是也。**祭百種以報嗇也。**嗇，所樹蓺之功，使盡饗之。○種，之勇反，下“之種也”同⑤。**饗農及郵表畷、禽獸，仁之至，義之盡也。**農，田畯也。郵表畷，謂田畯所以督約百姓於井間之處也。詩云：“爲下國畷郵。”禽獸，服不氏所教擾猛獸也。○郵，本亦作“尤”，有周反，字或作“邮”⑥。畷，丁劣反，又丁衛反⑦。畯，音俊⑧。督約，因妙反。擾，而沼反，馴也⑨。重言“仁之至，義之盡也”二，一見下文。**古之君**

---

①“所搜本又作瘦所流反處昌慮反下之處同處皆同”，岳本無此二十字，彙校卷第十二、撫釋一、余仁仲本、和本、十行本、閩本、監本、毛本、殿本、阮刻本“瘦”作“廋”。

②“蜡祭有八神先嗇一司嗇二農三郵表畷四貓虎五坊六水庸七昆蟲八”，彙校卷第十二、撫釋一、余仁仲本、和本、十行本、閩本、監本、毛本、殿本、阮刻本同，岳本無此二十八字。

③“也”，撫州本、余仁仲本、岳本、嘉靖本、八行本、和本、閩本、監本、毛本、殿本、阮刻本同；十行本作“之”，非。

④“或云即帝堯是也”，彙校卷第十二、撫釋一、余仁仲本、和本、十行本、閩本、監本、毛本、殿本、阮刻本同，岳本無此七字。

⑤“下之種也同”，彙校卷第十二、撫釋一、余仁仲本、和本、十行本、閩本、監本、毛本、殿本、阮刻本同，岳本無此五字。

⑥“郵本亦作尤有周反字或作邮”，彙校卷第十二、撫釋一、余仁仲本、和本、十行本、閩本、監本、毛本、殿本、阮刻本同，岳本作“郵音尤”。

⑦“畷丁劣反又丁衛反”，彙校卷第十二、撫釋一、余仁仲本、和本、十行本、閩本、監本、毛本、殿本、阮刻本同，岳本作“丁劣反”誤作“下劣反”。

⑧“畯音俊”，彙校卷第十二、撫釋一、余仁仲本、和本、十行本、閩本、監本、毛本、殿本、阮刻本同，岳本無此三字。

⑨“擾而沼反馴也”，彙校卷第十二、撫釋一、余仁仲本、和本、十行本、閩本、監本、毛本、殿本、阮刻本同，岳本無此六字。

子,使之必報之。迎貓,爲其食田鼠也;迎虎,爲其食田豕也,迎而祭之也。迎其神也。○猫,字又作"貓"①,音苗。爲,于僞反,下同②。祭坊與水庸,事也,水庸,溝也。○坊,音房,後注同③。曰:"土反其宅,水歸其壑,昆蟲毋作,草木歸其澤。"此蜡祝辭也。若辭同,則祭同處可知矣。壑,猶坑也。昆蟲,暑生寒死,螟螽之屬爲害者也。○壑,火各反。祝,之六反,又之又反。坑,苦衡反。螟,莫經反。螽,音終④。皮弁素服而祭。素服,以送終也。葛帶榛杖,喪殺也。蜡之祭,仁之至,義之盡也。送終、喪殺,所謂"老物"也。素服,衣裳皆素。○榛杖,側巾反⑤,以榛木爲杖也⑥。殺,所界反,徐所例反,注及下"德之殺"並同⑦。黄衣黄冠而祭,息田夫也。祭,謂既蜡,臘先祖、五祀也。於是勞農以休息之。論語曰:"黄衣狐裘。"○臘,力合反。勞,力報反⑧。野夫黄冠。黄冠,草服也。言祭以息民⑨,服象其時物之色。季秋而草木黄落。大羅氏,天子之掌鳥獸者也,諸侯貢屬焉。草笠而至,尊野服也。諸侯於蜡,使使者戴草笠貢鳥獸也。詩云:

----

① "猫字又作貓",彙校卷第十二、撫釋一、余仁仲本、阮刻本同,和本、十行本、閩本、監本、毛本、殿本"猫"誤作"貓",岳本無"字又作貓"四字。

② "下同",彙校卷第十二、撫釋一、余仁仲本、和本、十行本、閩本、監本、毛本、殿本、阮刻本同,岳本無此二字。

③ "後注同",彙校卷第十二、撫釋一、余仁仲本、和本、十行本、閩本、監本、毛本、殿本、阮刻本同,岳本無此三字。

④ "祝之六反又之又反坑苦衡反螟莫經反螽音終",和本同,岳本無此十九字;彙校卷第十二、撫釋一、余仁仲本、和本、十行本、閩本、監本、毛本、殿本、阮刻本"終"下有"又作蟲"三字。

⑤ "側巾反",彙校卷第十二、撫釋一、余仁仲本、岳本、阮刻本同,和本、十行本、閩本、監本、毛本、殿本"巾"作"中",非。

⑥ "以榛木爲杖也",彙校卷第十二、撫釋一、余仁仲本、和本、十行本、閩本、監本、毛本、殿本、阮刻本同,岳本無此六字。

⑦ "徐所例反注及下德之殺並同",彙校卷第十二、撫釋一、余仁仲本、和本、十行本、閩本、監本、毛本、殿本、阮刻本同,岳本無此十二字。

⑧ "臘力合反勞力報反",彙校卷第十二、撫釋一、余仁仲本、和本、十行本、閩本、監本、毛本、殿本、阮刻本同,岳本無此八字。

⑨ "以息",撫州本、余仁仲本、岳本、嘉靖本、八行本、和本、閩本、監本、毛本、殿本、阮刻本同,十行本殘泐。

“彼都人士,臺笠緇撮。”又曰:“其餉伊黍,其笠伊糾。”皆言野人之服也。○笠,音
立。使使,上音史,下及下“使者”,皆色吏反①。撮,七活反,又七括反。餉,始尚
反。糾,居黝反②。**羅氏致鹿與女,而詔客告也,以戒諸侯曰:“好田
好女者,亡其國。**詔使者,使歸,以此告其君,所以戒之。○好,呼報反,下
“好女”、“可好”皆同③。**天子樹瓜華,不斂藏之種也。”**華,果蓏也。又詔
以天子樹瓜蓏而已,戒諸侯以蓄藏蘊財利也。○蓏,力果反。蓄,丑六反,又許六
反。蘊,於粉反④。**八蜡以記四方。**四方,方有祭也。**四方年不順成,八
蜡不通,以謹民財也。**其方穀不孰,則不通於蜡焉⑤,使民謹於用財。蜡有
八者:先嗇一也,司嗇二也,農三也,郵表畷四也,貓虎五也,坊六也,水庸七也,昆
蟲八也。**順成之方,其蜡乃通,以移民也。**移之言羨也。詩頌豐年曰:
“爲酒爲醴,烝畀祖妣,以洽百禮。”此其羨之與。○移,以豉反,注同。羨,才箭
反,又辭見反。烝,之承反。畀,必利反。妣,必履反。與,音餘⑥。**既蜡而收,
民息已。故既蜡,君子不興功。**收,謂收斂積聚也。息民與蜡異,則黃
衣、黃冠而祭,爲臘必矣。○既蜡而收,絕句。積聚,並如字,徐上音兹賜反,下才
樹反⑦。

　　11·20○**恒豆之菹,水草之和氣也;其醢,陸產之物也。加**

---

① “使使上音史下及下使者皆色吏反”,彙校卷第十二、撫釋一、余仁仲本、和本、十行本、
閩本、監本、毛本、殿本、阮刻本同,岳本無此十四字。
② “又七括反餉始尚反糾居黝反”,彙校卷第十二、撫釋一、余仁仲本、和本、十行本、閩本、
監本、毛本、殿本、阮刻本同,岳本無此十二字。
③ “好女可好”,彙校卷第十二、撫釋一、余仁仲本、和本、十行本、閩本、監本、毛本、殿本、
阮刻本同,岳本無此四字。
④ “蓄丑六反又許六反蘊於粉反”,彙校卷第十二、撫釋一、余仁仲本、和本、十行本、閩本、
監本、毛本、殿本、阮刻本同,岳本無此十二字。
⑤ “焉”,撫州本、余仁仲本、岳本、嘉靖本、八行本、和本、閩本、阮刻本同;十行本、監本、毛
本、殿本作“者”,非。
⑥ “注同羨才箭反又辭見反烝之承反畀必利反妣必履反與音餘”,彙校卷第十二、撫釋一、
余仁仲本、和本、閩本、監本、毛本、殿本、阮刻本同,岳本無此二十五字;十行本“箭”誤
作“前”。
⑦ “既蜡而收絕句積聚並如字徐上音兹賜反下才樹反”,彙校卷第十二、撫釋一、余仁仲
本、和本、十行本、閩本、監本、毛本、殿本、阮刻本同,岳本無此二十一字。

豆,陸産也;其醢,水物也。此謂諸侯也。天子朝事之豆,有昌本、麋臡、
菁菹、麕臡;饋食之豆,有葵菹、蠃醢、豚拍、魚醢,其餘則有雜錯云也。○菹,爭
居反。醢,音海。麋,音眉①。臡,字又作"𦞠",乃兮反,字林作"腝"②,人兮反。
菁,音精,又力首反③。麕,九倫反。蠃,力戈反。拍,音博。籩豆之薦,水土
之品也,不敢用常褻味而貴多品,所以交於神明之義也,非食味
之道也。言禮以異爲敬。○薦,即見反,又作"荐",同,或作"𦵮",非④。重言
"所以交於神明之義也"二,一見本篇首。先王之薦,可食也,而不可耆也。
卷冕路車,可陳也,而不可好也。武,壯而不可樂也。宗廟之威,而
不可安也。宗廟之器,可用也,而不可便其利也。所以交於神明
者,不可以同於所安樂之義也。武,萬舞也。○耆,市志反。路,本亦作
"輅",音同。樂,皇音洛,下同;徐五孝反。便,婢面反,徐扶絹反⑤。重言"所以交
於神明者"二,下文一。酒醴之美,玄酒明水之尚,貴五味之本也。黼黻
文繡之美,疏布之尚,反女功之始也。莞簟之安,而蒲越、稾鞂之尚,
明之也。大羹不和,貴其質也。大圭不琢,美其質也。丹漆雕幾之
美,素車之乘,尊其樸也。貴其質而已矣。所以交於神明者,不可同
於所安褻之甚也,如是而后宜。尚質貴本,其至如是,乃得交於神明之宜也。
明水,司烜以陰鑑所取於月之水也。蒲越、稾鞂,藉神席也。明之者,神明之也。琢,

---

①"麋音眉",彙校卷第十二、撫釋一、余仁仲本、和本、十行本、閩本、監本、毛本、殿本、阮
刻本同,岳本無此三字。

②"臡字又作𦞠乃兮反字林作腝",余仁仲本、和本、十行本、閩本、監本、毛本、殿本、阮刻
本同,岳本無此十二字;彙校卷第十二、撫釋一"𦞠"作"𦞥","腝"作"腝",非。

③"又力首反",彙校卷第十二、撫釋一、余仁仲本、和本、十行本、閩本、監本、毛本、殿本、
阮刻本同,岳本無此四字。

④"薦即見反又作荐同或作𦵮非",彙校卷第十二、撫釋一、余仁仲本、和本、十行本、閩本、
監本、毛本、殿本、阮刻本同,岳本無此十二字。

⑤"路本亦作輅音同樂皇音洛下同徐五孝反便婢面反徐扶絹反",彙校卷第十二、撫釋一、
余仁仲本同,岳本無此二十五字,和本、十行本、閩本、監本、毛本、殿本、阮刻本"扶絹
反"作"比絹反"。

當爲“篆”，字之誤也。幾，謂漆飾沂鄂也。○莞，音官，徐音丸①。簟，大點反②。越，音活，注同③。稾，又作“藁”④，古老反。秙，簡八反，徐古八反。和，胡臥反。琢，依注爲“篆”，丈轉反。雕，多調反，又作“彫”⑤。幾，巨依反，注同⑥。乘，時證反。樸，普角反。烜，音毁。鑑，古暫反。藉，字夜反⑦。沂，魚斤反。鄂，五各反。重言“大羹不和”三，一見禮器第十，一見樂正十九。○“大圭不琢”二，一見禮器。鼎俎奇而籩豆偶，陰陽之義也。牲，陽也。庶物，陰也。○奇，居宜反。重言二句重見篇首。黃目，鬱氣之上尊也。黃者，中也；目者，氣之清明者也。言酌於中而清明於外也。黃目，黃彝也。周所造⑧，於諸侯爲上也。重意“黃目，鬱氣之上尊也”，明堂篇：“周用黃目。”祭天，掃地而祭焉，於其質而已矣。醘醢之美，而煎鹽之尚，貴天產也。割刀之用，而鸞刀之貴，貴其義也，聲和而后斷也。

11・21○冠義：始冠之，緇布之冠也。始冠三加，先加緇布冠也。○醮，呼分反，本又作“醠”，同。斷，丁亂反⑨。冠義，古亂反，下文注“始

---

① “徐”，彙校卷第十二、撫釋一、余仁仲本、和本、十行本、閩本、監本、毛本、殿本、阮刻本同，岳本作“又”。

② “簟大點反”，彙校卷第十二、撫釋一、余仁仲本、十行本、閩本同，岳本無此四字，和本、監本、毛本、殿本、阮刻本“大”誤“六”。

③ “注同”，彙校卷第十二、撫釋一、余仁仲本、和本、十行本、閩本、監本、毛本、殿本、阮刻本同，岳本無此二字。

④ “又作藁”，彙校卷第十二、撫釋一、余仁仲本、和本、十行本、閩本、監本、毛本、殿本、阮刻本同，岳本無此三字。

⑤ “秙簡八反徐古八反和胡臥反琢依注爲篆丈轉反雕多調反又作彫”，撫釋二同，岳本無此二十七字；彙校卷第十二、撫釋一、余仁仲本、和本、十行本、閩本、監本、毛本、殿本、阮刻本脫“篆”字，十行本“轉”誤作“韓”。

⑥ “注同”，彙校卷第十二、撫釋一、余仁仲本、和本、十行本、閩本、監本、毛本、殿本、阮刻本同，岳本無此二字。

⑦ “鑑古暫反藉字夜反”，彙校卷第十二、撫釋一、余仁仲本、和本、十行本、閩本、監本、毛本、殿本、阮刻本同，岳本無此八字。

⑧ “造”，撫州本、余仁仲本、岳本、嘉靖本、八行本、和本、閩本、監本、毛本、殿本同；十行本、阮刻本作“重”，非。

⑨ “醮呼分反本又作醠同斷丁亂反”，彙校卷十二、撫釋一、余仁仲本、殿本、阮刻本同，岳本作“斷丁亂反”，十行本“斷”作“斸”，閩本、監本、毛本脫此十三字，和本錯（轉下頁注）

冠”、“冠而敝之”、“而冠”、“冠於阼”、“冠而字之”、“冠禮”、“士禮冠”皆同①。
重意玉藻：“始冠緇布冠。”大古冠布，齊則緇之。其緌也，孔子曰：“吾
未之聞也。太古無飾，非時人緌也。雜記曰：“大白、緇布之冠不緌。”大白，即
太古白布冠，今喪冠也。齊則緇之者，鬼神尚幽闇也。唐虞以上曰太古也。○
齊，測皆反。緌，耳佳反②。上，時掌反，後“以上”皆同③。重意“吾未之聞也”，
檀弓上：“我未之聞也。冠而敝之可也。”此重古而冠之耳。三代改制，齊冠
不復用也。以白布冠質，以爲喪冠也。○敝，本亦作“弊”，婢世反，徐又房列反，
弃也。復，扶又反④。重言二，一見玉藻十二篇。適子冠於阼，以著代也。
東序少北，近主位也。○適，丁歷反。近，“附近”之近⑤。醮於客位，加有成
也。每加而有成人之道也，成人則益尊。醮於客位，尊之也。○醮，子妙反。
三加彌尊，喻其志也。始加緇布冠，次皮弁，次爵弁。冠益尊，則志益大也。
冠而字之，敬其名也。重以未成人之時呼之。重言“以著代也”三，一見冠
義四十三，一見昏義四十四。○“冠於阼，以著代也。醮於客位，加有成也。三加
弥尊，冠而字之”，並重見冠義。委貌，周道也。章甫，殷道也。毋追，
夏后氏之道也。常所服以行道之冠也。或謂委貌，爲玄冠也。○毋追，上音
牟，下多雷反⑥。周弁、殷冔、夏收，齊所服而祭也。○冔，況甫反，字林作

---

① “冠義古亂反下文注始冠冠而敝之而冠冠於阼冠而字之冠禮士禮冠皆同”，彙校卷第十
　二、撫釋一、余仁仲本、和本、閩本、監本、毛本、殿本、阮刻本同，岳本作“冠去聲下除之
　冠冠布皆同”，十行本“字”誤作“子”。
② “齊測皆反緌耳佳反”，彙校卷第十二、撫釋一、余仁仲本、和本、十行本、閩本、監本、毛
　本、殿本、阮刻本“測”作“側”，岳本作“齊音齋緌音蕤”。
③ “上時掌反後以上皆同”，彙校卷第十二、撫釋一、余仁仲本、和本、十行本、閩本、監本、
　毛本、殿本、阮刻本同，岳本無此九字。
④ “敝本亦作弊婢世反徐又房列反弃也復扶又反”，彙校卷第十二、撫釋一、余仁仲本、和
　本、十行本、閩本、監本、毛本、殿本、阮刻本同，岳本作“敝婢世反”。
⑤ “適丁歷反近附近之近”，彙校卷第十二、撫釋一、余仁仲本、和本、十行本、閩本、監本、
　毛本、殿本、阮刻本同，岳本作“適音的”。
⑥ “毋追上音牟下多雷反”，彙校卷第十二、撫釋一、余仁仲本、和本、十行本、閩本、監本、
　毛本、殿本、阮刻本同，岳本作“毋音牟音堆”。

"髯",火于反①。**三王共皮弁、素積。** 所不易於先代。○重意祭義:"君皮弁素積。"**無大夫冠禮,而有其昏禮。古者五十而后爵,何大夫冠禮之有?** 言年五十乃爵爲大夫也。其有昏禮,或改取也。**諸侯之有冠禮,夏之末造也。** 言夏初以上,諸侯雖有幼而即位者,猶以士禮冠之。亦五十乃爵命也。至其衰末,未成人者,多見簒弒,乃更即位則爵命之,以正君臣,而有諸侯之冠禮。○簒,初患反。弒,音試②。**天子之元子,士也,天下無生而貴者也。** 諸君副主③,猶云"士"也,明人有賢行著德,乃得貴也。○行,下孟反,下"德行"同④。**繼世以立諸侯,象賢也。** 賢者子孫,恒能法其先父德行。**以官爵人,德之殺也。** 言德益厚,官益尊也。**死而謚,今也。古者生無爵,死無謚。** 古謂殷以前也。大夫以上,乃謂之爵,死有謚也。周制,爵及命士,雖及之,猶不謚耳。今記時死則謚之,非禮也。**禮之所尊,尊其義也。** 言禮所以尊,尊其有義也。**失其義,陳其數,祝史之事也。故其數可陳也,其義難知也。知其義而敬守之,天子之所以治天下也。** 言政之要,盡於禮之義。

　　11·22○**天地合,而后萬物興焉。** 自禮之義⑤。**夫昏禮,萬世之始也。取於異姓,所以附遠厚別也。** 同姓或則⑥,多相褻也。○取,

---

①"髯況甫反字林作髯火于反",彙校卷第十二、撫釋一、余仁仲本、和本、十行本、閩本、監本、毛本、殿本、阮刻本同,岳本作"髯音詡"。

②"簒初患反弒音試",彙校卷第十二、撫釋一、余仁仲本、和本、十行本、閩本、監本、毛本、殿本、阮刻本同,岳本無此七字。

③"諸",撫州本、余仁仲本、岳本、嘉靖本、八行本、和本、十行本、閩本、監本、毛本、殿本、阮刻本作"儲",是。

④"行下孟反下德行同",彙校卷第十二、撫釋一、余仁仲本、和本、十行本、閩本、監本、毛本、殿本、阮刻本同,岳本無此八字。

⑤"自",余仁仲本、十行本同;撫州本、岳本、嘉靖本、八行本、和本、閩本、監本、毛本、殿本、阮刻本作"目",是。

⑥"則",撫州本、余仁仲本、岳本、八行本同;和本、十行本、閩本、監本、毛本、殿本、阮刻本作"取",是。

音娶,本又作“娶”。遠,皇于萬反。別,兵列反,下及注皆同①。重意“取於異姓”,曲禮:“取妻不取同姓。”幣必誠,辭無不腆。誠,信也。腆,猶善也。○腆,天典反。告之以直信,直,猶正也。此二者,所以教婦正直信也。信,事人也;信,婦德也。事,猶立也。○信事,側吏反,又如字,注同②。壹與之齊,終身不改,故夫死不嫁。齊,謂共牢而食,同尊卑也。齊,或爲“醮”。男子親迎,男先於女,剛柔之義也;天先乎地,君先乎臣,其義一也。先,謂倡道也。○迎,魚敬反。先,悉見反,下及注同。倡,昌亮反。道,音導③。重言“男先於女”二,重出昏義四十四。○“其義一也”四,篇首一,樂記、祭義各一。執摯以相見,敬章別也。言不敢相褻也。摯,所奠鴈也。○贄,音至,本亦作“摯”④。男女有別,然後父子親;父子親,然後義生;義生,然後禮作;禮作,然後萬物安。言人倫有別,則氣性醇也。重言“男女有別”四,大傳、喪服小記、昏義各一。無別無義,禽獸之道也。言聚麀之亂類也。○麀,音憂。壻親御授綏,親之也。親之也者,親之也。言己親之,所以使之親己。重意“壻親御授綏”,昏義:“御婦車,壻受綏。”重言“親之也,親之也者,親之也”二,一見哀公問二十七篇。敬而親之,先王之所以得天下也。先王,若太王、文王。出乎大門而先,男帥女,女從男,夫婦之義,由此始也。先者,車居前也。○出乎大門而先,如字,絕句,又悉遍反。婦人,從人者也。幼從父兄,嫁從夫,夫死從子。從,謂順其教令。夫也者,夫也。夫也者,以知帥人者也。夫之言丈夫也。夫,或爲

---

①“取音娶本又作娶遠皇于萬反別兵列反下及注皆同”,彙校卷第十二、撫釋一、余仁仲本、和本、十行本、閩本、監本、毛本、殿本、阮刻本同,岳本作“取音娶遠于萬反別兵列反”。

②“注同”,彙校卷第十二、撫釋一、余仁仲本、和本、十行本、閩本、監本、毛本、殿本、阮刻本同,岳本無此二字。

③“悉見反下及注同倡昌亮反道音導”,彙校卷第十二、撫釋一、余仁仲本、和本、閩本、監本、毛本、殿本、阮刻本同,岳本作“悉見反下同”;十行本“悉”誤作“來”。

④“本亦作摯”,彙校卷第十二、撫釋一、余仁仲本、和本、十行本、閩本、監本、毛本、殿本、阮刻本同,岳本無此四字。

“傅”。○知，音智。**玄冕齊戒，鬼神陰陽也。將以爲社稷主，爲先祖後，而可以不致敬乎**。玄冕，祭服也。陰陽，謂夫婦也。**共牢而食，同尊卑也。故婦人無爵，從夫之爵，坐以夫之齒**。爵，謂夫命爲大夫，則妻爲命婦。○重言“共牢而食，同尊卑也”二，一見昏義四十四。**器用陶匏，尚禮然也**。此謂大古之禮器也。**三王作牢用陶匏**。言大古無共牢之禮，三王之世作之，而用大古之器，重夫婦之始也。**厥明，婦盥饋。舅姑卒食。婦餕餘，私之也**。私之，猶言恩也。○盥，音管。饋，其位反，一本無“婦盥饋”三字①。餕，音俊。**舅姑降自西階，婦降自阼階，授之室也**。明當爲家事之主也。重言“舅姑降自西階，婦降自阼階”二，一見昏義，有“先”字。**昏禮不用樂，幽陰之義也。樂，陽氣也**。幽，深也。欲使婦深思其義，不以陽散之也。重意“昏禮不用樂”，曾子問：“士取婦之家，三日不舉樂。”檀弓上：“忌日不樂。”祭統篇：“齊者不樂。”**昏禮不賀，人之序也**。序，猶代也。

　　11·23○**有虞氏之祭也，尚用氣。血、腥、爓祭，用氣也**。尚，謂先薦之。爓②，或爲“腊”。○腊，直輒反。**殷人尚聲，臭味未成，滌蕩其聲。樂三闋，然後出迎牲。聲音之號，所以詔告於天地之間也**。滌蕩，猶搖動也。○滌，音狄，徐又同弔反③。三，如字，徐息暫反④。**周人尚臭，灌用鬯臭，鬱合鬯，臭陰達於淵泉。灌以圭璋，用玉氣也。既灌然後迎牲，致陰氣也。蕭合黍稷，臭陽達於牆屋，故既奠，然後爇蕭合羶薌**。灌，謂以圭瓚酌鬯，始獻神也。已，乃迎牲於庭殺之。天子、諸侯之禮也。奠，謂薦孰時也。特牲饋食所云“祝酌，奠于鉶南”是也。蕭，薌蒿也，

①“一本無婦盥饋三字”，彙校卷第十二、撫釋一、余仁仲本、和本、閩本、監本、毛本、殿本、阮刻本同，岳本無此八字，十行本“一”誤作“二”。

②“爓”，撫州本、岳本、嘉靖本、八行本、和本、十行本、閩本、監本、毛本、殿本、阮刻本同；余仁仲本作“爛”，非。

③“徐又同弔反”，彙校卷第十二、撫釋一、余仁仲本、和本、十行本、閩本、監本、毛本、殿本、阮刻本同，岳本無此五字。

④“徐”，彙校卷第十二、撫釋一、余仁仲本、和本、十行本、閩本、監本、毛本、殿本、阮刻本同，岳本作“又”。

染以脂，合黍稷燒之。詩云："取蕭祭脂。"羶，當爲"馨"，聲之誤也。莫，或爲
"薦"。○灌用鬯臭，絕句；庾以"鬯"字絕句。鬱，字又作"鬱"，同。合鬯，絕句①。
焫蕭，如悅反，下音簫。合，如字，徐音閤。羶，依注音"馨"，許經反。薌，音香。
瓚，在旦反。鉶，音刑。蒿，呼毛反。染，如琰反。羶當，失然反②。**凡祭，慎諸**
此。魂氣歸于天，形魄歸于地。故祭，求諸陰陽之義也。殷人先
求諸陽，周人先求諸陰。此其所以先後異也。**詔祝於室，坐尸於堂。**
謂朝事時也。朝事，延尸于户西，南面。布主席東面，取牲膟脊，燎于爐炭，先肝
于鬱鬯而燔之③，入以詔神於室，又出以墮于主④，主人親制其肝，所謂制祭也。
時尸薦以籩豆，至薦孰，乃更延主于室之奧，尸來升席自北方，坐于主北焉。○
祝，之六反，下及注並同⑤，又之又反。膟，音律。脊，力彫反。燎，力妙反，又力
吊反，下文同。爐，音盧⑥。墮，許恚反，或許垂反。奧，烏報反⑦。重言"詔祝於
室"二，一見祭統二十四。**用牲於庭，**謂殺之時。**升首於室。**制祭之後，升
牲首於北墉下。尊首尚氣也。○墉，音容⑧。**直祭祝于主，**謂薦孰時也，如特

---

① "灌用鬯臭絕句庾以鬯字絕句鬱字又作鬱同合鬯絕句"，閩本、監本、毛本同，岳本無此
二十二字；彙校卷第十二、撫釋一、余仁仲本、和本、十行本、殿本、阮刻本"鬱字又作鬱"
作"鬱字又作鬱"。
② "焫蕭如悅反下音簫合如字徐音閤羶依注音馨許經反薌音香瓚在旦反鉶音刑蒿呼毛反
染如琰反羶當失然反"，彙校卷第十二、撫釋一、余仁仲本、和本、十行本、閩本、監本、毛
本、殿本、阮刻本同，岳本作"焫如悅反合如字又音閤羶音馨薌音香"。
③ "先"，余仁仲本、嘉靖本、十行本、閩本、監本、毛本、阮刻本同；撫州本、岳本、八行本、和
本、殿本作"洗"，是。阮校曰："先肝于鬱鬯　閩、監、毛本同，嘉靖本同，岳本'先'作
'洗'，宋監本同，衛氏集説同，考文引古本、足利本同。按正義本亦作'洗'。"
④ "于主"，余仁仲本、岳本、嘉靖本、八行本、和本、十行本、閩本、監本、毛本、殿本、阮刻本
同，撫州本"于"下有"人"字。阮校曰："又出以墮于主　各本同，宋監本'主'下有'人'
字。盧文弨云：'他書所引"主"下有"前"字。'按正義，則'前'字當有。"
⑤ "下及注並同"，彙校卷第十二、撫釋一、余仁仲本、和本、十行本、閩本、監本、毛本、殿
本、阮刻本同，岳本無此五字。
⑥ "燎力妙反又力吊反下文同爐音盧"，岳本無此十四字，彙校卷第十二、撫釋一、余仁仲
本、和本、十行本、閩本、監本、毛本、殿本、阮刻本"吊"作"弔"。
⑦ "奧烏報反"，彙校卷第十二、撫釋一、余仁仲本、和本、十行本、閩本、監本、毛本、殿本、
阮刻本同，岳本無此四字。
⑧ "墉音容"，彙校卷第十二、撫釋一、余仁仲本、和本、十行本、閩本、監本、毛本、殿本、阮
刻本同，岳本無此三字。

牲、少牢饋食之爲也。直，正也。祭以孰爲正，則血、腥之屬，盡敬心耳。**索祭祝于祊**，索，求神也。廟門曰祊。謂之祊者，以於繹祭名也。**不知神之所在，於彼乎？於此乎？室與？堂與？**○室與堂與，並音餘，下"遠者與"同；本作"室與堂也"，"與"則如字讀①。重言"於彼乎，於此乎"，重見禮器篇。**或諸遠人乎？祭于祊，尚曰求諸遠者與？**尚，庶幾也。○遠人，徐于萬反。**祊之爲言倞也**，倞，猶索也。倞，或爲諒②。○倞，音亮③。**肵之爲言敬也**。爲尸有肵俎，此訓也。○肵，音祈。爲尸，于僞反。**富也者，福也**。人君嘏辭有"富"，此訓之也。或曰"福也者，備也"。○嘏，古雅反④。**首也者，直也**。訓所以升首祭也。直，或爲"犆"也。犆⑤，徒得反。**相，饗之也**。相，謂詔侑也。詔侑尸者，欲使饗此饌也。特牲饋食禮曰："主人拜妥尸，尸荅拜，執奠，祝饗。"○相，息亮反，注及下"之相"并注同。侑，音又。妥，他果反⑥。**嘏，長也，大也**。主人受祭福曰嘏，此訓也。○長，直良反，徐知兩反⑦。**尸，陳也**。尸，或詁爲主。此尸神象，當從"主"訓之⑧，言"陳"，非也。○詁，音古⑨。**毛血，**

---

① "室與堂與並音餘下遠者與同本作室與堂也與則如字讀"，彙校卷第十二、撫釋一、余仁仲本、和本、十行本、閩本、監本、毛本、殿本、阮刻本同，岳本作"與音餘"。

② "諒"，余仁仲本、嘉靖本、八行本、和本、十行本、閩本、監本、毛本、殿本、阮刻本同；撫州本、岳本作"詠"，非。

③ "倞音亮"，彙校卷第十二、撫釋一、余仁仲本、岳本同，和本、十行本、閩本、監本、毛本、殿本、阮刻本作"倞音諒"。

④ "嘏古雅反"，彙校卷第十二、撫釋一、余仁仲本、和本、十行本、閩本、監本、毛本、殿本、阮刻本同，岳本無此四字。

⑤ "犆"上，宋本脱"○"，據彙校卷十二、余仁仲本、岳本、和本、十行本、閩本、監本、毛本、殿本、阮刻本，"犆徒得反"四字是釋文文字。

⑥ "注及下之相并注同侑音又妥他果反"，彙校卷第十二、撫釋一、余仁仲本、和本、十行本、閩本、監本、毛本、殿本、阮刻本同，岳本無此十五字。

⑦ "徐知兩反"，彙校卷第十二、撫釋一、余仁仲本、和本、十行本、閩本、監本、毛本、殿本、阮刻本同，岳本無此四字。

⑧ "當"，撫州本、余仁仲本、岳本、嘉靖本、八行本、和本、閩本、監本、毛本、殿本、阮刻本同；十行本作"富"，非。

⑨ "詁音古"，彙校卷第十二、撫釋一、余仁仲本、和本、十行本、閩本、監本、毛本、殿本、阮刻本同，岳本無此三字。

告幽全之物也。幽，謂血也。告幽全之物者，貴純之道也。純，謂中外皆善。血祭，盛氣也。祭肺肝心，貴氣主也。氣主，氣之所舍也。周祭肺，殷祭肝，夏祭心。祭黍稷加肺，祭齊加明水，報陰也。祭黍稷加肺，謂綏祭也。明水，司烜所取於月之水也。齊，五齊也。五齊加明水，則三酒加玄酒也。○齊，才細反，注及下"説齊"并注同①。綏，許恚反。取膟脊燔燎升首，報陽也。膟脊，腸間脂也，與蕭合燒之，亦有黍稷也。明水涗齊，貴新也。涗，猶清也。五齊濁，沛之使清，謂之涗齊。及取明水，皆貴新也。周禮幎氏："以涗水漚絲。"涗齊，或爲汎齊。○説齊，始鋭反②，字又作"涗"。沛，子禮反，下同。幎，莫剛反。漚，烏豆反。汎，本又作"泛"，同③。凡涗，新之也。新之者，敬也。其謂之明水也，由主人之絜著此水也④。著，猶成也。言主人齊絜⑤，此水乃成，可得也。○齊，側皆反。篇末又、注同⑥。

11·24○君再拜稽首，肉袒親割，敬之至也。敬之至也，服也。拜，服也；稽首，服之甚也。肉袒，服之盡也。割，解牲體。重言"敬之至也"九，二見本篇，一見禮器，五見祭義二十四篇，一見聘義四十八篇。祭稱"孝孫"、"孝子"，以其義稱也；謂事祖禰。重言祭稱"孝子"、"孝孫"二，一見雜記上二十篇。稱曾孫某，謂國家也。謂諸侯事五廟也。於曾祖以

---

①"注及下説齊并注同"，彙校卷第十二、撫釋一、余仁仲本、和本、十行本、閩本、監本、毛本、殿本、阮刻本同，岳本無此八字。

②"説齊始鋭反"，彙校卷十二、余仁仲本、和本、閩本、監本、毛本、阮刻本同；殿本"説"誤作"涗"，十行本"始"誤作"姑"。

③"字又作涗沛子禮反下同幎莫剛反漚烏豆反汎本又作泛同"，彙校卷第十二、撫釋一、余仁仲本、和本、十行本、閩本、監本、毛本、殿本、阮刻本同，岳本作"沛子禮反幎莫剛反"。

④"由"，撫州本、余仁仲本、岳本、八行本、和本、十行本、閩本、監本、毛本、殿本、阮刻本同；嘉靖本作"田"，非。

⑤"言"，撫州本、余仁仲本、岳本、嘉靖本、八行本、和本、閩本、監本、毛本、殿本、阮刻本同；十行本作"齊"，非。

⑥"齊側皆反篇末又注同"，岳本無此九字；彙校卷第十二、撫釋一、余仁仲本、和本、十行本、閩本、監本、毛本、殿本、阮刻本"又"作"文"，是。

上,稱曾孫而已。**祭祀之相,主人自致其敬,盡其嘉而無與讓也。** 相,謂詔侑尸也。嘉,善也。**腥、肆、爓、腍祭,豈知神之所饗也?主人自盡其敬而已矣。** 治肉曰肆。腍,孰也。爓,或爲"腍"。○肆,勑歷反,注同①。腍,而審反。腍,直輒反。**舉奠觶角,詔妥尸。古者尸無事則立,有事而后坐也。尸,神象也。祝,將命也。** 妥,安坐也。尸始入,舉奠觶,若奠角,將祭之,祝則詔主人拜安尸使之坐②。尸即至尊之坐,或時不自安,則以拜安之也。天子奠觶,諸侯奠角。古,謂夏時也。○觶,古雅反。坐,必卧反③。**縮酌用茅,明酌也。** 謂泲醴齊,以明酌也。周禮曰:"醴齊縮酌。"五齊,醴尤濁,和之以明酌,泲之以茅④,縮去滓也。明酌者,事酒之上也,名曰明者⑤。事酒,今之醳酒,皆新成也。春秋傳曰:"爾貢包茅不入,王祭不共,無以縮酒⑥。"酌,猶斟也。酒已泲,則斟之以實尊彝。昏禮曰:"酌玄酒,三注于尊。"凡行酒,亦爲酌也。○縮,所六反,注同。齊,才細反,下皆同。去,起呂反。醳,音亦。共,音恭。斟,章金反。彝,音夷。注,之樹反⑦。**醆酒涗于清,** 謂泲醆酒以清酒也。醆

---

①"注同",彙校卷第十二、撫釋一、余仁仲本、十行本、和本、閩本、監本、毛本、殿本、阮刻本同,岳本無此二字。

②"安尸",撫州本、岳本、嘉靖本、八行本、和本、閩本、監本、毛本、殿本同;十行本、阮刻本"安"誤作"妥",下"安之"之"安",十行本誤作"妥",余仁仲本"尸"誤作"尺"。

③"坐必卧反",岳本無此四字;彙校卷第十二、撫釋一、余仁仲本、和本、十行本、閩本、監本、毛本、殿本、阮刻本"必"作"才",是。

④"泲",撫州本、余仁仲本、岳本、嘉靖本、八行本、和本、阮刻本同;十行本、閩本、監本、毛本、殿本作"藉",非。

⑤"名曰明者",撫州本、余仁仲本、岳本、嘉靖本、八行本、和本、十行本、閩本、監本、毛本、殿本、阮刻本同,考補謂古本、活字本"者"下有"神明之也"四字。

⑥"無以縮酒",撫州本、余仁仲本、岳本、嘉靖本、八行本、和本、閩本同;十行本、監本、毛本、殿本、阮刻本"無"作"泲","縮"作"酌",非。阮校曰:"泲以酌酒　監、毛本同,閩本'泲'作'無','酌'作'縮',惠棟校宋本同,宋監本同,岳本同,嘉靖本同,衛氏集説同。"

⑦"縮所六反注同齊才細反下皆同去起呂反醳音亦共音恭斟章金反彝音夷注之樹反",彙校卷第十二、撫釋一、余仁仲本、和本、十行本、閩本、監本、毛本、殿本、阮刻本同,岳本作"縮所六反齊才細反"。

酒，盎齊。盎齊差清，和之以清酒，泲之而已。泲盎齊必和以清酒者，皆久味相得。○醆，側産反。盎，烏浪反。差，初賣反，又初佳反①。**汁獻涗于醆酒**，謂泲秬鬯以醆酒也。獻，讀當爲“莎”，齊語，聲之誤也。秬鬯者，中有煮鬯②，和以盎齊，摩莎泲之，出其香汁，因謂之汁莎。不以三酒泲秬鬯者，秬鬯尊也。○汁，之十反。獻，依注爲“莎”，素何反，下注同③。**猶明、清與醆酒于舊澤之酒也**。猶，若也。澤，讀爲“醳”。舊醳之酒，謂昔酒也。泲醴齊以明酌，泲醆酒以清酒，泲汁獻以醆酒，天子、諸侯之禮也。天子、諸侯禮廢。時人或聞此而不審知，云“若今明酌、清酒與醆酒，以舊醳之酒泲之矣”，就其所知以曉之也。泲清酒以舊醳之酒者，爲其味厚腊毒也。○澤，依注讀爲“醳”，音亦，徐詩石反。爲其，于僞反。腊毒，上音昔，隱義云：“腊，久也，久酒有毒。”④**祭有祈焉**，祈，猶求也。謂祈福祥，求永貞也。**有報焉**，謂若穫禾報社。**有由辟焉**。由，用也。辟，讀爲“弭”，謂弭灾兵，遠罪疾也。○辟，依注作“弭”⑤，亡姊反。遠，于萬反⑥。**齊之玄也，以陰幽思也。故君子三日齊，必見其所祭者**。齊三日者，思其居處，思其笑語，思其志意，思其所樂，則見之也。

---

① “差初賣反又初佳反”，彙校卷第十二、撫釋一、余仁仲本、和本、十行本、閩本、監本、毛本、殿本、阮刻本同，岳本無此八字。
② “鬯”，撫州本、余仁仲本、岳本、嘉靖本、八行本、和本、十行本、閩本、監本、毛本、殿本、阮刻本作“鬱”，是。
③ “獻依注爲莎素何反下注同”，彙校卷第十二、撫釋一、余仁仲本、和本、十行本、閩本、監本、毛本、殿本、阮刻本同，岳本作“獻素何反”。
④ “澤依注讀爲醳音亦徐詩石反爲其僞反腊毒上音昔隱義云腊久也久酒有毒”，彙校卷第十二、撫釋一、余仁仲本、和本、十行本、閩本、監本、毛本、殿本、阮刻本，岳本作“澤音亦又詩石反腊音昔久也”。
⑤ “依注作弭”，彙校卷第十二、撫釋一、余仁仲本、和本、十行本、閩本、監本、毛本、殿本、阮刻本同，岳本無此四字。
⑥ “遠于萬反”，彙校卷第十二、撫釋一、余仁仲本、和本、十行本、閩本、監本、毛本、殿本、阮刻本同，岳本無此四字。

內則第十二○陸曰:"鄭云:'以其記男女居室、事父母舅姑之法。'"①

鄭氏注

12・1后王命冢宰,降德于衆兆民。后,君也。德,猶教也。萬億曰兆。天子曰兆民,諸侯曰萬民。周禮冢宰掌飲食,司徒掌十二教。令一云"冢宰"②,記者據諸侯也③。諸侯并六卿爲三,或兼職焉。○后王,鄭云:"后,君也,謂諸侯也。王,天子也。"盧云:"后,王后也。王,天子也。"孫炎、王肅云:"后王,君王也。"并,必政反。兼,如字,一音古念反④。

12・2○子事父母,鷄初鳴,咸盥、漱、櫛、縰、笄、總、拂髦、冠、緌、纓、端、韠、紳、搢笏。咸,皆也。縰,韜髮者也。總,束髮也,垂後爲飾。拂髦,振去塵著之,髦用髦爲之⑤,象幼時鬌,其制未聞也。緌,纓之飾也。端,玄端,士服也。庶人深衣。紳,大帶,所以自紳約也。搢,猶扱也,扱笏於紳。笏,所以記事也。○盥,音管,洗手。漱,所救反,徐素溝反。漱,漱口也,下同⑥。櫛,側乙反,梳也。縰,所買反,徐所綺反,黑繒韜髮⑦。笄,古兮反。總,子孔反。

---

①"陸曰鄭云以其記男女居室事父母舅姑之法",余仁仲本、和本、十行本、閩本、監本、毛本、殿本、阮刻本同,岳本無此十八字,彙校卷第十三、撫釋一無"陸曰"二字。

②"令",八行本、毛本同;撫州本、余仁仲本、岳本、嘉靖本、和本、十行本、閩本、監本、殿本、阮刻本作"今",是。

③"據",撫州本、余仁仲本、岳本、嘉靖本、八行本、和本、閩本、監本、毛本、殿本、阮刻本同;十行本作"○",非。

④"后王鄭云后君也謂諸侯也王天子也盧云后王后也王天子也孫炎王肅云后王君王也并必政反兼如字一音古念反",彙校卷第十二、撫釋一、余仁仲本、和本、十行本、閩本、監本、毛本、殿本、阮刻本同,岳本無此四十七字。

⑤"用髦",余仁仲本、嘉靖本、和本、十行本、閩本、監本、毛本同;撫州本、岳本、八行本、殿本、阮刻本"髦"作"髮",是。

⑥"盥音管洗手漱所救反徐素溝反漱漱口也下同",岳本作"盥音管漱所救反又徐素遘反",彙校卷第十二、撫釋一、余仁仲本、和本、十行本、閩本、監本、毛本、殿本、阮刻本"溝"作"遘"。

⑦"櫛側乙反梳也縰所買反徐所綺反黑繒韜髮",彙校卷第十二、撫釋一、余仁仲(轉下頁注)

髦,音毛。綏,耳佳反。韠,音必。紳,音申。搢,徐音箭,又如字,音晉,插也。笏,音忽。鞸,吐刀反。去,起吕反。著,丁畧反,下文及注同。觿,多果反。扱,本又作"捷",又作"插",初洽反,徐采恊反①。重言"雞初鳴"五,下文四,文王世子篇:"雞初鳴而衣服。"左右佩用:自佩也②。必佩者,備尊者使令也。○令,力呈反③。左佩紛帨、刀礪、小觿、金燧,紛帨,拭物之巾也④,今齊人有言"紛"者。刀礪,小刀及礪礱也。小觿,解小結也。觿貌如錐,以象骨爲之。金燧,可取火於日。○紛,芳云反,或作"帉",同⑤。帨,始鋭反,佩巾也⑥。觿,許規反,本或作"鑴",音同⑦,解結錐。燧,音遂,火鏡。拭,音式。礱,力工反⑧。右佩玦、捍、管、遰、大觿、木燧。捍,謂拾也,言可以捍弦也。管,筆彄也。遰,刀鞞也。木燧,鑽火也。○捍,户旦反,謂射捍⑨。遰,時世反,徐作滯⑩。彄,苦

（接上頁注）本、和本、十行本、閩本、監本、毛本、殿本、阮刻本同,岳本作"櫛側乙反縱所買反又所綺反黑繒韜髮"。

① "紳音申搢徐音箭又如字音晉插也笏音忽鞸吐刀反去起吕反著丁畧反下文及注同觿多果反扱本又作捷又作插初洽反徐采恊反",彙校卷第十二、撫釋一、余仁仲本、和本、十行本、閩本、阮刻本同,岳本作"搢音箭又音晉插也著丁畧反觿多果反扱初洽反",監本、毛本、殿本"丁"作"竹"。

② "自",撫州本、余仁仲本、岳本、嘉靖本、八行本、和本、十行本、閩本、監本、毛本、殿本、阮刻本同,考異謂當作"目"。

③ "令力呈反",彙校卷第十二、撫釋一、余仁仲本、和本、十行本、閩本、監本、毛本、殿本、阮刻本同,岳本無此四字。

④ "巾",撫州本、余仁仲本、岳本、嘉靖本、八行本同;和本、十行本、閩本、監本、毛本、殿本、阮刻本"巾"上衍"佩"字。阮校曰:"紛帨拭物之佩巾也　閩、監、毛本同,衛氏集説同。惠棟校宋本無'佩'字,宋監本同,岳本同,嘉靖本同,考文引古本、足利本同。"

⑤ "或作帉同",彙校卷第十二、撫釋一、余仁仲本、和本、十行本、閩本、監本、毛本、殿本、阮刻本同,岳本無此四字。

⑥ "佩巾也",彙校卷第十二、撫釋一、余仁仲本、和本、十行本、閩本、監本、毛本、殿本、阮刻本同;岳本作"下同",非。

⑦ "本或作鑴音同",彙校卷第十二、撫釋一、余仁仲本、和本、十行本、閩本、監本、毛本、殿本、阮刻本同;岳本作"下同",非。

⑧ "拭音式礱力工反",彙校卷第十二、撫釋一、余仁仲本、和本、十行本、閩本、監本、毛本、殿本、阮刻本同,岳本無此七字。

⑨ "謂射捍",彙校卷第十二、撫釋一、余仁仲本、和本、十行本、閩本、監本、毛本、殿本、阮刻本同,岳本無此三字。

⑩ "時世反徐作滯",彙校卷第十二、撫釋一、余仁仲本、十行本、閩本、監本、毛(轉下頁注)

侯反。鞞，必頂反。鑽，子官反①。偪。偪，行縢。○偪，本又作“幅”②，彼力反。縢，徒登反。屨，著綦。綦，屨繫也。○屨，九具反。綦，其記反，注及下同③。

12·3○婦事舅姑，如事父母。雞初鳴，咸盥、漱、櫛、縰、笄、緫、衣紳。笄，今簪也。衣紳，衣而著紳。○“如父母”，一本作“如事父母”④。衣紳，如字，又於既反，注同。簪，徐側林反，又作南反⑤。重意“婦事舅姑”，昏義四十四：“贊婦見舅姑。”左佩紛帨、刀礪、小觿、金燧，右佩箴、管、線、纊、施縏袠、大觿、木燧。縏，小囊也。縏袠言“施”，明爲箴、管、線、纊有之。○箴，之林反。線，本又作“綫”，息賤反⑥。纊，音曠。縏，字又作槃，同，步干反⑦。袠，陳乙反，又作“帙”。囊，奴郎反，又作“橐”，徐音託。明爲⑧，于僞反。衿纓，綦屨。衿，猶結也。婦人有纓，示繫屬也。○衿纓，本又作“紟”，其鴆反，注同。纓，又作“緌”⑨。以適父母舅姑之所。適，之⑩。及所，下氣怡聲，

（接上頁注）本、殿本、阮刻本同，岳本無“徐作滯”三字，和本“反”作墨釘。

①“鑽子官反”，彙校卷第十二、撫釋一、余仁仲本、和本、十行本、閩本、監本、毛本、殿本、阮刻本同，岳本無此四字。

②“本又作幅”，彙校卷第十二、撫釋一、余仁仲本、和本、十行本、閩本、監本、毛本、殿本、阮刻本同，岳本無此四字。

③“注及下同”，彙校卷第十二、撫釋一、余仁仲本、和本、十行本、閩本、監本、毛本、殿本、阮刻本同，岳本無此四字。

④“如父母一本作如事父母”，彙校卷第十二、撫釋一、余仁仲本、和本、十行本、閩本、監本、毛本、殿本、阮刻本同，岳本無此十字。

⑤“注同簪徐側林反又作南反”，彙校卷第十二、撫釋一、余仁仲本、和本、閩本、監本、毛本、殿本、阮刻本同，岳本無此十一字，十行本“又”誤作“只”。

⑥“線本又作綫息賤反”，彙校卷第十二、撫釋一、余仁仲本、十行本、閩本、監本、毛本、殿本、阮刻本同，岳本無此八字。

⑦“字又作槃同”，彙校卷第十二、撫釋一、余仁仲本、和本、十行本、閩本、監本、毛本、殿本、阮刻本同，岳本無此五字。

⑧“又作帙囊奴郎反又作橐徐音託明”，彙校卷第十二、撫釋一、余仁仲本、和本、十行本、閩本、監本、毛本、阮刻本同，岳本無此十四字，殿本無“明”字。

⑨“衿纓本又作紟其鴆反注同纓又作緌”，彙校卷第十二、撫釋一、余仁仲本、和本、十行本、閩本、監本、毛本、殿本、阮刻本同，岳本作“衿其鴆反”。

⑩“之”，撫州本、余仁仲本、嘉靖本、八行本、和本、十行本、閩本、監本、毛本、殿本、阮刻本同，岳本“之”下衍“也”字。

問衣燠寒，疾痛苛癢，而敬抑搔之。怡，説也。苛，疥也。抑，按。搔，摩也。○燠，本又作“奥”，同，於六反，暖也①。苛，音何。養，本又作“養”，以想反②。搔，素刀反。説，音悦。疥，音界。説文云：“瘙瘍也。”③重言“下氣怡声”二，又見下文。出入，則或先或後，而敬扶持之。先後之，隨時便也。○便，婢面反④。進盥，少者奉槃，長者奉水，請沃盥，盥卒授巾。槃，承盥水者。巾以帨手。○少，詩召反，後皆同⑤。奉，芳勇反，本或作“捧”，下同⑥。長，丁丈反，後皆同。帨，始鋭反，拭手也，本又作“挩”，同⑦。問所欲而敬進之，柔色以温之。温，藉也。承尊者，必和顏色。○温，本又作“薀”，又作“愠”，同，於運反，注同。藉，字夜反⑧。饘、酏、酒、醴、芼、羹、菽、麥、蕡、稻、黍、粱、秫，唯所欲。酏，粥也。芼，菜也。蕡，熬枲實。○饘，之然反，厚粥也。酏，羊皮反⑨，薄粥也。芼，毛報反。蕡，字又作“黂”，扶云反，徐扶畏反，大麻子，注同⑩。粱，

———

①“燠本又作奥同於六反暖也”，彙校卷第十二、撫釋一、余仁仲本、阮刻本同，岳本作“燠於六反”，閩本、監本、毛本、殿本“暖”作“煖”；十行本“本”誤作“衣”，和本、十行本“暖”誤作“援”。

②“養本又作養以想反”，岳本作“癢以想反”；彙校卷第十二、撫釋一、余仁仲本、和本、十行本、閩本、監本、毛本、殿本、阮刻本“作養”作“作癢”，是。

③“搔素刀反説音悦疥音界説文云瘙瘍也”，彙校卷第十二、撫釋一、余仁仲本、和本、十行本、閩本、監本、毛本、殿本、阮刻本同，岳本無此十六字。

④“便婢面反”，彙校卷第十二、撫釋一、余仁仲本、和本、十行本、閩本、監本、毛本、殿本、阮刻本同，岳本無此四字。

⑤“後皆同”，彙校卷第十二、撫釋一、余仁仲本、和本、十行本、閩本、監本、毛本、殿本、阮刻本同，岳本無此三字。

⑥“本或作捧下同”，彙校卷第十二、撫釋一、余仁仲本、和本、十行本、閩本、監本、毛本、殿本、阮刻本同，岳本無此六字。

⑦“帨始鋭反拭手也本又作挩同”，彙校卷第十二、撫釋一、余仁仲本、和本、十行本、閩本、監本、毛本、殿本、阮刻本同，岳本無此十二字。

⑧“温本又作薀又作愠同於運反注同藉字夜反”，彙校卷第十二、撫釋一、余仁仲本、和本、十行本、閩本、監本、毛本、殿本、阮刻本同，岳本作“温於運反”。

⑨“酏羊皮反”，余仁仲本、和本、十行本、閩本、監本、毛本、殿本、阮刻本同，彙校卷第十二、撫釋一、岳本作“酏羊支反”。

⑩“蕡字又作黂扶云反徐扶畏反大麻子注同”，彙校卷第十二、撫釋一、余仁仲本、和本、十行本、閩本、監本、毛本、殿本、阮刻本同，岳本作“蕡扶云反”。

音良①。秫，音述。粥，之六反，又羊六反。熬，五羔反②。枲，思里反。棗、栗、飴、蜜以甘之，菫、荁、枌、榆免薧，瀡、滫以滑之，脂、膏以膏之。謂用調和飲食也。荁，菫類也。冬用菫，夏用荁。榆白曰枌。免，新生者。薧，乾也。秦人溲曰瀡，齊人滑曰滫也。○飴，羊之反，錫也③。菫，音謹，菜也④。荁，音丸，似菫而葉大也⑤。枌，扶云反。免，音問，注同⑥。薧，字又作“槀”⑦，苦老反。瀡，思酒反，溲也⑧。滫，音髓，滑也。滑，胡八反，又于八反，諸卷皆同⑨。膏之，古報反⑩。調，如字，又徒弔反。和，如字，又胡臥反。夏用，户嫁反⑪。溲，所九反。父母舅姑必嘗之而后退。敬也。

12·4○男女未冠笄者，鷄初鳴，咸盥、漱、櫛、縰、拂髦、總

---

① “梁音良”，彙校卷第十二、撫釋一、余仁仲本、和本、十行本、閩本、監本、毛本、殿本、阮刻本同，岳本無此三字。

② “粥之六反又羊六反熬五羔反”，彙校卷第十二、撫釋一、余仁仲本、和本、十行本、閩本、監本、毛本、殿本、阮刻本同，岳本無此十二字。

③ “錫”，彙校卷第十二、撫釋一、余仁仲本、岳本、和本、十行本、閩本、監本、毛本、殿本、阮刻本作“錫”，是。

④ “菜也”，彙校卷第十二、撫釋一、余仁仲本、和本、十行本、閩本、監本、毛本、殿本、阮刻本同，岳本無此二字。

⑤ “似菫而葉大也”，彙校卷第十二、撫釋一、余仁仲本、和本、閩本、監本、毛本、殿本、阮刻本同，岳本無此六字，十行本“葉”誤作“乘”。

⑥ “注同”，彙校卷第十二、撫釋一、余仁仲本、和本、十行本、閩本、監本、毛本、殿本、阮刻本同，岳本無此二字。

⑦ “字又作槀”，彙校卷第十二、撫釋一、余仁仲本、和本、十行本、閩本、監本、毛本、殿本、阮刻本同，岳本無此四字。

⑧ “溲也”，彙校卷第十二、撫釋一、余仁仲本、和本、十行本、閩本、監本、毛本、殿本、阮刻本同，岳本無此二字。

⑨ “滑也滑胡八反又于八反諸卷皆同”，彙校卷第十二、撫釋一、余仁仲本、和本、十行本、閩本、監本、毛本、殿本、阮刻本同，岳本無此十四字。

⑩ “膏之古報反”，彙校卷第十二、撫釋一、余仁仲本、和本、十行本、閩本、監本、毛本、殿本、阮刻本同，岳本作“膏之音告”。

⑪ “調如字又徒弔反和如字又胡臥反夏用户嫁反”，彙校卷第十二、撫釋一、余仁仲本、和本、閩本、監本、毛本、殿本、阮刻本同，岳本無此十九字，十行本“户”誤作“口”。

角、衿緌，皆佩容臭。總角①，收髮結之②。容臭，香物也，以緌佩之，爲迫尊者③，給小使也。○冠，古亂反。爲迫，于僞反。昧爽而朝，後成人也④。○朝，直遥反，下“而朝”同。後，如字，徐胡豆反，下同⑤。問何食飲矣。若已食，則退；若未食，則佐長者視具。具，饌也。

12·5○凡内外，鷄初鳴，咸盥漱，衣服，斂枕簟，灑掃室堂及庭，布席各從其事。斂枕簟者，不欲人見己褻者。簟，席之親身也。○衣，如字，又於既反⑥。簟，徒點反。灑，本又作“洒”⑦，所買反，又所賣反。掃⑧，素報反。

12·6○孺子蚤寢晏起，唯所欲，食無時。又後未成人者。孺子，小子也。○孺，如樹反。蚤，音早⑨。由命士以上，父子皆異宮。昧爽而朝，慈以旨甘。日出而退，各從其事。日入而夕⑩，慈以旨甘。異宮，崇敬

---

①“角”，撫州本、余仁仲本、岳本、嘉靖本、八行本、和本、閩本、監本、毛本、殿本、阮刻本同；十行本作“用”，非。

②“收”，撫州本、余仁仲本、岳本、嘉靖本、八行本、和本、閩本、監本、毛本、殿本、阮刻本同；十行本作“雙”，非。

③“迫尊”，撫州本、余仁仲本、岳本、嘉靖本、八行本、和本、閩本、監本、毛本、殿本、阮刻本同；十行本作“近直”，非。

④“成”，撫州本、余仁仲本、岳本、嘉靖本、八行本、和本、閩本、監本、毛本、殿本、阮刻本同；十行本作“氏”，非。

⑤“朝直遥反下而朝同後如字徐胡豆反下同”，彙校卷第十二、撫釋一、余仁仲本、和本、十行本、閩本、監本、毛本、殿本、阮刻本同，岳本作“朝直遥反下同”。

⑥“衣如字又於既反”，彙校卷第十二、撫釋一、余仁仲本、岳本、和本、閩本、監本、毛本、殿本、阮刻本同，十行本脱“衣”字，“又”誤作“衣”。

⑦“本又作洒”，彙校卷第十二、撫釋一、余仁仲本、和本、十行本、閩本、監本、毛本、殿本、阮刻本同，岳本無此四字。

⑧“掃”，十行本、監本、殿本同，彙校卷十二、撫釋一、余仁仲本、和本、岳本、閩本、毛本、阮刻本作“埽”。

⑨“孺如樹反蚤音早”，彙校卷第十二、撫釋一、余仁仲本、和本、十行本、閩本、監本、毛本、殿本、阮刻本同，岳本無此七字。

⑩“日”，唐石經、撫州本、余仁仲本、岳本、嘉靖本、八行本、和本、閩本、監本、毛本、殿本、阮刻本同；十行本作“暮”，非。

也①。慈，愛敬進之。日出乃從事，食禄不免農也②。○以上③，“以”或作“已”，
上，時掌反，後放此④。

12·7○父母、舅姑將坐，奉席請何鄉；將衽，長者奉席請何
趾，少者執牀與坐。將衽，謂更臥處。○奉，芳勇反，下同⑤。鄉，許亮反。
衽，而鴆反，又而甚反，臥席也。止，本又作“趾”，足也。處，昌慮反⑥。重意“奉
席請何鄉，將衽，長者奉席請何趾”，曲禮上：“請席何鄉，請衽何趾。”御者舉
几，斂席與簟，縣衾篋枕，斂簟而襡之。須臥，乃敷之也。襡，韜也。○
縣，音玄。篋，口叶反⑦。襡，音獨。

12·8○父母舅姑之衣、衾、簟、席、枕、几，不傳。杖、屨，祗
敬之，勿敢近。傳，移也。○傳，丈專反，注同。近，“附近”之近⑧。敦、牟、
卮、匜，非餕，莫敢用。餕乃用之。牟，讀曰堥也⑨。卮、匜，酒漿器。敦、牟，
黍稷器也。○敦，音對，又丁雷反。牟，木侯反，齊人呼“土釜”爲牟⑩。卮，音支。

---

① “崇”，撫州本、余仁仲本、岳本、嘉靖本、八行本、和本、閩本、監本、毛本、殿本、阮刻本
　同；十行本作“至”，非。
② “免”，撫州本、余仁仲本、岳本、嘉靖本、八行本、阮刻本同；和本、十行本、閩本、監本、毛
　本、殿本作“荒”，非。
③ “○以上”，余仁仲本、和本、閩本、監本、毛本同；十行本、阮刻本脫“○”，“以”上衍“士”字。
④ “以上以或作已上時掌反後放此”，彙校卷第十二、撫釋一、余仁仲本、和本、十行本、閩
　本、監本、毛本、殿本、阮刻本同，岳本無此十三字。
⑤ “下同”，彙校卷第十二、撫釋一、余仁仲本、和本、十行本、閩本、監本、毛本、殿本、阮刻
　本同，岳本無此二字。
⑥ “止本又作趾足也處昌慮反”，彙校卷第十二、撫釋一、余仁仲本、和本、十行本、閩本、監
　本、毛本、殿本、阮刻本同，岳本無此十一字。
⑦ “篋口叶反”，彙校卷第十二、撫釋一、余仁仲本、和本、十行本、閩本、監本、毛本、殿本、
　阮刻本作“篋口協反”，岳本無此四字。
⑧ “注同近附近之近”，彙校卷第十二、撫釋一、余仁仲本、和本、十行本、閩本、監本、毛本、
　殿本、阮刻本同，岳本無此七字。
⑨ “堥”，余仁仲本、八行本、和本、十行本、閩本、監本、毛本、殿本、阮刻本同，撫州本、岳
　本、嘉靖本作“鍪”。阮校曰：“牟讀曰堥也　閩、監、毛本同，衛氏集說同，正義亦作
　‘堥’。岳本作‘鍪’，嘉靖本同，釋文出‘如堥’云：‘字又作蝥。’”
⑩ “齊人呼土釜爲牟”，彙校卷第十二、撫釋一、余仁仲本、和本、十行本、閩本、監本、毛本、
　殿本、阮刻本同，岳本無此七字。

匜，羊支反，一音以氏反，杜預注左傳云：“沃盥器也。”①餕，音俊。螯，字又作
“蝥”，木侯反②。**與恒食飲，非餕，莫之敢飲食。**餕乃食之。恒，常也。旦
夕之常食。

12·9○**父母在，朝夕恒食，子、婦佐餕，**婦皆與夫餕也。**既食恒
餕。**每食餕而盡之，末有原也。**父没母存，冢子御食，羣子婦佐餕如初。**
御，侍也，謂長子侍母食也。侍食者不餕，其婦猶皆餕也。**旨甘柔滑，孺子餕。**

12·10○**在父母、舅姑之所，有命之，應“唯”③，敬對。進退周
旋慎齊。**齊，莊也④。○唯，于癸反，徐伊水反⑤。齊，側皆反。**升降出入揖
遜⑥，不敢噦噫、嚏咳、欠伸、跛倚、睇視，不敢唾洟。**睇，傾視也。易
曰：“明夷，睇于左股。”○噦，於月反。噫，於界反⑦。嚏，音帝。咳，苦愛反。欠，
丘劍反。伸，音申⑧。侍⑨，彼義反。倚，於義反⑩，又其寄反。睇，大計反⑪。視，

---

① “杜預注左傳云沃盥器也”，彙校卷第十二、撫釋一、余仁仲本、和本、十行本、閩本、監
本、毛本、殿本、阮刻本同，岳本無此十字。

② “螯字又作蝥木侯反”，彙校卷第十二、撫釋一、余仁仲本、和本、十行本、閩本、監本、毛
本、殿本、阮刻本同，岳本無此八字。

③ “唯”，唐石經、撫州本、余仁仲本、岳本、嘉靖本、八行本、和本、閩本、監本、毛本、殿本、
阮刻本同；十行本作“而”，非。

④ “莊”，撫州本、余仁仲本、岳本、嘉靖本、八行本、和本、閩本、監本、毛本、殿本、阮刻本
同；十行本作“中”，非。

⑤ “徐伊水反”，彙校卷第十二、撫釋一、余仁仲本、和本、十行本、閩本、監本、毛本、殿本、
阮刻本同，岳本無此四字。

⑥ “遜”，唐石經、撫州本、余仁仲本、岳本、嘉靖本、八行本、和本、十行本、閩本、監本、毛
本、殿本、阮刻本作“遊”，是。

⑦ “於界反”，彙校卷十二、撫釋一、余仁仲本、岳本、和本、閩本、監本、毛本、殿本同；十行
本、阮刻本“界”作“畏”，非。

⑧ “欠丘劍反伸音申”，彙校卷第十二、撫釋一、余仁仲本、和本、十行本、閩本、監本、毛本、
殿本、阮刻本同，岳本無此七字。

⑨ “侍”，彙校卷第十二、撫釋一、余仁仲本、岳本、和本、十行本、閩本、監本、毛本、殿本、阮
刻本作“跛”，是。

⑩ “於義反”，彙校卷第十二、撫釋一、余仁仲本、岳本、和本、閩本、監本、毛本、殿本、阮刻
本同；十行本“於”作“及”，非。

⑪ “大計反”，彙校卷第十二、撫釋一、余仁仲本、岳本、和本、閩本、監本、毛本、殿本、阮刻
本同；十行本“計”作“詩”，非。

如字，徐市志反①。唾，吐卧反。涕，本又作"洟"，同，吐細反②。**寒不敢襲，癢不敢搔。**襲，謂重衣。○重，直龍反。**不有敬事，不敢袒裼。**父黨無容。○袒，音但。裼，思歷反。**不涉不撅。**撅，揭衣也。○撅，居衞反。揭，起例反，又起列反，一音起言反③。**褻衣衾不見裏。**爲其可穢。○見，賢遍反，下同。爲，于僞反。穢，紆廢反，又烏會反④。**父母唾洟不見。**輒刷去之。○刷，色劣反。去，丘吕反⑤。**冠帶垢，和灰請漱；衣裳垢，和灰請澣。**手曰漱，足曰澣。和，漬也⑥。○垢，古口反。漱，素侯反，後皆同。澣，本又作"浣"⑦，户管反。漬，似賜反。**衣裳綻裂，紉箴請補綴。**綻，猶解也。○綻，字或作"䋲"⑧，直莧反，徐治見反。裂，本又作"列"⑨。紉箴，女陳反，徐而陳反，下之林反⑩。綴，丁劣反，又丁衞反。解，胡賣反，又佳買反⑪。**五日則燂湯請浴，三日具沐。其間面垢，燂潘請靧；足垢，燂湯請洗。**潘，米瀾也。○燂，詳廉

①"視如字徐市志反"，彙校卷第十二、撫釋一、余仁仲本、和本、閩本、監本、毛本、殿本、阮刻本同，岳本無此七字；十行本"市"作"三"，非。
②"本又作洟同"，彙校卷第十二、撫釋一、余仁仲本、和本、十行本、閩本、監本、毛本、殿本、阮刻本同，岳本無此五字。
③"一音起言反"，彙校卷第十二、撫釋一、余仁仲本、和本、閩本、監本、毛本、殿本、阮刻本同，岳本無此五字；十行本"起"作"記"，非。
④"爲其可穢紆廢反又烏會反"，彙校卷第十二、撫釋一、余仁仲本、和本、十行本、閩本、監本、毛本、殿本、阮刻本同，岳本無此十二字。
⑤"刷色劣反去丘吕反"，彙校卷第十二、撫釋一、余仁仲本、和本、十行本、閩本、監本、毛本、殿本、阮刻本同，岳本無此八字。
⑥"漬"，撫州本、余仁仲本、岳本、嘉靖本、八行本、和本、閩本、監本、毛本、殿本、阮刻本同；十行本作"清"，下釋文同，非。
⑦"本又作浣"，彙校卷第十二、撫釋一、余仁仲本、和本、十行本、閩本、監本、毛本、殿本、阮刻本同，岳本無此四字。
⑧"字或作䋲"，彙校卷第十二、撫釋一、余仁仲本、和本、十行本、閩本、監本、毛本、殿本、阮刻本同，岳本無此四字。
⑨"徐治見反裂本又作列"，彙校卷第十二、撫釋一、余仁仲本、和本、十行本、閩本、監本、毛本、殿本、阮刻本同，岳本無此九字。
⑩"紉箴女陳反徐而陳反下之林反"，彙校卷第十二、撫釋一、余仁仲本、和本、十行本、閩本、監本、毛本、殿本、阮刻本同，岳本作"紉女陳反"。
⑪"又佳買反"，彙校卷第十二、撫釋一、余仁仲本、和本、十行本、閩本、監本、毛本、殿本、阮刻本同，岳本無此四字。

反,溫也。潘,芳煩反,淅米汁。靧,音悔,洗面。瀾,力旦反。**少事長,賤事貴,共帥時**。共,猶皆也。帥,循也。時,是也①。禮皆如此也。<u>重言</u>"少事長,賤事貴"二,一見篇末。

12·11〇**男不言内,女不言外**。謂事業之次事②。**非祭非喪,不相授器**。祭嚴喪遽,不嫌也。〇遽,其據反③。**其相授,則女受以篚;其無篚,則皆坐奠之,而后取之**。奠,停地也。〇篚,非鬼反④。**外内不共井,不共湢浴,不通寢席,不通乞假⑤,男女不通衣裳。内言不出,外言不入**。湢,浴室也。〇湢,彼力反,本又作"偪"⑥。<u>重意</u>曲禮上:"外言不入於梱,内言不出於梱。"**男子入内,不嘯不指,夜行以燭,無燭則止**。嘯,讀爲"叱"。叱,嫌有隱使也。〇嘯,依注音"叱",尺失反⑦。**女子出門,必擁蔽其面,夜行以燭,無燭則止**。擁,猶障也。〇障,音章⑧。**道路,男子由右,女子由左**。地道尊右。<u>重言</u>一見王制第五,"女子",作"婦人"。

12·12〇**子婦孝者敬者,父母舅姑之命,勿逆勿怠**。恃其孝敬

①"是",撫州本、<u>余仁仲</u>本、<u>岳</u>本、<u>嘉靖</u>本、八行本、<u>和</u>本、閩本、<u>監</u>本、<u>毛</u>本、殿本、阮刻本同;十行本作"凡",非。

②"次事",撫州本、<u>余仁仲</u>本、<u>岳</u>本、<u>嘉靖</u>本、八行本、<u>和</u>本、十行本、閩本、<u>監</u>本、<u>毛</u>本、殿本、<u>阮</u>刻本作"次序",是。

③"遽其據反",<u>彙校</u>卷第十二、<u>撫釋</u>一、<u>余仁仲</u>本、<u>和</u>本、十行本、閩本、<u>監</u>本、<u>毛</u>本、殿本、阮刻本同,<u>岳</u>本無此四字。

④"篚非鬼反",<u>彙校</u>卷第十二、<u>撫釋</u>一、<u>余仁仲</u>本、<u>和</u>本、十行本、閩本、<u>監</u>本、<u>毛</u>本、殿本、阮刻本同,<u>岳</u>本無此四字。

⑤"不通乞假",自此至卷末,<u>余仁仲</u>本書口文字,多有破損。<u>楊氏札記</u>曰:"本卷自十六頁起至二十八頁止,每頁書口下角皆有破損,劣工裝訂填字,間有差誤,因非原書如此,故已改正,并不再行札記,讀者諒之。原書補破處,每半葉少者一字,至多不過五字,開卷時甚了然也。"

⑥"本又作偪",<u>彙校</u>卷第十二、<u>撫釋</u>一、<u>余仁仲</u>本、<u>和</u>本、十行本、閩本、<u>監</u>本、<u>毛</u>本、殿本、阮刻本同,<u>岳</u>本無此四字。

⑦"嘯依注音叱尺失反",<u>彙校</u>卷第十二、<u>撫釋</u>一、<u>余仁仲</u>本、<u>和</u>本、十行本、閩本、<u>監</u>本、<u>毛</u>本、殿本、<u>阮</u>刻本同,<u>岳</u>本作"嘯音叱"。

⑧"障音章",<u>彙校</u>卷第十二、<u>撫釋</u>一、<u>余仁仲</u>本、<u>和</u>本、十行本、閩本、<u>監</u>本、<u>毛</u>本、殿本、阮刻本同,<u>岳</u>本無此三字。

之愛，或則違解。○解，佳賣反，下“解倦”同①。**若飲食之，雖不耆，必嘗而待**。待後命而去也。○飲，於鴆反。食，音嗣②。耆，市志反。去，起吕反，本又作“而食之”③。**加之衣服，雖不欲，必服而待**；待後命釋藏也。**加之事，人代之，己雖弗欲**，謂難其妨己業。○難，乃旦反。**姑與之而姑使之，而后復之**。遠懟怨於勞事。姑，猶且也。○姑與，以渚反，下同④。遠，于萬反。懟，直類反，本又作“勲”⑤。**子婦有勤勞之事，雖甚愛之，姑縱之，而寧數休之**。不可愛此而移苦於彼也。○縱，本又作“從”⑥，足用反。數，色角反。**子婦未孝未敬，勿庸疾怨**，庸之言用也。**姑教之；若不可教，而后怒之**；怒，譴責也。○譴，棄戰反⑦。**不可怒，子放婦出，而不表禮焉**。表，猶明也。猶爲之隱，不明其犯禮之過也。○爲，于僞反⑧。**父母有過，下氣怡色，柔聲以諫，諫若不入，起敬起孝，説則復諫**；子事父母，有隱無犯。起，猶更也。○説，音悦，下同。|重言|“下氣怡色”二，一見篇首。|重意|“説則復諫”，祭義：“諫而不逆。”**不説，與其得罪於鄉黨州閭，寧孰諫**。子從父之令，不可謂孝也。周禮曰：“二十五家爲閭，四閭爲族，五族爲黨，

---

① “下解倦同”，彙校卷第十二、<u>撫釋</u>一、<u>余仁仲</u>本、<u>和</u>本、十行本、<u>閩</u>本、<u>監</u>本、<u>毛</u>本、<u>殿</u>本、<u>阮</u>刻本同，<u>岳</u>本無此四字。
② “飲於鴆反食音嗣”，彙校卷第十二、<u>撫釋</u>一、<u>余仁仲</u>本、十行本、<u>閩</u>本、<u>監</u>本、<u>毛</u>本、<u>殿</u>本、<u>阮</u>刻本同，<u>岳</u>本作“飲食皆去聲”。
③ “本又作而食之”，彙校卷第十二、<u>撫釋</u>一、<u>余仁仲</u>本、<u>和</u>本、十行本、<u>閩</u>本、<u>監</u>本、<u>毛</u>本、<u>殿</u>本、<u>阮</u>刻本同，<u>岳</u>本無此六字。
④ “姑與以渚反下同”，彙校卷第十二、<u>撫釋</u>一、<u>余仁仲</u>本、<u>監</u>本、<u>毛</u>本、<u>殿</u>本、<u>阮</u>刻本同，<u>岳</u>本無此七字；<u>和</u>本、十行本、<u>閩</u>本“渚”作“者”，非。
⑤ “本又作勲”，彙校卷第十二、<u>撫釋</u>一、<u>余仁仲</u>本、<u>和</u>本、十行本、<u>閩</u>本、<u>監</u>本、<u>毛</u>本、<u>殿</u>本、<u>阮</u>刻本同，<u>岳</u>本無此四字。
⑥ “本又作從”，彙校卷第十二、<u>撫釋</u>一、<u>余仁仲</u>本、<u>和</u>本、十行本、<u>閩</u>本、<u>監</u>本、<u>毛</u>本、<u>殿</u>本、<u>阮</u>刻本同，<u>岳</u>本無此四字。
⑦ “譴棄戰反”，彙校卷第十二、<u>撫釋</u>一、<u>余仁仲</u>本、<u>和</u>本、十行本、<u>閩</u>本、<u>監</u>本、<u>毛</u>本、<u>殿</u>本、<u>阮</u>刻本同，<u>岳</u>本無此四字。
⑧ “爲于僞反”，彙校卷第十二、<u>撫釋</u>一、<u>余仁仲</u>本、<u>和</u>本、十行本、<u>閩</u>本、<u>監</u>本、<u>毛</u>本、<u>殿</u>本、<u>阮</u>刻本同，<u>岳</u>本無此四字。

五黨爲州，五州爲鄉也。”**父母怒，不説而撻之流血，不敢疾怨，起敬起孝。**撻，擊也。○撻，吐達反①。重意“不敢疾怨”，祭義：“父母惡之，懼而無怨。”

12·13○**父母有婢子若庶子庶孫，甚愛之，雖父母没，没身敬之不衰。**婢子，所通賤人之子。**子有二妾，父母愛一人焉，子愛一人焉，由衣服飲食，由執事，毋敢視父母所愛，雖父母没，不衰。**由，自也。**子甚宜其妻，父母不説，出。**宜，猶善也。**子不宜其妻，父母曰“是善事我”，子行夫婦之禮焉，没身不衰。父母雖没，將爲善，思貽父母令名，必果；將爲不善，思貽父母羞辱，必不果。**貽，遺也。果，決也。○貽，以之反②。遺，以季反。

12·14○**舅没則姑老，**謂傳家事於長婦也。○傳，丈專反③。**冢婦所祭祀賓客，每事必請於姑，**婦雖受傳，猶不敢專行也。**介婦請於冢婦。**以其代姑之事。介婦，衆婦。○介，音界，注及下同④。**舅姑使冢婦，毋怠。**雖有勤勞，不敢解倦。○勌，本又作“倦”⑤，其卷反。**不友無禮於介婦。**衆婦無禮，冢婦不友之也。善兄弟爲友。娣姒，猶兄弟也。**舅姑若使介婦，毋敢敵耦於冢婦，**雖有勤勞，不敢掉磬。○掉磬，徒弔反。隱義云：“齊人以相絞訐爲掉磬。”崔云：“北海人謂相激事爲掉磬也。”⑥**不敢並行，不敢並**

① “撻吐達反”，彙校卷第十二、撫釋一、余仁仲本、和本、十行本、閩本、監本、毛本、殿本、阮刻本同，岳本無此四字。
② “貽以之反”，彙校卷第十二、撫釋一、余仁仲本、和本、閩本、監本、毛本、殿本、阮刻本同，岳本無此四字。
③ “傳丈專反”，彙校卷第十二、撫釋一、余仁仲本、和本、閩本、監本、毛本、殿本、阮刻本同，岳本無此四字。
④ “注及下同”，彙校卷第十二、撫釋一、余仁仲本、和本、閩本、監本、毛本、殿本、阮刻本同，岳本無此四字。
⑤ “本又作倦”，彙校卷第十二、撫釋一、余仁仲本、和本、閩本、監本、毛本、殿本、阮刻本同，岳本無此四字。
⑥ “隱義云齊人以相絞訐爲掉磬崔云北海人謂相激事爲掉磬也”，彙校卷第十二、撫釋一、余仁仲本、和本、閩本、監本、毛本、殿本、阮刻本同，岳本無此二十五字。

命，不敢並坐。_{下冢婦也。命爲使令。○下，户嫁反。令，力呈反。}**凡婦，不命適私室，不敢退。**_{婦侍舅姑者也。}**婦將有事，大小必請於舅姑。**_{不敢專行。}**子婦無私貨，無私畜，無私器，不敢私假，不敢私與。**_{家事統於尊也。○畜，許六反，又許又反，又勑六反①。重言“子婦無私貨”②，曲禮上：“父母存，不有私財。”}**婦，或賜之飲食、衣服、布帛、佩帨、茞蘭，則受而獻諸舅姑，舅姑受之則喜，如新受賜；**_{或賜之，謂私親兄弟。○茞蘭，本又作“芷”，昌改反。韋昭注漢書云：“香草也，昌以反。”又説文云：“藭也。”藭，火喬反，齊人謂之茝，昌在反③。}**若反賜之，則辭；不得命，如更受賜，藏以待乏。**_{待舅姑之乏也。不得命者，不見許也。}**婦若有私親兄弟，將與之，則必復請其故賜而后與之④。**

12・15○**適子、庶子，祗事宗子、宗婦，**_{祗，敬也。宗，大宗。○復，扶又反。適，丁歷反⑤。}**雖貴富，不敢以貴富入宗子之家；雖衆車徒舍於外，以寡約入。**_{入，謂入宗子家。}**子弟猶歸器、衣服、裘衾、車馬，則必獻其上，而后敢服用其次也。**_{猶，若也。子弟若有功德，以物見饋賜，當以善者與宗子也。}**若非所獻，則不敢以入於宗子之門，**_{謂非宗子之爵所當服也。}**不敢以貴富加於父兄宗族。**_{加，猶高也。}**若富，則具二牲，獻其賢者於宗子。**_{賢，猶善也。}**夫婦皆齊而宗敬焉，**_{當助祭於宗子之家。○齊，側皆反。}**終事而后敢私祭。**_{祭其祖禰⑥。}

----

①“又許又反又勑六反”，彙校卷第十二、撫釋一、余仁仲本、和本、閩本、監本、毛本、殿本、阮刻本同，岳本無此八字。

②“重言”，疑“重意”之誤。

③“韋昭注漢書云香草也昌以反又説文云藭也藭火喬反齊人謂之茝昌在反”，彙校卷第十二、撫釋一、余仁仲本、和本、閩本、監本、毛本、殿本、阮刻本同，岳本無此三十字。

④鍔案：自“没身不衰”疏文“其天子之后”至“父母至與之正義曰此一”，十行本缺此一頁，即和本卷二十七第十一頁。

⑤“丁歷反”，岳本同，彙校卷第十二、撫釋一、余仁仲本、和本、閩本、監本、毛本、殿本、阮刻本作“丁曆反”，十行本“丁”誤作“子”。

⑥“祖禰”，撫州本、余仁仲本、岳本、八行本、和本、閩本、監本、毛本、殿本、阮刻本同，十行本作“祖禰”。

12・16○飯：目諸飯也。黍、稷、稻、粱、白黍、黃粱，稰、穛。孰獲曰稰，生穫曰穛。黍，黃黍也。○稰，思呂反。穛，側角反。膳：目諸膳也。膷、臐、膮、醢、牛炙；醢、牛胾；醢、牛膾；羊炙、羊胾、醢、豕炙、醢、豕胾、芥醬、魚膾；雉、兔、鶉、鷃。此上大夫之禮。庶羞二十豆也。以公食大夫禮饌校之，則“膮”、“牛炙”間，不得有“醢”，“醢”，衍字也。又以“鷃”爲“駕”也。○膷，音香，牛臐也。臐，許云反，羊臐也。膮，許堯反，豕臐也；字林云：“豕羹也。”火攸反①。炙，章夜反，下同②。胾，側吏反。膾，古外反。芥，徐姬邁反③。鶉，順倫反。鷃，音晏。食，音嗣，“酏食”、“糝食”並同。駕，音如，下文同④。

12・17○飲：目諸飲也。重醴，稻醴清糟，黍醴清糟，粱醴清糟。重，陪也。糟，醇也。清，沛也。致飲有醇者，有沛者。陪，設之也。○重，直龍反，注同。糟，子曹反，徐但到反。醇，常倫反⑤。沛，子禮反。或以酏爲醴，釀粥爲醴。黍酏，酏粥。漿，酢胾⑥。○酢，七故反。胾⑦，才載反。水，清新⑧。醷，梅漿。○醷，本又作“臆”⑨，於紀反，徐於力反⑩。濫。以諸和水也。以周

――――――――

① “字林云豕羹也火攸反”，彙校卷第十二、撫釋一、余仁仲本、和本、十行本、閩本、監本、毛本、殿本、阮刻本同，岳本無此九字。

② “下同”，彙校卷第十二、撫釋一、余仁仲本、和本、十行本、閩本、監本、毛本、殿本、阮刻本同，岳本無此二字。

③ “膾古外反芥徐姬邁反”，彙校卷第十二、撫釋一、和本、十行本、閩本、監本、毛本、殿本、阮刻本同，岳本無此九字；余仁仲本“古”作“右”，非。

④ “下文同”，彙校卷第十二、撫釋一、余仁仲本、和本、十行本、閩本、監本、毛本、殿本、阮刻本同，岳本無此三字。

⑤ “注同糟子曹反徐但到反醇常倫反”，余仁仲本、和本、閩本同，岳本無此十四字，監本、毛本、殿本“但”作“沮”；彙校卷十二、撫釋一、阮刻本“但”作“徂”，是。

⑥ “胾”，余仁仲本、岳本、嘉靖本、和本、十行本、閩本、監本、毛本、殿本同；撫州本、八行本、阮刻本作“戴”，是。

⑦ “胾”，余仁仲本、岳本、和本、十行本、閩本、監本、毛本、殿本同；彙校卷十二、撫釋一、阮刻本作“戴”，是。

⑧ “新”，撫州本、余仁仲本、岳本、嘉靖本、八行本、和本、阮刻本同；十行本、閩本、監本、毛本、殿本作“耕”，非。

⑨ “本又作臆”，彙校卷第十二、撫釋一、余仁仲本、和本、十行本、閩本、監本、毛本、殿本、阮刻本同，岳本無此四字。

⑩ “徐”，彙校卷第十二、撫釋一、余仁仲本、和本、十行本、閩本、監本、毛本、殿（轉下頁注）

禮“六飲”校之，則濫，凉也。紀、莒之間，名諸爲濫。○濫，力暫反。以諸①，乾桃、乾梅皆曰諸。

12·18○酒：目諸酒也。清、白。白，事酒，昔酒也。

12·19○羞：目諸羞也。糗餌、粉酏。糗，擣熬穀也，以爲粉餌與餈也②。記似脱③。周禮：“羞籩之實，糗餌、粉餈；羞豆之實，酏食、糝食。”此“酏”當爲“餰”，以稻米與狼臅膏爲餰是也。○糗，起九反，又昌紹反④。餌，音二，下同⑤。酏，讀曰“飺”，又作“餰”⑥，之然反，又之善反。擣，本又作“搗”，丁老反，下同⑦。餈，本又作“粢”⑧，自私反，下同。糝，西感反⑨。臅，昌録反，徐又音燭⑩。

12·20○食：目人君燕食所用也。○食，音嗣，飯也。下“苽食”、“麥食”、“食齊”皆同，徐如字⑪。蝸醢而苽食、雉羹，麥食、脯羹、鷄羹，析

（接上頁注）本、阮刻本同，岳本作“又”。

①“以諸”，彙校卷第十二、撫釋一、余仁仲本、和本、十行本、閩本、監本、毛本、殿本、阮刻本同，岳本無此二字。

②“也”，撫州本、余仁仲本、岳本、嘉靖本、八行本、和本、十行本、閩本、監本、毛本、殿本、阮刻本無此字，宋本衍。

③“記”上，撫州本、余仁仲本、岳本、嘉靖本、八行本、和本、閩本、監本、毛本、殿本、阮刻本有“此”字，是。

④“昌紹反”，彙校卷第十二、撫釋一、余仁仲本、岳本、十行本、閩本、監本、毛本、殿本、阮刻本同，和本“紹”作“糾”，非。

⑤“下同”，彙校卷第十二、撫釋一、余仁仲本、和本、十行本、閩本、監本、毛本、殿本、阮刻本同，岳本無此二字。

⑥“又作餰”，彙校卷第十二、撫釋一、余仁仲本、和本、十行本、閩本、監本、毛本、殿本、阮刻本同，岳本無此三字。

⑦“擣本又作搗丁老反下同”，彙校卷第十二、撫釋一、余仁仲本、和本、十行本、閩本、監本、毛本、殿本、阮刻本同，岳本無此十字。

⑧“本又作粢”，彙校卷第十二、撫釋一、余仁仲本、和本、十行本、閩本、監本、毛本、殿本、阮刻本同，岳本無此四字。

⑨“下同糝西感反”，彙校卷第十二、撫釋一、余仁仲本、和本、十行本、閩本、監本、毛本、殿本、阮刻本同，岳本無此六字。

⑩“徐”，彙校卷第十二、撫釋一、余仁仲本、和本、十行本、閩本、監本、毛本、殿本、阮刻本同，岳本無此字。

⑪“徐”，彙校卷第十二、撫釋一、余仁仲本、和本、十行本、閩本、監本、毛本、殿本、阮刻本同，岳本作“又”。

稌^①、大羹^②、兔羹；和糝不蓼。 芔，彫葫也。稌，稻也。凡羹齊，宜五味之和，米屑之糝，蓼則不矣。此脯，所謂析乾牛羊肉也。○蝸，力戈反。芔，音孤，字又作"菰"，同^③。雉羹，絶句。麥食、脯羹、鷄羹，絶句。析，之列反^④。稌，音杜，徐他古反^⑤。和糝，上胡臥反，下三敢反，注同。蓼，音了^⑥。齊，才細反，下文同。析，星曆反^⑦，下同。**濡豚，包苦實蓼；濡鷄，醢醬實蓼；濡魚，卵醬實蓼；濡鼈，醢醬實蓼。** 凡濡，謂亨之以汁和也^⑧。苦，苦荼也，以包豚殺其氣。卵，讀爲"鯤"。鯤，魚子，或作"攔"也。○濡，音而，下同。苞，伯交反^⑨。醢，音海，一本作"醯"，呼分反，次、下句同^⑩。卵，依注音"鯤"，古門反。亨，普彭反，煮也。荼，音徒^⑪。"攔"，音關，本又作"捫"^⑫，音門。 **腶脩，蚳醢；**腶脩，捶脯於

----

① "析稌"，撫州本、余仁仲本、嘉靖本、十行本、阮刻本同；唐石經、岳本、八行本、和本、閩本、監本、毛本、殿本"析"作"折"。阮校曰："析稌　嘉靖本同，閩、監、毛本'析'作'折'，石經同，岳本同，衞氏集説同，釋文同。段玉裁校本云：'折當析之誤，析同淅，汰米也。陸云之列反，非。'"

② "大"，撫州本、余仁仲本、岳本、嘉靖本、八行本、和本、十行本、閩本、監本、毛本、殿本、阮刻本作"犬"，是。

③ "字又作菰同"，彙校卷第十二、撫釋一、余仁仲本、和本、十行本、閩本、監本、毛本、殿本、阮刻本同，岳本無此五字。

④ "析之列反"，彙校卷第十二、撫釋一、余仁仲本、和本、岳本、十行本、閩本、監本、毛本、殿本、阮刻本作"折之列反"。

⑤ "徐他古反"，彙校卷第十二、撫釋一、余仁仲本、和本、十行本、閩本、監本、毛本、殿本、阮刻本同，岳本無此四字。

⑥ "和糝上胡臥反下三敢反注同蓼音了"，彙校卷第十二、撫釋一、余仁仲本、和本、十行本、閩本、監本、毛本、殿本、阮刻本同，岳本作"和胡臥反"。

⑦ "下文同析星曆反"，彙校卷第十二、撫釋一、余仁仲本、和本、十行本、閩本、監本、毛本、殿本、阮刻本同，岳本無此七字。

⑧ "汁"，撫州本、余仁仲本、岳本、嘉靖本、八行本、和本、閩本、監本、毛本、殿本、阮刻本同；十行本作"休"，非。

⑨ "下同苞伯交反"，彙校卷第十二、撫釋一、余仁仲本、和本、十行本、閩本、監本、毛本、殿本、阮刻本同，岳本無此六字。

⑩ "一本作醯呼分反次下句同"，彙校卷第十二、撫釋一、余仁仲本、和本、十行本、閩本、監本、毛本、殿本、阮刻本同，岳本無此十一字。

⑪ "古門反亨普彭反煮也荼音徒"，彙校卷第十二、撫釋一、余仁仲本、和本、十行本、閩本、監本、毛本、殿本、阮刻本同，岳本無此十二字。

⑫ "本又作捫"，彙校卷十二、余仁仲本、阮刻本同，岳本無此四字；和本、十行（轉下頁注）

罳桂也。蚳，蚍蜉子也。○胑，丁亂反。蚳，直其反，蟻子也②。捶，徐之榮反③。蜉，本又作“蚍”，音毗。蜉，本又作“蜉”，音浮④。**脯羹，兔醢；麋膚，魚醢；魚膾，芥醬；麋腥，醢醬；桃諸、梅諸、卵鹽。** 自“蝸醢”至此，二十六物⑤，似皆人君燕所食也，其饌則亂。膚，切肉也。膚，或爲“胖”。卵鹽，大鹽也。○卵，力管反。胖，音判。

12·21○**凡食齊視春時**，飯宜温也。**羹齊視夏時**，羹宜熱也。○夏，户嫁反，下放此⑥。**醬齊視秋時**，醬宜凉也。**飲齊視冬時。** 飲宜寒也。

12·22○**凡和，春多酸，夏多苦，秋多辛，冬多鹹，調以滑甘。**多其時味，以養氣也。

12·23○**牛宜稌，羊宜黍，豕宜稷，犬宜粱，鴈宜麥，魚宜苽。**言其氣味相成。

12·24○**春宜羔豚，膳膏薌；夏宜腒鱐，膳膏臊；秋宜犢麛，膳膏腥；冬宜鮮羽，膳膏羶。** 此八物，四時肥美也。爲其大盛，煎以休廢之膏，節其氣也。牛膏薌，犬膏臊，雞膏腥，羊膏羶。腒，乾雉也。鱐，乾魚也。鮮，生魚也。羽，鴈也。○薌，音香。腒，其居反，盧云雉臘，説文云：“北方謂鳥臘曰腒。”⑦

（接上頁注）本、閩本、監本、毛本、殿本作“本又作門”，非。

②“蟻子也”，彙校卷第十二、撫釋一、余仁仲本、和本、十行本、閩本、監本、毛本、殿本、阮刻本同，岳本無此三字。

③“徐”，彙校卷第十二、撫釋一、余仁仲本、和本、十行本、閩本、監本、毛本、殿本、阮刻本同，岳本無此字。

④“蜉本又作蚍音毗蜉本又作蜉音浮”，撫釋一、余仁仲本、十行本、閩本、監本、毛本、殿本、阮刻本同，岳本無此十四字，和本“蜉”誤作“蜉”；彙校卷十二缺下“蜉”字，阮刻本作“虾”，是。

⑤“二十六物”，撫州本、岳本、嘉靖本、八行本、和本、殿本、阮刻本同；余仁仲本、十行本、閩本、監本、毛本作“一十六物”，非。阮校曰：“自蝸醢至此二十六物　惠棟校宋本同，宋監本同，岳本同，嘉靖本同，衛氏集説同，考文引古本、足利本同。閩、監、毛本‘二’誤‘一’。”

⑥“夏户嫁反下放此”，彙校卷第十二、撫釋一、余仁仲本、和本、十行本、閩本、監本、毛本、殿本、阮刻本同，岳本無此七字。

⑦“盧云雉臘説文云北方謂鳥臘曰腒”，彙校卷第十二、撫釋一、余仁仲本、和本、阮刻本同，岳本作“北方謂鳥臘曰腒”；十行本、閩本、監本、毛本、殿本“鳥”作“馬”，非。

鯖，本又作“膌”①，所求反。臊，素刀反。麛，音迷，鹿子也。腥，音星，鷄膏也，說文作“胜”，云犬膏臭也②。羶，升然反。爲，于僞反。大盛，音太③。

12·25○牛脩、鹿脯、田豕脯、麋脯、麕脯，麋、鹿、田豕、麕，皆有軒，雉、兔皆有芼。脯，皆析乾其肉也④。軒，讀爲“憲”，憲，謂藿葉切也。芼，謂菜釀也。軒，或爲“胖”。○麕，九倫反，本又作“麏”，又作“麕”，下“田豕麕”同⑤。軒，音憲，出注⑥，後放此。爵、鷃、蜩、范、蜩，蟬也。范，蜂也。○蜩范，上音條，下音犯。范，蠜也。蠜，本又作“蜂”，芳凶反⑦。芝栭、蔆、椇、棗、栗、榛、柿⑧、瓜、桃、李、梅、杏、楂⑨、梨⑩、薑、桂。蔆，芰也。椇，枳椇也。椇，梨之不臧者⑪。

---

① “本又作膌”，彙校卷第十二、撫釋一、余仁仲本、和本、十行本、閩本、監本、毛本、殿本、阮刻本同，岳本無此四字。

② “腥音星鷄膏也說文作胜云犬膏臭也”，彙校卷第十二、撫釋一、余仁仲本、和本、十行本、閩本、監本、毛本、殿本、阮刻本同，岳本無此十五字。

③ “爲于僞反大盛音太”，余仁仲本、和本、十行本、閩本、監本、毛本、殿本、阮刻本同，岳本無此八字，彙校卷第十二、撫釋一“太”作“泰”。

④ “其肉”，撫州本、余仁仲本、岳本、嘉靖本、八行本同，和本、十行本、閩本、監本、毛本、殿本、阮刻本脫“其”字。

⑤ “麕九倫反本又作麏又作麕下田豕麕同”，岳本無此十六字，彙校卷第十二、撫釋一、余仁仲本、和本、十行本、閩本、監本、毛本、殿本、阮刻本“麕”作“麏”，“麕”作“麇”，是。

⑥ “出注”，彙校卷第十二、撫釋一、余仁仲本、和本、十行本、閩本、監本、毛本、殿本、阮刻本同，岳本無此二字。

⑦ “蜩范上音條下音犯范蠜也蠜本又作蜂芳凶反”，彙校卷第十二、撫釋一、余仁仲本、和本、十行本、閩本、監本、毛本、殿本、阮刻本同，岳本無此十九字。

⑧ “柿”，余仁仲本、嘉靖本、八行本、和本、十行本、閩本、監本、毛本、殿本、阮刻本同；唐石經、撫州本、岳本作“楝”，段玉裁說文注、考異謂當作“楝”。

⑨ “楂”，余仁仲本、嘉靖本、十行本、閩本、監本、毛本、殿本、阮刻本同；唐石經、撫州本、岳本、八行本、和本作“柤”，是。阮校曰：“楂梨　嘉靖本同，閩、監、毛本同，衛氏集說同，惠棟校宋本‘楂’作‘柤’，石經同，岳本同，宋監本同。案釋文亦作‘柤’。石經考文提要云：‘宋大字本、劉叔剛本並作‘柤’。’”楊氏札記曰：“原書乃補破而墊字者。”

⑩ “梨”，唐石經、撫州本、余仁仲本、岳本、八行本、和本、閩本、監本、毛本、殿本、阮刻本同；嘉靖本、十行本作“黎”，非。

⑪ “椇梨”，余仁仲本、嘉靖本同，十行本、閩本、監本、毛本、殿本、阮刻本作“椇蔾”；撫州本、岳本、八行本、和本作“柤梨”，是。阮校曰：“椇蔾之不臧者　閩、監、毛本同，嘉靖本‘蔾’作‘梨’，衛氏集說同，岳本‘椇蔾’作‘柤梨’，宋監本同。考文引補本、古本、足利本作‘楂梨’。按‘椇’當作‘柤’。困學紀聞引內則注：‘椇蔾之不臧。’是誤字。”

自"牛脩"至此，三十一物，皆人君燕食所加庶羞也①。周禮天子"羞用百有二十品"，記者不能次録。○芝，音之②。栭，音而，本又作"糯"③。淩，音陵。椇，音矩。榛，側巾反。柿，音俟④。楂⑤，側加反。芝，其寄反。枳，居氏反⑥。

12·26○大夫燕食，有膾無脯，有脯無膾。士不貳羹胾。庶人耆老不徒食。尊卑差也。重言"庶人耆老不徒食"二，一見王制弟五。

12·27○膾，春用葱，秋用芥。豚，春用韭，秋用蓼。芥，芥醬也。脂用葱，膏用薤。脂，肥凝者。釋者曰膏。○薤，户界反，俗本多作"薤"，非也⑦。三牲用藙，藙，煎茱萸也，漢律，會稽獻焉，爾雅謂之樧。○藙，魚氣反。會，古外反。稽，古兮反⑧。樧，色八反，似茱萸而實赤小⑨。和用醯，畜與家物自相和也。○和，户卧反，注皆同，注又如字。醯，呼兮反，酢也⑩。畜，許又反，又許六反⑪。獸用梅。亦野物自相和。鶉羹、鷄羹、鴽，釀之蓼。

---

① "燕食"，撫州本、余仁仲本、岳本、嘉靖本、和本、八行本、閩本、監本、毛本、殿本、阮刻本同；十行本作"庶食"，非。

② "芝音之"，彙校卷第十二、撫釋一、余仁仲本、和本、十行本、閩本、監本、毛本、殿本、阮刻本同，岳本無此三字。

③ "本又作糯"，岳本無此四字；彙校卷第十二、撫釋一、余仁仲本、和本、十行本、閩本、監本、毛本、殿本、阮刻本"糯"作"糒"，是。

④ "榛側巾反柿音俟"，彙校卷第十二、撫釋一、余仁仲本、和本、十行本、閩本、監本、毛本、殿本、阮刻本同，岳本無此七字。

⑤ "楂"，十行本、閩本、監本、毛本、殿本、阮刻本同，余仁仲本作"揸"；彙校卷十二、撫釋一、岳本、和本作"柤"，是。

⑥ "芝其寄反枳居氏反"，彙校卷第十二、撫釋一、余仁仲本、和本、十行本、閩本、監本、毛本、殿本、阮刻本同，岳本無此八字。

⑦ "薤户界反俗本多作薤非也"，彙校卷第十二、撫釋一、余仁仲本、和本、十行本、閩本、監本、毛本、殿本、阮刻本同，岳本作"薤音械"。

⑧ "會古外反稽古兮反"，彙校卷第十二、撫釋一、余仁仲本、和本、十行本、閩本、監本、毛本、殿本、阮刻本同，岳本無此八字。

⑨ "樧色八反似茱萸而實赤小"，彙校卷第十二、撫釋一、余仁仲本、和本、十行本、閩本、監本、毛本、殿本、阮刻本同，岳本作"樧音殺"。

⑩ "注皆同注又如字醯呼兮反酢也"，彙校卷第十二、撫釋一、余仁仲本、和本、十行本、閩本、監本、毛本、殿本、阮刻本同，岳本無此十三字。

⑪ "又許六反"，彙校卷第十二、撫釋一、余仁仲本、和本、十行本、閩本、監本、毛本、殿本、阮刻本同，岳本無此四字。

釀，謂切雜之也。駕在"羹"下，烝之不羹也。○鶉鷄羹，本又作"鶉羹鷄羹"①。

魴、鱮烝，雛燒，雉，薌無蓼。 薌，蘇荏之屬也。燒，煙於火中也。自"膾用蔥"至此，言調和菜釀之所宜也。○魴鱮，上音房，下音叙。烝，皇絶句，之丞反②。雛，字又作"鶵"，仕俱反，又匠俱反。賀讀"魴鱮烝雛"爲句③。燒，如字，一音焦，皇絶句。雉，皇此一句，一讀"雉薌"爲句。蘇荏，而甚反。調，徒弔反④。**不食雛鼈。狼去腸，狗去腎，狸去正脊，兔去尻，狐去首，豚去腦，魚去乙，鼈去醜。** 皆爲不利人也。雛鼈，伏乳者。乙，魚體中害人者名也，今東海鰫魚有骨名乙，在目旁，狀如篆乙，食之鯁人不可出。醜，謂鼈竅也。○去，起呂反，下並同。尻，苦刀反⑤。腦，奴老反。爲，于僞反，下"皆爲"同。伏，扶又反。乳，而樹反。鰫，音容。篆，直轉反。鯁，本又作"哽"，古猛反，字林云"鯁魚骨也"，又工孟反。竅，苦叫反⑥。**肉曰脱之，魚曰作之，棗曰新之，栗曰撰之，桃曰膽之，柤梨曰攢之。** 皆治擇之名也。○膽，丁敢反。攢，再官反，本又作"鑽"⑦。

12·28○**牛夜鳴則庮。羊泠毛而毳，羶。狗赤股而躁，臊。鳥麷色而沙鳴，鬱。豕望視而交睫，腥。馬黑脊而般臂，漏。** 互注 禮天官內饔："辨腥臊羶香之不可食者。牛夜鳴則庮。羊泠毛而毳，羶。犬赤股

---

① "鶉鷄羹本又作鶉羹鷄羹"，彙校卷第十二、撫釋一、余仁仲本、和本、十行本、閩本、監本、毛本、殿本、阮刻本同，岳本無此十字。

② "烝皇絶句之丞反"，彙校卷第十二、撫釋一、余仁仲本、和本、十行本、閩本、監本、毛本、殿本、阮刻本同，岳本無此七字。

③ "雛字又作鶵仕俱反又匠俱反賀讀魴鱮烝雛爲句"，余仁仲本、和本、十行本、閩本、監本、毛本、殿本、阮刻本同，岳本無此二十字；彙校卷第十二、撫釋一"作鶵"之"鶵"作"鶒"，是。

④ "皇絶句雉皇此一句一讀雉薌爲句蘇荏而甚反調徒弔反"，彙校卷第十二、撫釋一、余仁仲本、和本、十行本、閩本、監本、毛本、殿本、阮刻本同，岳本無此二十三字。

⑤ "苦刀反"，彙校卷十二、撫釋一、岳本、和本、十行本、閩本、監本、毛本、殿本、阮刻本同；余仁仲本"刀"作"力"，非。

⑥ "腦奴老反爲于僞反下皆爲同伏扶又反乳而樹反鰫音容篆直轉反鯁本又作哽古猛反字林云鯁魚骨也又工孟反竅苦叫反"，岳本無此五十字。

⑦ "本又作鑽"，彙校卷第十二、撫釋一、余仁仲本、和本、十行本、閩本、監本、毛本、殿本、阮刻本同，岳本無此四字。

而躁,臊。鳥麤色而沙鳴,貍。豕盲眂而交睫,腥。馬黑脊而般臂,螻。"**雛尾不盈握,弗食。舒鴈翠,鵠鴞胖,舒鳧翠,鷄肝,鴈腎,鴰奧,鹿胃。**亦皆爲不利人也。麤,惡臭也。春秋傳曰:"一薰一蕕。"泠毛毳,毛别聚於不解者也①。赤股,股裏無毛也。麤色,毛變色也。沙②,猶嘶也。蕕,腐臭也。望視,視遠也。腥,當爲"星",聲之誤也。星,肉中如米者。般臂,前脛般般然也。漏,當爲"螻",如螻蛄臭也。舒鴈,鵝也③。翠,尾肉也。鵠鴞胖,謂脅側薄肉也。舒鳧,鶩也。鴰奧④,脾肶也⑤。鵠,或爲"鴰"也⑥。○蕕,音由。泠,音零。泠,結毛如氈也⑦。毳,昌鋭反。躁,早報反。麤,本又作"麤",劉昌宗音普保反,徐芳表反,又普表反⑧。沙,如字,一音所嫁反,注同⑨。睫,音捷⑩。腥,依注作"星",説文云:"腥,星見食豕,令肉中生小息肉也。"字林音先定反⑪。般,音班。臂,本又作"擘",必避反,

---

① "於",余仁仲本、嘉靖本、和本、十行本、閩本、監本、毛本、殿本、阮刻本同;撫州本、岳本、八行本作"旃",是。

② "沙",撫州本、余仁仲本、岳本、嘉靖本、八行本、和本、閩本、監本、毛本、殿本、阮刻本同;十行本作"涉",非。

③ "鵝",撫州本、余仁仲本、岳本、嘉靖本、八行本、和本、閩本、監本、毛本、殿本、阮刻本同;十行本作"鶩",非。

④ "鴰奧",撫州本、余仁仲本、岳本、嘉靖本、八行本、和本、閩本、監本、毛本、殿本、阮刻本同;十行本作"爲奧",非。

⑤ "肶",撫州本、余仁仲本、岳本、嘉靖本、八行本、和本、十行本、閩本、監本、毛本、殿本、阮刻本作"肶",是。阮校曰:"鴰奧脾肶也　閩、監、毛本同,岳本同,嘉靖本同,衛氏集説同,考文引古本'肶'作'肶',釋文亦作'肶'。段玉裁校云:'"肶"作"肶"者誤。'"

⑥ "鵠",撫州本、余仁仲本、岳本、嘉靖本、八行本、和本、閩本、監本、毛本、殿本同;十行本、阮刻本作"鴞",非。

⑦ "泠結毛如氈也",彙校卷第十二、撫釋一、余仁仲本、和本、十行本、閩本、監本、毛本、殿本、阮刻本同,岳本無此六字。

⑧ "麤本又作麤劉昌宗音普保反徐芳表反又普表反",彙校卷第十二、撫釋一、余仁仲本、和本、十行本、閩本、監本、毛本、殿本、阮刻本同,岳本作"麤普保反又芳表反"。

⑨ "注同",彙校卷第十二、撫釋一、余仁仲本、和本、十行本、閩本、監本、毛本、殿本、阮刻本同,岳本無此二字。

⑩ "捷",彙校卷十二、撫釋一、余仁仲本、岳本、和本、十行本、閩本、監本、毛本、殿本、阮刻本作"接",是。

⑪ "腥依注作星説文云腥星見食豕令肉中生小息肉也字林音先定反",彙校卷第十二、撫釋一、余仁仲本、和本、十行本、閩本、監本、毛本、殿本、阮刻本同,岳本無此二十七字。

徐方避反[①]。漏，依注音“螻”，力侯反[②]。鵠，胡篤反。鴞，于驕反[③]。胖，音判。鴇，音保。奥，於六反。胃，音謂，字又作“膶”，同。薰，許云反，或作“焄”，又作“葷”。解，胡買反。嘶，音西，字又作“斯”，音同。腐，扶甫反。脛，胡定反[④]。蛄，音姑。鵝，五何反。鶩，音木。脾，扶移反[⑤]。朏[⑥]，昌私反。

12·29○**肉腥，細者爲膾，大者爲軒。**言大切、細切，異名也。膾者，必先軒之，所謂聶而切之也。○腥，音星，字林作“勝”，云“不熟也”，先丁反。聶，本又作“攝”，又作牒”，皆之涉反，下同[⑦]。**或曰：麋、鹿、魚爲菹，麕爲辟鷄，野豕爲軒，兔爲宛脾，切葱若薤，實諸醯以柔之。**此軒、辟鷄、宛脾，皆菹類也。釀菜而柔之，以醯殺腥肉及其氣，今益州有鹿矮者，近由此爲之矣。菹、軒，聶而不切。辟鷄、宛脾，聶而切之。軒，或爲“胖”。宛，或爲“欝”[⑧]。○麕爲，九倫反。辟，必益反，徐芳益反，注同[⑨]。宛，于晚反。脾，婢支反。醯，徐呼兮反，本或作“醓”[⑩]。矮，於僞反，益州人取鹿殺而埋之地中，令臭

①“臂本又作擘必避反徐方避反”，彙校卷第十二、撫釋一、余仁仲本、和本、閩本、監本、毛本、殿本、阮刻本同，岳本無此十二字，十行本“擘”誤作“璧”。

②“漏依注音螻力侯反”，彙校卷第十二、撫釋一、和本、十行本、閩本、監本、毛本、殿本、阮刻本同，岳本作“漏力侯反”，余仁仲本“力”作“立”。

③“鴞于驕反”，彙校卷十二、撫釋一、余仁仲本、岳本、十行本、閩本、監本、毛本、殿本、阮刻本同，和本“于”作“吁”。

④“字又作膶同薰許云反或作焄又作葷解胡買反嘶音西字又作斯音同腐扶甫反脛胡定反”，彙校卷第十二、撫釋一、余仁仲本、和本、十行本、閩本、監本、毛本、殿本、阮刻本同，岳本無此三十六字。

⑤“鵝五何反鶩音木脾扶移反”，彙校卷第十二、撫釋一、余仁仲本、和本、十行本、閩本、監本、毛本、殿本、阮刻本同，岳本無此十一字。

⑥“朏”，彙校卷十二、撫釋一、十行本同；余仁仲本、岳本、和本、閩本、監本、毛本、殿本、阮刻本作“朏”，是。

⑦“腥音星字林作勝云不熟也先丁反聶本又作攝又作牒皆之涉反下同”，彙校卷第十二、撫釋一、余仁仲本、和本、十行本、閩本、監本、毛本、殿本、阮刻本同，岳本無此二十八字。

⑧“或爲欝”，撫州本、余仁仲本、岳本、嘉靖本、八行本、和本、十行本、閩本、監本、毛本、殿本、阮刻本作“或作鬱”，是。

⑨“徐芳益反注同”，彙校卷第十二、撫釋一、余仁仲本、和本、十行本、閩本、監本、毛本、殿本、阮刻本同，岳本無此六字。

⑩“脾婢支反醯徐呼兮反本或作醓”，彙校卷第十二、撫釋一、余仁仲本、和本、十行本、閩本、監本、毛本、殿本、阮刻本同，岳本無此十三字。

乃出食之,名“鹿麑”是也。近,“附近”之近①。

12·30○羹食,自諸侯以下至於庶人無等。羹食,食之主也②。庶羞乃異耳③。○食,音嗣,注“羹食”并下文“食禮”同④。大夫無秩膳。謂五十始命,未甚老也。秩,常也。大夫七十而有閣,有秩膳也。閣以板爲之⑤,閣食物也⑥。○閣,又作“庪”,九委反,或居彼反,本亦作“處”⑦。天子之閣,左達五,右達五。公、侯、伯於房中五,大夫於閣三,士於坫一。達⑧,夾室。大夫言“於閣”,與天子同處。天子二五,倍諸侯也。五者,三牲之肉及魚腊也。○坫,丁念反。夾,古洽反,又古協反。處,昌慮反⑨。

12·31○凡養老,有虞氏以燕禮,夏后氏以饗禮,殷人以食禮,周人脩而兼用之。凡五十養於鄉,六十養於國,七十養於學,達於諸侯。八十拜君命,一坐再至,瞽亦如之。九十者使人受。五十異糧,六十宿肉,七十貳膳⑩,八十常珍,九十飲食不違寢,膳

---

① “近附近之近”,彙校卷第十二、撫釋一、余仁仲本、和本、十行本、閩本、監本、毛本、殿本、阮刻本同,岳本無此五字。
② “主”,撫州本、余仁仲本、岳本、嘉靖本、八行本、和本、閩本、監本、毛本、殿本、阮刻本同;十行本作“王”,非。
③ “乃”,撫州本、余仁仲本、岳本、嘉靖本、八行本、阮刻本同;和本、十行本、閩本、監本、毛本、殿本作“亦”,非。
④ “注羹食并”,彙校卷第十二、撫釋一、余仁仲本、和本、十行本、閩本、監本、毛本、殿本、阮刻本同,岳本無此四字。
⑤ “閣”,撫州本、余仁仲本、岳本、嘉靖本、八行本、和本、十行本、閩本、監本、毛本、殿本、阮刻本作“閣”,是。
⑥ “閣”,撫州本、余仁仲本、岳本、嘉靖本、八行本、和本、閩本、監本、毛本、殿本、阮刻本同;十行本作“皮”,非。
⑦ “閣又作庪九委反或居彼反本亦作處”,岳本作“庪九委反或居彼反”;彙校卷第十二、撫釋一、余仁仲本、和本、十行本、閩本、監本、毛本、殿本、阮刻本作“庪又作庪九委反或居彼反本亦作處”,是。
⑧ “達”,余仁仲本、岳本、嘉靖本、八行本、和本、十行本、閩本、監本、毛本、殿本、阮刻本同;撫州本作“遠”,非。
⑨ “夾古洽反又古協反處昌慮反”,彙校卷第十二、撫釋一、余仁仲本、和本、閩本、監本、毛本、殿本、阮刻本同,岳本無此十二字,十行本“夾”誤作“丈”。
⑩ “貳”,撫州本、余仁仲本、岳本、嘉靖本、八行本、和本、閩本、監本、毛本、殿(轉下頁注)

飲從於遊可也。六十歲制，七十時制，八十月制，九十日脩，唯絞
紷衾冒，死而后制。五十始衰，六十非肉不飽，七十非帛不煖，八
十非人不煖，九十雖得人不煖矣。五十杖於家，六十杖於鄉，七
十杖於國，八十杖於朝，九十者，天子欲有問焉，則就其室，以珍
從。七十不俟朝，八十月告存，九十日有秩。五十不從力政，六
十不與服戎，七十不與賓客之事，八十齊喪之事弗及也。五十而
爵，六十不親學，七十致政。凡自七十以上，唯衰麻爲喪。重言
“凡養老有虞氏以燕禮”止“唯衰麻爲喪”一段，重見王制第五篇。無此“凡自七十
以上”一句。凡三王養老，皆引年。八十者，一子不從政。九十者，
其家不從政，瞽亦如之。凡父母在，子雖老，不坐。有虞氏養國老
於上庠，養庶老於下庠。夏后氏養國老於東序，養庶老於西序。殷
人養國老於右學，養庶老於左學。周人養國老於東膠，養庶老於虞
庠，虞庠在國之西郊。有虞氏皇而祭，深衣而養老。夏后氏收而
祭，燕衣而養老。殷人冔而祭，縞衣而養老。周人冕而祭，玄衣而
養老。記王制有此。○粮，知良反，粮也，字林云“量也”①。絞，古交反。紷，其
鳩反，本又作“衿”，同。冒，亡報反。煖，乃管反。朝，直遥反，下同②。珍從，才
用反，又如字。與，音預，下同。齊，側皆反。衰，七回反。膠，音交③。冔，況甫
反。縞，古老反，又古報反。重言“有虞氏養國老於上庠”止“玄衣而養老”一段，
重見王制第五。

　　12·32○曾子曰：“孝子之養老也，樂其心，不違其志，樂其耳

（接上頁注）本同，十行本、阮刻本作“二”。

①“粮也字林云量也”，彙校卷第十二、撫釋一、余仁仲本、岳本、和本、十行本、閩本、監本、
毛本、殿本、阮刻本“粮”作“糧”，岳本無“字林云量也”五字。

②“本又作衿同冒亡報反煖乃管反朝直遥反下同”，彙校卷第十二、撫釋一、余仁仲本、和
本、十行本、閩本、監本、毛本、殿本、阮刻本同，岳本無此十九字。

③“膠音交”，彙校卷第十二、撫釋一、余仁仲本、和本、十行本、閩本、監本、毛本、殿本、阮
刻本同，岳本無此三字。

目,安其寢處,以其飲食忠養之,孝子之身終。終身也者,非終父母之身,終其身也。是故父母之所愛亦愛之,父母之所敬亦敬之,至於犬馬盡然,而況於人乎?"賤喻貴也。○樂,音洛①,下同②。養,羊亮反。

12·33○凡養老,**五帝憲**。憲,法也。養之,爲法其德行。○爲,于僞反。行,下孟反③。**三王有乞言**。有,讀爲"又"④。又從之,求善言可施行也⑤。○有,音又,出注⑥。**五帝憲,養氣體而不乞言,有善則記之爲惇史。三王亦憲,既養老而后乞言,亦微其禮,皆有惇史**。惇史,史惇厚者也⑦。微其禮者,依違言之,求而不切也。○惇,音敦,敦厚也⑧。

12·34○**淳熬:煎醢加于陸稻上,沃之以膏,曰淳熬**。淳,沃也。熬,亦煎也。沃煎成之以爲名。○淳熬,之純反,下五羔反,下及注同⑨。**淳毋:煎醢加于黍食上,沃之以膏,曰淳毋**。毋,讀曰"模"。模,象也。作此象淳

---

① "洛",彙校卷第十二、撫釋一、余仁仲本、和本、閩本、監本、毛本、殿本、阮刻本同;十行本作"各",非。

② "下同",彙校卷第十二、撫釋一、余仁仲本、和本、十行本、閩本、監本、毛本、殿本、阮刻本同,岳本無此二字。

③ "爲于僞反行下孟反",彙校卷第十二、撫釋一、余仁仲本同,和本、十行本、閩本、監本、毛本、殿本、阮刻本脱此八字,岳本無"行下孟反"四字。

④ "讀爲又",撫州本、余仁仲本、岳本、嘉靖本、八行本、和本、阮刻本同;十行本、閩本、監本、毛本、殿本作"善爲法",非。

⑤ "可",撫州本、余仁仲本、岳本、嘉靖本、八行本、和本、阮刻本同;十行本、閩本、監本、毛本、殿本作"以",非。

⑥ "有音又出注",彙校卷十二、撫釋一、余仁仲本同,和本、十行本、閩本、監本、毛本、殿本、阮刻本脱此五字,岳本無"出注"二字。

⑦ "惇厚者",余仁仲本、岳本、嘉靖本、和本、十行本同;撫州本、八行本"惇"作"孝",是;閩本、監本、毛本、殿本、阮刻本"者"作"是",非。阮校曰:"惇史史惇厚是也　閩、監、毛本同。岳本'是'作'者',嘉靖本同,考文引補本、古本、足利本同。惠棟校宋本亦作'者','惇厚'作'孝厚',宋監本同。浦鏜從大雅行葦疏校'是'亦改'者'。通典六十七引此注作'惇史史孝厚者也'。"

⑧ "惇音敦敦厚也",彙校卷第十二、撫釋一、余仁仲本同,岳本無此六字,和本、十行本、閩本、監本、毛本、殿本、阮刻本脱"敦厚也"三字。

⑨ "淳熬之純反下五羔反下及注同",彙校卷第十二、撫釋一、余仁仲本、和本、十行本、閩本、監本、毛本、殿本、阮刻本同,岳本作"淳之純反下同"。

熬。○毋，依注音“模”，莫胡反，下同①。食，音嗣。**炮：取豚若將，刲之刳之，實棗於其腹中，編萑以苴之，塗之以謹塗，炮之，塗皆乾，擘之，濯手以摩之，去其皽。爲稻粉，糔溲之以爲酏，以付豚，煎諸膏，膏必滅之。鉅鑊湯，以小鼎薌脯於其中，使其湯毋滅鼎。三日三夜毋絕火，而后調之以醯醢。**炮者，以塗燒之爲名也。將，當爲“牂”。牂，牡羊也②。刲刳，博異語也。謹，當爲“墐”③，聲之誤也。墐塗，塗有穰草也。皽，謂皮肉之上魄莫也。糔溲，亦博異語也，糔讀與“滫瀡”之“滫”同。藏脯④，謂煮豚若羊於小鼎中⑤，使之香美也。謂之脯者，既去皽，則解析其肉使薄，如爲脯然，唯豚全耳。豚羊入鼎三日，乃内醯醢⑥，可食也。○炮，步交反。將，依注音壯⑦，子郎反。刲，苦圭反。刳，口孤反，又口侯反。編，必縣反⑧，又步典反。萑，音丸，蘆也。苴，子餘反，苞裹也⑨。謹，依注作“墐”，音斤，徐如字。炮之，絕句。涂皆乾，絕句。涂，本亦作“塗”⑩。擘之，必麥反，絕句。濯，直角反⑪。去，

---

① “毋依注音模莫胡反下同”，彙校卷第十二、撫釋一、<u>余仁仲</u>本、<u>和本</u>、十行本、<u>閩本</u>、<u>監</u>本、<u>毛本</u>、<u>殿本</u>、<u>阮刻</u>本同，<u>岳本</u>作“毋音模”。

② “牡羊”，<u>撫州本</u>、<u>余仁仲本</u>、<u>岳本</u>、<u>嘉靖本</u>、<u>和本</u>、十行本、<u>閩本</u>、<u>監本</u>、<u>毛本</u>、<u>殿本</u>、阮刻本同；八行本“牡”作“牝”，是。

③ “墐”，<u>撫州本</u>、<u>岳本</u>、八行本、<u>和本</u>、十行本、<u>閩本</u>、<u>監本</u>、<u>毛本</u>、<u>殿本</u>、阮刻本同；<u>余仁仲</u>本、<u>嘉靖本</u>作“瑾”，非。

④ “藏”，<u>撫州本</u>、<u>余仁仲本</u>、<u>岳本</u>、<u>嘉靖</u>、八行本、<u>和本</u>、十行本、<u>閩本</u>、<u>監本</u>、<u>毛本</u>、<u>殿本</u>、阮刻本，<u>吳氏</u>朱批作“薌”，是。

⑤ “羊”，<u>撫州本</u>、<u>余仁仲本</u>、<u>岳本</u>、<u>嘉靖本</u>、八行本、<u>和本</u>、<u>閩本</u>、<u>監本</u>、<u>毛本</u>、<u>殿本</u>、阮刻本同；十行本作“手”，非。

⑥ “内”，<u>撫州本</u>、<u>余仁仲本</u>、<u>岳本</u>、八行本、<u>和本</u>、十行本、<u>閩本</u>、<u>監本</u>、<u>毛本</u>、<u>殿本</u>、阮刻本同；<u>嘉靖本</u>作“肉”，非。

⑦ “依注音壯”，<u>岳本</u>無此四字；彙校卷第十二、撫釋一、<u>余仁仲</u>本、<u>和本</u>、十行本、<u>閩本</u>、<u>監</u>本、<u>毛本</u>、<u>殿本</u>、阮刻本“壯”作“牂”，是。

⑧ “必縣反”，<u>余仁仲本</u>、<u>岳本</u>、<u>和本</u>、十行本、<u>閩本</u>、<u>監本</u>、<u>毛本</u>、<u>殿本</u>、阮刻本同，彙校卷十二、撫釋一“縣”作“縣”。

⑨ “苞裹也”，彙校卷第十二、撫釋一、<u>余仁仲本</u>、<u>和本</u>、十行本、<u>閩本</u>、<u>監本</u>、<u>毛本</u>、<u>殿本</u>、阮刻本同，<u>岳本</u>無此三字。

⑩ “謹依注作墐音斤徐如字炮之絕句涂皆乾絕句涂本亦作塗”，彙校卷第十二、撫釋一、<u>余仁仲本</u>、<u>和本</u>、十行本、<u>閩本</u>、<u>監本</u>、<u>毛本</u>、<u>殿本</u>、阮刻本同，<u>岳本</u>作“謹音斤”。

⑪ “絕句濯直角反”，彙校卷第十二、撫釋一、<u>余仁仲本</u>、<u>和本</u>、十行本、<u>閩本</u>、<u>監</u>（轉下頁注）

起呂反,注同。皵,章善反。糔,息酒反,又相流反,又息了反。溲,所九反。付,徐音賦。鉅,音巨,其據反。鑊,戶郭反。"使湯",一本作"使其湯"。穰,如羊反,草也。魄莫,上普伯反,或普搏反,下亦作"漠",武博反。析,星曆反①。

12·35○擣珍:取牛、羊、麛、鹿、麕之肉,必胅,每物與牛若一,捶反側之,去其餌,孰出之,去其皵,柔其肉。豚②,脊側肉也。捶,擣之也。餌,筋腱也。柔之,爲汁和也③。汁和亦醢醯與?○胅,音每,徐亡代反,夾脊肉④。餌,音二,本或作"皵",下句作"之"⑤。筋,音斤⑥。腱,徐其偃反,皇紀偃反,一音其言反。隱義云:"筋之大者。"王逸注楚詞云:"筋,頭也。"與,音餘⑦。

12·36○漬:取牛肉必新殺者,薄切之,必絕其理,湛諸美酒,期朝,而食之以醢若醯醢。湛,亦漬也⑧。○湛,子潛反,直蔭反,又將鴆反,一音陟鴆反,注同⑨。期,音朞。

(接上頁注)本、毛本、殿本、阮刻本同,岳本無此六字。

① "去起呂反注同皵章善反糔息酒反又相流反又息了反溲所九反付徐音賦鉅音巨其據反鑊戶郭反使湯一本作使其湯穰如羊反草也魄莫上普伯反或普搏反下亦作漠武博反析星曆反",彙校卷第十二、撫釋一、余仁仲本、和本、十行本、閩本、監本、毛本、殿本、阮刻本同,岳本作"去起呂反皵章善反搔息酒反又息了反溲所九反魄普伯反莫武博反"。

② "豚",余仁仲本、嘉靖本、十行本同;撫州本、岳本、八行本、和本、閩本、監本、毛本、阮刻本、殿本、吳氏朱批作"胅",是。

③ "汁",撫州本、余仁仲本、岳本、嘉靖本、八行本、和本、殿本、阮刻本同;十行本、閩本、監本、毛本作"升",非。

④ "徐亡代反夾脊肉",彙校卷第十二、撫釋一、余仁仲本、和本、十行本、閩本、監本、毛本、殿本、阮刻本同,岳本作"又亡代反"。

⑤ "餌音二本或作皵下句作之",岳本作"餌音二";彙校卷第十二、撫釋一、余仁仲本、和本、十行本、閩本、監本、毛本、殿本、阮刻本"之"作"餌",是。

⑥ "筋音斤",彙校卷第十二、撫釋一、余仁仲本、和本、十行本、閩本、監本、毛本、殿本、阮刻本同,岳本無此三字。

⑦ "腱徐其偃反皇紀偃反一音其言反隱義云筋之大者王逸注楚詞云筋頭也與音餘",彙校卷第十二、撫釋一、余仁仲本、和本、十行本、閩本、監本、毛本、殿本、阮刻本同,岳本作"腱其偃反筋之大者"。

⑧ "漬",撫州本、余仁仲本、八行本、和本、十行本、閩本、監本、毛本、殿本、阮刻本同;岳本作"清",非。

⑨ "注同",彙校卷第十二、撫釋一、余仁仲本、和本、十行本、閩本、監本、毛本、殿本、阮刻本同,岳本無此二字。

12·37○爲熬：捶之，去其皾，編萑，布牛肉焉，屑桂與薑以洒諸上而鹽之，乾而食之。施羊亦如之。施麋、施鹿、施麕，皆如牛羊。欲濡肉，則釋而煎之以醢；欲乾肉，則捶而食之。熬，於火上爲之也，今之火脯似矣。欲濡欲乾，人自由也。醢，或爲“醓”。此七者，周禮“八珍”，其一“肝膋”是也。○洒，所買反，徐西見反①。鹽，音豔，又如字。“乾而食之”，一本無“而食之”三字②。濡，音儒，下同。膋，音遼，徐音勞③。

12·38○糝：取牛、羊、豕之肉，三如一，小切之，與稻米，稻米二，肉一，合以爲餌，煎之。此周禮“糝食”也。○食，音嗣，下“酏食”同。

12·39○肝膋：取狗肝一，幪之以其膋，濡炙之，舉燋其膋，不蓼。膋，腸間脂。辛，或爲“巨”。○幪，音蒙。焦，字又作“燋”④，子消反。取稻米，舉糔溲之，小切狼臅膏，以與稻米爲酏。狼臅膏，臆中膏也。以煎稻米，則以今膏屦矣⑤。此周禮“酏食”也。此“酏”，當從飦。○酏，讀爲餰，之然反，又之善反，注“餰”同⑥。臆，音憶。屦，本又作“飦”，又作“層”，並同之然反，又音贊⑦。

12·40○禮始於謹夫婦。爲宮室，辨外内。男子居外，女子居内。深宮固門，閽寺守之。男不入，女不出。閽，掌守中門之禁也。寺，

---

①“徐”，彙校卷第十二、撫釋一、余仁仲本、和本、十行本、閩本、監本、毛本、殿本、阮刻本同，岳本作“又”。

②“乾而食之一本無而食之三字”，彙校卷第十二、撫釋一、余仁仲本、和本、十行本、閩本、監本、毛本、殿本、阮刻本同，岳本無此十二字。

③“徐音勞”，彙校卷第十二、撫釋一、余仁仲本、和本、十行本、閩本、監本、毛本、殿本、阮刻本同，岳本無此三字。

④“字又作燋”，彙校卷第十二、撫釋一、余仁仲本、和本、十行本、閩本、監本、毛本、殿本、阮刻本同，岳本無此四字。

⑤“則以”，十行本作“者似”；撫州本、余仁仲、岳本、嘉靖本、八行本、和本、閩本、監本、毛本、殿本、阮刻本“則似”，是。

⑥“酏讀爲餰之然反又之善反注餰同”，彙校卷第十二、撫釋一、余仁仲本、和本、十行本、閩本、監本、毛本、殿本、阮刻本同，岳本作“酏之然反又之善反”。

⑦“臆音憶屦本又作飦又作層並同之然反又音贊”，彙校卷第十二、撫釋一、余仁仲本同，岳本作“層飦同上音”；和本、十行本、閩本脱“又音”之“又”字，監本、毛本、殿本、阮刻本“又音贊”誤作“音旆”。

掌內人之禁令也。○閽,音昏①。**男女不同椸枷,不敢縣於夫之楎椸②,不敢藏於夫之篋笥,不敢共湢浴。**竿謂之椸。楎,杙也。○椸,本又作"桋",以支反③。枷,音嫁。縣,音玄。楎④,音輝。笥,息吏反。竿,音干。杙,音弋⑤。重言"男女不同椸枷"二,一見曲禮上。**夫不在,斂枕篋,簟席襡,器而藏之。**不敢褻也。**少事長,賤事貴,咸如之。**咸,皆也。重言"少事長,賤事貴"二,一見篇首。**夫婦之禮,唯及七十,同藏無間。**衰老無嫌。及,猶至也。○間,徐"間厠"之"間",皇如字讀⑥。**故妾雖老,年未滿五十,必與五日之御。**五十始衰,不能孕也,妾閉房,不復出御矣。此御,謂侍夜勸息也。五日一御,諸侯制也。諸侯取九女,姪娣兩兩而御,則三日也;次兩媵,則四日也;次夫人專夜,則五日也。天子十五日乃一御。○"年未五十",本又作"年未滿五十"⑦。與,音預。復,扶又反,下文"夫復"同⑧。姪,大結反。娣,大計反。媵,羊證反,又繩證反⑨。**將御者,齊、漱、澣,慎衣服,櫛、縰、笄、總角、拂髦,衿纓、綦屨。**其往如朝也。角,衍字也。拂髦,或爲"繆髦"也。○齊,爭皆反,

---

① "閽音昏",彙校卷第十二、撫釋一、余仁仲本、和本、十行本、閩本、監本、毛本、殿本、阮刻本同,岳本無此三字。

② "楎",余仁仲本、嘉靖本、十行本同;唐石經、撫州本、岳本、八行本、和本、閩本、監本、毛本、殿本、阮刻本作"楎",是,注文同。

③ "椸本又作桋以支反",岳本作"桋以支反",彙校卷第十二、撫釋一、余仁仲本、和本、十行本、閩本、監本、毛本、殿本、阮刻本作"杝本又作椸以支反",是。

④ "楎",余仁仲本、十行本作"揮";彙校卷十二、撫釋一、岳本、和本、閩本、監本、毛本、殿本、阮刻本作"楎",是。

⑤ "笥息吏反竿音干杙音弋",彙校卷第十二、撫釋一、余仁仲本、和本、十行本、閩本、監本、毛本、殿本、阮刻本同,岳本無此十字。

⑥ "間徐間厠之間皇如字讀",彙校卷第十二、撫釋一、余仁仲本、和本、十行本、閩本、監本、毛本、殿本、阮刻本同,岳本無此十字。

⑦ "年未五十本又作年未滿五十",彙校卷第十二、撫釋一、余仁仲本、和本、十行本、閩本、監本、毛本、殿本、阮刻本同,岳本無此十二字。

⑧ "復扶又反下文夫復同",彙校卷第十二、撫釋一、余仁仲本、和本、十行本、閩本、監本、毛本、殿本、阮刻本同,岳本無此九字。

⑨ "娣大計反媵羊證反又繩證反",彙校卷第十二、撫釋一、余仁仲本、和本、十行本、閩本、監本、毛本、殿本、阮刻本同,岳本無此十二字。

下皆同①。澣，音浣。朝，直遥反，下文“朝服”、注“朝於君”皆同①。繆，居虯反。

雖婢妾，衣服飲食，必後長者。 人貴賤不可以無禮。○後，胡豆反②。**妻不在，妾御，莫敢當夕。** 辟女君之御日也。○辟，音避，下“辟人”、“雖辟”皆同③。

12·41○**妻將生子，及月辰，居側室。** 側室，謂夾之室④，次燕寢也。**夫使人日再問之。作而自問之。妻不敢見，使姆衣服而對。至于子生，夫復使人日再問之。** 作，有感動。○見，賢遍反，下及注同⑤。姆，音茂，字林亡又反⑥，女師也，一音母，又音亡久反。**夫齊，則不入側室之門。** 若始時使人問。**子生，男子設弧於門左，女子設帨於門右。** 表男女也。弧者，示有事於武也。帨，事人之佩巾也。**三日，始負子，男射女否。** 始有事也。負之，謂抱之而使鄉前也。○鄉，休亮反，下文“西鄉”皆同⑦。

12·42○**國君世子生，告于君，接以大牢，宰掌具。** 接，讀爲“捷”。捷，勝也，謂食其母，使補虛强氣也。○接，依注音“捷”，字妾反，下“接子”同。食，音嗣，下注“食子”、“食乳”皆同⑧。**三日，卜士負之，吉者宿齊，朝**

---

① “下皆同”，彙校卷第十二、撫釋一、余仁仲本、和本、十行本、閩本、監本、毛（轉下頁注）（接上頁注）本、殿本、阮刻本同，岳本無此三字。

① “朝直遥反下文朝服注朝於君皆同”，彙校卷第十二、撫釋一、余仁仲本、和本、十行本、閩本、監本、毛本、殿本、阮刻本同，岳本無此十四字。

② “後胡豆反”，彙校卷第十二、撫釋一、余仁仲本、和本、十行本、閩本、監本、毛本、殿本、阮刻本同，岳本無此四字。

③ “辟人雖辟皆”，彙校卷第十二、撫釋一、余仁仲本、和本、十行本、閩本、監本、毛本、殿本、阮刻本同，岳本無此五字。

④ “夾”，撫州本、余仁仲本、岳本、嘉靖本、和本、十行本、閩本、監本、毛本、殿本、阮刻本、八行本作“夫”，是。阮校曰：“謂夾之室　閩、監、毛本同，嘉靖本同，衛氏集説同，惠棟校宋本‘夾’作‘夫’，岳本同，考文引古本同，通典六十八亦作‘夫之室’。”孫云曰：“孔疏所見本似亦作‘夫’。”

⑤ “下及注同”，彙校卷第十二、撫釋一、余仁仲本、和本、十行本、閩本、監本、毛本、殿本、阮刻本同，岳本無此四字。

⑥ “字林亡又反”，彙校卷第十二、撫釋一、余仁仲本、和本、十行本、閩本、監本、毛本、殿本、阮刻本同，岳本無此五字。

⑦ “下文西鄉皆同”，彙校卷第十二、撫釋一、余仁仲本、和本、十行本、閩本、監本、毛本、殿本、阮刻本同，岳本無此六字。

⑧ “接依注音捷字妾反下接子同食音嗣下注食子食乳皆同”，彙校卷第十二、（轉下頁注）

服寢門外，詩負之。射人以桑弧蓬矢六，射天地四方。詩之言承也。桑弧蓬矢，本大古也。天地四方，男子所有事也。○射天地，食亦反。承，如字，徐音"拯救"之"拯"①。大，音泰。重言"射人以桑弧蓬矢六射天地四方"二，重見射義四十六，無"射人以"三字。保受，乃負之。代士也。保，保母。宰醴負子，賜之束帛。醴，當爲"禮"，聲之誤也。禮以二獻之禮②，酬之以幣也。卜士之妻、大夫之妾，使食子。食子不使君妾，適妾有敵義，不相褻以勞辱事也。士妻、大夫之妾，謂時自有子。○嫡，本亦作"適"，同，音丁歷反③。

12·43○凡接子擇日，雖三日之内，尊卑同④，皆選其吉焉。冢子則大牢，天子世子也。冢，大也。冢子，猶言長子，通於下也。庶人特豚，士特豕，大夫少牢，國君世子大牢。皆謂長子。其非冢子，則皆降一等。謂冢子之弟及衆妾之子生也⑤。天子、諸侯少牢，大夫特豕，士特豚，庶人猶特豚也。

12·44○異爲孺子室於宫中。特埽一處以處之。○一處，尺御反。擇於諸母與可者，必求其寬裕、慈惠、温良、恭敬、慎而寡言者，使爲子師，其次爲慈母，其次爲保母，皆居子室。此人君養子之禮也。諸母，衆妾也。可者，傅、御之屬也。子師，教示以善道者。慈母，知其嗜欲者。保母，安其居處者。士妻食乳之而已。○耆，市忘反⑥。他人無事不往。爲兒精氣微

（接上頁注）撫釋一、余仁仲本、和本、十行本、閩本、監本、毛本、殿本、阮刻本同，岳本作"接音捷下接子同食音嗣下皆同"。

①"承如字徐音拯救之拯"，彙校卷第十二、撫釋一、余仁仲本、和本、十行本、閩本、監本、毛本、殿本、阮刻本同，岳本無此九字。

②"二"，撫州本、余仁仲本、岳本、嘉靖本、八行本、和本、十行本、閩本、監本、毛本、殿本、阮刻本作"一"，是。

③"嫡本亦作適同音丁歷反"，岳本無此十字；彙校卷第十二、撫釋一、余仁仲本、和本、十行本、閩本、監本、毛本、殿本、阮刻本無"音"字，是。

④"同"，撫州本、余仁仲本、岳本、嘉靖本、八行本、和本、十行本、閩本、監本、毛本、殿本、阮刻本作"必"，是。

⑤"生"，撫州本、余仁仲本、岳本、嘉靖本、八行本、和本、閩本、監本、毛本、殿本、阮刻本同；十行本作"至"，非。

⑥"耆市忘反"，岳本無此四字，毛本、殿本作"嗜市志反"；彙校卷第十二、撫釋一、余仁仲本、和本、十行本、閩本、監本、毛本、殿本、阮刻本作"耆市志反"，是。

弱,將驚動也。○爲,于僞反,下"爲改"、"爲大温"皆同①。**三月之末,擇日翦髮爲鬌,男角女羈,否,則男左女右**。鬌,所遺髮也。夾囱曰角,牛達曰羈也②。○鬌,丁果反,徐大果反③。囱,音信,又思忍反。**是日也,妻以子見於父,貴人則爲衣服,由命士以下,皆漱澣**。貴人,大夫以上也。由,自也。**男女夙興,沐浴,衣服,具視朔食**。朔食,天子大牢,諸侯少牢,大夫特豕,士特豚也。**夫入門,升自阼階,立于阼,西鄉。妻抱子出自房,當楣立,東面**。入門者,入側室之門也。大夫以下見子,就側室,見妾子於内寢,辟人君也。○楣,音眉④。**姆先,相曰:"母某敢用時日祗見孺子。"**某,妻姓,若言姜氏也。祗,敬也,或作"振"。○相,息亮反。**夫對曰:"欽有帥。"父執子之右手,咳而名之⑤**。欽,敬也。帥,循也。言教之敬使有循也。執右手,明將授之事也。○孩,字又作"咳"⑥,户才反。**妻對曰:"記有成。"遂左還,授師**。記,猶識也。識夫之言,使有成也。師,子師也。○還,音旋,轉也⑦。**子師辯告諸婦諸母名**。後告諸母,若名成於尊。○辯,音遍,下同。**妻遂**

---

① "爲于僞反下爲改爲大温皆同",彙校卷第十二、撫釋一、余仁仲本、毛本、殿本、阮刻本同;岳本無此十二字;和本、十行本、閩本、監本"于"作"士",非。

② "牛",余仁仲本、嘉靖本、十行本同;撫州本、岳本、八行本、和本、閩本、監本、毛本、殿本、阮刻本作"午",是。

③ "徐",彙校卷第十二、撫釋一、余仁仲本、和本、十行本、閩本、監本、毛本、殿本、阮刻本同,岳本作"又"。

④ "楣音眉",彙校卷第十二、撫釋一、余仁仲本、和本、十行本、閩本、監本、毛本、殿本、阮刻本同,岳本無此三字。

⑤ "咳",唐石經、撫州本、余仁仲本、岳本、嘉靖本、八行本、和本、十行本、閩本、監本、毛本、殿本、阮刻本同。阮校曰:"咳而名之　閩、監、毛本同,石經同,岳本同,嘉靖本同,衛氏集説同。惠棟校宋本'咳'作'孩',釋文出'孩而'云:'字又作咳。'讀書脞録續編云:'按孝經聖治章疏引内則"孩而名之"。説文云:"孩,小兒笑也。"謂指其頤下,令其笑而爲之名,當作"孩"爲是。衆經音義九云:"咳,古文作孩。"'按:孫志祖説是也。通典六十八引亦作'孩而名之'。'鍔案:八行本、潘本作"咳",阮謂'惠棟校宋本"咳"作"孩"',非也。

⑥ "孩字又作",彙校卷第十二、撫釋一、余仁仲本、毛本、殿本、阮刻本同,岳本無此四字;和本、十行本、閩本、監本"孩"作"咳",非。

⑦ "轉也",彙校卷第十二、撫釋一、余仁仲本、和本、十行本、閩本、監本、毛本、殿本、阮刻本同,岳本無此二字。

適寢。復夫之燕寢。夫告宰名，宰辯告諸男名，書曰“某年某月某日某生”而藏之。宰，謂屬吏也。春秋書“桓六年九月丁卯，子同生”。宰告閭史。閭史書爲二，其一藏諸閭府，其一獻諸州史。州史獻諸州伯，州伯命藏諸州府。四閭爲族。族，百家也。閭胥，中士一人。五黨爲州，州二千五百家也。州長，中大夫一人也。皆有屬吏。獻，猶言也。夫入，食如養禮。夫入，已見子入室也。其與妻食，如婦始饋舅姑之禮也。○養，羊尚反。

　　12·45○世子生，則君沐浴、朝服，夫人亦如之，皆立于阼階，西鄉。世婦抱子，升自西階，君名之，乃降。子升自西階，則人君見世子於路寢也。見妾子，就側室。凡子生，皆就側室。諸侯夫人朝於君，次而禒衣也。○禒，通亂反。適子、庶子，見於外寢，撫其首，咳而名之，禮帥初，無辭。此適子，謂世子弟也。庶子，妾子也。外寢，君燕寢也。無辭，辭謂“欽有帥”、“記有成”也①。○適，丁歷反，注及下同②。

　　12·46○凡名子，不以日月，不以國，終使易諱。○易，以豉反③。不以隱疾，諱衣中之疾，難爲醫也。[重言]“不以日月，不以國，不以隱疾”二，曲禮上篇：“云不以國，不以日月，不以隱疾。”大夫、士之子，不敢與世子同名。尊世子也。其先世子生，亦勿爲改。○[重言]二，一見曲禮下。妾將生子，及月辰，夫使人日一問之。子生三月之末，漱澣夙齊，見於内寢，禮之如始入室。君已食，徹焉，使之特餕，遂入御。内寢，適妻寢也。禮謂已見子，夫食而使獨餕也。如始入室，始來嫁時。妾餕夫婦之餘，亦如之。既見子，可以御。此謂大夫、士之妾也。凡妾稱夫曰君。○“三月之末”，

---

① “也”，撫州本、余仁仲本、岳本、嘉靖本、八行本、和本、閩本、監本、毛本、殿本、阮刻本同；十行本作“山”，非。

② “注及”，彙校卷第十二、撫釋一、余仁仲本、和本、十行本、閩本、監本、毛本、殿本、阮刻本同，岳本無此二字。

③ “易以豉反”，彙校卷第十二、撫釋一、余仁仲本、和本、十行本、閩本、監本、毛本、殿本、阮刻本同，岳本無此二字。

一本作"子生三月之末"①。

12・47○公庶子生，就側室。三月之末，其母沐浴，朝服見於君，擯者以其子見。君所有賜，君名之。衆子，則使有司名之。擯者，傅母之屬也②。人君尊，雖妾，不抱子。有賜於君，有恩惠也。有司，臣有事者也。魯桓公名子，同於申繻也③。○繻，音須④。

12・48○庶人無側室者，及月辰，夫出居羣室。其問之也，與子見父之禮，無以異也。夫雖辟之，至問妻及見子，禮同也。庶人或無妾。

12・49○凡父在，孫見於祖，祖亦名之，禮如子見父，無辭。見子於祖，家統於尊也。父在，則無辭。有適子者無適孫，與見冢子同也⑤。父卒而有適孫，則有辭，與見冢子同。父雖卒，而庶孫猶無辭也。

12・50○食子者三年而出，見於公宮則劬。劬，勞也。士妻、大夫之妾⑥，食國君之子，三年出歸其家，君有以勞賜之。○食，音嗣，注及下文"食母"同⑦。勞賜，上力報反⑧。大夫之子有食母，選於傅、御之中。喪服所謂"乳母"也。士之妻自養其子。賤不敢使人也。

---

① "三月之末一本作子生三月之末"，彙校卷第十二、撫釋一、和本、十行本、閩本、監本、毛本、殿本、阮刻本同，岳本無此十三字；余仁仲本下"末"字誤作"未"。

② "母"，撫州本、余仁仲本、岳本、嘉靖本、八行本、和本、十行本、閩本、監本、毛本、殿本、阮刻本、吳氏朱批、叢刊本作"姆"，是。

③ "同"，撫州本、余仁仲本、岳本、嘉靖本、八行本、和本、十行本、閩本、監本、毛本、殿本、阮刻本、吳氏朱批、叢刊本作"間"，是。

④ "繻音須"，彙校卷第十二、撫釋一、余仁仲本、和本、十行本、閩本、監本、毛本、殿本、阮刻本同，岳本無此三字。

⑤ "冢子"，余仁仲本、嘉靖本同，撫州本、岳本、八行本、和本、十行本、閩本、監本、毛本、殿本、阮刻本作"庶子"，是。

⑥ "士妻大夫之妾"，撫州本、余仁仲本、岳本、嘉靖本、八行本、閩本、監本、毛本、殿本、阮刻本同；十行本"士"作"王"，和本、十行本"妾"作"妻"，非。

⑦ "注及"，彙校卷第十二、撫釋一、余仁仲本、和本、十行本、閩本、監本、毛本、殿本、阮刻本同，岳本無此二字。

⑧ "上力報反"，彙校卷第十二、撫釋一、余仁仲本、和本、岳本、十行本、閩本、監本、毛本、殿本、阮刻本皆無"上"字，是。

12·51○由命士以上，及大夫之子，旬而見。旬，當爲"均"，聲之誤也。有時適、妾同時生子，子均而見者，以生先後見之。既見乃食，亦辟人君也。易説卦："坤爲均。"今亦或作"旬"也。○旬，音均，出注①。冢子未食而見，必執其右手；適子、庶子已食而見，必循其首。天子、諸侯，尊別世子，雖同母，禮則異矣。未食已食，急正緩庶之義也。○別，彼列反，下"其別"反②。

12·52○子能食，食教以右手。能言，男"唯"女"俞"。男鞶革，女鞶絲。俞，然也。鞶，小囊盛帨巾者。男用韋，女用繒，有飾緣之，則是鞶裂與③？詩云："垂帶如厲。"紀子帛名裂繻，字雖今異，意實同也。○食食，上如字④，下音嗣。唯，于癸反，徐以水反。俞，以朱反⑤。鞶，步干反。盛，音成。緣，于絹反。裂，音列，或音厲⑥。與，音預⑦。厲，音列。六年，教之數與方名。方名，東西。七年，男女不同席，不共食。蚤其別也。重意"男女不同席"，曲禮上："父子不同席。"八年，出入門户，及即席飲食，必後長者，始教之讓。示以廉恥。○後，胡豆反⑧。九年，教之數日。朔望與六

---

①"出注"，彙校卷第十二、撫釋一、余仁仲本、和本、十行本、閩本、監本、毛本、殿本、阮刻本同，岳本無此二字。

②"別彼列反下其別反"，岳本無此八字；彙校卷第十二、撫釋一、余仁仲本、和本、十行本、閩本、監本、毛本、殿本、阮刻本下"反"字作"同"，是。

③"與"，撫州本、余仁仲本、岳本、嘉靖本、八行本、和本、閩本、監本、毛本、殿本、阮刻本同，十行本作"與"，下釋文同。

④"上如字"，彙校卷第十二、撫釋一、余仁仲本、和本、十行本、閩本、監本、毛本、殿本、阮刻本同，岳本無此三字。

⑤"徐以水反俞以朱反"，彙校卷第十二、撫釋一、余仁仲本、和本、十行本、閩本、監本、毛本、殿本、阮刻本同，岳本無此八字。

⑥"盛音成緣于絹反裂音列或音厲"，彙校卷第十二、撫釋一、余仁仲本、和本、閩本、監本、毛本、殿本、阮刻本同，岳本無此十三字，十行本"厲"作"厉"。

⑦"與音預"，彙校卷第十二、撫釋一、余仁仲本、和本、十行本、閩本、監本、毛本、殿本、阮刻本同，岳本作"與音余"。

⑧"後胡豆反"，彙校卷第十二、撫釋一、余仁仲本、和本、十行本、閩本、監本、毛本、殿本、阮刻本同，岳本無此四字。

甲也。○數，所主反。**十年，出就外傅，居宿於外，學書記①。衣不帛襦袴。禮帥初，朝夕學幼儀，請肄簡諒。**外傅，教學之師也。不用帛爲襦袴，爲大温，傷陰氣也。禮帥初②，遵習先日所爲也。肄，習也。諒，信也。請習簡，謂所書篇數也。請習信，謂應對之言也。○襦，字又作"襦"③，音儒。袴，苦故反。肄，本又作"肆"，同，以二反④。大，音泰。勺，章畧反，注同⑤。**十有三年，學樂誦詩，舞勺。成童，舞象，學射御。**先學勺，後學象，文武之次也。成童，十五以上。**二十而冠，始學禮，可以衣裘帛，舞大夏，惇行孝弟，博學不教，内而不出。**大夏，樂之文武備者也。内而不出，謂人之謀慮也。○冠，古亂反。衣，於既反。行，如字，又下孟反。弟，音悌⑥。重意"二十而冠"，曲禮上："二十曰弱冠。"又："男子二十冠而字。"**三十而有室，始理男事，博學無方，孫友視志。**室，猶妻也。男事，受田給政役也⑦。方，猶常也。至此，學無常，在志所好也。孫，順也。順於友，視其所志也。○孫，音

---

①"記"，余仁仲本、嘉靖本、和本、十行本、毛本、阮刻本同；唐石經、撫州本、岳本、八行本、閩本、監本、殿本作"計"，是。阮校曰："學書記　毛本同，嘉靖本同，閩、監本'記'作'計'，惠棟校宋本同，石經同，岳本同，衛氏集説同，考文引古本、足利本同。'記'字誤也。"

②"帥"，撫州本、余仁仲本、岳本、嘉靖本、八行本、和本、閩本、監本、毛本、殿本、阮刻本同；十行本作"師"，非。

③"字又作襦"，彙校卷第十二、撫釋一、余仁仲本、和本、十行本、閩本、監本、毛本、殿本、阮刻本同，岳本無此四字。

④"肄本又作肆同以二反"，彙校卷第十二、撫釋一、余仁仲本、和本、十行本、閩本、監本、毛本、殿本、阮刻本同，岳本作"肄以二反"。

⑤"大音泰勺章畧反注同"，彙校卷第十二、撫釋一、余仁仲本、和本、毛本、阮刻本同，岳本無此九字；十行本"勺"誤作"句"，閩本、監本、殿本移"勺章畧反注同"六字至注文"十五以上"下，是。

⑥"弟音悌"，彙校卷第十二、撫釋一、余仁仲本、和本、十行本、閩本、監本、毛本、殿本、阮刻本同，岳本無此三字。

⑦"受"，撫州本、余仁仲本、岳本、嘉靖本、八行本、和本、閩本、監本、毛本、殿本、阮刻本同；十行本作"猶"，非。

遜，注同。好，呼報反①。**四十始仕，方物出謀發慮，道合則服從，不可則去。**方，猶常也。物，猶事也。○去，如字。**五十命爲大夫，服官政。**統一官之政也。**七十致事。**致其事於君而告老。

12·53○**凡男拜，尚左手。**左，陽。

12·54○**女子十年不出，**恒居内也。**姆教婉娩聽從，**婉，謂言語也。娩之言媚也。媚，謂容貌也。○婉，紆晚反，徐紆願反。娩，音晚，徐音萬②。**執麻枲，治絲繭，織紝組紃，學女事，以共衣服。**紃，絛。○枲，思里反。繭，古典反③。紝，女金反，又如林反④。組，音祖。紃，音巡。共，音恭。絛，他刀反。**觀於祭祀，納酒漿、籩豆、菹醢，禮相助奠。**當及女時而知。○相，息亮反。**十有五年而笄，**謂應年許嫁者。女子許嫁，笄而字之。其未許嫁，二十則笄。○應，“應對”之應⑤。**二十而嫁。有故，二十三年而嫁。**故，謂父母之喪。**聘則爲妻，**聘，問也。妻之言齊也，以禮見問⑥，則得與夫敵體。**奔則爲妾。**妾之言接也。聞彼有禮，走而往焉，以得接見於君子也。奔，或爲“銜”。○見，賢遍反。銜，古“縣”字，本又作“御”字，魚據反⑦。

---

① “注同好呼報反”，彙校卷第十二、撫釋一、余仁仲本、和本、閩本、監本、毛本、殿本、阮刻本同，岳本無此六字；十行本“注”作“王”，非。

② “婉紆晚反徐紆願反娩音晚徐音萬”，彙校卷第十二、撫釋一、余仁仲本、和本、閩本、監本、毛本、殿本、阮刻本同，岳本作“婉紆晚反娩音晚”，十行本“萬”作“万”。

③ “繭古典反”，彙校卷第十二、撫釋一、余仁仲本、和本、十行本、閩本、監本、毛本、殿本、阮刻本同，岳本無此四字。

④ “又如林反”，彙校卷第十二、撫釋一、余仁仲本、和本、十行本、閩本、監本、毛本、殿本、阮刻本同，岳本無此四字。

⑤ “應應對之應”，彙校卷第十二、撫釋一、余仁仲本、和本、十行本、閩本、監本、毛本、殿本、阮刻本同，岳本無此五字。

⑥ “見”，撫州本、余仁仲本、岳本、嘉靖本、八行本、和本同；十行本、閩本、監本、毛本、殿本作“聘”，阮刻本作“則”，皆非。阮校曰：“以禮見問　惠棟校宋本‘則’作‘見’，宋監本同，岳本同，嘉靖本同，通解同，考文引補本、古本、足利本同。閩、監、毛本作‘聘’，衛氏集説同。”

⑦ “見賢遍反銜古縣字本又作銜字魚據反”，彙校卷第十二、撫釋一、余仁仲本、和本、十行本、閩本、監本、毛本、殿本、阮刻本同，岳本無此十六字。

凡女拜，尚右手。右，陰也。

纂圖互注禮記卷之八①

---

① 撫州本卷八末頁 B 面第七行頂格題"禮記卷第八"，空三格題"經六千六百八十三字，注七
千一百七字"。余仁仲本卷八末頁 A 面第六行頂格題"禮記卷第八"，第八行空四格題"經
陸仟柒伯肆拾叄字"，第九行空四格題"注柒仟叄拾叄字"，第十行空四格題"音義肆仟玖
伯捌拾肆字"，B 面第二行空九格題"仁仲比校訖"。嘉靖本卷八末頁 B 面第四行題"經六
千七百四十三字，注七千三十三字"。阮刻本記"宋監本禮記卷第八，經六千六百八十三
字，注七千一百七字。嘉靖本禮記卷第八，經六千七百四十三字，注七千三十三字"。

纂圖互注禮記卷之九

玉藻第十三○陸曰：“鄭云：‘以其記服冕之事也。冕之旒，以藻紃貫玉爲飾，因以名之。’”①

禮記   鄭氏注②

13·1天子玉藻，十有二旒，前後邃延，龍卷以祭。祭先王之服也。雜采曰藻。天子以五采藻爲旒，旒十有二。前後邃延者，言皆出冕，前後而垂也，天子齊肩。延，冕上覆也，玄表纁裏。龍卷，畫龍於衣，字或作“袞”。○藻，本又作“璪”，音早③。旒，力求反。邃，雖醉反，深也，注同④。延，如字，徐餘戰反⑤，

---

① “陸曰鄭云以其記服冕之事也冕之旒以藻紃貫玉爲飾因以名之”，余仁仲本、和本、閩本、監本、毛本、殿本、阮刻本同，岳本無此二十六字，彙校卷第十三、撫釋一無“陸曰”二字；十行本“貫”作“爲”，非。

② 撫州本題“禮記卷第九”，首行頂格書寫；次行頂格題“玉藻第十三”，空三格題“鄭氏注”。余仁仲本題“禮記卷第九”，首行頂格書寫，次行頂格題“玉藻第十三”，下雙行釋文，又題“鄭氏注”。嘉靖本題“禮記卷第九”，首行頂格書寫；次行頂格題“玉藻第十三”，空三格題“禮記”，空二格題“鄭氏注”。

③ “藻本又作璪音早”，彙校卷第十二、撫釋一、余仁仲本、和本、十行本、閩本、監本、毛本、殿本、阮刻本同，岳本無此七字。

④ “深也注同”，彙校卷第十二、撫釋一、余仁仲本、和本、十行本、閩本、監本、毛本、殿本、阮刻本同，岳本無此四字。

⑤ “徐餘戰反”，彙校卷第十二、撫釋一、余仁仲本、和本、閩本、監本、毛本、殿本、阮刻本同，岳本作“又餘戰反”，十行本“餘戰反”三字殘。

字林作“緃”，弋善反①。卷，音袞，古本反，注同②。重意郊特牲、禮器篇：“藻十有二旒。”**玄端而朝日於東門之外**③，**聽朔於南門之外，閏月則闔門左扉，立于其中**。端，當爲“冕”，字之誤也。玄衣而冕，冕服之下。朝日，春分之時也。東門、南門，皆謂國門也。天子廟及路寢，皆如明堂制。明堂在國之陽，每月就其時之堂而聽朔焉。卒事，反宿路寢亦如之。閏月，非常月也。聽其朔於明堂門中，還處路寢門，終月。凡聽朔，必以特牲告其帝及神，配以<u>文王</u>、<u>武王</u>。○端，音冕，出注④，下諸侯“玄端”同。朝，直遥反，篇内除下注“朝之餘”，皆同。闔，胡獵反。扉，音非，一本作“則闔門左扉”⑤。**皮弁以日視朝，遂以食；日中而餕，奏而食。日少牢，朔月大牢**。餕，食朝之餘也。奏，奏樂也⑥。○餕，音俊。**五飲：上水、漿、酒、醴、酏**。上水，水爲上，餘其次之。○酏，以支反。**卒食，玄端而居**。天子服玄端燕居也。**動則左史書之，言則右史書之**。其書，春秋、尚書其存者⑦。**御瞽幾聲之上下**。瞽，樂人也。幾，猶察也，察其哀樂。○瞽，音古。上，時掌反。哀樂，音洛⑧。**年不順成，則天子素服，乘素車，食無樂**。自貶損也。

　　13·20○**諸侯玄端以祭**，祭先君也。端，亦當爲“冕”，字之誤也。諸侯

---

①“字林作緃弋善反”，<u>彙校</u>卷第十二、<u>撫釋</u>一、<u>余仁仲</u>本、<u>和</u>本、十行本、<u>閩</u>本、<u>監</u>本、<u>毛</u>本、<u>殿</u>本、<u>阮</u>刻本同，<u>岳</u>本無此七字。

②“古本反注同”，<u>彙校</u>卷第十二、<u>撫釋</u>一、<u>余仁仲</u>本、<u>和</u>本、十行本、<u>閩</u>本、<u>監</u>本、<u>毛</u>本、<u>殿</u>本、<u>阮</u>刻本同，<u>岳</u>本無此五字。

③“於東門之”，<u>撫州</u>本、<u>余仁仲</u>本、<u>岳</u>本、<u>嘉靖</u>本、八行本、<u>和</u>本、<u>閩</u>本、<u>監</u>本、<u>毛</u>本、<u>殿</u>本、<u>阮</u>刻本同，十行本殘。

④“出注”，<u>彙校</u>卷第十二、<u>撫釋</u>一、<u>余仁仲</u>本、<u>和</u>本、十行本、<u>閩</u>本、<u>監</u>本、<u>毛</u>本、<u>殿</u>本、<u>阮</u>刻本同，<u>岳</u>本無此二字。

⑤“朝直遥反篇内除下注朝之餘皆同闔胡獵反扉音非一本作則闔門左扉”，<u>彙校</u>卷第十二、<u>撫釋</u>一、<u>余仁仲</u>本、<u>和</u>本、十行本、<u>閩</u>本、<u>監</u>本、<u>毛</u>本、<u>殿</u>本、<u>阮</u>刻本同，<u>岳</u>本作“朝音潮篇内同”。

⑥“餕食朝之餘也奏奏樂也”，<u>撫州</u>本、<u>余仁仲</u>本、<u>岳</u>本、<u>嘉靖</u>本、<u>和</u>本、十行本、<u>閩</u>本、<u>監</u>本、<u>毛</u>本、<u>殿</u>本、<u>阮</u>刻本同；八行本移此十字在經文“日少牢”下，<u>呂</u>本謂“<u>撫</u>同此八行本”，非。

⑦“其”，<u>撫州</u>本、<u>余仁仲</u>本、<u>嘉靖</u>本、八行本、<u>和</u>本、<u>阮</u>刻本同；<u>岳</u>本、十行本、<u>閩</u>本、<u>監</u>本、<u>毛</u>本、<u>殿</u>本作“具”，非。

⑧“瞽音古上時掌反哀樂音洛”，<u>彙校</u>卷第十二、<u>撫釋</u>一、<u>余仁仲</u>本、<u>和</u>本、十行本、<u>閩</u>本、<u>監</u>本、<u>毛</u>本、<u>殿</u>本、<u>阮</u>刻本同，<u>岳</u>本無此十一字。

祭宗廟之服，唯<u>魯</u>與天子同。**禕冕以朝，**朝天子也。禕冕，公衮，侯伯鷩，子男毳也。○禕，婢支反。鷩，必列反。毳，昌鋭反。**皮弁以聽朔於大廟，**皮弁，下天子也①。○大，音泰，後“大廟”同。下，户嫁反②。**朝服以日視朝於内朝。** 朝服，冠、玄端、素裳也。此内朝，路寢門外之正朝也。天子、諸侯皆三朝。**朝，辨色始入。** 羣臣也。入，入應門也。辨，猶正也，别也。○辨，如字，徐扶免反③。别，彼列反。**君日出而視之④，退適路寢聽政，使人視大夫。大夫退，然後適小寢，釋服。** 小寢，燕寢也。釋服，服玄端。**又朝服以食，特牲三俎，祭肺。** 食必寢朝服⑤，所以敬養身也。三俎，豕、魚、腊。○復，扶又反。**夕深衣，祭牢肉。** 祭牢肉，異於始殺也。天子言“日中”，諸侯言“夕”⑥，天子言“餕”，諸侯言“祭牢肉”，互相挾。○挾，户頰反⑦。**朝月少牢⑧，五俎四簋。** 五俎，加羊與其腸胃也。朝月四簋，則日食粱、稻各一簋而已⑨。○簋，音甫，本或作“簠”。胏也，音胃⑩。**子卯，稷食菜羹。** 忌日貶

---

①“皮弁以聽朔於大廟皮弁下天子也”，<u>撫州</u>本、<u>余仁仲</u>本、<u>岳</u>本、<u>嘉靖</u>本、<u>和</u>本、十行本、<u>閩</u>本、<u>監</u>本、<u>毛</u>本、<u>殿</u>本、<u>阮</u>刻本同，八行本脱此八字經文和六字注文，<u>潘</u>本已補並重抄此面，與八行本差距甚大，<u>吕</u>本沿襲潘本，未出校。

②“下户嫁反”，<u>彙校</u>卷第十二、<u>撫釋</u>一、<u>余仁仲</u>本、<u>和</u>本、十行本、<u>閩</u>本、<u>監</u>本、<u>毛</u>本、<u>殿</u>本、<u>阮</u>刻本同，<u>岳</u>本無此四字。

③“徐”，<u>彙校</u>卷第十二、<u>撫釋</u>一、<u>余仁仲</u>本、<u>和</u>本、十行本、<u>閩</u>本、<u>監</u>本、<u>毛</u>本、<u>殿</u>本、<u>阮</u>刻本同，<u>岳</u>本作“又”。

④“視之”下，<u>考補</u>謂古本、活字本有“朝”字。

⑤“寢”，<u>撫州</u>本、<u>余仁仲</u>本、<u>岳</u>本、<u>嘉靖</u>本、八行本、<u>和</u>本、十行本、<u>閩</u>本、<u>監</u>本、<u>毛</u>本、<u>殿</u>本、<u>阮</u>刻本，<u>吴氏</u>朱批作“復”，是。

⑥“諸侯”，<u>撫州</u>本、<u>余仁仲</u>本、<u>岳</u>本、<u>嘉靖</u>本、八行本、<u>和</u>本、十行本、<u>閩</u>本、<u>監</u>本、<u>毛</u>本、<u>殿</u>本、<u>阮</u>刻本同；<u>潘</u>本“侯”作“候”，非，下“諸侯言”之“侯”同，<u>吕</u>本失校。

⑦“挾户頰反”，<u>彙校</u>卷第十二、<u>撫釋</u>一、<u>余仁仲</u>本、<u>和</u>本、十行本、<u>閩</u>本、<u>監</u>本、<u>毛</u>本、<u>殿</u>本、<u>阮</u>刻本同，<u>岳</u>本無此四字。

⑧“少牢”，<u>撫州</u>本、<u>余仁仲</u>本、<u>岳</u>本、<u>嘉靖</u>本、八行本、<u>和</u>本、十行本、<u>閩</u>本、<u>監</u>本、<u>毛</u>本、<u>殿</u>本、<u>阮</u>刻本同，<u>潘</u>本脱“牢”字。<u>吕</u>校曰：“‘牢’字原脱，據<u>唐</u>石經及諸本補。”

⑨“一簋”，<u>撫州</u>本、<u>余仁仲</u>本、<u>岳</u>本、八行本、<u>和</u>本、<u>閩</u>本、<u>阮</u>刻本同；十行本、<u>監</u>本、<u>毛</u>本、<u>殿</u>本作“二簋”，非。

⑩“簋音甫本或作簠胏也音胃”，<u>彙校</u>卷第十二、<u>撫釋</u>一、<u>余仁仲</u>本、<u>和</u>本、十行本、<u>閩</u>本、<u>監</u>本、<u>毛</u>本、<u>殿</u>本、<u>阮</u>刻本同，<u>岳</u>本無此十一字。

也。○食，音嗣。**夫人與君同庖。**不特殺也。○庖，步交反，徐扶交反，下同①。**君無故不殺牛，大夫無故不殺羊，士無故不殺犬、豕。**故，謂祭祀之屬。重言二，一見王制第五篇，“君”作“諸侯”。**君子遠庖厨，凡有血氣之類，弗身踐也。**踐，當爲“翦”，聲之誤也。翦，猶殺也。○遠，于萬反。踐，音翦，子淺反，出注②。**至于八月不雨，君不舉③。**爲旱變也。此謂建子之月不雨，盡建未月也④。春秋之義，周之春夏無雨，未能成災。至其秋秀實之時而無雨，則雩。雩而得之，則書“雩”，喜祀有益也；雩而不得，則書“旱”，明災成也。○爲，于僞反，下“皆爲”、“猶爲”、“明爲”、“爲失”皆同。夏，户嫁反⑤。重意王制篇：“王三日不舉。”**年不順成，君衣布搢本，關梁不租，山澤列而不賦，土功不興，大夫不得造車馬。**皆爲凶年變也。君衣布者，謂若衞文公“大布之衣，大帛之冠”是也。搢本，去斑茶，飾士笏也⑥。士以竹爲笏，飾本以象。關梁不租，此周禮也，殷則關恒譏而不征⑦。列之言遮列也。雖不賦，猶爲之禁，不得非時取也。造，謂作新也。○衣，於既反，注“君衣布”同⑧。搢，徐音箭⑨，

---

① “庖步交反徐扶交反下同”，彙校卷第十二、撫釋一、余仁仲本、和本、閩本、監本、毛本、殿本、阮刻本同，岳本無此十字；十行本下“交”字作“免”，非。

② “子淺反出注”，彙校卷第十二、撫釋一、余仁仲本、和本、十行本、閩本、監本、毛本、殿本、阮刻本同，岳本無此五字。

③ “不舉”下，考補謂古本、活字本有“樂”字。

④ “盡”，撫州本、余仁仲本、岳本、嘉靖本、八行本、和本、閩本、監本、毛本、殿本同，十行本、阮刻本作“至”，非。

⑤ “夏户嫁反”，彙校卷第十二、撫釋一、余仁仲本、和本、十行本、閩本、監本、毛本、殿本、阮刻本同，岳本無此四字。

⑥ “飾”，阮刻本作“珮”；撫州本、余仁仲本、岳本、嘉靖本、八行本、和本、十行本、閩本、監本、毛本、殿本作“佩”，是。

⑦ “恒”，撫州本、余仁仲本、岳本、嘉靖本、八行本、和本、阮刻本同；十行本、閩本、監本、毛本、殿本作“但”，非。阮校曰：“殷則關恒譏而不征　惠棟校宋本亦作‘恒’，宋監本同，岳本同，嘉靖本同，考文引補本、古本、足利本同。閩、監、毛本‘恒’誤‘但’，衞氏集說同。‘殷’字各本不誤，監本誤‘殷’。”鍔案：監本作“殷”，不誤。

⑧ “注君衣布同”，彙校卷第十二、撫釋一、余仁仲本、和本、十行本、閩本、監本、毛本、殿本、阮刻本同，岳本無此五字。

⑨ “徐”，彙校卷第十二、撫釋一、余仁仲本、和本、十行本、閩本、監本、毛本、殿本、阮刻本同，岳本無此字。

又如字。去，丘呂反，下“刷去”同①。珽，他頂反。荼，音舒。笏，音忽。遮，支奢反②。

13·3○卜人定龜，謂靈、射之屬所當用者。○射，音亦，周禮作“繹”，爾雅作“謝”③。史定墨，視兆坼也。○坼，勑白反④。君定體。視兆所得也。周公曰：“體，王其無害。”

13·4○君羔幦虎犆。幦，覆笒也。犆，讀皆如“直道而行”之直。直，謂緣也。此君齊車之飾。○幦，音覓，徐苦狄反⑤。犆，依注音直，下同⑥。笒，本又作“軨”，音零⑦。緣，尹絹反，後文、注皆放此。齊，側皆反，下文、注皆同⑧。大夫齊車，豹幦豹犆⑨，朝車。士齊車，鹿幦豹犆。臣之朝車，與齊車同飾。

13·5○君子之居恒當户。鄉明。○鄉，許亮反⑩。寢恒東首。首生氣也。○首，手又反，注同⑪。若有疾風、迅雷、甚雨，則必變，雖夜

---

① “下刷去同”，彙校卷第十二、撫釋一、余仁仲本、和本、十行本、閩本、監本、毛本、殿本、阮刻本同，岳本無此四字。

② “笏音忽遮支奢反”，彙校卷第十二、撫釋一、余仁仲本、和本、十行本、閩本、監本、毛本、殿本、阮刻本同，岳本無此七字。

③ “周禮作繹爾雅作謝”，彙校卷第十二、撫釋一、余仁仲本、和本、十行本、閩本、監本、毛本、殿本、阮刻本同，岳本無此八字。

④ “坼勑白反”，彙校卷第十二、撫釋一、余仁仲本、和本、十行本、閩本、監本、毛本、殿本、阮刻本同，岳本無此四字。

⑤ “徐苦狄反”，彙校卷第十二、撫釋一、余仁仲本、和本、十行本、閩本、監本、毛本、殿本、阮刻本同，岳本無此四字。

⑥ “犆依注音直下同”，彙校卷第十二、撫釋一、余仁仲本、和本、閩本、監本、毛本、殿本、阮刻本同，岳本作“犆音直”；十行本“同”作“司”，非。

⑦ “笒本又作軨音零”，彙校卷第十二、撫釋一、余仁仲本、和本、十行本、閩本、監本、毛本、殿本、阮刻本同，岳本無此七字。

⑧ “緣尹絹反後文注皆放此齊側皆反下文注皆同”，彙校卷第十二、撫釋一、余仁仲本、和本、十行本、閩本、監本、毛本、殿本、阮刻本同，岳本作“緣尹絹反後皆放此齊側皆反下同”。

⑨ “豹幦”，余仁仲本、嘉靖本同；唐石經撫州本、岳本、八行本、和本、十行本、閩本、監本、毛本、殿本、阮刻本作“鹿幦”，是。

⑩ “鄉許亮反”，彙校卷第十二、撫釋一、余仁仲本、和本、十行本、閩本、監本、毛本、殿本、阮刻本同，岳本無此四字。

⑪ “注同”，彙校卷第十二、撫釋一、余仁仲本、和本、十行本、閩本、監本、毛本、殿本、阮刻本同，岳本無此二字。

必興，衣服冠而坐。敬天之怒。○迅，音峻，又音信。衣，於既反，下“衣布”同，又如字①。日五盥，沐稷而靧梁②，櫛用樿櫛，髮晞用象櫛。進機進羞③，工乃升歌。晞，乾也。沐靧必進機作樂④，盈氣也。更言進羞，明爲羞籩豆之實。○盥，音管。靧，音悔。櫛，側乙反。樿，章善反。機，其既反。浴用二巾，上絺下綌。刷去垢也。○絺，丑疑反。綌，去逆反。刷，色劣反。垢，古口反⑤。出杅，履蒯席，連用湯。杅，浴器也。蒯席澀，便於洗足也。連，猶釋也⑥。○杅，音芧。蒯，苦怪反。連，力旦反，釋也，注同。澀，所戢反。便，婢面反⑦。履蒲席，衣布晞身，乃屨，進飲。進飲，亦盈氣也。○屨，九具反，本又作“履”⑧。將適公所，宿齊戒，居外寢，沐浴。史進象笏，書思對命。思，所思念將以告君者也。對，所以對君者也。命，所受君命者也⑨。書之於笏，爲失忘也。既服，習容，觀玉聲，玉佩。乃出。揖私朝，煇如也。登車，則有光矣。私朝，自大夫家之朝也。揖其臣，乃行。○煇，音暉。

---

① “下衣布同又如字”，彙校卷第十二、撫釋一、余仁仲本、和本、十行本、閩本、監本、毛本、殿本、阮刻本同，岳本無此七字。

② “梁”，十行本同；唐石經、撫州本、余仁仲本、岳本、嘉靖本、八行本、和本、閩本、監本、毛本、殿本、阮刻本作“梁”，是。

③ “機”，唐石經、撫州本、余仁仲本、岳本、嘉靖本、八行本、和本、十行本、閩本、監本、毛本、殿本、阮刻本作“機”，注文、釋文同，是。

④ “樂”，撫州本、余仁仲本、岳本、嘉靖本、八行本、毛本、阮刻本同；和本、十行本、閩本、監本、殿本作“音”，非。

⑤ “絺丑疑反綌去逆反刷色劣反垢古口反”，彙校卷第十二、撫釋一、余仁仲本、和本、十行本、閩本、監本、毛本、殿本、阮刻本同，岳本無此十六字。

⑥ “釋”，撫州本、余仁仲本、岳本、嘉靖本、八行本、阮刻本同；和本、十行本、閩本、監本、毛本、殿本作“同”，非。

⑦ “釋也注同澀所戢反便婢面反”，余仁仲本同，岳本無此十二字，和本、十行本、閩本、監本、毛本“釋”作“猶”，叢刊本作“澀”；彙校卷十二、撫釋一、阮刻本、吳氏朱批“釋”作“釋”，是。

⑧ “屨九具反本又作履”，彙校卷第十二、撫釋一、余仁仲本、和本、閩本、監本、毛本、殿本、阮刻本同，岳本無此八字；十行本“又”作“反”，非。

⑨ “者也”，余仁仲本、岳本、嘉靖本、和本、十行本、閩本、監本、毛本、殿本、阮刻本同，撫州本、八行本無“者”字，是。阮校曰：“命所受君命者也　閩、監、毛本同，衛氏集説同，惠棟校宋本無‘者’字，考文引古本、足利同本，宋監本同。”

天子搢珽，方正於天下也。 此亦笏也。謂之珽，珽之言珽然無所屈也，或謂之大圭，長三尺，杼上終葵首。終葵首者，於杼上又廣其首，方如椎頭，是謂無所屈，後則相直①。相玉書曰："珽玉六寸，明自炤。"○長，直亮反，後放此。杼，直呂反。葵，如字。終葵，椎也。椎，直追反，下同②。相，息亮反。珽，他頂反，本又作"珵"，音呈。炤，音照③。**諸侯荼，前詘後直，讓於天子也。** 荼，讀爲"舒遲"之舒④。舒懦者，所畏在前也。詘，謂圜殺其首，不爲椎頭。諸侯唯天子詘焉，是以謂笏爲荼。○荼，音舒。詘，丘勿反。後，如字，徐胡豆反。懦，乃亂反，又奴臥反，怯懦也，又作"儒"，人于反，弱也，皇云："學士。"圜，音圓。殺，色戒反，徐所例反，篇內皆同⑤。**大夫前詘後詘，無所不讓也。** 大夫，奉君命出入者也。上有天子，下有己君，又殺其下而圜。**侍坐則必退席，不退，則必引而去君之黨。** 引，却也。黨，鄉之細者。退，謂旁側也。辟君之親黨也。○"黨鄉之細也退謂旁側也"，一本或作"黨鄉之細者謂傍側也避君之親黨"⑥。

13·6○**登席不由前，爲躐席。** 升必由下也。○爲，于僞反，又如字。躐，力輒反。**徒坐，不盡席尺。** 示無所求於前，不忘諫也⑦。**讀**

----

①"相"，撫州本、余仁仲本、岳本、嘉靖本、八行本、和本、十行本、閩本、監本、毛本、殿本、阮刻本作"恒"，是。

②"葵如字終葵椎也椎直追反下同"，彙校卷第十二、撫釋一、余仁仲本、和本、閩本、監本、毛本、殿本、阮刻本同，岳本無此十三字；十行本"也"作"反"，非。

③"珽他頂反本又作珵音呈炤音照"，彙校卷第十二、撫釋一、余仁仲本、和本、閩本、監本、毛本、殿本、阮刻本同，岳本無此十三字；十行本"頂"作"貢"，非。

④"讀爲"，撫州本、余仁仲本、岳本、嘉靖本、八行本、和本、閩本、監本、毛本、殿本、阮刻本同；十行本作"語爲"，非。

⑤"後如字徐胡豆反懦乃亂反又奴臥反怯懦也又作儒人于反弱也皇云學士圜音圓殺色戒反徐所例反篇內皆同"，彙校卷第十二、撫釋一、余仁仲本、和本、閩本、監本、毛本、殿本、阮刻本同，岳本無此四十五字；十行本"臥"作"昨"，非。

⑥"黨鄉之細也退謂旁側也一本或作黨鄉之細者謂傍側也避君之親黨"，彙校卷第十二、撫釋一、余仁仲本、和本、十行本、閩本、監本、毛本、殿本、阮刻本同，岳本無此二十八字。

⑦"諫"，撫州本、余仁仲本、岳本、嘉靖本、八行本、和本、十行本、閩本、監本、毛本、殿本、阮刻本、吳氏朱批作"謙"，是。

書、食則齊。豆去席尺。讀書，聲當聞尊者。食，爲污席也。○爲，于偏反，下"爲大有"同。污，"污穢"之污，又烏卧反①。

13·7○若賜之食，而君客之，則命之祭，然後祭。雖見賓客，猶不敢備禮也。侍食則正不祭。先飯，辯嘗羞，飲而俟。俟君食而後食也。君將食，臣先嘗之，忠孝也。○飯，扶晚反，下至"三飯"文注皆同②。辯嘗，音遍。若有嘗羞者，則俟君之食，然後食，飯飲而俟。不祭，侍食，不敢備禮也。不嘗羞，膳宰存也。飯飲，利將食也。君命之羞，羞近者。辟貪味也。○辟，音避。命之品嘗之，然後唯所欲。必先徧嘗之。○徧，音遍，本又作"備"③。凡嘗遠食，必順近食。從近始也。君未覆手，不敢殄。覆手以循呬，已食也。殄，勸食也。○覆，芳服反，注同④。殄，音孫，注及下同。呬，耳侍反⑤。君既食，又飯殄。不敢先君飽。○先，息薦反，下同⑥。飯殄者，三飯也。臣勸君食，如是可也。君既徹，執飯與醬，乃出，授從者。食於尊者之前，當親徹也。○從，才用反。

13·8○凡侑食，不盡食，食於人不飽。謙也。○侑，音又⑦。唯水漿不祭，若祭，爲已俟卑。水漿非盛饌也。已，猶大也。祭之，爲大有所

---

①"下爲大有同污污穢之污又烏卧反"，彙校卷第十二、撫釋一、余仁仲本、和本、十行本、閩本、監本、毛本、殿本、阮刻本同，岳本無此十四字。

②"飯扶晚反下至三飯文注皆同"，余仁仲本、十行本同，岳本作"飯扶晚反"，彙校卷第十二、撫釋一"扶"作"煩"；彙校卷十二、撫釋一、和本、閩本、監本、毛本、殿本、阮刻本"文"作"及"，是。

③"徧音遍本又作備"，彙校卷第十二、撫釋一、余仁仲本、和本、十行本、閩本、監本、毛本、殿本、阮刻本同，岳本無此七字。

④"注同"，彙校卷第十二、撫釋一、余仁仲本、和本、十行本、閩本、監本、毛本、殿本、阮刻本同，岳本無此二字。

⑤"注及下同呬耳侍反"，彙校卷第十二、撫釋一、余仁仲本、和本、十行本、閩本、監本、毛本、殿本、阮刻本同，岳本無此八字。

⑥"下同"，彙校卷第十二、撫釋一、余仁仲本、和本、十行本、閩本、監本、毛本、殿本、阮刻本同，岳本無此二字。

⑦"侑音又"，彙校卷第十二、撫釋一、余仁仲本、和本、十行本、閩本、監本、毛本、殿本、阮刻本同，岳本無此三字。

畏，迫臣於君，則祭之。○俟，虛涉反，厭也。大，音泰，下同，下“瓦大”同①。**君
若賜之爵，則越席，再拜稽首受，登席祭之，飲卒爵，而俟君卒爵，
然後授虛爵。**不敢先君盡爵。**君子之飲酒也，受一爵而色洒如也，**
洒如，肅敬貌。洒，或爲“察”。○洒，先典反，又西禮反。上肅作“察”，云：“明貌
也。”②**二爵而言言斯，**言言，和敬貌。斯，猶耳也。○言言，魚斤反，注同③。
禮已三爵而油油，油油，說敬貌。○油油，音由，本亦作“由”。王肅本亦作
“二爵而言”，注云“飲二爵可以語也”；又云“言斯禮”，注云“語必以禮也”；“三爵
而油”，注云“悦敬貌”，無“已”及下“油”字也。說，音悦④。**以退。**禮，飲過三爵
則敬殺，可以去矣。**退則坐取屨，隱辟而后屨，坐左納右，坐右納左。**
隱辟，俛逡巡而退著屨也。○辟，匹亦反，徐房亦反，注同。“而屨”，一本作“而後
屨”。俛，音免。逡，七巡反。遁，音巡。著屨，丁畧反⑤。

13·9○**凡尊，必上玄酒。**不忘古也。重意鄉飲酒義四十五：“尊有
玄酒。”**唯君面尊。**面，猶鄉也。燕禮曰：“司宮尊于東楹之西，兩方壺，左玄
酒，南上。公尊瓦大兩，有豐⑥，在尊曰⑦，南上。”○鄉，許亮反⑧。重意少儀：“尊壺

---

①“下同下瓦大同”，岳本無此六字，彙校卷第十二、撫釋一、余仁仲本、和本、阮刻本“瓦大
同”作“瓦大亦同”；十行本、閩本、監本、毛本、殿本作“長大亦同”，非。

②“上肅作察云明貌也”，岳本無此八字，彙校卷第十二、撫釋一、余仁仲本、和本、十行本、
閩本、監本、毛本、殿本、阮刻本“上”作“王”，是；十行本“察”誤作“祭”。

③“注同”，彙校卷第十二、撫釋一、余仁仲本、和本、十行本、閩本、監本、毛本、殿本、阮刻
本同，岳本無此二字。

④“油油音由本亦作由王肅本亦作二爵而言注云飲二爵可以語也又言斯禮注云語必以
禮也三爵而油注云悦敬貌無已及下油字也說音悦”，彙校卷第十二、撫釋一、余仁仲本、
和本、十行本、閩本、監本、毛本、殿本、阮刻本同，岳本無此五十七字。

⑤“徐房亦反注同而屨一本作而後屨俛音免逡七巡反遁音巡著屨丁畧反”，彙校卷第十
二、撫釋一、余仁仲本、和本同，岳本無此二十九字；十行本、閩本、監本、毛本、殿本、阮
刻本“而屨”誤作“而後屨”，十行本“遁”誤作“巡”。

⑥“豐”，燕禮、撫州本、余仁仲本、岳本、嘉靖本、八行本、和本、閩本、監本、毛本、殿本作
“豐”；十行本、阮刻本作“冪”，非。

⑦“曰”，撫州本、余仁仲本、岳本、嘉靖本、八行本、和本、十行本、閩本、監本、毛本、殿本、
阮刻本，吳氏朱批作“南”，是。

⑧“鄉許亮反”，彙校卷第十二、撫釋一、余仁仲本、和本、十行本、閩本、監本、（轉下頁注）

者面其鼻。"唯饗野人皆酒。貴賤者①，不備禮。○飲，於鴆反③。**大夫側尊用椸，士側尊用禁**。椸，斯禁也，無足，有似於椸，是以言椸。○椸，於據反，注同③。斯，如字，又音賜④。

　　13·10○**始冠，緇布冠，自諸侯下達，冠而敝之可也**。本太古耳，非時王之法服也。○冠，古亂反，下"冠而"、注"始冠"同。敝，音弊，本亦作"弊"⑤。重意"始冠，緇布冠"，郊特牲："始冠之，緇布冠也。"重言"冠而敝之可也"三，一見郊特牲十一篇。**玄冠朱組纓，天子之冠也。緇布冠繢緌，諸侯之冠也**。皆始冠之冠也。玄冠，委貌也。諸侯緇布冠有緌，尊者飾也。繢，或作"繪"。緌，或作"蕤"。○繢，戶內反，注"繪"同。緌，本又作"蕤"，耳佳反，注及下皆同⑥。**玄冠丹組纓，諸侯之齊冠也。玄冠綦組纓，士之齊冠也**。言齊時所服也。四命以上，齊、祭異冠。○齊，側皆反，下同⑦。綦，音其，徐其記反⑧，雜色也。上，時掌反，下"而上"同，後皆放此⑨。**縞冠玄武，子姓之冠也**。謂父有喪服，子爲之不純吉也。武，冠卷也。古者冠、卷殊。○縞，古老反，

（接上頁注）毛本、殿本、阮刻本同，岳本無此四字。

① "貴賤者"，十行本、阮刻本作"蜡飲故"；撫州本、余仁仲本、岳本、嘉靖本、八行本、和本、閩本、監本、毛本、殿本作"飲賤者"，是。

② "飲於鴆反"，彙校卷十二、撫釋一、余仁仲本、和本、閩本、監本、毛本、殿本同，岳本無此四字；十行本、阮刻本作"蜡鋤駕反"，非。

③ "注同"，彙校卷第十二、撫釋一、余仁仲本、和本、十行本、閩本、監本、毛本、殿本、阮刻本同，岳本無此二字。

④ "賜"，彙校卷十二、撫釋一、余仁仲本、岳本、和本、閩本、監本、毛本、殿本、阮刻本同；十行本作"㼝"，非。

⑤ "冠古亂反下冠而注始冠同敝音弊本亦作弊"，彙校卷第十二、撫釋一、余仁仲本、和本、十行本、閩本、監本、毛本、殿本、阮刻本同，岳本作"冠古亂反下冠而同"。

⑥ "繢戶內反注繪同緌本又作蕤耳佳反注及下皆同"，彙校卷第十二、撫釋一、余仁仲本、和本、十行本、閩本、監本、毛本、殿本、阮刻本同，岳本作"繢戶內反緌耳佳反"。

⑦ "下同"，彙校卷第十二、撫釋一、余仁仲本、和本、十行本、閩本、監本、毛本、殿本、阮刻本同，岳本無此二字。

⑧ "徐"，彙校卷第十二、撫釋一、余仁仲本、和本、十行本、閩本、監本、毛本、殿本、阮刻本同，岳本作"又"。

⑨ "雜色也上時掌反下而上同後皆放此"，彙校卷第十二、撫釋一、余仁仲本、和本、十行本、閩本、監本、毛本、殿本、阮刻本同，岳本無此十五字。

又古報反①，下同。爲，于僞反②。卷，起權反，下同③。**縞冠素紕，既祥之冠也。**純④，緣邊也。紕，讀如"埤益"之埤。既祥之冠也，已祥祭而服之也。間傳曰："大祥，素縞麻衣。"○紕，音裨⑤，又婢支反⑥。間，古閑反。傳，直專反。**垂緌五寸，惰游之士也。**惰游，罷民也。亦縞冠素紕，凶服之象也。垂長緌，明非既祥。○惰⑦，徒臥反。罷，音反⑧。**玄冠縞武，不齒之服也。**所放不帥教者。**居冠屬武，**謂燕居冠也。著冠於武，少威儀。○屬，章欲反。著，皇直畧反，徐丁畧反⑨。**自天子下達，有事然後緌。**燕、無事者去飾。○去，丘吕反，下同⑩。重言"自天子下達"，王制五："自天子達於庶人。"**五十不散送，**送喪不散麻，始衰不備禮。○散，悉旦反，注同。衰，所追反⑪。**親没不髦，**去爲子之飾。○不髦，音毛⑫。

---

①"又古報反"，彙校卷第十二、撫釋一、余仁仲本、和本、十行本、閩本、監本、毛本、殿本、阮刻本同，岳本無此四字。

②"爲于僞反"，彙校卷第十二、撫釋一、余仁仲本、和本、十行本、閩本、監本、毛本、殿本、阮刻本同，岳本無此四字。

③"下同"，彙校卷第十二、撫釋一、余仁仲本、和本、十行本、閩本、監本、毛本、殿本、阮刻本同，岳本無此二字。

④"純"，撫州本、余仁仲本、岳本、嘉靖本、八行本、和本、十行本、閩本、監本、毛本、殿本、阮刻本作"紕"，是。

⑤"裨"，彙校卷第十二、撫釋一、余仁仲本、岳本、和本、十行本、閩本、監本、毛本、殿本、阮刻本作"埤"，是。

⑥"又婢支反"，彙校卷第十二、撫釋一、余仁仲本、和本、十行本、閩本、監本、毛本、殿本、阮刻本同，岳本無此四字。

⑦"惰"，彙校卷十二、撫釋一、岳本、和本、閩本、監本、毛本、殿本、阮刻本同；余仁仲本、十行本作"隋"，非。

⑧"反"，彙校卷十二、撫釋一、余仁仲本、岳本、和本、十行本、閩本、監本、毛本、殿本、阮刻本作"皮"，是。

⑨"著皇直畧反徐丁畧反"，彙校卷第十二、撫釋一、余仁仲本、和本、十行本、閩本、監本、毛本、殿本、阮刻本同，岳本作"著直畧反"。

⑩"去丘吕反下同"，彙校卷第十二、撫釋一、余仁仲本、和本、十行本、閩本、監本、毛本、殿本、阮刻本同，岳本無此六字。

⑪"注同衰所追反"，彙校卷第十二、撫釋一、余仁仲本、和本、十行本、閩本、監本、毛本、殿本、阮刻本同，岳本無此六字。

⑫"不髦音毛"，撫釋二、余仁仲本、和本、閩本、監本、毛本、殿本、阮刻本同，岳本無此四字；彙校卷第十二、撫釋一"髦"誤作"旄"，十行本"不"誤作"衣"。

大帛不緌①。帛，當爲“白”，聲之誤也。大帛，謂白布冠也。不緌，凶服去飾。

玄冠紫緌，自<u>魯桓公</u>始也。蓋僭<u>宋</u>王者之後服也。緌，當用“纗”。○僭，子念反，後同②。

13·11○**朝玄端，夕深衣。深衣三袪**，謂大夫士也。三袪者，謂要中之數也。袪，尺二寸，圍之爲二尺四寸。三之，七尺二寸。○朝，直遙反。深衣三袪，起魚反，本或無“衣”字。要，一遙反，下文、注同③。**縫齊倍要**，縫，紩也。紩下齊倍要中④，齊丈四尺四寸。縫，或爲“逢”，或爲“豐”。○縫，音逢。齊，音咨，本又作“齋”，注同⑤。紩，直乙反，<u>徐</u>治栗反⑥。**衽當旁**，衽，謂裳幅所交裂也。凡衽者，或殺而下，或殺而上，是以小要取名焉。衽屬衣，則垂而放之；屬裳，則縫之以合前後。上下相變。○衽，而審反，又而鴆反。屬，音燭，下同⑦。**袂可以回肘**，二尺二寸之節。○袂，面世反⑧。肘，竹丑反。重意“袂可以回肘”，深衣篇：“可以運肘。”**長、中繼揜尺**，其爲長衣、中衣，則繼袂揜一尺，若今褒矣⑨。深衣

──────────

①“大帛”，<u>唐石經</u>、<u>撫州本</u>、<u>余仁仲本</u>、<u>岳本</u>、<u>嘉靖本</u>、<u>和本</u>、十行本、<u>閩本</u>、<u>監本</u>、<u>毛本</u>、殿本、<u>阮刻本</u>、<u>潘本</u>同；八行本“大”作“本”，非。

②“僭子念反後同”，<u>彙校卷第十二</u>、<u>撫釋一</u>、<u>余仁仲本</u>、<u>和本</u>、十行本、<u>閩本</u>、<u>監本</u>、<u>毛本</u>、殿本、<u>阮刻本</u>同，<u>岳本</u>無此六字。

③“深衣三袪起魚反本或無衣字要一遙反下文注同”，<u>彙校卷第十二</u>、<u>撫釋一</u>、<u>余仁仲本</u>、<u>和本</u>、十行本、<u>閩本</u>、<u>監本</u>、<u>毛本</u>、殿本、<u>阮刻本</u>同，<u>岳本</u>作“袪起魚反要一遙反下同”。

④“下齊”，<u>撫州本</u>、<u>余仁仲本</u>、<u>岳本</u>、<u>嘉靖本</u>、八行本、<u>和本</u>、<u>閩本</u>、<u>監本</u>、<u>毛本</u>、殿本、<u>阮刻本</u>同；十行本“下”作“以”，非。

⑤“本又作齋注同”，<u>彙校卷第十二</u>、<u>撫釋一</u>、<u>余仁仲本</u>、<u>和本</u>、十行本、<u>閩本</u>、<u>監本</u>、<u>毛本</u>、殿本、<u>阮刻本</u>同，<u>岳本</u>無此六字。

⑥“徐治栗反”，<u>彙校卷十二</u>、<u>撫釋一</u>、<u>余仁仲本</u>、<u>和本</u>、<u>閩本</u>、<u>監本</u>、<u>毛本</u>、殿本、<u>阮刻本</u>同，<u>岳本</u>無此四字；十行本“反”作“天”，非。

⑦“衽而審反又而鴆反屬音燭下同”，<u>彙校卷第十二</u>、<u>撫釋一</u>、<u>余仁仲本</u>、<u>和本</u>、十行本、<u>閩本</u>、<u>監本</u>、<u>毛本</u>、殿本、<u>阮刻本</u>同，<u>岳本</u>無此十三字。

⑧“袂面世反”，<u>彙校卷第十二</u>、<u>撫釋一</u>、<u>余仁仲本</u>、<u>和本</u>、十行本、<u>閩本</u>、<u>監本</u>、<u>毛本</u>、殿本、<u>阮刻本</u>同，<u>岳本</u>無此四字。

⑨“今”，<u>撫州本</u>、<u>余仁仲本</u>、<u>岳本</u>、<u>嘉靖本</u>、八行本、<u>和本</u>、<u>閩本</u>、<u>監本</u>、<u>毛本</u>、殿本、<u>阮刻本</u>同；十行本作“令”，非。

則緣而已。○褎,音袖,下文同①。**袷二寸**,曲領也。○袷,音劫②。**袪尺二寸**,袂口也。**緣廣寸半**。飾邊也。○廣,徐公曠反③,後放此。重意深衣篇:"廣各寸半。"**以帛裏布,非禮也**。中外宜相稱也。冕服,絲衣也,中衣用素。皮弁服、朝服、玄端,麻衣也,中衣用布。○裏,音里。稱,尺證反④。**士不衣織**。織,染絲織之。士衣染繒也。○衣,於既反,注及下注同⑤。織,音志,注"織染"同。繒,似綾反⑥。**無君者不貳采**。大夫去位,宜服玄端、玄裳。○去,如字⑦。**衣正色,裳間色**⑧。謂冕服,玄上纁下。○間,"間厠"之間⑨。**非列采不入公門**,列采,正服。○重言"不入公門"六,下文二,曲禮下三。**振絺綌不入公門,表裘不入公門**,振,讀爲"袗",袗,襌也。表裘,外衣也。二者形且褻,皆當表之,乃出。○振,依注爲"袗"⑩,之忍反。襌,音丹,下文注同⑪。重言"振絺

---

① "下文同",彙校卷第十二、撫釋一、余仁仲本、和本、十行本、閩本、監本、毛本、殿本、阮刻本同,岳本無此三字。

② "劫",彙校卷第十二、撫釋一、余仁仲本、和本、十行本、閩本、監本、毛本、殿本、阮刻本同,岳本作"頰",非。

③ "徐",彙校卷第十二、撫釋一、余仁仲本、和本、十行本、閩本、監本、毛本、殿本、阮刻本同,岳本無此字。

④ "稱尺證反",彙校卷第十二、撫釋一、余仁仲本、和本、十行本、閩本、監本、毛本、殿本、阮刻本同,岳本無此四字。

⑤ "注及下注同",彙校卷第十二、撫釋一、余仁仲本、和本、十行本、閩本、監本、毛本、殿本、阮刻本同,岳本無此五字。

⑥ "繒似綾反",彙校卷十二、撫釋一、余仁仲本、和本、閩本、監本、毛本、殿本、阮刻本同,岳本無此四字;十行本"反"作"天",非。

⑦ "去如字",彙校卷第十二、撫釋一、余仁仲本、和本、十行本、閩本、監本、毛本、殿本、阮刻本同,岳本無此三字。

⑧ 十行本缺一頁,自經文"裳間色"至疏文"今之曲裾則宜兩",即和本卷二九第二十頁,而以正德十二年補刻之十行本周禮注疏卷二十九第二十頁代替,內容是大司馬疏文"師三曰獮"至注文"致謂聚眾也庀",查"中華再造善本"十三經注疏中周禮注疏卷二十九第二十頁,內容與此正同,乃元代刻版。

⑨ "間間厠之間",岳本作"間去聲",彙校卷第十二、撫釋一、阮刻本上"間"字下有"色"字,余仁仲本、和本、閩本、監本、毛本、殿本脫一"間"字。

⑩ "依注爲袗",彙校卷第十二、撫釋一、余仁仲本、和本、閩本、監本、毛本、殿本、阮刻本同,岳本無此四字。

⑪ "文注",彙校卷第十二、撫釋一、余仁仲本、和本、閩本、監本、毛本、殿本、阮(轉下頁注)

絾"二,曲禮下一。**襲裘不入公門。** 衣裘,必當裼也。○裼,思歷反①。**纊**
爲繭,縕爲袍, 衣有著之異名也。纊,謂今之新綿也。縕,謂今纊及舊絮也。○
纊,音曠。繭,古典反。縕,紆粉反,又紆郡反。袍,步羔反。絮,胥慮反②。**禪爲**
絅, 有衣裳而無裏。○絅,苦迥反,徐又音迥③。**帛爲褶。** 有表裏而無著。○
褶,音牒,袷也。

13·12○**朝服之以縞也,自**季康子**始也。** 亦僭宋王者之後。**孔**
子曰:"朝服而朝,卒朔然後服之。" 謂諸侯與羣臣也。諸侯視朔皮弁服。
曰:"國家未道,則不充其服焉。" 謂若衛文公者。未道,未合於道。**唯君**
有黼裘以誓省,大裘非古也。 僭天子也。天子祭上帝,則大裘而冕。大
裘,羔裘也。黼裘,以羔與狐白雜爲黼文也。省,當爲"獮",獮,秋田也。國君有
黼裘,誓獮田之禮,時大夫又有大裘也。○黼,音甫。省,依注作"獮",息典反,秋
獵名④。**君衣狐白裘,錦衣以裼之。** 君衣狐白毛之裘,則以素錦爲衣覆之,
使可裼也。袒而有衣曰裼。必覆之者,裘褻也。詩云:"衣錦絅衣,裳錦絅裳。"然
則錦衣復有上衣明矣。天子狐白之上衣,皮弁服與? 凡裼衣,象裘色也。○衣,於
既反,下文"不衣"同。復,扶又反。與,音餘。**君之右虎裘,厥左狼裘。** 衛尊
者宜武猛。**士不衣狐白。** 辟君也。狐之白者少,以少爲貴也⑤。○辟,音避。
君子狐青裘豹褎,玄綃衣以裼之。 君子,大夫、士也。綃,綺屬也,染之以

---

① "思歷反",彙校卷第十二、撫釋一、余仁仲本、和本、十行本、閩本、監本、毛本、殿本、阮
刻本同,岳本"思歷反"下衍"下同"二字。

② "又紆郡反袍步羔反絮胥慮反",彙校卷第十二、撫釋一、余仁仲本、和本、十行本、閩本、
監本、毛本、殿本、阮刻本同,岳本無此十二字。

③ "徐",彙校卷第十二、撫釋一、余仁仲本、和本、十行本、閩本、監本、毛本、殿本、阮刻本
同,岳本無此字。

④ "省依注作獮息典反秋獵名",彙校卷第十二、撫釋一、余仁仲本、和本、十行本、閩本、監
本、毛本、殿本、阮刻本同,岳本作"省息典反"。

⑤ "貴",余仁仲本、嘉靖本、和本、十行本、閩本、監本、毛本、殿本、衛氏刻本同;撫州本、岳
本、八行本作"尊"。阮校曰:"以少爲貴也　閩、監、毛本同,嘉靖本同,衛氏集説同,惠
棟校宋本'貴'作'尊',岳本同,宋監本同。"

玄,於狐青裘相宜。狐青裘,蓋玄衣之裘。○豹,包教反。綃,音消①。**麛裘青
犴褒,絞衣以裼之。** 犴,胡犬也。絞,蒼黃之色也。孔子曰:"素衣麛裘。"○
麛,音迷②。犴,音岸,胡地野犬③。絞,户交反。**羔裘豹飾,緇衣以裼之。**
飾,猶褒也。孔子曰:"緇衣羔裘。" **狐裘,黃衣以裼之。** 黃衣,大蜡時臘先
祖之服也。孔子曰:"黃衣狐裘。"○蜡,仕嫁反。臘,力合反④。**錦衣狐裘,
諸侯之服也。** 非諸侯,則不用錦衣爲裼。**犬羊之裘不裼,** 質畧,亦庶人無
文飾。**不文飾也不裼。** 裼主於有文飾之事。**裘之裼也,見美也。** 君子
於事,以見美爲敬。○見,賢遍反,注、下注及下文同⑤。**弔則襲,不盡飾
也。** 喪非所以見美。**君在則裼,盡飾也。** 臣於君所。**服之襲也,充
美也。** 充,猶覆也。所敬不主於君則襲。**是故尸襲,** 尸尊。**執玉、龜,
襲,** 重寶瑞也。**無事則裼,弗敢充也。** 謂已致龜玉也。

13・13○**笏:天子以球玉,諸侯以象,大夫以魚須文竹,士
竹本象可也⑥。** 球,美玉也。文,猶飾也。大夫、士飾竹以爲笏,不敢與君並
用純物也。○球,音求。魚須文竹,崔云:"用文竹及魚班也。"隱義云:"以魚須
飾文竹之邊。"⑦須,音班。**見於天子與射,無説笏。入太廟説笏,非古**

---

①"豹包教反綃音消",彙校卷第十二、撫釋一、余仁仲本、和本、十行本、閩本、監本、毛本、
殿本、阮刻本同,岳本無此七字。

②"麛音迷",彙校卷第十二、撫釋一、余仁仲本、和本、十行本、閩本、監本、毛本、殿本、阮
刻本同,岳本無此三字。

③"胡地野犬",彙校卷第十二、撫釋一、余仁仲本、和本、十行本、閩本、監本、毛本、殿本、
阮刻本同,岳本無此四字。

④"蜡仕嫁反臘力合反",彙校卷第十二、撫釋一、余仁仲本、和本、十行本、閩本、監本、毛
本、殿本、阮刻本同,岳本無此八字。

⑤"注下注及下文同",彙校卷第十二、撫釋一、余仁仲本、和本、十行本、閩本、監本、毛本、
殿本、阮刻本同,岳本無此七字。

⑥"本",唐石經、撫州本、余仁仲本、岳本、嘉靖本、八行本、和本、閩本、監本、毛本、殿本、
阮刻本同,十行本脱。

⑦"魚湏文竹崔云用文竹及魚班也隱義云以魚須飾文竹之邊",彙校卷第十二、撫釋一、余
仁仲本、和本、十行本、閩本、監本、毛本、殿本、阮刻本同,岳本無此二十四字。

也①。言凡吉事，無所説笏也。太廟之中，唯君當事説笏也。○説，本又作
“税”，同，他活反，下及注同②。**小功不説笏，當事免則説之。** 免，悲哀哭
踊之時，不在於記事也。小功輕，不當事，可以擸笏也。○免，音問，注同③。**既**
擸必盥，雖有執於朝，弗有盥矣。 擸笏輒盥，爲必執事。○爲，于僞反④。
凡有指畫於君前，用笏；造受命於君前，則書於笏；笏畢用也，因飾焉。
畢，盡也。○畫，呼麥反⑤。造，皇七報反，舊七刀反⑥。**笏度：二尺有六寸，其**
中博三寸，其殺六分而去一。 殺，猶杼也。天子杼上終葵首，諸侯不終
葵首。大夫、士又杼其下⑦，首廣二寸半。○去，起吕反，下注“去上”、“則去”、
“去飾”同⑧。**而素帶，終辟。大夫素帶，辟垂。士練帶，率下辟。居士**
錦帶，弟子縞帶。并紐約用組。 而素帶，終辟，謂諸侯也。諸侯不朱裏，合素
爲之，如今衣帶爲之，下天子也。大夫亦如之。率，繂也。士以下皆禪，不合而繂積，
如今作幧頭爲之也。辟，讀如“裨冕”之裨，裨，謂以繒采飾其側。人君充之，大夫裨
其紐及末，士裨其末而已。居士，道藝處士也。此自“而素帶”，亂脱在是耳，宜承“朱

---

① “非古也”，**撫州本**、**余仁仲本**、**岳本**、**嘉靖本**、八行本、**和本**、十行本、**阮刻本**同；**撫州本**
金履祥批語、**閩本**、**監本**、**殿本**“古”作“禮”，**毛本**“非古”作“無禮”，皆非。**阮校**曰：“入
大廟説笏非古也　　惠棟校宋本同，石經同，宋監本同，岳本同，嘉靖本同，考文引補本、
古本、足利本同。閩、監本‘古’誤‘禮’，衛氏集説同。毛本‘非古’誤‘無禮’。石經考
文提要云：‘宋大字本、宋本九經、南宋巾箱本、余仁仲本、劉叔剛本並作“非古”。’”
② “説本又作税同他活反下及注同”，**彙校卷第十二**、**撫釋一**、**余仁仲本**、**和本**、十行本、**閩**
本、**監本**、**毛本**、**殿本**、**阮刻本**同，**岳本**作“説他活反下同”。
③ “注同”，**彙校卷第十二**、**撫釋一**、**余仁仲本**、**和本**、十行本、**閩本**、**監本**、**毛本**、**殿本**、**阮刻**
本同，**岳本**無此二字。
④ “爲于僞反”，**彙校卷第十二**、**撫釋一**、**余仁仲本**、**和本**、十行本、**閩本**、**監本**、**毛本**、**殿本**、
阮刻本同，**岳本**無此四字。
⑤ “畫呼麥反”，**彙校卷第十二**、**撫釋一**、**余仁仲本**、**和本**、十行本、**閩本**、**監本**、**毛本**、**殿本**、
阮刻本同，**岳本**無此四字。
⑥ “造皇七報反舊七刀反”，**彙校卷第十二**、**撫釋一**、**余仁仲本**、**和本**、十行本、**閩本**、**監本**、
毛本、**殿本**、**阮刻本**同，**岳本**作“造七報反”。
⑦ “其”，**撫州本**、**余仁仲本**、**岳本**、**嘉靖本**、八行本、**和本**、**閩本**、**監本**、**毛本**、**殿本**、**阮刻本**
同；十行本作“具”，非。
⑧ “下注去上則去去飾同”，**彙校卷第十二**、**撫釋一**、**余仁仲本**、**和本**、十行本、**閩本**、**監本**、
毛本、**殿本**、**阮刻本**同，**岳本**無此九字。

裹，終辟"。○帶，音戴①。辟，依注爲裨，婢支反，下同，徐又音卑，下"緇辟"、"終辟"皆放此②。率，音律，注及下同。并，必政反③。紐，女久反。組，音祖。下，户嫁反④。緯，音律。幎，七綃反，又七曹反⑤。**韠：君朱，大夫素，士爵韋。** 此玄端服之韠也⑥。韠之言蔽也。凡韠，以韋爲之，必象裳色⑦。則天子、諸侯玄端朱裳，大夫素裳，唯士玄裳、黃裳、雜裳也。皮弁服⑧，皆素韠。○韠，音必。**圜、殺、直：** 目韠制。○圜，音圓。**天子直，** 四角直，無圜殺。**公侯前後方，** 殺四角，使之方，變於天子也。所殺者，去上下各五寸。**大夫前方後挫角，** 圜其上角，變於君也。韠以下爲前，以上爲後。○挫，作卧反。**士前後正。** 士賤，與君同，不嫌也。正，直方之間語也。天子之士則直，諸侯之士則方。**韠，下廣二尺，上廣一尺，長三尺，其頸五寸，肩、革帶博二寸。** 頸五寸，亦謂廣也。頸中央，肩兩角，皆上接革帶以繫之，肩與革帶廣同。凡革⑨，繫於革帶。○頸，吉井反，又吉成反⑩。

---

① "帶音戴"，彙校卷第十二、撫釋一、余仁仲本、和本、十行本、閩本、監本、毛本、殿本、阮刻本同，岳本無此三字。

② "辟依注爲裨婢支反下同徐又音卑下緇辟終辟皆放此"，彙校卷第十二、撫釋一、余仁仲本、和本、十行本、閩本、監本、毛本、殿本、阮刻本同，岳本作"辟婢支反下同"。

③ "注及下同并必政反"，彙校卷第十二、撫釋一、余仁仲本、和本、十行本、閩本、監本、毛本、殿本、阮刻本同，岳本無此八字。

④ "組音祖下户嫁反"，彙校卷第十二、撫釋一、余仁仲本、和本、十行本、閩本、監本、毛本、殿本、阮刻本同，岳本無此七字。

⑤ "又七曹反"，彙校卷第十二、撫釋一、余仁仲本、和本、十行本、閩本、監本、毛本、殿本、阮刻本同，岳本無此四字。

⑥ "玄端"，撫州本、余仁仲本、岳本、嘉靖本、八行本、和本、閩本、監本、毛本、殿本、阮刻本同；十行本"玄"作"紳"，非。

⑦ "必象裳色"，余仁仲本、岳本、嘉靖本、和本、十行本、閩本、監本、毛本、殿本、阮刻本同；撫州本、八行本重"裳色"二字，是。

⑧ 十行本卷三十第七頁惟有版心"記疏三十卷"、"七"等文字，無正文，缺注文"服皆素韠"至疏文"士冠禮謂玄端之裳也士"，計七百二十五字。又，因十行本卷三十第六頁（正德六年補版）與第九頁（元版）內容重複，導致第九頁內容缺疏文"耳云黑謂之黝"至"謂子男之士不命其妻"，計缺七百八十字。

⑨ "革"，撫州本、余仁仲本、岳本、嘉靖本、八行本、和本、閩本、監本、毛本、殿本、阮刻本、吳氏朱批作"佩"，是。

⑩ "頸吉井反又吉成反"，彙校卷第十二、撫釋一、余仁仲本、和本、閩本、監本、毛本、殿本、阮刻本同，岳本無此八字。

大夫大帶四寸。雜帶：君朱綠，大夫玄華，士緇，辟二寸，再繚四寸。凡帶有率，無箴功。 雜，猶飾也，即上之裨也。君裨帶，上以朱，下以綠，終之。大夫裨垂，外以玄，内以華。華，黄色也。士裨垂之下，外内皆以緇，是謂緇帶。大夫以上以素，皆廣四寸。士以練，廣二寸，再繚之。凡帶，有司之帶也，亦繂之如士帶矣。無箴功，則不裨之。士雖繂帶，裨亦用箴功。凡帶不裨，下士也。此又亂脱在是，宜承“紳、韠、結三齊”。○繚，音了。箴，音針。下士，崔如字，或户嫁反①。**一命緼韍幽衡，再命赤韍幽衡，三命赤韍葱衡。** 此玄冕、爵弁服之韠。尊祭服，異其名耳。韍之言亦蔽也。緼，赤黄之間色，所謂韎也。衡，佩玉之衡也。幽，讀爲“黝”，黑謂之黝。青謂之葱。周禮，公侯伯之卿三命，其大夫再命，其士一命；子男之卿再命，其大夫一命，其士不命。○緼，音温。韍，音弗。幽，讀爲黝，出注，幼糾反，黑也，下同②。韎，莫拜反，又音妹。**天子素帶，朱裏，終辟。** 謂大帶也。**王后褘衣，夫人揄狄。** 褘，讀如“翬”。揄，讀如“摇”。翬、摇皆翟雉名也。刻繪而畫之，著於衣以爲飾，因以爲名也，後世作字異耳。夫人，三夫人，亦侯伯之夫人也。王者之後，夫人亦褘衣。○褘，音翬，許韋反，注及下同③。揄，音摇，羊消反。爾雅云：“伊、洛而南，素質五色皆備成章曰翬。江、淮而南，青質五色皆備成章曰鷂。”鷂，音遥。謂刻畫此雉形以爲后、夫人服也。翟，直曆反。著，直畧反，又丁畧反④。

13·14○**三寸，長齊于帶。紳長制：士三尺，有司二尺有五寸。子游曰：“參分帶下，紳居一焉⑤。”紳、韠、結三齊。** 三寸，謂約

---

①“箴音針下士崔如字或户嫁反”，彙校卷第十二、撫釋一、余仁仲本、和本、閩本、監本、毛本、殿本、阮刻本同，岳本無此十二字。

②“幽讀爲黝出注幼糾反黑也下同”，彙校卷第十二、撫釋一、余仁仲本、和本、閩本、監本、毛本、殿本、阮刻本同，岳本作“幽幼糾反下同”。

③“許韋反注及下同”，彙校卷第十二、撫釋一、余仁仲本、和本、閩本、監本、毛本、殿本、阮刻本同，岳本無此七字。

④“羊消反爾雅云伊洛而南素質五色皆備成章曰翬江淮而南青質五色皆備成章曰鷂鷂音遥謂刻畫此雉形以爲后夫人服也翟直曆反著直畧反又丁畧反”，彙校卷第十二、撫釋一、余仁仲本、和本、閩本、監本、毛本、殿本、阮刻本同，岳本無此六十二字。

⑤“一”，余仁仲本、岳本、嘉靖本、和本、閩本、監本、毛本同；唐石經、撫州本、（轉下頁注）

帶紐組之廣也。長齊于帶，與紳齊也。紳，帶之垂者也。言其屈而重也。論語曰："子張書諸紳。"有司，府史之屬也。三分帶下而三尺，則帶高於中也。結，約餘也。此又亂脱在是，宜承"約用組"。結，或爲衿①。○紳，音申，本亦作"申"，下同②。重，直龍反。**君命屈狄，再命褘衣，一命襢衣，士褖衣。**君，女君也。屈，周禮作"闕"，謂刻繪爲翟③，不畫也。此子男之夫人及其卿、大夫、士之妻命服也。褘，當爲"鞠"，字之誤也。禮，天子諸侯命其臣，后、夫人亦命其妻以衣服，所謂"夫尊於朝，妻榮於室"也。子男之卿再命而妻鞠衣，則鞠衣、襢衣、褖衣者，諸侯之臣皆分爲三等，其妻以次受此服也。公之臣，孤爲上，卿、大夫次之，士次之。侯伯子男之臣，卿爲上，大夫次之，士次之。褖，或作"稅"。○屈，音闕，注同④。褘，依注音鞠⑤，居六反，又曲六反。襢，張戰反。褖，吐亂反，注作"稅"，音同。**唯世婦命於奠繭，其他則皆從男子⑥。**奠，猶獻也。凡世婦已下，蠶事畢，獻繭乃命之以其服。天子之后，夫人、九嬪，及諸侯之夫人，夫在其位，則妻得服其服矣。自"君命屈狄"至此，亦亂脱在是，宜承"夫人揄狄"。**凡**

（接上頁注）八行本、殿本、阮刻本作"二"，是。

① "衿"，撫州本、余仁仲本、岳本、嘉靖本、八行本、和本、阮刻本同；閩本、監本、毛本、殿本作"衿"，非。

② "紳音申本亦作申下同"，彙校卷第十二、撫釋一、余仁仲本、和本、閩本、監本、毛本、殿本、阮刻本同，岳本無此九字。

③ "刻"，撫州本、余仁仲本、岳本、八行本、和本、閩本、監本、毛本、殿本、阮刻本同；嘉靖本作"列"，非。

④ "注同"，彙校卷第十二、撫釋一、余仁仲本、和本、閩本、監本、毛本、殿本、阮刻本同，岳本無此二字。

⑤ "依注音鞠"，彙校卷第十二、撫釋一、余仁仲本、和本、閩本、監本、毛本、殿本、阮刻本同，岳本無此四字。

⑥ 自"而素帶終辟"至"其他則皆從男子"，錯亂嚴重。據鄭玄注，訂正如下："天子素帶，朱裏，終辟。而〔諸侯〕素帶，終辟。大夫素帶，辟垂。士練帶，率下辟。居士錦帶，弟子縞帶。并紐約，用組三寸，長齊于帶。紳長制：士三尺，有司二尺有五寸。子游曰：'參分帶下，紳居二焉。'紳、韠、結三齊。大夫大帶四寸。雜帶：君朱緑，大夫玄華，士緇，辟二寸，再繚四寸。凡帶有率，無箴功。肆束及帶，勤者有事則收之，走則擁之。韠：君朱，大夫素，士爵韋。圜、殺、直：天子直，公侯前後方，大夫前方後挫角，士前後正。韠，下廣二尺，上廣一尺，長三尺，其頸五寸；肩、革帶博二寸。一命緼韍幽衡，再命赤韍幽衡，三命赤韍葱衡。王后褘衣，夫人揄狄。君命屈狄，再命褘衣，一命襢衣，士褖衣。唯世婦命於奠繭，其他則皆從男子。"

侍於君，紳垂，足如履齊，頤霤垂拱，視下而聽上，視帶以及袷，聽鄉任左。紳垂則磬折也。齊，裳下緝也。袷，交領也。〇齊，音咨，本又作"齋"，注同。頤，以支反①。霤，力救反②。袷，居業反。鄉，許亮反。折，之列反，又市列反，篇末放此。緝，七入反③。

13・15〇凡君召以三節，二節以走，一節以趨。節，所以明信輔君命也。使使召臣，急則持二，緩則持一。周禮曰："鎮圭以徵守。"其餘未聞也。今漢使者擁節。〇使使，上音史，下色吏反。鎮，珍刃反，徐音珍。守，手又反。漢使，色吏反④。在官不俟屨，在外不俟車。趨君命也。必有執隨授之者。官，謂朝廷治事處也。〇處，昌慮反⑤。

13・16〇士於大夫，不敢拜迎而拜送。禮不敵，始來拜，則士辟也。〇辟，音避，下"亦辟"、"辟先"、"辟德"皆同⑥。士於尊者先拜，進面，荅之拜則走。士往見卿大夫，卿大夫出迎，荅拜亦辟也。士於君所言大夫，没矣則稱謚若字，名士。與大夫言，名士，字大夫。君所，大夫存亦名。於大夫所，有公諱，無私諱。公諱，若言語所辟先君之名。重意曲禮下："大夫之所，有公諱。"又："君無所私諱。"凡祭不諱，廟中不諱。謂祝嘏之辭中有先君之名者也。凡祭，祭群臣⑦，廟中上不諱下。〇嘏，古雅反⑧。

――――――――――

①"本又作齋注同頤以支反"，彙校卷第十二、撫釋一、余仁仲本、和本、十行本、閩本、監本、毛本、殿本、阮刻本同，岳本無此十字。

②"霤力救反"，彙校卷第十二、撫釋一、余仁仲本、和本、十行本、閩本、監本、毛本、殿本、阮刻本同，岳本作"霤劣救反"。

③"折之列反又市列反篇末放此緝七入反"，彙校卷第十二、撫釋一、余仁仲本、監本、毛本、殿本、阮刻本同，岳本無此十六字；和本、十行本、閩本"入"作"八"，非。

④"鎮珍刃反徐音珍守手又反漢使色吏反"，彙校卷第十二、撫釋一、余仁仲本、和本、十行本、閩本、監本、毛本、殿本、阮刻本同，岳本無此十六字，"鎮"上衍"下同"二字。

⑤"處昌慮反"，彙校卷第十二、撫釋一、余仁仲本、和本、十行本、閩本、監本、毛本、殿本、阮刻本同，岳本無此四字。

⑥"下亦辟辟先辟德皆同"，彙校卷第十二、撫釋一、余仁仲本、和本、十行本、閩本、監本、毛本、殿本、阮刻本同，岳本無此九字。

⑦"臣"，余仁仲本、十行本同；撫州本、岳本、嘉靖本、八行本、和本、閩本、監本、毛本、殿本、阮刻本作"神"，是。

⑧"嘏古雅反"，彙校卷第十二、撫釋一、余仁仲本、和本、十行本、閩本、監本、（轉下頁注）

[重言]"廟中不諱"二,一見曲禮上。**教學臨文不諱。**爲惑未知者。○爲,于僞反,下"爲幼"、"爲起事"同①。[重言]"臨文不諱"二,一見曲禮。

13・17○**古之君子必佩玉,**比德焉。君子,士已上。**右徵角,左宮羽,**玉聲所中也。徵、角在右,事也,民也,可以勞;宮、羽在左,君也,物也,宜逸。○徵,張里反,注同②。中,丁仲反,下文同。**趨以采齊,**路門外之樂節也。門外謂之趨③。齊,當爲"楚薺"之薺。○趨,七湏反,本又作"趣"④。齊,依注作"薺",疾私反。采薺,詩篇名⑤。**行以肆夏,**登堂之樂節。**周還中規,**反行也,宜圜。○還,音旋,本亦作"旋"⑥,下同。圜,音圓⑦。**折還中矩,**曲行也,宜方。○折,之設反⑧。[重意]仲尼燕居:"行中規,還中矩。"**進則揖之,退則揚之,然後玉鏘鳴也。**揖之,謂小俛見於前也。揚之,謂小仰見於後也。鏘,聲貌。○鏘,七羊反。見,賢遍反,下同。**故君子在車,則聞鸞和之聲,行則鳴佩玉,是以非辟之心無自入也。**鸞在衡,和在式。自,由也。○

(接上頁注)毛本、殿本、阮刻本同,岳本無此四字。

① "爲於僞反下爲幼爲起事同",彙校卷第十二、撫釋一、余仁仲本、和本、十行本、閩本、監本、毛本、殿本、阮刻本同,岳本無此十一字。

② "徵張里反注同",彙校卷第十二、撫釋一、余仁仲本、和本、十行本、閩本、監本、毛本、殿本、阮刻本同,岳本作"徵音止"。

③ "也門外",撫州本、余仁仲本、岳本、嘉靖本、八行本、和本、阮刻本同;十行本、閩本作"宅門外",監本、毛本、殿本作"至應門",皆非。阮校曰:"路門外之樂節也門外謂之趨　惠棟校宋本作'也門外',宋監同,岳本同,嘉靖同,衛氏集説同,考文引補本、古本、足利本同。此本'也'誤'宅',閩本同。監、毛本'也門外'誤'至應門'。'趨'字惟嘉靖本與此本同,各本俱作'趨'。"

④ "趨七湏反本又作趣",彙校卷第十二、撫釋一、余仁仲本、十行本、閩本、監本、毛本、殿本、阮刻本同,岳本無此八字,和本"七"誤作"士"。

⑤ "齊依注作薺疾私反采薺詩篇名",彙校卷第十二、撫釋一、十行本、閩本、監本、毛本、殿本、阮刻本同,岳本作"齊疾私反",余仁仲本、和本"作薺"之"薺"誤作"齊"。

⑥ "本亦作旋",彙校卷第十二、撫釋一、余仁仲本、和本、十行本、閩本、監本、毛本、殿本、阮刻本同,岳本無此四字。

⑦ "圜音圓",彙校卷第十二、撫釋一、余仁仲本、和本、十行本、閩本、監本、毛本、殿本、阮刻本同,岳本無此三字。

⑧ "折之設反",彙校卷第十二、撫釋一、余仁仲本、和本、十行本、閩本、監本、毛本、殿本、阮刻本同,岳本無此四字。

僻，本又作“懐”，匹亦反，又婢亦反，徐芳益反①。重言“非僻之心，無自入也”，重見。**君在不佩玉，左結佩，右設佩。** 謂世子也。出所處而君在焉，則去德佩而設事佩，辟德而示即事也。結其左者，若於事未有能也。結者，結其綬，不使鳴焉②。**居則設佩，** 謂所處而君不在焉。**朝則結佩，** 朝於君，亦結左。**齊則綪結佩而爵韠。** 綪，屈也，結又屈之，思神靈，不在事也。爵韠者，齊服玄端。○齊，側皆反，注同。綪，側耕反。**凡帶必有佩玉，唯喪否。** 喪主於哀③，去側也④。凡，謂天子以至士。**佩玉有衝牙。** 居中央以前後觸也。○衝，昌容反⑤。**君子無故玉不去身，君子於玉比德焉。** 故，謂喪與災眚。○裁，音災。眚，色耿反⑥。重意“君子無故玉不去身”，曲禮下：“君無故玉不去身。”○“君子於玉比德焉”，聘義四十八篇：“昔者君子比德於玉焉。”**天子佩白玉而玄組綬，公侯佩山玄玉而朱組綬，大夫佩水蒼玉而純組綬，世子佩瑜玉而綦組綬，士佩瓀玟而縕組綬。** 玉有山玄、水蒼者，視之文色所似也。綬者，所以貫佩玉，相承受者也。純，當爲“緇”。古文“緇”字，或作“絲”旁“才”。綦，文雜色也。縕，赤黃。○綬，音受⑦。純，讀爲“緇”，側其反⑧。

---

① “僻本又作懐匹亦反又婢亦反徐芳益反”，岳本作“辟匹亦反”，彙校卷第十二、撫釋一、余仁仲本、和本、十行本、閩本、監本、毛本、殿本、阮刻本上“僻”作“辟”，是；十行本、閩本、監本、毛本、殿本“匹”誤作“四”。

② “焉”，余仁仲本、嘉靖本、和本、十行本、閩本、監本、毛本、殿本同；撫州本、岳本、八行本、阮刻本作“也”，是。

③ “主”，撫州本、岳本、嘉靖本、八行本、和本、十行本、閩本、監本、毛本、殿本、阮刻本同；余仁仲本作“注”，非。

④ “側”，撫州本、余仁仲本、岳本、嘉靖本、八行本、和本、十行本、閩本、監本、毛本、殿本、阮刻本、吳氏朱批作“飾”，是。

⑤ “衝昌容反”，彙校卷第十二、撫釋一、余仁仲本、和本、十行本、閩本、監本、毛本、殿本、阮刻本同，岳本無此四字。

⑥ “裁音災眚色耿反”，彙校卷第十二、撫釋一、余仁仲本、和本、十行本、閩本、監本、毛本、殿本、阮刻本同，岳本無此七字。

⑦ “綬音受”，彙校卷第十二、撫釋一、余仁仲本、和本、十行本、閩本、監本、毛本、殿本、阮刻本同，岳本無此三字。

⑧ “純讀爲緇側其反”，彙校卷第十二、撫釋一、余仁仲本、和本、毛本、阮刻本同，岳本作“純側其反”；十行本、閩本、監本、殿本“側”誤作“佩”。

瑜,羊朱反。綦,音其。瓀,而兖反,徐又作"瑌",同。玟,武巾反,字又作"砇",同。緼,音溫①。**孔子佩象環五寸而綦組綬。** 謙不比德,亦不事也。象,有文理者也。環,取可循而無窮。

13·18○**童子之節也：緇布衣,錦緣,錦紳并紐,錦束髪,皆朱錦也。** 童子,未冠之稱也。冠禮曰："將冠者采衣,紒也②。"○并組,必正反,下女丑反。冠,古亂反,下並同。稱,尺證反。紒,音計③。**肄束及帶,勤者有事則收之,走則擁之。** 肄,讀爲"肆"。肆④,餘也。餘束,約紐之餘組也⑤。勤,謂執勞辱之事也。此亦亂脱在是,宜承"無箴功"。○肆,音肆⑥,以四反。**童子不裘不帛,不屨絇。無緦服,聽事不麻,無事則立主人之北,面⑦,見先生,從人而入。** 皆爲幼少,不備禮也。雖不服緦,猶免、深衣,無麻,往給事也。裘帛温,傷壯氣也。絇,屨頭飾也。○絇,其俱反。見,賢遍反⑧。少,詩照反,下"少儀"同。免,音問⑨。

---

① "瑜羊朱反綦音其瓀而兖反徐又作瑌同玟武巾反字又作砇同緼音温",彙校卷第十二、撫釋一、余仁仲本、和本、毛本、殿本、阮刻本同,岳本作"綦音其瓀而兖反玟武巾反緼音温";十行本、閩本、監本"瑌"誤作"順",十行本"砇同"誤作"玟音",閩本、監本"砇"誤作"玟"。

② "紒",撫州本、余仁仲本、岳本、嘉靖本、和本、十行本、閩本、監本、毛本、殿本、阮刻本同;八行本、潘本作"紛",非。

③ "并組必正反下女丑反冠古亂反下並同稱尺證反紒音計",彙校卷第十二、撫釋一、余仁仲本、和本、十行本、閩本、監本、毛本、殿本、阮刻本同,岳本作"并必正反冠古亂反稱尺證反"。

④ "肄肄",撫州本、余仁仲本、岳本、嘉靖本、八行本、和本、閩本、監本、毛本、殿本同;十行本作"肄肄",阮刻本作"肄肄",非。

⑤ "約紐之餘組也",撫州本、余仁仲本、岳本、嘉靖本、八行本、和本、十行本同;閩本、監本、毛本、殿本作"紐""組"二字互倒,非。

⑥ "音肆",彙校卷第十二、撫釋一、余仁仲本、和本、十行本、閩本、監本、毛本、殿本、阮刻本同,岳本無此二字。

⑦ "面",余仁仲本、嘉靖本、十行本同;撫州本、岳本、八行本、和本、閩本、監本、毛本、殿本、阮刻本"面"上有"南"字。據王念孫《經義述聞》,"主人之北南面",當是"主人之南北面"之誤,甚是。

⑧ "見賢遍反",彙校卷第十二、撫釋一、余仁仲本、和本、十行本、閩本、監本、毛本、殿本、阮刻本同,岳本作"見音現"。

⑨ "少詩照反下少儀同免音問",彙校卷第十二、撫釋一、余仁仲本、和本、十行(轉下頁注)

13·19○侍食於先生、異爵者，後祭先飯。謙也。○飯，扶晚反。重意曲禮上："侍坐於先生。"客祭，主人辭曰："不足祭也。"祭者，盛主人之饌也。客殽①，主人辭以疏。殽者，美主人之食也。疏之言麤也。○殽，音孫，注及下同②。主人自置其醬，則客自徹之。敬主人也。徹，奠于序端。一室之人，非賓客，一人徹。同事合居者也。賓客則各徹其饌也。壹食之人，一人徹。壹，猶聚也，爲赴事聚食也。凡燕食，婦人不徹。婦人質，不備禮。

13·20○食棗、桃、李，弗致于核。恭也。○核，行隔反③。瓜祭上環，食中，棄所操。上環，頭忖也④。○操，七刀反。忖，本又作"刌"，寸本反，徐子本反⑤。凡食果實者後君子，陰陽所成，非人事也。○後，胡豆反⑥。火孰者先君子。備火齊不得也。○先，悉薦反。齊，才細反。有慶，非君賜，不賀。唯君賜爲榮也。有憂者。此下絶亡，非其句也。勤者有事則收之，走則擁之。此補脱，重。○脱，音奪⑦。重，直龍反，又直用反⑧。孔子食於季氏，不辭，不食肉而飱。以其待己及饌非禮也。君賜車馬，

（接上頁注）本、閩本、監本、毛本、殿本、阮刻本同，岳本無此十一字。

①"殽"，撫州本、余仁仲本、岳本、嘉靖本、八行本、和本、閩本、監本、毛本、殿本、阮刻本同；十行本作"食"，非。

②"注及下同"，彙校卷第十二、撫釋一、余仁仲本、和本、十行本、閩本、監本、毛本、殿本、阮刻本同，岳本無此四字。

③"核行隔反"，彙校卷第十二、撫釋一、余仁仲本、和本、十行本、閩本、監本、毛本、殿本、阮刻本同，岳本無此四字。

④"忖也"，撫州本、余仁仲本、岳本、嘉靖本、和本、十行本、閩本、監本、毛本、殿本、阮刻本同；八行本、潘本"忖"作"甘"，非。

⑤"忖本又作刌寸本反徐子本反"，彙校卷第十二、撫釋一、余仁仲本、和本、十行本、閩本、監本、毛本、殿本、阮刻本同，岳本作"忖寸本反"。

⑥"後胡豆反"，彙校卷第十二、撫釋一、余仁仲本、和本、十行本、閩本、監本、毛本、殿本、阮刻本同，岳本無此四字。

⑦"脱音奪"，彙校卷第十二、撫釋一、余仁仲本、和本、十行本、閩本、監本、毛本、殿本、阮刻本同，岳本無此三字。

⑧"重直龍反又直用反"，彙校卷第十二、撫釋一、余仁仲本、岳本、和本、十行本、閩本、監本、毛本、殿本、阮刻本作"重直用反又直龍反"，是。

乘以拜；賜衣服，服以拜。敬君惠也。賜，君未有命，弗敢即乘、服也。謂卿大夫受賜於天子者，歸必致於其君，君有命，乃服之。君賜，稽首，據掌，致諸地。致首於地。據掌，以左手覆案右手也。○覆，芳服反①。酒肉之賜弗再拜。輕也。受重賜者拜受，又拜於其室也。凡賜，君子與小人不同日。慎於尊卑。○慎，一本作“順”②。

13·21○凡獻於君，大夫使宰，士親，皆再拜稽首送之。敬也。膳於君，有葷、桃、茢，於大夫去茢，於士去葷，皆造於膳宰。膳，美食也。葷、桃、茢，辟凶邪也。大夫用葷、桃，士桃而已。葷，薑及辛菜也。茢，萑苕也。造於膳宰，既致命而授之。○葷，或作“焄”③，許云反，注“焄”同④。茢，音列，又音例。去，起呂反，下同。造，七報反，注同。辟，必亦反。邪，似嗟反。苕，吐敢反，郭璞云：“烏蘆也，取其苗爲帚。”帚，本或作“箒”，之手反⑤。大夫不親拜，爲君之荅己也。不敢變動至尊。○爲，于僞反，下注“爲其”同⑥。大夫拜賜而退，士待諾而退，又拜，弗荅拜。小臣受大夫之拜，復以入告，大夫拜便辟也。○復，扶又反，下“不復”同。辟，音避，下“辟尊者”同⑦。大夫親賜士，士拜受，又拜於其室；衣服，弗服以拜。異於君惠也。拜受，又

----

① “覆芳服反”，彙校卷第十二、撫釋一、余仁仲本、和本、十行本、閩本、監本、毛本、殿本、阮刻本同，岳本無此四字。

② “慎一本作順”，彙校卷第十二、撫釋一、余仁仲本、和本、十行本、閩本、監本、毛本、殿本、阮刻本同，岳本無此五字。

③ “葷或作焄”四字是注文，應將“葷”上“○”號移至“焄”字下，且補“葷”字。余仁仲本、岳本、和本、十行本、閩本、監本、毛本、殿本、阮刻本作“葷或作焄○葷”，是。

④ “注焄同”，彙校卷第十二、撫釋一、余仁仲本、和本、十行本、閩本、監本、毛本、殿本、阮刻本同，岳本無此三字。

⑤ “茢音列又音例去起呂反下同造七報反注同辟必亦反邪似嗟反苕吐敢反郭璞云烏蘆也取其苗爲帚帚本或作箒之手反”，彙校卷第十二、撫釋一、余仁仲本、和本、閩本、監本、毛本、殿本、阮刻本同，岳本作“茢音列又音例去起呂反造七報反苕吐敢反”，十行本“七”字作墨釘。

⑥ “下注爲其同”，彙校卷第十二、撫釋一、余仁仲本、和本、十行本、閩本、監本、毛本、殿本、阮刻本同，岳本無此五字。

⑦ “復扶又反下不復同辟音避下辟尊者同”，彙校卷第十二、撫釋一、余仁仲本、和本、十行本、閩本、監本、毛本、殿本、阮刻本同，岳本作“復扶又反下同辟音避下同”。

就拜於其家，是所謂再拜也。**敵者不在，拜於其室。**謂來賜時不見也，見則不復往也。○敵，本又作“適”，音狄①。**凡於尊者有獻，而弗敢以聞。**此謂獻辭也。少儀曰：“君將適他，臣若致金玉貨貝於君，則曰：‘致馬資於有司。’”是其類也。**士於大夫不承賀，下大夫於上大夫承賀。**承，受也。士有慶事，不聽大夫親來賀己，不敢變動尊也。○聽，天丁反。**親在，行禮於人稱父；人或賜之，則稱父拜之。**事統於尊。

13·22○**禮不盛，服不充。**禮盛者服充。大事不崇曲敬②。**故大裘不裼，乘路車不式。**謂祭天也。周禮：“王祀昊天上帝則服大裘而冕，乘玉路。”或曰：乘兵車不式。

13·23○**父命呼，“唯”而不“諾”，手執業則投之，食在口則吐之，走而不趨。**至敬。○唯，于癸反，徐以水反③。○重意曲禮上：“父召無諾。”**親老，出不易方，復不過時。**不可以憂父母也。易方，爲其不信己所處也。復，反也。**親癠，色容不盛，此孝子之疏節也。**言非至孝也。癠，病也。王季有疾，文王色憂，行不能正履。○癠，才細反。**父没而不能讀父之書，手澤存焉爾；母没而杯圈不能飲焉，口澤之氣存焉爾。**孝子見親之器物，哀惻不忍用也。圈，屈木所爲，謂巵匜之屬。○圈，起權反，注同④。巵，音支。匜，以支反。

13·24○**君入門，介拂闑，大夫中棖與闑之間，士介拂棖。**此謂兩君相見也。棖，門楔也。君入必中門，上介夾闑。大夫介、士介鴈行於後，示不相沿也。君若迎聘客，擯者亦然。○介，音界，下及注同⑤。闑，魚列反，門橜

---

① “敵本又作適音狄”，彙校卷第十二、撫釋一、余仁仲本、和本、十行本、閩本、監本、毛本、殿本、阮刻本同，岳本無此七字。

② “曲敬”，撫州本、余仁仲本、岳本、嘉靖本、八行本、和本、閩本、監本、毛本、殿本、阮刻本同；十行本“曲”作“小”，非。

③ “徐”，彙校卷第十二、撫釋一、余仁仲本、和本、十行本、閩本、監本、毛本、殿本、阮刻本同，岳本作“又”。

④ “注同”，彙校卷第十二、撫釋一、余仁仲本、和本、十行本、閩本、監本、毛本、殿本、阮刻本同，岳本無此二字。

⑤ “介音界下及注同”，彙校卷第十二、撫釋一、余仁仲本、和本、十行本、閩本、（轉下頁注）

也。根，直衡反，門橛也，謂兩傍木。楔，徐古八反，皇先結反。行，戶剛反。
沿，悅宣反①。

13·25○賓入不中門，不履閾。辟尊者所從也。此謂聘客也。閾，
門限。○閾，音域，又況域反②。重意“不中門”，曲禮上：“立不中門。”○“不履
閾”，曲禮上：“不踐閾。”公事自闑西，聘享也。私事自闑東。覿面也。

13·26○君與尸行接武，尊者尚徐，蹈半迹。○蹈，徒報反③。重意
曲禮上：“堂上接武。”大夫繼武，迹相及也。士中武，迹間容迹。徐趨皆
用是，君、大夫、士之徐行也，皆如與尸行之節也。疾趨則欲發，而手足
毋移。疾趨，謂直行也，疏數自若。發，謂起屨也。移之言靡匜也④。毋移，欲
其直且正。欲，或爲“數”。○毋移，上音無，下如字⑤。數，色角反，下同。匜⑥，
羊爾反。圈豚行，不舉足，齊如流，圈，轉也。豚之言若有所循。不舉足，
曳踵則衣之齊如水之流矣⑦。孔子執圭則然。此徐趨也。○圈，舉遠反，又去阮
反，注同⑧。豚，本又作“豚”，大本反，徐徒困反，注同。齊如字，音咨，本又作

①“闑魚列反門橛也根直衡反門楔也謂兩傍木楔徐古八反皇先結反行户剛反沿悅宣反”，
　彙校卷第十二、撫釋一、余仁仲本、和本、闽本、監本、毛本、殿本、阮刻本同，岳本作“闑
　魚列反根直衡反楔古八反又先結反行户剛”；十行本“户剛反”之“反”作“下”，非。

②“又況域反”，彙校卷第十二、撫釋一、余仁仲本、和本、十行本、闽本、監本、毛本、殿本、
　阮刻本同，岳本無此四字。

③“蹈徒報反”，彙校卷十二、撫釋一、余仁仲本同，岳本無此四字；和本、十行本、闽本、監
　本、毛本、殿本、阮刻本“徒”作“呼”，非。

④“匜”，撫州本、余仁仲本、和本、十行本、闽本、監本、毛本、殿本、阮刻本同；岳本、嘉靖
　本、八行本作“池”，是。

⑤“毋移上音無下如字”，彙校卷第十二、撫釋一、余仁仲本、和本、十行本、闽本、監本、毛
　本、殿本、阮刻本同，岳本無此八字。

⑥“匜”，和本、闽本、監本、毛本、殿本同；彙校卷十二、撫釋一、余仁仲本、岳本、十行本、阮
　刻本作“池”，是。

⑦“衣”，撫州本、余仁仲本、岳本、嘉靖本、八行本、和本、闽本、監本、毛本、殿本、阮刻本
　同；十行本作“反”，非。

⑧“注同”，彙校卷第十二、撫釋一、余仁仲本、和本、十行本、闽本、監本、毛本、殿本、阮刻
　本同，岳本無此二字。

“齋”，同。踵，章勇反①。○重言“行不舉足”三，一見曲禮下。**席上亦然。**尊處亦尚徐也。○處，尺慮反②。**端行，頤霤如矢。弁行，剡剡起屨。**此疾趨也。端，直也。頤，或爲“霤”也。○頤霤，上音夷，下力救反③。弁，皮彥反，急也。剡，以漸反，字林因冉反④。霤，音夷，徐音追。**執龜玉，舉前曳踵，蹜蹜如也。**著徐趨之事。○宿宿，色六反，本或作“蹜”，同⑤。重意曲禮下：“車輪曳踵。”

13·27○**凡行容惕惕，**惕惕，直疾貌也。凡行，謂道路也。○惕，音傷，又音陽，直而疾也。**廟中齊齊，**恭愨貌也。○齊，才兮反，賀在啓反⑥。**朝廷濟濟翔翔。**莊敬貌也。○濟，徐子禮反，有威儀也⑦。翔，本又作“洋”⑧，音詳。重意少儀：“朝廷之儀，濟濟翔翔。”

13·28○**君子之容舒遲，見所尊者齊遬，**謙愨貌也。遬，猶蹙蹙也。○齊遬，音咨，又側皆反，下音速。蹙，子六反⑨。**足容重，**舉欲遲也。**手**

---

① “豚本又作豚大本反徐徒困反注同齊如字音咨本又作齋同踵章勇反”，岳本作“豚大本反又徒困反齊音咨”；彙校卷第十二、撫釋一“字”作“流”，是；和本“豚本又作豚”誤作“豚本又作豕”；余仁仲本、和本、十行本、閩本、監本、毛本、殿本、阮刻本脱“流”字。

② “處尺慮反”，彙校卷第十二、撫釋一、余仁仲本、和本、十行本、閩本、監本、毛本、殿本、阮刻本同，岳本無此四字。

③ “頤霤上音夷下力救反”，彙校卷第十二、撫釋一、余仁仲本、和本、十行本、閩本、監本、毛本、殿本、阮刻本同，岳本作“霤力救反”。

④ “字林因冉反”，彙校卷第十二、撫釋一、余仁仲本、和本、十行本、閩本、監本、毛本、殿本、阮刻本同，岳本無此五字。

⑤ “宿宿色六反本或作蹜同”，彙校卷第十二、撫釋一、余仁仲本、和本、十行本、閩本、監本、毛本、殿本、阮刻本同，岳本作“蹜色六反”。

⑥ “賀”，彙校卷第十二、撫釋一、余仁仲本、和本、十行本、閩本、監本、毛本、殿本、阮刻本同，岳本作“又”。

⑦ “濟徐子禮反有威儀也”，彙校卷第十二、撫釋一、余仁仲本、和本、十行本、閩本、監本、毛本、殿本、阮刻本同，岳本作“濟子禮反”。

⑧ “洋”，彙校卷第十二、撫釋一、余仁仲本、岳本、和本、閩本、監本、毛本、殿本、阮刻本同；十行本作“注”，非。

⑨ “齊遬音咨又側皆反下音速蹙蹙子六反”，余仁仲本同，彙校卷十二、撫釋一作“齊遬音咨又側皆反下音速蹙蹙子六反”，岳本作“齊音咨又側皆反遬音速”，十行本作“齊遬一音咨又則皆反下文音速猶蹙蹙子六反”，閩本、監本、毛本、殿本作“齊遬一音咨（轉下頁注）

容恭，高且正也。**目容端**，不睇視也。○睇，大計反。**口容止**，不妄動也。**聲容靜**，不噦欬也。○噦，於厥反。欬，苦大反①。**頭容直**，不傾顧也。**氣容肅**，似不息也。**立容德**，如有予也。○德，如字，得也，徐音置②。**色容莊**，勃如戰色。**坐如尸**。尸居神位，敬慎也。○重言二，一見曲禮上。**燕居告温温**。告，謂教使也。詩云："温温恭人。"

13·29○**凡祭，容貌顏色，如見所祭者**。如覩其人在此。○如覩，丁古反③。

13·30○**喪容纍纍**，羸憊貌也。○纍，良追反。羸，力皮反。憊，皮拜反④。**色容顛顛**，憂思貌也。○顛，字又作"傎"，音田，又丁年反⑤。思，息嗣反⑥。**視容瞿瞿梅梅**。不審貌也。○視容，又作"目容"。瞿，紀具反，又紀力反。**言容繭繭**。聲氣微也。繭，古典反。

13·31○**戎容暨暨**，果毅貌也。○暨，其記反。**言容詻詻**，教令嚴也。○詻，五格反。**色容厲肅**，儀形貌也。**視容清明**，察於事也。○視，如字，徐市志反⑦。**立容辨卑，毋諂**。辨，讀爲"貶"，自貶卑，謂磬折也。諂，爲

（接上頁注）又則皆本又音速猶蹙蹙子六反"，和本、阮刻本作"齊邀一音咨又側皆反下文音速猶蹙蹙子六反"，各本繁省不一，十行本、閩本、監本、毛本、殿本"側"誤作"則"。

①"苦大反"，彙校卷第十二、撫釋一、余仁仲本、岳本、和本、閩本、監本、毛本、殿本、阮刻本同；十行本"苦"作墨釘，"大"作"尺"，非。

②"徐"，彙校卷第十二、撫釋一、余仁仲本、岳本、和本、閩本、監本、毛本、殿本、阮刻本同，十行本作墨釘。

③"如覩丁古反"，彙校卷第十二、撫釋一、余仁仲本、和本、十行本、閩本、監本、毛本、殿本、阮刻本同，岳本無此五字。

④"纍良追反羸力皮反憊皮拜反"，彙校卷第十二、撫釋一、余仁仲本、和本、十行本、閩本、監本、毛本、殿本、阮刻本同，岳本無此十二字。

⑤"顛字又作傎音田又丁年反"，監本、毛本、殿本、阮刻本同，岳本作"顛音田下同又丁年反"。彙校卷十二、撫釋一、余仁仲本、和本"傎"作"巅"；十行本、閩本作"顛"，非。余仁仲本"音"誤作"昔"，楊氏札記曰："音田，原書'立'字有紙洞，劣工補破後墊作'昔'，今改正。"

⑥"息嗣反"，彙校卷十二、撫釋一、余仁仲本、岳本、和本、阮刻本同；十行本、閩本、監本、毛本、殿本"息"作"自"，非。

⑦"視如字徐市志反"，彙校卷第十二、撫釋一、余仁仲本、和本、十行本、閩本、（轉下頁注）

傾身以有下也。○辨，讀爲“貶”，彼檢反，字林“貶”音方犯反①。謂，音謟，舊又音鹽，注同②。下，戶嫁反③。**頭頸必中**，頭容直。**山立**，不搖動也。**時行**，時而後行也。詩云：“威儀孔時。”**盛氣顛實，揚休**，顛，讀爲“闐”。揚，讀爲“陽”，聲之誤也。盛身中之氣，使之闐蒲④，其息若陽氣之休物也⑤。○顛，依注讀爲“闐”，音田。**玉色**。色不變也⑥。

13·32○凡自稱：天子曰**“予一人”**，謙，自別於人而已。○別，彼列反，又如字⑦。重言“曰予一人”二，一見曲禮下。**伯曰“天子之力臣”**。伯，上公九命，分陝者。○陝，失冉反。**諸侯之於天子，曰“某土之守臣某”**⑧；**其在邊邑，曰“某屏之臣某”。其於敵以下，曰“寡人”。小國之君曰“孤”，擯者亦曰“孤”**。邊邑，謂九州之外。大國之君自稱曰“寡人”，擯者曰“寡君”。○守，手又反。**上大夫曰“下臣”，擯者曰“寡君之**

（接上頁注）監本、毛本、殿本、阮刻本同，岳本無此七字。

① “辨讀爲貶彼檢反字林貶音方犯反”，彙校卷第十二、撫釋一、余仁仲本、和本、十行本、閩本、監本、毛本、殿本、阮刻本同，岳本作“辨彼檢反字林貶音方犯反”。

② “謂音謟舊又音鹽注同”，余仁仲本、和本、十行本、閩本同；岳本作“謂音謟又音鹽”，彙校卷十二、撫釋一、監本、毛本、殿本、阮刻本“謟”作“謞”，是。

③ “下戶嫁反”，余仁仲本、和本、殿本同，岳本無此四字，彙校卷第十二、撫釋一、閩本、監本、阮刻本作“有下戶嫁反”；十行本重“下”字，毛本“下”上衍“自”字，皆非。

④ “蒲”，撫州本、余仁仲本、岳本、嘉靖本、八行本、和本、十行本、閩本、監本、毛本、殿本、阮刻本作“滿”，是。

⑤ “休物”，撫州本、余仁仲本、岳本、嘉靖本、八行本、和本同；十行本、阮刻本作“躰物”，閩本、監本、毛本、殿本作“體物”，非。阮校曰：“若陽氣之躰物也　閩、監、毛本‘躰’作‘體’。岳本‘躰’作‘休’，嘉靖本同，衛氏集説同，考文引補本、古本、足利本同。段玉裁從九經三傳沿革例刪‘氣’字，‘體’改‘休’。按正義云：‘休，養也。’‘躰’，不可訓‘養’，當以作‘休’爲是。‘休’、‘躰’形近，故致誤也。”

⑥ “色”，撫州本、余仁仲本、嘉靖本、和本、十行本、閩本、監本、毛本、殿本、阮刻本同，八行本、潘本作“正”；岳本作“玉”，是。潘宗周校曰：“‘正’，阮作‘色’，當是‘玉’誤爲‘正’，後又疑而改‘色’，觀疏意可見。”

⑦ “別彼列反又如字”，彙校卷第十二、撫釋一、余仁仲本、和本、十行本、閩本、監本、毛本、殿本、阮刻本同，岳本無此七字。

⑧ “某土”，唐石經、撫州本、余仁仲本、岳本、嘉靖本、和本、閩本、監本、毛本、殿本、阮刻本同；十行本“某”作“其”，非。

老”。下大夫自名,擯者曰“寡大夫”。世子自名,擯者曰“寡君之適”。擯者之辭,主謂見於他國君。下大夫自名,於他國君曰“外臣某”①。○適,丁歷反。見,賢遍反。公子曰“臣孽”,孽,當爲“枿”,聲之誤。○孽,音枿,五葛反,徐五列反②。士曰“傅遽之臣”,於大夫曰“外私”。傅遽,以車馬給使者也。士臣於大夫者曰“私人”。○傅,陟戀反,注同③。遽,其庶反。大夫私事使,私人擯則稱名;私事使,謂以君命私行,非聘也。若魯成公時,晉侯使韓穿來言汶陽之田,歸之于齊之類。○使,色吏反,注同④。公士擯,則曰“寡大夫”、“寡君之老”。大夫有所往,必與公士爲賓也。謂聘也。大聘使上大夫,小聘使下大夫。公士爲賓,謂作介也。往,之也。○賓,必刃反,注同⑤。

明堂位第十四○陸曰:“鄭云:‘以其記諸侯朝周公於明堂所陳列之位。’”⑥

鄭氏注

14・1昔者周公朝諸侯于明堂之位,周公攝王位,以明堂之禮儀朝諸侯也。不於宗廟,辟王也。○朝,直遙反,注及下皆同⑦。辟王,音避,一本作

---

① “國君”,撫州本、余仁仲本、岳本、嘉靖本、和本、閩本、監本、毛本、殿本、阮刻本同;十行本“君”作“吾”,非。
② “孽音枿五葛反徐五列反”,彙校卷第十二、撫釋一、余仁仲本、和本、閩本、監本、毛本、殿本、阮刻本同,岳本作“孽五葛反又五列反”;十行本“葛反”作“葛度”,非。
③ “注同”,彙校卷第十二、撫釋一、余仁仲本、和本、十行本、閩本、監本、毛本、殿本、阮刻本同,岳本無此二字。
④ “注同”,彙校卷第十二、撫釋一、余仁仲本、和本、十行本、閩本、監本、毛本、殿本、阮刻本同,岳本無此二字。
⑤ “注同”,彙校卷第十二、撫釋一、余仁仲本、和本、十行本、閩本、監本、毛本、殿本、阮刻本同,岳本無此二字。
⑥ “陸曰鄭云以其記諸侯朝周公於明堂所陳列之位”,余仁仲本、和本、十行本、閩本、監本、毛本、殿本、阮刻本同,岳本無此二十字,彙校卷第十三、撫釋一無“陸曰”二字。
⑦ “朝直遙反注及下皆同”,彙校卷第十二、撫釋一、余仁仲本、和本、十行本、(轉下頁注)

“辟正王”①。**天子負斧依，南鄉而立，**天子，周公也。負之言背也。斧依，爲斧文屏風於户牖之間，周公於前立焉。〇斧，音甫②。依，本又作“扆”，同，於豈反，注同③。鄉，許亮反④。偝，本又作“背”。音倍。屏，並經反。牖，音酉⑤。

重意曲禮下：“天子當位而立。”**三公，中階之前，北面，東上；諸侯之位，阼階之東，西面，北上；諸侯之國⑥，西階之西，東面，北上；諸子之國，門東，北面，東上；諸男之國，門西，北面，東上；九夷之國，東門之外，西面，北上；八蠻之國，南門之外，北面，東上；六戎之國，西門之外，東面，南上；五狄之國，北門之外，南面，東上；九采之國，應門之外，北面，東上；四塞，世告至。此周公明堂之位也。**朝之禮不於此，周公權用之也。朝位之上，上近主位，尊也。九采，九州之牧，典貢職者也。正門謂之應門。二伯帥諸侯而入，牧居外而糾察之也。四塞，謂夷服、鎮服、蕃服在四方爲蔽塞者，新君即位，則乃朝。周禮：“侯服歲一見，甸服二歲一見⑦，男服三歲一見，采服四歲一見，衛服五歲一見，要服六歲一見。九州之外謂之蕃國，世一見。”〇采，七在反⑧。塞，先代反，注同，又先則反。“此周公明堂之

（接上頁注）閩本、監本、毛本、殿本、阮刻本同，岳本無此九字。

① “辟王音避一本作辟正王”，彙校卷第十二、撫釋一、余仁仲本、和本、十行本、閩本、監本、毛本、殿本、阮刻本同，岳本作“辟音避”。

② “斧音甫”，彙校卷第十二、撫釋一、余仁仲本、和本、十行本、閩本、監本、毛本、殿本、阮刻本同，岳本無此三字。

③ “依本又作扆同於豈反注同”，彙校卷第十二、撫釋一、余仁仲本、和本、閩本、監本、毛本、殿本、阮刻本同，岳本作“依於豈反”；十行本“扆”作“音”，非。

④ “鄉許亮反”，彙校卷第十二、撫釋一、余仁仲本、和本、十行本、閩本、監本、毛本、殿本、阮刻本同，岳本作“鄉去聲”。

⑤ “偝本又作背音倍屏並經反牖音酉”，和本、十行本同，岳本無此十四字；彙校卷第十二、撫釋一、余仁仲本、閩本、監本、毛本、殿本、阮刻本“偝”作“偝”，是。

⑥ “諸侯”，唐石經、撫州本、余仁仲本、岳本、嘉靖本、八行本、和本、十行本、閩本、監本、毛本、殿本、阮刻本、吳氏朱批作“諸伯”，是。

⑦ “甸服”，撫州本、余仁仲本、岳本、嘉靖本、八行本、和本、十行本、閩本、監本、毛本、殿本、阮刻本作“甸服”，是。

⑧ “采七在反”，彙校卷第十二、撫釋一、余仁仲本、和本、十行本、閩本、監本、毛本、殿本、阮刻本同，岳本無此四字。

位也”，本或無“周公”、“之”字。近，“附近”之近。藩，本又作“蕃”，方元反，下同。
“壹見”，“壹”又作“一”，下賢遍反，下同。要，一遙反①。

14·2○明堂也者，明諸侯之尊卑也。朝於此，所以正儀辨等也。
昔殷紂亂天下，脯鬼侯以饗諸侯，以人肉爲薦羞，惡之甚也。○紂，直九
反②。是以周公相武王以伐紂。武王崩，成王幼弱，周公踐天子之
位，以治天下。六年，朝諸侯於明堂，制禮作樂，頒度量，而天下
大服。踐，猶履也。頒，讀爲“班”。度，謂丈尺、高卑、廣狹也。量，謂豆、區、
斗、斛、筐、筥所容受。○相，息亮反。頌，音班。量，徐音亮，注同③。區，烏侯
反。筐，音匡。筥，純呂反④。重意“成王幼弱，周公踐天子之位，以治天下”，文
王世子八：“成王幼，不能涖阼，周公相，踐阼而治。”七年，致政於成王。成
王以周公爲有勳勞於天下，致政，以王事歸授之。王功曰勳，事功曰勞。
是以封周公於曲阜，地方七百里，革車千乘，曲阜，魯地。上公之封，地
方五百里，加魯以四等之附庸。方百里者二十四，并五五二十五⑤，積四十九，開
方之得七百里。革車，兵車也。兵車千乘，成國之賦也。詩魯頌曰：“王謂叔父，
建爾元子，俾侯于魯。大啓爾宇，爲周室輔。乃命魯公，俾侯于東。錫之山川，土
田附庸。”又曰：“公車千乘，朱英綠縢。”○乘，繩證反，注同。卑，必爾反，本又作
“俾”，下同。縢，大登反⑥。命魯公世世祀周公以天子之禮樂。同之於

①“塞先代反注同又先則反此周公明堂之位也本或無周公之字近附近之近藩本又作蕃方
　元反下同壹見壹又作一下賢遍反下同要一遙反”，彙校卷第十二、撫釋一、余仁仲本、和
　本、十行本、閩本、監本、毛本、殿本、阮刻本同，岳本作“塞去聲又如字見音現要平聲”。
②“紂直九反”，彙校卷十二、撫釋一、余仁仲本、和本、監本、毛本、殿本、阮刻本同，岳本無
　此四字；十行本、閩本“直”作“宜”，非。
③“相息亮反頌音班量徐音亮注同”，岳本無此十三字；彙校卷第十二、撫釋一、余仁仲本、
　和本、十行本、閩本、監本、毛本、殿本、阮刻本“頌”作“頒”，是。
④“區烏侯反筐音匡筥純呂反”，岳本作“區音甌”；彙校卷第十二、撫釋一、余仁仲本、和
　本、十行本、閩本、監本、毛本、殿本、阮刻本“純”作“紀”，是。
⑤“并”，撫州本、余仁仲本、岳本、嘉靖本、八行本、阮刻本同；和本、十行本、閩本、監本、毛
　本、殿本作“井”，非。
⑥“乘繩證反注同卑必尔反本又作俾下同縢大登反”，彙校卷第十二、撫釋一、余仁仲本、
　和本、十行本、閩本、監本、毛本、殿本、阮刻本同，岳本無此二十字。

周,尊之也。<u>魯公</u>,謂伯禽。**是以<u>魯君</u>孟春乘大路,載弧韣,旂十有二旒,日月之章,祀帝于郊①,配以后稷,天子之禮也。**孟春,建子之月。<u>魯</u>之始郊,日以至。大路,<u>殷</u>之祭天車也。弧,旌旗所以張幅也②,其衣曰韣。天子之旌旗畫日月。帝,謂<u>蒼帝靈威仰</u>也。昊天上帝,<u>魯</u>不祭③。○載,音戴。弧,音胡。韣,音獨,弓衣也。旂,其依反,本又作"旗",音其。旒,本又作"斿",力求反④。<u>重意</u>"旂十有二旒"二,一見<u>郊特牲</u>。"日月之章",<u>郊特牲</u>:"龍章而設日月。"

　　14·3○**季夏六月,以禘禮祀<u>周公</u>於大廟,牲用白牡,尊用犧、象、山罍,鬱尊用黃目,灌用玉瓚大圭,薦用玉豆、雕篹,爵用玉琖仍雕,加以璧散、璧角,俎用梡、嶡。升歌清廟,下管象;朱干玉戚,冕而舞大武;皮弁素積,裼而舞大夏。昧,東夷之樂也;任,南蠻之樂也。納夷蠻之樂於大廟,言廣<u>魯</u>於天下也。**季夏,建巳之月也。禘,大祭也。<u>周公</u>曰大廟,<u>魯公</u>曰世室,羣公稱宮。白牡,<u>殷</u>牲也。尊,酒器也。犧尊,以沙羽爲畫飾。象骨飾之。罍罌之器也,黃彝也。灌,酌鬱尊以獻也。瓚形如槃,容五升,以大圭爲柄,是謂圭瓚。篹,籩屬也,以竹爲之。雕,刻飾其直者也。爵,君所進於尸也。仍,因也,因爵之形爲之飾。加,加爵也。散、角,皆以璧飾其口也。梡,始有四足也。嶡爲之距。清廟,<u>周頌</u>也。象,謂<u>周頌武</u>也,以管播之。朱干,赤大盾也。戚,斧也。冕,冠名也。諸公之服,自袞冕而下,如王之服也。<u>大武</u>,<u>周</u>舞也。<u>大夏</u>,<u>夏</u>舞也。<u>周禮</u>:"昧師掌教昧樂。"詩曰:"以雅以南,以籥不僭。"廣,大也。○季夏,户嫁反,注及下"季夏"、"夏初"皆同。禘,大計反。大廟,音泰,

<hr>

① "于郊",<u>唐石經</u>、<u>撫州本</u>、<u>余仁仲本</u>、<u>岳本</u>、<u>嘉靖本</u>、八行本、<u>和本</u>、<u>閩本</u>、<u>監本</u>、<u>毛本</u>、<u>殿本</u>、<u>阮刻本</u>同;十行本"于"作"干",非。

② "旌旗",<u>撫州本</u>、<u>余仁仲本</u>、<u>岳本</u>、<u>嘉靖本</u>、八行本、<u>和本</u>、<u>閩本</u>、<u>監本</u>、<u>毛本</u>、<u>殿本</u>、<u>阮刻本</u>同;十行本作"旌其",非。

③ "魯",<u>撫州本</u>、<u>余仁仲本</u>、<u>岳本</u>、<u>嘉靖本</u>、八行本、<u>和本</u>、<u>閩本</u>、<u>監本</u>、<u>毛本</u>、<u>殿本</u>、<u>阮刻本</u>同;十行本作"故",非。

④ "載音戴弧音胡韣音獨弓衣也旂其依反本又作旗音其旒本又作斿力求反",<u>彙校</u>卷十二、<u>撫釋一</u>、<u>余仁仲本</u>同,<u>岳本</u>作"載音戴韣音獨弓衣也";<u>和本</u>、十行本、<u>閩本</u>、<u>監本</u>、<u>毛本</u>、<u>殿本</u>、<u>阮刻本</u>脱此三十字。

後“大廟”皆同①。犧象，素何反，注、下皆同。罍，音雷。灌，古亂反。瓚，才旦反，圭瓚也。彫，本亦作“雕”。簋，息緩反，又祖管反。琖，側眼反，夏爵名，用玉飾之。散，先旦反，注同②。梡，苦管反，虞俎名。嶡，居衛反，又作“厥”，音同③，夏俎名。梲，星曆反。昧，音妹。任，而林反，或而鴆反④。沙，素何反。彝，音夷。直，如字，柄也。盾，字又作楯，常準反，又音允。卷，本又作“袞”，同，音古本反，下文同。僣，七尋反，又則念反⑤。○重言“升歌清廟，下管象，朱干玉戚，冕而舞大武”二，一見祭義二十五篇，第二句作“下而象管”，第四句作“以舞大武”；又仲尼燕居有上二句；郊特牲云：“朱干設錫，冕而舞大武。”○“皮弁素積”，郊特牲：“三王皮弁素積。”祭義：“君皮弁素積。”

14·4○君卷冕立于阼，夫人副褘立于房中。君肉袒迎牲于門，夫人薦豆籩。卿大夫贊君，命婦贊夫人。各揚其職。百官廢職服大刑，而天下大服。副，首飾也，今之“步搖”是也。詩云：“副笄六珈。”周禮：“追師掌王后之首服，爲副。”褘，王后之上服，唯魯及王者之後夫人服之，諸侯夫人則自“揄翟”而下。贊，佐也。命婦，於内則世婦也，於外則大夫之妻也。祭祀，世婦以下佐夫人。揚，舉也。大刑，重罪也。天下大服，知周公之德宜饗此也⑥。○

---

① “季夏户嫁反注及下季夏夏初皆同禘大計反大廟音泰後大廟皆同”，岳本無此二十七字；彙校卷第十二、撫釋一、余仁仲本、和本、十行本、閩本、監本、毛本、殿本、阮刻本“初”作“礿”，是。

② “犧象素何反注下皆同罍音雷灌古亂反瓚才旦反圭瓚也彫本亦作雕簋息緩反又祖管反琖側眼反夏爵名用玉飾之散先旦反注同”，彙校卷第十二、撫釋一、余仁仲本、和本、十行本、閩本、監本、毛本、殿本、阮刻本同，岳本作“犧素何反下同瓚才贊反簋息緩反又祖管反琖側眼反夏爵名散先旦反”。

③ “又作厥音同”，岳本無此五字；彙校卷第十二、撫釋一“厥”作“撅”，余仁仲本、和本、十行本、閩本、監本、毛本、阮刻本作“橛”。

④ “任而林反或而鴆反”，彙校卷第十二、撫釋一、余仁仲本、和本、十行本、閩本、監本、毛本、殿本、阮刻本同，岳本作“任平聲”。

⑤ “彝音夷直如字柄也盾字又作楯常準反又音允卷本又作袞同音古本反下文同僣七尋反又則念反”，彙校卷第十二、撫釋一、余仁仲本、和本、十行本、閩本、監本、毛本、殿本、阮刻本同，岳本作“卷古本反下同僣七尋反又則念反”。

⑥ “知”，撫州本、余仁仲本、岳本、嘉靖本、八行本、和本、閩本、監本、毛本、殿本、阮刻本同；十行本作“之”，非。

褘，音輝，注同①。袒，音誕。搖，本又作"䍃"，同，以昭反。珈，音加②。追，丁回反。揄，羊昭反。重言"君卷冕立于阼，夫人副褘立于房中"二，一見祭統篇，"卷冕"作"純冕"，純，音緇。"房中"作"東房"。○"夫人薦豆籩"，祭統："夫人薦豆。"

14·5○是故夏礿、秋嘗、冬烝、春社、秋省而遂大蜡，天子之祭也。　不言"春祠"，魯在東方，主東巡守以春③，或闕之。省，讀爲"獮"。獮，秋田名也。春田祭社，秋田祀祊。大蜡，歲十二月索鬼神而祭之。○礿，音藥。省，讀爲"獮"④，仙淺反。蜡，仕嫁反。守，手又反⑤。祊，音方，又作"方"⑥。索，所白反。

14·6○大廟，天子明堂。庫門，天子皋門。雉門，天子應門。　言廟及門如天子之制也。天子五門，皋、庫、雉、應、路。魯有庫、雉、路，則諸侯三門與？皋之言高也，詩云："乃立皋門，皋門有伉。乃立應門，應門將將。"○與，音餘。伉，若浪反⑦。將將，七良反。

14·7○振木鐸於朝，天子之政也。　天子將發號令，必以木鐸警衆。○鐸，大各反。警，京領反⑧。

---

① "注同"，彙校卷第十二、撫釋一、余仁仲本、和本、十行本、閩本、監本、毛本、殿本、阮刻本同，岳本無此二字。

② "搖本又作䍃同以昭反珈音加"，彙校卷第十二、撫釋一、余仁仲本、和本、十行本、閩本、監本、毛本、殿本、阮刻本同，岳本無此十二字。

③ "主"，余仁仲本、岳本、嘉靖本、和本、十行本、阮刻本同；撫州本、八行本、閩本、監本、毛本、殿本作"王"，是。

④ "讀爲獮"，彙校卷第十二、撫釋一、余仁仲本、和本、十行本、閩本、監本、毛本、殿本、阮刻本同，岳本無此三字。

⑤ "守手又反"，彙校卷第十二、撫釋一、余仁仲本、和本、十行本、閩本、監本、毛本、殿本、阮刻本同，岳本無此四字。

⑥ "又作方"，岳本無此三字，彙校卷第十二、撫釋一、余仁仲本、和本、十行本、閩本、監本、毛本、殿本、阮刻本"又"上有"本"字，是。

⑦ "伉若浪反"，彙校卷第十二、撫釋一、余仁仲本、和本、十行本、閩本、監本、毛本、殿本、阮刻本同，岳本無此四字。

⑧ "鐸大各反警京領反"，彙校卷第十二、撫釋一、余仁仲本、和本、十行本、閩本、監本、毛本、殿本、阮刻本同，岳本無此八字。

14·8○山節，藻梲，復廟，重檐，刮楹，達鄉，反坫①，出尊，崇坫康圭，疏屏，天子之廟飾也。山節，刻欂盧爲山也②。藻梲，畫侏儒柱爲藻文也。復廟，重屋也。重檐，重承壁材也③。刮，刮摩也。鄉，牖屬，謂夾戶窗也，每室八窗爲四達。反坫，反爵之坫也。出尊，當尊南也。唯兩君爲好，既獻，反爵於其上。禮，君尊于兩楹之間。崇，高也。康，讀爲“亢龍”之亢，又爲高坫，亢所受圭，奠于上焉。屏，謂之樹，今桴思也④。刻之爲雲氣蟲獸⑤，如今闕上爲之矣。○藻，本又作“繰”，音早⑥。梲，專悅反。復，音福，注同。重，直龍反，注同。檐，以占反。刮，古八反。鄉，許亮反，注同。坫，丁念反。康，音抗，苦浪反。欂，音博，又皮麥反，一音旁各反，徐又薄歷反，字林平碧反⑦。盧，如字，本又作“櫨”，音同⑧。侏，音朱。劀，莫何反。爲好，呼報反⑨。桴思，音浮⑩。重言“山節藻梲”，禮器、雜記下各一。

---

① “坫”，撫州本、余仁仲本、岳本、嘉靖本、八行本、和本、十行本、閩本、監本、毛本、殿本、阮刻本作“坫”，是。

② “欂”，余仁仲本、岳本、嘉靖本、八行本、和本、十行本、閩本、監本、毛本、殿本、阮刻本同，撫州本作“薄”。

③ “壁”，撫州本、余仁仲本、岳本、嘉靖本、八行本、和本、十行本、閩本、監本、毛本、殿本、阮刻本作“壁”，是。

④ “桴”，余仁仲本、岳本、嘉靖本、和本、十行本、閩本、監本、毛本、殿本、阮刻本同，撫州本、八行本作“浮”。

⑤ “蟲”，余仁仲本、嘉靖本、和本、十行本、閩本、監本、毛本、殿本同；撫州本、岳本、八行本、阮刻本、吳氏朱批作“蟲”，是。

⑥ “藻本又作繰音早”，彙校卷第十二、撫釋一、余仁仲本、和本、十行本、閩本、監本、毛本、殿本、阮刻本同，岳本無此七字。

⑦ “梲專悅反復音福注同重直龍反注同檐以占反刮古八反鄉許亮反注同坫丁念反康音抗苦浪反欂音博又皮麥反一音旁各反徐又薄歷反字林平碧反”，彙校卷第十二、撫釋一、余仁仲本、和本、十行本、閩本、監本、毛本、殿本、阮刻本同，岳本作“梲專悅反復音福重直龍反檐以占反刮古八反鄉許亮反坫丁念反康音抗欂音博又皮麥反”。

⑧ “盧如字本又作櫨音同”，十行本、閩本同，岳本無此九字；彙校卷第十二、撫釋一、余仁仲本、和本、監本、毛本、殿本、阮刻本“櫨”作“櫨”，是。

⑨ “侏音朱劀莫何反爲好呼報反”，彙校卷第十二、撫釋一、余仁仲本、和本、阮刻本同，岳本無此十二字，十行本、閩本、監本、毛本、殿本“劀”作“摩”。

⑩ “桴思音浮”，彙校卷第十二、撫釋一、余仁仲本同，岳本作“桴音浮”，和本、十行本、閩本、監本、毛本、殿本、阮刻本“思”下衍“也”字。

14・9○鸞車，有虞氏之路也。鉤車，夏后氏之路也。大路，殷路也。乘路，周路也。鸞，有鸞、和也。鉤，有曲輿者也。大路，木路也。乘路，玉路也。漢祭天，乘殷之路也，今謂之桑根車也。春秋傳曰：“大路素。”鸞，或爲“欒”也。○鉤，古侯反。乘，徐食證反，注同。欒，力丸反①。

14・10○有虞氏之旂，夏后氏之綏，殷之大白，周之大赤。四者，旌旗之屬也。綏，當爲“緌”，讀如“冠蕤”之蕤。有虞氏當言緌，夏后氏當言旂，此蓋錯誤也。緌，謂注旄牛尾於杠首，所謂大麾。書云：“武王左杖黄鉞，右秉白旄以麾。”周禮：“王建大旂以賓，建大赤以朝，建大白以即戎，建大麾以田也。”○綏，依注爲“緌”②，耳佳反。注，之樹反。旄，音毛③。杠，音江。麾，毁皮反。左仗，直亮反。鉞，音越④。

14・11○夏后氏駱馬黑鬛，殷人白馬黑首，周人黄馬蕃鬛。

14・12○夏后氏牲尚黑，殷白牡，周騂剛。順正色也。白馬黑鬛曰駱。殷黑首，爲純白凶也。騂剛，赤色。○駱，音洛。鬛，力輒反。蕃鬛，字又作“番”，音煩。郭璞云：“兩披髮。”騂，息營反，又呼營反。正，音征，又如字。爲，于僞反⑤。

14・13○泰，有虞氏之尊也。山罍，夏后氏之尊也。著，殷尊也。犧、象，周尊也。泰用瓦。著，著地無足。○大，音泰，本亦作“泰”。著，直畧反。注同⑥。

———————————

①“乘徐食證反注同欒力丸反”，彙校卷第十二、撫釋一、余仁仲本、和本、十行本、閩本、監本、毛本、殿本、阮刻本同，岳本作“乘食證反”。

②“依注爲緌”，彙校卷十二、撫釋一、余仁仲本、和本、閩本、監本、毛本、殿本、阮刻本同，岳本無此四字；十行本“緌”作“綏”，非。

③“注之樹反旄音毛”，彙校卷第十二、撫釋一、余仁仲本、和本、十行本、閩本、監本、毛本、殿本、阮刻本同，岳本無此七字。

④“麾毁皮反左仗直亮反鉞音越”，彙校卷第十二、撫釋一、余仁仲本、和本、十行本、閩本、監本、毛本、殿本、阮刻本同，岳本無此十二字。

⑤“鬛力輒反蕃鬛字又作番音煩郭璞云兩披髮騂息營反又呼營反正音征又如字爲于僞反”，彙校卷第十二、撫釋一、余仁仲本、和本、十行本、閩本、監本、毛本、殿本、阮刻本同，岳本作“蕃音煩”。

⑥“大音泰本亦作泰著直畧反注同”，彙校卷第十二、撫釋一、余仁仲本、和本、閩本、監本、毛本、殿本同，岳本作“著直畧反”；十行本、阮刻本“音泰”作“音大”，非。

14·14〇爵，夏后氏以琖，殷以斝，周以爵。 斝，畫禾稼也。詩曰：“洗爵奠斝。”〇斝，音嫁，又古雅反，注同①。

14·15〇灌尊，夏后氏以雞夷，殷以斝，周以黃目。

14·16〇其勺，夏后氏以龍勺，殷以疏勺，周以蒲勺。 夷，讀爲彝。周禮：“春祠夏禴，裸用雞彝、鳥彝。秋嘗冬烝，裸用斝彝、黃彝。”龍，龍頭也。疏，通刻其頭。蒲，合蒲如鳧頭也。〇勺，而灼反②，下同。禴，音樂。裸，古亂反③。 ⟦重意⟧“周以黃目”，郊特牲：“黃目，欝氣之上尊也。”

14·17〇土鼓、蕢桴、葦籥，伊耆氏之樂也。 蕢，當爲“凷”，聲之誤也。籥如笛，三孔。伊耆氏，古天子有天下之號也。今有姓伊耆氏者。〇蕢，讀爲凷④，苦對反。桴，音浮。葦，于鬼反。籥，音藥。蕢，其位反，又苦怪反。笛，本又作“遂”，音狄⑤。 ⟦重意⟧“土鼓蕢桴”，禮運第九：“蕢桴而土鼓。”**拊搏、玉磬、揩擊、大琴、大瑟、中琴、小瑟，四代之樂器也。** 拊搏，以韋爲之，充之以穅，形如小鼓。揩擊，謂柷、敔，皆所以節樂者也。四代，虞、夏、殷、周也。〇拊，芳甫反。搏，音博⑥。揩，居八反，注同。大琴，徐本作“瑟”。穅，音康。柷，昌六反。敔，魚吕反，本又作“圉”⑦。

14·18〇魯公之廟，文世室也。武公之廟，武世室也。 此二廟，象周有文王、武王之廟也。世室者，不毁之名也。魯公，伯禽也。武公，伯禽

---

① “注同”，彙校卷第十二、撫釋一、余仁仲本、和本、十行本、閩本、監本、毛本、殿本、阮刻本同，岳本無此二字。

② “而灼反”，彙校卷第十二、撫釋一、余仁仲本、岳本、和本、十行本、閩本、監本、毛本、殿本、阮刻本“而”作“市”，是。

③ “下同禴音樂裸古亂反”，彙校卷第十二、撫釋一、余仁仲本、和本、十行本、閩本、監本、毛本、殿本、阮刻本同，岳本無此九字。

④ “讀爲凷”，彙校卷第十二、撫釋一、余仁仲本、和本、十行本、閩本、監本、毛本、殿本、阮刻本同，岳本無此三字。

⑤ “蕢其位反又苦怪反笛本又作遂音狄”，岳本無此十五字；彙校卷第十二、撫釋一、余仁仲本、和本、十行本、閩本、監本、毛本、殿本、阮刻本“遂”作“篴”，是。

⑥ “拊芳甫反搏音博”，彙校卷第十二、撫釋一、余仁仲本、和本、十行本、閩本、監本、毛本、殿本、阮刻本同，岳本無此七字。

⑦ “注同大琴徐本作瑟穅音康柷昌六反敔魚吕反本又作圉”，彙校卷第十二、撫釋一、余仁仲本、和本、十行本、閩本、監本、毛本、殿本、阮刻本同，岳本無此二十三字。

之玄孫也，名敖。

14·19○米廩，有虞氏之庠也。序，夏后氏之序也。瞽宗，殷學也。頖宮，周學也。庠、序，亦學也。庠之言詳也，於以考禮詳事也。魯謂之米廩，虞帝上孝，今藏粢盛之委焉。序，次序王事也。瞽宗，樂師瞽矇之所宗也。古者有道德者使教焉，死則以爲樂祖，於此祭之。頖之言班也，於以班政教也。○廩，力甚反①。頖，音判。委，于僞反，又作“積”，丁賜反。矇，音蒙②。

14·20○崇鼎、貫鼎、大璜、封父龜，天子之器也。崇、貫、封父，皆國名。文王伐崇。古者伐國，遷其重器，以分同姓。大璜，夏后氏之璜。春秋傳曰：“分魯公以夏后氏之璜。”○貫，古喚反。璜，音黃。父，音甫，注同③。分魯，扶問反。越棘、大弓，天子之戎器也④。越，國名也。棘，戟也。春秋傳曰：“子都拔棘。”

14·21○夏后氏之鼓足，殷楹鼓，周縣鼓。足，謂四足也。楹，謂之柱，貫中上出也。縣，縣之簨虡也。殷頌曰：“植我鼗鼓。”周頌曰：“應棟縣鼓。”○縣，音玄，注及下注同⑤。簨，本作“筍”，恤尹反。虡，音巨。植，市力反，又音置，徐音徒吏反，又徒力反。鼗，音桃。應，“應對”之應。棟，音胤⑥。

14·22○垂之和鐘⑦，叔之離磬，女蝸之笙簧。垂，堯之共工也，

---

① “廩力甚反”，彙校卷第十二、撫釋一、余仁仲本、和本、十行本、閩本、監本、毛本、殿本、阮刻本同，岳本無此四字。

② “又作積丁賜反矇音蒙”，余仁仲本、和本、十行本、閩本、監本、毛本、殿本、阮刻本同，岳本無此九字；彙校卷第十二、撫釋一“丁”作“子”，是。

③ “貫古喚反璜音黃父音甫注同”，彙校卷第十二、撫釋一、余仁仲本、和本、十行本、閩本、監本、毛本、殿本、阮刻本同，岳本無此十二字。

④ “天子”，撫州本、余仁仲本、岳本、嘉靖本、和本、十行本、閩本、監本、毛本、殿本、阮刻本同；八行本殘缺“子”字，潘本已補，足利本用墨筆補。

⑤ “注及下注同”，彙校卷第十二、撫釋二、余仁仲本、和本、十行本、閩本、監本、毛本、殿本、阮刻本同，岳本無此五字；撫釋一“及”誤作“反”。

⑥ “簨本作筍恤尹反虡音巨植市力反又音置徐音徒吏反又徒力反鼗音桃應應對之應棟音胤”，彙校卷第十二、撫釋一、余仁仲本、和本、閩本、監本、毛本、殿本、阮刻本同，岳本作“簨恤尹反虡音巨植市力反棟音胤”；十行本“市”作“而”，非。

⑦ “鐘”，唐石經、岳本、嘉靖本、和本、十行本、閩本、監本、毛本、殿本同；撫州本、余仁仲本、八行本、阮刻本作“鍾”。阮校曰：“垂之和鐘　閩、監、毛本同，石經同，（轉下頁注）

女媧，三皇承宓羲者①。叔，未聞也。和離，謂次序其聲縣也。笙簧，笙中之簧也。世本作曰："垂作鍾，無句作磬，女蝸作笙簧。"○鐘，章凶反，説文作"鍾"，以此鍾爲酒器，字林之用反②。媧，徐古蛙反，又古華反。共，音恭。宓，音密，本又作"虙"，音伏。戲，音義③。句，其俱反，字又作"劬"④。

14·23○夏后氏之龍簨虡，殷之崇牙，周之璧翣。簨虡，所以縣鐘磬也。橫曰簨，飾之以鱗屬；植曰虡，飾之以臝屬、羽屬。簨以大版爲之，謂之業，殷又於龍上刻畫之爲重牙，以挂縣紘也。周又畫繪爲翣，戴以璧⑤，垂五采羽於其下，樹於簨之角上，飾弥多也。周頌曰："設業設虡，崇牙樹羽。"○翣，所甲反，又作"菨"。植，市力反，徐徒力反⑥。臝，力果反。重，直龍反。掛，音掛。紘，徐音宏。載以，音戴⑦。重言"殷之崇牙，周之璧翣"二，下文一。

14·24○有虞之兩敦，夏后氏之四璉，殷之六瑚，周之八簋。皆黍、稷器，制之異同未聞。○敦，音對，又都雷反。連，本又作"璉"，同，力展反。瑚，音胡。簋，音軌⑧。

（接上頁注）岳本同，嘉靖本同。衛氏集説'鐘'作'鍾'。石經考文提要云：'宋本九經、南宋巾箱本、至善堂九經本並作"鍾"。'釋文出'和鍾'云：'説文作"鐘"，以此鍾爲酒器。'按此本疏中'和鐘'字作'鍾'，閩、監、毛本仍作'鐘'。"

①"羲"，撫州本、余仁仲本、嘉靖本、八行本、和本、十行本、閩本、監本、毛本、殿本、阮刻本同，岳本作"戲"。

②"鐘章凶反説文作鍾以此鍾爲酒器字林之用反"，余仁仲本、和本、十行本、閩本、監本、毛本同，岳本無此十九字，殿本下二"鍾"皆誤作"鐘"；彙校卷第十二、撫釋一、阮刻本"鍾章凶反説文作鐘以此鍾爲酒器字林之用反"，是。

③"媧徐古蛙反又古華反共音恭宓音密本又作虙音伏戲音義"，彙校卷第十二、撫釋一、余仁仲本、和本、閩本、監本、毛本、殿本、阮刻本同，岳本作"媧古蛙反"；十行本"密"作"○"，非。

④"字又作劬"，彙校卷第十二、撫釋一、余仁仲本、和本、十行本、閩本、監本、毛本、殿本、阮刻本同，岳本無此四字。

⑤"戴"，撫州本、余仁仲本、岳本、嘉靖本、八行本、和本、十行本、閩本、阮刻本同；監本、毛本、殿本作"載"，非。

⑥"又作菨植市力反徐徒力反"，彙校卷第十二、撫釋一、余仁仲本、和本、十行本、閩本、監本、毛本、殿本、阮刻本同，岳本無此十一字。

⑦"掛音掛紘徐音宏載以音戴"，岳本無此十一字；彙校卷第十二、撫釋一、余仁仲本、和本、十行本、閩本、監本、毛本、殿本、阮刻本"音掛"作"音卦"，"紘"作"絃"，是。

⑧"連本又作璉同力展反瑚音胡簋音軌"，彙校卷第十二、撫釋一、余仁仲本、（轉下頁注）

14·25○俎，有虞氏以梡，夏后氏以嶡，殷以椇，周以房俎。梡，斷木爲四足而已。嶡之言蹷也，謂中足爲橫距之象，周禮謂之“距”。椇之言枳椇也，謂曲橈之也。房，謂足下跗也，上下兩間有似於堂房。魯頌曰：“籩豆大房。”○椇[1]，俱甫反。斷，丁亂反，又丁管反[2]。蹷，俱衛反。橫，古曠反，又音光，又華盲反。枳，吉氏反。橈，音擾[3]。跗，方于反。

14·26○夏后氏以楬豆，殷玉豆，周獻豆。楬，無異物之飾也。獻，疏刻之。齊人謂無髮爲禿楬。○楬，徐苦瞎反，注同，又苦八反[4]。獻，素何反。禿，土木反[5]。

14·27○有虞氏服韍，夏后氏山，殷火，周龍章。韍，冕服之韠也。舜始作之，以尊祭服。禹、湯至周，增以畫文，後王弥飾也。山，取其仁可仰也。火，取其明也。龍，取其變化也。天子備焉，諸侯火而下，卿大夫山，士韍韋而已。韍，或作“黻”。○黻，音弗。韠，莫拜反。

14·28○有虞氏祭首，夏后氏祭心，殷祭肝，周祭肺。氣主盛也。

14·29○夏后氏尚明水，殷尚醴，周尚酒。此皆其時之用耳，言尚非。

14·30○有虞氏官五十，夏后氏官百，殷二百，周三百。周之六卿，其屬各六十，則周三百六十官也。此云“三百”者，記時冬官亡矣。昏義曰：

（接上頁注）和本、十行本、閩本、監本、毛本、殿本、阮刻本同，岳本無此十五字。

① “椇”，彙校卷第十二、撫釋一、余仁仲本、和本、十行本、閩本、監本、毛本、殿本、阮刻本同，岳本“椇”上衍“梡苦管反嶡居衛反”八字。

② “斷丁亂反又丁管反”，彙校卷第十二、撫釋一、余仁仲本、和本、十行本、閩本、監本、毛本、殿本、阮刻本同，岳本無此八字。

③ “枳吉氏反橈音擾”，彙校卷第十二、撫釋一、余仁仲本、和本、十行本、閩本、監本、毛本、殿本、阮刻本同，岳本無此七字。

④ “楬徐苦瞎反注同又苦八反”，彙校卷第十二、撫釋一、余仁仲本、和本、十行本、閩本、監本、毛本、殿本、阮刻本同，岳本作“楬苦瞎反”。

⑤ “禿土木反”，撫釋一、余仁仲本、和本、閩本、監本、毛本、殿本、阮刻本同，岳本無此四字；彙校卷十二“土”作“上”，十行本作“王”，皆非。

“天子立六官、三公、九卿、二十七大夫、八十一元士。”凡百二十。蓋謂夏時也。以夏、周推前後之差，有虞氏官宜六十，夏后氏宜百二十，殷宜二百四十，不得如此記也。**有虞氏之綏，夏后氏之綢練，殷之崇牙，周之璧翣。** 綏，亦旌旗之綏也。夏綢其杠，以練爲之旒。殷又刻繒爲重牙，以飾其側，亦飾弥多也。湯以武受命，恒以牙爲飾也。此旌旗及翣，皆喪葬之飾。周禮大喪葬，巾車“執蓋從車，持旌”，御僕“持翣”。旌從遣車，翣夾柩路左右前後。天子八翣，皆戴璧垂羽；諸侯六翣，皆戴圭；大夫四翣，士二翣，皆戴綏。孔子之喪，公西赤爲志，亦用此焉。爾雅説旌旗曰：“素錦綢杠，纁白緣①，素升龍於緣，練旒九。”○綏，耳佳反，注並同。綢，吐刀反，注同，徐音籌。從，才用反，下同。遣，棄戰反。夾，古洽反，柩，其久反。重，字又作“纕”，香云反。緣，所銜反②。重意“夏后”至“璧翣”，檀弓上：“飾棺牆置翣，設崇，殷也。綢練，夏也。”**凡四代之服、器、官，魯兼用之。是故魯，王禮也，天下傳之久矣，君臣未嘗相弒也，禮樂、刑法、政俗未嘗相變也。天下以爲有道之國，是故天下資禮樂焉。** 王禮，天子之禮也。傳，傳世也。資，取也。此蓋盛周公之德耳。春秋時，魯三君弒。又士之有誄，由莊公始。婦人髽而弔，始於臺駘。云“君臣未嘗相弒，政俗未嘗相變”，亦近誣矣。資，或爲“飲”。○傳，丈專反，注同。弒，本又作“殺”，音試，注同③。誄，力軌

①“纁白緣”，撫州本、余仁仲本、岳本、嘉靖本、八行本、和本、十行本、閩本、監本、毛本、殿本、阮刻本同，考證曰：“刊本‘帛’訛‘白’，今據爾雅、釋文改。”鍔案：王説是。
②“綏耳佳反注並同綢吐刀反注同徐音籌從才用反下同遣棄戰反夾古洽反柩其久反重字又作纕香云反緣所銜反”，岳本作“綏耳佳反綢吐刀反又音籌從才用反遣棄戰反”；彙校卷第十二、撫釋一、余仁仲本、和本、十行本、閩本、監本、毛本、殿本、阮刻本“重”作“纕”，是。
③“傳丈專反注同弒本又作殺音試注同”，彙校卷第十二、撫釋一、余仁仲本、和本、十行本、閩本、監本、毛本、殿本、阮刻本同，岳本無此十五字。

反。鬠，側瓜反①。臺，音胡。駘，大來反。近，如字，又“附近”之近②。

纂圖互注禮記卷之九③

①“鬠側瓜反”，彙校卷第十二、撫釋一、<u>余仁仲</u>本、<u>和</u>本、十行本、<u>閩</u>本、<u>監</u>本、<u>毛</u>本、<u>殿</u>本、<u>阮</u>刻本同，<u>岳</u>本無此四字。
②“駘大來反近如字又附近之近”，彙校卷第十二、撫釋一、<u>余仁仲</u>本、<u>和</u>本、十行本、<u>閩</u>本、<u>監</u>本、<u>毛</u>本、<u>殿</u>本、<u>阮</u>刻本同，<u>岳</u>本無此十二字。
③<u>撫州</u>本卷九末頁Ａ面第八行頂格題“禮記卷第九”，空三格題“經三千六百五十一字，注六千三百五十五字”。<u>余仁仲</u>本卷九末頁Ｂ面第四行頂格題“禮記卷第九”，第五行空四格題“經叁仟陸伯叁拾柒字”，第六行空四格題“注陸仟叁伯肆拾玖字”，第七行空四格題“音義叁仟叁伯陸拾壹字”，第九行空九格題“余仁仲刊于家塾”。<u>嘉靖</u>本卷九末頁Ｂ面第六行題“經三千六百三十七字，注六千三百四十九字”。<u>阮</u>刻本記“宋監本禮記卷第九，經三千六百五十一字，注六千三百五十五字。嘉靖本禮記卷第九，經三千六百三十七字，注六千三百四十九字”。

國家社科基金
後期資助項目

禮記鄭注彙校

Collected Emendations of Zheng Xuan's Annotation in the Book of Rites

下　册

王鍔　彙校

中華書局
ZHONGHUA BOOK COMPANY

纂圖互注禮記卷之十

喪服小記第十五○陸曰："鄭云：'以其記喪服之小義。'"①

禮記　　　　　　　　　　　　　　鄭氏注②

15·1斬衰，括髮以麻。爲母，括髮以麻，免而以布。母服輕，至免，可以布代麻也。爲母又哭而免。○衰，七雷反，下並同。括，古活反③。爲，于僞反，注及下注同④。免，音汶，篇内同。齊衰⑤，惡笄以終喪，笄所以卷髮，帶所以持身也。婦人質，於喪所以自卷持者，有除無變。○齊，音咨，又作齋⑥。笄，古兮反。卷，俱免反，下皆同⑦。男子冠而婦人笄，男子免而婦

---

①"陸曰鄭云以其記喪服之小義"，余仁仲本、和本、十行本、閩本、監本、毛本、殿本、阮刻本同，岳本無此十二字，彙校卷第十三、撫釋一無"陸曰"二字。

②撫州本題"禮記卷第十"，首行頂格書寫；次行頂格題"喪服小記第十五"，空二格題"鄭氏注"。余仁仲本題"禮記卷第十"，首行頂格書寫；次行頂格題"喪服小記第十五"，空七格題"鄭氏注"。嘉靖本題"禮記卷第十"，首行頂格書寫；次行頂格題"喪服小記第十五"，空一格題"禮記"，空二格題"鄭氏注"。

③"衰七雷反下並同括古活反"，彙校卷第十二、撫釋一、余仁仲本、和本、十行本、閩本、監本、毛本、殿本、阮刻本同，岳本作"衰音催下同"。

④"爲于僞反注及下注同"，彙校卷第十二、撫釋一、余仁仲本、和本、十行本、閩本、監本、毛本、殿本、阮刻本同，岳本作"爲去聲下爲父爲夫爲無爲出爲其同"。

⑤"齊衰"下，考補謂古本、活字本有"帶"字。

⑥"又作齋"，十行本、殿本同，岳本無此三字，閩本、監本、毛本"齋"作"齊"；彙校卷十二、撫釋一、余仁仲本、和本、阮刻本"齋"作"齋"，是。

⑦"下皆同"，彙校卷第十二、撫釋一、余仁仲本、和本、十行本、閩本、監本、毛本、殿本、阮刻本同，岳本無此三字。

"不繼祖、禰",則長子不必五世。○爲,于僞反,下注"爲君母"、"自爲己"同①。

庶子不祭殤與無後者,殤與無後者從祖祔食。 不祭殤者,父之庶也。不祭無後者,祖之庶也。此二者,當從祖祔食而已。不祭祖,無所食之也。共其牲物,而宗子主其禮焉,祖庶之殤②,則自祭之③。凡所祭殤者,唯適子耳。無後者,謂昆弟、諸父也。宗子之諸父無後者,爲墠祭之。○殤,音傷。祔,徐音附。所食,音嗣。共,音恭。墠,皇音善,徐徒丹反④。**庶子不祭禰者,明其宗也。** 謂宗子、庶子俱爲下士⑤,得立禰廟也。雖庶人亦然。

15・9○**親親、尊尊、長長,男女之有別,人道之大者也。** 言服之所以隆殺⑥。<u>重意</u>大傳、特牲、昏義:"男女有別。"

15・10○**從服者,所從亡則已。** 謂若爲君母之父母、昆弟、從母也。○已,音以⑦。**屬從者,所從雖没也,服。** 謂若自爲己之母黨。**妾從女君而出,則不爲女君之子服。** 妾爲女君之黨服,得與女君同。而今俱出⑧,女君猶爲子期,妾於義絕,無施服。○則不爲,于僞反,注"妾爲"、"猶爲"皆

---

① "爲于僞反下注爲君母自爲己同",彙校卷第十二、<u>撫釋</u>一、<u>余仁仲</u>本、和本、十行本、閩本、監本、毛本、殿本、阮刻本同,<u>岳</u>本作"爲下不爲若爲自爲爲女君猶爲爲妻爲適至爲君皆去聲"。

② "殤",<u>撫州</u>本、<u>余仁仲</u>本、<u>岳</u>本、<u>嘉靖</u>本、八行本、和本、閩本、監本、毛本、殿本、阮刻本同;十行本缺。

③ "自",<u>撫州</u>本、<u>余仁仲</u>本、<u>岳</u>本、<u>嘉靖</u>本、八行本、和本、閩本、監本、毛本、殿本、阮刻本同;十行本作"目",非。

④ "殤音傷祔徐音附所食音嗣共音恭墠皇音善徐徒丹反",<u>余仁仲</u>本、和本、十行本、閩本、監本、毛本、殿本、阮刻本同,<u>岳</u>本作"所食音嗣",彙校卷第十二、<u>撫釋</u>一"徒丹反"作"徒單反"。

⑤ "爲",<u>撫州</u>本、<u>余仁仲</u>本、<u>岳</u>本、<u>嘉靖</u>本、八行本、和本、閩本、監本、毛本、殿本、阮刻本同;十行本作"於",非。

⑥ "隆",<u>撫州</u>本、<u>余仁仲</u>本、<u>嘉靖</u>本、八行本、和本、十行本、閩本、監本、毛本、殿本、阮刻本同;<u>岳</u>本作"降",非。

⑦ "已音以",彙校卷第十二、<u>撫釋</u>一、<u>余仁仲</u>本、和本、十行本、閩本、監本、毛本、殿本、阮刻本同,<u>岳</u>本無此三字。

⑧ "俱出",<u>撫州</u>本、<u>余仁仲</u>本、<u>岳</u>本、<u>嘉靖</u>本、八行本、和本、殿本同,十行本、閩本、監本、毛本、阮刻本脱"出"字。阮校曰:"而今俱 <u>惠棟</u>校宋本'俱'下有'出'字,宋監本同,岳本同,嘉靖本同,<u>衛氏集説</u>同,考文引古本、足利本同。此本誤脱,閩、監、毛本同。"

同。期,音朞,下文及注"不及期"皆同①。施,以豉反。

15·11〇禮,不王不禘。禘,謂祭天。[重言]二,一見[大傳]十六篇。世子不降妻之父母;其爲妻也,與大夫之適子同。世子,天子、諸侯之適子也。不降妻之父母,爲妻故,親之也。爲妻,亦齊衰不杖者,君爲之主,子不得伸也。主言"與大夫之適子同",據服之成文也。本所以正見父在爲妻不杖,於大夫適子者,明大夫以上雖尊,猶爲適婦爲主。〇其爲妻,于僞反,注"爲妻"、"猶爲"皆同。伸,音申。正見,賢遍反。以上,時掌反,凡"以上"皆同②。

15·12〇父爲士,子爲天子、諸侯,則祭以天子、諸侯,其尸服以士服。祭以天子、諸侯,養以子道也。尸服士服,父本無爵,子不敢以己爵加之,嫌於卑之。〇養,以尚反。[重言]"父爲士",〇一見[中庸]。父爲天子、諸侯,子爲士,祭以士,其尸服以士服。謂父以罪誅,尸服以士服,不成爲君也。天子之子,當封爲王者後,以祀其受命之祖。云"爲士",則擇其宗之賢者若微子者,不必封其子。爲王者後,及所立爲諸侯者,祀其先君以禮卒者,尸服天子、諸侯之服。如遂無所封立,則尸也、祭也皆如士,不敢僭用尊者衣物。[重言]"子爲士,祭以士"二,一見[中庸]。

15·13〇婦當喪而出,則除之。爲父母喪:未練而出,則三年;既練而出,則已;未練而反,則期;既練而反,則遂之。當喪,當舅姑之喪也。出,除喪絶族也。〇爲,于僞反,下文"不爲"、注"不相爲"同③。

15·14〇再期之喪,三年也。期之喪,二年也。九月、七月之喪,三時也。五月之喪,二時也。三月之喪,一時也。言喪之節,應歲

---

① "則不爲于僞反注妄爲猶爲皆同期音朞下文及注不及期皆同",彙校卷第十二、撫釋一、余仁仲本、和本、十行本、閩本、監本、毛本、殿本、阮刻本同,岳本無此二十五字。

② "其爲妻于僞反注爲妻猶爲皆同伸音申正見賢遍反以上時掌反凡以上皆同",彙校卷第十二、撫釋一、余仁仲本、和本、十行本、閩本、監本、毛本、殿本、阮刻本同,岳本無此三十一字。

③ "爲于僞反下文不爲注不相爲同",彙校卷第十二、撫釋一、余仁仲本、和本、十行本、閩本、監本、毛本、殿本、阮刻本同,岳本無此十三字。

時之氣。○應，“應對”之應①。**故期而祭，禮也；期而除喪，道也；祭不爲除喪也。**此謂練祭也。禮，正月存親，親亡至今而期，期則宜祭。期，天道一變，哀側之情益衰②，衰則宜除，不相爲也。○衰衰，並色追反，下“益衰”同③。

三年而后葬者，必再祭；其祭之，間不同時，而除喪。再祭，練、祥也。間不同時者，當異月也。既祔，明月練而祭，又明月祥而祭。必異月者，以葬與練、祥本異歲，宜異時也。而除喪，已祥則除④，不禫。○禫，大感反。**大功者主人之喪，有三年者，則必爲之再祭；朋友，虞、祔而已。**謂死者之從父昆弟來爲喪主。有三年者，謂妻若子幼少，大功爲之再祭，則小功、緦麻爲之練祭可也。○必爲，于僞反，注“爲之”、下注“父爲之”、下“爲君”皆同。少，詩照反⑤。**士妾有子而爲之緦，無子則已。**士卑，妾無男女則不服⑥，不別貴賤⑦。**生不及祖父母、諸父、昆弟，而父稅喪，已則否。**謂子生於外者也。父以他故居異邦而生己，己不及此親存時歸見之，今其死，於喪服年月已過乃聞之，父爲之服。己則否者，不責非時之恩於人所不能也。當其時則服。稅，讀如“無禮則稅”之稅。稅喪者，喪與服不相當之言。○説喪，皇他活反，徐他外反，注及下同⑧。**爲君之父、母、妻、長子，君已除喪而后**

----

①“應應對之應”，彙校卷第十二、撫釋一、余仁仲本、和本、十行本、閩本、監本、毛本、殿本、阮刻本同，岳本無此五字。

②“側”，毛本同；撫州本、余仁仲本、岳本、嘉靖本、八行本、和本、十行本、閩本、監本、殿本、阮刻本作“惻”，是。

③“衰衰並色追反下益衰同”，彙校卷第十二、撫釋一、余仁仲本、和本、十行本、閩本、監本、毛本、殿本、阮刻本同，岳本無此十字。

④“喪已”，撫州本、余仁仲本、岳本、嘉靖本、八行本、和本、阮刻本同；十行本作墨釘，閩本、監本、毛本、殿本“已”誤“者”。阮校曰：“而除喪已祥則除　惠棟校宋本作‘已’”，宋監本同，岳本同，嘉靖本同，衛氏集説同。閩、監、毛本‘已’誤‘者’，此本‘喪已’二字闕。”

⑤“必爲于僞反注爲之下注父爲之下爲君皆同少詩照反”，彙校卷第十二、撫釋一、余仁仲本、和本、十行本、閩本、監本、毛本、殿本、阮刻本同，岳本無此二十二字。

⑥“無”，撫州本、余仁仲本、岳本、嘉靖本、八行本、和本、閩本、監本、毛本、殿本、阮刻本同；十行本作“燕”，非。

⑦“不別”，余仁仲本、岳本、嘉靖本、八行本、和本、十行本、閩本、監本、毛本、殿本、阮刻本同，撫州本脱“不”字。

⑧“説喪皇他活反徐他外反注及下同”，彙校卷第十二、撫釋一、余仁仲本、和（轉下頁注）

聞喪，則不稅。臣之恩輕也。謂卿大夫出聘問，以他故久留。降而在緦、小功者，則稅之。謂正親在齊衰、大功者。親緦、小功①，不稅矣。曾子問曰："小功不稅，則是遠兄弟終無服也。"此句補脫誤在是，宜承"父稅喪，己則否"。○補稅，音奪②。近臣，君服斯服矣。其餘從而服，不從而稅。謂君出，朝覲不時，反而不知喪者。如臣③，閹、寺之屬也。其餘，羣介、行人、宰、史也。○朝，直遙反。閹，音昏。介，音界④。君雖未知喪，臣服已。從服者，所從雖在外，自若服也。

15・15○虞，杖不入於室。祔，杖不升於堂。哀益衰，敬彌多也。虞於寢，祔於祖廟。

15・16○爲君母後者，君母卒，則不爲君母之黨服。徒從也。所從亡則已。○不爲，于僞反，下"妾爲君"、注"大夫爲庶子"同⑤。

15・17○絰殺五分而去一，杖大如絰。如要絰也。○去，起呂反，下"去杖"并注同。絰，大結反。要，一遙反，下文"要絰"、注"上至要"皆同⑥。

15・18○妾爲君之長子，與女君同。不敢以恩輕，輕服君之正統。除喪者，先重者。謂練，男子除乎首，婦人除乎帶。易服者，易輕者。謂

（接上頁注）本、十行本、閩本、監本、毛本、殿本、阮刻本同，岳本作"説音脱又音兑下同"。

①"親緦小功"，余仁仲本、嘉靖本、和本、十行本、閩本、監本、毛本、殿本、阮刻本同；撫州本、岳本、八行本"親"上有"正"字，是。阮校曰："親緦小功不稅矣　惠棟校宋本、宋監本、岳本、衛氏集説、考文引古本、足利本'親'上並有'正'字。"

②"補稅音奪"，彙校卷第十二、撫釋一、余仁仲本、和本、十行本、閩本、監本、毛本、殿本、阮刻本同，岳本無此四字。

③"如"，撫州本、余仁仲本、岳本、嘉靖本、八行本、和本、十行本、閩本、監本、毛本、殿本、阮刻本作"近"，是。

④"朝直遙反閹音昏介音界"，彙校卷第十二、撫釋一、余仁仲本、和本、十行本、閩本、監本、毛本、殿本、阮刻本同，岳本無此十字。

⑤"不爲于僞反下妾爲君注大夫爲庶子同"，彙校卷第十二、撫釋一、余仁仲本、和本、十行本、閩本、監本、毛本、殿本、阮刻本同，岳本作"不爲爲庶子爲慈爲舅爲母爲妻爲庶爲祖庶爲父爲其子爲爲眾爲出爲夫爲長室爲爲兄姑爲皆去聲"。

⑥"去起呂反下去杖并注同絰大結反要一遙反下文要絰注上至要皆同"，彙校卷第十二、撫釋一、余仁仲本、和本、十行本、閩本、監本、毛本、殿本、阮刻本同，岳本作"去起呂反絰大結反要平聲"。

大喪既虞、卒哭而遭小喪也。其易喪服，男子易乎帶，婦人易乎首。⬛重言“除喪者先重者”二，一見間傳三十七，“喪”字作“服”字。○“易服者易輕者”二，一見間傳。**無事不辟廟門，**鬼神尚幽闇也。廟，殯宮。○辟，婢亦反，徐扶亦反①。**哭皆於其次。**無時哭也。有事則入，即位。

15·19○**復與書銘，自天子達於士，其辭一也。男子稱名，婦人書姓與伯仲，如不知姓，則書氏。**此謂殷禮也。殷質，不重名，復則臣得名君。周之禮，天子崩，復曰：“皋！天子復。”諸侯薨，復曰：“皋！某甫復。”其餘及書銘則同。○“如不知姓”，一本無“知姓”二字②。⬛重意喪大記：“男子稱名，婦人稱字。”

15·20○**斬衰之葛，與齊衰之麻同。**經之大，俱七寸五分寸之一，帶五寸二十五分寸之十九。**齊衰之葛，與大功之麻同。**經之大，俱五寸二十五分寸之十九，帶四寸百二十五分寸之七十六。**麻同，皆兼服之。**皆者，皆上二事也。兼服之，謂服麻又服葛也。男子則經上服之葛，帶下服之麻；婦人則經下服之麻，固自帶其故帶也。所謂“易服易輕者”也。兼服之文，主於男子③。⬛重言

---

① “徐扶亦反”，彙校卷第十二、撫釋一、余仁仲本、和本、十行本、閩本、監本、毛本、殿本、阮刻本同，岳本無此四字。

② “如不知姓一本無知姓二字”，彙校卷第十二、撫釋一、余仁仲本、和本、十行本、閩本、監本、毛本、殿本、阮刻本同，岳本無此十一字。

③ 經文“麻同皆兼服之”及注文“皆者”至“男子”六十七字，撫州本、余仁仲本、岳本、嘉靖本、八行本同，十行本、閩本、監本、阮刻本脱；毛本此頁乃卷三十三之第三頁，係後人重抄，補足此六十七字，惟經文“麻同”之“同”誤作“葛”，注文“自帶”之“帶”誤作“當”，“之文”之“文”誤作“又”；和本、殿本脱注文“兼服之謂服麻又服葛也”、“所謂易服易輕者也”十八字，注文“固”誤作“同”，“主於男子”下衍“也”字。阮校曰：“麻同皆兼服之　惠棟校宋本有此一句，在‘齊衰之葛’節注‘七十六’之下，石經同，宋監本同，岳本同，嘉靖本同，衛氏集説同，陳澔集説同，考文引古本、足利本同。石經考文提要云：‘宋大字本、宋本九經、南宋巾箱本、余仁仲本、劉叔剛本、至善堂九經本並如此。’毛本亦有，惟‘同’字作‘葛’。此本六字脱，閩、監本同。岳本考證云：‘永懷堂本脱此句。’”又曰：“皆者皆上二事也兼服之謂服麻又服葛也男子則經上服之葛帶下服之麻婦人則經下服之麻固自帶其故帶也所謂易服易輕者也兼服之文主於男子　此六十一字，係‘麻同皆兼服之’注，惠棟校宋本有，宋監本同，岳本同，嘉靖本同。衛氏集説同，惟無‘皆者皆上二事也’七字。毛本亦有，惟‘固自帶’之‘帶’誤‘當’，‘兼服之文’，‘文’誤‘又’。此本全脱，閩、監本同。”

二,一見閒傳二十七,皆有"則"字。

15·21○報葬者報虞,三月而后卒哭。報,讀爲"赴疾"之赴,謂不及期而葬也。既葬即虞,虞,安神也。卒哭之祭,待哀殺也。○報,依注音赴,芳付反,下同①。

15·22○父母之喪偕,先葬者不虞、祔,待後事。其葬,服斬衰。偕,俱也。謂同月若同日死也。先葬者,母也。曾子問曰:"葬,先輕而後重。"又曰:"反葬,奠而後辭於殯,遂脩葬事。其虞也,先重而後輕。"待後事,謂如此也。其葬,服斬衰者,喪之隆哀宜從重也。假令父死在前月,而同月葬,猶服斬衰,不葬不變服也。言"其葬,服斬衰",則虞、祔各以其服矣。及練、祥皆然。卒事反服重。○偕,音偕。令,力呈反②。

15·23○大夫降其庶子,其孫不降其父。祖不厭孫也。大夫爲庶子大功。○厭,一妾反,徐於艷反,下文、注皆同③。大夫不主士之喪。士之喪雖無主,不敢攝大夫以爲主。

15·24○爲慈母之父母無服。恩不能及。○爲,于僞反,下"其妻爲"、"爲母喪"、"爲妻禫"、"爲庶母"、"爲祖庶母"皆同④。

15·25○夫爲人後者,其妻爲舅姑大功。以不貳降⑤。○降,一本作"降"⑥。

————————————

① "報依注音赴芳付反下同",彙校卷第十二、撫釋一、余仁仲本、和本、十行本、閩本、監本、毛本、殿本、阮刻本同,岳本作"報音赴"。

② "偕音偕令力呈反",岳本、毛本無此七字;彙校卷第十二、撫釋一、余仁仲本、和本、十行本、閩本、監本、殿本、阮刻本下"偕"字作"皆",是。

③ "徐於艷反下文注皆同",彙校卷第十二、撫釋一、余仁仲本、和本、十行本、閩本、監本、毛本、殿本、阮刻本同,岳本無此九字。

④ "爲于僞反下其妻爲爲母喪爲妻禫爲庶母爲祖庶母皆同",岳本無此二十三字;彙校卷第十二、撫釋一、余仁仲本、和本、十行本、閩本、監本、毛本、殿本、阮刻本"喪"作"之",是。

⑤ "降",余仁仲本、岳本、嘉靖本、和本、十行本、閩本、監本、毛本、殿本、阮刻本同;撫州本、八行本作"隆",是。阮校曰:"以不貳降　考文引宋板作'隆',衛氏集説同,此本'隆'作'降',閩、監、毛本同,岳本同,嘉靖同。釋文出'不貳降'云:'本作"隆"。'盧文弨校云:'宋本作"隆"是也。'"

⑥ "降一本作降",岳本無此五字;彙校卷第十二、撫釋一、余仁仲本、和本、十行本、閩本、監本、毛本、殿本、阮刻本下"降"字作"隆",是。

15・26○士祔於大夫，則易牲。不敢以卑牲祭尊也。大夫少牢也。

15・27○繼父不同居也者，必嘗同居，皆無主後。同財而祭其祖禰爲同居，有主後者爲異居。錄恩服深淺也。見同財則期；同居異財，故同居，今異居，及繼父有子，亦爲異居，則三月；未嘗同居，則不服。○見，賢遍反①。

15・28○哭朋友者，於門外之右，南面。變於有親者也。門外，寢門外。

15・29○祔葬者不筮宅。宅，葬地也。前人葬既筮之。

15・30○士大夫不得祔於諸侯，祔於諸祖父之爲士大夫者。其妻祔於諸祖姑，哀祔於妾祖姑②，亡則中一以上而祔，祔必以其昭穆。士大夫，謂公子、公孫爲士大夫者。不得祔於諸侯，卑別也。既卒哭，各就其先君爲祖者兄弟之廟而祔之。中，猶間也。○亡，如字，又音無。昭，常遙反，後“昭穆”皆放此。間，“間厠”之間③。諸侯不得祔於天子。天子、諸侯、大夫可以祔於士。人莫敢卑其祖也。

15・31○爲母之君母，母卒則不服。母之君母，外祖適母，徒從也，所從亡則已。

15・32○宗子，母在爲妻禫。宗子之妻尊也。

15・33○爲慈母後者，爲庶母可也，爲祖庶母可也。謂父命之爲子母者也。即庶子爲後，此皆子也。傳重而已，不先命之與適妻使爲母子也。緣爲慈母後之義，父之妾無子者，亦可命己庶子爲後。

---

①“見賢遍反”，彙校卷第十二、撫釋一、余仁仲本、和本、十行本、閩本、監本、毛本、殿本、阮刻本同，岳本作“見音現”。

②“哀”，唐石經、撫州本、余仁仲本、岳本、嘉靖本、八行本、和本、十行本、閩本、監本、毛本、殿本、阮刻本、吳氏朱批作“妾”，是。

③“昭常遙反後昭穆皆放此間間厠之間”，彙校卷第十二、撫釋一、余仁仲本、和本、十行本、閩本、監本、毛本、殿本、阮刻本同，岳本作“昭音韶後放此”。

15·34○爲父、母、妻、長子禫。目所爲禫者也①。○爲父母，于僞反，注"目所爲"、下文"則爲其母"、"子爲妻"、下注"恩爲己"、"爲之變"、"爲今死者"皆同②。

15·35○慈母與妾母，不世祭也。以其非正，春秋傳曰："於子祭，於孫止。"

15·36○丈夫冠而不爲殤，婦人笄而不爲殤。言成人也。婦人許嫁而笄，未許嫁，與丈夫同。○冠，古亂反。爲殤後者，以其服服之。言"爲後"者，據承之也。殤無爲人父之道，以本親之服服之。久而不葬者，唯主喪者不除，其餘以麻終月數者，除喪則已。其餘，謂旁親也。以麻終月數，不葬者喪不變也。

15·37○箭笄終喪三年。亦於喪所以自卷持者，有除無變。

15·38○齊衰三月，與大功同者繩屨。雖尊卑異，於恩有可同也。

15·39○練，筮日、筮尸、視濯，皆要絰、杖、繩、屨，有司告具而后去杖③。筮日、筮尸，有司告事畢，而后杖拜送賓。臨事去杖，敬也。濯，謂漑祭器也。○濯，大角反。漑，古代反④。大祥，吉服而筮尸。凡變除者，必服其吉服以即祭事，不以凶臨吉也。間傳曰："大祥，素縞麻衣。"○縞，古老反⑤。

15·40○庶子在父之室，則爲其母不禫。妾子，父在厭也。庶

---

①"目"，撫州本、余仁仲本、嘉靖本、八行本同；岳本、和本、十行本、閩本、監本、毛本、殿本、阮刻本作"自"，非。

②"爲父母于僞反注目所爲下文則爲其母子爲妻下注恩爲己爲之變爲今死者皆同"，彙校卷第十二、撫釋一、余仁仲本、和本、十行本、閩本、監本、毛本、殿本、阮刻本同，岳本無此三十三字。

③"具"，唐石經、撫州本、余仁仲本、岳本、嘉靖本、八行本、和本、閩本、監本、毛本、殿本、阮刻本同；十行本作"其"，非。

④"濯大角反漑古代反"，彙校卷第十二、撫釋一、余仁仲本、和本同，岳本無此八字，十行本、閩本、監本、毛本、殿本、阮刻本"古"作"故"。

⑤"縞古老反"，彙校卷第十二、撫釋一、余仁仲本、和本、十行本、閩本、監本、毛本、殿本、阮刻本同，岳本無此四字。

子不以杖即位，下適子也。位，朝夕哭位也。○下適，戶嫁反，下丁歷反①。
父不主庶子之喪，則孫以杖即位可也。祖不厭孫，孫得伸也。○伸，
音申②。父在，庶子爲妻，以杖即位可也。舅不主妾之喪，子得伸也。

　　15·41○諸侯弔於異國之臣，則其君爲主。君爲之主，弔臣，恩
爲己也③。子不敢當主，中庭北面哭，不拜。

　　15·42○諸侯弔，必皮弁錫衰。所弔雖已葬，主人必免。主
人未喪服，則君亦不錫衰。必免者，尊人君，爲之變也。未喪服，未成服
也。既殯成服。

　　15·43○養有疾者不喪服，遂以主其喪。不喪服，求生主吉，惡
其凶也。遂以主其喪，謂養者有親也，死則當爲之主。其爲主之服，如素無喪
服。○養，羊尚反。惡，烏路反④。非養者入主人之喪，則不易己之喪
服。入，猶來也。謂養者無親於死者，不得爲主，其有親來爲主者。素有喪服而
來爲主，與素無服者異。素無服、素有服，爲今死者當服，則皆三日成也。養尊
者必易服，養卑者否。尊，謂父兄。卑，謂子弟之屬。

　　15·44○妾無妾祖姑者，易牲而祔於女君可也。女君，適祖姑
也。易牲而祔，則凡妾，下女君一等。○適，丁歷反。下，戶嫁反⑤。

　　15·45○婦之喪，虞、卒哭，其夫若子主之；祔則舅主之。婦謂
凡適婦、庶婦也。虞、卒哭祭婦，非舅事也。祔於祖廟，尊者宜主焉。士不攝大
夫，士攝大夫唯宗子。士之喪雖無主，不敢攝大夫以爲主。宗子尊，可以攝

<hr />

① “下適戶嫁反下丁歷反”，彙校卷第十二、撫釋一、余仁仲本、和本、十行本、閩本、監本、
毛本、殿本、阮刻本同，岳本無此九字。
② “伸音申”，彙校卷第十二、撫釋一、余仁仲本、和本、十行本、閩本、監本、毛本、殿本、阮
刻本同，岳本無此三字。
③ “爲”，撫州本、余仁仲本、岳本、嘉靖本、八行本、十行本、閩本、監本、毛本、殿本、阮刻本
同；和本、吳氏朱批作“無”，非。
④ “養羊尚反惡烏路反”，彙校卷第十二、撫釋一、余仁仲本、和本、十行本、閩本、監本、毛
本、殿本、阮刻本同，岳本作“養去聲下同惡去聲”。
⑤ “適丁歷反下戶嫁反”，彙校卷第十二、撫釋一、余仁仲本、和本、十行本、閩本、監本、毛
本、殿本、阮刻本同，岳本無此八字。

之。**主人未除喪,有兄弟自他國至,則主人不免而爲主。**親質,不崇敬也。

15·46○**陳器之道,多陳之而省納之,可也;省陳之而盡納之,可也。**多陳之,謂賓客之就器也,以多爲榮。省陳之,謂主人之明器也①,以節爲禮。○省,所領反,下及注同②。

15·47○**奔兄弟之喪,先之墓而後之家,爲位而哭。所知之喪,則哭於宮,而后之墓。**兄弟,先之墓,骨肉之親,不由主人也。宮,故殯宮也。

15·48○**父不爲衆子次於外。**於庶子畧,自若居寢。○爲,于僞反,下注“猶來爲”、下文“爲出母”、“爲夫杖”同③。

15·49○**與諸侯爲兄弟者服斬。**謂卿大夫以下也。與尊者爲親,不敢以輕服服之。言諸侯者,明雖在異國,猶來爲三年也。**下殤小功,帶澡麻不絕本,詘而反以報之。**報,猶合也。下殤小功,本齊衰之親④,其絰、帶,澡率治麻爲之⑤。帶不絕其本,屈而上至要,中合而糺之,明親重也。凡殤,散帶垂⑥。○澡麻,本又作“藻”,音早,一本無“麻”字。不絕,本或作“不絕本”,非也⑦。詘,丘

---

① “主人”,撫州本、余仁仲本、岳本、嘉靖本、和本、十行本、閩本、監本、毛本、殿本、阮刻本同;八行本“主”作“之”,非。

② “下及注同”,彙校卷第十二、撫釋一、余仁仲本、和本、十行本、閩本、監本、毛本、殿本、阮刻本同,岳本無此四字。

③ “爲于僞反下注猶來爲下文爲出母爲夫杖同”,彙校卷第十二、撫釋一、余仁仲本、和本、十行本、閩本、監本、毛本、殿本、阮刻本同,岳本無此十八字。

④ “衰”,撫州本、余仁仲本、岳本、嘉靖本、八行本、和本、閩本、監本、毛本、殿本、阮刻本同,十行本作墨釘。

⑤ “之”,撫州本、余仁仲本、岳本、嘉靖本、八行本、和本、阮刻本同,十行本、閩本、監本、毛本、殿本作“經”,非。阮校曰:“澡率治麻爲之　惠棟校宋本作‘之’,宋監本同,岳本同,嘉靖本同,衛氏集説同。此本‘之’誤‘經’,閩、監、毛本同。”

⑥ “帶”,撫州本、余仁仲本、岳本、嘉靖本、八行本、和本、毛本、殿本、阮刻本同;十行本、閩本、監本作“絕”,非。阮校曰:“凡殤散帶垂　毛本作‘帶’,岳本同,嘉靖本同,衛氏集説同。此本‘帶’誤‘絕’,閩、監本同。釋文出‘散帶’,正義同。”

⑦ “澡麻本又作藻音早一本無麻字不絕本或作不絕本非也”,彙校卷第十二、撫釋一、余仁仲本、阮刻本同,岳本作“澡音早”;和本、十行本、閩本、監本、毛本、殿本“不”作“子”,非。

勿反。澡率,上音早,下所律反,又音律。上,時掌反。糾,居黝反,徐居糾反。散,先但反,下文、注並同①。**婦祔於祖姑,祖姑有三人,則祔於親者。**謂舅之母死②,而又有繼母二人也。親者,謂舅所生。

15·50○**其妻,爲大夫而卒,而后其夫不爲大夫,而祔於其妻,則不易牲。妻卒而后夫爲大夫,而祔於其妻,則以大夫牲。**妻爲大夫,夫爲大夫時卒,不易牲,以士牲也。此謂始來仕無廟者,無廟者不祔。宗子去國,乃以廟從。○從,才用反③。

15·51○**爲父後者爲出母無服,無服也者,喪者不祭故也。**適子正體於上,當祭祖也④。重言"爲父後者爲出母無服"二,見篇首。

15·52○**婦人不爲主而杖者:姑在爲夫杖;**姑不厭婦。**母爲長子削杖;**嫌服男子當杖竹也。母爲長子服,不可以重於子爲己也。**女子子在室爲父母,其主喪者不杖,則子一人杖。**女子子在室,亦童子也。無男昆弟,使同姓爲攝主,不杖,則子一人杖,謂長女也。許嫁及二十而笄,笄爲成人,成人正杖也。重言"女子子"二,一見曲禮上。

15·53○**緦、小功,虞、卒哭則免。**棺柩已藏,嫌恩輕,可以不免也。言"則免"者,則既殯、先啓之間,雖有事不免。**既葬而不報虞,則雖主人皆冠,及虞則皆免。**有故不得疾虞,雖主人皆冠,不可久無飾也。皆免,自主人

---

①"澡率上音早下所律反又音律上時掌反糾居黝反徐居糾反散先但反下文注並同",彙校卷第十二、撫釋一、余仁仲本、和本、閩本、監本、毛本、殿本、阮刻本同,岳本作"率所律反又音律";十行本"上時"作"下時",非。

②"之",撫州本、余仁仲本、岳本、嘉靖本、八行本、和本、阮刻本同;十行本、閩本、監本、毛本、殿本作"姑",非。阮校曰:"謂舅之母死　惠棟校宋本作'之',宋監本同,岳本同,嘉靖本同,衛氏集說同,考文引古本、足利本同。此本'之'誤'姑',閩、監、毛本同。"

③"從才用反",彙校卷第十二、撫釋一、余仁仲本、和本、十行本、閩本、監本、毛本、殿本、阮刻本同,岳本作"從去聲"。

④"祖",十行本作"礼",閩本、監本、毛本、殿本作"禮";撫州本、余仁仲本、岳本、嘉靖本、八行本、和本、阮刻本作"祀",是。阮校曰:"當祭祀也　惠棟校宋本作'祀',岳本同,嘉靖本同,考文引古本、足利本同。此本'祀'誤'禮',閩、監、毛本同,衛氏集說同。"

至緦麻。○報，音赴，下同。冠，如字，又古亂反，下及注皆同①。**爲兄弟既除喪已，及其葬也，反服其服，報虞、卒哭則免，如不報虞則除之。** 小功以下②。○爲，于僞反，下注"爲人君"、"爲母"、下文"爲之小功"皆同③。**遠葬者，比反哭者皆冠，及郊而后免，反哭。** 墓在四郊之外。○比，必利反。**君弔，雖不當免時也，主人必免，不散麻。雖異國之君免也，親者皆免。** 不散麻者，自若絞垂，爲人君變，貶於大斂之前、既啓之後也。親者，大功以上也。異國之君"免"，或爲"弔"。○絞，古卯反。**除殤之喪者，其祭也必玄。** 殤無變，文不縞④。冠、玄端、黄裳而祭，不朝服，未純吉也。於成人爲釋禫之服。○朝，直遥反，下文同⑤。

15·54○**除成喪者，其祭也，朝服縞冠。** 成，成人也。縞冠，未純吉祭服也。既祥祭，乃素縞麻衣。

15·55○**奔父之喪，括髮於堂上，袒，降踊，襲絰于東方。奔母之喪，不括髮，袒於堂上，降踊，襲免于東方，絰。即位成踊，出門，哭止，三日而五哭，三袒。** 凡奔喪，謂道遠，已殯乃來也。爲母不括髮，以至成服，一而已，貶於父也。"即位"以下，於父母同也。三日五哭者，始至訖夕反位哭，乃出就次，一哭也；與明日、又明日之朝夕而五哭。三袒者，始至袒，與明日、又明日之朝而三也。

---

① "及注皆"，彙校卷第十二、撫釋一、<u>余仁仲</u>本、和本、十行本、閩本、監本、毛本、殿本、阮刻本同，<u>岳</u>本無此三字。

② "小功"，撫州本、<u>余仁仲</u>本、<u>岳</u>本、八行本、和本、閩本、監本、毛本、殿本、阮刻本同；十行本"功"作"力"，非。

③ "爲于僞反下注爲人君爲母下文爲之小功皆同"，彙校卷第十二、撫釋一、<u>余仁仲</u>本、和本、十行本、閩本、監本、毛本、殿本、阮刻本同，<u>岳</u>本無此十九字。

④ "縞"，撫州本、<u>余仁仲</u>本、<u>嘉靖</u>本、八行本、十行本、閩本、監本、毛本、阮刻本同；<u>岳</u>本、和本、殿本、<u>吴氏</u>朱批作"縟"，是。<u>阮</u>校曰："文不縞　閩、監、毛本同，<u>嘉靖</u>本、<u>衛氏</u>集說同，<u>岳</u>本'縞'作'縟'，釋文出'不縟'。<u>段玉裁</u>校本從<u>九經三傳</u>沿革例作'文不縟'，按：<u>段</u>是也。"

⑤ "朝直遥反下文同"，彙校卷第十二、撫釋一、<u>余仁仲</u>本、和本、十行本、閩本、監本、毛本、殿本、阮刻本同，<u>岳</u>本無此七字。又，彙校卷第十二、撫釋一"朝"上有"不縟音辱"四字。

15·56○**適婦不爲舅後者，則姑爲之小功。**謂夫有廢疾他故，若死而無子，不受重者。小功，庶婦之服也。凡父母於子、舅姑於婦，將不傳重於適，及將所傳重者非適，服之皆如庶子、庶婦也。

大傳第十六○陸曰："鄭云：'以其記祖宗人親之大義，故以**大傳**爲篇。'"①

鄭氏注

16·1 **禮，不王不禘。王者禘其祖之所自出，以其祖配之。**凡大祭曰禘。自，由也。大祭其先祖所由生，謂郊祀天也。王者之先祖，皆感大微五帝之精以生，蒼則靈威仰，赤則赤熛怒，黃則含樞紐，白則白招拒，黑則汁光紀，皆用正歲之正月郊祭之，蓋特尊焉。孝經曰"郊祀后稷以配天"，配靈威仰也。"宗祀又正於明堂②，以配上帝"，汎配五帝也。○不王，如字，又于況反，下同。禘，徒細反，下同③。大微，音泰，下文、注"大祖"、"大王"皆同。熛，必遙反。樞，昌朱反。紐，女九反。拒，俱甫反。叶，本又作"汁"，戶牒反。汎配，芳劍反④。○重言二，並見前篇。**諸侯及其大祖，**大祖，受封君也。**大夫、士有大事，省於其君，干祫及其高祖。**大事，寇戎之事也。省，善也。善於其君，謂免於大難也。干，猶空也。空祫，謂無廟，祫祭之於壇墠。○省，舊仙善反，案爾雅云，省即訓善，息靖反，無煩改字。祫，徐音洽。難，乃旦反。壇，大丹反。墠，音善⑤。

---

① "陸曰鄭云以其記祖宗人親之大義故以大傳爲篇"，<u>余仁仲</u>本、<u>和</u>本、<u>十行</u>本、<u>閩</u>本、<u>監</u>本、<u>毛</u>本、<u>殿</u>本、<u>阮</u>刻本同，<u>岳</u>本無此二十字，彙校卷第十三、撫釋一無"陸曰"二字。

② "又正"，撫州本、<u>余仁仲</u>本、<u>岳</u>本、<u>嘉靖</u>本、八行本、<u>和</u>本、十行本、<u>閩</u>本、<u>監</u>本、毛本、<u>殿</u>本、<u>阮</u>刻本作"文王"，是。

③ "不王如字又于況反下同禘徒細反下同"，彙校卷第十二、撫釋一、<u>余仁仲</u>本、<u>和</u>本、十行本、<u>閩</u>本、<u>監</u>本、毛本、<u>殿</u>本、<u>阮</u>刻本同，<u>岳</u>本無此十六字。

④ "大微音泰下文注大祖大王皆同熛必遙反樞昌朱反紐女九反拒俱甫反叶本又作汁戶牒反汎配芳劍反"，彙校卷第十二、撫釋一、<u>余仁仲</u>本、<u>和</u>本、十行本、<u>閩</u>本、<u>監</u>本、毛本、<u>殿</u>本、<u>阮</u>刻本同，<u>岳</u>本作"大微音泰下大祖大王同熛音標拒俱甫反汁音叶"。

⑤ "省舊仙善反案爾雅云省即訓善息靖反無煩改字祫徐音洽難乃旦反壇大丹（轉下頁注）

16・2○**牧之野，武王之大事也。**既事而退，柴於上帝，祈於社，設奠於牧室。柴、祈、奠，告天地及先祖也。牧室，牧野之室也。古者郊關皆有館焉。先祖者，行主也。○重意“柴於上帝，祈於社”，王制：“類于上帝，宜于社。”**遂率天下諸侯，執豆籩，逡奔走。**逡，疾也。疾奔走，言勸事也。周頌曰：“逡奔走在廟。”○逡，息俊反，注同①。**追王大王亶父、王季歷、文王昌，不以卑臨尊也。**不用諸侯之號臨天子也。文王稱王早矣，於殷猶爲諸侯，於是著焉。○追王，于況反。亶，丁但反。父，音甫。著，知慮反②。

16・3○**上治祖禰，尊尊也。下治子孫，親親也。旁治昆弟，合族以食，序以昭繆。別之以禮義，人道竭矣。**治，猶正也。繆，讀爲“穆”，聲之誤也。竭，盡也。○禰，本或作“祢”，羊禮反③。繆，音木。別，彼列反，下至“其庶姓別”文、注並同④。繆，讀莫侯反，又音繆⑤。重言“尊尊也”二，下文一。“親親也”四，下文、文王世子八、中庸三十各一⑥。

16・4○**聖人南面而聽天下，所且先者五，民不與焉。**且先，言未遑餘事。○聽，絺寧反⑦。與，音預。**一曰治親，二曰報功，三曰舉賢，四曰**

（接上頁注）反墠音善”，彙校卷第十二、撫釋一、余仁仲本、和本、十行本、閩本、監本、毛本、殿本、阮刻本同，岳本作“省仙善反又息靖反袷音洽難去聲”。

①“注同”，彙校卷第十二、撫釋一、余仁仲本、和本、十行本、閩本、監本、毛本、殿本、阮刻本同，岳本無此二字。

②“亶丁但反父音甫著知慮反”，彙校卷第十二、撫釋一、余仁仲本、和本、十行本、閩本、監本、毛本、殿本、阮刻本同，岳本無此十一字。

③“禰本或作祢羊禮反”，岳本無此八字，和本、十行本、閩本、監本、毛本、殿本、阮刻本“祢”誤作“禰”；彙校卷第十二、撫釋一、余仁仲本、和本、十行本、閩本、監本、毛本、殿本、阮刻本“羊”作“年”，是。

④“至其庶姓別文注”，彙校卷第十二、撫釋一、余仁仲本、和本、十行本、閩本、監本、毛本、殿本、阮刻本同，岳本無此七字。

⑤“繆讀莫侯反又音繆”，彙校卷第十二、撫釋一、余仁仲本、和本、十行本、閩本、監本、毛本、殿本、阮刻本同，岳本無此八字。

⑥“三十”下，當補“一”字，中庸是禮記第三十一篇。

⑦“絺寧反”，彙校卷第十二、撫釋一、余仁仲本、岳本、和本、十行本、閩本、監本、毛本、殿本、阮刻本“絺”作“體”，是。

使能,五曰存愛。功,功臣也。存,察也,察有仁愛者。**五者一得於天下,民無不足,無不贍者。五者一物紕繆,民莫得其死。**物,猶事也。紕繆①,猶錯也。五事得則民足,一事失則民不得其死,明政之難。○贍,本又作"儋"②,食艷反。紕,匹弥反③,徐孚夷反,又方齊反④。繆,音謬,本或作"謬"⑤。**聖人南面而治天下,必自人道始矣。**人道,謂此五事。重意見禮器第十。**立權度量,考文章,改正朔,易服色,殊徽號,異器械,別衣服,此其所得與民變革者也。**權,稱也。度,丈尺也。量,斗斛也。文章,禮法也。服色,車馬也。徽號,旌旗之名也。器械,禮樂之器及兵甲也。衣服,吉凶之制也。徽,或作"褘"。○量,音亮,注同⑥。正,音征。徽,諱韋反⑦。械,户戒反。別,彼列反⑧。稱,尺證反。褘,許韋反⑨。**其不可得變革者則有矣,親親也,尊尊也,長長也,男女有別,此其不可得與民變革者也。**四者,人道之常。○長長,並丁丈反,後除注"逮者長",並同。別,彼列反⑩。重言"親親也"

---

①"紕繆",余仁仲本、岳本、嘉靖本、和本、十行本、閩本、監本、毛本、殿本、阮刻本同,撫州本、八行本無"繆"字,是。阮校曰:"紕繆猶錯也　閩、監、毛本同,岳本同,嘉靖本同,衛氏集説同,考文引宋板無'繆'字,足利本同,宋監本同。"

②"本又作儋",彙校卷十二、撫釋一、余仁仲本同,岳本無此四字;和本、十行本、閩本、監本、毛本、殿本、阮刻本"儋"作"贍",非。

③"匹弥反",彙校卷十二、撫釋一、余仁仲本、岳本、和本、閩本、監本、毛本、殿本同,十行本、阮刻本脱"反"字。

④"徐孚夷反又方齊反",彙校卷第十二、撫釋一、余仁仲本、和本、十行本、閩本、監本、毛本、殿本、阮刻本同,岳本無此八字。

⑤"本或作謬",彙校卷第十二、撫釋一、余仁仲本、和本、十行本、閩本、監本、毛本、殿本、阮刻本同,岳本無此四字。

⑥"注同",彙校卷第十二、撫釋一、余仁仲本、和本、十行本、閩本、監本、毛本、殿本、阮刻本同,岳本無此二字。

⑦"徽諱韋反",彙校卷第十二、撫釋一、余仁仲本、和本、十行本、閩本、監本、毛本、殿本、阮刻本同,岳本無此四字。

⑧"別彼列反",彙校卷第十二、撫釋一、余仁仲本、和本、十行本、閩本、監本、毛本、殿本、阮刻本同,岳本無此四字。

⑨"褘許韋反",彙校卷第十二、撫釋一、余仁仲本、和本、十行本、閩本、監本、毛本、殿本、阮刻本同,岳本無此四字。

⑩"長長並丁丈反後除注逮者長並同別彼列反",彙校卷第十二、撫釋一、余仁仲（轉下頁注）

三,一見<u>文王世子</u>第八,一見<u>中庸</u>三十一。"長長也"二,一見<u>文王世子</u>。"尊尊也"一,上文。〇"男女有別"三,<u>郊特牲</u>、<u>昏義</u>各一,又上篇"<u>親親</u>、尊尊、長長、男女之有別"。

16·5〇**同姓從宗,合族屬。異姓主名,治際會。名著而男女有別。** 合,合之宗子之家,序昭穆也。異姓,謂來嫁者也,主於母與婦之名耳。際會,昏禮交接之會也。著,明也。母、婦之名不明,則人倫亂也。亂者,若<u>衛宣公</u>、<u>楚平王</u>為子取而自納焉。〇際,音祭①。著,知慮反。為,于偽反,下"相為"同②。**其夫屬乎父道者,妻皆母道也,其夫屬乎子道者,妻皆婦道也。** 言母、婦無昭穆於此,統於夫耳。母焉則尊之,婦焉則卑之。尊之卑之,明非己倫,以厚別也。〇屬,音燭。**謂弟之妻"婦"者,是嫂亦可謂之母乎?** 言不可也。謂之"婦"與"嫂"者,以其在己之列,以名遠之耳。復謂嫂為母,則令昭穆不明,昆弟之妻,夫之昆弟不相為服,不成其親也。男女無親,則遠於相見。〇嫂,本又作"娞",悉早反③。遠,于万反④,下同。復,扶又反。令,力呈反⑤。**名者,人治之大者也,可無慎乎!** 人治,所以正人。〇治,直吏反,注同⑥。

16·6〇**四世而緦,服之窮也。五世袒免,殺同姓也。六世,**

（接上頁注）本同,<u>岳</u>本作"長丁丈反後並同";<u>和</u>本、十行本、<u>閩</u>本、<u>監</u>本、<u>殿</u>本、<u>阮</u>刻本"逮"作"隸",<u>毛</u>本作"穎",皆非。

①"際音祭",<u>彙校</u>卷第十二、<u>撫釋</u>一、<u>余仁仲</u>本、<u>和</u>本、十行本、<u>閩</u>本、<u>監</u>本、<u>毛</u>本、<u>殿</u>本、<u>阮</u>刻本同,<u>岳</u>本無此三字。

②"為于偽反下相為同",<u>彙校</u>卷第十二、<u>撫釋</u>一、<u>余仁仲</u>本、<u>和</u>本、十行本、<u>閩</u>本、<u>監</u>本、<u>毛</u>本、<u>殿</u>本、<u>阮</u>刻本同,<u>岳</u>本作"為去聲後除為正姓為庶姓為首為祖為宗為小宗為之宗皆同"。

③"嫂本又作娞悉早反",<u>彙校</u>卷第十二、<u>撫釋</u>一、<u>余仁仲</u>本、<u>和</u>本、<u>閩</u>本、<u>監</u>本、<u>毛</u>本、<u>殿</u>本、<u>阮</u>刻本同,<u>岳</u>本無此八字;十行本"娞"作墨釘。

④"遠于万反",<u>彙校</u>卷第十二、<u>撫釋</u>一同,<u>余仁仲</u>本、<u>和</u>本、十行本、<u>閩</u>本、<u>監</u>本、<u>毛</u>本、<u>殿</u>本、<u>阮</u>刻本"万"作"萬",<u>岳</u>本作"遠去聲"。

⑤"下同復扶又反令力呈反",<u>彙校</u>卷第十二、<u>撫釋</u>一、<u>余仁仲</u>本、<u>和</u>本、十行本、<u>閩</u>本、<u>監</u>本、<u>毛</u>本、<u>殿</u>本、<u>阮</u>刻本同,<u>岳</u>本無此十字。

⑥"治直吏反注同",<u>彙校</u>卷第十二、<u>撫釋</u>一、<u>余仁仲</u>本、<u>和</u>本、十行本、<u>閩</u>本、<u>監</u>本、<u>毛</u>本、<u>殿</u>本、<u>阮</u>刻本同,<u>岳</u>本無此六字。

親屬竭矣。四世共高祖，五世高祖昆弟。六世以外，親盡，無屬名。○免，音問。殺，色界反，徐所例反①。**其庶姓別於上，而戚單於下，昏姻可以通乎？**問之也。玄孫之子姓別於高祖，五世而無服。姓，世所由生。○戚，千歷反②。單，音丹。婚姻，如字③。**繫之以姓而弗別，綴之以食而弗殊，雖百世而昏姻不通者，周道然也。**周之禮，所建者長也。姓，正姓也。始祖爲正姓，高祖爲庶姓。繫之弗別，謂若今宗室屬籍也。周禮小史掌"定繫世，辨昭穆"。○繫，音計，又戶計反。別，皇如字，舊彼列反，注及下同④。綴，丁衛反，連合也⑤。食，音嗣。定繫，戶計反，一音計⑥。

16・7○**服術有六：一曰親親，二曰尊尊，三曰名，四曰出入，五曰長幼，六曰從服。**術，猶道也。親親，父母爲首。尊尊，君爲首。名，世母、叔母之屬也。出入，女子子嫁者及在室者。長幼，成人及殤也。從服，若夫爲妻之父母、妻爲夫之黨服。○夫爲妻，于僞反，下至"其義然也"注皆同⑦。

16・8○**從服有六：有屬從，**子爲母之黨。**有徒從，**臣爲君之黨。**有從有服而無服，**公子爲其妻之父母。**有從無服而有服，**公子之妻爲公子之外兄弟。**有從重而輕，**夫爲妻之父母。**有從輕而重。**公子之妻爲其皇姑。重言"有從有服而無服，有從無服而有服，有從重而輕，有從輕而重"二，

---

① "徐所例反"，彙校卷第十二、撫釋一、余仁仲本、和本、十行本、閩本、監本、毛本、殿本、阮刻本同，岳本無此四字。
② "戚千歷反"，彙校卷第十二、撫釋一、余仁仲本、和本、十行本、閩本、監本、毛本、殿本、阮刻本同，岳本無此四字。
③ "婚姻如字"，彙校卷第十二、撫釋一、余仁仲本、和本、十行本、閩本、監本、毛本、殿本、阮刻本同，岳本無此四字。
④ "注及下同"，彙校卷第十二、撫釋一、余仁仲本、和本、十行本、閩本、監本、毛本、殿本、阮刻本同，岳本無此四字。
⑤ "連合也"，彙校卷第十二、撫釋一、余仁仲本、和本、十行本、閩本、監本、毛本、殿本、阮刻本同，岳本無此三字。
⑥ "定繫戶計反一音計"，彙校卷第十二、撫釋一、余仁仲本、和本、十行本、閩本、監本、毛本、殿本、阮刻本同，岳本無此八字。
⑦ "夫爲妻于僞反下至其義然也注皆同"，彙校卷第十二、撫釋一、余仁仲本、和本、十行本、閩本、監本、毛本、殿本、阮刻本同，岳本無此十五字。

又見服問三十六。

16・9〇自仁率親，等而上之至于祖，名曰輕。自義率祖，順而下之至于禰，名曰重。一輕一重，其義然也。自，猶用也。率，循也。用恩則父母重而祖輕；用義則祖重而父母輕。恩重者，爲之三年；義重者，爲之齊衰。然，如是也。〇上，時掌反①。重意“其義然也”，郊特牲、祭義：“其義一也。”

16・10〇君有合族之道。族人不得以其戚戚君，位也。君恩可以下施，而族人皆臣也，不得以父兄子弟之親，自戚於君②。位，謂齒列也。所以尊君別嫌也。〇別，彼列反③。

16・11〇庶子不祭，明其宗也。庶子不得爲長子三年，不繼祖也。明，猶尊也。一統焉。族人上不戚君④，下又辟宗，乃後能相序。〇爲，于僞反，下“爲其士”、注“死爲之”、“爲其妻”、“爲之大功”、“不相爲”皆同。辟，音避⑤。別子爲祖，別子，謂公子，若始來在此國者，後世以爲祖也。繼別爲宗，別子之世適也。族人尊之，謂之大宗，是宗子也。〇適，丁歷反，下文及注皆同⑥。繼禰者爲小宗。父之適也。兄弟尊之，謂之小宗。重言二，上篇一。有百世不遷之宗，有五世則遷之宗。百世不遷者，別子之後也。宗其繼別子之所自出者，百世不遷者也。宗其繼高祖者，五世則遷者也。尊祖故敬宗，敬宗，尊祖之義也。遷，猶變易也。繼別子，別子之世適也。繼高祖者，亦小宗也。先言“繼禰”者，據別子子弟之子也。以高祖

---

① “上時掌反”，彙校卷第十二、撫釋一、余仁仲本、和本、十行本、閩本、監本、毛本、殿本、阮刻本同，岳本無此四字。

② “自”，撫州本、余仁仲本、岳本、嘉靖本、八行本、和本、閩本、監本、毛本、殿本、阮刻本同；十行本作“目”，非。

③ “別彼列反”，彙校卷第十二、撫釋一、余仁仲本、和本、十行本、閩本、監本、毛本、殿本、阮刻本同，岳本無此四字。

④ “上”，撫州本、余仁仲本、岳本、嘉靖本、八行本、和本、閩本、監本、毛本、殿本、阮刻本同；十行本作“主”，非。

⑤ “爲于僞反下爲其士注死爲之爲其妻爲之大功不相爲皆同辟音避”，彙校卷第十二、撫釋一、余仁仲本、和本、十行本、閩本、監本、毛本、殿本、阮刻本同，岳本無此二十七字。

⑥ “適丁歷反下文及注皆同”，彙校卷第十二、撫釋一、余仁仲本、和本、十行本、閩本、監本、毛本、殿本、阮刻本同，岳本無此十字。

與禰皆有繼者,則曾、祖亦有也,則小宗四,與大宗凡五。<u>重意</u>"有五世則遷之宗",上篇有"五世而遷之宗";"宗其繼高祖者",上篇"其繼高祖者"。○"尊祖故敬宗"三,下文一,上篇一。○"敬宗,尊祖之義也",上篇:"敬宗,所以尊祖禰也。"<u>文王世子</u>:"尊祖之道也。"

16·12○有小宗而無大宗者,有大宗而無小宗者,有無宗亦莫之宗者,公子是也。公子有此三事也。公子,謂先君之子,今君昆弟。公子有宗道,公子之公,爲其士、大夫之庶者,宗其士、大夫之適者,公子之宗道也。公子不得宗君,君命適昆弟爲之宗,使之宗之,是公子之宗道。所宗者適,則如大宗,死爲之齊衰九月,其母則小君也,爲其妻齊衰三月。無適而宗庶,則如小宗,死爲之大功九月,其母、妻無服。公子唯己而已。則無所宗,亦莫之宗①。○唯己,音紀②。

16·13○絕族無移服。族昆弟之子不相爲服。○移,本或作"施",同以豉反③。移,猶傍也④。親者屬也。有親者,服各以其屬親疏。

16·14○自仁率親,等而上之至于祖;自義率祖,順而下之至于禰。是故人道親親也。言先有恩。親親故尊祖,尊祖故敬宗,敬宗故收族,收族故宗廟嚴,宗廟嚴故重社稷,重社稷故愛百姓,愛百姓故刑罰中,刑罰中故庶民安,庶民安故財用足,財用足故百志成,百志成故禮俗刑,禮俗刑然後樂。收族,序以昭穆也。嚴,猶尊也。<u>孝經</u>曰:"孝莫大於嚴父。"百志,人之志意所欲也。刑,猶成也。○罰中,

---

①"莫",<u>余仁仲本</u>、<u>岳本</u>、<u>嘉靖本</u>、<u>八行本</u>、<u>和本</u>、<u>十行本</u>、<u>閩本</u>、<u>監本</u>、<u>毛本</u>、<u>殿本</u>、<u>阮刻本</u>同,<u>撫州本</u>作"無",是。<u>阮校</u>曰:"亦莫之宗　<u>閩</u>、<u>監</u>、<u>毛本</u>同,<u>岳本</u>同,<u>嘉靖本</u>同,<u>衛氏集説</u>'宗'下有'也'字。<u>盧文弨</u>校云:'古本注末有"者"字,<u>足利本</u>同,惟"莫"字作"無",與<u>監本</u>疏合。'"

②"唯己音紀",<u>彙校卷第十二</u>、<u>撫釋一</u>、<u>余仁仲本</u>、<u>和本</u>、<u>十行本</u>、<u>閩本</u>、<u>監本</u>、<u>毛本</u>、<u>殿本</u>、<u>阮刻本</u>同,<u>岳本</u>無此四字。

③"本或作施同",<u>彙校卷第十二</u>、<u>撫釋一</u>、<u>余仁仲本</u>、<u>和本</u>、<u>十行本</u>、<u>閩本</u>、<u>監本</u>、<u>毛本</u>、<u>殿本</u>、<u>阮刻本</u>同,<u>岳本</u>無此五字。

④"移猶傍也",<u>彙校卷第十二</u>、<u>撫釋一</u>、<u>余仁仲本</u>、<u>和本</u>、<u>十行本</u>、<u>閩本</u>、<u>監本</u>、<u>毛本</u>、<u>殿本</u>、<u>阮刻本</u>同,<u>岳本</u>無此四字。

丁仲反①。[重言]“尊祖故敬宗”三，上文、上篇一。**詩云：“不顯不承，無斁於人斯。”此之謂也。** 斁，厭也。言文王之仁不顯乎②？不承成先人之業乎？言其顯且承之，人樂之無厭也。○斁，音亦。厭，於豔反，下同③。[重言]“此之謂也”九，禮器、祭義、喪服四制各一，樂記三，經解三。

少儀第十七○陸曰：少，詩照反。少，猶小也。鄭云：“以其記相見及薦羞之小威儀④。”

鄭氏注

17・1 聞始見君子者，辭曰：“某固願聞名於將命者。”君子，卿大夫若有異德者。固，如故也。將，猶奉也。即君子之門，而云“願以名聞於奉命者”，謙遠之也。重則云“固”。奉命，傳辭出入。○始見，賢遍反，下文、注除注二“相見”並同⑤。聞名，如字；徐音問，注皆同⑥。嗛，音謙，本又作“謙”。遠，于萬反。重，直用反。傳，丈專反，下“傳辭”同⑦。**不得階主。**階，上進者。言賓之辭，不得指斥主

---

① “丁仲反”，彙校卷第十二、撫釋一、余仁仲本、和本、十行本、閩本、監本、毛本、殿本、阮刻本同，岳本“反”下衍“樂音洛”三字。

② “仁”，撫州本、余仁仲本、岳本、嘉靖本、八行本、和本、十行本、閩本、監本、毛本、殿本、阮刻本作“德”，是。

③ “厭於豔反下同”，彙校卷第十二、撫釋一、余仁仲本、和本、十行本、閩本、監本、毛本、殿本、阮刻本同，岳本無此六字。

④ “陸曰少詩照反少猶小也鄭云以其記相見及薦羞之小威儀”，余仁仲本、和本、閩本、監本、毛本、殿本、阮刻本同，岳本無此二十四字，彙校卷第十三、撫釋一無“陸曰”二字；十行本“詩”作“計”，非。

⑤ “始見賢遍反下文注除注二相見並同”，彙校卷第十二、撫釋一、余仁仲本、和本、十行本、閩本、監本、毛本、殿本、阮刻本同，岳本作“見下除注二相見皆音現”。

⑥ “聞名如字徐音問注皆同”，彙校卷第十二、撫釋一、余仁仲本、和本、十行本、閩本、監本、毛本、殿本、阮刻本同，岳本作“聞如字又音問”。

⑦ “嗛音謙本又作謙遠于萬反重直用反傳丈專反下傳辭同”，彙校卷第十二、撫釋一、余仁仲本、和本、阮刻本同，岳本無此二十三字，十行本、閩本、監本、毛本、殿本“嗛音謙”作“謙音嗛”，十行本、閩本、監本、殿本“丈”誤作“文”。

人。○上，時掌反①。**敵者，曰："某固願見。"** 敵，當也。願見，願見於將命者，謙也。**罕見曰"聞名"。** 罕，希也。希相見，雖於敵者，猶爲尊主之辭②，如於君子。○罕見，賢遍反③。**亟見曰"朝夕"。** 亟，數也。於君子，則曰"某願朝夕聞名於將命者"；於敵者，則曰"某願朝夕見於將命者"。○亟，去冀反，注及下同。數，色角反④。**瞽曰"聞名"。** 瞽，無目也。以無目，辭不稱"見"。

17·2○**適有喪者曰"比"。** 適，之也。曰"某願比於將命者"⑤。比，猶比方，俱給事。**童子曰"聽事"。** 曰"某願聽事於將命者"。童子未成人，不敢當相見之禮。**適公卿之喪，則曰"聽役於司徒"。** 喪憂戚，無賓主之禮，皆爲執事來也。○爲，于僞反，下文"爲君喪"、注"雖爲"並同⑥。

17·3○**君將適他，臣如致金玉貨貝於君，則曰"致馬資於有司"。敵者，曰"贈從者"。** 適他⑦，行朝會也。資，猶用也。贈，送也。○適它，音他，本亦作"他"⑧。從，才用反。朝，直遥反⑨。

17·4○**臣致禩於君，則曰"致廢衣於賈人"。敵者曰"禩"。**

---

① "上時掌反"，彙校卷第十二、撫釋一、余仁仲本、和本、十行本、閩本、監本、毛本、殿本、阮刻本同，岳本無此四字。

② "猶"，撫州本、余仁仲本、岳本、嘉靖本、八行本、和本、閩本、監本、毛本、殿本、阮刻本同；十行本作"相"，非。

③ "罕見賢遍反"，彙校卷第十二、撫釋一、余仁仲本、和本、十行本、閩本、監本、毛本、殿本、阮刻本同，岳本無此五字。

④ "注及下同數色角反"，彙校卷第十二、撫釋一、余仁仲本、和本、十行本、閩本、監本、毛本、殿本、阮刻本同，岳本無此八字。

⑤ "比"，撫州本、余仁仲本、岳本、嘉靖本、八行本、和本、閩本、監本、毛本、殿本、阮刻本同；十行本作"見"，非。

⑥ "爲于僞反下文爲君喪注雖爲並同"，彙校卷第十二、撫釋一、余仁仲本、和本、十行本、閩本、監本、毛本、殿本、阮刻本同，岳本無此十四字。

⑦ "他"，撫州本、余仁仲本、岳本、嘉靖本、八行本、十行本、閩本、監本、毛本、殿本、阮刻本同；和本作"它"，非。

⑧ "適它音他本亦作他"，彙校卷十二、撫釋一同，岳本無此八字，殿本、阮刻本作"適它音他"；和本作"適它音失"，十行本、閩本作"適它君失"，監本作"適他君失"，毛本作"適他音失"，皆非。

⑨ "朝直遥反"，彙校卷第十二、撫釋一、余仁仲本、和本、十行本、閩本、監本、毛本、殿本、阮刻本同，岳本無此四字。

言廢衣，不必其以斂也①。賈人之物善惡也②。周禮玉府③："掌凡王之獻金玉、兵器、文織、良貨賄之物，受而藏之。"有"賈八人"。○襚，音遂④。賈，音嫁，徐音估，注同。斂，力豔反⑤。識⑥，音志。鄭注周禮云："畫繡之屬。"⑦**親者兄弟，不以襚進。**不執將命也⑧，以即陳而已。**臣爲君喪，納貨貝於君，則曰"納甸於有司"。**甸，謂田野之物。○甸，大見反。**賵馬入廟門，**以其主於死者。○賵，芳仲反⑨。**賻馬與其幣、大白、兵車，不入廟門。**以其主於生人也。兵車，革路也。雖爲死者來，陳之於外。戰伐田獵之服，非盛者也。周禮："革路，建大白以即戎。"○賻，音附。重言"不入廟門"，見曲禮。

17・5○**賵者既致命，坐委之，擯者舉之，主人無親受也。**喪

---

① "不必其以斂也"，撫州本、余仁仲本、岳本、嘉靖本、八行本、和本同；十行本、阮刻本作"不敢必用斂也"，非；閩本、監本、毛本、殿本"其以"二字誤倒。阮校曰："言廢衣不敢必用斂也　惠棟校宋本作'言廢衣不必其以斂也'，宋監本同，岳本同，嘉靖本同，衛氏集說同。閩、監、毛本作'言廢衣不必以其斂也'，'其以'二字誤倒。"

② "之"，撫州本、余仁仲本、岳本、嘉靖本、八行本、和本、十行本、閩本、監本、毛本、殿本、阮刻本作"知"，是。

③ "玉府"，撫州本、余仁仲本、岳本、嘉靖本、八行本、和本、毛本同；十行本、阮刻本作"五府"，閩本、監本、殿本作"王府"，皆非。阮校曰："周禮玉府　毛本作'玉'，岳本同，嘉靖本同，衛氏集說同，此本'玉'誤'五'，閩、監本'玉'誤'王'。"

④ "音遂"，彙校卷第十二、撫釋一、余仁仲本、岳本、和本、閩本、監本、毛本、殿本、阮刻本同；十行本"遂"作"盛"，非。

⑤ "注同斂力豔反"，彙校卷第十二、撫釋一、余仁仲本、和本、閩本、監本、毛本、殿本、阮刻本同；岳本無此六字；十行本"斂力豔反"作"劭力絶反"，非。

⑥ "識"，十行本同，彙校卷十二、撫釋一、余仁仲本、岳本、和本、閩本、監本、毛本、殿本、阮刻本作"織"，是。

⑦ "鄭注周禮云畫繡之屬"，彙校卷第十二、撫釋一、余仁仲本、和本、十行本、閩本、監本、毛本、殿本、阮刻同，岳本無此九字。

⑧ "也"，撫州本、余仁仲本、岳本、嘉靖本、八行本同；和本、十行本、閩本、監本、毛本、殿本、阮刻本作"者"，非。阮校曰："不執將命者　惠棟校宋本'者'作'也'，宋監本同，考文引古本、足利同，岳本同，嘉靖本同，衛氏集說同。此本'也'誤'者'，閩、監、毛本同。"

⑨ "芳仲反"，彙校卷第十二、撫釋一、余仁仲本、和本、閩本、監本、毛本、殿本、阮刻本同，岳本"芳"作"方"；十行本"芳"誤作"考"。

者非尸柩之事，則不親也①。舉之，舉以東。○柩，音舊②。

17・6○受立，授立，不坐。由便。○便，婢面反③。○重意“授立不坐”，曲禮上：“授立不坐，授坐不立。”性之直者，則有之矣。有之，有跪者也。謂受授於尊者而尊者短，則跪，不敢以長臨之。○跪，其委反。長，直良反④。

17・7○始入而辭，曰：“辭矣。”即席，曰：“可矣。”可，猶止也。謂擯者爲賓主之節也。始入則告之辭，至就席則止其辭。排闔説屨於戶内者，一人而已矣。雖衆敵，猶有所尊也。○排，薄皆反⑤。闔，初臘反⑥，又音合。説，吐活反，本亦作“脱”，下注同⑦。有尊長在，則否。在，在内也。後來之衆，皆説屨於戶外⑧。○長，丁丈反，下文注“尊長”皆同⑨。問品味，曰：“子亟食於某乎？”問道藝，曰：“子習於某乎？子善於某乎？”不斥人，謙也。道，三德三行也。藝，六藝。○某，音母。行，下孟反⑩。

17・8○不疑在躬，躬，身也。不服行所不知，使身疑也。不度民

---

①“則不親也”，余仁仲本、岳本、嘉靖本、和本、十行本、閩本、監本、毛本、殿本、阮刻本同，撫州本、八行本無“則”字。

②“柩音舊”，彙校卷第十二、撫釋一、余仁仲本、和本、十行本、閩本、監本、毛本、殿本、阮刻本同，岳本無此三字。

③“便婢面反”，彙校卷第十二、撫釋一、余仁仲本、和本、十行本、閩本、監本、毛本、殿本、阮刻本同，岳本無此四字。

④“跪其委反長直良反”，彙校卷第十二、撫釋一、余仁仲本、和本、十行本、閩本、監本、毛本、殿本、阮刻本同，岳本無此八字。

⑤“排薄皆反”，彙校卷第十二、撫釋一、余仁仲本、和本、十行本、閩本、監本、毛本、殿本、阮刻本同，岳本無此四字。

⑥“初臘反”，余仁仲本、和本、十行本、閩本、監本、毛本、殿本、阮刻本同；彙校卷十二、撫釋一、岳本“初”作“胡”，是。

⑦“本亦作脱下注同”，彙校卷第十二、撫釋一、余仁仲本、和本、十行本、閩本、監本、毛本、殿本、阮刻本同，岳本無此七字。

⑧“戶外”，撫州本、岳本、嘉靖本、八行本、和本、十行本、閩本、監本、毛本、殿本、阮刻本同；余仁仲本作“尸外”，非。

⑨“下文注尊長”，彙校卷第十二、撫釋一、余仁仲本、和本、十行本、閩本、監本、毛本、殿本、阮刻本同，岳本無此五字。

⑩“某音母行下孟反”，彙校卷第十二、撫釋一、余仁仲本、和本、十行本、閩本、監本、毛本、殿本、阮刻本同，岳本無此七字。

械，械，兵器也。不計度民家之器物使己亦有。○度，大洛反，計也，注同。械，戶戒反①。**不願於大家，**大，謂富之廣也。**不訾重器。**訾，思也。重，猶寶也。○訾，子斯反。**氾埽曰“埽”，埽席前曰“拚”。拚席不以鬣，執箕膺揲。**鬣，謂帚也。帚恒埽地，不潔清也。膺，親也。揲，舌也。持箕，將去糞者，以舌自鄉。○氾埽，上芳劍反②，下悉報反。拚，弗運反，又作“攮”。鬣，力輒反。膺，於陵反，胸前也③。揲，以涉反，苦也；徐音葉④。清，徐才性反，又如字。去，起呂反，下“欋去”同。鄉，許亮反⑤。

　　17・9○**不貳問。**當正己之心，以問吉凶於蓍龜。不得於正，凶，則卜筮，其權也。○蓍，音尸。**問卜筮，曰：“義與？志與？”義則可問，志則否。**大卜問來卜筮者也。義，正事也。志，私意也。○與，音餘，下同。大，音泰⑥。

　　17・10○**尊長於己踰等，不敢問其年。**踰等，父兄黨也。問年，則己恭孫之心不全。○孫，音遜，本亦作“遜”，同⑦。**燕見不將命。**自不用賓主之正來，則若子弟然。○見，賢遍反，下“請見”同⑧。**遇於道，見則面，**可以隱則隱，不敢煩動也。重意曲禮上：“遭先生於道。”**不請所之。**尊長所之，

---

①“計也注同械戶戒反”，彙校卷第十二、撫釋一、余仁仲本、和本、十行本、閩本、監本、毛本、殿本、阮刻本同，岳本無此八字。

②“芳”，彙校卷第十二、撫釋一、余仁仲本、岳本、十行本、閩本、監本、毛本、殿本、阮刻本同，和本作“苻”，非。

③“膺於陵反胸前也”，彙校卷第十二、撫釋一、余仁仲本、和本、十行本、閩本、監本、毛本、殿本、阮刻本同，岳本無此七字。

④“揲以涉反苦也徐音葉”，余仁仲本同，岳本作“揲以涉反又音葉”；彙校卷第十二、撫釋一、和本、十行本、閩本、監本、毛本、殿本、阮刻本“苦”作“舌”，是。

⑤“清徐才性反又如字去起呂反下欋去同鄉許亮反”，岳本無此二十字；余仁仲本、十行本、閩本、監本、毛本、殿本脫“性”字，彙校卷第十二、撫釋一、余仁仲本、和本、十行本、閩本、監本、毛本、殿本、阮刻本“欋”作“攉”，是。

⑥“大音泰”，彙校卷第十二、撫釋一、余仁仲本、和本、十行本、閩本、監本、毛本、殿本、阮刻本同，岳本無此三字。

⑦“本亦作遜同”，彙校卷第十二、撫釋一、余仁仲本、和本、十行本、閩本、監本、毛本、殿本、阮刻本同，岳本無此五字。

⑧“下”，彙校卷第十二、撫釋一、余仁仲本、和本、十行本、閩本、監本、毛本、殿本、阮刻本同，岳本作“後”，非。

或卑褻。○褻，息列反①。**喪俟事，不犆弔。**亦不敢故煩動也。事，朝夕哭時。○特，本亦作“犆”②，音特。**侍坐，弗使，不執琴瑟，不畫地，手無容，不翣也。**端愨所以爲敬也。尊長或使彈琴瑟，則爲之可。○畫，胡麥反③。翣，本又作“𢾭”，所甲反；盧云：“扇也。”④愨，苦角反⑤。**寢，則坐而將命。**命，有所傳辭也。坐者，不敢臨之。**侍射則約矢。**不敢與之拾取也。○射，食夜反，下注“客射”同⑥。拾，其劫反。**侍投則擁矢。**不敢釋於地也。投，投壺也。投壺坐。**勝則洗而以請。**洗爵，請行觴，不敢直飲之。○飲，音蔭。**客亦如之。**客射若投壺，不勝，主人亦洗而請之。○勝，詩證反⑦。**不角，**角，謂觡，罰爵也。於尊長與客⑧，如獻酬之爵。○觡，古橫反⑨。**不擢馬。**擢，去也，謂徹也。已徹馬，嫌勝，故專之⑩。○擢，直角反⑪。

---

① “褻息列反”，彙校卷第十二、撫釋一、余仁仲本、和本、十行本、閩本、監本、毛本、殿本、阮刻本同，岳本無此四字。

② “特本亦作”，彙校卷第十二、撫釋一、余仁仲本、和本、十行本、閩本、監本、毛本、殿本、阮刻本同，岳本無此四字。

③ “畫胡麥反”，彙校卷第十二、撫釋一、余仁仲本、和本、十行本、閩本、監本、毛本、殿本、阮刻本同，岳本無此四字。

④ “翣本又作𢾭所甲反盧云扇也”，岳本作“翣所甲反”，彙校卷第十二、撫釋一、余仁仲本、和本、十行本、閩本、監本、毛本、殿本、阮刻本下“𢾭”作“萐”，是；和本、十行本、閩本、監本、毛本、殿本“甲”誤作“角”。

⑤ “愨苦角反”，彙校卷第十二、撫釋一、余仁仲本、和本、十行本、閩本、監本、毛本、殿本、阮刻本同，岳本無此四字。

⑥ “下注客射同”，彙校卷第十二、撫釋一、余仁仲本、和本、十行本、閩本、監本、毛本、殿本、阮刻本同，岳本無此五字。

⑦ “勝詩證反”，彙校卷第十二、撫釋一、余仁仲本、和本、十行本、閩本、監本、毛本、殿本、阮刻本同，岳本無此四字。

⑧ “客”下，正字據儀禮經傳通解謂脱“飲”字。

⑨ “觡古橫反”，彙校卷第十二、撫釋一、余仁仲本、和本、十行本、閩本、監本、毛本、殿本、阮刻本同，岳本無此四字。

⑩ “專”，撫州本、余仁仲本、岳本、嘉靖本、八行本同；和本、十行本、閩本、監本、毛本、殿本、阮刻本作“薄”，非。阮校曰：“嫌勝故薄之　惠棟校宋本‘薄’作‘專’，宋監本同，岳本同，嘉靖本同，衞氏集説同，考文引古本、足利本同。此本誤，閩、監、毛本並誤。”

⑪ “擢直角反”，彙校卷第十二、撫釋一、余仁仲本、和本、十行本、閩本、監本、（轉下頁注）

17·11○執君之乘車則坐。執，執彎，謂守之也，君不在中。坐，示不行也。○乘，繩證反。彎，冰媚反①。僕者右帶劍，負良綏，申之面，拖諸幦，面，前也。幦，覆苓也。良綏，君綏也。負之，由左肩上入右腋下，申之於前覆苓上也。○拖，徒可反，引也，又他佑反。幦，徐音覓。苓，力丁反。拔，音亦②。以散綏升，執彎然後步。步，行也。○散，悉旦反。

17·12○請見不請退。去止不敢自由。○見，賢遍反③。朝廷曰退，近君爲進。○朝，直遙反，後“朝廷”皆同。近，“附近”之近④。燕遊曰歸，禮褻，主於家也。師役曰罷。罷之言罷勞也。春秋傳曰：“師還曰疲。”○罷，音皮，注同。還，音旋，下文、注皆同⑤。

17·13○侍坐於君子，君子欠伸，運笏，澤劍首，還屨，問日之蚤莫，雖請退，可也。以此皆解倦之狀。伸，頻伸也。運、澤，謂玩弄也⑥。金器弄之，易以汗澤⑦。○欠，起劍反。伸，音申。笏，音忽。還，音旋。蚤，音早⑧。莫，音暮。解，古賣反。頻，本又作“顰”，音頻。玩，五亂反。易，以豉反。汗，户

（接上頁注）毛本、殿本、阮刻本同，岳本作“擢音濯”。

①“乘繩證反彎冰媚反”，彙校卷第十二、撫釋一、余仁仲本、和本、十行本、閩本、監本、毛本、殿本、阮刻本同，岳本作“乘音濯”。

②“拖徒可反引也又他佑反幦徐音覓苓力丁反拔音亦”，岳本作“拖徒可反又他佐反幦音覓苓力丁反”；阮刻本“佑”作“左”，彙校卷第十二、撫釋一、余仁仲本、和本、十行本、閩本、監本、毛本、殿本作“佐”，是；和本“拖”作“拕”，十行本“覓”作“見”，皆非。

③“見賢遍反”，彙校卷第十二、撫釋一、余仁仲本、和本、十行本、閩本、監本、毛本、殿本、阮刻本同，岳本無此四字。

④“朝直遙反後朝廷皆同近附近之近”，彙校卷第十二、撫釋一、余仁仲本、和本、十行本、閩本、監本、毛本、殿本、阮刻本同，岳本無此十四字。

⑤“罷音皮注同還音旋下文注皆同”，彙校卷第十二、撫釋一、余仁仲本、和本、十行本、閩本、監本、毛本、殿本、阮刻本同，岳本作“罷音皮還音旋下同”。

⑥“謂”，撫州本、余仁仲本、岳本、嘉靖本、八行本、阮刻本同；十行本、閩本、監本、毛本作“於”，和本、殿本作“皆”，皆非。

⑦“汗”，撫州本、嘉靖本、八行本、十行本、阮刻本同；余仁仲本、岳本、和本、閩本、監本、毛本、殿本作“汙”。釋文曰：“汗澤，户旦反，一音烏。”

⑧“欠起劍反伸音申笏音忽還音旋蚤音早”，彙校卷第十二、撫釋一、余仁仲本、和本、十行本、閩本、監本、毛本、殿本、阮刻本同，岳本無此十六字。

旦反，一音烏①。重言“侍坐於君子，君子欠伸”二，一見曲禮上。一“問日之蚤莫”，曲禮上“視日之蚤莫”。

17·14○事君者量而后入，不入而后量。凡乞假於人、爲人從事者亦然。然，故上無怨而不遠罪也②。量，量其事意合成否。○量，音亮。乞，如字，又音氣③。爲，于僞反。遠，于萬反④。**不窺密**，嫌伺人之私也。密，隱曲處也。○窺，苦規反⑤。伺，音司。處，昌慮反⑥。**不旁狎**，妄相服習，終或争訟。○争，“争鬭”之争⑦。**不道舊故**，言知識之過失，損友也。孔子曰：“故舊不遺，則民不偷。”○偷，他侯反⑧。**不戲色**。暫變傾顔色爲非常，則人不長，失敬也。○不長，丁丈反，絶句⑨。

17·15○爲人臣下者，有諫而無訕，有亡而無疾。亡，去也。疾，惡也⑩。

---

①“頻本又作顖音頻玩五亂反易以致反汗户旦反一音烏”，十行本、閩本、監本、毛本同；岳本無此二十二字；彙校卷第十二、撫釋一、余仁仲本、和本、殿本、阮刻本“作頻”之“頻”作“嚬”，是。

②“不”，唐石經、撫州本、余仁仲本、岳本、嘉靖本、八行本、和本、十行本、閩本、監本、毛本、殿本、阮刻本、吴氏朱批作“下”，是。

③“如字又音氣”，彙校卷十二、撫釋一、余仁仲本、岳本、和本、閩本、監本、毛本、阮刻本、殿本同；十行本作“假字又意氣”，非。

④“爲于僞反遠于萬反”，彙校卷第十二、撫釋一、余仁仲本、和本、十行本、閩本、監本、毛本、殿本、阮刻本同，岳本無此八字。

⑤“窺苦規反”，彙校卷第十二、撫釋一、余仁仲本、和本、十行本、閩本、監本、毛本、殿本、阮刻本同，岳本無此四字。

⑥“處昌慮反”，彙校卷第十二、撫釋一、余仁仲本、和本、十行本、閩本、監本、毛本、殿本、阮刻本同，岳本無此四字。

⑦“争争鬭之争”，彙校卷第十二、撫釋一、余仁仲本、和本、十行本、閩本、監本、毛本、殿本、阮刻本同，岳本無此五字。

⑧“偷他侯反”，彙校卷第十二、撫釋一、余仁仲本、和本、十行本、閩本、監本、毛本、殿本、阮刻本同，岳本無此四字。

⑨“不長丁丈反絶句”，彙校卷第十二、撫釋一、余仁仲本、和本、十行本、閩本、監本、毛本、殿本、阮刻本同，岳本作“長上聲”。

⑩“惡也”，撫州本、余仁仲本、岳本、嘉靖本、八行本、和本、閩本、監本、毛本、殿本、阮刻本同；十行本作“舊惡”，非。

○訕，所諫反，徐所奸反①。惡，烏路反②。重意“爲人臣下者，有諫而無訕”，曲禮上：“爲人臣之禮，不顯諫。”頌而無諤，諫而無驕。頌③，謂將順其美也④。驕，謂言行謀從⑤，恃知而慢也。○諤，勑檢反⑥。怠則張而相之，怠，惰也⑦。相，助也。○相，息亮反，注同⑧。惰，徒臥反⑨。廢則埽而更之。廢，政教壞亂，不可因也⑩。○更，音庚。謂之社稷之役。役，爲也。

17·16○毋拔來，毋報往。報，讀爲“赴疾”之赴。拔、赴，皆疾也。人來往所之，當有宿漸，不可卒也。○拔，蒲末反，注同，急疾也，王本作“拔”，古孝反⑪。

---

① “徐所奸反”，彙校卷第十二、撫釋一、余仁仲本、和本、閩本、監本、毛本、殿本、阮刻本同，岳本無此四字，十行本“奸”字作墨釘。

② “惡烏路反”，彙校卷第十二、撫釋一、余仁仲本、和本、閩本、監本、毛本、殿本、阮刻本同，岳本作“惡去聲”；十行本“惡烏”作“還烏”，非。

③ “頌”，撫州本、余仁仲本、岳本、嘉靖本、八行本、和本、閩本、監本、毛本、殿本、阮刻本同；十行本作“訟”，非。

④ “美也”，撫州本、余仁仲本、岳本、嘉靖本、八行本、和本、閩本、監本、毛本、殿本同；十行本、阮刻本“也”作“匡”，非。

⑤ “驕謂言行謀從”，撫州本、余仁仲本、岳本、嘉靖本、八行本、和本、閩本、監本、毛本、殿本同；十行本作“救其惡諫謂”，阮刻本作“救其惡驕謂”，皆非，阮元失校。

⑥ “諤勑檢反”，彙校卷第十二、撫釋一、余仁仲本、和本、十行本、閩本、監本、毛本、殿本、阮刻本同，岳本作“諤音詔”。

⑦ “惰”，撫州本、余仁仲本、岳本、嘉靖本、八行本同；和本、十行本、閩本、監本、毛本、殿本、阮刻本作“墮”，非。阮校曰：“怠墮也　惠棟校宋本‘墮’作‘惰’，宋監本同，岳本同，嘉靖本同，衛氏集說同。此本誤，閩、監、毛本同。釋文亦出‘怠惰’，各本正義並作‘惰’字，不誤。”

⑧ “相息亮反注同”，彙校卷第十二、撫釋一、余仁仲本、和本、十行本、閩本、監本、毛本、殿本、阮刻本同，岳本作“相去聲”。

⑨ “惰徒臥反”，彙校卷第十二、余仁仲本、阮刻本同，岳本無此四字；撫釋一“惰徒个反”，和本、十行本、閩本、監本、毛本、殿本“惰”作“墮”，皆非。

⑩ “不”，余仁仲本、嘉靖本、和本、十行本、閩本、監本、毛本、殿本、阮刻本同；撫州本、岳本、八行本作“無”，是。阮校曰：“不可因也　閩、監、毛本同，嘉靖本同，惠棟校宋本‘不’作‘無’，宋監本同，岳本同，衛氏集說同，考文引古本、足利本同。”

⑪ “拔蒲末反注同急疾也王本作拔古孝反”，彙校卷第十二、撫釋一同，岳本作“拔音跋”，余仁仲本、和本、十行本、閩本、監本、毛本、殿本、阮刻本“拔”作“校”。

報,音赴。卒,才忽反①。**毋瀆神**,瀆,謂數而不敬。○數,色角反②。**毋循枉**,前日之不正,不可復遵行以自伸。○循枉,上音旬,下紆往反,邪曲也。復,扶又反③。**毋測未至**。測,意度也。○意度,如字,本又作"億",音抑,下大各反④。**士依於德,游於藝**。德,三德也,一曰至德,二曰敏德,三曰孝德。藝,六藝也,一曰五禮,二曰六樂,三曰五射,四曰五御,五曰六書,六曰九數。**工依於法,游於説**。法,謂規矩尺寸之數也。説,謂鴻殺之意所宜也。考工記曰:"薄厚之所震動,清濁之所由出,侈弇之所由興,有説。"説,或爲"申"。○於説,如字,注同⑤,又始鋭反。鴻,字又作供⑥。殺,色戒反。侈,昌氏反⑦。弇,於檢反⑧。**毋訾衣服成器**,訾,思也。成,猶善也。思此則疾貧也。○訾,子斯反。**毋身質言語**。質,成也。聞疑則傳疑,若成之,或有所誤也。○傳,丈專反⑨。**言語之美,穆穆皇皇。朝廷之美,濟濟翔翔。祭祀之美,齊齊皇皇。車馬之美,匪匪翼翼。鸞和之美,肅肅雍雍**。匪,讀如"四牡騑騑"。齊齊皇皇,讀如"歸往"之往。美,皆當爲"儀",字之誤也。周禮教國子

---

① "卒才忽反",彙校卷第十二、撫釋一、<u>余仁仲</u>本、<u>和</u>本、十行本、<u>閩</u>本、<u>監</u>本、<u>毛</u>本、<u>殿</u>本、阮刻本同,<u>岳</u>本無此四字。

② "數色角反",彙校卷第十二、撫釋一、<u>余仁仲</u>本、<u>和</u>本、十行本、<u>閩</u>本、<u>監</u>本、<u>毛</u>本、<u>殿</u>本、阮刻本同,<u>岳</u>本無此四字。

③ "循枉上音旬下紆往反邪曲也復扶又反",彙校卷第十二、撫釋一、<u>余仁仲</u>本、<u>和</u>本、十行本、<u>閩</u>本、<u>監</u>本、<u>毛</u>本、<u>殿</u>本、阮刻本同,<u>岳</u>本無此十六字。

④ "意度如字本又作億音抑下大各反",彙校卷第十二、撫釋一、<u>余仁仲</u>本、<u>和</u>本、十行本、<u>閩</u>本、<u>監</u>本、<u>毛</u>本、<u>殿</u>本、阮刻本同,<u>岳</u>本作"意如字又音抑度音鐸"。

⑤ "注同",彙校卷第十二、撫釋一、<u>余仁仲</u>本、<u>和</u>本、十行本、<u>閩</u>本、<u>監</u>本、<u>毛</u>本、<u>殿</u>本、阮刻本同,<u>岳</u>本無此二字。

⑥ "鴻字又作供",彙校卷第十二、撫釋一、<u>余仁仲</u>本作"鴻字又作洪",是;<u>岳</u>本無此四字,<u>和</u>本、十行本、<u>閩</u>本、<u>監</u>本、<u>毛</u>本、<u>殿</u>本、阮刻本脱"字"字。

⑦ "侈昌氏反",彙校卷第十二、撫釋一、<u>余仁仲</u>本、<u>和</u>本、十行本、<u>閩</u>本、<u>監</u>本、<u>毛</u>本、<u>殿</u>本、阮刻本同,<u>岳</u>本無此四字。

⑧ "於檢反",彙校卷第十二、撫釋一、<u>余仁仲</u>本、<u>岳</u>本、<u>和</u>本、<u>閩</u>本、<u>監</u>本、<u>毛</u>本、<u>殿</u>本、阮刻本同;十行本"檢"作"拾",非。

⑨ "傳丈專反",彙校卷第十二、撫釋二、<u>余仁仲</u>本、<u>和</u>本、十行本、<u>閩</u>本、<u>監</u>本、<u>毛</u>本、<u>殿</u>本、阮刻本同,<u>岳</u>本無此四字;撫釋一"丈"作"大",非。

六儀："一曰祭祀之容,二曰賓客之容,三曰朝廷之容,四曰喪紀之容,五曰軍旅之容,六曰車馬之容。"〇羡,音儀,出注①,下同。濟,子禮反。濟濟皇皇,齊,如字;皇音往,徐子況反②。匪,讀爲騑③,芳非反。牡,音母④。重意 玉藻："朝廷濟濟翔翔。"

17·17〇問國君之子長幼。長,則曰"能從社稷之事矣"。幼,則曰"能御"、"未能御"。 御,謂御事。〇長,丁丈反,下及注同⑤。問大夫之子長幼。長,則曰"能從樂人之事矣"。幼,則曰"能正於樂人"、"未能正於樂人"。 正,樂政也。周禮大司樂:"以樂德教國子中、和、祇、庸、孝、友。以樂語教國子興、道、諷、誦、言、語。以樂舞教國子,舞雲門、大卷、大咸、大韶、大夏、大濩、大武。〇樂人,音岳。興,如字,又許證反。道,音導。諷,福鳳反⑥。卷,音權。濩,户故反。問士之子長幼。長,則曰"能耕矣"。幼,則曰"能負薪"、"未能負薪"。 士禄薄,子以農事爲業。重意見曲禮下篇末。

17·18〇執玉、執龜筴不趨,堂上不趨,城上不趨。 於重器,於近尊,於迫狹,無容也。步張足曰趨。〇筴,音策。近,"附近"之近。狹,音洽⑦。重言"堂上不趨"二,曲禮上。武車不式,介者不拜。 兵車不以容禮下人

---

① "出注",彙校卷第十二、撫釋一、余仁仲本、和本、十行本、閩本、監本、毛本、殿本、阮刻本同,岳本無此二字。

② "濟濟皇皇齊如字皇音往徐子況反",彙校卷第十二、撫釋一作"齊齊皇皇齊如字皇音往出注徐于況反",是,余仁仲本、和本、十行本、閩本、監本、毛本、殿本、阮刻本無"出注"二字,岳本作"齊如字皇音往又于況反"。

③ "讀爲騑",彙校卷第十二、撫釋一、余仁仲本、和本、十行本、閩本、監本、毛本、殿本、阮刻本同,岳本無此三字。

④ "牡音母",彙校卷第十二、撫釋一、余仁仲本、和本、十行本、閩本、監本、毛本、殿本、阮刻本同,岳本無此三字。

⑤ "長丁丈反下及注同",彙校卷第十二、撫釋一、余仁仲本、和本、十行本、閩本、監本、毛本、殿本、阮刻本同,岳本無此八字。

⑥ "樂人音岳興如字又許證反道音導諷福鳳反",彙校卷第十二、撫釋一、余仁仲本、和本、十行本、閩本、監本、毛本、殿本、阮刻本同,岳本無此十八字。

⑦ "近附近之近狹音洽",彙校卷第十二、撫釋一、余仁仲本、和本、監本、毛本、殿本、阮刻本同,岳本無此八字;十行本、閩本"洽"作"合",非。

也。車中之拜①，肅拜。○介，音界。下，户嫁反②。重意"武車不式"，曲禮上："兵車不式。"重言"介者不拜"二，一見曲禮上篇末。

17·19○婦人吉事，雖有君賜，肅拜。爲尸坐，則不手拜，肅拜。爲喪主，則不手拜③。 肅拜，拜低頭也。手拜，手至地也。婦人以肅拜爲正。凶事乃手拜耳。爲尸，爲祖姑之尸也。士虞禮曰："男，男尸；女，女尸。"爲喪主不手拜者，爲夫與長子當稽顙也，其餘亦手拜而已。雖，或爲"唯"。或曰"喪爲主，則不手拜，肅拜也"。○低，丁兮反④。爲去，于僞反⑤。

17·20○葛絰而麻帶。 謂既虞、卒哭也。帶，所以自結束也。婦人質，少變，於喪之帶，有除而無變。

17·21○取俎進俎，不坐。 以其有足，亦柄尺之類。○柄，兵命反⑥。

17·22○執虛如執盈，入虛如有人。 重慎。重意"執虛如執盈"，曲禮："重執，有如不克。"⑦凡祭，於室中、堂上無跣，燕則有之。 祭不跣者，主敬也。燕則有跣，爲歡也。天子、諸侯祭，有坐尸於堂之禮。祭所尊在室，燕所尊在堂。將燕，降説屨，乃升堂。○跣，悉典反。爲，于僞反⑧。税屨，本又作"脱"，又作

---

① "車"，余仁仲本、和本、十行本、閩本、監本、毛本、殿本、阮刻本同；撫州本、岳本、嘉靖本、八行本作"軍"，是。阮校曰："車中之拜肅拜 考文引宋板'車'作'軍'，古本、足利本同，岳本同，嘉靖同。此本誤'車'，閩、監、毛本同，衛氏集説同。段玉裁校本云：'"車中"，當作"軍中"。公羊僖三十二年疏正作"軍"。'"

② "介音界下户嫁反"，彙校卷第十二、撫釋一、余仁仲本同，岳本無此七字；和本、十行本、閩本、監本、毛本、殿本、阮刻本脱"介音界"三字。

③ "手拜"，唐石經、撫州本、余仁仲本、岳本、嘉靖本、八行本、和本、閩本、監本、毛本、殿本、阮刻本同；十行本"手"作"争"，非。

④ "低丁兮反"，彙校卷第十二、撫釋一、余仁仲本、和本、十行本、閩本、監本、毛本、殿本、阮刻本同，岳本無此四字。

⑤ "爲去于僞反"，岳本作"爲去聲下爲歡同"；彙校卷第十二、撫釋一、余仁仲本、和本、十行本、閩本、監本、毛本、殿本、阮刻本"去"作"夫"，是。

⑥ "柄兵命反"，彙校卷第十二、撫釋一、余仁仲本、和本、十行本、閩本、監本、毛本、殿本、阮刻本同，岳本無此四字。

⑦ "重執有如不克"，曲禮下作"執輕如不克"。

⑧ "爲于僞反"，彙校卷第十二、撫釋一、余仁仲本、和本、十行本、閩本、監本、毛本、殿本、阮刻本同，岳本無此四字。

“説”①，吐活反。**未嘗，不食新。**嘗，謂薦新物於寢廟。

　　17・23○**僕於君子，君子升下，則授綏，始乘則式。君子下行，然後還立。**還車而立，以俟其去。○還，音旋，注同②。

　　17・24○**乘貳車則式，佐車則否。**貳車、佐車，皆副車也。朝祀之副曰貳，戎獵之副曰佐。魯莊公敗于乾時，公喪戎路，傳乘而歸。○朝，直遥反。喪，息浪反③。傳乘，上丈專反，又陟戀反，下繩證反，下文“除乘車”同④。

　　17・25○**貳車者，諸侯七乘，上大夫五乘，下大夫五乘⑤。**此蓋殷制也。周禮貳車，公九乘，侯伯七乘，子男五乘，卿大夫各如其命之數⑥。**有貳車之乘馬服車⑦，不齒。**尊有爵者之物⑧，廣敬也。服車，所乘車也。車有新舊。**觀君子之衣服、服劍、乘馬，弗賈。**平尊者之物，非敬也。○賈，音嫁。**其以乘壺酒、束脩、一犬賜人若獻人，則陳酒執脩以將命，亦曰“乘壺酒、束脩、一犬”。**陳重者，執輕者，便也。乘壺，四壺也。酒，謂清也，糟也。不言“陳犬”，或無脩者，牽犬以致命也。於卑者曰賜，於尊者曰獻。○便，婢面

----

①“履本又作脱又作説”，彙校卷第十二、撫釋一、<u>余仁仲</u>本、<u>和</u>本、<u>十行</u>本、<u>閩</u>本、<u>監</u>本、<u>毛</u>本、<u>殿</u>本、<u>阮刻</u>本同，<u>岳</u>本無此八字。

②“注同”，彙校卷第十二、撫釋一、<u>余仁仲</u>本、<u>和</u>本、<u>十行</u>本、<u>閩</u>本、<u>監</u>本、<u>毛</u>本、<u>殿</u>本、<u>阮刻</u>本同，<u>岳</u>本無此二字。

③“朝直遥反喪息浪反”，彙校卷第十二、撫釋一、<u>余仁仲</u>本、<u>和</u>本、<u>十行</u>本、<u>閩</u>本、<u>監</u>本、<u>毛</u>本、<u>殿</u>本、<u>阮刻</u>本同，<u>岳</u>本無此八字。

④“傳乘上丈專反又陟戀反下繩證反下文除乘車同”，彙校卷第十二、撫釋一、<u>余仁仲</u>本、<u>和</u>本、<u>十行</u>本、<u>閩</u>本、<u>監</u>本、<u>毛</u>本、<u>殿</u>本、<u>阮刻</u>本同，<u>岳</u>本作“傳乘去聲下除乘車同”。

⑤“五”，<u>唐石經</u>、撫州本、<u>余仁仲</u>本、<u>岳</u>本、<u>嘉靖</u>本、八行本、<u>和</u>本、<u>十行</u>本、<u>閩</u>本、<u>監</u>本、<u>毛</u>本、<u>殿</u>本、<u>阮刻</u>本作“三”，是。

⑥“卿大夫”，<u>余仁仲</u>本、<u>岳</u>本、<u>嘉靖</u>本、<u>和</u>本、<u>十行</u>本、<u>閩</u>本、<u>監</u>本、<u>毛</u>本、<u>殿</u>本、<u>阮刻</u>本同；撫州本、八行本“卿”上有“及”，是。

⑦“貳車”下，<u>唐石經</u>、撫州本、<u>余仁仲</u>本、<u>岳</u>本、<u>嘉靖</u>本、八行本、<u>和</u>本、<u>十行</u>本、<u>閩</u>本、<u>監</u>本、<u>毛</u>本、<u>殿</u>本、<u>阮刻</u>本有“者”字，是。

⑧“有爵者”，撫州本、<u>余仁仲</u>本、<u>岳</u>本、<u>嘉靖</u>本、八行本同；<u>和</u>本、<u>十行</u>本、<u>閩</u>本、<u>監</u>本、<u>毛</u>本、<u>殿</u>本、<u>阮刻</u>本脱“者”字。<u>阮</u>校曰：“尊有爵之物　<u>惠棟</u>校宋本‘爵’下有‘者’字，宋監本同，<u>岳</u>本同，<u>嘉靖</u>本同，<u>衛氏</u>集説同，考文引古本、<u>足利</u>本同。此本‘者’字脱，<u>閩</u>、<u>監</u>、<u>毛</u>本同。”

反，下同。糟，早勞反①。**其以鼎肉，則執以將命。** 鼎肉，謂牲體已絶②，可升於鼎。○已，如字，又音異。解，庚買反③。**其禽加於一雙，則執一雙以將命，委其餘。** 加，猶多也。**犬則執緤，守犬、田犬，則授擯者。既受，乃問犬名④。牛則執紖，馬則執靮，皆右之。** 緤、紖、靮，皆所以繫制之者⑤。守犬、田犬問名，畜養者當呼之名，謂若韓盧、宋鵲之屬。右之者，執之宜，由便也⑥。○緤，息列反。守，手又反，又如字，注同⑦。紖，丈引反⑧。靮，丁曆反。畜，許六反。鵲，七畧反，犬也⑨。**臣則左之，** 異於衆物，臣謂囚俘。○俘，音孚⑩。**車則説綏，執以將命。甲若有以前之，則執以將命；無以前之，則袒櫜奉胄。** 甲，鎧也。有以前之，謂他摯幣也。櫜，弢鎧衣也。胄，兜鍪也。袒其衣，出兜鍪以致命。○税，本又作“脱”，又作“説”，同，吐活反⑪。袒，音

---

① “便婢面反下同糟早勞反”，彙校卷第十二、撫釋一、余仁仲本、和本、十行本、閩本、監本、毛本、殿本、阮刻本同，岳本無此十字。

② “絶”，撫州本、余仁仲本、岳本、嘉靖本、八行本、和本、十行本、閩本、監本、毛本、殿本、阮刻本、吳氏朱批作“解”，是。

③ “已如字又音異解庚買反”，余仁仲本、和本、十行本、閩本、監本、毛本、殿本、阮刻本同，岳本無此十字，彙校卷第十二、撫釋一作“已解上如字又音異下庚買反”。

④ “犬”，唐石經、撫州本、岳本、嘉靖本、八行本、和本、十行本、閩本、監本、毛本、殿本、阮刻本同；余仁仲本作“大”，非。

⑤ “制”，撫州本、余仁仲本、岳本、嘉靖本、八行本、和本、閩本、監本、毛本、殿本、阮刻本同；十行本作“田”，非。

⑥ “由”，撫州本、余仁仲本、岳本、嘉靖本、八行本、和本、閩本、監本、毛本、殿本、阮刻本同；十行本作“虫”，非。

⑦ “注同”，彙校卷第十二、撫釋一、余仁仲本、和本、十行本、閩本、監本、毛本、殿本、阮刻本同，岳本無此二字。

⑧ “丈引反”，彙校卷十二、撫釋一、余仁仲本、岳本、閩本、監本、毛本、殿本同；和本、十行本、阮刻本“丈”作“文”，非。

⑨ “畜許六反鵲七畧反犬也”，彙校卷第十二、撫釋一、余仁仲本同，岳本無此十字，和本、十行本、閩本、監本、毛本、殿本、阮刻本脱“犬也”二字。

⑩ “俘音孚”，彙校卷第十二、撫釋一、余仁仲本、和本、十行本、閩本、監本、毛本、殿本、阮刻本同，岳本無此三字。

⑪ “本又作脱又作説同”，彙校卷第十二、撫釋一、余仁仲本、和本、十行本、閩本、監本、毛本、殿本、阮刻本同，岳本無此八字。

但。櫜,音羔,甲衣也①。奉,芳勇反。胄,直又反。鎧,苦代反②。殳,吐刀反。
兜,丁侯反。鍪,亡侯反③。**器則執蓋。**謂有表裏。**弓則以左手屈韣執**
拊。韣,弓衣也。左手屈衣,并於拊執之,而右手執蕭。○韣,音獨。推④,芳武
反。并,必政反⑤。**劍則啓櫝蓋襲之,加夫襓與劍焉。**櫝,謂劍函也。
襲,卻合之。夫襓,劍衣也。加劍於衣上。夫,或爲“煩”,皆發聲。○櫝,音獨。
夫襓,上音扶,注同,下如遙反。函,音咸。卻,去畧反,下文同⑥。**笏、書、脩、**
苞苴、弓、茵、席、枕、几、潁⑦、杖、琴、瑟、戈有刃者櫝、筴、籥,其執
之,皆尚左手。苞苴,謂編束崔葦⑧,以裹魚肉也。茵,箸蓐也。潁,警枕也。
筴,箸也。籥,如笛,三孔。皆十六物也。左手執上,上陽也。右手執下,下陰
也。○苴,子余反。茵,音因⑨。潁⑩,京領反,注同,警枕也,又坰迴反。編,必綿

---

① “甲衣也”,彙校卷第十二、撫釋一、<u>余仁仲</u>本、<u>和</u>本、十行本、<u>閩</u>本、<u>監</u>本、<u>毛</u>本、<u>殿</u>本、<u>阮</u>
　刻本同,<u>岳</u>本無此三字。

② “鎧苦代反”,彙校卷第十二、撫釋一、<u>余仁仲</u>本、<u>和</u>本、十行本、<u>閩</u>本、<u>監</u>本、<u>毛</u>本、<u>殿</u>本、
　<u>阮</u>刻本同,<u>岳</u>本無此四字。

③ “兜丁侯反鍪亡侯反”,彙校卷第十二、撫釋一、<u>余仁仲</u>本、<u>和</u>本、十行本、<u>閩</u>本、<u>監</u>本、<u>毛</u>
　本、<u>殿</u>本、<u>阮</u>刻本同,<u>岳</u>本無此八字。

④ “推”,彙校卷第十二、撫釋一、<u>余仁仲</u>本、<u>岳</u>本、<u>和</u>本、十行本、<u>閩</u>本、<u>監</u>本、<u>毛</u>本、<u>殿</u>本、<u>阮</u>
　刻本作“拊”,是。

⑤ “并必政反”,彙校卷第十二、撫釋一、<u>余仁仲</u>本、<u>和</u>本、十行本、<u>閩</u>本、<u>監</u>本、<u>毛</u>本、<u>殿</u>本、
　<u>阮</u>刻本同,<u>岳</u>本無此四字。

⑥ “夫襓上音扶注同下如遙反函音咸卻去畧反下文同”,彙校卷第十二、撫釋一、<u>余仁仲</u>
　本、<u>和</u>本、十行本、<u>閩</u>本、<u>監</u>本、<u>毛</u>本、<u>殿</u>本、<u>阮</u>刻本同,<u>岳</u>本作“夫音扶襓音饒”。

⑦ “潁”,<u>岳</u>本、<u>和</u>本、十行本、<u>阮</u>刻本同;撫州本作“穎”,<u>唐石經</u>、<u>余仁仲</u>本、八行本、<u>閩</u>本、
　<u>監</u>本、<u>毛</u>本、<u>殿</u>本作“穎”,<u>嘉靖</u>本作“穎”,皆非,注文同。

⑧ “崔葦”,撫州本、<u>余仁仲</u>本、<u>岳</u>本、<u>嘉靖</u>本、八行本、<u>和</u>本、<u>阮</u>刻本同;十行本、<u>閩</u>本、<u>監</u>本、
　<u>毛</u>本、<u>殿</u>本作“菅葦”,非。<u>阮</u>校曰:“謂編束崔葦以裹魚肉也　惠棟校宋本作‘崔’,宋監
　本同,<u>岳</u>本同,<u>嘉靖</u>本同,<u>衛氏集</u>說同。此本‘崔’字模糊,<u>閩</u>、<u>監</u>、<u>毛</u>本‘崔’作‘菅’。按
　正義本作‘崔’,釋文本作‘菅’。各本‘裹’字不誤,惟<u>毛</u>本誤‘裏’。”

⑨ “苴子余反茵音因”,彙校卷第十二、撫釋一、<u>余仁仲</u>本、<u>和</u>本、十行本、<u>閩</u>本、<u>監</u>本、<u>毛</u>本、
　<u>殿</u>本、<u>阮</u>刻本同,<u>岳</u>本無此七字。

⑩ “潁”,<u>余仁仲</u>本、<u>岳</u>本、<u>和</u>本、十行本、<u>阮</u>刻本同;彙校卷第十二、<u>閩</u>本、<u>監</u>本、<u>毛</u>本、<u>殿</u>本
　作“穎”,撫釋一作“穎”,皆非。

反。菅，音姦。葦，于鬼反。裹，音果①。著蕢，上音佇，下音辱②。**刀卻刃授穎③，削授柎。**辟用時。穎，鐷也。柎，謂把。○穎，役頂反④。削，音笑。辟，音避。把，音霸⑤。**凡有刺刃者，以授人則辟刃。**辟刃，不以正鄉人也。○刺，七智反，又七亦反。辟，匹亦反，注同。鄉，許亮反，下"鄉國"同⑥。**乘兵車，出先刃，入後刃。**不以刃鄉國也。**軍尚左，**左，陽也，陽主生。將軍有廟勝之策，左將軍爲上，貴不敗績。**卒尚右。**右，陰也，陰主殺，卒之行伍，以右爲上，示有死志。○卒，子忽反，注同。行伍，戶剛反，下音五⑦。

　　17·26○**賓客主恭，祭祀主敬，喪事主哀，會同主詡。**恭在貌也，而敬又在心。詡謂敏而有勇，若齊國佐。○詡，況矩反。**軍旅思險，隱情以虞。**險，阻，出奇覆諼之處也。隱，意也，思也。虞，度也。當思念己情之所能，以度彼之將然否。○阻，側呂反⑧。覆，芳富反，謂伏兵也，徐音赴⑨。諼，況煩反。諼，詐也。或云："諼，譁。"處，昌慮反。度，大各反，下同⑩。

---

①"注同警枕也又堈迥反編必綿反菅音姦葦于鬼反裹音果"，彙校卷第十二、撫釋一、余仁仲本、和本、十行本、閩本、監本、毛本、殿本、阮刻本同，岳本無此二十三字。

②"著蕢上音佇下音辱"，彙校卷第十二、撫釋一、余仁仲本、和本、十行本、閩本、監本、毛本、殿本、阮刻本同，岳本作"著音佇"。

③"穎"，唐石經、余仁仲本、岳本、八行本、和本、十行本、閩本、監本、毛本、殿本、阮刻本同；撫州本作"穎"，嘉靖本作"穎"，皆非，注文同。

④"役頂反"，彙校卷十二、撫釋一、余仁仲本、和本、岳本、毛本、阮刻本同；十行本、閩本、監本、殿本"頂"作"煩"，非。

⑤"辟音避把音霸"，彙校卷第十二、撫釋一、余仁仲本、和本、十行本、閩本、監本、毛本、殿本、阮刻本同，岳本無此六字。

⑥"注同鄉許亮反下鄉國同"，彙校卷第十二、撫釋一、余仁仲本、和本、十行本、閩本、監本、毛本、殿本、阮刻本同，岳本無此十字。

⑦"注同行伍戶剛反下音五"，彙校卷第十二、撫釋一、余仁仲本、和本、閩本、監本、毛本、殿本、阮刻本同，岳本無此十字；十行本"剛"作"羽"，非。

⑧"阻側呂反"，彙校卷第十二、撫釋一、余仁仲本、和本、十行本、閩本、監本、毛本、殿本、阮刻本同，岳本無此四字。

⑨"覆芳富反謂伏兵也徐音赴"，彙校卷第十二、撫釋一、余仁仲本、和本、十行本、閩本、監本、毛本、殿本、阮刻本同，岳本作"覆芳富反伏兵也"。

⑩"或云諼譁處昌慮反度大各反下同"，彙校卷第十二、撫釋一、余仁仲本、和本、十行本、閩本、監本、毛本、殿本、阮刻本同，岳本無此十四字。

17·27○燕，侍食於君子，則先飯而後已。所以勸也。○飯，煩晚反，下"小飯"同。[重意]曲禮上："侍食。"毋放飯，毋流歠，小飯而亟之，亟，疾也。備噦噫，若見問也。○歠，昌悦反。亟，紀力反，注同。噦噫，上於月反，下伊結反①。數噍，毋爲口容。口容，弄口。○數，色角反。"噍"，字又作"嚼"②，子笑反，又在笑反。客自徹，亂焉則止③。主人亂其徹。

17·28○客爵居左，其飲居右。客爵，謂主人所酬賓之爵也，以優賓耳。賓不舉，奠于薦東。[重意]曲禮上："食居人之左。"—"羹居人之右"。介爵、酢爵、僎爵皆居右。三爵，皆飲爵也。介，賓之輔也。酢，所以酢主人也。古文禮"僎"作"遵"。遵，謂鄉人爲卿大夫來觀禮者。酢，或爲"作"。僎，或爲"騶"④。○介，音界，注同⑤。僎，音遵。騶，責留反，本又作"馴"，音巡⑥。

17·29○羞濡魚者，進尾。擗之由後，鯁肉易離也。乾魚進首⑦，擗之由前，理易析也。○濡，音儒。擗，補麥反，下同。鯁，格猛反。易，以豉反，下同。析，星曆反⑧。冬右腴，氣在下。腴，腹下也。○腴，以朱反⑨。夏右鰭。

---

① "注同噦噫上於月反下伊結反"，彙校卷第十二、撫釋一、余仁仲本、和本、閩本、監本、毛本、殿本、阮刻本同，岳本作"噦於月反"，十行本"伊"字作墨釘。

② "字又作嚼"，彙校卷第十二、撫釋一、余仁仲本、十行本、閩本、監本、毛本、殿本、阮刻本同，岳本無此四字。

③ "亂"，唐石經、撫州本、余仁仲本、岳本、嘉靖本、八行本、和本、十行本、閩本、監本、毛本、殿本、阮刻本作"辭"，是，注文"主人亂"之"亂"，亦"辭"字之誤。

④ "騶"，余仁仲本、岳本、和本、十行本、閩本、監本、毛本、殿本、阮刻本同，撫州本、嘉靖本、八行本作"馴"。

⑤ "介音界注同"，彙校卷第十二、撫釋一、余仁仲本、和本、十行本、閩本、監本、毛本、殿本、阮刻本同，岳本無此五字。

⑥ "本又作馴音巡"，彙校卷第十二、撫釋一、余仁仲本、殿本同，岳本無此六字；和本、十行本、閩本、監本、毛本、阮刻本"音"上衍"一"字。

⑦ "首"，撫州本、余仁仲本、岳本、八行本、和本、十行本、閩本、監本、毛本、殿本、阮刻本同，嘉靖本作"者"，非。

⑧ "下同鯁格猛反易以豉反下同析星曆反"，彙校卷第十二、撫釋一、余仁仲本、和本、十行本、閩本、監本、毛本、殿本、阮刻本同，岳本無此十六字。

⑨ "腴以朱反"，彙校卷第十二、撫釋一、余仁仲本、和本、十行本、閩本、監本、毛本、殿本、阮刻本同，岳本無此四字。

氣在上。鰭，脊也。○右鰭，音祈。脊，子昔反①。**祭膴。**膴，大臠，謂刳魚腹也。膴，讀如"冔"。○膴，舊火吳反，依注音冔②，況甫反，徐況紆反。臠，力轉反③。刳，口胡反，又苦侯反④。

17·30○**凡齊，執之以右，居之於左。**齊，謂食羹醬飲有齊和者也。居於左手之上，右手執而正之，由便也。○齊，才細反，注及下"以齊"并注同⑤。食，音嗣。和，戶臥反，下"齊和"同。便，婢面反⑥。

17·31○**贊幣自左，詔辭自右。**自，由也。謂爲君受幣⑦，爲君出命也。立者，尊右。○爲，于僞反，下"爲君"同⑧。

17·32○**酌尸之僕⑨，如君之僕。**當其爲尸則尊。**其在車，則左執轡，右受爵，祭左右軌范，乃飲。**周禮大馭："祭兩軹，祭軌⑩，乃飲。"軌與軹，於車同謂轊頭也。範與范聲同⑪，謂軾前也。○軌，媿美反。范，音犯。

---

① "右鰭音祈脊子昔反"，彙校卷第十二、撫釋一、<u>余仁仲</u>本、和本、十行本、閩本、<u>監</u>本、毛本、殿本、阮刻本同，<u>岳</u>本作"鰭音其"。

② "音冔"，彙校卷第十二、撫釋一、<u>余仁仲</u>本、和本、十行本、閩本、<u>監</u>本、毛本、殿本、阮刻本同，<u>岳</u>本無此二字。

③ "臠力轉反"，彙校卷第十二、撫釋一、<u>余仁仲</u>本、和本、十行本、閩本、<u>監</u>本、毛本、殿本、阮刻本同，<u>岳</u>本無此四字。

④ "刳口胡反又苦侯反"，彙校卷第十二、撫釋一、<u>余仁仲</u>本、和本、十行本、閩本、<u>監</u>本、毛本、殿本、阮刻本同，<u>岳</u>本作"刳音枯"。

⑤ "注及下以齊并注同"，彙校卷第十二、撫釋一、<u>余仁仲</u>本同，<u>岳</u>本無此八字；和本、十行本、閩本、<u>監</u>本、毛本、殿本、阮刻本脫下"注"字。

⑥ "便婢面反"，彙校卷第十二、撫釋一、<u>余仁仲</u>本、和本、十行本、閩本、<u>監</u>本、毛本、殿本、阮刻本同，<u>岳</u>本無此四字。

⑦ "受幣"，<u>余仁仲</u>本、<u>岳</u>本、嘉靖本、和本、十行本、閩本、<u>監</u>本、毛本、殿本同；撫州本、八行本、阮刻本作"授幣"，是。

⑧ "爲于僞反下爲君同"，彙校卷第十二、撫釋一、<u>余仁仲</u>本、閩本、<u>監</u>本、毛本、殿本、阮刻本同，<u>岳</u>本作"爲去聲下爲君同"，和本、十行本"于"誤作"予"，十行本"下"字作墨釘。

⑨ "尸"，<u>唐石經</u>、撫州本、<u>余仁仲</u>本、<u>岳</u>本、嘉靖本、八行本、和本、閩本、<u>監</u>本、毛本、殿本、阮刻本同；十行本作"户"，非。

⑩ "軌"，撫州本、<u>余仁仲</u>本、<u>岳</u>本、嘉靖本、八行本、和本、十行本、閩本、<u>監</u>本、毛本、殿本、阮刻本同，周禮大馭作"軓"，是。

⑪ "範"，撫州本、<u>余仁仲</u>本、<u>岳</u>本、嘉靖本、八行本同，周禮大馭注"故書'軓'爲'範'"，阮校謂衛氏集說作"軓"；和本、十行本、閩本、<u>監</u>本、毛本、殿本、阮刻本作"軌"，非。

軹,音只①。轛,音衛。軾,音式②。

17・33○凡羞有俎者,則於俎肉内祭③。俎於人爲横,不得祭於間也。
君子不食圂腴。周禮"圂"作"豢",謂犬豕之屬④,食米穀者也。腴有似於人
穢。○圂與豢,同音患⑤。漬,本又作"穢",紆廢反,一音烏外反⑥。小子走而不
趨,舉爵則坐祭,立飲。小子,弟子也。卑,不得與賓、介俱備禮容也。凡洗必
盥。洗盥乃洗爵⑦,先自絜也。盥有不洗也。○盥,音管,又古亂反。牛羊之肺,
離而不提心。提,猶絶也,刌離之⑧,不絶中央央少者⑨,使易絶以祭耳⑩。○不
提心,丁禮反,注同,絶句。刌,苦圭反。犁,本又作"離",同,力分反,又力知反⑪。
凡羞有湇者,不以齊⑫。齊,和也。○湇,起及反。爲君子擇葱薤,則

<hr>

① "只",彙校卷第十二、撫釋一、余仁仲本、岳本、和本、十行本、閩本、監本、毛本、殿本、阮
刻本作"旨",是。

② "軾音式",彙校卷第十二、撫釋一、余仁仲本、和本、十行本、閩本、監本、毛本、殿本、阮
刻本同,岳本無此三字。

③ "俎肉",余仁仲本、嘉靖本同;唐石經、撫州本、岳本、八行本、和本、十行本、閩本、監本、
毛本、殿本、阮刻本無"肉"字,是。

④ "犬",撫州本、余仁仲本、岳本、嘉靖本、八行本、和本、閩本、監本、毛本、殿本、阮刻本
同;十行本作"六",非。

⑤ "與豢同",彙校卷第十二、撫釋一、余仁仲本、和本、十行本、閩本、監本、毛本、殿本、阮
刻本同,岳本無此三字。

⑥ "漬本又作穢紆廢反一音烏外反",彙校卷第十二、撫釋一、余仁仲本、和本、十行本、閩
本、監本、毛本、殿本、阮刻本同,岳本無此十三字。

⑦ "洗盥",余仁仲本、嘉靖本、和本、十行本、閩本、監本、毛本、殿本同;撫州本、岳本、八行
本、阮刻本"洗"作"先",是。

⑧ "刌",撫州本、余仁仲本、岳本、嘉靖本、八行本、和本、十行本、閩本、監本、殿本、阮刻本
同;毛本作"到"字,非。

⑨ "不絶中央央少者",八行本"絶"誤作"終";撫州本、余仁仲本、岳本、嘉靖本、八行本、和
本、十行本、閩本、監本、毛本、殿本、阮刻本、吳氏朱批不重"央"字,是。

⑩ "易絶",撫州本、余仁仲本、岳本、嘉靖本、八行本、和本、閩本、監本、毛本、殿本同;十行
本、阮刻本"易"作"提",非。

⑪ "注同絶句刌苦圭反犁本又作離同力分反又力知反",彙校卷第十二、撫釋一、余仁仲
本、和本、十行本、閩本、監本、毛本、殿本、阮刻本同,岳本無此二十一字。

⑫ 自經文"以齊"至"尸則坐",是閩本卷三十五第三十一頁,自注文"尸尊也"至疏文"尊
與壺悉有面面",是閩本卷三十五第三十二頁,日本東洋文化研究所藏閩本缺此二頁,
代之以閩本周禮注疏卷三十五之第三十一、三十二頁,是周禮注疏"朝士"(轉下頁注)

絕其本末。爲有萎乾。○爲，于僞反，注同。薤，户戒反。萎乾，上於危反，又於僞反，下音干①。羞首者，進喙，祭耳。耳出見也。○喙，許穢反。見，賢遍反。

17·34○尊者，以酌者之左爲上尊。尊者，設尊者也。酌者鄉尊，其左則右尊也②。○樽，本又作“尊”，注下皆同。鄉，許亮反，下“鄉人”同③。尊壺者，面其鼻。鼻在面中，言鄉人也。重意玉藻：“唯君面尊。”飲酒者、禨者、醮者，有折俎，不坐。折俎尊，徹之乃坐也。已沐飲曰禨。酌始冠曰醮。○禨，其記反。醮，子笑反。折，之設反④，下及注皆同。冠，古亂反⑤。未步爵，不嘗羞。步，行也。

17·35○牛與羊魚之腥，聶而切之爲膾。聶之言䐑也，先霍葉切之，復報切之，則成膾。○聶，之涉反，注及下皆同⑥。膾，古外反。䐑，直輒反。復，扶又反⑦。麋鹿爲菹，野豕爲軒，皆聶而不切。麕爲辟雞，兔爲宛脾，皆聶而切之。切葱若薤實之，醯以柔之。此軒、辟雞、宛脾，皆

（接上頁注）之注疏文字。美國哈佛大學圖書館藏閩本禮記注疏不缺卷三十五第三十一、三十二頁，但缺第三十三頁B面和第三十四頁A面，内容自疏文“祭肺立而取之”至“獻主主人也謂”，日本東洋文化研究所藏閩本不缺此二面。故卷三十五第三十一至三十四頁之閩本文字，互校日本、美國藏本，可見全貌。

① “爲于僞反注同薤户戒反萎乾上於危反又於僞反下音干”，岳本作“薤音械”；彙校卷第十二、撫釋一、余仁仲本、和本、十行本、閩本、監本、毛本、殿本、阮刻本“干”作“竿”，是。

② “右”，撫州本、余仁仲本、岳本、嘉靖本、八行本、和本、十行本、閩本、監本、毛本同；殿本、阮刻本、吴氏朱批作“上”，是。

③ “樽本又作尊注下皆同鄉許亮反下鄉人同”，彙校卷第十二、撫釋一、余仁仲本、閩本、監本、毛本同，岳本無此十七字；和本、十行本、殿本、阮刻本“樽”作“遵”，非。

④ “折之設反”，彙校卷第十二、撫釋一、余仁仲本、和本、十行本、閩本、監本、毛本、殿本、阮刻本同，岳本“折之舌反”。

⑤ “下及注皆同冠古亂反”，彙校卷第十二、撫釋一、余仁仲本、和本、十行本、閩本、監本、毛本、殿本、阮刻本同，岳本無此九字。

⑥ “注及”，彙校卷第十二、撫釋一、余仁仲本、和本、十行本、閩本、監本、毛本、殿本、阮刻本同，岳本無此二字。

⑦ “復扶又反”，彙校卷第十二、撫釋一、余仁仲本、和本、十行本、閩本、監本、毛本、殿本、阮刻本同，岳本無此四字。

菹類也。其作之狀，以醢與菫菜淹之，殺肉及腥氣也。○麋，音眉。軒，音獻，注同①。臡②，俱倫反。辟，音璧，又補麥反，徐扶益反，注同。兔，他故反③。苑脾，上於阮反，下毗支反。切葱若薤實之，絕句④。菹，莊居反。羣，許云反。淹，於廉反，又於劫反⑤。

17·36○其有折俎者，取祭反之⑥，不坐。燔亦如之。亦爲柄尺之類也⑦。燔，炙也。鄉射曰："賓奠爵于薦西，興取肺，坐絕祭，左手嚌之，興，加于俎，坐帨手。"○燔，音煩。柄，兵命反⑧。齊之，才細反。帨，本亦作"帗"⑨，始銳反。尸則坐。尸尊也。少牢饋食禮曰："尸左執爵，右兼取肝肺，擩于俎鹽，振祭，嚌之，加于菹豆。"○食，音嗣。擩，本又作"懦"⑩，而專反，又而悅反，徐耳誰反⑪。重意"尸則坐"，曲禮、內則"坐如尸"。

---

① "注同"，彙校卷第十二、撫釋一、余仁仲本、和本、十行本、閩本、監本、毛本、殿本、阮刻本同，岳本無此二字。

② "臡"，彙校卷十二、撫釋一、余仁仲本、岳本、毛本同；和本、十行本、閩本、監本、殿本、阮刻本脫。

③ "徐扶益反注同兔他故反"，彙校卷第十二、撫釋一、余仁仲本、和本、十行本、閩本、監本、毛本、殿本、阮刻本同，岳本無此十字。

④ "苑脾上於阮反下毗支反切葱若薤實之絕句"，彙校卷第十二、撫釋一、余仁仲本、和本、十行本、閩本、監本、毛本、殿本、阮刻本"苑"作"宛"，是；岳本作"宛於阮反"。

⑤ "羣許云反淹於廉反又於劫反"，岳本無此十二字；彙校卷第十二、撫釋一、余仁仲本"羣"作"煮"，和本、十行本、閩本、監本、毛本、殿本、阮刻本作"菫"，是。

⑥ "取祭反之"，唐石經、撫州本、余仁仲本、岳本、嘉靖本、八行本、和本、閩本、監本、毛本、殿本同；十行本、阮刻本"祭"下衍"肺"字。

⑦ "柄尺"，撫州本、余仁仲本、岳本、嘉靖本、八行本同；和本、十行本、閩本、監本、毛本、殿本、阮刻本倒作"尺柄"。阮校曰："亦爲柄尺之類也　惠棟校宋本作'柄尺'，岳本同，嘉靖本同，考文引古本、足利本同。此本'柄尺'二字倒，閩、監、毛本同，衛氏集說同，釋文出'柄尺'。"

⑧ "柄兵命反"，彙校卷第十二、撫釋一、余仁仲本、和本、十行本、閩本、監本、毛本、殿本、阮刻本同，岳本無此四字。

⑨ "帨本亦作帗"，和本、十行本、閩本、監本、毛本、殿本、阮刻本作"帨本亦作稅"，岳本無"帨本亦作"四字；彙校卷十二、撫釋一、余仁仲本作"帨本又作帗"，是。

⑩ "擩本又作懦"，十行本、閩本、監本、毛本同，彙校卷十二、撫釋一、余仁仲本、和本、殿本作"擩本又作懦"，岳本作"擩"；阮刻本作"擩本又作換"，是。

⑪ "徐耳誰反"，彙校卷第十二、撫釋一、余仁仲本、和本、十行本、閩本、監本、毛本、殿本、阮刻本同，岳本無此四字。

17·37〇衣服在躬而不知其名爲罔。罔,猶罔罔①,無知貌。〇罔,本亦作"岡",又作"誷",亡兩反②。

17·38〇其未有燭而後至者③,則以在者告。道瞽亦然。爲其不見,意欲知之也。師冕見及階,子曰:"階也。"及席,子曰:"席也。"皆坐,子告之曰:"某在斯,某在斯。"〇道,音導。爲,于僞反,下"爲貴"、下文"爲人"、"爲己"同。冕見,賢遍反④。凡飲酒爲獻主者,執燭抱燋,客作而辭,然後以授人。爲宵言也。主人親執燭敬賓,示不倦也。言獻主者,容君使宰夫也。未爇曰燋。〇燋,側角反,又子約反,或音在遥反⑤。爇,人悦反。執燭不讓,不辭,不歌。以燭繼晝⑥,禮殺。〇殺,色戒反⑦。洗、盥、執食飲者,勿氣。有問焉,則辟咡而對。示不敢歆臭也。口旁曰咡。〇辟,匹亦反⑧,徐孚益反⑨。咡,而志反。歆,許金反。臭,許又反。重意曲禮上:"負劍辟

---

① "猶罔罔",撫州本、余仁仲本、嘉靖本、八行本、和本、十行本、閩本、監本、毛本、殿本、阮刻本同;岳本脱"猶"字。

② "罔本亦作岡又作誷亡兩反",彙校卷十二、撫釋一、余仁仲本、和本、殿本、阮刻本同,岳本無此十一字;十行本、閩本、監本、毛本"岡"作"罔",十行本"亡"作"云",非。

③ "而後至者",余仁仲本、嘉靖本、和本、十行本、閩本、監本、毛本、殿本、阮刻本同;唐石經、撫州本、岳本、八行本"而"下有"有"字,是。阮校曰:"而後至者　惠棟校宋本'而'下有'有'字,宋監本同,石經同,岳本同,衛氏集説同,考文引古本、足利本同。此本誤脱,閩、監、毛本同,嘉靖本同。石經考文提要:'宋大字本、宋本九經、南宋巾箱本并有"有"字。'"

④ "道音導爲于僞反下爲貴下文爲人爲己同冕見賢遍反",岳本無此二十二字;彙校卷第十二、撫釋一、余仁仲本、和本、十行本、閩本、監本、毛本、殿本、阮刻本"貴"作"宵",是。

⑤ "或音在遥反",彙校卷十二、撫釋一、余仁仲本同,岳本無此五字;和本、十行本、閩本、監本、毛本、殿本、阮刻本"或"作"又",非。

⑥ "晝",撫州本、余仁仲本、岳本、嘉靖本、八行本、和本、閩本、監本、毛本、殿本、阮刻本同;十行本作"書",非。

⑦ "殺色戒反",彙校卷第十二、撫釋一、余仁仲本、和本、十行本、閩本、監本、毛本、殿本、阮刻本同,岳本無此四字。

⑧ "匹亦反",彙校卷十二、撫釋一、余仁仲本、和本、岳本、閩本、監本、毛本、殿本、阮刻本同;十行本"匹"作"四",非。

⑨ "徐孚益反",彙校卷第十二、撫釋一、余仁仲本、和本、十行本、閩本、監本、毛本、殿本、阮刻本同,岳本無此四字。

咋詔之."

17·39○爲人祭曰"致福",爲己祭而致膳於君子曰"膳",
祔、練曰"告"。此皆致祭祀之餘於君子也①。攝主言致福,申其辭也。自祭言
膳,謙也。祔、練言告,不敢以爲福膳也。凡膳告於君子,主人展之,以授
使者于阼階之南,南面,再拜稽首,送;反命,主人又再拜稽首。展,
省具也。○使,色吏反②。其禮,太牢則以牛左肩、臂、臑,折九个③;少
牢則以羊左肩七个,牷豕則以豕左肩五个。折,斷分之也。皆用左者,
右以祭也。羊豕不言臂臑,因牛序之可知。○臂,本亦作"辟",必豉反,注同④。
臑,奴報反,又奴到反。說文去:"臑,羊犬,讀若儒。"字林人於反。个,古賀反,下
同⑤。牷,大得反。斷,丁管反,又大喚反。分,方云反,又扶問反,本又作"个",
古賀反⑥。

17·40○國家靡敝,則車不雕幾,甲不組縢,食器不刻鏤,君
子不履絲屨,馬不常秣。靡敝,賦稅亟也。雕,畫也。幾,附纏爲沂鄂也⑦。
組縢,以組飾之及紟帶也。詩云:"公徒三萬,貝胄朱綬。"亦鎧飾也。○靡,亡皮

---

① "也",撫州本、余仁仲本、岳本、嘉靖本、八行本同;和本、十行本、閩本、監本、毛本、殿
　本、阮刻本脱。阮校曰:"此皆致祭祀之餘於君子　惠棟校宋本'子'下有'也'字,宋監
　本同,岳本同,嘉靖本同,衛氏集説同。此本'也'字脱,閩、監、毛本同。"
② "使色吏反",彙校卷第十二、撫釋一、余仁仲本、和本、十行本、閩本、監本、毛本、殿本、
　阮刻本同,岳本作"使去聲"。
③ "个",唐石經、撫州本、余仁仲本、岳本、嘉靖本、八行本同;和本、十行本、閩本、監本、毛
　本、殿本、阮刻本作"箇",下同。阮校曰:"折九箇　惠棟校宋本'箇'作'个',宋監本同,
　石經同,釋文同,岳本同,嘉靖本同,衛氏集説同,考文引古本、足利本,此本'个'作
　'箇',閩、監、毛本同,下'七箇'、'五箇'及疏並同。"
④ "臂本亦作辟必豉反注同",彙校卷第十二、撫釋一、余仁仲本、和本、十行本、閩本、監
　本、毛本、殿本、阮刻本同,岳本無此十字。
⑤ "又奴到反説文去臂羊犬讀若儒字林人於反个古賀反下同",岳本無此二十四字;彙校
　卷第十二、撫釋一、余仁仲本、和本、十行本、閩本、監本、毛本、殿本、阮刻本"去"作
　"云",是。
⑥ "分方云反又扶問反本又作个古賀反",彙校卷第十二、撫釋一、余仁仲本、和本、十行
　本、閩本、監本、毛本、殿本、阮刻本同,岳本無此十五字。
⑦ "附纏",撫州本、余仁仲本、岳本、嘉靖本、八行本、和本、閩本、監本、毛本、殿本、阮刻本
　同;十行本"纏"作"墓",非。

反,注同①。幾,其衣反,注同。組,音祖②。縢,大登反。常,如字,恒也,本亦作
"其"。秼,音末,穀馬。亟,本亦作"極",紀力反,急也,一音其力反③。沂,魚巾
反。鄂,五合反④。紟,其蔭反⑤,結也。緵,息廉反,又音侵⑥。鎧,苦代反⑦。
重言"則車不雕幾,食器不刻鏤"二,一見哀公問二十七,無"則"字與"食"字。

纂圖互注禮記卷之十⑧

---

①"注同",彙校卷第十二、撫釋一、余仁仲本、十行本、和本、閩本、監本、毛本、殿本、阮刻
本同,岳本無此二字。

②"注同組音祖",彙校卷第十二、撫釋一、余仁仲本、和本、十行本、閩本、監本、毛本、殿
本、阮刻本同,岳本無此五字。

③"常如字恒也本亦作其秼音末穀馬亟本亦作極紀力反急也一音其力反",岳本無此二十
九字;彙校卷第十二、撫釋一、余仁仲本、和本、十行本、閩本、監本、毛本、殿本、阮刻本
前一"其"作"嘗",是;彙校卷第十二、撫釋一、余仁仲本、和本、閩本、監本、毛本、殿本、
阮刻本下"本亦"作"本又",十行本誤作"匡今"。

④"五合反",余仁仲本、和本、十行本、閩本、監本、毛本、殿本、阮刻本同;彙校卷十二、撫
釋一、岳本"合"作"各",是。

⑤"其蔭反",彙校卷十二、撫釋一、余仁仲本、和本、岳本、閩本、監本、毛本、殿本、阮刻本
同;十行本"蔭"作"蓥",非。

⑥"侵",彙校卷十二、撫釋一、余仁仲本、岳本、阮刻本同;和本、十行本、閩本、監本、毛本、
殿本作"浸",非。

⑦"鎧苦代反",彙校卷第十二、撫釋一、余仁仲本、和本、十行本、閩本、監本、毛本、殿本、
阮刻本同,岳本無此四字。

⑧撫州本卷十末頁B面第四行頂格題"禮記卷第十",空三格題"經三千七百一十三字,注
五千四百四十七字"。余仁仲本卷十末頁A面第七行頂格題"禮記卷第十",第八行空
四格題"經肆仟貳拾字",第九行空四格題"注陸仟叁伯丹捌字",第十行空四格題"音義
貳仟捌伯捌拾陸字",B面第二行空九格題"仁仲比校訖"。嘉靖本卷十末頁A面第八
行題"經肆阡貳拾字,注陸阡叁伯捌字"。阮刻本記"宋監本禮記卷第十,經三千七百一
十三字,注五千四百四十七字。嘉靖本禮記卷第十,經四千二十字,注六千三百八字"。

纂圖互注禮記卷之十一

學記第十八〇陸曰：鄭云：“學記者，以其記人學教之義。”①

禮記　　　　　　　　　　　　　　　　　　鄭氏注②

18·1③發慮憲，求善良，足以謏聞，不足以動衆。 憲，法也。
言發計慮當擬度於法式也。求，謂招來也。謏之言小也。動衆，謂師役之事。〇
憲，音獻④。謏，思了反，徐所穆反⑤。聞，音問，声聞⑥。度，大各反。**就賢體**
遠，足以動衆，未足以化民。 就，謂躬下之體，猶親也。〇下，户嫁反。
君子如欲化民成俗，其必由學乎！ 所學者，聖人之道，在方策。〇策，

---

① “陸曰鄭云學記者以其記人學教之義”，余仁仲本、和本、十行本、閩本、監本、毛本、殿
本、阮刻本同，岳本無此十五字，彙校卷第十三、撫釋一無“陸曰”二字。
② 撫州本題“禮記卷第十一”，首行頂格書寫；次行頂格題“學記第十八”，空二格題“鄭氏
注”。余仁仲本題“禮記卷第十一”，首行頂格書寫；次行頂格題“學記第十八”，下雙行
小字，又題“禮記”，空一格題“鄭氏注”。嘉靖本題“禮記卷第十一”，首行頂格書寫；次
行頂格題“學記第十八”，空三格題“禮記”，空二格題“鄭氏注”。
③ 此篇宋本無“〇”號，未分段，整理時依文意分段。
④ “憲音獻”，彙校卷第十三、撫釋一、余仁仲本、和本、十行本、閩本、監本、毛本、殿本、阮
刻本同，岳本無此三字。
⑤ “徐”，彙校卷第十三、撫釋一、余仁仲本、和本、十行本、閩本、監本、毛本、殿本、阮刻本
同，岳本作“又”。
⑥ “声聞”，余仁仲本、和本、十行本、閩本、監本、毛本、殿本、阮刻本作“聲聞”，岳本無此二
字；彙校卷第十三、撫釋一“聞”作“問”，非。

初革反①。

18・2 玉不琢，不成器。人不學，不知道。是故古之王者，建國君民，**教學爲先**。謂内則設師、保以教②，使國子學焉；外則有太學、庠、序之官。○琢，丁角反，治玉曰琢③。大，音泰，後“太學”皆同。**兑命曰：“念終始典于學。”其此之謂乎！**典，經也。言學之不舍業也。兑，當爲“説”，字之誤也。高宗夢傅説，求而得之，作説命三篇，在尚書，今亡。○兑，依注作“説”，音悦，下“兑命”放此。舍，音捨。兑當，徒外反④。重言“其此之謂乎”五，四見此下文。

18・3 雖有嘉肴，弗食，不知其旨也。雖有至道，弗學，不知其善也。旨，美也。○肴，户交反⑤。是故學然後知不足，教然後知困。學則睹己行之所短，教則見己道之所未達。○睹，丁古反⑥。行，下孟反，下注“德行”同⑦。知不足然後能自反也，知困然後能自强也。故曰：“教學相長也。”自反，求諸己也。自强，脩業不敢倦。○强，其丈反，又其良反，下注同⑧。長，丁兩反，下注“長稚”、“長者”皆同⑨。兑命曰：“學學

---

① “策初革反”，彙校卷第十三、撫釋一、余仁仲本、和本、十行本、閩本、監本、毛本、殿本、阮刻本同，岳本無此四字。

② “謂”，撫州本、余仁仲本、岳本、嘉靖本、八行本、阮刻本同；和本、十行本、閩本、監本、毛本、殿本作“爲”，非。

③ “琢丁角反治玉曰琢”，彙校卷第十三、撫釋一、余仁仲本、和本、十行本、閩本、監本、毛本、殿本、阮刻本同，岳本無此八字。

④ “兑依注作説音悦下兑命放此舍音捨兑當徒外反”，彙校卷第十三、撫釋一、余仁仲本、十行本、閩本、監本、毛本、殿本、阮刻本同，岳本作“兑音悦下放此”。

⑤ “肴户交反”，彙校卷第十三、撫釋一、余仁仲本、和本、十行本、閩本、監本、毛本、殿本、阮刻本同，岳本無此四字。

⑥ “睹丁古反”，彙校卷第十三、撫釋一、余仁仲本、和本、十行本、閩本、監本、毛本、殿本、阮刻本同，岳本無此四字。

⑦ “下注德行同”，彙校卷第十三、撫釋一、余仁仲本、和本、十行本、閩本、監本、毛本、殿本、阮刻本同，岳本無此五字。

⑧ “下注同”，彙校卷第十三、撫釋一、余仁仲本、和本、十行本、閩本、監本、毛本、殿本、阮刻本同，岳本無此三字。

⑨ “下注長稚長者皆同”，彙校卷第十三、撫釋一、余仁仲本、和本、十行本、閩本、監本、毛本、殿本、阮刻本同，岳本無此八字。

半①。"其此之謂乎！言學人乃益己之學半。○學學，上胡孝反，下如字②。學人，胡孝反，又音教。

18·4古之教者，家有塾，黨有庠，術有序，國有學。術，當爲"遂"，聲之誤也。古者，仕焉而已者，歸教於閭里，朝夕坐於門。門側之堂謂之塾。周禮，五百家爲黨，萬二千五百家爲遂。黨屬於鄉，遂在遠郊之外。○塾，音熟，一音育。術，音遂，出注③。比年入學，學者每歲來入也④。中年考校。中，猶間也。鄉、遂大夫間歲則考學者之德行道藝。周禮三歲大比，乃考焉。○中，徐丁仲反，注同。間，"間厠"之間，下同⑤。比，毗志反。一年，視離經辨志。三年，視敬業樂群。五年，視博習親師。七年，視論學取友，謂之小成。九年，知類通達，强立而不反，謂之大成。離經，斷句絶也。辨志，謂別其心意所趣鄉也。知類，知事義之比也。强立，臨事不惑也。不反，不違失師道。○樂，五孝反，又音岳⑥，下"不能樂學"同。斷句，丁亂反。別，彼列反⑦。趣，七住反。鄉，許亮反。比，必履反，一音必利反。夫然後足以化民易俗，近者説服，而遠者懷之，此大學之道也。懷，來也，安也。○説，音悦。記曰："蛾子時術之。"其此之謂乎！蛾，蚍蜉也。蚍蜉之子，微蟲耳。時術，蚍蜉之所爲，其功乃復成大垤。○蛾，魚起反，注同，本或作"蟻"。蚍，音毗。蜉，音孚。爾雅云："蚍蜉，大蟻。"復，扶又反。垤，大結反，毛詩

---

①"學學半"，考補謂古本上"學"作"斅"。

②"下如字"，彙校卷第十三、撫釋一、余仁仲本、和本、十行本、閩本、監本、毛本、殿本、阮刻本同，岳本無此三字。

③"出注"，彙校卷第十三、撫釋一、余仁仲本、和本、十行本、閩本、監本、毛本、殿本、阮刻本同，岳本無此二字。

④"入也"下，彙校卷第十三、撫釋一、岳本有"比毗志反"四字，余仁仲本、和本、十行本、閩本、監本、毛本、殿本、阮刻本置於經文"考校"下，非。

⑤"中徐丁仲反注同間間厠之間下同"，彙校卷第十三、撫釋一、余仁仲本、和本、十行本、閩本、監本、毛本、殿本、阮刻本同，岳本作"中丁仲反間去聲下同"。

⑥"岳"，彙校卷第十三、撫釋一、余仁仲本、岳本同，和本、十行本、閩本、監本、毛本、殿本、阮刻本作"嶽"。

⑦"別彼列反"，彙校卷第十三、撫釋一、余仁仲本、和本、十行本、閩本、監本、毛本、殿本、阮刻本同，岳本無此四字。

傳云:"蟻冢也。"①

　　18·5 **大學始教，皮弁祭菜，示敬道也**。皮弁，天子之朝朝服也。祭菜，禮先聖先師。菜，謂芹、藻之屬。○朝朝，並直遥反。芹，音勤。藻，音早②。重意"皮弁祭菜"，郊特牲:"王皮弁以聽祭報。"**宵雅肄三，官其始也**。宵之言小也。肄，習也。習小雅之三，謂鹿鳴、四牡、皇皇者華也。此皆君臣宴樂相勞苦之詩，爲始學者習之，所以勸之以官，且取上下相和厚。○宵，音消。肄，本又作"肆"，同，以二反，注同③。樂，音洛。勞，力告反，又如字。爲，于僞反。**入學鼓篋，孫其業也**。鼓篋，擊鼓警衆，乃發篋，出所治經業也。孫，猶恭順也。○篋，苦協反。孫，音遜，注及下皆同④。警，京領反⑤。**夏、楚二物，收其威也**。夏，榎也。楚，荆也。二者所以扑撻犯禮者⑥。收，謂收斂整齊之。威，威儀也。○夏，古雅反，注同⑦。榎，吐刀反，爾雅云:"榎，山榎。"扑，普卜反，尚書云:"扑作教刑。"撻，他達反⑧。**未卜禘，不視學，游其志也**。禘，大祭也。天子諸侯既祭，乃視學考校，以游暇學者之志意⑨。○禘，大計反。游，音

──────────

①"蛾魚起反注同本或作蟻蚍蜉音毗蜉音孚爾雅云毗蜉大蟻復扶又反垤大結反毛詩傳云蟻冢也"，彙校卷第十三、撫釋一、余仁仲本、和本、十行本、閩本、監本、毛本、殿本、阮刻本同，岳本作"蛾音蟻蚍蜉音毗蜉音孚大蟻垤大結反蟻冢也"。

②"芹音勤藻音早"，彙校卷第十三、撫釋一、余仁仲本、和本、十行本、閩本、監本、毛本、殿本、阮刻本同，岳本無此六字。

③"肄本又作肆同以二反注同"，彙校卷第十三、撫釋一、余仁仲本、和本、十行本、閩本、監本、毛本、殿本、阮刻本同，岳本作"肄以二反"。

④"注及"，彙校卷第十三、撫釋一、余仁仲本、和本、十行本、閩本、監本、毛本、殿本、阮刻本同，岳本無此二字。

⑤"警京領反"，彙校卷第十三、撫釋一、余仁仲本、和本、十行本、閩本、監本、毛本、殿本、阮刻本同，岳本無此四字。

⑥"扑"，撫州本、余仁仲本、岳本、嘉靖本、八行本同；和本、十行本、閩本、監本、毛本、殿本、阮刻本作"撲"，非。

⑦"注同"，彙校卷第十三、撫釋一、余仁仲本、和本、十行本、閩本、監本、毛本、殿本、阮刻本同，岳本無此二字。

⑧"爾雅云榎山榎扑普卜反尚書云扑作教刑撻他達反"，彙校卷第十三、撫釋一、余仁仲本同，岳本無此二十一字，和本、十行本、閩本、監本、毛本、殿本、阮刻本脫"扑作"之"扑"字。

⑨"暇"，撫州本、余仁仲本、岳本、嘉靖本、八行本、和本、十行本、閩本、監本、毛（轉下頁注）

由,本亦作"遊"。暇,户嫁反,舊古雅反①。**時觀而弗語,存其心也。**使之
俳俳憤憤,然後啓發也。○語,魚庶反。俳,芳鬼反。憤,扶粉反,一本直作"俳
憤"②。**幼者,聽而弗問,學不躐等也。**學,教也,教之長釋。○學,胡孝
反,注同。躐,音里輒反。釋,直吏反③。**此七者,教之大倫也。**倫,理也。
自"大學始教"至此,其義七也。**記曰:"凡學,官先事,士先志。"其此之
謂乎!**官④,居官者也。士,學士也。

18·6**大學之教也,時。教必有正業,退息必有居。**有居,有常
居也。**學,不學操縵,不能安弦。**操縵,雜弄。○操,七刀反,注同⑤。縵,
末旦反。雜,徂合反⑥。**不學博依,不能安詩。**博依,廣譬喻也。○依,或
爲"衣"⑦。依,於豈反,注皆同。**不學雜服,不能安禮。**雜服,冕服、皮弁之
屬。雜,或爲"雅"⑧。**不興其藝,不能樂學。**興之言喜也,歆也。藝,謂禮、
樂、射、御、書、數。○興,虛應反。歆,許金反⑨。**故君子之於學也,藏焉,**

(接上頁注)本、殿本、阮刻本同;釋文作"假",考異謂當作"假"。

① "游音由本亦作遊暇户嫁反舊古雅反",余仁仲本、和本、十行本、閩本、監本、毛本、殿
　本、阮刻本同,岳本無此十五字,彙校卷第十三、撫釋一"游音由本亦作遊"作"斿音由本
　亦作游","暇"作"假"。

② "俳芳鬼反憤扶粉反一本直作俳憤",彙校卷第十三、撫釋一、余仁仲本、和本、十行本、
　閩本、監本、毛本、殿本、阮刻本同,岳本無此十四字。

③ "學胡孝反注同躐音里輒反釋直吏反",彙校卷第十三、撫釋一、余仁仲本、和本、十行
　本、閩本、監本、毛本、殿本、阮刻本同,岳本作"學胡孝反躐里輒反"。

④ "官",撫州本、余仁仲本、岳本、嘉靖本、八行本、和本、阮刻本同,十行本、閩本、監本、毛
　本、殿本脱此字。

⑤ "注同",彙校卷第十三、撫釋一、余仁仲本、和本、十行本、閩本、監本、毛本、殿本、阮刻
　本同,岳本無此二字。

⑥ "雜徂合反",彙校卷第十三、撫釋一、余仁仲本、和本、十行本、閩本、監本、毛本、殿本、
　阮刻本同,岳本無此四字。

⑦ "依或爲衣"是注文,當在"○"號上,撫州本、余仁仲本、岳本、嘉靖本、八行本、和本、十
　行本、閩本、監本、毛本、殿本、阮刻本不誤。

⑧ "雅",撫州本、余仁仲本、岳本、嘉靖本、八行本、和本、閩本、監本、毛本、殿本、阮刻本
　同;十行本作"推",非。

⑨ "歆許金反",彙校卷第十三、撫釋一、余仁仲本、和本、十行本、閩本、監本、毛本、殿本、
　阮刻本同,岳本無此四字。

脩焉，息焉，遊焉。 藏，謂懷抱之。脩，習也①。息，謂作勞休止於之息②。遊，謂間暇無事於之遊。○間，音閑③。夫然，故安其學而親其師，樂其友而信其道，是以雖離師輔而不反也④。兌命曰：“敬孫務時敏，厥脩乃來。”其此之謂乎！ 敬孫，敬道孫業也。敏⑤，疾也。厥，其也。學者務及時而疾，其所脩之業乃來。○樂，其音岳，又音洛，又五孝反。離，力智反。 重言 “其此之謂乎”五，並見上文。

18·7 今之教者，呻其佔畢，多其訊， 呻，吟也。佔，視也。簡謂之畢。訊，猶問也。言今之師，自不曉經之義，但吟誦其所視簡之文，多其難問也。呻，或爲“慕”。訊，或爲“誓”。○呻，音伸，一音新，吟也⑥。佔，勅沾反，視也⑦。訊，字又作誶⑧，音信，問也。呻吟，魚金反，又作“吟”，同⑨。難，乃旦反。誓，才斯反，又音紫。 言及于數，其發言出説，不首其義⑩，動云：“有所法

---

①“習”，撫州本、余仁仲本、岳本、嘉靖本、八行本、和本、閩本、監本、毛本、殿本、阮刻本同；十行本作“皆”，非。

②“於之”，撫州本、余仁仲本、岳本、嘉靖本、八行本、閩本、監本、毛本同，和本、十行本、阮刻本、吳氏朱批作“之爲”，殿本作“謂之”，下“於之遊”同。

③“間音閑”，彙校卷第十三、撫釋一、余仁仲本、和本、十行本、閩本、監本、毛本、殿本、阮刻本同，岳本無此三字。

④“不反也”，唐石經、撫州本、余仁仲本、岳本、嘉靖本、八行本、和本、殿本同，十行本、閩本、監本、毛本、阮刻本脱“也”字。阮校曰：“是以雖離師輔而不反 惠棟校宋本有‘也’字，宋監本同，石經同，岳本同，嘉靖本同，衛氏集説同，考文引古本、足利本同，石經考文提要云：‘宋大字本、宋本九經、南宋巾箱本、余仁仲本並有“也”字。’此本‘也’字脱，閩、監、毛本同。”

⑤“敏”，撫州本、余仁仲本、岳本、嘉靖本、八行本、和本、閩本、監本、毛本、殿本、阮刻本同；十行本作“敬”，非。

⑥“一音新吟也”，彙校卷第十三、撫釋一、余仁仲本、和本、十行本、閩本、監本、毛本、殿本、阮刻本同，岳本無此五字。

⑦“視也”，彙校卷第十三、撫釋一、余仁仲本、和本、十行本、閩本、監本、毛本、殿本、阮刻本同，岳本無此二字。

⑧“字又作誶”，彙校卷第十三、撫釋一、余仁仲本、和本、十行本、閩本、監本、毛本、殿本、阮刻本同，岳本無此四字。

⑨“問也呻吟魚金反又作吟同”，彙校卷第十三、撫釋一、余仁仲本、和本、十行本、閩本、監本、毛本、殿本、阮刻本同，岳本無此十一字。

⑩“首”，撫州本、余仁仲本、岳本、嘉靖本、八行本、和本、閩本、監本、毛本、殿（轉下頁注）

象而已①。"○數,色住反。**進而不顧其安,**務其所誦多,不惟其未曉。**使人不由其誠,**由,用也。使學者誦之,而爲之説,不用其誠。**教人不盡其材,**材,道也。謂師有所隱也。易曰:"兼三材而兩之。"謂天地人之道。**其施之也悖,其求之也佛。**教者言非,則學者失問②。○施,始移反,下同③。悖,布内反。佛,本又作"拂"④,扶弗反。**夫然,故隱其學而疾其師,苦其難而不知其益也。**隱,不稱揚也。不知其益,若無益然。**雖終其業,其去之必速。**速,疾也。學不心解,則忘之易。○去,如字,又起吕反。解,胡買反。忘,亡亮反。易,以豉反,下文、注皆同⑤。**教之不刑,其此之由乎!** 刑,猶成也。

　　18·8 **大學之法:禁於未發之謂豫,**未發,情慾未生⑥,謂年十五時。○禁,居鴆反,又音金,下同。慾,音欲,一音喻,下注同⑦。**當其可之謂時,**可,謂年二十,成人時。**不陵節而施之謂孫,**不陵節,謂不教長者、才者以小,教幼者、鈍者以大也。施,猶教也。孫,順也。○鈍,徒困反⑧。**相觀而**

① "有",撫州本、余仁仲本、岳本、嘉靖本、八行本、殿本、阮刻本同;和本、十行本、閩本、監本、毛本作"其",非。
② "失",撫州本、余仁仲本、岳本、嘉靖本、八行本、和本、閩本、監本、毛本、殿本、阮刻本同;十行本作"天",非。
③ "施始移反下同",彙校卷第十三、撫釋一、余仁仲本、和本、十行本、閩本、監本、毛本、殿本、阮刻本同,岳本無此六字。
④ "本又作拂",彙校卷第十三、撫釋一、余仁仲本、和本、十行本、閩本、監本、毛本、殿本、阮刻本同,岳本無此四字。
⑤ "解胡買反忘亡亮反易以豉反下文注皆同",彙校卷第十三、撫釋一、余仁仲本同,岳本無此十七字,和本、十行本、閩本、監本、毛本、殿本、阮刻本"同"下衍"音"字。
⑥ "慾",余仁仲本、岳本、嘉靖本、和本、十行本、閩本、監本、毛本、殿本、阮刻本同;撫州本、八行本作"欲"。
⑦ "禁居鴆反又音金下同慾音欲一音喻下注同",彙校卷十三、撫釋一、余仁仲本同,岳本無"下同慾音欲一音喻下注同"十一字,和本、十行本、閩本、監本、毛本、殿本、阮刻本無"又音金下同"、"一音喻下注同"十一字,"慾音欲"作"欲音慾"。
⑧ "鈍徒困反",彙校卷第十三、撫釋一、余仁仲本、和本、十行本、閩本、監本、毛本、殿本、阮刻本同,岳本無此四字。

善之謂摩，不並問，則教者思專也。摩，相切磋也。○摩，本又作“靡”，莫波反，徐亡髮反①。思，息吏反，下“思放”同。磋，七多反②。**此四者，教之所由興也。**興，起也。

　　18・9　發然後禁，則扞格而不勝。教不能勝其情慾。格，讀如“凍洛”之洛。扞，堅不可入之貌。○扞，胡半反，注同。格，胡客反，又户隔反。扞格，不入也，注同。勝，音升，又升證反。洛，胡客反，下同。此二字並從冫，或水旁作，非；一音户各反③。**時過然後學，則勤苦而難成。**時過，則思放也。○過，胡卧反④。**雜施而不孫，則壞亂而不脩。**小者不達，大者難識，學者所惑也。○壞，音怪，徐胡拜反⑤。**獨學而無友，則孤陋而寡聞。**不相觀也。**燕朋逆其師，**燕，猶褻也，褻其朋友。○燕，音鷰。褻，息列反，下同⑥。**燕辟廢其學⑦。**褻師之譬喻。○辟，音譬，注及下“罕辟”同⑧。**此六者，教**

———————

① “摩本又作靡莫波反徐亡髮反”，彙校卷第十三、撫釋一、余仁仲本同，岳本無此十二字，和本、十行本、閩本、監本、毛本、殿本、阮刻本無“本又作靡”四字，和本“莫”作“亡”，十行本、閩本、監本、殿本“莫”誤作“反”，十行本、監本、殿本“髮”誤作“髮”。

② “思息吏反下思放同磋七多反”，彙校卷十三、撫釋一、余仁仲本同，岳本無“磋七多反”四字，和本、十行本、閩本、監本、毛本、殿本、阮刻本無“下思放同”四字，十行本“七”誤作“亡”。

③ “注同格胡客反又户隔反扞格不入也注同勝音升又升證反洛胡客反下同此二字並從冫或水旁作非一音户各反”，撫釋一、余仁仲本、和本、閩本、監本、毛本、殿本同，岳本作“洛同勝音升又如字”，彙校卷十三“水旁作”倒作“作水旁”，十行本“冫”誤作“之”，阮刻本誤作“洛”。阮校曰：“段玉裁云，説文無‘洛’，有‘𡓗’字。水乾也。玉篇：‘土乾也。’王逸九思自注：‘𡓗，竭也。’則此注及疏‘洛’皆當作‘𡓗’。”

④ “過胡卧反”，彙校卷十三、撫釋一、余仁仲本、和本、十行本、閩本、監本、毛本、殿本、阮刻本作“過姑卧反”，岳本無此四字。

⑤ “徐”，彙校卷第十三、撫釋一、余仁仲本、和本、十行本、閩本、監本、毛本、殿本、阮刻本同，岳本作“又”。

⑥ “燕音鷰褻息列反下同”，彙校卷第十三、撫釋一、余仁仲本、和本、十行本、閩本、監本、毛本、殿本、阮刻本同，岳本無此九字。

⑦ “辟”，余仁仲本、岳本、和本、十行本、閩本、監本、毛本、殿本、阮刻本同，撫州本、嘉靖本、八行本作“譬”。

⑧ “注及”，彙校卷第十三、撫釋一、余仁仲本、和本、十行本、閩本、監本、毛本、殿本、阮刻本同，岳本無此二字。

之所由廢也。廢，滅①。

18·10 君子既知教之所由興，又知教之所由廢，然後可以爲人師也。故君子之教喻也，道而弗牽，强而弗抑，開而弗達，道，示之以道塗也。抑，猶推也。開，爲發頭角。○道，音導，注“道示”及下同②。强，沈其良反，徐其兩反，下同。爲，于僞反，下“爲學者”同③。道而弗牽則和，强而弗抑則易，開而弗達則思。和、易以思，可謂善喻矣。思而得之則深。

18·11 學者有四失，教者必知之。人之學也，或失則多，或失則寡，或失則易，或失則止。此四者，心之莫同也。失於多，謂才少者。失於寡，謂才多者。失於易，謂好問不識者。失於止，謂好思不問者。○好，呼報反，下“好思”、“好述”同。知其心，然後能救其失也。救其失者，多與易則抑之，寡與止則進之。教也者，長善而救其失者也。善歌者，使人繼其聲；善教者，使人繼其志。言爲之善者，則後人樂放傚。○長，丁丈反，下文及注同④。教，如字，一本作“學”，胡孝反。放，方往反。傚，胡教反⑤。其言也約而達，微而臧，罕譬而喻，可謂繼志矣。師說之明，則弟子好述之。其言少而解。臧，善也。○臧，子郎反。解，胡買反，下文、注同⑥。

---

① “廢滅”，撫州本、余仁仲本、岳本、嘉靖本、足利本、和本、閩本、阮刻本同；十行本作“教弛”，監本、毛本、殿本“滅”作“弛”，非。八行本缺卷四十六第十三頁。阮校曰：“廢滅惠棟校宋本如此，宋監本同，岳本同，嘉靖本同，考文引古本、足利本，此本‘廢滅’誤‘教弛’，閩本二字闕，監、毛本作‘廢弛’，衛氏集說同。”

② “道音導注道示及下同”，彙校卷第十三、撫釋一、余仁仲本、和本、十行本、閩本、監本、毛本、殿本、阮刻本同，岳本無此九字。

③ “强沈其良反徐其兩反下同爲于僞反下爲學者同”，彙校卷第十三、撫釋一、余仁仲本、和本、十行本、閩本、監本、毛本、殿本、阮刻本同，岳本作“强其良反又其兩反下同爲發于僞反”。

④ “文及注”，彙校卷第十三、撫釋一、余仁仲本、和本、十行本、閩本、監本、毛本、殿本、阮刻本同，岳本無此三字。

⑤ “教如字一本作學胡孝反放方往反傚胡教反”，彙校卷第十三、撫釋一、余仁仲本、和本、十行本、閩本、監本、毛本、殿本、阮刻本同，岳本無此十八字。

⑥ “臧子郎反解胡買反下文注同”，彙校卷第十三、撫釋一、余仁仲本、和本、十行本、閩本、監本、毛本、殿本、阮刻本同，岳本無此十二字。

18·12 君子知至學之難易，而知其美惡，然後能博喻；能博喻然後能爲師，能爲師然後能爲長，能爲長然後能爲君。美惡，説之是非也。長，達官之長。○惡，烏路反，又如字。故師也者，所以學爲君也。弟子學於師，學爲君。是故擇師不可不慎也。師善則善。記曰："三王、四代唯其師①。"此之謂乎！四代，虞、夏、殷、周。

18·13 凡學之道，嚴師爲難。嚴，尊敬也。師嚴然後道尊，道尊然後民知敬學。是故君之所不臣於其臣者二：當其爲尸，則弗臣也；當其爲師，則弗臣也。尸，主也，爲祭主也。大學之禮，雖詔於天子，無北面，所以尊師也。尊師，重道焉，不使處臣位也。武王踐阼，召師尚父而問焉。曰："昔黄帝、顓頊之道存乎意，亦忽不可得見與？"師尚父曰："在丹書。王欲聞之，則齊矣。"王齊三日，端冕。師尚父亦端冕，奉書而入，負屏而立，王下堂，南面而立。師尚父曰："先王之道，不北面。"王行西，折而南，東面而立。師尚父西面，道書之言。○顓，音專。頊，許玉反②。與，音餘。齊，側皆反③，下同。奉，芳勇反。折，之設反。

18·14 善學者，師逸而功倍，又從而庸之。不善學者，師勤而功半④，又從而怨之。從，隨也。庸，功也。功之，受其道有功於己。善問者，如攻堅木⑤，先其易者，後其節目，及其久也，相説以解；不善問者反此。言先易後難，以漸入。○説，音悦。善待問者，如撞鍾⑥，叩之

---

① "唯"，唐石經、撫州本、余仁仲本、岳本、嘉靖本、八行本、和本同；十行本、閩本、監本、毛本、殿本、阮刻本作"惟"，非。

② "顓音專頊許玉反"，余仁仲本、和本、十行本、閩本、監本、毛本、殿本、阮刻本同，岳本無此七字，彙校卷第十三、撫釋一作"顓頊上音專下許玉反"。

③ "齊側皆反"，彙校卷第十三、撫釋一、余仁仲本、和本、十行本、閩本、監本、毛本、殿本、阮刻本同，岳本作"齊音齋"。

④ "師勤而功半"，唐石經、撫州本、余仁仲本、岳本、嘉靖本、八行本、和本、閩本、監本、毛本、殿本、阮刻本同；十行本作"師功而攻半"，非。

⑤ "攻"，唐石經、撫州本、余仁仲本、岳本、嘉靖本、八行本、和本、閩本、監本、毛本、殿本、阮刻本同；十行本作"功"，非。

⑥ "鍾"，余仁仲本、嘉靖本、閩本同；唐石經、撫州本、岳本、八行本、和本、十行（轉下頁注）

以小者則小鳴，叩之以大者則大鳴，待其從容①，然後盡其聲；不善荅問者反此。從，讀如“富父舂戈”之舂。舂容，謂重撞擊也。始者一聲而已，學者既開其端意，進而復問，乃極説之，如撞鍾之成聲矣。從，或爲“松”。○撞，丈江反。叩，音口。從，依注讀爲“舂”②，式容反。父，音甫。重，直用反。復，扶又反③。**此皆進學之道也。**此皆善問善荅也④。

18·15 **記問之學，不足以爲人師。**記問，謂豫誦雜難雜説，至講時，爲學者論之，此或時師不心解，或學者所未能問。○難，乃旦反。**必也其聽語乎！**必待其問乃説之。**力不能問，然後語之。語之而不知，雖舍之可也。**舍之湏後。○語，魚據反，下同。舍，音捨，又如字，注下同⑤。

18·16 **良冶之子，必學爲裘。**仍見其家鍜補穿鑿之器也。補器者，其金柔乃合，有似於爲裘。○冶，音也。鍜，音固。穿，字又作“穿”，音川。鑿，在洛反⑥。**良弓之子，必學爲箕。**仍見其家橈角幹也。橈角幹者，其材宜調，調乃三體相勝，有似於爲楊柳之箕。○箕，音基，注同。橈，而小反，下同，曲屈也，一音乃孝反。幹，古旦反⑦。勝，音升，任也，一本作“稱”⑧，尺證反。**始駕**

（接上頁注）本、監本、毛本、殿本、阮刻本作“鐘”。

① “待”，唐石經、撫州本、余仁仲本、岳本、嘉靖本、八行本、和本、閩本、監本、毛本、殿本、阮刻本同；十行本作“持”，非。

② “依注讀爲舂”，彙校卷第十三、撫釋一、余仁仲本、和本、十行本、閩本、監本、毛本、殿本、阮刻本同，岳本無此五字。

③ “父音甫重直用反復扶又反”，彙校卷第十三、撫釋一、余仁仲本、和本、十行本、閩本、監本、毛本、殿本、阮刻本同，岳本無此十一字。

④ “此皆”，余仁仲本、岳本、嘉靖本、八行本、和本、十行本、閩本、監本、毛本、殿本、阮刻本同；撫州本作“皆皆”，非。

⑤ “注下同”，彙校卷第十三、撫釋一、余仁仲本同，和本、十行本、閩本、監本、毛本、殿本、阮刻本倒作“下注同”，岳本無“注”字。

⑥ “鍜音固穿字又作穿音川鑿在洛反”，彙校卷第十三、撫釋一、余仁仲本、和本、十行本、閩本、監本、毛本、殿本、阮刻本同，岳本無此十四字。

⑦ “注同橈而小反下同曲屈也一音乃孝反幹古旦反”，余仁仲本、和本、十行本、閩本、監本、毛本、殿本、阮刻本同，岳本無此二十字，彙校卷第十三、撫釋一“乃孝反”作“女孝反”。

⑧ “本作稱”，彙校卷第十三、撫釋一、余仁仲本、和本、十行本、閩本、監本、毛本、殿本、阮刻本同，岳本無此三字。

馬者反之，車在馬前。以言仍見則貫，即事易也。○“始駕者”，一本作“始駕馬者”①。貫，古患反，習也②。**君子察於此三者，可以有志於學矣。**仍讀先王之道，則爲來事不惑。

　　18·17 古之學者，比物醜類。以事相況而爲之。醜，猶比也。醜，或爲計③。**鼓無當於五聲，五聲弗得不和；水無當於五色，五色弗得不章；學無當於五官，五官弗得不治；師無當於五服，五服弗得不親。**當，猶主也。五服，“斬衰”至“緦麻”之親。○當，丁浪反，主也，下及注皆同。治，直吏反④。**君子曰：“大德不官，**謂君也。**大道不器，**謂聖人之道，不如器施於一物。**大信不約，**謂若“胥命于蒲”，無盟約。○約，徐於妙反，沈於畧反，注同⑤。**大時不齊。”**或時以生，或時以死。○齊，如字⑥。**察於此四者，可以有志於本矣⑦。**本立而道生，言以學爲本，則其德於民無不化，於俗無不成。**三王之祭川也，皆先河而後海，或源也，或委也，此之謂務本。**源，泉所出也⑧。委，流所聚也。始出一勺，卒成不測。○源，本又

---

① “始駕者一本作始駕馬者”，彙校卷第十三、撫釋一、余仁仲本、和本、十行本、閩本、監本、毛本、殿本、阮刻本同，岳本無此十字。

② “習也”，彙校卷第十三、撫釋一、余仁仲本、和本、十行本、閩本、監本、毛本、殿本、阮刻本同，岳本無此二字。

③ “爲計”，撫州本、余仁仲本、岳本、嘉靖本、八行本同；和本、十行本、閩本、監本、毛本、殿本、阮刻本“爲”下衍“之”字。阮校曰：“段玉裁云：‘計’當作‘討’。古音‘討’與‘醜’同。”

④ “主也下及注皆同治直吏反”，彙校卷第十三、撫釋一、余仁仲本、毛本、殿本、阮刻本同，岳本無此十一字；和本、十行本、閩本、監本“直吏反”作“有皮反”，非。

⑤ “約徐於妙反沈於畧反注同”，彙校卷第十三、撫釋一、余仁仲本、和本、十行本、閩本、監本、毛本、殿本、阮刻本同，岳本作“約於妙反沈於畧反”。

⑥ “齊如字”，彙校卷第十三、撫釋一、余仁仲本、和本、十行本、閩本、監本、毛本、殿本、阮刻本同，岳本無此三字。

⑦ “本”，唐石經、撫州本、余仁仲本、岳本、嘉靖本、八行本、和本、十行本、閩本、監本、毛本、殿本同；阮刻本作“學”，非。

⑧ “出”，撫州本、余仁仲本、岳本、嘉靖本、八行本、阮刻本同；和本、十行本、閩本、監本、毛本、殿本作“來”，非。阮校曰：“源泉所出也　惠棟校宋本作‘出’，宋監本同，岳本同，嘉靖本同，衛氏集說同，此本‘出’誤‘求’，閩、監、毛本‘出’誤‘來’。”

作"原"①。委,於僞反,注同。勺,時酌反②。

樂記第十九○陸曰:"鄭云:'名樂記者,以其記樂之義。'"③

鄭氏注

19・1④ 凡音之起,由人心生也。人心之動,物使之然也。感於物而動,故形於聲。宮、商、角、徵、羽,雜比曰音,單出曰聲。形,猶見也。○徵,張里反,後倣此⑤。比,毗志反,下文同。見,賢遍反。重言"感於物而動",下文"感於物而後動"。"故形於聲"二,下文一。聲相應,故生變。樂之器,彈其宮則衆宮應,然不足樂,是以變之使雜也。易曰:"同聲相應,同氣相求。"春秋傳曰:"若以水濟水,誰能食之? 若琴瑟之專一,誰能聽之。"○應,"應對"之應,篇内同。彈,徒丹反。樂,音岳,又音洛⑥。變成方,謂之音。方,猶文章也。比音而樂之,及干、戚、羽、旄,謂之樂。干,盾也。戚,斧也,武舞所執也。羽,翟羽也。旄,旄牛尾也,文舞所執。周禮舞師、樂師掌教舞,有兵舞,有干舞,有羽舞⑦,有旄舞。詩曰:"左手執籥,右手秉翟。"○旄,音毛。盾,本又

①"源本又作原",余仁仲本、和本、十行本、閩本、監本、毛本、殿本、阮刻本同,岳本無此五字,彙校卷第十三、撫釋一作"原本又作源"。
②"注同勺時酌反",彙校卷第十三、撫釋一、余仁仲本、和本、十行本、閩本、監本、毛本、殿本、阮刻本同,岳本無此六字。
③"陸曰鄭云名樂記者以其記樂之義",余仁仲本、和本、十行本、閩本、監本、毛本、殿本、阮刻本同,岳本無此十四字,彙校卷第十三、撫釋一無"陸曰"二字。
④此篇宋本無"○"號,未分段,整理時依文意分段。
⑤"後倣此",岳本無此三字,彙校卷第十三、撫釋一、余仁仲本、和本、十行本、閩本、監本、毛本、殿本、阮刻本"倣"作"放"。
⑥"應應對之應篇内同彈徒丹反樂音岳又音洛",彙校卷第十三、撫釋一、余仁仲本,岳本無此十八字,和本、十行本、閩本、監本、毛本、殿本、阮刻本"岳"作"嶽"。
⑦"羽舞",周禮舞師、撫州本、余仁仲本、岳本、嘉靖本、八行本、閩本、監本、毛本、殿本、阮刻本同;和本、十行本作"羽樂",非。

作“楯”，述允反，又音允。翟，音狄。籥，羊灼反①。

19·2　樂者，音之所由生也，其本在人心之感於物也。是故其哀心感者，其聲噍以殺；其樂心感者，其聲嘽以緩；其喜心感者，其聲發以散；其怒心感者，其聲粗以厲；其敬心感者，其聲直以廉；其愛心感者，其聲和以柔。六者非性也，感於物而后動。言人聲在所見，非有常也。噍，踧也。嘽，寬綽貌。發，猶揚也。粗，麤也②。○噍，子遙反，徐在堯反，沈子堯反，踧也，謂急也。殺，色界反，徐所例反。其樂，音洛。嘽，昌善反，寬緩也③。散，思旦反。粗，采都反，又才古反。踧，子六反。綽，處約反④。是故先王慎所以感之者。故禮以道其志，樂以和其聲，政以一其行，刑以防其姦。禮、樂、刑、政，其極一也。極，至也。○道，音導⑤。行，下孟反。○重言“禮樂刑政”二，一下文。所以同民心而出治道也。此其所謂至也。○治，直吏反，下同⑥。

19·3　凡音者，生人心者也。情動於中，故形於聲。聲成文，謂之音。是故治世之音，安以樂，其政和；亂世之音，怨以怒，其政乖；亡國之音，哀以思，其民困。聲音之道，與政通矣。言八音和否隨政也。玉藻曰：“御瞽幾聲之上下。”治世之音，絶句。安以樂，音洛，絶句。雷讀上至“安”絶句，樂音岳，“以樂”二字爲句。“其政和”，崔讀上句依雷，下“以

---

① “旄音毛盾本又作楯述允反又音允翟音狄籥羊灼反”，彙校卷第十三、撫釋一、余仁仲本、和本、十行本、閩本、監本、毛本、殿本、阮刻同，岳本無此二十一字。

② “麤”，嘉靖本、和本、十行本、閩本、監本、毛本、殿本、阮刻本同，撫州本、余仁仲本、岳本、八行本作“麤”。

③ “噍子遙反徐在堯反沈子堯反踧也謂急也殺色界反徐所例反其樂音洛嘽昌善反寬緩也”，彙校卷第十三、撫釋一、余仁仲本、和本、十行本、閩本、監本、毛本、殿本、阮刻本同，岳本作“噍子遙反又在堯反殺色界反又所例反其樂音洛嘽昌善反”。

④ “綽處約反”，彙校卷第十三、撫釋一、余仁仲本、和本、十行本、閩本、監本、毛本、殿本、阮刻同，岳本作無此四字。

⑤ “道音導”，彙校卷第十三、撫釋一、余仁仲本、和本、十行本、閩本、監本、毛本、殿本、阮刻本同，岳本無此三字。

⑥ “治直吏反下同”，彙校卷第十三、撫釋一、余仁仲本、和本、十行本、閩本、監本、毛本、殿本、阮刻本同，岳本無此六字。

樂其政和”，揔爲一句。下“亂世”、“亡國”各放此①。○思②，息吏反，又音笥。
否，音不。藻，音早。瞽，音古③。幾，居希反，又音祈。上下，時掌反④。互注詩
關雎“在心爲志，發言爲詩。情動於中，而形於言”云云，“情發於聲，聲成文謂之
音”。宮爲君，商爲臣，角爲民，徵爲事，羽爲物。五者不亂，則無
怗懘之音矣。五者，君、臣、民、事、物也。凡聲，濁者尊，清者卑。怗懘，敝敗
不和貌。○怗，徐昌廉反⑤，弊也。懘，昌制反，又昌紙反，敗也。敝，音弊⑥。宮
亂則荒，其君驕；商亂則陂，其官壞⑦；角亂則憂，其民怨；徵亂則
哀，其事勤；羽亂則危，其財匱。五者皆亂，迭相陵，謂之慢。如
此，則國之滅亡無日矣。君、臣、民、事、物，其道亂，則其音應而亂。荒，猶
散也。陂，傾也。書曰：“王耄荒。”易曰：“無平不陂。”○陂，彼義反，注同，傾也。
匱，其媿反，乏也。迭，田節反。散，蘇旦反。耄，莫報反⑧。鄭、衛之音，亂世
之音也，比於慢矣。比，猶同也。○比，毗志反，注同⑨，又如字。桑間、濮
上之音，亡國之音也。其政散，其民流，誣上行私而不可止也。濮

---

① “治世之音絶句安以樂音洛絶句雷讀上至安絶句樂音岳以樂二字爲句其政和崔讀上句
　依雷下以樂其政和揔爲一句下亂世亡國各放此”，彙校卷第十三、撫釋一、余仁仲本、和
　本、十行本、閩本、監本、毛本、殿本、阮刻本同，岳本無此五十六字。

② 據彙校卷第十三、撫釋一、余仁仲本、和本、十行本、閩本、監本、毛本、殿本、阮刻本，“治
　世之音”以下是釋文文字，“思”上之“○”號，當移至“治世之音”上。

③ “否音不藻音早瞽音古”，彙校卷第十三、撫釋一、余仁仲本、和本、十行本、閩本、監本、
　毛本、殿本、阮刻本同，岳本無此九字。

④ “上下時掌反”，彙校卷第十三、撫釋一、余仁仲本、和本、十行本、閩本、監本、毛本、殿
　本、阮刻本同，岳本無此五字。

⑤ “徐”，彙校卷第十三、撫釋一、余仁仲本、和本、十行本、閩本、監本、毛本、殿本、阮刻本
　同，岳本無此字。

⑥ “敝音弊”，彙校卷第十三、撫釋一、余仁仲本、和本、十行本、閩本、監本、毛本、殿本、阮
　刻本同，岳本無此三字。

⑦ “官”，考補謂活字本作“臣”，陳澔集説同。

⑧ “注同傾也匱其媿反乏也迭田節反散蘇旦反耄莫報反”，彙校卷第十三、撫釋一、余仁仲
　本、和本、十行本、閩本、監本、毛本、殿本、阮刻本同，岳本無此二十二字。

⑨ “注同”，彙校卷第十三、撫釋一、余仁仲本、和本、十行本、閩本、監本、毛本、殿本、阮刻
　本同，岳本無此二字。

水之上，地有桑間者，亡國之音，於此之水出也。昔殷紂使師延作靡靡之樂，已而
自沈於濮水。後師涓過焉，夜聞而寫之，爲晉平公鼓之，是之謂也。桑間在濮陽
南。誣，罔也。○濮，音卜，水名。誣，音無，注同。涓，古玄反。爲，于偽反，下
"爲作法度"同①。

　　19·4 凡音者，生於人心者也。樂者，通倫理者也。倫，猶類也。
理，分也。○分，扶問反。是故知聲而不知音者，禽獸是也；知音而不知
樂者，衆庶是也。唯君子爲能知樂。禽獸知此爲聲耳，不知其宮商之變
也。八音並作，克諧曰樂。○諧，戶皆反②。是故審聲以知音，審音以知
樂，審樂以知政，而治道備矣。是故不知聲者，不可與言音；不知音
者，不可與言樂；知樂則幾於禮矣。禮樂皆得，謂之有德。德者，得
也。幾，近也。聽樂而知政之得失，則能正君、臣、民、事、物之禮也。○治，直吏
反，下"民治行"同。幾，音譏，一音巨依反，注同③。是故樂之隆，非極音也。
食饗之禮，非致味也。隆，猶盛也。極，窮也。○食，音嗣，下"食饗"同④。
清廟之瑟，朱弦而疏越，壹倡而三歎，有遺音者矣。大饗之禮，尚
玄酒而俎腥魚，大羹不和，有遺味者矣。清廟，謂作樂歌清廟也。朱
弦，練朱弦，練則聲濁。越，瑟底孔也，畫疏之⑤，使聲遲也。倡，發歌句也。三
歎，三人從歎之耳。大饗，祫祭先王，以腥魚爲俎實，不臑孰之。大羹，肉湇，不調
以鹽菜。遺，猶餘也。○疏，音疎，下同。倡，昌諒反，注同。腥，音星⑥。和，胡

---

① "水名誣音無注同涓古玄反爲于偽反下爲作法度同"，彙校卷第十三、撫釋一、余仁仲
　本、和本、十行本、閩本、監本、毛本、殿本、阮刻本同，岳本無此二十一字。
② "諧戶皆反"，彙校卷第十三、撫釋一、余仁仲本、和本、十行本、閩本、監本、毛本、殿本、
　阮刻本同，岳本無此四字。
③ "一音巨依反注同"，彙校卷第十三、撫釋一、余仁仲本、和本、十行本、閩本、監本、毛本、
　殿本、阮刻本同，岳本作"一巨依反"。
④ "下食饗同"，彙校卷第十三、撫釋一、余仁仲本、和本、十行本、閩本、監本、毛本、殿本、
　阮刻本同，岳本無此四字。
⑤ "畫"，撫州本、余仁仲本、岳本、嘉靖本、八行本、和本、閩本、監本、毛本、殿本、阮刻本
　同；十行本作"書"，非。
⑥ "下同倡昌諒反注同腥音星"，彙校卷第十三、撫釋一、余仁仲本、和本、十行本、閩本、監
　本、毛本、殿本、阮刻本同，岳本無此十一字。

卧反①。底，都禮反②。畫，音獲。袷，音洽③。臑，音而。潛，去及反。重言“大羹不和”三，○見禮器第十篇，一見郊特牲十一篇。是故先王之制禮樂也，非以極口腹耳目之欲也，將以教民平好惡而反人道之正也。教之，使知好惡也。○好惡，上呼報反，下烏路反，又並如字，後“好惡”二字相連者，皆放此④。重言“先王之制禮也”三，一檀弓上，一禮器。

19·5 人生而静，天之性也。感於物而動，性之欲也。言性不見物，則無欲。物至知知，然後好惡形焉。至，來也。知知，每物來則又有知也。言見物多則欲益衆。形，猶見也。○見，賢遍反⑤。好惡無節於内，知誘於外，不能反躬，天理滅矣。節，法度也。知，猶欲也。誘，猶道也，引也。躬，猶己也。理，猶性也。○誘，音酉。道，音導⑥。夫物之感人無窮，而人之好惡無節，則是物至而人化物也。人化物也者⑦，滅天理而窮人欲者也。窮人欲，言無所不爲。於是有悖逆詐僞之心，有淫泆作亂之事。是故强者脅弱，衆者暴寡，知者詐愚，勇者苦怯，疾病不養，老幼孤獨不得其所，此大亂之道也。是故先王之制禮樂，人爲之節。言爲作法度以遏其欲。○悖，布内反，下同。泆，音逸。强，其

---

① “和胡卧反”，彙校卷第十三、撫釋一、余仁仲本、和本、十行本、閩本、監本、毛本、殿本、阮刻本同，岳本作“和去聲”。
② “底都禮反”，彙校卷第十三、撫釋一、余仁仲本、和本、十行本、閩本、監本、毛本、殿本、阮刻本同，岳本無此四字。
③ “袷音洽”，彙校卷第十三、撫釋一、余仁仲本、和本、十行本、閩本、監本、毛本、殿本、阮刻本同，岳本無此三字。
④ “好惡上呼報反下烏路反又並如字後好惡二字相連者皆放此”，彙校卷第十三、撫釋一、余仁仲本、和本、十行本、閩本、監本、毛本、殿本、阮刻本同，岳本作“好惡皆去聲又如字後同”。
⑤ “見賢遍反”，彙校卷第十三、撫釋一、余仁仲本、和本、十行本、閩本、監本、毛本、殿本、阮刻本同，岳本無此四字。
⑥ “道音導”，彙校卷第十三、撫釋一、余仁仲本、和本、十行本、閩本、監本、毛本、殿本、阮刻本同，岳本無此三字。
⑦ “人化物也者”，唐石經、余仁仲本、岳本、嘉靖本、八行本、和本、十行本、閩本、監本、毛本、殿本、阮刻本同；撫州本脱“人”字。

良反。脅,許怯反。知,音智。怯,起劫反。遏,於葛反,本亦作"節"①。**衰麻哭泣,所以節喪紀也;鐘鼓干戚,所以和安樂也;昏姻冠笄,所以別男女也;射鄉食饗,所以正交接也。**男二十而冠,女許嫁而笄,成人之禮。射、鄉,大射、鄉飲酒也。○衰,七雷反。樂,音洛。冠,古亂反,注同。笄,音鷄②。別,彼列反,下文、注皆同③。**禮節民心,樂和民聲,政以行之,刑以防之,禮樂刑政,四達而不悖,則王道備矣。**

　　19·6 **樂者爲同,禮者爲異。同則相親,異則相敬。**同,謂協好惡也。異,謂別貴賤也④。**樂勝則流,禮勝則離。**流,謂合行不敬也。離,謂析居不和也。○勝,始證反。析,思歷反⑤。**合情飾貌者,禮樂之事也。**欲其並行斌斌然。○飭,音勅,本又作"飾",音式⑥。斌,彼貧反,本又作"彬"⑦。**禮義立,則貴賤等矣。樂文同,則上下和矣。好惡著,則賢不肖別矣⑧。刑禁暴,爵舉賢,則政均矣。仁以愛之,義以正之,如此,則民治行矣。**等,階級也。○著,張慮反。肖,音笑⑨。

---

① "悖布内反下同泆音逸強其良反脅許怯反知音智怯起劫反遏於葛反本亦作節",岳本作 "悖布内反下同強其良反知音智",和本脱此三十二字,彙校卷第十三、撫釋一、余仁仲本、十行本、閩本、監本、毛本、殿本、阮刻本"泆"作"佚",十行本"許"誤作"詳"。

② "注同笄音鷄",彙校卷第十三、撫釋一、余仁仲本、和本、十行本、閩本、監本、毛本、殿本、阮刻本同,岳本無此五字,"古亂反"下衍"食音嗣"三字。

③ "文注皆",彙校卷第十三、撫釋一、余仁仲本、和本、十行本、閩本、監本、毛本、殿本、阮刻本同,岳本無此三字。

④ "貴賤也",和本、十行本、閩本、監本、毛本、殿本、阮刻本同;撫州本、余仁仲本、岳本、嘉靖本、八行本脱"也"字。

⑤ "勝始證反析思歷反",彙校卷第十三、撫釋一、余仁仲本同,岳本無此八字;和本、十行本、閩本、監本、毛本、殿本、阮刻本"始"作"治",非。

⑥ "飭音勅本又作飾音式",彙校卷第十三、撫釋一、余仁仲本同,岳本作"飾音式又音勅",和本、十行本、阮刻本"飭音勅本亦作飾音式",閩本、監本、毛本、殿本作"飭音勅本亦作飭音式"。

⑦ "本又作彬",彙校卷第十三、撫釋一、余仁仲本、和本、十行本、閩本、監本、毛本、殿本、阮刻本同,岳本無此四字。

⑧ "賢",撫州本、余仁仲本、岳本、和本、八行本、十行本、閩本、監本、毛本、殿本、阮刻本同;嘉靖本作"言",非。

⑨ "著張慮反肖音笑",彙校卷第十三、撫釋一、余仁仲本、和本、十行本、閩本、(轉下頁注)

19·7 樂由中出，和在心也。禮自外作。敬在貌也。樂由中出，
故靜；禮自外作，故文。文，猶動也。大樂必易，大禮必簡。易、簡，若
於清廟、大饗然。○易，以豉反，注同①。樂至則無怨，禮至則不爭。揖
讓而治天下者，禮樂之謂也。至，猶達也，行也。○爭，"爭鬭"之爭②。
暴民不作，諸侯賓服，兵革不試，五刑不用，百姓無患，天子不怒，
如此則樂達矣。合父子之親，明長幼之序，以敬四海之内，天子
如此，則禮行矣。賓，協也。試，用也。○長，丁丈反③。

19·8 大樂與天地同和，大禮與天地同節。言順天地之氣與其
數。和，故百物不失；不失其性。節，故祀天祭地。成物有功，報焉。
明則有禮樂，教人者。幽則有鬼神，助天地成物者也。易曰："楚故知鬼神
之情狀④，與天地相似。"五帝德説黄帝德曰："死而民畏其神者百年。"春秋傳曰：
"若敖氏之鬼。"然則聖人之精氣謂之神，賢知之氣謂之鬼⑤。○敖，五羔反。賢
知，下音智⑥。如此，則四海之内合敬同愛矣。禮者，殊事合敬者
也。樂者，異文合愛者也。禮樂之情同，故明王以相沿也。沿，猶
因述也。孔子曰："殷因於夏禮，所損益可知也；周因於殷禮，所損益可知也。"沿，

（接上頁注）監本、毛本、殿本、阮刻本同，岳本無此七字。

①"注同"，彙校卷第十三、撫釋一、余仁仲本、和本、十行本、閩本、監本、毛本、殿本、阮刻
　本同，岳本無此二字。

②"爭爭鬭之爭"，彙校卷第十三、撫釋一、余仁仲本、和本、十行本、閩本、監本、毛本、殿
　本、阮刻本同，岳本無此五字。

③"長丁丈反"，彙校卷第十三、撫釋一、余仁仲本、和本、十行本、閩本、監本、毛本、殿本、
　阮刻本同，岳本無此四字。

④"楚"，撫州本、余仁仲本、岳本、嘉靖本、八行本、和本、十行本、閩本、監本、毛本、殿本、
　阮刻本、吳氏朱批、叢刊本作"是"，是。

⑤"氣"上，撫州本、余仁仲本、岳本、嘉靖本、八行本、和本、十行本、閩本、監本、毛本、殿
　本、阮刻本、吳氏朱批有"精"字，是。

⑥"敖五羔反賢知下音智"，岳本無此九字；彙校卷第十三、撫釋一、余仁仲本、和本、十行
　本、閩本、監本、毛本、殿本、阮刻本無"下"字，是。

或作“緣”。○沇，悦專反，因也，述也①。**故事與時並，**舉事在其時也②。禮器曰：“堯授舜，舜授禹，湯放桀，武王伐紂，時也。”**名與功偕。**爲名在其功也。偕，猶俱也。堯作大章，舜作大韶，禹作大夏，湯作大濩，武王作大武，各因其得天下之功。○偕，古諧反，俱也。濩，户故反，下同③。

19·9 **故鐘鼓管磬，羽籥干戚，樂之器也；屈伸俯仰，綴兆舒疾，樂之文也。簠簋俎豆，制度文章，禮之器也。升降上下，周還裼襲，禮之文也。**綴，謂鄭，舞者之位也。兆，其外營域也。○伸，音申④。綴，丁劣反，徐丁衛反，下“綴遠”、“綴短”皆同⑤。簠簋，上音甫，下居洧反，並祭器名。上下，時掌反⑥。還，音旋。裼，思歷反。襲，音習⑦。鄭，作管反，後同⑧。**故知禮樂之情者能作，識禮樂之文者能述。**述，謂訓其義也。**作者之謂聖，述者之謂明。明聖者，述作之謂也。**

19·10 **樂者，天地之和也。禮者，天地之序也。和，故百物皆化；序，故羣物皆別。**化，猶生也。別，謂形體異也。**樂由天作，禮以地制。**言法天地也。**過制則亂，過作則暴。**過，猶誤也。暴，失文、武之意。**明於天地，然後能興禮樂也。論倫無患，樂之情也；欣喜歡**

---

①“沇悦專反因也述也”，彙校卷第十三、撫釋一、余仁仲本、和本、十行本、閩本、監本、毛本、殿本、阮刻本同，岳本作“沇音緣”。

②“舉”，撫州本、余仁仲本、岳本、嘉靖本、八行本、和本、十行本、阮刻本同；閩本闕，監本、毛本、殿本作“爲”，非。

③“偕古諧反俱也濩户故反下同”，彙校卷第十三、撫釋一、余仁仲本、和本、十行本、閩本、監本、毛本、殿本、阮刻本同，岳本無此十二字。

④“伸音申”，彙校卷第十三、撫釋一、余仁仲本、和本、十行本、閩本、監本、毛本、殿本、阮刻本同，岳本無此三字。

⑤“徐丁衛反下綴遠綴短皆同”，彙校卷第十三、撫釋一、余仁仲本、和本、十行本、閩本、監本、毛本、殿本、阮刻本同，岳本作“丁衛反下同”。

⑥“簠簋上音甫下居洧反並祭器名上下時掌反”，彙校卷第十三、撫釋一、余仁仲本、和本、十行本、閩本、監本、毛本、殿本、阮刻本同，岳本無此十八字。

⑦“襲音習”，彙校卷第十三、撫釋一、余仁仲本、和本、十行本、閩本、監本、毛本、殿本、阮刻本同，岳本無此三字。

⑧“後同”，彙校卷第十三、撫釋一、余仁仲本、和本、十行本、閩本、監本、毛本、殿本、阮刻本同，岳本無此二字。

愛，樂之官也；倫，猶類也。患，害也。官，猶事也。**中正無邪，禮之質也；莊敬恭順，禮之制也。** 質，猶本也。○邪，字又作"耶"，同，似嗟反①。**若夫禮樂之施於金石，越於聲音，用於宗廟社稷，事乎山川鬼神，則此所與民同也。** 言情官質制，先王所專也。

19·11 **王者功成作樂，治定制禮。** 功成、治定，同時耳。功主於王業，治主於教民。明堂位説周公曰："治天下六年，朝諸侯於明堂，制禮作樂。"○王，如字，徐于況反。治定，直吏反，注"治定"、"治主"、下"治辯"同②。**其功大者其樂備，其治辯者其禮具。** 辯，徧也。○辯，本又作"辨"，舊音徧。案廣雅："辯，徧也。"薄莧反。徧，音徧③。**干戚之舞，非備樂也。** 樂以文德爲備，若咸池者。孔子曰："韶'盡美矣，又盡善也'。謂武'盡美矣，未盡善也'。"**孰亨而祀，非達禮也。** 達，具也。郊特牲曰："郊血，大饗腥，三獻爓，一獻孰，至敬不饗味而貴氣臭也。"○亨，沈普衡反。饗許兩反④。爓，在廉反。**五帝殊時，不相沿樂，三王異世，不相襲禮。** 言其有損益也。**樂極則憂，禮粗則偏矣。** 樂，人之所好也，害在淫侉。禮，人之所勤也，害在倦畧。○粗，倉都反，後皆同⑤。偏，音篇，下同。好，呼報反⑥。侉，苦瓜反。**及夫敦樂而無**

---

① "字又作耶同"，彙校卷第十三、撫釋一、余仁仲本、十行本、閩本、監本、毛本、殿本、阮刻本同，岳本無此五字，和本"耶"誤作"斜"。

② "王如字徐于況反治定直吏反注治定治主下治辯同"，彙校卷第十三、撫釋一、余仁仲本、和本、十行本、閩本、監本、毛本、殿本、阮刻本同，岳本無此二十一字。

③ "辯本又作辯舊音徧案廣雅辯徧也薄莧反徧音徧"，余仁仲本同，岳本作"辯舊音徧廣雅薄莧反"；彙校卷第十三、撫釋一、阮刻本"辯本又作辯"作"辨本又作辨"，和本、閩本、監本、毛本、殿本作"辯本又作辨"，彙校卷第十三、撫釋一、和本、阮刻本"辯徧也"作"辨徧也"，是。十行本"辯本又作辯"作"辨本又作辨"，非。

④ "亨沈普衡反饗許兩反"，岳本作"亨音烹又許兩反"；彙校卷第十三、撫釋一、余仁仲本、和本、十行本、閩本、監本、毛本、殿本、阮刻本"饗"作"徐"，是。

⑤ "粗倉都反後皆同"，彙校卷第十三、撫釋一、余仁仲本、和本、十行本、閩本、監本、毛本、殿本、阮刻本同，岳本作"粗音麤後同"。

⑥ "偏音篇下同好呼報反"，彙校卷第十三、撫釋一、余仁仲本、和本、十行本、閩本、監本、毛本、殿本、阮刻本同，岳本無此九字。

憂,禮備而不偏者①,其唯大聖乎! 敦,厚也。○夫,音扶,下皆放此②。

19・12 天高地下,萬物散殊,而禮制行矣。禮爲異也。流而不息,合同而化,而樂興焉。樂爲同也。春作夏長,仁也。秋斂冬藏,義也。仁近於樂,義近於禮。言樂法陽而生,禮法陰而成。○夏長,上戶嫁反,下丁丈反,下注"長養"皆同。近,"附近"之近,又其靳反,下同③。樂者敦和,率神而從天;禮者別宜,居鬼而從地。敦和,樂貴同也。率,循也。從,順也。別宜,禮尚異也。居鬼,謂居其所爲,亦言循之也。鬼神,謂先聖先賢也。○惇,音純,本又作"敦"④。故聖人作樂以應天,制禮以配地。禮樂明備,天地官矣。官,猶事也,各得其事。

19・13 天尊地卑,君臣定矣。卑高已陳,貴賤位矣。動静有常,小大殊矣。方以類聚,物以羣分,則性命不同矣。在天成象,在地成形。如此,則禮者,天地之別也。卑高,謂山澤也。位矣,尊卑之位,象山澤也。動静,陰陽用事。大小⑤,萬物也。大者常存,小者隨陽出入。方,謂行蟲也。物,謂殖生者也。性之言生也。命,生之長短也。象,光耀也。形,體貌也。○卑,如字,又音婢,下同⑥。地氣上齊,天氣下降,陰陽相摩,天地相蕩,鼓之以雷霆,奮之以風雨,動之以四時,煖之以日月,

---

① "不偏者",撫州本、余仁仲本、岳本、嘉靖本、八行本、和本、閩本、監本、毛本、殿本、阮刻本同;十行本"偏"作"備",非。

② "夫音扶下皆放此",彙校卷第十三、撫釋一、余仁仲本、和本、十行本、閩本、監本、毛本、殿本、阮刻本同,岳本無此七字。

③ "夏長上戶嫁反下丁丈反下注長養皆同近附近之近又其靳反下同",彙校卷第十三、撫釋一、余仁仲本、和本、十行本、閩本、監本、毛本、殿本、阮刻本同,岳本作"長丁丈反"。

④ "本又作敦",彙校卷第十三、撫釋一、余仁仲本、和本、十行本、閩本、監本、毛本、殿本、阮刻本同,岳本無此四字。

⑤ "大小",余仁仲本、嘉靖本、和本、十行本、閩本、監本、毛本、殿本、阮刻本同;撫州本、岳本、八行本作"小大",是。阮校曰:"小大萬物也　惠棟校宋本作'小大',岳本同,衛氏集説同。此'小大'二字倒,閩、監、毛本同,嘉靖本同。"

⑥ "卑如字又音婢下同",彙校卷第十三、撫釋一、余仁仲本、和本、十行本、閩本、監本、毛本、殿本、阮刻本同,岳本無此八字。

而百化興焉。如此，則樂者，天地之和也。齊，讀爲“躋”。躋，升也。摩，猶迫也。蕩，猶動也。奮，訊也①。百化，百物化生也。○上齊，上，時掌反②。齊，注讀爲“躋”，又作“隮”③，子兮反，升也。摩，本又作“磨”，末河反，迫也④。蕩，本或作“盪”，同大儻反⑤。霆，音廷，又音挺。奮，甫問反。易作“潤之”⑥。煖，徐許遠反，沈況遠反⑦。迫，音伯。訊，本又作“迅”，音信⑧。重意月令：“地氣上騰，天氣下降。”化不時則不生，男女無辨則亂升，天地之情也。辨，別也。升，成也。樂失則害物，禮失則亂人。

19·14 及夫禮樂之極乎天而蟠乎地，行乎陰陽而通乎鬼神，窮高極遠而測深厚。極，至也。蟠，猶委也。高遠，三辰也。深厚，山川也。言禮樂之道，上至於天，下委於地，則其間無所不之。○蟠，步丹反，或蒲何反，注同⑨。樂著大始，而禮居成物。著之言處也。大始，百物之始生也。○著，

①“訊”，余仁仲本、嘉靖本、和本、十行本、閩本、監本、毛本、殿本、阮刻本同，撫州本、岳本、八行本作“迅”。阮校曰：“奮訊也　閩、監、毛本同，嘉靖本同。惠棟校宋本‘訊’作‘迅’，岳本同，衛氏集說同。釋文出‘奮訊’云：‘本又作迅。’按正義云：‘奮迅而出。’是正義本當作‘迅’也。○按：迅，正字。訊，假借字。史記集解作‘迅’。”

②“上齊上時掌反”，彙校卷第十三、撫釋一、余仁仲本同，岳本無此六字，和本、十行本、閩本、監本、毛本、殿本、阮刻本脫下“上”字。

③“注讀爲躋又作隮”，彙校卷第十三、撫釋一、余仁仲本、和本、十行本、閩本、監本、毛本、殿本、阮刻本同，岳本無此七字。

④“升也摩本又作磨末河反迫也”，彙校卷第十三、撫釋一、余仁仲本、和本、十行本、閩本、監本、毛本、殿本、阮刻本同，岳本無此十二字。

⑤“本或作盪同”，彙校卷第十三、撫釋一、余仁仲本、和本、十行本、閩本、監本、毛本、殿本、阮刻本同，岳本無此五字。

⑥“霆音廷又音挺奮甫問反易作潤之”，彙校卷第十三、撫釋一、余仁仲本同，岳本無此十四字；和本、十行本、閩本、監本、毛本、殿本、阮刻本“又音”之“音”作“作”，非。

⑦“煖徐許遠反沈況遠反”，彙校卷第十三、撫釋一、余仁仲本、和本、十行本、閩本、監本、毛本、殿本、阮刻本同，岳本作“煖許遠反又況遠反”。

⑧“迫音伯訊本又作迅音信”，彙校卷第十三、撫釋一、余仁仲本、十行本、閩本、監本、毛本、殿本、阮刻本同，岳本無此十字。

⑨“蟠步丹反或蒲何反注同”，彙校卷第十三、撫釋一、余仁仲本、和本、十行本、閩本、監本、毛本、殿本、阮刻本同，岳本作“蟠步丹反又蒲何反”。

直畧反,處也,注"著之言"同①。大,音泰,注同②。處,昌慮反③。**著不息者天也,著不動者地也。**著,猶明白也。息,猶休止也。易曰:"天行健,君子以自强不息。"**一動一静者,天地之間也。**間,謂百物也。**故聖人曰"禮樂"云。**言禮樂之法天地也。樂静而禮動,其並用事,則亦天地之間耳。

19·15 昔者舜作五弦之琴以歌南風④,夔始制樂以賞諸侯。夔欲舜與天下之君共此樂也。南風,長養之風也,以言父母之長養己,其辭未聞也。夔,舜時典樂者也。書曰:"夔,命汝典樂。"○夔,求龜反,舜臣。女,音汝⑤。**故天子之爲樂也,以賞諸侯之有德者也。德盛而教尊,五穀時孰,然後賞之以樂。故其治民勞者,其舞行綴遠;其治民逸者,其舞行綴短。**民勞則德薄,酇相去遠,舞人少也。民逸則德盛,酇相去近,舞人多也。○行,户剛反,下同⑥。**故觀其舞,知其德,聞其謚,知其行也。**謚者,行之迹也。○行,下孟反,注同⑦。**大章,章之也。**堯樂名也。言堯德章明也。周禮闕之,或作"大卷"。**咸池,備矣,**黄帝所作樂名也,堯增脩而用之。咸,皆也。池之言施也,言德之無不施也⑧。周禮曰大咸。○大咸,如字,一

---

①"處也注著之言同",彙校卷第十三、撫釋一、余仁仲本、和本、十行本、閩本、監本、毛本、殿本、阮刻本同,岳本無此七字。

②"注同",彙校卷第十三、撫釋一、余仁仲本、和本、十行本、閩本、監本、毛本、殿本、阮刻本同,岳本無此二字。

③"昌慮反",十行本"慮"誤作"昌";彙校卷十三、撫釋一、余仁仲本、岳本、和本、閩本、監本、毛本、殿本、阮刻本作"吕",是。

④"舜作"下,考補謂古本、活字本有"爲"字。

⑤"夔求龜反舜臣女音汝",彙校卷第十三、撫釋一、余仁仲本、和本、十行本、閩本、監本、毛本、殿本、阮刻本同,岳本無此九字。

⑥"下同",彙校卷第十三、撫釋一、余仁仲本、和本、十行本、閩本、監本、毛本、殿本、阮刻本同,岳本無此二字。

⑦"注同",彙校卷第十三、撫釋一、余仁仲本、和本、十行本、閩本、監本、毛本、殿本、阮刻本同,岳本無此二字。

⑧"言德",撫州本、余仁仲本、岳本、嘉靖本、八行本、和本、監本、毛本、殿本、阮刻本同;十行本、閩本倒作"德言"。

本作“大卷”。卷，音權①。**韶，繼也**，舜樂名也。韶之言紹也，言舜能繼紹堯之德。周禮曰大韶。○韶，上遥反，注同②。**夏，大也**，禹樂名曰③。言禹能大堯、舜之德。周禮曰大夏。**殷、周之樂，盡矣**。言盡人事也。周禮曰大濩、大武。○濩，音護。

19·16 **天地之道，寒暑不時則疾，風雨不節則饑。**教者，民之寒暑也，教不時則傷世；事者，民之風雨也，事不節則無功。教，謂樂也。○饑，居祈反④。**然則先王之爲樂也，以法治也，善則行象德矣。**以法治，以樂爲治之法。行象德，民之行順君之德也⑤。○治，直吏反，注同⑥。**夫豢豕爲酒，非以爲禍也，而獄訟益繁，則酒之流生禍也。**以穀食犬豕曰豢。爲，作也。言豢豕作酒，本以饗祀養賢，而小人飲之，善酗以致獄訟。○豢，音患，養也⑦。食，音嗣。酗，許具反⑧。**是故先王因爲酒禮。壹獻之禮，賓主百拜，終日飲酒而不得醉焉，此先王之所以備酒禍也。**壹獻，士飲酒之禮。百拜，以喻多。**故酒食者，所以合歡也。樂者，所以象德也。禮者，所以綴淫也。**綴，猶止也。○綴，知劣反。**是**

① “大咸如字一本作大卷卷音權”，彙校卷第十三、撫釋一、余仁仲本、和本、十行本、閩本、監本、毛本、殿本、阮刻本同，岳本無此十二字。

② “韶上遥反注同”，彙校卷第十三、撫釋一、余仁仲本、和本、十行本、閩本、監本、毛本、殿本、阮刻本同，岳本無此六字。

③ “曰”，撫州本、余仁仲本、岳本、嘉靖本、八行本、和本、十行本、閩本、監本、毛本、殿本、阮刻本、吳氏朱批、叢刊本作“也”，是。

④ “饑居祈反”，彙校卷第十三、撫釋一、余仁仲本、和本、十行本、閩本、監本、毛本、殿本、阮刻本同，岳本無此四字。

⑤ “君”，撫州本、余仁仲本、岳本、嘉靖本、八行本、閩本、監本、毛本、殿本、阮刻本同；和本、十行本作“若”，非。

⑥ “治直吏反注同”，彙校卷第十三、撫釋一、余仁仲本、和本、十行本、閩本、監本、毛本、殿本、阮刻本同，岳本無此六字。

⑦ “養也”，彙校卷第十三、撫釋一、余仁仲本、和本、十行本、閩本、監本、毛本、殿本、阮刻本同，岳本無此二字。

⑧ “酗許具反”，彙校卷第十三、撫釋一、余仁仲本、和本、十行本、閩本、監本、毛本、殿本、阮刻本同，岳本無此四字。

故先王有大事，必有禮以哀之；有大福，必有禮以樂之。哀樂之分，皆以禮終。大事，謂死喪也。○樂，音洛，下“所樂”、“哀樂”、“康樂”皆同。分，扶問反。樂也者，聖人之所樂也，而可以善民心。其感人深，其移風易俗，故先王著其教焉。著，猶立也，謂立司樂以下使教國子。○著，知慮反。

19·17 夫民有血氣心知之性，而無哀樂喜怒之常，應感起物而動，然後心術形焉。言在所以感之也。術，所由也。形，猶見也。○知，音智。應，於甑反，篇内同①。見，賢遍反。是故志微噍殺之音作，而民思憂；嘽諧慢易，繁文簡節之音作，而民康樂；粗厲猛起，奮末廣賁之音作，而民剛毅；廉直勁正，莊誠之音作，而民肅敬；寬裕肉好，順成和動之音作，而民慈愛；流辟邪散，狄成滌濫之音作，而民淫亂。志微，意細也。吴公子札聽鄭風而曰：“其細已甚，民弗堪也。”簡節，少易也。奮末，動使四支也。賁，讀爲“憤”②。憤，怒氣充實也。春秋傳曰：“血氣狡憤。”肉，肥也。狄、滌，往來疾貌也。濫，僭差也。此皆民心無常之傾也。肉，或爲“潤”。○噍，子遥反。殺，色界反，又色例反。思，息吏反，又音斯。嘽，昌善反。諧，户皆反。慢，本又作“慢”，莫諫反③。易，以豉反，注同。粗，七奴反④。賁，依注讀爲“憤”⑤，扶粉反。勁，吉正反。裕，羊樹反⑥。

---

① “應於甑反篇内同”，彙校卷第十三、撫釋一、余仁仲本、和本、十行本、閩本、監本、毛本、殿本、阮刻本同，岳本無此七字。

② “讀爲”，撫州本、余仁仲本、嘉靖本、八行本、和本、十行本、閩本、監本、毛本、殿本、阮刻本同，岳本作“讀曰”，非。

③ “諧户皆反慢本又作慢莫諫反”，撫釋一、余仁仲本、十行本、閩本、監本、毛本、殿本、阮刻本同，岳本無此十二字，和本“慢”誤作“漫”；彙校卷十三下“慢”字作“僈”，是。

④ “注同粗七奴反”，彙校卷第十三、撫釋一、余仁仲本、和本、十行本、閩本、監本、毛本、殿本、阮刻本同，岳本無此六字。

⑤ “依注讀爲憤”，彙校卷第十三、撫釋一、余仁仲本、和本、十行本、閩本、監本、毛本、殿本、阮刻本同，岳本無此五字。

⑥ “勁吉正反裕羊樹反”，余仁仲本、和本、十行本、閩本、監本、毛本、殿本、阮刻本同，岳本無此八字，彙校卷十三、撫釋一“正”作“政”。

肉，而救反，肥也，注同①。好，呼報反。辟，匹亦反。邪，似嗟反，後皆同②。狄，他歷反，注同③。滌，大歷反，注同。濫，力暫反。札，側八反。賁，讀音奔，又補義反。狡，本又作“交”，古卯反，又音郊。僭，子念反。傲，户教反④。**是故先王本之情性，稽之度數，制之禮義，合生氣之和，道五常之行，使之陽而不散，陰而不密，剛氣不怒，柔氣不懾，四暢交於中而發作於外，皆安其位而不相奪也。**生氣，陰陽氣也。五常，五行也。密之言閉也。懾，猶恐懼也。○稽，古奚反。道，音導⑤。行，下孟反。攝⑥，之涉反。暢，勑亮反。恐，曲勇反⑦。**然後立之學等，廣其節奏，省其文采，以繩德厚。**等，差也。各用其才之差學之。廣，謂增習之。省，猶審也。文采，謂節奏合也。繩，猶度也。周禮大司樂：“以樂語教國子興、道、諷、誦、言、語。以樂舞教國子舞雲門、大卷、大咸、大韶、大夏、大濩、大武。”○省，西嶺反⑧。度，大洛反⑨。興道，上許膺反，下音導。諷，芳鳳反⑩。卷，音權。**律小大之稱，比終始之序，**

---

① “肥也注同”，彙校卷第十三、撫釋一、<u>余仁仲</u>本、和本、十行本、閩本、<u>監</u>本、毛本、殿本、阮刻本同，<u>岳</u>本無此四字。

② “邪似嗟反後皆同”，彙校卷第十三、撫釋一、<u>余仁仲</u>本、和本、十行本、閩本、<u>監</u>本、毛本、殿本、阮刻本同，<u>岳</u>本無此七字。

③ “注同”，彙校卷第十三、撫釋一、<u>余仁仲</u>本、和本、十行本、閩本、<u>監</u>本、毛本、殿本、阮刻本同，<u>岳</u>本無此二字。

④ “注同濫力暫反札側八反賁讀音奔又補義反狡本又作交古卯反又音郊僭子念反傲户教反”，彙校卷第十三、撫釋一、<u>余仁仲</u>本同，<u>岳</u>本無此三十七字，和本、十行本、閩本、<u>監</u>本、毛本、阮刻本“側”作“測”，殿本作“則”；十行本“札”作“礼”，非。

⑤ “稽古奚反道音導”，彙校卷第十三、撫釋一、<u>余仁仲</u>本、和本、十行本、閩本、<u>監</u>本、毛本、殿本、阮刻本同，<u>岳</u>本無此七字。

⑥ “攝”，彙校卷第十三、撫釋一、<u>余仁仲</u>本、<u>岳</u>本、和本、十行本、閩本、<u>監</u>本、毛本、殿本、阮刻本作“懾”，是。

⑦ “暢勑亮反恐曲勇反”，彙校卷第十三、撫釋一、<u>余仁仲</u>本、和本、十行本、閩本、<u>監</u>本、毛本、殿本、阮刻本同，<u>岳</u>本無此八字。

⑧ “省西嶺反”，彙校卷十三、撫釋一作“西頂反”，<u>余仁仲</u>本、<u>岳</u>本、和本、十行本、閩本、<u>監</u>本、毛本、殿本、阮刻本作“西領反”。

⑨ “度大洛反”，彙校卷十三、撫釋一、<u>余仁仲</u>本、<u>岳</u>本、和本、十行本、閩本、<u>監</u>本、毛本、殿本、阮刻本作“度大各反”。

⑩ “興道上許膺反下音導諷芳鳳反”，彙校卷第十三、撫釋一、<u>余仁仲</u>本、和本、（轉下頁注）

以象事行。律，六律也。周禮典同以六律、六同“辨天地四方陰陽之聲①，以爲樂器”。小大，謂高聲、正聲之類也。終始，謂始於宮，終於羽。宗廟，黃鍾爲宮，大呂爲角，大蔟爲徵，應鍾爲羽，以象事行。宮爲君②，商爲臣。○稱，尺證反。比，毗志反。大蔟，音泰。蔟，七豆反③。**使親疏、貴賤、長幼、男女之理，皆形見於樂，故曰“樂觀其深矣”。** 謂同聽之，莫不和敬，莫不和順，莫不和親。○長幼，丁丈反，下同④。見，賢遍反⑤。

　　19·18 土敝則草木不長，水煩則魚鼈不大，氣衰則生物不遂，世亂則禮慝而樂淫。是故其聲哀而不莊，樂而不安，慢易以犯節，流湎以忘本，廣則容姦，狹則思欲，感條暢之氣，而滅平和之德，是以君子賤之也。遂，猶成也。慝，穢也。廣，謂聲緩也。狹，謂聲急也。感，動也。動人條暢之善氣，使失其所。○敝，音弊⑥。慝，吐得反，注及下同⑦。易，以豉反。湎，綿鮮反。狹，音洽，注同⑧。和，胡臥反。穢，字又作“濊”，紆廢反，徐音烏會反⑨。

（接上頁注）十行本、閩本、監本、毛本、殿本、阮刻本同，岳本無此十三字。

① “辨”，周禮春官典同、撫州本、余仁仲本、岳本、嘉靖本、八行本、和本、閩本、監本、毛本、殿本、阮刻本同；十行本作“濟”，非。

② “宮爲君”，撫州本、余仁仲本、岳本、嘉靖本、八行本、閩本、監本、殿本同，和本、十行本、阮刻本倒作“君爲宮”，毛本“宮”誤作“言”。

③ “大蔟音泰蔟七豆反”，余仁仲本、岳本、和本、十行本、閩本、監本、毛本、殿本、阮刻本同，彙校卷十三、撫釋一作“大蔟音泰下七豆反”。

④ “長幼丁丈反下同”，彙校卷第十三、撫釋一、余仁仲本、和本、十行本、閩本、監本、毛本、殿本、阮刻本同，岳本無此七字。

⑤ “見賢遍反”，彙校卷第十三、撫釋一、余仁仲本、和本、十行本、閩本、監本、毛本、殿本、阮刻本同，岳本作“見音現”。

⑥ “敝音弊”，彙校卷第十三、撫釋一、余仁仲本、和本、十行本、閩本、監本、毛本、殿本、阮刻本同，岳本無此三字。

⑦ “注及下同”，彙校卷第十三、撫釋一、余仁仲本、和本、十行本、閩本、監本、毛本、殿本、阮刻本同，岳本無此四字。

⑧ “狹音洽注同”，彙校卷第十三、撫釋一、余仁仲本、和本、十行本、閩本、監本、毛本、殿本、阮刻本同，岳本無此五字。

⑨ “穢字又作濊紆廢反徐音烏會反”，岳本無此十三字，彙校卷第十三、撫釋一“濊”誤作“歲”；彙校卷第十三、撫釋一、余仁仲本、和本、十行本、閩本、監本、毛本、（轉下頁注）

19·19 凡姦聲感人，而逆氣應之，逆氣成象，而淫樂興焉。正聲感人，而順氣應之，順氣成象，而和樂興焉。倡和有應，回邪曲直，各歸其分，而萬物之理，各以類相動也。成象者，謂人樂習焉。○倡，昌尚反，又音唱，下同①。分，扶問反②。是故君子反情以和其志，比類以成其行，姦聲亂色不留聰明，淫樂慝禮不接心術，惰慢邪辟之氣不設於身體，使耳目、鼻口、心知、百體，皆由順正，以行其義。反，猶本也。術，猶道也。○行，下孟反③。惰，徒臥反④。辟，匹亦反。知，音智。然後發以聲音，而文以琴瑟，動以干戚，飾以羽旄，從以簫管，奮至德之光，動四氣之和，以著萬物之理。奮，猶動也。動至德之光，謂降天神、出地祇、假祖考。著，猶成也。○著，張慮反。假，古迫反。是故清明象天，廣大象地，終始象四時，周還象風雨，五色成文而不亂，八風從律而不姦，百度得數而有常，小大相成，終始相生，倡和清濁，迭相爲經。清明，謂人聲也。廣大，謂鍾鼓也。周還，謂舞者。五色，五行也。八風從律，應節至也。百度，百刻也。言日月晝夜不失正也。清，謂“蕤賓”至“應鍾”也。濁，謂“黃鍾”至“中呂”。○還，音旋，注同。迭，大結反。中，音仲⑤。故樂行而倫清，耳目聰明，血氣和平，移風易俗，天下皆寧。言樂用則正人理，和陰陽也。倫，謂人道也。故曰：樂者，樂也。君子樂得其道，小人樂得其欲。以道制欲，則樂而不亂；以欲忘道，則

（接上頁注）殿本、阮刻本無“音”字，是。

① “倡昌尚反又音唱下同”，彙校卷第十三、撫釋一、余仁仲本、和本、十行本、閩本、監本、毛本、殿本、阮刻本同，岳本無此九字。

② “分扶問反”，彙校卷第十三、撫釋一、余仁仲本、和本、十行本、閩本、監本、毛本、殿本、阮刻本同，岳本作“分去聲”。

③ “行下孟反”，彙校卷第十三、撫釋一、余仁仲本、和本、十行本、閩本、監本、毛本、殿本、阮刻本同，岳本作“其行去聲”。

④ “惰徒臥反”，彙校卷第十三、撫釋一、余仁仲本、和本、十行本、閩本、監本、毛本、殿本、阮刻本同，岳本無此四字。

⑤ “還音旋注同迭大結反中音仲”，彙校卷第十三、撫釋一、余仁仲本、和本、十行本、閩本、監本、毛本、殿本、阮刻本同，岳本無此十二字。

惑而不樂。道，謂仁義也。欲，謂邪淫也①。

　　19·20 是故君子反情以和其志，廣樂以成其教，樂行而民鄉方，可以觀德矣。方，猶道也。○鄉，許亮反。重意射義：“此可以觀德行矣。”祭統：“可以觀政矣。”德者，性之端也。樂者，德之華也。金石絲竹，樂之器也。詩，言其志也；歌，咏其聲也；舞，動其容也。三者本於心，然後樂器從之②。是故情深而文明，氣盛而化神，和順積中而英華發外，唯樂不可以爲僞。三者本，志也、聲也、容也。言無此本於內，則不能爲樂也。詩言其志，一本無“言”字。咏，音詠③。

　　19·21 樂者，心之動也。聲者，樂之象也。文采節奏，聲之飾也。君子動其本，樂其象，然後治其飾。是故先鼓以警戒，三步以見方，再始以著往，復亂以飭歸，奮疾而不拔，極幽而不隱，獨樂其志，不厭其道，備舉其道，不私其欲。是故情見而義立，樂終而德尊。君子以好善，小人以聽過。故曰“生民之道，樂爲大焉”。文采，樂之威儀也。先鼓，將奏樂，先擊鼓，以警戒衆也。三步，謂將舞，必先三舉足，以見其舞之漸也。再始以著往，武王除喪，至盟津之上，紂未可伐，還歸二年，乃遂伐之。武舞再更始，以明伐時再往也。復亂以飭歸，謂鳴鐃而退，明以整歸也。奮疾，謂舞者也。極幽，謂歌者也。○警，音景。見方，賢遍反，下及注皆同④。著，張慮反，注同。復，音

──────────

① “謂邪淫也”，彙校卷第十三、撫釋一、余仁仲本、和本、十行本、閩本、監本、毛本、殿本、阮刻本同；岳本“淫也”下衍“樂也至不樂音洛”七字。

② “樂器”，余仁仲本、和本、十行本、閩本、監本、毛本、殿本、阮刻本同；撫州本、岳本、嘉靖本、八行本作“樂氣”，是。阮校曰：“然後樂器從之　閩、監、毛本同。惠棟校宋本‘器’作‘氣’，宋監本、岳本、嘉靖本同，衛氏集説同。石經‘氣’字剥闕。史記亦作‘氣’，不誤。”

③ “詩言其志一本無言字咏音詠”，據彙校卷第十三、撫釋一、余仁仲本、和本、十行本、閩本、監本、毛本、殿本、阮刻本，此十二字是釋文文字，當在“詩言”上補“○”號，岳本無此十二字。

④ “及注”，彙校卷第十三、撫釋一、余仁仲本、和本、十行本、閩本、監本、毛本、殿本、阮刻本同，岳本無此二字。

伏。飭，音勑，注同。拔，步葛反，又皮八反①。獨樂，皇音洛，又音岳②。厭，於
艷反。好，呼報反。“以聽過”，本或作“以聖過”，如字。鐃，女交反③。

19·22 樂也者，施也。禮也者，報也。言樂出而不反，而禮有往
來也。施，始豉反④。樂，樂其所自生；而禮，反其所自始。樂章德，
禮報情，反始也。自，由也。[重言]“樂，樂其所自生”二，檀弓。[重意]“樂也
者，樂其所自成。禮也者，反其所自生。”禮器篇。○“禮不忘其本”，檀弓。所
謂大輅者，天子之車也。龍旂九旒，天子之旌也。青黑緣者，天
子之寶龜也。從之以牛羊之羣。則所以贈諸侯也。贈諸侯，謂來朝
將去，送之以禮⑤。○流，本又作“旒”，音流⑥。緣，悦絹反。朝，直遥反⑦。

19·23 樂也者，情之不可變者也；禮也者，理之不可易者也。
理，猶事也。樂統同，禮辨異。統同，同和合也。辨異，異尊卑也。禮樂之
説，管乎人情矣。管，猶包也。窮本知變，樂之情也。著誠去偽，禮
之經也。禮樂偩天地之情，達神明之德，降興上下之神，而凝是
精粗之體，領父子君臣之節。偩，猶依象也。降，下也。興，猶出也。凝，
成也。精粗，謂萬物大小也。領，猶理治也。○去，起吕反。偩，音負。粗，七奴

---

① “注同復音伏飭音勑注同拔步葛反又皮八反”，彙校卷第十三、撫釋一、余仁仲本、和本、
毛本、阮刻本同，岳本無此十八字；十行本、閩本、監本、殿本下“注”字作“上”，非。
② “獨樂皇音洛又音岳”，岳本作“樂音洛”，余仁仲本“又”誤作“庚”；彙校卷十三、撫釋一、
十行本、阮刻本“又音岳”作“庚音岳”，和本、閩本、監本、毛本、殿本作“庚音嶽”，是。
③ “以聽過本或作以聖過如字鐃女交反”，彙校卷第十三、撫釋一、余仁仲本、和本、十行
本、閩本、監本、毛本、殿本、阮刻本同，岳本無此十五字。
④ 據彙校卷第十三、撫釋一、余仁仲本、岳本、和本、十行本、閩本、監本、毛本、殿本、阮刻
本，“施始豉反”四字是釋文文字，當在“施”上補“○”號。
⑤ “送”，撫州本、余仁仲本、岳本、嘉靖本、八行本同，十行本、閩本、阮刻本作“既”，和本、
監本、毛本、殿本、吳氏朱批、叢刊本“報”。阮校曰：“既之以禮　閩本同，惠棟校宋本
‘既’作‘送’，宋監本、岳本、嘉靖本同，考文引古本、足利本同，監、毛本‘送’作‘報’，衛
氏集説同。按：史記集解引作‘送’。”
⑥ “流本又作旒音流”，彙校卷第十三、撫釋一、余仁仲本、和本、十行本、閩本、監本、毛本、
殿本、阮刻本同，岳本無此七字，和本“又”作“文”。
⑦ “朝直遥反”，彙校卷第十三、撫釋一、余仁仲本、十行本、閩本、監本、毛本、殿本、阮刻本
同，岳本無此四字。

反。治，直吏反①。**是故大人舉禮樂，則天地將爲昭焉。**言天地將爲之昭然明也。**天地訢合，陰陽相得，煦嫗覆育萬物。然後草木茂，區萌達，羽翼奮，角觡生，蟄蟲昭蘇，羽者嫗伏，毛者孕鬻，胎生者不殰，而卵生者不殈，則樂之道歸焉耳。**訢，讀爲熹。熹，猶蒸也②。氣曰煦，體曰嫗，屈生曰區，無䚡曰觡。昭，曉也。蟄蟲以發出爲曉，更息曰蘇。孕，任也。鬻，生也。內敗曰殰③。殈，裂也。今齊人語有殈者。○訢，依注音熹，許其反，一讀依字音欣④。煦，許具反，徐況甫反⑤。嫗，於具反，徐於甫反，下及注同。區，依注音句，古侯反，徐丘于反，一音烏侯反⑥。萌，莫耕反。奮，方問反⑦。觡，古伯反。蟄，直立反⑧。伏，扶又反。孕，以證反⑨。鬻，音育，生也，徐又扶袁反。胎，也才反⑩。殰，音獨。鄭云：“內敗曰殰。”案謂懷任不成也。字林云：“胎敗⑪。”

---

① “粗七奴反治直吏反”，彙校卷第十三、撫釋一、余仁仲本同，岳本無此八字，和本、十行本、閩本、監本、毛本、殿本、阮刻本脱“治直吏反”四字。

② “蒸”，余仁仲本、岳本、嘉靖本、和本、十行本、閩本、監本、毛本、殿本、阮刻本同；撫州本、八行本作“烝”，是。阮校曰：“熹猶蒸也　監本、毛本作‘蒸’，惠棟校宋本作‘烝’，正義同。”

③ “內敗”，撫州本、余仁仲本、岳本、八行本、和本、閩本、監本、毛本、殿本、阮刻本同；十行本“內”作“力”，非。

④ “訢依注音熹許其反一讀依字音欣”，彙校卷第十三、撫釋一、余仁仲本、和本、十行本、閩本、監本、毛本、殿本、阮刻本同，岳本作“訢音熹一音欣”。

⑤ “徐”，彙校卷第十三、撫釋一、余仁仲本、和本、十行本、閩本、監本、毛本、殿本、阮刻本同，岳本作“又”。

⑥ “徐於甫反下及注同區依注音句古侯反徐丘于反一音烏侯反”，彙校卷第十三、撫釋一、余仁仲本、和本、十行本、閩本、監本、毛本、殿本、阮刻本同，岳本作“又於甫反下同區古侯反又丘于反一烏侯反”。

⑦ “萌莫耕反奮方問反”，彙校卷第十三、撫釋一、余仁仲本、和本、十行本、閩本、監本、毛本、殿本、阮刻本同，岳本無此八字。

⑧ “蟄直立反”，彙校卷第十三、撫釋一、余仁仲本、和本、十行本、閩本、監本、毛本、殿本、阮刻本同，岳本無此四字。

⑨ “孕以證反”，彙校卷第十三、撫釋一、余仁仲本、和本、十行本、閩本、監本、毛本、殿本、阮刻本同，岳本無此四字。

⑩ “生也徐又扶袁反胎也才反”，岳本無此十一字；彙校卷第十三、撫釋一、余仁仲本、和本、十行本、閩本、監本、毛本、殿本、阮刻本“也”作“他”，是。

⑪ “鄭云內敗曰殰案謂懷任不成也字林云胎敗”，彙校卷第十三、撫釋一、余仁仲本、和本、十行本、閩本、監本、毛本、殿本、阮刻本同，岳本作“懷任不成也”。

卵,力管反①。殀,呼関反,范音溢,徐况逼反,一音况狄反。卵折不成曰殀,猶裂
也。蒸,之膺反②。䐭,息才反。内,乃對反,或作"骨肉"之字者,誤③。

19・24 樂者,非謂黄鍾、大吕、弦歌、干揚也,樂之末節也,故
童者舞之。鋪筵席,陳尊俎,列籩豆,以升降爲禮者,禮之末節
也。故有司掌之。言禮樂之本,由人君也。禮本著誠去僞,樂本窮本知
變。○鋪,普胡反,又音敷。去,起吕反。樂師辨乎聲詩,故北面而弦;宗
祝辨乎宗廟之禮,故後尸;商祝辨乎喪禮,故後主人。辨,猶別也,正
也。弦,謂鼓琴瑟也。後尸,居後贊禮儀。此言知本者尊,知末者卑。是故德
成而上,藝成而下,行成而先,事成而後。德,三德也。行,三行也。
藝,才技也。先,謂位在上也。後,謂位在下也。○上,如字,或時掌反④。行,下
孟反,注同。技,其綺反⑤。是故先王有上有下,有先有後,然後可以
有制於天下也。言尊卑備,乃可制作,以爲治法。○治,直吏反⑥。

19・25 魏文侯問於子夏曰:"吾端冕而聽古樂,則唯恐卧;聽
鄭、衛之音,則不知倦。敢問古樂之如彼,何也? 新樂之如此,何
也?"魏文侯,晉大夫畢萬之後,僭諸侯者也。端,玄衣也。古樂,先王之正樂也。
子夏對曰:"今夫古樂:進旅退旅,和正以廣;弦匏笙簧,會守拊鼓;

---

①"力管反",彙校卷十三、撫釋一、余仁仲本、阮刻本同,和本、十行本、閩本、監本、毛本、
殿本"管"作"官"。
②"殀呼関反范音溢徐况逼反一音况狄反卵折不成曰殀猶裂也蒸之膺反",和本、十行本、
閩本、監本、殿本、毛本同,岳本作"殀呼関反又音溢",余仁仲本、阮刻本"折"作"拆";彙
校卷第十三、撫釋一"折"作"坼",重"殀"字,是。
③"内乃對反或作骨肉之字者誤",彙校卷第十三、撫釋一、余仁仲本、和本、十行本、閩本、
阮刻本同,岳本無此十二字,監本、毛本、殿本"字"作"肉"。
④"上如字或時掌反",彙校卷第十三、撫釋一、余仁仲本、和本、十行本、閩本、監本、毛本、
殿本、阮刻本同,岳本無此七字。
⑤"注同技其綺反",彙校卷第十三、撫釋一、余仁仲本、和本、十行本、閩本、監本、毛本、殿
本、阮刻本同,岳本無此六字。
⑥"治直吏反",彙校卷第十三、撫釋一、余仁仲本、和本、十行本、閩本、監本、毛本、殿本、
阮刻本同,岳本無此四字。

始奏以文，復亂以武；治亂以相，訊疾以雅；君子於是語，於是道古，脩身及家，平均天下。此古樂之發也。旅，猶俱也。俱進俱退，言其齊一也。和正以廣，無姦聲也。會，猶合也，皆也，言衆皆待擊鼓乃作。周禮大師職曰："大祭祀，帥瞽登歌，合奏擊拊①，下管播樂器，合奏鼓棟。"文，謂鼓也。武，謂金也。相，即拊也，亦以節樂。拊者以韋爲表，裝之以糠，糠一名拊②，因以名焉。今齊人或謂糠爲相。雅，亦樂器名也，狀如漆筒，中有椎。○夫，音扶，下同。廣，如字，舊古曠反。匏，白交反。笙，音生。簧，音黃。拊，音撫，注同。復，音伏③。相，息亮反，注同，即拊也，以韋爲之，實之以糠。王云："輔相也。"徐思章反。訊，音信。大師，音泰。播，彼佐反④。棟，音胤。糠，音康。漆，音七。筒，音勇。椎，直追反⑤。

今夫新樂：進俯退俯，姦聲以濫，溺而不止；及優侏儒⑥，優雜子女⑦，不知父子；樂終，不可以語，不可以道古。此新樂之發也。俯，猶曲也，言不齊一也。濫，濫竊也。溺而不止，聲淫亂，無以治之。獶，獼猴也，言舞者如獼猴戲也，亂男女之尊卑。獶，或爲"優"。○俯，本又作"府"。濫，力暫反。

---

① "合奏擊拊"，撫州本、余仁仲本、岳本、嘉靖本、八行本、和本、十行本、閩本、監本、毛本、阮刻本同；周禮太師、殿本"合"作"令"，是。考異曰："周禮'合'作'令'，下'合奏'同。今案：此注中二'合'字，皆'令'字之誤。"

② "拊"，撫州本、余仁仲本、岳本、嘉靖、八行本、和本、十行本、閩本、監本、毛本、殿本、阮刻本作"相"，是。

③ "下同廣如字舊古曠反匏白交反笙音生簧音黃拊音撫注同復音伏"，彙校卷第十三、撫釋一、余仁仲本、和本、十行本、閩本、監本、毛本、殿本、阮刻本同，岳本無此二十七字。

④ "注同即拊也以韋爲之實之以糠王云輔相也徐思章反訊音信大師音泰播彼佐反"，彙校卷第十三、撫釋一、余仁仲本、和本、十行本、閩本、監本、毛本、殿本、阮刻本同，岳本無此三十三字。

⑤ "糠音康漆音七筒音勇椎直追反"，余仁仲本、和本、十行本、閩本、監本、毛本、殿本、阮刻本同，岳本無此十三字，彙校卷第十三、撫釋一"筒"作"甬"。

⑥ "侏儒"，余仁仲本、岳本、和本、十行本、閩本、監本、毛本、殿本同，唐石經、撫州本、嘉靖本、八行本、阮刻本作"侏儒"。阮校曰："及優侏儒　閩、監、毛本同，岳本同，衛氏集説同，陳澔集説同，惠棟校宋本'儒'作'儒'，石經、宋監本、嘉靖本同。釋文出'儒'云：'音儒。'"

⑦ "優"，唐石經、撫州本、余仁仲本、岳本、嘉靖本、八行本、和本、十行本、閩本、監本、毛本、殿本、阮刻本、吳氏朱批、叢刊本作"獶"。阮校曰："獶雜子女　各本同，石經同。盧文弨云：'"獶"當作"獿"。'按釋文亦作'獶'，云依字亦作'猱'。○按：依説文當作'夒'，'猱'即'夒'字，'夒'聲、'柔'聲，古音同部。"

溺,乃狄反。優,音憂①。侏,音朱。儒,音儒。獶,乃刀反②,獼猴也,依字亦作
"猱"。獼,音弥,武夷反,本亦作"弥"。猴,音侯,本亦作"侯"③。**今君之所問**
者,樂也;所好者,音也。夫樂者,與音相近而不同。"言文侯好音而
不知樂也。鏗鏘之類皆爲音④,應律乃爲樂。○好,呼報反,注同⑤。近,"附近"
之近,徐如字。鏗,苦耕反。鏘,七羊反,又士衡反⑥。

19·26 文侯曰:**"敢問何如?"**欲知音、樂異意。重言"敢問何如"二,
一見仲尼燕居二十八。**子夏對曰:"夫古者,天地順而四時當,民有德**
而五穀昌,疾疢不作而無妖祥,此之謂大當。然後聖人作,爲父
子君臣,以爲紀綱。紀綱既正,天下大定。天下大定,然後正六
律,和五聲,弦歌詩頌,此之謂德音。德音之謂樂。當,謂樂不失其
所⑦。○當,丁浪反,下及注同⑧。疢,勑覲反。**詩云:'莫其德音,其德克**
明,克明克類,克長克君。王此大邦,克順克俾。俾于文王,其德靡
悔。既受帝祉,施于孫子。'此之謂也。此有德之音,所謂樂也。德正應
和曰莫,照臨四方曰明,勤施無私曰類,教誨不倦曰長,慶賞刑威曰君,慈和徧服曰
順。俾,當爲"比",聲之誤也。擇善從之曰比。施,延也。言文王之德,皆能如此,

---

① "俯本又作府濫力暫反溺乃狄反優音憂",彙校卷第十三、撫釋一、余仁仲本、和本、十行
本、閩本、監本、毛本、殿本、阮刻本同,岳本無此十六字。

② "乃刀反",彙校卷十三、撫釋一、余仁仲本、岳本、和本、殿本、阮刻本同;十行本、閩本、
監本、毛本"刀"作"力",非。

③ "獶猴也依字亦作猱獼音弥武夷反本亦作弥猴音侯本亦作侯",彙校卷第十三、撫釋一、
余仁仲本、和本、十行本、閩本、監本、毛本、殿本、阮刻本同,岳本無此二十五字。

④ "鏗鏘",余仁仲本、岳本、嘉靖本、和本、十行本、閩本、監本、毛本、殿本、阮刻本同;撫州
本、八行本作"鏗蹡",是。

⑤ "好呼報反注同",彙校卷第十三、撫釋一、余仁仲本、和本、十行本、閩本、監本、毛本、殿
本、阮刻本同,岳本作"好去聲下同"。

⑥ "近附近之近徐如字鏗苦耕反鏘七羊反又士衡反",彙校卷第十三、撫釋一、余仁仲本、
和本、十行本、閩本、監本、毛本、殿本、阮刻本同,岳本無此二十字;"士"乃"七"之誤字。

⑦ "謂樂不失其所",撫州本、余仁仲本、岳本、嘉靖本、八行本、和本、十行本、閩本、監本、
毛本、殿本、阮刻本同。考異曰:"案正義,無'樂'字明甚,有者衍耳,史記集解引亦無。"

⑧ "及注",彙校卷第十三、撫釋一、余仁仲本、和本、十行本、閩本、監本、毛本、殿本、阮刻
本同,岳本無此二字。

故受天福，延於後世也。○莫，亡伯反。長，丁丈反，注同①。王此，于況反②。俾，依注音“比”，必履反，注同，徐扶志反③。祉，勑紀反。施，以豉反，注“施延”同。和，如字，又胡臥反④。炤，上音照，本亦作“照”；臨，如字⑤。施，始豉反。徧，音遍⑥。重言“此之謂也”九，下文二、大傳、祭義、喪服四制各一，經解三。**今君之所好者，其溺音乎？”**言無文王之德⑦，則所好非樂也。

19·27 文侯曰：“敢問溺音何從出也？”玩習之久，不知所由出也。○玩，又作“翫”，音五換反⑧。**子夏對曰：“鄭音好濫淫志，宋音燕女溺志，衛音趨數煩志，齊音敖辟喬志。此四者，皆淫於色而害於德，是以祭祀弗用也。**言四國皆出此溺音。濫，濫竊姦聲也。燕，安也。春秋傳曰：“懷與安，實敗名。”趨數，讀爲“促速”，聲之誤也。煩，勞也。祭祀者不用淫樂。○燕，於見反⑨。趨，音促。數，音速。敖，字又作“傲”，同，五報反⑩。辟，

---

① “注同”，彙校卷第十三、撫釋一、余仁仲本、和本、十行本、閩本、監本、毛本、殿本、阮刻本同，岳本無此二字。

② “于況反”，彙校卷十三、余仁仲本、岳本、和本同；十行本“況”作“做”，閩本、監本、毛本、殿本、阮刻本作“做”，非。

③ “俾依注音比必履反注同徐扶志反”，彙校卷第十三、撫釋一、余仁仲本、和本、十行本、閩本、監本、毛本、殿本、阮刻同，岳本無此十四字。

④ “注施延同和如字又胡臥反”，彙校卷第十三、撫釋一、余仁仲本、和本、十行本、閩本、監本、毛本、殿本、阮刻本同，岳本無此十一字。

⑤ “炤上音照本亦作照臨如字”，余仁仲本、和本、十行本、閩本、監本、毛本、殿本、阮刻本同，岳本無此十一字，彙校卷第十三、撫釋一作“炤臨上音照本亦作照下如字”。

⑥ “徧音遍”，彙校卷第十三、撫釋一、余仁仲本、和本、十行本、閩本、監本、毛本、殿本、阮刻本同，岳本無此三字。

⑦ “文王”，撫州本、余仁仲本、岳本、嘉靖本、八行本、和本、閩本、監本、毛本、殿本、阮刻本同；十行本“文”作“又”，非。

⑧ “玩又作翫音五換反”，彙校卷第十三、撫釋一、余仁仲本、和本、十行本、閩本、監本、毛本、殿本、阮刻本同，岳本無此八字。

⑨ “燕於見反”，彙校卷第十三、撫釋一、余仁仲本、和本、十行本、閩本、監本、毛本、殿本、阮刻本同，岳本無此四字。

⑩ “敖字又作傲同”，彙校卷第十三、撫釋一、余仁仲本、和本、十行本、閩本、監本、毛本、殿本、阮刻本作“傲字又作敖同”，岳本無“字又作傲同”五字。

匹亦反,徐芳益反①。喬,徐音驕,本亦作“驕”。敗,必邁反②。**詩云:‘肅雍和
鳴,先祖是聽。’夫肅肅,敬也。雍雍,和也。夫敬以和,何事不行?**
言古樂敬且和,故無事而不用。溺音無所施。**爲人君者,謹其所好惡而已
矣。君好之,則臣爲之;上行之,則民從之。詩云:‘誘民孔易。’此
之謂也。**誘,進也。孔,甚也。言民從君所好惡,進之於善無難。○易,以豉反。
重言“君好之”二,一見緇衣二十三。重意緇衣:“上之所好惡,不可不謹也,則民
從之。”大學:“而民從之。”**然後聖人作,爲鞉、鼓、椌、楬、壎、篪,此六者,
德音之音也。**六者爲本,以其聲質也。椌、楬,謂柷、敔也。壎、篪,或爲“簨
簴”。○鞉,音桃。椌,苦江反,柷也③。楬,苦瞎反,敔也④。壎,許袁反。篪,直
支反。柷,昌六反。敔,本又作“敌”,魚呂反⑤。篪,恤尹反。簴,音巨。**然後
鐘、磬、竽、瑟以和之,干、戚、旄、狄以舞之,此所以祭先王之廟
也,所以獻、酬、酳、酢也,所以官序貴賤各得其宜也,所以示後
世有尊卑長幼之序也。**官序貴賤,謂尊卑樂器列數有差次。○竽,音于。
和,如字,徐胡臥反⑥。酬,市由反⑦。酳,音胤⑧,又仕覲反。酢,音昨。長,丁丈

---

① “徐芳益反”,彙校卷第十三、撫釋一、余仁仲本、和本、十行本、閩本、監本、毛本、殿本、
阮刻本同,岳本無此四字。
② “喬徐音驕本亦作驕敗必邁反”,彙校卷第十三、撫釋一、余仁仲本、和本、十行本、閩本、
監本、毛本、殿本、阮刻本同,岳本作“喬音驕”。
③ “柷也”,彙校卷第十三、撫釋一、余仁仲本、和本、十行本、閩本、監本、毛本、殿本、阮刻
本同,岳本無此二字。
④ “敔也”,彙校卷第十三、撫釋一、余仁仲本、和本、十行本、閩本、監本、毛本、殿本、阮刻
本同,岳本無此二字。
⑤ “柷昌六反敔本又作敌魚呂反”,彙校卷第十三、撫釋一、余仁仲本、和本、十行本、閩本、
監本、毛本、殿本、阮刻本同,岳本無此十二字。
⑥ “徐”,彙校卷第十三、撫釋一、余仁仲本、和本、十行本、閩本、監本、毛本、殿本、阮刻本
同,岳本作“又”。
⑦ “酬市由反”,彙校卷第十三、撫釋一、余仁仲本、和本、十行本、閩本、監本、毛本、殿本、
阮刻本同,岳本無此四字。
⑧ “酳音胤”,彙校卷第十三、撫釋一、余仁仲本、和本、十行本、閩本、監本、毛本、殿本、阮
刻本同,岳本作“酳音靳”。

反①。鐘聲鏗，鏗以立號，號以立橫，橫以立武。君子聽鐘聲，則思武臣。號，號令，所以警衆也。橫，充也，謂氣作充滿也。○鏗，苦耕反②，徐苦庚反③。號，胡到反。橫，古擴反④，充也，下及注同⑤。石聲磬，磬以立辨，辨以致死。君子聽磬聲，則思死封疆之臣。石聲磬，磬當爲“罄”，字之誤也。辨，謂分明於節義。○磬，依注音罄⑥，口挺反，一音口定反⑦。聽磬，口定反。疆，居良反，下“是疆”同⑧。絲聲哀，哀以立廉，廉以立志。君子聽琴瑟之聲，則思志義之臣。廉，廉隅也⑨。竹聲濫，濫以立會，會以聚衆。君子聽竽、笙、簫、管之聲⑩，則思畜聚之臣。濫之意，猶擥聚也。會，猶聚也。聚，或爲“最”。○濫，力敢反，下及注皆同⑪。會，戶外反，又古外反，下同。畜，敕六反⑫。擥，力敢反。鼓鼙之聲讙，讙以立動，動以進

---

① “酢音昨長丁丈反”，彙校卷第十三、撫釋一、余仁仲本、和本、十行本、閩本、監本、毛本、殿本、阮刻本同，岳本無此七字。

② “苦耕反”，彙校卷第十三、撫釋一、余仁仲本、岳本同，和本、十行本、閩本、監本、毛本、殿本、阮刻本“苦”作“古”。

③ “徐苦庚反”，彙校卷第十三、撫釋一、余仁仲本、和本、十行本、閩本、監本、毛本、殿本、阮刻本同，岳本無此四字。

④ “古擴反”，彙校卷第十三、撫釋一、余仁仲本、岳本、和本、十行本、閩本、監本、毛本、殿本、阮刻本“擴”作“曠”，是。

⑤ “充也下及注同”，彙校卷第十三、撫釋一、余仁仲本、和本、十行本、閩本、監本、毛本、殿本、阮刻本同，岳本無此六字。

⑥ “依注音罄”，彙校卷第十三、撫釋一、余仁仲本、和本、十行本、閩本、監本、毛本、殿本、阮刻本同，岳本無此四字。

⑦ “一音”，彙校卷第十三、撫釋一、余仁仲本、和本、十行本、閩本、監本、毛本、殿本、阮刻本同，岳本作“又”。

⑧ “聽磬口定反疆居良反下是疆同”，彙校卷第十三、撫釋一、余仁仲本、和本、十行本、閩本、監本、毛本、殿本、阮刻本同，岳本無此十三字。

⑨ “隅也”，撫州本、余仁仲本、岳本、嘉靖本、八行本、和本、閩本、監本、毛本、殿本、阮刻本同，十行本作墨釘。

⑩ “竽笙”，撫州本、余仁仲本、岳本、八行本、和本、十行本、閩本、監本、毛本、殿本、阮刻本同，嘉靖本倒作“笙竽”。

⑪ “下及注皆同”，彙校卷第十三、撫釋一、余仁仲本、和本、十行本、閩本、監本、毛本、殿本、阮刻本同，岳本無此五字。

⑫ “下同畜敕六反”，彙校卷第十三、撫釋一、余仁仲本、和本、十行本、閩本、監（轉下頁注）

衆。君子聽鼓鼙之聲,則思將帥之臣。聞讙嚻則人意動作①。讙,或爲
“歡”。動,或爲“勳”。○鼙,步西反。讙,呼端反,又音喧。將,子亮反,下注“大
將”、下“將帥”同②。帥,本又作“率”,所類反,下“將帥”同。嚻,許驕反,又五羔
反③。君子之聽音,非聽其鏗鎗而已也④,彼亦有所合之也。”以聲合
成己之志。○鎗,七羊反,又叱衡反,徐勅庚反⑤。

　　19·28 賓牟賈侍坐於孔子。孔子與之言,及樂,曰:“夫武之
備戒之已久,何也?”對曰:“病不得其衆也。”武,謂周舞也。備戒,擊鼓
警衆。病,猶憂也,以不得衆心爲憂,憂其難也。○牟,亡侯反。坐,才卧反,又如
字⑥。“咏歎之,淫液之,何也?”對曰:“恐不逮事也。”咏歎、淫液,歌
遲之也。逮,及也。事,戎事也⑦。○咏歎,上音詠,下音歎。液,音亦。逮,音
代,又大計反⑧。遲,直冀反。“發揚蹈厲之已蚤,何也?”對曰:“及時事

<hr>

（接上頁注)本、毛本、殿本、阮刻本同,岳本無此六字。

① “嚻”,余仁仲本、岳本、嘉靖本、八行本、和本、十行本、閩本、監本、毛本、殿本、阮刻本
　同;撫州本作“嚻”,非。

② “注大將下將帥”,彙校卷第十三、撫釋一、余仁仲本、和本、十行本、閩本、監本、毛本、殿
　本、阮刻本同,岳本無此六字。

③ “帥本又作率所類反下將帥同嚻許驕反又五羔反”,彙校卷第十三、撫釋一、余仁仲本、
　和本、閩本、監本、毛本、殿本同,岳本無此二十字;十行本、阮刻本“所”作“用”,非。

④ “鏗鎗”,嘉靖本、閩本、監本、毛本、殿本同;唐石經、撫州本、余仁仲本、岳本、八行本、和
　本、十行本、阮刻本作“鏗鎗”,是。阮校曰:“非聽其鏗鎗而已也　惠棟校宋本、宋監本、石
　經、岳本同。考文引古本、足利本同。閩、監本‘也’字同,‘鎗’作‘鎗’,嘉靖本同,衛氏集
　説同。毛本‘鎗’作‘鎗’,“也”誤“矣”。釋文亦作‘鎗’。石經考文提要云:‘宋大字本、宋
　本九經、南宋巾箱本、余仁仲本、劉叔剛本並作“鏗鎗”。’史記樂書同。”

⑤ “鎗七羊反又叱衡反徐勅庚反”,余仁仲本、和本、十行本、閩本、監本、毛本、殿本、阮刻本
　同,岳本無“徐勅庚反”四字,撫釋一、岳本“叱”作“吐”;彙校卷第十三“叱”作“七”,是。

⑥ “牟亡侯反坐才卧反又如字”,彙校卷第十三、撫釋一、余仁仲本、和本、十行本、閩本、監
　本、毛本、殿本、阮刻本同,岳本無此十一字。

⑦ “戎事”,余仁仲本、嘉靖本、和本、十行本、閩本、監本、毛本、殿本、阮刻本同,撫州本、岳
　本、八行本作“伐事”。阮校曰:“事戎事也　閩、監、毛本同,嘉靖本同,衛氏集説同,岳
　本‘戎’作‘伐’,考文引足利本同。”

⑧ “咏歎上音詠下音歎液音亦逮音代又大計反”,岳本無此十八字。和本、十行本同;彙校
　卷第十三、撫釋一、余仁仲本“咏歎”作“咏嘆”,閩本、監本、毛本、殿本、阮刻本“下音歎”
　作“下音嘆”,是。

也①。"時至，武事當施也。○蹈，音悼。蚤，音早②。"武坐，致右憲左，何也？"對曰："非武坐也。"言武之事無坐也。致，謂膝至地也。憲，讀爲"軒"，聲之誤。○依注音軒③。"聲淫及商④，何也？"對曰："非武音也。"言武歌在正其軍，不貪商也。時人或說其義爲貪商也。子曰："若非武音，則何音也？"對曰："有司失其傳也。若非有司失其傳，則武王之志荒矣。"有司，典樂者也。傳，猶說也。荒，老耄也。言典樂者失其說也，而時人妄說也。書曰："王耄荒。"○傳，直專反，下文、注同。傳，猶說也。耄，莫報反，下同⑤。子曰："唯，丘之聞諸萇弘，亦若吾子之言是也。"萇弘，周大夫。○萇，直良反。

19·29 賓牟賈起，免席而請曰："夫武之備戒之已久，則既聞命矣，敢問遲之遲而又久，何也？"遲之遲，謂久立於綴。○遲之遲，並直詩反，徐直尼反⑥。子曰："居，吾語女。夫樂者，象成者也。揔干而山立，武王之事也。發揚蹈厲，太公之志也。武亂皆坐，周、召之治也。居，猶安坐也。成，謂已成之事也。揔干，持盾也。山立，猶正立也。象武王持盾正立待諸侯也。發揚蹈厲，所以象威武時也。武舞象戰鬥也。亂，謂失行列也。失行列則皆坐，象周公、召公以文止武。○語，魚據反。女，音汝，下"且

---

① 嘉靖本卷十一第十七頁 B 面第三行至第八行上端有殘缺，導致經文"及樂"之"及"、"不得"之"得"、"咏歎"之"咏"、"及時事"之"及時"、注文"歌遲"之"歌"、"及也事"之"也事"等字殘缺。

② "蹈音悼蚤音早"，彙校卷第十三、撫釋一、余仁仲本、和本、十行本、閩本、監本、毛本、殿本、阮刻本同，岳本無此六字。

③ "依注音軒"，余仁仲本、和本、十行本、閩本、監本、毛本、阮刻本同，岳本、殿本作"憲音軒"；彙校卷第十三、撫釋一"依"上有"憲左"二字，是。

④ "商"，撫州本、余仁仲本、岳本、八行本、和本、十行本、閩本、監本、毛本、殿本、阮刻本同，嘉靖本作"商"，注及下文同，非。

⑤ "傳直專反下文注同傳猶說也耄莫報反下同"，彙校卷第十三、撫釋一、余仁仲本、和本、十行本、閩本、監本、毛本、殿本、阮刻本同，岳本無此十八字。

⑥ "遲之遲並直詩反徐直尼反"，彙校卷第十三、撫釋一、余仁仲本、和本、十行本、閩本、監本、毛本、殿本、阮刻本同，岳本無此十一字。

女”同①。大，音泰。召，音邵，注及下同。治，直吏反，下注及下同。盾，述尹反，又音允。行，戶剛反，下同②。重言“居，吾語女。”仲尼燕居：孔子曰：“居，吾語女。”且夫武，始而北出，再成而滅商，三成而南，四成而南國是疆，五成而分③，周公左，召公右，六成復綴以崇。成，猶奏也。每奏武曲一終爲一成。始奏，象觀兵盟津時也④。再奏，象克殷時也。三奏，象克殷有餘力而反也。四奏，象南方荆蠻之國侵畔者服也。五奏，象周公、召公分職而治也。六奏，象兵還振旅也。復綴，反位止也。崇，充也。凡六奏，以充武樂也。○夫，音扶⑤。綴，丁劣反，又丁衛反，注及下同⑥。孟，本亦作“盟”，音孟⑦。天子夾振之而駟伐，盛威於中國也。夾振之者，王與大將夾舞者⑧。振鐸以爲節也。駟，當爲“四”，聲之誤也。武舞，戰象也。每奏四伐，一擊一刺爲一伐。牧誓曰：“今日之事，不過四伐五伐。”○夾，古洽反，注及下同。鐸，大各反。一刺，本亦作“壹刺”⑨，七亦反。分夾而進，事蚤濟也。分，猶部曲也。事，猶爲也。濟，成也。舞者各有部曲之列，又夾振之者，象用兵務於早成也。○分，扶問反，

---

① “下且女同”，彙校卷第十三、撫釋一、余仁仲本、和本、十行本、閩本、監本、毛本、殿本、阮刻本同，岳本無此四字。

② “注及下同治直吏反下注及下同盾述尹反又音允行户剛反下同”，彙校卷第十三、撫釋一、余仁仲本同，岳本無此二十六字；和本、十行本、閩本、監本、毛本、殿本、阮刻本“尹”作“君”，“允”作“久”，非。

③ “分”下，考補謂古本有“陝”字。

④ “盟”，撫州本、余仁仲本、嘉靖本、八行本、和本、十行本、閩本、監本、毛本、殿本、阮刻本同，岳本作“孟”，考異曰：“岳依釋文所改。”

⑤ “夫音扶”，彙校卷第十三、撫釋一、余仁仲本、和本、十行本、閩本、監本、毛本、殿本、阮刻本同，岳本無此三字。

⑥ “綴丁劣反又丁衛反注及下同”，彙校卷第十三、撫釋一、余仁仲本、十行本、閩本、阮刻本同，和本、監本、毛本、殿本二“丁”字作“竹”，岳本無“注及”二字。

⑦ “孟本亦作盟音孟”，彙校卷第十三、撫釋一、余仁仲本、和本、十行本、閩本、監本、毛本、殿本、阮刻本同，岳本無此七字。

⑧ “王”，撫州本、余仁仲本、岳本、嘉靖本、八行本、和本、監本、毛本、殿本、阮刻本同；十行本、閩本作“上”，非。

⑨ “夾古洽反注及下同鐸大各反一刺本亦作壹”，彙校卷第十三、撫釋一、余仁仲本、和本、毛本、殿本、阮刻本同，岳本無此十八字；十行本、閩本、監本“壹”作“一”，非。

注同。分，部曲①。**久立於綴，以待諸侯之至也。**象武王伐紂待諸侯也。**且女獨未聞牧野之語乎？**欲語以作武樂之意。○牧野，音也，徐又以汝反。欲語，魚據反②。**武王克殷反商，未及下車而封黄帝之後於薊，封帝堯之後於祝，封帝舜之後於陳；下車而封夏后氏之後於杞，投殷之後於宋，封王子比干之墓，釋箕子之囚，使之行商容而復其位，庶民弛政，庶士倍禄。濟河而西，馬散之華山之陽而弗復乘，牛散之桃林之野而弗復服，車甲衅而藏之府庫而弗復用，倒載干戈，包之以虎皮，將帥之士，使爲諸侯，名之曰‘建櫜’。然後天下知武王之不復用兵也。**反商③，當爲“及”，字之誤也。及商④，謂至紂都也。牧誓曰：“至于商郊牧野。”⑤封，謂故無土地者也。投，舉徙之辭也。時武王封紂子武庚於殷墟，所徙者，微子也。後周公更封而大之。積土爲封。封比干墓，崇賢也⑥。行，猶視也。使箕子視商禮樂之官，賢者所處，皆令反其居也。弛政，去其紂時苛政也。倍禄，復其紂時薄者也。散，猶放也。桃林，在華山旁。甲，鎧也。衅，“釁”字也。包干戈以虎皮，明能以武服兵也。建，讀爲“鍵”，字之誤也。兵甲之衣曰櫜。“鍵櫜”，言閉藏兵甲也。詩曰：“載櫜弓矢。”春秋傳曰：“垂櫜而入。”周禮曰：“櫜之欲其約也。”薊，或爲“續”。祝，或爲“鑄”。○反，依注

---

① “注同分部曲”，彙校卷第十三、撫釋一、余仁仲本、和本、十行本、閩本、監本、毛本、殿本、阮刻本同，岳本無此五字。

② “牧野音也徐又以汝反欲語魚據反”，彙校卷第十三、撫釋一、余仁仲本、和本、十行本、閩本、監本、毛本、殿本、阮刻本同，岳本無此十四字。

③ “反商”，和本、十行本、閩本、監本、毛本、殿本、阮刻本同，余仁仲本作“反商”；撫州本、岳本、嘉靖本、八行本無“商”字，是。阮校曰：“反商當爲及字之誤也　惠棟校宋本無‘商’，岳本同，嘉靖本同，衛氏集説同，考文引足利本同。此本‘反’下衍‘商’字，閩、監、毛本同。”

④ “商”，嘉靖本同，撫州本、余仁仲本、岳本、八行本、和本、十行本、閩本、監本、毛本、殿本、阮刻本作“商”，是。

⑤ “商郊”，撫州本、余仁仲本、岳本、八行本、和本、十行本、閩本、監本、毛本、殿本、阮刻本同，嘉靖本作“商周”，非。

⑥ “崇”，撫州本、余仁仲本、岳本、嘉靖本、八行本、阮刻本同；和本、十行本、閩本、監本、毛本、殿本作“宗”，非。

音及①。封黃帝之後於薊②，音計，今涿郡薊縣是也，即燕國之都也，孔安國、司馬遷及鄭皆云“燕國郡邵公與周同姓”。案黃帝姓姬，君奭蓋其後也。或黃帝之後封薊者滅絕而更封燕郡乎？疑不能明也。而皇甫謐以邵公爲文王之庶子，記傳更無所出。又左傳富辰之言亦無燕也③。○祝④，之六反。杞，音起。使之行⑤，下孟反，注同，視也。商容，如字，孔安國云：“殷之賢人也。”鄭云：“商禮樂之官也。”⑥復，音伏。弛，始氏反，注同，廢也⑦。華，如字，又户化反。而弗復，扶又反，下同。衅，字又作“釁”，同，許靳反⑧。倒，丁老反。建，依注讀爲“鍵”⑨，其展反，徐其偃反⑩。櫜，音羔，注同。虚，音墟。令，力呈反。去，起吕反。苟，音何，本又作“荷”，役也。鎧，苦代反，又開改反。鑄，止樹反⑪。**散軍而郊射：左射，貍首；右射，騶虞；而**

---

① “依注”，彙校卷第十三、撫釋一、余仁仲本、和本、十行本、閩本、監本、毛本、殿本、阮刻本同，岳本無此二字。

② “封黃帝之後於”，彙校卷第十三、撫釋一、余仁仲本、和本、十行本、閩本、監本、毛本、殿本、阮刻本同，岳本無此六字。

③ “今涿郡薊縣是也即燕國之都也孔安國司馬遷及鄭皆云燕國郡邵公與周同姓案黃帝姓姬君奭蓋其後也或黃帝之後封薊者滅絕而更封燕郡乎疑不能明也而皇甫謐以邵公爲文王之庶子記傳更無所出又左傳富辰之言亦無燕也”，彙校卷第十三、撫釋一、余仁仲本、和本、十行本、閩本、監本、毛本、殿本、阮刻本同，岳本無此九十四字。

④ 據彙校卷十三、撫釋一、余仁仲本、岳本、和本、十行本、閩本、監本、毛本、殿本、阮刻本，“祝”上衍“○”號。

⑤ “杞音起使之行”，彙校卷第十三、撫釋一、余仁仲本、和本、十行本、閩本、監本、毛本、殿本、阮刻本同，岳本無此五字。

⑥ “注同視也商容如字孔安國云殷之賢人也鄭云商禮樂之官也”，彙校卷第十三、撫釋一、余仁仲本、和本、十行本、閩本、監本、毛本、殿本、阮刻本同，岳本無此二十五字。

⑦ “弛始氏反注同廢也”，彙校卷第十三、撫釋一、余仁仲本、和本、十行本、閩本、監本、毛本、殿本、阮刻本同，岳本無此八字。

⑧ “而弗復扶又反下同衅字又作釁同許靳反”，彙校卷第十三、撫釋一、余仁仲本、和本、十行本、閩本、監本、毛本、殿本、阮刻本同，岳本作“復扶又反衅許靳反”。

⑨ “依注讀爲鍵”，彙校卷第十三、撫釋一、余仁仲本、和本、十行本、閩本、監本、毛本、殿本、阮刻本同，岳本無此五字。

⑩ “徐其偃反”，彙校卷第十三、撫釋一、余仁仲本、和本、十行本、閩本、監本、毛本、殿本、阮刻本同，岳本無此四字。

⑪ “注同虚音墟令力呈反去起吕反苟音何本又作荷役也鎧苦代反又開改反鑄止樹反”，彙校卷第十三、撫釋一、余仁仲本、和本、十行本、閩本、監本、毛本、殿本、阮刻本同，岳本無此三十四字。

貫革之射息也。裨冕搢笏，而虎賁之士説劍也。祀乎明堂，而民知孝。朝覲，然後諸侯知所以臣。耕藉①，然後諸侯知所以敬。五者，天下之大教也。郊射，爲射宮於郊也。左，東學也。右，西學也。貍首、騶虞，所以歌爲節也。貫革，射穿甲革也。裨冕，衣裨衣而冠冕也。裨衣，裒之屬也。搢，猶插也。賁，憤怒也。文王之廟，爲明堂制。耕藉，藉田也。○郊射，食亦反，左射、下"右射"同②，沈皆食夜反。貍，力之反。騶，側由反。貫，古亂反，後同③。裨，婢支反。搢，音進。笏，音忽④。賁，音奔，注同。孔安國云："虎賁，若虎賁獸，言其猛也。"⑤説，吐活反。朝，直遥反。射穿，食亦反⑥。衣裨衣，上於既反，下如字。而冠，古亂反⑦。猶捷，本亦作"插"，初合反，徐采協反。憤，扶粉反⑧。重言"祀乎明堂"二，一見祭義。○"五者，天下之大教也"二，又見祭義。重意祭義："耕藉，所以教諸侯之養也；朝覲，所以教諸侯之臣也。"食三老、五更於大學⑨，天子袒而割牲，執醬而饋，執爵而酳，冕而揔干，所以教諸侯之弟也。三老、五更，互言之耳，皆老人更知三德五事者也。冕而揔干，親在舞位也。周名大學曰東膠。○食，音嗣。更，古衡反，注同。大學，音泰，注"大學"

---

①"耕藉"，撫州本、余仁仲本、岳本、八行本、和本、十行本、閩本、監本、毛本、殿本、阮刻本同，嘉靖本作"畊籍"。

②"下右射同"，彙校卷第十三、撫釋一、余仁仲本、和本、十行本、閩本、監本、毛本、殿本、阮刻本同，岳本作"右射注射穿同"。

③"貫古亂反後同"，彙校卷第十三、撫釋一、余仁仲本、和本、十行本、閩本、監本、毛本、殿本、阮刻本同，岳本無此六字。

④"搢音進笏音忽"，彙校卷第十三、撫釋一、余仁仲本、和本、十行本、閩本、監本、毛本、殿本、阮刻本同，岳本無此六字。

⑤"注同孔安國云虎賁若虎賁獸言其猛也"，彙校卷第十三、撫釋一、余仁仲本、和本、十行本、閩本、監本、毛本、殿本、阮刻本同，岳本無此十六字。

⑥"朝直遥反射穿食亦反"，彙校卷第十三、撫釋一、余仁仲本、和本、十行本、閩本、監本、毛本、殿本、阮刻本同，岳本無此九字。

⑦"衣裨衣上於既反下如字而冠古亂反"，彙校卷第十三、撫釋一、余仁仲本、和本、十行本、閩本、監本、毛本、殿本、阮刻本同，岳本作"衣裨去聲冠去聲"。

⑧"猶捷本亦作插初合反徐采協反憤扶粉反"，岳本無此十七字；彙校卷第十三、撫釋一、余仁仲本、和本、十行本、閩本、監本、毛本、殿本、阮刻本"合"作"洽"，是。

⑨正字引蔡邕曰："叟，長老之稱。其字與'更'相似，書者轉誤，遂以爲'更'。'更'爲'叟'也。"

同。饋,其媿反①。酳,音胤,又仕覲反。弟,大計反。膠,音交②。重言"食三老、五更於大學"至"諸侯之弟也"三,祭義一。若此,則周道四達,禮樂交通,則夫武之遲久,不亦宜乎?"言武遲久,爲重禮樂。○夫,音扶。爲,于僞反③。

19・30 君子曰:禮樂不可斯須去身。致樂以治心④,則易、直、子、諒之心油然生矣。易、直、子、諒之心生則樂,樂則安,安則久,久則天,天則神。天則不言而信,神則不怒而威,致樂以治心者也。致,猶深審也。子,讀如"不子"之子。油然,新生好貌也。善心生則寡於利欲,寡於利欲則樂矣。志明行成,不言而見信如天也,不怒而見畏如神也。樂由中出,故治心。○易,以豉反,下及注皆同⑤。子,如字,徐將吏反。諒,音亮。油,音由。行,下孟反⑥。致禮以治躬,則莊敬,莊敬則嚴威。躬,身也。禮自外作,故治身。心中斯須不和不樂,而鄙詐之心入之矣。鄙詐人之,謂利欲生⑦。外貌斯須不莊不敬,而易慢之心入

①"饋其媿反",彙校卷第十三、撫釋一、余仁仲本、和本、十行本、閩本、監本、毛本、殿本、阮刻本同,岳本無此四字。
②"弟大計反膠音交",彙校卷第十三、撫釋一、余仁仲本、和本、十行本、閩本、監本、毛本、殿本、阮刻本同,岳本無此七字。
③"夫音扶爲于僞反",彙校卷第十三、撫釋一、余仁仲本、和本、十行本、閩本、監本、毛本、殿本、阮刻本同,岳本作"爲去聲"。
④"致樂",撫州本、余仁仲本、岳本、嘉靖本、八行本、和本、閩本、監本、毛本、殿本、阮刻本同;十行本作"致禮",非。
⑤"易以豉反下及注皆同",彙校卷第十三、撫釋一、余仁仲本、和本、十行本、閩本、監本、毛本、殿本、阮刻本同,岳本作"易去聲下皆同"。
⑥"子如字徐將吏反諒音亮油音由行下孟反",彙校卷第十三、撫釋一、余仁仲本同,岳本無此十七字;和本、監本、毛本、殿本、阮刻本"子如字"上衍"子諒"二字,十行本、閩本衍"子同"二字,和本、十行本、閩本、監本、毛本、殿本、阮刻本"下孟反"下衍"下同"二字。
⑦"鄙詐人之謂利欲生",撫州本、余仁仲本、岳本、嘉靖本、八行本、和本同;十行本、阮刻本作"鄙詐是貪多詐僞",閩本、監本、毛本、殿本"鄙詐是貪多利僞生",皆非。阮校曰:"鄙詐是貪多詐僞　閩、監、毛本作'鄙詐是貪多利僞生',惠棟校宋本作'鄙詐人之謂利欲生',宋監本、岳本、嘉靖本同,考文引古本、足利本同,衛氏集説作'鄙詐人之謂利僞生'。○按:史記集解引'謂利欲生'四字。"

之矣。易,輕易也①。故樂也者,動於内者也;禮也者,動於外者也。樂極和,禮極順,内和而外順,則民瞻其顏色而弗與爭也,望其容貌而民不生易慢焉。故德煇動於内,而民莫不承聽;理發諸外,而民莫不承順。德煇,顏色潤澤也。理,容貌之進止也。○爭,"爭鬭"之爭。煇,音輝②。故曰:"致禮樂之道,舉而錯之天下,無難矣。"

19·31 樂也者,動於内者也。禮也者,動於外者也。故禮主其減,樂主其盈。禮主其減③,人所倦也。樂主其盈,人所歡也。○錯,本亦作"措",同七路反④。減,胡斬反,又古斬反,注及下同⑤。禮減而進,以進爲文;樂盈而反,以反爲文⑥。進,謂自勉强也。反,謂自抑止也。文,猶美也,善也。○强,其丈反,又其兩反⑦。禮減而不進則銷,樂盈而不反則放,故禮有報而樂有反。放淫聲⑧,樂不能止也。報,讀曰襃,猶進也⑨。○銷,音消。

---

① "輕易",余仁仲本、岳本、八行本、和本、十行本、閩本、監本、毛本、殿本、阮刻本同;撫州本、嘉靖本作"經易",非。

② "爭爭鬭之爭煇音輝",彙校卷第十三、撫釋一、余仁仲本、和本、十行本、閩本、監本、毛本、殿本、阮刻本同,岳本無此八字。

③ "其減",撫州本、余仁仲本、岳本、嘉靖本、八行本、和本、閩本、監本、毛本、殿本同;十行本、阮刻本"其"作"於",非。

④ "錯本亦作措同七路反",彙校卷第十三、撫釋一、余仁仲本、和本、閩本、監本、毛本、殿本、阮刻本同,岳本作"錯音措";十行本"措"作"昔",非。

⑤ "注及",彙校卷第十三、撫釋一、余仁仲本、和本、十行本、閩本、監本、毛本、殿本、阮刻本同,岳本無此二字。

⑥ "爲文",唐石經、撫州本、余仁仲本、岳本、嘉靖本、八行本、和本、閩本、監本、毛本、殿本、阮刻本同;十行本"文"作"大",非。

⑦ "强其丈反又其兩反",彙校卷第十三、撫釋一、余仁仲本、和本、十行本、閩本、監本、毛本、殿本、阮刻本同,岳本無此八字。

⑧ "放淫聲",余仁仲本、和本、十行本、閩本、監本、毛本、殿本、阮刻本同;撫州本、岳本、嘉靖本、八行本"放"下有"於"字,是。阮校曰:"放淫聲　惠棟校宋本、宋監本並有'於'字,岳本、嘉靖本同,衛氏集説同,此本'於'字脱,閩、監、毛本同。○按:史記集解引有'於'字。"

⑨ "報讀曰襃猶進也",余仁仲本、和本、十行本、閩本、監本、毛本、殿本、阮刻本同;撫州本、岳本、嘉靖本、八行本作"報讀爲襃襃猶進也",是。阮校曰:"報讀曰襃猶進也　閩、監、毛本同。惠棟校宋本'曰'作'爲',考文引宋板同,'襃'字重,作'報讀爲(轉下頁注)

報，依注讀曰褒，音保毛反，下同①。**禮得其報則樂，樂得其反則安。**得，謂曉其義，知其吉凶之歸。○樂樂，上音洛，下音岳。**禮之報，樂之反，其義一也。**俱趨立於中，不銷不放也。[重言]"自君子曰禮樂不可斯湏去身"止"其義一也"一章五十八句，見祭義。

　　19・32○**夫樂者，樂也，人情之所不能免也。樂必發於聲意②，形於動静，人之道也。**聲音動静，性術之變，盡於此矣。免，猶自止也。人道，人之所爲也。性術，言此出於性也，盡於此，不可過。○[重言]"人之道也"二，一見中庸。**故人不耐無樂，樂不耐無形。形而不爲道，不耐無亂。**形，聲音動静也。耐，古書"能"字也，後世變之，此獨存焉。古以"能"爲"三台"字。○耐③，古"能"字，下及注同。台，吐才反④。**先王耻其亂，故制雅、頌之聲以道之，使其聲足樂而不流，使其文足論而不息，使其曲直、繁瘠、廉肉、節奏足以感動人之善心而已矣，不使放心邪氣得接焉。是先王立樂之方也。**流，猶淫放也。文，篇辭也。息，猶銷也。曲直，歌之曲折也。繁瘠、廉肉，聲之鴻殺也。節奏，闊作進止所應也。方，道也。○以道，音導⑤。瘠，在亦反。肉，如又反，注同。邪，似嗟反。折，之設反。鴻，本亦作"洪"⑥。殺，色界

<hr />

（接上頁注）褒褒猶進也'，古本、足利本同，岳本同，嘉靖本同，衛氏集説同。宋監本亦重'褒'字。"

① "銷音消報依注讀曰褒音保毛反下同"，彙校卷第十三、撫釋一、余仁仲本、和本、閩本、監本、毛本、殿本、阮刻本同，岳本作"報保毛反"；十行本"反"作"及"，非。

② "意"，唐石經、撫州本、余仁仲本、岳本、嘉靖本、八行本、和本、十行本、閩本、監本、毛本、殿本、阮刻本作"音"，是。

③ "耐"，彙校卷第十三、撫釋一、余仁仲本、岳本、和本、閩本、監本、毛本、殿本、阮刻本同；十行本作"附"，非。

④ "吐才反"，彙校卷第十三、撫釋一、余仁仲本、岳本、和本、閩本、監本、毛本、殿本同；十行本、阮刻本"吐"作"味"，非。

⑤ "以道音導"，彙校卷第十三、撫釋一、余仁仲本、和本、十行本、閩本、監本、毛本、殿本、阮刻本同，岳本無此四字。

⑥ "注同邪似嗟反折之設反鴻本亦作洪"，彙校卷第十三、撫釋一、和本、十行本、閩本、監本、毛本、殿本、阮刻本同，岳本無此十五字；余仁仲本"折"作"析"，非。

反，徐所例反①。閟，苦穴反。重言“是先王立樂之方也”二，重見下文。**是故樂**
在宗廟之中，君臣上下同聽之則莫不和敬；在族長鄉里之中，長幼
同聽之則莫不和順；在閨門之内，父子兄弟同聽之則莫不和親。故
樂者，審一以定和，比物以飾節，節奏合以成文，所以合和父子君
臣、附親萬民也。是先王立樂之方也，審一，審其人聲。比物，謂雜金、
革、土、匏之屬也。以成文，五聲八音克諧相應和。○長，丁丈反。閨，音圭②。比，
毗志反③，注同，雜也④。飾，音式，又音勑。**故聽其雅、頌之聲，志意得廣**
焉。執其干戚，習其俯仰詘伸，容貌得莊焉。行其綴兆，要其節
奏，行列得正焉，進退得齊焉。故樂者，天地之命，中和之紀，人
情之所不能免也。綴，表也，所以表行列也。詩云：“荷戈與綴。”兆，域也，舞
者進退所至也。要，猶會也。命，教也。紀，摠要之名也。○詘，丘勿反。要，一
遥反，注“要猶會”同。行，户剛反，注同。荷，本又作“何”，胡可反，一音河。綴，
詩作“祋”，同，都外反⑤。

19·33 **夫樂者，先王之所以飾喜也。軍旅鈇鉞者，先王**
之所以飾怒也。故先王之喜怒皆得其儕焉。儕，猶輩類。○
鈇，方夫反，又音甫。鉞，音越。儕，仕皆反。輩，許内反⑥。**喜則天下和**
之，怒則暴亂者畏之。先王之道，禮樂可謂盛矣。天子之於天

---

①“殺色界反徐所例反”，彙校卷第十三、撫釋一、<u>余仁仲</u>本、<u>和</u>本、十行本、閩本、監本、毛
　本、殿本、阮刻本同，<u>岳</u>本無此八字。
②“長丁丈反閨音圭”，彙校卷第十三、撫釋一、<u>余仁仲</u>本、<u>和</u>本、十行本、閩本、監本、毛本、
　殿本、阮刻本同，<u>岳</u>本無此七字。
③“毗志反”，彙校卷第十三、撫釋一、<u>余仁仲</u>本、<u>岳</u>本、<u>和</u>本、閩本、監本、毛本、殿本、阮刻
　本；十行本“志”作“惑”，非。
④“注同雜也”，彙校卷第十三、撫釋一、<u>余仁仲</u>本、<u>和</u>本、十行本、閩本、監本、毛本、殿本、
　阮刻本同，<u>岳</u>本無此四字。
⑤“詘丘勿反要一遥反注要猶會同行户剛反注同荷本又作何胡可反一音河綴詩作祋同都
　外反”，彙校卷第十三、撫釋一、<u>余仁仲</u>本、<u>和</u>本、十行本、閩本、監本、毛本、殿本、阮刻本
　同，<u>岳</u>本作“詘音屈要平聲行户剛反荷胡可反又音何綴都外反”
⑥“鉞音越儕仕皆反輩許内反”，<u>岳</u>本無此十一字；彙校卷第十三、撫釋一、<u>余仁仲</u>本、和
　本、十行本、閩本、監本、毛本、殿本、阮刻本“許”作“布”，是。

下，喜怒節之以禮樂，則兆民和從而畏敬之。禮樂，王者所常興則盛也①。

19・34 子贛見師乙而問焉，曰："賜聞聲歌各有宜也。如賜者宜何歌也？"子贛②，孔子弟子。師，樂官也。乙，名。聲歌各有宜，氣順性也。○贛，音貢。師乙曰："乙，賤工也，何足以問所宜？請誦其所聞，而吾子自執焉。樂人稱工。執，猶處也。○請，七領反，徐音情③。愛者宜歌商。温良而能斷者④，宜歌齊。夫歌者，直己而陳德也。動己而天地應焉，四時和焉，星辰理焉，萬物育焉。重言"萬物育焉"二，又見中庸二十一⑤。故商者，五帝之遺聲也。寬而静、柔而正者，宜歌頌。廣大而静、疏達而信者，宜歌大雅。恭儉而好禮者，宜歌小雅。正直而静、廉而謙者，宜歌風。肆直而慈愛，此文换簡失其次。"寬而静"宜在上。"愛者宜歌商"宜承此下行，讀云"肆直而慈愛者，宜歌商"。商，宋詩也。愛，或爲"哀"。直己而陳德，各因其德，歌所宜。育，生也⑥。○斷，丁亂反，下及注同⑦。好，呼報反。换，户亂反。行，户剛反⑧。商之遺聲也。商人識之，故謂之商。齊者，三代之遺聲也。齊人識之，故謂之齊。云"商之遺聲

---

①"王者所常興則盛也"，撫州本、余仁仲本、岳本、嘉靖本、八行本、阮刻本同；十行本"興"誤作"典"，和本、十行本、閩本、監本、毛本、殿本、阮刻本"也"作"矣"。

②"子贛"，余仁仲本、岳本、和本、十行本、閩本、監本、毛本、殿本、阮刻本同，撫州本、嘉靖本、八行本作"子貢"。

③"請七領反徐音情"，彙校卷十三、撫釋一、余仁仲本、和本同，岳本無此七字；十行本、閩本、監本、毛本、殿本、阮刻本"領"作"穎"，十行本"徐"作"悉"，非。

④"良"，唐石經、撫州本、余仁仲本、岳本、嘉靖本、八行本、和本、閩本、監本、毛本、殿本、阮刻本同；十行本作"艮"，非。

⑤"二"，乃"三"字之誤，中庸是禮記第三十一篇。

⑥"生"，撫州本、余仁仲本、岳本、嘉靖本、八行本、和本、十行本、閩本、監本、毛本、阮刻本同，殿本作"主"，非。

⑦"下及注同"，彙校卷第十三、撫釋一、余仁仲本、和本、十行本、閩本、監本、毛本、殿本、阮刻本同，岳本無此四字。

⑧"换户亂反行户剛反"，彙校卷第十三、撫釋一、余仁仲本、和本、十行本、閩本、監本、毛本、殿本、阮刻本同，岳本無此八字。

也”，衍字也，又誤。上所云“故商者，五帝之遺聲也”，當居此衍字處也①。○處，昌慮反②。**明乎商之音者，臨事而屢斷。明乎齊之音者，見利而讓。**屢，數也。數斷事，以其肆直也。見利而讓，以其溫良能斷也。斷，猶決也。○屢，力住反③。數，色角反，下同④。**臨事而屢斷，勇也；見利而讓，義也。有勇有義，非歌孰能保此？**保，猶安也，知也。**故歌者上如抗，下如隊⑤，曲如折，止如槀木，倨中矩，句中鉤，纍纍乎端如貫珠，**言歌聲之著，動人心之審，如有此事。○上，時掌反。抗，苦浪反。隊，直媿反。折，之設反。槀，苦老反。倨，音据。中，丁仲反。句，紀具反。鉤，古侯反。纍，

---

① 自經文“愛者宜歌商”至注文“當居此衍字處也”，撫州本、余仁仲本、岳本、嘉靖本、和本、十行本、閩本、監本、毛本、殿本、阮刻本同，八行本作“寬而静、柔而正者，宜歌頌。廣大而静、疏達而信者，宜歌大雅。恭儉而好禮者，宜歌小雅。正直而静、廉而謙者，宜歌風。肆直而慈愛者，宜歌商。温良而能斷者，宜歌齊。夫歌者，直己而陳德也。動己而天地應焉，四時和焉，星辰理焉，萬物育焉。故商者，五帝之遺聲也。商人識之，故謂之商。齊者，三代之遺聲也。齊人識之，故謂之齊”。無“愛者”之“愛”、“商之遺聲也”六字經文和“此文換簡失其次”至“當居此衍字處也”八十七字注文。阮校曰：“而吾子自執焉　此下經注，各本及石經並同，惟考文云：宋板‘自執焉’下，接‘寬而静’云云，而‘慈愛’下，接‘宜歌商’云云，‘五帝之遺聲也’下，接‘商人識之’云云。校各本經文，删去一‘愛’字及‘商之遺聲也’五字，又删去注‘此文換簡’以下五十七字及‘云商之遺聲也’以下三十字。山井鼎云：‘宋本此經次序與諸本異，注亦有闕略，蓋隨注意改其次序，併删去注文也。’按：陳澔集説本經文，自‘而吾子自執焉’以下，至‘商人識之’以上，多所倒置，蓋依用興國于氏本，亦與宋板合。”吕本曰：“‘愛者宜歌商’至‘故謂之商’　此段經文及注文，乃據阮本、撫本、互注本，非據八行本。八行本此段經文順序與唐石經及他本異，且有逕删經文及鄭注等情，蓋據興國于氏本也。此種做法雖事出有因，但全失經注原貌，不足爲訓，且與八行本全書體例亦異。因此，此段經注未用八行本，而代之以岳本。”鍔案：此段經文錯亂在鄭玄之前，鄭玄所言甚是。八行本與諸本之差異，乃依據經注之底本不同，蓋源於興國于氏本也。于氏改變經注順序，據鄭注之意，山井鼎所言是也。吕本於此段改用岳本作底本，不妥，當以八行本爲底本，出校記説明。

② “處昌慮反”，彙校卷第十三、撫釋一、余仁仲本、和本、十行本、閩本、監本、毛本、殿本、阮刻本同，岳本無此四字。

③ “屢力住反”，彙校卷第十三、撫釋一、余仁仲本、和本、十行本、閩本、監本、毛本、殿本、阮刻本同，岳本無此四字。

④ “下同”，彙校卷第十三、撫釋一、余仁仲本、和本、十行本、閩本、監本、毛本、殿本、阮刻本同，岳本無此二字。

⑤ “隊”，撫州本、余仁仲本、岳本、嘉靖本、八行本、和本、十行本、閩本、監本、毛本、殿本、阮刻本同，唐石經作“墜”。

本又作"累"①,力追反。**故歌之爲言也,長言之也。説之,故言之;言之不足,故長言之;長言不足,故嗟嘆之;嗟嘆之不足,故不知手之、舞之、足之、蹈之也。"**長言之,引其聲也。嗟歎,和續之也②。不知手之、舞之、足之、蹈之,歡之至也。○説,音悦。和,胡卧反③。○互注 詩關雎"言之不足,故嗟嘆之,嗟嘆之不足,故永歌之,永歌之不足,不知手之、舞之、足之、蹈之也"云云。**子貢問樂。**上下同美之也④。

纂圖互注禮記卷之十一⑤

---

①"本又作累",彙校卷第十三、撫釋一、余仁仲本、和本、十行本、閩本、監本、毛本、殿本、阮刻本同,岳本無此四字。

②"之也",撫州本、余仁仲本、岳本、八行本、和本、十行本、閩本、監本、毛本、殿本、阮刻本同,嘉靖本倒作"也之"。

③"説音悦和胡卧反",彙校卷第十三、撫釋一、余仁仲本、和本、十行本、閩本、監本、毛本、殿本、阮刻本同,岳本無此七字。

④"同",撫州本、余仁仲本、嘉靖本、和本、十行本、閩本、監本、毛本、殿本、阮刻本同;岳本、八行本作"目",是。考異曰:"'目'字是也。上下目者,子贛見師乙而問焉,是上目;子貢問樂是下目。"

⑤撫州本卷十一末頁A面第六行頂格題"禮記卷第十一",空二格題"經六千四百九十五字,注五千五百三十二字"。余仁仲本卷十一末頁A面第七行頂格題"禮記卷第十一",第八行空四格題"經陸仟肆伯捌拾字",第九行空四格題"注伍仟肆伯捌拾伍字",第十行空四格題"音義叁仟柒伯玖拾叁字",B面第二行空九格題"余氏刊於萬卷堂"。嘉靖本卷十一末頁B面第六行題"經六千四百九十五字,注五千五百三十三字"。阮刻本記"宋監本禮記卷第十一,經六千四百九十五字,注五千五百字"。嘉靖本禮記卷第十一,經六千四百九十五字,注五千五百三十三字"。

纂圖互注禮記卷之十二

雜記上第二十○陸曰：“鄭云：‘雜記者，以其雜記諸侯及士之喪事。’”①

禮記　　　　　　　　　　　　　　鄭氏注②

20·1 諸侯行而死於館，則其復如於其國。如於道，則升其乘車之左轂，以其綏復。館，主國所致舍③。復，招魂復魄也。如於其國，主國館賓，予使有之④，得升屋招用襃衣也。如於道，道上廬宿也。升車左轂，象升屋東榮。綏，當爲“緌”，讀如“蕤賓”之蕤，字之誤也。緌，謂旌旗之旄也。去其旒而用之，異於生也。○乘，繩證反⑤，下及注同⑥。轂，工木反。綏，依注

①“陸曰鄭云雜記者以其雜記諸侯及士之喪事”，余仁仲本、和本、閩本、監本、毛本、殿本、阮刻本同，岳本無此十八字，彙校卷第十三、撫釋一無“陸曰”二字；十行本“陸”作“陵”，非。
②撫州本題“禮記卷第十二”，首行頂格書寫；次行頂格題“雜記上第二十”，空三格題“鄭氏注”。余仁仲本題“禮記卷第十二”，首行頂格書寫；次行頂格題“雜記上第二十”，下雙行小字，空一格題“鄭氏注”。嘉靖本題“禮記卷第十二”，首行頂格書寫；次行頂格題“雜記上第二十”，空二格題“禮記”，空二格題“鄭氏注”。
③“主國”，撫州本、余仁仲本、岳本、嘉靖本、八行本、和本、閩本、監本、毛本、殿本、阮刻本同；十行本作“王國”，非。
④“予”，余仁仲本、岳本、嘉靖本、和本、十行本、閩本、監本、毛本、殿本、阮刻本同，撫州本、八行本作“與”。阮校曰：“予使有之　閩、監、毛本同，岳本同，嘉靖本同，惠棟校宋本‘予’作‘與’，宋監本、衛氏集説、釋文、考文引古本並同。按：正義亦作‘與’。”
⑤“繩證反”，彙校卷十三、撫釋一、余仁仲本、岳本、和本、閩本、監本、毛本、殿本、阮刻本同；十行本“繩”作“純”，非。
⑥“及注”，彙校卷第十三、撫釋一、余仁仲本、和本、十行本、閩本、監本、毛本、殿本、阮刻本同，岳本無此二字。

作“綏”[1]，耳隹反，下及注同[2]。復，音伏，下同[3]。予，羊汝反[4]。裒，本又作“褒”，保毛反，後皆同。去，起吕反，下“去輤”同[5]。**其輤有裧[6]，緇布裳帷，素錦以爲屋而行。**輤，載柩將殯之車飾也。輤，取名於櫬與蒨[7]，讀如“蒨旆”之蒨[8]。櫬，棺也。蒨，染赤色者也。將葬，載柩之車飾曰柳[9]。裧，謂鱉甲邊緣。緇布裳帷，圍棺者也。裳帷用緇，則輤用赤矣。輤象宫室。屋，其中小帳。櫬，覆棺者。若未大斂，其載尸而歸，車飾皆如之。〇輤，千見反，注“與蒨”同[10]。裧，昌占反。緇裳帷，本或作“緇布裳帷”[11]。殯，必刃反，本或作“賓”，音同[12]。櫬，初靳反[13]，又楚陣反。與蒨，絶句，一本作“輤”，讀以“與”字絶句，“與”則音

①“依注作綏”，彙校卷第十三、撫釋一、余仁仲本、和本、十行本、閩本、監本、毛本、殿本、阮刻本同，岳本無此四字。

②“及注”，彙校卷第十三、撫釋一、余仁仲本、和本、十行本、閩本、監本、毛本、殿本、阮刻本同，岳本無此二字。

③“復音伏下同”，彙校卷第十三、撫釋一、余仁仲本、和本、十行本、閩本、監本、毛本、殿本、阮刻本同，岳本無此五字。

④“羊汝反”，彙校卷十三、撫釋一、余仁仲本、岳本、和本、阮刻本同；十行本、閩本、監本、毛本、殿本“汝”作“女”，非。

⑤“裒本又作褒保毛反後皆同去起吕反下去輤同”，彙校卷第十三、撫釋一、余仁仲本、和本、閩本、監本、毛本、殿本、阮刻本同，岳本無此十九字；十行本“裒”作“哀”，非。

⑥“輤”，撫州本、余仁仲本、岳本、嘉靖本、八行本、和本、閩本、監本、毛本、殿本、阮刻本同；十行本作“輤”，注、釋文同，非。

⑦“櫬”，十行本、閩本、監本、毛本、殿本、阮刻本同；撫州本、余仁仲本、岳本、嘉靖本、八行本、和本作“櫬”，注、釋文同，是。阮校曰：“輤取名於櫬　惠棟校宋本作‘櫬’，岳本同，嘉靖本同，釋文同。此本‘櫬’誤‘櫬’，閩、監、毛本同，衛氏集説同，下‘櫬棺’、‘櫬覆’並同，疏放此。”

⑧“蒨旆”，撫州本、余仁仲本、岳本、嘉靖本、八行本、和本、閩本、監本、毛本、殿本、阮刻本同；十行本“旆”作“櫬”，非。

⑨“柳”，撫州本、余仁仲本、岳本、嘉靖本、八行本、和本、閩本、監本、毛本、殿本、阮刻本同；十行本作“枷”，非。

⑩“注與蒨同”，彙校卷第十三、撫釋一、余仁仲本、和本、十行本、閩本、監本、毛本、殿本、阮刻本同，岳本無此四字。

⑪“緇裳帷本或作緇布裳帷”，彙校卷第十三、撫釋一、余仁仲本、和本、閩本、監本、毛本、殿本、阮刻本同，岳本無此十字；十行本“帷”作“惟”，非。

⑫“本或作賓音同”，彙校卷第十三、撫釋一、余仁仲本、和本、十行本、閩本、監本、毛本、殿本、阮刻本同，岳本無此六字。

⑬“初靳反”，彙校卷十三、撫釋一、余仁仲本、岳本、和本、閩本、監本、毛本、殿（轉下頁注）

餘。蕡旆，上千見反，下步具反①。緣，悅絹反。**至於廟門，不毀牆，遂入，適所殯，唯輴爲說於廟門外。** 廟，所殯宮。牆，裳帷也。適所殯，謂兩楹之間。去輴乃入廟門，以其入自有宮室也。毀，或爲“徹”。凡柩自外來者，正棺於兩楹之間，尸亦俟之於此②，皆因殯焉。異者，柩入自闕，升自西階；尸入自門，升自阼階。其殯必於兩楹之間者，以其死不於室而自外來，留之於中，不忍遠也。○說，吐奪反，本亦作“脫”，下并注皆同③。夷，音夷，隱義云：“俟之言移也。”庾依韻集太兮反，息也④。遠，于萬反。

20·2○**大夫、士死於道，則升其乘車之左轂，以其綏復。如於館死，則其復如於家。** 綏，亦綾也。大夫復於家，以玄冕，士以爵弁服。**大夫以布爲輴而行，至於家而說輴，載以輲車，入自門，至於阼階下而說車，舉自阼階，升適所殯。** 大夫輴言用布，白布不染也。言輴者，達名也。不言“裳帷”，俱用布，無所別也。至門，亦說輴乃入。言“載以輲車，入自門”，明車不易也。輲，讀爲“輇”，或作“槫”。許氏說文解字曰：“有輻曰輪，無輻曰輇。”周禮又有蜃車，天子以載柩。蜃、輇声相近，其制同乎。輇崇，蓋半乘車之輪。諸侯言“不毀牆”，大夫、士言“不易車”，互相明也。不易者，不易以楯也⑤。廟中有載柩以輴之禮，此不耳。○輲，依注作“輇”及“槫”，同

（接上頁注）本、阮刻本同；十行本“靳”作“飾”，非。

① 又楚陣反與蕡絕句一本作輴讀以與字絕句與則音餘蕡旆上千見反下步具反”，彙校卷第十三、撫釋一、余仁仲本、和本、十行本、閩本、監本、毛本、殿本、阮刻本同，岳本作“與音餘蕡千見反”。

② “俟”，撫州本、余仁仲本、岳本、嘉靖本、八行本、閩本、監本、毛本、殿本、阮刻本同，和本、十行本作“使”，非。

③ “本亦作脫下并注皆同”，彙校卷第十三、撫釋一、余仁仲本、和本、十行本、閩本、監本、毛本、殿本、阮刻本同，岳本作“下皆同”。

④ 夷音夷隱義云俟之言移也庾依韻集太兮反息也”，岳本作“俟音夷移也又大兮反息也”；彙校卷第十三、撫釋一、余仁仲本、和本、十行本、閩本、監本、毛本、殿本、阮刻本上“夷”作“俟”，“太”作“大”，是。

⑤ “楯”，余仁仲本、和本、十行本、閩本、監本、毛本、殿本、阮刻本同，撫州本、岳本、嘉靖本、八行本作“輴”。阮校曰：“不易以楯也　閩、監、毛本同，惠棟校宋本‘楯’作‘輴’，岳本同，嘉靖本同，衛氏集說同。釋文出‘以楯’云：‘一本作輴，同。’”

市專反,又市轉反,注及下同①。別,彼列反。蜃,慎忍反。近,"附近"之近②。楯,勑倫反,下同,一本作"輴",同③。**士輴,葦席以爲屋,蒲席以爲裳帷。**言以葦席爲屋,則無素錦爲帳④。○葦,于鬼反⑤。

20·3○**凡訃於其君,曰:"君之臣某死。"**訃,或皆作"赴"。赴,至也。臣死,其子使人至君所告之。○訃,音赴,注及下同⑥。**父、母、妻、長子,曰:"君之臣某之某死。"**此臣於其家喪所主者。○長,丁丈反,後"長子"皆同⑦。**君,訃於他國之君,曰:"寡君不禄,敢告於執事。"夫人,曰:"寡小君不禄。"大子之喪,曰:"寡君之適子某死。"**君、夫人不稱"薨",告他國君,謙也。○大,音泰,後"大子"同⑧。適,丁歷反,下文注"適子"、"其適"、"宗適"、"適妻"並同⑨。**大夫訃於同國,適者,曰:"某不禄。"訃於士,亦曰:"某不禄。"訃於他國之君,曰:"君之外臣寡大夫某死。"訃於適者,曰:"吾子之外私寡大夫某不禄,使某實。"訃於士,亦曰:"吾子之外私寡大夫某不禄,使某實。"**適,讀爲"匹敵"之敵,

---

①"輴依注作輇及槫同市專反又市轉反注及下同",彙校卷第十三、撫釋一、余仁仲本、和本、十行本、閩本、監本、毛本、殿本、阮刻本同,岳本作"輴市專反又市轉反下同"。
②"近附近之近",彙校卷第十三、撫釋一、余仁仲本、和本、十行本、閩本、監本、毛本、殿本、阮刻本同,岳本無此五字。
③"一本作輴同",彙校卷第十三、撫釋一、余仁仲本、和本、十行本、閩本、監本、毛本、殿本、阮刻本同,岳本無此五字。
④"素錦",撫州本、余仁仲本、岳本、嘉靖本、八行本、閩本、監本、毛本、殿本、阮刻本同;和本、十行本"素"作"屋",非。
⑤"葦于鬼反",彙校卷第十三、撫釋一、余仁仲本、和本、十行本、閩本、監本、毛本、殿本、阮刻本同,岳本無此四字。
⑥"注及",彙校卷第十三、撫釋一、余仁仲本、和本、十行本、閩本、監本、毛本、殿本、阮刻本同,岳本無此二字。
⑦"長子皆",彙校卷第十三、撫釋一、余仁仲本、和本、十行本、閩本、監本、毛本、殿本、阮刻本同,岳本無此三字。
⑧"大音泰後大子同",彙校卷第十三、撫釋一、余仁仲本、和本、十行本、閩本、監本、毛本、殿本、阮刻本同,岳本無此七字。
⑨"下文注適子其適宗適適妻並同",彙校卷第十三、撫釋一、余仁仲本、和本、十行本、閩本、監本、毛本、殿本、阮刻本同,岳本無"文注"、"其適"四字。

謂爵同者也。實，當爲“至”，此讀周、秦之人，聲之誤也。○適，依注音“敵”，大歷反，下“適者”同。實，依注音“至”，下同①。**士，訃於同國大夫，曰：“某死。”訃於士，亦曰：“某死。”訃於他國之君，曰：“君之外臣某死。”訃於大夫，曰：“吾子之外私某死。”訃於士，亦曰：“吾子之外私某死。”大夫次於公館以終喪，士練而歸。士次於公館。**公館，公宮之舍也。練而歸之士，謂邑宰也。練而猶處公館，朝廷之士也。唯大夫三年無歸也。○朝，直遥反，下注同②。**大夫居廬，士居堊室。**謂未練時也。士居堊室，亦謂邑宰也。朝廷之士亦居廬③。互注“士居堊室”，喪大記、間傳：“居堊室。”**大夫爲其父母兄弟之未爲大夫者之喪服如士服，士爲其父母兄弟之爲大夫者之喪服如士服。**大夫雖尊，不以其服服父母兄弟，嫌若踰之也。士，謂大夫庶子爲士者也。己卑，又不敢服尊者之服。今大夫喪服禮逸④，與士異者，未得而備聞也。春秋傳曰：“齊晏桓子卒，晏嬰麤衰斬，苴絰、帶、杖，菅屨，食粥，居倚廬，寢苫，枕草。其老曰：‘非大夫之禮也。’曰：‘唯卿爲大夫’。”此平仲之謙也。言己非大夫，故爲父服士服耳。麤衰斬者，其縷在齊、斬之間，謂縷如三升半而三升，不緝也。斬衰以三升爲正，微細焉則屬於麤也。然則士與大夫爲父服異者，有麤衰斬、枕草矣。其爲母五升縷而四升，爲兄弟六升縷而五升乎？唯大夫以上乃能備儀盡飾，士以下則以臣服君之斬衰爲其父，以臣從君而服之齊衰爲其母與兄弟，亦以勉人爲高行也。大功以下，大夫、士服同。○大夫爲其，于僞反，下“士爲其”同。注除“爲士”、“卿爲”、“爲正”，皆放此⑤。晏，於諫反。嬰，

---

① “適依注音敵大歷反下適者同實依注音至下同”，彙校卷第十三、撫釋一、余仁仲本、和本、十行本、閩本、監本、毛本、殿本、阮刻本同，岳本作“適音敵實音至下同”。

② “朝直遥反下注同”，彙校卷第十三、撫釋一、余仁仲本、和本、十行本、閩本、監本、毛本、殿本、阮刻本同，岳本無此七字。

③ “居廬”下，岳本衍“堊烏洛反”四字，彙校卷第十三、撫釋一、余仁仲本、和本、十行本、閩本、監本、毛本、殿本、阮刻本無。

④ “今大夫喪服禮逸”，余仁仲本、岳本、嘉靖本、和本、十行本、閩本、監本、毛本、殿本、阮刻本同，撫州本、八行本無“服”字。正字曰：“服，衍字。”阮校曰：“今大夫喪服禮逸閩、監、毛本同，岳本同，嘉靖本同，惠棟校宋本無‘服’字，宋監本、衛氏集説同，考文引古本、足利本同。”

⑤ “大夫爲其于僞反下士爲其同注除爲士卿爲爲正皆放此”，彙校卷第十三、（轉下頁注）

一盈反。衰,七雷反。苴,七餘反。絰,大結反。菅,古顏反。屨,九具反。粥,之六反。倚,於綺反。苦,始占反。枕,之鴆反,下同。縗,力住反。齊,音咨,下"齊衰"皆同。緝,七入反。上,時掌反,卷内"以上"皆放此。行,下孟反①。**大夫之適子,服大夫之服。** 仕至大夫,賢著而德成。適子得服其服,亦尊其適象賢。○著,知慮反②。

20·4○**大夫之庶子爲大夫,則爲其父母服大夫服,其位與未爲大夫者齒。** 雖庶子,得服其服,尚德也。使齒於士,不可不宗適。○則爲其,于僞反,下"則爲之"、注"爲之造字"皆同③。

20·5○**士之子爲大夫,則其父母弗能主也,使其子主之;無子,則爲之置後。** 大夫之子得用大夫之禮,而士不得也。置,猶立也。**大夫卜宅與葬日,有司麻衣、布衰、布帶,因喪屨,緇布冠不蕤。占者皮弁。** 有司,卜人也。麻衣,白布深衣。而著衰焉,及布帶、緇布冠,此服非純吉,亦非純凶也。皮弁,則純吉之尤者也。占者尊於有司。卜求吉,其服彌吉。大夫、士朔服皮弁。○著,丁畧反④。**如筮,則史練冠、長衣以筮,占者朝服。** 筮者,筮宅也,謂下大夫若士也。筮、史⑤,筮人也。長衣,深衣之純以素也。長衣練冠,純凶服也。朝服,純吉服也。大夫、士曰朝服以朝也。○朝,直遥

(接上頁注)撫釋一、余仁仲本、和本、十行本、閩本、監本、毛本、殿本、阮刻本同,岳本作"爲其去聲下卿爲爲父爲母爲兄爲其子之妾爲不爲爲長爲妻竝同"。

①"晏於諫反嫛一盈反衰七雷反苴七餘反絰大結反菅古顏反屨九具反粥之六反倚於綺反苦始占反枕之鴆反下同縗力住反齊音咨下齊衰皆同緝七入反上時掌反卷内以上皆放此行下孟反",彙校卷第十三、撫釋一、余仁仲本、和本、十行本、閩本、監本、毛本、殿本、阮刻本同,岳本無此七十七字。

②"著知慮反",彙校卷第十三、撫釋一、余仁仲本、和本、十行本、閩本、監本、毛本、殿本、阮刻本同,岳本無此四字。

③"則爲其于僞反下則爲之注爲之造字皆同",彙校卷十三、撫釋一、余仁仲本同,岳本無此十七字,和本、十行本、閩本、監本、毛本、殿本、阮刻本作"爲去聲"。

④"著丁畧反",彙校卷第十三、撫釋一、余仁仲本、十行本、閩本、阮刻本同,岳本作"著音灼",和本、監本、毛本、殿本作"著竹畧反"。

⑤"筮史",撫州本、余仁仲本、岳本、嘉靖本、八行本、和本、十行本、閩本、監本、毛本、殿本、阮刻本同。考異曰:"'史'上'筮'字衍。"

反,注及下文皆同①。純,音準,又之閏反。**大夫之喪,既薦馬,薦馬者哭踊,出,乃包奠而讀書。**嫌與士異,記之也。既夕禮曰:"包牲,取下體。"又曰:"主人之吏請讀賵②。"○薦,音薦,本又作"薦"③。賵,芳鳳反。**大夫之喪,大宗人相,小宗人命龜,卜人作龜。**卜葬及日也。相,相主人禮也。命龜,告以所問事也。作龜,謂揚火灼之以出兆。○相,息亮反,注同④。**内子以鞠衣、褒衣素沙,下大夫以襢衣,其餘如士。**此復所用衣也。當在"夫人狄稅素沙"下,爛脱失處,在此上耳。内子,卿之適妻也。春秋傳曰"晉趙姬請逆叔隗於狄,趙衰以爲内子而已下之"是也。下大夫,謂下大夫之妻。襢,周禮作"展",王后之服六,唯上公夫人亦有褘衣,侯、伯夫人自"揄狄"而下,子、男夫人自"闕狄"而下,卿妻自"鞠衣"而下,大夫妻自"展衣"而下,士妻"稅衣"而已。素沙,若今紗縠之帛也。六服皆袍制,不禪以素紗裹之,如今袿袍襈重繒矣。褒衣者,始爲命婦見加賜之衣也。其餘如士之妻,則亦用稅衣。○鞠,九六反,又曲六反,注同⑤。襢,張戰反。復,音伏⑥。狄稅,他唤反,下文放此。爛,力旦反。脱,音奪,下同⑦。隗⑧,五罪反。衰,初危反。下,户嫁反。展,張戰反,下同⑨。褘,音

---

① "朝直遥反注及下文皆同",彙校卷第十三、撫釋一、余仁仲本、和本、十行本、閩本、監本、毛本、殿本、阮刻本同,岳本無此十字。

② "吏",撫州本、余仁仲本、岳本、嘉靖本、八行本、和本、十行本、閩本、監本、毛本、殿本、阮刻本作"史",是。

③ "薦音薦本又作薦",彙校卷第十三、撫釋一、余仁仲本、和本、十行本、閩本、監本、毛本、殿本、阮刻本同,岳本無此七字。

④ "注同",彙校卷第十三、撫釋一、余仁仲本、和本、十行本、閩本、監本、毛本、殿本、阮刻本同,岳本無此二字。

⑤ "注同",彙校卷第十三、撫釋一、余仁仲本、和本、十行本、閩本、監本、毛本、殿本、阮刻本同,岳本無此二字。

⑥ "復音伏",彙校卷第十三、撫釋一、余仁仲本、和本、十行本、閩本、監本、毛本、殿本、阮刻本同,岳本無此三字。

⑦ "爛力旦反脱音奪下同",彙校卷第十三、撫釋一、余仁仲本、和本、十行本、閩本、監本、毛本、殿本、阮刻本同,岳本無此九字。

⑧ "隗",彙校卷第十三、撫釋一、余仁仲本、岳本、十行本、閩本、監本、毛本、殿本、阮刻本同,和本作"塊",非。

⑨ "下户嫁反展張戰反下同",彙校卷十三、撫釋一、余仁仲本、和本、閩本、監本、毛本、殿本、阮刻本同,十行本作"下户嫁展茨張戰反下同",非;岳本無"下户嫁反"、"下同"六字。

輝。揄，音遥，下文并注同①。縠，户木反。袍，步羔反②。襢，音丹。袿，音圭。襈，士眷反③。重，直龍反。繒，茨陵反④。**復：諸侯以襃衣、冕服、爵弁服**；復，招魂復魄也。冕服者，上公五，侯、伯四，子、男三。襃衣，亦始命爲諸侯及朝覲見加賜之衣也。襃，猶進也。**夫人，稅衣揄狄，狄稅素沙。**言其招魂用稅衣，上至揄狄也。狄稅素沙，言皆以白紗縠爲裏。○稅，他涣反，下文放此。揄，音遥，下文同。縠，户木反，下注同⑤。**復西上。**北面而西上，陽長左也。復者多少，各如其命之數。○長，丁丈反。**大夫不揄絞屬於池下。**謂池飾也。揄，揄翟。采青黄之間曰絞。屬，猶繫也。人君之柳，其池繫絞繒於下，而畫翟雉焉，各曰振容⑥，又有銅魚在其間。大夫去振容，士去魚。此無“人君”及“士”，亦爛脱。○絞，户交反，注同⑦。屬，音燭，注及下“條屬”并注同。翟，音狄⑧。去，起吕反，下同。**大夫附於士。士不附於大夫，附於大夫之昆弟，無昆弟則從其昭穆，雖王父母在亦然。**附，讀皆爲“祔”。大夫祔於士，不敢以己尊自殊於其祖也。士不祔於大夫，自卑别於尊者也。大夫之昆弟，謂爲士者也，從其昭穆中一以上，祖又祖而已。祔者，祔於先死者。○附，

---

① “文并注”，彙校卷第十三、撫釋一、余仁仲本、和本、十行本、閩本、監本、毛本、殿本、阮刻本同，岳本無此三字。

② “縠户木反袍步羔反”，彙校卷第十三、撫釋一、余仁仲本、和本、十行本、閩本、監本、毛本、殿本、阮刻本同，岳本無此八字。

③ “士眷反”，余仁仲本、岳本、和本、十行本、閩本、監本、毛本、殿本、阮刻本同，彙校卷十三、撫釋一“士”作“仕”。

④ “繒茨陵反”，彙校卷第十三、撫釋一、余仁仲本、和本、十行本、閩本、監本、毛本、殿本、阮刻本同，岳本無此四字。

⑤ “稅他涣反下文放此揄音遥下文同縠户木反下注同”，余仁仲本、十行本、閩本、監本、毛本、殿本、阮刻本同，和本“涣”作“唤”，彙校卷第十三、撫釋一、岳本無此二十一字。

⑥ “各”，撫州本、余仁仲本、岳本、嘉靖本、八行本、和本、十行本、閩本、監本、毛本、殿本、阮刻本、吳氏朱批、叢刊本作“名”，是。

⑦ “注同”，彙校卷第十三、撫釋一、余仁仲本、和本、十行本、閩本、監本、毛本、殿本、阮刻本同，岳本無此二字。

⑧ “屬音燭注及下條屬并注同翟音狄”，彙校卷第十三、撫釋一、余仁仲本、和本、十行本、閩本、監本、毛本、殿本、阮刻本同，岳本作“屬音燭下同”。

依注作"祔",音同,下並同。昭,常遥反,卷内皆同。別,彼列反①。**婦附於其夫之所附之妃,無妃則亦從其昭穆之妃。妾附於妾祖姑,無妾祖姑則亦從其昭穆之妾。**夫所附之妃,於婦則祖姑。**男子附於王父則配,女子附於王母則不配。**配,謂并祭王母。不配,則不祭王父也。有事於尊者,可以及卑;有事於卑者,不敢援尊。配與不配,祭饌如一,祝辭異,不言以"某妃配某氏耳"。女子,謂未嫁者也。嫁未三月而死,猶歸葬於女氏之黨。○并,必政反②。援,音袁。**公子附於公子。**不敢戚君。

20·6○**君薨,大子號稱子,待猶君也。**謂未踰年也。雖稱"子",與諸侯朝會如君矣。春秋魯僖公九年夏,葵丘之會,宋襄公稱"子"而與諸侯序。待,或爲"侍"。

20·7○**有三年之練冠,則以大功之麻易之,唯杖、屨不易。**謂既練而遭大功之喪者也。練除首絰。要絰葛,又不如大功之麻重也。言練冠、易麻,互言之也。唯杖、屨不易,言其餘皆易也。屨不易者,練與大功俱用繩耳。○要,一遥反。重,直龍反③。□重言□下文"三年之練冠"。**有父母之喪,尚功衰,而附兄弟之殤,則練冠附於殤,稱"陽童某甫",不名,神也。**此兄弟之殤,謂大功親以下之殤也。斬衰、齊衰之喪練,皆受以大功之衰,此謂之"功衰"。以是時而祔大功親以下之殤。大功親以下之殤輕,不易服。冠而兄爲殤,謂同年者也。兄十九而死,己明年因喪而冠。陽童,謂庶殤也。宗子,則曰陰童。童,未成人之稱也。某甫,且字也④。尊神不名,爲之造字。○衰,七

---

① "附依注作祔音同下並同昭常遥反卷内皆同別彼列反",彙校卷第十三、撫釋一、余仁仲本、和本、十行本、閩本、監本、毛本、殿本、阮刻本同,岳本作"昭音韶後同"。

② "并必政反",彙校卷第十三、撫釋一、余仁仲本、和本、十行本、閩本、監本、毛本、殿本、阮刻本同,岳本無此四字。

③ "重直龍反",彙校卷十三、撫釋一、余仁仲本、岳本同,和本、十行本、閩本、監本、毛本、殿本、阮刻本脱此四字。

④ "且",余仁仲本、岳本、嘉靖本、八行本、和本、十行本、閩本、監本、毛本、殿本、阮刻本同;撫州本作"且",非。

雷反。冠而①，古亂反，下“而冠”同。之稱②，尺證反。

20·8○凡異居，始聞兄弟之喪，唯以哭對，可也。惻怛之痛，不以辭言爲禮也。○怛，旦末反③。其始麻，散帶経。與居家同也。凡喪，小斂而麻。○散，悉但反，後“散帶”皆同④。未服麻而奔喪，及主人之未成経也，疏者與主人皆成之，親者終其麻帶経之日數。疏者，謂小功以下也。親者，大功以上也。疏者及主人之節，則用之；其不及，亦自用其日數。

20·9○主妾之喪，則自祔⑤，至於練、祥，皆使其子主之。其殯、祭不於正室。祔自爲之者，以其祭於祖廟。君不撫僕妾。畧於賤也。

20·10○女君死，則妾爲女君之黨服。攝女君，則不爲先女君之黨服。妾於女君之親，若其親然。○妾爲，于僞反，下“不爲妻”、注“爲舊君”同⑥。聞兄弟之喪，大功以上，見喪者之鄉而哭。奔喪節也。適兄弟之送葬者弗及，遇主人於道，則遂之於墓。言骨肉之親，不待主人也。凡主兄弟之喪，雖疏，亦虞之。喪事，虞、祔乃畢。

20·11○凡喪服未畢，有弔者，則爲位而哭，拜，踊。客始來，主人不可以殺禮待之。○殺，色界反，徐所例反⑦。

---

① “冠而”，彙校卷十三、撫釋一、余仁仲本、岳本同，和本、十行本、閩本、監本、毛本、殿本、阮刻本缺“而”字。

② “下而冠同之”，彙校卷十三、撫釋一、余仁仲本同，和本、十行本、閩本、監本、毛本、殿本、阮刻本脱此五字。

③ “怛旦末反”，彙校卷第十三、撫釋一、余仁仲本、和本、十行本、閩本、監本、毛本、殿本、阮刻本同，岳本無此四字。

④ “後散帶皆同”，彙校卷第十三、撫釋一、余仁仲本、和本、十行本、閩本、監本、毛本、殿本、阮刻本同，岳本無此五字。

⑤ “祔”，余仁仲本、嘉靖本、十行本、閩本、監本、毛本、殿本、阮刻本同，唐石經、撫州本、岳本、八行本、和本作“附”。阮校曰：“則自祔至於練祥　閩、監、毛本同，嘉靖本同。石經‘祔’作‘附’，宋監本、岳本、衛氏集説同。石經考文提要云：‘宋大字本亦作附。’”

⑥ “妾爲于僞反下不爲妻注爲舊君同”，彙校卷十三、撫釋一、余仁仲本同，岳本無此十四字；和本、十行本、閩本、監本、毛本、殿本、阮刻本作“爲于僞反下注並同”。

⑦ “徐所例反”，彙校卷十三、撫釋一、余仁仲本同，岳本、和本、十行本、閩本、監本、毛本、殿本、阮刻本無此四字。

20‧12○**大夫之哭大夫，弁絰。大夫與殯，亦弁絰。** 弁絰者，大夫錫衰相弔之服也。如爵弁而素，加環絰曰弁絰。○與，音預。錫，息曆反①。**大夫有私喪之葛，則於其兄弟之輕喪則弁絰。** 私喪，妻子之喪也。輕喪，緦麻也。大夫降焉，弔服而往，不以私喪之末臨兄弟。

20‧13○**爲長子杖，則其子不以杖即位。** 辟尊者。○辟，音避②。**爲妻，父母在，不杖，不稽顙。** 尊者在，不敢盡禮於私喪也。○稽，徐音啓。顙，桑黨反③。**母在，不稽顙。稽顙者，其贈也拜。** 言獨母在，於贈，拜得稽顙。則父在，贈，拜不得稽顙。**違諸侯，之大夫，不反服。**

20‧14○**違大夫，之諸侯，不反服。** 其君尊卑異也。違，猶去也。去諸侯仕諸侯，去大夫仕大夫，乃得爲舊君服。**喪冠條屬，以別吉凶。三年之練冠，亦條屬，右縫。** 別吉凶者，吉冠不條屬也。條屬者，通屈一條繩若布爲武，垂下爲纓，屬之冠，象大古喪事畧也。吉冠則纓，武異材焉。右縫者，右辟而縫之。○別，徐彼列反，注同④。縫，音逢，注同，又扶用反⑤。大古，音泰，下"大古"同。材，才再反，又如字⑥。辟，必亦反，下同。**小功以下左，** 左辟象吉，輕也。**緦冠繰纓⑦。** 繰，當爲"澡麻帶絰"之繰⑧，聲之誤也。謂有事其布以爲纓。○繰，依

---

①"錫息曆反"，岳本、和本、十行本、閩本、監本、毛本、殿本、阮刻本無此四字，彙校卷十三、撫釋一、余仁仲本"息"作"思"。

②"辟音避"，彙校卷第十三、撫釋一、余仁仲本同，岳本、和本、十行本、閩本、監本、毛本、殿本、阮刻本無此三字。

③"稽徐音啓顙桑黨反"，彙校卷第十三、撫釋一、余仁仲本、和本、十行本、閩本、監本、毛本、殿本、阮刻同，岳本無此八字。

④"注同"，彙校卷第十三、撫釋一、余仁仲本、和本、十行本、閩本、監本、毛本、殿本、阮刻本同，岳本無此二字。

⑤"注同又扶用反"，彙校卷第十三、撫釋一、余仁仲本、和本、十行本、閩本、監本、毛本、殿本、阮刻本同，岳本無此六字。

⑥"材才再反又如字"，彙校卷第十三、撫釋一、余仁仲本、和本、十行本、閩本、監本、毛本、殿本、阮刻本同，岳本無此七字。

⑦"繰"，唐石經、撫州本、余仁仲本、岳本、嘉靖本、八行本、和本、十行本、閩本、監本、毛本、殿本、阮刻本同。阮校曰："緦冠繰纓　各本同，石經同，釋文'繰'作'繆'，注同。"

⑧"澡麻帶絰之繰"，余仁仲本、十行本同；撫州本、岳本、嘉靖本、八行本、和本、閩本、監本、毛本、殿本、阮刻本"繰"作"澡"，是。

注爲"澡",音早。緣,所銜反,又音早①。**大功以上散帶。**小功、緦輕,初而絞之。○絞,古卯反②。

20·15○**朝服十五升,去其半而緦,加灰,錫也。**緦精麄與朝服同,去其半,則入百縷而疏也③。又無事其布,不灰焉。○朝,直遙反,後"朝服"放此,注同④。去,起吕反,注同⑤。**諸侯相襚,以後路與冕服。先路與襃衣,不以襚。**不以己之正者施於人,以彼不以爲正也。後路,貳車,貳車行在後也。○襚,音遂⑥。**遣車視牢具。**言車多少,各如所包遣奠牲體之數也。然則遣車載所包遣奠而藏之者與⑦?遣奠,天子大牢,包九个;諸侯亦大牢,包七个;大夫亦大牢,包五个;士少牢,包三个。大夫以上,乃有遣車。○遣,棄戰反⑧,注同,下"遣車"、"遣奠"皆放此。與,音餘。个,古賀反,下同⑨。**疏布輤,四面有章,置于四隅。**輤,其蓋也。四面皆有章蔽,以隱翳牢肉。四隅,椁中之四隅。○章,本或作"鄣",音同,注亦同。翳,於計反⑩。**載粻,有子曰:**

----

① "緣依注爲澡音早緦所銜反又音早",彙校卷十三、撫釋一、余仁仲本同;岳本作"緣澡音早",和本、十行本、閩本、監本、毛本、阮刻本作"緣依注音緦所銜反",皆非。

② "絞古卯反",彙校卷十三、撫釋一、余仁仲本、岳本同,和本、十行本、閩本、監本、毛本、殿本、阮刻本無此四字。

③ "入",撫州本、余仁仲本、岳本、嘉靖本、八行本、和本、十行本、閩本、監本、毛本、殿本、阮刻本作"六",是。

④ "朝直遙反後朝服放此注同",彙校卷第十三、撫釋一、余仁仲本、和本、十行本、閩本、監本、毛本、殿本、阮刻本同,岳本無此十一字。

⑤ "注同",彙校卷第十三、撫釋一、余仁仲本、和本、十行本、閩本、監本、毛本、殿本、阮刻本同,岳本無此二字。

⑥ "襚音遂",彙校卷第十三、撫釋一、余仁仲本、和本、十行本、閩本、監本、毛本、殿本、阮刻本同,岳本無此三字。

⑦ "遣奠",余仁仲本、岳本、嘉靖本、八行本、和本、十行本、閩本、監本、毛本、殿本、阮刻本同;撫州本"遣"作"遺",非。

⑧ "遣棄戰反",彙校卷第十三、撫釋一、余仁仲本、和本、十行本、閩本、監本、毛本、殿本、阮刻本同,岳本作"遣去聲"。

⑨ "下遣車遣奠皆放此與音餘个古賀反下同",彙校卷第十三、撫釋一、余仁仲本、和本、十行本、閩本、監本、毛本、殿本、阮刻本同,岳本無此十七字。

⑩ "注亦同翳於計反",彙校卷第十三、撫釋一、余仁仲本、和本、十行本、閩本、監本、毛本、殿本、阮刻本同,岳本無此七字。

“非禮也。糗，米糧也。○糗，陟良反。喪奠，脯醢而已。”言死者不食糧也。遣奠本無黍稷。○醢，音海。祭稱“孝子、孝孫”，喪稱“哀子、哀孫”。各以其義稱。○義稱，昌升反，又尺證反。重言“祭稱孝子、孝孫”，重見郊特牲十一。端衰、喪車，皆無等。喪車，惡車也。喪者衣衰及所乘之車，貴賤同，孝子於親一也。衣衰言“端”者①，玄端，吉時常服。喪之衣衰當如之。○衣衰，上於既反，下七雷反，下同②。大白冠、緇布之冠，皆不蕤。委武玄、縞而后蕤。不蕤，質無飾也。大白冠，大古之布冠也。春秋傳曰：“衛文公大布之衣，大白之冠。”委武，冠卷也。秦人曰委，齊東曰武③。玄，玄冠也。縞，縞冠也。○縞，古老反，又古報反，注同④。卷，苦圓反。大夫冕而祭於公，弁而祭於己。士弁而祭於公，冠而祭於己。弁，爵弁也。冠，玄冠也。祭於公，助君祭也。大夫爵弁不祭於己⑤，唯孤爾。士弁而親迎，然則士弁而祭於己，可也。緣類欲許之也。親迎，雖亦己之事，攝盛服爾，非常也。○迎，魚敬反，注同⑥。鬯：臼以椈，杵以梧。所以擣鬱也。椈，栢也。○鬯，勑亮反，本亦作“暢”。臼，其究反。椈，弓六反。杵，昌呂反。梧，音吾，桐木也。擣，本亦作“擣”，丁老反⑦。枇以桑，長三尺，或曰五尺。枇，

---

① “衣”，撫州本、余仁仲本、岳本、嘉靖本、八行本、和本、閩本、監本、毛本、殿本、阮刻本同；十行本作“不”，非。

② “衣衰上於既反下七雷反下同”，彙校卷第十三、撫釋一、余仁仲本、和本、十行本、閩本、監本、毛本、殿本、阮刻本同，岳本作“衣於既反”。

③ “齊東”，撫州本、余仁仲本、岳本、嘉靖本、八行本、和本、十行本、阮刻本同；閩本、監本、毛本、殿本“東”作“人”，非。

④ “又古報反注同”，彙校卷第十三、撫釋一、余仁仲本、和本、十行本、閩本、監本、毛本、殿本、阮刻本同，岳本無此六字。

⑤ “不”，撫州本、余仁仲本、岳本、嘉靖本、八行本、和本、十行本、閩本、監本、毛本、殿本、阮刻本作“而”，是。

⑥ “注同”，彙校卷第十三、撫釋一、余仁仲本、和本、十行本、閩本、監本、毛本、殿本、阮刻本同，岳本無此二字。

⑦ “鬯勑亮反本亦作暢臼其究反椈弓六反杵昌呂反梧音吾桐木也擣本亦作擣丁老反”，彙校卷十三、撫釋一、余仁仲本同，岳本作“鬯勑亮反臼其究反椈弓六反”，和本、十行本、閩本、監本、毛本、殿本、阮刻本惟有“擣丁老反”四字。

所以載牲體者。此謂喪祭也。吉祭，枇用棘。○枇，音匕①，本亦作"朼"，音同，注同②。長，直亮反，下同。**畢用桑，長三尺，刊其柄與末。**畢，所以助主人載者。刊，猶削也。○刊，苦干反。柄，兵命反③。

20・16○**率帶**④，**諸侯、大夫皆五采，士二采。**此謂襲尸之大帶。率，繂也。繂之，不加箴功。大夫以上，更飾以五采，士以朱綠。襲事成於帶，變之，所以異於生。○率帶，上音律，下音帶，本亦作"帶"⑤。繂，音律。箴，之金反⑥。

20・17○**醴者，稻醴也。甕、甒、筲、衡，實見間，而后折入。**此謂葬時藏物也。衡，當爲"桁"，所以庋甕、甒之屬，聲之誤也。實見間，藏於見外、槨内也。折，承席也。○甕，於貢反，盛醯醢之器⑦。甒，音武，瓦器⑧。筲，所交反，竹器⑨。衡，依注作"桁"，户剛反，徐户庚反⑩。見，音"間廁"之間，棺衣也，注

---

①"匕"，彙校卷十三、撫釋一、余仁仲本、岳本、和本、閩本、監本、毛本、殿本、阮刻本同；十行本作"上"，非。

②"本亦作朼音同注同"，彙校卷第十三、撫釋一、余仁仲本、和本、十行本、閩本、監本、毛本、殿本、阮刻本同，岳本無此八字。

③"刊苦干反柄兵命反"，彙校卷第十三、撫釋一、余仁仲本、和本、十行本、閩本、監本、毛本、殿本、阮刻本同，岳本無此八字。

④"帶"，唐石經、余仁仲本、和本、十行本、閩本、監本、毛本、阮刻本同，撫州本、岳本、嘉靖本、八行本、殿本作"帶"。阮校曰："率帶　閩、監、毛本同，石經同。岳本'帶'作'帶'，嘉靖本同，衛氏集説同，考文引古本、足利本同。釋文出'率帶'云：'本亦作帶。'"

⑤"率帶上音律下音帶本亦作帶"，彙校卷第十三、撫釋一、余仁仲本、和本、十行本、閩本、監本、毛本、殿本、阮刻本同，岳本作"率音律"。

⑥"箴之金反"，彙校卷第十三、撫釋一、余仁仲本、和本、十行本、閩本、監本、毛本、殿本、阮刻本同，岳本無此四字。

⑦"盛醯醢之器"，彙校卷第十三、撫釋一、余仁仲本、和本、十行本、閩本、監本、毛本、殿本、阮刻本同，岳本無此五字。

⑧"瓦器"，彙校卷第十三、撫釋一、余仁仲本、和本、十行本、閩本、監本、毛本、殿本、阮刻本同，岳本無此二字。

⑨"竹器"，彙校卷第十三、撫釋一、余仁仲本、和本、十行本、閩本、監本、毛本、殿本、阮刻本同，岳本無此二字。

⑩"衡依注作桁户剛反徐户庚反"，岳本作"衡户剛反又户庚反庋也"；彙校卷十三、撫釋一、余仁仲本、和本、十行本、閩本、監本、毛本、殿本、阮刻本"户庚反"下有"庋也"二字，是。

同①。間，如字，注同，徐古莧反。一解云："鄭合‘見間’二字，共爲‘覝’字，音古辯反。"②折，之設反，注同③，形如牀，無足也。庋，九委反，又九僞反，徐居綺反④，字亦作"庪"，同⑤。重意祭義："見間以俠甒。"

20・18○重，既虞而埋之。就所倚處埋之。○重，直龍反。埋，亡皆反。倚，於綺反。處，昌慮反⑥。

20・19○凡婦人，從其夫之爵位。婦人無專制，生禮死事⑦，以夫爲尊卑。小斂、大斂、啓，皆辯拜。嫌當事來者終不拜，故明之也。此既事皆拜。○辯，音遍。

20・20○朝夕哭，不帷。緣孝子心欲見殯柩也。既出，則施其屍，鬼神尚幽闇也。○帷，位悲反，下同⑧。柩，以二反，埋棺之坎。屍，字林户臘反，閟也。篆文云："古闔字。"玉篇羌據、公苔二反，云閟也⑨。無柩者，不帷。謂既

---

① "注同"，彙校卷第十三、撫釋一、余仁仲本、和本、十行本、閩本、監本、毛本、殿本、阮刻本同，岳本無此二字。

② "間如字注同徐古莧反一解云鄭合見間二字共爲覝字音古辯反"，彙校卷第十三、撫釋一、余仁仲本、和本、十行本、閩本、監本、毛本、殿本、阮刻本同，岳本作"間如字又古莧反鄭合見間二字共爲覝字音古辯反"。

③ "注同"，彙校卷第十三、撫釋一、余仁仲本、和本、十行本、閩本、監本、毛本、殿本、阮刻本同，岳本無此二字。

④ "九僞反徐"，彙校卷第十三、撫釋一、余仁仲本、和本、十行本、閩本、監本、毛本、殿本、阮刻本同，岳本無此四字。

⑤ "字亦作庪同"，彙校卷第十三、撫釋一、余仁仲本、和本、十行本、閩本、監本、毛本、殿本、阮刻本同，岳本無此五字。

⑥ "埋亡皆反倚於綺反處昌慮反"，彙校卷第十三、撫釋一、余仁仲本、和本、十行本、閩本、監本、毛本、殿本、阮刻本同，岳本無此十二字。

⑦ "生禮"，撫州本、余仁仲本、岳本、嘉靖本、八行本、和本、殿本、阮刻本同；十行本、閩本、監本、毛本"生"作"主"，非。

⑧ "帷位悲反下同"，彙校卷第十三、撫釋一、余仁仲本、和本、十行本、閩本、監本、毛本、殿本、阮刻本同，岳本無此六字。

⑨ "屍字林户臘反閟也篆文云古闔字玉篇羌據公苔二反云閟也"，彙校卷第十三、撫釋一、余仁仲本、和本、閩本、阮刻本同，岳本作"屍户臘反閟也古闔字"；十行本上"閟"作"闇"，下"閟"作"閑"，殿本上"閟"作"閑"，監本、毛本、殿本下"閟"作"闇"，皆非。

葬也，棺柩已去，鬼神在室，堂無事焉，遂去帷。○去，起吕反①。

20·21○**君若載而后弔之，則主人東面而拜，門右北面而踊，出待，反而后奠。**主人拜踊於賓位，不敢迫君也。君即位車東。出待，不必君留也。君反之，使奠。

20·22○**子羔之襲也：繭衣裳與税衣纁袡爲一，素端一，皮弁一，爵弁一，玄冕一。曾子曰：“不襲婦服。”**繭衣裳者，若今大襜也。纊爲繭，緼爲袍，表之以税衣，乃爲一稱爾。税衣，若玄端而連衣裳者也。大夫而以纁爲之緣②，非也。唯婦人纁袡。禮以冠名服，此襲其服，非襲其冠。曾子譏襲婦服而已。玄冕又大夫服，未聞子羔曷爲襲之。玄冕，或爲“玄冠”③，或爲“玄端”。○繭，古典反。税，他唤反，注同。纁，許云反④。袡，字又作“衻”⑤，而占反，裳下襈也。王肅云⑥：“婦人蔽膝也。”襜，音燭。袡，字又作“曠”⑦，音曠。緼，于粉反。袍，薄勞反⑧。稱，尺證反，下放此。緣，悦絹反⑨。

----

① “去起吕反”，彙校卷第十三、撫釋一、余仁仲本、和本、十行本、閩本、監本、毛本、殿本、阮刻本同，岳本無此四字。

② “大夫”，撫州本、余仁仲本、岳本、嘉靖本、八行本、和本、十行本、閩本、監本、毛本、殿本、阮刻本同；考異曰：“案此‘大’乃‘丈’之誤，丈夫對婦人，下句云‘唯婦人纁袡’是也。”

③ “或爲”，撫州本、余仁仲本、岳本、嘉靖本、八行本同；和本、十行本、閩本、監本、毛本、殿本作“或謂爲”，阮刻本作“或爲爲”，非。阮校曰：“或爲爲玄冠　惠棟校宋本不重‘爲’字，岳本同，嘉靖本同，衛氏集説同，考文引古本、足利本同，此本誤重。閩、監、毛本作‘或謂爲玄冠’，亦誤。”

④ “注同纁許云反”，彙校卷第十三、撫釋一、余仁仲本、和本、十行本、閩本、監本、毛本、殿本、阮刻本同，岳本無此六字。

⑤ “字又作衻”，彙校卷第十三、撫釋一、余仁仲本同，岳本無此四字；和本、十行本、閩本、監本、毛本、殿本、阮刻本“衻”作“袡”，非。

⑥ “王肅云”，彙校卷第十三、撫釋一、余仁仲本、和本、十行本、閩本、監本、毛本、殿本、阮刻本同，岳本無此三字。

⑦ “袡字又作曠”，十行本作“讘字又作纊”，岳本無此五字；彙校卷十三、撫釋一、余仁仲本、和本、閩本、監本、毛本、殿本、阮刻本作“袡字又作纊”，是。

⑧ “音曠緼于粉反袍薄勞反”，彙校卷第十三、撫釋一、余仁仲本、和本、十行本、閩本、監本、毛本、殿本、阮刻本同，岳本無此十字。

⑨ “緣悦絹反”，彙校卷第十三、撫釋一、余仁仲本、和本、十行本、閩本、監本、毛本、殿本、阮刻本同，岳本無此四字。

20・23○爲君使而死，公館復，私館不復。公館者，公宮與公所爲也。私館者，自卿大夫以下之家也。公所爲君所作離宮、別館也①。○爲，于僞反，又如字。使，色吏反。復，音伏。館，本亦作“觀”，音同②。重言“公館復，私館不復”三，見曾子問七，見喪大記二十三。

20・24○公七踊，大夫五踊，婦人居間。士三踊，婦人皆居間。公，君也。始死及小斂、大斂而踊，君、大夫、士一也，則皆三踊矣。君五日而殯，大夫三日而殯，士二日而殯。士小斂之朝不踊，君、大夫大斂之朝，乃不踊。婦人居間者，踊必拾，主人踊，婦人踊，賓乃踊。○拾，其劫反，下同。公襲：卷衣一，玄端一，朝服一，素積一，纁裳一，爵弁二，玄冕一，褒衣一，朱綠帶，申加大帶於上。朱綠帶者，襲衣之帶，飾之雜以朱綠，異於生也，此帶亦以素爲之。申，重也，重於革帶也。革帶以佩韍。必言“重加大帶”者，明雖有變，必備此二帶也。士襲三稱，子羔襲五稱，今公襲九稱，則尊卑襲數不同矣。諸侯七稱，天子十二稱與？○卷，音袞，古本反。重，直龍反，又直用反，下同。韍，音弗。稱，尺證反，下同。與，音餘③。小斂環経，公、大夫、士一也。環経者，一股，所謂纏経也。士素委貌。大夫以上素爵弁，而加此経焉，散帶。○股，音古④。纏，直連反⑤。公視大斂，公升，商祝鋪席，乃斂。喪大記

---

① “別館”，余仁仲本、岳本、嘉靖本、和本、十行本、閩本、監本、毛本、殿本、阮刻本同，撫州本、八行本脱“別”字。

② “館本亦作觀音同”，彙校卷第十三、撫釋一、余仁仲本、和本、十行本、閩本、監本、毛本、殿本、阮刻本同，岳本無此七字。

③ “卷音袞古本反重直龍反又直用反下同韍音弗稱尺證反下同與音餘”，彙校卷十三、撫釋一、余仁仲本同，岳本惟有“卷音袞”三字，十行本“音袞”之“音”誤作“百”，和本、十行本、閩本、監本、毛本、阮刻本無“古本反”、“下同”、“下同與音餘”十字，殿本無“古本反”、“下同”、“稱尺證反下同與音餘”十四字。

④ “股音古”，彙校卷十三、撫釋一、余仁仲本同，岳本、和本、十行本、閩本、監本、毛本、殿本、阮刻本無此三字。

⑤ “纏直連反”，彙校卷第十三、撫釋一、余仁仲本、和本、十行本、閩本、監本、毛本、殿本、阮刻本同，岳本無此四字。

曰：“大夫之喪，將大斂，既鋪絞、紟①、衾，君至。”此君升②，乃鋪席，則君至爲之改始，新之也③。○鋪，普胡反，又音敷，徐芳烏反，後放此。絞，户交反，下文同。紟，其鴆反。爲，于僞反④。**魯人之贈也，三玄二纁，廣尺，長終幅。**言失之也。士喪禮下篇曰：“贈用制幣，玄纁束帛。”⑤○廣，古曠反。長，直亮反。幅，方服反⑥。**弔者即位于門西，東面。其介在其東南，北面，西上，西於門。**賓立門外，不當門。○介，音界，後皆同⑦。**主孤西面。**立於阼階下。**相者受命曰：“孤某使某請事。”客曰：“寡君使某，如何不淑！”**受命，受主人命以出也。不言“擯”者，喪無接賓也⑧。淑⑨，善也。如何不善，言君

---

① “紟”，撫州本、余仁仲本、岳本、嘉靖本、八行本、和本、閩本、監本、毛本、殿本、阮刻本同；十行本作“給”，非。

② “君至此君升”，撫州本、余仁仲本、嘉靖本、八行本同，十行本、閩本、監本、毛本、殿本、阮刻本脱此五字；岳本、和本“此”作“比”，是。阮校曰：“既鋪絞紟衾乃鋪席　惠棟校宋本‘紟衾’下有‘君至此君升’五字，岳本、宋監本、嘉靖本、衛氏集説同，考文引古本、足利本同。此本五字脱，閩、監、毛本同。”鍔案：段玉裁經韻樓集禮器注告尸行節勸尸飲食無常人者若孝子之爲也孝子就養無方謂“此”作“比”，是。

③ “也”，余仁仲本、岳本、嘉靖本、八行本、和本、十行本、閩本、監本、毛本、殿本、阮刻本同，撫州本脱。

④ “鋪普胡反又音敷徐芳烏反後放此絞户交反下文同紟其鴆反爲于僞反”，彙校卷十三、撫釋一、余仁仲本同；岳本作“鋪普胡反又音敷”，和本作“鋪普胡反又音敷紟其鴆反絞户交反爲于僞反”，十行本作“鋪普君至此君升胡反又音敷紟其鴆反絞户交反爲于僞反”，閩本、監本、毛本、殿本、阮刻本“鋪普吴反一音升胡反又音敷紟其鴆反絞户交反爲于僞反”，皆非。鍔案：和本删改釋文，十行本將“君至此君升”五字注文，誤刻於釋文“鋪普”下，閩本不解，又改爲“鋪普吴反一音升胡反”，監本、毛本、殿本、阮刻本皆襲而誤。

⑤ “束帛”，余仁仲本、岳本、嘉靖本、和本、十行本、閩本、監本、毛本、殿本、阮刻本同；撫州本、八行本無“帛”字，是。阮校曰：“贈用制幣玄纁束帛　閩、監、毛本同，嘉靖本同，衛氏集説同，惠棟校宋本無‘帛’字。按：無‘帛’字，與儀禮士喪禮合。”鍔案：儀禮既夕禮作“贈用制幣玄纁束”。

⑥ “幅方服反”，彙校卷第十三、撫釋一、余仁仲本、和本、十行本、閩本、監本、毛本、殿本、阮刻本同，岳本無此四字。

⑦ “介音界後皆同”，彙校卷第十三、撫釋一、余仁仲本、和本、十行本、閩本、監本、毛本、殿本、阮刻本同，岳本無此六字。

⑧ “賓也”，余仁仲本、岳本、嘉靖本、八行本、和本、十行本、閩本、監本、毛本、殿本、阮刻本同，撫州本脱“也”字。

⑨ “淑”，撫州本、余仁仲本、岳本、嘉靖本、八行本、和本、十行本、閩本、監本、（轉下頁注）

痛之甚,使某弔。○相,息亮反,下皆同。**相者入告,出,曰:"孤某須**
矣。"稱其君名者,君薨稱"子某",使人知適嗣也。須矣,不出迎也。○適,丁
歷反①。○重意四,見下文三。**弔者入,主人升堂,西面。弔者升自**
西階,東面致命,曰:"寡君聞君之喪,寡君使某,如何不淑!"子
拜稽顙,弔者降,反位。子,孤子也。降反位者,出反門外位。無"出"字,
脱。重言"子拜稽顙"五,下文四。**含者執璧將命曰:"寡君使某含。"**
相者入告,出,曰:"孤某須矣。"含玉爲璧制,其分寸大小未聞。○含,本
又作"唅",説文作"琀",同,胡闇反②,下同。**含者入,升堂致命,子拜稽**
顙③。含者坐委于殯東南,有葦席;既葬,蒲席。降,出,反位。
言"降,出,反位",則是介也。春秋有既葬歸含、賵、襚,無譏焉。皆受之於殯
宫。○襚,音遂④。**宰夫朝服,即喪屨,升自西階,西面,坐取璧,降自**
西階,以東。朝服,告鄰國之禮也。即,就也。以東,藏於内也。**襚者曰:**
"寡君使某襚。"相者入告,出,曰:"孤某須矣。"襚者執冕服,左執
領,右執要,入,升堂,致命曰:"寡君使某襚。"子拜稽顙。委衣于
殯東。亦於席上所委璧之北,順其上下。○要,一遥反⑤。**襚者降,受爵弁**
服於門内霤⑥,將命,子拜稽顙如初。受皮弁服於中庭,自西階受

(接上頁注)毛本、殿本、阮刻本、吳氏朱批、叢刊本作"淑",是。

①"適丁歷反",彙校卷第十三、撫釋一、余仁仲本、和本、十行本、閩本、監本、毛本、殿本、
　阮刻本同,岳本無此四字。

②"本又作唅説文作琀同",岳本無此九字;彙校卷第十三、撫釋一、余仁仲本、和本、十行
　本、閩本、監本、毛本、殿本、阮刻本下"唅"作"琀",是。

③"子拜",撫州本、余仁仲本、岳本、嘉靖本、八行本、和本、閩本、監本、毛本、殿本同;十行
　本、阮刻本作"再拜",非。

④"襚音遂",彙校卷第十三、撫釋一、余仁仲本、和本、十行本、閩本、監本、毛本、殿本、阮
　刻本同,岳本無此三字。

⑤"要一遥反",彙校卷第十三、撫釋一、余仁仲本、和本、十行本、閩本、監本、毛本、殿本、
　阮刻本同,岳本無此四字。

⑥"於",撫州本、余仁仲本、岳本、嘉靖本、八行本、和本、閩本、監本、毛本、殿本同;十行
　本、阮刻本作"而",非。

朝服，自堂受玄端，將命，子拜稽顙，皆如初。襚者降，出，反位。授襚者以所者①，賈人。○賚，力救反。賈，音嫁。宰夫五人，舉以東，降自西階，其舉亦西面。亦西面者，亦襚者委衣時。上介賵，執圭將命曰："寡君使某賵。"相者入告，反命曰："孤某須矣。"陳乘黃、大路於中庭，北輈；執圭將命，客使自下由路西。子拜稽顙。坐委于殯東南隅，宰舉以東。輈，轅也。自，率也。下，謂馬也。馬在路之下。觀禮曰："路下四亞之。"客給使者入，設乘黃於大路之西。客入則致命矣。使，或爲"史"。○賵，方鳳反②。孤須矣，從此盡篇末，皆無"某"字，有者非③。乘，繩證反，注同④。輈，竹由反，車轅也⑤。凡將命，鄉殯將命。子拜稽顙，西面而坐委之，宰舉璧與圭。宰夫舉襚，升自西階，西面坐取之，降自西階。凡者，說不見者也。鄉殯將命，則將命時立於殯之西南。宰夫，宰之佐也。此言"宰舉璧與圭"，則上"宰夫朝服"衍"夫"字。○鄉，許亮反，注同。見，賢遍反⑥。賵者出，反位于門外。乃著言"門外"，明禮畢，將更有事。上客臨，曰："寡君有宗廟之事，不得承事，使一介老某相執綍。"上客，弔者也。臨，視也。言欲入視喪所不足而給助之，謙也。其實爲哭耳。○臨，如字，徐力鴆反，注及下同⑦。介，音界，舊古賀反⑧。相，息亮反。綍，音弗。爲，

---

① "所"，撫州本、余仁仲本、岳本、嘉靖本、八行本、和本、十行本、閩本、監本、毛本、殿本、阮刻本、吳氏朱批、叢刊本作"服"，是。

② "賵方鳳反"，阮刻本同，彙校卷十三、撫釋一、余仁仲本、和本、十行本、閩本、監本、毛本、殿本作"賵芳鳳反"。

③ "孤須矣從此盡篇末皆無某字有者非"，彙校卷第十三、撫釋一、余仁仲本、和本、十行本、閩本、監本、毛本、殿本、阮刻本同，岳本無此十五字。

④ "注同"，彙校卷第十三、撫釋一、余仁仲本、和本、十行本、閩本、監本、毛本、殿本、阮刻本同，岳本無此二字。

⑤ "車轅也"，彙校卷第十三、撫釋一、余仁仲本、和本、十行本、閩本、監本、毛本、殿本、阮刻本同，岳本無此三字。

⑥ "注同見賢遍反"，彙校卷第十三、撫釋一、余仁仲本、和本、十行本、閩本、監本、毛本、殿本、阮刻本同，岳本無此六字。

⑦ "徐力鴆反注及下同"，彙校卷第十三、撫釋一、余仁仲本、和本、十行本、閩本、監本、毛本、殿本、阮刻本同，岳本作"又力鴆反下同"。

⑧ "介音界舊古賀反"，彙校卷第十三、撫釋一、余仁仲本、和本、十行本、閩本、（轉下頁注）

于僞反①。**相者反命曰：“孤某須矣。”臨者入門右，介者皆從之，立于其左，東上。**入門右，不自同於賓客。**宗人納賓，升，受命于君，降，曰：“孤敢辭吾子之辱，請吾子之復位。”客對曰：“寡君命，某毋敢視賓客，敢辭。”宗人反命曰：“孤敢固辭吾子之辱，請吾子之復位。”客對曰：“寡君命，某毋敢視賓客，敢固辭。”宗人反命曰：“孤敢固辭吾子之辱，請吾子之復位。”客對曰：“寡君命，使臣某毋敢視賓客，是以敢固辭。固辭不獲命，敢不敬從。”**賓三辭而稱“使臣”，爲恭也。爲恭者，將從其命。○寡君命，絕句，下放此。毋，音無，下同②。使，色吏反，注同。爲，如字，舊于僞反，下同③。重意投壺篇：“某固辭不得命，敢不敬從。”**客立于門西，介立于其左④，東上。孤降自阼階，拜之，升，哭，與客拾踊**三。拜客，謝其厚意。○拾，其劫反。**客出，送于門外，拜稽顙。**不迎而送，喪無接賓之禮。

20·25○**其國有君喪，不敢受弔。**辟其痛傷己之親如君。○辟，音避，下“辟之”同⑤。

20·26○**外宗房中南面，小臣鋪席，商祝鋪絞、紟、衾，士盥于盤北，舉遷尸于斂上。卒斂，宰告，子馮之踊。夫人東面坐，馮之，興，踊。**此喪大記脫字，重著於是。○盥，音管。斂，力劍反，下同⑥。馮，皮冰反，本或

（接上頁注）監本、毛本、殿本、阮刻本同，岳本無此七字。

①“爲于僞反”，彙校卷第十三、撫釋一、余仁仲本、和本、十行本、閩本、監本、毛本、殿本、阮刻本同，岳本無此四字。

②“毋音無下同”，彙校卷第十三、撫釋一、余仁仲本、和本、十行本、閩本、監本、毛本、殿本、阮刻本同，岳本無此五字。

③“注同爲如字舊于僞反下同”，彙校卷第十三、撫釋一、余仁仲本、和本、十行本、閩本、監本、毛本、殿本、阮刻本同，岳本無此十一字。

④“其左”，撫州本、余仁仲本、岳本、嘉靖本、八行本、和本、十行本、阮刻本同；閩本、監本、毛本、殿本“其”作“門”，非。

⑤“辟音避下辟之同”，彙校卷第十三、撫釋一、余仁仲本、和本、十行本、閩本、監本、毛本、殿本、阮刻本同，岳本無此七字。

⑥“下同”，彙校卷第十三、撫釋一、余仁仲本、和本、十行本、閩本、監本、毛本、（轉下頁注）

作“憑”，下同。脱，音奪。重，直用反①。

20·27○士喪有與天子同者三：其終夜燎，及乘人，專道而行。乘人，謂使人執引也。專道，人辟之。○燎，力召反，又力弔反②。乘，繩證反，注同③。引，以忍反，一音餘刃反④。

雜記下第二十一

鄭氏注

21·1有父之喪，如未没喪而母死，其除父之喪也，服其除服，卒事，反喪服。没，猶竟也。除服，謂祥祭之服也。卒事，既祭。反喪服，服後死者之服。

21·2○雖諸父⑤、昆弟之喪，如當父母之喪，其除諸父、昆弟之喪也，皆服其除喪之服，卒事，反喪服。雖有親之大喪，猶爲輕服者除，骨肉之恩也。唯君之喪，不除私服。言“當”者，期、大功之喪，或終始皆在三年之中。小功、緦麻則不除，殤長、中乃除。○爲，于僞反，下“乃爲”同。期，音基。長，丁丈反，下“長子”同⑥。如三年之喪，則既穎，其練、祥皆行。

（接上頁注）殿本、阮刻本同，岳本無此二字。

①“本或作憑下同脱音奪重直用反”，彙校卷第十三、撫釋一、余仁仲本、和本、十行本、閩本、監本、毛本、殿本、阮刻本同，岳本無此十三字。

②“又力弔反”，彙校卷第十三、撫釋一、余仁仲本、和本、十行本、閩本、監本、毛本、殿本、阮刻本同，岳本無此四字。

③“注同”，彙校卷第十三、撫釋一、余仁仲本、和本、十行本、閩本、監本、毛本、殿本、阮刻本同，岳本無此二字。

④“一音”，彙校卷第十三、撫釋一、余仁仲本、和本、十行本、閩本、監本、毛本、殿本、阮刻本同，岳本作“又”。

⑤“雖”，撫州本、余仁仲本、岳本、嘉靖本、八行本、和本、閩本、監本、毛本、殿本、阮刻本同；十行本作“唯”，非。

⑥“爲于僞反下乃爲同期音基長丁丈反下長子同”，彙校卷第十三、撫釋一、余仁仲本、和本、十行本、閩本、監本、毛本、殿本、阮刻本同，岳本無此十九字。

言今之喪既服穎，乃爲前三年者變除而練、祥祭也。此主謂先有父母之服①，今又喪長子者。其先有長子之服，今又喪父母，其禮亦然。然則言“未没喪”者，已練、祥矣。穎，草名。無葛之鄉，去麻則用穎。○穎，口迥反，徐孔穎反，沈苦頂反，草也，注同。又喪，如字，又息浪反，下“又喪”同。去，起吕反②。**王父死，未練、祥而孫又死，猶是附於王父也。**未練、祥，嫌未祫祭序於昭穆爾。王父既附，則孫可祔焉③。猶，當爲“由”。由，用也。附，皆當作“祔”。○附，義作“祔”，出注④。祫，音洽。

21·3○**有殯，聞外喪，哭之他室。**明所哭者異也。哭之，爲位。**入奠，卒奠，出，改服，即位，如始即位之禮。**謂後日之哭，朝入奠於其殯，既，乃更即位，就他室，如始哭之時。

21·4○**大夫、士將與祭於公，既視濯而父母死，則猶是與祭也，次於異宫。既祭，釋服，出公門外，哭而歸。其它如奔喪之禮。如未視濯，則使人告，告者反，而后哭⑤。**猶，亦當爲“由”。次於異宫，不可以吉與凶同處也。使者反，而后哭，不敢專己於君命也。○與，音預⑥，下同。

---

①“主”，撫州本、余仁仲本、岳本、嘉靖本、八行本、和本、閩本、監本、毛本、殿本、阮刻本同；十行本作“三”，非。

②“徐孔穎反沈苦頂反草也注同又喪如字又息浪反下又喪同去起吕反”，彙校卷第十三、撫釋一、余仁仲本、和本、閩本、監本、毛本、殿本、阮刻本同，岳本無此二十八字。十行本卷四十二第一頁斷版，“長子者”之“者”、“未没喪者”之“者”、“孔穎反”之“孔”、“下又喪”之“又”四字缺。

③“祔”，撫州本、余仁仲本、嘉靖本、八行本、和本、十行本、閩本、監本、毛本、殿本、阮刻本同；岳本作“附”，非。考異曰：“作‘附’者，非也。上句亦當作‘既祔’，餘鄭注所用‘附’字例亦然。”

④“附義作祔出注”，彙校卷第十三、撫釋一、余仁仲本、和本、十行本、閩本、監本、毛本、殿本、阮刻本同，岳本無此六字。

⑤“而后”，唐石經、撫州本、余仁仲本、岳本、嘉靖本、八行本、和本、阮刻本同，十行本、閩本、監本、毛本、殿本作“而後”。阮校曰：“告者反而后哭　惠棟校宋本、宋監本、石經、岳本、嘉靖本同。閩、監、毛本‘后’作‘後’，衛氏集説同。按下‘釋服而后歸’，各本并作‘后’，惟衛氏仍作‘後’。按‘后’，假借字。”鍔按：“後”、“后”二字，禮記各本多混用。

⑥“與音預”，彙校卷第十三、撫釋一、余仁仲本、和本、十行本、閩本、監本、毛本、殿本、阮刻本同，岳本作“與羊茹反”。

濯，大角反。它，音他。處，昌慮反，下“之處”同。使，色吏反①。**如諸父、昆弟、姑、姊妹之喪，則既宿，則與祭。卒事，出公門，釋服，而后歸。其它如奔喪之禮。如同宮，則次于異宮。** 宿則與祭。出門，乃解祭服②，皆爲差緩也。○差，初賣反，又初佳反③。

21・5○**曾子問曰：“卿、大夫將爲尸於公，受宿矣，而有齊衰内喪，則如之何？”孔子曰：“出舍乎公宮以待事，禮也。”** 尸重，受宿則不得哭内喪同宮也。**孔子曰：“尸弁冕而出，卿、大夫、士皆下之，尸必式，必有前驅。”** 冕兼言弁者，君之尸，或服士、大夫之服也。諸臣見尸而下車，敬也。尸式以禮。重言“尸必式”三，曲禮上一，曾子問一。

21・6○**父母之喪，將祭而昆弟死，既殯而祭。如同宮，則雖臣妾，葬而后祭。祭，主人之升降散等，執事者亦散等。雖虞、附亦然。** 將祭，謂練、祥也。言“若同宮”，則是昆弟異宮也。古者昆弟異居同財，有東宮，有西宮，有南宮，有北宮。有父母之喪，當在殯宮而在異宮者，疾病或歸者。主人，適子。散等，衆階④，爲新喪畧威儀。○適，丁歷反。爲，于僞反，下“爲人説”同⑤。

21・7○**自諸侯達諸士，小祥之祭，主人之酢也嚌之，衆賓、兄弟則皆啐之；大祥，主人啐之，衆賓、兄弟皆飲之可也。** 嚌、啐，

---

①“它音他處昌慮反下之處同使色吏反”，彙校卷第十三、撫釋一、余仁仲本、和本、十行本、閩本、監本、毛本、殿本、阮刻本同，岳本無此十五字。

②“乃”，撫州本、余仁仲本、嘉靖本、八行本、和本、十行本、閩本、監本、毛本、殿本、阮刻本同；岳本作“則”，非。

③“差初賣反又初佳反”，彙校卷第十三、撫釋一、余仁仲本、和本、十行本、閩本、監本、毛本、殿本、阮刻本同，岳本無此八字。

④“衆”，撫州本、余仁仲本、叢刊本、嘉靖本、十行本、閩本、監本同；岳本、八行本、和本、毛本、殿本、阮刻本、吳氏朱批作“栗”，是。

⑤“適丁歷反爲于僞反下爲人説同”，彙校卷十三、撫釋一、余仁仲本同；岳本、和本、十行本、閩本、監本、毛本、殿本、阮刻本無此十三字。

皆嘗也。嚌至齒，啐入口。○酢，音昨①。齊②，才細反。啐，七内反，徐蒼快反③。

21·8○凡侍祭喪者，告賓祭薦而不食。薦，脯醢也。吉祭，告賓祭薦，賓既祭而食之。喪祭，賓不食。子貢問喪。子曰：“敬爲上，哀次之，瘠爲下。顔色稱其情，戚容稱其服。”問喪，問居父母之喪也。喪尚哀，言“敬爲上”者，疾時尚不能敬也。容，威儀也。孝經曰：“容止可觀。”○瘠，徐在益反④。稱，尺證反，下同。重言“敬爲主”，祭義：“敬爲難。”請問兄弟之喪。子曰：“兄弟之喪，則存乎書策矣。”言疏者如禮行之，未有加也。齊、斬之喪，哀容之體，經不能載矣。君子不奪人之喪，重喪禮也。亦不可奪喪也。不可以輕之於己也。重言“君子不奪人之喪，亦不奪喪也”二，一見服問三十六。又曾子問：“君子不奪人之親，亦不可奪親也。”文王世子：“不奪人親也。”孔子曰：“少連、大連善居喪，三日不怠，三月不解，期悲哀，三年憂，東夷之子也！”言其生於夷狄而知禮也。怠，惰也。解，倦也。○少，詩召反。解，佳買反，注同⑤。期，音基。惰，徒卧反。倦，其眷反⑥。重言“三日不怠，三月不解，期悲哀，三年憂”二，一見喪服四制四十九。

21·9○三年之喪，言而不語，對而不問。廬、堊室之中，不與人坐焉。在堊室之中，非時見乎母也，不入門。言，言己事也。爲

---

①“酢音昨”，彙校卷第十三、撫釋一、余仁仲本、十行本、閩本、監本、毛本、殿本、阮刻本同，岳本無此三字。

②“齊”，十行本同；彙校卷十三、撫釋一、余仁仲本、岳本、和本、閩本、監本、毛本、殿本、阮刻本作“嚌”，是。

③“徐蒼快反”，余仁仲本、和本、十行本、閩本、監本、毛本、阮刻本同，岳本“徐”作“又”，彙校卷十三、撫釋一“蒼”作“倉”。

④“瘠徐在益反”，彙校卷第十三、撫釋一、和本、余仁仲本、閩本、監本、毛本、殿本、阮刻本同，岳本無此五字；十行本“瘠”作“春”，非。

⑤“注同”，彙校卷第十三、撫釋一、余仁仲本、和本、十行本、閩本、監本、毛本、殿本、阮刻本同，岳本無此二字。

⑥“惰徒卧反倦其眷反”，彙校卷第十三、撫釋一、余仁仲本、和本、十行本、閩本、監本、毛本、殿本、阮刻本同，岳本無此八字。

人説爲語。在堊室之中，以時事見乎母，乃後入門。則居廬時，不入門。○堊，烏各反，字亦作"惡"，同①。見，賢遍反②。 重意喪服四制："斬衰之喪，唯而不對。齊衰之喪，對而不言。大功之喪，言而不議。"疏衰皆居堊室，不廬。廬，嚴者也。 言廬哀敬之處，非有其實則不居。

21・10○妻視叔父母，姑、姊妹視兄弟，長、中、下殤視成人。 視，猶比也。所比者，哀容居處也。○長，丁丈反。

21・11○親喪外除。日月已竟，而哀未忘③。兄弟之喪内除。 日月未竟，而衰已殺。○已殺，已或作"以"，下色界反，徐所例反④。

21・12○視君之母與妻⑤，比之兄弟。發諸顔色者，亦不飲食也。 言小君服輕，亦内除也。發於顔色，謂釀美酒食，使人醉飽。○釀，女龍反⑥。

21・13○免喪之外，行於道路，見似目瞿，聞名心瞿，弔死而問疾，顔色戚容必有以異於人也。如此而后可以服三年之喪，其餘則直道而行之是也。 惻隱之心能如是，則其餘齊衰以下直道而行，盡自得也。似，謂容貌似其父母也。名與親同。○瞿，九遇反，下同。

21・14○祥，主人之除也，於夕爲期，朝服。祥，因其故服。 爲期，爲祭期也。朝服以期，至明日而祥祭亦朝服⑦，始即吉，正祭服也。 喪服小

---

① "字亦作惡同"，彙校卷第十三、撫釋一、余仁仲本、和本、十行本、閩本、監本、毛本、殿本、阮刻本同，岳本無此五字。

② "賢遍反"下，彙校卷十三、撫釋一、余仁仲本、和本、十行本、閩本、監本、毛本、殿本、阮刻本有"注同"二字，是，岳本無。

③ 嘉靖本卷十二第十八頁Ａ面第一行至第三行上端有殘缺，導致經文"下殤"之"殤"，注文"則不居"之"則""居"、"而哀未忘"之"而""未"等字殘缺。

④ "已殺已或作以下色界反徐所例反"，彙校卷第十三、撫釋一、余仁仲本同，岳本作"殺色界反"；和本、十行本、閩本、監本、毛本、殿本、阮刻本"下"作"殺"。

⑤ "母與妻"，撫州本、余仁仲本、岳本、嘉靖本、八行本、和本、十行本、阮刻本同；閩本、監本、毛本、殿本"與"下衍"君之"二字。

⑥ "釀女龍反"，彙校卷第十三、撫釋一、余仁仲本、和本、十行本、閩本、監本、毛本、殿本、阮刻本同，岳本無此四字。

⑦ "祥"，撫州本、余仁仲本、岳本、嘉靖本、八行本、十行本、閩本、監本、毛本、殿本、阮刻本同；和本作"行"，非。

記曰"除成喪者,其祭也,朝服縞冠"是也。祭猶縞冠,未純吉也。既祭,乃服大祥素縞、麻衣,釋禫之禮云"玄衣黃裳",則是禫祭玄冠矣。黃裳者,未大吉也。既祭乃服禫服朝服、緌冠。踰月吉祭,乃玄冠、朝服。既祭,玄端而居,復平常也。○朝,直遙反,及下"武叔朝"皆同①。禫,大感反。緌,息廉反,黑經白緯曰緌②。

子游曰:"既祥,雖不當縞者必縞,然後反服。"謂有以喪事贈賻來者,雖不及時,猶變服,服祥祭之服以受之,重其禮也。其於此時始弔者,則衛將軍<u>文子</u>之爲之是矣。反服,反素縞、麻衣也。**當祖,大夫至,雖當踊,絕踊而拜之,反改成踊,乃襲。**尊大夫,來至則拜之,不待事已也。更成踊者,新其事也。○祖,音但。**於士,既事成踊,襲而后拜之,不改成踊。**於士,士至也。事,謂大、小斂之屬。**上大夫之虞也,少牢;卒哭成事、附,皆大牢。下大夫之虞也,犆牲;卒哭成事、附,皆少牢。**卒哭成事、附言"皆",則卒哭成事、附與虞異矣③。下大夫虞以犆牲,與士虞禮同與?○犆,音特。同與,音餘④。

21・15○**祝稱卜葬虞:子、孫曰"哀",夫曰"乃",兄弟曰"某"。卜葬其兄,弟曰"伯子某"。**祝稱卜葬虞者,卜葬、卜虞,祝稱主人之辭也。孫,謂爲祖後者,稱曰"哀孫某卜葬其祖某甫"。夫曰"乃某卜葬其妻某氏"。兄弟相爲卜,稱名而已。○祝,之六反,徐之又反⑤,注同。稱,昌升反,徐尺證反,注"祝稱"同。爲,于僞反,下"賓爲飯"、"爲其"同⑥。

21・16○**古者貴賤皆杖。<u>叔孫武叔</u>朝,見輪人以其杖關轂**

---

①"朝直遙反及下武叔朝皆同",彙校卷第十三、撫釋一、<u>余仁仲本</u>、和本、十行本、閩本、監本、毛本、殿本、阮刻本同,<u>岳</u>本無此十一字。

②"黑",彙校卷十三、撫釋一、<u>余仁仲本</u>、<u>岳</u>本、和本、閩本、監本、毛本、殿本、阮刻本同;十行本作"服",非。

③"異",撫州本、余仁仲本、<u>岳</u>本、嘉靖本、八行本、和本、閩本、監本、毛本、殿本、阮刻本同;十行本作"畢",非。

④"同與音餘",彙校卷第十三、撫釋一、<u>余仁仲本</u>、和本、十行本、閩本、監本、毛本、殿本、阮刻本同,<u>岳</u>本無此四字。

⑤"徐",彙校卷第十三、撫釋一、<u>余仁仲本</u>、和本、十行本、閩本、監本、毛本、殿本、阮刻本同,<u>岳</u>本作"又"。

⑥"注同稱昌升反徐尺證反注祝稱同爲于僞反下賓爲飯爲其同",彙校卷第十(轉下頁注)

而輮輪者，於是有爵而后杖也。記庶人失禮所由始也。叔孫武叔，魯大夫叔孫州仇也。輪人，作車輪之官。○斷斲，工木反①。輮，胡罪反，又胡瓦反，又胡管反，回也②。仇，音求③。

21·17○鬞巾以飯，公羊賈爲之也。記士失禮所由始也。士親飯，必發其巾。大夫以上，賓爲飯焉，則有鬞巾。○鬞，在各反④。飯，扶晚反，注同⑤。

21·18○冒者，何也？所以揜形也。自襲以至小斂，不設冒則形，是以襲而后設冒也。言設冒者，爲其形人將惡之也，襲而設冒。言"后"，衍字耳。○冒，莫報反，下及注同。揜，於儉反。惡，烏路反⑥。

21·19○或問於曾子曰："夫既遣而包其餘，猶既食而裹其餘與？君子既食則裹其餘乎？"言遣既奠而又包之，是與食於人已，而裹其餘將去，何異與？君子寧爲是乎？言傷廉也。○遣，弃戰反，注同。裹，音果。與，音餘，"何異與"同⑦。曾子曰："吾子不見大饗乎？夫大饗，既饗，卷三牲之俎歸于賓館。父母而賓客之，所以爲哀也。子不見大饗乎？"既饗，歸賓俎，所以厚之也。言父母，家之主，今賓客之，是孝子

（接上頁注）三、撫釋一、余仁仲本同，岳本無此二十五字；和本、十行本、閩本、監本、毛本、殿本、阮刻本脱"注同"、"注祝稱同爲于偁反下賓爲飯爲其同"十七字。

① "工木反"，彙校卷第十三、撫釋一、余仁仲本、和本、十行本、閩本、監本、毛本、殿本、阮刻本同，岳本"工"作"江"。

② "回"，彙校卷十三、撫釋一、余仁仲本、岳本、和本、十行本、閩本、監本、毛本、殿本、阮刻本作"迴"。

③ "仇音求"，彙校卷第十三、撫釋一、余仁仲本、和本、十行本、閩本、監本、毛本、殿本、阮刻本同，岳本無此三字。

④ "鬞在各反"，彙校卷第十三、撫釋一、余仁仲本、和本、十行本、閩本、監本、毛本、殿本、阮刻本同，岳本無此四字。

⑤ "注同"，彙校卷第十三、撫釋一、余仁仲本、和本、十行本、閩本、監本、毛本、殿本、阮刻本同，岳本無此二字。

⑥ "冒莫報反下及注同揜於儉反惡烏路反"，十行本、閩本、監本、毛本、殿本、阮刻本同，岳本無此十六字，彙校卷第十三、撫釋一、余仁仲本、和本"儉"作"檢"。

⑦ "注同裹音果與音餘何異與同"，彙校卷第十三、撫釋一、余仁仲本、和本、十行本、閩本、監本、毛本、殿本、阮刻本同，岳本無此十二字。

哀親之去也。○見，如字。夫，音扶①。卷，紀轉反，又厥挽反②。歸，如字，徐音匱③，注同④。

21·20○非爲人喪問與？賜與？ 此上滅脱，未聞其首云何。是言非爲人喪而問之與？人喪而賜之與？問，遺也。久無事曰問。○爲，于僞反，注及下注“爲母”、“爲姑姊妹”皆同⑤。問與、賜與，並音餘⑥，注皆同。脱，音奪，下同。遺，于季反，下文皆同⑦。

21·21○三年之喪，以其喪拜；非三年之喪，以吉拜。 謂受問受賜者也。稽顙而後拜曰喪拜，拜而後稽顙曰吉拜。三年之喪，如或遺之酒肉，則受之，必三辭，主人衰絰而受之。 受之必正服，明不苟於滋味。○必三，如字，又息暫反。如君命，則不敢辭，受而薦之。 薦於廟，貴君之禮。喪者不遺人。人遺之，雖酒肉，受也。從父昆弟以下，既卒哭，遺人可也。 言齊、斬之喪重，志不在施惠於人。○施，始豉反。縣子曰：“三年之喪如斬，期之喪如剡。” 言其痛之惻怛有淺深也。○縣，音玄。期，音基，下同。剡，徐以漸反⑧。怛，旦末反⑨。期之喪，十一月而練，十

----

① “夫音扶”，彙校卷第十三、撫釋一、余仁仲本、和本、十行本、閩本、監本、毛本、殿本、阮刻本同，岳本無此三字。

② “又厥挽反”，彙校卷第十三、撫釋一、余仁仲本、和本、十行本、閩本、監本、毛本、殿本、阮刻本同，岳本無此四字。

③ “徐”，彙校卷第十三、撫釋一、余仁仲本、和本、十行本、閩本、監本、毛本、殿本、阮刻本同，岳本作“又”。

④ “注同”，彙校卷第十三、撫釋一、余仁仲本、和本、十行本、閩本、監本、毛本、殿本、阮刻本同，岳本無此二字。

⑤ “注及下注爲母爲姑姊妹皆同”，彙校卷第十三、撫釋一、余仁仲本、和本、十行本、閩本、監本、毛本、殿本、阮刻本同，岳本無此十二字。

⑥ “問與賜與並音餘”，彙校卷第十三、撫釋一、余仁仲本、和本、十行本、閩本、監本、毛本、殿本、阮刻本同，岳本作“與音餘”。

⑦ “注皆同脱音奪下同遺于季反下文皆同”，彙校卷第十三、撫釋一、余仁仲本、和本、十行本、閩本、監本、毛本、殿本、阮刻本同，岳本無此十六字。

⑧ “徐”，彙校卷第十三、撫釋一、余仁仲本、和本、十行本、閩本、監本、毛本、殿本、阮刻本同，岳本無此字。

⑨ “怛旦末反”，彙校卷第十三、撫釋一、余仁仲本、和本、十行本、閩本、監本、（轉下頁注）

三月而祥，十五月而禫。此謂父在爲母也。當在“練則弔”上，爛脱在此。○禫，大庚反①。三年之喪，雖功衰，不弔，自諸侯達諸士。如有服而將往哭之，則服其服而往。功衰，既練之服也。諸侯服新死者之服而往哭，謂所不臣也。練則弔。父在爲母，功衰可以弔人者，以父在，故輕於出也。然則凡齊衰十一月，皆可以出矣。既葬，大功，弔，哭而退，不聽事焉。聽，猶待也。事，謂襲、斂、執綍之屬。⊙綍，音弗②。期之喪，未葬，弔於鄉人，哭而退，不聽事焉。功衰，弔，待事不執事。謂爲姑、姊妹無主，殯不在己族者。○功衰弔，本又作“大功衰弔”。庾云：“有‘大’字非。”③小功、緦，執事，不與於禮。禮，饋奠也。○與，音預，下文注“不與”同④。

21·22○相趨也，出宮而退。相揖也，哀次而退。相問也，既封而退。相見也，反哭而退。朋友，虞、附而退。此弔者恩薄厚、去遲速之節也。相趨，謂相聞姓名來會喪事也。相揖，嘗會於他也。相問，嘗相惠遺也。相見，嘗執摯相見也。附，皆當爲“祔”。○封，彼驗反，又如字⑤。摯，音至⑥。

21·23○弔，非從主人也。四十者執綍，言弔者必助主人之事。從，猶隨也。成人二十以上，至四十丁壯時。鄉人五十者從反哭。四十者待盈坎。非鄉人，則長少皆反，優遠也。坎，或爲“壙”。○坎，口敢反，下同。

（接上頁注）毛本、殿本、阮刻本同，岳本無此四字。

①“禫大庚反”，余仁仲本、岳本、和本、十行本、閩本、監本、毛本、殿本、阮刻本“禫大感反”，是；彙校卷十三、撫釋一無此四字。

②“綍音弗”，彙校卷第十三、撫釋一、余仁仲本、和本、十行本、閩本、監本、毛本、殿本、阮刻本同，岳本無此三字。

③“功衰弔本又作大功衰弔庾云有大字非”，彙校卷第十三、撫釋一、余仁仲本、和本、十行本、閩本、監本、毛本、殿本、阮刻本同，岳本無此十六字。

④“下文注不與同”，彙校卷第十三、撫釋一、余仁仲本、和本、十行本、閩本、監本、毛本、殿本、阮刻本同，岳本無此六字。

⑤“如”，彙校卷十三、撫釋一、余仁仲本、岳本、和本、閩本、監本、毛本、殿本、阮刻本同；十行本作“加”，非。

⑥“摯音至”，余仁仲本、和本、十行本、閩本、監本、毛本、殿本、阮刻本同，岳本無此三字，彙校卷第十三、撫釋一“摯”作“贄”。

長少，丁丈反，下詩詔反。壙，苦晃反，又音曠①。

21·24○喪食雖惡，必充飢。飢而廢事，非禮也；飽而忘哀，亦非禮也。視不明，聽不聰，行不正，不知哀，君子病之。故有疾飲酒食肉，五十不致毀，六十不毀，七十飲酒食肉，皆爲疑死。病，猶憂也。疑，猶恐也。○視，如字，徐市志反②。爲，于僞反，注“爲食”、“父”、“爲王父母”、“所爲”、“亦爲”、“不爲”並同③。重言“有疾，飲酒食肉”一④，曲禮上一。又喪大記：“有疾，食肉飲酒可也。”○“七十飲酒食肉”，喪大記“老病，不止酒肉”四⑤。曲禮：“飲酒食肉，處於內。”○“五十不致毀，六十不毀”二，曲禮上一。

21·25○有服，人召之食，不往。大功以下，既葬，適人，人食之，其黨也，食之；非其黨，弗食也。往而見食，則可食也。爲食而往，則不可。黨，猶親也。非親而食，則是食於人無數也。○人食之，音嗣，注“見食”同。功衰，食菜果，飲水漿；無鹽酪，不能食食，鹽酪可也。功衰，齊、斬之末也。酪，酢截。○酪，音洛。食食，上如字，下音嗣。酢，七故反。截，才代反。孔子曰：“身有瘍則浴，首有創則沐，病則飲酒食肉。毀瘠爲病，君子弗爲也。毀而死，君子謂之無子。”毀而死，是不重親。○瘍，音羊。創，初良反。重意曲禮上：“頭有創則沐，身有瘍則浴，有疾，則飲酒食肉。”

21·26○非從柩與反哭，無免於堩。言喪服出入，非此二事皆冠也。免，所以代冠。人於道路，不可以無飾。堩，道路。○免，音問，注同⑥。堩，古鄧反。

---

①“長少丁丈反下詩詔反壙苦晃反又音曠”，彙校卷第十三、撫釋一、余仁仲本、和本、十行本、閩本、監本、毛本、殿本、阮刻本同，岳本無此十六字。

②“視如字徐市志反”，彙校卷第十三、撫釋一、余仁仲本、和本、十行本、閩本、監本、毛本、殿本、阮刻本同，岳本無此七字。

③“注爲食父爲王父母所爲亦爲不爲並同”，彙校卷第十三、撫釋一、余仁仲本同，岳本無此十六字，“父”下當重“爲”字；和本、閩本、監本、毛本、殿本“注”上衍“下”字，十行本“王”誤作“主”，和本、十行本、阮刻本“所”誤作“以”。

④“一”，疑是“二”字之誤。

⑤“老病不止酒肉”，見於喪服四制，非喪大記。又，宋本衍“四”字。

⑥“注同”，彙校卷第十三、撫釋一、余仁仲本、和本、十行本、閩本、監本、毛本、殿本、阮刻本同，岳本無此二字。

21·27○凡喪，小功以上，非虞、附、練、祥，無沐浴。言不有飾事，則不沐浴。

21·28○疏衰之喪，既葬，人請見之則見，不請見人。小功，請見人可也。大功，不以執摯。唯父母之喪，不辟涕泣而見人。言重喪，不行求見人爾。人來求見己①，亦可以見之矣。不辟涕泣，言至哀無飾也。○辟，音避，注同②。

21·29○三年之喪，祥而從政。期之喪，卒哭而從政。九月之喪，既葬而從政。小功、緦之喪，既殯而從政。以王制言之，此謂庶人也。從政，謂爲政者教令③，謂給繇役。○期，音基。繇，音遥，本又作“傜”④。重意王制云：“父母之喪，三年不從政。齊衰、大功之喪，三月不從政。”曾申問於曾子曰：“哭父母有常聲乎？”曰：“中路嬰兒失其母焉，何常聲之有？”嬰，猶鷖彌也。言其若小兒亡母啼號，安得常聲乎？所謂“哭不偯”。○鷖，於奚反。彌，徐五兮反⑤，一音迷。啼，徒奚反，本又作“諦”，同。號，徐本又作“嗁”，胡刀反⑥。偯，於豈反，下文同，説文作“悠”⑦。卒哭而諱。自此而鬼神事之，尊而諱其名。王父母、兄弟、世父、叔父、姑、姊妹，子與父同

---

①“己”，撫州本、余仁仲本、岳本、嘉靖本、八行本、和本、閩本、監本、毛本、殿本、阮刻本同；十行本作“則”，非。
②“注同”，彙校卷第十三、撫釋一、余仁仲本、和本、十行本、閩本、監本、毛本、殿本、阮刻本同，岳本無此二字。
③“謂”，撫州本、余仁仲本、岳本、嘉靖本、八行本、和本、十行本、閩本、監本、毛本、殿本、阮刻本作“從”，是。
④“繇音遥本又作傜”，彙校卷第十三、撫釋一、余仁仲本、和本、十行本、閩本、監本、毛本、殿本、阮刻本同，岳本無此七字。
⑤“徐”，彙校卷第十三、撫釋一、余仁仲本同，岳本、和本、十行本、閩本、監本、毛本、殿本、阮刻本無此字。
⑥“啼徒奚反本又作諦同號徐本又作嗁胡刀反”，彙校卷第十三、撫釋一、余仁仲本、和本、十行本、閩本、監本、毛本、殿本、阮刻本同，岳本無此十八字。
⑦“下文同説文作悠”，彙校卷第十三、撫釋一、余仁仲本同，岳本無此七字，和本、十行本、閩本、監本、毛本、殿本、阮刻本脱上“文”字。

諱。父爲其親諱,則子不敢不從諱也。謂"王父母"以下之親諱①,是謂士也。天子、諸侯諱群祖。**母之諱,宮中諱。妻之諱,不舉諸其側。與從祖昆弟同名則諱。**母之所爲其親諱,子孫於宮中不言;妻之所爲其親諱,夫於其側亦不言也。孝子聞名心瞿,凡不言人諱者,亦爲其相感動也。子與父同諱,則子可盡曾祖之親也。從祖昆弟在其中,於父輕,不爲諱。與母妻之親同名,重則諱之。○重,直龍反②。**以喪冠者,雖三年之喪可也。既冠於次,入,哭踊三者三,乃出。**言"雖"者,明齊衰以下皆可以喪冠也。始遭喪以其冠月,則喪服因冠矣。非其冠月,待變除卒哭而冠。次,廬也。雖,或爲"唯"。○冠,古亂反,下及注皆同③。三,息暫反。**大功之末可以冠子,可以嫁子。父小功之末可以冠子,可以嫁子,可以取婦。己雖小功,既卒哭,可以冠、取妻;下殤之小功,則不可。**此皆謂可用吉禮之時。父大功,卒哭而可以冠子、嫁子;小功,卒哭而可以取婦。己大功,卒哭而可以冠子④;小功,卒哭而可以取妻。必偕祭乃行也。下殤小功,齊衰之親,除喪而後可爲昏禮。凡冠者,其時當冠,則因喪而冠之。○取,七住反,又如字。**凡弁絰,其衰侈袂。**侈,猶大也。弁絰服者,弔服也。其衰:錫也,緦也,疑也。袂之小者二尺二寸,大者半而益之,則侈袂三尺三寸。○侈,昌氏反。袂,彌世反⑤。**父有服,宮中子不與於樂。母有服,聲聞焉,不舉樂。妻有服,不舉樂於其側。**

---

① "謂",撫州本、余仁仲本、岳本、嘉靖本、八行本、和本、十行本、閩本、監本、毛本、殿本、阮刻本同,考異謂當作"爲",是。

② "重直龍反",彙校卷十三、撫釋一、余仁仲本、岳本同;和本、十行本、閩本、監本、毛本、阮刻本脱此四字。

③ "及注",彙校卷第十三、撫釋一、余仁仲本、和本、十行本、閩本、監本、毛本、殿本、阮刻本同,岳本無此二字。

④ "冠子",撫州本、余仁仲本、岳本、嘉靖本、八行本、和本、十行本、閩本、監本、毛本、殿本、阮刻本同。考異曰:"'子',衍字也。冠者,己身加冠也。經文'冠子'、'取婦'據父言之;'冠'、'取妻'據己言之,分別極明。此注'己大功卒哭而可以冠',即上注'父大功卒哭而可以冠子',正義所謂'今鄭同之',得其義矣。而今本正義中複舉此句,亦衍'子'字,乃後人妄添,非其舊也"。鍔案:張説是也。

⑤ "袂彌世反",彙校卷第十三、撫釋一、余仁仲本、和本、十行本、閩本、監本、毛本、殿本、阮刻本同,岳本無此四字。

宮中子,與父同宮者也。禮由命士以上,父子異宮。不與於樂,謂出行見之,不得觀也。○與,音預,注同①。聞,音問,又如字。**大功將至,辟琴瑟。**亦所以助哀也。至,來也。○辟,音避,一音婢亦反。**小功至,不絕樂。**

21・30○**姑、姊妹,其夫死,而夫黨無兄弟,使夫之族人主喪,妻之黨,雖親弗主。**此謂姑、姊妹無子,寡而死也。夫黨無兄弟,無緦之親也。其主喪,不使妻之親,而使夫之族人。婦人外成,主必得宜夫之姓類②。**夫若無族矣,則前後家,東西家;無有,則里尹主之。**喪無無主也。里尹,閭胥、里宰之屬。王度記曰:"百户爲里,里一尹,其禄如庶人在官者。"里,或爲"士"。諸侯弔於異國之臣,則其君爲主。里尹主之,亦斯義也。**或曰:"主之,而附於夫之黨。"**妻之黨自主之,非也③。夫之黨,其祖姑也。

21・31○**麻者不紳,執玉不麻,麻不加於采。**吉凶不相干也。麻,謂絰也。紳,大帶也。喪以要絰代大帶也。麻不加於采,衣采者不麻。謂弁絰者必服弔服是也。采,玄纁之衣。○紳,音申。要絰,一遥反,下大結反。衣,於既反,又如字。纁,許云反④。

21・32○**國禁哭,則止朝夕之奠,即位自因也。**禁哭,謂大祭祀時⑤。雖不哭,猶朝夕奠。自因,自用故事。**童子哭,不偯⑥,不踊,不杖,不菲,不廬。**未成人者,不能備禮也。當室則杖。○扉,本又作"菲",扶味反⑦。

────────────

① "注同",彙校卷第十三、撫釋一、余仁仲本、和本、十行本、閩本、監本、毛本、殿本、阮刻本同,岳本無此二字。
② "得宜",撫州本、余仁仲本、岳本、嘉靖本、八行本、和本、十行本、閩本、監本、毛本、殿本、阮刻本作"宜得",是。
③ "自主之非也",撫州本、余仁仲本、岳本、嘉靖本、八行本、和本、閩本、監本、毛本、殿本、阮刻本同;十行本倒作"自主非之也"。
④ "要絰一遥反下大結反衣於既反又如字纁許云反",彙校卷第十三、撫釋一、余仁仲本、和本、十行本、閩本、監本、毛本、殿本、阮刻本同,岳本無此二十字。
⑤ "大",撫州本、余仁仲本、岳本、嘉靖本、八行本、和本、閩本、監本、毛本、殿本、阮刻本同;十行本作"夫",非。
⑥ "偯",撫州本、余仁仲本、岳本、嘉靖本、八行本、和本、閩本、監本、毛本、殿本、阮刻本同;十行本作"懷",非。
⑦ "扉本又作菲扶味反",彙校卷第十三、撫釋一、余仁仲本、和本、閩本、監本、(轉下頁注)

孔子曰："伯母、叔母疏衰,踊不絕地。姑、姊妹之大功,踊絕於地。如知此者,由文矣哉! 由文矣哉!"由,用也。言知此踊絕地、不絕地之情者,能用禮文哉! 能用禮文哉! 美之也。伯母、叔母,義也。姑、姊妹,骨肉也。

21·33○世柳之母死[①],相者由左。世柳死,其徒由右相。由右相,世柳之徒爲之也。亦記失禮所由始也[②]。世柳,魯穆公時賢人也。相,相主人之禮。○柳,良九反。相,息亮反,下及注皆同。

21·34○天子飯九貝,諸侯七,大夫五,士三。此蓋夏時禮也。周禮,天子飯含用玉。○飯,扶晚反,注同[③]。含,本又作"唅"[④],胡闇反,下文同[⑤]。士三月而葬,是月也卒哭。大夫三月而葬,五月而卒哭。諸侯五月而葬,七月而卒哭。士三虞,大夫五,諸侯七。尊卑恩之差也。天子至士,葬即反虞。重言"大夫三月而葬,諸侯五月而葬",重見王制第四。諸侯使人弔,其次含、襚、賵、臨,皆同日而畢事者也。其次如此也。言五者相次同時。○臨,如字,徐力鴆反[⑥]。卿大夫疾,君問之無筭;士,壹問之。君於卿大夫,比葬不食肉,比卒哭,不舉樂;爲士,比殯不舉樂。

21·35○升正柩,諸侯,執綍五百人,四綍,皆銜枚;司馬執

（接上頁注）毛本、殿本、阮刻本同,岳本無"扉本又作"四字;十行本"扶"作"按",非。

①"世柳",唐石經、撫州本、余仁仲本、嘉靖本、八行本、和本、十行本、阮刻本同;岳本、閩本、監本、毛本、殿本作"泄柳",下同。考異曰:"'世'、'泄'同字也,十行本正義中尚作'世',俗注疏本盡改爲'泄',非矣。"

②"失禮",撫州本、余仁仲本、岳本、嘉靖本、八行本、和本、閩本、監本、毛本、殿本、阮刻本同;十行本"失"作"夫",非。

③"注同",彙校卷第十三、撫釋一、余仁仲本、和本、十行本、閩本、監本、毛本、殿本、阮刻本同,岳本無此二字。

④"本又作唅",彙校卷第十三、撫釋一、余仁仲本、和本、十行本、閩本、監本、毛本、殿本、阮刻本同,岳本無此四字。

⑤"下文同",彙校卷第十三、撫釋一、余仁仲本、和本、十行本、閩本、監本、毛本、殿本、阮刻本同,岳本無此三字。

⑥"徐",彙校卷第十三、撫釋一、余仁仲本、和本、十行本、閩本、監本、毛本、殿本、阮刻本同,岳本作"又"。

鐸,左八人,右八人;匠人執羽葆御柩。大夫之喪,其升正柩也,執引者三百人,執鐸者左右各四人,御柩以茅。升正柩者,謂將葬,朝于祖,正棺於廟也。五百人,謂一黨之民。諸侯之大夫,邑有三百户之制。綍、引同耳。廟中曰綍,在塗曰引①,互言之。御柩者,居前道正之。大夫、士皆二綍。○筭,悉亂反②。比,必利反,下同③。爲,于僞反。枚,音梅。鐸,大洛反。葆,音保④。引,以慎反,注同。茅,亡交反。朝于,直遙反⑤。道,音導。

21·36○孔子曰:"管仲鏤簋而朱紘,旅樹而反坫,山節而藻梲,賢大夫也,而難爲上也。言其僭天子、諸侯。鏤簋,刻爲蟲獸也。冠有笄者爲紘。紘在纓處,兩端上屬⑥,下不結。旅樹,門屏也。反坫,反爵之坫也。山節,薄櫨刻之爲山。梲,侏儒柱,畫之爲藻文。○鏤,音陋。簋,音軌。紘,音宏。坫,丁念反。藻,音早⑦。梲,章悅反。笄,音雞⑧。屬,音燭。薄,音薄⑨,又皮麥反,又步博反,徐又薄歷反⑩。櫨,音盧。侏,音朱⑪。重言"管仲鏤簋而

---

① "塗",撫州本、余仁仲本、岳本、嘉靖本、八行本、和本、閩本、監本、毛本、殿本、阮刻本同;十行本作"葬",非。

② "筭悉亂反",彙校卷第十三、撫釋一、余仁仲本、和本、十行本、閩本、監本、毛本、殿本、阮刻本同,岳本無此四字。

③ "下同",彙校卷第十三、撫釋一、余仁仲本、和本、十行本、閩本、監本、毛本、殿本、阮刻本同,岳本無此二字。

④ "枚音梅鐸大洛反葆音保",彙校卷第十三、撫釋一、余仁仲本、和本、十行本、閩本、監本、毛本、殿本、阮刻本同,岳本無此十字。

⑤ "注同茅亡交反朝于直遙反",彙校卷第十三、撫釋一、余仁仲本、和本、十行本、閩本、監本、毛本、殿本、阮刻本同,岳本無此十一字。

⑥ "上",撫州本、余仁仲本、岳本、嘉靖本、八行本、和本、閩本、監本、毛本、殿本、阮刻本同;十行本作"二",非。

⑦ "藻音早",彙校卷第十三、撫釋一、余仁仲本、和本、十行本、閩本、監本、毛本、殿本、阮刻本同,岳本無此三字。

⑧ "笄音雞",彙校卷第十三、撫釋一、余仁仲本、和本、十行本、閩本、監本、毛本、殿本、阮刻本同,岳本無此三字。

⑨ "薄",彙校卷十三、撫釋一、余仁仲本、岳本、和本、十行本、閩本、監本、毛本、殿本、阮刻本作"博",是。

⑩ "又皮麥反又步博反徐又薄歷反",彙校卷第十三、撫釋一、余仁仲本、和本、閩本、監本、毛本、殿本、阮刻本同,岳本無此十三字;十行本"皮"作"反",非。

⑪ "侏音朱",彙校卷第十三、撫釋一、余仁仲本、和本、十行本、閩本、監本、毛(轉下頁注)

朱紘①，山節而藻梲"二，一見禮器第十。又明堂："山節藻梲。"**晏平仲祀其先人，豚肩不揜豆，賢大夫也，而難爲下也。**言其偪士庶人也。豚，俎實。豆，徑尺，言并豚兩肩，不能覆豆，喻小也。○弇，於檢反，本亦作"揜"②。併，步頂反。重言"晏平仲祀其先人，豚肩不揜豆"二，一見禮器第十。**君子上不僭上，下不偪下。"**

21・37○**婦人非三年之喪，不踰封而弔。**踰封③，越竟也④。或爲"越強"⑤。○偪，音逼，本又作"損"⑥。強，紀良反。**如三年之喪，則君夫人歸。**奔父母喪也。**夫人其歸也，以諸侯之弔禮。其待之也，若待諸侯然。**謂夫人行道車服，主國致禮。**夫人至，入自闈門，升自側階，君在阼。其他如奔喪禮然。**女子子不自同於女賓也。宮中之門曰闈門，爲相通者也。側階⑦，亦旁階也。他，謂哭、踊、髽、麻。闈門，或爲"帷門"。○闈，音韋，宮中之門，劉昌宗音暉⑧。髽，側瓜反。

21・38○**嫂不撫叔，叔不撫嫂。**遠別也。○嫂，悉早反⑨。**君子**

（接上頁注）本、殿本、阮刻本同，岳本無此三字。

①"錫"，乃"鏤"字之誤。

②"弇於檢反本亦作揜"，彙校卷第十三、撫釋一、余仁仲本、和本、十行本、閩本、監本、毛本、殿本、阮刻本同，岳本無此八字。

③"踰"，撫州本、余仁仲本、岳本、嘉靖本、八行本、和本、閩本、監本、毛本、殿本、阮刻本同；十行本作"喻"，非。

④"竟"，撫州本、余仁仲本、嘉靖本、八行本、和本、十行本、閩本、監本、毛本、殿本、阮刻本同；岳本作"境"。

⑤"強"，撫州本、余仁仲本、岳本、嘉靖本、八行本、和本、十行本、閩本、監本、毛本、殿本、阮刻本、吳氏朱批作"彊"，是，下釋文同。

⑥"本又作損"，彙校卷第十三、撫釋一、余仁仲本、和本、十行本、閩本、監本、毛本、殿本、阮刻本同，岳本無此四字。

⑦"階"，余仁仲本、岳本、嘉靖本、八行本、和本、十行本、閩本、監本、毛本、殿本、阮刻本同；撫州本作"偕"，非。

⑧"宮中之門劉昌宗音暉"，彙校卷第十三、撫釋一、余仁仲本、和本、十行本、閩本、監本、毛本、殿本、阮刻本同，岳本無此九字。

⑨"嫂悉早反"，彙校卷第十三、撫釋一、余仁仲本、和本、十行本、閩本、監本、毛本、殿本、阮刻本同，岳本無此四字。

有三患：未之聞，患弗得聞也；既聞之，患弗得學也；既學之，患弗能行也。君子有五耻：居其位，無其言，君子耻之；有其言，無其行，君子耻之；既得之而又失之，君子耻之；地有餘而民不足，君子耻之；衆寡均而倍焉，君子耻之。耻民不足者，古今居民①，量地以制邑，度地以居民，地邑民居，必參相得也。衆寡均，謂俱有役事，人數等也。倍焉，彼功倍己也。○其行，下孟反。○重意表記三十二："君子耻之，有其辭而無其德，耻有其德而無其行。"

21・39○孔子曰："凶年則乘駑馬，祀以下牲。"自貶損，亦取易供也。駑馬，六種最下者。下牲，少牢若特豕、特豚也。○駑，音奴。貶，必檢反。易供，上以豉反，下音恭。種，章勇反②。

21・40○恤由之喪，哀公使孺悲之孔子學士喪禮，士喪禮於是乎書。時人轉而僭上，士之喪禮已廢矣。孔子以教孺悲，國人乃復書而存之。○孺，而樹反，本亦作"孺"③。復，扶又反。

21・41○子貢觀於蜡。孔子曰："賜也樂乎？"對曰："一國之人皆若狂，賜未知其樂也。"蜡也者，索也，歲十二月，合聚萬物而索饗之祭也。國索鬼神而祭祀，則黨正以禮屬民而飲酒于序，以正齒位，於是時，民無不醉者如狂矣。曰"未知其樂"，怪之。○蜡，仕嫁反。樂，音洛，下及注同④。索，色百反，下同⑤。屬，音燭。子曰："百日之蜡⑥，一日之澤，非爾所知也。

---

① "今"，撫州本、余仁仲本、岳本、嘉靖本、八行本、和本、十行本、閩本、監本、毛本、殿本、阮刻本作"者"，是。

② "駑音奴貶必檢反易供上以豉反下音恭種章勇反"，彙校卷第十三、撫釋一、余仁仲本、和本、十行本、閩本、監本、毛本、殿本、阮刻本同，岳本無此二十字。

③ "孺而樹反本亦作孺"，閩本、監本、毛本、殿本同，岳本無此八字；彙校卷第十三、撫釋一、余仁仲本、和本、十行本、阮刻本上"孺"作"孺"，是。

④ "及注"，彙校卷第十三、撫釋一、余仁仲本、和本、十行本、閩本、監本、毛本、殿本、阮刻本同，岳本無此二字。

⑤ "索色百反下同"，彙校卷第十三、撫釋一、余仁仲本、和本、十行本、閩本、監本、毛本、殿本、阮刻本同，岳本無此六字。

⑥ "蜡"，唐石經、撫州本、余仁仲本、岳本、嘉靖本、八行本、和本、十行本、閩本、監本、毛本、殿本、阮刻本作"蜡"，是。

蜡之祭,主先嗇也。大飲烝,勞農以休息之,言民皆勤稼穡,有百日之勞,喻久也。今一日使之飲酒燕樂,是君之恩澤。非女所知,言其義大。○嗇,音色。烝,之承反。勞,力報反。女,音汝①。**張而不弛,文、武弗能也。弛而不張,文、武弗爲也。一張一弛,文、武之道也。**”張、弛,以弓弩喻人也。弓弩久張之②,則失其體。○弛,尸是反,下及注同③。弩,乃古反④。

　　21·42○**孟獻子曰**:“**正月日至,可以有事於上帝。七月日至,可以有事於祖。**”**七月而禘,獻子爲之也。**記魯失禮所由也。孟獻子,魯大夫仲孫蔑也。魯以周公之故,得以正月日至之後郊天,亦以始祖后稷配之。獻子欲尊其祖,以郊天之月,對月禘之,非也。魯之宗廟,猶以夏時之孟月爾。明堂位曰:“季夏六月,以禘禮祀周公於大廟。”○大廟,音泰⑤。

　　21·43○**夫人之不命於天子,自魯昭公始也。**亦記魯失禮所由也。周之制,同姓,百世昏姻不通。吳,大伯之後,魯同姓。昭公取於吳,謂之吳孟子,不告於天子。自此後取者,遂不告於天子,天子亦不命之。

　　21·44○**外宗爲君、夫人,猶内宗也。**皆謂嫁於國中者也⑥。爲君服斬,夫人齊衰,不敢以其親服服至尊也。外宗,謂姑、姊妹之女,舅之女及從母皆是也。内宗,五蜀之女也⑦。其無服而嫁於諸臣者,從爲夫之君;嫁於庶人,

---

① “嗇音色烝之承反勞力報反女音汝”,彙校卷第十三、撫釋一、余仁仲本、和本、十行本、閩本、監本、毛本、殿本、阮刻本同,岳本無此十四字。

② “張之”下,撫州本、余仁仲本、岳本、嘉靖本、八行本、和本、十行本、閩本、監本、毛本、殿本、阮刻本有“則絶其力久弛之”七字,是。

③ “及注”,彙校卷第十三、撫釋一、余仁仲本、和本、十行本、閩本、監本、毛本、殿本、阮刻本同,岳本無此二字。

④ “弩乃古反”,彙校卷十三、撫釋一、余仁仲本、和本、閩本、監本、毛本、殿本同,岳本無此四字;十行本“乃古反”作“弓古反”,阮刻本作“弓乃反”,皆非。

⑤ “大廟音泰”,彙校卷第十三、撫釋一、余仁仲本、和本、十行本、閩本、監本、毛本、殿本、阮刻本同,岳本無此四字。

⑥ “謂”,余仁仲本、岳本、嘉靖本、八行本、和本、十行本、閩本、監本、毛本、殿本、阮刻本同;撫州本作“爲”,非。

⑦ “蜀”,撫州本、余仁仲本、岳本、嘉靖本、八行本、和本、十行本、閩本、監本、毛本、殿本、阮刻本、吳氏朱批作“屬”,是。

從爲國君。○外宗爲，于僞反，注同，下“爲火”、“爲之服”、下注“爲其”亦同①。

21・45○厩焚，孔子拜鄉人爲火來者。拜，謝之。拜之，士壹，大夫再，亦相弔之道也。言“拜之”者，爲其來弔己。宗伯職曰：“以弔禮哀禍災②。”孔子曰：“管仲遇盜，取二人焉，上以爲公臣，曰：‘其所與遊，辟也。可人也。’言此人可也，但居惡人之中，使之犯法。○上，時掌反。辟，匹亦反。管仲死，桓公使爲之服。宦於大夫者之爲之服也③，自管仲始也。”有君命焉爾也。亦記失禮所由也。善桓公不忘賢者之舉。宦，猶仕也。此仕於大夫，更升於公，與“違大夫之諸侯”同爾。禮不反服。

21・46○過而舉君之諱，則起。舉，猶言也。起立者，失言而變自新。與君之諱同，則稱字。謂諸臣之名也。

21・47○内亂不與焉，外患弗辟也。謂卿大夫也。同僚將爲亂，己力不能討，不與而已。至於鄰國爲寇，則當死之也。春秋魯公子友如陳葬原仲，傳曰：“君子辟内難而不辟外難。”○與，音預，注同④。辟，音避，注同。僚，本又作“寮”，力雕反。難，乃旦反，下同⑤。

21・48○贊大行曰：圭，公九寸，侯、伯七寸，子、男五寸；博三寸，厚半寸，剡上左右各寸半，玉也。藻三采六等。贊大行者，書説大行人之禮者名也。藻，薦玉者也。三采六等，以朱、白、蒼畫之再行也。子、男執

①“外宗爲于僞反注同下爲火爲之服下注爲其亦同”，彙校卷第十三、撫釋一、余仁仲本、和本同，岳本作“爲去聲下同”；十行本、閩本、監本、毛本、殿本、阮刻本“火”作“夫”，非。

②“禍災”，撫州本、余仁仲本、岳本、嘉靖本、八行本、和本、閩本、監本、毛本、殿本、阮刻本同；十行本作“厩焚”，非。

③“宦”，唐石經、撫州本、余仁仲本、岳本、嘉靖本、八行本、和本同；十行本、閩本、監本、毛本、殿本、阮刻本作“官”，非，注文同。阮校曰：“官於大夫者之爲之服也　惠棟校宋本‘官’作‘宦’，宋監本、石經、岳本、嘉靖本、衛氏集説同，此本誤作‘官’，閩、監、毛本同，注疏並放此。石經考文提要云：‘宋大字本、宋本九經、南宋巾箱本、余仁仲本、劉叔剛本並作“宦”。’按：惠棟校正義皆作‘宦’。”

④“注同”，彙校卷第十三、撫釋一、余仁仲本、和本、十行本、閩本、監本、毛本、殿本、阮刻本同，岳本無此二字。

⑤“注同僚本又作寮力雕反難乃旦反下同”，彙校卷第十三、撫釋一、余仁仲本、和本、十行本、閩本、監本、毛本、殿本、阮刻本同，岳本無此十六字。

璧,作此贊者失之矣。○厚,户豆反。剗,以冉反①。畫,胡卦反,徐胡麥反②。再
行,户岡反。**哀公問子羔曰:"子之食奚當?"**問其先人始仕食禄,以何君
時。○當,如字,注同,舊丁浪反③。**對曰:"文公之下執事也。"**

21·49○**成廟則釁之。其禮祝、宗人、宰夫、雍人,皆爵弁純
衣,**廟新成,必釁之,尊而神之也。宗人先請於君曰:"請命以釁某廟。"君諾之,
乃行。○釁,許靳反④。純,側其反。**雍人拭羊,宗人視之⑤,宰夫北面于
碑南,東上。**居上者,宰夫也。宰夫,攝主也。拭,靜也⑥。○拭,音式。碑,被
皮反。靚,本亦作"静",同才性反⑦。**雍人舉羊升屋,自中,中屋南面,刲
羊,血流于前,乃降。門、夾室皆用鷄,先門而後夾室,其衈皆於
屋下。割鷄:門,當門;夾室,中室。**自,由也。衈,謂將刲割牲以釁,先
滅耳旁毛薦之。耳,聽聲者,告神欲其聽之。周禮有"刉衈"。○刲,苦圭反。夾,
古袷反⑧。衈,如志反。刉,古代反,又古對反⑨,一音其既反。珥,如志反⑩。

---

①"厚户豆反剗以冉反",彙校卷第十三、撫釋一、余仁仲本、和本、十行本、閩本、監本、毛
　本、殿本、阮刻本同,岳本無此八字。
②"徐胡麥反",彙校卷第十三、撫釋一、余仁仲本、和本、十行本、閩本、監本、毛本、殿本、
　阮刻本同,岳本無此四字。
③"注同舊丁浪反",彙校卷十三、撫釋一、余仁仲本、和本、監本、毛本、阮刻本同,殿本無
　"注同"二字;十行本、閩本"丁"作"才",非。
④"釁許靳反",彙校卷第十三、撫釋一、余仁仲本、和本、十行本、閩本、監本、毛本、殿本、
　阮刻本同,岳本無此四字。
⑤"視",唐石經、撫州本、余仁仲本、岳本、嘉靖本、八行本、阮刻本同;和本、十行本、閩本、
　監本、毛本、殿本作"祝",非。
⑥"静",撫州本、余仁仲本、岳本、嘉靖本、八行本、十行本、閩本、監本、毛本、殿本、阮刻本
　同,和本、吳氏朱批、叢刊本作"靚"。
⑦"拭音式碑被皮反靚本亦作静同才性反",岳本無此十六字,彙校卷第十三、撫釋一、余
　仁仲本、和本、十行本、閩本、監本、毛本、殿本、阮刻本"被"作"彼"。
⑧"夾古袷反",岳本無此四字,彙校卷第十三、撫釋一、余仁仲本、和本、十行本、閩本、監
　本、毛本、殿本、阮刻本"袷"作"洽"。
⑨"又古對反",彙校卷第十三、撫釋一、余仁仲本、和本、十行本、閩本、監本、毛本、殿本、
　阮刻本同,岳本無此四字。
⑩"珥如志反",余仁仲本、十行本、阮刻本同,彙校卷十三、撫釋一、和本作"珥如至反",閩
　本、監本、毛本、殿本作"衈如志反",岳本無此四字。

有司皆鄉室而立，門則有司當門，北面。有司，宰夫、祝、宗人。○鄉，許亮反，下同。既事，宗人告事畢，乃皆退。告者，告宰夫。反命于君曰："饗某廟事畢。"反命于寢，君南鄉于門内，朝服。既反命，乃退。君朝服者，不至廟也。○朝，直遥反，注同①。路寢成，則考之而不饗。饗屋者，交神明之道也。言路寢者，生人所居。不饗者，不神之也。考之者，設盛食以落之爾。檀弓曰"晉獻文子成室，諸大夫發焉"是也。重意郊特牲："所以交神明之義也。"凡宗廟之器，其名者成，則釁之以豭豚。宗廟名器，謂尊、彝之屬。○豭，音加。彝，以之反②。

21·50○諸侯出夫人，夫人比至于其國，以夫人之禮行。至，以夫人入。行道以夫人之禮者，棄妻致命其家乃義絶，不用此爲始。○比，必利反。使者將命曰："寡君不敏，不能從而事社稷宗廟，使使臣某敢告於執事。"主人對曰："寡君固前辭不教矣，寡君敢不敬湏以俟命。"前辭不教③，謂納采時也。此辭，賓在門外，擯者傳焉。賓入，致命如初。主人卒辭曰："敢不聽命。"○使，色吏反，下"使臣"、"使者"同。賞，必刃反，本又作"擯"。傳，丈專反④。有司官陳器皿，主人有司亦官受之。器皿，其本所齎物也。律，棄妻畀所齎。○皿，武景反，字林又音猛⑤。齎，子兮反，下同。畀，必利反，與也，又婢支反，償也⑥。妻出，夫使人致之曰："某

---

①"朝直遥反注同"，彙校卷第十三、撫釋一、余仁仲本、和本、十行本、閩本、監本、毛本、殿本、阮刻本同，岳本無此六字。

②"彝以之反"，彙校卷第十三、撫釋一、余仁仲本、和本、十行本、閩本、監本、毛本、殿本、阮刻本同，岳本無此四字。

③"辟"，撫州本、余仁仲本、岳本、嘉靖本、八行本、和本、十行本、閩本、監本、毛本、殿本、阮刻本作"辭"，是。

④"使色吏反下使臣使者同賞必刃反本又作擯傳丈專反"，岳本作"使去聲下同"，彙校卷十三、撫釋一、余仁仲本"賞"作"償"，是；和本、十行本、閩本、監本、毛本、殿本、阮刻本脱"下使臣使者同賞必刃反本又作擯傳丈專反"十八字。

⑤"字林"，彙校卷第十三、撫釋一、余仁仲本、和本、十行本、閩本、監本、毛本、殿本、阮刻本同，岳本無此二字。

⑥"齎子兮反下同畀必利反與也又婢支反償也"，彙校卷第十三、撫釋一、余仁仲本、和本、十行本、閩本、監本、毛本、殿本、阮刻本同，岳本無此十八字。

不敏，不能從而共粢盛，使某也敢告於侍者。"主人對曰："某之子不肖，不敢辟誅，敢不敬須以俟命。"使者退，主人拜送之。肖，似也。不似，言不如人。誅，猶罰也。○共，音恭。粢盛，上音咨，下音成。肖，音笑①。辟，音避。**如舅在，則稱舅；舅没，則稱兄；無兄，則稱夫。**言棄妻者，父兄在則稱之，命當由尊者出也。唯國君不稱兄。**主人之辭曰："某之子不肖。"如姑、姊妹，亦皆稱之。**姑、姊妹見棄，亦曰："某之姑、某之姊若妹不肖。"**孔子曰："吾食於少施氏而飽，少施氏食我以禮。**言貴其以禮待己而爲之飽也。時人倨慢，若季氏則不以禮矣。少施氏，魯惠公子施父之後。○少，失召反，下及注同②。食我，音嗣。爲，于僞反，下"來爲"、"亦爲"同。倨，音據。慢，武諫反，本亦作"慢"。父，音甫③。**吾祭，作而辭曰：'疏食，不足祭也。'吾飧，作而辭曰：'疏食也，不敢以傷吾子。'"納幣一束，束五兩，兩五尋。**納幣，謂昏禮納徵也。十个爲束④，貴成數。兩兩者合其卷，是謂五兩。八尺曰尋，五兩五尋⑤，則每卷二丈也，合之則四十尺。今謂之匹，猶匹偶之云與？○飧，音孫。个，古賀反。卷，音眷，徐紀勉反⑥，下同。與，音餘⑦。**婦見舅姑，兄弟、姑、姊妹，皆立于堂下，西面，北上，是

---

① "粢盛上音咨下音成肖音笑"，彙校卷第十三、撫釋一、余仁仲本、和本、十行本、閩本、監本、毛本、殿本、阮刻本同，岳本無此十一字。

② "及注"，彙校卷第十三、撫釋一、余仁仲本、和本、十行本、閩本、監本、毛本、殿本、阮刻本同，岳本無此二字。

③ "爲于僞反下來爲亦爲同倨音據慢武諫反本亦作慢父音甫"，彙校卷第十三、撫釋一、余仁仲本、和本、阮刻本同，岳本無此二十四字；十行本、閩本、監本、毛本、殿本"慢"作"慢"，十行本"本"作"書"，皆非。

④ "个"，撫州本、余仁仲本、岳本、嘉靖本、和本、阮刻本同，八行本、十行本、閩本、監本、毛本、殿本作"箇"。阮校曰："十个爲束　岳本同，嘉靖本同，衛氏集説同，閩、監、毛本'个'作'箇'。釋文出'十个'。"

⑤ "五兩"，余仁仲本、岳本、嘉靖本、八行本、和本、十行本、閩本、監本、毛本、殿本、阮刻本同；撫州本作"一兩"，是。阮校曰："五兩五尋　閩、監、毛本同，岳本同，嘉靖本同，衛氏集説同。段玉裁校本云：'"五兩五尋"，宋監本作"一兩五尋"。召南疏作"一兩五尋"。'

⑥ "徐"，彙校卷第十三、撫釋一、余仁仲本、和本、十行本、閩本、監本、毛本、殿本、阮刻本同，岳本作"又"。

⑦ "下同與音餘"，彙校卷第十三、撫釋一、余仁仲本、和本、十行本、閩本、監本、（轉下頁注）

見已。婦來爲供養也。其見主於尊者，兄弟以下在位，是爲已見，不復特見。○婦見，賢遍反，下注同①。供，恭用反。養，羊尚反。復，扶又反②。**見諸父，各就其寢。**旁尊也。亦爲見時不來。**女雖未許嫁，年二十而笄，禮之，婦人執其禮。**雖未許嫁，年二十，亦爲成人矣。禮之，酌以成之。言“婦人執其禮”，明非許嫁之笄。重意内則篇云：“十有五年而笄，二十而嫁。”曲禮上：“女子許嫁，笄而字。”**燕則鬌首。**既笄之後去之，猶若女有鬌紒也。○鬌，音權，又居阮反。去，起居反。鬌，丁果反。紒，音計，字又作“髻”③。

　　21・51○**韠，長三尺，下廣二尺，上廣一尺。會去上五寸。紕以爵韋六寸，不至下五寸。純以素，紃以五采。**會，謂領上縫也④。領之所用，蓋與紕同。在旁曰紕，在下曰純。素，生帛也⑤。紕六寸者，中執之，表裏各三寸也⑥。純紕所不至者五寸⑦，與會去上同。紃施諸縫中，若今時絛也⑧。○

―――――――

（接上頁注）毛本、殿本、阮刻本同，岳本無此五字。

①“下注同”，彙校卷第十三、撫釋一、余仁仲本、和本、十行本、閩本、監本、毛本、殿本、阮刻本同，岳本無此三字。

②“復扶又反”，彙校卷第十三、撫釋一、余仁仲本、和本、十行本、閩本、監本、毛本、殿本、阮刻本同，岳本無此四字。

③“紒音計字又作髻”，岳本作“紒音計”，彙校卷十三作“紛音計字又作紒”，余仁仲本、十行本、閩本、監本、毛本、殿本、阮刻本“髻”作“紒”；撫釋一作“絲音計字又作紒”，和本作“紒音計字又作絲”，是。

④“領上”，余仁仲本、嘉靖本、和本、十行本、閩本、監本、毛本、殿本、阮刻本同；撫州本、岳本、八行本作“上領”，是。考異曰：“上者，與‘在旁’、‘在下’相對，其‘領縫’連文，作‘領上’者誤。”阮校曰：“會謂領上縫也　閩、監、毛本同，嘉靖本同，衞氏集説同，惠棟校宋本‘領上’作‘上領’，足利本同，岳本同，續通解同，釋文出‘領縫’。盧文弨云：‘通考作“領上縫”，疏但作“領縫”，似“上”字衍也。’”

⑤“生”，撫州本、余仁仲本、岳本、嘉靖本、八行本、和本、閩本、監本、毛本、殿本、阮刻本同；十行本作“主”，非。

⑥“寸”，撫州本、余仁仲本、岳本、嘉靖本、八行本、和本、閩本、監本、毛本、殿本、阮刻本同；十行本作“十”，非。

⑦“純紕所不至者五寸”，撫州本、余仁仲本、岳本、嘉靖本、八行本、和本、閩本、監本、毛本、殿本、阮刻本同；十行本“紕”作“純”，“寸”作“十”，皆非。

⑧“絛”，撫州本、余仁仲本、岳本、嘉靖本、八行本、和本、閩本、監本、毛本、殿本、阮刻本同；十行本作“縫”，非。

韠,音必。長,直諒反。廣,古曠反,下同①。會,古外反,注同②。紕,婢支反,又方移反,注同③。純,之閏反,又支允反,注同,徐方移反④。紃,音巡,徐辭均反。縫,扶用反,下同。絛,本又作"條",同,吐刀反⑤。

纂圖互注禮記卷之十二⑥

---

①"下同",彙校卷第十三、撫釋一、余仁仲本、和本、十行本、閩本、監本、毛本、殿本、阮刻本同,岳本無此二字。

②"注同",彙校卷第十三、撫釋一、余仁仲本、和本、十行本、閩本、監本、毛本、殿本、阮刻本同,岳本無此二字。

③"又方移反注同",彙校卷第十三、撫釋一、余仁仲本、和本、十行本、閩本、監本、毛本、殿本、阮刻本同,岳本無此六字。

④"又支允反注同徐方移反",彙校卷第十三、撫釋一、余仁仲本、和本、十行本、閩本、監本、毛本、殿本、阮刻本同,岳本無此十字。

⑤"徐辭均反縫扶用反下同絛本又作條同吐刀反",彙校卷第十三、撫釋一、余仁仲本、和本、十行本、閩本、監本、毛本、殿本、阮刻本同,岳本無此十九字。

⑥撫州本卷十二末頁A面第五行頂格題"禮記卷第十二",空二格題"經五千八十四字,注六千七百十二字"。余仁仲本卷十二末頁B面第九行頂格題"禮記卷第十二",空一格題"經伍仟叁拾柒字",第十行空七格題"注陸仟柒伯捌拾貳字",第十一行空七格題"音義貳仟柒伯柒拾玖字",空二格題"仁仲比校訖"。嘉靖本卷十二末頁B面第四行題"經伍阡叁拾柒字,注陸阡柒伯捌拾貳字"。阮刻本記"宋監本禮記卷第十二,經五千八十四字,注六千七百十二字"。嘉靖本禮記卷第十二,經五千三十七字,注六千七百八十二字"。

纂圖互注禮記之十三

喪大記第二十二○陸曰：“鄭云：‘以其記人君以下始死、小斂、大斂、殯葬之大事，故以大記爲名。’”①

禮記　　　　　　　　　　　　　　　　　鄭氏注②

22·1③疾病，外内皆埽。爲賓客將來問病也。疾困曰病。○埽，悉報反。爲，于僞反，下“爲其”、“爲賓”、“爲主人”皆同④。君、大夫徹縣，士去琴瑟。声音動人，病者欲静也。凡樂器，天子宮縣，諸侯軒縣，大夫判縣，士特縣。去琴瑟者，不命之士。○縣，音玄，注同⑤。去，起吕反，注及下注同⑥。寝東首於北

---

① “陸曰鄭云以其記人君以下始死小斂大斂殯葬之大事故以大記爲名”，余仁仲本、和本、十行本、閩本、監本、毛本、殿本、阮刻本同，岳本無此二十八字，彙校卷第十三、撫釋一無“陸曰”二字。

② 撫州本題“禮記卷第十三”，首行頂格書寫；次行頂格題“喪大祭第二十二”，空三格題“鄭氏注”。余仁仲本題“禮記卷第十三”，首行頂格書寫；次行頂格題“喪大記第二十二”，下雙行小字，第三行空二格題“禮記”，空九格題“鄭氏注”。嘉靖本題“禮記卷第十三”，首行頂格書寫；次行頂格題“喪大記第二十二”，空一格題“禮記”，空一格題“鄭氏注”。

③ 自此篇以下，宋本、余仁仲本未用“○”號分段，整理時依文意分段。

④ “爲于僞反下爲其爲賓爲主人皆同”，彙校卷第十三、撫釋一、余仁仲本、和本、閩本、監本、毛本、殿本、阮刻本同，岳本無此十四字；十行本“主”作“之”，非。

⑤ “注同”，彙校卷第十三、撫釋一、余仁仲本、十行本、閩本、監本、毛本、殿本、阮刻本同，岳本無此二字。

⑥ “去起吕反注及下注同”，余仁仲本、和本、十行本、閩本、監本、毛本、殿本、阮刻本同，岳本作“去上聲”，彙校卷第十三、撫釋一無下“注”字。

牖下。謂君來視之時也。病者恒居北牖下①，或爲"墉下"②。○首，手又反，下注
"南首"同③。牖，音酉，舊音容，下注"牖下"放此。墉，音容④。**廢牀，徹褻衣，**
加新衣，體一人。 廢，去也。人始生在地，去牀，庶其生氣反。徹褻衣，則所
加者新朝服矣，互言之也。加朝服者，明其終於正也。體，手足也。四人持之，爲
其不能自屈伸也。○牀，仕良反，本或作"床"字⑤。褻，息列反⑥。新朝，直遥反，
後"朝服"皆同⑦。**男女改服。** 爲賓家來問病⑧，亦朝服也。庶人深衣。**屬纊**
以俟絕氣⑨。 纊，今之新綿，易動摇，置口鼻之上以爲候。○屬，音燭。纊，音
曠，一音古曠反。易，以豉反⑩。**男子不死於婦人之手，婦人不死於男**
子之手。 君子重終，爲其相褻。**君、夫人卒於路寢。大夫、世婦卒於**
適寢。内子未命，則死於下室，遷尸于寢。士之妻⑪，皆死于寢。

———————

① "北牖下"，撫州本、余仁仲本、岳本、嘉靖本、八行本、和本、閩本、監本、毛本、殿本同；十
行本"北"作"其"，阮刻本"北牖"倒作"牖北"，皆非。
② "墉下"，八行本同；撫州本、余仁仲本、岳本、嘉靖本、和本、十行本、閩本、監本、毛本、殿
本、阮刻本、吳氏朱批"墉"上衍"北"字。阮校曰："或爲北墉下　閩、監、毛本同，岳本
同，嘉靖本同，惠棟校宋本無'北'字，衛氏集説同。按釋文出'爲墉'，是亦無'北'字。"
考異曰："是其本無也。"
③ "下注南首同"，彙校卷第十三、撫釋一、余仁仲本、和本、十行本、閩本、監本、毛本、殿
本、阮刻本同，岳本無此五字。
④ "下注牖下放此墉音容"，彙校卷第十三、撫釋一、余仁仲本、和本、十行本、閩本、監本、
毛本、殿本、阮刻本同，岳本無此九字。
⑤ "牀仕良反本或作床字"，彙校卷第十三、撫釋一、余仁仲本、和本、十行本、閩本、監本、
毛本、殿本、阮刻本同，岳本無此九字。
⑥ "褻息列反"，彙校卷第十三、撫釋一、余仁仲本、和本、十行本、閩本、監本、毛本、殿本、
阮刻本同，岳本作"褻音薛"。
⑦ "新朝直遥反後朝服皆同"，彙校卷第十三、撫釋一、余仁仲本、和本、十行本、閩本、監
本、毛本、殿本、阮刻本同，岳本無此十字。
⑧ "賓家"，撫州本、余仁仲本、岳本、嘉靖本、八行本、和本、十行本、閩本、監本、毛本、殿
本、阮刻本作"賓客"，是。
⑨ "俟"，唐石經、撫州本、余仁仲本、岳本、嘉靖本、八行本、和本、十行本、閩本、監本、毛
本、殿本、阮刻本同，考補謂古本作"候"。
⑩ "一音古曠反易以豉反"，彙校卷第十三、撫釋一、余仁仲本、和本、十行本、閩本、監本、
毛本、殿本、阮刻本同，岳本無此九字。
⑪ "士之妻"，余仁仲本、岳本、嘉靖本、八行本、和本、十行本、閩本、監本、毛本、（轉下頁注）

言死者必皆於正處也。寢、室通耳，其尊者所不燕焉。君謂之路寢，大夫謂之適寢，士或謂之適室。此變“命婦”言“世婦”者，明尊卑同也。世婦以君下寢之上爲適寢。內子，卿之妻也。下室，其燕處也。○適，丁歷反①，注同。處，昌慮反，下同②。

22・2 復，有林麓則虞人設階，無林麓則狄人設階。復，招魂復魄也。階，所乘以升屋者。虞人，主林麓之官。狄人，樂吏之賤者。階，梯也，簨簴之類。○麓，音鹿。梯，它兮反③。簨，恤尹反。虡，音巨④。**小臣復，復者朝服，君以卷，夫人以屈狄，大夫以玄賴，世婦以襢衣。士以爵弁，士妻以稅衣。皆升自東榮，中屋履危，北面三號，捲衣投于前，司服受之，降自西北榮。**小臣，君之近臣也。朝服而復，所以事君之衣也。用朝服而復之者⑤，敬也。復用死者之祭服，以其求於神也。君以卷，謂上公也。夫人以屈狄，互言耳。上公以袞，則夫人用褘衣，而侯伯以鷩，其夫人用揄狄；子、男以毳，其夫人乃用屈狄矣。賴，赤也。玄衣赤裳，所謂“卿大夫自玄冕而下”之服也。其出婦亦以襢衣⑥。榮，屋翼。升東榮者，謂鄭⑦、大夫、士也。天子、諸侯言“東霤”。危，棟上也。號，若云“皋！

（接上頁注）殿本、阮刻本同；唐石經、撫州本重“士”字，是。阮校曰“士之妻　閩、監、毛本同，岳本同，嘉靖本同，衛氏集説同，石經作‘士士之妻’。段玉裁校本云：‘唐石經“士士之妻”是也。’各本脱一‘士’字。按正義云：‘夫妻俱然，故云“皆”也。’又云：‘此云“士死于寢”。’是正義本經文有兩‘士’字。”

① “適丁歷反”，彙校卷第十三、撫釋一、余仁仲本、和本、十行本、閩本、監本、毛本、殿本、阮刻本同，岳本作“適丁立反”。

② “注同處昌慮反下同”，彙校卷第十三、撫釋一、余仁仲本、和本、十行本、閩本、監本、毛本、殿本、阮刻本同，岳本無此八字。

③ “麓音鹿梯它兮反”，岳本無此七字，彙校卷第十三、撫釋一、余仁仲本、和本、十行本、閩本、監本、毛本、殿本、阮刻本“它”作“他”，是。

④ “簨恤尹反虡音巨”，彙校卷第十三、撫釋一、余仁仲本、和本、十行本、閩本、監本、毛本、殿本、阮刻本同，岳本倒作“虡音巨簨恤尹反”。

⑤ “復之”，撫州本、余仁仲本、岳本、嘉靖、八行本、和本、阮刻本同；十行本、閩本、監本、毛本、殿本作“服之”，非。

⑥ “出婦”，撫州本、余仁仲本、岳本、嘉靖本、八行本、和本、十行本、閩本、監本、毛本、殿本、阮刻本“出”作“世”，是。

⑦ “鄭”，撫州本、余仁仲本、岳本、嘉靖本、八行本、和本、十行本、閩本、監本、毛本、殿本、阮刻本、吳氏朱批作“卿”，是。

某復也"①。司服以篋待衣於堂前。○卷,本又作"袞",同,古本反②,注同③。屈,音闕,注同④。頮,勑貞反。禮,知彦反。稅,它亂反⑤。榮,如字,屋翼也,劉昌宗音營⑥。號,户高反,注同。捲,俱勉反,徐紀阮反。褘,音輝。鷩,必列反。褕,音遥。毳,昌鋭反。罍,力又反。篋,苦牒反⑦。**其爲賓,則公館復,私館不復。其在野,則升其乘車之左轂而復。**私館,卿、大夫之家也。不於之復,爲主人之惡。○乘,繩證反。轂,工木反。惡,烏路反。重言"公館復,私館不復"三,一見曾子問第七,一見雜記二十一。**復衣不以衣尸,不以斂。**不以衣尸,謂不以襲也。復者,庶其生也,若以其衣襲斂,是用生施死,於義相反。士喪禮云:以衣衣尸,浴而去之。○衣尸,於既反,注"衣尸"同⑧。斂,力驗反,後不出者,皆同⑨。去,起吕反。**婦人復⑩,不以袡。**袡,嫁時上服,而非事鬼神

---

① "某",撫州本、余仁仲本、岳本、嘉靖本、和本、閩本、監本、毛本、殿本、阮刻本、吕本同;八行本作"義",十行本作"禁",皆非。

② "本又作袞同",彙校卷第十三、撫釋一、余仁仲本、和本、十行本、閩本、監本、毛本、殿本、阮刻本同,岳本無此五字。

③ "注同",彙校卷第十三、撫釋一、余仁仲本、和本、十行本、閩本、監本、毛本、殿本、阮刻本同,岳本無此二字。

④ "注同",彙校卷第十三、撫釋一、余仁仲本、和本、十行本、閩本、監本、毛本、殿本、阮刻本同,岳本無此二字。

⑤ "它亂反",彙校卷第十三、撫釋一、余仁仲本、和本、十行本、閩本、監本、毛本、殿本、阮刻本"它"作"他"。

⑥ "榮如字屋翼也劉昌宗音營",彙校卷第十三、撫釋一、余仁仲本、和本、十行本、閩本、監本、毛本、殿本、阮刻本同,岳本無此十一字。

⑦ "注同倦俱勉反徐紀阮反褘音輝鷩必列反褕音遥毳昌鋭反罍力又反篋苦牒反",岳本無此三十二字;彙校卷第十三、撫釋一、余仁仲本、和本、十行本、閩本、監本、毛本、殿本、阮刻本"褕"作"揄",是。

⑧ "注衣尸同",彙校卷第十三、撫釋一、余仁仲本、和本、十行本、閩本、監本、毛本、殿本、阮刻本同,岳本無此四字。

⑨ "後不出者皆同",彙校卷第十三、撫釋一、余仁仲本、和本、十行本、閩本、監本、毛本、殿本、阮刻本同,岳本無此六字。

⑩ "復",撫州本、余仁仲本、岳本、嘉靖本、八行本、閩本、監本、毛本、殿本、阮刻本同,和本、十行本作"服",是。

之衣。○裼,而廉反,婦人嫁時上服①。**凡復,男子稱名,婦人稱字。**婦人不以名行。重意喪小記:"男子稱名,婦人書姓與伯仲。"**唯哭先復。復而後行死事。**氣絶則哭,哭而復,復而不蘇,可以爲死事。

22·3 **始卒,主人啼,兄弟哭,婦人哭,踊。**悲哀有深淺也。若嬰兒中路失母,能勿啼乎? ○諦,大兮反,本又作"啼"①。**既正尸,子坐于東方,卿、大夫、父兄、子姓立于東方。有司庶士哭于堂下,北面。夫人坐于西方。内命婦、姑、姊妹、子姓立于西方。外命婦率外宗哭于堂上,北面。**正尸者,謂遷尸牖下,南首也。子姓,謂衆子孫也。姓之言生也。其男子立於主人後,女子立於夫人後。世婦爲内命婦,卿、大夫之妻爲外命婦。外宗,姑、姊妹之女。

22·4 **大夫之喪,主人坐于東方,主婦坐于西方,其有命夫、命婦則坐,無則皆立。**命夫、命婦來哭者,同宗父兄子姓,姑、姊妹、子姓也。凡此哭者,尊者坐,卑者立。**士之喪,主人、父兄、子姓皆坐于東方,主婦、姑、姊妹、子姓皆坐于西方。**士賤,同宗尊卑皆坐。**凡哭尸于室者,主人二手承衾而哭。**承衾哭者,哀慕若欲攀援。○扳,本又作"攀",普班反,一音班。援,音爰,徐于願反②。

22·5 **君之喪,未小斂,爲寄公、國賓出。大夫之喪,未小斂,爲君命出。士之喪,於大夫,不當斂則出。**父母始死悲哀,非所尊不出也。出者,或至庭,或至門。國賓,聘大夫。不當斂,其來非斂時。○爲寄,于僞反,下皆同。下注"爲母"、"爲其罷倦"皆同③。**凡主人之出也,徒跣,扱衽,拊心,降自西**

───────────

①"婦人嫁時上服",彙校卷第十三、撫釋一、余仁仲本、和本、閩本、監本、毛本、(轉下頁注)
(接上頁注)殿本、阮刻本同,岳本無此六字;十行本"嫁"作"婦",非。

①"諦大兮反本又作啼",彙校卷第十三、撫釋一、余仁仲本同,岳本無此八字,和本、十行本、閩本、監本、毛本、殿本、阮刻本脱"本又作啼"四字。

②"扳本又作攀普班反一音班援音爰徐于願反",彙校卷第十三、撫釋一、余仁仲本、和本、十行本、閩本、監本、毛本、殿本、阮刻本同,岳本無此十八字。

③"下注爲母爲其罷倦皆同",彙校卷第十三、撫釋一、余仁仲本、和本、十行本、閩本、監本、毛本、殿本、阮刻本同,岳本無此十字。

階。君拜寄公、國賓于位。大夫於君命，迎于寢門外；使者升堂致命，主人拜于下。士於大夫親弔，則與之哭，不逆於門外。拜寄公、國賓於位者，於庭鄉其位而拜之。此時寄公位在門西，國賓位在門東，皆北面。小斂之後，寄公東面，國賓門西，北面。士於大夫親弔，謂大夫身來弔士也。與之哭，既拜之，即位西階①，東面哭。大夫特來，則北面。○跣，悉典反。扱②，初洽反。袵，而審反，又而鴆反，裳際也。衭，音撫。使，色吏反。鄉，許諒反③。重意問喪篇：“雞斯徒跣，扱上袵。”夫人爲寄公夫人出。命婦爲夫人之命出。士妻不當斂，則爲命婦出。出，拜之於堂上也。此時寄公夫人、命婦位在堂上，北面。小斂之後，尸西，東面。

22·6　小斂，主人即位于户内，主婦東面，乃斂。卒斂，主人馮之踊，主婦亦如之。主人袒，説髦，括髮以麻。婦人髽，帶麻于房中。士既殯説髦，此云“小斂”，蓋諸侯禮也。士之既殯，諸侯之小斂，於死者但三日也④。婦人之髽，帶麻於房中，則西房也。天子、諸侯有左右房。○馮，皮冰反，本或作“憑”，後皆同。袒，大旱反⑤。説髦，本作“税”，同他活反，徐他外反，注同。髦，音毛⑥。髽，側瓜反。徹帷，男女奉尸夷于堂，降拜。夷之言尸也。於遷尸，主人、主婦以下從而奉之，孝敬之心。降拜，拜賓也。○奉，芳勇反，注同。夷于堂，如字，陳也，本或作“侇”，同音“移”，一本作“奉尸于堂”⑦。

①“位”，撫州本、余仁仲本、岳本、嘉靖本、八行本、和本、十行本、閩本、監本、毛本、殿本、阮刻本同；吳氏朱批、叢刊本作“立”，是。

②“扱”，彙校卷十三、撫釋一、余仁仲本、岳本、和本、十行本、閩本、監本、毛本、殿本、阮刻本同；叢刊本作“投”，非。

③“袵而審反又而鴆反裳際也衭音撫使色吏反鄉許諒反”，彙校卷第十三、撫釋一、余仁仲本、和本、十行本、閩本、監本、毛本、殿本、阮刻本同，岳本無此二十二字。

④“但”，余仁仲本、岳本、嘉靖本、十行本同；撫州本、八行本、和本、閩本、監本、毛本、殿本、阮刻本、吳氏朱批、叢刊本作“俱”，是。

⑤“本或作憑後皆同袒大旱反”，彙校卷第十三、撫釋一、余仁仲本、和本、十行本、閩本、監本、毛本、殿本、阮刻本同，岳本無此十一字。

⑥“説髦本作税同他活反徐他外反注同髦音毛”，彙校卷第十三、撫釋一、余仁仲本、和本、十行本、閩本、監本、毛本、殿本、阮刻本同，岳本作“説他活反”。

⑦“注同夷于堂如字陳也本或作侇同音移一本作奉尸于堂”，彙校卷第十三、撫釋一、余仁仲本、和本、十行本、閩本、監本、毛本、殿本、阮刻本同，岳本無此二十三字。

從,才用反,又如字。**君拜寄公、國賓,大夫、士,拜卿**①**、大夫於位,於士旁三拜。夫人亦拜寄公夫人於堂上,大夫内子、士妻,特拜命婦,氾拜衆賓於堂上。** 衆賓,謂士妻也。尊者皆特拜。拜士與其妻,皆旅之。○氾,芳劍反②。**主人即位,襲帶絰,踊。** 即位,阼階之下位也。有襲絰,乃踊,尊卑相變也。**母之喪,即位而免。** 記異者。禮,斬衰括髮,齊衰免,以至成服而冠。爲母重,初亦括髮,既小斂則免。○免,音問,後放此。**乃奠。** 小斂奠也。**弔者襲裘,加武、帶、絰,與主人拾踊。** 始死。弔者朝服裼裘,如吉時也。小斂,則改襲而加武與帶、絰矣。武,吉冠之卷也。加武者,明不改冠,亦不免也。檀弓曰:“主人既小斂,子游趨而出,襲裘、帶絰而入。”○拾,其劫反。裼,思歷反。卷,起權反。

22·7 **君喪,虞人出木、角,狄人出壺,雍人出鼎,司馬縣之,乃官代哭。** 代,更也。未殯,哭不絶声,爲其罷倦,既小斂,可以爲漏刻,分時而更哭也。木,給爨竈。角,以爲斛水斗。壺,漏水之器也。冬漏以火爨鼎沸而後沃之。此挈壺氏所掌也,屬司馬,司馬洝縣其器。○壺,音胡③。縣,音玄,及下注同。更,古行反,下同④。罷,音皮。倦,其卷反。漏,音陋。爨,七亂反,又七官反,下“爨鼎”同⑤。斛,音俱,水斗也,隱義云:“容四升也。”挈,苦結反,又音結⑥。**大夫,官代哭,不縣壺。** 下君也。○下,户嫁反,下“成君不相下”、“下大夫”同⑦。**士,代哭不以官。** 自以親疏哭也。**君,堂上二燭,下二**

① “拜”上,考補謂古本有“特”字。

② “氾芳劍反”,彙校卷第十三、撫釋一、余仁仲本、岳本同,和本、十行本、閩本、監本、毛本、殿本、阮刻本“劍”作“斂”。岳本考證曰:“諸本作‘斂’,與韻不合,當係‘劍’字之誤。”

③ “壺音胡”,彙校卷第十三、撫釋一、余仁仲本、和本、十行本、閩本、監本、毛本、殿本、阮刻本同,岳本無此三字。

④ “及下注同更古行反下同”,彙校卷第十三、撫釋一、余仁仲本、十行本、閩本、監本、毛本、殿本、阮刻本同,岳本無此十字。

⑤ “倦其卷反漏音陋爨七亂反又七官反下爨鼎同”,彙校卷第十三、撫釋一、余仁仲本、和本、十行本、閩本、監本、毛本、殿本、阮刻本同,岳本無此十九字。

⑥ “水斗也隱義云容四升也挈苦結反又音結”,彙校卷第十三、撫釋一、余仁仲本、和本、十行本、閩本、監本、毛本、殿本、阮刻本同,岳本無此十七字。

⑦ “下户嫁反下成君不相下下大夫同”,彙校卷第十三、撫釋一、余仁仲本、和（轉下頁注）

燭。大夫，堂上一燭，下二燭。士，堂上一燭，下一燭。燭，所以照
饌也。滅燎而設燭。○饌，仕眷反。燎，力召反，又力弔反①。賓出，徹帷。
君與大夫之禮也。士卒斂則徹帷②。徹，或爲“廢”。哭尸于堂上，主人在
東方，由外來者在西方，諸婦南鄉。由外來，謂奔喪者也。無奔喪者，婦
人猶東面。○鄉，許亮反③。婦人迎客、送客不下堂，下堂不哭。男子
出寢門見人④，不哭。婦人所有事，自堂及房。男子所有事，自堂及門。拜其
事處而哭⑤，猶野哭也。出門見人，謂迎賓也⑥。○處，昌慮反⑦。其無女主，
則男主拜女賓于寢門内；其無男主，則女主拜男賓于阼階下。子
幼，則以衰抱之，人爲之拜。爲後者不在，則有爵者辭，無爵者人爲
之拜。在竟内則俟之，在竟外則殯葬可也。喪有無後，無無主。拜
者，皆拜賓於位也。爲後者有爵，攝主爲之辭於賓耳，不敢當尊者禮也。○衰，七
雷反。人爲，于僞反，下“人爲”、注“爲下”、“爲君”皆同。竟，音境，下亦同⑧。

———————

（接上頁注）本、十行本、閩本、監本、毛本、殿本、阮刻本同，岳本無此十四字。
①“燎力召反又力弔反”，彙校卷第十三、撫釋一、余仁仲本、和本、十行本、閩本、監本、毛
　本、殿本、阮刻本同，岳本無此八字。
②“則”，余仁仲本、嘉靖本同，撫州本、岳本、八行本、和本、十行本、閩本、監本、毛本、殿
　本、阮刻本作“即”，是。
③“鄉許亮反”，余仁仲本、岳本、和本、十行本、閩本、監本、毛本、殿本、阮刻本同，彙校卷
　十三、撫釋一“亮”作“諒”。
④“男子出寢門見人”，唐石經、撫州本、余仁仲本、岳本、嘉靖本、八行本、和本、十行本、阮
　刻本同，閩本、監本、毛本、殿本“門”下衍“外”字。
⑤“拜”，叢刊本同；撫州本、余仁仲本、岳本、嘉靖本、八行本、和本、十行本、閩本、監本、毛
　本、殿本、阮刻本、吳氏朱批作“非”，是。
⑥“迎賓”，撫州本、余仁仲本、岳本、嘉靖本、八行本同；和本、十行本、閩本、監本、毛本、殿本、阮
　刻本“賓”下衍“客者”二字。阮校曰：“出門見人謂迎賓也　惠棟校宋本作‘謂迎賓也’，宋監
　本、岳本、嘉靖本、衛氏集說同，續通解同，考文引足利本同。此本‘迎賓’下衍‘客者’二字，
　閩、監、毛本同。”
⑦“處昌慮反”，彙校卷第十三、撫釋一、余仁仲本、和本、十行本、閩本、監本、毛本、殿本、
　阮刻本同，岳本無此四字。
⑧“衰七雷反人爲于僞反下人爲注爲下爲君皆同竟音境下亦同”，岳本作“衰音崔人爲去
　聲至爲人注同竟音境”；彙校卷第十三、撫釋一、余仁仲本、和本、十行本、閩本、監本、毛
　本、殿本、阮刻本無“亦”字，是。

22·8君之喪，三日，子、夫人杖；五日，既殯，授大夫、世婦杖。子、大夫，寢門之外杖，寢門之内輯之；夫人、世婦，在其次則杖，即位則使人執之。子有王命則去杖，國君之命則輯杖，聽卜、有事於尸則去杖。大夫於君所則輯杖，於大夫所則杖。三日者，死之後三日也。爲君杖不同日，人君禮大，可以見親疏也。輯，斂也。斂者，謂舉之不以柱地也①。夫人、世婦次於房中，即位堂上，堂上所尸殯②，使人執杖，不敢自持也。子於國君之命輯杖，下成君，不敢敵之也。卜，卜葬卜日也。凡喪祭，虞而有尸。大夫於君所輯杖，謂與之俱即寢門外位也，獨焉則杖。君，謂子也。於大夫所杖，俱爲君杖，不相下也。○輯，側立反，下同，斂也。去，起吕反，後“去杖”皆同。見，賢遍反。斂，力檢反，下同③。柱，知主反。近，“附近”之近④。重言“三日，子、夫人杖；五日，既殯，授大夫、世婦杖”。喪服四制：“三日，授子杖。五日，授大夫杖。”大夫之喪，三日之朝既殯，主人、主婦、室老皆杖。大夫有君命則去杖，大夫之命則輯杖。内子爲夫人之命去杖，爲世婦之命授人杖。大夫有君命去杖⑤，此指大夫之子也。而云“大夫”者，通實大夫有父母之喪也。授人杖，與使人執之同也。爲夫，于僞反，下及注“妾爲君”、“爲人得”並同⑥。士之喪，二日而殯。三日之朝⑦，主人杖，婦人皆杖。於君命、夫人之命，如大夫。於大夫、世婦之命，如大夫。士

---

① “柱”，撫州本、余仁仲本、岳本、嘉靖本、八行本、和本、十行本、阮刻本同，閩本、監本、毛本、殿本作“拄”，非，下同。
② “所”，撫州本、余仁仲本、岳本、嘉靖本、八行本、和本、十行本、閩本、監本、毛本、殿本、阮刻本、吴氏朱批、叢刊本作“近”，是。
③ “斂也去起吕反後去杖皆同見賢遍反斂力檢反下同”，彙校卷第十三、撫釋一、余仁仲本、和本、十行本、閩本、監本、毛本、殿本、阮刻本同，岳本無此二十一字。
④ “近附近之近”，彙校卷第十三、撫釋一、余仁仲本、和本、十行本、閩本、監本、毛本、殿本、阮刻本同，岳本無此五字。
⑤ “有”，撫州本、余仁仲本、岳本、嘉靖本、八行本、和本、閩本、監本、毛本、殿本、阮刻本同；十行本作“自”，非。
⑥ “爲夫于僞反下及注妾爲君爲人得並同”，彙校卷第十三、撫釋一、余仁仲本、和本、十行本、閩本、監本、毛本、殿本、阮刻本同，岳本無此十六字，當在“爲夫”上補“○”號。
⑦ “之”，撫州本、余仁仲本、岳本、嘉靖本、八行本、和本、閩本、監本、毛本、殿本、阮刻本同；十行本作“而”，非。

二日而殯者，下大夫也。士之禮①，死與往日，生與來日。此“二日”，於死者亦得三日也②。婦人皆杖，謂主婦、容妾爲君、女子子在室者。**子皆杖，不以即位。** 子，謂凡庶子也。不以即位，與去杖同。**大夫、士，哭殯則杖，哭柩則輯杖。** 哭殯，謂既塗也。哭柩，謂啓後也。大夫、士之子，於父，父也，尊近，哭殯可以杖。天子、諸侯之子，於父，父也，君也，尊遠，杖不入廟門。**棄杖者，斷而棄之於隱者。** 杖以喪至尊③，爲人得而褻之也。○棄，本亦作古“弃”字④。斷，丁管反⑤，下注“斷足爪”同⑥。

22·9 **君設大盤，造冰焉。大夫設夷盤，造冰焉。士併瓦盤，無冰。設牀襢笫，有枕。含一牀，襲一牀，遷尸于堂又一牀，皆有枕席，君、大夫、士一也。** 此事皆沐浴之後，宜承“濡濯棄於次”下⑦，礼爛脱在此耳⑧。造，猶内也。襢笫，袒簀也。謂無席，如浴時牀也。禮，自仲春之後，尸既襲，既小劍⑨，先内冰盤中，乃設牀於其上，不施席而遷尸焉，秋涼而止。士

---

① “士”，撫州本、余仁仲本、岳本、嘉靖本、八行本、和本、閩本、監本、毛本、殿本、阮刻本同；十行本作“上”，非。

② “三日”，撫州本、余仁仲本、岳本、嘉靖本、八行本、和本、閩本、監本、毛本、殿本、阮刻本同；十行本作“二日”，非。

③ “杖以喪”，撫州本、余仁仲本、岳本、嘉靖本、八行本、和本、閩本、監本、毛本、殿本同，十行本脱“以”字，阮刻本脱“杖”字。

④ “棄本亦作古弃字”，彙校卷第十三、撫釋一、余仁仲本、和本、十行本、閩本、監本、毛本、殿本、阮刻本同，岳本無此七字。

⑤ “丁管反”，彙校卷十三、撫釋一、余仁仲本、岳本、和本、閩本、監本、毛本、殿本、阮刻本同；十行本“丁”作“下”，非。

⑥ “下注斷足爪同”，彙校卷十三、撫釋一、余仁仲本、和本、閩本、監本、毛本、殿本同，岳本無此六字，十行本、阮刻本脱“足”字。

⑦ “次”，撫州本、余仁仲本、岳本、嘉靖本、八行本、和本、十行本、閩本、監本、毛本、殿本、阮刻本作“坎”，是。

⑧ “礼”，十行本同，八行本作“禮”；撫州本、余仁仲本、岳本、嘉靖本、和本、閩本、監本、毛本、殿本、阮刻本作“札”，是。阮校曰：“札爛脱在此耳　閩、監、毛本作‘札’，岳本同，嘉靖本同，衛氏集説同。此本‘札’誤‘礼’。考文云：‘宋板、足利本“札”作“禮”。’亦誤。按：釋文出‘札’，音‘側八反’，知作‘札’，不作‘礼’。”

⑨ “劍”，叢刊本同；余仁仲本、嘉靖本、和本、十行本、吳氏朱批作“斂”，撫州本、岳本、八行本、閩本、監本、毛本、殿本、阮刻本作“斂”，是。

不用冰,以瓦爲盤,併以盛冰耳①。漢禮,大盤廣八尺,長丈二,深三尺,赤中。夷盤小焉。周禮天子夷盤。士喪禮君賜冰,亦用夷盤。然則其制宜同之②。○盤,本又作“柈”,步干反③。造,七報反,下及注皆同④。併,步頂反,注同⑤。襢,之善反,單也,注同⑥。筓,側里反。含,胡暗反。濡,奴亂反,下文同⑦。濯,直孝反,下文同⑧。坎,口感反。札,側八反。爛,力旦反。簀,音責。盛,音成。廣,古曠反。長,直亮反。深,尸鴆反⑨。

始死,遷尸于牀。幠用斂衾,去死衣。小臣楔齒用角柶,綴足用燕几。君、大夫、士一也。 牀,謂所設牀笫當牖者也。士喪禮曰:“士死於適室,幠用斂衾。”去死衣,病時所加新衣及復衣也。去之,以俟沐浴。○幠,荒胡反。去死,起吕反,注同⑩。楔,桑結反。柶,

---

①“冰”,十行本、阮刻本、叢刊本同;撫州本、余仁仲本、岳本、嘉靖本、八行本、和本、閩本、監本、毛本、殿本、吳氏朱批作“水”,是。

②“君設大盤”至“然則其制宜同之”,撫州本、余仁仲本、岳本、嘉靖本、和本、十行本、閩本、監本、毛本、殿本、阮刻本同,八行本移至“濡濯弃于坎”下。阮校曰:“君設大盤節惠棟校云:‘“君設”節,宋本自在“管人汲授御者”節之後。’按:坊本陳澔集説依用興國于氏本,移置亦如此。”鍔案:此段經文錯亂,在鄭玄之前,鄭玄所言甚是。

③“盤本又作柈步干反”,彙校卷十三、余仁仲本、和本、阮刻本同,岳本無此八字;十行本、閩本、監本、毛本、殿本“干”作“于”,非。

④“及注皆”,彙校卷第十三、撫釋一、余仁仲本、和本、十行本、閩本、監本、毛本、殿本、阮刻本同,岳本無此三字。

⑤“注同”,彙校卷第十三、撫釋一、余仁仲本、和本、十行本、閩本、監本、毛本、殿本、阮刻本同,岳本無此二字。

⑥“單也注同”,彙校卷第十三、撫釋一、余仁仲本、和本、十行本、閩本、監本、毛本、殿本、阮刻本同,岳本無此四字。

⑦“下文同”,彙校卷第十三、撫釋一、余仁仲本、和本、十行本、閩本、監本、毛本、殿本、阮刻本同,岳本無此三字。

⑧“文”,彙校卷第十三、撫釋一、余仁仲本、和本、十行本、閩本、監本、毛本、殿本、阮刻本同,岳本無此字。

⑨“坎口感反札側八反爛力旦反簀音責盛音成廣古曠反長直亮反深尸鴆反”,彙校卷第十三、撫釋一、余仁仲本、和本、十行本、閩本、監本、毛本、殿本、阮刻本同,岳本無此三十字。

⑩“去死起吕反注同”,彙校卷第十三、撫釋一、余仁仲本、和本、十行本、閩本、監本、毛本、殿本、阮刻本同,岳本無此七字。

音四。綴，丁劣反，又丁衛反①，下注同②。適室，丁歷反。**管人汲，不說繘，屈之。盡階不升堂，授御者。御者入浴。小臣四人抗衾，御者二人浴。浴水用盆，沃水用枓，浴用絺巾，挋用浴衣，如它日。小臣爪足。浴餘水弃于坎。其母之喪，則內御者抗衾而浴。**抗衾者，蔽上重形也③。挋，拭也。爪足，斷足爪也。〇管人，如字，掌管籥之人，又古亂反，掌館舍之人也，下同④。汲，音急。說，吐活反。繘，均必反。汲，水綆也。抗，苦浪反，舉也。盆，蒲奔反。沃，烏谷反⑤。枓，音主，又音斗。絺，勅其反，一本作“綌”，去逆反⑥。挋，音震。它，音他，下同。拭，音式⑦。**管人汲，授御者。御者差沐于堂上。君沐粱⑧，大夫沐稷，士沐粱。甸人爲垼于西牆下，陶人出重鬲。管人受沐，乃煮之。甸人取所徹廟之西北厞薪⑨，用爨之。管人授御者沐，乃沐。沐用瓦盤，挋用巾，如它日。小臣爪手翦須。濡濯棄于坎。**差，淅也。淅飯米，取其潘以爲沐也。浴沃用枓，沐於盤中，文相變也。士喪禮沐稻，此云“士沐粱”，蓋天子之士也，以差

---

① “綴丁劣反又丁衛反”，彙校卷第十三、撫釋一、余仁仲本、岳本、十行本、閩本、阮刻本同，監本、毛本、殿本“丁”作“竹”，和本上“丁”誤作“下”。

② “下注同”，彙校卷第十三、撫釋一、余仁仲本、和本、十行本、閩本、監本、毛本、殿本、岳本無此三字。

③ “蔽上”，撫州本、余仁仲本、岳本、嘉靖本、八行本、和本、十行本、閩本、監本、毛本、殿本、阮刻本同，殿本考證曰：“‘上’字無謂，恐是‘蔽之’之訛。”

④ “下同”，彙校卷第十三、撫釋一、余仁仲本、和本、十行本、閩本、監本、毛本、殿本、阮刻本同，岳本無此二字。

⑤ “舉也盆蒲奔反沃烏谷反”，彙校卷第十三、撫釋一、余仁仲本、和本、十行本、閩本、監本、毛本、殿本、阮刻本同，岳本無此十字。

⑥ “絺勅其反一本作綌去逆反”，彙校卷第十三、撫釋一、余仁仲本、和本、十行本、閩本、監本、毛本、殿本、阮刻本同，岳本無此十一字。

⑦ “它音他下同拭音式”，彙校卷第十三、撫釋一、余仁仲本、和本、十行本、閩本、監本、毛本、殿本、阮刻本同，岳本無此八字。

⑧ “粱”，十行本同；唐石經、撫州本、余仁仲本、岳本、嘉靖本、八行本、和本、閩本、監本、毛本、殿本、阮刻本作“粱”，是，下同。

⑨ “厞”，唐石經、撫州本、余仁仲本、岳本、嘉靖本、八行本、和本、閩本、監本、毛本、殿本、阮刻本同；十行本作“服”，非。

率而上之,天子沐黍與?○差,七何反,注"差淅"同。沐,音木。甸,田遍反①。
墍,音役,鄭注儀禮云②:"塊竈也。"陶,音桃③。重,直龍反。鬲,音歷。煮,諸許
反④。扉,扶味反,隱也,舊作扉,音非,門扉也⑤。爨,七亂反⑥。淅,先歷反。
潘,芳袁反,米汁也⑦。差,初佳反。率,音律,又音類。上,時掌反⑧。

22·10君之喪,子、大夫、公子、眾士皆三日不食。子、大夫、
公子食粥⑨,納財,朝一溢米,莫一溢米,食之無筭。士疏食水飲,
食之無筭。夫人、世婦、諸妻皆疏食水飲,食之無筭。納財,謂食穀
也。二十兩曰溢。於粟米之法,一溢爲米一升二十四分升之一。諸妻,御妾也。
同言"無筭",則是皆一溢米,或粥或飯。○粥,之育反,又音育,下同⑩。溢,音
逸,劉昌宗又音實,下同⑪。莫,音暮。疏食,音嗣,下及下注"疏食"皆同⑫。大

<hr>

①"注差淅同沐音木甸田遍反",彙校卷第十三、撫釋一、余仁仲本、和本、十行本、閩本、監
　本、毛本、殿本、阮刻本同,岳本無此十一字。
②"鄭注儀禮云",彙校卷第十三、撫釋一、余仁仲本、和本、十行本、閩本、監本、毛本、殿
　本、阮刻本同,岳本無此五字。
③"陶音桃",彙校卷第十三、撫釋一、余仁仲本、和本、十行本、閩本、監本、毛本、殿本、阮
　刻本同,岳本無此三字。
④"煮諸許反",彙校卷第十三、撫釋一、余仁仲本、和本、十行本、閩本、監本、毛本、殿本、
　阮刻本同,岳本無此四字。
⑤"扉扶味反隱也舊作扉音非門扉也",彙校卷第十三、撫釋一、余仁仲本、和本、十行本、
　閩本、監本、毛本、殿本、阮刻本同,岳本作"扉扶味反舊音非"。
⑥"爨七亂反",彙校卷第十三、撫釋一、余仁仲本、和本、十行本、閩本、監本、毛本、殿本、
　阮刻本同,岳本無此四字。
⑦"米汁也",彙校卷第十三、撫釋一、余仁仲本、和本、十行本、閩本、監本、毛本、殿本、阮
　刻本同,岳本無此三字。
⑧"上時掌反",彙校卷第十三、撫釋一、余仁仲本、和本、十行本、閩本、監本、毛本、殿本、
　阮刻本同,岳本無此四字。
⑨"公子食粥",唐石經、撫州本、余仁仲本、岳本、嘉靖本、八行本、和本、十行本、殿本、阮
　刻本同,閩本、監本、毛本"公子"下衍"眾士"二字。
⑩"粥之育反又音育下同",彙校卷第十三、撫釋一、余仁仲本、和本、十行本、閩本、監本、
　毛本、殿本、阮刻本同,岳本無此九字。
⑪"劉昌宗又音實下同",彙校卷第十三、撫釋一、余仁仲本、和本、十行本、閩本、監本、毛
　本、殿本、阮刻本同,岳本無此八字。
⑫"及下注",彙校卷第十三、撫釋一、余仁仲本、和本、十行本、閩本、監本、毛本、殿本、阮
　刻本同,岳本無此三字。

夫之喪，主人、室老、子姓皆食粥，衆士疏食水飲，妻妾疏食水飲。室老，其貴臣也。衆士，所謂衆臣。士亦如之。如其子食粥，妻妾疏食水飲。既葬，主人疏食水飲，不食菜果，婦人亦如之，君、大夫、士一也。練而食菜果，祥而食肉。果，瓜、桃之屬。食粥於盛不盥，食於篡者盥。食菜以醯醬。始食肉者，先食乾肉。始飲酒者，先飲醴酒①。盛，謂令時杯②、杅也。篡，竹筥也。歠者不盥，手飯者盥。篡，或作“簨”。○盥，古緩反。篡，本又作“匴”，又作“算”③，悉緩反，又蘇管反。醯，呼雞反。杅，音于。筥，居吕反。歠，昌悦反。飯，扶晚反。簨，悉尹反，徐音撰④。期之喪，三不食。食，疏食水飲，不食菜果。三月既葬，食肉飲酒。期，終喪不食肉，不飲酒，父在爲母，爲喪⑤。九月之喪，食飲猶期之喪也。食肉飲酒，不與人樂之。食肉飲酒，亦謂既葬。○期，音基，下同。爲母爲，並于僞反，下注“爲其”同⑥。與，音預，下同。五月、三月之喪，壹不食、再不食可也。比葬，食肉飲酒，不與人樂之。叔母、世母、故主、宗子，食肉飲酒。義服恩輕也。故主，謂舊君也。言故主者，關大夫及君也⑦。○比，必利反。不能食粥，羹之以菜可也。謂性不能者，可食飯、菜羹。有疾，食肉飲酒可也。爲其氣微。五十不成喪。成，猶備

---

① “醴酒”，唐石經、撫州本、余仁仲本、嘉靖本、八行本、和本、十行本、閩本、監本、毛本、殿本、阮刻本同，岳本倒作“酒醴”。

② “令”，撫州本、余仁仲本、岳本、嘉靖本、八行本、和本、十行本、閩本、監本、毛本、殿本、阮刻本作“今”，是。

③ “本又作匴又作算”，彙校卷第十三、撫釋一、余仁仲本、和本、十行本、閩本、監本、毛本、殿本、阮刻本同，岳本無此七字。

④ “醯呼雞反杅音于筥居吕反歠昌悦反飯扶晚反簨悉尹反徐音撰”，彙校卷第十三、撫釋一、余仁仲本、和本、十行本、閩本、監本、毛本、殿本、阮刻本同，岳本無此二十六字。

⑤ “喪”，唐石經、撫州本、余仁仲本、岳本、嘉靖本、八行本、和本、十行本、閩本、監本、毛本、殿本、阮刻本作“妻”，是。

⑥ “爲母爲並于僞反下注爲其同”，余仁仲本、十行本、閩本、監本、毛本、殿本同，岳本作“爲去聲”；彙校卷第十三、撫釋一、和本、阮刻本“母爲”下有“妻”字，是。

⑦ “關大夫及君也”，余仁仲本、嘉靖本、和本、十行本、閩本、監本、毛本、殿本、阮刻本同；撫州本、岳本、八行本無“及”字，是。

也。所不能備，謂不致毀、不散送之屬也。**七十唯衰麻在身。**言其餘居處、飲食，與吉時同也。**既葬，若君食之，則食之；大夫、父之友食之，則食之矣。不辟粱肉，若有酒醴則辭。**尊者之前，可以食美也。變於顏色，亦不可。○君食，音嗣，下“父之友食之”皆同①。辟，音避。粱，音良。粱，粱米也②。

　　22·11 **小斂於户内，大斂於阼，君以簟席，大夫以蒲席，士以葦席。**簟，細葦席也。三者下皆有莞③。○簟，徒點反。葦，于鬼反④。莞，音官，又音完⑤。**小斂：布絞，縮者一，横者三。君錦衾，大夫縞衾，士緇衾，皆一。衣十有九稱。君陳衣于序東⑥，大夫、士陳衣于房中，皆西領，北上，絞、紟不在列。**絞，既斂所用束堅之者。縮，從也。衣十有九稱，法天地之終數也。士喪禮小斂，陳衣於房中，“南領，西上”，與大夫異。今此同，亦蓋天子之士也。絞、紟不在列，以其不成稱，不連數也。小斂無紟，因絞不在列見之也。或曰“縮者二”。○絞，户交反，後同。縮，所六反。縞，古老反⑦。稱，尺證反。杜預云⑧：“衣

――――――――――

① “君食音嗣下父之友食之皆同”，彙校卷第十三、撫釋一、余仁仲本同，和本、十行本、閩本、監本、毛本、殿本、阮刻本作“食音嗣”，岳本作“君食友食音嗣”。

② “粱音良粱粱米也”，彙校卷第十三、余仁仲本同，岳本無此七字，和本、十行本、閩本、監本、毛本、殿本、阮刻本脱“粱粱米也”四字，撫釋一上“粱”誤作“粱”。

③ “莞”，撫州本、余仁仲本、岳本、嘉靖本、八行本、和本、閩本、監本、毛本、殿本、阮刻本同；十行本作“完”，非。

④ “簟徒點反葦于鬼反”，彙校卷第十三、撫釋一、余仁仲本、和本、十行本、閩本、監本、毛本、殿本、阮刻本同，岳本無此八字。

⑤ “又音完”，彙校卷第十三、撫釋一、余仁仲本、和本、十行本、閩本、監本、毛本、殿本、阮刻本同，岳本無此三字。

⑥ “于”，唐石經、撫州本、余仁仲本、岳本、嘉靖本、八行本、和本、閩本、監本、毛本、殿本、阮刻本同；十行本作“子”，非。

⑦ “縮所六反縞古老反”，彙校卷第十三、撫釋一、余仁仲本、和本、十行本、閩本、監本、毛本、殿本、阮刻本同，岳本無此八字。

⑧ “杜預云”，彙校卷第十三、撫釋一、余仁仲本、和本、十行本、閩本、監本、毛本、殿本、阮刻本同，岳本無此三字。

單復具曰稱①。"後放此②。給，其鳩反③，後皆同。從，足容反。數，色主反④。見，賢遍反。**大斂：布絞，縮者三，橫者五，布給，二衾。君、大夫、士一也。君陳衣于庭，百稱，北領，西上。大夫陳衣于序東，五十稱，西領，南上。士陳衣于序東，三十稱，西領，南上。絞、給如朝服。絞一幅爲三，不辟。給五幅，無紞。** 二衾者，或覆之，或薦之。如朝服者，謂布精麤，朝服十五升。小斂之絞也，廣終幅，析其末，以爲堅之強也。大斂之絞，一幅三析用之，以爲堅之急也。紞，以組類爲之，綴之領側，若今被識矣。生時，禪被有識，死者去之，異於生也。士喪禮大斂，亦陳衣於房中，"南領，西上"，與大夫異。今此又同，亦蓋天子之士。紞，或爲"點"。○幅，本又作"偪"，方服反。爲三，絕句⑤。不辟，袍句⑥，補麥反，又音壁⑦，徐扶移反。紞，丁覽反。廣，古曠反。析，思歷反，下同。強，其丈反⑧。識，式志反，又音志，又音式，下同。去，起呂反，下注同⑨。**小斂之衣，祭服不倒。** 尊祭服也。斂者要方，散衣有倒⑩。○倒，丁老反，注

---

① "復"，十行本同，彙校卷第十三、撫釋一、<u>余仁仲</u>本、<u>岳</u>本、<u>和</u>本、<u>閩</u>本、<u>監</u>本、<u>毛</u>本、<u>殿</u>本、<u>阮</u>刻本作"複"，是。

② "後放此"，彙校卷第十三、撫釋一、<u>余仁仲</u>本、<u>和</u>本、十行本、<u>閩</u>本、<u>監</u>本、<u>毛</u>本、<u>殿</u>本、<u>阮</u>刻本同，<u>岳</u>本無此三字。

③ "其鳩反"，彙校卷第十三、撫釋一、<u>余仁仲</u>本、<u>岳</u>本、<u>和</u>本、<u>閩</u>本、<u>監</u>本、<u>毛</u>本、<u>殿</u>本、<u>阮</u>刻本同；十行本"鳩"作"放"，非。

④ "數色主反"，彙校卷第十三、撫釋一、<u>余仁仲</u>本、<u>和</u>本、十行本、<u>閩</u>本、<u>監</u>本、<u>毛</u>本、<u>殿</u>本、<u>阮</u>刻本同，<u>岳</u>本無此四字。

⑤ "幅本又作偪方服反爲三絕句"，彙校卷第十三、撫釋一、<u>余仁仲</u>本、<u>和</u>本、十行本、<u>閩</u>本、<u>監</u>本、<u>毛</u>本、<u>殿</u>本、<u>阮</u>刻本同，<u>岳</u>本無此十二字。

⑥ "袍句"，<u>余仁仲</u>本同，<u>岳</u>本無此二字；彙校卷第十三、撫釋一、<u>和</u>本、十行本、<u>閩</u>本、<u>監</u>本、<u>毛</u>本、<u>殿</u>本、<u>阮</u>刻本作"絕句"，是。

⑦ "壁"，<u>阮</u>刻本同；彙校卷十三、撫釋一、<u>余仁仲</u>本、<u>岳</u>本、<u>和</u>本、十行本、<u>閩</u>本、<u>監</u>本、<u>毛</u>本、<u>殿</u>本作"璧"。

⑧ "廣古曠反析思歷反下同強其丈反"，彙校卷第十三、撫釋一、<u>余仁仲</u>本、<u>和</u>本、十行本、<u>閩</u>本、<u>監</u>本、<u>毛</u>本、<u>殿</u>本、<u>阮</u>刻本同，<u>岳</u>本無此十四字。

⑨ "下注同"，彙校卷第十三、撫釋一、<u>余仁仲</u>本、<u>和</u>本、十行本、<u>閩</u>本、<u>監</u>本、<u>毛</u>本、<u>殿</u>本、<u>阮</u>刻本同，<u>岳</u>本無此三字。

⑩ "倒"，撫州本、<u>岳</u>本、<u>嘉靖</u>本、八行本、<u>和</u>本、<u>閩</u>本、<u>監</u>本、<u>毛</u>本、<u>殿</u>本、<u>阮</u>刻本同；<u>余仁仲</u>本、十行本作"到"，非。

及下同①。去②,悉但反。**君無襚。大夫、士畢主人之祭服。親戚之衣受之,不以即陳。** 無襚者,不陳,不以斂。○襚,音遂③。**小斂,君、大夫、士皆用複衣複衾。大斂,君、大夫、士,祭服無筭,君褶衣褶衾,大夫、士猶小斂也。** 褶,袷也。君衣尚多,去其著也。○複,音福④。褶,音疊⑤。袷,古洽反。**袍必有表,不襌;衣必有裳,謂之一稱。** 袍,褻衣,必有以表之,乃成稱也。雜記曰“子羔之襲,繭衣裳與稅衣纁袡爲一”是也。論語曰:“當暑,袗絺綌,必表而出之。”亦爲其褻也。○袍,步毛反⑥。襌,音丹⑦。繭,古典反⑧。稅,吐亂反。纁,許云反⑨。袡,而廉反。袗,之忍反。亦爲,于僞反,下文“則爲之”同⑩。**凡陳衣者實之篋,取衣者亦以篋,升降者自西階。** 取,猶受也。○篋,苦恊反⑪。**凡陳衣不詘,非列采不入,絺、綌、紵不入。** 不屈,謂舒而不卷也。列采,謂正服之色也。絺、綌、紵者,當暑之褻衣也。襲尸重

----

① “注及下同”,彙校卷第十三、撫釋一、余仁仲本、和本、十行本、閩本、監本、毛本、殿本、阮刻本同,岳本無此四字。

② “去”,余仁仲本、十行本同;彙校卷十三、撫釋一、岳本、和本、閩本、監本、毛本、殿本、阮刻本作“散”,是。

③ “襚音遂”,彙校卷第十三、撫釋一、余仁仲本、和本、十行本、閩本、監本、毛本、殿本、阮刻本同,岳本無此三字。

④ “複音福”,彙校卷第十三、撫釋一、余仁仲本、和本、十行本、閩本、監本、毛本、殿本、阮刻本同,岳本無此三字。

⑤ “疊”,彙校卷十三、撫釋一、余仁仲本、岳本、和本、十行本、閩本、監本、毛本、殿本、阮刻本作“牒”,是。

⑥ “袍步毛反”,彙校卷第十三、撫釋一、余仁仲本、和本、十行本、閩本、監本、毛本、殿本、阮刻本同,岳本無此四字。

⑦ “丹”,彙校卷十三、撫釋一同;余仁仲本、岳本、和本、十行本、閩本、監本、毛本、殿本、阮刻本作“單”。

⑧ “繭古典反”,彙校卷第十三、撫釋一、余仁仲本、和本、十行本、閩本、監本、毛本、殿本、阮刻本同,岳本無此四字。

⑨ “纁許云反”,彙校卷第十三、撫釋一、余仁仲本、和本、十行本、閩本、監本、毛本、殿本、阮刻本同,岳本無此四字。

⑩ “袗之忍反亦爲于僞反下文則爲之同”,彙校卷第十三、撫釋一、余仁仲本、和本、十行本、閩本、監本、毛本、殿本、阮刻本同,岳本無此十五字。

⑪ “篋苦恊反”,彙校卷第十三、撫釋一、余仁仲本、和本、十行本、閩本、監本、毛本、殿本、阮刻本同,岳本無此四字。

形,冬夏用袍,及斂則用正服。○詘,丘勿反。紟,直吕反①。

22·12 凡斂者袒,遷尸者襲。袒者,於事便也。○便,婢面反②。**君之喪,大胥是斂,衆胥佐之。大夫之喪,大胥侍之,衆胥是斂。士之喪,胥爲侍,士是斂。**胥,樂官也,不掌喪事。胥,當爲“祝”,字之誤也。侍,猶臨也。大祝之職,大喪贊斂。喪祝,卿大夫之喪掌斂。士喪禮商祝主斂。○大胥,依注作“祝”③,之六反,下同。胥,樂官,思餘反④。**小斂大斂,祭服不倒。皆左衽,結絞不紐。**左衽,衽鄉左,反生時也。○紐,女九反,舊而慎反⑤。絞⑥,許亮反。**斂者既斂,必哭。士與其執事則斂,斂焉則爲之壹不食。凡斂者六人。**斂者必使所與執事者,不欲妄人褻之。執,或爲“傲”⑦。○與,音預,注同⑧。“傲”,音執,本亦作“執”⑨。**君錦冒黼殺,綴旁七。大夫玄冒黼殺,綴旁五。士緇冒赬殺,綴旁三。凡冒,質長與手齊,殺三尺。自小斂以往用夷衾,夷衾質殺之裁猶冒也。**冒者,既襲所以韜尸,重形也。殺,冒之下帛,韜足上行者也⑩。小斂

---

① “紟直吕反”,彙校卷第十三、撫釋一、余仁仲本、和本、十行本、閩本、監本、毛本、殿本、阮刻本同,岳本無此四字。

② “便婢面反”,彙校卷第十三、撫釋一、余仁仲本、和本、十行本、閩本、監本、毛本、殿本、阮刻本同,岳本無此四字。

③ “依注作祝”,彙校卷第十三、撫釋一、余仁仲本、和本、十行本、閩本、監本、毛本、殿本、阮刻本同,岳本無此四字。

④ “胥樂官思餘反”,彙校卷第十三、撫釋一、余仁仲本、和本、十行本、閩本、監本、毛本、殿本、阮刻本同,岳本無此六字。

⑤ “紐女九反舊而慎反”,彙校卷第十三、撫釋一、余仁仲本、和本、十行本、閩本、監本、毛本、殿本、阮刻本同,岳本無此八字。

⑥ “絞”,彙校卷第十三、撫釋一、余仁仲本、岳本、和本、十行本、閩本、監本、毛本、殿本、阮刻本作“鄉”,是。

⑦ “傲”,撫州本、余仁仲本、岳本、嘉靖本、八行本、和本、閩本、監本、毛本、殿本、阮刻本同;十行本作“執”,非。

⑧ “注同”,彙校卷第十三、撫釋一、余仁仲本、和本、十行本、閩本、監本、毛本、殿本、阮刻本同,岳本無此二字。

⑨ “本亦作執”,彙校卷第十三、撫釋一、余仁仲本、和本、十行本、閩本、監本、毛本、殿本、阮刻本同,岳本無此四字。

⑩ “足”,撫州本、余仁仲本、岳本、嘉靖本、八行本、和本、閩本、監本、毛本、殿(轉下頁注)

又覆以夷衾。裁，猶制也，字或爲"材"。○冒，莫報反，下及注同。黼，音甫①。
殺，色戒反，徐所例反，下及注同②。裁，才再反，注同。幍，本又作"㡇"，吐刀反，
下同③。

22·13 君將大斂，子弁絰，即位于序端；卿大夫即位于堂廉楹
西，北面，東上；父兄堂下，北面；夫人、命婦尸西，東面；外宗房中，
南面。小臣鋪席，商祝鋪絞、紟、衾、衣，士盥于盤上，士舉遷尸于斂
上。卒斂，宰告，子馮之踊。夫人東面，亦如之。子弁絰者，未成服。
弁如爵弁而素。大夫之喪，子亦弁絰。○鋪，普吳反，又音敷，下皆同④。大夫之
喪，將大斂，既鋪絞、紟、衾、衣，君至，主人迎，先入門右，巫止于門
外。君釋菜，祝先入，升堂。君即位于序端；卿大夫即位于堂廉楹
西，北面，東上；主人房外，南面；主婦尸西，東面。遷尸，卒斂，宰
告，主人降，北面于堂下。君撫之，主人拜稽顙。君降，升主人馮
之，命主婦馮之。先入右者，入門而右也。巫止者，君行必與巫，巫主辟凶邪
也。釋菜，禮門神也。必禮門神者，禮，君非問疾弔喪，不入諸臣之家也。主人房外
南面，大夫之子尊，得升視斂也。○巫止，本或作"巫止門外"。"門外"，衍字耳⑤。
辟，必亦反。邪，似嗟反⑥。士之喪，將大斂，君不在，其餘禮猶大夫
也。其餘，謂卿大夫及主婦之位。鋪絞、紟，踊。鋪衾，踊。鋪衣，

（接上頁注）本同；十行本、阮刻本作"是"，非。

①"冒莫報反下及注同黼音甫"，彙校卷第十三、撫釋一、余仁仲本、和本、閩本、監本、毛
本、殿本同，岳本無此十一字；十行本、阮刻本"莫"作"奧"，非。

②"徐所例反下及注同"，彙校卷第十三、撫釋一、余仁仲本、和本、十行本、閩本、監本、毛
本、殿本、阮刻本同，岳本作"又所例反下同"。

③"裁才再反注同幍本又作㡇吐刀反下同"，彙校卷第十三、撫釋一、余仁仲本、和本、十行
本、閩本、監本、毛本、殿本、阮刻本同，岳本無此十六字。

④"鋪普吳反又音敷下皆同"，彙校卷第十三、撫釋一、余仁仲本、和本、十行本、閩本、監
本、毛本、殿本、阮刻本同，岳本無此十字。

⑤"巫止本或作巫止門外門外衍字耳"，彙校卷第十三、撫釋一、余仁仲本、和本、十行本、
閩本、監本、毛本、殿本、阮刻本同，岳本無此十四字。

⑥"邪似嗟反"，彙校卷第十三、撫釋一、余仁仲本、和本、十行本、閩本、監本、毛本、殿本、
阮刻本同，岳本無此四字。

踊。遷尸，踊。斂衣，踊。斂衾，踊。斂絞、紟，踊。目孝子踊節。

22・14 君撫大夫，撫內命婦。大夫撫室老，撫姪娣。撫，以手按之也。內命婦，君之世婦。○姪，大結反。娣，大計反①。君、大夫馮父、母、妻、長子，不馮庶子。士馮父、母、妻、長子、庶子。庶子有子，則父母不馮其尸。凡馮尸者，父、母先，妻、子後。目於其親所馮也。馮，謂扶持服膺。○長，丁丈反，下同。膺，於陵反②。君於臣撫之，父母於子執之。子於父母馮之，婦於舅姑奉之，舅姑於婦撫之。妻於夫拘之，夫於妻、於昆弟執之。此恩之深淺尊卑之儀也。馮之類，必當心。○奉，芳勇反。拘，音俱，一音古侯反③。馮尸不當居所。不敢與尊者所馮同處。○處，昌慮反④。凡馮尸，興必踊。悲哀之至，馮尸必坐。

22・15 父母之喪，居倚廬，不塗，寢苫枕凷，非喪事不言。君爲廬，宮之；大夫、士襢之。宮，謂圍障之也。襢，袒也，謂不障。○倚，於綺反⑤。苫，始占反。枕，之鴆反。凷，苦內反。襢，章善反，注同，露也⑥。障，音章，下同⑦。既葬，柱楣塗廬，不於顯者；君、大夫、士皆宮之。不於顯者，不塗見面。○柱，張主反。楣，音眉。見，賢遍反⑧。凡非適子者，自未

----

① "娣大計反"，彙校卷第十三、撫釋一、余仁仲本、和本、十行本、閩本、監本、毛本、殿本、阮刻本同，岳本無此四字。

② "長丁丈反下同膺於陵反"，彙校卷第十三、撫釋一、余仁仲本、和本、十行本、閩本、監本、毛本、殿本、阮刻本同，岳本無此十字。

③ "音"，彙校卷第十三、撫釋一、余仁仲本、和本、十行本、閩本、監本、毛本、殿本、阮刻本同，岳本無此字。

④ "處昌慮反"，彙校卷第十三、撫釋一、余仁仲本、和本、十行本、閩本、監本、毛本、殿本、阮刻本同，岳本無此四字。

⑤ "倚於綺反"，彙校卷第十三、撫釋一、余仁仲本、和本、十行本、閩本、監本、毛本、殿本、阮刻本同，岳本無此四字。

⑥ "注同露也"，彙校卷第十三、撫釋一、余仁仲本、和本、十行本、閩本、監本、毛本、殿本、阮刻本同，岳本無此四字。

⑦ "下同"，彙校卷第十三、撫釋一、余仁仲本、和本、十行本、閩本、監本、毛本、殿本、阮刻本同，岳本無此二字。

⑧ "柱張主反楣音眉見賢遍反"，彙校卷第十三、撫釋一、余仁仲本、和本、閩本、監本、毛本、殿本同，岳本無此十一字；十行本、阮刻本"主"作"玉"，非。

葬，以於隱者爲廬。不欲人屬目。蓋廬於東南角①，既葬猶然。○適，丁歷反②。屬，音燭。**既葬，與人立，君言王事，不言國事；大夫、士言公事，不言家事。**此常禮也。**君，既葬，王政入於國，既卒哭而服王事。大夫、士，既葬，公政入於家，既卒哭，弁絰、帶，金革之事無辟也。**此權禮也。弁絰、帶者，變喪服而弔服，輕，可以即事也。○辟，音避，下注“猶辟”同③。**既練，居堊室，不與人居。君謀國政，大夫、士謀家事。既祥，黝堊。祥而外無哭者，禫而内無哭者，樂作矣故也。**黝堊，堊室之飾也。地謂之黝，牆謂之堊。外無哭者，於門外不哭也。内無哭者，入門不哭也。禫踰月而可作樂④，樂作無哭者。黝堊，或爲“要期”。禫，或皆作“道”。○黝，於糾反。堊，烏路反，又烏各反，注同。禫，大感反。道，音導⑤。**禫而從御。吉祭而復寢。**從御，御婦人也。復寢，不復宿殯宫也。○不復，扶又反⑥。**期居廬，終喪不御於内者，父在爲母、爲妻齊衰期者。大功布衰九月者，皆三月不御於内。婦人不居廬，不寢苫；喪父母，既練而歸；期、九月者，既葬而歸。**歸，謂歸夫家也。○期，音基，下同。爲母爲，並于僞反，下“爲之賜”、注“爲之”、“則爲”並同⑦。**公之喪，大夫俟**

———————

①“蓋廬”，撫州本、余仁仲本、岳本、嘉靖本、八行本、和本、閩本、監本、毛本、殿本同；十行本、阮刻本作“故廬”，非。

②“適丁歷反”，彙校卷第十三、撫釋一、余仁仲本、和本、十行本、閩本、監本、毛本、殿本、阮刻本同，岳本無此四字。

③“下注猶辟同”，彙校卷第十三、撫釋一、余仁仲本、和本、十行本、閩本、監本、毛本、殿本、阮刻本同，岳本無此五字。

④“禫”，撫州本、余仁仲本、岳本、嘉靖本、八行本、和本、十行本、閩本、監本、毛本、殿本、阮刻本同，考異據正義謂當作“祥”。

⑤“注同禫大感反道音導”，彙校卷第十三、撫釋一、余仁仲本、和本、十行本、閩本、監本、毛本、殿本、阮刻本同，岳本無此九字。

⑥“不復扶又反”，彙校卷第十三、撫釋一、余仁仲本、和本、十行本、閩本、監本、毛本、殿本、阮刻本同，岳本無此五字。

⑦“下同爲母爲並于僞反下爲之賜注爲之則爲並同”，余仁仲本、十行本、閩本、監本、毛本、殿本同，岳本作“爲去聲下並同”；彙校卷十三、撫釋一、和本、阮刻本“母爲”下有“妻”字，是。

練，士卒哭而歸。此公，公士大夫有地者也。其大夫、士歸者，謂素在君所，食都邑之臣。大夫、士，父母之喪，既練而歸；朔月忌日，則歸哭于宗室。諸父、兄弟之喪，既卒哭而歸。歸，謂歸其宮也①。忌日，死日也。宗室、宗子之家，謂殯宮也。禮，命士以上，父子異宮。○上，時掌反②。父不次於子，兄不次於弟。謂不就其殯宮，爲次而居。

22・16 君於大夫、世婦，大斂焉；爲之賜，則小斂焉。爲之賜，謂有恩惠也。於外命婦，既加蓋而君至。於臣之妻畧也。於士，既殯而往；爲之賜，大斂焉。夫人於世婦，大斂焉；爲之賜，小斂焉。於諸妻，爲之賜，大斂焉。於大夫、外命婦，既殯而往。大夫、士既殯，而君往焉，使人戒之。主人具殷奠之禮，俟于門外，見馬首，先入門右。巫止于門外。祝代之先。君釋菜于門内，祝先升自阼階，負墉，南面。君即位于阼，小臣二人執戈立于前，二人立于後。殷，猶大也。朝夕小奠，至月朔則大奠。君將來，則具大奠之禮以待之，榮君之來也。祝負墉，南面，直君北，房户東也。小臣執戈先後君，君升而夾階立。大夫殯即成服，成服則君亦成服，錫衰而往弔之。○直，如字，又音值，當也。先後，悉見反，下胡豆反，一音並如字。夾，古洽反③。擯者進，當贊主人也。始立門東，北面。主人拜稽顙。君稱言，視祝而踊。主人踊。稱言，舉所以來之辭也④。視祝而踊，祝相君之禮，當節之也。○相，息亮反，下“相止”並同⑤。大夫則奠

---

① “宮”，撫州本、岳本、嘉靖本、八行本、和本、十行本、閩本、監本、毛本、殿本、阮刻本同；余仁仲本作“官”，非。

② “上時掌反”，彙校卷第十三、撫釋一、余仁仲本、和本、十行本、閩本、監本、毛本、殿本、阮刻本同，岳本無此四字。

③ “當也先後悉見反下胡豆反一音並如字夾古洽反”，彙校卷第十三、撫釋一、余仁仲本、和本、十行本、閩本、監本、毛本、殿本、阮刻本同，岳本無此二十字。

④ “辭也”，撫州本、余仁仲本、岳本、嘉靖本、八行本、和本、毛本、殿本、阮刻本同；十行本、閩本、監本“也”作“相”，非。阮校曰：“舉所以來之辭也　毛本作‘也’，岳本同，嘉靖本同，衛氏集説同，考文引宋本同，此本‘也’誤‘相’，閩、監本同。”

⑤ “相止並”，彙校卷第十三、撫釋一、余仁仲本同，岳本無此三字；和本、閩本、監本、毛本、殿本、阮刻本“止”作“君”，十行本作“上”，皆非。

可也；士則出俟于門外，命之反奠，乃反奠。卒奠，主人先俟于門外。君退，主人送于門外，拜稽顙。迎不拜，拜送者，拜迎則爲君之荅己。君於大夫疾，三問之；在殯，三往焉。士疾，壹問之；在殯，壹往焉。所以致殷勤也。君弔，則復殯服。復，反也，反其未殯、未成服之服，新君事也。謂臣喪既殯後，君乃始來弔也。復，或爲“服”。夫人弔於大夫、士，主人出迎于門外，見馬首，先入門右。夫人入，升堂即位。主婦降自西階，拜稽顙于下。夫人視世子而踊，奠如君至之禮。夫人退，主婦送于門内，拜稽顙；主人送于大門之外，不拜。視世子而踊，世子從夫人，夫人以爲節也。世子之從夫人位，如祝從君也。大夫君，不迎于門外，入即位于堂下。主人北面，衆主人南面，婦人即位于房中。若有君命、命夫命婦之命、四鄰賓客，其君後主人而拜。入即位於下，不升堂而立阼階之下，西面，下正君也。衆主人南面，於其北。婦人即位于房中。君雖不升堂，猶辟之也。後主人而拜者，將拜賓，使主人陪其後，而君前拜。不俱拜者，主人無二也。○下正，户嫁反①。君弔，見尸柩而后踊。塗之後，雖往不踊也。○踊，或爲“哭”，或爲“浴”②。大夫、士，若君不戒而往，不具殷奠，君退必奠。榮君之來。

22·17　君大棺八寸，屬六寸，椑四寸。上大夫大棺八寸，屬六寸。下大夫棺六寸③，屬四寸。士棺六寸。大棺，棺之在表者也。檀弓曰：“天子之棺四重，水、兕革棺被之，其厚三寸；杝棺一，梓棺二，四者皆周。”此以内説而出也。然則大棺及屬用梓，椑用杝。以是差之，上公革棺不被，三重也；諸侯無革棺，再重也；大夫無椑，一重也；士無屬，不重也。庶人之棺四寸。上大夫，謂列國之卿也。趙簡子云：“不設屬、椑。”時僭也。○屬，音燭，後皆同。

---

①“下正户嫁反”，彙校卷第十三、撫釋一、余仁仲本、和本、十行本、閩本、監本、毛本、殿本、阮刻本同，岳本無此五字。

②據撫州本、余仁仲本、岳本、嘉靖本、八行本、和本、十行本、閩本、監本、毛本、殿本、阮刻本，“踊或爲哭或爲浴”七字是鄭注文字，“踊”上“○”號當删。

③“下大夫棺”，唐石經、撫州本、余仁仲本、岳本、嘉靖本、八行本、和本、十行本、閩本、監本、毛本、殿本、阮刻本“棺”上有“大”字，是。

椑,步歷反。重,直龍反,下同。兒,詞履反。被,皮義反,下同。厚,户豆反。杝,以支反。差,初佳反,徐初宜反。僭,子念反①。**君裹棺用朱綠,用雜金鐕。大夫裹棺用玄綠,用牛骨鐕②。士不綠。**鐕,所以琢著裹。○鐕,子南反,釘也。琢,陟角反,本又作"琢"。著,直畧反③。**君蓋用漆,三衽三束。大夫蓋用漆,二衽二束。士蓋不用漆,二衽二束。**用漆者,塗合牝牡之中也。衽,小要也。○要,一遥反,下同④。**君大夫鬒爪實于綠中,士埋之。**綠,當爲"角",聲之誤也。角中,謂棺内四隅也。鬒,亂髮也。將實爪髮棺中,必爲小囊盛之。此"綠",或爲"篓"。○鬒,音舜。爪,側巧反。囊,乃剛反,徐音託。盛,音成⑤。篓,魯口反。**君殯用輴,欑至于上,畢塗屋。大夫殯以幬,欑置于西序,塗不暨于棺。士殯見衽,塗上。帷之。**欑,猶菆也⑥,屋殯上覆如屋者也。幬,覆也。暨,及也。此記參差,以檀弓參之,天子之殯,居棺以龍輴,欑木題凑象椁,上四注如屋以覆之,盡塗之。諸侯輴不畫龍,欑不題凑象椁,其他亦如之。大夫之殯廢輴,置棺西牆下,就牆欑其三面。塗之不及棺者,言欑,中狹小,裁取容棺。然則天子、諸侯差寬大矣。士不欑,掘地下棺,見小要耳。帷之,鬼神尚幽闇也,士達於天子皆然。幬,或作"錞",或作"埻"⑦。○輴,

---

①"兒詞履反被皮義反下同厚户豆反杝以支反差初佳反徐初宜反僭子念反",彙校卷第十三、撫釋一、余仁仲本、和本、阮刻本同,岳本無此三十字,十行本脱"皮義"二字,"户"誤作"尸",閩本、監本、毛本、殿本"皮義反"作"音皮"。

②"用玄緑用牛骨鐕",唐石經、撫州本、余仁仲本、岳本、嘉靖本、八行本、和本、閩本、監本、毛本、殿本、阮刻本同,十行本殘。

③"本又作琢著直畧反",彙校卷第十三、撫釋一、余仁仲本、和本、十行本、閩本、監本、毛本、殿本、阮刻本同,岳本無此八字。

④"下同",彙校卷第十三、撫釋一、余仁仲本、和本、十行本、閩本、監本、毛本、殿本、阮刻本同,岳本無此二字。

⑤"囊乃剛反徐音託盛音成",彙校卷第十三、撫釋一、余仁仲本、十行本、閩本、監本、毛本、殿本、阮刻本同,岳本無此十字,和本"囊"上衍"實"字。

⑥"菆",撫州本、余仁仲本、岳本、嘉靖本、八行本、和本、閩本、監本、毛本、殿本、阮刻本同;十行本作"取",非。

⑦"埻",撫州本、余仁仲本、岳本、嘉靖本、八行本、和本、閩本、監本、毛本、殿本同;十行本、阮刻本作"焞",非,下釋文同。

勅倫反。欑，才完反①，下同②。幬，音道，注同。暨，其器反，注同③。見，賢遍反，注同④。菆，才工反，本亦作“叢”⑤。參，初金反。差，初宜反。題，音啼⑥。湊，七豆反。注，徐之樹反，下同⑦。差寬，初賣反，又初佳反。掘，其越反，又其勿反⑧。錞，徒對反，又徒卧反，又徒猥反⑨。埻，依字支允反⑩，又支閏反，徐都卧反，沈都雷反⑪。

22・18 熬，君四種八筐，大夫三種六筐，士二種四筐，加魚腊焉。　熬者，煎穀也。將塗，設於棺旁，所以感蚍蜉使不至棺也⑫。士喪禮曰：“熬，黍、稷各二筐。”又曰：“設熬，旁各一筐⑬。”大夫三種，加以粱。君四種，加以

---

① “欑才完反”，彙校卷十三、撫釋一、余仁仲本、岳本、阮刻本同，和本、十行本、閩本、監本、毛本、殿本“完”作“冠”。

② “下同”，彙校卷第十三、撫釋一、余仁仲本、和本、十行本、閩本、監本、毛本、殿本、阮刻本同，岳本無此二字。

③ “注同暨其器反注同”，彙校卷第十三、撫釋一、余仁仲本、和本、十行本、閩本、監本、毛本、殿本、阮刻本同，岳本無此八字。

④ “注同”，彙校卷第十三、撫釋一、余仁仲本、十行本、和本、閩本、監本、毛本、殿本、阮刻本同，岳本無此二字。

⑤ “本亦作叢”，彙校卷第十三、撫釋一、余仁仲本、和本、十行本、閩本、監本、毛本、殿本、阮刻本同，岳本無此四字。

⑥ “題音啼”，彙校卷第十三、撫釋一、余仁仲本、和本、十行本、閩本、監本、毛本、殿本、阮刻本同，岳本無此三字。

⑦ “注徐之樹反下同”，彙校卷第十三、撫釋一、余仁仲本、和本、十行本、閩本、監本、毛本、殿本、阮刻本同，岳本作“注之樹反”。

⑧ “又初佳反掘其越反又其勿反”，彙校卷第十三、撫釋一、余仁仲本、和本、十行本、閩本、監本、毛本、殿本、阮刻本同，岳本無此十二字。

⑨ “又徒猥反”，彙校卷第十三、撫釋一、余仁仲本、和本、十行本、閩本、監本、毛本、殿本、阮刻本同，岳本無此四字。

⑩ “依字”，彙校卷第十三、撫釋一、余仁仲本、和本、十行本、閩本、監本、毛本、殿本、阮刻本同，岳本無此二字。

⑪ “徐都卧反沈都雷反”，彙校卷第十三、撫釋一、余仁仲本、和本、十行本、閩本、監本、毛本、殿本、阮刻本同，岳本無此八字。

⑫ “感”，余仁仲本、嘉靖本、十行本、閩本、監本、毛本、殿本、阮刻本同；撫州本、岳本、八行本、和本作“惑”，是。阮校曰：“所以感蚍蜉　閩、監、毛本同，嘉靖本同。惠棟校宋本‘感’作‘惑’，岳本同，衛氏集説同，考文引古本同。按儀禮注，‘感’字當作‘惑’，此本疏中亦作‘惑’。”

⑬ “各”，撫州本、余仁仲本、岳本、嘉靖本、和本、十行本、閩本、監本、毛本、殿（轉下頁注）

稻。四筐，則手足皆一①，其餘設於左右。○熬，五羔反③。種，章勇反，下及注同。筐，音匡。腊，音昔。蚍，音毗。蜉，音浮③。

22·19 飾棺：君龍帷，三池，振容；黼荒，火三列，黻三列④；素錦褚，加偽荒；纁紐六；齊，五采、五貝；黼翣二，黻翣二，畫翣二，皆戴圭；魚躍拂池。君纁戴六，纁披六。大夫畫帷，二池，不振容；畫荒，火三列，黻三列；素錦褚，纁紐二，玄紐二；齊，三采、三貝；黻翣二，畫翣二，皆戴綏；魚躍拂池。大夫戴，前纁後玄，披亦如之。士布帷，布荒，一池，揄絞；纁紐二，緇紐二；齊，三采、一貝；畫翣二，皆戴綏。士戴，前纁後緇，二披用纁。 飾棺者，以華道路及壙中，不欲衆惡其親也。荒，蒙也。在旁曰帷，在上曰荒，皆所以衣柳也。士布帷、布荒者，白布也，君、大夫，加文章焉。黻荒，緣邊爲黼文。畫荒，緣邊爲雲氣。火、黻爲列於其中耳。偽，當爲“帷”，或作“于”，聲之誤也。大夫以上，有褚以襯覆棺，乃加帷荒於其上。紐，所以結連帷、荒者也。池，以竹爲之，如小車笒，衣以青布。柳象宮室，縣池於荒之爪端，若承霤然云。君、大夫以銅爲魚，縣於池下。揄，揄翟也⑤，青質五色，畫之於絞繒而垂之，以爲振容，象水草之動搖，行則又魚上拂池。雜記曰：“大夫不揄絞屬於池下。”是不振容也。士則去魚。齊，象車蓋蕤，縫合雜采爲之，形如瓜分然，綴貝落其上及旁⑥。戴之言値也，所以連繫棺束

（接上頁注）本、阮刻本同；八行本無“各”字，是。阮校曰：“設熬旁各一筐　閩、監、毛本同，岳本同，嘉靖本同，衛氏集説同，惠棟校宋本無‘各’字。浦鐙云：‘“各”字，儀禮無。’按：疏及續通解并周禮廩人疏引此注皆無‘各’字，吳草廬儀禮集説據此注謂爲經文脱，非也。”

① “手”，撫州本、余仁仲本、岳本、嘉靖本、八行本、和本、十行本、閩本、監本、毛本、殿本、阮刻本同；考異謂當作“首”，是。

② “熬五羔反”，彙校卷第十三、撫釋一、余仁仲本、和本、閩本、監本、毛本、殿本、阮刻本同；十行本“五”作“正”，非。

③ “下及注同筐音匡腊音昔蚍音毗蜉音浮”，彙校卷第十三、撫釋一、余仁仲本、和本、十行本、閩本、監本、毛本、殿本、阮刻本同，岳本無此十六字。

④ “黻”，撫州本、余仁仲本、岳本、嘉靖本、八行本、和本、閩本、監本、毛本、殿本同；十行本、阮刻本作“黼”，非。

⑤ “揄揄翟也”，撫州本、余仁仲本、岳本、嘉靖本、八行本、和本、閩本、監本、毛本、殿本、阮刻本同；十行本“揄揄”作“輪鈎”，非。

⑥ “綴貝落其上及旁”，撫州本、余仁仲本、岳本、嘉靖本、八行本、和本同；閩（轉下頁注）

與柳材,使相值,因而結前後披也。漢禮,翣以木爲筐,廣三尺,高二尺四寸,方兩角高,衣以白布。畫者,畫雲氣。其餘各如其象。柄長五尺,車行,使人持之而從,既窆,樹於壙中。檀弓曰"周人牆置翣"是也。緌,當爲"綏",讀如"冠蕤"之"蕤",蓋五采羽注於翣首也。○戴,音弗①。褚,張吕反,下同。偽,依注讀爲"帷"②,位悲反。齊,如字,徐才細反③。翣,所甲反。戴,丁代反,下及注同④。披,彼義反,徐甫髮反,下同⑤。緌,依注爲"綏"⑥,音蕤,耳佳反,下同⑦。揄,音遥,注同。紐,女九反。緇,側其反⑧。壙,苦晃反。惡,烏路反。衣,於既反,下"衣以"皆同。以上,時掌反,下"魚上"同。苓,音零⑨。縣,音玄,下皆同。搖,音遥,一音以照反。去,起吕反。車蓋蕤,絶句,一讀以"蕤"向下。瓜,古華反⑩。分,扶問反,又皮莧反,又夫云反。廣,古曠反⑪。高,古報反,又如字。長,直諒

(接上頁注)本、監本、毛本、殿本"落"作"絡",十行本、阮刻本"及"作"乃",皆非。

①"戴音弗",彙校卷第十三、撫釋一、余仁仲本、和本、十行本、閩本、監本、毛本、殿本、阮刻本同,岳本無此三字。

②"依注讀爲帷",彙校卷第十三、撫釋一、余仁仲本、和本、十行本、閩本、監本、毛本、殿本、阮刻本同,岳本無此五字。

③"徐",彙校卷第十三、撫釋一、余仁仲本、岳本、和本、閩本、監本、毛本、殿本、阮刻本同;十行本作"齊",非。

④"戴丁代反下及注同",彙校卷第十三、撫釋一、余仁仲本、和本、十行本、閩本、監本、毛本、殿本、阮刻本同,岳本無此八字。

⑤"披彼義反徐甫髮反下同",彙校卷第十三、撫釋一、余仁仲本、和本、閩本、殿本、阮刻本同,岳本無"徐甫髮反下同"六字;十行本"披"作"詖","髮"作"婆",監本、毛本"徐"作"彼",皆非。

⑥"依注爲綏",彙校卷第十三、撫釋一、余仁仲本、和本、十行本、閩本、監本、毛本、殿本、阮刻本同,岳本無此四字。

⑦"耳佳反下同",彙校卷第十三、撫釋一、余仁仲本、和本、十行本、閩本、監本、毛本、殿本、阮刻本同,岳本無此五字。

⑧"注同紐女九反緇側其反",彙校卷第十三、撫釋一、余仁仲本、和本、十行本、閩本、監本、毛本、殿本、阮刻本同,岳本無此十字。

⑨"衣於既反下衣以皆同以上時掌反下魚上苓音零",岳本無此二十一字;彙校卷第十三、撫釋一、余仁仲本、和本、十行本、閩本、監本、毛本、殿本、阮刻本"掌"作"掌",是。

⑩"下皆同搖音遥一音以照反去起吕反車蓋蕤絶句一讀以蕤向下瓜古華反",彙校卷第十三、撫釋一、余仁仲本、和本、十行本、閩本、監本、毛本、殿本、阮刻本同,岳本無此三十字。

⑪"又夫云反廣古曠反",彙校卷第十三、撫釋一、余仁仲本、和本、十行本、閩本、(轉下頁注)

反，又如字，後放此①。從，才用反。

22·20 君葬用輴，四紼，二碑，御棺用羽葆。大夫葬用輴，二紼，二碑，御棺用茅。士葬用國車，二紼，無碑，比出宫，御棺用功布。大夫廢輴。此言“輴”，非也。輴，皆當爲“載以輇車”之輇，聲之誤也。輇，字或作“團”，是以文誤爲“國”②。輇車，柩車也。尊卑之差也。在棺曰紼，行道曰引。至壙將窆，又曰紼而設碑，是以連言之。碑，桓楹也。御棺居前爲節度也。士言“此出宫③，用功布”，則出宫而止，至壙無矣。紼，或爲“率”。○輴，依注音“輇”，市專反，下同，王勑倫反④。紼，音弗。碑，彼皮反。御棺，一本作“御柩”。葆，音保⑤。用國，依注亦作“輇”，市專反，王如字，云：“一國所用。”比，必利反，注同。團，徒丸反⑥。引，音胤。率，音律。凡封，用紼去碑負引。君封以衡，大夫、士以咸。君，命毋譁，以鼓封。大夫，命毋哭。士，哭者相止也。封，周禮作“窆”。窆，下棺也。此封，或皆作“斂”。檀弓曰：“公輸若方小，斂，般請以機封。”謂此斂也。然則棺之入坎爲斂，與斂尸相似，記時同之耳。咸，讀爲“緘”。凡柩車及壙⑦，説載除飾，而屬紼於柩之緘，又樹碑於壙之前後，以紼繞碑間之鹿盧，輓棺而下之。此時棺下窆，使輓者皆繫紼而繞要，負引，舒縱之，

（接上頁注）監本、毛本、殿本、阮刻本同，岳本無此八字。

①“長直諒反又如字後放此”，彙校卷第十三、撫釋一、余仁仲本、和本、十行本、閩本、監本、毛本、殿本、阮刻本同，岳本無此十字。

②“文”，余仁仲本、嘉靖本、和本、十行本、閩本、監本、毛本、殿本、阮刻本同；撫州本、岳本、八行本作“又”，是。

③“此”，撫州本、余仁仲本、岳本、嘉靖本、八行本、和本、十行本、閩本、監本、毛本、殿本、阮刻本作“比”，是。

④“輴依注音輇市專反下同王勑倫反”，彙校卷第十三、撫釋一、余仁仲本、和本、十行本、閩本、監本、毛本、殿本、阮刻本同，岳本作“輴市專反又勑倫反”。

⑤“紼音弗碑彼皮反御棺一本作御柩葆音保”，彙校卷第十三、撫釋一、余仁仲本、和本、十行本、閩本、監本、毛本、殿本、阮刻本同，岳本無此十七字。

⑥“用國依注亦作輇市專反王如字云一國所用比必利反注同團徒丸反”，彙校卷第十三、撫釋一、余仁仲本、和本、閩本、監本、毛本、殿本同，岳本作“國依注音輇比去聲”；十行本、阮刻本“團徒丸反”作“柩尹九反”，非。

⑦“凡”，撫州本、余仁仲本、岳本、嘉靖本、八行本、和本、閩本、監本、毛本、殿本、阮刻本同；十行本作“比”，非。

備失脫也①。用絣去碑者②，謂縱下之時也。衡，平也。人君之喪，又以木橫貫緘耳，居旁持而平之，又擊鼓爲縱舍之節。大夫、士旁牽緘而已，庶人縣窆，不引絣也。禮，唯天子葬有隧。今齊人謂棺束爲緘繩③。緘，或爲“椷”。○封，依注作“窆”④，彼驗反，下及注“機封”同⑤。緘，依注讀爲“緘”⑥，古鹹反。毋，音無，下同。譁，音華⑦。說，吐活反⑧。輓，音晚。繞，而沼反。要，一遙反。縱，子用反，下同。舍，音捨。隧，音遂，延道也⑨。椷，古咸反，一本作“緘”⑩。**君松椁，大夫柏椁，士雜木椁。**椁，謂周棺者也。天子柏椁以端長六尺。夫子制於中都，使庶人之椁五寸。五寸，謂端方也。此謂尊者用大材，卑者用小材耳。自天子、諸侯、卿、大夫、士、庶人六等，其椁長自六尺而下，其方自五寸而上，未聞其差所定也。抗木之厚，蓋與椁方齊，天子五重，上公四重，諸侯三重，大夫再重，士一重。○而上，時掌反。抗，苦浪反，徐户剛反。重，直龍反，下同⑪。**棺椁之**

---

①“脫也”，撫州本、余仁仲本、岳本、嘉靖本、八行本、和本、閩本、監本、毛本、殿本、阮刻本同；十行本“脫”作墨釘，“也”作“巾”，非。

②“絣”，撫州本、余仁仲本、岳本、嘉靖本、八行本、和本、閩本、監本、毛本、殿本、阮刻本同；十行本作“鄉”，非。

③“唯天子葬有隧今齊人謂棺束爲緘繩”，撫州本、余仁仲本、岳本、嘉靖本、八行本、和本、閩本、監本、毛本、殿本、阮刻本同，十行本“隧今”二字作墨釘。

④“依注作窆”，彙校卷第十三、撫釋一、余仁仲本、和本、十行本、閩本、監本、毛本、殿本、阮刻本同，岳本無此四字。

⑤“及注機封”，彙校卷第十三、撫釋一、余仁仲本、和本、閩本、監本、毛本、殿本、阮刻本同，岳本無此四字，十行本“機”作墨釘。

⑥“依注讀爲緘”，彙校卷第十三、撫釋一、余仁仲本、和本、十行本、閩本、監本、毛本、殿本、阮刻本同，岳本無此五字。

⑦“毋音無下同譁音華”，彙校卷第十三、撫釋一、余仁仲本、和本、十行本、閩本、監本、毛本、殿本、阮刻本同，岳本無此八字。

⑧“說吐活反”，彙校卷第十三、撫釋一、余仁仲本、岳本、和本、閩本、監本、毛本、殿本、阮刻本同；十行本“吐”作“而”，非。

⑨“繞而沼反要一遙反縱子用反下同舍音捨隧音遂延道也”，彙校卷第十三、撫釋一、余仁仲本、和本、十行本、閩本、監本、毛本、殿本、阮刻本同，岳本無此二十三字。

⑩“一本作緘”，彙校卷第十三、撫釋一、余仁仲本、和本、十行本、閩本、監本、毛本、殿本、阮刻本同，岳本無此四字。

⑪“而上時掌反抗苦浪反徐户剛反重直龍反下同”，彙校卷第十三、撫釋一、余仁仲本、和本、十行本、閩本、監本、毛本、殿本、阮刻本同，岳本無此十九字。

間，君容祝①，大夫容壺，士容甒。 間，可以藏物，因以爲節。○祝，昌六
反。甒，音武。君裹椁虞筐，大夫不裹椁，士不虞筐。 裹椁之物，虞筐之
文，未聞也。

纂圖互注禮記卷之十三②

---

①“祝”，十行本同；撫州本、余仁仲本、岳本、嘉靖本、八行本、和本、閩本、監本、毛本、殿
　本、阮刻本作“柷”，是。
②撫州本卷十三末頁B面第十行頂格題“禮記卷第十三”，空二格題“經三千三百九十一
　字，注四千一百三十四字”。余仁仲本卷十三末頁B面第七行頂格題“禮記卷第十三”，
　第八行空四格題“經叁仟叁伯捌拾壹字”，第九行空四格題“注肆仟壹伯貳拾玖字”，第
　十行空四格題“音義貳仟柒拾伍字”，第十一行空九格題“余仁仲刊于家塾”。嘉靖本卷
　十三末頁A面第八行題“經三千三百八十一字，注四千一百二十九字”。阮刻本記“宋
　監本禮記卷第十三，經三千三百九十一字，注四千一百三十四字。嘉靖本禮記卷第十
　三，經三千三百八十一字，注四千一百二十九字”。

纂圖互注禮記卷之十四

祭法第二十三_{陸曰：“鄭云：‘以其記有虞氏至周天子以下所祭祀群神之數也。’”①}

禮記　　　　　　　　　　　　　　　鄭氏注②

23·1祭法：有虞氏禘黃帝而郊嚳，祖顓頊而宗堯。夏后氏亦禘黃帝而郊鯀，祖顓頊而宗禹。殷人禘嚳而郊冥，祖契而宗湯。周人禘嚳而郊稷，祖文王而宗武王。禘、郊、祖、宗，謂祭祀以配食也。此禘，謂祭昊天於圜丘也。祭上帝於南郊曰郊，祭五帝、五神於明堂，曰祖、宗，祖、宗通言爾。下有“禘、郊、祖、宗”③。孝經曰：“宗祀文王於明堂，以配上帝。”明堂月令：“春曰其帝大昊，其神句芒；夏曰其帝炎帝，其神祝融；中央曰其帝黃帝，其神后土；秋曰其帝少昊，其神蓐收；冬曰其帝顓頊，其神玄冥。”有虞氏以

――――――

① “陸曰鄭云以其記有虞氏至周天子以下所祭祀群神之數也”，余仁仲本、和本、十行本、閩本、監本、毛本、殿本、阮刻本同，岳本無此二十四字，彙校卷第十三、撫釋一無“陸曰”二字。

② 撫州本題“禮記卷第十四”，首行頂格書寫；次行頂格題“祭法第二十三”，空二格題“鄭氏注”。余仁仲本題“禮記卷第十四”，首行頂格書寫；次行頂格題“祭法第二十三”，下雙行小字，第三行空三格題“禮記”，空九格題“鄭氏注”。嘉靖本題“禮記卷第十四”，首行頂格書寫；次行頂格題“祭法第二十三”，空二格題“禮記”，空二格題“鄭氏注”。

③ “祖宗”，余仁仲本、嘉靖本、和本、十行本、閩本、監本、毛本、殿本、阮刻本同，撫州本、岳本、八行本及下經文作“宗祖”，是。阮校曰：“下有禘郊祖宗　閩、監、毛本同，嘉靖本同，衛氏集説同。惠棟校宋本‘祖宗’作‘宗祖’，岳本、宋監本同。”

上尚德，禘、郊、祖、宗，配用有德者而已。自夏已下，稍用其姓代之①。先後之次，有虞氏、夏后氏宜郊顓頊，殷人宜郊契。郊祭一帝②，而明堂祭五帝。小德配寡，大德配衆，亦禮之殺也。○禘，大計反③。罍，口毒反。顓，音專。頊，許玉反。鯀，本又作“縣”，古本反，篇末皆同。冥，莫經反。契，息列反，下同。圜，音員。大昊，音泰，下“大廟”、“大祖”、“大昊”同。昊，本亦作“皥”，胡老反，下放此。句，古侯反。芒，音亡。夏，户嫁反，後“夏曰”皆同。少，詩召反，下放此。蓐，音辱，本亦作“辱”。以上，時掌反，下“上去”、“以上”同。殺，色界反，徐所例反④。

23·2　燔柴於泰壇，祭天也；瘞埋於泰折，祭地也，用騂犢。

壇、折，封土爲祭處也。壇之言坦也。坦，明貌也。折，炤晢也。必爲炤明之名，尊神也。地，陰祀，用黝牲。與天俱用犢，連言爾。○燔，音煩。爾雅云：“祭天曰燔柴。”壇，大丹反，下同⑤。瘞，於滯反。埋，武皆反。爾雅云：“祭地曰瘞埋。”⑥折，之設反，注同⑦，舊音逝，又音制。騂，私營反，字林云：“火營反。”處，昌慮反。坦，吐但反⑧。炤，本又作“昭”，同，章遥反⑨，又之召反。晢，之設反，一

────────────

①“姓代”，考補引古本、撫州本、余仁仲本、岳本、嘉靖本、八行本、殷本同；和本、十行本、閩本、監本、毛本、阮刻本作“姓氏”，非。阮校曰：“稍用其姓氏　惠棟校宋本‘氏’作‘代’，宋監本、岳本、嘉靖本、衛氏集説同，正義亦作‘代’，此本誤‘氏’，閩、監、毛本同。”

②“一”，撫州本、余仁仲本、岳本、嘉靖本、八行本、和本、閩本、毛本、殷本、阮刻本同；十行本、監本作“二”，非。

③“禘大計反”，彙校卷第十三、撫釋一、余仁仲本、和本、十行本、閩本、監本、毛本、殷本、阮刻本同，岳本無此四字。

④“顓音專”至“所例反”，彙校卷第十三、撫釋一、余仁仲本、和本、十行本、閩本、監本、毛本、殷本、阮刻本同，岳本無此一百四字。

⑤“燔音煩爾雅云祭天曰燔柴壇大丹反下同”，彙校卷第十三、撫釋一、余仁仲本、和本、十行本、閩本、監本、毛本、殷本、阮刻本同，岳本無此十七字。

⑥“埋武皆反爾雅云祭地曰瘞埋”，彙校卷第十三、撫釋一、余仁仲本、和本、十行本、閩本、監本、毛本、殷本、阮刻本同，岳本無此十二字。

⑦“注同”，彙校卷第十三、撫釋一、余仁仲本、和本、閩本、監本、毛本、殷本、阮刻本同，岳本無此二字；十行本“注”作“生”，非。

⑧“騂私營反字林云火營反處昌慮反坦吐但反”，彙校卷第十三、撫釋一、余仁仲本、和本、十行本、閩本、監本、毛本、殷本、阮刻本同，岳本無此十八字。

⑨“本又作昭同”，彙校卷第十三、撫釋一、余仁仲本、和本、十行本、閩本、監本、毛本、殷本、阮刻本同，岳本無此五字。

音制①。黝，於糾反。重意"用黝犢"，檀弓上、郊特牲十一篇："牲用黝。"埋少牢於泰昭，祭時也。相近於坎壇，祭寒暑也。王宮，祭日也。夜明，祭月也。幽宗，祭星也。雩宗，祭水旱也。四坎壇，祭四方也。山林、川谷、丘陵，能出雲，爲風雨，見怪物，皆曰神。有天下者祭百神。諸侯在其地則祭之，亡其地則不祭。昭，明也，亦謂壇也。時，四時也，亦謂陰陽之神也。埋之者，陰陽出入於地中也。凡此以下，皆祭用少牢。相近，當爲"禳祈"，聲之誤也。禳，猶卻也②。祈，求也。寒暑不時，則或禳之，或祈之。寒於坎，暑於壇。王宮，日壇。王，君也。日稱君。宮，壇營域也。夜明，亦謂月壇也。宗，皆當爲"禜"，字之誤也。幽禜，亦謂星壇也。星以昏始見，禜之言營也。雩禜，亦謂水旱壇也。雩之言吁嗟也。春秋傳曰："日月星辰之神，則雪霜風雨之不時，於是乎禜之。山川之神，則水旱癘疫之不時，於是乎禜之。"四方，即謂山林、川谷、丘陵之神也。祭山林、丘陵於壇，川谷於坎，每方各爲坎爲壇。怪物，雲氣非常見者也。有天下，謂天子也。百者，假成數也。○相近，依注讀爲"禳"，如羊反，下音巨依反③，王肅作"祖迎"也。坎，苦感反。幽宗、雩宗，"宗"並依注讀爲"禜"，榮敬反，王如字④。見，賢遍反，注同⑤。亡，如字，無也，一音無。吁，許于反。疫，音役⑥。

23·3 大凡生於天地之間者皆曰命，其萬物死皆曰折，人死曰

---

①"又之召反晢之設反一音制"，彙校卷第十三、撫釋一、余仁仲本、和本、十行本、閩本、監本、毛本、殿本、阮刻本同，岳本無此十一字。

②"卻"，余仁仲本、和本、十行本、監本、毛本同；撫州本、岳本、嘉靖本、八行本、閩本、殿本、阮刻本作"卻"，是。

③"相近依注讀爲禳如羊反下音巨依反"，彙校卷第十三、余仁仲本、和本、十行本、閩本、監本、毛本、殿本、阮刻本同，岳本作"相近上如羊反下巨依反"；撫釋一"禳"作"攘"，非。

④"坎苦感反幽宗雩宗宗並依注讀爲禜榮敬反王如字"，彙校卷第十三、撫釋一、余仁仲本、和本、閩本、監本、毛本、殿本、阮刻本同；岳本作"宗榮敬反王如字"，又將"王"字當作釋文出文，非；十行本脱一"宗"字，"榮"作"禜"，非。

⑤"注同"，彙校卷第十三、撫釋一、余仁仲本、和本、十行本、閩本、監本、毛本、殿本、阮刻本同，岳本無此二字。

⑥"吁許于反疫音役"，彙校卷第十三、撫釋一、余仁仲本、和本、十行本、閩本、監本、毛本、殿本、阮刻本同，岳本無此七字。

鬼，此五代之所不變也。生時形體異，可同名。至死，腐爲野土，異其名，嫌同也。折，弃敗之言也。鬼之言歸也。五代，謂黃帝、堯、舜、禹、湯，周之禮樂所存法也。○大，如字，徐音泰。腐，音輔①。**七代之所更立者，禘、郊、宗、祖，其餘不變也。**七代，通數顓頊及嚳也。所不變者，則數其所法而已；變之，則通數所不法，爲記者之微意也。少昊氏脩黃帝之法，後王無所取焉。○更，古衡反②。數，色主反，下同③。**天下有王，分地建國，置都立邑，設廟、祧、壇、墠而祭之，乃爲親疏多少之數。是故王立七廟、一壇、一墠：曰考廟，曰王考廟，曰皇考廟，曰顯考廟，曰祖考廟，皆月祭之；遠廟爲祧，有二祧，享嘗乃止；去祧爲壇，去壇爲墠，壇墠有禱焉祭之，無禱乃止；去墠曰鬼。諸侯立五廟，一壇、一墠：曰考廟，曰王考廟，曰皇考廟，皆月祭之；顯考廟、祖考廟，享嘗乃止；去祖爲壇，去壇爲墠，壇墠有禱焉祭之，無禱乃止；去墠爲鬼。大夫立三廟、二壇：曰考廟，曰王考廟，曰皇考廟，享嘗乃止；顯考、祖考無廟，有禱焉，爲壇祭之；去壇爲鬼。適士二廟、一壇：曰考廟，曰王考廟，享嘗乃止；顯考無廟，有禱焉，爲壇祭之；去壇爲鬼。官師一廟，曰考廟；王考無廟而祭之，去王考爲鬼。庶士、庶人無廟，死曰鬼。**建國，封諸侯也。置都立邑，爲卿大夫之采地，及賜士有功者之地。廟之言貌也。宗廟者，先祖之尊貌也。祧之言超也，超上去意也。封土曰壇，除地曰墠。書曰：“三壇同墠。”王、皇，皆君也。顯，明也。祖，始也。名先人以君、明、始者，所以尊本之意也。天子遷廟之主，以昭穆合藏於二祧之中。諸侯無祧，藏於祖考之廟中。聘禮曰：“不腆先君之祧。”是謂始祖廟也。享、

----

① “大如字徐音泰腐音輔”，彙校卷第十三、撫釋一、余仁仲本、和本、十行本、閩本、監本、毛本、殿本、阮刻本同，岳本無此九字。

② “更古衡反”，彙校卷第十三、撫釋一、余仁仲本、岳本同；和本、十行本、閩本、監本、毛本、阮刻本“衡”作“行”，非。

③ “數色主反下同”，彙校卷第十三、撫釋一、余仁仲本、和本、閩本、監本、毛本、殿本、阮刻本同，岳本無此六字；十行本“主”作“王”，非。

嘗,謂四時之祭①。天子、諸侯爲壇墠,所禱,謂後遷在祧者也。既事,則反其主於祧。鬼亦在祧,顧遠之於無事,祫乃祭之爾。春秋文二年秋,"大事於大廟",傳曰"毀廟之主,陳于大祖;未毀廟之主,皆升,合食於大祖"是也。魯煬公省②,伯禽之子也。至昭公、定公,久已爲鬼,而季氏禱之而立其宮,則鬼之主在祧明矣。唯天子、諸侯有主,禘祫;大夫有祖考者,亦鬼其百世,不禘祫,無主爾。其無祖考者,庶士以下鬼其考、王考;官師鬼其皇考,大夫、適士鬼其顯考而已。大夫祖考,謂別子也。凡鬼者,薦而不祭。王制曰:"大夫、士有田則祭,無田則薦。"適士,上士也。官師,中士、下士。庶士,府史之屬。此適士云"顯考無廟",非也,當爲"皇考",字之誤。○廟,本亦作"庿",古字③。墠,音善。禱,丁老反,一音丁報反④。適,丁歷反,篇内同。顯考無廟,顯,音皇,出注⑤。采,七代反。昭,上遥反。腆,他典反。祫,音洽⑥。煬,餘讓反,徐音傷⑦。重意王制第五:"天子七廟,諸侯五廟,大夫一廟,士一廟。"禮器第十:"天子七廟,諸侯五,大夫三,士一。"

　　23•4 **王爲羣姓立社,曰大社。王自爲立社,曰王社。諸侯爲百姓立社,曰國社。諸侯自爲立社,曰侯社。大夫以下成羣立社,曰置社。** 羣,衆也。大夫以下,謂下至庶人也。大夫不得特立社,與民族居,百家以上,則共立一社,今時"里社"是也。郊特牲曰:"唯爲社事,單出里。"○爲,于

----

①"四時",撫州本、余仁仲本、岳本、嘉靖本、八行本、和本、閩本、監本、毛本、殿本、阮刻本同;十行本脱"四"字。

②"省",撫州本、余仁仲本、岳本、嘉靖本、八行本、和本、十行本、閩本、監本、毛本、殿本、阮刻本、吳氏朱批、叢刊本作"者",是。

③"廟本亦作庿古字",彙校卷第十三、撫釋一、余仁仲本、和本、十行本、閩本、監本、毛本、殿本、阮刻本同,岳本無此七字。

④"禱丁老反一音丁報反",彙校卷第十三、撫釋一、余仁仲本、和本、十行本、閩本、監本、毛本、殿本、阮刻本同,岳本無此九字。

⑤"適丁歷反篇内同顯考無廟顯音皇出注",彙校卷第十三、撫釋一、余仁仲本、和本、十行本、閩本、監本、毛本、殿本、阮刻本同,岳本作"適丁歷反後同顯考無廟之顯音皇"。

⑥"昭上遥反腆他典反祫音洽",彙校卷第十三、撫釋一、余仁仲本、和本、十行本、閩本、監本、毛本、殿本、阮刻本同,岳本無此十一字。

⑦"徐音傷",彙校卷第十三、撫釋一、余仁仲本、和本、十行本、閩本、監本、毛本、殿本、阮刻本同,岳本無此三字。

偽反,下皆同,注“爲社事”亦同①。**王爲羣姓立七祀,曰司命,曰中霤,曰國門,曰國行,曰泰厲,曰户,曰竈;王自爲立七祀。諸侯爲國立五祀,曰司命,曰中霤,曰國門,曰國行,曰公厲;諸侯自爲立五祀。大夫立三祀,曰族厲,曰門,曰行。適士立二祀,曰門,曰行。庶士、庶人立一祀,或立户,或立竈。**此非大神所祈報大事者也。小神居人之間,司察小過,作譴告者爾。樂記曰:“明則有禮樂,幽則有鬼神。”鬼神,謂此與?司命,主督察三命。中霤,主堂室、居處。門、户,主出入。行,主道路行作。厲,主殺罰。竈,主飲食之事。明堂月令:“春曰其祀户,祭先脾;夏曰其祀竈,祭先肺;中央曰其祀中霤,祭先心;秋曰其祀門,祭先肝;冬曰其祀行,祭先腎。”聘禮曰:使者出,“釋幣於行”;歸,“釋幣於門”②。士喪禮曰:“疾病,禱於五祀。”司命與厲,其時不著。今時民家,或春秋祠司命、行神、山神,門、户、竈在旁③,是必春祠司命,秋祠厲也。或者合而祠之。山即厲也。民惡言“厲”,巫、祝以厲山爲之,謬乎④!春秋傳曰:“鬼有所歸,乃不爲厲。”○霤,力又反。譴,棄戰反。此與,音餘。脾,婢支反⑤。肺,芳廢反。肝,音干⑥。腎,上忍反。使,色吏反⑦。惡言,烏路反⑧。謬,

---

① “注爲社事亦同”,彙校卷第十三、撫釋一、余仁仲本、和本、十行本、閩本、監本、毛本、殿本、阮刻本同,岳本無此六字。

② “於”,撫州本、余仁仲本、岳本、嘉靖本、八行本、和本、閩本、監本、毛本、殿本、阮刻本同;十行本作“房”,非。

③ “門户竈在旁”,撫州本、余仁仲本、岳本、嘉靖本、八行本、殿本同;和本、十行本、閩本、監本、毛本、阮刻本脱“户”字。阮校曰:“門户竈在旁　惠棟校宋本有‘户’字,岳本、嘉靖本、衛氏集説同,考文引古本、足利本同,此本‘户’字脱,閩、監、毛本同。”

④ “謬”,撫州本、余仁仲本、岳本、嘉靖本、八行本、和本、閩本、監本、毛本、殿本、阮刻本同;十行本作“記”,非。阮校曰:“巫祝以厲山爲之謬乎　各本同,釋文‘謬’作‘繆’。○按:唐人多以‘繆’爲‘錯謬’字。”

⑤ “脾婢支反”,彙校卷第十三、撫釋一、余仁仲本、和本、十行本、閩本、監本、毛本、殿本、阮刻本同,岳本無此四字。

⑥ “肝音干”,彙校卷第十三、撫釋一、余仁仲本、和本、十行本、閩本、監本、毛本、殿本、阮刻本同,岳本無此三字。

⑦ “使色吏反”,彙校卷第十三、撫釋一、余仁仲本同,岳本無此四字,和本、十行本、閩本、監本、毛本、殿本、阮刻本“吏”作“厲”。

⑧ “惡言烏路反”,彙校卷第十三、撫釋一、余仁仲本、閩本、監本、毛本、殿本、阮刻本同;和本“言”作“音”,十行本“烏”作“爲”,皆非。

音謬①。

23·5 王下祭殤五：適子、適孫、適曾孫②、適玄孫、適來孫。諸侯下祭三，大夫下祭二，適士及庶人，祭子而止。 祭適殤者，重適也。祭適殤於廟之奧，謂之陰厭。王子、公子祭其適殤於其黨之廟，大夫以下，庶子祭其適殤於宗子之家，皆當室之白③，謂之陽厭。凡庶殤不祭。○殤，音傷。奧，烏報反。厭，於豔反，下同。

23·6 夫聖王之制祭祀也，法施於民則祀之，以死勤事則祀之，以勞定國則祀之，能禦大菑則祀之，能捍大患則祀之。是故厲山氏之有天下也，其子曰農，能殖百穀；夏之衰也，周棄繼之，故祀以爲稷；共工氏之霸九州也，其子曰后土，能平九州，故祀以爲社；帝嚳能序星辰以著衆，堯能賞均刑法以義終，舜勤衆事而野死，鯀鄣鴻水而殛死，禹能脩鯀之功，黃帝正名百物以明民共財，顓頊能脩之，契爲司徒而民成，互注書舜典：“帝曰：‘契，百姓不親，五品不遜，汝作司徒，敬敷五教，在寬。’”冥勤其官而水死，湯以寬治民而除其虐，互注書伊訓：“惟我商王，布昭聖武，代虐以寬，兆民允懷。”又微子之命：“乃惟成湯，撫民以寬，除其邪虐。”文王以文治，武王以武功去民之菑，此皆有功烈於民者也④。及夫日月星辰，民所瞻仰也。山林、川谷、丘陵，民所取財用也。非此族也，不在祀典。 此所謂大神也。春秋傳曰：“封爲上公，祀爲大神。”厲山氏，炎帝也，起於厲山。或曰有烈山氏。棄，后稷名也。共工氏無録而王謂之霸，在大昊、炎帝之間。著衆，謂使民興事，

---

① “繆音謬”，彙校卷第十三、撫釋一、余仁仲本、和本、十行本、閩本、監本、毛本、殿本、阮刻本同，岳本無此三字。

② “適曾孫”，撫州本、余仁仲本、岳本、嘉靖本、八行本、和本、閩本、監本、毛本、殿本、阮刻本同；十行本脱“孫”字。

③ “白”，余仁仲本、岳本、嘉靖本、八行本、和本、十行本、閩本、監本、毛本、殿本、阮刻本同；撫州本作“日”，非。

④ “此皆有功烈於民者也”，余仁仲本、岳本、嘉靖本、八行本、和本、十行本、閩本、監本、毛本、殿本、阮刻本同；撫州本脱“皆”字。

知休作之期也。賞，賞善，謂禪<u>舜</u>封<u>禹</u>、<u>稷</u>等也。能刑，謂去四凶①。義終，謂既禪二十八載，乃死也。野死，謂征<u>有苗</u>，死於<u>蒼梧</u>也。殛死，謂不能成其功也。明民，謂使之衣服有章也。民成，謂知五教之禮也。冥，<u>契</u>六世之孫也。其官玄冥，水官也。虐菑，謂<u>桀</u>、<u>紂</u>也。烈，業也。族，猶類也。祀典，謂祭祀也。○禦，魚吕反。菑，音哉，下同，下文或作“災”，注或作“裁”，並同②。扞，胡旦反。厲，力世反，<u>左傳</u>作“列山”③。共，音恭，下及注同④。郼，音章。殛，紀力反，注同。<u>尚書</u>云：“殛<u>鯀</u>於<u>羽山</u>。”又云：“<u>鯀</u>則殛死。”<u>顓頊</u>能脩之，本或作“<u>顓頊</u>脩<u>黃帝</u>之功”。文治，直吏反。去，起吕反。夫，音扶。北，此古“丘”字。王，于况反。梧，音吾⑤。⬜重意“此皆有功烈於民者也”，<u>王制</u>第五：“皆有功德於民者。”

祭義第二十四陸曰：“鄭云：‘名祭義者，以其記齋戒、薦羞之義。’”⑥

鄭氏注

24·1 祭不欲數，數則煩，煩則不敬。祭不欲疏，疏則怠，怠則忘。是故君子合諸天道，春禘秋嘗。忘與不敬，違禮莫大焉。合於天道，因四時之變化。孝子感時念親，則以此祭之也。春禘者，夏、殷禮也。周以禘爲殷

---

① “能刑謂去四凶”，<u>撫州本</u>、<u>余仁仲本</u>、<u>岳本</u>、<u>嘉靖本</u>、<u>和本</u>、<u>十行本</u>、<u>閩本</u>、<u>監本</u>、<u>毛本</u>、<u>殿本</u>、<u>阮刻本</u>同；八行本無此六字，<u>考異</u>曰：“無者是也。”

② “下同下文或作災注或作裁並同”，<u>彙校卷第十三</u>、<u>撫釋一</u>、<u>余仁仲本</u>、<u>和本</u>、<u>十行本</u>、<u>閩本</u>、<u>監本</u>、<u>毛本</u>、<u>殿本</u>、<u>阮刻本</u>同，<u>岳本</u>無此十三字。

③ “厲力世反左傳作列山”，<u>彙校卷第十三</u>、<u>撫釋一</u>、<u>余仁仲本</u>、<u>和本</u>、<u>十行本</u>、<u>閩本</u>、<u>監本</u>、<u>毛本</u>、<u>殿本</u>、<u>阮刻本</u>同，<u>岳本</u>無此九字。

④ “下及注同”，<u>彙校卷第十三</u>、<u>撫釋一</u>、<u>余仁仲本</u>、<u>和本</u>、<u>十行本</u>、<u>閩本</u>、<u>監本</u>、<u>毛本</u>、<u>殿本</u>、<u>阮刻本</u>同，<u>岳本</u>無此四字。

⑤ “殛紀力反注同尚書云殛鯀於羽山又云鯀則殛死顓頊能脩之本或作顓頊脩黃帝之功文治直吏反去起吕反夫音扶北此古丘字王于况反梧音吾”，<u>彙校卷第十三</u>、<u>撫釋一</u>、<u>余仁仲本</u>、<u>和本</u>、<u>閩本</u>、<u>監本</u>、<u>殿本</u>、<u>阮刻本</u>同，<u>岳本</u>無此五十九字；十行本“北”字作墨釘，<u>毛本</u>誤作“世”。

⑥ “陸曰鄭云名祭義者以其記齋戒薦羞之義”，<u>余仁仲本</u>、<u>和本</u>、<u>十行本</u>、<u>閩本</u>、<u>監本</u>、<u>毛本</u>、<u>殿本</u>、<u>阮刻本</u>同，<u>岳本</u>無此十七字，<u>彙校卷第十三</u>、<u>撫釋一</u>無“陸曰”二字。

祭，更名春祭曰祠。○數，色角反，下同。怠，大改反。祠，嗣思反①。重意“春禘秋嘗”，郊特牲：“春禘而秋嘗。”又王制第四：“夏曰禘，秋曰嘗。”祭統篇：“夏祭曰禘，秋祭曰嘗。”**霜露既降，君子履之，必有悽愴之心，非其寒之謂也。春，雨露既濡，君子履之，必有怵惕之心，如將見之。**非其寒之謂，謂悽愴及怵惕，皆爲感時念親也。霜露既降，禮説在秋，此無“秋”字，蓋脱爾。○悽，音妻②。愴，初亮反。濡，本亦作“濡”，音儒。怵，敕律反。惕，他歷反。爲，于僞反，下文“見所爲”并注同③。**樂以迎來，哀以送往，故禘有樂，而嘗無樂。**迎來而樂，樂親之將來也。送去而哀，哀其享否不可知也。小言之，則爲一祭之間，孝子不知鬼神之期；推而廣之，放其去來於陰陽。○放，方往反。

24·2 **致齊於内，散齊於外。齊之日，思其居處，思其笑語，思其志意，思其所樂，思其所嗜。齊三日，乃見其所爲齊者。**致齊，思此五者也。散齊七日，不御，不樂，不弔耳。見所爲齊者，思之孰也④。所嗜，素所欲飲食也。春秋傳曰：“屈到嗜芰。”○齊，側皆反，後不出者同⑤。散，悉但反，注同⑥。所樂，音岳，又五孝反。嗜，市志反，注及下並同⑦。屈，居勿反。屈到，楚莫敖。芰，其寄反⑧。**祭之日，入室，僾然必有見乎其位；周還**

---

① “祠嗣思反”，彙校卷第十三、撫釋一、余仁仲本、和本、十行本、閩本、監本、毛本、殿本、阮刻本同，岳本無此四字。

② “悽音妻”，彙校卷第十三、撫釋一、余仁仲本、和本、十行本、閩本、監本、毛本、殿本、阮刻本同，岳本無此三字。

③ “濡本亦作濡音儒怵敕律反惕他歷反爲于僞反下文見所爲并注同”，彙校卷第十三、撫釋一、余仁仲本、和本、閩本、監本、毛本、殿本、阮刻本同，岳本無此二十七字；十行本“濡”作“薦”，非。

④ “孰”，撫州本、余仁仲本、岳本、嘉靖本同，八行本、和本、十行本、閩本、監本、毛本、殿本、阮刻本作“熟”。

⑤ “不出者”，彙校卷第十三、撫釋一、余仁仲本、和本、十行本、閩本、監本、毛本、殿本、阮刻本同，岳本無此三字。

⑥ “注同”，彙校卷第十三、撫釋一、余仁仲本、和本、十行本、閩本、監本、毛本、殿本、阮刻本同，岳本無此二字。

⑦ “嗜市志反注及下並同”，彙校卷第十三、撫釋一、余仁仲本、和本、十行本、閩本、監本、毛本、殿本、阮刻本同，岳本無此九字。

⑧ “屈到楚莫敖芰其寄反”，彙校卷第十三、撫釋一、余仁仲本、和本、十行本、閩（轉下頁注）

出户，肅然必有聞乎其容聲；出户而聽，愾然必有聞乎其嘆息之聲。周還出户，謂薦設時也。無尸者，闔户，若食間，則有出户而聽之。○優，音愛，微見貌。還，音旋，本亦作“旋”，注同①。愾，開代反。闔，户獵反②。是故先王之孝也，色不忘乎目，聲不絕乎耳，心志嗜欲不忘乎心。致愛則存，致愨則著，著存不忘乎心，夫安得不敬乎！存、著，則謂其思念也。○愨，苦角反。

24·3君子生則敬養，死則敬享，思終身弗辱也。享，猶祭也，饗也③。○養，羊尚反④。鄉也，許諒反，下文“鄉也”、“鄉之”、注“鄉之”同⑤。君子有終身之喪，忌日之謂也。忌日不用，非不祥也，言夫日，志有所至，而不敢盡其私也。忌日，親亡之日。忌日者，不用舉他事，如有時日之禁也。祥，善也。志有所至，至於親以此日亡，其哀心如喪時。○言夫日，音扶，本或作“言夫忌日”⑥。重意“忌日不用”，下文“忌日必哀”。檀弓上：“忌日不樂。”

24·4唯聖人爲能饗帝，孝子爲能饗親。謂祭之能使之饗也。帝，天也。饗者鄉也，鄉之，然後能饗焉。言中心鄉之，乃能使其祭見饗也。上“饗”，或爲“相”。○相，悉亮反，下文同⑦。是故孝子臨尸而不怍。

（接上頁注）本、監本、毛本、殿本、阮刻本同，岳本無此九字。

① “本亦作旋注同”，彙校卷第十三、撫釋一、余仁仲本、和本、十行本、閩本、監本、毛本、殿本、阮刻本同，岳本無此六字。

② “闔户獵反”，余仁仲本、和本、十行本、閩本、監本、毛本、殿本、阮刻本同，岳本無此四字，彙校卷第十三、撫釋一“獵”作“臘”。

③ “饗”，撫州本、余仁仲本、岳本、和本、十行本、閩本、監本、毛本、殿本、阮刻本同，八行本作“鄉”，與釋文同。

④ “養羊尚反”，彙校卷第十三、撫釋一、余仁仲本、和本、十行本、閩本、監本、毛本、殿本、阮刻本同，岳本“羊”作“以”。

⑤ “鄉也許諒反下文鄉也鄉之注鄉之同”，彙校卷第十三、撫釋一、余仁仲本同，岳本無此十五字；和本、十行本、閩本、監本、毛本、殿本、阮刻本下“之”作“並”，非。

⑥ “言夫日音扶本或作言夫忌日”，彙校卷第十三、撫釋一、余仁仲本、和本、十行本、閩本、監本、毛本、殿本、阮刻本同，岳本無此十二字。

⑦ “相悉亮反下文同”，彙校卷第十三、撫釋一、余仁仲本、和本、十行本、閩本、監本、毛本、殿本、阮刻本同；岳本作“鄉音向相去聲下同”，非。

君牽牲，夫人奠盎；君獻尸，夫人薦豆；卿大夫相君，命婦相夫人。齊齊乎其敬也，愉愉乎其忠也，勿勿諸其欲其饗之也①。色不和曰怍。奠盎，設盎齊之奠也。此時君牽牲，將薦毛血。君獻尸，而夫人薦豆，謂繹日也。儐尸，主人獻尸，主婦自東房薦韭菹醢。勿勿，猶勉勉也，慤愛之貌。○怍，才各反。盎，烏浪反②。齊齊，如字，舊子禮反。愉，羊朱反③。盎齊，才細反。繹，音亦④。儐，音賓。重言“君牽牲”至“勿勿乎其欲其饗之也”，禮器第十篇：“君親制祭，夫人薦盎；君親割牲，夫人薦酒；卿大夫從君，命婦從夫人，洞洞乎其敬也，屬屬乎其忠也，勿勿乎其欲其饗之也。”

　　24·5 文王之祭也，事死者如事生，思死者如不欲生，忌日必哀，稱諱如見親。祀之忠也，如見親之所愛，如欲色然，其文王與？ 思死者如不欲生，言思親之深也。如欲色者，以時人於色厚，假以喻之。○忠，如字，謂盡中心。與，音餘⑤。重言“事死者如事生”二，一見中庸篇，無“者”字。詩云：“明發不寐，有懷二人。”文王之詩也。祭之明日，明發不寐，饗而致之，又從而思之。祭之日，樂與哀半，饗之必樂，已至必哀。 明發不寐，謂夜而至旦也⑥。祭之明日，謂繹日也，言繹之夜不寐也。二人，謂父母，容尸、侑也。○樂與，音洛，下同。侑，音又⑦。

---

① “諸”，唐石經、撫州本、余仁仲本、岳本、和本、十行本、閩本、監本、毛本、殿本、阮刻本同，考補謂古本、活字本作“乎”。

② “怍才各反盎烏浪反”，彙校卷第十三、撫釋一、余仁仲本、和本、十行本、閩本、監本、毛本、殿本、阮刻本同，岳本無此八字。

③ “愉羊朱反”，彙校卷第十三、撫釋一、余仁仲本、和本、十行本、閩本、監本、毛本、殿本、阮刻本同，岳本無此四字。

④ “繹音亦”，彙校卷第十三、撫釋一、余仁仲本、和本、十行本、閩本、監本、毛本、殿本、阮刻本同，岳本無此三字。

⑤ “忠如字謂盡中心與音餘”，彙校卷第十三、撫釋一、余仁仲本、和本、閩本、監本、毛本、殿本、阮刻本同，岳本無此十字；十行本“餘”作墨釘。

⑥ “謂夜而至旦也”，撫州本、余仁仲本、岳本、嘉靖本、八行本同，和本、十行本、閩本、監本、毛本、殿本、阮刻本脱“而”字。

⑦ “下同侑音又”，彙校卷第十三、撫釋一、余仁仲本、和本、十行本、閩本、監本、毛本、殿本、阮刻本同，岳本無此五字。

24·6 **仲尼嘗，奉薦而進，其親也愨，其行也趨趨以數。** 嘗，秋祭也。親，謂身親執事時也。愨與趨趨，言少威儀也。趨，讀如"促"。數之言速也。仲尼嘗，絕句，嘗，秋祭。奉薦而進，絕句。其親也愨，絕句①。○趨，音促，注及下注皆同②。數，色角反，徐音速，注同③。**已祭，子贛問曰："子之言祭，濟濟漆漆然。今子之祭，無濟濟漆漆，何也？"子曰："濟濟者，客也遠也④。漆漆者，容也自反也。客以遠，若容以自反也，夫何神明之及交？夫何濟濟漆漆之有乎？** 漆漆，讀如"朋友切切"。自反，猶言自脩整也。容以遠，言非所以接親親也。容以自反，言非孝子所以事親也。及，與也。此皆非與神明交之道。○贛，音貢。濟，子禮反，下同。漆，依注音"切"⑤，下同⑥。客也，口白反，賓客也，下"客以遠"同。客也，羊凶反，儀容也。下"若容以自反"同⑦。**反饋樂成，薦其薦俎，序其禮樂，備其百官，君子致其濟濟漆漆，夫何慌惚之有乎？** 天子、諸侯之祭，或從血腥始。至反饋，是進孰也。薦俎豆與俎也。慌惚，思念益深之時也。言祭事既備，使百官

---

① "仲尼嘗絕句嘗秋祭奉薦而進絕句其親也愨絕句"，彙校卷第十三、撫釋一、余仁仲本、和本、十行本、閩本、監本、毛本、殿本、阮刻本同，岳本無此二十字。鍔案：此二十字是釋文文字，吳氏朱批已正，"趨音促"上之"○"號，當移至"仲尼嘗"上。

② "注及下注皆同"，彙校卷第十三、撫釋一、余仁仲本、和本、十行本、閩本、監本、毛本、殿本、阮刻本同，岳本無此六字。

③ "注同"，彙校卷第十三、撫釋一、余仁仲本、和本、十行本、閩本、監本、毛本、殿本、阮刻本同，岳本無此二字。

④ "客"，余仁仲本同；唐石經、撫州本、岳本、嘉靖本、八行本、和本、十行本、閩本、監本、毛本、殿本、阮刻本作"容"，下"客以遠"、釋文"客也"、"客以遠"、"客也"同，是。阮校曰："濟濟者客也　各本同，石經同。釋文出'濟濟者容也'云：'口白反，賓客也。下"客以遠"同。'按：岳氏九經三傳沿革例云：'石經、舊監本、蜀大字本及越本注疏并作"容"。諸本間以王肅音爲"口白反"，遂作"客"。'非是。"

⑤ "依注"，彙校卷第十三、撫釋一、余仁仲本、和本、十行本、閩本、監本、毛本、殿本、阮刻本同，岳本無此二字。

⑥ "下同"，彙校卷第十三、撫釋一、余仁仲本、和本、十行本、閩本、監本、毛本、殿本、阮刻本同，岳本無此二字。

⑦ "客也口白反賓客也下客以遠同客也羊凶反儀容也下若容以自反同"，彙校卷第十三、撫釋一、余仁仲本、和本、十行本、閩本、監本、毛本、殿本、阮刻本"客也羊凶反"之"客"作"容"，是；岳本作"容依注如字王肅以容也遠也及容以遠爲客字口白反疏從鄭義爲是"。

助己祭，然而見其容而自反，是無慌惚之思念。○樂成，音岳，又五教反。慌，況往反，注及下同，一音荒①。惚，音忽，注及下同，本又作"忽"②。<u>重言</u>"序其禮樂，備其百官"三，一見燕居二十八篇，一見下文，更有"薦其薦俎"一句。**夫言豈一端而已夫，各有所當也？**"豈一端，言不可以一槩也。禮各有所當行，祭宗廟者，賓客濟濟漆漆，主人愨而趨趨。○當，丁浪反。槩，古代反③。

24·7**孝子將祭，慮事不可以不豫；比時具物，不可以不備，虛中以治之。**比時，猶先時也。虛中，言不兼念餘事。○比，必利反，徐甫至反，注同。先，悉薦反，又如字④。**宮室既脩，牆屋既設，百物既備，夫婦齊戒，沐浴盛服，奉承而進之，洞洞乎，屬屬乎，如弗勝，如將失之，其孝敬之心至也與！**脩、設，謂掃除及黝堊。○洞，音動，下同⑤。屬，音燭，下同。弗，本亦作"不"，何休云："弗者，不之深也。"⑥勝，音升。與，音餘。黝，於糾反。堊，烏路反。<u>重言</u>"洞洞乎、屬屬乎"三，見禮器十。○"如將失之"二，一見下文。

薦其薦俎，序其禮樂，備其百官，奉承而進之。百官，助主人進之。**於是諭其志意，以其慌惚以與神明交，庶或饗之。庶或饗之，孝子之志也。**諭其志意，謂使祝祝饗及侑尸也。或，猶有也。言想見其彷佛來。○祝祝，上之六反，下之又反，又並之六反。彷，孚往反。佛，孚味反⑦。

---

① "注及下同一音荒"，<u>彙校</u>卷第十三、<u>撫釋</u>一、<u>余仁仲</u>本、<u>和</u>本、十行本、<u>閩</u>本、<u>監</u>本、<u>毛</u>本、<u>殿</u>本、<u>阮</u>刻本同，<u>岳</u>本無此七字。

② "注及下同本又作忽"，<u>彙校</u>卷第十三、<u>撫釋</u>一、<u>余仁仲</u>本、<u>和</u>本、十行本、<u>閩</u>本、<u>監</u>本、<u>毛</u>本、<u>殿</u>本、<u>阮</u>刻本同，<u>岳</u>本無此八字。

③ "槩古代反"，<u>彙校</u>卷第十三、<u>撫釋</u>一、<u>余仁仲</u>本、<u>和</u>本、十行本、<u>閩</u>本、<u>監</u>本、<u>毛</u>本、<u>殿</u>本、<u>阮</u>刻本同，<u>岳</u>本無此四字。

④ "徐甫至反注同先悉薦反又如字"，<u>彙校</u>卷第十三、<u>撫釋</u>一、<u>余仁仲</u>本、<u>和</u>本、十行本、<u>閩</u>本、<u>監</u>本、<u>毛</u>本、<u>殿</u>本、<u>阮</u>刻本同，<u>岳</u>本無此十三字。

⑤ "洞音動下同"，<u>彙校</u>卷第十三、<u>撫釋</u>一、<u>余仁仲</u>本、<u>和</u>本、十行本、<u>閩</u>本、<u>監</u>本、<u>毛</u>本、<u>殿</u>本、<u>阮</u>刻本同，<u>岳</u>本無此五字。

⑥ "弗本亦作不何休云弗者不之深也"，<u>彙校</u>卷第十三、<u>撫釋</u>一、<u>余仁仲</u>本、<u>和</u>本、十行本、<u>閩</u>本、<u>監</u>本、<u>毛</u>本、<u>殿</u>本、<u>阮</u>刻本同，<u>岳</u>本無此十四字。

⑦ "彷孚往反佛孚味反"，<u>彙校</u>卷第十三、<u>撫釋</u>一、<u>余仁仲</u>本、<u>和</u>本、十行本、<u>閩</u>本、<u>監</u>本、<u>毛</u>本、<u>殿</u>本、<u>阮</u>刻本同，<u>岳</u>本無此八字。

重言“孝子之志也”四，二見問喪三十五篇，一見本篇末。**孝子之祭也，盡其慤而慤焉，盡其信而信焉，盡其敬而敬焉，盡其禮而不過失焉。進退必敬，如親聽命，則或使之也。**言當盡己而已，如居父母前，將受命而使之。重言“孝子之祭也”二，一見下文。**孝子之祭可知也：其立之也，敬以詘；其進之也，敬以愉；其薦之也，敬以欲；退而立，如將受命；已徹而退，敬齊之色不絕於面。**詘，充詘，形容喜貌也。進之，謂進血腥也。愉，顏色和貌也。薦之，謂進孰也。欲，婉順貌。齊①，謂齊莊。○詘，求勿反，注及下并篇末同，徐丘勿反②。敬齊，如字，注及下同③，王、徐側皆反。婉，憂阮反④。**孝子之祭也，立而不詘，固也；進而不愉，疏也；薦而不欲，不愛也；退立而不如受命，敖也；已徹而退，無敬齊之色，而忘本也。如是而祭，失之矣。**固，猶質陋也。“而忘本”，而，衍字。○敖也，五報反。**孝子之有深愛者，必有和氣；有和氣者，必有愉色；有愉色者，必有婉容。**和氣，謂立而詘。**孝子如執玉，如奉盈，洞洞屬屬然如弗勝，如將失之。嚴威儼恪，非所以事親也，成人之道也。**成人，既冠者。然則孝子不失其孺子之心也。○奉，芳勇反。儼，魚檢反。恪，苦各反。冠，古亂反。孺，而樹反⑤。重言“成人之道也”二，後見冠義四十三。

　　24・8先王之所以治天下者五：貴有德，貴貴，貴老，敬長，慈幼。此五者，先王之所以定天下也。貴有德何爲也？爲其近於道也。貴貴，爲其近於君也。貴老，爲其近於親也。敬長，爲其

---

① “齊”，撫州本、余仁仲本、岳本、嘉靖本、八行本、和本同，十行本、閩本、監本、毛本、殿本、阮刻本脱此字。

② “注及下并篇末同徐丘勿反”，彙校卷第十三、撫釋一、余仁仲本、和本、十行本、閩本、監本、毛本、殿本、阮刻本同，岳本無此十一字。

③ “注及”，彙校卷第十三、撫釋一、余仁仲本、和本、十行本、閩本、監本、毛本、殿本、阮刻本同，岳本無此二字。

④ “婉憂阮反”，彙校卷第十三、撫釋一、余仁仲本、和本、十行本、閩本、監本、毛本、殿本、阮刻本同，岳本無此四字。

⑤ “冠古亂反孺而樹反”，十行本、閩本、監本、毛本、殿本同，岳本無此八字；彙校卷第十三、撫釋一、余仁仲本、和本、阮刻本“孺”作“孺”。

近於兄也。慈幼，爲其近於子也。言治國有家道。○長，丁丈反，下及下注皆同①。爲其，于僞反，下"爲其"同。近，"附近"之近②。是故至孝近乎王，至弟近乎霸。至孝近乎王，雖天子必有父。至弟近乎霸，雖諸侯必有兄。先王之教，因而弗改，所以領天下國家也。天子有所父事，諸侯有所兄事，謂若三老、五更也。天子衰，諸侯興，故曰霸。○乎王，于兄反③。弟，音悌，下同。更，古衡反，下及"下更"相同④。

24·9 子曰："立愛自親始，教民睦也；立敬自長始，教民順也。親、長，父、兄也。睦，和厚也。互注 書伊訓："立愛惟親，立敬惟長，始于家邦，終于四海。"教以慈睦，而民貴有親；教以敬長，而民貴用命。尊長，出教令者。孝以事親，順以聽命，錯諸天下⑤，無所不行。"

24·10 郊之祭也，喪者不敢哭，凶服者不敢入國門，敬之至也。祭者吉禮⑥，不欲聞見凶人。○錯諸，七路反⑦。重言 "郊之至也"，重見郊特牲十一篇。"敬之至也"九，本篇五、禮器、聘義各一，郊特牲二。祭之日，君牽牲，穆荅君，卿大夫序從。祭，謂祭宗廟也。穆，子姓也。荅，對也。序，

---

① "長丁丈反下及下注皆同"，彙校卷第十三、撫釋一、余仁仲本、和本、十行本、閩本、監本、毛本、殿本、阮刻本同，岳本無此十字。

② "下爲其同近附近之近"，彙校卷第十三、撫釋一、余仁仲本、和本、十行本、閩本、監本、毛本、殿本、阮刻本同，岳本無此九字。

③ "于兄反"，彙校卷十三、撫釋一、余仁仲本、岳本、和本、十行本、閩本、監本、毛本、殿本、阮刻本、叢刊本"兄"作"況"，是。

④ "弟音悌下同更古衡反下及下更相同"，彙校卷第十三、撫釋一、余仁仲本、和本、十行本、閩本、監本、毛本、殿本、阮刻本同，岳本無此十五字。

⑤ "錯"，撫州本、余仁仲本、岳本、嘉靖本、八行本、十行本、閩本、監本、毛本、殿本、阮刻本同，和本作"措"。阮校曰："錯諸天下　各本同，石經'錯'字摩滅，釋文出'措諸'。○按：'措'，正字。'錯'，假借字。"

⑥ "吉禮"，撫州本、余仁仲本、岳本、嘉靖本、八行本、和本、閩本、監本、毛本、殿本、阮刻本同；十行本"吉"作"告"，非。

⑦ "錯諸七路反"，閩本同，岳本作"錯音措"，彙校卷十三、撫釋一、余仁仲本、和本、十行本、阮刻本"錯"作"措"；十行本"七"作"巳"，監本、毛本、殿本"七"作"千"，皆非。又，和本將"措諸七路反"五字移至經文"無所不行"下。

以次第從也。序，或爲“豫”。○從，才用反，注同①。重言“君牽牲”二，上文一。

既入廟門，麗于碑，卿大夫袒②，而毛牛尚耳，鸞刀以刲，取膟膋，乃退；爓祭，祭腥，而退，敬之至也。麗，猶繫也③。毛牛尚耳，以耳毛爲上也。膟膋，血與腸間脂也。爓祭，祭腥，祭爓肉、腥肉也。湯肉曰爓。“爓祭祭腥”，或爲“合祭腥泄膟孰”也。○碑，彼皮反。袒，徒旦反。鸞，力端反④。刲，古圭反。膟，音律。膋，力彫反。爓，音燖。泄，息列反。膟，直輒反。

24・11 郊之祭，大報天而主日，配以月。夏后氏祭其闇，殷人祭其陽，周人祭日，以朝及闇。主日者，以其光明，天之神可見者莫著焉。闇，昏時也。陽，讀爲“曰雨曰暘”之“暘”，謂日中時也。朝，日出時也。夏后氏大事以昏，殷人大事以日中，周人大事以日出，亦謂此郊祭也。以朝及闇，謂終日有事。○神見，賢遍反，一本作“神可見”，則如字。暘，音陽⑤。重言“郊之祭，大報天而主日”二，一見郊特牲。祭日於壇，祭月於坎，以別幽明，以制上下。幽明者，謂日照晝，月照夜。祭日於東，祭月於西，以別外内，以端其位。端，正。○別，彼列反，下同。日出於東，月生於西，陰陽長短，終始相巡，以致天下之和。巡，讀如“沿漢”之“沿”，謂更相從道。○巡，依注音“沿”，悦專反⑥。

24・12 天下之禮，致反始也，致鬼神也，致和用也，致義也，致讓也。因祭之義，汎説禮也。致之言至也，使人勤行，至於此也。至於反始，

---

① “注同”，彙校卷第十三、撫釋一、余仁仲本、和本、十行本、閩本、監本、毛本、殿本、阮刻本同，岳本無此二字。

② “袒”，唐石經、撫州本、余仁仲本、岳本、嘉靖本、八行本、和本、閩本、監本、毛本、殿本、阮刻本同；十行本作“祖”，下釋文同，非。

③ “繫”，撫州本、余仁仲本、岳本、嘉靖本、八行本、和本、閩本、監本、毛本、殿本、阮刻本同；十行本作“弊”，非。

④ “碑彼皮反袒徒旦反鸞力端反”，彙校卷第十三、撫釋一、余仁仲本、和本、十行本、閩本、監本、毛本、殿本、阮刻本同，岳本無此十二字。

⑤ “神見賢遍反一本作神可見則如字暘音陽”，彙校卷第十三、撫釋一、余仁仲本、和本、十行本、閩本、監本、毛本、殿本、阮刻本同，岳本無此十七字。

⑥ “巡依注音沿悦專反”，岳本作“巡音沿”，彙校卷第十三、撫釋一、余仁仲本、和本、十行本、閩本、監本、毛本、殿本、阮刻本同，十行本、閩本、阮刻本“注”下衍“依”字。

謂報天之屬也。至於鬼神，謂祭宗廟之屬也。至於和用，謂治民之事以足用也。○汎說，芳劍反。**致反始，以厚其本也；致鬼神，以尊上也；致物用，以立民紀也；致義，則上下不悖逆矣；致讓，以去爭也。合此五者以治天下之禮也，雖有奇邪，而不治者則微矣。** 物，猶事也。變“和”言“物”，互之也①。微，猶少也。○悖，布內反。去，起呂反。爭，“爭鬭”之爭②。奇，紀宜反。邪，似嗟反。治，直吏反③。

24・13 <u>宰我</u>曰：“吾聞鬼神之名，不知其所謂。”子曰：“氣也者，神之盛也。魄也者，鬼之盛也。合鬼與神，教之至也。 氣，謂噓吸出入者也。耳目之聰明爲魄。合鬼神而祭之，聖人之教致之也。○魄，普白反。噓，音虛。吸，許及反④。**衆生必死，死必歸土，此之謂鬼。骨肉斃于下，陰爲野土。** 陰，讀爲“依蔭”之蔭，言人之骨肉，蔭於地中爲土壤。○斃，本亦作“弊”，婢世反⑤。陰，依注音蔭，於鴆反⑥。壤，如丈反⑦。**其氣發揚于上爲昭明，焄蒿悽愴，此百物之精也，神之著也。** 焄，謂香臭也。蒿，謂氣蒸出貌也⑧。上言衆生，此言百物，明其與人同也，不如人貴爾。蒿，或

---

①“互之”，<u>撫州</u>本、<u>余仁仲</u>本、<u>岳</u>本、<u>嘉靖</u>本、八行本、十行本、<u>閩</u>本、<u>阮</u>刻本同；<u>和</u>本、<u>監</u>本、<u>毛</u>本、<u>殿</u>本、<u>吳氏</u>朱批作“互文”，非。

②“爭爭鬭之爭”，<u>彙校</u>卷第十三、<u>撫釋</u>一、<u>余仁仲</u>本、<u>和</u>本、十行本、<u>閩</u>本、<u>監</u>本、<u>毛</u>本、<u>殿</u>本、<u>阮</u>刻本同，<u>岳</u>本無此五字。

③“邪似嗟反治直吏反”，<u>彙校</u>卷第十三、<u>撫釋</u>一、<u>余仁仲</u>本、<u>和</u>本、<u>閩</u>本、<u>監</u>本、<u>毛</u>本、<u>殿</u>本、<u>阮</u>刻本同，<u>岳</u>本無此八字；十行本“邪”作“音”，非。

④“噓音虛吸許及反”，<u>彙校</u>卷第十三、<u>撫釋</u>一、<u>余仁仲</u>本、<u>和</u>本、十行本、<u>閩</u>本、<u>監</u>本、<u>毛</u>本、<u>殿</u>本、<u>阮</u>刻本同，<u>岳</u>本無此七字。

⑤“斃本亦作弊婢世反”，<u>彙校</u>卷第十三、<u>撫釋</u>一、<u>余仁仲</u>本、<u>閩</u>本、<u>監</u>本、<u>毛</u>本、<u>殿</u>本、<u>阮</u>刻本同；<u>岳</u>本無“本亦作弊”四字，十行本“婢世”作墨釘。

⑥“陰依注音蔭於鴆反”，<u>彙校</u>卷第十三、<u>撫釋</u>一、<u>余仁仲</u>本、<u>和</u>本、十行本、<u>閩</u>本、<u>監</u>本、<u>毛</u>本、<u>殿</u>本、<u>阮</u>刻本同，<u>岳</u>本作“陰音蔭”。

⑦“壤如丈反”，<u>彙校</u>卷第十三、<u>撫釋</u>一、<u>余仁仲</u>本、<u>和</u>本、<u>阮</u>刻本同；十行本、<u>閩</u>本、<u>監</u>本、<u>毛</u>本、<u>殿</u>本“丈”作“羊”。

⑧“蒸”，<u>撫州</u>本、<u>余仁仲</u>本、<u>岳</u>本、<u>嘉靖</u>本、八行本、<u>和</u>本、十行本、<u>閩</u>本、<u>監</u>本、<u>毛</u>本、<u>殿</u>本、<u>阮</u>刻本作“烝”，<u>釋</u>文同。

爲“薦”。○焄，許云反，香臭之氣耳①。蒿，許羔反。悽，之膺反②。薦，表驕反，又皮表反。**因物之精，制爲之極，明命鬼神，以爲黔首則，百衆以畏，萬民以服。**明命，猶尊名也。尊極於鬼神，不可復加也。黔首，謂民也。則，法也。爲民作法，使民亦事其祖禰。鬼神，民所畏服。○黔首，其廉反，徐又其嚴反，黑也。黑首，謂民也。秦謂民爲黔首③。復，扶又反④。爲民，于僞反⑤。**聖人以是爲未足也，築爲宮室，設爲宗祧，以別親疏遠邇，教民反古復始，不忘其所由生也。衆之服自此，故聽且速也。**自，由也。言人由此服於聖人之教也。聽，謂順教令也。速，疾也。○邇，音爾⑥。重言“不忘其所由生也”二，一見下文。**二端既立，報以二禮。建設朝事，燔燎羶薌，見以蕭光，以報氣也。**此教衆反始也。**薦黍稷，羞肝肺首心，見間以俠甒，加以鬱鬯，以報魄也。教民相愛，上下用情，禮之至也。**二端既立，謂氣也，魄也。更有尊名云鬼神也。二禮，謂朝事與薦黍稷也。朝事，謂薦血腥時也。薦黍稷，所謂饋食也。“見”及“見間”，皆當爲“覵”，字之誤也。羶，當爲“馨”，聲之誤也。燔燎馨香，覵以蕭光，取牲祭脂也。光，猶氣也。有虞氏祭首，夏后氏祭心，殷祭肝，周祭肺。覵以俠甒，謂雜之兩甒醴酒也。相愛、用情，謂此以人道祭之也。報氣以氣，報魄以實，各有其類⑦。○燔，

---

① “香臭之氣耳”，彙校卷第十三、撫釋一、余仁仲本、和本、十行本、閩本、監本、毛本、殿本、阮刻本同，岳本無此五字。

② “悽之膺反”，彙校卷第十三、撫釋一、余仁仲本、和本、十行本、閩本、監本、毛本、殿本、阮刻本同，岳本無此四字。

③ “黔首其廉反徐又其嚴反黑也黑首謂民也秦謂民爲黔首”，彙校卷第十三、撫釋一、余仁仲本、和本、十行本、閩本、監本、毛本、殿本、阮刻本同，岳本作“黔其廉反黑也”。

④ “復扶又反”，彙校卷第十三、撫釋一、余仁仲本、岳本、和本、閩本、監本、毛本、殿本、阮刻本同；十行本“扶”作“杖”，非。

⑤ “爲民于僞反”，彙校卷第十三、撫釋一、余仁仲本、和本、十行本、閩本、監本、毛本、殿本、阮刻本同，岳本無此五字。

⑥ “邇音爾”，彙校卷第十三、撫釋一、余仁仲本、和本、十行本、閩本、監本、毛本、殿本、阮刻本同，岳本無此三字。

⑦ “有”，撫州本、余仁仲本、岳本、嘉靖本、八行本、和本、十行本、閩本、監本、毛本、殿本、阮刻本、吳氏朱批作“首”，是。

音煩①。燎，力召反，又力弔反②。羶，依注音馨，許經反，後"羶薌"同。薌，音香③。見以，依注"見"作"覸"，音間"間厠"之間，徐古辨反。見間，依注合爲"覸"字，音"間厠"之間。俠，古洽反④。瓾，音武。重意"見間以俠瓾"，雜記上篇："瓾、筲、衡，實見間，而後折入。"君子反古復始，不忘其所由生也。是以致其敬，發其情，竭力從事，以報其親，不敢弗盡也。從事，謂脩薦可以祭者也。是故昔者天子爲藉千畝，冕而朱紘，躬秉耒；諸侯爲藉百畝，冕而青紘，躬秉耒。以事天地、山川、社稷、先古，以爲醴酪齊盛，於是乎取之，敬之至也。藉，藉田也。先古，先祖。○藉，在亦反。藉田，說文作"耤"。紘，音宏。耒，力内反。酪，音洛⑤。齊，音咨，本又作"齌"⑥。

古者天子、諸侯必有養獸之官，及歲時，齊戒沐浴而躬朝之，犧牷祭牲必於是取之，敬之至也。君召牛，納而視之，擇其毛而卜之，吉，然後養之。君皮弁素積，朔月、月半君巡牲，所以致力，孝之至也。歲時齊戒沐浴而躬朝之，謂將祭祀卜牲。君朔月、月半巡視之，君召牛，納而視之，更本擇牲意。○朝，直遥反，注"躬朝"同⑦。牷，音全。重言"君皮弁

――――――

① "燔音煩"，彙校卷第十三、撫釋一、余仁仲本、和本、十行本、閩本、監本、毛本、殿本、阮刻本同，岳本無此三字。

② "又力弔反"，彙校卷第十三、撫釋一、余仁仲本、和本、十行本、閩本、監本、毛本、殿本、阮刻本同，岳本無此四字。

③ "羶依注音馨許經反後羶薌同薌音香"，彙校卷第十三、撫釋一、余仁仲本、和本、十行本、閩本、監本、毛本、殿本、阮刻本同，岳本作"羶音馨"。

④ "見以依注見作覸音間間厠之間徐古辨反見間依注合爲覸字音間厠之間俠古洽反"，岳本作"見音諫見間相並爲覸字音間俠音夾"；彙校卷第十三、撫釋一、余仁仲本、和本、十行本、閩本、監本、毛本、殿本、阮刻本不重"音間間厠"之"間"字，是；毛本"古"誤作"苦"，殿本誤作"舌"，彙校卷第十三、撫釋一、余仁仲本、和本、十行本、閩本、監本、毛本、殿本、阮刻本"辨"作"辯"。

⑤ "藉田說文作耤紘音宏耒力内反酪音洛"，岳本無此十六字；彙校卷第十三、撫釋一、余仁仲本、和本、十行本、閩本、監本、毛本、殿本、阮刻本下"藉"作"耤"，是；十行本、阮刻本"力"作"方"，非。

⑥ "本亦作齊"，余仁仲本、十行本、閩本、監本、毛本、殿本同；彙校卷第十三、撫釋一、和本、阮刻本作"齌"，是。

⑦ "朝直遥反注躬朝同"，彙校卷第十三、撫釋一、余仁仲本、和本、十行本、閩（轉下頁注）

素積”二，下文一，郊特牲十一：“三王共皮弁素積。”“孝之至也”二，見中庸三十一。

古者天子、諸侯必有公桑蠶室，近川而爲之，築宮，仞有三尺，棘牆而外閉之。及大昕之朝，君皮弁素積，卜三宮之夫人、世婦之吉者，使入蠶于蠶室，奉種浴于川，桑于公桑，風戾以食之。 大昕，季春朔日之朝也。諸侯夫人三宮，半王后也。風戾之者，及早凉脆採之①，風戾之使露氣燥，乃以食蚕②。蚕性惡濕。○近，“附近”之近。仞，音刃，七尺曰仞③。昕，許斤反，日欲出④。蚕，才南反。奉，芳勇反，下及注同⑤。種，章勇反。戾，力計反，燥也⑥。食，音嗣。蚤，音早，本亦作“早”⑦。脆，七歲反。燥，悉早反。惡，烏路反。

歲既單矣，世婦卒蠶，奉繭以示于君，遂獻繭于夫人。夫人曰：‘此所以爲君服與？’遂副褘而受之，因少牢以禮之。 歲單，謂三月月盡之後也。言“歲”者，蚕，歲之大功，事畢於此也。副褘，王后之服，而云“夫人”，記者容二王之後與？禮之，禮奉繭之世婦。○單，音丹。繭，古典反⑧。與，音餘，注同⑨。褘，音暉。**‘古之獻繭者，其率用此與？’** 問者之辭。○率，音

（接上頁注）本、監本、毛本、殿本、阮刻本同，岳本無此八字。

① “脆”，撫州本、余仁仲本、嘉靖本、八行本、和本、十行本、閩本、監本、毛本、殿本、阮刻本同，岳本作“脃”，釋文同。考異曰：“脃乃俗作。”

② “蚕”，和本、十行本同；撫州本、余仁仲本、岳本、嘉靖本、八行本、閩本、監本、毛本、殿本、阮刻本作“蠶”，下同。

③ “近附近之近仞音刃七尺曰仞”，彙校卷第十三、撫釋一、余仁仲本、和本、十行本、閩本、監本、毛本、殿本、阮刻本同，岳本無此十二字。

④ “日欲出”，彙校卷第十三、撫釋一、余仁仲本、和本、十行本、閩本、監本、毛本、殿本、阮刻本同，岳本無此三字。

⑤ “下及注同”，彙校卷第十三、撫釋一、余仁仲本、和本、十行本、閩本、監本、毛本、殿本、阮刻本同，岳本無此四字。

⑥ “燥也”，彙校卷第十三、撫釋一、余仁仲本、和本、十行本、閩本、監本、毛本、殿本、阮刻本同，岳本無此二字。

⑦ “蚤音早本亦作早”，彙校卷第十三、撫釋一、余仁仲本、和本、十行本、閩本、監本、毛本、殿本、阮刻本同，岳本無此七字。

⑧ “繭古典反”，彙校卷第十三、撫釋一、余仁仲本、和本、十行本、閩本、監本、毛本、殿本、阮刻本同，岳本無此四字。

⑨ “注同”，彙校卷第十三、撫釋一、余仁仲本、和本、十行本、閩本、監本、毛本、殿本、阮刻本同，岳本無此二字。

類,又音律,又所律反。**及良日,夫人繅①,三盆手,遂布于三宮夫人、世婦之吉者使繅,遂朱緑之,玄黄之,以爲黼黻文章。服既成,君服以祀先王先公,敬之至也。**"三盆手者,三淹也。凡繅,每淹大摠而手振之,以出緒也。○繅②,悉刀反,下同,説文作"繛",云"抽繭出絲"也。以此爲旒繓字,音所咸反③。盆④,蒲奔反,掩也。掩,本亦作"淹",徐於驗反,又於斂反⑤。

24・14 **君子曰:禮樂不可斯湏去身。**斯湏,猶湏臾也。重言見祭義、樂記十九篇。**致樂以治心,則易直子諒之心油然生矣。易直子諒之心生則樂,樂則安,安則久,久則天,天則神,天則不言而信,神則不怒而威。致樂以治心者也。**子,讀如"不子"之子。諒,信也。油然,物始生好美貌。○易,以豉反,下同。子,如字,徐將吏反,下及注同⑥。諒,音亮,下同。油,音由⑦。樂樂,並音洛,下"不樂"同⑧。重言見樂記。**致禮以治躬則莊敬,莊敬則嚴威。**躬,身也。**心中斯湏不和不樂,而鄙詐之心入之矣。外貌斯湏不莊不敬,而慢易之心入之矣。故樂也者,動於內者也;禮也者,動於外者也。樂極和,禮極順,內和而**

---

①"繅",撫州本、余仁仲本、岳本、嘉靖本、八行本、十行本、閩本、監本、毛本、殿本、阮刻本同,和本作"繂",下二字經文同。

②"繅",岳本、閩本、監本、毛本、殿本同;彙校卷第十三、撫釋一、余仁仲本、和本、十行本、阮刻本作"繂",是。

③"説文作繛云抽繭出絲也以此爲旒繓字音所咸反",彙校卷第十三、撫釋一、余仁仲本、和本、阮刻同,岳本無此二十字;十行本、閩本、監本、毛本、殿本"繛"作"繂",非。

④"盆",彙校卷第十三、撫釋一、岳本、和本、閩本、監本、毛本、殿本、阮刻本同;余仁仲本、十行本作"忩",非。

⑤"掩也掩本亦作淹徐於驗反又於斂反",彙校卷第十三、撫釋一、余仁仲本、和本同,岳本作"淹於驗反又於斂反";十行本、阮刻本"掩也掩本亦作淹"作"淹也掩本亦作淹",閩本、監本、毛本、殿本作"淹也淹本亦作掩"。

⑥"子如字徐將吏反下及注同",彙校卷第十三、撫釋一、余仁仲本、和本、十行本、閩本、監本、毛本、殿本、阮刻本同,岳本無此十一字。

⑦"下同油音由",彙校卷第十三、撫釋一、余仁仲本、和本、十行本、閩本、監本、毛本、殿本、阮刻本同,岳本無此五字。

⑧"下不樂同",彙校卷第十三、撫釋一、余仁仲本、和本、十行本、閩本、監本、毛本、殿本、阮刻本同,岳本無此四字。

外順，則民瞻其顏色而不與争也，望其容貌而衆不生慢易焉。極，至也。○争，"争鬭"之争①。重言見樂記。"不與争也"作"弗與争也"，"而衆"作"而民"。故德煇動乎内，而民莫不承聽；理發乎外，而衆莫不承順。理，謂言行也。○煇，音輝②。行，下孟反，下"理行"、"而行"皆同③。重言"故德煇動乎内"凡二，重見樂記篇。故曰："致禮樂之道，而天下塞焉，舉而錯之無難矣。"塞，充滿也。"而措"，本亦作"錯"④，七故反。重言二，重見樂記。樂也者，動於内者也。禮也者，動於外者也。故禮主其減，樂主其盈。禮減而進，以進爲文；樂盈而反，以反爲文。減，猶倦也。盈，猶溢也。樂以統情，禮以理行。人之情有溢而行有倦，倦則進之。以能進者爲文，溢則使反，以能反者爲文。文，謂才美。○減，胡斬反，又古斬反，下同⑤。○重意"樂也者，動於内者也。禮也者，動於外者也"。文王世子八："樂，所以修内也；禮，所以修外也。"禮減而不進則銷，樂盈而不反則放，故禮有報而樂有反。報，皆當爲"襃"，声之誤。○銷，音消。報，依注音"襃"⑥，保毛反，下音同⑦。禮得其報則樂，樂得其反則安。禮之報，樂之反，其義一也。重言"樂也者，動於内者也"至"其義一也"，重出樂記。又郊特牲："其義

---

① "争争鬭之争"，彙校卷第十三、撫釋一、余仁仲本、和本、十行本、閩本、監本、毛本、殿本、阮刻本同，岳本無此五字。

② "煇音輝"，彙校卷第十三、撫釋一、余仁仲本、十行本、閩本、監本、毛本、殿本、阮刻本同，岳本無此三字。

③ "下理行而行皆同"，彙校卷第十三、撫釋一、余仁仲本、和本、十行本、閩本、監本、毛本、殿本、阮刻本同，岳本無此七字。

④ "而措本亦作"，彙校卷第十三、撫釋一、余仁仲本同，岳本無此五字，和本、十行本、閩本、監本、毛本、殿本、阮刻本"亦"作"又"。"而措"以下九字是釋文文字，當在"而措"上補"○"號。

⑤ "下同"，彙校卷第十三、撫釋一、余仁仲本、和本、十行本、閩本、監本、毛本、殿本、阮刻本同，岳本無此二字。

⑥ "依注音襃"，彙校卷第十三、撫釋一、余仁仲本、和本、十行本、閩本、監本、毛本、殿本、阮刻本同，岳本無此四字。

⑦ "音"，余仁仲本、和本、十行本、閩本、監本、毛本、殿本、阮刻本同，岳本無此字；彙校卷第十三、撫釋一作"皆"，是。

一也。”

24·15 <u>曾子</u>曰：“孝有三，大孝尊親，其次弗辱，其下能養。”<u>公明儀</u>問於<u>曾子</u>曰：“夫子可以爲孝乎？”<u>曾子</u>曰：“是何言與！是何言與！君子之所謂孝者①，先意承志，諭父母於道。<u>參</u>直養者也，安能爲孝乎？”<u>公明儀</u>，<u>曾子</u>弟子。○養，羊尚反，後皆同。與，音餘②。先，悉薦反。參，徐所林反③。

24·16 <u>曾子</u>曰：“身也者，父母之遺體也。行父母之遺體，敢不敬乎？居處不莊，非孝也；事君不忠，非孝也；涖官不敬，非孝也；朋友不信，非孝也；戰陳無勇，非孝也。五者不遂，菑及於親，敢不敬乎？遂，猶成也。○莅，音利，又音類，本又作“涖”④。陳，直覲反⑤。菑，音災。於親，本亦作“菑及於身”⑥。重言“敢不敬乎”二，下篇<u>哀公</u>問：“敢不敬與。”亨孰膻薌，嘗而薦之，非孝也，養也。君子之所謂孝也者，國人稱願然曰：‘幸哉有子如此！’所謂孝也已。然，猶而也。○亨，普彭反。薦，將見反⑦。衆之本教曰孝，其行曰養。養可能也，敬爲難；敬可能也，安爲難；安可能也，卒爲難。父母既没，慎行其身，不遺父母惡名，可謂能終矣。仁者，仁此者也。禮者，履此者也。

---

①“謂”，<u>唐石經</u>、<u>撫州本</u>、<u>余仁仲本</u>、<u>岳本</u>、<u>嘉靖本</u>、八行本、<u>和本</u>、<u>閩本</u>、<u>監本</u>、<u>毛本</u>、<u>殿本</u>同；十行本、<u>阮刻本</u>作“爲”，非。

②“養羊尚反後皆同與音餘”，<u>彙校</u>卷第十三、<u>撫釋</u>一、<u>余仁仲本</u>、<u>和本</u>、十行本、<u>閩本</u>、<u>監本</u>、<u>毛本</u>、<u>殿本</u>、<u>阮刻本</u>同，<u>岳本</u>無此十字。

③“徐所林反”，<u>彙校</u>卷第十三、<u>撫釋</u>一、<u>余仁仲本</u>同，<u>岳本</u>無“徐”字，<u>和本</u>、十行本、<u>閩本</u>、<u>監本</u>、<u>毛本</u>、<u>殿本</u>、<u>阮刻本</u>“林”誤作“材”。

④“又音類本又作涖”，<u>彙校</u>卷第十三、<u>撫釋</u>一、<u>余仁仲本</u>、<u>和本</u>、十行本、<u>閩本</u>、<u>監本</u>、<u>毛本</u>、<u>殿本</u>、<u>阮刻本</u>同，<u>岳本</u>無此七字。

⑤“陳直覲反”，<u>彙校</u>卷第十三、<u>撫釋</u>一、<u>余仁仲本</u>、<u>岳本</u>、<u>和本</u>、<u>閩本</u>、<u>監本</u>、<u>毛本</u>、<u>殿本</u>、<u>阮刻本</u>同，十行本“覲”作“親”。

⑥“於親本亦作菑及於身”，<u>彙校</u>卷第十三、<u>撫釋</u>一、<u>余仁仲本</u>、<u>和本</u>、十行本、<u>閩本</u>、<u>監本</u>、<u>毛本</u>、<u>殿本</u>、<u>阮刻本</u>同，<u>岳本</u>無此九字。

⑦“薦將見反”，<u>彙校</u>卷第十三、<u>撫釋</u>一、<u>余仁仲本</u>、<u>和本</u>、十行本、<u>閩本</u>、<u>監本</u>、<u>毛本</u>、<u>殿本</u>、<u>阮刻本</u>同，<u>岳本</u>無此四字。

義者,宜此者也。信者,信此者也。強者,強此者也。樂自順此生,刑自反此作。"①

24·17 曾子曰:"夫孝,置之而塞乎天地,溥之而橫乎四海,施諸後世而無朝夕,推而放諸東海而準,推而放諸西海而準,推而放諸南海而準,推而放諸北海而準。無朝夕,言常行無輟時也。放,猶至也。準,猶平也。○遺,如字,又于季反。樂,音岳,皇五孝反②。溥,本亦作"敷",同芳于反③。放,甫往反,下同,至也。準,諸尹反,平也。輟,張劣反④。重意"敬爲難",雜記下:"敬爲上。"詩云:'自西自東,自南自北,無思不服。'此之謂也。"

24·18 曾子曰:"樹木以時伐焉,禽獸以時殺焉。夫子曰:'斷一樹,殺一獸,不以其時,非孝也。'夫子,孔子也。曾子述其言以云。○斷,丁管反。重言"此之謂也"九,禮器、大傳、喪服四制各一,樂記二,經解三。孝有三,小孝用力,中孝用勞,大孝不匱。勞,猶功也。○匱,其媿反,下同⑤。思慈愛忘勞,可謂用力矣⑥。尊仁安義,可謂用勞矣。博施備物,可謂不匱矣。思慈愛忘勞,思父母之慈愛己,而自忘己之勞苦。○施,始豉反。互注詩:"孝子不匱,永錫爾類。"父母愛之,嘉而弗忘⑦;

---

① "此作",唐石經、撫州本、余仁仲本、岳本、嘉靖本、八行本、和本、閩本、監本、毛本、殿本、阮刻本同;十行本"此"作"比",非。

② "皇",彙校卷第十三、撫釋一、余仁仲本、和本、十行本、閩本、監本、毛本、殿本、阮刻本同,岳本作"又"。

③ "溥本亦作敷同芳于反",彙校卷第十三、撫釋一、余仁仲本、和本、閩本、監本、毛本、殿本、阮刻本同,岳本無"本亦作敷同"五字,十行本脱"芳"字。

④ "至也準諸尹反平也輟張劣反",彙校卷第十三、撫釋一、余仁仲本、和本、閩本、監本、毛本、殿本、阮刻本同,岳本無此十二字;十行本"平"作"乎",非。

⑤ "匱其媿反下同",彙校卷第十三、撫釋一、余仁仲本、和本、十行本、閩本、監本、毛本、殿本、阮刻本同,岳本無此六字。

⑥ "謂",唐石經、撫州本、余仁仲本、岳本、嘉靖本、八行本、和本、閩本、監本、毛本、殿本、阮刻本同;十行本作"諸",非。

⑦ "嘉",唐石經、撫州本、余仁仲本、岳本、嘉靖本、八行本、十行本、閩本、阮刻本同;和本、監本、毛本、殿本作"喜",非。

父母惡之，懼而無怨；無怨，無怨於父母之心。○惡，烏路反。重意“懼而無怨”，坊記：“勞而不怨。”父母有過，諫而不逆。順而諫之。重意内則：“悦則復諫。”坊記：“微諫不倦。”父母既没，必求仁者之粟以祀之。此之謂禮終。”喻貧困，猶不取惡人物以事亡親。

24·19 樂正子春下堂而傷其足，數月不出，猶有憂色。門弟子曰：“夫子之足瘳矣，數月不出，猶有憂色，何也？”樂正子春曰：“善如爾之問也！善如爾之問也！吾聞諸曾子，曾子聞諸夫子曰：‘天之所生，地之所養，無人爲大。父母全而生之，子全而歸之，可謂孝矣。不虧其體，不辱其身，可謂全矣。’曾子聞諸夫子，述曾子所聞於孔子之言。○數，色主反，下同①。瘳，丑留反，差也②。重言“天之所生，地之所養”二，下篇一，“養”作“長”。“可謂孝矣”五，下文一，坊記三。故君子頃步而弗敢忘孝也。今予忘孝之道，予是以有憂色也。頃，當爲“跬”，聲之誤也。予，我也。○頃，讀爲“跬”③，缺婢反，又丘弭反④。一舉足爲跬，再舉足爲步。壹舉足而不敢忘父母，壹出言而不敢忘父母。壹舉足而不敢忘父母，是故道而不徑，舟而不游，不敢以先父母之遺體行殆。壹出言而不敢忘父母，是故惡言不出於口，忿言不反於身⑤。不辱其身，不羞其親，可謂孝矣。”徑，步邪趨疾也。忿言不反於身，人不能無忿怒。忿怒之言，當由其直，直則人服，不敢以忿言來也。○徑，

---

① “下同”，彙校卷第十三、撫釋一、余仁仲本、和本、十行本、閩本、監本、毛本、殿本、阮刻本同，岳本無此二字。

② “差也”，彙校卷第十三、撫釋一、余仁仲本、和本、十行本、閩本、監本、毛本、殿本、阮刻本同，岳本無此二字。

③ “讀爲跬”，彙校卷第十三、撫釋一、余仁仲本、和本、十行本、閩本、監本、毛本、殿本、阮刻本同，岳本無此三字。

④ “又丘弭反”，彙校卷第十三、撫釋一、余仁仲本、和本、十行本、閩本、監本、毛本、殿本、阮刻本同，岳本無此四字。

⑤ “反”，唐石經、撫州本、余仁仲本、岳本、和本、十行本、閩本、監本、毛本、殿本、阮刻本同，考補謂古本作“及”，注文同。

古定反。邪，似嗟反。趍，七俱反①。

24·20昔者有虞氏貴德而尚齒，夏后氏貴爵而尚齒，殷人貴富而尚齒，周人貴親而尚齒。貴，謂燕賜有加於諸臣也。尚，謂有事尊之於其黨也。臣能世禄曰富。舜時多仁聖有德，後德則在小官。虞、夏、殷、周，天下之盛王也，未有遺年者。年之貴乎天下久矣，次乎事親也。言其先老也。是故朝廷同爵則尚齒。七十杖於朝，君問則席；八十不俟朝，君問則就之，而弟達乎朝廷矣。同爵尚齒，老者在上也。君問則席②，為之布席於堂上而與之言。凡朝位立於庭，魯哀公問於孔子，命席。不俟朝，君揖之即退，不待朝事畢也③。就之，就其家也。老而致仕，君或不許，異其禮而已。○於朝，直遥反，後皆同。弟，音弟，下及下注同。為，于偽反④。○**重意**王制、内則篇："八十杖於朝。"行肩而不併，不錯則隨，見老者則車徒辟，斑白者不以其任行乎道路，而弟達乎道路矣。錯，鴈行也。父黨隨行，兄黨鴈行。車徒辟，乘車，步行皆辟老人也。班白者，髮雜色也。任，所擔持也⑤。不以任，少者代之。○併，步頂反，徐扶頂反⑥。辟，音避，注同⑦。行，户剛反，下同⑧。擔，

----

① "徑古定反邪似嗟反趍七俱反"，彙校卷第十三、撫釋一、余仁仲本、和本、十行本、閩本、監本、毛本、殿本、阮刻本同，岳本無此十二字。

② "席"，余仁仲本、岳本、嘉靖本、八行本、和本、十行本、閩本、監本、毛本、殿本、阮刻本同；撫州本作"廣"，非。

③ "畢"，撫州本、余仁仲本、岳本、嘉靖本、八行本、和本、閩本、監本、毛本、殿本、阮刻本同；十行本作"異"，非。

④ "於朝直遥反後皆同弟音弟下及下注同為于偽反"，岳本無此二十字；彙校卷第十三、撫釋一、余仁仲本、和本、十行本、閩本、監本、毛本、殿本、阮刻本下"弟"作"悌"，是。

⑤ "擔"，余仁仲本、岳本、嘉靖本、八行本、十行本、和本、閩本、監本、毛本、殿本、阮刻本同；撫州本作"檐"，非。

⑥ "併步頂反徐扶頂反"，彙校卷第十三、撫釋一、余仁仲本、殿本、阮刻本同，岳本作"併步頂反"，十行本"併"作墨釘，和本、十行本、閩本、監本、毛本上"頂"作"頃"。

⑦ "注同"，彙校卷第十三、撫釋一、余仁仲本、和本、十行本、閩本、監本、毛本、殿本、阮刻本同，岳本無此二字。

⑧ "下同"，彙校卷第十三、撫釋一、余仁仲本、和本、十行本、閩本、監本、毛本、殿本、阮刻本同，岳本無此二字。

都甘反。少,詩照反,下同①。重意"不錯則隨",王制:"父之齒隨行。""班白者,不以其任",王制:"班白者不提挈。"居鄉以齒,而老窮不遺,强不犯弱,衆不暴寡,而弟達乎州巷矣。老窮不遺,以鄉人尊而長之,雖貧且無子孫②,無棄忘也。一鄉者五州。巷,猶閭也。○遺,如字,一本作"匱",其媿反。長,丁丈反,下文皆同③。重言"居鄉以齒"至"衆不暴寡"四句二,下文一,"居鄉"作"鄉里"。

古之道,五十不爲甸徒,頒禽隆諸長者,而弟達乎蒐狩矣。四井爲邑,四邑爲丘,四丘爲甸,甸六十四井也,以爲軍田出役之法。五十始衰,不從力役之事也。頒之言分也。隆,猶多也。及田者分禽④,多其老者,謂竭作未五十者。春獵爲蒐,冬獵爲狩。○甸,田見反。頒,音班。蒐,本又作廋⑤,音蒐,所求反⑥。狩,音獸。軍旅什伍,同爵則尚齒,而弟達乎軍旅矣。什伍,士卒部曲也。少儀曰:"軍尚左,卒尚右。"○卒,子忽反,下同⑦。孝弟發諸朝廷,行乎道路,至乎州巷,放乎蒐狩,脩乎軍旅,衆以義死之而弗敢犯也。死之,死此孝弟之禮⑧。○放,方往反。

　24·21 祀乎明堂,所以教諸侯之孝也;食三老、五更於太學⑨,

---

①"少詩照反下同",彙校卷第十三、撫釋一、余仁仲本、和本、十行本、閩本、監本、毛本、殿本、阮刻本同,岳本無此六字。

②"雖貧且無子孫",撫州本、余仁仲本、岳本、嘉靖本、八行本、阮刻本同;十行本作"雖"作"雜",和本、十行本、閩本、監本、毛本、殿本"且"作"見",皆非。

③"其媿反長丁丈反下文皆同",彙校卷第十三、撫釋一、余仁仲本、和本、十行本、閩本、監本、毛本、殿本、阮刻本同,岳本無此十一字。

④"田",撫州本、余仁仲本、岳本、八行本、十行本、和本、閩本、監本、毛本、殿本、阮刻本同,嘉靖本作"世",非。

⑤"蒐本又作廋",彙校卷第十三、撫釋一、余仁仲本,岳本無"本又作廋"四字,和本作"廋本又作蒐",十行本、閩本、監本、毛本、殿本、阮刻本"又"作"亦"。

⑥"所求反",彙校卷第十三、撫釋一、余仁仲本、和本、十行本、閩本、監本、毛本、殿本、阮刻本同,岳本無此三字。

⑦"卒子忽反下同",彙校卷第十三、撫釋一、余仁仲本、和本、十行本、閩本、監本、毛本、殿本、阮刻本同,岳本無此六字。

⑧"孝弟",撫州本、余仁仲本、岳本、嘉靖本、八行本、和本、閩本、監本、毛本、殿本、阮刻本同;十行本作墨釘。

⑨"太",唐石經、撫州本、余仁仲本、岳本、嘉靖本、八行本、和本、十行本、閩(轉下頁注)

所以教諸侯之弟也；祀先賢於西學，所以教諸侯之德也；耕藉，所以教諸侯之養也；朝覲，所以教諸侯之臣也。五者，天下之大教也。祀乎明堂，宗祀文王。西學，周小學也。先賢，有道德，王所使教國子者①。○食，音嗣，下同。更，古衡反，下同②。大學，音泰，下“大學”、注“大小”皆同③。重言“五者天下之大教也”二，一見樂記十九。食三老、五更於太學，天子袒而割牲④，執醬而饋，執爵而酳，冕而揔干，所以教諸侯之弟也。是故鄉里有齒，而老窮不遺，强不犯弱，衆不暴寡，此由大學來者也。割牲，制俎實也。冕而揔干，親在舞位，以樂侑食也。教諸侯之弟，次事親。○酳，音胤，又仕覲反⑤。重言“食三老五更於大學”至“所以教諸侯之弟也”二，一見樂記十九篇。又“是故至州巷矣”二，上文一。天子設四學，當入學而大子齒。四學，謂周四郊之虞庠也⑥。文王世子曰：“行一物而三善皆得⑦，唯世子而已。其齒於學之謂也。”

　　24·22 天子巡守，諸侯待于竟，天子先見百年者。問其國君以百年者所在而往見之。○守，手又反，本或作“狩”⑧。竟，居領反。八十、九十

（接上頁注）本、監本、毛本、殿本、阮刻本作“大”，是，下“太學”同。

①“王”，撫州本、余仁仲本、岳本、嘉靖本、八行本、和本、閩本、監本、毛本、殿本、阮刻本同；十行本作“玉”，非。

②“下同”，彙校卷第十三、撫釋一、余仁仲本、和本、十行本、閩本、監本、毛本、殿本、阮刻本同，岳本無此二字。

③“下大學注大小皆同”，岳本無“大學注大小皆”六字，十行本、監本、殿本、阮刻本“小”誤作“下”；彙校卷第十三、撫釋一、余仁仲本、和本、閩本、毛本“小”作“卜”，是。

④“而”，唐石經、撫州本、余仁仲本、岳本、嘉靖本、八行本、和本、閩本、監本、毛本、殿本、阮刻本同；十行本作“則”，非。

⑤“酳音胤又仕覲反”，彙校卷第十三、撫釋一、余仁仲本、和本、十行本、閩本、監本、毛本、殿本、阮刻本同，岳本無此七字。

⑥“四郊”，撫州本、余仁仲本、岳本、嘉靖本、八行本、和本、十行本、閩本、監本、毛本、殿本、阮刻本同，考異引顧千里思適齋筆記謂當作“西郊”，是。

⑦“皆得”，文王世子、撫州本、余仁仲本、岳本、嘉靖本、和本、十行本、閩本、監本、毛本、殿本、阮刻本同，八行本脫“皆”字。

⑧“本或作狩”，彙校卷第十三、撫釋一、余仁仲本、和本同，岳本無此四字；十行本、閩本、監本、毛本、殿本、阮刻本“或”作“亦”，十行本“狩”作“符”，皆非。

者,東行、西行者,弗敢過;西行、東行者,弗敢過。欲言政者,君就之可也。弗敢過者,謂道經之則見之。壹命齒于鄉里,再命齒于族,三命不齒。族有七十者,弗敢先。此謂鄉射飲酒時也。齒者,謂以年次立若坐也。三命,列國之卿也。不復齒,席之於賓東。不敢先族之七十者,謂既一人舉觶乃入也。雖非族亦然。承齒乎族,故言族爾。○復,扶又反,下文注"將復入"同①。觶,之豉反。七十者,不有大故,不入朝;若有大故而入,君必與之揖讓,而后及爵者。謂致仕在家者,其入朝,君先與之爲禮,而后揖卿、大夫、士。

24・23 天子有善,讓德於天;諸侯有善,歸諸天子;卿、大夫有善,薦於諸侯;士、庶人有善,本諸父母,存諸長老;禄爵慶賞,成諸宗廟。所以示順也。薦,進也。成諸宗廟,於宗廟命之。祭統有十倫,六曰"見爵賞之施焉"。○見,賢遍反。施,始豉反。昔者聖人建陰陽天地之情,立以爲易。易抱龜南面,天子卷冕北面,雖有明知之心,必進斷其志焉,示不敢專,以尊天也。善則稱人,過則稱己,教不伐②,以尊賢也。立以爲易,謂作易。易抱龜,易,官名,周禮曰"大卜"。大卜主三兆、三易、三夢之占。○卷,古本反。知,音智。斷,丁亂反③。○重言"善則稱人,過則稱己"五,四見坊記三十。

24・24 孝子將祭祀,必有齊莊之心以慮事,以具服物,以脩宮室,以治百事。謂齊之前後也。及祭之日,顏色必溫,行必恐,如懼不及愛然。如懼不及見其所愛者。○恐,曲勇反④。其奠之也,容貌

---

①"復扶又反下文注將復入同",彙校卷第十三、撫釋一、余仁仲本、和本、十行本、閩本、監本、毛本、殿本、阮刻本同,岳本無此十一字。

②"教不伐",唐石經、撫州本、余仁仲本、岳本、和本、十行本、閩本、監本、毛本、殿本、阮刻本同,考補謂古本、活字本作"教自不伐也"。

③"斷丁亂反",彙校卷第十三、撫釋一、余仁仲本、和本、十行本、閩本、監本、毛本、殿本、阮刻本同,岳本無此四字。

④"恐曲勇反",彙校卷第十三、撫釋一、余仁仲本、和本、十行本、閩本、監本、毛本、殿本、阮刻本同,岳本無此四字。

必溫，身必詘，如語焉而未之然。奠之，謂酌尊酒奠之及酳之屬也①。如語焉而未之然，如有所以語親而未見莟。○以語，魚預反。宿者皆出，其立卑靜以正，如將弗見然。宿者皆出，謂賓助祭者，事畢出去也。如將弗見然②，祭事畢而不知親所在，思念之深，如不見出也。及祭之後，陶陶遂遂，如將復入然。思念既深，如覬親將復入也。陶陶遂遂，相隨行之貌。○陶，音遙。遂，本又作「燧」，音遂③。是故愨善不違身，耳目不違心，思慮不違親。結諸心，形諸色，而術省之，孝子之志也。術，當爲「述」，聲之誤也。○思，息嗣反。術，義作「述」④。

24・25 建國之神位，右社稷而左宗廟⑤。周尚左也。○重言「孝子之志也」四，上文一，問喪篇一。

祭統第二十五陸曰：「鄭云：『統，猶本也。以其記祭祀之本，故名祭統。』」⑥

鄭氏注

25・1 凡治人之道，莫急於禮。禮有五經，莫重於祭。禮有五經，謂吉禮、凶禮、賓禮、軍禮、嘉禮也。莫重於祭，謂以吉禮爲首也。大宗伯職

---

①「屬也」，撫州本、余仁仲本、岳本、嘉靖本、八行本、阮刻同；和本、十行本、閩本、監本、毛本、殿本脫「也」字。阮校曰：「及酳之屬　閩、監、毛本同。惠棟校宋本下有『也』字，宋監本、岳本、嘉靖本、衛氏集說同。」

②「弗」，余仁仲本、岳本、嘉靖本、八行本、和本、十行本、閩本、監本、毛本、殿本、阮刻本同；撫州本作「不」，非。

③「遂本又作燧音遂」，彙校卷第十三、撫釋一、余仁仲本、和本、十行本、閩本、監本、毛本、殿本、阮刻本同，岳本無此七字。

④「術義作述」，彙校卷第十三、撫釋一、余仁仲本、和本、十行本、閩本、監本、毛本、殿本、阮刻本同，岳本無此四字。

⑤「社稷」，唐石經、撫州本、余仁仲本、岳本、嘉靖本、和本、十行本、閩本、監本、毛本、殿本、阮刻本同，八行本脫「社」字。

⑥「陸曰鄭云統猶本也以其記祭祀之本故名祭統」，余仁仲本、和本、十行本、閩本、監本、毛本、殿本、阮刻本同，岳本無此十九字，彙校卷第十三、撫釋一無「陸曰」二字。

曰：“以吉禮事邦國之鬼神祇。”五經，吉、凶、軍、賓、嘉之五禮。○祇，祈之反①。夫祭者，非物自外至者也，自中出，生於心也。心怵而奉之以禮，是故唯賢者能盡祭之義。怵，感念親之貌也。怵，或爲“述”。○怵，勑律反。

25·2 賢者之祭也，必受其福，非世所謂福也。福者，備也。備者，百順之名也。無所不順者之謂備②，言內盡於己而外順於道也。忠臣以事其君，孝子以事其親，其本一也。世所謂福者，謂受鬼神之祐助也。賢者之所謂福者，謂受大順之顯名也。其本一者，言忠孝俱由順出也。○祐，音又③。上則順於鬼神，外則順於君長，內則以孝於親，如此之謂備。唯賢者能備，能備然後能祭。是故賢者之祭也，致其誠信與其忠敬，奉之以物，道之以禮，安之以樂，參之以時，明薦之而已矣，不求其爲。此孝子之心也。明，猶潔也④。爲，謂福祐爲己之報。○長，丁丈反，下“所長”同。道，音導。其爲⑤，于僞反，注“爲謂”同⑥，一音如字。○重意“此孝子之心也”，問喪篇：“此孝子之志也。”重，上篇無此字。祭者，所以追養繼孝也。孝者，畜也。順於道，不逆於倫，是之謂畜。畜，謂順於德教。○養，羊尚反，下同⑦。畜，許六反，下同⑧。是

<hr />

①據彙校卷第十三、撫釋一、余仁仲本、和本、十行本、閩本、監本、毛本、殿本、阮刻本，“五經吉凶軍賓嘉之五禮”十字是釋文文字，當將“祇”上“○”號移至“五經”上。

②“之謂”，唐石經、撫州本、余仁仲本、岳本、嘉靖本、八行本、閩本、監本、毛本、殿本同；和本、十行本、阮刻本倒作“謂之”。

③“祐音又”，彙校卷第十三、撫釋一、余仁仲本、和本、十行本、閩本、監本、毛本、殿本、阮刻本同，岳本無此三字。

④“潔也”，余仁仲本、岳本、嘉靖本、和本、閩本、監本、毛本、殿本同，撫州本、八行本、阮刻本作“絜也”；十行本作“絜之”，非。

⑤“下所長同道音導其”，彙校卷第十三、撫釋一、余仁仲本、和本、十行本、閩本、監本、毛本、殿本、阮刻同，岳本無此八字。

⑥“爲謂”，彙校卷第十三、撫釋一、余仁仲本、和本、十行本、閩本、監本、毛本、殿本、阮刻本同，岳本無此二字。

⑦“下同”，彙校卷第十三、撫釋一、余仁仲本、和本、十行本、閩本、監本、毛本、殿本、阮刻本同，岳本無此二字。

⑧“下同”，彙校卷第十三、撫釋一、余仁仲本、和本、十行本、閩本、監本、毛本、殿本、阮刻本同，岳本無此二字。

故孝子之事親也，有三道焉：生則養，没則喪，喪畢則祭。養則觀其順也，喪則觀其哀也，祭則觀其敬而時也。盡此三道者，孝子之行也。没，終也。○盡，徐子忍反，下同①。行，下孟反。○<u>重言</u>“孝子之行也”，見曲禮上一，一前篇。問喪：“孝子之志也。”

25·3既内自盡，又外求助，昏禮是也。故國君取夫人之辭曰：“請君之玉女與寡人共有敝邑，事宗廟社稷。”此求助之本也。言玉女者，美言之也。君子於玉比德焉②。○取，七住反。夫祭也者，必夫婦親之，所以備外内之官也。官備則具備。具，謂所供衆物。○共，音恭，下文“以共”皆同③。水草之菹，陸産之醢，小物備矣。三牲之俎，八簋之實，美物備矣。昆蟲之異，草木之實，陰陽之物備矣。水草之菹，芹、茆之屬。陸産之醢，蚳、蠯之屬。天子之祭八簋。昆虫，謂温生寒死之虫也。内則可食之物有蜩、范。草木之實，菱、芡、榛、栗之屬。○芹，其斤反。茆，音卯④。蚳，丈之反⑤。蠯，悦專反。蜩，音條。菱，本亦作“蔆”，又音陵。芡，音儉。榛，仄巾反⑥。凡天之所生，地之所長，苟可薦者，莫不咸在，示盡物也。外則盡物，内則盡志，此祭之心也。咸，皆也⑦。○<u>重言</u>

---

① “盡徐子忍反下同”，<u>彙校</u>卷第十三、<u>撫釋</u>一、<u>余仁仲</u>本、<u>和</u>本、<u>十行</u>本、<u>閩</u>本、<u>監</u>本、<u>毛</u>本、<u>殿</u>本、<u>阮刻</u>本同，<u>岳</u>本作“盡子忍反”。

② “比”，<u>撫州</u>本、<u>余仁仲</u>本、<u>岳</u>本、<u>嘉靖</u>本、<u>和</u>本、<u>十行</u>本、<u>閩</u>本、<u>監</u>本、<u>毛</u>本、<u>殿</u>本、<u>阮刻</u>本同；<u>八行</u>本作“此”，非。

③ “共音恭下文以共皆同”，<u>彙校</u>卷第十三、<u>撫釋</u>一、<u>余仁仲</u>本、<u>和</u>本、<u>十行</u>本、<u>閩</u>本、<u>監</u>本、<u>毛</u>本、<u>殿</u>本、<u>阮刻</u>本同，<u>岳</u>本無此九字。

④ “芹其斤反茆音卯”，<u>彙校</u>卷第十三、<u>撫釋</u>一、<u>余仁仲</u>本、<u>和</u>本、<u>十行</u>本、<u>閩</u>本、<u>監</u>本、<u>毛</u>本、<u>殿</u>本、<u>阮刻</u>本同，<u>岳</u>本無此七字。

⑤ “蚳丈之反”，<u>撫釋</u>一、<u>余仁仲</u>本、<u>岳</u>本、<u>和</u>本、<u>阮刻</u>本同；<u>彙校</u>卷十三、<u>十行</u>本、<u>閩</u>本、<u>監</u>本、<u>毛</u>本、<u>殿</u>本“丈”作“文”，非。

⑥ “蜩音條菱本亦作蔆又音陵芡音儉榛仄巾反”，<u>岳</u>本無此十八字，<u>彙校</u>卷第十三、<u>撫釋</u>一、<u>和</u>本無“又”字，<u>彙校</u>卷第十三、<u>撫釋</u>一、<u>余仁仲</u>本、<u>和</u>本、<u>十行</u>本、<u>閩</u>本、<u>監</u>本、<u>毛</u>本、<u>殿</u>本、<u>阮刻</u>本“仄”作“側”。

⑦ “皆”，<u>撫州</u>本、<u>余仁仲</u>本、<u>岳</u>本、<u>嘉靖</u>本、<u>八行</u>本、<u>阮刻</u>本同；<u>和</u>本、<u>十行</u>本、<u>閩</u>本、<u>監</u>本、<u>毛</u>本、<u>殿</u>本作“是”，非。

"天之所生，地之所長"二，上篇一，"長"作"養"。**是故天子親耕於南郊，以共齊盛；王后蠶於北郊，以共純服；諸侯耕於東郊，亦以共齊盛；夫人蠶於北郊，以共冕服。天子、諸侯非莫耕也，王后、夫人非莫蠶也，身致其誠信，誠信之謂盡，盡之謂敬，敬盡然後可以事神明。此祭之道也。** 純服，亦冕服也，互言之爾。純以見繒色，冕以著祭服。東郊，少陽，諸侯象也。夫人不蠶於西郊①，婦人禮少變也。齊，或爲"粢"②。○齊盛，本亦作"齍"，與"粢"同，音咨，下及注同③。純，側其反，注及下"純冕"同④。見，賢遍反。少，詩召反⑤。○重言"天子親耕於南郊"，表記："天子親耕於南郊。"

25·4 **及時將祭，君子乃齊。齊之爲言齊也，齊不齊以致齊者也。是故君子非有大事也**⑥，**非有恭敬也，則不齊。不齊，則於物無防也，耆欲無止也。及其將齊也，防其邪物，訖其耆欲，耳不聽樂，故記曰："齊者不樂。"言不敢散其志也。心不苟慮，必依於道。手足不苟動，必依於禮。** 訖，猶止也。○乃齊，側皆反，本又作"齊"，下不出者同。言齊也⑦、齊不齊，並如字，下"以齊之"同。耆，市志反。邪，似嗟

---

① "不"，撫州本、余仁仲本、岳本、嘉靖本、八行本、和本、閩本、監本、毛本、殿本、阮刻本同；十行本作"自"，非。

② "爲"，余仁仲本、岳本、嘉靖本、和本、十行本、閩本、監本、毛本、殿本、阮刻本同；撫州本、八行本作"作"。阮校曰："齊或爲粢　閩、監、毛本同，岳本同，嘉靖本同。惠棟校宋本'爲'作'作'，衛氏集説同，宋監本同。"

③ "齊盛本亦作齍與粢同音咨下及注同"，彙校卷第十三、撫釋一、余仁仲本、和本、閩本、監本、毛本、殿本、阮刻本同，岳本無此十五字；十行本"齍"作"齊"，非。

④ "注及"，彙校卷第十三、撫釋一、余仁仲本、和本、十行本、閩本、監本、毛本、殿本、阮刻本同，岳本無此二字。

⑤ "見賢遍反少詩召反"，彙校卷第十三、撫釋一、余仁仲本、和本、十行本、閩本、監本、毛本、殿本、阮刻本同，岳本無此八字。

⑥ "是故"，唐石經、撫州本、余仁仲本、岳本、嘉靖本、八行本、和本、閩本、監本、毛本、殿本同；十行本、阮刻本作"是以"，非。

⑦ "本又作齊下不出者同言"，余仁仲本、十行本、阮刻本同，岳本無此十字，和本作"本又作齍下不齊齊者同言"，閩本、監本、毛本、殿本作"本又作齊下不齊齊者同言"；彙校卷第十三、撫釋一作"本又作齍下不出者同言"，是。

反。訖，居乙反①。重意“齊者不樂”，檀弓上：“忌日不樂。”是故君子之齊也，專致其精明之德也。故散齊七日以定之，致齊三日以齊之。定之之謂齊，齊者，精明之至也。然後可以交於神明也。定者，定其志意。是故先期旬有一日，宮宰宿夫人，夫人亦散齊七日，致齊三日。宮宰，守宮官也。宿，讀爲“肅”。肅，猶戒也，戒輕肅重也。○先，悉薦反，又如字②。君致齊於外，夫人致齊於內，然後會於大廟。君純冕立於阼，夫人副褘立於東房。君執圭瓚祼尸，大宗執璋瓚亞祼。及迎牲，君執紖，卿大夫從，士執芻，宗婦執盎從，夫人薦涗水；君執鸞刀羞嚌，夫人薦豆。此之謂夫婦親之。大廟，始祖廟也。圭瓚、璋瓚，祼器也。以圭、璋爲柄，酌鬱鬯曰祼。大宗亞祼，容夫人有故，攝焉。紖，所以牽牲也，周禮作“絼”。芻，謂藁也，殺牲時用薦之。周禮封人：“祭祀飾牲，共其水藁。”涗，盎齊也。盎齊，涗酌也。凡尊有明水，因兼云水爾。嚌，嚌肺、祭肺之屬也，君以鸞刀割制之，天子、諸侯之祭禮，先有祼尸之事，乃後迎牲。芻，或爲“稭”。○大廟，音泰，下“大廟”皆同。褘，音輝③。瓚，才旦反。祼，古亂反④。紖，直忍反，注同，徐以忍反⑤。從，才用反，下皆同。芻，初俱反。盎，烏浪反，注同。從夫人，絕句，一讀以“從”字絕句⑥。涗，舒銳反，徐音歲。羞齊，本亦作“嚌”⑦，才細反，

①“邪似嗟反訖居乙反”，彙校卷第十三、撫釋一、余仁仲本、和本、十行本、閩本、監本、毛本、殿本、阮刻本同，岳本無此八字。

②“先悉薦反又如字”，彙校卷第十三、撫釋一、余仁仲本、和本、十行本、閩本、監本、毛本、殿本、阮刻本同，岳本無此七字。

③“大廟音泰下大廟皆同褘音輝”，余仁仲本、和本、十行本、閩本、監本、毛本、殿本、阮刻本同，岳本無此十二字，彙校卷第十三、撫釋一“下”作“後”。

④“祼古亂反”，彙校卷第十三、撫釋一、余仁仲本、和本、十行本、閩本、監本、毛本、殿本、阮刻本同，岳本無此四字。

⑤“注同徐”，彙校卷第十三、撫釋一、余仁仲本、和本、十行本、閩本、監本、毛本、殿本、阮刻本同，岳本無“注同”二字，“徐”作“又”。

⑥“芻初俱反盎烏浪反注同從夫人絕句一讀以從字絕句”，彙校卷第十三、撫釋一、余仁仲本、和本、十行本、閩本、監本、毛本、殿本、阮刻本同，岳本無此二十二字。

⑦“徐音歲羞齊本亦作”，彙校卷第十三、撫釋一、余仁仲本、和本、十行本、閩本、監本、毛本、殿本、阮刻本同，岳本無此八字。

注同。柄，兵命反①。縰，直忍反。藁，苦老反，下同。共，音恭。益齊，才細反，下“益齊”同②。○重言“君純冕立於阼，夫人副褘立於東房”三，下文一，明堂篇一。“東房”作“房中”。“夫人薦豆”二，下文一。明堂篇：“夫人薦豆籩。”

25·5 及入舞，君執干戚就舞位。君爲東上，冕而揔干，率其羣臣，以樂皇尸。是故天子之祭也，與天下樂之；諸侯之祭也，與竟内樂之。冕而揔干，率其羣臣，以樂皇尸，此與竟内樂之之義也。君爲東上，近主位也。皇，君也。言君尸者，尊之。○以樂，音洛，下同。竟，音境，篇内皆同。近，“附近”之近③。

25·6 夫祭有三重焉：獻之屬莫重於祼，聲莫重於升歌，舞莫重於武宿夜，此周道也。武宿夜，武曲名也。周道，猶周之禮。獻之屬莫重於祼，一本無“之屬”二字④。凡三道者，所以假於外而以增君子之志也。故與志進退：志輕則亦輕，志重則亦重。輕其志而求外之重也，雖聖人弗能得也。是故君子之祭也，必身自盡也，所以明重也。道之以禮，以奉三重而薦諸皇尸，此聖人之道也。

25·7 夫祭有餕，餕者祭之末也，不可不知也。是故古之人有言曰：“善終者如始。”餕其是已。是故古之君子曰：“尸亦餕鬼神之餘也。惠術也，可以觀政矣。”術，猶法也。爲政尚施惠，盡美能知能惠。詩云：“維此惠君，民人所瞻。”○道之音導⑤。餕，音俊。施惠，始豉反，下

---

①“注同柄兵命反”，彙校卷第十三、撫釋一、余仁仲本、和本、十行本、閩本、監本、毛本、殿本、阮刻本同，岳本無此六字。

②“藁苦老反下同共音恭益齊才細反下益齊同”，彙校卷第十三、撫釋一、余仁仲本、和本、十行本、閩本、監本、毛本、殿本、阮刻本同，岳本無此十八字。

③“篇内皆同近附近之近”，彙校卷第十三、撫釋一、余仁仲本、和本、十行本、閩本、監本、毛本、殿本、阮刻本同，岳本無此九字。

④“獻之屬莫重於祼一本無之屬二字”，彙校卷第十三、撫釋一、余仁仲本、和本、十行本、閩本、監本、毛本、殿本、阮刻本同，岳本無此十四字；此十四字是釋文文字，當在“獻之”上補“○”號。

⑤“道之音導”，彙校卷第十三、撫釋一、余仁仲本、和本、十行本、閩本、監本、毛本、殿本、阮刻本同，岳本無此四字。

文、注並同。能知，音智①。○重言"君子之祭也"二，篇末一。"可以觀政矣"，下文一。樂記："可以觀德矣。"**是故尸諼，君與卿四人餕。君起，大夫六人餕，臣餕君之餘也。大夫起，士八人餕，賤餕貴之餘也。士起，各執其具以出，陳于堂下，百官進，徹之，下餕上之餘也。**進，當爲"餕"，聲之誤也。百官，謂有事於君祭者也②。既餕，乃徹之而去，所謂自卑至賤。進、徹，或俱爲"餕"。○諼，所六反，起也。百官進，依注作"餕"。卑，如字，隱義音必利反③。**凡餕之道，每變以衆，所以別貴賤之等，而興施惠之象也，是故以四簋黍見其脩於廟中也。廟中者，竟内之象也。**鬼神之惠徧廟中④，如國君之惠徧竟内也⑤。○別，彼列反，下同。見，賢遍反，下同。脩於，一本"脩"作"徧"。徧，音遍，下同⑥。**祭者，澤之大者也。是故上有大澤，則惠必及下，顧上先下後耳，非上積重而下有凍餕之民也。是故上有大澤，則民夫人待于下流，知惠之必將至也，由餕見之矣。故曰："可以觀政矣。"**鬼神有祭，不獨饗之，使人餕之，恩澤之大者也。國君有蓄積，不獨食之，亦以施惠於竟内也。○重，直龍反，下同。餕，乃罪反⑦。夫，音扶。見，如字，舊賢遍反。畜，勑六反⑧。

---

① "下文注並同能知音智"，彙校卷第十三、撫釋一、余仁仲本、和本、十行本、閩本、監本、毛本、殿本、阮刻本同，岳本無此九字。
② "君祭"，余仁仲本、嘉靖本、八行本、和本、閩本、監本、毛本、殿本、阮刻本同；撫州本、岳本"君"下有"之"字，撫州本有剜改之痕跡。
③ "卑如字隱義音必利反"，彙校卷第十三、撫釋一、余仁仲本、和本、十行本、閩本、監本、毛本、殿本、阮刻本同，岳本無此九字。
④ "廟中"，撫州本、余仁仲本、岳本、嘉靖本、八行本、和本、閩本、監本、毛本、殿本、阮刻本同；十行本脱"中"字。
⑤ "如國君"，撫州本、余仁仲本、岳本、嘉靖本、八行本、和本、閩本、監本、毛本、殿本、阮刻本同；十行本"國"下衍"如"字。
⑥ "脩於一本脩作徧徧音遍下同"，彙校卷第十三、撫釋一、余仁仲本、和本、十行本、閩本、監本、毛本、殿本、阮刻本同，岳本無此十二字。
⑦ "下同餕乃罪反"，彙校卷第十三、撫釋一、余仁仲本、和本、十行本、閩本、監本、毛本、殿本、阮刻本同，岳本無此六字。
⑧ "舊賢遍反畜勑六反"，彙校卷第十三、撫釋一、余仁仲本、和本、十行本、閩本、監本、毛本、殿本、阮刻本同，岳本無此八字。

25·8 夫祭之爲物大矣，其興物備矣，順以備者也，其教之本與！爲物，猶爲禮也。興物，謂薦百品。○與，音餘，下“是與”同①。是故君子之教也，外則教之以尊其君長，内則教之以孝於其親。是故明君在上，則諸臣服從；崇事宗廟社稷，則子孫順孝。盡其道，端其義，而教生焉。崇，猶尊也。○長，丁丈反，下“長幼”皆同②。是故君子之事君也，必身行之。所不安於上，則不以使下；所惡於下，則不以事上。非諸人，行諸己，非教之道也。必身行之，言恕己乃行之。○惡，烏路反。○重意“所不安於上，則不以使下；所惡於下，則不以事上”。大學四十二篇：“所惡於上，毋以使下；所惡於下，毋以事上。”是故君子之教也，必由其本，順之至也，祭其是與！故曰：“祭者，教之本也已。”教由孝順生也。

25·9 夫祭有十倫焉：見事鬼神之道焉，見君臣之義焉，見父子之倫焉，見貴賤之等焉，見親疏之殺焉，見爵賞之施焉，見夫婦之別焉，見政事之均焉，見長幼之序焉，見上下之際焉。此之謂十倫。倫，猶義也。○見事，賢遍反，下皆同。殺，色界反，徐所例反，下同③。○重言“順之至也”二，禮運篇末一。

25·10 鋪筵設同几，爲依神也。詔祝於室，而出于祊，此交神明之道也。同之言詷也。祭者以其妃配，亦不特几也。詔祝，告事於尸也。出於祊，謂索祭也。○鋪，普胡反，又芳夫反。延，羊然反④。爲，于僞反，下注“爲其”皆同⑤。

---

① “與音餘下是與同”，彙校卷第十三、撫釋一、余仁仲本、和本、十行本、閩本、監本、毛本、殿本、阮刻本同，岳本無此七字。

② “長丁丈反下長幼皆同”，彙校卷第十三、撫釋一、余仁仲本、和本、十行本、閩本、監本、毛本、殿本、阮刻本同，岳本無此九字。

③ “見事賢遍反下皆同殺色界反徐所例反下同”，彙校卷第十三、撫釋一、余仁仲本、和本、十行本、閩本、監本、毛本、殿本、阮刻本同，岳本作“見去聲下皆同殺去聲”。

④ “鋪普胡反又芳夫反延羊然反”，岳本作“鋪平聲”；彙校卷第十三、撫釋一、余仁仲本、和本、十行本、閩本、監本、毛本、殿本、阮刻本“延”作“筵”，是。

⑤ “下注爲其皆同”，彙校卷第十三、撫釋一、余仁仲本、和本、十行本、閩本、監本、毛本、殿本、阮刻本同，岳本無此六字。

祊,伯更反①。誷,徒貢反。索,所伯反②。○重言"詔祝於室"二,一見郊特牲。"此郊於神明之道也"二,雜記一,又郊特牲:"所以交於神明之義也。"**君迎牲而不迎尸,别嫌也。尸在廟門外則疑於臣,在廟中則全於君。君在廟門外則疑於君,入廟門則全於臣、全於子。是故不出者,明君臣之義也。** 不迎尸者,欲全其尊也。尸,神象也。鬼神之尊在廟中,人君之尊,出廟門則伸。○伸,音申③。**夫祭之道,孫爲王父尸。所使爲尸者,於祭者子行也;父北面而事之,所以明子事父之道也。此父子之倫也。** 子行,猶子列也。祭祖則用孫列,皆取於同姓之適孫也④。天子、諸侯之祭,朝事延尸於户外,是以有北面事尸之禮。○行,户剛反⑤,注同,徐胡孟反。適,丁歷反⑥。重意"孫爲王父尸",曲禮上:"此言孫可以爲王父尸。"**尸飲五,君洗玉爵獻卿;尸飲七,以瑶爵獻大夫;尸飲九,以散爵獻士及羣有司。皆以齒,明尊卑之等也。** 尸飲五,謂酳尸五獻也。大夫、士祭,三獻而獻賓。○瑶,音遥。散,悉但反。差,本又作"之等"⑦。酳,音胤,又仕覲反。**夫祭有昭穆。昭穆者,所以别父子、遠近、長幼、親疏之序而無亂也。是故有事於大廟,則羣昭羣穆咸在而不失其倫。此之謂親**

---

① "祊伯更反",彙校卷第十三、撫釋一、余仁仲本、和本、十行本、閩本、監本、毛本、殿本、阮刻本同,岳本"更"作"庚"。

② "索所伯反",彙校卷第十三、撫釋一、余仁仲本、和本、十行本、閩本、監本、毛本、殿本、阮刻本同,岳本無此四字。

③ "伸音申",彙校卷第十三、撫釋一、余仁仲本、和本、十行本、閩本、監本、毛本、殿本、阮刻本同,岳本無此三字。

④ "適孫",余仁仲本、岳本、嘉靖本、八行本、和本、十行本、閩本、監本、毛本、殿本、阮刻本同;撫州本作"適子",非。

⑤ "行户剛反",彙校卷第十三、撫釋一、余仁仲本、閩本、監本、毛本、殿本、阮刻本同;和本、十行本"户"作"尸",非。

⑥ "注同徐胡孟反適丁歷反",彙校卷第十三、撫釋一、余仁仲本、和本、十行本、閩本、監本、毛本、殿本、阮刻本同,岳本無此十字。

⑦ "瑶音遥散悉但反差本又作之等",彙校卷第十三、撫釋一、余仁仲本、和本、十行本、閩本、監本、毛本、殿本、阮刻本同,岳本無此十三字。

疏之殺也。昭穆咸在，同宗父子皆來。〇昭，止遥反①，後放此。古者明君
爵有德而禄有功，必賜爵禄於大廟，示不敢專也。故祭之日，一獻
君，降立于阼階之南，南鄉，所命北面，史由君右執策命之，再拜稽
首，受書以歸，而舍奠于其廟。此爵賞之施也。一獻，酳尸也②。舍，當
爲“釋”，聲之誤也。非時而祭曰奠。〇鄉，許亮反。舍，依注音釋③。君卷冕
立于阼，夫人副褘立于東房④。夫人薦豆執校，執醴授之執鐙，尸
酳夫人執柄，夫人受尸執足⑤。夫婦相授受，不相襲處，酳必易爵，
明夫婦之別也。校，豆中央直者也。執醴，授醴之人，授夫人以豆則執鐙。鐙，
豆下跗也。〇卷，古本反。校，户教反，又户交反，又下卯反，下同，柄也⑥。鐙，音
登，又丁鄧反。處，昌慮反。跗，芳符反⑦。〇重言“君卷冕立于阼，夫人副褘立
于東房”三，一見上文，一見明堂。凡爲俎者，以骨爲主。骨有貴賤。殷
人貴髀，周人貴肩。凡前貴於後。俎者，所以明祭之必有惠也。
是故貴者取貴骨，賤者取賤骨，貴者不重，賤者不虛，示均也。惠
均則政行，政行則事成，事成則功立。功之所以立者，不可不知

---

①“昭止遥反”，余仁仲本、十行本、閩本、監本、毛本、殿本、阮刻本同，彙校卷第十三、撫釋
　一、岳本、和本“止”作“上”。

②“酳尸也”，撫州本、余仁仲本、岳本、嘉靖本、十行本同；八行本、和本、閩本、監本、毛本、
　殿本、阮刻本“酳”上衍“一”字。

③“依注”，彙校卷第十三、撫釋一、余仁仲本、和本、十行本、閩本、監本、毛本、殿本、阮刻
　本同，岳本無此二字。

④“褘”，撫州本、余仁仲本、岳本、八行本、十行本、和本、閩本、監本、毛本、殿本、阮刻本
　同，嘉靖本作“偉”，非。

⑤“受”，唐石經、撫州本、余仁仲本、岳本、嘉靖本、八行本、和本同；十行本、閩本、監本、毛
　本、殿本、阮刻本作“授”，非。阮校曰：“夫人授尸執足　惠棟校宋本‘授’作‘受’，正義同，
　石經同，岳本同，嘉靖同，考文引古本、足利本同。此本誤‘授’，閩、監、毛本同，衛氏集
　說同。按：此言尸酳夫人，夫人受酳于尸，則執爵足是受尸，而非授尸明矣！疏‘夫人授尸
　執足者’放此。”

⑥“又下卯反下同柄也”，彙校卷第十三、撫釋一、余仁仲本同，和本、十行本、閩本、監本、
　毛本、殿本、阮刻本脱“又下卯反下同”六字，岳本無“下同柄也”四字。

⑦“處昌慮反跗芳符反”，彙校卷第十三、撫釋一、余仁仲本同，岳本、和本、十行本、閩本、
　監本、毛本、殿本、阮刻本無此八字。

也。俎者，所以明惠之必均也。善爲政者如此，故曰：“見政事之均焉。”殷人貴髀，爲其厚也。周人貴肩，爲其顯也。凡前貴於後，謂脊、脅、臂、臑之屬。○髀，必氏反，又必履反①。重，直龍反。臑，乃報反，肱骨也。凡賜爵，昭爲一，穆爲一，昭與昭齒，穆與穆齒。凡羣有司皆以齒。此之謂長幼有序。昭穆，猶特牲、少牢饋食之禮衆兄弟也。羣有司，猶衆賓下及執事者。君賜之爵，謂若酬之。夫祭有畀煇、胞、翟、閽者，惠下之道也。唯有德之君爲能行此，明足以見之，仁足以與之。畀之爲言與也，能以其餘畀其下者也。煇者，甲吏之賤者也。胞者，肉吏之賤者也。翟者，樂吏之賤者也。閽者，守門之賤者也。古者不使刑人守門。此四守者，吏之至賤者也。尸又至尊，以至尊既祭之末而不忘至賤，而以其餘畀之，是故明君在上，則竟内之民無凍餒者矣。此之謂上下之際。明足以見之，見此卑者也。仁足以與之，與此卑者也。煇，周禮作“韗”，謂韗礫皮革之官也。翟，謂教羽舞者也。古者不使刑人守門，謂夏、殷時。○畀，必利反，下及注同，與也②。煇，依注作“韗”，同況萬反③，又音運，下同，甲吏也。胞，步交反，下同，肉吏也。翟，音狄④，樂吏也。閽，音昏，守門者也。以見，賢遍反，注皆同。此卑，如字，舊必利反，下同⑤。礫，知宅反。○重言“明足以見之，仁足以與之”二，並本篇。

25・11 凡祭有四時。春祭曰礿，夏祭曰禘，秋祭曰嘗，冬祭曰烝。謂夏、殷時禮也。○礿，羊灼反，字又作“禴”。夏，户嫁反，下注“夏者”、

---

①“又必履反”，彙校卷第十三、撫釋一、余仁仲本、和本、十行本、閩本、監本、毛本、殿本、阮刻本同，岳本無此四字。

②“畀必利反下及注同與也”，彙校卷第十三、撫釋一、余仁仲本、和本、十行本、閩本、監本、毛本、殿本、阮刻本同，岳本無此十字。

③“依注作韗同”，彙校卷第十三、撫釋一、余仁仲本、和本、十行本、閩本、監本、毛本、殿本、阮刻本同，岳本無此五字。

④“音狄”，彙校卷第十三、撫釋一、余仁仲本、岳本、和本、閩本、監本、毛本、殿本同；十行本、阮刻本作“狄也”，非。

⑤“注皆同此卑如字舊必利反下同”，彙校卷第十三、撫釋一、余仁仲本、和本、十行本、閩本、監本、毛本、殿本、阮刻本同，岳本無此十三字。

“孟夏”同①。重意“夏祭曰禘，秋祭曰嘗”，王制第五篇：“夏曰禘，秋曰嘗。”郊特牲篇：“春禘而秋嘗。”祭義篇：“春禘秋嘗。”礿、禘，陽義也。嘗、烝，陰義也。禘者，陽之盛也。嘗者，陰之盛也。故曰：“莫重於禘嘗。”夏者尊卑著，而秋萬物成。古者於禘也，發爵賜服，順陽義也；於嘗也，出田邑，發秋政，順陰義也。言爵命屬陽，國地屬陰。故記曰：“嘗之日，發公室，示賞也。”草艾則墨，未發秋政，則民弗敢草也。發公室，出賞物也。草艾，謂艾取草也。秋草木成，可芟艾給爨亨②，時則始行小刑也。○艾，音刈。芟，所銜反。爨，七亂反。亨，普彭反，徐普孟反③。故曰：“禘嘗之義大矣！治國之本也，不可不知也。”明其義者，君也；能其事者，臣也。不明其義，君人不全；不能其事，爲臣不全。全，猶具也。夫義者，所以濟志也，諸德之發也。是故其德盛者其志厚，其志厚者其義章，其義章者其祭也敬；祭敬，則竟內之子孫莫敢不敬矣。濟，成也。發，謂機發也。竟內之子孫，萬人爲子孫。是故君子之祭也，必身親涖之，有故則使人可也。雖使人也，君不失其義者，君明其義故也。涖，臨也。君不失其義者，言君雖不自親祭，祭禮無闕，於君德不損也。其德薄者其志輕，疑於其義而求祭，使之必敬也，弗可得已。祭而不敬，何以爲民父母矣？

25·12　夫鼎有銘，銘者，自名也，自名以稱揚其先祖之美，而明著之後世者也。爲先祖者，莫不有美焉，莫不有惡焉。銘之義，稱美而不稱惡，此孝子孝孫之心也，唯賢者能之。銘，謂書之刻之以識事者也。自名，謂稱揚其先祖之德，著己名於下。○自名，如字，徐武政反，下及注

---

① “字又作襘夏户嫁反下注夏者孟夏同”，彙校卷第十三、撫釋一、余仁仲本、和本、十行本、閩本、監本、毛本、殿本、阮刻本同，岳本無此十五字。

② “爨”，撫州本、余仁仲本、岳本、嘉靖本、八行本、和本、閩本、監本、毛本、殿本、阮刻本同；十行本作“爱”，非。

③ “爨七亂反亨普彭反徐普孟反”，彙校卷第十三、撫釋一、余仁仲本、和本、閩本、監本、毛本、殿本、阮刻本同，岳本作“爨音竄”；十行本“孟”作“益”，非。

“自名”同①。○重意“何以爲民父母矣”,孔子閒居:“何如斯可謂民之父母矣。”銘者,論譔其先祖之有德善、功烈、勳勞、慶賞、聲名,列於天下,而酌之祭器,自成其名焉,以祀其先祖者也。顯揚先祖,所以崇孝也。身比焉,順也。明示後世,教也。烈②,業也。王功曰勳③,事功曰勞。酌之祭器,言斟酌其美,傳著於鍾鼎也。身比焉,謂自著名於下也。順也,自著名以稱揚先祖之德,孝順之行也。教也,所以教後世。○譔,音撰。比,毗志反,謂次比也,下及注皆同。斟,之林反④。傳,音附,徐音賦,一音直專反,謂傳述⑤。著,直略反,徐張慮反。行,下孟反⑥。夫銘者,壹稱而上下皆得焉耳矣。是故君子之觀於銘也,既美其所稱,又美其所爲。美其所爲,美此人爲此銘。爲之者,明足以見之,仁足以與之,知足以利之,可謂賢矣。賢而勿伐,可謂恭矣。明足以見之,見其先祖之美也。仁足以與之,與其先祖之銘也。非有仁恩,君不使與之也。知足以利之,利己名得此於先祖⑦。○見,賢遍反,注同⑧。知,音智,注同⑨。○重言“明足以見之,仁足以

---

① “自名如字徐武政反下及注自名同”,彙校卷第十三、撫釋一、余仁仲本、和本、十行本、閩本、監本、毛本、殿本、阮刻本同,岳本無此十四字。

② “烈”,撫州本、余仁仲本、岳本、嘉靖本、八行本、和本、閩本、監本、毛本、殿本同;十行本、阮刻本作“勳”,非。

③ “王功”,撫州本、余仁仲本、岳本、嘉靖本、八行本、和本、閩本、毛本、阮刻本同;十行本、監本、殿本作“世功”,非。

④ “謂次比也下及注皆同斟之林反”,彙校卷第十三、撫釋一、余仁仲本、和本、十行本、閩本、監本、毛本、殿本、阮刻本同,岳本作“次也下皆同”。

⑤ “徐音賦一音直專反謂傳述”,彙校卷第十三、撫釋一、余仁仲本、和本、十行本、閩本、監本、毛本、殿本、阮刻本同,岳本無此十一字。

⑥ “徐張慮反行下孟反”,彙校卷第十三、撫釋一、余仁仲本、和本、十行本、閩本、監本、毛本、殿本、阮刻本同,岳本無此八字。

⑦ “此”,十行本同;撫州本、余仁仲本、岳本、嘉靖本、八行本、和本、閩本、監本、毛本、殿本、阮刻本、吳氏朱批、叢刊本作“比”,是。

⑧ “注同”,彙校卷第十三、撫釋一、余仁仲本、和本、十行本、閩本、監本、毛本、殿本、阮刻本同,岳本無此二字。

⑨ “注同”,彙校卷第十三、撫釋一、余仁仲本、和本、十行本、閩本、監本、毛本、殿本、阮刻本同,岳本無此二字。

與之”二，一見上文。**故衛孔悝之鼎銘曰：“六月丁亥，公假于大廟。**孔悝，衛大夫也。公，衛莊公蒯聵也。得孔悝之立己①，依禮褒之，以靜國人自固也。假，至也。至於大廟，謂以夏之孟夏禘祭。○悝，口回反。假，加百反，注同②。蒯，苦怪反。聵，五怪反。褒，保毛反③。**公曰：‘叔舅！乃祖莊叔，左右成公，成公乃命莊叔隨難于漢陽，即宮于宗周，奔走無射，**公曰“叔舅”者，公爲策書，尊呼孔悝而命之也。乃，猶女也。莊叔，悝七世之祖衛大夫孔達也。隨難者，謂成公爲晉文公所伐，出奔楚，命莊叔從焉。漢，楚之川也。即宮於宗周，後反得國，坐殺弟叔武，晉人執而歸之於京師，實之深室也。射，厭也。言莊叔常奔走，至勞苦而不厭倦也。周既去鎬京，猶名王城爲宗周也。○左，音佐。右，音又，下“啓右”并注同，一讀此“左右”，並如字④。難，乃旦反。奔，本亦作“犇”⑤。射，音亦，注同。爲筴，初革反⑥。女，音汝，後皆同⑦。從，才用反。坐，才臥反。實，之豉反。厭，於豔反，下同。鎬，胡老反⑧。**啓右獻公，獻公乃命成叔纂乃祖服。**獻公，衛侯衎，成公曾孫也，亦失國得反。言莊

---

① “得孔悝之立己”，撫州本、余仁仲本、嘉靖本、十行本、阮刻本同，八行本脱“己”字；岳本、和本、閩本、監本、毛本、殿本“得”作“德”，是。阮校曰：“得孔悝之立己　岳本同，嘉靖本同，攷文引古本同，惠棟校宋本無‘己’字，衛氏集説無‘己’字，‘得’作‘德’，閩、監、毛本‘得’作‘德’，‘己’字有。”

② “注同”，彙校卷第十三、撫釋一、余仁仲本、和本、十行本、閩本、監本、毛本、殿本、阮刻本同，岳本無此二字。

③ “褒保毛反”，彙校卷第十三、撫釋一、余仁仲本、和本、十行本、閩本、監本、毛本、殿本、阮刻本同，岳本無此四字。

④ “下啓右并注同一讀此左右並如字”，彙校卷第十三、撫釋一、余仁仲本、和本、十行本、閩本、監本、毛本、殿本、阮刻本同，岳本作“下啓右同一並如字”。

⑤ “奔本亦作犇”，彙校卷第十三、撫釋一、余仁仲本、十行本、閩本、監本、毛本、殿本、阮刻本同，岳本無此五字。

⑥ “注同爲筴初革反”，彙校卷第十三、撫釋一、余仁仲本、和本、十行本、閩本、監本、毛本、殿本、阮刻本同，岳本無此七字。

⑦ “皆”，彙校卷第十三、撫釋一、余仁仲本、和本、十行本、閩本、監本、毛本、殿本、阮刻本同，岳本無此字。

⑧ “從才用反坐才臥反實之豉反厭於豔反下同鎬胡老反”，彙校卷第十三、撫釋一、余仁仲本、和本、閩本、監本、毛本、殿本、阮刻本同，岳本無此二十二字；十行本“才臥”之“才”作“坐”，非。

叔之功，流於後世，啟右<u>獻公</u>使得反國也。<u>成叔</u>，<u>莊叔</u>之孫<u>成子烝鉏</u>也。右，助也。纂，繼也。服，事也。<u>獻公</u>反國，命<u>成子</u>繼女祖<u>莊叔</u>之事，欲其忠如<u>孔達</u>也。○纂，子管反。衎，苦旦反。烝，之承反，下文、注同。鉏，仕居反①。**乃考文叔，興舊耆欲，作率慶士，躬恤衛國。其勤公家，夙夜不解，民咸曰休哉！**<u>文叔</u>者，<u>成叔</u>之曾孫<u>文子圉</u>，即<u>悝</u>父也。作，起也。率，循也。慶，善也。士之言事也。言<u>文叔</u>能興行先祖之舊德，起而循其善事。○耆欲，市志反。解，古賣反。休，許虯反。圉，魚呂反②。**公曰：‘叔舅！予女銘，若纂乃考服！’**若、乃，猶女也。公命<u>悝</u>“予女先祖以銘”，以尊顯之。“女繼女父之事”，欲其忠如<u>文子</u>也。<u>成公</u>、<u>獻公</u>、<u>莊公</u>，皆失國得反，言<u>孔氏</u>世有功焉，寵之也。○女，羊許反，注同③。**悝拜稽首，曰：‘對揚以辟之，**對，遂也。辟，明也。言遂揚君命，以明我先祖之德。○辟，必亦反，又婢尺反④，注同，明也⑤。**勤大命，施于烝彝鼎。’”**施，猶著也。言我將行君之命，又刻著於烝祭之彝鼎⑦。彝，尊也。<u>周禮</u>：“大約劑，書於宗彝。”○施，如字。彝，以支反。著，張慮反，又直略反，下同⑧。約，如字，徐於妙反⑨。劑，子隨反。**此衛孔悝之鼎**

---

① “烝之承反下文注同鉏仕居反”，彙校卷第十三、撫釋一、<u>余仁仲</u>本、和本、十行本、閩本、監本、毛本、殿本、阮刻本同，<u>岳</u>本無此十二字。

② “休許虯反圉魚呂反”，彙校卷第十三、撫釋一、<u>余仁仲</u>本、和本、十行本、閩本、監本、毛本、殿本、阮刻本同，<u>岳</u>本無此八字。

③ “女羊許反注同”，彙校卷第十三、撫釋一、<u>余仁仲</u>本、和本、十行本、閩本、監本、毛本、殿本、阮刻本同，<u>岳</u>本無此六字。

④ “婢尺反”，彙校卷第十三、撫釋一、<u>余仁仲</u>本、<u>岳</u>本、和本、閩本、監本、毛本、殿本、阮刻本同；十行本“尺”作“天”，非。

⑤ “注同明也”，彙校卷第十三、撫釋一、<u>余仁仲</u>本、和本、十行本、閩本、監本、毛本、殿本、阮刻本同，<u>岳</u>本無此四字。

⑥ “于”，撫州本、<u>余仁仲</u>本、<u>岳</u>本、嘉靖本、八行本、和本、閩本、監本、毛本、殿本、阮刻本同；十行本作“子”，非。

⑦ “彝鼎”，<u>余仁仲</u>本、<u>岳</u>本、嘉靖本、八行本、和本、十行本、閩本、監本、毛本、殿本、阮刻本同，撫州本脱此二字。

⑧ “施如字彝以支反著張慮反又直略反下同”，彙校卷第十三、撫釋一、<u>余仁仲</u>本、和本、閩本、監本、毛本、殿本、阮刻本同，<u>岳</u>本無此十七字；十行本“支”作“又”，非。

⑨ “徐”，彙校卷第十三、撫釋一、<u>余仁仲</u>本、和本、十行本、閩本、監本、毛本、殿本、阮刻本同，<u>岳</u>本作“又”。

銘也。 言銘之類衆多也，略取其一以言之①。

　　25·13 古之君子，論譔其先祖之美，而明著之後世者也，以比其身，以重其國家如此。 如莊公命孔悝之爲也。莊公、孔悝雖無令德以終其事，於禮是，行之非。 子孫之守宗廟、社稷者，其先祖無美而稱之，是誣也；有善而弗知，不明也；知而弗傳，不仁也。此三者，君子之所耻也。 昔者，周公旦有勳勞於天下，周公既没，成王、康王追念周公之所以勳勞者，而欲尊魯，故賜之以重祭，外祭則郊、社是也，内祭則大嘗、禘是也。 言此者，王室所銘，若周公之功。○誣，者無。不傳，直專反。不，本亦作“弗”②。 夫大嘗、禘，升歌清廟，下而管象，朱干玉戚以舞大武，八佾以舞大夏，此天子之樂也。康周公，故以賜魯也。 清廟，頌文王之詩也。管象，吹管而舞武、象之樂也。朱干，赤盾。戚，斧也。此武、象之舞所執也。佾，猶列也。大夏，禹樂，文舞也，執羽籥。文、舞之舞皆八列③，互言之耳。康，猶襃大也。易晉卦曰：“康侯用錫馬。”○佾，音逸。盾，食準反，又音允。籥，羊灼反④。○重言“升歌清廟，下而管象，朱干玉戚，以舞大武”二，一見明堂十四，無“而”字，有“冕而舞大武”。又仲尼燕居：“升歌清廟，下而管象。”又云：“下管象、武。”子

---

①“其”，余仁仲本、岳本、嘉靖本、和本、十行本、閩本、監本、毛本、殿本、阮刻本同；撫州本、八行本作“此”，是。

②“誣者無不傳直專反不本亦作弗”，岳本無此十三字，和本脱此十三字；彙校卷第十三、撫釋一、余仁仲本、十行本、閩本、監本、毛本、殿本、阮刻本“者”作“音”，是。

③“文舞”，撫州本、余仁仲本、岳本、嘉靖本、八行本、和本、十行本、閩本、監本、毛本、殿本、阮刻本作“文武”，是。

④“又音允籥羊灼反”，彙校卷第十三、撫釋一、余仁仲本、和本、十行本、閩本、監本、毛本、殿本、阮刻本同，岳本無此七字。

孫纂之，至于今不廢。所以明<u>周公</u>之德，而又以重其國也。不
廢，不廢其此禮樂也。重，猶尊也。

纂圖互注禮記卷第十四^①

————

①<u>撫州</u>本卷十四末頁 A 面第八行頂格題"禮記卷第十四"，空二格題"經七千四百六十字，
　注五千五百二十三字"。<u>余仁仲</u>本卷十四末頁 B 面第七行頂格題"禮記卷第十四"，第
　八行空四格題"經柒仟壹伯捌拾貳字"，第九行空四格題"注伍仟肆伯丹玖字"，第十行
　空四格題"音義貳仟玖伯貳拾陸字"，第十一行空十一格題"余氏刊于萬卷堂"。嘉靖本
　卷十四末頁 B 面第八行題"經七千一百八十二字，注五千四百九字"。<u>阮</u>刻本記"宋監
　本禮記卷第十四，經七千四百六十字，注五千五百二十三字。嘉靖本禮記卷第十四，經
　七千一百八十二字，注五千四百九字"。

纂圖互注禮記卷之十五

經解第二十六^①陸曰:"鄭云:'經解者,以其記六藝政教得失。'解,音佳買反,徐胡賣反,一音蟹。"^②

　　禮記　　　　　　　　　　　　　　　　　　鄭氏注^③

　　26·1孔子曰:"入其國,其教可知也。 觀其風俗,則知其所以教。其爲人也,温柔敦厚,詩教也;疏通知遠,書教也;廣博易良,樂教也;絜静精微,易教也;恭儉莊敬,禮教也;屬辭比事,春秋教也。屬,猶合也。春秋多記諸侯朝聘會同,有相接之辭,罪辯之事。○易良,以豉反,下"易良"同。屬,音燭,注及下同^④。比,毗志反,下同。朝聘,直遥反,篇内同^⑤。

---

① "二十六",撫州本、余仁仲本、八行本、和本、十行本、閩本、監本、毛本、殿本、阮刻本同,岳本"二"作"一",非。

② "陸曰鄭云經解者以其記六藝政教得失解音佳買反徐胡賣反一音蟹",余仁仲本、和本、十行本、閩本、監本、毛本、殿本、阮刻本同,岳本無此二十八字,彙校卷第十三、撫釋一無"陸曰"二字。

③ 撫州本題"禮記卷第十五",首行頂格書寫;次行頂格題"經解第二十六",空三格題"鄭氏注"。余仁仲本題"禮記卷第十五",首行頂格書寫;次行頂格題"經解第二十六",下雙行小字;第三行空三格題"禮記",空九格題"鄭氏注"。嘉靖本題"禮記卷第十五",首行頂格書寫;次行頂格題"經解第二十六",空二格題"禮記",空二格題"鄭氏注"。

④ "注及",彙校卷第十三、撫釋一、余仁仲本、和本、十行本、閩本、監本、毛本、殿本、阮刻本同,岳本無此二字。

⑤ "下同朝聘直遥反篇内同",彙校卷第十三、撫釋一、余仁仲本、和本、十行本、閩本、監本、毛本、殿本、阮刻本同,岳本無此十字。

故詩之失，愚；書之失，誣；樂之失，奢；易之失，賊；禮之失，煩；春秋之失，亂。失，謂不能節其教者也。詩敦厚，近愚；書知遠，近誣；易精微，愛惡相攻，遠近相取，則不能容人，近於傷害；春秋習戰爭之事，近亂。“近愚”、“附近”之近、下“除遠近”一字，並同。惡，烏路反。争，爭鬭之争，下文同①。其爲人也，温柔敦厚而不愚，則深於詩者也；疏通知遠而不誣，則深於書者也；廣博易良而不奢，則深於樂者也；絜静精微而不賊，則深於易者也；恭儉莊敬而不煩，則深於禮者也；屬辭比事而不亂，則深於春秋者也。”言深者，既能以教，又防其失。

26·2天子者，與天地參，故德配天地，兼利萬物，與日月並明，明照四海而不遺微小。其在朝廷，則道仁聖禮義之序；燕處，則聽雅、頌之音；行步，則有環佩之聲；升車，則有鸞和之音。居處有禮，進退有度，百官得其宜，萬事得其序。詩云：“淑人君子，其儀不忒。其儀不忒，正是四國。”此之謂也。道，猶言也。環佩，佩環玉也②，所以爲行節也。玉藻曰：“進則揖之，退則揚之，然後玉鏘鳴也。”環取其無窮止，玉則比德焉。孔子佩象環五寸，人君之環，其制未聞也。鸞、和，皆鈴也，所以爲車行節也。韓詩内傳曰：“鸞在衡，和在軾前，升車則馬動，馬動則鸞鳴，鸞鳴則和應。”居處，朝廷與燕也。進退，行步與升車也。○淑，常六反。忒，吐得反。鏘，七羊反，本又作“鏘”。鈴，音零。軾，音式。應，“應對”之應③。重意“天子者，與天地參。”中庸：“至誠，則可與天地參矣。”孔子閒居：“斯可與天地參矣。”重言“進退有度”二，一見曲禮上。“此之謂也”九，下文二，禮器、大傳、祭義、喪服四制各三，樂記三。發號出令而民悦，謂之和；上下相親，謂

---

① “近愚附近之近下除遠近一字並同惡烏路反争爭鬭之争下文同”，彙校卷第十三、撫釋一、余仁仲本、和本、十行本、閩本、監本、毛本、殿本、阮刻本同，岳本無此二十六字，此二十六字是釋文文字，當在“近愚”上補“○”號。

② “佩環玉也”，撫州本、余仁仲本、岳本、嘉靖本、八行本、和本、十行本、閩本、監本、毛本、殿本、阮刻本“玉”上有“佩”字，是。

③ “淑常六反忒吐得反鏘七羊本又作鏘鈴音零軾音式應應對之應”，彙校卷第十三、撫釋一、余仁仲本、和本、十行本、閩本、監本、毛本、殿本、阮刻本同，岳本無此二十七字。

之仁；民不求其所欲而得之，謂之信；除去天地之害，謂之義。義
與信，和與仁，霸王之器也。有治民之意，而無其器，則不成。器，
謂所操以作事者也。義、信、和、仁，皆存乎禮。○説，音悦。去，羌吕反，下“而去
之”同。王，徐于況反。操，七刀反①。

26·3 禮之於正國也，猶衡之於輕重也，繩墨之於曲直
也，規矩之於方圜也②。故衡誠縣，不可欺以輕重；繩墨誠陳，
不可欺以曲直；規矩誠設，不可欺以方圜；君子審禮，不可誣
以姦詐。衡，稱也。縣，謂錘也。陳，設，謂彈畫也。誠③，猶審也，或作
“成”。○圜，音圓。縣，音玄，注同。稱，尺證反④。錘，直僞反。彈，徒丹反。
畫，胡麥反⑤。是故隆禮，由禮，謂之有方之士；不隆禮，不由禮，謂
之無方之民。敬讓之道也，故以奉宗廟則敬，以入朝廷則貴賤有
位，以處室家則父子親、兄弟和，以處鄉里則長幼有序。孔子曰：
“安上治民，莫善於禮。”此之謂也。隆禮，謂盛行禮也。方，猶道也。春
秋傳曰：“教之以義方。”

26·4 故朝覲之禮，所以明君臣之義也；聘問之禮，所以使諸
侯相尊敬也；喪祭之禮，所以明臣子之恩也；鄉飲酒之禮，所以明
長幼之序也；昏姻之禮，所以明男女之別也。夫禮，禁亂之所由
生，猶坊止水之所自來也。故以舊坊爲無所用而壞之者，必有水

①“下而去之同王徐于況反操七刀反”，彙校卷十三、撫釋一、余仁仲本同，岳本作“下而去
　之同王于況反”，和本、監本、毛本、殿本、阮刻本作“下同王徐于況反操七刀反”，十行
　本、閩本脱“七刀反”之“反”字。
②“之於”，唐石經、撫州本、余仁仲本、岳本、嘉靖本、和本、十行本、閩本、監本、毛本、殿
　本、阮刻本同；八行本脱“於”字。
③“誠”，撫州本、余仁仲本、岳本、嘉靖本、八行本、和本、閩本、監本、毛本、殿本、阮刻本
　同；十行本作“議”，非。
④“縣音玄注同稱尺證反”，彙校卷第十三、撫釋一、余仁仲本、和本、十行本、閩本、監本、
　毛本、殿本、阮刻本同，岳本作“縣音懸”。
⑤“彈徒丹反畫胡麥反”，彙校卷第十三、撫釋一、余仁仲本、十行本、閩本、監本、毛本、殿
　本、阮刻本同，岳本無此八字。

敗；**以舊禮爲無所用而去之者，必有亂患。**春見曰朝，小聘曰問，其篇今亡。昏姻，謂嫁取也。壻曰昏，妻曰姻。自，亦由也。○覲，其靳反。長，丁丈反，下同。姻，音因。別，彼列反①。坊，音房，本又作“防”，下同②。壞，音怪。見，賢遍反。取，七住反，本亦作“娶”③。重言“所以明君臣之義也，所以明長幼之序也”二句，重出射義四十六篇。“所以明男女之別也”，昏義篇：“所以成男女之別。”**故昏姻之禮廢，則夫婦之道苦，而淫辟之罪多矣；鄉飲酒之禮廢，則長幼之序失，而爭鬬之獄繁矣；喪祭之禮廢，則臣子之恩薄，而倍死忘生者衆矣；聘覲之禮廢，則君臣之位失，諸侯之行惡，而倍畔侵陵之敗矣④。**苦，謂不至不荅之屬。○辟，匹亦反。倍，音佩，下同。行，下孟反。

　　26·5 **故禮之教化也微，其止邪也於未形，使人日徙善遠罪而不自知也，是以先王隆之也。易曰：“君子愼始。差若豪氂，繆以千里。”此之謂也。**隆，謂尊盛之也。始，謂其微時也。○邪，似嗟反⑤。遠，于萬反。差，初佳反，徐初宜反⑥。豪，戶刀反，依字作“毫”。氂，李其反，徐音來，本又作“釐”。繆，音謬⑦。

---

①“覲其靳反長丁丈反下同姻音因別彼列反”，彙校卷第十三、撫釋一、余仁仲本、和本、十行本、閩本、監本、毛本、殿本、阮刻本同，岳本無此十七字。

②“本又作防下同”，彙校卷第十三、撫釋一、余仁仲本、和本、十行本、閩本、監本、毛本、殿本、阮刻本同，岳本無此六字。

③“見賢遍反取七住反本亦作娶”，彙校卷第十三、撫釋一、余仁仲本、和本、十行本、閩本、監本、毛本、殿本、阮刻本同，岳本無此十二字。

④“敗矣”，余仁仲本同；唐石經、撫州本、岳本、嘉靖本、八行本、和本、十行本、閩本、監本、毛本、殿本、阮刻本“敗”下有“起”字，是。

⑤“邪似嗟反”，彙校卷第十三、撫釋一、余仁仲本、和本、十行本、閩本、監本、毛本、殿本、阮刻同，岳本無此四字。

⑥“徐”，彙校卷第十三、撫釋一、余仁仲本、和本、十行本、閩本、監本、毛本、殿本、阮刻本同，岳本作“又”。

⑦“豪戶刀反依字作毫氂李其反徐音來本又作釐繆音謬”，彙校卷第十三、撫釋一、余仁仲本、和本、十行本、閩本、監本、毛本、殿本、阮刻本同，岳本無此二十二字。

哀公問第二十七_{陸曰：“魯哀公也。鄭云：‘善其問禮，著謚以顯之。’”①}

哀公問第二十七<u>陸</u>曰：“<u>魯</u>哀公也。<u>鄭</u>云：‘善其問禮，著謚以顯之。’”①

鄭氏注

27·1哀公問於<u>孔子</u>曰：“大禮何如？君子之言禮，何其尊也?”<u>孔子</u>曰：“<u>丘</u>也小人，不足以知禮。”謙不荅也。君曰：“否！吾子言之也。”<u>孔子</u>曰：“<u>丘</u>聞之，民之所由生，禮爲大。非禮無以節事天地之神也，非禮無以辨君臣、上下、長幼之位也，非禮無以別男女、父子、兄弟之親，昏姻疏數之交也。君子以此之爲尊敬然。言君子以此，故尊禮。○長，丁丈反。別，彼列反②。數，色角反。<u>重言</u>“禮爲大”二，下文一。然後以其所能教百姓，不廢其會節。君子以其所能於禮教百姓，使其不廢此上事之期節。有成事，然後治其雕鏤、文章、黼黻以嗣。上事行於民有成功，乃後續以治文飾，以爲尊卑之差。○雕，本亦作“彫”。鏤，力豆反。黼，音甫。黻，音弗③。其順之，然後言其喪筭，備其鼎俎，設其豕腊，脩其宗廟，歲時以敬祭祀，以序宗族。即安其居節，醜其衣服，卑其宮室，車不雕幾，器不刻鏤，食不貳味，以與民同利。昔之君子之行禮者如此。”言，語也。筭，數也。即，就也。醜，類也。幾，附纏之也。言君子既尊禮，民以爲順，乃後語以喪祭之禮，就安其居處，正其衣

①“陸曰魯哀公也鄭云善其問禮著謚以顯之”，<u>余仁仲</u>本、<u>和</u>本、十行本、<u>閩</u>本、<u>監</u>本、<u>毛</u>本、<u>殿</u>本、<u>阮</u>刻本同，<u>岳</u>本無此十七字，<u>彙校</u>卷第十三、<u>撫釋</u>一無“陸曰”二字。

②“長丁丈反別彼列反”，<u>彙校</u>卷第十三、<u>撫釋</u>一、<u>余仁仲</u>本、<u>和</u>本、十行本、<u>閩</u>本、<u>監</u>本、<u>毛</u>本、<u>殿</u>本、<u>阮</u>刻本同，<u>岳</u>本無此八字。

③“雕本亦作彫鏤力豆反黼音甫黻音弗”，<u>彙校</u>卷第十三、<u>撫釋</u>一、<u>余仁仲</u>本、<u>和</u>本、十行本、<u>閩</u>本、<u>監</u>本、<u>毛</u>本、<u>殿</u>本、<u>阮</u>刻本同，<u>岳</u>本無此十五字。

服，教之節儉，與之同利者，上下俱足也。○箅，悉亂反。“備其鼎俎”，本亦無此句①。腊，音昔。卑，如字，又音婢②。幾，音祈，注同③。語以，魚據反。重言“車不雕幾，器不刻鏤”三，見少儀十七。

27・2 公曰：“今之君子胡莫之行也④？”孔子曰：“今之君子好實無厭，淫德不倦，荒怠敖慢，固民是盡。午其衆以伐有道，求得當欲不以其所。昔之用民者由前，今之用民者由後，今之君子莫爲禮也。”實，猶富也。淫，放也。固，猶故也。午其衆，逆其族類也。當，猶稱也。所，猶道也。由前，用上所言；由後，用下所言。○好，呼報反。厭，於艷反。敖，五報反。午，五故反，一音如字，注同，王肅作“迕”，迕，違也⑤。當，丁浪反，注同⑥。稱，尺證反。

27・3 孔子侍坐於哀公，哀公曰：“敢問人道誰爲大？”孔子愀然作色而對曰：“君之及此言也，百姓之德也。固臣敢無辭而對：人道政爲大。”愀然，變動貌也。作，猶變也。德，猶福也。辭，讓也。○坐，才臥反⑦。愀，七小反，舊慈紏反，又在由反，又音秋⑧，又子了反，下同⑨。

---

① “箅悉亂反備其鼎俎本亦無此句”，彙校卷第十三、撫釋一、余仁仲本、和本、十行本、閩本、監本、毛本、殿本、阮刻本同，岳本無此十三字。

② “卑如字又音婢”，彙校卷第十三、撫釋一、余仁仲本、和本、十行本、閩本、監本、毛本、殿本、阮刻本同，岳本無此六字。

③ “注同”，彙校卷第十三、撫釋一、余仁仲本、和本、十行本、閩本、監本、毛本、殿本、阮刻本同，岳本無此二字。

④ “莫之行”，撫州本、余仁仲本、岳本、嘉靖本、八行本、和本、閩本、監本、毛本、殿本同；十行本、阮刻本倒作“莫行之”。

⑤ “注同王肅作迕迕違也”，彙校卷第十三、撫釋一、余仁仲本、和本、十行本、閩本、監本、毛本、殿本、阮刻本同，岳本無此九字。

⑥ “注同”，彙校卷第十三、撫釋一、余仁仲本、和本、十行本、閩本、監本、毛本、殿本、阮刻本同，岳本無此二字。

⑦ “坐才臥反”，彙校卷第十三、撫釋一、余仁仲本、和本、十行本、閩本、監本、毛本、殿本、阮刻本同，岳本無此四字。

⑧ “舊慈紏反又在由又音秋”，彙校卷第十三、撫釋一、余仁仲本、和本、十行本、閩本、監本、毛本、殿本、阮刻本同，岳本無此十一字。

⑨ “下同”，彙校卷第十三、撫釋一、余仁仲本、和本、十行本、閩本、監本、毛本、殿本、阮刻本同，岳本無此二字。

重言“君之及此言也”二,下文一。重意中庸篇:“人道敏政。”

27·4 公曰:“敢問何謂爲政?”孔子對曰:“政者,正也。君爲正,則百姓從政矣。君之所爲,百姓之所從也。君所不爲,百姓何從?”言君當務於政。公曰:“敢問爲政如之何?”孔子對曰:“夫婦別,父子親,君臣嚴,三者正,則庶物從之矣。”庶物,猶衆事也。○別,彼列反。公曰:“寡人雖無似也,願聞所以行三言之道①,可得聞乎?”無似,猶言不肖。○肖,音笑。孔子對曰:“古之爲政,愛人爲大。所以治愛人,禮爲大。所以治禮,敬爲大。敬之至矣,大昏爲大。大昏至矣! 大昏既至,冕而親迎,親之也。親之也者,親之也。是故君子興敬爲親,舍敬是遺親也。弗愛不親,弗敬不正。愛與敬,其政之本與!”大昏,國君取禮也。至矣,言至大也。興敬爲親②,言相敬則親。○迎,逆敬反,下及注同③。舍,音捨。“不親不正”,一本“不”皆作“弗”④。與,音餘,下本“與敬”、“與並”同⑤。重言“古之爲政,愛人爲大”二,下文一。“敬之至矣”,禮器篇:“敬之至也。”“親之也,親之也者,親之也”二,一見郊特性。“其政之本與”,下文一。

27·5 公曰:“寡人願有言然。冕而親迎,不已重乎?”已,猶大也。怪親迎,乃服祭服。○大,音泰⑥。孔子愀然作色而對曰:“合二

<hr>

①“三言”,唐石經、撫州本、余仁仲本、岳本、嘉靖本、八行本、和本、十行本、閩本、監本、殿本、阮刻本同;毛本“言”作“焉”,非。

②“興”,撫州本、余仁仲本、岳本、嘉靖本、八行本、和本、閩本、監本、毛本、殿本、阮刻本同;十行本作“典”,非。

③“迎逆敬反下及注同”,彙校卷第十三、撫釋一、余仁仲本、和本、十行本、閩本、監本、毛本、殿本、阮刻本同,岳本作“迎去聲下同”。

④“不親不正一本不皆作弗”,彙校卷第十三、撫釋一、余仁仲本、和本、十行本、閩本、監本、毛本、殿本、阮刻本同,岳本無此十字。

⑤“本與敬與並”,彙校卷第十三、撫釋一、余仁仲本、十行本、和本、閩本、監本、毛本、殿本、阮刻本同,岳本無此五字。

⑥“大音泰”,彙校卷第十三、撫釋一、余仁仲本、和本、十行本、閩本、監本、毛本、殿本、阮刻本同,岳本無此三字。

姓之好，以繼先聖之後，以爲天地宗廟社稷之主，君何謂已重乎？"先聖，周公也。○好，呼報反。重言"合二姓之好"二，昏義篇："將合二姓之好。""以繼先聖之後，以爲宗廟社稷之主。"昏義篇："上以事宗廟，下以繼後世也。"公曰："寡人固不固，焉得聞此言也？寡人欲問，不得其辭，請少進。"固不固①，言吾由鄙固故也。請少進，欲其爲言以曉己。○焉，於虔反。爲，于僞反②。孔子曰："天地不合，萬物不生。大昏，萬世之嗣也，君何謂已重焉？"孔子遂言曰："内以治宗廟之禮，足以配天地之神明；出以治直言之禮，足以立上下之敬；物恥，足以振之；國恥，足以興之。爲政先禮，禮，其政之本與！"宗廟之禮，祭宗廟也。夫婦配天地，有日月之象焉。禮器曰："君在阼，夫人在房。大明生於東，月生於西，此陰陽之分，夫婦之位也。"直，猶正也。正言，謂出政教也。政教有夫婦之禮焉。昏義曰："天子聽外治，后聽内職。教順成俗，外内和順，國家理治，此之謂盛德。"物，猶事也。事恥，臣恥也。振，猶政也③。國恥，君恥也。君臣之行，有可恥者，禮足以救之，足以興復之。○分，扶問反。治，直吏反，下同。行，下孟反，下"君之行"同④。

27·6孔子遂言曰："昔三代明王之政，必敬其妻子也，有道。妻也者，親之主也，敢不敬與！子也者，親之後也，敢不敬與？君子無不敬也，敬身爲大。身也者，親之枝也，敢不敬與？不能敬其身，是傷其親。傷其親，是傷其本。傷其本，枝從而亡。三者，百姓之象也。身以及身，子以及子，妃以及妃，君行此三者，則愷

①"固不"，撫州本、余仁仲本、岳本、嘉靖本、八行本、和本、閩本、監本、毛本、殿本、阮刻本同；十行本"固"作"國"，非。

②"爲于僞反"，彙校卷第十三、撫釋一、余仁仲本、和本、十行本、閩本、監本、毛本、殿本、阮刻本同，岳本作"爲去聲"。

③"政"，撫州本、余仁仲本、岳本、嘉靖本、八行本、和本、十行本、閩本、監本、毛本、殿本、阮刻本、吳氏朱批、叢刊本作"救"，是。

④"治直吏反下同行下孟反下君之行同"，彙校卷第十三、撫釋一、余仁仲本、和本、十行本、閩本、監本、毛本、殿本、阮刻本同，岳本無此十五字。

乎天下矣，大王之道也。如此，國家順矣。”①愻，猶至也。大王居豳，為狄所伐，乃曰：“土地，所以養人也。”君子不以其所養害所養，乃去之歧。是言百姓之身，猶吾身也。百姓之妻子，猶吾妻子也。不忍以土地之故而害之，去之歧而王迹興焉。○妃，芳菲反。愻，許乙反①，又許氣反。大，音泰，注同。豳，彼貧反②。重言“敢不敬與”二，祭統篇：“敢不敬乎，君子無不敬也。”曲禮上：“毋不敬。”

27·7公曰：“敢問何謂敬身？”孔子對曰：“君子過言則民作辭，過動則民作則。君子言不過辭，動不過則，百姓不命而敬恭，如是，則能敬其身，能敬其身，則能成其親矣。”則，法也。民者，化君者也③。君之言雖過，民猶稱其辭。君之行雖過，民猶以為法。重意“君子言不過辭，動不過則。”中庸：“君子動而為天下道，言而為天下則。”“能敬其身，則能成其親矣。”中庸：“反諸身不誠，不順其親矣。”

27·8公曰：“敢問何謂成親？”孔子對曰：“君子也者，人之成名也。百姓歸之名，謂之君子之子。是使其親為君子也，是為成其親之名也已。”孔子遂言曰：“古之為政，愛人為大。不能愛人，不能有其身。不能有其身，不能安土。不能安土，不能樂天。不能樂天，不能成其身。”有，猶保也。不能保身者，言人將害之也。不能安土，動移失業也。不能樂天，不知己過而怨天也。○樂天，音洛，下及注同④。怨，於元反，又於願反。

---

① “國家”，唐石經、撫州本、余仁仲本、岳本、嘉靖本、八行本、十行本同；和本、閩本、監本、毛本、殿本、阮刻本“國”上衍“則”字。

① “愻許乙反”，彙校卷十三、撫釋一、余仁仲本、岳本、和本、十行本、閩本、監本、毛本、殿本“乙”作“乞”；阮刻本作“愻詐乞反”，非。

② “大音泰注同豳彼貧反”，彙校卷第十三、撫釋一、余仁仲本、和本、十行本、閩本、監本、毛本、殿本、阮刻本同，岳本無此九字。

③ “化君者也”，撫州本、余仁仲本、岳本、嘉靖本、八行本、和本、毛本、殿本、阮刻本同；十行本、閩本、監本“化”作“之”，非。

④ “下及注同”，彙校卷第十三、撫釋一、余仁仲本、和本、十行本、閩本、監本、毛本、殿本、阮刻本同，岳本無此四字。

27·9 公曰：“敢問何謂成身？”孔子對曰：“不過乎物。”物，猶事也。公曰：“敢問君子何貴乎天道也？”孔子對曰：“貴其不已。如日月東西相從而不已也，是天道也。不閉其久，是天道也。無爲而物成，是天道也。已成而明，是天道也。”已，猶止也。是天道也者，言人君法之，當如是也。日月相從，君臣相朝會也。不閉其久，通其政教，不可以倦。無爲而成，使民不可以煩也。已成而明，照察有功。○朝，直遥反。炤，音照，本亦作“照”①。重意“是天道也。”中庸：“天之道也。”

27·10 公曰：“寡人惷愚、冥煩，子志之心也！”志，讀爲“識”。識，知也。冥煩者，言不能明理此事。子之心所知也，欲其要言使易行。○惷，始容反，徐昌容反，又湯邦反，一音丁絳反，字林丑凶反，又日絳反，愚也②。冥，莫亭反，徐亡定反③。志，依注音識，徐音試④。易，以豉反。孔子蹴然辟席而對曰：“仁人不過乎物，孝子不過乎物。是故仁人之事親也如事天，事天如事親。是故孝子成身。”蹴然，敬貌。物，猶事也。事親事天，孝敬同也。孝經曰：“事父孝，故事天明。”舉無過事，以孝事親，是所以成身。○蹴，子六反，又在育反⑤。辟，音避。公曰：“寡人既聞此言也，無如後罪何！”既聞此言也者，欲勤行之也。無奈後日過於事之罪何，爲謙辭⑥。孔子對曰：“君之及此言也，是臣之福也。”善哀公及此言。此言，善言也。

---

① “朝直遥反炤音照本亦作照”，彙校卷第十三、撫釋一、余仁仲本、和本、十行本、閩本、監本、毛本、殿本、阮刻本同，岳本無此十一字。

② “惷始容反徐昌容反又湯邦反一音丁絳反字林丑凶反又日絳反愚也”，岳本作“惷始容反又昌容反愚也”；彙校卷第十三、撫釋一、余仁仲本、和本、十行本、閩本、監本、毛本、殿本、阮刻本“日”作“丑”，是。

③ “徐”，彙校卷第十三、撫釋一、余仁仲本、和本、十行本、閩本、監本、毛本、殿本、阮刻本同，岳本作“又”。

④ “徐”，彙校卷第十三、撫釋一、余仁仲本、和本、十行本、閩本、監本、毛本、殿本、阮刻本同，岳本作“又”。

⑤ “又在育反”，彙校卷第十三、撫釋一、余仁仲本、和本、十行本、閩本、監本、毛本、殿本、阮刻本同，岳本無此四字。

⑥ “爲謙辭”，撫州本、余仁仲本、岳本、嘉靖本、八行本、和本、殿本、阮刻本同；十行本、閩本、監本“謙”作“讓”，毛本“爲謙”作“謂讓”，皆非。

仲尼燕居第二十八 _{陸曰：“鄭云：‘善其不倦，燕居猶使三子侍，言及於}

禮。著其字，言可法也。退朝而處曰燕居。’”①

鄭氏注②

28·1 **仲尼燕居，子張、子貢、言游侍，縱言至於禮。**_{言游，言}偃，子游也。縱言，汎説事。○燕，於見反。汎，芳劍反③。**子曰：“居，女三人者！吾語女禮，使女以禮周流，無不徧也。”**_{居，女三人者，女三人且}坐也，使之坐。凡與尊者言，更端則起。○女，音汝，後同，本亦作“汝”④。語，魚據反，下及注“語女”皆同。徧，音遍⑤。|重言|“子曰：居，吾語女禮。”樂記：“居，吾語女。”**子貢越席而對曰：“敢問何如？”**_{對，應也。}|重言|“敢問何如”二，一見樂記。**子曰：“敬而不中禮，謂之野；恭而不中禮，謂之給；勇而不中禮，謂之逆。”子曰：“給奪慈仁。”**_{奪，猶亂也。巧言足恭之人，似慈仁，}實鮮仁。特言是者，感子貢也。子貢辯，近於給。○中，丁仲反，下同。給，音急，徐渠急反⑥，又其劫反，下同⑦。足，將注反，又如字⑧。鮮，仙淺反。近，“附近”

---

① “陸曰鄭云善其不倦燕居猶使三子侍言及於禮著其字言可法也退朝而處曰燕居”，余仁仲本、和本、十行本、閩本、監本、毛本、殿本、阮刻本同，岳本無此三十三字，彙校卷第十三、撫釋一無“陸曰”二字。

② “鄭氏注”，撫州本、岳本、嘉靖本同，余仁仲本、八行本、和本、十行本、閩本、監本、毛本、殿本、阮刻本無此三字。

③ “燕於見反汎芳劍反”，彙校卷第十三、撫釋一、余仁仲本、和本、十行本、閩本、監本、毛本、殿本、阮刻本同，岳本無此八字。

④ “女音汝後同本亦作汝”，彙校卷第十三、撫釋一、余仁仲本、十行本、閩本、監本、毛本、殿本、阮刻本同，岳本無此九字。

⑤ “下及注語女皆同徧音遍”，彙校卷第十三、撫釋一、余仁仲本、和本、十行本、閩本、監本、毛本、殿本、阮刻本同，岳本無此十字。

⑥ “徐”，彙校卷第十三、撫釋一、余仁仲本、和本、十行本、閩本、監本、毛本、殿本、阮刻本同，岳本作“又”。

⑦ “下同”，彙校卷第十三、撫釋一、余仁仲本、和本、十行本、閩本、監本、毛本、殿本、阮刻本同，岳本無此二字。

⑧ “又如字”，彙校卷第十三、撫釋一、余仁仲本、和本、十行本、閩本、監本、毛_{（轉下頁注）}

之近①。**子曰："師，爾過，而商也不及。子產，猶衆人之母也，能食之，不能教也。"**過與不及，言敏鈍不同，俱違禮也。衆人之母，言子產慈仁，多不矜莊，又與子張相反。子產嘗以其乘車濟冬涉者，而車梁不成②，是慈仁亦違禮。○食，音嗣。敏頓，徒遜反。乘，繩證反，又如字③。**子貢越席而對曰："敢問將何以爲此中者也？"子曰："禮乎禮！夫禮，所以制中也。"**禮乎禮，唯有禮也。

28·2 **子貢退，言游進曰："敢問禮也者，領惡而全好者與？"子曰："然！"**領，猶治也。好，善也。○與，音餘，下"無相與"同④。**"然則何如？"子曰："郊社之義，所以仁鬼神也；嘗禘之禮，所以仁昭穆也；饋奠之禮，所以仁死喪也；射鄉之禮，所以仁鄉黨也；食饗之禮，所以仁賓客也。"**仁，猶存也。凡存此者，所以全善之道也。郊社、嘗禘、饋奠，存死之善者也。射鄉、食饗，存生之善者也。郊有后稷，社有句龍。○昭穆，上遥反，穆亦作"繆"，音同⑤。食饗，音嗣，注同。句，古侯反⑥。重意"郊社之義，所以仁鬼神也。"中庸三十一篇："郊社之禮，所以事上帝也。""嘗禘之禮，所以仁昭穆也。"中庸："宗廟之禮，所以事昭穆也。"**子曰："明乎郊社之義、嘗禘之禮，治國其如指諸掌而已乎！是故以之居處有禮，故長幼辨也；以之閨門之内有禮，故三族和也；以之朝廷有禮，故官爵序**

（接上頁注）本、殿本、阮刻本同，岳本無此三字。

① "近附近之近"，彙校卷第十三、撫釋一、余仁仲本、和本、十行本、閩本、監本、毛本、殿本、阮刻本同，岳本無此五字。

② "車"，撫州本、余仁仲本、岳本、嘉靖本、和本、十行本、閩本、監本、毛本、殿本、阮刻本同；八行本作"輿"，非。

③ "敏頓徒遜反乘繩證反又如字"，彙校卷第十三、撫釋一、余仁仲本、和本、十行本、閩本、監本、毛本、殿本、阮刻本同，岳本無此十二字。

④ "與音餘下無相與同"，彙校卷第十三、撫釋一、余仁仲本、和本、十行本、閩本、監本、毛本、殿本、阮刻本同，岳本無此八字。

⑤ "昭穆上遥反穆亦作繆音同"，彙校卷第十三、撫釋一、余仁仲本、和本、十行本、閩本、監本、毛本、殿本、阮刻本同，岳本無此十一字。

⑥ "食饗音嗣注同句古侯反"，彙校卷第十三、撫釋一、余仁仲本、和本、十行本、閩本、監本、毛本、殿本、阮刻本同，岳本作"食音嗣句音勾"。

也；以之田獵有禮，故戎事閑也；以之軍旅有禮，故武功成也。是故宮室得其度，量鼎得其象，味得其時，樂得其節，車得其式，鬼神得其饗，喪紀得其哀，辨説得其黨，官得其體，政事得其施，加於身而錯於前，凡衆之動得其宜。"治國指諸掌，言易知也。郊社嘗禘，尊卑之事，有治國之象焉。辨，別也。三族，父子孫也。凡言得者，得法於禮也。量，豆、區、斗、斛也。味，酸苦之屬也。四時有所多，及獻所宜也。式，謂載也，所載有尊卑。辨禮之説，謂禮樂之官教學者。黨，類也。體，尊卑異而合同。○長，丁丈反，後皆同①。量，音諒，注及下同②。錯，七故反，本又作"措"，後同③。易，以豉反。別，彼列反，下"其別"同④。區，烏侯反。重意"明乎郊社之義，嘗禘之禮，治國其如指諸掌而已乎。"中庸："明乎郊社之禮，禘嘗之義，治國其如示諸掌乎。"

　　28·3 子曰："禮者何也？即事之治也。君子有其事，必有其治。治國而無禮，譬猶瞽之無相與！倀倀乎其何之？譬如終夜有求於幽室之中，非燭何見？若無禮，則手足無所錯，耳目無所加，進退揖讓無所制。是故以之居處，長幼失其別，閨門三族失其和，朝廷官爵失其序，田獵戎事失其策，軍旅武功失其制，宮室失其度，量鼎失其象，味失其時，樂失其節，車失其式，鬼神失其饗，喪紀失其哀，辨説失其黨，官失其體，政事失其施，加於身而錯於前，凡衆之動失其宜。如此則無以祖洽於衆也。"凡言失者，無

---

① "長丁丈反後皆同"，彙校卷第十三、撫釋一、余仁仲本、和本、十行本、閩本、監本、毛本、殿本、阮刻本同，岳本無此七字；"後皆同"下，彙校卷第十三、撫釋一有"朝廷直遥反下及注皆同"十字。

② "注及下同"，彙校卷第十三、撫釋一、余仁仲本、和本、十行本、閩本、監本、毛本、殿本、阮刻本同，岳本無此四字。

③ "本又作措後同"，彙校卷第十三、撫釋一、余仁仲本、和本、十行本、閩本、監本、毛本、殿本、阮刻本同，岳本無此六字。

④ "別彼列反下其別同"，彙校卷第十三、撫釋一、余仁仲本、和本、十行本、閩本、監本、毛本、殿本、阮刻本同，岳本無此八字。

禮故也。策，謀也。祖，始也①。洽，合也。言失禮，無以爲衆倡始，無以合和衆。○治，直吏反，下“其治”、“治國”並同。瞽，音古。相，息亮反②。偈，勑良反，無見貌。策，初革反。爲衆，于僞反，又如字。倡，尺亮反③。

28·4　子曰：“慎聽之，女三人者！吾語女，禮猶有九焉，大饗有四焉。苟知此矣，雖在畎畝之中，事之，聖人已。兩君相見，揖讓而入門，入門而縣興，揖讓而升堂，升堂而樂闋，下管象、武，夏籥序興，陳其薦俎，序其禮樂，備其百官，如此而后君子知仁焉。行中規，還中矩，和鸞中采齊，客出以雍，徹以振羽，是故君子無物而不在禮矣。入門而金作，示情也。升歌清廟，示德也。下而管象，示事也。是故古之君子不必親相與言也，以禮樂相示而已。猶有九焉，吾所欲語諸女餘有九也，但大饗有四。大饗，謂饗諸侯來朝者也。四者，謂金再作，升歌清廟，下管象也。事之，謂立置於位也。聖人已者，是聖人也。縣興，金作也。金再作者，獻主君又作也。下，謂堂下也。象、武，武舞也。夏籥，文舞也。序，更也。堂下吹管，舞文、武之樂更起也。知仁焉，知禮樂所存也。采齊、雍、振羽，皆樂章也。振羽，振鷺及雍。金作示情也，賓、主人各以情相示也。金性內明，象人情也。示德也，相示以德也。清廟，頌文王之德。示事也，相示以事也。武，象武王之大事也。○畎，古犬反④。縣，音玄⑤，注同。闋，苦穴反。籥，音藥⑥。

────────────

① “祖始也”，撫州本、余仁仲本、岳本、嘉靖本、八行本、和本、閩本、監本、毛本、殿本、阮刻本同；十行本“始”作“治”，非。
② “治直吏反下其治治國並同瞽音古相息亮反”，彙校卷第十三、撫釋一、余仁仲本、和本、十行本、閩本、監本、毛本、殿本、阮刻本同，岳本無此十八字。
③ “無見貌策初革反爲衆于僞反又如字倡尺亮反”，彙校卷第十三、撫釋一、余仁仲本、和本、十行本、閩本、監本、毛本、殿本、阮刻本同，岳本無此十九字。
④ “畎古犬反”，彙校卷第十三、撫釋一、余仁仲本、和本、十行本、閩本、監本、毛本、殿本、阮刻本同，岳本無此四字。
⑤ “玄”，彙校卷第十三、撫釋一、余仁仲本、和本、十行本、閩本、監本、毛本、殿本、阮刻本同，岳本作“懸”。
⑥ “注同闋苦穴反籥音藥”，彙校卷第十三、撫釋一、余仁仲本、和本、十行本、閩本、監本、毛本、殿本、阮刻本同，岳本無此九字。

中,丁仲反,下同①。還,音旋。齊,本又作"薺",在細、在私二反,注同②。更,音庚,下同。鷺,音路③。重意"行中規,旋中矩。"玉藻十二篇:"周旋中規,折旋中矩。"

28·5　子曰:"禮也者,理也。樂也者,節也。君子無理不動,無節不作。不能詩,於禮繆。不能樂,於禮素。薄於德,於禮虛。"繆,誤也。素,猶質也。歌詩,所以通禮意也。作樂,所以同成禮文也。崇德,所以實禮行也④。王制曰:"樂正崇四術,立四教,順先王詩、書、禮、樂以造士,春秋教以禮、樂,冬夏教以詩、書,王大子、王子、羣后之大子,卿大夫、元士之適子、國之俊選,皆造焉。"則古之人,皆知諸侯之禮樂。○繆,音謬,注同。行,下孟反,又如字。夏,户嫁反。大子,音泰,下"大子"、下文"大平"同。適,丁歷反。選,宣面反。造,才早反,徐又七到反⑤。

28·6　子曰:"制度在禮,文爲在禮,行之其在人乎?"文爲,文章所爲。子貢越席而對曰:"敢問夔其窮與?"見其不達於禮。○夔,求龜反。與,音餘。子曰:"古之人與,古之人也! 達於禮而不達於樂,謂之素;達於樂而不達於禮,謂之偏。夫夔達於樂而不達於禮,是以傳於此名也,古之人也。"素與偏,俱不備耳。夔達於樂,傳世名,此賢人也,非不能,非所謂窮。○傳,丈專反,注同⑥。

---

①"下同",彙校卷第十三、撫釋一、余仁仲本、和本、十行本、閩本、監本、毛本、殿本、阮刻本同,岳本無此二字。

②"齊本又作薺在細在私二反注同",彙校卷第十三、撫釋一、余仁仲本、和本、毛本、殿本、阮刻本同,岳本作"齊在細反又在私反";十行本、閩本、監本"在私"之"在"作"反",非。

③"鷺音路",彙校卷第十三、撫釋一、余仁仲本、和本、十行本、閩本、監本、毛本、殿本、阮刻本同,岳本無此三字。

④"實",撫州本、余仁仲本、岳本、嘉靖本、八行本、和本、十行本、閩本、監本、毛本、殿本同;阮刻本作"宴",非。

⑤"注同行下孟反又如字夏户嫁反大子音泰下大子下文大平同適丁歷反選宣面反造才早反徐又七到反",岳本無此四十二字;彙校卷第十三、撫釋一、余仁仲本、和本、十行本、閩本、監本、毛本、殿本、阮刻本無"又",是。

⑥"傳丈專反注同",彙校卷第十三、撫釋一、余仁仲本、和本、十行本、閩本、監本、毛本、殿本、阮刻本同,岳本無此六字。

28・7　<u>子張</u>問政。子曰："<u>師</u>乎，前！吾語女乎！君子明於禮樂，舉而錯之而已。"言禮樂足以爲政也。錯，猶施行也。子曰師乎，絶句①。<u>子張</u>復問。子曰："<u>師</u>，爾以爲必鋪几筵，升降酌獻酬酢，然後謂之禮乎？爾以爲必行綴兆，興羽籥，作鍾鼓，然後謂之樂乎？言而履之，禮也。行而樂之，樂也。君子力此二者，以南面而立，夫是以天下太平也。諸侯朝，萬物服體，而百官莫敢不承事矣。禮之所興，衆之所治也。禮之所廢，衆之所亂也。目巧之室，則有奧阼，席則有上下，車則有左右，行則有隨，立則有序，古之義也。室而無奧阼，則亂於堂室也。席而無上下，則亂於席上也。車而無左右，則亂於車也。行而無隨，則亂於塗也。立而無序，則亂於位也。昔聖帝明王諸侯，辨貴賤長幼遠近男女，外内莫敢相踰越，皆由此塗出也。"服體，體服也，謂萬物之符長皆來爲瑞應也。衆之所治，衆之所以治也。衆之所亂，衆之所以亂也。目巧，謂但用巧目善意作室，不由法度，猶有奧阼賓主之處也。自目巧以下，古今常事，不可廢改也。○復，扶又反。鋪，普胡反，徐音孚②。樂之，音洛，又音岳。治，直吏反，注同。奧，字又作奧，烏報反③。阼，才故反。符長，丁丈反。隱義云："符，謂甘露醴泉之屬；長，謂麟鳳五靈之屬。"應，"應對"之應，徐於甑反。處，昌慮反④。重意"南面而立，夫是以而天下太平也。"禮器十篇："聖人南面而立，而天下大治。"大傳十六篇："聖人南面而治天下。"⑤三子者既得聞此言也於夫子，昭然若發矇矣。乃曉禮樂不可廢

---

①"子曰師乎絶句"，<u>彙校</u>卷第十三、<u>撫釋</u>一、<u>余仁仲</u>本、<u>和</u>本、<u>十行</u>本、<u>閩</u>本、<u>監</u>本、<u>毛</u>本、<u>殿</u>本、<u>阮刻</u>本同，<u>岳</u>本無此六字。此六字是<u>釋文</u>文字，當在"子曰"上補"○"號。

②"鋪普胡反徐音孚"，<u>彙校</u>卷第十三、<u>撫釋</u>一、<u>余仁仲</u>本、<u>和</u>本、<u>十行</u>本、<u>閩</u>本、<u>監</u>本、<u>毛</u>本、<u>殿</u>本、<u>阮刻</u>本同，<u>岳</u>本無此七字。

③"治直吏反注同奧字又作奧烏報反"，<u>岳</u>本無此十四字；<u>彙校</u>卷第十三、<u>撫釋</u>一、<u>余仁仲</u>本、<u>和</u>本、<u>十行</u>本、<u>閩</u>本、<u>監</u>本、<u>毛</u>本、<u>殿</u>本、<u>阮刻</u>本下"奧"作"隩"，是。

④"應應對之應徐於甑反處昌慮反"，<u>彙校</u>卷第十三、<u>撫釋</u>一、<u>余仁仲</u>本、<u>和</u>本、<u>十行</u>本、<u>閩</u>本、<u>監</u>本、<u>毛</u>本、<u>殿</u>本、<u>阮刻</u>本同，<u>岳</u>本無此十三字。

⑤"聖"，<u>大傳</u>作"聖"，是。

改之意也。○昭，章遥反，徐之紹反，明也①。矇，音蒙。矣，本亦無"矣"字②。

孔子閒居第二十九陸曰："閒，音閑。鄭云：'名孔子閒居者，善其倦而不衰，使一子侍，爲之説詩，著其氏，言可法也。退燕避人曰閒居。'"③

鄭氏注

29・1孔子閒居，子夏侍。子夏曰："敢問詩云：'凱弟君子，民之父母。'何如斯可謂'民之父母'矣？"凱弟，樂易也。○凱，本又作"愷"，又作"豈"，丘在反，注同④。弟，本作"悌"⑤，徒禮反，注同。樂，音洛。易，以豉反⑥。重意大學四十二篇："此之謂民之父母。"孔子曰："夫'民之父母'乎，必達於禮樂之原，以致'五至'而行'三無'，以橫於天下，四方有敗，必先知之。此之謂'民之父母'矣。"原，猶本也⑦。橫，充

---

① "昭章遥反徐之紹反明也"，彙校卷第十三、撫釋一、余仁仲本、和本、十行本、閩本、監本、毛本、殿本、阮刻本同，岳本無此十字。

② "矣本亦無矣字"，彙校卷第十三、撫釋一、余仁仲本、和本、十行本、閩本、監本、毛本、殿本、阮刻本同，岳本無此六字。

③ "陸曰閒音閑鄭云名孔子閒居者善其倦而不衰使一子侍爲之説詩著其氏言可法也退燕避人曰閒居"，彙校卷第十三、撫釋一無"陸曰"二字，岳本無此四十一字；八行本、阮刻本"衰"作"褻"，非；彙校卷第十三、撫釋一、余仁仲本、和本、十行本、閩本、監本、毛本、殿本、阮刻本"衰"下有"猶"字，是。

④ "凱本又作愷又作豈丘在反注同"，彙校卷第十三、撫釋一、余仁仲本、和本、十行本、閩本、監本、毛本、殿本、阮刻本同，岳本無此十三字；彙校卷第十三、撫釋一"凱"上有"閒居音閑"四字。

⑤ "本作悌"，彙校卷第十三、撫釋一、余仁仲本、和本、十行本、閩本、監本、毛本、殿本、阮刻本同，岳本無此三字。

⑥ "注同樂音洛易以豉反"，彙校卷第十三、撫釋一、余仁仲本、和本、十行本、閩本、監本、毛本、殿本、阮刻本同，岳本無此九字。

⑦ "本"，撫州本、余仁仲本、岳本、嘉靖本、八行本、和本、閩本、監本、毛本、殿本、阮刻本同；十行本作"牵"，非。

也。敗，謂禍栽也①。○栽，音災②。重言“必先知之”三，中庸三十一篇一。互注書泰誓：“元后作民父母。”洪範：“天子作民父母，以爲天下王。”

29·2　子夏曰：“‘民之父母’既得而聞之矣，敢問何謂‘五至’？”孔子曰：“志之所至，詩亦至焉；詩之所至，禮亦至焉；禮之所至，樂亦至焉；樂之所至，哀亦至焉，哀樂相生。是故正明目而視之，不可得而見也；傾耳而聽之，不可得而聞也；志氣塞乎天地。此之謂‘五至’。”凡言至者，至於民也。志，謂恩意也。言君恩意至於民，則其詩亦至也。詩，謂好惡之情也。自此以下，皆謂“民之父母”者，善推其所有，以與民共之。人耳不能聞，目不能見，行之在胷心也③。塞，滿也。○哀樂，音洛，舊音岳。頃耳，音傾。好惡，並如字，一音上呼報反，下烏路反④。

29·3　子夏曰：“‘五至’既得而聞之矣，敢問何謂‘三無’？”孔子曰：“無聲之樂，無體之禮，無服之喪，此之謂‘三無’。”

29·4　子夏曰：“‘三無’既得略而聞之矣，敢問何詩近之？”於意未察，求其類於詩，詩長人情。○近，“附近”之近。長，丁丈反⑤。孔子曰：“‘夙夜其命宥密’，互注詩昊天云云。無聲之樂也。‘威儀逮逮，不可選也’，無體之禮也。互注詩邶柏舟：“威儀逮逮，不可選也。”‘凡民有喪，匍匐救之’，無服之喪也。”詩讀“其”爲“基”，聲之誤也；基，謀也。密，靜也。言君夙夜謀爲政，教以安民，則民樂之，此非有鍾鼓之聲也。逮逮，安和之

---

①“栽”，余仁仲本、岳本、嘉靖本、八行本、和本、十行本、閩本、監本、毛本、殿本、阮刻本同，撫州本作“災”。

②“栽音災”，彙校卷第十三、撫釋一、余仁仲本、和本、十行本、閩本、監本、毛本、殿本、阮刻本同，岳本無此三字。

③“人耳不能聞目不能見行之在胷心也”，撫州本、余仁仲本、岳本、嘉靖本、八行本、和本、十行本、閩本、監本、毛本、殿本、阮刻本同，考證曰：“刊本‘云’訛‘人’，‘在’下衍‘胷’字，據集説改刪。”鍔案：王説是。

④“舊音岳頃耳音傾好惡並如字一音上呼報反下烏路反”，彙校卷第十三、撫釋一、余仁仲本、和本、十行本、閩本、監本、毛本、殿本、阮刻本同，岳本無此二十二字。

⑤“近附近之近長丁丈反”，彙校卷第十三、撫釋一、余仁仲本、和本、十行本、閩本、殿本、阮刻本同，岳本無此九字，監本、毛本“丁”作“竹”。

貌也。言君之威儀安和,逮逮然則民傚之,此非有升降揖讓之禮也。救之,䘏恤之,言君於民有喪,有以䘏恤之,則民傚之,此非有衰絰之服。○其命,依注音"基"①。宥,音又②。逮,大計反,注同③。選,宣面反。匍,音扶,又音蒲。匐,音服,又蒲北反。傚,胡孝反。䘏,音周④。衰,七雷反⑤。絰,大結反⑥。重言二,檀弓上一,"匍"作"扶";又問喪篇:"匍匐而哭之。"

29・5　子夏曰:"言則大矣,美矣,盛矣! 言盡於此而已乎?"孔子曰:"何爲其然也? 君子之服之也,猶有'五起'焉。"言盡於此乎? 意以爲説未盡也。服,猶習也。君子習讀此詩,起此之義,其説有五也。子夏曰:"何如?"孔子曰:"無聲之樂,氣志不違;無體之禮,威儀遲遲;無服之喪,内恕孔悲。無聲之樂,氣志既得;無體之禮,威儀翼翼;無服之喪,施及四國。無聲之樂,氣志既從;無體之禮,上下和同;無服之喪,以畜萬邦。[互注]詩節南山:"式訛爾心,以畜萬邦。"無聲之樂,日聞四方;無體之禮,日就月將;[互注]詩敬之:"日就月將,學有緝熙于光明。"無服之喪,純德孔明。無聲之樂,氣志既起;無體之禮,施及四海;無服之喪,施于孫子。"不違者,民不違君之氣志也⑦。孔,甚也。施,易也。從,順也。畜,孝也。使萬邦之民,競爲孝也。就,成也。

---

①"命依注",彙校卷第十三、撫釋一、余仁仲本、和本、十行本、閩本、監本、毛本、殿本、阮刻本同,岳本無此三字。

②"宥音又",彙校卷第十三、撫釋一、余仁仲本、和本、十行本、閩本、監本、毛本、殿本、阮刻本同,岳本無此三字。

③"注同",彙校卷第十三、撫釋一、余仁仲本、和本、十行本、閩本、監本、毛本、殿本、阮刻本同,岳本無此二字。

④"傚胡孝反䘏音周",彙校卷第十三、撫釋一、余仁仲本、和本、十行本、閩本、監本、毛本、殿本、阮刻本同,岳本無此七字。

⑤"衰七雷反",彙校卷第十三、撫釋一、余仁仲本、和本、閩本、監本、毛本、殿本、阮刻本同;十行本"雷"作"萬",非。

⑥"絰大結反",彙校卷第十三、撫釋一、余仁仲本、和本、十行本、閩本、監本、毛本、殿本、阮刻本同,岳本無此四字。

⑦"民",撫州本、余仁仲本、岳本、嘉靖本、八行本、和本、阮刻本同;十行本、閩本、監本、毛本、殿本作"只",非。

將,大也。使民之效禮,日有所成,至月則大矣。起,猶行也。○施及,以豉反①,下同。畜,許六反②。聞,音問,下"令聞"并注同③。施,易也,並以豉反。互注 詩皇矣:"既受帝祉,施于孫子。"

29·6　子夏曰:"三王之德,參於天地。敢問何如斯可謂參天地矣?"④孔子曰:"奉'三無私'以勞天下。"三王,謂禹、湯、文王也。參天地者,其德與天地爲三也。勞,勞來。○勞,力報反,注及下同⑤。來,力代反。

29·7　子夏曰:"敢問何謂'三無私'?"孔子曰:"天無私覆,地無私載,日月無私照。奉斯三者,以勞天下,此之謂'三無私'。其在詩曰:'帝命不違,至于湯齊。湯降不遲,聖敬日齊。昭假遲遲,上帝是祗,帝命式于九圍。'是湯之德也。帝,天帝也。詩讀"湯齊"爲"湯躋",躋,升也。降,下也。齊,莊也。昭,明也。假,至也。祗,敬也。式,用也。九圍,九州之界也。此詩云殷之先君,其爲政不違天之命,至於湯,升爲君,又下天之政教甚疾,其聖敬日莊嚴,其明道至於民,遲遲然安和,天是用敬之,命之用事於九州,謂使王也。"是湯之德"者,是湯奉天無私之德也⑥。○炤,音照,本亦作"照"⑦。湯齊,依注音"躋",亦作"躋",子兮反。詩,如字。日,人實反⑧。齊,側皆反,注"齊莊"同,詩

<hr>

①"以豉反",彙校卷第十三、撫釋一、余仁仲本、岳本、和本、閩本、監本、毛本、殿本、阮刻本同;十行本"豉"作"政",非。

②"畜許六反",彙校卷第十三、撫釋一、余仁仲本、和本、十行本、閩本、監本、毛本、殿本、阮刻本同,岳本無此四字。

③"下令聞并注同",彙校卷第十三、撫釋一、余仁仲本、和本、十行本、閩本、監本、毛本、殿本、阮刻本同,岳本無此六字。

④"參天地",唐石經、撫州本、余仁仲本、岳本、嘉靖本、八行本同;和本、十行本、閩本、監本、毛本、殿本、阮刻本"天"上衍"於"字。

⑤"注及",彙校卷第十三、撫釋一、余仁仲本、和本、十行本、閩本、監本、毛本、殿本、阮刻本同,岳本無此二字。

⑥"天",撫州本、余仁仲本、岳本、嘉靖本、八行本、和本、監本、阮刻本同;十行本、閩本、毛本、殿本作"于",非。

⑦"炤音照本亦作照",彙校卷第十三、撫釋一、余仁仲本、和本、阮刻本同,岳本無此七字;十行本、閩本、監本、毛本、殿本"炤"作"昭",非。

⑧"湯齊依注音躋亦作躋子兮反詩如字日人實反",十行本、閩本、監本、毛本、阮(轉下頁注)

作躋,子分反①。假,音格,注同。遲,直私反。祇,諸夷反③。使王,于況反④,下"王天下"、"王功"皆同。**天有四時,春秋冬夏,風雨霜露,無非教也。地載神氣,神氣風霆,風霆流形,庶物露生,無非教也。**言天之施化收殺,地之載生萬物,此非有所私也。"無非教"者,皆人君所當奉行以爲政教。○神氣風霆,音廷,絶句。風霆流形,絶句④。**清明在躬,氣志如神。耆欲將至⑤,有開必先。天降時雨,山川出雲。其在詩曰:'嵩高惟嶽⑥,峻極于天。惟嶽降神,生甫及申。惟申及甫,惟周之翰。四國于蕃,四方于宣。'此文、武之德也。**清明在躬,氣志如神⑦,謂聖人也。耆欲將至,謂其王天下之期將至也,神有以開之,必先爲之生賢知之輔佐,若天將降時雨,山川爲之先出雲矣。峻,高大也。翰,幹也。言周道將興,五嶽爲之生賢輔佐,仲山甫及申伯,爲周之幹臣。天下之蕃衛,宣德於四方,以成其王功。此文、武之德也。是文王、武王奉天地無私之德也。此宣王詩也。文、武之時,其德如此,而詩無以言之,取類以明之。○耆欲,市志反,注同。嵩,息忠反。嶽,音岳⑧。峻,私俊反。

(接上頁注)刻本同,岳本作"湯齊音躋";彙校卷第十三、撫釋一、余仁仲本、殿本下"躋"作"隮",是;和本"人"誤作"又"。

①"注齊莊同詩作躋子分反",彙校卷第十三、撫釋一、余仁仲本、和本、十行本、閩本、監本、毛本、殿本、阮刻本同,岳本無此十字。

②"注同遲直私反祇諸夷反",彙校卷第十三、撫釋一、余仁仲本、和本、十行本、閩本、監本、毛本、殿本、阮刻本同,岳本無此十字。

③"使王于況反",彙校卷第十三、撫釋一、余仁仲本、和本、十行本、閩本、監本、毛本、殿本、阮刻本同,岳本作"王去聲"。

④"神氣風霆音廷絶句風霆流形絶句",彙校卷第十三、撫釋一、余仁仲本、和本、十行本、閩本、監本、毛本、殿本、阮刻本同,岳本無此十四字。

⑤"耆",余仁仲本、岳本、閩本、監本、毛本、殿本同,唐石經、撫州本、嘉靖本、八行本、和本、十行本、阮刻本作"嗜"。阮校曰:"嗜欲將至　石經同,閩、監、毛本'嗜'作'耆',岳本同,衛氏集説同,釋文出'耆欲',按此本注亦作'耆',嘉靖本初作'耆',後改'嗜'。"

⑥"惟",唐石經、撫州本、余仁仲本、岳本、嘉靖本、八行本、和本、十行本、阮刻本同;閩本、監本、毛本、殿本作"維",下"惟嶽"、"惟申"之"惟"同,"惟周"之"惟"作"爲",皆非。

⑦"神",撫州本、岳本、嘉靖本、八行本、和本、十行本、閩本、監本、毛本、殿本、阮刻本同;余仁仲本作"伸",非。

⑧"注同嵩息忠反嶽音岳",彙校卷第十三、撫釋一、余仁仲本、和本、十行本、閩本、監本、毛本、殿本、阮刻本同,岳本無此九字。

翰,胡旦反,徐音寒①。蕃,方袁反②。爲之,于僞反,下"川爲"、"嶽爲"皆同。賢知,音智③。重言"峻極于天"二,中庸一。**三代之王也,必先其令聞**④。**詩云:'明明天子,令聞不已。'三代之德也**。令,善也,言以名德善聞,天乃命之王也。不已,不倦止也。**'弛其文德,協此四國。'大王之德也。"**弛,施也。協,和也。大王,文王之祖。周道將興,始有令聞。○弛,徐式氏反,一音式支反,注同,皇作弛。大,音泰,注同。弛施,如字,皇本作"施布也"⑤。

　　29・8 子夏蹶然而起,負牆而立,曰:"弟子敢不承乎?"承,奉承不失隊也。"起負牆"者,所問竟,辟後來者。○蹶,居衛反,徐音厥⑥。隊,直媿反。辟,音避。重意文王世子八云:"終則負牆。"

坊記第三十⑦陸曰:"坊,音防;徐扶訪反,經文皆同。鄭云:'名坊記者,以其記六藝之義,所以坊人之失也。'"⑧

　　30・1 子言之:"君子之道,辟則坊與,坊民之所不足者也。民所不

---

①"徐",彙校卷第十三、撫釋一、余仁仲本、和本、十行本、閩本、監本、毛本、殿本、阮刻本同,岳本作"又"。

②"蕃方袁反",彙校卷第十三、撫釋一、余仁仲本、和本、十行本、閩本、監本、毛本、殿本、阮刻本同,岳本無此四字。

③"下川爲嶽爲皆同賢知音智",彙校卷第十三、撫釋一、余仁仲本、和本、十行本、閩本、監本、毛本、殿本、阮刻本同,岳本無此十一字。

④"先其",唐石經、撫州本、余仁仲本、岳本、嘉靖本、八行本、閩本、監本、毛本、殿本同;和本、十行本、阮刻本脱"其"字。

⑤"弛徐式氏反一音式支反注同皇作弛大音泰注同弛施如字皇本作施布也",閩本、監本、毛本同,岳本作"弛式氏反一作施大音泰",殿本無此三十字;余仁仲本、和本、十行本、阮刻本"皇作弛"之"弛"作"弜",彙校卷第十三、撫釋一同,是。

⑥"徐",彙校卷第十三、撫釋一、余仁仲本、和本、十行本、閩本、監本、毛本、殿本、阮刻本同,岳本作"又"。

⑦"坊記第三十"下,撫州本、岳本、嘉靖本有"鄭氏注"三字。

⑧"陸曰坊音防徐扶訪反經文皆同鄭云名坊記者以其記六藝之義所以坊人之失也",余仁仲本、和本、十行本、閩本、監本、毛本、殿本、阮刻本同,岳本無此三十三字,彙校卷第十三、撫釋一無"陸曰"二字。

足,謂仁義之道也。失道,則放辟邪侈也。○辟,匹亦反,注同,舊芳益反,徐又音譬①。與,音餘②。邪,似嗟反。侈,昌氏反,又尺氏反③。**大爲之坊,民猶踰之。**言嚴其禁,尚不能止,況不禁乎? **故君子禮以坊德,刑以坊淫,命以坊欲。"**命,謂教令。

30·2 子云:"**小人貧斯約,富斯驕,約斯盜,驕斯亂。**約,猶窮也。○喬,音驕,本亦作"驕",下同④。**禮者,因人之情而爲之節文,以爲民坊者也。故聖人之制富貴也,使民富不足以驕,貧不至於約,貴不慊於上,故亂益亡。"**此節文者,謂農有田里之差,士有爵命之級⑤。慊,恨不滿之貌也。慊,或爲嫌。○慊,口簟反。級,音給⑥。

30·3 子云:"**貧而好樂,富而好禮,衆而以寧者,天下其幾矣。**言如此者寡也。寧,安也。大族衆家,恒多作亂。○好,呼報反,下同⑦。樂,音洛,又音岳⑧。幾,居豈反,又音譏。**詩云:'民之貪亂,寧爲荼毒。'**言民之貪爲亂者,安其荼毒之行,惡之也。○荼,音徒。行,下孟反⑨。惡,烏路

①"注同舊芳益反徐",彙校卷第十三、<u>撫釋</u>一、<u>余仁仲</u>本、<u>和</u>本、十行本、<u>閩</u>本、<u>監</u>本、毛本、殿本、阮刻本同,<u>岳</u>本無此七字。
②"與音餘",彙校卷第十三、<u>撫釋</u>一、<u>余仁仲</u>本、<u>和</u>本、十行本、<u>閩</u>本、<u>監</u>本、毛本、殿本、阮刻本同;<u>岳</u>本"與"上衍"坊音仿"三字。
③"邪似嗟反侈昌氏反又尺氏反",彙校卷第十三、<u>撫釋</u>一、<u>余仁仲</u>本、<u>和</u>本、十行本、<u>閩</u>本、<u>監</u>本、毛本、殿本、阮刻本同,<u>岳</u>本無此十二字。
④"喬音驕本亦作驕下同",彙校卷第十三、<u>撫釋</u>一、<u>余仁仲</u>本、<u>和</u>本、十行本、<u>閩</u>本、<u>監</u>本、毛本、殿本、阮刻本同,<u>岳</u>本無此九字。
⑤"之級",<u>余仁仲</u>本、嘉靖本、<u>和</u>本、十行本、<u>閩</u>本、<u>監</u>本、毛本、殿本、阮刻本同;<u>撫州</u>本、<u>岳</u>本、八行本"級"下有"也"字,是。
⑥"級音給",彙校卷第十三、<u>撫釋</u>一、<u>余仁仲</u>本、<u>和</u>本、十行本、<u>閩</u>本、<u>監</u>本、毛本、殿本、阮刻本同,<u>岳</u>本無此三字。
⑦"下同",彙校卷第十三、<u>撫釋</u>一、<u>余仁仲</u>本、<u>和</u>本、十行本、<u>閩</u>本、<u>監</u>本、毛本、殿本、阮刻本同,<u>岳</u>本無此二字。
⑧"又音岳",彙校卷第十三、<u>撫釋</u>一、<u>余仁仲</u>本、<u>和</u>本、十行本、<u>閩</u>本、<u>監</u>本、毛本、殿本、阮刻本同,<u>岳</u>本無此三字。
⑨"下孟反",彙校卷第十三、<u>撫釋</u>一、<u>余仁仲</u>本、<u>岳</u>本、<u>和</u>本、十行本、<u>閩</u>本、<u>監</u>本、毛本、殿本、阮刻本同;十行本"下"作"不",非。

反，下“猶惡”皆同①。**故制國不過千乘，都城不過百雉，家富不過百乘，以此坊民，諸侯猶有畔者。**”古者方十里，其中六十四井，出兵車一乘，此兵賦之法也。成國之賦，千乘。雉，度名也。高一丈，長三丈爲雉。百雉，爲長三百丈，方五百步。子男之城，方五里。百雉者，此謂大都三國之一。○乘，繩證反，下注同②。高，古報反。長，直亮反，下同③。重言“以此坊民”十四，並見本篇。互注左隱元年：“祭仲曰：‘都城過百雉，國之害也。先王之制，大都，不過參國之一；中，五之一；小，九之一。’”

30・4　子云：“**夫禮者，所以章疑別微，以爲民坊者也。故貴賤有等，衣服有別，朝廷有位，則民有所讓。**”位，朝位也。○別，彼列反，下同。朝，直遥反，下皆同④。

30・5　子云：“**天無二日，土無二王，家無二主，尊無二上，示民有君臣之別也。春秋不稱楚、越之王喪。禮，君不稱天，大夫不稱君，恐民之惑也。**楚、越之君，僭號稱王。不稱其喪，謂不書葬也。春秋傳曰：“吳、楚之君不書葬，辟其僭號也。”臣者天君，稱天子爲天王，稱諸侯不言天公⑤，辟王也。大夫有臣者，稱之曰主，不言君，辟諸侯也。此者，皆爲使民疑惑，不知執者尊也。周禮曰：“主友之讎，視從父昆弟。”○僭，子念反，下同。辟，音避，下同。皆爲，于僞反⑥。重言“天無二日，土無二王”三，一見曾子問第七，一見喪服四十九。“尊無二上”二，曾子問。**詩云：‘相彼盍旦，尚猶患**

---

① “下猶惡皆同”，彙校卷第十三、撫釋一、余仁仲本、和本、十行本、閩本、監本、毛本、殿本、阮刻本同，岳本無此五字。

② “下注同”，彙校卷第十三、撫釋一、余仁仲本、和本、十行本、閩本、監本、毛本、殿本、阮刻本同，岳本無此三字。

③ “下同”，彙校卷第十三、撫釋一、余仁仲本、和本、十行本、閩本、監本、毛本、殿本、阮刻本同，岳本無此二字。

④ “下同朝直遥反下皆同”，彙校卷第十三、撫釋一、余仁仲本、和本、十行本、閩本、監本、毛本、殿本、阮刻本同，岳本無此九字。

⑤ “天”，撫州本、余仁仲本、岳本、嘉靖本、八行本、和本、閩本、監本、毛本、殿本、阮刻本同；十行本作“大”，非。

⑥ “僭子念反下同辟音避下同皆爲于僞反”，彙校卷第十三、撫釋一、余仁仲本、和本、十行本、閩本、監本、毛本、殿本、阮刻本同，岳本無此十六字。

之。'"盇旦,夜鳴求旦之鳥也①。求不可得也,人猶惡其欲反晝夜而亂晦明,況於臣之僭君,求不可得之類,亂上下,惑衆也。○相,息亮反。盇,音渴,徐苦蓋反,注同②。

30・6　子云:"君不與同姓同車,與異姓同車不同服,示民不嫌也。以此坊民,民猶得同姓以弒其君。"同姓者,謂先王、先公子孫,有繼及之道者也。其非此,則無嫌也。僕、右恒朝服,君則各以時事,唯在軍同服爾③。○弒,音試,本又作"弒"④。

30・7　子云:"君子辭貴不辭賤,辭富不辭貧,則亂益亡。亡,無也。"子云",自此以下,本或作"子曰"⑤。故君子與其使食浮於人也,寧使人浮於食。"食,謂祿也。在上曰浮。祿勝己則近貪,己勝祿則近廉。○近,"附近"之近⑥。

30・8　子云:"觴酒豆肉,讓而受惡,民猶犯齒。衽席之上,讓而坐下,民猶犯貴。朝廷之位,讓而就賤,民猶犯君。犯,猶僭也。齒,年也。禮六十以上,籩豆有加,貴秩異者。○觴,音傷。衽,而審反,又而鴆反。上,時掌反⑦。詩云:'民之無良,相怨一方。受爵不讓,至于己

---

①"求",撫州本、余仁仲本、岳本、嘉靖本、八行本、和本、閩本、監本、毛本、殿本、阮刻本同;十行本作"來",非。

②"徐苦蓋反注同",彙校卷第十三、撫釋一、余仁仲本、和本、十行本、閩本、監本、毛本、殿本、阮刻本同,岳本作"又苦蓋反"。

③"爾",撫州本、余仁仲本、岳本、嘉靖本、八行本、和本、殿本同;十行本、閩本、監本、毛本、阮刻本作"于",非。阮校:"唯在軍同服于　惠棟校宋本'于'作'爾',宋監本、岳本、嘉靖本、衛氏集説同,考文引足利本同;閩、監、毛本並誤。"

④"弒音試本又作弒",閩本、監本同,岳本無此七字;彙校卷第十三、撫釋一、余仁仲本、和本、十行本、毛本、殿本、阮刻本上"弒"作"殺",是。

⑤"子云自此以下本或作子曰",彙校卷第十三、撫釋一、余仁仲本、和本、十行本、閩本、監本、毛本、殿本、阮刻本同,岳本無此十一字;此十一字是釋文文字,當在"子云"上補"○"號。

⑥"近附近之近",彙校卷第十三、撫釋一、余仁仲本、和本、十行本、閩本、監本、毛本、殿本、阮刻本同,岳本無此五字。

⑦"觴音傷衽而審反又而鴆反上時掌反",彙校卷第十三、撫釋一、余仁仲本、和本、十行本、閩本、監本、毛本、殿本、阮刻本同,岳本無此十五字。

斯亡。'"良，善也。言無善之人，善遥相怨，貪爵禄，好得無讓，以至亡己。○好，呼報反①。

30·9　子云："君子貴人而賤己，先人而後己，則民作讓，故稱人之君曰君，自稱其君曰寡君。"寡君，猶言少德之君，言之謙。

30·10　子云："利禄先死者而後生者，則民不偝；先亡者而後存者，則民可以託。言不偷於死亡，則於生存信。○偝，音佩，下及注同②。偷，音偷，本亦作"偷"③。詩云：'先君之思，以畜寡人。'此衛夫人定姜之詩也。定姜無子，立庶子衎，是爲獻公。畜，孝也。獻公無禮於定姜，定姜作詩，言獻公當思先君定公，以孝於寡人。○畜，許六反，注同，毛詩作勗④。定姜之詩，此是魯詩，毛詩爲莊姜。衎，苦旦反⑤。以此坊民，民猶偝死而號無告。"死者見偝，其家之老弱號呼稱冤⑥，無所告無理也。○號，户羔反，注同。冤，於袁反⑦。

30·11　子云："有國家者，貴人而賤禄，則民興讓；尚技而賤車，則民興藝。言人君貴尚賢者能者，而不吝於班禄賜車服，則讓道興。賢者能者，人所服也。技，猶藝也。○技，其綺反，注同。吝，力刃反，又力鎮反⑧。

---

① "好呼報反"，彙校卷第十三、撫釋一、余仁仲本、和本、十行本、閩本、監本、毛本、殿本、阮刻本同，岳本無此四字。

② "及注"，彙校卷第十三、撫釋一、余仁仲本、和本、十行本、閩本、監本、毛本、殿本、阮刻本同，岳本無此二字。

③ "偷音偷本亦作偷"，和本、十行本、閩本、監本、毛本同，岳本無此七字；彙校卷第十三、撫釋一、余仁仲本、殿本、阮刻本"偷音"之"偷"作"愉"字，是。

④ "注同毛詩作勗"，彙校卷第十三、撫釋一、余仁仲本、和本、十行本、閩本、監本、毛本、殿本、阮刻本同，岳本無此六字。

⑤ "衎苦旦反"，彙校卷第十三、撫釋一、余仁仲本、和本、十行本、閩本、監本、毛本、殿本、阮刻本同，岳本無此四字。

⑥ "老"，撫州本、余仁仲本、岳本、嘉靖本、八行本、十行本、閩本、監本、毛本、殿本、阮刻本同；和本作"若"，非。

⑦ "注同冤於袁反"，彙校卷第十三、撫釋一、余仁仲本、和本、閩本、監本、毛本、殿本同，岳本無此六字，十行本、阮刻本"袁"作"苑"。

⑧ "注同吝力刃反又力鎮反"，彙校卷第十三、撫釋一、余仁仲本、和本、閩本、監本、毛本、殿本、阮刻本同，岳本無此十字；十行本"鎮"作"贍"，非。

故君子約言，小人先言。"言人尚德不尚言也。約與先，互言耳①。君子約則小人多矣，小人先則君子後矣。易曰："君子以多識前言往行，以畜其德。"○行，下孟反。畜，勑六反。

30·12　子云："上酌民言，則下天上施。上不酌民言，則犯也；下不天上施，則亂也。酌，猶取也。取衆民之言，以爲政教，則得民心；得民心，則恩澤所加，民受之如天矣②，言其尊。○施，始豉反，下同。重言"則亂也"三，二出表記三十二。故君子信讓以涖百姓，則民之報禮重。涖，臨也。報禮重者，猶言能死其難。○涖，音利，又音類。難，乃旦反③。詩云：'先民有言，詢于芻蕘。'"先民，謂上古之君也。詢，謀也。芻蕘，下民之事也。言古之人君，將有政教，必謀之於庶民乃施之。○詢，音荀④。芻，初俱反。蕘，如遙反。

30·13　子云："善則稱人，過則稱己，則民不爭；善則稱人，過則稱己，則怨益亡。詩云：'爾卜爾筮，履無咎言。'"爾，汝也⑤。履，禮也。言女鄉卜筮，然後與我爲禮，則無咎惡之言矣。言惡在己，彼過淺。○爭，"爭鬭"之爭。履，如字，毛詩作"體"⑥。女，音汝，下及下文皆同⑦。鄉，許亮反，

①"耳"，撫州本、余仁仲本、岳本、嘉靖本、八行本、和本、十行本、閩本、監本、毛本、殿本、阮刻本作"爾"字，是。

②"受"，撫州本、余仁仲本、岳本、嘉靖本、和本、十行本、閩本、監本、毛本、殿本、阮刻本同；八行本作"愛"，是。阮校曰："民受之如天矣　閩、監、毛本同，嘉靖本同，惠棟校宋本'受'作'愛'，衛氏集説同，考文引古本、足利本同。"

③"又音類難乃旦反"，彙校卷第十三、撫釋一、余仁仲本、和本、十行本、閩本、監本、毛本、殿本、阮刻本同，岳本無此七字。

④"詢音荀"，彙校卷第十三、撫釋一、余仁仲本、和本、十行本、閩本、監本、毛本、殿本、阮刻本同，岳本無此三字。

⑤"汝"，撫州本、余仁仲本、岳本、嘉靖本、八行本、和本、十行本、閩本、監本、毛本、殿本、阮刻本作"女"，是。

⑥"爭爭鬭之爭履如字毛詩作體"，彙校卷第十三、撫釋一、余仁仲本、和本、十行本、閩本、監本、毛本、殿本、阮刻本同，岳本無此十二字。

⑦"下及下文皆同"，彙校卷第十三、撫釋一、余仁仲本、和本、十行本、閩本、監本、毛本、殿本、阮刻本同，岳本無此六字。

本亦作“鄉”①。重言“善則稱人，過則稱己”四，一見祭義，三見本篇。又“過則稱己”七，本篇五，祭義二。

30·14　子云：“善則稱人，過則稱己，則民讓善。詩云：‘考卜惟王，度是鎬京。惟龜正之，武王成之。’”度，謀也。鎬京，鎬宮也。言武王卜而謀，居此鎬邑，龜則出吉兆正之，武王築成之。此臣歸美於君。○度，徒洛反，注同，毛詩作“宅”。鎬，胡老反②。

30·15　子云：“善則稱君，過則稱己，則民作忠。君陳曰：‘爾有嘉謀嘉猷，入告爾君于内。女乃順之于外，曰：此謀此猷，惟我君之德。於乎！是惟良顯哉！’”君陳，蓋周公之子伯禽弟也。名篇在尚書，今亡。嘉，善也。猷，道也。於乎是惟良顯哉，美君之德。○於，音烏，下火吴反，注同③。重言“則民作忠”二，一見表記三十一。

30·16　子云：“善則稱親，過則稱己，則民作孝。大誓曰：‘予克紂，非予武，惟朕文考無罪；紂克予，非朕文考有罪，惟予小子無良。’”大誓，尚書篇名也。克，勝也。非予武，非我武功也。文考，文王也。無罪，則言有德也。無良，無功善也。此武王誓衆以伐紂之辭也④。今大誓無此章，則其篇散亡。○大，音泰，本亦作“泰”，注同⑤。重言“則民作孝”二，下文一。

30·17　子云：“君子弛其親之過而敬其美。”弛，猶棄忘也。孝子

---

①“本亦作鄉”，彙校卷第十三、撫釋一、余仁仲本、和本、十行本、閩本、監本、毛本、殿本、阮刻本同，岳本無此四字。

②“注同毛詩作宅鎬胡老反”，彙校卷第十三、撫釋一、余仁仲本、十行本、閩本、監本、毛本、殿本、阮刻本同，岳本無此十字。

③“於音烏下火吴反注同”，余仁仲本、和本、十行本、閩本、監本、毛本、殿本、阮刻本同，岳本作“於音烏乎音呼”；彙校卷第十三、撫釋一“於”下有“乎”字，是。

④“辭”，撫州本、余仁仲本、岳本、嘉靖本、和本、十行本、閩本、監本、毛本、殿本、阮刻本同；八行本作“亂”，非。

⑤“本亦作泰注同”，彙校卷第十三、撫釋一、余仁仲本、和本、十行本、閩本、監本、毛本、殿本、阮刻本同，岳本無此六字。

不藏識父母之過①。○弛，式氏反，注同②。**論語曰：“三年無改於父之道，可謂孝矣。”**不以己善，駮親之過。○駮，邦角反。重言“可謂孝矣”五，下文二，祭義二。**高宗云：“三年其惟不言，言乃讙。”**高宗，殷王武丁也。名篇在尚書。三年不言，有父小乙喪之時也。讙，當爲“歡”，聲之誤也。其既言天下皆歡喜，樂其政教也。○讙，依注音“歡”③，火官反。樂，音洛④。

30·18　子云：“從命不忿，微諫不倦，勞而不怨，可謂孝矣。微諫不倦者⑤，子於父母，尚和順，不用鄂鄂。論語曰：“事父母幾諫，見志不從，又敬不違。”内則曰：“父母有過，下氣怡色，柔声以諫，諫若不入，起敬起孝，説則復諫。”此所謂不倦。○鄂，五各反，本又作“諤”。説，音悦。復，扶又反⑥。重意“微諫不倦”，内則篇：“悦則復諫。”祭義篇：“諫而不逆。”勞正不怨，三見祭義。**詩云：‘孝子不匱。’”**匱，乏也。孝子無乏止之時。○匱，其媿反⑦。互注左隱元年云云：“君子曰：‘頴考叔，純孝也，愛其母，施及莊公。’詩曰：‘孝子不匱，永錫爾類。’其是之謂乎！”

30·19　子云：“睦於父母之黨，可謂孝矣。睦，厚也。黨，猶親也。**故君子因睦以合族。**合族，謂與族人燕，與族人食。**詩云：‘此令兄弟，**

①“識”，撫州本、余仁仲本、岳本、嘉靖本、八行本、和本、阮刻本同；十行本作“職”，閩本、監本、毛本、殿本作“記”，皆非。阮校曰：“孝子不藏識父母之過　惠棟校宋本、宋監本、岳本、嘉靖本、衛氏集説同。閩、監、毛本‘識’作‘記’，考文引古本、足利本作‘識’。”

②“注同”，彙校卷第十三、撫釋一、余仁仲本、和本、十行本、閩本、監本、毛本、殿本、阮刻本同，岳本無此二字。

③“依注”，彙校卷第十三、撫釋一、余仁仲本、和本、十行本、閩本、監本、毛本、殿本、阮刻本同，岳本無此二字。

④“火官反樂音洛”，彙校卷第十三、撫釋一、余仁仲本、和本、十行本、閩本、監本、毛本、殿本、阮刻本同，岳本無此六字。

⑤“者”，撫州本、余仁仲本、岳本、嘉靖本、和本、十行本、閩本、監本、毛本、殿本、阮刻本同；八行本作“君”，非。阮校曰：“微諫不倦者　閩、監、毛本、嘉靖本、岳本同，考文引宋板‘者’作‘君’，衛氏集説同。”

⑥“本又作諤説音悦復扶又反”，彙校卷第十三、撫釋一、余仁仲本、和本、十行本、閩本、監本、毛本、殿本、阮刻本同，岳本無此十一字。

⑦“匱其媿反”，彙校卷第十三、撫釋一、余仁仲本、和本、十行本、閩本、監本、毛本、殿本、阮刻本同，岳本無此四字。

綽綽有裕。不令兄弟，交相爲瘉。’”令，善也。綽綽，寬容貌也。交，猶更也①。瘉，病也。○綽，昌灼反。裕，羊樹反②。瘉，羊主反。更，古衡反。

30·20 子云：“於父之執，可以乘其車，不可以衣其衣，君子以廣孝也。”父之執，與父執志同者也。可以乘其車，車於身，差遠也。謂令與己位等③。○衣，於既反④。差，初賣反。

30·21 子云：“小人皆能養其親，君子不敬，何以辨？”辨，別也。○養，羊尚反。

30·22 子云：“父子不同位，以厚敬也。同位，尊卑等，爲其相褻。○爲，于僞反，下“專爲”同。褻，息列反⑤。重意曲禮：“王父子不同席。”書云：‘厥辟不辟，忝厥祖。’”厥，其也。辟，君也。忝，辱也。爲君不君，與臣子相褻，則辱先祖矣。君父之道，宜尊嚴。○厥辟不辟，並必亦反，注同⑥。

30·23 子云：“父母在，不稱老，言孝不言慈。閨門之内，戲而不歎。孝上施，言慈則嫌下流也。戲，謂孺子言笑者也。孟子曰：“舜年五十而不失其孺子之心。”歎，謂有憂戚之聲也。○孺，而注反⑦。君子以此坊民，

---

① “更也”，撫州本、余仁仲本、嘉靖本、八行本同；岳本、和本、十行本、閩本、監本、毛本、殿本、阮刻本脱“也”字。阮校曰：“交猶更　　閩、監、毛本同，岳本同。惠棟校宋本‘更’下有‘也’字，嘉靖本、衛氏集説同，考文引古本、足利本同。”

② “綽昌灼反裕羊樹反”，彙校卷第十三、撫釋一、余仁仲本、和本、十行本、閩本、監本、毛本、殿本、阮刻本同，岳本無此八字。

③ “令”，八行本脱此字；撫州本、余仁仲本、岳本、嘉靖本、和本、十行本、閩本、監本、毛本、殿本、阮刻本作“今”，是。阮校曰：“謂今與己位等　　閩、監、毛本同，岳本同，嘉靖本同，衛氏集説同。考文引宋板無‘今’字。”

④ “衣於既反”，余仁仲本、和本、十行本、閩本、監本、毛本、殿本、阮刻本同，彙校卷第十三作“以衣於既反”，撫釋一、岳本作“衣其去聲”。

⑤ “爲于僞反下專爲同褻息列反”，彙校卷第十三、撫釋一、余仁仲本、和本、十行本、閩本、監本、毛本、殿本、阮刻本同，岳本無此十二字。

⑥ “厥辟不辟並必亦反注同”，彙校卷第十三、撫釋一、余仁仲本、和本、十行本、閩本、監本、毛本、殿本、阮刻本同，岳本作“辟並必亦反”。

⑦ “孺而注反”，彙校卷第十三、撫釋一、余仁仲本、和本、十行本、閩本、監本、毛本、殿本、阮刻本同，岳本無此四字。

民猶有薄於孝而厚於慈。”①

30·24　子云：“長民者，朝廷敬老，則民作孝。”長民，謂天子、諸侯也。○長，丁丈反，注及下“事長”同②。

30·25　子云：“祭祀之有尸也，宗廟之有主也，示民有事也。脩宗廟，敬祀事，教民追孝也。有事，有所尊事③。以此坊民，民猶忘其親。”

30·26　子云：“敬則用祭器。祭器，籩、豆、簠、鉶之屬也。有敬事於賓客，則用之，謂饗食也。盤盂之屬，爲燕器。○簠，音軌。鉶，音刑④。食，音嗣，下文“食禮”同。盤，步干反。盂，音于⑤。故君子不以菲廢禮，不以美没禮。言不可以其薄不及禮而不行禮，亦不可以其美過禮而去禮。禮主敬，廢滅之，是不敬。○菲，芳鬼反，薄也。去，起吕反⑥。故食禮，主人親饋，則客祭；主人不親饋，則客不祭。故君子苟無禮，雖美不食焉。易曰：‘東鄰殺牛，不如西鄰之禴祭，寔受其福。’東鄰，謂紂國中也。西鄰，謂文王國中也。此辭在既濟。既濟，離下坎上，離爲牛，坎爲豕。西鄰禴祭則用豕與？言殺牛而凶，不如殺豕受福。喻奢而慢，不如儉而敬也。春秋傳曰：“黍稷非馨，明德惟馨。”信矣！○饋，其位反。禴，音藥。寔，時力反，易作“實”。與，

---

① “猶有”，唐石經、撫州本、余仁仲本、岳本、嘉靖本、八行本同；和本、十行本、閩本、監本、毛本、殿本、阮刻本脱“有”字。

② “注及下事長同”，彙校卷第十三、撫釋一、余仁仲本、和本、十行本、閩本、監本、毛本、殿本、阮刻本同，岳本無此六字。

③ “尊事”，撫州本、余仁仲本、岳本、嘉靖本、和本、十行本、閩本、監本、毛本、殿本、阮刻本同；八行本作“事也”，非。阮校曰：“有事有所尊事　閩、監、毛本、岳本、嘉靖本並同，惠棟校宋本‘尊事’作‘事也’，衛氏集説同。”

④ “簠音軌鉶音刑”，彙校卷第十三、撫釋一、余仁仲本、和本、十行本、閩本、監本、毛本、殿本、阮刻本同，岳本無此六字。

⑤ “下文食禮同盤步干反盂音于”，彙校卷第十三、撫釋一、余仁仲本、和本、十行本、閩本、監本、毛本、殿本、阮刻本同，岳本作“後同”。

⑥ “菲芳鬼反薄也去起吕反”，彙校卷第十三、撫釋一、余仁仲本、和本、十行本、閩本、監本、毛本、殿本、阮刻本同，岳本無此十字。

音餘①。重言“主人親饋，則客祭；主人不親饋，則客不祭”二，一見曲禮：“主人親饋，則拜而食；主人不親饋，則不拜而食。”詩云：‘既醉以酒，既飽以德。’言君子饗燕，非專爲酒肴，亦以觀威儀，講德美。○肴，户交反②。以此示民，民猶争利而忘義。”

30·27 子云：“七日戒，三日齊，承一人焉以爲尸，過之者趨走，以教敬也。戒，謂散齊也。承，猶事也。○齊，側皆反，注同③。散，悉但反。醴酒在室，醍酒在堂，澄酒在下，示民不淫也④。淫，猶貪也。澄酒，清酒也。三酒尚質，不尚味。○醍，音體。重言“醴酒在室，醍酒在堂，澄酒在下”，禮運：“玄酒在室，醴酒在户，澄酒在下。”尸飲三，衆賓飲一，示民有上下也。上下，猶尊卑也。主人、主婦、上賓獻尸，乃後，主人降，洗爵，獻賓。重言“示民有上下也”二，下文一。因其酒肉，聚其宗族，以教民睦也。言祭有酒肉，羣昭羣穆皆至，而獻酬之，咸有薦俎。○昭，常遥反⑤。故堂上觀乎室，堂下觀乎上。謂祭時肅敬之威儀也。詩云：‘禮儀卒度，笑語卒獲。’”卒，盡也。獲，得也。言在廟中者，不失其禮儀，皆歡喜得其節也。○度，如字，法度也，徐涂洛反⑥。

30·28 子云：“賓禮每進以讓，喪禮每加以遠。浴於中霤，飯於牖下，小斂於户内，大斂於阼，殯於客位，祖於庭，葬於墓，所以

---

① “饋其位反牆音藥寔時力反易作實與音餘”，彙校卷第十三、撫釋一、余仁仲本、和本、十行本、閩本、監本、毛本、殿本、阮刻本同，岳本無此十七字。

② “肴户交反”，彙校卷第十三、撫釋一、余仁仲本、和本、十行本、閩本、監本、毛本、殿本、阮刻本同，岳本無此四字。

③ “注同”，彙校卷第十三、撫釋一、余仁仲本、和本、十行本、閩本、監本、毛本、殿本、阮刻本同，岳本無此二字。

④ “示民”，唐石經、撫州本、余仁仲本、岳本、嘉靖本、八行本、和本同；十行本、閩本、監本、毛本、殿本、阮刻本脱“民”字。

⑤ “昭常遥反”，彙校卷第十三、撫釋一、余仁仲本、和本、十行本、閩本、監本、毛本、殿本、阮刻本同，岳本無此四字。

⑥ “徐”，彙校卷第十三、撫釋一、余仁仲本、和本、十行本、閩本、監本、毛本、殿本、阮刻本同，岳本作“又”。

示遠也。遠之,所以崇敬也。阼,或爲"堂"。○霤,力救反。飯,扶晚反。牖,音西①。重言"飯於牖下"至"所以示遠也"二,一見檀弓上弟三,"示"字作"即"。**殷人弔於壙,周人弔於家,示民不偝也。"**既葬,哀而哭踊,於是弔之。○壙,苦晃反。

30·29 子云:**"死,民之卒事也,吾從周。**周於送死尤備。重言"吾從周"三,一見檀弓上,一見中庸三十一。**以此坊民,諸侯猶有薨而不葬者。"**

30·30 子云:**"升自客階,受弔於賓位,教民追孝也。**謂反哭時也②。既葬矣,猶不由阼階,不忍即父位也。**未沒喪,不稱君,示民不争也。故魯春秋記晉喪曰:'殺其君之子奚齊,及其君卓。'**沒,終也。春秋傳曰:"諸侯於其封内,三年稱子;至其臣子,踰年則謂之君矣。奚齊與卓子,皆獻公之子也。獻公卒,其年奚齊殺;明年,而卓子殺矣。"○争,"争鬪"之争,下"民争"同③。殺,音弑,注及卜同,一音如字④。卓,敕角反,注同⑤。**以此坊民,子猶有弑其父者。"**弑父,不子之甚。

30·31 子云:**"孝以事君,弟以事長,示民不貳也。故君子有君不謀仕,唯卜之日稱二君。**不貳⑥,不自貳於尊者也。自貳,謂若鄭叔段者也。君子有君,謂君之子父在者也。不謀仕,嫌遲爲政也。卜之日,謂君有故而爲之卜也。二,當爲"貳"。唯卜之時,辭得曰:"君之貳某爾。"晉惠公獲於

①"牖音西",彙校卷第十三、撫釋一、余仁仲本、和本、十行本、閩本、監本、毛本、殿本、阮刻本同,岳本無此三字。

②"反哭",撫州本、余仁仲本、岳本、嘉靖本、八行本、閩本、監本、毛本、殿本、阮刻本同,和本"哭"下衍"器"字,十行本"哭"作"器",皆非。

③"争争鬪之争下民争同",彙校卷第十三、撫釋一、余仁仲本、和本、十行本、閩本、監本、毛本、殿本、阮刻本同,岳本無此九字。

④"殺音弑注及卜同一音如字",岳本作"殺音試一如字";彙校卷第十三、撫釋一、余仁仲本、和本、十行本、閩本、監本、毛本、殿本、阮刻本"卜"作"下",是。

⑤"注同",彙校卷第十三、撫釋一、余仁仲本、和本、十行本、閩本、監本、毛本、殿本、阮刻本同,岳本無此二字。

⑥"貳",撫州本、余仁仲本、岳本、嘉靖本、八行本、和本、閩本、監本、毛本、殿本、阮刻本同,十行本作"二",非,下同。

秦,命其大夫歸,擇立君①,曰:"其卜貳圉也。"○弟,音悌。鄭段,徒亂反,本亦云"鄭叔段"也②。遲,直志反。而爲,于僞反。圉,魚呂反,晉惠公太子,懷公名③。**喪父三年,喪君三年,示民不疑也。**不疑於君之尊也。君無骨肉之親,不重其服,至尊不明。**父母在,不敢有其身,不敢私其財,示民有上下也。**身及財④,皆當統於父母也。有,猶專也。重意"父母在,不敢有其身,不敢私其財。"曲禮上:"不許友以死,不有私財。"又内則篇:"子婦無私貨。"**故天子四海之内無客禮,莫敢爲主焉。故君適其臣,升自阼階,即位於堂,示民不敢有其室也。**臣,亦統於君。**父母在,饋獻不及車馬,示民不敢專也。**車馬,家物之重者。○饋,本又作"餽",音同⑤。**以此坊民,民猶忘其親而貳其君。"**

30·32 **子云:"禮之先幣帛也,欲民之先事而後禄也。**此禮,謂所執之摯以見者也。既相見,乃奉幣帛以修好也。或云:"禮之先辭,而後幣帛。"○贄,音至⑥。見,賢遍反。好,呼報反⑦。**先財而後禮,則民利**;財,幣帛也。利,猶貪也。重意鄉飲酒四十四:"先禮而後財,財則民作敬。"⑧聘義四十八:"輕財重禮,則民作讓矣。"**無辭而行情,則民爭。**辭,辭讓也。情主利欲也。**故君子於有饋者,弗能見則不視其饋。**饋,遺也。不能

---

① "立",撫州本、余仁仲本、岳本、嘉靖本、八行本、和本、閩本、監本、毛本、殿本、阮刻本同;十行本作"亡",非。

② "弟音悌段徒亂反本亦云鄭叔段也",彙校卷第十三、撫釋一、余仁仲本、和本、十行本、閩本、監本、毛本、殿本、阮刻本同,岳本無此十五字。

③ "圉魚呂反晉惠公太子懷公名",彙校卷第十三、撫釋一、余仁仲本、和本、十行本、閩本、監本、毛本、殿本、阮刻本同,岳本無此十二字。

④ "身",撫州本、余仁仲本、岳本、嘉靖本、八行本、和本、閩本、監本、毛本、殿本、阮刻本同;十行本作"若",非。

⑤ "饋本又作餽音同",彙校卷第十三、撫釋一、余仁仲本、和本、十行本、閩本、監本、毛本、殿本、阮刻本同,岳本無此七字。

⑥ "贄音至",彙校卷第十三、撫釋一、余仁仲本、和本、十行本、閩本、監本、毛本、殿本、阮刻本同,岳本無此三字。

⑦ "好呼報反",彙校卷第十三、撫釋一、余仁仲本、和本、十行本、閩本、監本、毛本、殿本、阮刻本同,岳本無此四字。

⑧ "鄉飲酒四十四先禮而後財財則民作敬",當作"鄉飲酒義四十五先禮而後財則民作敬讓而不爭矣"。

見,謂有疾也。不視,猶不内也。○遺,于季反,下"遺民"同①。内,音納,又如字。**易曰:'不耕穫,不菑畬,凶。'**言必先種之,乃得穫。若先菑,乃得畬也。安有無事而取利者乎?田一歲曰菑,二歲曰畬,三歲曰新田②。○穫,户郭反③。菑,側其反。畬,音餘。**以此坊民,民猶貴禄而賤行。"**行,猶事也。言務得其禄,不務其事。○行,下孟反,注同④。

30·33　**子云:"君子不盡利以遺民。**不與民争利也。**詩云:'彼有遺秉,此有不斂穧,伊寡婦之利。'**言穫者之遺餘,捃拾所以爲利。○穧,子賜反,又才計反。捃,君運反。拾,音十⑤。**故君子仕則不稼,田則不漁,食則不力珍⑥,大夫不坐羊,士不坐犬。**食時,謂食四時之膳也。力,猶務也。天子、諸侯有秩膳。古者殺牲,食其肉,坐其皮,不坐犬羊,是不無故殺之。**詩云:'采葑采菲,無以下體。德音莫違,及爾同死。'**葑,蔓菁也,陳、宋之間謂之葑。菲,菔類也。下體,謂其根也。采葑菲之菜者,采其葉而可食,無以其根美則并取之,苦則棄之。并取之,是盡利也。此詩故親、今疏者,言人之交,當如采葑采菲,取一善而已⑦。君子不求備於一人,能如此,則德美之音,不離令名,我願與女同死矣。論語曰:"故舊無大故,則不棄也。"○葑,芳容反。菲,芳尾反。蔓,音萬,徐音蠻。菁,音精,又子丁反⑧。菔,音富,又音福。

---

① "遺于季反下遺民同",彙校卷第十三、撫釋一、余仁仲本、和本、十行本、閩本、監本、毛本、殿本、阮刻本同,岳本無此八字。

② "三",撫州本、余仁仲本、岳本、嘉靖本、八行本、和本、閩本、監本、毛本、殿本、阮刻本同;十行本作"不",非。

③ "穫户郭反",彙校卷第十三、撫釋一、余仁仲本、和本、十行本、閩本、監本、毛本、殿本、阮刻本同,岳本無此四字。

④ "注同",彙校卷第十三、撫釋一、余仁仲本、和本、十行本、閩本、監本、毛本、殿本、阮刻本同,岳本無此二字。

⑤ "捃君運反拾音十",彙校卷第十三、撫釋一、余仁仲本、和本、十行本、閩本、監本、毛本、殿本、阮刻本同,岳本無此七字。

⑥ "則",撫州本、余仁仲本、岳本、嘉靖本、八行本、和本、十行本、閩本、監本、毛本、殿本、阮刻本,吴氏朱批作"時",是。

⑦ "一",撫州本、余仁仲本、岳本、嘉靖本、八行本、和本、十行本、閩本、監本、毛本、殿本、阮刻本同;叢刊本作"其",非。

⑧ "葑芳容反菲芳尾反蔓音萬徐音蠻菁音精又子丁反",彙校卷第十三、余仁仲(轉下頁注)

并，必政反，又如字，下同①。離，力智反。女，音汝③。**以此坊民，民猶忘義而争利，以亡其身。"**

30·34 **子云："夫禮，坊民所淫，章民之別，使民無嫌，以爲民紀者也。**淫，猶貪也。章，明也③。嫌，嫌疑也。**故男女無媒不交，無幣不相見，恐男女之無別也。**重男女之會，所以遠別之於禽獸也。有幣者，必有媒；有媒者，不必有幣。仲春之月，會男女之時，不必待幣。○媒，音梅，注同④。重意"男女無媒不交，無幣不相見。"曲禮上："男女非有行媒，不相知名；非受幣，不交不親。"**以此坊民，民猶有自獻其身。**獻，猶進也。**詩云：'伐柯如之何？匪斧不克。取妻如之何？匪媒不得。''藝麻如之何？横從其畝。取妻如之何？必告父母。'"**伐柯，伐木以爲柯也。克，能也。藝，猶樹也。横從，横行治其田也。言取妻之法，必有媒，如伐柯之必湏斧也。取妻之道，必告父母，如樹麻，當先易治其田。○柯，古何反，斧柄⑤。取，七樹反，後皆同⑥。從，子容反，注同。横行治其田，本亦作"遊行治其田"⑦。易，以豉反。

30·35 **子云："取妻不取同姓，以厚別也。**厚，猶遠也。○不取，

（接上頁注）本、和本、十行本、閩本、監本、毛本、殿本、阮刻本同，岳本無此二十一字，撫釋一"萬"作"万"。

①"并必政反又如字下同"，彙校卷第十三、撫釋一、余仁仲本、和本、十行本、閩本、監本、毛本、殿本、阮刻本同，岳本無此九字。

②"女音汝"，彙校卷第十三、撫釋一、余仁仲本、和本、十行本、閩本、監本、毛本、殿本、阮刻本同，岳本無此三字。

③"明"，撫州本、余仁仲本、岳本、嘉靖本、八行本、和本、閩本、監本、毛本、殿本、阮刻本同；十行本作"朋"，非。

④"媒音梅注同"，彙校卷第十三、撫釋一、余仁仲本、和本、十行本、閩本、監本、毛本、殿本、阮刻本同，岳本無此五字。

⑤"柯古何反斧柄"，彙校卷第十三、撫釋一、余仁仲本、和本、十行本、閩本、監本、毛本、殿本、阮刻本同，岳本無此六字。

⑥"後皆同"，彙校卷第十三、撫釋一、余仁仲本、和本、十行本、閩本、監本、毛本、殿本、阮刻本同，岳本無此三字。

⑦"注同横行治其田本亦作遊行治其田"，彙校卷第十三、撫釋一、余仁仲本、和本、十行本、閩本、監本、毛本、殿本、阮刻本同，岳本無此十五字。

如字,又七樹反①。○重言見曲禮。**故買妾不知其姓,則卜之。**妾言買者,以其賤,同之於衆物也。士庶之妾恒多,凡庸有不知其姓者。重言見曲禮。**以此坊民,魯春秋猶去夫人之姓曰吳,其死,曰'孟子卒'。"**吳,大伯之後,魯同姓也,昭公取焉,去姬曰吳而已。至其死,亦畧云"孟子卒",不書夫人某氏薨。孟子,蓋其且字。○去,起呂反,注同②。大,音泰。

30・36　**子云:"禮,非祭,男女不交爵。**交爵,謂相獻酢。**以此坊民,陽侯猶殺繆侯而竊其夫人。**同姓也,以貪夫人之色③,至殺君而立,其國未聞。○殺,音試,注同,一音如字④。繆,音穆。**故大饗廢夫人之禮。"**大饗,饗諸侯來朝者也。夫人之禮,使人攝。○朝,直遙反⑤。

30・37　**子云:"寡婦之子,不有見焉,則弗友也,君子以辟遠也。**有見,謂睹其才藝也。同志爲友。○見,賢遍反,注及下同⑥。辟,音避。遠,于萬反,下"遠色"同⑦。重言"寡婦之子,不有見焉,則弗友也"二,曲禮上,下二句云:"非有見焉,弗與爲友。"**故朋友之交,主人不在,不有大故,則不入其門。**大故,喪病⑧。**以此坊民,民猶以色厚於德。"**

30・38　**子云:"好德如好色。**此句似不足。論語曰:"未見好德如好

---

① "七樹反",彙校卷第十三、撫釋一、余仁仲本、和本、十行本、閩本、監本、毛本、殿本、阮刻本同,岳本作"音娶"。
② "去起呂反注同",彙校卷第十三、撫釋一、余仁仲本、和本、十行本、閩本、監本、毛本、殿本、阮刻本同,岳本無此六字。
③ "以貪",撫州本、余仁仲本、岳本、嘉靖本、八行本、和本、閩本、監本、毛本、殿本、阮刻本同;十行本作墨釘。
④ "殺音試注同一音如字",彙校卷第十三、撫釋一、余仁仲本、和本、十行本、閩本、監本、毛本、殿本、阮刻本同,岳本作"殺音試一如字"。
⑤ "朝直遙反",撫釋一、余仁仲本、和本、閩本、監本、毛本、殿本、阮刻本同,岳本無此四字;彙校卷十三"反"作"切",十行本作墨釘,皆非。
⑥ "注及下同",彙校卷第十三、撫釋一、余仁仲本、和本、十行本、閩本、監本、毛本、殿本、阮刻本同,岳本無此四字。
⑦ "下遠色同",彙校卷第十三、撫釋一、余仁仲本、和本、十行本、閩本、監本、毛本、殿本、阮刻本同,岳本無此四字。
⑧ "病",余仁仲本、岳本、嘉靖本、和本、閩本、監本、毛本、殿本、阮刻本同;撫州本、八行本作"疾",十行本作"也",皆非。

色。”疾時人厚於色之甚而薄於德也。○好，呼報反，下及注同①。**諸侯不下漁色。**謂不内取於國中也。内取國中，爲下漁色。昏禮，始納采，謂采擇其可者也②。國君而内取③，象捕魚然，中網取之，是無所擇。○捕，蒲布反④。中網，丁仲反。**故君子遠色以爲民紀，故男女授受不親，**不親者，不以手相與也。内則曰：“非祭非喪，不相授器。其相授，則女受以篚；其無篚，則皆坐奠之，而後取之⑤。”○篚，音匪⑥。重意曲禮上：“男女不雜坐，不親受。”**御婦人，則進左手。**御者在右，前左手，則身微背之⑦。重意曲禮上：“僕御婦人，則進左手。”**姑、姊妹、女子子已嫁而反，男子不與同席而坐。**女子十年而不出也。嫁及成人，可以出矣。猶不與男子共席而坐，遠別。重言二，一見曲禮上。**寡婦不夜哭。**嫌思人道⑧。**婦人疾，問之，不問其疾。**嫌媚，冐之也。問增損而已⑨。**以此坊民，民猶淫泆而亂於族⑩。”**亂族，犯非妃匹也。○泆，音逸，本又作

---

① “下及注同”，彙校卷第十三、撫釋一、余仁仲本、和本、十行本、閩本、監本、毛本、殿本、阮刻本同，岳本無此四字。
② “擇”，撫州本、余仁仲本、岳本、嘉靖本、八行本、和本、閩本、監本、毛本、殿本、阮刻本同；十行本作墨釘。
③ “國”，撫州本、余仁仲本、岳本、嘉靖本、八行本、和本、閩本、監本、毛本、殿本、阮刻本同；十行本作墨釘。
④ “捕蒲布反”，彙校卷第十三、撫釋一、余仁仲本、和本、十行本、閩本、監本、毛本、殿本、阮刻本同，岳本無此四字。
⑤ “非喪不相授器其”、“無篚則皆坐奠之”，撫州本、余仁仲本、岳本、嘉靖本、八行本、和本、閩本、監本、毛本、殿本、阮刻本同，十行本作墨釘。
⑥ “篚音匪”，彙校卷第十三、撫釋一、余仁仲本、和本、十行本、閩本、監本、毛本、殿本、阮刻本同，岳本無此三字。
⑦ “御者在右前左手則身微背之”，撫州本、余仁仲本、岳本、嘉靖本、八行本、和本、監本、毛本、殿本、阮刻本同，十行本、閩本作墨釘。
⑧ “嫌思人道”，撫州本、余仁仲本、岳本、嘉靖本、八行本、和本、毛本、殿本、阮刻本同；十行本、閩本作墨釘，監本乃後補，“人”誤“个”。阮校曰：“嫌思人道　毛本、岳本、嘉靖本、衛氏集説同，閩、監本四字闕。”
⑨ “而已”，撫州本、余仁仲本、岳本、嘉靖本、八行本、和本、毛本、殿本、阮刻本同，十行本、閩本作墨釘，監本乃後補。阮校曰：“問增損而已　毛本、岳本、嘉靖本、衛氏集説同，考文引宋板同。閩、監本闕‘而已’二字。按：二字當二空闕，閩、監本誤四空闕。”
⑩ “泆”，唐石經、撫州本、余仁仲本、岳本、嘉靖本、八行本、和本、十行本、閩（轉下頁注）

“佚”，同。妃匹，音配，一音如字①。

　　30·39 子云：“**昏禮：壻親迎，見於舅姑，舅姑承子以授壻，恐事之違也**。舅姑，妻之父母也。妻之父爲外舅，妻之母爲外姑。父戒女曰：“夙夜無違命。”母戒女曰：“母違宮事。”②○迎，魚敬反。重意“見於舅姑”。昏義：“贊見於舅姑。”**以此坊民，婦猶有不至者**。”不至，不親夫以孝舅姑也。春秋成公九年春二月，伯姬歸於宋。夏五月，季孫行父如宋致女。是時，宋共公不親迎，恐其有違而致之也③。○父，音甫④。

纂圖互注禮記之十五⑤

（接上頁注）本、監本、殿本、阮刻本同，毛本作“佚”。

①“泆音逸本又作佚同妃匹音配一音如字”，彙校卷十三、撫釋一、余仁仲本、和本、毛本、殿本、阮刻本同，岳本作“泆音逸妃音配一如字”；十行本、閩本“又作佚同妃匹音配一音如字”十二字作墨釘，監本缺。

②“之父爲外舅妻之母”、“無違命母戒女曰母”，撫州本、余仁仲本、岳本、嘉靖本、八行本、和本、毛本、殿本、阮刻本同；十行本、閩本作墨釘，監本乃後補。阮校曰：“妻之父爲外舅妻之母爲外姑父戒女曰夙夜無違命母戒女曰毋違宮事　毛本同，惠棟校宋本同。‘無’作‘毋’，岳本、嘉靖本、衛氏集説同。閩、監本‘之父爲外舅妻之母’、‘無違命母戒女曰毋’十六字闕。”

③“父如宋致女是時”、“恐其有違而致之”，撫州本、余仁仲本、岳本、嘉靖本、八行本、和本、毛本、殿本、阮刻本同；十行本、閩本作墨釘，監本乃後補。阮校曰：“季孫行父如宋致女是時宋共公不親迎恐其有違而致之也　毛本同，岳本同，惠棟校宋本同，嘉靖本同。閩、監本‘父如宋致女是時’、‘恐其有違而致之’十四字闕。”

④“父音甫”，彙校卷第十三、撫釋一、余仁仲本、和本、十行本、閩本、監本、毛本、殿本、阮刻本同，岳本無此三字。

⑤撫州本卷十五末頁B面第五行頂格題“禮記卷第十五”，空一格題“經五千五百八十三字，注四千七百五十四字”。余仁仲本卷十五末頁B面第七行頂格題“禮記卷第十五”，第八行空四格題“經伍仟伍伯伍拾叁字”，第九行空四格題“注肆仟柒伯陸拾壹字”，第十行空四格題“音義貳仟貳伯貳拾貳字”，第十一行空十二格題“仁仲比校訖”。嘉靖本卷十五末頁B面第七行題“經五千五百三十二字，注四千六百六字”。阮刻本記“宋監本禮記卷第十五，經五千五百八十三字，注四千七百五十四字。嘉靖本禮記卷第十五，經五千五百三十二字，注四千六百六字”。

纂圖互注禮記卷之十六

中庸第三十一^{陸曰}陸曰：“鄭云：‘以其記中和之爲用也。庸，用也。孔子之孫子思作之，以昭明聖祖之德也。’”①

禮記　　　　　　　　　　　　　　　　　　　　鄭氏注②

31·1 天命之謂性，率性之謂道，脩道之謂教。 大命③，謂天所命生人者也，是謂性命。木神則仁，金神則義，火神則禮，水神則信，土神則知。孝經説曰：“性者，生之質命，人所禀受度也。”率，循也。循性行之，是謂道④。脩，治也。治而廣之，人放效之⑤，是曰教。○率，所律反。知，音智，下“知者”、

---

① “陸曰鄭云以其記中和之爲用也庸用也孔子之孫子思作之以昭明聖祖之德也”，余仁仲本、和本、十行本、閩本、監本、毛本、殿本、阮刻本同，岳本無此三十二字，彙校卷第十四、撫釋一、嘉靖本無“陸曰”二字。嘉靖本漏删“鄭云以其記中和之爲用也庸用也孔子之孫子思作之以昭明聖祖之德也”三十字。

② 撫州本題“禮記卷第十六”，首行頂格書寫；次行頂格題“中庸第三十一”，空三格題“鄭氏注”。余仁仲本題“禮記卷第十六”，首行頂格書寫；次行頂格題“中庸第三十一”，下雙行小字；第三行空三格題“禮記”，空九格題“鄭氏注”。嘉靖本題“禮記卷第十六”，首行頂格書寫；次行頂格題“中庸第三十一”，下接釋文，第四行空四格題“禮記”，空二格題“鄭氏注”。

③ “大命”，撫州本、余仁仲本、岳本、嘉靖本、八行本、和本、十行本、閩本、監本、毛本、殿本、阮刻本、叢刊本作“天命”，是。

④ “是謂道”，撫州本、余仁仲本、岳本、嘉靖本、和本、十行本、閩本、監本、毛本、殿本、阮刻本同，八行本“是”作“之”。阮校曰：“循性行之是謂道　閩、監、毛、岳本同，嘉靖本同，衛氏集説同，惠棟校宋本‘是’作‘之’。”

⑤ “放效”，撫州本、余仁仲本、岳本、八行本、和本、十行本、閩本、監本、毛本、（轉下頁注）

“大知”皆同①。放，方往反。傲，胡教反③。**道也者，不可須臾離也，可離非道也。** 道，猶道路也，出入動作由之，離之惡乎從也？○離，力智反，下及注同③。惡，音烏。**是故君子戒慎乎其所不睹，恐懼乎其所不聞。** 小人閒居爲不善，無所不至也。君子則不然，雖視之無人，聽之無聲，猶戒慎恐懼自脩正，是其不須臾離道。○睹，丁古反。恐，匡勇反，注同④。閒，音閑，下同⑤。**莫見乎隱，莫顯乎微，故君子慎其獨也。** 慎獨者，慎其閒居之所爲。小人於隱者，動作言語，自以爲不見睹，不見聞，則必肆盡其情也。若有佔聽之者，是爲顯見，甚於衆人之中爲之。○見，賢遍反，注“顯見”同，一音如字⑥。佔，勑廉反。重言“故君子謹其獨也”四，一見禮器第十篇，二見大學四十二篇。**喜怒哀樂之未發，謂之中；發而皆中節，謂之和。中也者，天下之大本也；和也者，天下之達道也。** 中爲大本者，以其含喜、怒、哀、樂，禮之所由生，政教自此出也。○樂，音洛，注同⑦。中，丁仲反，下注“爲之中”同。重言“中也者，天下之大本也”。篇末“至誠，立天下之大本”。**致中和，天地位焉，萬物育焉。** 致，行之至也。位，猶正也。育，生也，長也。○長，丁丈反。重言“萬物育焉”二，一見樂記十九。

（接上頁注）殿本、阮刻本作“放傲”，嘉靖本作“傲效”。

① “下知者大知皆同”，彙校卷第十四、撫釋一、余仁仲本、和本、十行本、閩本、監本、毛本、殿本、阮刻本同，岳本無此七字。

② “傲胡教反”，彙校卷第十四、撫釋一、余仁仲本、和本、十行本、閩本、監本、毛本、殿本、阮刻本同，岳本無此四字。

③ “及注”，彙校卷第十四、撫釋一、余仁仲本、和本、十行本、閩本、監本、毛本、殿本、阮刻本同，岳本無此二字。

④ “睹丁古反恐匡勇反注同”，彙校卷第十四、撫釋一、余仁仲本、和本、十行本、閩本、監本、毛本、殿本、阮刻本同，岳本無此十字。

⑤ “下同”，彙校卷第十四、撫釋一、余仁仲本、和本、十行本、閩本、監本、毛本、殿本、阮刻本同，岳本無此二字。

⑥ “音”，彙校卷第十四、撫釋一、余仁仲本、和本、十行本、閩本、監本、毛本、殿本、阮刻本同，岳本無此字。

⑦ “注同”，彙校卷第十四、撫釋一、余仁仲本、和本、十行本、閩本、監本、毛本、殿本、阮刻本同，岳本無此二字。

31·2 仲尼曰：“君子中庸，小人反中庸。君子之中庸也，君子而時中；小人之中庸也，小人而無忌憚也。”庸，常也。用中爲常，道也。反中庸者，所行非中庸，然亦自以爲中庸也。君子而時中者，其容貌君子，而又時節其中也。小人而無忌憚，其容貌小人，又以無畏難爲常行，是其反中庸也①。○“小人之中庸也”，王肅本作“小人之反中庸也”②。忌憚，徒旦反。忌，畏也。憚，難也③。難，乃旦反。行，下孟反。

31·3 子曰：“中庸其至矣乎！民鮮能久矣！”鮮，罕也。言中庸爲道至美，顧人罕能久行。○“中庸其至矣乎”，一本作“中庸之爲德，其至矣乎”④。鮮，息淺反，下及注同⑤。罕，呼但反，希少也⑥。

31·4 子曰：“道之不行也，我知之矣：知者過之，愚者不及也。道之不明也，我知之矣：賢者過之，不肖者不及也。人莫不飲食也，鮮能知味也。”罕知其味，謂愚者所以不及也。過與不及，使道不行，唯禮能爲之中。○知，音智，下文“大知也”、“予知”、注“有知”皆同⑦。肖，音笑，下同⑧。重言“賢者過之，不肖者不及也”。喪服四制四十九：“賢者不得

---

① “中”，撫州本、余仁仲本、岳本、嘉靖本、八行本、和本、閩本、監本、毛本、殿本、阮刻本同；十行本作“小”，非。

② “小人之中庸也王肅本作小人之反中庸也”，彙校卷第十四、撫釋一、余仁仲本、嘉靖本、和本、十行本、閩本、監本、毛本、殿本、阮刻本同，岳本無此十七字，嘉靖本漏刪。

③ “忌畏也憚難也”，彙校卷第十四、撫釋一、余仁仲本、和本、十行本、閩本、監本、毛本、殿本、阮刻本同，岳本無此六字。

④ “中庸其至矣乎一本作中庸之爲德其至矣乎”，彙校卷第十四、撫釋一、余仁仲本、嘉靖本、和本、閩本、監本、毛本、殿本、阮刻本同，岳本無此十八字，嘉靖本漏刪；十行本上“乎”作“夫”，非。

⑤ “及注”，彙校卷第十四、撫釋一、余仁仲本、十行本、閩本、監本、毛本、殿本、阮刻本同，岳本無此二字。

⑥ “罕呼但反希少也”，彙校卷十四、撫釋一作“罕也呼坦反希也少也”，余仁仲本、和本作“罕呼坦反希也少也”，十行本、閩本、監本、毛本、殿本、阮刻本作“罕胡坦反希也少也”，岳本作“罕呼坦反”。

⑦ “知音智下文大知也予知注有知皆同”，彙校卷第十四、撫釋一、余仁仲本、和本、十行本、閩本、監本、毛本、殿本、阮刻本同，岳本作“知者音智大知予知注有知皆同”。

⑧ “肖音笑下同”，彙校卷第十四、撫釋一、余仁仲本、和本、十行本、閩本、監本、毛本、殿本、阮刻本同，岳本無此五字。

過，不肖者不得不及。”○“鮮能知味也”，大學四十二：“食而不知其味。”

31·5　子曰：“道其不行矣夫。”閔無明君教之。○夫，音扶。

31·6　子曰：“**舜其大知也與！舜好問而好察邇言，隱惡而揚善，執其兩端，用其中於民，其斯以爲舜乎！**”邇，近也。近言而善，易以進人①，察而行之也。兩端，過與不及也。用其中於民，賢與不肖，皆能行之也。斯，此也。其德如此，乃號爲“舜”，舜之言充也。○與，音餘，下“强與”皆同。好，呼報反，下同。易，以豉反。

31·7　子曰：“**人皆曰‘予知’，驅而納諸罟擭陷阱之中，而莫之知辟也；人皆曰‘予知’，擇乎中庸，而不能期月守也。**”予，我也。言凡人自謂有知，人使之入罟，不知辟也。自謂擇中庸而爲之，亦不能久行②，言其實愚，又無恒。○罟，音古，网之總名。擭，胡化反。尚書傳云③：“捕獸機檻。”陷，“陷没”之陷④。阱，才性反，本或作“穽”，同。阱⑤，穿地陷獸也。説文云：“穽，或爲阱字也。”⑥辟，音避，注“知辟”、“辟害”皆同。期，音基。

31·8　子曰：“**回之爲人也，擇乎中庸，得一善，則拳拳服膺，而弗失之矣。**”拳拳，奉持之貌。○拳，音權，又起阮反，徐羌權反⑦。膺，徐音應，又於陵反。奉，芳勇反⑧。

―――――――――

① “人”，撫州本、余仁仲本、岳本、嘉靖本、八行本、和本、閩本、阮刻本同；十行本、監本、毛本、殿本作“又”，非。

② “能”，撫州本、余仁仲本、岳本、嘉靖本、八行本、和本、閩本、監本、毛本、殿本、阮刻本同；十行本作“徒”，非。

③ “尚書傳云”，彙校卷第十四、撫釋一、余仁仲本、和本、十行本、閩本、監本、毛本、殿本、阮刻本同，岳本無此四字。

④ “陷陷没之陷”，彙校卷第十四、撫釋一、余仁仲本、和本、十行本、閩本、監本、毛本、殿本、阮刻本同，岳本無此五字。

⑤ “本或作穽同阱”，彙校卷第十四、撫釋一、余仁仲本、和本、十行本、閩本、監本、毛本、殿本、阮刻本同，岳本無此六字。

⑥ “説文云穽或爲阱字也”，彙校卷第十四、撫釋一、余仁仲本、和本、十行本、閩本、監本、毛本、殿本、阮刻本同，岳本無此九字。

⑦ “徐羌權反”，彙校卷第十四、撫釋一、余仁仲本、和本、十行本、閩本、監本、毛本、殿本、阮刻本同，岳本無此四字。

⑧ “奉芳勇反”，彙校卷第十四、撫釋一、余仁仲本、和本、十行本、閩本、監本、（轉下頁注）

31·9 子曰："天下國家可均也，爵禄可辭也，白刃可蹈也，中庸不可能也。"言中庸難，爲之難。○蹈，音悼，又徒報反①。

31·10 子路問强。强，勇者所好也。○强，其良反，下同。好，呼報反。子曰："南方之强與？北方之强與②？抑而强與？言三者，所以爲强者異也。抑，辭也。而之言女也，謂中國也。○女，音汝，下"抑女"同。寬柔以教，不報無道，南方之强也，君子居之。南方以舒緩爲强，不報無道，謂犯而不校也。○校，交孝反，報也③。袵金革，死而不厭，北方之强也，而强者居之。袵，猶席也④。北方以剛猛爲强。○袵，而審反⑤，又而鴆反。厭，於豔反。故君子和而不流，强哉矯！中立而不倚，强哉矯！國有道，不變塞焉，强哉矯！國無道，至死不變，强哉矯！"此抑女之强也。流，猶移也。塞，猶實也⑥。國有道，不變以趨時，國無道，不變以辟害。有道、無道，一也。矯，强貌。塞，或爲"色"。○矯，居表反，下同。倚，依彼反，徐其蟻反⑦。

31·11 子曰："素隱行怪，後世有述焉，吾弗爲之矣。素，讀如

（接上頁注）毛本、殿本、阮刻本同，岳本無此四字。

① "又徒報反"，彙校卷第十四、撫釋一、余仁仲本、和本、十行本、閩本、監本、毛本、殿本、阮刻本同，岳本無此四字。

② "北"，唐石經、撫州本、余仁仲本、岳本、嘉靖本、八行本、和本、閩本、監本、毛本、殿本、阮刻本同；十行本作"比"，非。

③ "校交孝反報也"，彙校卷第十四、撫釋一、余仁仲本、和本、十行本、閩本、監本、毛本、殿本、阮刻本同，岳本無此六字。

④ "席"，撫州本、余仁仲本、岳本、嘉靖本、八行本、和本、閩本、監本、毛本、殿本、阮刻本同；十行本作"庿"，非。

⑤ "而審反"，彙校卷十四、撫釋一、余仁仲本、岳本、和本、閩本、監本、毛本、殿本同；十行本作"而忍不"，阮刻本作"而忍反"，皆非。

⑥ "實"，撫州本、余仁仲本、岳本、嘉靖本、八行本、和本、毛本、殿本、阮刻本同；十行本、閩本作墨釘，監本乃後補。阮校曰："塞猶實也　毛本、岳本、嘉靖本、衛氏集説同，閩、監本'實'字闕。"

⑦ "倚依彼反徐其蟻反"，彙校卷第十四、撫釋一、余仁仲本、和本、十行本、閩本、監本、毛本、殿本、阮刻本同，岳本無此八字。

“攻城攻其所傃”之“傃”，傃①，猶鄉也，言方鄉辟害，隱身而行詭譎②，以作後世名也。弗爲之矣，耻之也③。○傃，音素④。鄉，本又作“嚮”⑤，許亮反，下皆同。詭，久委反，下同。譎，音决⑥。**君子遵道而行，半塗而廢，吾弗能已矣。**廢，猶罷止也⑦。弗能已矣，汲汲行道，不爲時人之隱行。○汲，音急⑧。隱行，下孟反。**君子依乎中庸，遯世不見知而不悔⑨，唯聖者能之。**言隱者當如此也。唯舜爲能如此。○遯，本又作“遁”，同，徒頓反⑩。**君子之道費而隱。**言可隱之節也。費，猶佹也。道不費則仕。○費，本又作“拂”，同，扶弗反，徐音弗，注同⑪。**夫婦之愚，可以與知焉；及其至也，雖聖人亦有所不知焉。夫婦之不肖，可以能行焉；及其至也，雖聖人亦有所不能焉。**

---

①“素讀如攻城攻其所傃之傃傃”，撫州本、余仁仲本、岳本、八行本、和本、阮刻本同；十行本缺“素讀如攻城攻”六字，閩本、監本、毛本、殿本“讀如”作“讀爲”，是；嘉靖本脱下一“傃”字。阮校曰：“素讀如攻城攻其所傃之傃　惠棟校宋本、岳本、嘉靖同，考文引古本、足利本同。閩、監、毛本‘如’作‘爲’，衛氏集説亦作‘讀如’，疏放此。”

②“詭”，余仁仲本、和本、十行本、閩本、阮刻本同，撫州本、岳本、嘉靖本、八行本、監本、毛本、殿本作“佹”。

③“耻”，撫州本、余仁仲本、岳本、嘉靖本、八行本、和本、阮刻本同；十行本、閩本、監本、毛本、殿本作“取”，非。

④“傃音素”，彙校卷第十四、撫釋一、余仁仲本、和本、十行本、閩本、監本、毛本、殿本、阮刻本同，岳本作“文公按漢書素當作索蓋字之誤也”。

⑤“本又作嚮”，彙校卷第十四、撫釋一、余仁仲本、和本、十行本、閩本、監本、毛本、殿本、阮刻本同，岳本無此四字。

⑥“詭久委反下同譎音决”，岳本無此九字，彙校卷第十四、撫釋一、余仁仲本、和本、十行本、閩本、監本、毛本、殿本、阮刻本“詭”作“佹”。

⑦“止”，撫州本、余仁仲本、岳本、嘉靖本、八行本、和本、閩本、監本、毛本、殿本、阮刻本同；十行本作墨釘。

⑧“汲音急”，彙校卷第十四、撫釋一、余仁仲本、和本、十行本、閩本、監本、毛本、殿本、阮刻本同，岳本無此三字。

⑨“遯”，唐石經、撫州本、余仁仲本、岳本、嘉靖本、八行本、和本、閩本、監本、毛本、殿本、阮刻本同；十行本作“遇”，下釋文同，非。

⑩“遯本又作遁同徒頓反”，彙校卷第十四、撫釋一、余仁仲本、和本、十行本、閩本、監本、毛本、殿本、阮刻本同，岳本無此九字。

⑪“費本又作拂同扶弗反徐音弗注同”，彙校卷第十四、撫釋一、余仁仲本、和本、十行本、閩本、監本、毛本、殿本、阮刻本同，岳本作“費扶弗反又音弗文公云符味”。

與，讀爲“贊者皆與”之“與”①。言匹夫、匹婦愚耳，亦可以其與有所知，可以其能有所行者。以其知行之極也。聖人有不能如此，舜好察邇言，由此故與②？○以與，音預，注“皆與之與”、“以其與”同③。好，呼報反。故與，音餘。<u>重言</u>“其至也”三，又見下文。**天地之大也，人猶有所憾**。憾，恨也。天地至大，無不覆載，人尚有所恨焉，況於聖人能盡備之乎？○憾，本又作“感”，胡暗反，注同④。

故君子語大，天下莫能載焉；語小，天下莫能破焉。 語，猶說也。所說大事，謂先王之道也；所說小事，謂若愚、不肖夫婦之知行也。聖人盡兼行。

詩云：‘鳶飛戾天，魚躍于淵。’言其上下察也。察，猶著也。言聖人之德至于天，則鳶飛戾天；至於地，則魚躍于淵⑤。是其著明於天地也。○鳶，悅專反，字又作鳶⑥。戾，力計、吕結二反⑦。躍，羊灼反。著，張慮反，卜同⑧。**君子之道，造端乎夫婦；及其至也，察乎天地。”** 夫婦，謂匹夫、匹婦之所知所行。○造，在老反⑨。

31·12 **子曰：“道不遠人。人之爲道而遠人，不可以爲道。** 言道即不遠於人，人不能行也。**詩云：‘伐柯伐柯，其則不遠。’執柯以伐**

---

① “贊”，<u>撫州本</u>、<u>余仁仲本</u>、<u>岳本</u>、<u>嘉靖本</u>、<u>八行本</u>、<u>和本</u>、<u>閩本</u>、<u>監本</u>、<u>毛本</u>、<u>殿本</u>、<u>阮刻本</u>同；<u>十行本</u>作墨釘。

② “與”，<u>余仁仲本</u>、<u>岳本</u>、<u>嘉靖本</u>、<u>八行本</u>、<u>和本</u>、<u>十行本</u>、<u>閩本</u>、<u>監本</u>、<u>毛本</u>、<u>殿本</u>、<u>阮刻本</u>同；<u>撫州本</u>作“歟”，非。

③ “皆與之與以其與”，<u>彙校</u>卷第十四、<u>撫釋一</u>、<u>余仁仲本</u>、<u>和本</u>、<u>閩本</u>、<u>監本</u>、<u>毛本</u>、<u>殿本</u>、<u>阮刻本</u>同，<u>岳本</u>無此七字，<u>十行本</u>“以”字作墨釘。

④ “憾本又作感胡暗反注同”，<u>彙校</u>卷第十四、<u>撫釋一</u>、<u>余仁仲本</u>、<u>和本</u>、<u>十行本</u>、<u>閩本</u>、<u>監本</u>、<u>毛本</u>、<u>殿本</u>、<u>阮刻本</u>同，<u>岳本</u>無此十字。

⑤ “于”，<u>余仁仲本</u>、<u>岳本</u>、<u>嘉靖本</u>、<u>八行本</u>、<u>和本</u>、<u>十行本</u>、<u>閩本</u>、<u>監本</u>、<u>毛本</u>、<u>殿本</u>、<u>阮刻本</u>同，<u>撫州本</u>作“於”。考異曰：“‘於’字是也，此蓋注用今字。”

⑥ “鳶悅專反字又作鳶”，<u>余仁仲本</u>、<u>十行本</u>、<u>閩本</u>、<u>監本</u>、<u>毛本</u>同，<u>岳本</u>作“鳶音捐”；<u>彙校</u>卷第十四、<u>撫釋一</u>、<u>和本</u>、<u>殿本</u>、<u>阮刻本</u>下“鳶”作“載”，是。

⑦ “二”，<u>彙校</u>卷第十四、<u>撫釋一</u>、<u>余仁仲本</u>、<u>和本</u>、<u>閩本</u>、<u>監本</u>、<u>毛本</u>、<u>殿本</u>、<u>阮刻本</u>同；<u>十行本</u>作“三”，非。

⑧ “躍羊灼反著張慮反下同”，<u>彙校</u>卷第十四、<u>撫釋一</u>、<u>余仁仲本</u>、<u>和本</u>、<u>十行本</u>、<u>閩本</u>、<u>監本</u>、<u>毛本</u>、<u>殿本</u>、<u>阮刻本</u>同，<u>岳本</u>無此十字。

⑨ “造在老反”，<u>彙校</u>卷第十四、<u>撫釋一</u>、<u>余仁仲本</u>、<u>和本</u>、<u>十行本</u>、<u>閩本</u>、<u>監本</u>、<u>毛本</u>、<u>殿本</u>、<u>阮刻本</u>同，<u>岳本</u>作“造音皁”。

柯，睨而視之，猶以爲遠。則，法也。言持柯以伐木，將以爲柯近，以柯爲尺寸之法。此法不遠人，人尚遠之①，明爲道不可以遠。○柯，古何反。睨，徐音詣，睥睨也②。故君子以人治人，改而止。言人有罪過，君子以人道治之，其人改而止赦之③，不責以人所不能。忠恕違道不遠，施諸己而不願，亦勿施於人。違，猶去也。君子之道四，丘未能一焉：所求乎子，以事父，未能也；所求乎臣，以事君，未能也；所求乎弟，以事兄，未能也；所求乎朋友，先施之，未能也。聖人而曰我未能，明人當勉之無已。庸德之行，庸言之謹，有所不足，不敢不勉，有餘不敢盡；言顧行，行顧言，庸，猶常也。言德常行也，言常謹也。聖人之行，實過於人。有餘不敢盡，常爲人法，從禮也。○行行，皆下孟反，注“聖人之行”同，或一讀皆如字④。君子胡不慥慥爾！⑤君子，謂眾賢也。慥慥，守實，言行相應之貌。○慥，七到反。行，下孟反。應，於陵反，舊音“應對”之應⑥。君子素其位而行，不願乎其外。素富貴，行乎富貴；素貧賤，行乎貧賤；素夷狄，行乎夷狄；素患難，行乎患難：君子無入而不自得焉。傃，皆讀爲“素”⑦。不願乎其外，謂思不出其位也。自得，謂所鄉不失其道。○難，

---

① “此法不遠人人尚遠之”，余仁仲本、岳本、嘉靖本、和本、十行本、閩本、監本、毛本、殿本、阮刻本同；撫州本、八行本不重“人”字，是。

② “睨徐音詣睥睨也”，彙校卷第十四、撫釋一、余仁仲本、和本、十行本、閩本、監本、毛本、殿本、阮刻本同，岳本作“睨音詣”。

③ “而”，撫州本、余仁仲本、岳本、嘉靖本、八行本、和本、十行本、閩本、監本、毛本、殿本、阮刻本作“則”，是。

④ “注聖人之行同或一讀皆如字”，彙校卷第十四、撫釋一、余仁仲本、和本、十行本、閩本、監本、毛本、殿本、阮刻本同，岳本作“注之行同或皆如字”。

⑤ “君子胡不慥慥爾”，嘉靖本接經文“行顧言”。

⑥ “舊音應對之應”，彙校卷第十四、撫釋一、余仁仲本、和本、十行本、閩本、監本、毛本、殿本、阮刻本同，岳本作“舊如字”。

⑦ “傃皆讀爲素”，余仁仲本、十行本、閩本、毛本、殿本、阮刻本同，和本誤作“讀素素爲讀”；撫州本、岳本、嘉靖本、八行本、監本作“素讀皆爲傃”，是。阮校曰：“傃皆讀爲素　惠棟校宋本作‘素讀皆爲傃’，宋監本、岳本、嘉靖本同，考文引古本同。此本誤倒，閩、監、毛本同。”

乃旦反，下同①。**在上位不陵下，在下位不援上，**援，謂牽持之也。○援，音爰，注同②。**正己而不求於人，則無怨。上不怨天，下不尤人。**無怨，人無怨之者也。論語曰："君子求諸己，小人求諸人。"○己，音紀。怨，於願反，又於元反，下及注並同③。**故君子居易以俟命，小人行險以徼幸。"**易，猶平安也。俟命，聽天任命也。險，謂傾危之道。○易，以豉反，注同。徼，古堯反④。

31・13　**子曰："射有似乎君子：失諸正鵠，反求諸其身。**反求於其身，不以怨人。畫曰正⑤，棲皮曰鵠。○正，音征，注同⑥。鵠，古毒反，注同⑦。正、鵠，皆鳥名也。一曰正，正也。鵠，直也。大射則張皮侯而棲鵠，賓射張布侯而設正也。棲，細兮反⑧。重言失諸正鵠。射義四十六："發而不失正鵠者。"○反求諸其身。射義："反求諸己而已矣。"**君子之道，辟如行遠必自**

---

①"下同"，彙校卷第十四、撫釋一、余仁仲本、和本、十行本、閩本、監本、毛本、殿本、阮刻本同，岳本無此二字。

②"援音爰注同"，岳本作"援音園"，彙校卷第十四、撫釋一、余仁仲本、和本、十行本、閩本、監本、毛本、殿本、阮刻本"爰"作"園"。

③"己音紀怨於願反又於元反下及注並同"，彙校卷第十四、撫釋一、余仁仲本、和本、十行本、閩本、監本、毛本、殿本、阮刻本同，岳本無此十六字。

④"注同徼古堯反"，彙校卷第十四、撫釋一、余仁仲本、和本、十行本、閩本、監本、毛本、殿本、阮刻本同，岳本作"徼音澆"。

⑤"畫曰正"，撫州本、余仁仲本、岳本、嘉靖本、八行本、十行本、阮刻本同；和本、閩本、監本、毛本、殿本"曰"上衍"布"字，吳氏朱批補之，非。阮校曰："畫曰正　岳本同，惠棟校宋本同，嘉靖本同，足利本同。閩、監、毛本'畫'下有'布'字，衛氏集説同。岳本考證云：'按：正，鳥名。周禮射人賓射之儀"畫布爲正"是也。'原本無'布'字者，以凡侯皆布爲之，彩畫三分之一，不必復言'布'耳，乃省文，非脱簡也。"

⑥"注同"，彙校卷第十四、撫釋一、余仁仲本、和本、十行本、閩本、監本、毛本、殿本、阮刻本同，岳本無此二字。

⑦"注同"，彙校卷第十四、撫釋一、余仁仲本、和本、十行本、閩本、監本、毛本、殿本、阮刻本同，岳本無此二字。

⑧"一曰正正也鵠直也大射則張皮侯而棲鵠賓射張布侯而設正也棲細兮反"，彙校卷第十四、撫釋一、余仁仲本、和本、十行本、閩本、監本、毛本、殿本、阮刻本同，岳本無此三十字。

邇，辟如登高必自卑。自，從也。邇，近也。行之以近者、卑者，始以漸致之高遠①。○辟，音譬，下同。邇，音爾②。卑，音婢，又如字，注同③。詩曰：‘妻子好合，如鼓瑟琴④。兄弟既翕，和樂且耽。宜爾室家，樂爾妻帑。’”琴瑟聲相應和也⑤。翕，合也。耽，亦樂也。古者謂子孫曰帑。此詩言和室家之道，自近者始。○好，呼報反。翕，許急反⑥。樂，音洛，下及注同。耽，丁南反⑦。帑，音奴，子孫也，本又作“孥”，同。尚書傳、毛詩箋並云：“子也。”杜預注左傳云：“妻子也。”應，“應對”之應⑧。和，胡臥反。子曰：“父母其順矣乎。”謂其教令行，使室家順。

31·14 子曰：“鬼神之爲德，其盛矣乎！視之而弗見，聽之而弗聞，體物而不可遺。體，猶生也。可，猶所也。不有所遺，言萬物無不以鬼神之氣生也。重言“視之而弗見，聽之而不聞”，大學四十二：“視而不見，聽而不聞。”使天下之人齊明盛服，以承祭祀，洋洋乎如在其上，如在其左

---

① “漸”，撫州本、岳本、嘉靖本、八行本、和本、閩本、監本、毛本、殿本、阮刻本同；余仁仲本、十行本作“斬”，非。

② “下同邇音爾”，彙校卷第十四、撫釋一、余仁仲本、和本、十行本、閩本、監本、毛本、殿本、阮刻本同，岳本無此五字。

③ “注同”，彙校卷第十四、撫釋一、余仁仲本、和本、十行本、閩本、監本、毛本、殿本、阮刻本同，岳本無此二字。

④ “鼓”，撫州本、余仁仲本、岳本、八行本、和本、十行本、閩本、監本、毛本、殿本、阮刻本同；嘉靖本作“皷”，非。

⑤ “琴瑟”，余仁仲本、岳本、嘉靖本、十行本、閩本、監本、毛本、殿本、阮刻本同；撫州本、八行本、和本作“瑟琴”，是。

⑥ “翕許急反”，彙校卷第十四、撫釋一、余仁仲本、和本、十行本、閩本、監本、毛本、殿本、阮刻本同，岳本無此四字。

⑦ “耽丁南反”，彙校卷第十四、撫釋一、余仁仲本、和本、十行本、閩本、監本、毛本、殿本、阮刻本同，岳本無此四字。

⑧ “子孫也本又作孥同尚書傳毛詩箋並云子也杜預注左傳云妻子也應應對之應”，彙校卷第十四、撫釋一、余仁仲本、和本、十行本、閩本、監本、毛本、殿本、阮刻本同，岳本無此三十二字。

右。明，猶潔也①。洋洋，人想思其傍偟之貌。○齊，側皆反，本亦作“齋”。洋，音羊。傍皇，薄剛反，謂左右也，徐方岡反②。偟，徐於愷反③，又音愛。**詩曰：‘神之格思，不可度思，矧可射思。’**格，來也。矧，況也。射，厭也。思，皆聲之助，言神之來，其形象不可億度而知，事之盡敬而已，況可厭倦乎？○格，古百反④。度，待洛反，注同⑤。矧，詩忍反⑥，注同⑦。射，音亦。厭，於豔反，字又作“獻”，下同。盡，子忍反⑧。**夫微之顯，誠之不可揜如此夫。”**言神無形而著，不言而誠。○揜，音掩，於檢反⑨。此夫，音扶。著，張慮反⑩。

　　31·15 子曰：“**舜其大孝也與！德爲聖人，尊爲天子，富有四海之内，宗廟饗之，子孫保之。**保，安也。○與，音餘。重言“德爲聖人”至“子孫保之”二，一見下文。**故大德必得其位，必得其禄，必得其名，必得其壽。**名，令聞也。○聞，音問，下“令聞”同⑪。**故天之生物，必因其**

---

①“潔”，余仁仲本、岳本、嘉靖本、和本、十行本、閩本、監本、毛本、殿本、阮刻本同，撫州本、八行本作“絜”。

②“本亦作齋洋音羊傍皇薄剛反謂左右也徐方岡反”，彙校卷第十四、撫釋一、余仁仲本、和本、十行本、閩本、監本、毛本、殿本、阮刻本同，岳本無此二十字。

③“徐”，彙校卷第十四、撫釋一、余仁仲本、和本、十行本、閩本、監本、毛本、殿本、阮刻本同，岳本無此字。

④“格古百反”，彙校卷第十四、撫釋一、余仁仲本、和本、十行本、閩本、監本、毛本、殿本、阮刻本同，岳本無此四字。

⑤“注同”，彙校卷第十四、撫釋一、余仁仲本、和本、十行本、閩本、監本、毛本、殿本、阮刻本同，岳本無此二字。

⑥“矧詩忍反”，彙校卷第十四、撫釋一、余仁仲本、岳本、和本、閩本、監本、毛本、殿本、阮刻本同；十行本“忍”作“思”，非。

⑦“注同”，彙校卷第十四、撫釋一、余仁仲本、和本、十行本、閩本、監本、毛本、殿本、阮刻本同，岳本無此二字。

⑧“厭於豔反字又作獻下同盡子忍反”，彙校卷第十四、撫釋一、余仁仲本、和本、殿本同，岳本無此十四字；十行本、閩本、監本、毛本、阮刻本“獻”作“厭”，非。

⑨“揜音掩於檢反”，彙校卷第十四、撫釋一、余仁仲本、和本、十行本、閩本、監本、毛本、殿本、阮刻本同，岳本無此六字。

⑩“著張慮反”，彙校卷第十四、撫釋一、余仁仲本、和本、十行本、閩本、監本、毛本、殿本、阮刻本同，岳本無此四字。

⑪“下令聞同”，彙校卷第十四、撫釋一、余仁仲本、和本、十行本、閩本、監本、毛本、阮刻本同，岳本、殿本無此四字。

材而篤焉。材,謂其質性也。篤,厚也。言善者天厚其福,惡者天厚其毒,皆由其本而爲之。**故栽者培之**①**,傾者覆之。**栽,讀如"文王初載"之載。栽,猶殖也。培,益也。今時人名草木之殖曰栽,築牆立板亦曰栽。栽,或爲"茲"②。覆,敗也。○栽,依注音災③,將才反,注同,植也。培,蒲回反④。覆,芳伏反。載之載,並音災,本或作"哉",同⑤。**詩曰:'嘉樂君子,憲憲令德。宜民宜人,受禄于天。保佑命之,自天申之。'故大德者必受命。"**憲憲,興盛之貌。保,安也。佑,助也。○嘉,户嫁反,詩本作"假",音同。假,嘉也,皇音加,善也⑥。憲,音顯,注同,一音如字⑦。佑,音祐,下注同⑧。

31・16 **子曰:"無憂者,其唯文王乎! 以王季爲父,以武王爲子。父作之,子述之。**聖人以立法度爲大事,子能述成之,則何憂乎? 堯、舜之父子,則有凶頑;禹、湯之父子,則寡令聞。父子相成,唯有文王。**武王纘大王、王季、文王之緒,壹戎衣而有天下,身不失天下之顯名。尊爲天子,富有四海之内,宗廟饗之,子孫保之。**纘,繼也。緒,業也。戎,兵也。衣,讀如"殷",聲之誤也。齊人言"殷"聲如"衣"。虞、夏、殷、周氏者多矣⑨,今姓有衣者,殷

---

①"栽",撫州本、余仁仲本、岳本、嘉靖本、八行本、和本、閩本、監本、毛本、殿本、阮刻本同;十行本作"栽",注文同,非。

②"茲",余仁仲本、岳本、和本、十行本、閩本、監本、毛本、殿本、阮刻本同;撫州本、嘉靖本、八行本作"滋"。

③"依注",彙校卷第十四、撫釋一、余仁仲本、和本、十行本、閩本、監本、毛本、殿本、阮刻本同,岳本無此二字。

④"將才反注同植也培蒲回反",彙校卷第十四、撫釋一、余仁仲本、和本、十行本、閩本、監本、毛本、殿本、阮刻本同,岳本無此十一字。

⑤"本或作哉同",彙校卷第十四、撫釋一、余仁仲本、和本、閩本、監本、毛本、殿本、阮刻本同,岳本無此五字。

⑥"詩本作假音同假嘉也皇音加善也",彙校卷第十四、撫釋一、余仁仲本、和本、十行本、閩本、監本、毛本、殿本、阮刻本同,岳本作"詩作假音同又音加"。

⑦"注同一音如字",彙校卷第十四、撫釋一、余仁仲本、和本、閩本、監本、毛本、殿本、阮刻本同,岳本作"一如字";十行本"如"作"好",非。

⑧"佑音祐下注同",彙校卷第十四、撫釋一、余仁仲本、和本、閩本、監本、毛本、殿本、阮刻本同,岳本無此六字。

⑨"殷",撫州本、余仁仲本、岳本、嘉靖本、八行本、和本、十行本、閩本、監本、毛本、殿本、阮刻本作"商",是。

之胄與^①？“壹戎殷”者，壹用兵伐殷也^②。○纘，徐音纂^③，哉管反。大，音泰，下及注“大王”皆同。壹戎衣，依注“衣”作“殷”，於巾反，謂一用兵伐殷也。尚書依字讀，謂一著戎衣而天下大定^④。胄與，直救反，下音餘^⑤。**武王末受命，周公成文、武之德，追王大王、王季，上祀先公以天子之禮。斯禮也，達乎諸侯、大夫及士、庶人。父爲大夫，子爲士，葬以大夫，祭以士；父爲士，子爲大夫，葬以士，祭以大夫。期之喪，達乎大夫。三年之喪，達乎天子。父母之喪，無貴賤，一也。”**末，猶老也。追王大王、王季者，以王迹起焉，先公組紺以上，至后稷也。斯禮達於諸侯、大夫、士^⑥、庶人者，謂葬之，從死者之爵；祭之，用生者之祿也。言大夫葬以大夫，士葬以士，則追王者，改葬之矣。期之喪，達於大夫者，謂旁親所降在大功者，其正統之期，天子、諸侯猶不降也。大夫所降，天子、諸侯絕之不爲服，所不臣乃服之也。承葬、祭説、期三年之喪者，明子事父以孝，不用其尊卑變。○末，亡遏反。追王，于況反，注“追王”同^⑦。期，音基，注同^⑧。組，音祖。紺，古闇反。組紺，大王之父也，亦曰諸盩。盩，音置留反。以上，時掌反^⑨。不爲服，于僞反。重意“天子之

---

① “胄”，余仁仲本、岳本、嘉靖本、八行本、和本、十行本、閩本、監本、毛本、殿本、阮刻本同，撫州本作“賢”，非。

② “用”，撫州本、余仁仲本、岳本、嘉靖本、八行本、和本、十行本、閩本、監本、毛本、阮刻本同；殿本作“月”，非。

③ “徐音纂”，彙校卷第十四、撫釋一、余仁仲本、和本、十行本、閩本、監本、毛本、殿本、阮刻本同，岳本無此三字。

④ “壹戎衣依注衣作殷於巾反謂一用兵伐殷也尚書依字讀謂一著戎衣而天下大定”，彙校卷第十四、撫釋一、余仁仲本、和本、十行本、閩本、監本、毛本、殿本、阮刻本同，岳本作“衣於巾反”。

⑤ “胄與直救反下音餘”，彙校卷第十四、撫釋一、余仁仲本、十行本、閩本、監本、毛本、殿本、阮刻本同，岳本無此八字。

⑥ “士”，撫州本、余仁仲本、岳本、嘉靖本、八行本、和本、閩本、監本、毛本、殿本、阮刻本同；十行本作“卜”，非。

⑦ “注追王同”，彙校卷第十四、撫釋一、余仁仲本、和本、十行本、閩本、監本、毛本、殿本、阮刻本同，岳本無此四字。

⑧ “注同”，彙校卷第十四、撫釋一、余仁仲本、和本、十行本、閩本、監本、毛本、殿本、阮刻本同，岳本無此二字。

⑨ “組紺大王之父也亦曰諸盩盩音置留反以上時掌反”，彙校卷第十四、撫釋（轉下頁注）

禮，達乎諸侯、大夫及士、庶人。”王制：“自天子達于庶人。”大學：“自天子以至于庶人。”○“父爲士，子爲大夫”二，一見喪服小記。

31·17　子曰：“武王、周公，其達孝矣乎！夫孝者，善繼人之志，善述人之事者也。春秋脩其祖廟，陳其宗器，設其裳衣，薦其時食。脩，謂埽糞也。宗器，祭器也。裳衣，先祖之遺衣服也。設之當以授尸也。時食，四時祭也。○埽，悉報反。糞，弗運反，本亦作“攢”，亦作“拚”，同①。宗廟之禮，所以序昭穆也。序爵，所以辨貴賤也。序事，所以辨賢也。旅酬下爲上，所以逮賤也。燕毛，所以序齒也。序，猶次也。爵，謂公、卿、大夫、士也。事，謂薦羞也。以辨賢者，以其事別所能也。若司徒“羞牛”②，宗伯“共鷄牲”矣。文王世子曰：“宗廟之中，以爵爲位，崇德也。宗人授事以官，尊賢也。”旅酬下爲上者，謂若特牲饋食之禮。賓弟子、兄弟之子各舉觶於其長也。逮賤者，宗廟之中，以有事爲榮也。燕，謂既祭而燕也，燕以髮色爲坐，祭時尊尊也，至燕親親也。齒，亦年也。○昭穆，常遥反③，穆，又作“繆”，音同。逮，本又作“逯”，同，音代。燕，於見反，注並同。別，彼列反。共，音恭。饋，其位反。觶，音至。長，丁丈反，下“謂長”同④。重意“宗廟之禮，所以序昭穆也”。仲尼燕居二十八：“禘、嘗之禮，所以仁昭穆也。”踐其位，行其禮，奏其樂，敬其所尊，愛其所親，事死如事生，事亡如事存，孝之至也。踐，猶升也。其者，其先祖也。踐，或爲“纘”。○重言“事死如事生”二，一見祭義二十四。○“孝之至也”二，一見祭義。郊社之禮，所以事上帝

（接上頁注）一、余仁仲本、和本、十行本、閩本、監本、毛本、殿本、阮刻本同，岳本無此二十一字。

①“糞弗運反本亦作攢亦作拚同”，彙校卷第十四、撫釋一、余仁仲本、和本、十行本、閩本、監本、毛本、殿本、阮刻本同，岳本無此十二字。

②“羞”，撫州本、余仁仲本、岳本、嘉靖本、八行本、和本、十行本、阮刻本同；閩本、監本、毛本、殿本作“奉”，非。

③“常遥反”下，岳本有“文公如字爲上文公去聲”十字。

④“穆又作繆音同逯本又作逯同音代燕於見反注並同別彼列反共音恭饋其位反觶音至長丁丈反下謂長同”，彙校卷第十四、撫釋一、和本、十行本、閩本、監本、毛本、殿本、阮刻本同，岳本無此四十三字；余仁仲本“彼列反”之“反”作“皮”，非。

也。宗廟之禮，所以祀乎其先也。社，祭也神①，不言后土者，省文。○
省，色領反②。○<u>重意</u>"郊社之禮，所以事上帝也"。仲尼燕居："郊社之義，所以
仁鬼神也。"明乎郊社之禮、禘嘗之義，治國其如示諸掌乎！示，讀如
"寘諸河干"之"寘"。寘，置也。物而在掌中，易爲知力者也。序爵、辨賢、尊尊、
親親，治國之要。○示，依注音寘，之豉反③。易，以豉反。知力，音智，本亦無
"力"字。治之要，治，音直吏反，一本作"治國之要"，治則如字④。<u>重意</u>"明乎郊
社之禮、禘嘗之義，治國其如示諸掌乎"。仲尼燕居云："明乎郊社之義、禘嘗之
禮，治國其如指諸掌而已乎！"

31·18○<u>哀公問政。子曰："文、武之政，布在方策。其人
存，則其政舉；其人亡，則其政息。</u>方，版也。策，簡也。息，猶滅也。○
方策，初革反。版，音板，本亦作"板"⑤。人道敏政，地道敏樹。敏，猶勉
也。樹，謂殖草木也。人之無政，若地無草木矣。敏，或爲"謀"。夫政也者，
蒲盧也。蒲盧，蜾蠃，謂土蜂也。詩曰："螟蛉有子，蜾蠃負之。"螟蛉，桑蟲也。
蒲盧取桑蟲之子，去而變化之，以成爲己子。政之於百姓，若蒲盧之於桑蟲
然。○蒲盧⑥，並如字。爾雅云："蜾蠃，蒲盧。"即今之細腰蜂也，一名蠮螉。蜾，
音果。蠃，力果反，本亦作"蠃"，音同。蜂，芳封反，字亦作"蠭"，同。螟，莫瓶反。
蛉，音零。己，音紀⑦。故爲政在人，在於得賢人也。取人以身，脩身以

─────────

① "也"，<u>撫州本</u>、<u>余仁仲本</u>、<u>岳本</u>、<u>嘉靖本</u>、<u>八行本</u>、<u>和本</u>、<u>十行本</u>、<u>閩本</u>、<u>監本</u>、<u>毛本</u>、<u>殿本</u>、
<u>阮刻本</u>作"地"，是。
② "省色領反"，<u>彙校卷第十四</u>、<u>撫釋一</u>、<u>余仁仲本</u>、<u>和本</u>、<u>十行本</u>、<u>閩本</u>、<u>監本</u>、<u>毛本</u>、<u>殿本</u>、
<u>阮刻本</u>同，<u>岳本</u>無此四字。
③ "示依注音寘之豉反"，<u>彙校卷第十四</u>、<u>撫釋一</u>、<u>余仁仲本</u>、<u>和本</u>、<u>十行本</u>、<u>閩本</u>、<u>監本</u>、<u>毛</u>
<u>本</u>、<u>殿本</u>、<u>阮刻本</u>同，<u>岳本</u>作"示音寘"。
④ "知力音智本亦無力字治之要治音直吏反一本作治國之要治則如字"，<u>余仁仲本</u>同，<u>岳</u>
<u>本</u>無此二十八字；<u>彙校卷第十四</u>、<u>撫釋一</u>、<u>和本</u>、<u>十行本</u>、<u>閩本</u>、<u>監本</u>、<u>毛本</u>、<u>殿本</u>、<u>阮刻本</u>
上"要"下有"也"字，<u>和本</u>、<u>十行本</u>、<u>閩本</u>、<u>監本</u>、<u>毛本</u>、<u>殿本</u>、<u>阮刻本</u>無"治音"之"音"字。
⑤ "方策初革反版音板本亦作板"，<u>彙校卷第十四</u>、<u>撫釋一</u>、<u>余仁仲本</u>、<u>和本</u>、<u>十行本</u>、<u>閩本</u>、
<u>監本</u>、<u>毛本</u>、<u>殿本</u>、<u>阮刻本</u>同，<u>岳本</u>無此十二字。
⑥ "蒲盧"上，<u>岳本</u>有"夫文公音扶"五字。
⑦ "爾雅云蜾蠃蒲盧即今之細腰蜂也一名蠮螉蜾音果蠃力果反本亦作蠃音同<u>（轉下頁注）</u>

道，脩道以仁。_{取人以身，言明君乃能得人。}**仁者，人也，親親爲大；義者，宜也，尊賢爲大。親親之殺，尊賢之等，禮所生也。**_{人也，讀如}"相人偶"_{之人，以人意相存問之言。○殺，色界反，徐所例反①。}重言"仁者，人也"_{二，一見表記三十二。}**在下位不獲乎上，民不可得而治矣。**_{此句其屬在下，著脱誤重在此。○治，直吏反，一音如字。脱，音奪。重，直用反②。}重言"在下位不獲乎上，民不可得而治矣"_{二，下文一。}**故君子不可以不脩身。思脩身，不可以不事親；思事親，不可以不知人；思知人，不可以不知天。**_{言脩身乃知孝，知孝乃知人，知人乃知賢、不肖，知賢、不肖乃知天命所保佑。}**天下之達道五，所以行之者三。曰：君臣也，父子也，夫婦也，昆弟也，朋友之交也。五者天下之達道也③。知、仁、勇三者，天下之達德也，所以行之者一也。**_{達者常行，百王所不變也。○知，音智，下"近乎知"、注"言有知"，皆同。}重言"所以行之者一也"_{二，一見下文。}**或生而知之，或學而知之，或困而知之；及其知之，一也。**_{困而知之，謂長而見禮義之事，己臨之而有不足，乃始學而知之，此達道也。○長，丁丈反。己，音紀④。}**或安而行之，或利而行之，或勉强而行之；及其成功，一也。"**_{利，謂貪榮名也。勉强，耻不若人。○强，其兩反，注同⑤。}

　　31·19 子曰："好學近乎知，力行近乎仁，知耻近乎勇。知斯

_{（接上頁注）蜂芳封反字亦作蠭同蝀莫瓶反蛉音零己音紀"，彙校卷第十四、撫釋一、余仁仲本、和本、十行本、閩本、監本、毛本、殿本、阮刻本同，岳本無此五十字。}

_{①"徐"，彙校卷第十四、撫釋一、余仁仲本、和本、十行本、閩本、監本、毛本、殿本、阮刻本同，岳本作"又"。}

_{②"治直吏反一音如字脱音奪重直用反"，彙校卷第十四、撫釋一、余仁仲本、和本、十行本、閩本、監本、毛本、殿本、阮刻本同，岳本無此十五字。}

_{③"道"，唐石經、撫州本、余仁仲本、岳本、嘉靖本、八行本、和本、閩本、監本、毛本、殿本、阮刻本同；十行本作"德"，非。}

_{④"己音紀"，彙校卷第十四、撫釋一、余仁仲本、和本、十行本、閩本、監本、毛本、殿本、阮刻本同，岳本無此三字。}

_{⑤"注同"，彙校卷第十四、撫釋一、余仁仲本、和本、十行本、閩本、監本、毛本、殿本、阮刻本同，岳本無此二字。}

三者,則知所以脩身;知所以脩身,則知所以治人;知所以治人,則知所以治天下國家矣。言有知、有仁、有勇,乃知脩身。則脩身以此三者爲基。○好,呼報反。近,“附近”之近,下同①。行,皇如字,徐下孟反②。凡爲天下國家有九經,曰:脩身也,尊賢也,親親也,敬大臣也,體羣臣也,子庶民也,來百工也,柔遠人也,懷諸侯也。體,猶接納也。子,猶愛也。遠人,蕃國之諸侯也。○子,如字,徐將吏反,下句放此。蕃,方元反③。重言“凡爲天下國家有九經”二,下文一。○“尊賢也”二,一見文王世子第八。又祭義二十四:“教不伐以尊賢也。”○“親親也”三,一見下文,一見大傳十六。脩身則道立,尊賢則不惑,親親則諸父昆弟不怨,敬大臣則不眩,體羣臣則士之報禮重,子庶民則百姓勸,來百工則財用足,柔遠人則四方歸之,懷諸侯則天下畏之。不惑,謀者良也。不眩,所任明也。○眩,賢遍反④。齊明盛服,非禮不動,所以脩身也;去讒遠色,賤貨而貴德,所以勸賢也;尊其位,重其禄,同其好惡,所以勸親親也;官盛任使,所以勸大臣也;忠信重禄,所以勸士也;時使薄斂,所以勸百姓也;日省月試,既廩稱事,所以勸百工也;送往迎來,嘉善而矜不能,所以柔遠人也;繼絕世,舉廢國,治亂持危,朝聘以時,厚往而薄來,所以懷諸侯也。同其好惡,不特有所好惡於同姓,雖恩不同⑤,義必同也。尊重其禄位,所以貴之,不必授以官守,天官不可私也⑥。官盛任使,

---

① “近附近之近下同”,彙校卷第十四、撫釋一、余仁仲本、和本、十行本、閩本、監本、毛本、殿本、阮刻本同,岳本無此七字。

② “行皇如字徐下孟反”,彙校卷第十四、撫釋一、余仁仲本、和本、十行本、閩本、監本、毛本、殿本、阮刻本同,岳本作“行如字又下孟反”。

③ “子如字徐將吏反下句放此蕃方元反”,彙校卷第十四、撫釋一、余仁仲本、和本、十行本、閩本、監本、毛本、殿本、阮刻本同,岳本無此十五字。

④ “眩賢遍反”,彙校卷第十四、撫釋一、余仁仲本、和本、十行本、閩本、監本、毛本、殿本、阮刻本“賢”作“玄”,岳本作“懸”;撫釋二作“亡”,非。

⑤ “恩”,撫州本、余仁仲本、岳本、嘉靖本、和本、十行本、閩本、監本、毛本、殿本、阮刻本同;八行本作“惡”,非。

⑥ “天”,余仁仲本、岳本、嘉靖本、八行本、和本、十行本、閩本、監本、毛本、殿(轉下頁注)

大臣皆有屬官所任使，不親小事也。忠信重禄，有忠信者，重其禄也。時使，使之以時。日省月試，考校其成功也①。既，讀爲“餼”。餼廩，稍食也。槀人職曰：“乘其事，考其弓弩②，以下上其食。”○齊，側皆反。去，起吕反。遠，于萬反。好惡，上呼報反，下烏路反，又並如字，注同③。斂，力驗反。既，依注音餼，許氣反④。廩，彼錦反，一本又力錦反⑤。稱，尺證反。朝，直遥反。槀，苦報反，一音古老反⑥。上，時掌反⑦。重意“所以勸百姓也”，文王世子：“所以體百姓也。”

凡爲天下國家有九經，所以行之者一也。凡事豫則立，不豫則廢。言前定則不跲，事前定則不困，行前定則不疚，道前定則不窮。一⑧，謂當豫也。跲，躓也。疚⑨，病也。人不能病之。○跲，其劫反，皇音給。行，下孟反。疚，音救。躓，徐音致⑩。**在下位不獲乎上，民不可得而**

---

①“成”，撫州本、余仁仲本、岳本、嘉靖本、八行本、和本、閩本、監本、毛本、殿本、阮刻本同；十行本作墨釘。

②“考”，撫州本、余仁仲本、岳本、嘉靖本、八行本、和本、十行本、閩本、監本、毛本、殿本、阮刻本同，周禮夏官槀人作“試”。

③“好惡上呼報反下烏路反又並如字注同”，岳本作“好惡皆去聲又並字”；彙校卷第十四、撫釋一、余仁仲本、和本、十行本、閩本、監本、毛本、殿本、阮刻本無“上”字，十行本“下”字作墨釘。

④“既依注音餼許氣反”，彙校卷第十四、撫釋一、余仁仲本、和本、十行本、閩本、監本、毛本、殿本、阮刻本同，岳本作“既音餼”。

⑤“一本”，彙校卷第十四、撫釋一、余仁仲本、和本、十行本、閩本、監本、毛本、殿本、阮刻本同，岳本無此二字。

⑥“一音古老反”，彙校卷第十四、撫釋一、余仁仲本、和本、閩本、監本、毛本、殿本、阮刻本同，岳本無“音”字，十行本“古”字作墨釘。

⑦“上時掌反”，彙校卷第十四、撫釋一、余仁仲本、和本、十行本、閩本、監本、毛本、殿本、阮刻本同，岳本無此四字。

⑧“一”，撫州本、余仁仲本、岳本、嘉靖本、八行本、和本、閩本、監本、毛本、殿本、阮刻本同；十行本作“二”，非。

⑨“疚”，撫州本、余仁仲本、岳本、嘉靖本、八行本、和本、閩本、監本、毛本、殿本、阮刻本同；十行本作“疾”，非。

⑩“跲其劫反皇音給行下孟反疚音救躓徐音致”，彙校卷十四、撫釋一、余仁仲本、和本、閩本、監本、毛本、殿本、阮刻本同，岳本“皇”作“又”，無“徐”字；十行本“跲”上缺“○”號，“跲”作“十治”，“皇”作“望”，“孟反”作“同同”，“躓”作墨釘，“徐”作“躓”，皆非。

治矣。獲,得也。言臣不得於君,則不得居位治民。獲乎上有道,不信乎朋友,不獲乎上矣。信乎朋友有道,不順乎親,不信乎朋友矣。順乎親有道,反諸身不誠,不順乎親矣。誠身有道,不明乎善,不誠乎身矣。言知善之爲善,乃能行誠。○重意"反諸身不誠,不順乎親矣"。哀公問:"能敬其身,則能成其身矣。"誠者,天之道也。誠之者,人之道也。誠者,不勉而中,不思而得,從容中道,聖人也。誠之者,擇善而固執之者也。言誠者,天性也。誠之者,學而誠之者也。因誠,身説有大至誠。○中,丁仲反,又如字,下"中道"同①。從,七容反。重言"天之道也",哀公問二十七:"是天道也。"○"人之道也"二,下文一。

31·20"博學之,審問之,慎思之,明辨之,篤行之。有弗學,學之弗能,弗措也;有弗問,問之弗知,弗措也;有弗思,思之弗得,弗措也;有弗辨,辨之弗明,弗措也;有弗行,行之弗篤,弗措也。人一能之己百之,人十能之己千之。果能此道矣,雖愚必明,雖柔必強。此勸人學誠其身也。果,猶決也。○措,七路反,下及注皆同②,置也。強,其良反。

31·21"自誠明,謂之性。自明誠,謂之教。誠則明矣,明則誠矣。自,由也。由至誠而有明德,是聖人之性者也。由明德而有至誠,是賢人學以成之也③。有至誠則必有明德,有明德則必有至誠。

31·22"唯天下至誠,爲能盡其性;能盡其性,則能盡人之性;能盡人之性,則能盡物之性;能盡物之性,則可以贊天地之化育;可以贊天地之化育,則可以與天地參矣。盡性者,謂順理之,使不

---

① "中道",彙校卷第十四、撫釋一、余仁仲本、和本、十行本、閩本、監本、毛本、殿本、阮刻本同,岳本無此二字。

② "及注皆",彙校卷第十四、撫釋一、余仁仲本、和本、十行本、閩本、監本、毛本、殿本、阮刻本同,岳本無此三字。

③ "成",撫州本、余仁仲本、岳本、嘉靖本、八行本、和本、閩本、監本、毛本、殿本同;十行本、阮刻本作"知",非。

失其所也。贊，助也。育，生也。助天地之化生，謂聖人受命在王位，致大平。○大，音泰①。

31·23“其次致曲，曲能有誠，誠則形，形則著，著則明，明則動，動則變，變則化，唯天下至誠爲能化。其次，謂自明誠者也。致，至也。曲，猶小小之事也。不能盡性，而有至誠於有義焉而已。形，謂人見其功也。盡性之誠，人不能見也。著，形之大者也。明，著之顯者也。動，動人心也。變，改惡爲善也。變之久，則化而性善也。

31·24“至誠之道，可以前知。國家將興，必有禎祥；國家將亡，必有妖孽。見乎蓍龜，動乎四體。禍福將至，善，必先知之；不善，必先知之。故至誠如神。可以前知者，言天不欺至誠者也。前亦先也。禎祥妖孽，蓍龜之占，雖其時有小人、愚主②，皆爲至誠能知者出也③。四體，謂龜之四足。春占後左，夏占前左，秋占前右，冬占後右。○禎，音貞。妖，於驕反。左傳云：“地反物爲妖。”説文作“祅”，云“衣服、歌謡、草木之怪，謂之祅。”④孽，魚列反，説文作“𤅩”，云“禽獸、虫蝗之怪謂之𤅩”⑤。見乎，賢遍反，下“不見”、注“著見”同，一本“乎”作“於”。著，音尸，注同。爲，于僞反⑥。○重言“必先知之”三，一見孔子閒居二十九。

————————

①“大音泰”，彙校卷第十四、撫釋一、余仁仲本、和本、十行本、閩本、監本、毛本、殿本、阮刻本同，岳本無此三字。

②“主”，撫州本、余仁仲本、岳本、八行本、和本、十行本、閩本、監本、毛本、殿本、阮刻本同；嘉靖本作“王”，非。

③“出”，撫州本、余仁仲本、岳本、嘉靖本、八行本、和本、閩本、監本、毛本、殿本、阮刻本同；十行本作“巳”，非。

④“左傳云地反物爲妖説文作祅云衣服歌謡草木之怪謂之祅”，彙校卷第十四、撫釋一、余仁仲本、和本、殿本、阮刻本同，岳本無此二十四字；十行本、閩本、監本、毛本上“祅”作“娱”，非。

⑤“説文作𤅩云禽獸虫蝗之怪謂之𤅩”，彙校卷第十四、撫釋一、余仁仲本、和本、十行本、閩本、監本、毛本、殿本、阮刻本同，岳本無此十四字。

⑥“見乎賢遍反下不見注著見同一本乎作於著音尸注同爲于僞反”，彙校卷十四、撫釋一、余仁仲本同；岳本作“見賢遍反下不見注著見同著音尸爲于僞反”，殿本作“見賢遍反下不見注著見同一本乎作於著音尸爲于僞反”，和本、十行本、閩本、監本、毛本、阮刻本作“一本乎作於著音尸爲于僞反”。

31·25“誠者自成也，而道自道也。言人能至誠，所以自成也。有道藝，所以自道達。○自道，音導，注“自道”同①。誠者物之終始，不誠無物。物，萬物也，亦事也。大人無誠，萬物不生；小人無誠，則事不成。是故君子誠之爲貴。言貴至誠。誠者非自成己而已也，所以成物也。成己，仁也；成物，知也。性之德也，合外内之道也，以至誠成己，則仁道立；以至誠成物，則知彌博，此五性之所以爲德也，外内所須而合也。外内，猶上下。○知，音智，注同②。故時措之宜也。時措，言得其時而用也。

31·26“故至誠無息。不息則久，久則徵。徵則悠遠，悠遠則博厚，博厚則高明。徵，猶效驗也。此言至誠之德既著於四方，其高厚日以廣大也。徵，或爲“徹”。博厚，所以載物也；高明，所以覆物也；悠久，所以成物也。博厚配地，高明配天，悠久無疆。後言悠久者，言至誠之德，既至博厚、高明，配乎天地，又欲其長久行之。○疆，居良反。如此者，不見而章，不動而變，無爲而成。天地之道，可壹言而盡也，言其德化與天地相似，可一言而盡，要在至誠③。其爲物不貳，則其生物不測。言至誠無貳，乃能生萬物多無數也。○不貳，本亦作“佩”，音二④。天地之道，博也，厚也，高也，明也，悠也，久也。此言其著見成功也。今夫天，斯昭昭之多，及其無窮也，日月星辰繫焉，萬物覆焉。今夫地，一撮土之多，及其廣厚⑤，載華嶽而不重，振河、海而不洩，萬

①“注自道同”，彙校卷第十四、撫釋一、余仁仲本、和本、十行本、閩本、監本、毛本、殿本、阮刻本同，岳本無此四字。

②“注同”，彙校卷第十四、撫釋一、余仁仲本、和本、十行本、閩本、監本、毛本、殿本、阮刻本同，岳本無此二字。

③“至”，撫州本、余仁仲本、岳本、嘉靖本、八行本、和本、閩本、監本、毛本、殿本、阮刻本同；十行本作“全”，非。

④“不貳本亦作佩音二”，彙校卷第十四、撫釋一、余仁仲本、和本、閩本、監本、毛本、殿本、阮刻本同，岳本無此八字；十行本“佩”作“貳”，非。

⑤“厚”，唐石經、撫州本、余仁仲本、岳本、嘉靖本、八行本、和本、阮刻本同；十行本、閩本、監本、毛本、殿本作“大”，非。阮校曰：“一撮土之多及其廣厚　惠棟校宋本、（轉下頁注）

物載焉。今夫山，一卷石之多，及其廣大，草木生之，禽獸居之，寶藏興焉。今夫水，一勺之多，及其不測，黿鼉、蛟龍^①、魚鼈生焉，貨財殖焉。此言天之高明，本生昭昭；地之博厚，本由撮土^②；山之廣大，本起卷石；水之不測，本從一勺，皆合少成多，自小致大^③。爲至誠者，亦如此乎^④！昭昭，猶耿耿，小明也。振，猶收也^⑤。卷，猶區也。○夫，音扶，下同。昭，章遙反，注同，本亦作"炤"，同^⑥。撮，七活反^⑦。華嶽，户化、户瓜反^⑧，本亦作

（接上頁注）宋監本、石經、南宋石經、岳本、嘉靖本、衛氏集説、考文引古本、足利本並同。閩、監、毛本'厚'誤'大'。"

① "蛟龍"，嘉靖本、十行本、閩本、監本、毛本、殿本同，唐石經、撫州本、余仁仲本、岳本、八行本、和本、阮刻本作"鮫龍"。阮校曰："鮫龍　石經、南宋石經、岳本、宋監本同。閩、監、毛本'鮫'作'蛟'，嘉靖本、衛氏集説同，惠棟校宋本亦作'鮫'。釋文出'鮫龍'云：本又作'蛟'。"

② "由"，撫州本、余仁仲本、岳本、嘉靖本、八行本、和本、阮刻本同；十行本、閩本、監本、毛本、殿本作"起"，非。阮校曰："本由撮土　惠棟校宋本、岳本、嘉靖本、衛氏集説同。閩、監、毛本'由'作'起'。"

③ "本從一勺皆合少成多自小致大"，撫州本、余仁仲本、岳本、嘉靖本、八行本、和本、阮刻本同；十行本、閩本、監本、毛本、殿本作"本由一勺言天地山川積小致大"，非。阮校曰："本從一勺皆合少成多自小致大　惠棟校宋本、宋監本、岳本、嘉靖本、衛氏集説同。閩、監、毛本'從'誤'由'，'皆合少成多自'誤'言天地山川積'。孫志祖校云：'困學紀聞："合少成多"出中庸注。'閻若璩云無此語，蓋未見宋本也。"

④ "亦"，撫州本、余仁仲本、岳本、嘉靖本、八行本、和本、殿本同；十行本、閩本、監本、毛本、阮刻本作"以"，非。阮校曰："以如此乎　閩、監、毛本同，惠棟校宋本'以'作'亦'，宋監本、岳本、嘉靖本、衛氏集説同。"

⑤ "耿耿小明也振猶收也"，撫州本、余仁仲本、岳本、嘉靖本、八行本、和本、毛本、殿本、阮刻本同，十行本、閩本作墨釘，監本缺，乃後人手補。

⑥ "下同昭章遙反注同本亦作炤同"，彙校卷第十四、撫釋一、余仁仲本、和本、毛本、殿本、阮刻本同，岳本無此十三字，十行本、閩本"注同本亦作炤同"七字作墨釘，監本缺。

⑦ "撮七活反"，彙校卷十四、撫釋一、余仁仲本、和本、毛本、殿本、阮刻本同，十行本、閩本"撮七活"三字作墨釘，監本缺。

⑧ "户瓜"下，彙校卷十四、余仁仲本、岳本、和本、十行本、閩本、監本、毛本、殿本、阮刻本有"二"字，是。

"山嶽"①。洩,息列反。卷,李音權,又羌權反,范羌阮反,注同②。藏,才浪反。勺,徐市若反,黿音元。鼂,徒河,一音直丹反③。鮫,音交,本又作"蛟"。鼈,必列反。耿,公迥反,又公頂反,舊音孔頂反。區,羌俱反④。**詩曰:'惟天之命,於穆不已!'蓋曰天之所以爲天也。'於乎不顯!文王之德之純。'蓋曰文王之所以爲文也,純亦不已。** 天所以爲天⑤,文王所以爲文,皆由行之無已,爲之不止,如天地山川之云也⑥。易曰:"君子以順德,積小以成高大"是與⑦。○於穆,上音烏,下"於乎"亦同。乎,好奴反。慎,如字,一本又

---

① "本亦作山嶽",彙校卷第十四、撫釋一、余仁仲本、和本、毛本、殿本、阮刻本同,岳本無此五字,十行本、閩本"嶽"字作墨釘,監本缺。

② "嶽洩息列反卷李音權又羌權反范羌阮反注同",彙校卷第十四、撫釋一、余仁仲本、和本、毛本、殿本、阮刻本同,岳本作"洩息列反卷音權又羌權反",十行本、閩本"嶽洩息列反卷李音權又"十字作墨釘,監本缺,毛本脱"李"字。

③ "勺徐市若反黿音元鼂徒河一音直丹反",岳本作"勺市若反黿音元鼂徒河反一直丹反",十行本、閩本"勺徐市若反黿音元鼂徒"十字作墨釘,監本缺;彙校卷第十四、撫釋一、余仁仲本、和本、十行本、毛本、殿本、阮刻本"河"下有"反"字,是。

④ "鮫音交本又作蛟鼈必列反耿公迥反又公頂反舊音孔頂反區羌俱反",彙校卷十四、撫釋一、余仁仲本、和本、毛本、殿本、阮刻本同,十行本、閩本除"鮫音交本又作"、"公頂反"之"公"、"羌俱反"之"反"八字外,其餘作墨釘,監本缺。

⑤ "天所以爲天",撫州本、余仁仲本、岳本、嘉靖本、八行本、和本、毛本、殿本、阮刻本同;十行本、閩本作墨釘,監本缺,乃後人手補。阮校曰:"天所以爲天　惠棟校宋本、宋監本、毛本、岳本、嘉靖本同,閩、監本五字闕。"

⑥ "地山川之云也",撫州本、余仁仲本、岳本、嘉靖本、八行本、和本、毛本、殿本、阮刻本同;十行本、閩本作墨釘,監本缺,乃後人手補。阮校曰:"如天地山川之云也　惠棟校宋本、宋監本、毛本、岳本、嘉靖本、衛氏集説同。閩、監本'地山川之云也'六字闕。"

⑦ "易曰君子以順德積小以成高大是與",余仁仲本、和本、十行本、閩本、監本、毛本、殿本、阮刻本同;撫州本、岳本、八行本無"成"字,是;嘉靖本、八行本"順"作"慎"。阮校曰:"易曰君子以順德積小以成高大　閩、監、毛本同,惠棟校宋本'順'作'慎',嘉靖本同。考文云:'宋板無"成"字。'岳本亦無"成"字,'順'字同。考文引古本、足利本亦作'慎'。釋文出'慎德'云:'一本又作"順"。'孫志祖校云:'按易升卦巽下坤上,順德,坤德也。作"慎"則於卦義不切。詩"應侯順德",鄭箋亦引易曰"君子以順德",可證康成本作"順"矣。"積小以成高大",今易本無"成"字。'"

作“順”。與，音餘①。

31・27“大哉聖人之道！洋洋乎發育萬物，峻極于天。育，生也。峻，高大也②。○洋，音羊。峻，思閏反③。重言“峻拯于天”二，一見孔子閒居。優優大哉！禮儀三百，威儀三千。待其人然後行④。故曰：‘苟不至德，至道不凝焉。’言爲政在人，政由禮也。疑，猶成也⑤。○優，於求反。倡，優也。凝，本又作“疑”，魚澄反⑥。故君子尊德性而道問學，致廣大而盡精微，極高明而道中庸。温故而知新，敦厚以崇禮。德性，謂性至誠者。道，猶由也。問學，學誠者也。廣大，猶博厚也。温，讀如“燖温”之温，謂故學之孰矣，後“時習之”，謂之温⑦。○燖，音尋。是故居上不

① “於穆上音烏下於乎亦同乎好奴反慎如字一本又作順與音餘”，彙校卷第十四、撫釋一、余仁仲本、和本、毛本、殿本同，岳本作“於音烏乎好奴反下於乎同”。十行本“穆上音烏下於”、“反慎如字一本”十二字作墨釘，閩本有“本”字，其餘作墨釘；監本有“本”字，其餘缺；“好奴反”之“好”，阮刻本作“呼”，非。

② “也峻高大也”，撫州本、余仁仲本、岳本、嘉靖本、八行本、和本、毛本、殿本、阮刻本同；十行本、閩本作墨釘，監本缺，乃後人手補。阮校曰：“育生也峻高大也　毛本、岳本、衛氏集説、宋監本、惠棟校宋本、嘉靖本同。閩、監本‘也峻高大也’五字闕。”

③ “洋音羊峻思閏反”，彙校卷十四、余仁仲本、和本、毛本、殿本同，岳本無此七字；十行本、閩本作墨釘，監本缺，阮刻本“閏”作“潤”。

④ “然後”，唐石經、撫州本、余仁仲本、岳本、嘉靖本、八行本、阮刻本同；和本、十行本、閩本、監本、毛本、殿本作“而後”，非。阮校曰：“待其人然後行　石經、南宋石經、岳本、宋監本、嘉靖本、衛氏集説同。閩、監、毛‘然’作‘而’，石經考文提要云：‘按禮記集説曲禮篇引吕大臨説，仲尼燕居篇引方愨説，此篇引楊時、譚維寅、晏光説俱作“然後行”。宋大字本、宋本九經、南宋巾箱本、余仁仲本、劉叔剛本並作“然後”。’”

⑤ “政在人政由禮也疑猶”，撫州本、余仁仲本、岳本、嘉靖本、八行本、和本、毛本、殿本、阮刻本同；十行本、閩本作墨釘，監本缺，乃後人手補。阮校曰：“言爲政在人政由禮也凝猶成也　惠棟校宋本、毛本、岳本、嘉靖本同。閩、監本‘言爲’、‘成也’四字存，餘九字並闕。”

⑥ “優於求反倡優也凝本又作疑魚澄反”，彙校卷第十四、撫釋一、余仁仲本、和本、毛本、殿本、阮刻本同，岳本無此十五字；十行本、閩本“求反倡優也凝本又作”九字作墨釘，監本缺。

⑦ “也廣大猶博厚也温讀如燖”、“學之孰矣後時習之謂之温”二十二字，撫州本、余仁仲本、岳本、嘉靖本、八行本、和本、毛本、殿本、阮刻本同，十行本作墨釘；閩本惟“也廣大猶博厚也”七字作墨釘，監本缺此七字，乃後人手補。阮校曰：“學誠者也廣大猶博厚也　毛本同，岳本同，嘉靖本同，衛氏集説同。閩、監、毛本‘也廣大猶博厚也’（轉下頁注）

驕，爲下不倍；國有道，其言足以興；國無道，其默足以容。興，謂起
在位也。驕，本亦作“喬”，音嬌①。倍，音佩。默，亡北反②。詩曰：‘既明且
哲，以保其身。’其此之謂與！”保，安也。○哲，陟列反，徐本作“知”③，音
智。與，音餘。

31·28　子曰：“愚而好自用，賤而好自專，生乎今之世，反古
之道，如此者，烖及其身者也。”反古之道，謂曉一孔之人，不知今王之新
政可從。○好，呼報反，下同。烖，音災。非天子，不議禮，不制度，不考
文。此天下所共行，天子乃能一之也。禮，謂人所服行也。度，國家宮室及車輿
也。文，書名也。今天下車同軌，書同文，行同倫。今，孔子謂其時。○
行，下孟反。雖有其位，苟無其德，不敢作禮樂焉；雖有其德，苟無
其位，亦不敢作禮樂焉。言作禮樂者，必聖人在天子之位。

31·29　子曰：“吾説夏禮，杞不足徵也。吾學殷禮，有宋存
焉。吾學周禮，今用之，吾從周。徵，猶明也。吾能説夏禮，顧杞之君不
足與明之也。吾從周，行今之道。○杞，音起④。重言“吾從周”三，檀弓一、坊
記。王天下有三重焉，其寡過矣乎！三重，三王之禮。○王，于況反，又
如字⑤。上焉者雖善無徵，無徵不信，不信民弗從；下焉者雖善不
尊，不尊不信，不信民弗從。上，謂君也，君雖善，善無明徵，則其善不信
也。下，謂臣也，臣雖善，善而不尊君，則其善亦不信也。徵，或爲“登”⑥。故君

（接上頁注）七字闕。”鍔案：阮説不確，毛本不缺“也廣大猶博厚也”七字。
①“驕本亦作喬音嬌”，彙校卷第十四、撫釋一、余仁仲本、和本、十行本、閩本、監本、毛本、
　殿本、阮刻本同，岳本無此七字；此七字是釋文文字，當在“驕”上補“○”號。
②“默亡北反”，彙校卷第十四、撫釋一、余仁仲本、十行本、閩本、監本、毛本、殿本、阮刻本
　同，岳本無此四字；和本“北”作“比”，非。
③“陟列反徐本作知”，彙校卷第十四、撫釋一、余仁仲本、和本、閩本、監本、毛本、殿本同，
　岳本“徐本”作“又”；十行本、阮刻本“陟”作“涉”，非。
④“杞音起”，彙校卷第十四、撫釋一、余仁仲本、和本、十行本、閩本、監本、毛本、殿本、阮
　刻本同，岳本無此三字。
⑤“又如字”下，岳本衍“重上聲”三字。
⑥“登”，撫州本、余仁仲本、岳本、嘉靖本、八行本、十行本、閩本同；和本、監（轉下頁注）

子之道，本諸身，徵諸庶民，考諸<u>三王</u>而不繆，建諸天地而不悖，質諸鬼神而無疑，百世以俟聖人而不惑。質諸鬼神而無疑，知天也；百世以俟聖人而不惑，知人也。知天、知人，謂知其道也。鬼神，從天地者也。易曰："故知鬼神之情狀，與天地相似。"聖人則之，百世同道。○徵，或爲"登"①。繆，音謬。悖，布内反，後同。是故君子動而世爲天下道，行而世爲天下法，言而世爲天下則。遠之則有望，近之則不厭。用其法度，想思若其將來也②。○遠，如字，又于萬反。近，如字，又"附近"之近③。厭，於艷反，後皆同④。詩曰：'在彼無惡，在此無射。庶幾夙夜，以永終譽。'君子未有不如此而蚤有譽於天下者也。"射，厭也。永，長也。○射，音亦，注同。蚤，音早⑤。

　　31·30 <u>仲尼</u>祖述<u>堯</u>、<u>舜</u>，憲章<u>文</u>、<u>武</u>；上律天時，下襲水土。此以<u>春秋</u>之義，説<u>孔子</u>之德。<u>孔子</u>曰："吾志在<u>春秋</u>，行在<u>孝經</u>。"二經固足以明之。<u>孔子</u>祖述<u>堯</u>、<u>舜</u>之道而制<u>春秋</u>⑥，而斷以<u>文王</u>、<u>武王</u>之法度。<u>春秋</u>傳曰："君子曷爲爲<u>春秋</u>？撥亂世，反諸正，莫近諸<u>春秋</u>⑦。其諸君子樂道<u>堯</u>、<u>舜</u>之道與？末不亦樂乎⑧？<u>堯</u>、<u>舜</u>之知君子也。"又曰："是子也，繼<u>文王</u>之體，守<u>文王</u>之法度。

（接上頁注）本、<u>毛</u>本、<u>殿</u>本、<u>阮</u>刻本、<u>吳氏朱批</u>、<u>叢刊本</u>作"證"，下"或爲登"同，皆非。

① 據<u>撫州</u>本、<u>余仁仲</u>本、<u>岳</u>本、<u>嘉靖</u>本、<u>和</u>本、十行本、<u>閩</u>本、<u>監</u>本、<u>毛</u>本、<u>殿</u>本、<u>阮</u>刻本，"徵或爲登"四字是鄭注文字，應將"徵"上"○"號移至"登"字下。

② "想"，<u>撫州</u>本、<u>余仁仲</u>本、<u>岳</u>本、<u>嘉靖</u>本、八行本、<u>和</u>本、十行本、<u>閩</u>本、<u>監</u>本、<u>殿</u>本、<u>阮</u>刻本同；<u>毛</u>本作"相"，非。

③ "又附近之近"，彙校卷第十四、<u>撫釋</u>一、<u>余仁仲</u>本、<u>和</u>本、十行本、<u>閩</u>本、<u>監</u>本、<u>毛</u>本、<u>殿</u>本、<u>阮</u>刻本同，<u>岳</u>本作"又去聲"。

④ "後皆同"，彙校卷第十四、<u>撫釋</u>一、<u>余仁仲</u>本、<u>和</u>本、十行本、<u>閩</u>本、<u>監</u>本、<u>毛</u>本、<u>殿</u>本、<u>阮</u>刻本同，<u>岳</u>本無"皆"字。

⑤ "射音亦注同蚤音早"，彙校卷第十四、<u>撫釋</u>一、<u>余仁仲</u>本、<u>和</u>本、十行本、<u>閩</u>本、<u>監</u>本、<u>毛</u>本、<u>殿</u>本、<u>阮</u>刻本同，<u>岳</u>本作"惡文公去聲射音亦文公音姤詩作斁"。

⑥ "祖述"，<u>撫州</u>本、<u>余仁仲</u>本、<u>岳</u>本、<u>嘉靖</u>本、八行本、<u>和</u>本、<u>閩</u>本、<u>監</u>本、<u>毛</u>本、<u>殿</u>本同，十行本、<u>阮</u>刻本作"所述"，非。

⑦ "春秋"，<u>撫州</u>本、<u>余仁仲</u>本、<u>岳</u>本、八行本、<u>和</u>本、十行本、<u>閩</u>本、<u>監</u>本、<u>毛</u>本、<u>殿</u>本、<u>阮</u>刻本同；<u>嘉靖</u>本"秋"下衍"焉"字。

⑧ "末不亦樂乎"，<u>撫州</u>本、<u>余仁仲</u>本、<u>岳</u>本、<u>嘉靖</u>本、八行本、<u>和</u>本、十行本、<u>閩</u>（轉下頁注）

文王之法,無求而求,故譏之也。"又曰:"王者孰謂?謂文王也。"此孔子兼包堯、舜、文、武之盛德而著之春秋,以俟後聖者也。律,述也。述天時,謂編年四時具也。襲,因也,因水土,謂記諸夏之事,山川之異。○行,下孟反①。斷,丁亂反。曷爲,于僞反,又如字。撥,半末反。近,"附近"之近,又如字②。與,音餘。編,必綿反,又甫連反③。**辟如天地之無不持載,無不覆幬;辟如四時之錯行,如日月之代明。萬物並育而不相害,道並行而不相悖。小德川流,大德敦化。此天地之所以爲大也。**聖人制作,其德配天地,如此唯五始可以當焉。幬,亦覆也。小德川流,浸潤萌牙④,喻諸侯也。大德敦化,厚生萬物,喻天子也。○幬,或作"燾"⑤。辟,音譬,下同⑥。幬,徒報反。錯,七各反。當,丁浪反,又丁郎反⑦。浸,子鴆反。燾,徒報反⑧。

31・31　**唯天下至聖,爲能聰明叡知⑨,足以有臨也;寬裕溫柔,足以有容也;發强剛毅,足以有執也;齊莊中正,足以有敬也;**

(接上頁注)本、監本、毛本、殿本、阮刻本、吳氏朱批、叢刊本同,和本、十行本"亦"作"以",非。

①"行下孟反",彙校卷第十四、撫釋一、余仁仲本、和本、十行本、閩本、監本、毛本、殿本、阮刻本同,岳本無此四字。

②"撥半末反近附近之近又如字",彙校卷第十四、撫釋一、殿本同,岳本無此十二字;余仁仲本、和本、十行本、閩本、監本、毛本、阮刻本"半"作"生",非。

③"編必綿反又甫連反",岳本無此八字,彙校卷第十四、撫釋一、余仁仲本、和本、殿本、阮刻本"綿"作"緜";十行本、閩本、監本、毛本"綿"作"緜"非。

④"牙",撫州本、余仁仲本、嘉靖本、八行本同;岳本、和本、十行本、閩本、監本、殿本、毛本、阮刻本作"芽",非。

⑤據撫州本、余仁仲本、岳本、嘉靖本、八行本、和本、十行本、閩本、監本、毛本、殿本、阮刻本,"幬或作燾"四字是鄭注文字,應將"幬"上"○"號移至"燾"下。

⑥"下同",彙校卷第十四、撫釋一、余仁仲本、和本、十行本、閩本、監本、毛本、殿本、阮刻本同,岳本無此二字。

⑦"丁郎反",彙校卷十四、撫釋一、余仁仲本、岳本、和本、殿本同;十行本、閩本、監本、毛本、阮刻本"丁"作"下",非。

⑧"浸子鴆反燾徒報反",彙校卷第十四、撫釋一、余仁仲本、和本、十行本、閩本、監本、毛本、殿本、阮刻本同,岳本無此八字。

⑨"叡",唐石經、撫州本、余仁仲本、岳本、嘉靖本、八行本、和本同;十行本、閩本、監本、殿本、毛本、阮刻本作"睿",非。

文理密察，足以有別也。言德不如此，不可以君天下也。蓋傷孔子有其德而無其命。○叡，音鋭。知，音智，下“聖知”同。齊，側皆反。別，彼列反。溥博淵泉，而時出之。言其臨下普徧，思慮深重，非得其時，不出政教。○溥，音普。徧，音遍。思，息嗣反，又如字①。溥博如天，淵泉如淵。見而民莫不敬，言而民莫不信，行而民莫不説。是以聲名洋溢乎中國，施及蠻貊。舟車所至，人力所通，天之所覆，地之所載，日月所照，霜露所隊②，凡有血氣者，莫不尊親，故曰配天。如天，取其運照不已也。如淵，取其清深不測也。尊親，尊而親之。○見，賢遍反。説，音悦。施，以豉反。貉，本又作“貊”③，武伯反，説文云：“北方人也。”④隊，直類反。

　　31·32唯天下至誠，爲能經綸天下之大經，立天下之大本，知天地之化育。至誠，性至誠，謂孔子也。大經，謂六藝，而指春秋也。大本，孝經也。綸，本又作“綸”，同音倫⑤。夫焉有所倚！肫肫其仁，淵淵其淵，浩浩其天。安有所倚⑥，言無所偏倚也。故人人自以被德尤厚⑦，似偏

---

① “徧音遍思息嗣反又如字”，彙校卷第十四、撫釋一、余仁仲本、和本、十行本、閩本、監本、毛本、殿本、阮刻本同，岳本無此十字。

② “隊”，余仁仲本、岳本、嘉靖本、八行本、和本、十行本、閩本、監本、殿本、毛本、阮刻本同，唐石經、撫州本作“墜”。

③ “本又作貊”，彙校卷第十四、撫釋一、余仁仲本、和本、十行本、閩本、監本、毛本、殿本、阮刻本同，岳本無此四字。

④ “説文云北方人也”，彙校卷第十四、撫釋一、余仁仲本、和本、十行本、閩本、監本、毛本、殿本、阮刻本同，岳本無此七字。

⑤ “綸本又作綸同音倫”，彙校卷第十四、撫釋一、余仁仲本、和本、十行本、閩本、監本、毛本、殿本、阮刻本同，岳本無此八字；此八字是釋文文字，當在“綸”上補“○”號。

⑥ “有”，撫州本、余仁仲本、岳本、嘉靖本、八行本、和本、殿本、阮刻本同；十行本、閩本、監本、毛本作“無”，非。阮校曰：“安有所倚　惠棟校宋本如此，宋監本、岳本、嘉靖本、衛氏集説同，考文引古本、足利本同。此本誤作‘安無所以’，閩、監、毛本‘倚’字同，‘有’誤‘無’。”鍔案：阮説不確。

⑦ “故人人”，余仁仲本、和本、十行本、閩本、監本、毛本、阮刻本同，岳本、殿本“故”作“而”；撫州本、嘉靖本、八行本無“故”字，是。阮校曰：“故人人　閩、監、毛本同。惠棟校宋本無‘故’字，宋監本、嘉靖本同。岳本‘故’作‘而’。”

頗者。肫肫，讀如"誨爾忳忳"之忳，忳忳，懇誠貌也①。肫肫，或爲"純純"。○焉，於虔反。倚，依綺、於寄二反，注同②。肫，依注音之淳反③。浩，胡老反。被，皮義反。頗，破河反。懇，苦很反④。純純，一音淳⑤，又之淳反。**苟不固聰明聖知達天德者，其孰能知之？** 言唯聖人，乃能知聖人也。春秋傳曰："末不亦樂乎？ 堯、舜之知君子。"明凡人不知。

31·33 **詩曰："衣錦尚絅"，惡其文之著也。故君子之道，闇然而日章；小人之道，的然而日亡。** 言君子深遠難知，小人淺近易知。人所以不知孔子，以其深遠。禪爲絅，錦衣之美而君子以絅表之，爲其文章露見，似小人也。○絅，本又作"穎"，詩作"褧"，同，口迥反，徐口定反，一音口穎反⑥。惡，烏路反。著⑦，張慮反。闇，於感反，又如字。日，而一反，下同⑧。的，丁歷反。易，以豉反，下"易舉"同⑨。禪爲，音丹。爲其，于僞反。見，賢遍反。**君子之道：淡而不厭，簡而文，溫而理，知遠之近，知風之自，知微之**

---

① "忳忳懇誠貌也"，余仁仲本、岳本、嘉靖本、和本、十行本、閩本、監本、毛本、殿本、阮刻本同，撫州本、八行本不重"忳"字。阮校曰："讀如誨爾忳忳之忳忳忳懇誠貌也　閩、監、毛本同，岳本、嘉靖本同，衛氏集説同。考文引宋板、古本，'忳'字不重。段玉裁云：'"如"當作"爲"，宋監本少一"忳"字，非也。'"

② "倚依綺於寄二反注同"，彙校卷第十四、撫釋一、余仁仲本、和本、十行本、閩本、監本、毛本、殿本、阮刻本同，岳本無此九字。

③ "依注音"，彙校卷第十四、撫釋一、余仁仲本、和本、十行本、閩本、監本、毛本、殿本、阮刻本同，岳本無此三字。

④ "被皮義反頗破河反懇苦很反"，余仁仲本、和本、十行本、閩本、監本、毛本、阮刻本同，岳本無此十二字；彙校卷第十四、撫釋一、殿本"苦"作"口"。

⑤ "純純一音淳"，彙校卷十四、撫釋一作"純純音淳"，余仁仲本、岳本、和本、十行本、閩本、監本、毛本、殿本、阮刻本作"純音淳"。

⑥ "絅本又作穎詩作褧同口迥反徐口定反一音口穎反"，彙校卷第十四、撫釋一、余仁仲本、和本、毛本、殿本、阮刻本同，岳本作"絅口迥反又口定反"，"絅"上有"衣文公去聲"五字；十行本、閩本、監本"褧"作"裳"，非。

⑦ "著"上，岳本有"下惡於志同"五字。

⑧ "日而一反下同"，彙校卷第十四、撫釋一、余仁仲本、和本、十行本、閩本、監本、毛本、殿本、阮刻本同，岳本無此六字。

⑨ "易以豉反下易舉同"，彙校卷第十四、撫釋一、余仁仲本、和本、十行本、閩本、監本、毛本、殿本、阮刻本同，岳本無此八字。

顯，可與入德矣。淡，其味似薄也。簡而文，温而理，猶簡而辨，直而温也。自，謂所從來也。三知者，皆言其睹末察本，探端知緒也。入德，入聖人之德。○淡，徒暫反，又大敢反，下注同①。厭，於豔反。睹，音覩②。探，音貪。**詩云：**"**潛雖伏矣，亦孔之昭！**"**故君子内省不疚，無惡於志。**孔，甚也。昭，明也。言聖人雖隱居③，其德亦甚明矣。疚，病也。君子自省，身無愆病，雖不遇世，亦無損害於己志。○昭，本又作"炤"，同，之召反④，又章遥反。疚，九又反。遯，大困反，本又作"遁"字，亦同。愆，起虔反⑤。**君子所不可及也者⑥，其唯人之所不見乎！詩云："相在爾室，尚不愧于屋漏。"**言君子雖隱居，不失其君子之容德也。相，視也。室西北隅謂之屋漏。視女在室獨居耳⑦，猶不愧于屋漏。屋漏非有人也，況有人乎？○相，息亮反，注同。愧，本又作"媿"，同，九位反⑧。女，音汝。**故君子不動而敬，不言而信。詩曰："奏假無言，時靡有争。"**假，大也。此頌也，言奏大樂於宗廟之中⑨，人皆肅敬，金聲玉

---

① "下注同"，彙校卷第十四、撫釋一、余仁仲本、和本、十行本、閩本、監本、毛本、殿本、阮刻本同，岳本無此三字。

② "睹音覩"，彙校卷第十四、撫釋一、余仁仲本、和本、十行本、閩本、監本、毛本、殿本、阮刻本同，岳本無此三字。

③ "居"，余仁仲本、和本、十行本、閩本、監本、毛本、殿本、阮刻本同，岳本作"遯"；撫州本、嘉靖本、八行本作"遁"，是。阮校曰："言聖人雖隱居　閩、監、毛本同。惠棟校宋本'居'作'遁'，嘉靖本同。宋監本、岳本作'遯'，考文引足利本同。釋文出'隱遯'，云本又作'遁'。"

④ "本又作炤同"，彙校卷第十四、撫釋一、余仁仲本、和本、十行本、閩本、監本、毛本、殿本、阮刻本同，岳本無此五字。

⑤ "遯大困反本又作遁字亦同愆起虔反"，彙校卷第十四、撫釋一、余仁仲本、和本、十行本、閩本、監本、毛本、殿本、阮刻本同，岳本無此十五字。

⑥ "及也"，唐石經、撫州本、余仁仲本、岳本、嘉靖本、八行本、和本、十行本、閩本、監本、毛本、殿本、阮刻本無"也"字，是。

⑦ "耳"，撫州本、余仁仲本、岳本、嘉靖本、八行本、和本、殿本同，十行本、閩本、監本、毛本、阮刻本作"者"。阮校曰："視女在室獨居者　閩、監、毛本同，衛氏集説同。岳本、嘉靖本'者'作'耳'，考文引宋板、古本、足利本同。"

⑧ "相息亮反注同愧本又作媿同九位反"，彙校卷第十四、撫釋一、余仁仲本、和本、十行本、閩本、監本、毛本、殿本、阮刻本同，岳本作"相去聲"。

⑨ "樂"，撫州本、余仁仲本、岳本、嘉靖本、八行本、和本、閩本、監本、毛本、殿本、阮刻本同；十行本作"假"，非。

色，無有言者，以時太平，和合無所争也。○奏，如字，詩作"籹"，子公反①。假，古雅反②。争，"争鬭"之争，注同。太平，音泰③。○重言"不言而信"二，一見表記三十二。**是故君子不賞而民勸，不怒而民威於鈇鉞。詩曰："不顯惟德，百辟其刑之。"**不顯，言顯也。辟，君也。此頌也④，言不顯乎文王之德，百君盡刑之，謂諸侯法之也。○鈇，方于反，又音斧。鉞，音越。辟，音璧，注同⑤。**是故君子篤恭而天下平。詩曰⑥："予懷明德，不大聲以色。"**予，我也。懷，歸也。言我歸有明德者，以其不大声爲嚴厲之色以威我也。**子曰："聲色之於以化民，末也。詩曰：'德輶如毛。'**輶，輕也。言化民當以德⑦，德之易舉而用，其輕如毛耳。○末，亡葛反⑧。輶，音酉，一音由，注同。易，以豉反⑨。**毛猶有倫；'上天之載，無聲無臭'，至矣！**倫，猶比也。載，讀曰裁⑩，謂生物也。言毛雖輕，尚有所比；有所比，則有重。上天之造生萬物，人無聞其聲音，亦無知其臭氣者⑪。化民之德，清明如神，淵淵浩浩，然

---

① "子公反"，彙校卷第十四、撫釋一、余仁仲本、和本、十行本、閩本、監本、毛本、殿本、阮刻本同，岳本無此三字。

② "古雅反"下，岳本有"文公音各"四字。

③ "争争鬭之争注同太平音泰"，彙校卷第十四、撫釋一、余仁仲本、和本、十行本、閩本、監本、毛本、殿本、阮刻本同，岳本無此十一字。

④ "頌"，余仁仲本、岳本、嘉靖本、和本、十行本、閩本、監本、毛本、殿本、阮刻本同；撫州本、八行本作"顯"，非。

⑤ "注同"，彙校卷第十四、撫釋一、余仁仲本、和本、十行本、閩本、監本、毛本、殿本、阮刻本同，岳本無此二字。

⑥ "曰"，余仁仲本、嘉靖本、和本、十行本、閩本、監本、毛本、殿本、阮刻本同；唐石經、撫州本、岳本、八行本作"云"，是。阮校曰："詩云　惠棟校宋本作'云'，石經同，南宋石經同，岳本同，衛氏集説同，此本'云'作'曰'，嘉靖本同，閩、監、毛本同。"

⑦ "當"，撫州本、余仁仲本、岳本、嘉靖本、八行本、和本、閩本、監本、毛本、殿本同；十行本、阮刻本作"常"，非。

⑧ "末亡葛反"，余仁仲本、和本、閩本、監本、毛本同，彙校卷十四、撫釋一、殿本"葛"作"曷"；十行本"末亡"作"末下"，阮刻本作"末下"，皆非。

⑨ "注同易以豉反"，彙校卷第十四、撫釋一、余仁仲本、和本、十行本、閩本、監本、毛本、殿本、阮刻本同，岳本無此六字。

⑩ "裁"，撫州本、余仁仲本、岳本、嘉靖本、八行本、和本、十行本、閩本、監本、毛本、殿本、阮刻本作"裁"，是。

⑪ "亦"，余仁仲本、和本、十行本、閩本、監本、毛本、殿本、阮刻本同；撫州本、（轉下頁注）

後善。○載，依注讀曰"栽"①，音災，生也，詩音再。比，必履反，下同，或音毗志反，又必利反，皆非也。重，直勇反，又直容反②。

纂圖互注禮記卷之十六③

（接上頁注）岳本、嘉靖本、八行本作"者"，是。阮校曰："亦無知其臭氣　閩、監、毛本同，惠棟校宋本'亦'作'者'，岳本、嘉靖本同。"

①"栽"，彙校卷十四、撫釋一作"栽"，余仁仲本作"栽"；岳本、和本、十行本、閩本、監本、毛本、殿本、阮刻本作"栽"，是。彙校卷十四曰："依注讀曰栽音災　宋本及撫本同。鈔本作'栽'，盧本改作'栽'。案：'栽'字是也。"

②"下同或音毗志反又必利反皆非也重直勇反又直容反"，彙校卷第十四、撫釋一、余仁仲本、和本、十行本、閩本、監本、毛本、殿本、阮刻同，岳本無此二十二字。

③撫州本卷十六末頁Ａ面第七行頂格題"禮記卷第十六"，空二格題"經三千五百九十三字，注三千七百三十一字"。余仁仲本卷十六末頁Ｂ面第九行頂格題"禮記卷第十六"，空一格題"經叄仟伍伯柒拾玖字"，第十行空七格題"注叄仟柒伯叄拾叄字"，第十一行空七格題"音義貳仟柒拾玖字"，空二格題"仁仲比校訖"。嘉靖本卷十六末頁Ｂ面第二行題"經三千五百九十三字，注三千七百三十一字"。阮刻本記"宋監本禮記卷第十六，經三千五百九十三字，注三千七百三十一字，嘉靖本同"。

纂圖互注禮記卷之十七

表記第三十二陸曰："鄭云：'以其記君子之德見於儀表者也。'"①

禮記　　　　　　　　　　　　　　　　　鄭氏注②

32·1 子言之："歸乎！君子隱而顯，不矜而莊，不厲而威，不言而信。"此孔子行應聘，諸侯莫能用己，心厭倦之辭也。矜，謂自尊大也。厲，謂嚴顏色。○矜，居陵反。應，"應對"之應。己，音紀。厭，於豔反③。重言"不言而信"二，一見中庸。

32·2 子曰："君子不失足於人，不失色於人，不失口於人。是故君子貌足畏也，色足憚也，言足信也。"失，謂失其容止之節也。玉藻曰："足容重，色容莊，口容止。"○憚，大旦反。甫刑曰："敬忌而罔有擇言在躬。"甫刑，尚書篇名。忌之言戒也。言己外敬而心戒慎，則無有可擇之言加於身也。

①"陸曰鄭云以其記君子之德見於儀表者也"，余仁仲本、和本、十行本、閩本、監本、毛本、殿本、阮刻本同，岳本無此十七字，彙校卷第十四、撫釋一無"陸曰"二字。

②撫州本題"禮記卷第十七"，首行頂格書寫；次行頂格題"表記第三十二"，空三格題"鄭氏注"。余仁仲本題"禮記卷第十七"，首行頂格書寫；次行頂格題"表記第三十二"，下雙行小字；第三行空三格題"禮記"，空九格題"鄭氏注"。嘉靖本題"禮記卷第十七"，首行頂格書寫；次行頂格題"表記第三十二"，空二格題"禮記"，空二格題"鄭氏注"。

③"矜居陵反應應對之應己音紀厭於豔反"，彙校卷第十四、撫釋一、余仁仲本、和本、十行本、閩本、監本、毛本、殿本、阮刻本同，岳本無此十六字。

32・3　子曰："裼、襲之不相因也，欲民之毋相瀆也。"不相因者，以其或以裼爲敬，或以襲爲敬。禮盛者，以襲爲敬，執玉龜之屬也。禮不盛者，以裼爲敬，受享是也。○裼襲，思曆反，下音習。毋，音無，下同。瀆，大木反①。

32・4　子曰："祭極敬，不繼之以樂；朝極辨，不繼之以倦。"極，猶盡也。辨，分別政事也。祭義曰："祭之日，樂與哀半。饗之必樂，已至必哀。"○樂，音洛，注同②，又音岳。朝，直遙反，下注"朝聘"同。倦，本又作"勌"，其眷反③。別，彼列反。已，音以④。

32・5　子曰："君子慎以辟禍，篤以不揜，恭以遠恥。"篤，厚也。揜，猶困迫也。○辟，音避。揜，於檢反⑤。遠，于萬反。

32・6　子曰："君子莊敬日强，安肆日偷。肆，猶放恣也⑥。偷，苟且也。肆，或爲褻。○日强，上人實反，下同，下其良反⑦。肆，音四⑧。偷，他侯反，注同。恣，咨嗣反⑨。君子不以一日使其躬儳焉，如不終日。"儳焉，可輕賤之貌也。如不終日，言人而無禮，死無時。○儳，徐在鑑反，又仕鑑反。

---

①"下音習毋音無下同瀆大木反"，彙校卷第十四、撫釋一、余仁仲本、十行本、閩本、監本、毛本、殿本、阮刻本同，岳本無此十二字；和本"木"作"本"，非。

②"注同"，彙校卷第十四、撫釋一、余仁仲本、和本、十行本、閩本、監本、毛本、殿本、阮刻本同，岳本無此二字。

③"下注朝聘同倦本又作勌其眷反"，彙校卷第十四、撫釋一、余仁仲本、和本、十行本、閩本、監本、毛本、殿本、阮刻本同，岳本無此十三字。

④"已音以"，彙校卷第十四、撫釋一、余仁仲本、和本、十行本、閩本、監本、毛本、殿本、阮刻本同，岳本無此三字。

⑤"揜於檢反"，彙校卷第十四、撫釋一、余仁仲本、和本、十行本、閩本、監本、毛本、殿本、阮刻本同，岳本無此四字。

⑥"肆猶放恣"，撫州本、余仁仲本、岳本、嘉靖、八行本、和本、毛本、殿本、阮刻本同；十行本作"不以"，非；閩本作墨釘，監本缺，後人手補。阮校曰："肆猶放恣也惠棟校宋本如此，岳本、嘉靖本、毛本、衛氏集説並同。此本'肆猶放恣'四字誤，閩、監本四字闕。"

⑦"日强上人實反下同下其良反"，彙校卷第十四、撫釋一、余仁仲本、和本、十行本、閩本、監本、毛本、殿本、阮刻本同，岳本作"强其良反"。

⑧"肆音四"，彙校卷第十四、撫釋一、余仁仲本、和本、十行本、閩本、監本、毛本、殿本、阮刻本同，岳本無此三字。

⑨"注同恣咨嗣反"，彙校卷第十四、撫釋一、余仁仲本、和本、十行本、閩本、監本、毛本、殿本、阮刻本同，岳本無此六字。

32·7 子曰："齊戒以事鬼神,擇日月以見君,恐民之不敬也。"擇日月以見君,謂臣在邑竟者。○齊,側皆反。見,賢遍反,注同①。竟,音境。

32·8 子曰："狎侮,死焉而不畏也。"忕於無敬心也。○狎,下甲反,習也。侮,亡甫反②。忕,時世反,又時設反。

32·9 子曰："無辭不相接也,無禮不相見也,欲民之毋相褻也。"辭,所以通情也。禮,謂摯也。春秋傳曰："古者諸侯有朝聘之事,號辭必稱先君,以相接也。"○褻,息列反。摯,音至,本亦作"贄"③。易曰："初筮告,再三瀆,瀆則不告。"瀆之言褻之④。○筮,市制反⑤。三,息暫反⑥,又如字。

32·10 子言之："仁者天下之表也,義者天下之制也,報者天下之利也。"報,謂禮也,禮尚往來。

32·11 子曰："以德報德,則民有所勸。以怨報怨,則民有所懲。"懲,謂創艾⑦。○懲,直陵反⑧。創,初亮反,又初良反。艾,或又作"乂"⑨,

---

① "注同",彙校卷第十四、撫釋一、余仁仲本、和本、十行本、閩本、監本、毛本、殿本、阮刻本同,岳本無此二字。

② "侮亡甫反",彙校卷第十四、撫釋一、余仁仲本、和本、十行本、閩本、監本、毛本、殿本、阮刻本同,岳本無此四字。

③ "摯音至本亦作贄",彙校卷第十四、撫釋一、余仁仲本、和本、十行本、閩本、監本、毛本、殿本、阮刻本同,岳本無此七字。

④ "褻之",撫州本、余仁仲本、岳本、嘉靖本、八行本、和本同;十行本、閩本、監本、毛本、殿本、阮刻本"之"作"也",是。阮校曰:"瀆之言褻也　閩、監、毛本同,衛氏集說同。岳本、嘉靖本'也'作'之',考文引宋板、足利本同。古本'也'上有'之'字。"

⑤ "筮市制反",彙校卷第十四、撫釋一、余仁仲本、和本、十行本、閩本、監本、毛本、殿本、阮刻本同,岳本無此四字。

⑥ "三息暫反",彙校卷第十四、撫釋一、余仁仲本、和本、十行本、閩本、監本、毛本、殿本、阮刻本同,岳本作"三去聲"。

⑦ "艾",撫州本、余仁仲本、岳本、嘉靖本、八行本、十行本、閩本、監本、毛本、殿本、阮刻本同,和本作"乂"。

⑧ "懲直陵反",彙校卷第十四、撫釋一、余仁仲本、和本、十行本、閩本、監本、毛本、殿本、阮刻本同,岳本無此四字。

⑨ "又初良反乂或又作",彙校卷第十四、撫釋一、余仁仲本、和本、十行本、閩本、監本、毛本、殿本、阮刻本同,岳本無此八字。

魚廢反，皇魚蓋反①。詩曰："無言不讎，無德不報。"讎，猶荅也。○讎，音
酬②。大甲曰："民非后，無能胥以寧。后非民，無以辟四方。"大甲，
湯孫也，書以名篇。胥，相也。民非君，不能以相安。○大，音泰，注同③。"無能
胥以寧"，尚書作"罔克胥匡以生"④。辟，音璧，君也⑤。

32·12　子曰："以德報怨，則寬身之仁也；以怨報德，則刑戮
之民也。"寬，猶愛也，愛身以息怨，非禮之正也。仁，亦當言"民"，聲之誤。○
戮，音六，本或作"僇"，音同⑥。

32·13　子曰："無欲而好仁者，無畏而惡不仁者，天下一人而
已矣。"是故君子議道自己，而置法以民。一人而已，喻少也。自己，自盡
己所能行⑦。○好，呼報反。惡，烏路反⑧。重言"天下一人而已矣"二，下文一。

32·14　子曰："仁有三，與仁同功而異情。"三，謂安仁也、利仁也、
強仁也。利仁、強仁，功雖與安仁者同，本情則異。○強，其兩反，下文同。與
仁同功，其仁未可知也。與仁同過，然後其仁可知也。仁者安
仁，知者利仁，畏罪者強仁。功者，人所貪也。過者，人所辟也。在過之
中，非其本情者，或有悔者焉。○知者，音智。辟，音避。仁者右也，道者左

①"皇魚蓋反"，彙校卷第十四、撫釋一、余仁仲本、和本、十行本、閩本、監本、毛本、殿本、
阮刻本同，岳本作"又如字"。
②"讎音酬"，彙校卷第十四、撫釋一、余仁仲本、和本、十行本、閩本、監本、毛本、殿本、阮
刻本同，岳本無此三字。
③"注同"，彙校卷十四、撫釋一、余仁仲本、和本同，岳本無此二字；十行本、閩本、監本、毛
本、殿本、阮刻本"注"上衍"下"字。
④"無能胥以寧尚書作罔克胥匡以生"，彙校卷第十四、撫釋一、余仁仲本、和本、十行本、
閩本、監本、毛本、殿本、阮刻本同，岳本無此十四字。
⑤"璧君也"，彙校卷十四、撫釋一、余仁仲本、和本、閩本、監本、毛本、殿本、阮刻本同，岳
本"璧"作"必"，無"君也"二字，十行本"也"上衍"者"字。
⑥"戮音六本或作僇音同"，彙校卷第十四、撫釋一、余仁仲本、和本同；十行本、閩本、監
本、毛本、殿本、阮刻本"或"上衍"又"字，岳本"同"下有"仁也依注音民"六字。
⑦"行"，撫州本、余仁仲本、岳本、嘉靖本、八行本、和本、十行本、閩本、阮刻本同；監本、毛
本、殿本作"仁"，非。
⑧"好呼報反惡烏路反"，彙校卷第十四、撫釋一、余仁仲本、和本、十行本、閩本、監本、毛
本、殿本、阮刻本同，岳本作"好惡竝去聲"。

也。**仁者人也，道者義也。**右也、左也，言相須而成也。人也，謂施以人恩也。義也，謂斷以事宜也。春秋傳曰：“執未有言舍之者，此其言舍之向也？”①○斷，丁亂反。重言“仁者，人也”二，一見中庸三十一。**厚於仁者薄於義，親而不尊；厚於義者薄於仁，尊而不親。**言仁義並行者也，仁多則人親之，義多則人尊之。**道有至，義有考。至道以王，義道以霸，考道以爲無失。**此讀當言“道有至、有義、有考”，字脱一“有”耳。有至，謂兼仁義者。有義，則無仁矣。有考，考，成也，能取仁義之一成之，以不失於人，非性也。○道有至義，依注，讀爲“道有至、有義”。王，于況反。脱，音奪②。

32・15 子言之：“**仁有數，義有長短小大。**”**中心憯怛，愛人之仁也。率法而强之，資仁者也。**資，取也。數與長短小大，互言之耳。性仁義者，其數長大。取仁義者，其數短小。○數，所住反。憯，七感反。怛，丹葛反。**詩云：“豐水有芑，武王豈不仕。詒厥孫謀，以燕翼子。武王烝哉！”數世之仁也。**芑，枸檵也。仕之言事也。詒，遺也。燕，安也。烝，君也。言武王豈不念天下之事乎？如豐水之有芑矣，乃遺其後世之子孫以善謀，以安翼其子也。君哉武王！美之也。○豐，方弓反③。芑，音起。詒④，以之反。烝，之承反⑤。數，色主反。枸，本亦作“苟”。檵，音計。遺，于季反，下同⑥。

---

① “向也”，撫州本、余仁仲本、岳本、嘉靖本、八行本、和本、十行本、閩本、監本、毛本、殿本、阮刻本，吳氏朱批作“何人也”，是。阮校曰：“此其言舍之何人也　閩、監、毛本、岳本、嘉靖本同，考文引古本‘也’上有‘之’字，足利本‘人’作‘仁’。惠棟校云：‘何休公羊作“仁之也”，與康成所引不同。’盧文弨校云：‘足利、古本作“仁之也”，與本書合’。”

② “脱音奪”，彙校卷第十四、撫釋一、余仁仲本、和本、十行本、閩本、監本、毛本、殿本、阮刻本同，岳本無此三字。

③ “豐方弓反”，彙校卷第十四、撫釋一、余仁仲本、和本、十行本、閩本、監本、毛本、殿本、阮刻本“方”作“芳”，岳本無此四字。

④ “詒”，彙校卷第十四、撫釋一、余仁仲本、岳本、十行本、閩本、監本、毛本、殿本、阮刻本同；和本作“治”，非。

⑤ “烝之承反”，彙校卷第十四、撫釋一、余仁仲本、和本、十行本、閩本、監本、毛本、殿本、阮刻本同，岳本無此四字。

⑥ “遺于季反下同”，彙校卷第十四、撫釋一、余仁仲本、和本、十行本、閩本、監本、毛本、殿本、阮刻本同，岳本無此六字。

國風曰："我今不閱，皇恤我後。"終身之仁也。閱，猶容也。皇，暇也。恤，憂也。言我今尚恐不能自容，何暇憂我後之人乎①？○我今，毛詩作"我躬"②。閱，音悦。

32・16　子曰："仁之爲器重，其爲道遠，舉者莫能勝也，行者莫能致也。取數多者，仁也。夫勉於仁者，不亦難乎？"取數多③，言計天下之道，仁居其多。○勝，音升。數，色住反。是故君子以義度人，則難爲人，以人望人，則賢者可知已矣。言以先王成法儗度人④，則難中也。當以時人相比方耳。○度，待洛反，注同⑤。儗，魚起反。中，丁仲反。

32・17　子曰："中心安仁者，天下一人而已矣。"大雅曰："德輶如毛，民鮮克舉之。我儀圖之，惟仲山甫舉之，愛莫助之。"輶，輕也。鮮，罕也。儀，匹也。圖，謀也。愛，猶惜也。言德之輕如毛耳，人皆以爲重，罕能舉行之者。作此詩者，周宣王之大臣也。言我之匹謀之，仲山甫則能舉行之，美之也。惜乎！時人無能助之者，言賢者少。○輶，音酉，一音由。鮮，息淺反，注及下並同⑥。重言"天下一人而已矣"二，一見上文。小雅曰："高山仰止，景行行止。"仰高勤行者，仁之次也。景，明也。有明行者，謂古賢聖

---

① "後之"，撫州本、余仁仲本、岳本、嘉靖本、八行本、和本、十行本、殿本、閩本、監本、阮刻本同，毛本倒作"之後"。

② "我今毛詩作我躬"，彙校卷第十四、撫釋一、余仁仲本、和本、十行本、閩本、監本、毛本、殿本、阮刻本同，岳本無此七字。

③ "取數多"，余仁仲本、岳本、嘉靖本、和本、十行本、殿本、閩本、監本、毛本、阮刻本同；撫州本、八行本"多"下有"者"字，是。

④ "度"，撫州本、岳本、八行本、和本、殿本、阮刻本、吳氏朱批、叢刊本同；余仁仲本、嘉靖本、十行本、閩本、監本、毛本作"庶"，非。阮校曰："成法儗度人　惠棟校宋本作'度'，岳本同，衞氏集説同，考文引古本、足利本同。此本'度'誤'庶'，嘉靖本、閩、監、毛本同。"

⑤ "反注同"，彙校卷第十四、撫釋一、余仁仲本、和本、閩本、監本、毛本、殿本、阮刻本同，岳本無"注同"二字；十行本作"反"作"及"，非。

⑥ "注及"，彙校卷第十四、撫釋一、余仁仲本、和本、十行本、閩本、監本、毛本、殿本、阮刻本同，岳本無此二字。

也。○仰止，本亦作“仰之”①。景行，下孟反，注“明行”同。行止，詩作“行之”②。

32·18　子曰：“詩之好仁如此。鄉道而行，中道而廢，忘身之老也，不知年數之不足也③；俛焉日有孳孳，斃而后已。”廢，喻力極罷頓，不能復行則止也。俛焉，勤勞之貌。斃，仆也。○好，呼報反，下同。鄉，許亮反。數，色住反。强，其兩反，一本作“俛”④，音勉，本或作“傀”，非也⑤。孳，音兹。斃，音弊，仆也，本又作“弊”⑥。已，音以。罷，音皮。頓，如字，又徒困反⑦。復，扶又反。仆，蒲北反，又音赴。

32·19　子曰：“仁之難成久矣！人人失其所好。”言仁道不成，人所由不得其志。○重言“仁之難成久矣”二，一見下文。故仁者之過易辭也。辭，猶解説也。仁者恭儉，雖有過，不爲甚矣⑧。唯聖人無過。○易，以豉反，下同。解，古買反，徐又音蟹⑨。

32·20　子曰：“恭近禮，儉近仁，信近情，敬讓以行此，雖有

---

①“仰止本亦作仰之”，岳本無此七字，彙校卷第十四、撫釋一、余仁仲本、和本、十行本、閩本、監本、毛本、殿本、阮刻本“亦”作“或”。

②“行止詩作行之”，彙校卷第十四、撫釋一、余仁仲本、和本、十行本、閩本、監本、毛本、殿本、阮刻本同，岳本無此六字。

③“不足也”，唐石經、撫州本、余仁仲本、岳本、嘉靖本、八行本、閩本、監本、毛本、殿本、阮刻本同，和本、十行本脱“也”字。

④“强其兩反一本作”，彙校卷第十四、撫釋一、余仁仲本、和本、十行本、閩本、監本、毛本、殿本、阮刻本同，岳本無此七字。

⑤“本或作傀非也”，彙校卷第十四、撫釋一、余仁仲本、和本、十行本、閩本、監本、毛本、殿本、阮刻本同，岳本無此六字。

⑥“仆也本又作弊”，彙校卷第十四、撫釋一、余仁仲本、和本、十行本、閩本、監本、毛本、殿本、阮刻本同，岳本無此六字。

⑦“頓如字又徒困反”，彙校卷第十四、撫釋一、余仁仲本、和本、十行本、閩本、監本、毛本、殿本、阮刻本同，岳本無此七字。

⑧“不爲”，余仁仲本、嘉靖本、和本、十行本、閩本、監本、毛本、殿本、阮刻本同；撫州本、岳本、八行本脱“爲”字。阮校曰：“不爲甚矣　嘉靖本、閩、監、毛本同，衛氏集説同。惠棟校宋本無‘爲’字，宋監本、岳本同，考文引足利本同。”

⑨“解古買反徐又音蟹”，彙校卷第十四、撫釋一、余仁仲本、和本、十行本、閩本、監本、毛本、殿本、阮刻本同，岳本無此八字。

過，其不甚矣。"夫恭寡過，情可信，儉易容也。以此失之者，不亦鮮乎！"言罕以此失之。○近，"附近"之近，下同①。詩云："溫溫恭人，惟德之基。"

32·21 子曰："仁之難成久矣，唯君子能之。"言能成人道者②，少也。是故君子不以其所能者病人，不以人之所不能者愧人。病、愧，謂罪咎之③。○咎，其九反④。是故聖人之制行也，不制以己，使民有所勸勉愧恥，以行其言。以中人爲制，則賢者勸勉，不及者愧恥，聖人之言乃行也。○制行，下孟反。己，音紀⑤。禮以節之，信以結之，容貌以文之，衣服以移之，朋友以極之，欲民之有壹也。移，讀如水"氾移"之"移"⑥，移，猶廣大也。極，致也。壹，謂專心於善。○移，昌氏反，注"氾移之移"、"移猶夫也"同，徐又怡奢反⑦，一音以示反⑧。氾，芳劍反⑨。小雅曰："不

---

① "近附近之近下同"，彙校卷第十四、撫釋一、余仁仲本、和本、十行本、閩本、監本、毛本、殿本、阮刻本同，岳本無此七字。
② "人道"，余仁仲本、岳本、和本、十行本、閩本、監本、毛本、殿本、阮刻本同，撫州本、嘉靖本、八行本作"仁道"，正字謂當作"仁道"，是。
③ "罪咎"，撫州本、余仁仲本、岳本、嘉靖本、八行本、和本、閩本、監本、毛本、殿本、阮刻本同；十行本作"耶各"，非。
④ "咎其九反"，彙校卷第十四、撫釋一、余仁仲本、和本、十行本、閩本、監本、毛本、殿本、阮刻本同，岳本無此四字；十行本"九"作"女"，非。
⑤ "己音紀"，彙校卷第十四、撫釋一、余仁仲本、和本、十行本、閩本、監本、毛本、殿本、阮刻本同，岳本無此三字。
⑥ "讀如水"，余仁仲本、岳本、嘉靖本、和本、閩本、監本、毛本、殿本同，十行本作"請如水"；撫州本、八行本、阮刻本作"讀如禾"，是。阮校曰："移讀如禾氾移之移　惠棟校宋本作'禾'，岳本、宋監本、考文引古本、足利本同。此本'禾'誤'水'，閩、監、毛本、嘉靖本並同。按：困學紀聞引亦作'禾氾移'，與'麥秀鉙'對舉。"
⑦ "注氾移之移移猶夫也同徐又怡奢反"，岳本無"注氾移之移移猶夫也同徐"十一字；彙校卷第十四、撫釋一、余仁仲本、和本、十行本、閩本、監本、毛本、殿本、阮刻本"夫"作"大"，是；十行本"奢"作"壹"，非。
⑧ "音"，彙校卷第十四、撫釋一、余仁仲本、和本、十行本、閩本、監本、毛本、殿本、阮刻本同，岳本無此字。
⑨ "氾芳劍反"，彙校卷第十四、撫釋一、余仁仲本、和本、閩本、監本、毛本、殿本、阮刻本同，岳本無此四字；十行本"劍"作"功"，非。

愧于天，不畏于人^①。”言人有所行，當慙怖於天人也^②。〇怖，普故反^③。
是故君子服其服，則文以君子之容；有其容，則文以君子之
辭；遂其辭，則實以君子之德。遂，猶成也。是故君子耻服其服
而無其容，耻有其容而無其辭，耻有其辭而無其德^④，耻有其德
而無其行。無其行，謂不行其德。〇行，下孟反，注“無其行”同^⑤。是故君
子衰絰則有哀色，端冕則有敬色，甲胄則有不可辱之色。言色稱其
服也^⑥。〇衰，七雷反。絰，田節反。胄，直又反。稱，尺證反，下文并注同^⑦。
詩云：“惟鵜在梁，不濡其翼。彼記之子，不稱其服。”鵜，鵜胡，污澤
也。污澤善居泥水之中，在魚梁以不濡污其翼爲才^⑧，如君子以稱其服爲有
德。〇鵜，音啼^⑨，徒兮反。鵜，鵜胡，污澤之鳥，一名淘河。濡，而朱反^⑩。記，本
又作“己”，音同，徐紀吏反^⑪。污澤，一音烏，本又作“洿”，一音火故反。濡污，

---

① “不愧于天不畏于人”，詩經小雅何人斯、唐石經、撫州本、余仁仲本、岳本、嘉靖本、八行
　本、和本、十行本、閩本、監本、毛本、殿本、阮刻本作“不愧于人不畏于天”，是。
② “慙怖”，撫州本、余仁仲本、岳本、嘉靖本、八行本、和本、閩本、監本、毛本、殿本、阮刻本
　同；十行本作“怸恬”，非。
③ “怖普故反”，彙校卷第十四、撫釋一、余仁仲本、和本、閩本、監本、毛本、殿本、阮刻本
　同，岳本無此四字；十行本“怖”作“蘇”，非。
④ “其德”，唐石經、撫州本、余仁仲本、岳本、嘉靖本、八行本、和本、閩本、監本、毛本、殿
　本、阮刻本同，十行本脱“其”字。
⑤ “行下孟反注無其行同”，彙校卷十四、撫釋一、余仁仲本、殿本同；和本、十行本、閩本、
　監本、毛本、阮刻本脱此九字，岳本無“注無其行同”五字。
⑥ “其服”，撫州本、余仁仲本、岳本、嘉靖本、八行本、和本、閩本、監本、毛本、殿本、阮刻本
　同，十行本“服”作“無”，非。
⑦ “胄直又反稱尺證反下文并注同”，彙校卷十四、撫釋一、余仁仲本、殿本同，岳本無此十
　三字，和本、十行本、閩本、監本、毛本、阮刻本脱“稱尺證反下文并注同”九字。
⑧ “梁”，撫州本、余仁仲本、岳本、嘉靖本、八行本、和本、閩本、監本、毛本、殿本同；十行
　本、阮刻本作“原”，非。
⑨ “鵜音啼”，彙校卷第十四、撫釋一、余仁仲本、岳本、和本、閩本、監本、毛本、殿本、阮刻
　本同；十行本“啼”作“席”，非。
⑩ “徒兮反鵜鵜胡污澤之鳥一名淘河濡而朱反”，彙校卷第十四、撫釋一、余仁仲本、殿本
　同，岳本無此十八字；和本、閩本、監本、毛本、阮刻本作“鵜鵜胡音徒兮反一名淘河濡而
　朱反”，十行本“鵜胡”之“鵜”作“爲”，“濡”作“解”，非。
⑪ “本又作己音同徐”，彙校卷第十四、撫釋一、余仁仲本同，岳本無此七字，和(轉下頁注)

“污辱”之污①。

32·22　子言之：“君子之所謂義者，貴賤皆有事於天下。天子親耕，粢盛秬鬯，以事上帝，故諸侯勤以輔事於天子。”言無事而居位食禄，是不義而富且貴。○粢盛，音咨。杜預云：“黍稷曰粢，在器曰盛。”秬音巨，黑黍。鬯，勑亮反，香酒也②。重言“天子親耕”，祭統：“天子親耕於南郊。”

32·23　子曰：“下之事上也，雖有庇民之大德，不敢有君民之心，仁之厚也。”庇，覆也。無君民之心，是思不出其位。○庇，必利反，徐方至反，又音秘③。是故君子恭儉以求役仁，信讓以求役禮；不自尚其事，不自尊其身；儉於位而寡於欲，讓於賢；卑己而尊人，小心而畏義，求以事君；役之言爲也。求以事君者，欲成其忠臣之名也。得之自是，不得自是，以聽天命。言不易道，徼禄利也。○易，音亦。徼，古堯反。詩云：“莫莫葛藟，施于條枚。凱弟君子，求福不回。”凱，樂也。弟，易也。言樂易之君子，其求福修德以俟之，不爲回邪之行以要之④，如葛藟之延蔓於條枚，是其性也。○藟，音誄⑤，力水反。施，以豉反。條枚，亡回反。毛詩傳云：“枝曰條，幹曰枚。”凱，本亦作“愷”，又作“豈”，同，開待反，後放此。弟，如

（接上頁注）本、十行本、閩本、監本、毛本、殿本、阮刻本脱“本又作己音同”六字。

①“污澤一音烏本又作洿一音火故反濡污污辱之污”，余仁仲本、和本、閩本、監本、毛本同，岳本無此二十字，彙校卷第十四、撫釋一無上“一”字，殿本“污澤一音烏本”作“污澤之污”；十行本“本”作“不”，“火”作“化”，“之污”之“污”作“作”，阮刻本“本”作“下”，“火”作“化”，皆非。

②“粢盛音咨杜預云黍稷曰粢在器曰盛秬音巨黑黍鬯勑亮反香酒也”，彙校卷第十四、撫釋一、余仁仲本、和本、十行本、閩本、監本、毛本、殿本、阮刻本同，岳本無此二十七字。

③“庇必利反徐方至反又音秘”，余仁仲本、和本、十行本、閩本、監本、毛本、殿本、阮刻本同，岳本無此十一字；彙校卷第十四、撫釋一“秘”作“祕”。

④“以要之”，撫州本、余仁仲本、岳本、嘉靖本、八行本同，和本、十行本、閩本、監本、毛本、殿本、阮刻本脱“以”字。阮校曰：“不爲回邪之行要之　閩、監、毛本同，岳本、嘉靖本‘要’上有‘以’字，衛氏集説同，惠棟校宋本、宋監本、考文引古本、足利本同。”

⑤“音誄”，彙校卷第十四、撫釋一、余仁仲本、和本、十行本、閩本、監本、毛本、殿本、阮刻本同，岳本無此二字。

字，本又作"悌"，音同，注及下皆同。樂，音洛，下同。易，以豉反，下同。邪，似嗟反，曲也。行，下孟反，下至下文"行之浮於名也"文、注皆同。要，一遥反。蔓，音萬①。**其舜、禹、文王、周公之謂與！有君民之大德，有事君之小心。**言此德當不回也。○與，音餘。**詩云："惟此文王，小心翼翼。昭事上帝，聿懷多福。厥德不回，以受方國。"**昭，明也。上帝，天也。聿，述也。懷，至也。言述行上帝之德②，以至於多福也。方，四方也。受四方之國，謂王天下。○聿，尹必反③。謂王，于況反。

32·24 **子曰："先王謚以尊名，節以壹惠，恥名之浮於行也。"**謚者，行之迹也。名者，謂聲譽也。言先王論行以爲謚。以尊名者，使聲譽可得而尊言也④。壹，讀爲一。惠，猶善也。言聲譽雖有衆多者，即以其行一大善者爲謚耳⑤。在上曰浮，君子勤行成功，聲譽踰行是所恥。○謚，音示⑥。**是故君子不自大其事，不自尚其功，以求處情；過行弗率，以求處厚；彰人之善而美人之功，以求下賢。**率，循也。過行，不復循行，猶不二過⑦。○

---

① "毛詩"至"音萬"，彙校卷第十四、<u>余仁仲</u>本、<u>和</u>本、十行本、<u>閩</u>本、<u>監</u>本、<u>毛</u>本、<u>殿</u>本、<u>阮刻</u>本同，<u>岳</u>本無此七十七字，<u>撫釋</u>一"萬"作"万"。

② "之德"，<u>撫州</u>本、<u>余仁仲</u>本、<u>岳</u>本、<u>嘉靖</u>本、八行本、<u>殿</u>本同；<u>和</u>本、十行本、<u>閩</u>本、<u>監</u>本、<u>毛</u>本、<u>阮刻</u>本脫"之"字。<u>阮校</u>曰："言述行上帝德　<u>惠棟</u>校宋本有'之'字，宋<u>監</u>本、<u>岳</u>本、<u>嘉靖</u>本、<u>衛氏集説</u>同。此本'之'字脫，<u>閩</u>、<u>監</u>、<u>毛</u>本同。"

③ "聿尹必反"，彙校卷第十四、<u>撫釋</u>一、<u>余仁仲</u>本、<u>和</u>本、十行本、<u>閩</u>本、<u>監</u>本、<u>毛</u>本、<u>殿</u>本、<u>阮刻</u>本同，<u>岳</u>本無此四字。

④ "言"，<u>撫州</u>本、<u>余仁仲</u>本、<u>嘉靖</u>本、八行本、<u>和</u>本、<u>阮刻</u>本同；<u>岳</u>本、十行本、<u>閩</u>本、<u>監</u>本、<u>毛</u>本、<u>殿</u>本作"信"。<u>阮校</u>曰："而尊言也　<u>惠棟</u>校宋本、宋<u>監</u>本、<u>岳</u>本、<u>嘉靖</u>本、<u>衛氏集説</u>同，<u>考文</u>引古本、<u>足利</u>本同，<u>閩</u>、<u>監</u>、<u>毛</u>本'言'作'信'。"<u>鍔案：阮</u>説不確。

⑤ "即"，<u>余仁仲</u>本、<u>岳</u>本、<u>嘉靖</u>本、<u>和</u>本、十行本、<u>閩</u>本、<u>監</u>本、<u>毛</u>本、<u>殿</u>本、<u>阮刻</u>本同；<u>撫州</u>本、八行本作"節"，是。<u>阮校</u>曰："即以其行一大善者爲謚耳　<u>閩</u>、<u>監</u>、<u>毛</u>本、<u>岳</u>本、<u>嘉靖</u>本同。<u>考文</u>引古本、<u>足利</u>本'即'作'節'，<u>衛氏集説</u>、<u>惠棟</u>校宋本、宋<u>監</u>本並同。"

⑥ "音示"下，<u>岳</u>本衍"行下孟反下同"六字。

⑦ "過行不復循行猶不二過"，<u>余仁仲</u>本、<u>岳</u>本、<u>嘉靖</u>本、<u>殿</u>本同；<u>和</u>本、十行本、<u>閩</u>本、<u>監</u>本、<u>毛</u>本、<u>阮刻</u>本"過行"倒作"行過"，<u>撫州</u>本、八行本、<u>和</u>本"二"作"貳"。<u>阮校</u>曰："行過不復循行猶不二過　<u>閩</u>、<u>監</u>、<u>毛</u>本同，<u>惠棟</u>校宋本'行過'作'過行'，'二'作'貳'，<u>衛氏集説</u>同，<u>考文</u>引古本同，<u>岳</u>本亦作'過行'，<u>嘉靖</u>本、<u>足利</u>本同，宋<u>監</u>本'二'亦作'貳'。"

下，户嫁反。復，扶又反①。**是故君子雖自卑而民敬尊之。**言謙者，所以成行立德。

32·25 **子曰：“后稷天下之爲烈也，豈一手一足哉！**烈，業也。言后稷造稼穡，天下世以爲業，豈一手一足？喻用之者多無數也。**唯欲行之浮於名也。故自謂便人。”**亦言其謙也，辟仁聖之名。云自便習於此事之人耳②。○行，下孟反③。便，婢面反，又婢綿反，注同④。辟，音避。

32·26 **子言之：“君子之所謂仁者，其難乎！**詩云：“凱弟君子，民之父母。”**凱以强教之，弟以説安之。樂而毋荒，有禮而親，威莊而安，孝慈而敬，使民有父之尊，有母之親，如此而后可以爲民父母矣。非至德其孰能如此乎？**有父之尊，有母之親，謂其尊親己如父母。○强，其良反，徐其兩反⑤。説，音悦。毋荒，音無⑥。重言“其孰能如此乎”二，下文一。**今父之親子也，親賢而下無能；母之親子也，賢則親之，無能則憐之。母親而不尊，父尊而不親。水之於民也，親而不尊；火尊而不親。土之於民也，親而不尊；天尊而不親。命之於民也，親而不尊；鬼尊而不親。**或見尊，或見親，以其嚴與恩所尚異也。命，謂四時政令，所以教民勤事也。鬼，謂四時祭祀，所以訓民事君也。○憐，力

---

① “復扶又反”，彙校卷第十四、撫釋一、<u>余仁仲</u>本、和本、十行本、閩本、監本、毛本、殿本、阮刻本同，<u>岳</u>本無此四字。

② “云自便習”，<u>余仁仲</u>本、嘉靖本、和本、十行本、閩本、監本、毛本、殿本、阮刻本同；撫州本、<u>岳</u>本、八行本“自”作“吾”。阮校曰：“云自便習　閩、監、毛本、嘉靖本同。惠棟校宋本‘自’作‘吾’，宋監本、<u>岳</u>本、衛氏集説同。”

③ “行下孟反”，彙校卷第十四、撫釋一、<u>余仁仲</u>本、和本、十行本、閩本、監本、毛本、殿本、阮刻本同，<u>岳</u>本無此四字。

④ “注同”，彙校卷第十四、撫釋一、<u>余仁仲</u>本、和本、十行本、閩本、監本、毛本、殿本、阮刻本同，<u>岳</u>本無此二字。

⑤ “徐”，彙校卷第十四、撫釋一、<u>余仁仲</u>本、和本、十行本、閩本、監本、毛本、殿本、阮刻本同，<u>岳</u>本作“又”。

⑥ “毋荒音無”，彙校卷第十四、撫釋一、<u>余仁仲</u>本、和本、十行本、閩本、監本、毛本、殿本、阮刻本同，<u>岳</u>本無此四字。

田反①。　重言　“親而不尊”七，並本篇。“尊而不親”四，並本篇。

　　32·27　子曰：“**夏道尊命，事鬼敬神而遠之，近人而忠焉，先禄而後威，先賞而後罰，親而不尊**；遠鬼神、近人，謂外宗廟，内朝廷。○遠，于萬反，注及下同。近，“附近”之近，注及下同。朝，直遥反，下同②。　重言　“近人而忠焉”二，下文。**其民之敝，惷而愚，喬而野，朴而不文。**以本不困於刑罰，少詐諼也。敝，謂政教衰失之時也。○惷，傷容反，徐昌容反，范陽江反，又丁絳反，字林音丑降反，又丑凶反③。喬，音驕。朴，普角反④。諼，况袁反，詐也，忘也⑤。**殷人尊神，率民以事神，先鬼而後禮，先罰而後賞，尊而不親**；先鬼後禮，謂内宗廟，外朝廷也。禮者，君臣朝會，凡以摯交接相施予。○以摯，音至。相施，始豉反，下文同⑥。**其民之敝，蕩而不静，勝而無恥。**以本忕於鬼神虚無之事，令其心放蕩無所定，困於刑罰，苟勝免而無恥也。月令曰：“無作淫巧，以蕩上心。”○勝而，始證反。忕，音誓，與上“忕於”同。令其，力呈反。巧，苦教反，又如字⑦。**周人尊禮尚施，事鬼敬神而遠之，近人而忠焉，其賞罰用爵列，親而不尊**；賞罰用爵列，以尊卑爲差。**其民之敝，利而巧，文而不慙，賊而蔽。**以本數交接以言辭，尊卑多獄

────────

①“憐力田反”，彙校卷第十四、撫釋一、余仁仲本、和本、十行本、閩本、監本、毛本、殿本、阮刻本同，岳本無此四字。

②“注及下同近附近之近注及下同朝直遥反下同”，彙校卷第十四、撫釋一、余仁仲本、和本、閩本、監本、毛本、殿本、阮刻本同，岳本無此十九字；十行本下“注”作“於”，非。

③“徐昌容反范陽江反又丁絳反字林音丑降反又丑凶反”，彙校卷第十四、撫釋一、余仁仲本、和本、十行本、閩本、監本、毛本、殿本、阮刻本同，岳本“徐”、“范”皆作“又”，無“音”、“又丑凶反”五字。

④“朴普角反”，彙校卷第十四、撫釋一、余仁仲本、和本、十行本、閩本、監本、毛本、殿本、阮刻本同，岳本無此四字。

⑤“詐也忘也”，彙校卷第十四、撫釋一、余仁仲本、和本、閩本、監本、毛本、殿本、阮刻本同；岳本無此四字，十行本“忘”作“志之”，非。

⑥“以摯音至相施始豉反下文同”，彙校卷第十四、撫釋一、余仁仲本、和本、殿本同，岳本無此十二字，十行本、閩本、監本、毛本、阮刻本“豉”作“至”。

⑦“與上忕於同令其力呈反巧苦教反又如字”，彙校卷第十四、撫釋一、余仁仲本、和本、十行本、閩本、監本、毛本、殿本、阮刻本同，岳本無此十七字。

訟。○蔽,畢世反,又音弊。數,色角反。

32・28　子曰:"夏道未瀆辭,不求備,不大望於民,民未厭其親。殷人未瀆禮,而求備於民。周人强民,未瀆神,而賞爵刑罰窮矣。"未瀆辭者,謂時王不尚辭,民不褻爲也。不求備,不大望,言其政寬,貢稅輕也。强民,言承殷難變之敝也。賞爵刑罰窮矣,言其繁文備設。○厭,於豔反。强,其兩反,注同。稅,申銳反①。

32・29　子曰:"虞、夏之道,寡怨於民;殷、周之道,不勝其敝。"勝,猶任也。言殷、周極文,民無耻而巧利。後世之政難復。○勝,音升,注同。敝,音弊②。任,如金反。復,音伏③。

32・30　子曰:"虞、夏之質,殷、周之文,至矣! 言後有王者,其作質、文,不能易之。○易,音亦④。虞、夏之文,不勝其質;殷、周之質,不勝其文。"言王者相變,質、文各有所多。○勝,世正反⑤,又音升。

32・31　子言之曰:"後世雖有作者,虞舜弗可及也已矣。"⑥君天下,生無私,死不厚其子;子民如父母,有憯怛之愛,有忠利之教;親而尊,安而敬,威而愛,富而有禮,惠而能散;其君子尊仁畏義,耻費輕實,忠而不犯,義而順,文而静,寬而有辨。死不厚其子,言既不傳位,又無以豐饒於諸臣也。耻費,不爲辭費出空言也。實,謂財貨也。辨,别也,猶寬而栗也。静,或爲"情"。○憯,七感反。怛,旦達反。費,芳貴反。

---

① "注同稅申銳反",彙校卷第十四、撫釋一、余仁仲本、和本、十行本、閩本、監本、毛本、殿本、阮刻本同,岳本無此六字。
② "注同敝音弊",彙校卷第十四、撫釋一、余仁仲本、和本、十行本、閩本、監本、毛本、殿本、阮刻本同,岳本無此五字。
③ "復音伏",彙校卷第十四、撫釋一、余仁仲本、和本、十行本、閩本、監本、毛本、殿本、阮刻本同,岳本無此三字。
④ "易音亦",彙校卷第十四、撫釋一、余仁仲本、和本、十行本、閩本、監本、毛本、殿本、阮刻本同,岳本無此三字。
⑤ "勝世正反",彙校卷第十四、撫釋一、余仁仲本、岳本、十行本、閩本、監本、毛本、殿本、阮刻本"正"作"證",和本作"媵世證反",非。
⑥ "虞舜",余仁仲本、岳本、嘉靖本同;唐石經、撫州本、八行本、和本、十行本、閩本、監本、毛本、殿本、阮刻本作"虞帝",是。

傳,丈專反。別,彼列反,下"不別"同①。**甫刑曰:"德威惟威,德明惟明。"非虞帝其孰能如此乎?** 德所威,則人皆畏之,言服罪也。德所明,則人皆尊寵之,言得人也。○曰,音越②。威,如字。威,畏也,讀者亦依尚書音"畏"也③。

32·32 **子言之:"事君先資其言,拜自獻其身,以成其信。"** 資,謀也。獻,猶進也。言臣事君,必先謀定其言,乃後親進爲君言也。**是故君有責於其臣,臣有死於其言,故其受禄不誣,其受罪益寡。** 死其言者,竭力於其所言之事。死而不負,於事不信,曰誣。○誣,音無④。

32·33 **子曰:"事君,大言入則望大利,小言入則望小利。"** 大言,可以立大事也。小言,可以立小事也。入,爲君受之⑤。利,禄賞也。入,或爲"人"。○爲君,于僞反⑥。**故君子不以小言受大禄,不以大言受小禄。** 言臣受禄,各用其德能也。**易曰:"不家食,吉。"** 此大畜彖辭也。彖曰:"不家食,吉,養賢也。"言君有大畜積,不與家食之而已。必以禄賢者,賢有大小,禄有多少。○畜,勑六反,下同。彖,吐亂反⑦。

32·34 **子曰:"事君不下達,不尚辭,非其人弗自。"** 不下達,不

---

①"傳丈專反別彼列反下不別同",彙校卷第十四、撫釋一、<u>余仁仲</u>本、和本、閩本、監本、<u>毛</u>本、殿本、阮刻本同,<u>岳</u>本無此十二字;十行本"丈"作"文",非。

②"曰音越",彙校卷第十四、撫釋一、<u>余仁仲</u>本、和本、十行本、閩本、監本、毛本、殿本、阮刻本同,<u>岳</u>本無此三字。

③"威如字威畏也讀者亦依尚書音畏也",彙校卷第十四、撫釋一、<u>余仁仲</u>本、和本、十行本、閩本、監本、毛本、殿本、阮刻本同,<u>岳</u>本作"威如字畏也尚書音畏"。

④"誣音無",彙校卷第十四、撫釋一、<u>余仁仲</u>本、和本、十行本、閩本、監本、毛本、殿本、阮刻本同,<u>岳</u>本無此三字。

⑤"爲",<u>余仁仲</u>本、<u>岳</u>本、嘉靖本、和本、十行本、閩本、監本、毛本、殿本、阮刻本同,撫州本、八行本作"謂",非。<u>阮</u>校曰:"入爲君受之　閩、監、毛本、岳本、嘉靖本同。惠棟校宋本'爲'作'謂',宋監本、衛氏集説同,考文引古本、足利本同。釋文出'爲君'。"

⑥"爲君于僞反",彙校卷第十四、撫釋一、<u>余仁仲</u>本、和本、十行本、閩本、監本、毛本、殿本、阮刻本同,<u>岳</u>本作"爲君去聲"。

⑦"畜勑六反下同彖吐亂反",彙校卷第十四、撫釋一、<u>余仁仲</u>本、和本、十行本、閩本、監本、毛本、殿本、阮刻本同,<u>岳</u>本無此十字。

以私事自通於君也。不尚辭，不多出浮華之言也。弗自，不身與相親。**小雅曰**："**靖共爾位**①，**正直是與。神之聽之，式穀以女。**"靖，治也。爾，女也。式，用也。穀，祿也。言敬治女位之職事，正直之人，乃與爲倫友。神聽女之所爲，用祿與女。○共，音恭，本亦作"恭"，同②。女，音汝，注同③。

32·35 **子曰："事君遠而諫，則讇也。近而不諫，則尸利也。"**尸，謂不知人事，無辭讓也。○讇，本亦作"諂"④，勅檢反。

32·36 **子曰："邇臣守和，宰正百官，大臣慮四方。"**邇，近也。和，謂調和君事者也。齊景公曰："唯據與我和。"宰，冢宰也。冢宰主治百官。

32·37 **子曰："事君欲諫不欲陳。"**陳，謂言其過於外也。**詩云："心乎愛矣，瑕不謂矣。中心藏之，何日忘之！"**瑕之言胡也。謂，猶告也。○藏，如字，鄭解詩作"臧"，云"善"也⑤。

32·38 **子曰："事君，難進而易退，則位有序；易進而難退，則亂也。"**亂，謂賢否不別。○易，以豉反，下及注"易絕"同⑥。重意"事君難進而易退。"儒行四十一："其難進而易退也。"重言"則亂也"三，一見下文，一見坊記三十。**故君子三揖而進，一辭而退，以遠亂也。**進難者，爲主人之擇己也。退速者，爲君子之倦也。○遠，于萬反。爲主人，于僞反，下同。

32·39 **子曰："事君，三違而不出竟，則利祿也。人雖曰'不**

---

① "共"，唐石經、撫州本、余仁仲本、岳本、嘉靖本、八行本、和本、十行本、閩本、監本、殿本、阮刻本同；毛本作"恭"，非。
② "本亦作恭同"，彙校卷第十四、撫釋一、余仁仲本、和本、十行本、閩本、監本、毛本、殿本、阮刻本同，岳本無此五字。
③ "注同"，彙校卷第十四、撫釋一、余仁仲本、和本、十行本、閩本、監本、毛本、殿本、阮刻本同，岳本無此二字。
④ "本亦作諂"，彙校卷第十四、撫釋一、余仁仲本、和本、十行本、閩本、監本、毛本、殿本、阮刻本同，岳本無此四字。
⑤ "藏如字鄭解詩作臧云善也"，彙校卷第十四、撫釋一、余仁仲本、殿本同，岳本無此十一字；和本、十行本、閩本、監本、毛本、阮刻本"臧"作"藏"，非。
⑥ "及注易絕"，彙校卷第十四、撫釋一、余仁仲本、和本、十行本、閩本、監本、毛本、殿本、阮刻本同，岳本無此四字。

要’,君弗信也。”①違,猶去也。利禄,言爲貪禄留也。臣以道去君,至於三而不遂去,是貪禄,必以其强與君要也。○竟,音境。要,於遥反,注同。言爲,于僞反。强,其良反,舊其兩反②。

32·40 子曰:“事君慎始而敬終。”輕交易,絶君子所耻。

32·41 子曰:“事君可貴可賤,可富可貧,可生可殺,而不可使爲亂。”亂,謂違廢事君之禮。

32·42 子曰:“事君,軍旅不辟難,朝廷不辭賤。言尚忠且謙也。○不辟③,音避。難,乃旦反。朝,直遥反④。處其位而不履其事,則亂也。”履,猶行也。故君使其臣,得志則慎慮而從之,否則孰慮而從之,終事而退,臣之厚也。使,謂使之聘問師役之屬也。慎慮而從之者⑤,此己志也,欲其必有成也。否,謂非己志也。孰慮而從之,又計於己利害也。終事而退,非己志者,事成則去也。事,或爲身。○慎,本亦作古“昚”字⑥。易曰:“不事王侯,高尚其事。”言臣致仕而去,不復事君也。君猶高尚其所爲之事,言尊大其成功也。○復,扶又反⑦。

32·43 子曰:“唯天子受命于天,士受命于君。”言皆有所受,不

---

①“君”,唐石經、撫州本、余仁仲本、岳本、嘉靖本、八行本、和本、十行本、閩本、監本、毛本、殿本、阮刻本作“吾”,是。

②“注同言爲于僞反强其良反舊其兩反”,彙校卷第十四、撫釋一、余仁仲本、和本、十行本、閩本、監本、毛本、殿本、阮刻本同,岳本無此十五字。

③“不辟”,彙校卷第十四、撫釋一同,余仁仲本、岳本、和本、十行本、閩本、監本、毛本、殿本、阮刻本無“不”字。

④“朝直遥反”,彙校卷第十四、撫釋一、余仁仲本、和本、十行本、閩本、監本、毛本、殿本、阮刻本同,岳本無此四字。

⑤“者”,撫州本、余仁仲本、岳本、嘉靖本、和本、十行本、閩本、監本、毛本、殿本、阮刻本同;八行本作“有”,非。阮校曰:“慎慮而從之者　閩、監、毛本、岳本、嘉靖本、衛氏集説同。山井鼎云:‘古本“者”作“有”,宋板同,非。’”

⑥“慎本亦作古昚字”,彙校卷第十四、撫釋一、余仁仲本同,岳本無此七字;和本、十行本、閩本、監本、毛本、殿本、阮刻本“慎”下衍一“字”字。

⑦“復扶又反”,彙校卷第十四、撫釋一、余仁仲本、和本、十行本、閩本、監本、毛本、殿本、阮刻本同,岳本無此四字。

敢專也。唯，當爲"雖"，字之誤也。○唯天子①，唯音雖，出注②。**故君命順，則臣有順命；君命逆，則臣有逆命。** 言臣受順，則行順；受逆，則行逆。如其所受於君，則爲君不易矣。○易，以豉反③。**詩曰："鵲之姜姜，鶉之賁賁。人之無良，我以爲君。"** 姜姜、賁賁，爭鬭惡貌也。良，善也。言我以惡人爲君，亦使我惡，如大鳥姜姜於上，小鳥賁賁於下。○鵲，字林作"鵲"，説文作"誰"，音七略反。姜，居良反④。鶉，土倫反。賁，音奔，注同⑤。

32·44 **子曰："君子不以辭盡人。** 不見人之言語則以爲善，言其餘行，或時惡也。○行，下孟反，下文并注同⑥。**故天下有道，則行有枝葉；天下無道，則辭有枝葉。"** 行有枝葉，所以益德也。言有枝葉，是衆虛華也。枝葉依幹而生，言行亦由禮出。**是故君子於有喪者之側，不能賻焉，則不問其所費⑦；於有病者之側，不能饋焉，則不問其所欲；有客不能館，則不問其所舍。** 皆辟有言而無其實。○賻，音附。費，芳貴反。饋，其位反⑧。辟，音避。重意"君子於有喪者之側"至"不問其所舍"，曲禮上云："弔喪弗能賻，不問其所費；問疾弗能遺，不問其所欲；見人弗能館，不問其所舍。"**故**

---

①"唯天子"，彙校卷第十四、撫釋一、余仁仲本、和本、十行本、閩本、監本、毛本、殿本、阮刻本同，岳本無此三字。

②"出注"，彙校卷第十四、撫釋一、余仁仲本、和本、十行本、閩本、監本、毛本、殿本、阮刻本同，岳本無此二字。

③"易以豉反"，彙校卷第十四、撫釋一、余仁仲本、和本、十行本、閩本、監本、毛本、殿本、阮刻本同，岳本無此四字。

④"鵲字林作鵲説文作誰音七略反姜居良反"，彙校卷第十四、撫釋一、余仁仲本、和本、十行本、閩本、監本、毛本、殿本、阮刻本同，岳本無此十七字。

⑤"注同"，彙校卷第十四、撫釋一、余仁仲本、和本、十行本、閩本、監本、毛本、殿本、阮刻本同，岳本無此二字。

⑥"文并注"，彙校卷第十四、撫釋一、余仁仲本、和本、十行本、閩本、監本、毛本、殿本、阮刻本同，岳本無此三字。

⑦"所費"，撫州本、余仁仲本、岳本、嘉靖本、八行本、和本、十行本、閩本、監本、毛本、殿本、阮刻本同，唐石經無"所"字，乃後剜改。

⑧"饋其位反"，彙校卷第十四、撫釋一、余仁仲本、和本、十行本、閩本、監本、毛本、殿本、阮刻本同，岳本無此四字。

君子之接如水，小人之接如醴；君子淡以成，小人甘以壞。水相
得合而已，酒醴相得則敗，淡無酸酢，少味也。接，或爲“交”。○醴，徐音禮①。
淡，大敢反，又大暫反，徐徒闞反，注同②。酸，悉官反。酢，七故反。**小雅曰：**
“盜言孔甘，亂用是餤③。”盜，賊也。孔，甚也。餤，進也。○餤，音談，徐本
作“鹽”④，以占反。

32·45 子曰：“君子不以口譽人，則民作忠。”譽，繩也。○譽，音
餘，注同⑤。繩，市升反。左傳：“以繩爲譽。”重言“則民作忠”二，坊記一。**故君**
子問人之寒則衣之，問人之飢則食之，稱人之美則爵之。皆爲有
言，不可以無實。○衣，於既反。食，音似⑥。爲，于僞反。**國風曰：“心之憂**
矣，於我歸説。”欲歸其所説忠信之人也。○説，音悦，又始鋭反，注同⑦。

32·46 子曰：“口惠而實不至，怨菑及其身。”善言而無信，人所惡
也。○菑，音災。惡，烏路反。**是故君子與其有諾責也，寧有已怨。**已，
謂不許也。言諾而不與，其怨大於不許。○已，音以⑧。**國風曰：“言笑晏晏，**
信誓旦旦。不思其反。反是不思，亦已焉哉！”此皆相與爲昏禮⑨，而

---

① “醴徐音禮”，彙校卷第十四、撫釋一、余仁仲本、和本、十行本、閩本、監本、毛本、殿本、
　阮刻本同，岳本無此四字。
② “注同”，彙校卷第十四、撫釋一、余仁仲本、和本、十行本、閩本、監本、毛本、殿本、阮刻
　本同，岳本無此二字。
③ “亂用是餤”，詩經小雅巧言、唐石經、撫州本、余仁仲本、岳本、嘉靖本、八行本、和本、十
　行本、閩本、監本、毛本、殿本、阮刻本作“亂是用餤”，是。
④ “徐本作鹽”，彙校卷第十四、撫釋一、余仁仲本、和本、十行本、閩本、監本、毛本、殿本、
　阮刻本同，岳本無作“又”。
⑤ “注同”，彙校卷第十四、撫釋一、余仁仲本、和本、十行本、閩本、監本、毛本、殿本、阮刻
　本同，岳本無此二字。
⑥ “食音似”，彙校卷第十四、撫釋一、余仁仲本、岳本、和本、十行本、閩本、監本、毛本、殿
　本、阮刻本“似”作“嗣”。
⑦ “注同”，彙校卷第十四、撫釋一、余仁仲本、和本、十行本、閩本、監本、毛本、殿本、阮刻
　本同，岳本無此二字。
⑧ “已音以”，彙校卷第十四、撫釋一、余仁仲本、和本、十行本、閩本、監本、毛本、殿本、阮
　刻本同，岳本無此三字。
⑨ “相與”，余仁仲本、岳本、嘉靖本、八行本、和本、十行本、閩本、監本、毛本、（轉下頁注）

不終者也①。言始合會，言笑和説，要誓甚信，今不思其本，恩之反覆，反覆之不思，亦已焉哉。無如此人，何怨之深也。○晏，於諫反。信誓，本亦作"矢誓"。旦，如字，字林亦作"悬"。亦已，音以。説，音悦。覆、反覆，並芳服反②。

32·47　子曰："君子不以色親人。情疏而貌親，在小人則穿窬之盗也與？"

32·48　子曰："情欲信，辭欲巧。"巧，謂順而説也。○穿，音川③。窬，范羊朱反，徐音豆④。與，音餘。説，音悦⑤。

32·49　子言之："昔三代明王，皆事天地之神明，無非卜筮之用，不敢以其私褻事上帝。"言動任卜筮也。神明，謂羣神也⑥。是故不犯日月，不違卜筮。日月，謂冬夏至、正月及四時也。所不違者，日與牲、尸也。○夏，户嫁反⑦。重意"不違卜筮。"下文"不違龜筮。"卜、筮不相襲也。襲，因也。大事則卜，小事則筮。○重言"卜筮不相襲也"一，曲禮上一，無"也"字。大事有時日；大事，有事於大神，有常時、常日也。小事無時日，有筮。有事於小神，無常時、常日。有筮，臨有事筮之。外事用剛日，内事用柔日。順陰陽也。陽爲外，陰爲内。事之外内，别乎四郊。○别，彼列反。重意"外事用

───────────────

（接上頁注）殿本、阮刻本同，撫州本脱"與"字。

① "而不終者也"，撫州本、余仁仲本、岳本、嘉靖本、八行本、和本、十行本、閩本、監本、毛本、殿本、阮刻本無"者"字，是。

② "晏於諫反信誓本亦作矢誓旦如字字林亦作悬亦已音以説音悦覆反覆並芳服反"，岳本無此三十三字；彙校卷第十四、撫釋一、余仁仲本、和本、十行本、閩本、監本、毛本、殿本、阮刻本無"字林亦"之"亦"字。

③ "穿音川"，彙校卷第十四、撫釋一、余仁仲本、和本、十行本、閩本、監本、毛本、殿本、阮刻本同，岳本無此三字。

④ "窬范羊朱反徐音豆"，彙校卷第十四、撫釋一、余仁仲本、和本、十行本、閩本、監本、毛本、殿本、阮刻本同，岳本作"窬羊朱反又音豆"。

⑤ "説音悦"，彙校卷第十四、撫釋一、余仁仲本、和本、十行本、閩本、監本、毛本、殿本、阮刻本同，岳本無此三字。

⑥ "群神也"，撫州本、余仁仲本、岳本、嘉靖本、和本、十行本、閩本、監本、毛本、殿本、阮刻本同；八行本"神"作"臣"，非。

⑦ "夏户嫁反"，彙校卷第十四、撫釋一、余仁仲本、和本、十行本、閩本、監本、毛本、殿本、阮刻本同，岳本無此四字。

剛日,内事用柔日",曲禮上:"外事以剛日,内事以柔日。"**不違龜筮**。

32·50 子曰:"**牲牷、禮樂、齊盛,是以無害乎鬼神,無怨乎百姓**。"牷,猶純也。○牷,音全,純色也,本亦作"全",注同①。齊,音粢,本亦作"齍"②。

32·51 子曰:"**后稷之祀易富也,其辭恭,其欲儉,其禄及子孫**。"富之言備也。以傳世之禄,共儉者之祭③,易備也。○易,以豉反,注同。傳,丈專反,下同。共,音恭④。**詩曰:"后稷兆祀,庶無罪悔,以迄于今**。"兆,四郊之祭處也。迄,至也。言祀后稷於郊以配天,庶幾其無罪悔乎? 福禄傳世,乃至於今。○迄,許訖反。處,昌慮反,下"建國之處",同⑤。

32·52 子曰:"**大人之器威敬**。"言其用之尊嚴。**天子無筮**。謂征伐、出師若巡守也。天子至尊,大事皆用卜也⑥。春秋傳曰:"先王卜征五年,歲襲其祥。"○守,手又反⑦。**諸侯有守筮**。守筮,守國之筮。國有事則用之。**天子道以筮**。始將出,卜之。道有小事則用筮。**諸侯非其國,不以筮;卜宅寢室**。入他國,則不筮,不敢問吉凶於人之國也。諸侯受封乎天子,因國而國,唯宮室欲改易者,得卜之耳。**天子不卜處大廟**。卜可建國之處吉,則宮廟吉可知。○大,音太⑧。

---

① "純色也本亦作全注同",彙校卷第十四、撫釋一、余仁仲本、和本、閩本、監本、毛本、殿本、阮刻本同,岳本無此九字;十行本"純"作"絶",非。

② "本亦作齍",余仁仲本同,岳本無此四字,十行本、閩本、監本、毛本"齍"誤作"齋";彙校卷十四、撫釋一、殿本、阮刻本"齍"作"齍",和本作"齍",是。

③ "共",撫州本、余仁仲本、岳本、嘉靖本、八行本、殿本同;和本、十行本、閩本、監本、毛本、阮刻本作"恭",非。

④ "注同傳丈專反下同共音恭",彙校卷第十四、撫釋一、余仁仲本、和本、閩本、監本、毛本、殿本、阮刻本同,岳本無此十一字;十行本"共"作"其",非。

⑤ "處昌慮反下建國之處同",彙校卷第十四、撫釋一、余仁仲本、和本、十行本、閩本、監本、毛本、殿本、阮刻本同,岳本無此十字。

⑥ "事",撫州本、余仁仲本、岳本、嘉靖本、八行本、和本、閩本、監本、毛本、殿本同;十行本、阮刻本作"率",非。

⑦ "守手又反",彙校卷第十四、撫釋一、余仁仲本、和本、十行本、閩本、監本、毛本、殿本、阮刻本同,岳本無此四字。

⑧ "太",彙校卷第十四、撫釋一、余仁仲本、岳本、和本、十行本、閩本、監本、(轉下頁注)

32・53子曰："君子敬則用祭器。"謂朝聘待賓客崇敬，不敢用燕器也。○朝，直遥反①。是以不廢日月，不違龜筮，以敬事其君長。用龜筮，問所貢獻也。○長，丁丈反。是以上不瀆於民，下不褻於上。言上之於下以直，則下應之以正，不褻慢也。○應，"應對"之應。慢，字又作"慢"，武諫反②。

緇衣第三十三_{陸曰}："鄭云：'善其好賢者之厚，故述其所稱之詩以爲其名也。緇衣，鄭詩，美武公也。'劉瓛云：'公孫尼子所作也。'"③

礼記④　　　　　　　　　　　　　　　　　　　　鄭氏注

33・1子言之曰："爲上易事也，爲下易知也，則刑不煩矣。"言君不苛虐，臣無姦心，則刑可以措。○"子言之曰"，此篇二十四章，唯此一"子言之"，後皆作"子曰"。易，以豉反，下同。苛，音何。錯，七故反，本亦作"措"，同⑤。

33・2子曰："好賢如緇衣，惡惡如巷伯，則爵不瀆而民作愿，刑不試而民咸服。緇衣、巷伯，皆詩篇名也。緇衣首章曰："緇衣之宜兮，敝予又改爲兮。適子之館兮，還予授子之粲兮。"言此衣緇衣者⑥，賢者也，宜長爲國君。

（接上頁注）毛本、殿本、阮刻本作"泰"，是。

① "朝直遥反"，彙校卷第十四、撫釋一、余仁仲本、和本、十行本、閩本、監本、毛本、殿本、阮刻本同，岳本無此四字。

② "應應對之應慢字又作慢武諫反"，岳本無此十三字；彙校卷第十四、撫釋一、余仁仲本、和本、十行本、閩本、監本、毛本、殿本、阮刻本下"慢"作"傁"，是。

③ "陸曰鄭云善其好賢者之厚故述其所稱之詩以爲其名也緇衣鄭詩美武公也劉瓛云公孫尼子所作也"，余仁仲本、和本、殿本、阮刻本同，岳本無此四十一字，彙校卷第十四、撫釋一無"陸曰"二字；十行本、閩本、監本、毛本"瓛"作"獻"，非。

④ "礼記"，撫州本、岳本無此二字。

⑤ "苛音何錯七故反本亦作措同"，彙校卷第十四、撫釋一、余仁仲本、和本、閩本、監本、毛本、殿本、阮刻本同，岳本無此十二字；十行本"苛"作"詩"，"反"作"同"，皆非。

⑥ "衣緇衣"，余仁仲本、岳本、嘉靖本、八行本、和本、十行本、閩本、監本、毛本、（轉下頁注）

其衣敝，我願改制，授之以新衣，是其好賢，欲其貴之甚也。巷伯六章曰：“取彼讒人①，投畀豺虎。豺虎不食，投畀有北。有北不受，投畀有昊。”此其惡惡，欲其死亡之甚也。爵不瀆者，不輕爵人也。試，用也。咸，皆也。○好，呼報反，注同②。緇，則其反③。惡惡，上烏路反，下如字，注同。巷，戶降反。巷伯，小雅篇名。愿，音願④。還，音旋。粲，七旦反⑤。衣緇衣，上於既反，下如字。讒人，本又依詩作“譖人”。投畀，必利反，下同。豺，仕皆反。昊，胡老反，本或作“皓”，同⑥。**大雅曰：‘儀刑文王，萬國作孚。’”**刑，法也。孚，信也。儀法文王之德而行之，則天下無不爲信者也。文王爲政，克明德慎罰。

33·3 子曰：“夫民教之以德，齊之以禮，則民有格心；教之以政，齊之以刑，則民有遯心。”格，來也。遯，逃也。○格，古伯反。遯，徒遜反，亦作遁⑦。故君民者，子以愛之，則民親之；信以結之，則民不倍；恭以涖之，則民有孫心。涖，臨也。孫，順也。○倍，音佩，下注同⑧。涖，音利，又音類。孫，音遜，注同⑨。**甫刑曰：‘苗民匪用命，制以刑，惟作**

（接上頁注）殿本、阮刻本同，撫州本脫上“衣”字。

① “讒”，撫州本、余仁仲本、岳本、嘉靖本、八行本、和本、閩本、監本、毛本、殿本、阮刻本同；十行本作“譖”，非。

② “注同”，彙校卷第十四、撫釋一、余仁仲本、和本、十行本、閩本、監本、毛本、殿本、阮刻本同，岳本作“下皆同”。

③ “緇則其反”，岳本“則”作“明”；彙校卷第十四、撫釋一、余仁仲本、和本、十行本、閩本、監本、毛本、殿本、阮刻本“則”作“側”，是。

④ “注同巷戶降反巷伯小雅篇名愿音願”，彙校卷第十四、撫釋一、余仁仲本、和本、十行本、閩本、監本、毛本、殿本、阮刻本同，岳本無此十五字。

⑤ “粲七旦反”，彙校卷第十四、撫釋一、余仁仲本、和本、十行本、閩本、監本、毛本、殿本、阮刻本同，岳本無此四字。

⑥ “下如字讒人本又依詩作譖人投畀必利反下同豺仕皆反昊胡老反本或作皓同”，彙校卷第十四、撫釋一、余仁仲本、和本、閩本、監本、毛本、殿本、阮刻本同，岳本無此三十二字；十行本“讒人”之“人”作“又”，非。

⑦ “格古伯反遯徒遜反亦作遁”，彙校卷第十四、撫釋一、余仁仲本、和本、十行本、閩本、監本、毛本、殿本、阮刻本同，岳本無此十一字。

⑧ “下注同”，彙校卷第十四、撫釋一、余仁仲本、和本、十行本、閩本、監本、毛本、殿本、阮刻本同，岳本無此三字。

⑨ “注同”，彙校卷第十四、撫釋一、余仁仲本、和本、十行本、閩本、監本、毛本、（轉下頁注）

五虐之刑曰法。’是以民有惡德，而遂絶其世也。”甫刑，尚書篇名。匪，非也。命，謂政令也。高辛氏之末，諸侯有三苗者作亂，其治民不用政令，專制御之以嚴刑，乃作五虐蚩尤之刑，以是爲法，於是民皆爲惡，起倍畔也。三苗由此見滅，無後世，由不任德。○蚩，尺之反。畔，本或作“叛”，俗字，非也。任，而鳩反①。

33・4 子曰：“下之事上也，不從其所令，從其所行。言民化行，不拘於言。○行，下孟反，注同②，又如字。拘，音俱③。重言“下之事上也”二，下文一。上好是物，下必有甚者矣。甚者，甚於君也。○好，呼報反，下皆同④。故上之所好惡，不可不慎也，是民之表也。”言民之從君，如影逐表⑤。○惡，烏路反。影，如字，一音英領反⑥。重言“是民之表也”三，下文一。

33・5 子曰：“禹立三年，百姓以仁遂焉。豈必盡仁？言百姓傚禹爲仁⑦，非本性能仁也⑧。遂，猶達也。○傚，胡孝反。詩云：‘赫赫師

（接上頁注）殷本、阮刻本同，岳本無此二字。

① “畔本或作叛俗字非也任而鳩反”，彙校卷第十四、撫釋一、余仁仲本、和本、十行本、閩本、監本、毛本、殷本、阮刻本同，岳本無此十三字。

② “注同”，彙校卷第十四、撫釋一、余仁仲本、和本、十行本、閩本、監本、毛本、殷本、阮刻本同，岳本無此二字。

③ “拘音俱”，彙校卷第十四、撫釋一、余仁仲本、和本、十行本、閩本、監本、毛本、殷本、阮刻本同，岳本無此三字。

④ “好呼報反下皆同”，彙校卷第十四、撫釋一、余仁仲本、和本、十行本、閩本、監本、毛本、殷本、阮刻本同，岳本無此七字。

⑤ “影”，撫州本、余仁仲本、岳本、嘉靖本、和本、十行本、閩本、監本、毛本、殷本、阮刻本同，八行本作“景”。阮校曰：“如影逐表　閩、監、毛本、岳本、嘉靖本同，惠棟校宋本‘影’作‘景’，衛氏集説同，釋文同。○按：景，影古今字。”

⑥ “影如字一音英領反”，閩本、監本、毛本、殷本同，岳本無此八字，彙校卷第十四、撫釋一、余仁仲本、和本、十行本、阮刻本“影”作“景”。

⑦ “言百姓傚禹爲仁”，余仁仲本、岳本、八行本同，十行本、閩本、監本、毛本、殷本脱“言”字，撫州本“傚”作“效”，和本、十行本、閩本、監本、毛本、殷本作“傚”，嘉靖本、阮刻本作“効”。阮校曰：“言百姓傚禹　閩、監、毛本脱‘傚’字，岳本作‘傚’，衛氏集説、釋文同，宋監本作‘效’，嘉靖本作‘効’。○按：‘效’正字，‘傚’，乃‘效’字之或體。廣韻云：‘効，俗‘效’字。’此又因‘効’而誤作‘傚’。”鍔案：阮説不確。

⑧ “非本性能仁也”，撫州本、余仁仲本、岳本、嘉靖本、八行本、和本、阮刻本同；十行本、閩本、監本、毛本、殷本脱“也”字。阮校曰：“非本性能仁　惠棟校宋本下有‘也’字。宋監本、岳本、嘉靖本、衛氏集説同。考文云古本、足利本同。此本‘也’字闕。”

尹，民具爾瞻。’甫刑云[①]**：‘一人有慶，兆民賴之。’大雅曰：‘成王之孚**[②]**，下土之式。’”**皆言化君也。孚，信也。式，法也。○赫，許百反。王，如字，徐于況反[③]。

33·6 **子曰：“上好仁，則下之爲仁爭先人。故長民者章志、貞教、尊仁，以子愛百姓；民致行己，以説其上矣。**章，明也。貞，正也。民致行己者，民之行皆盡己心。○長，丁丈反。説，音悦。**詩云：‘有梏德行，四國順之。’”**梏，大也，直也。○梏，音角，詩作“覺”[④]。行，下孟反。

33·7 **子曰：“王言如絲，其出如綸；王言如綸，其出如綍。**言言出彌大也。綸，今有秩嗇夫所佩也。綍，引棺索也。○綸，音倫，又古頑反，綬也。如綍[⑤]，音弗，大索。嗇，音色。索，悉洛反[⑥]。**故大人不倡游言。**游，猶浮也。不可用之之言也[⑦]。○倡，昌尚反[⑧]。**可言也，不可行，君子弗言也；可行也，不可言，君子弗行也。則民言不危行，而行不危言矣。**危，猶高也。言不高於行，行不高於言，言行相應也。○行、而行，皆下孟

---

①“云”，余仁仲本、岳本、嘉靖本、和本、十行本、閩本、監本、毛本、殿本同；唐石經、撫州本、八行本、阮刻本作“曰”，是。阮校曰：“甫刑曰　惠棟校宋本作‘曰’，石經、宋監本、衛氏集説同，此本‘曰’誤‘云’，閩、監、毛本同，岳本、嘉靖本同。”

②“孚”，詩經大雅下武、唐石經、撫州本、余仁仲本、岳本、嘉靖本、八行本、和本、閩本、監本、毛本、殿本、阮刻本同；十行本作“子”，非。

③“赫許百反王如字徐于況反”，彙校卷第十四、撫釋一、余仁仲本、和本、十行本、閩本、監本、毛本、殿本、阮刻本同，岳本無此十一字。

④“詩作覺”，彙校卷第十四、撫釋一、余仁仲本、和本、十行本、閩本、監本、毛本、殿本、阮刻本同，岳本無此三字。

⑤“綍”，彙校卷十四、岳本、和本、監本、毛本、殿本同，撫釋一、余仁仲本、閩本、阮刻本作“紼”。

⑥“大索嗇音色索悉洛反”，彙校卷第十四、撫釋一、余仁仲本、和本、閩本、監本、毛本、殿本、阮刻本同，岳本無此九字；十行本“洛”作“名”，非。

⑦“不可用之之言也”，撫州本、余仁仲本、岳本、嘉靖本、和本、十行本、閩本、監本、毛本、殿本、阮刻本不重“之”字，是。

⑧“倡昌尚反”，彙校卷第十四、撫釋一、余仁仲本、和本、十行本、閩本、監本、毛本、殿本、阮刻本同，岳本無此四字。

反,注及下皆同①。應,“應對”之應②。**詩云:‘淑慎爾止,不愆于儀。’**
淑,善也。愆,過也。言善慎女之容止,不可過於禮之威儀也。○愆,起虔反。
女,音汝。

　　33·8 子曰:“**君子道人以言,而禁人以行。**”禁,猶謹也。○道,
音導。**故言必慮其所終,而行必稽其所敝,則民謹於言而慎於行。**
稽,猶考也,議也。○稽,古兮反③。**詩云:‘慎爾出話,敬爾威儀。’**話,善
言也。○話,胡快反。**大雅曰:‘穆穆文王,於緝熙敬止。’**緝、熙,皆明
也,言於明明乎敬其容止。○於,音烏,注同。緝,七入反。熙,許其反。毛詩傳
云:“緝熙,光明也。”④

　　33·9 子曰:“**長民者,衣服不貳,從容有常,以齊其民,則**
民德壹。貳,不壹也⑤。○長,丁丈反,下“君長”同。貳,本或作“貸”,同音
二,下同⑥。從,七凶反。**詩云:‘彼都人士,狐裘黃黃。其容不改,出**
言有章。行歸于周,萬民所望。’”黃衣,則狐裘大蜡之服也。詩人見而
説焉。章,文章也。忠信爲周。此詩毛氏有之,三家則亡⑦。○黃,徐本作

---

① “注及下皆同”,彙校卷第十四、撫釋一、余仁仲本、和本、十行本、閩本、監本、毛本、殿
本、阮刻本同,岳本作“下同”。

② “應應對之應”,彙校卷第十四、撫釋一、余仁仲本、和本、十行本、閩本、監本、毛本、殿
本、阮刻本同,岳本無此五字。

③ “稽古兮反”,彙校卷第十四、撫釋一、余仁仲本、和本、十行本、閩本、監本、毛本、殿本、
阮刻本同,岳本無此四字。

④ “熙許其反毛詩傳云緝熙光明也”,彙校卷第十四、撫釋一、余仁仲本、和本、十行本、閩
本、監本、毛本、殿本、阮刻本同,岳本無此十三字。

⑤ “貳不壹”,余仁仲本、岳本、嘉靖本、八行本、和本、阮刻本同;撫州本、十行本、閩本、監
本、殿本作“二不一”,毛本作“貳不一”,皆非。考異曰:“大凡‘齊壹’、‘專壹’,皆正字作
‘壹’;數之一二,正字作‘一’,表記正義已具説之,而古書有互假借爲之者,以後書又多
轉寫相亂者,當分別觀之也。”

⑥ “下君長同貳本或作貸同音二下同”,彙校卷第十四、撫釋一、余仁仲本、和本、十行本、
閩本、監本、毛本、殿本同,岳本無此十四字;阮刻本“貸”作“㒃”,是。黃焯曰:“貸,宋本
及撫本同,盧本改作‘㒃’。段云:‘當作㒃,見中庸。’焯按:鈔本正作‘㒃’。”黃説是。

⑦ “三”,撫州本、余仁仲本、岳本、嘉靖本、八行本、和本、監本、阮刻本同;十行本、閩本、毛
本、殿本作“二”,非。

“横”,音黄①。蜡,仕嫁反。説,音悦。

33・10 子曰:“爲上可望而知也,爲下可述而志也,則君不疑於其臣,而臣不惑於其君矣。志,猶知也。尹吉曰:‘惟尹躬及湯,咸有壹德。’吉,當爲“告”。告,古文“誥”,字之誤也。尹告,伊尹之誥也。書序以爲咸有壹德,今亡。咸,皆也。君臣皆有壹德不貳,則無疑惑也。○吉,依注爲“告”②,音誥,羔報反③。詩云:‘淑人君子,其儀不忒。’”

33・11 子曰:“有國者章義癉惡④,以示民厚,則民情不貳。章,明也。癉,病也。○忒,他得反,本或作“貳”,音二⑤。章義,如字,尚書作“善”,皇云:“義,善也。”⑥癉,丁但反。詩云:‘靖共爾位,好是正直。’”

33・12 子曰:“上人疑則百姓惑,下難知則君長勞。難知,有姦心也。○共,音恭,本亦作“恭”。好,呼報反⑦。故君民者,章好以示民俗,慎惡以御民之淫,則民不惑矣。淫,貪侈也。孝經曰:“示之以好惡,

----

① “黄徐本作横音黄”,彙校卷第十四、撫釋一、余仁仲本、和本、十行本、閩本、監本、毛本、殿本、阮刻本同,岳本無此七字。

② “依注爲告”,彙校卷第十四、撫釋一、余仁仲本、十行本、閩本、監本、毛本、殿本、阮刻本同,岳本無此四字;和本“告”作“吉”,非。

③ “羔報反”,彙校卷第十四、撫釋一、余仁仲本、和本、十行本、閩本、監本、毛本、殿本、阮刻本同,岳本無此三字。

④ “有國者章義”,唐石經、撫州本、余仁仲本、岳本、嘉靖本、和本同;閩本、監本、毛本、殿本“國”下衍“家”字,撫州本金履祥批語、八行本、十行本、閩本、監本、毛本、阮刻本“義”誤作“善”。阮校曰:“章善癉惡　閩、監、毛本、嘉靖本、衛氏集説、陳澔集説同,宋監本、岳本‘善’作‘義’,石經初刻作‘善’,剜刻作‘義’。釋文出‘章義’云:‘尚書作“善”。’皇云:“義,善也。”’石經考文提要云:‘宋大字本、宋本九經、南宋巾箱本、余仁仲本、劉叔剛本並作“章義”。’○按:‘義’字是也。”

⑤ “忒他得反本或作貳音二”,彙校卷第十四、撫釋一、余仁仲本、十行本、阮刻本同,和本、閩本、監本、毛本、殿本無此十字,岳本作“忒他得反或作貳”。

⑥ “章義如字尚書作善皇云義善也”,彙校卷第十四、撫釋一、余仁仲本、和本、十行本、閩本、監本、毛本、殿本、阮刻本同,岳本作“義尚書作善”。

⑦ “共音恭本亦作恭好呼報反”,彙校卷第十四、撫釋一、余仁仲本、十行本、阮刻本同,岳本作“共音恭下同好呼報反”;和本、閩本、監本、毛本、殿本將“共音恭本亦作恭好呼報反”十一字移至經文“好是正直”下,是。

而民知禁。”○好，如字，又呼報反，注同①。惡，如字，又烏路反，注同。侈，昌氏反，又式氏反②。**臣儀行，不重辭，不援其所不及，不煩其所不知，則君不勞矣。**儀，當爲“義”，聲之誤也。言臣義事君則行也③。重，猶尚也。援，猶引也。引君所不及④，謂必使其君所行如堯、舜也，不煩以其所不知⑤，謂必使其知慮如聖人也。凡告諭人⑥，當隨其才以誘之。○行，如字。援，音爰，注同。知慮，音智⑦。**詩云：‘上帝板板，下民卒癉。’**上帝，喻君也。板板，辟也。卒，盡也。癉，病也。此君使民惑之詩。○板⑧，布綰反，注同。亶，丁但反，本亦作“癉”。辟，匹亦反，字亦作“僻”，同⑨。**小雅曰：‘匪其止共，惟王之卭。’”**⑩匪，非也。卭，勞也。言臣不止於恭敬其職，惟使王之勞。此臣使君勞之詩也。○共，音恭，皇本作“躬”，云“躬，恭也”⑪。卭，其恭反。

---

① “注同”，彙校卷第十四、撫釋一、余仁仲本、和本、十行本、閩本、監本、毛本、殿本、阮刻本同，岳本無此二字。
② “注同侈昌氏反又式氏反”，彙校卷第十四、撫釋一、余仁仲本、和本、十行本、閩本、監本、毛本、殿本、阮刻本同，岳本無此十字。
③ “事君”，余仁仲本、嘉靖本、和本、十行本、閩本、監本、毛本、殿本、阮刻本同；撫州本、岳本、八行本無“君”字，是。阮校曰：“言臣義事君則行也　閩、監、毛本同。惠棟校宋本‘事’下無‘君’字，宋監本、岳本、嘉靖本、衛氏集說同。”
④ “引君”，撫州本、余仁仲本、岳本、嘉靖本、八行本、和本、十行本、閩本、監本、殿本同，毛本“引”誤“言”；阮刻本“引”上有“不”字，是。
⑤ “不知”，撫州本、余仁仲本、岳本、嘉靖本、八行本、十行本、閩本、監本、毛本、殿本、阮刻本同，和本“不”作“而”，非。
⑥ “諭”，撫州本、余仁仲本、岳本、嘉靖本、八行本、和本、十行本、閩本、監本、毛本、殿本、阮刻本作“喻”，是。
⑦ “行如字援音爰注同知慮音智”，岳本作“儀依注音義援音袁”；彙校卷第十四、撫釋一、余仁仲本、和本、十行本、閩本、監本、毛本、殿本、阮刻本“爰”作“袁”。
⑧ “板”，岳本、和本同，彙校卷第十四、撫釋一、余仁仲本、十行本、閩本、監本、毛本、殿本、阮刻本作“版”。
⑨ “注同亶丁但反本亦作癉辟匹亦反字亦作僻同”，彙校卷第十四、撫釋一、余仁仲本、和本、閩本、監本、毛本、殿本、阮刻本同，岳本作“癉丁但反辟匹亦反”；十行本“亶”作“癉”，非。
⑩ “卭”，余仁仲本、岳本、嘉靖本、八行本、和本、十行本、閩本、監本、毛本、殿本、阮刻本同；唐石經、撫州本作“邛”，是，下注文、釋文同。
⑪ “共音恭皇本作躬云躬恭也”，彙校卷第十四、撫釋一、余仁仲本、和本、十行本、閩本、監本、毛本、殿本、阮刻本同，岳本無此十一字。

33·13 子曰:“政之不行也,教之不成也,爵禄不足勸也,刑罰不足耻也,故上不可以褻刑而輕爵。言政教,所以明賞罰。○褻,息列反。康誥曰:‘敬明乃罰。’甫刑曰:‘播刑之不迪。’”康,康叔也,作誥,尚書篇名也。播,猶施也。“不”,衍字耳。迪,道也,言施刑之道。○播,徐補餓反①。迪,音狄。衍,延善反②。

33·14 子曰:“大臣不親,百姓不寧,則忠敬不足,而富貴已過也。大臣不治,而邇臣比矣。忠敬不足,謂臣不忠於君,君不敬其臣。邇,近也。言近以見遠,言大以見小,互言之。此③,私相親也。○治,音值④。比,毗志反,注同,親也。見,賢遍反,下並同⑤。故大臣不可不敬也,是民之表也;邇臣不可不慎也,是民之道也。民之道,言民循從也。君毋以小謀大,毋以遠言近,毋以内圖外,圖,亦謀也⑥。言凡謀之,當各於其黨,於其黨,知其過,審也。大臣柄權於外,小臣執命於内,或時交爭,轉相陷害。○毋,音無,下同⑦。柄,音秉,兵永反。爭,“爭鬭”之爭⑧。則大臣不怨,邇臣不疾,而遠臣不蔽矣。疾,猶非也。○蔽,必世反⑨。葉公之顧命曰:‘毋以小謀敗大作,毋以

---

① “徐”,彙校卷第十四、撫釋一、余仁仲本、和本、十行本、閩本、監本、毛本、殿本、阮刻本同,岳本無此字。

② “迪音狄衍延善反”,彙校卷第十四、撫釋一、余仁仲本、和本、十行本、閩本、監本、毛本、殿本、阮刻本同,岳本無此七字。

③ “此”,余仁仲本、和本、十行本同;撫州本、岳本、嘉靖本、八行本、閩本、監本、毛本、殿本、阮刻本作“比”,是。

④ “治音值”,彙校卷第十四、撫釋一、余仁仲本、和本、十行本、閩本、監本、毛本、殿本、阮刻本同,岳本無此三字。

⑤ “注同親也見賢遍反下並同”,岳本無此十一字;彙校卷第十四、撫釋一、余仁仲本、和本、十行本、閩本、監本、毛本、殿本、阮刻本無“並”字,是。

⑥ “亦”,撫州本、余仁仲本、岳本、嘉靖本、八行本、和本、毛本、殿本、阮刻本同;十行本、閩本、監本作“以”,非。

⑦ “毋音無下同”,彙校卷第十四、撫釋一、余仁仲本、和本、十行本、閩本、監本、毛本、殿本、阮刻本同,岳本無此五字。

⑧ “兵永反爭爭鬭之爭”,彙校卷第十四、撫釋一、余仁仲本、和本、十行本、閩本、監本、毛本、殿本、阮刻本同,岳本無此八字。

⑨ “蔽必世反”,彙校卷第十四、撫釋一、余仁仲本、和本、十行本、閩本、監本、毛本、殿本、阮刻本同,岳本無此四字。

嬖御人疾莊后，毋以嬖御士疾莊士、大夫、卿、士。'"葉公，楚縣公葉公子高也，臨死遺書曰顧命。小謀，小臣之謀也。大作，大臣之所爲也。嬖御人，愛妾也。疾，亦非也。莊后，適夫人齊莊得禮者。嬖御士，愛臣也。莊士，亦謂士之齊莊得禮者，今爲大夫、卿、士。○葉，舒涉反，注同。葉公，楚大夫沈諸梁也，字子高，爲葉縣尹，僭稱公也①。敗，補邁反。嬖，必惠反，徐甫詣反，又補弟反，字林方豉反。賤而得幸曰"嬖"，云"便嬖"、"愛妾"。莊后，側良反，齊莊也，下及注同②。適，丁歷反。齊莊，側皆反，下同③。

　　33·15 子曰："大人不親其所賢，而信其所賤，民是以親失，而教是以煩。親失，失其所當親也。教煩，由信賤也。賤者，無壹德也④。詩云：'彼求我則，如不我得。執我仇仇，亦不我力。'言君始求我，如恐不得我。既得我，持我仇仇然不堅固，亦不力用我，是不親信我也。○仇，音求，爾雅云："讎也。"⑤君陳曰：'未見聖，若己弗克見。既見聖，亦不克由聖。'"克，能也。由，用也。○陳，本亦作古"陳"字。若己弗克見，音紀，尚書無"己"字⑥。

　　33·16 子曰："小人溺於水，君子溺於口，大人溺於民，皆在其所褻也。言人不溺於所敬者。溺，謂覆没不能自理出也。○溺，乃歷反。覆，芳服反⑦。

────────────

① "注同葉公楚大夫沈諸梁也字子高爲葉縣尹僭稱公也"，彙校卷第十四、撫釋一、余仁仲本、和本、十行本、閩本、監本、毛本、殿本、阮刻同，岳本無此二十二字。

② "嬖必惠反徐甫詣反又補弟反字林方豉反賤而得幸曰嬖云便嬖愛妾莊后側良反齊莊也下及注同"，彙校卷第十四、撫釋二、余仁仲本、和本、十行本、閩本、監本、毛本、殿本、阮刻本同，岳本無此四十字；撫釋一"齊莊"之"莊"作"注"，非。

③ "下同"，彙校卷第十四、撫釋一、余仁仲本、和本、十行本、閩本、監本、毛本、殿本、阮刻本同，岳本無此二字。

④ "壹"，撫州本、余仁仲本、岳本、嘉靖本、八行本、和本、殿本同；十行本、閩本、監本、毛本、阮刻本作"一"，非。阮校曰："賤者無一德也　閩、監、毛本同。惠棟校宋本'一'作'壹'，宋監本、岳本、嘉靖本、衛氏集説同，考文引足利本同。"

⑤ "爾雅云讎也"，余仁仲本、和本、十行本、閩本、監本、毛本、殿本、阮刻本同，岳本無"爾雅云"三字；彙校卷第十四、撫釋一"讎"作"敵"，是。

⑥ "陳本亦作古陳字若己弗克見音紀尚書無己字"，彙校卷第十四、撫釋一、余仁仲本、和本、十行本、閩本、監本、毛本、殿本、阮刻本同，岳本無此十九字；黄焯曰："作"下有"勑"字。段玉裁云：注文"陳"當作"勑"。

⑦ "溺乃歷反覆芳服反"，彙校卷第十四、撫釋一、余仁仲本、和本、十行本、閩本、監本、毛本、殿本、阮刻本同，岳本無此八字。

夫水近於人而溺人，德易狎而難親也，易以溺人。 言水，人之所沐浴自絜清者①。至於深淵、洪波，所當畏慎也，由近人之故，或泳之游之，褻慢而無戒心，以取溺焉。有德者，亦如水矣。初時學其近者、小者，以從人事，自以爲可，則侮狎之。至於先王大道，性與天命，則遂扞格不入，迷惑無聞，如溺於大水矣。難親，親之當肅敬，如臨深淵。○近，“附近”之近，注“由近人”同②。易，以豉反，下同。狎，徐戶甲反。清，如字，又才性反。洪，本又作“鴻”。泳，音詠，潛行爲泳。○游，音由。侮，亡甫反。扞，胡旦反。格，戶白反③。重言“易以溺人”三，二見下文。**口費而煩，易出難悔，易以溺人。** 費，猶惠也。言口多空言，且煩數也。過言一出，駟馬不能及，不可得悔也。口舌所覆，亦如溺矣。費，或爲“哱”，或爲“悖”。○費，芳費反，注同④。數，色角反。覆，芳服反，又芳又反⑤。哱，或爲“悖”，並布内反⑥。**夫民閉於人而有鄙心，可敬不可慢，易以溺人。** 言民不通於人道，而心鄙詐，難卒告諭，人君敬慎以臨之則可，若陵虐而慢之，分崩怨畔⑦，君無所尊，亦如溺矣。○慢，本又作“漫”，音武諫反⑧。卒，寸忽反。**故君子不可以不慎也。** 慎所可褻，乃不溺矣。**太甲曰：‘毋越厥命，以自覆也。若虞機張，往省括于厥度，則釋。’** 越之言蹷也。厥，其也。覆，敗也。言無自顛蹷女之政教，以

---

① “人之”，撫州本、余仁仲本、岳本、嘉靖本、八行本、和本、十行本、閩本、監本、毛本、殿本、阮刻本無“之”字，是。

② “近附近之近注由近人同”，彙校卷第十四、撫釋一、余仁仲本、和本、十行本、閩本、監本、毛本、殿本、阮刻本同，岳本無此十字。

③ “狎徐戶甲反清如字又才性反洪本又作鴻泳音詠潛行爲泳游音由侮亡甫反扞胡旦反格戶白反”，彙校卷第十四、撫釋一、余仁仲本、和本、十行本、閩本、監本、毛本、殿本、阮刻本同，岳本無此三十九字；此皆是釋文文字，“游”上“○”號當刪。

④ “注同”，彙校卷第十四、撫釋一、余仁仲本、和本、十行本、閩本、監本、毛本、殿本、阮刻本同，岳本無此二字。

⑤ “覆芳服反又芳又反”，彙校卷第十四、撫釋一、余仁仲本、和本、十行本、閩本、監本、毛本、殿本、阮刻本同，岳本無此八字。

⑥ “或爲悖並”，彙校卷第十四、撫釋一、余仁仲本、和本、十行本、閩本、監本、毛本、殿本、阮刻本同，岳本無此四字。

⑦ “畔”，撫州本、岳本、嘉靖本、八行本、和本、十行本、閩本、監本、毛本、殿本、阮刻本同；余仁仲本作“伴”，非。

⑧ “慢本又作漫音武諫反”，余仁仲本、和本、十行本、閩本、監本、毛本、阮刻本同，岳本無此九字；彙校卷第十四、撫釋一、殿本“漫”作“僈”，是。

自毀敗。虞,主田獵之地者也。機,弩牙也。度,謂所擬射也。虞人之射禽,弩已張,從機間視括與所射參相得,乃後釋弦發矢。爲政亦以己心參於羣臣及萬民①,可,乃後施也。○大,音泰。覆,芳服反,注同。括,古活反。于厥度②,如字,又大各反,注同,尚書無"厥"字③。麗,其厥反,又紀衛反,一音厥。女,音汝。儗,魚起反,本亦作"擬"④。射,食亦反,下同⑤。**兌命曰:'惟口起羞,惟甲胄起兵,惟衣裳在笥,惟干戈省厥躬。'**兌,當爲説,謂殷高宗之臣傅説也。作書以命高宗,尚書篇名也。羞,猶辱也。衣裳,朝祭之服也。惟口起辱,當慎言語也。惟甲胄起兵,當慎軍旅之事也。惟衣裳在笥,當服以爲禮也。惟王戈省厥躬⑥,當恕己不尚害人也。○兌,依注作"説",本亦作"説"。兵,尚書作戎⑦。笥,司吏反。爲説,音悦,下"傅説"同。朝,直遥反⑧。**太甲曰:'天作孽,可違也。自作孽,不可以逭。'**違,猶辟也。逭,逃也。○孽,魚列反,下同。尚書作"天作孽,猶可違也。""不可以踣",本又作"逭"⑨,乎亂反,尚書作"弗可逭",無"以"字⑩。辟,音避。**尹吉曰:'惟尹躬天見于西邑夏,自周有終,相亦惟終。'"**尹

---

①"亦以",余仁仲本、岳本、嘉靖本同;撫州本、八行本、和本、十行本、閩本、監本、毛本、岳本、阮刻本"以"上有"當"字,是。

②"注同括古活反于厥",彙校卷第十四、撫釋一、余仁仲本、和本、十行本、閩本、監本、毛本、殿本、阮刻本同,岳本無此八字。

③"注同尚書無厥字",彙校卷第十四、撫釋一、余仁仲本、和本、十行本、閩本、監本、毛本、殿本、阮刻本同,岳本無此七字。

④"儗魚起反本亦作擬",彙校卷第十四、撫釋一、余仁仲本、和本、十行本、閩本、監本、毛本、殿本、阮刻本同,岳本無此八字。

⑤"下同",彙校卷第十四、撫釋一、余仁仲本、和本、十行本、閩本、監本、毛本、殿本、阮刻本同,岳本無此二字。

⑥"王",撫州本、余仁仲本、岳本、嘉靖本、八行本、和本、十行本、閩本、監本、毛本、殿本、阮刻本、吳氏朱批、叢刊本作"干",是。

⑦"兌依注作説本亦作説兵尚書作戎",彙校卷第十四、撫釋一、余仁仲本、和本、十行本、閩本、監本、毛本、殿本、阮刻本同,岳本作"兌本作説"。

⑧"爲説音悦下傅説同朝直遥反",余仁仲本、和本、十行本、閩本、監本、毛本、殿本、阮刻本同,彙校卷第十四、撫釋一"爲説音悦傅説音悦朝祭直遥反",岳本作"説音悦"。

⑨"下同尚書作天作孽猶可違也不可以踣本又作",彙校卷第十四、撫釋一、余仁仲本、和本、十行本、閩本、監本、毛本、殿本、阮刻本同,岳本無此十九字。

⑩"尚書作弗可逭無以字",彙校卷第十四、撫釋一、余仁仲本、和本、十行本、閩本、監本、毛本、殿本、阮刻本同,岳本無此九字。

吉,亦尹誥也。天,當爲"先"字之誤。忠信爲周。相,助也,謂臣也。伊尹言:"尹之先祖,見夏之先君臣,皆忠惟以自終①。今天絶桀者,以其自作孽。"伊尹始仕於夏,此時就湯矣。夏之邑在亳西。見,或爲"敗"。邑,或爲"予"。○吉,音誥,出注,羔報反②。天,依注作"先",西田反③。相,息亮反。亳,步各反。

33·17 子曰:"民以君爲心,君以民爲體。心莊則體舒,心肅則容敬。心好之,身必安。君好之,民必欲之。心以體全,亦以體傷;君以民存,亦以民亡。莊,齊莊也。○好,呼報反,下同。齊,側皆反④。重言"君好之"三,二見樂記。詩云:'昔吾有先正,其言明且清。國家以寧,都邑以成,庶民以生。誰能秉國成? 不自爲正,卒勞百姓。'先正,先君長也。誰能秉國成,傷今無此人也。成,邦之八成也。誰能秉行之,不自以所爲者正,盡勞來百姓憂念之者與? 疾時大臣專功爭美。○"昔吾有先正",從此至"庶民以生",揔五句,今詩皆無此語,餘在小雅節南山篇,或皆逸詩也⑤。清,舊才性反。一云此詩協韻,宜如字。上"先正",當音征。"誰能秉國成",毛詩無"能"字⑥。勞,力報反,注"勞來"同,詩依字讀。長,丁丈反。來,力再反⑦。與,音餘。君雅曰:'夏日暑雨,小民惟曰怨。資冬祈寒⑧,小民亦惟曰怨。'"雅,

----

① "惟",撫州本、余仁仲本、岳本、嘉靖本、八行本、和本、十行本、閩本、監本、毛本、殿本、阮刻本作"信",是。
② "出注羔報反",彙校卷第十四、撫釋一、余仁仲本、和本、十行本、閩本、監本、毛本、殿本、阮刻本同,岳本無此五字。
③ "西田反",彙校卷第十四、撫釋一、余仁仲本、和本、十行本、閩本、監本、毛本、殿本、阮刻本同,岳本無此三字。
④ "下同齊側皆反",彙校卷第十四、撫釋一、余仁仲本同,和本、十行本、閩本、監本、毛本、殿本、阮刻本脱"下同"二字,岳本無"齊側皆反"四字。
⑤ "昔吾有先正從此至庶民以生揔五句今詩皆無此語餘在小雅節南山篇或皆逸詩也",彙校卷第十四、撫釋一、余仁仲本、和本、十行本、閩本、監本、毛本、殿本、阮刻本同,岳本無此三十四字。
⑥ "誰能秉國成毛詩無能字",彙校卷第十四、撫釋一、余仁仲本、和本、十行本、閩本、監本、毛本、殿本、阮刻本同,岳本無此十字。
⑦ "注勞來同詩依字讀長丁丈反來力再反",彙校卷第十四、撫釋一、余仁仲本、和本、十行本、閩本、監本、毛本、殿本、阮刻本同,岳本無此十六字。
⑧ "祈",余仁仲本、嘉靖本、和本、十行本、閩本、監本、毛本、殿本同;唐石經、(轉下頁注)

書序作"牙",假借字也。君雅,周穆王司徒作,尚書篇名也。資,當爲"至",齊、魯之語,聲之誤也。祈之言是也,齊西偏之語也。夏日暑雨,小民怨天。至冬是寒,小民又怨天,言民恒多怨,爲其君難。○雅,音牙,注同,尚書作"牙"。夏日,户嫁反,注同,尚書無"日"字①。資,依注音至②,尚書作咨,連上句云"怨咨"③。祈,巨依反,徐巨尸反,字林上尸反④。

33·18　子曰:"下之事上也,身不正,言不信,則義不壹,行無類也。"類,謂比式。○行,下孟反,下"行有格"同。比式,如字,比方法式⑤。重言"下之事上也"三,上文二。

33·19　子曰:"言有物而行有格也,是以生則不可奪志,死則不可奪名。物,謂事驗也。格,舊法也。○是故,一本作"以"⑥。故君子多聞,質而守之;多志,質而親之;精知,略而行之。"質,猶少也⑦。多志,謂博交汎愛人也。精知,執慮於衆也。精,或爲"清"。○知,如字,一音智,注同。汎,音泛⑧。君陳曰:'出入自爾師虞,庶言同。'自,由也。師、庶,皆衆也。虞,度也。言出内政教,當由女衆之所謀度,衆言同,乃行之,政教當由一

(接上頁注)撫州本、岳本、八行本、阮刻本作"祁",是,下注文、釋文同。

① "注同尚書作牙夏日户嫁反注同尚書無日字",彙校卷第十四、撫釋一、余仁仲本、和本、十行本、閩本、監本、毛本、殿本、阮刻本同,岳本無此十八字。

② "依注",彙校卷第十四、撫釋一、余仁仲本、和本、十行本、閩本、監本、毛本、殿本、阮刻本同,岳本無此二字。

③ "尚書作咨連上句云怨咨",彙校卷第十四、撫釋一、余仁仲本、和本、十行本、閩本、監本、毛本、殿本、阮刻本同,岳本無此十字。

④ "祈巨依反徐巨尸反字林上尸反",余仁仲本、和本、十行本、閩本、監本、毛本、殿本、阮刻本同;彙校卷第十四、撫釋一"祁巨伊反徐巨尸反字林上尸反";岳本作"祁旦依反字林上尸反","巨"作"旦",非。

⑤ "比方法式",彙校卷第十四、撫釋一、余仁仲本、和本、十行本、閩本、監本、毛本、殿本、阮刻本同,岳本無此四字。

⑥ "是故一本作以",余仁仲本、和本、十行本、閩本、監本、毛本、殿本、阮刻本同,岳本無此六字;彙校卷第十四、撫釋一"以"上有"是"字,是。

⑦ "少",撫州本、余仁仲本、岳本、嘉靖本、八行本、毛本、殿本、阮刻本同,和本、十行本、閩本、監本作"以",非。

⑧ "注同汎音泛",彙校卷第十四、撫釋一、余仁仲本、和本、十行本、閩本、監本、毛本、殿本、阮刻本同,岳本無此五字。

也①。○度,待洛反,下同。**詩云:'淑人君子,其儀一也。'**

33·20 **子曰:"唯君子能好其正,小人毒其正。**正,當爲"匹",字之誤也。匹,謂知識朋友。○好,呼報反,下皆同。正,音匹,出注,下同②。**故君子之朋友有鄉,其惡有方。**鄉、方,喻輩類也。小人徼利,其友無常也。○鄉,許亮反,又音香,注同。輩,布内反③。徼,五堯反,下同④。**是故邇者不惑,而遠者不疑也。**言其可望而知。邇,近也。**詩云:'君子好仇。'**仇,匹也。

33·21 **子曰:"輕絶貧賤而重絶富貴,則好賢不堅而惡惡不著也。人雖曰不利,吾不信也。"**言此近徼利也。○惡惡,上烏路反,下如字⑤。著,張慮反。近,"附近"之近⑥。**詩云:'朋友攸攝,攝以威儀。'**攸,所也。言朋友以禮義相攝正,不以貧富貴賤之利也。

33·22 **子曰:"私惠不歸德,君子不自留焉。**私惠,謂不以公禮相慶賀,時以小物相問遺也。言其物不可以爲德,則君子不以身留此人也。相惠以褻瀆、邪辟之物,是爲不歸於德,歸,或爲"懷"。○遺,于季反。邪,似嗟反,徐以車反⑦。辟,匹亦反。**詩云:'人之好我,示我周行。'**行,道也。言示我以忠信之道。○行,户剛反⑧,又如字。

---

① "一",余仁仲本、嘉靖本、和本、十行本、閩本、監本、毛本、殿本、阮刻本同;撫州本、岳本、八行本作"壹",是。阮校曰:"政教當由一也　閩、監、毛本、嘉靖本、衛氏集説同,惠棟校宋本'一'作'壹',宋監本、岳本同。"

② "出注下同",彙校卷第十四、撫釋一、余仁仲本、和本、十行本、閩本、監本、毛本、殿本、阮刻本同,岳本無此四字。

③ "注同輩布内反",彙校卷第十四、撫釋一、余仁仲本、和本、閩本、監本、毛本、殿本、阮刻本同,岳本無此六字;十行本"布"作"而",非。

④ "徼五堯反下同",岳本無"下同"二字;彙校卷第十四、撫釋一、余仁仲本、和本、十行本、閩本、監本、毛本、殿本、阮刻本"五"作"古",是。

⑤ "惡惡上烏路反下如字",彙校卷第十四、撫釋一、余仁仲本、和本、閩本、監本、毛本、殿本、阮刻本同;十行本"反下如"作"下反好",非。

⑥ "近附近之近",彙校卷第十四、撫釋一、余仁仲本、和本、十行本、閩本、監本、毛本、殿本、阮刻本同,岳本無此五字。

⑦ "邪似嗟反徐以車反",彙校卷第十四、撫釋一、余仁仲本、和本、閩本、監本、毛本、殿本、阮刻本同;十行本"車"作"重",非。

⑧ "户剛反",彙校卷第十四、撫釋一、余仁仲本、岳本、和本、閩本、監本、毛本、(轉下頁注)

33・23　子曰："苟有車，必見其軾。苟有衣，必見其敝。人苟或言之，必聞其聲；苟或行之，必見其成。言凡人舉事，必有後驗也。見其軾，謂載也。敝，敗衣也。衣或在内，新時不見。○軾，音式。敝，鄭婢世反①，敗也，庚必世反①，隱蔽也。"人苟或言之"，一本無"人"字②。不見，如字，又賢遍反。葛覃曰：'服之無射。'"射，厭也，言己願采葛，以爲君子之衣，令君子服之。無厭，言不虛也。○覃，徒南反③。射，音亦，注同。厭，於豔反，後皆同。令，力呈反④。

33・24　子曰："言從而行之，則言不可飾也。行從而言之，則行不可飾也。從，猶隨也。○行從，下孟反，下"則行"、下注"以行"同。故君子寡言而行，以成其信，則民不得大其美而小其惡。以行爲驗，虛言無益於善也。寡，當爲"顧"，聲之誤也。○寡，音顧，出注⑤。詩云：'白圭之玷，尚可磨也。斯言之玷，不可爲也。'玷，缺也。言圭之缺，尚可磨而平之，言之缺，無如之何。○玷，丁簟反，又丁念反，下及注同。磨，莫何反⑥。小雅曰：'允也君子，展也大成。'允，信也。展，誠也。君奭曰：'昔在上帝⑦，周田觀文王之德，其集大命于厥躬。'"奭，召公名也，作尚書篇名

（接上頁注）殿本、阮刻本同；十行本"户"作"尸"，非。

① "敝鄭婢世反敗也庚必世反"，彙校卷第十四、撫釋一、余仁仲本、和本、閩本、監本、毛本、殿本、阮刻本同，岳本作"敝婢世反敗也又必世反"；十行本"庚"作"慶"，非。

② "人苟或言之一本無人字"，彙校卷第十四、撫釋一、余仁仲本、和本、十行本、閩本、監本、毛本、殿本、阮刻本同，岳本無此十字。

③ "覃徒南反"，彙校卷第十四、撫釋一、余仁仲本、和本、十行本、閩本、監本、毛本、殿本、阮刻本同，岳本無此四字。

④ "注同厭於豔反後皆同令力呈反"，彙校卷第十四、撫釋一、余仁仲本、和本、十行本、閩本、監本、毛本、殿本、阮刻本同，岳本無此十三字。

⑤ "出注"，彙校卷第十四、撫釋一、余仁仲本、和本、十行本、閩本、監本、毛本、殿本、阮刻本同，岳本無此二字。

⑥ "下及注同磨莫何反"，彙校卷第十四、余仁仲本、和本、十行本、閩本、監本、毛本、殿本、阮刻本同，岳本無此八字，撫釋一"磨"作"摩"。

⑦ "昔在"，撫州本、余仁仲本、岳本、嘉靖本、八行本、和本、十行本、阮刻本同，閩本、監本、毛本、殿本倒作"在昔"。

也。古文“周田觀文王之德”爲“割申勸寧王之德”，今博士讀爲“厥亂勸寧王之德”①，三者皆異，古文似近之。“割”之言“蓋”也，言文王有誠信之德，天蓋申勸之，集大命於其身，謂命之使王天下也。○奭，音釋。“周田觀文”，依注讀爲“割申勸寧”。召，尚照反，本亦作“邵”。近，“附近”之近②。王，于況反。

33・25　子曰：“南人有言曰：‘人而無恒，不可以爲卜筮。’古之遺言與？龜筮猶不能知也，而況於人乎？恒，常也。不可爲卜筮，言卦兆不能見其情，定其吉凶也。○與，音餘。詩云：‘我龜既厭，不我告猶。’猶，道也。言襲而用之，龜厭之，不告以吉凶之道也。兑命曰：‘爵無及惡德，民立而正。事純而祭祀，是爲不敬，事煩則亂，事神則難。’惡德，無恒之德。純，猶皆也。言君祭祀，賜諸臣爵，毋與惡德之人也③。民將立以爲正，言倣傚之疾④。事皆如是，而以祭祀，是不敬鬼神也。惡德之人使事煩，事煩則亂。使事鬼神，又難以得福也。純，或爲“煩”。○兑，音悦。毋，音無⑤。倣，方往反。傚，户教反。易曰：‘不恒其德，或承之羞。’‘恒其德，偵。婦人吉，夫子凶。’”羞，猶辱也。偵，問也，問正爲偵⑥。婦人，從人者也。以問正爲常德則吉，男子當專行幹事⑦，而以問正爲常德，是亦無恒之人也。○偵，

---

① “之德”，余仁仲本、岳本、嘉靖本、八行本、和本、十行本、閩本、監本、毛本、殿本、阮刻本同，撫州本脱“之”字。阮校曰：“今博士讀爲厥亂勸寧王之德　　閩、監、毛本、岳本、嘉靖本同。段玉裁校云：‘宋監本無“之”字’。”

② “本亦作邵近附近之近”，彙校卷第十四、撫釋一、余仁仲本、和本、十行本、閩本、監本、毛本、殿本、阮刻本同，岳本無此九字。

③ “毋”，余仁仲本、岳本、嘉靖本、和本、十行本、閩本、監本、毛本、殿本、阮刻本同，撫州本、八行本作“無”，非。

④ “倣”，撫州本、余仁仲本、岳本、嘉靖本、八行本、和本、十行本、閩本、監本、毛本、殿本、阮刻本作“放”，是，下釋文同。

⑤ “毋音無”，彙校卷第十四、撫釋一、余仁仲本、和本、十行本、閩本、監本、毛本、殿本、阮刻本同，岳本無此三字。

⑥ “問正”，撫州本、余仁仲本、岳本、嘉靖本、八行本、和本、閩本、監本、殿本、阮刻本同；十行本、毛本“正”作“不”，非。阮校曰：“問正爲偵　　惠棟校宋本作‘正’，岳本、嘉靖本同，考文引古本、足利本同。此本‘正’誤‘不’，閩、監、毛本同。衛氏集説作‘問正於人爲偵’。”

⑦ “幹事”，撫州本、余仁仲本、岳本、嘉靖本、八行本、和本、閩本、監本、殿本、阮刻本同；十行本、毛本“幹”作“者”，非。

音貞。周易作貞。幹,古半反①。

纂圖互注禮記卷之十七②

————————

① “周易作貞幹古半反”,彙校卷第十四、撫釋一、余仁仲本、和本、十行本、閩本、監本、毛本、殿本、阮刻本同,岳本無此八字。

② 撫州本卷十七末頁B面第八行頂格題“禮記卷第十七”,空一格題“經四千一百一十六字,注四千六百一十一字”。余仁仲本卷十七末頁B面第六行頂格題“禮記卷第十七”,第七行空四格題“經肆仟壹伯壹拾捌字”,第八行空四格題“注肆仟陸伯丹肆字”,第九行空四格題“音義貳仟柒伯叁拾肆字”,第十一行空十格題“余仁仲刊于家塾”。嘉靖本卷十七末頁B面第八行題“經四千一百一十八字,注四千六百四字”。阮刻本記“宋監本禮記卷第十七,經四千一百一十六字,注四千六百十一字。嘉靖本禮記卷第十七經四千一百一十八字,注四千六百四字”。

纂圖互注禮記卷之十八

奔喪第三十四陸曰：“鄭云：‘奔喪者，居於他邦，聞喪奔歸之禮。實曲禮之正篇也。’”①

禮記　　　　　　　　　　　　　　　鄭氏注②

34·1奔喪之禮：**始聞親喪，以哭荅使者，盡哀；問故，又哭，盡哀**。親，父母也。以哭荅使者，驚怛之哀無辭也。問故，問親喪所由也。雖非父母，聞喪而哭，其禮亦然也。○奔喪，此正字也。説文云“從哭亡，亡亦聲”也。哭，空木反③。使，色吏反，注同④。怛，都達反。**遂行，日行百里，不以夜行**。雖有哀戚，猶辟害也。晝夜之分，別於昏明。哭則遂行者，不爲位。○

---

① “陸曰鄭云奔喪者居於他邦聞喪奔歸之禮實曲禮之正篇也”，余仁仲本、和本、十行本、閩本、監本、毛本、殿本、阮刻本同，岳本無此二十四字，彙校卷第十四、撫釋一無“陸曰”二字。

② 撫州本題“禮記卷第十八”，首行頂格書寫；次行頂格題“奔喪第三十四”，空二格題“鄭氏注”。余仁仲本題“禮記卷第十八”，首行頂格書寫；次行頂格題“奔喪第三十四”，下雙行小字；第三行空三格題“禮記”，空九格題“鄭氏注”。嘉靖本題“禮記卷第十八”，首行頂格書寫；次行頂格題“奔喪第三十四”，空二格題“禮記”，空二格題“鄭氏注”。

③ “奔喪此正字也説文云從哭亡亡亦聲也哭空木反”，彙校卷第十四、撫釋一、余仁仲本、和本、十行本、閩本、監本、毛本、殿本、阮刻本同，岳本無此二十字。

④ “注同”，彙校卷第十四、撫釋一、余仁仲本、和本、十行本、閩本、監本、毛本、殿本、阮刻本同，岳本無此二字。

辟,音避。分,扶問反,又方云反。別,彼列反①。**唯父母之喪,見星而行,見星而舍。**侵晨冒昏,彌益促也。言"唯",著異也。○冒,亡北反,又亡報反。著,張慮反②。**若未得行,則成服而后行。**謂以君命有爲者也。成喪服,得行則行。○爲,于僞反,一音如字。**過國至竟,哭,盡哀而止。**感此念親。○竟,音境,下同。**哭辟市朝。**爲驚衆也。○辟,音避。朝,直遙反。爲,于僞反③。**望其國竟哭。**斬衰者也。自是哭且遂行。○衰,七雷反,後皆同。

34·2**至於家,入門左,升自西階,殯東。西面坐,哭盡哀,括髮袒**④。括髮袒者,去飾也。未成服者,素委貌、深衣;已成服者,固自喪服矣。○括,古活反。袒,徒旱反。去,羌呂反。○重言"括髮袒",下文互出,檀弓上、下:"袒括髮"二。**降,堂東即位,西鄉哭,成踊。**已殯者位在下。○鄉,許亮反,下"西鄉"同。○重言"降,堂東即位,西鄉哭,成踊",重見下文。**襲絰于序東,絞帶,反位。拜賓,成踊。**襲,服衣也。不於又哭乃絰者,發喪已踰日,節於是可也。其未小斂而至,與在家同耳。不散帶者,不見尸柩。凡拜賓者,就其位。既拜,反位哭踊。○絞,古卯反,又下同,徐户交反⑤。成踊,音勇。散,悉但反⑥。**送賓,反位。有賓後至者**⑦,**則拜之成踊,送賓皆如初。衆主人、兄弟皆出門,出門哭止,闔門,相者告就次。**次,倚廬

---

①"別彼列反",彙校卷第十四、撫釋一、余仁仲本、和本、十行本、閩本、監本、毛本、殿本、阮刻本同,岳本無此四字。

②"著張慮反",彙校卷第十四、撫釋一、余仁仲本、和本、十行本、閩本、監本、毛本、殿本、阮刻本同,岳本無此四字。

③"朝直遙反爲于僞反",彙校卷第十四、撫釋一、余仁仲本、和本、十行本、閩本、監本、毛本、殿本、阮刻本同,岳本無此八字。

④"袒",撫州本、余仁仲本、岳本、嘉靖本、八行本、和本、十行本、閩本、監本、毛本、殿本、阮刻本、吳氏朱批作"袒",是。

⑤"絞古卯反又下同徐户交反",彙校卷第十四、撫釋一、余仁仲本、岳本、和本、十行本、閩本、監本、毛本、殿本、阮刻本無"又"字,是;岳本"徐"作"又"。

⑥"散悉但反",彙校卷第十四、撫釋一、余仁仲本、和本、十行本、閩本、監本、毛本、殿本、阮刻本同,岳本無此四字。

⑦"賓",余仁仲本、岳本、嘉靖本、八行本、和本、十行本、閩本、監本、毛本、殿本、阮刻本同;撫州本作"先",非。

也。○闔，户臘反①。相，息亮反，下“相者”皆同②。倚，於綺反③。重言“有賓後至者，則拜之，成踊，送賓皆如初”，見下文。**於又哭，括髮袒，成踊。於三哭，猶括髮袒，成踊。** 又哭，至明日朝也。三哭，又其明日朝也。皆升堂括髮袒，如始至。必又哭、三哭者，象小斂、大斂時也。雜記曰：“士三踊。”其夕哭從朝。以哭不括髮④，不袒，不踊，不以爲數。○不以數也，色主反，本亦作“不以爲數”，數，色具反⑤。重言“括髮袒，成踊”，重見下文。**三日成服，拜賓、送賓皆如初。** 三日，三哭之明日也。既哭，成其服喪服⑥，杖於序東。

34·3 **奔喪者非主人，則主人爲之拜賓、送賓。奔喪者自齊衰以下，入門左，中庭北面，哭盡哀；免麻于序東，即位袒，與主人哭，成踊。** 不升堂哭者，非父母之喪，統於主人也。麻，亦經帶也。於此言“麻”者，明所奔喪雖有輕者，不至喪所，無改服也。凡袒者於位，襲於序東，袒、襲不相因位。此麻乃袒，變於爲父母也。○爲，于僞反，注“變於爲父”、下注“爲母”皆同⑦。齊，音咨，下同⑧。免，音問，下及注皆同⑨。重言“入門左”三，下文一。

---

① “闔户臘反”，彙校卷第十四、撫釋一、余仁仲本、和本、十行本、閩本、監本、毛本、殿本、阮刻同，岳本無此四字。

② “相者皆同”，彙校卷第十四、撫釋一、余仁仲本、和本、十行本、閩本、監本、毛本、殿本、阮刻本同，岳本“者”下衍“音”字。

③ “倚於綺反”，彙校卷第十四、撫釋一、余仁仲本、和本、十行本、閩本、監本、毛本、殿本、阮刻本同，岳本無此四字。

④ “以”，撫州本、余仁仲本、岳本、嘉靖本、八行本、和本、十行本、閩本、監本、毛本、殿本、阮刻本、吳氏朱批作“夕”，是。

⑤ “不以數也色主反本亦作不以爲數數色具反”，彙校卷第十四、撫釋一、余仁仲本、和本、十行本、閩本、監本、毛本、殿本、阮刻本同，岳本無此十八字。

⑥ “其服”，余仁仲本、嘉靖本、和本、十行本、閩本、監本、毛本、殿本、阮刻本同；撫州本、岳本、八行本無“服”字，是。

⑦ “注變於爲父下注爲母皆同”，彙校卷第十四、撫釋一、余仁仲本、和本、十行本、閩本、監本、毛本、殿本、阮刻本同，岳本無此十一字。

⑧ “下同”，彙校卷第十四、撫釋一、余仁仲本、和本、十行本、閩本、監本、毛本、殿本、阮刻本同，岳本無此二字。

⑨ “下及注皆同”，彙校卷第十四、撫釋一、余仁仲本、和本、十行本、閩本、監本、毛本、殿本、阮刻本同，岳本無“及注”二字。

於又哭、三哭,皆免袒。有賓,則主人拜賓、送賓。又哭、三哭,亦入門左,中庭北面,如始至時也。丈夫婦人之待之也,皆如朝夕哭位,無變也。待奔喪者無變,嫌賓客之也。於賓客以哀變爲敬,此骨肉,哀則自哀矣。於此乃言"待之",明奔喪者至三哭,猶不以序入也。

34•4 奔母之喪,西面哭,盡哀,括髮袒。降,堂東即位,西鄉哭,成踴;襲免絰于序東,拜賓、送賓,皆如奔父之禮。於又哭,不括髮。爲母於又哭而免,輕於父也,其他則同。○而免,本或作"而不免者",非①。

34•5 婦人奔喪,升自東階,殯東,西面坐,哭盡哀。東髽,即位,與主人拾踴。婦人,謂姑、姊妹、女子子也。東階,東面階也。婦人入者由闈門。東髽,髽於東序。不髽於房,變於在室者也。去纚大紒曰髽。拾,更也。主人與之更踴,賓客之。○髽,側爪反。拾,其劫反,注同。闈,音違,舊音暉②。去,起呂反。纚,色買、所綺二反。紒,音計。更,音庚,下同。

34•6 奔喪者不及殯,先之墓,北面坐,哭盡哀。主人之待之也,即位於墓左,婦人墓右。成踴,盡哀,括髮。東即主人位,絰絞帶,哭,成踴。拜賓,反位,成踴。相者告事畢。主人之待之,謂在家者也。哭於墓,爲父母則袒。告事畢者,於此後無事也。○相,息亮反,下同。爲,于僞反③。重言"相者告事畢",互見下文。遂冠,歸入門左,北面,哭盡哀,括髮袒,成踴。東即位,拜賓,成踴。賓出,主人拜送。有賓後至者,則拜之、成踴、送賓如初。衆主人、兄弟皆出門,出門哭止,相者告就次。於又哭,括髮、成踴。於三哭,猶括髮、成踴。三日成服。於五哭,相者告事畢。又哭、三哭不袒者,哀戚已久,殺之也。

---

① "而免本或作而不免者非",彙校卷第十四、撫釋一、余仁仲本、和本、十行本、閩本、監本、毛本、殿本、阮刻本同,岳本無此十字。

② "注同闈音違舊音暉",彙校卷第十四、撫釋一、余仁仲本、和本、十行本、閩本、監本、毛本、殿本、阮刻本同,岳本無此八字。

③ "相息亮反下同爲于僞反",彙校卷第十四、撫釋一、余仁仲本、十行本、閩本、監本、毛本、殿本、阮刻本同,岳本無此十字。

逸奔喪禮説不及殯曰："於又哭，猶括髮，即位，不袒。"告事畢者，五哭而不復哭也。成服之朝爲四哭。此謂既期乃後歸至者也。其未期，猶朝夕哭，不止於五哭。○冠，音官。袒，音但①。殺，色界反，下"哀殺"同。復，扶又反②。期，音基，下同。○重言"遂冠歸"二，下文一。**爲母所以異於父者，壹括髮，其餘免以終事，他如奔父之禮。**壹括髮，謂歸入門哭時也。於此乃言"爲母異於父"者，明及殯、不及殯，其異者同。○爲，于僞反，注及下"爲父"同③。

34・7　**齊衰以下，不及殯，先之墓，西面，哭盡哀。**不北面者，亦統於主人。**免麻于東方，即位，與主人哭，成踊，襲。有賓，則主人拜賓、送賓；賓有後至者，拜之如初。相者告事畢。**不言"袒"言"襲"者，容齊衰親者或袒可。**遂冠，歸，入門左，北面，哭盡哀，免袒，成踊。東即位，拜賓，成踊。賓出，主人拜送。於又哭，免袒，成踊。於三哭，猶免袒，成踊。三日成服。於五哭，相者告事畢。**爲父於又哭，括髮而不袒，此又哭、三哭皆言"袒"。"袒"，衍字也。

34・8　**聞喪不得奔喪，哭盡哀；問故，又哭盡哀。乃爲位，括髮袒，成踊。襲，絰絞帶，即位。**聞父母喪而不得奔，謂以君命有事。不然者，不得爲位。位有鄭列之處，如於家朝夕哭位矣。不於又哭乃絰者，喪至於此踰日，節於是可也。○鄭，子短反。處，昌慮反，下"之處"同④。**拜賓，反位，成踊。賓出，主人拜送于門外，反位。若有賓後至者⑤，拜之，成**

---

①"袒音但"，彙校卷第十四、撫釋一、<u>余仁仲</u>本、<u>和</u>本、十行本、<u>閩</u>本、<u>監</u>本、<u>毛</u>本、<u>殿</u>本、<u>阮</u>刻本同，<u>岳</u>本無此三字。

②"下哀殺同復扶又反"，彙校卷第十四、撫釋一、<u>余仁仲</u>本、<u>和</u>本、十行本、<u>閩</u>本、<u>監</u>本、<u>毛</u>本、<u>殿</u>本、<u>阮</u>刻本同，<u>岳</u>本無此八字。

③"注及下爲父同"，彙校卷第十四、撫釋一、<u>余仁仲</u>本、<u>和</u>本、十行本、<u>閩</u>本、<u>監</u>本、<u>毛</u>本、<u>殿</u>本、<u>阮</u>刻本同，<u>岳</u>本作"下同"。

④"下之處同"，彙校卷第十四、撫釋一、<u>余仁仲</u>本、<u>和</u>本、十行本、<u>閩</u>本、<u>監</u>本、<u>毛</u>本、<u>殿</u>本、<u>阮</u>刻本同，<u>岳</u>本無此四字。

⑤"至"，<u>唐石經</u>、<u>余仁仲</u>本、<u>岳</u>本、<u>嘉靖</u>本、八行本、<u>和</u>本、十行本、<u>閩</u>本、<u>監</u>本、<u>毛</u>本、<u>殿</u>本、<u>阮</u>刻本同；撫州本作"主"，非。

踊，送賓如初。於又哭，括髮袒①，成踊。於三哭，猶括髮袒，成踊。三日成服。於五哭，拜賓、送賓如初。不言"就次"者，當從其事，不可以喪服廢公職也。其在官，亦告就次。言五哭者，以迫公事，五日哀殺，亦可以止。

34·9　若除喪而后歸，則之墓，哭成踊。東括髮袒，絰，拜賓，成踊。送賓，反位，又哭盡哀，遂除。於家不哭。東，東即主人位。如不及殯者也。遂除，除於墓而歸。主人之待之也，無變於服，與之哭，不踊。無變於服，自若時服也。亦即位于墓左，婦人墓右。自齊衰以下，所以異者免麻。

34·10　凡爲位，非親喪，齊衰以下皆即位，哭盡哀，而東免絰，即位，袒成踊。謂無君事，又無故，可得奔喪，而以己私未奔者也。父母之喪②，則不爲位，其哭之，不離聞喪之處。齊衰以下，更爲位而哭，皆可行乃行。○離，力智反。襲，拜賓，反位，哭，成踊；送賓，反位，相者告就次。三日五哭，卒，主人出送賓，衆主人、兄弟皆出門，哭止。相者告事畢。成服，拜賓。卒，猶止也。三日五哭者，始聞喪，訖夕爲位，乃出就次，一哭也；與明日、又明日之朝夕而五哭。不五朝哭，而數朝、夕，備五哭而止，亦爲急奔喪，己私事當畢。亦明日乃成服。凡云"五哭"者，其後有賓，亦與之哭而拜之。○之朝，朝，旦也，下同。數，色主反。爲，于僞反③。若所爲位家遠，則成服而往。謂所當奔者外喪也。外喪緩而道遠，成服乃行，容待齎也。○齎，子西反，資糧也，一音咨④。

---

①"髮"，唐石經、撫州本、余仁仲本、岳本、嘉靖本、八行本、和本、閩本、監本、毛本、殿本、阮刻本同；十行本作"哭"，非。

②"父母之喪"，余仁仲本、嘉靖本、和本、十行本、閩本、監本、毛本、殿本、阮刻本同；撫州本、岳本、八行本"父"上有"唯"字，是。阮校曰："父母之喪　惠棟校宋本上有'唯'字，宋監本、岳本、衛氏集說同。此本誤脫，閩、監、毛本、嘉靖本同。"

③"之朝朝旦也下同數色主反爲于僞反"，彙校卷第十四、撫釋一、余仁仲本、和本、十行本、閩本、監本、毛本、殿本、阮刻本同，岳本無此十五字。

④"齎子西反資糧也一音咨"，彙校卷第十四、撫釋一、余仁仲本、和本、十行（轉下頁注）

34·11 齊衰望鄉而哭，大功望門而哭，小功至門而哭，緦麻即位而哭。 奔喪哭，親疏遠近之差也。差，初佳反，又初宜反，下同①。 哭父之黨於廟，母、妻之黨於寢，師於廟門外，朋友於寢門外，所識於野張帷。 此因五服聞喪而哭②，列人恩諸所當哭者也。黨，謂族類無服者也。逸奔喪禮曰："哭父族與母黨於廟，妻之黨於寢，朋友於寢門外，壹哭而已，不踊。"言"壹哭而已"，則不爲位矣。 凡爲位不奠。 以其精神不存乎是。 哭天子九，諸侯七，卿大夫五，士三。 此臣聞君喪而未奔，爲位而哭，尊卑日數之差也。士亦有屬吏，賤不得君臣之名。 大夫哭諸侯，不敢拜賓。 謂哭其舊君，不敢拜賓，辟爲主。○辟，音避。 諸臣在他國，爲位而哭，不敢拜賓。 謂大夫、士使於列國。○使，色吏反。 與諸侯爲兄弟，亦爲位而哭。 族親昏姻在異國者。 凡爲位者壹袒。 謂於禮正，可爲位而哭也。始聞喪，哭而袒，其明日則否。父母之喪，自若三袒也。

34·12 所識者弔，先哭于家，而後之墓，皆爲之成踊，從主人北面而踊。 從主人而踊，拾踊也③。北面，自外來便也。主人墓左西面。○爲，于僞反，下注"各爲"同④。拾，其劫反。便，婢面反⑤。

34·13 凡喪：父在，父爲主；與賓客爲禮，宜使尊者。父没，兄弟同居，各主其喪；各爲其妻、子之喪爲主也。祔則宗子主之。○祔，音附⑥。 親

（接上頁注）本、閩本、監本、毛本、殿本、阮刻本同，岳本無此十字。

① "差初佳反又初宜反下同"，彙校卷第十四、撫釋一、余仁仲本、和本、十行本、閩本、監本、毛本、殿本、阮刻本同，岳本無此十字；此十字是釋文文字，當在"差"上補"○"號。

② "此"，撫州本、余仁仲本、岳本、嘉靖本、八行本、和本、閩本、監本、毛本、殿本、阮刻本同；十行本作"故"，非。

③ "拾"，撫州本、余仁仲本、岳本、嘉靖本、八行本、和本、閩本、監本、毛本、殿本、阮刻本同；十行本作"故"，非。

④ "各爲同"，彙校卷第十四、撫釋一、余仁仲本、和本、十行本、閩本、監本、毛本、殿本、阮刻本同，岳本"爲"下衍"凡爲"二字。

⑤ "便婢面反"，彙校卷第十四、撫釋一、余仁仲本、和本、十行本、閩本、監本、毛本、殿本、阮刻本同，岳本無此四字。

⑥ "祔音附"，彙校卷第十四、撫釋一、余仁仲本、和本、十行本、閩本、監本、毛本、殿本、阮刻本同，岳本無此三字。

同，長者主之。父母没，如昆弟之喪，宗子主之。○長，丁丈反。如，若也①。不同，親者主之；從父昆弟之喪②。聞遠兄弟之喪，既除喪而后聞喪，免袒，成踊，拜賓則尚左手。小功、緦麻不稅者也。雖不服，猶免袒。尚左手，吉拜也。逸奔喪禮曰：“凡拜，吉喪皆尚左手。”○稅，吐外反③。無服而爲位者，唯嫂叔及婦人降而無服者，麻。雖無服，猶弔服加麻，袒免，爲位哭也。正言嫂叔，尊嫂也。兄公於弟之妻則不能也。婦人降而無服，族姑、姊妹嫁者也。逸奔喪禮曰：“無服袒免爲位者，唯嫂與叔。凡爲其男子服，其婦人降而無服者，麻。”○嫂，悉早反。凡爲，于僞反，下注同④。重意“無服而爲位者，唯嫂叔。”檀弓上：“子思之哭嫂也，爲位。”凡奔喪，有大夫至，袒，拜之，成踊而后襲；於士，襲而后拜之。主人袒降哭，而大夫至，因拜之⑤，不敢成己禮，乃禮尊者。或曰：“大夫後至者，袒，拜之，謂之成踊。”

問喪第三十五_{陸曰：“鄭云：‘問喪者，善其問，以知居喪之禮所由也。’”}⑥

問喪第三十五<small>陸曰：“鄭云：‘問喪者，善其問，以知居喪之禮所由也。’”⑥</small>

鄭氏注

35·1 親始死，雞斯，徒跣，扱上衽，交手哭。惻怛之心，痛疾

---

① “如若也”，彙校卷第十四、撫釋一、余仁仲本、和本、十行本、閩本、監本、毛本、殿本、阮刻本同，岳本無此三字。
② “喪”，撫州本、余仁仲本、岳本、嘉靖本、八行本、和本、閩本、監本、毛本、殿本同；十行本、阮刻本作“後”，非。
③ “吐外反”，彙校卷第十四、撫釋一、余仁仲本、和本、岳本、閩本、監本、毛本、殿本、阮刻本同；十行本“吐”作“生”，非。
④ “凡爲于僞反下注同”，彙校卷第十四、撫釋一、余仁仲本、和本、十行本、閩本、監本、毛本、殿本、阮刻本同，岳本無此八字。
⑤ “因”，撫州本、余仁仲本、岳本、嘉靖本、八行本、和本、閩本、監本、毛本、殿本、阮刻本同；十行本作“同”，非。
⑥ “陸曰鄭云問喪者善其問以知居喪之禮所由也”，余仁仲本、和本、十行本、閩本、監本、毛本、殿本、阮刻本同，岳本無此十九字，彙校卷第十四、撫釋一無“陸曰”二字。

之意，傷腎、乾肝、焦肺，水漿不入口，三日不舉火，故鄰里爲之糜粥以飲食之。親，父母也。鷄斯，當爲“笄纚”，聲之誤也。親始死，去冠，二日乃去笄纚①，括髮也。今時始喪者邪巾貊頭，笄纚之存象也。徒，猶空也。上衽，深衣之裳前。五藏者，腎在下，肝在中，肺在上，舉三者之焦傷，而心、脾在其中矣。五家爲鄰，五鄰爲里。○鷄斯，依注爲“笄纚”，笄，音古兮反。纚，色買反，徐所綺反②。跣，悉典反。扱，初洽反。衽，而鴆反，又而甚反，注同③。怛，都達反。腎，市軫反④。乾肝，並音干⑤。肺，方廢反。漿，本亦作“䊦”，子羊反。麋，武皮反，本亦作“糜”，同。粥，之六反，字林與六反，云“渀麋”也⑥。飲，音蔭。食，音嗣。去冠，起呂反。邪，似嗟反，亦作“耶”⑦。袹，亡瞎反，本亦作“貊”。藏，才浪反。脾，婢支反⑧。重意“鷄斯，徒跣，扱上衽”，喪大記：“徒跣扱衽。”夫悲哀在中，故形變於外也。痛疾在心，故口不甘味，身不安美也。言人情之中外相應。○夫，音扶。應，“應對”之應⑨。

35・2 三日而斂，在牀曰尸，在棺曰柩。動尸舉柩，哭踊無

---

①“二”，撫州本、余仁仲本、岳本、嘉靖本、和本、十行本、閩本、監本、毛本、殿本、阮刻本同；八行本作“三”，非。

②“徐”，彙校卷第十四、撫釋一、余仁仲本、和本、十行本、閩本、監本、毛本、殿本、阮刻本同，岳本作“又”。

③“注同”，彙校卷第十四、撫釋一、余仁仲本、和本、十行本、閩本、監本、毛本、殿本、阮刻本同，岳本無此二字。

④“腎市軫反”，彙校卷第十四、撫釋一、余仁仲本、和本、十行本、閩本、監本、毛本、殿本、阮刻本同，岳本無此四字。

⑤“肝並”，彙校卷第十四、撫釋一、余仁仲本、和本、十行本、閩本、監本、毛本、殿本、阮刻本同，岳本無此二字。

⑥“肺方廢反漿本亦作䊦子羊反麋武皮反本亦作糜同粥之六反字林與六反云渀麋也”，彙校卷第十四、撫釋一、余仁仲本、和本、阮刻本同，岳本無此三十四字；十行本、閩本、監本、毛本、殿本“麋”作“糜”，非。

⑦“邪似嗟反亦作耶”，余仁仲本、和本、十行本、閩本、監本、毛本、殿本同，彙校卷十四、撫釋一、阮刻本作“耶似嗟反亦作邪”，岳本無此七字。

⑧“袹亡瞎反本亦作貊藏才浪反脾婢支反”，彙校卷第十四、撫釋一、余仁仲本、和本、十行本、閩本、監本、毛本、殿本、阮刻本同，岳本作“貊亡瞎反”。

⑨“應應對之應”，彙校卷第十四、撫釋一、余仁仲本、和本、十行本、閩本、監本、毛本、殿本、阮刻本同，岳本無此五字。

數。惻怛之心，痛疾之意，悲哀志懣氣盛，故袒而踊之，所以動體、安心、下氣也。婦人不宜袒，故發胷、擊心、爵踊，殷殷田田，如壞牆然，悲哀痛疾之至也。故曰："辟踊哭泣，哀以送之。"送形而往，迎精而反也。　故袒而踊之，言聖人制法，故使之然也。爵踊，足不絕地。辟，拊心也。哀以送之，謂葬時也。迎其精神而反，謂反哭及日中而虞也。○斂，力豔反，下同。柩，其又反。懣，亡本反，又音滿，范音悶，下同。殷殷，並音隱①。壞，音怪，字林作"數"，音同②。辟，婢尺反，徐扶亦反，注及下皆同。拊，芳甫反③。重言"在牀曰尸，在棺曰柩"二，重見曲禮上。

35·3 其往送也④，望望然，汲汲然，如有追而弗及也。其反哭也，皇皇然，若有求而弗得也。故其往送也如慕，其反也如疑。望望，瞻望之貌也。慕者，以其親之在前。疑者，不知神之來否。○汲，音急⑤。重言"故其往送也如慕，其反也如疑。"檀弓上："其往也如慕，其退也如疑。"求而無所得之也，入門而弗見也，上堂又弗見也，入室又弗見也，亡矣⑥，喪矣，不可復見已矣！故哭泣辟踊，盡哀而止矣。説反哭之義也。○上，時掌反⑦。復，扶又反，又下"復反"、"復生"皆同⑧。心悵焉愴焉，

---

① "殷並"，彙校卷第十四、撫釋一、余仁仲本、和本、十行本、閩本、監本、毛本、殿本、阮刻本同，岳本無此二字。

② "字林作數音同"，彙校卷第十四、撫釋一、余仁仲本、和本、十行本、閩本、監本、毛本、殿本、阮刻本同，岳本無此六字。

③ "徐扶亦反注及下皆同拊芳甫反"，彙校卷第十四、撫釋一、余仁仲本、和本、十行本、閩本、監本、毛本、殿本、阮刻本同，岳本無此十三字。

④ "送"，唐石經、撫州本、余仁仲本、岳本、嘉靖本、八行本、和本、閩本、監本、毛本、殿本、阮刻本同；十行本作"逸"，非。

⑤ "汲音急"，彙校卷第十四、撫釋一、余仁仲本、和本、十行本、閩本、監本、毛本、殿本、阮刻本同，岳本無此三字。

⑥ "亡"，唐石經、撫州本、余仁仲本、岳本、嘉靖本、八行本、和本、閩本、監本、毛本、殿本、阮刻本同；十行本作"云"，非。

⑦ "上時掌反"，彙校卷第十四、撫釋一、余仁仲本、和本、十行本、閩本、監本、毛本、殿本、阮刻本同，岳本無此四字。

⑧ "又下復反復生皆同"，彙校卷第十四、撫釋一、余仁仲本、和本、十行本、閩本、監本、毛本、殿本、阮刻本無"又"字，岳本無"又"、"皆"二字。

惚焉懭焉，心絶志悲而已矣。祭之宗廟，以鬼饗之^①，徼幸復反也。　説虞之義。○悵，勅亮反。愴，初亮反^②。惚，音忽。懭，徐音慨，苦代反^③。徼^④，古堯反。成壙而歸，不敢入處室，居於倚廬，哀親之在外也。寢苦枕塊，哀親之在土也。　言親在外在土，孝子不忍反室自安也。"入處室"，或爲"入宫"。○壙，古晃反。倚，於綺反^⑤。苦，始占反，草也^⑥。枕，之蔭反。塊，苦對反，又苦怪反，土也^⑦。重言"居於倚廬，寢苦枕塊"三，一見間傳三十七，一見三年問三十八，又檀弓上："寢苦枕干。"故哭泣無時，服勤三年，思慕之心，孝子之志也，人情之實也。　勤，謂憂勞。○重言"哭泣無時，憂勤三年"三，一見下文。檀弓上："服勤至死，心喪三年。"○"孝子之志也"三，篇末一，祭義一。

35·4 或問曰："死三日而后斂者，何也？"怪其遲也。曰："孝子親死，悲哀志懣，故匍匐而哭之，若將復生然，安可得奪而斂之也？故曰：'三日而后斂者，以俟其生也。'三日而不生，亦不生矣，孝子之心，亦益衰矣；家室之計，衣服之具，亦可以成矣；親戚之遠者，亦可以至矣。是故聖人爲之斷決，以三日爲之禮制也。"匍匐，猶顚蹶，或作"扶服"。○匍，音蒲，又音扶。匐，蒲北反，又音服。衰，色追反。爲，于僞反，

---

① "饗"，唐石經、撫州本、余仁仲本、岳本、嘉靖本、八行本、和本、十行本、阮刻本同；閩本、監本、毛本、殿本作"享"，非。

② "初亮反"，彙校卷第十四、撫釋一、余仁仲本、和本、閩本、監本、毛本、殿本、阮刻本同，十行本脱"反"字。

③ "懭徐音慨苦代反"，彙校卷第十四、撫釋一、余仁仲本、和本、十行本、閩本、監本、毛本、殿本、阮刻本同；十行本"懭"作墨釘，岳本無"徐"、"苦代反"四字。

④ "徼"，彙校卷第十四、撫釋一、余仁仲本、和本、閩本、監本、毛本、殿本、阮刻本同；十行本作"激"，非。

⑤ "倚於綺反"，彙校卷第十四、撫釋一、余仁仲本、和本、十行本、閩本、監本、毛本、殿本、阮刻本同，岳本無此四字。

⑥ "草也"，彙校卷第十四、撫釋一、余仁仲本、和本、十行本、閩本、監本、毛本、殿本、阮刻本同，岳本無此二字。

⑦ "土也"，彙校卷第十四、撫釋一、余仁仲本、和本、十行本、閩本、監本、毛本、殿本、阮刻本同，岳本無此二字。

下注“相爲”、“爲褻”同①。斷決，丁叚反，下古穴反。猶偱，丁年反②。釐，求月反，又九月反。○重意“故匍匐而哭之”，檀弓下：“孔子閒居，匍匐救之。”

35·5　或問曰：“冠者不肉袒，何也？”怪冠、衣之相爲也。○冠，音官。**曰：“冠至尊也，不居肉袒之體也。故爲之免以代之也。**言身無飾者不敢冠，冠爲褻尊服。肉袒則著免。免狀如冠而廣一寸。○免，音問，注及下皆同③。褻，息列反。著，張慮反，又張略反④。廣，古曠反。**然則禿者不免，傴者不袒，跛者不踊，非不悲也，身有錮疾，不可以備禮也。故曰：‘喪禮唯哀爲主矣。’女子哭泣悲哀，擊胷傷心；男子哭泣悲哀，稽顙觸地：無容哀之至也。”**將踊先袒，將袒先免，此三疾俱不踊⑤、不袒、不免，顧其所以否者，各爲一耳。擊胷傷心，稽顙觸地，不踊者若此而可。或曰：“男女哭踊。”○禿，吐禄反，無髮也⑥。傴，於縷反，一音紆矩反，背曲也⑦。跛，補禍反，又彼我反，足廢也⑧。錮，音故。稽，音啓⑨，注同⑩。顙，桑朗反，下

---

① “下注相爲爲褻同”，彙校卷第十四、撫釋一、余仁仲本、和本、十行本、閩本、監本、毛本、殿本、阮刻本同，岳本無此七字。

② “斷決丁叚反下古穴反猶偱丁年反”，彙校卷第十四、撫釋一、余仁仲本、和本、十行本、閩本、監本、毛本、殿本、阮刻本同，岳本作“斷丁叚反”。

③ “注及”，彙校卷第十四、撫釋一、余仁仲本、和本、十行本、閩本、監本、毛本、殿本、阮刻本同，岳本無此二字。

④ “褻息列反著張慮反又張略反”，彙校卷第十四、撫釋一、余仁仲本、和本、十行本、閩本、監本、毛本、殿本、阮刻本同，岳本無此十二字。

⑤ “三”，撫州本、余仁仲本、岳本、嘉靖本、八行本、和本、閩本、監本、毛本、殿本、阮刻本同；十行本作“二”，非。

⑥ “禿吐禄反無髮也”，彙校卷第十四、撫釋一、余仁仲本、和本、十行本、閩本、監本、毛本、殿本、阮刻本同，岳本無此七字。

⑦ “傴於縷反一音紆矩反背曲也”，彙校卷第十四、撫釋一、余仁仲本、和本、閩本、監本、毛本、殿本、阮刻本同，岳本無“一音紆矩反背曲也”八字；十行本“縷”作“綏”，非。

⑧ “又彼我反足廢也”，彙校卷第十四、撫釋一、余仁仲本、和本、閩本、監本、毛本、殿本、阮刻本同，岳本無此七字；十行本“廢”作“疾”，非。

⑨ “音”，彙校卷第十四、撫釋一、余仁仲本、岳本、和本、閩本、監本、毛本、殿本、阮刻本同；十行本作“首”，非。

⑩ “注同”，彙校卷第十四、撫釋一、余仁仲本、和本、十行本、閩本、監本、毛本、殿本、阮刻本同，岳本無此二字。

注同①。重言“禿者不免，傴者不袒，跛者不踊”二，一見喪服四制四十九，“不免”作“不髽”。

35・6 或問曰：“免者以何爲也？”怪本所爲施也。○何爲，于僞反，盡篇末文、注皆同②。曰：“不冠者之所服也。禮曰：‘童子不緦，唯當室緦。’緦者其免也，當室則免而杖矣。”不冠者，猶未冠也。當室，謂無父兄而主家者也。童子不杖，不杖者不免，當室則杖而免。免冠之細別③，以次成人也。緦者其免也，言免乃有緦服也。○緦，音思④。冠之，古亂反。

35・7 或問曰：“杖者何也？”怪其義各異。○重言“杖者何也”二，一見喪服四制四十九。曰：“竹、桐一也。故爲父苴杖，苴杖，竹也；爲母削杖，削杖，桐也。”言所以杖者義一也，顧所用異耳。○苴，七餘反。削，悉若反⑤。重言“苴杖，竹也；削杖，桐也”二，一見喪小記十五篇。

35・8 或問曰：“杖者以何爲也？”怪所爲施。曰：“孝子喪親，哭泣無數，服勤三年，身病體羸，以杖扶病也。言得杖乃能起也。數，或爲“時”。○羸，力垂反，劣也，疲也⑥。重意“以杖扶病也”，喪服四制：“婦人、童子不杖，不能病也。”則父在不敢杖矣，尊者在故也。堂上不杖，辟

---

① “下注同”，彙校卷第十四、撫釋一、余仁仲本、和本、十行本、閩本、監本、毛本、殿本、阮刻本同，岳本無此三字。
② “文注”，彙校卷第十四、撫釋一、余仁仲本、和本、十行本、閩本、監本、毛本、殿本、阮刻本同，岳本無此二字。
③ “免冠之細別”，余仁仲本、岳本、嘉靖本、八行本、和本、十行本、閩本、監本、毛本、殿本、阮刻本同；撫州本無“別”字，是。考異曰：“蓋其本當云‘免，冠之別’而無‘細’字，今本正義複舉有‘細’字，又‘流’下‘別’作‘例’，皆非也。其異本‘別’作‘細’，亦讀於‘細’句絶，云‘免，冠之細’者，如玉藻注云‘黨，鄉之細也’，投壺注云‘投壺，射之細也’之例，校者記作‘別’之本於旁，因而誤入，故他本皆‘細’、‘別’兩有，撫本猶存異本之舊，故有‘細’無‘別’，而不於正義合。”鍔案：張説是。
④ “緦音思”，彙校卷第十四、撫釋一、余仁仲本、和本、十行本、閩本、監本、毛本、殿本、阮刻本同，岳本無此三字。
⑤ “削悉若反”，彙校卷第十四、撫釋一、余仁仲本、和本、十行本、閩本、監本、毛本、殿本、阮刻本同，岳本無此四字。
⑥ “羸力垂反劣也疲也”，彙校卷第十四、撫釋一、余仁仲本、和本、十行本、閩本、監本、毛本、殿本、阮刻本同，岳本無此八字。

尊者之處也。堂上不趨，示不遽也。此孝子之志①，人情之實也，禮義之經也②。非從天降也，非從地出也，人情而已矣。”父在不杖，謂爲母喪也。尊者在不杖，辟尊者之處不杖③，有事不趨，皆爲其感動，使之憂戚也。○辟，音避。處，昌慮反，下同。遽，其慮反④。重言“堂上不趨”三，一見曲禮上，一見少儀十七。○“此孝子之志也”，見上文。又祭統云：“此孝子之心也。”

服問第三十六 陸曰：“鄭云：‘服問者，善其問，以有服而遭喪所變易之節也。’”⑤

鄭氏注

36·1 傳曰：有從輕而重，公子之妻爲其皇姑；皇，君也。諸侯妾子之妻爲其君姑齊衰，與爲小君同，舅不厭婦也。○傳，此引大傳文也。從，如字，范才用反⑥。爲其，于僞反，注及下皆同。齊衰，上音咨，下七雷反，後放此⑦。厭，於涉反，下同。有從重而輕，爲妻之父母；妻齊衰而夫從緦麻，不降一等⑧，言

---

① “志”下，唐石經、撫州本、余仁仲本、岳本、嘉靖本、八行本、和本、十行本、閩本、監本、毛本、殿本、阮刻本有“也”字，是。

② 自“禮義之經也”至疏文“亦以俟其生”，十行本脱八百六十一字，約一頁，閩本、監本、毛本、殿本、阮刻本補。

③ “辟”，余仁仲本、岳本、嘉靖本、八行本、和本、十行本、閩本、監本、毛本、殿本、阮刻本同，撫州本無此字，是。

④ “處昌慮反下同遽其慮反”，彙校卷第十四、撫釋一、余仁仲本、和本、十行本、閩本、監本、毛本、殿本、阮刻本同，岳本無此十字。

⑤ “陸曰鄭云服問者善其問以有服而遭喪所變易之節也”，岳本無此二十二字，彙校卷第十四、撫釋一無“陸曰”二字；余仁仲本、和本、十行本、閩本、監本、毛本、殿本、阮刻本“以”下有“知”字，是。

⑥ “范”，彙校卷第十四、撫釋一、余仁仲本、和本、十行本、閩本、監本、毛本、殿本、阮刻本同，岳本作“又”。

⑦ “注及下皆同齊衰上音咨下七雷反後放此”，彙校卷第十四、撫釋一、余仁仲本、和本、十行本、閩本、監本、毛本、殿本、阮刻本同，岳本作“下同”。

⑧ “一”，撫州本、余仁仲本、岳本、嘉靖本、八行本、和本、閩本、監本、毛本、殿本、阮刻本同；十行本作“此”，非。

非服差①。○差，初佳反，又初宜反，下同。**有從無服而有服，公子之妻爲公子之外兄弟**；謂爲公子之外祖父母、從母緦麻。**有從有服而無服，公子爲其妻之父母。**凡公子厭於君，降其私親。女君之子不降也。○重言"有從輕而重，有從重而輕，有從無服而有服，有從有服而無服"二，重見少儀十六篇②。

36·2 **傳曰：母出則爲繼母之黨服，母死則爲其母之黨服。爲其母之黨服，則不爲繼母之黨服。**雖外親，亦無二統。

36·3 **三年之喪既練矣，有期之喪既葬矣，則帶其故葛帶，絰期之絰，服其功衰。**帶其故葛帶者，三年既練，期既葬，差相似也。絰期之葛絰，三年既練，首絰除矣。爲父既練，首絰除矣。爲父既練③，衰七升；母既葬，衰八升。凡齊衰既葬，衰或八升，或九升。服其功衰，服龐衰。○期，音基，下及注皆同。**有大功之喪，亦如之。**大功之麻④，變三年之練葛。期既葬之葛帶⑤，小於練之葛帶，又當有絰，亦反服其故葛帶，絰期之絰，差之宜也。此雖變麻服葛，大小同耳，亦服其功衰。凡三年之喪，既練，始遭齊衰、大功之喪，絰、帶皆麻。**小功，無變也。**無所變於大功、齊、斬之服⑥，不用輕累重也。○累，劣彼反，又劣僞反。

36·4 **麻之有本者，變三年之葛。**有本，謂大功以上也。小功以

①"言"，撫州本、余仁仲本、岳本、嘉靖本、八行本、和本、閩本、監本、毛本、殿本、阮刻本同；十行本作"當"，非。
②"少儀"二字，當是"大傳"之誤，"有從輕而重，有從重而輕，有從無服而有服，有從有服而無服"是大傳文字，大傳是禮記第十六篇。
③"首絰除矣爲父既練"，余仁仲本、嘉靖本、和本、十行本、閩本、監本、毛本、阮刻本同；撫州本、岳本、八行本無此八字，是。阮校曰："三年既練首絰除矣爲父既練首絰除矣爲父既練　嘉靖本、閩、監、毛本同，惠棟校宋本、宋監本'首絰除矣爲父既練'下無'首絰除矣爲父既練'八字，是也；岳本同，考文引古本、足利本同。"
④"麻"，撫州本、余仁仲本、岳本、嘉靖本、八行本、和本、閩本、監本、毛本、殿本、阮刻本同；十行本作"喪"，非。
⑤"期"，撫州本、余仁仲本、岳本、嘉靖本、八行本、和本、十行本、閩本、監本、毛本、殿本、阮刻本同。考異曰："'期'當作'其'，'其'者，其大功也。故正義曰'云'其既葬之葛帶者，謂大功既葬，葛帶'云云也。今各本'其'作'期'者，誤字耳。十行以來本并正義中亦作'期'，而無由知注之爲誤字矣，今特訂正之。"鍔案：張説是。
⑥"斬"，撫州本、余仁仲本、岳本、嘉靖本、八行本、和本、閩本、監本、毛本、殿本同；十行本、阮刻本作"衰"，非。

下,澡麻斷本。〇上,時掌反。澡,音早①。斷,丁管反②,下文同。**既練,遇麻斷本者,於免,絰之;既免,去絰。每可以絰必絰,既絰則去之。**雖無變,緣練無首絰,於有事則免絰如其倫。免無不絰,絰有不免,其無事則自若練服也。〇免,音問,下及注"不免者"皆同③。去,起吕反,下同。**小功不易喪之練冠,如免,則絰其緦、小功之絰,因其初葛帶。緦之麻,不變小功之葛;小功之麻,不變大功之葛。以有本爲稅。**稅亦變易也。小功以下之麻,雖與上葛同,猶不變也。此要其麻有本者,乃變上耳。雜記曰:"有三年之練冠,則以大功之麻易之,唯杖、屨不易也。"〇爲稅,上如字,下吐外反,注及下皆同④。要,一遥反。

36·5 **殤長、中,變三年之葛,終殤之月筭,而反三年之葛。是非重麻,爲其無卒哭之稅。下殤則否。**謂大功之親,爲殤在緦、小功者也。可以變三年之葛⑤,正親親也。三年之葛,大功變既練,齊衰變既虞⑥、卒哭。凡喪卒哭,受麻以葛。殤以麻終喪之月數,非重之而不變,爲殤未成人,文不縟耳。下殤則否,言賤也。男子爲大功之殤,中從上,服小功;婦人爲之,中從下,服緦麻⑦。〇長,丁丈反。筭,徐音蒜,悉亂反⑧。重,直勇

---

① "上時掌反澡音早",彙校卷第十四、撫釋一、余仁仲本、和本、十行本、閩本、監本、毛本、殿本、阮刻本同,岳本無此七字。

② "丁管反",彙校卷第十四、撫釋一、余仁仲本、岳本、和本、閩本、監本、毛本、殿本、阮刻本同;十行本、阮刻本"丁"作"下",非。

③ "及注不免者",彙校卷第十四、撫釋一、余仁仲本、和本、十行本、閩本、監本、毛本、殿本、阮刻本同,岳本無此五字。

④ "注及下皆同",彙校卷第十四、撫釋一、余仁仲本、和本、十行本、閩本、監本、毛本、殿本、阮刻本同,岳本作"下同"。

⑤ "可以",撫州本、余仁仲本、岳本、嘉靖本、八行本、和本、閩本、監本、毛本、殿本同;十行本、阮刻本作"所以",非。

⑥ "齊衰",撫州本、余仁仲本、岳本、嘉靖本、八行本、和本、閩本、監本、毛本、殿本同;十行本、阮刻本作"麻衰",非。

⑦ "服緦麻",撫州本、余仁仲本、岳本、嘉靖本、和本、十行本、閩本、監本、毛本、殿本、阮刻本同,八行本脱"麻"字。

⑧ "筭徐音蒜悉亂反",彙校卷第十四、撫釋一、余仁仲本、和本、閩本、監本、毛本、殿本、阮刻本同,岳本無此七字;十行本脱"亂"字。

反，徐治龍反，注同①。爲，于僞反，注除"爲殤在緦"皆同②。縟，音辱，繁綵飾也③。

36·6 君爲天子三年，夫人如外宗之爲君也。外宗，君外親之婦

也。其夫與諸侯爲兄弟，服斬，妻從服期。諸侯爲天子服斬，夫人亦從服期。喪

大記曰："外宗，房中南面。"○君爲，于僞反，後音皆同④，注"諸侯爲天子"、下注

"亦爲此三人"、"士爲國君"同⑤。世子不爲天子服。遠嫌也。不服，與畿外

之民同也。○遠，于萬反。畿，音祈⑥。

36·7 君所主，夫人妻、大子、適婦。言"妻"，見大夫以下，亦爲此三

人爲喪主也。○大子，音泰，下及注同⑦。適，丁歷反，下同。見，賢遍反。大夫

之適子，爲君、夫人、大子，如士服。大夫不世子，不嫌也。士爲國君斬、小

君期。大子君服斬，臣從服期。君之母，非夫人，則羣臣無服；唯近臣及

僕、驂乘從服，唯君所服服也。妾，先君所不服也。禮，庶子爲後，爲其母

緦。言"唯君所服"，伸君也。春秋之義，有以小君服之者。時若小君在，則益不

可。○驂，七南反⑧。乘，音剩。爲，于僞反，下"爲其母"同。伸，音申⑨。

36·8 公爲卿大夫錫衰以居，出亦如之，當事則弁絰。大夫

---

①"徐治龍反注同"，彙校卷第十四、撫釋一、余仁仲本、和本、十行本、閩本、監本、毛本、殿本、阮刻本同，岳本作"又治龍反"。

②"注除"，彙校卷第十四、撫釋一、余仁仲本、岳本、和本、閩本、監本、毛本、殿本、阮刻本同；十行本"注"上衍"又"字。

③"縟音辱繁綵飾也"，彙校卷第十四、撫釋一、余仁仲本、和本、殿本同，岳本無此七字；十行本、閩本、監本、毛本、阮刻本脱"綵"字。

④"後音皆同"，余仁仲本、和本、閩本、監本、毛本、阮刻本同，岳本作"後皆同"；彙校卷十四、撫釋一、殿本"音"作"文"，是；十行本"後"作"終"，非。

⑤"注諸侯爲天子下注亦爲此三人士爲國君同"，彙校卷第十四、撫釋一、余仁仲本、和本、十行本、閩本、監本、毛本、殿本、阮刻本同，岳本無此十八字。

⑥"畿音祈"，彙校卷第十四、撫釋一、余仁仲本、和本、十行本、閩本、監本、毛本、殿本、阮刻本同，岳本無此三字。

⑦"及注"，彙校卷第十四、撫釋一、余仁仲本、和本、十行本、閩本、監本、毛本、殿本、阮刻本同，岳本無此二字。

⑧"驂七南反"，彙校卷第十四、撫釋一、余仁仲本、和本、十行本、閩本、監本、毛本、殿本、阮刻本同，岳本無此四字。

⑨"爲于僞反下爲其母同伸音申"，彙校卷第十四、撫釋一、余仁仲本、和本、十行本、閩本、監本、毛本、殿本、阮刻本同，岳本無此十二字。

相爲亦然。**爲其妻，往則服之，出則否。**弁経，如爵弁而素加経也。不當事則皮弁。出，謂以他事不至喪所。○錫，思歴反。

36·9 凡見人，無免経。雖朝於君，無免経。唯公門有税齊衰。傳曰：君子不奪人之喪，亦不可奪喪也。見人，謂行求見人也。無免経，経重也。税，猶免也，古者“説”，或作“税”。有免齊衰，謂不杖齊衰也。於公門有免齊衰，則大功有免経也。○免経，音勉，去也，下“無免経”并注皆同，徐並音問，恐非。朝，直遥反①。税，吐活反，注同。説，吐活反②，又始鋭反。重言“君子不奪人之喪，亦不可奪喪也”二，一見雜記下；又曾子問：“君子不奪人之親，亦不可奪親也。”

36·10 傳曰：罪多而刑五，喪多而服五，上附下附，列也。列，等比也③。○罪，本或作“皋”，正字也；秦始皇以其似“皇”字，改爲“罪”也④。上，時掌反。列，徐音例，注同，本亦作“例”⑤。比，必利反。

間傳第三十七　陸曰：“鄭云：‘名間傳者，以其記喪服之間輕重所宜也。’”⑥

鄭氏注

37·1 斬衰何以服苴？苴，惡貌也，所以首其内而見諸外

---

① “下無免経并注皆同徐並音問恐非朝直遥反”，彙校卷第十四、撫釋一、余仁仲本、和本、十行本、閩本、監本、毛本、殿本、阮刻本同，岳本作“下并注同皆音問非”。

② “注同説吐活反”，彙校卷第十四、撫釋一、余仁仲本、和本、十行本、閩本、監本、毛本、殿本、阮刻本同，岳本無此六字。

③ “比”，撫州本、余仁仲本、岳本、嘉靖本、八行本、和本、閩本、監本、毛本、殿本、阮刻本同；十行本作“此”，非。

④ “罪本或作皋正字也秦始皇以其似皇字改爲罪也”，彙校卷第十四、撫釋一、余仁仲本、和本、十行本、閩本、監本、毛本、殿本、阮刻本同，岳本無此二十字。

⑤ “列徐音例注同本亦作例”，彙校卷第十四、撫釋一、余仁仲本、和本、十行本、閩本、監本、毛本、殿本、阮刻本同，岳本作“列音例”。

⑥ “陸曰鄭云名間傳者以其記喪服之間輕重所宜也”，余仁仲本、和本、十行本、閩本、監本、毛本、殿本、阮刻本同，岳本作“間傳者以其記喪服之間輕重所宜”，彙校卷第十四、撫釋一無“陸曰”二字。

也。斬衰貌若苴，齊衰貌若枲，大功貌若止，小功、緦麻容貌可也。此哀之發於容體者也。有大憂者，面必深黑。止，謂不動於喜樂之事。枲，或爲"似"。○苴，七余反。見，賢遍反。齊，音咨，下同①。枲，思里反。樂，音洛②。

37・2 斬衰之哭，若往而不反；齊衰之哭，若往而反；大功之哭，三曲而偯；小功、緦麻，哀容可也。此哀之發於聲音者也。三曲，一舉声而三折也。偯，聲餘從容也。○偯，於起反，説文作"悠"，云"痛聲"。折，之設反。從，七容反③。

37・3 斬衰唯而不對，齊衰對而不言，大功言而不議，小功、緦麻議而不及樂。此哀之發於言語者也。議，謂陳説非時事也。○唯，于癸反，徐以水反。重意"斬衰"至"不及樂"，喪服四制云："斬衰之喪，唯而不對；齊衰之喪，對而不言；大功之喪，言而不議；緦麻、小功之喪，議而不及樂。"又雜記下："斬衰之喪，言而不語，對而不問。"

37・4 斬衰三日不食，齊衰二日不食，大功三不食，小功、緦麻再不食。士與斂焉，則壹不食。故父母之喪，既殯食粥，朝一溢米，莫一溢米；齊衰之喪，疏食水飲，不食菜果；大功之喪，不食醯醬；小功、緦麻，不飲醴酒。此哀之發於飲食者也。父母之喪，既虞、卒哭，疏食水飲，不食菜果；期而小祥，食菜果④；又期而大祥，有醯醬；中月而禫，禫而飲醴酒。始飲酒者，先飲醴酒。始食肉者，先食乾肉。先飲醴酒、食乾肉者，不忍發御厚味。○與，音預。

---

① "下同"，彙校卷第十四、撫釋一、余仁仲本、和本、十行本、閩本、監本、毛本、殿本、阮刻本同，岳本無此二字。

② "樂音洛"，彙校卷第十四、撫釋一、余仁仲本、和本、十行本、閩本、監本、毛本、殿本、阮刻本同，岳本無此三字。

③ "説文作悠云痛声折之設反從七容反"，彙校卷第十四、撫釋一、余仁仲本、和本、十行本、閩本、監本、毛本、殿本、阮刻本同，岳本無此十五字。

④ "果"，唐石經、撫州本、余仁仲本、岳本、嘉靖本、八行本、和本、閩本、監本、毛本、殿本、阮刻本同；十行本作"又"，非。

斂,力驗反①。粥,之六反②。溢,音逸,劉音實③,二十兩也。莫,音暮④。疏食,音似,下"疏食"同⑤。醯,本亦作"醴",呼兮反,下同。醴,音禮⑥。期,音基,下及注皆同⑦。中,如字,徐丁仲反⑧。禫,大感反。重言"三日不食,朝一溢米,莫一溢米,疏食水飲,不食菜果"。又見下文及喪服大記二十一篇。○"始飲酒者,先飲醴酒;始食肉者,先食乾肉"二,日見喪大記⑨。

37·5 父母之喪,居倚廬,寢苫枕塊,不說絰帶;齊衰之喪,居堊室,芐翦不納;大功之喪,寢有席;小功、緦麻,牀可也。此哀之發於居處者也。父母之喪,既虞、卒哭,柱楣翦屏,芐翦不納;期而小祥,居堊室,寢有席;又期而大祥,居復寢;中月而禫,禫而牀。芐,今之蒲莘也。○倚,於綺反。寢,本亦作"寑",七審反⑩。苫,始占反。枕,之鴆反。塊,苦對反,又苦怪反。稅,吐活反⑪。芐,戶嫁反。翦,子踐反。

---

①"斂力驗反",彙校卷第十四、撫釋一、余仁仲本、和本、十行本、閩本、監本、毛本、殿本、阮刻本同,岳本作"斂去聲"。

②"粥之六反",彙校卷第十四、撫釋一、余仁仲本、和本、十行本、閩本、監本、毛本、殿本、阮刻本同,岳本無此四字。

③"劉",彙校卷第十四、撫釋一、余仁仲本、和本、十行本、閩本、監本、毛本、殿本、阮刻本同,岳本作"又"。

④"莫音暮",彙校卷第十四、撫釋一、余仁仲本、和本、十行本、閩本、監本、毛本、殿本、阮刻本同,岳本無此三字。

⑤"疏食音似下疏食同",岳本作"疏食音嗣下同",彙校卷第十四、撫釋一、余仁仲本、和本、十行本、閩本、監本、毛本、殿本、阮刻本"似"作"嗣"。

⑥"醯本亦作醴呼兮反下同醴音禮",岳本無此十三字,和本、十行本、閩本、監本、毛本"醴"作"醴";彙校卷第十四、撫釋一、余仁仲本、殿本、阮刻本作"醴",是。

⑦"及注皆",彙校卷第十四、撫釋一、余仁仲本、和本、十行本、閩本、監本、毛本、殿本、阮刻本同,岳本無此三字。

⑧"徐丁仲反",彙校卷第十四、撫釋一、余仁仲本、和本、十行本、閩本、監本、毛本、殿本、阮刻本同,岳本作"又去聲"。

⑨"日",乃"又"字之誤。

⑩"倚於綺反寢本亦作寑七審反",彙校卷第十四、撫釋一、余仁仲本、和本、十行本、閩本、監本、毛本、殿本、阮刻本同,岳本無此十二字。

⑪"稅吐活反",彙校卷十四、撫釋一、余仁仲本、岳本、和本同;十行本、閩本、監本、毛本、殿本、阮刻本"稅"作"說",非。

牀,徐仕良反①。柱,知矩反,一音張炷反②。楣,音眉。復,音伏③。重言"居倚廬,寢苫枕塊"四,一見喪大記,一見問喪,一見三年問。又檀弓上:"寢苫枕干。"○"居堊室"二,一見喪大記二十二,又雜記上:"士居堊室。"

37·6 斬衰三升,齊衰四升、五升、六升,大功七升、八升、九升,小功十升、十一升、十二升,緦麻十五升去其半。有事其縷,無事其布,曰緦。此哀之發於衣服者也。此齊衰多一等④,大功、小功多一等⑤,服主於受,是極列衣服之差也。○去,起呂反,下"去麻"同⑥。縷,力主反。差,初佳反,後放此⑦。斬衰三升,既虞、卒哭,受以成布六升,冠七升。爲母疏衰四升,受以成布七升,冠八升。去麻服葛,葛帶三重。期而小祥,練冠縓緣,要絰不除。男子除乎首,婦人除乎帶。男子何爲除乎首也? 婦人何爲除乎帶也? 男子重首,婦人重帶,除服者先重者,易服者易輕者。又期而大祥,素縞麻衣。中月而禫,禫而纖,無所不佩。葛帶三重,謂男子也,五分去一而四糾之。帶輕,既變,因爲飾也。婦人葛絰,不葛帶。舊説云:"三糾之,練而帶去一股。"去一股,則小於小功之絰,似非也。易服,謂爲後喪所變也。婦人重帶,帶在下體之上,婦人重之,辟男子也。其爲帶,猶五分絰去一耳。喪服小記曰:"除成喪者,其

①"牀徐仕良反",彙校卷第十四、撫釋一、余仁仲本、和本、十行本、閩本、監本、毛本、殿本、阮刻本同,岳本無此五字。
②"一音張炷反",彙校卷第十四、撫釋一、余仁仲本、和本、十行本、閩本、監本、毛本、殿本、阮刻本同;岳本作"又音炷",非。
③"楣音眉復音伏",彙校卷第十四、撫釋一、余仁仲本、和本、十行本、閩本、監本、毛本、殿本、阮刻本同,岳本無此六字。
④"一",余仁仲本、和本同;撫州本、岳本、嘉靖本、八行本、十行本、閩本、監本、毛本、殿本、阮刻本作"二",是。
⑤"一",撫州本、余仁仲本、岳本、嘉靖本、八行本、十行本、閩本、監本、毛本、殿本、阮刻本同;和本作"二",非。
⑥"去麻",彙校卷第十四、撫釋一、余仁仲本、和本、十行本、閩本、監本、毛本、殿本、阮刻本同,岳本無此二字。
⑦"縷力主反差初佳反後放此",彙校卷第十四、撫釋一、余仁仲本、和本、十行本、閩本、監本、毛本、殿本、阮刻本同,岳本無此十一字。

祭也朝服縞冠。”此素縞者,玉藻所云:“縞冠素紕,既祥之冠。”麻衣,十五升布深
衣也①。謂之麻者,純用布,無采飾也。大祥除衰杖,黑經白緯曰纖。舊説:“纖,
冠者采纓也。”無所不佩,紛帨之屬,如平常也。纖,或作“緂”。○爲母,于僞反,
下注“爲後”同。重,直龍反,注“三重”同②。緣,七戀反。緣,徐音掾③,悦絹反。
要,一遥反。縞,古老反,又古報反,注同。纖,息廉反,注同④。去,起吕反,下
同。糾,居黝反,下同。股,音古⑤。辟,音避。朝,直遥反⑥。紕,婢支反,又音
綼。緯,音謂。紛,芳云反。帨,始鋭反⑦。緂,徐息廉反,又音侵。重言“除服
者,先重者;易服者,易輕者”二,一見喪服小記十五。

　　37·7 易服者何爲易輕者也? 因上説而問之。**斬衰之喪,既**
虞、卒哭,遭齊衰之喪,輕者包,重者特。 説所以易輕者之義也。既虞、
卒哭,謂齊衰可易斬服之節也。輕者可施於卑,服齊衰之麻,以包斬衰之葛,謂男
子帶,婦人絰也。重者宜主於尊,謂男子之絰,婦人之帶,特其葛不變之也。此言
“包”、“特”者,明於卑可以兩施,而尊者不可貳。**既練,遭大功之喪,麻葛**
重。 此言大功可易斬服之節也。斬衰已練⑧,男子除絰而帶獨存,婦人除帶而
絰獨存,謂之單。單,獨也。遭大功之喪,有麻絰⑨,婦人有麻帶,又皆易其輕者

---

① “十五升布深衣也”,撫州本、余仁仲本、岳本、嘉靖本、八行本、和本、閩本、監本、毛本、
　殿本同;十行本、阮刻本“布”下衍“亦”字。
② “注三重同”,彙校卷第十四、撫釋一、余仁仲本、和本、十行本、閩本、監本、毛本、殿本、
　阮刻本同,岳本無此四字。
③ “徐音掾”,彙校卷第十四、撫釋一、余仁仲本、和本、十行本、閩本、監本、毛本、殿本、阮
　刻本同,岳本無此三字。
④ “注同纖息廉反注同”,彙校卷第十四、撫釋一、余仁仲本、和本、十行本、閩本、監本、毛
　本、殿本、阮刻本同,岳本無此八字。
⑤ “下同糾居黝反下同股音古”,彙校卷第十四、撫釋一、余仁仲本、和本、十行本、閩本、監
　本、毛本、殿本、阮刻本同,岳本無此十一字。
⑥ “朝直遥反”,彙校卷第十四、撫釋一、余仁仲本、和本、十行本、閩本、監本、毛本、殿本、
　阮刻本同,岳本無此四字。
⑦ “又音綼緯音謂紛芳云反帨始鋭反”,彙校卷第十四、撫釋一、余仁仲本、和本、閩本、監
　本、毛本、殿本、阮刻本同,岳本無此十四字;十行本“帨”作“悦”,非。
⑧ “已”,撫州本、余仁仲本、岳本、嘉靖本、八行本、和本、閩本、監本、毛本、殿本、阮刻本
　同;十行本作“之”,非。
⑨ “有”上,撫州本、余仁仲本、岳本、嘉靖本、八行本、和本、十行本、閩本、監(轉下頁注)

以麻，謂之重麻。既虞、卒哭，男子帶其故葛帶，絰期之葛絰，婦人絰其故葛絰，帶期之葛帶，謂之重葛。○重，直龍反，注及下“不言重”①、“言重者”同。**齊衰之喪，既虞、卒哭，遭大功之喪，麻葛兼服之。** 此言大功可易齊衰期服之節也。兼，猶兩也。不言“包”、“特”而兩言者，“包”、“特”著其義，兼者明有絰有帶耳。不言“重”者，三年之喪既練，或無絰，或無帶。言“重”者，以明今皆有。期以下固皆有矣。兩者，有麻、有葛耳。葛者亦特其重，麻者亦包其輕。○著，張慮反②。**斬衰之葛與齊衰之麻同，齊衰之葛與大功之麻同，大功之葛與小功之麻同，小功之葛與緦之麻同。麻同則兼服之。** 此竟言有上服，既虞、卒哭，遭下服之差也。唯大功有變三年既練之服，小功以下，則於上皆無易焉。此言“大功之葛與小功之麻同，小功之葛與緦之麻同”，主爲大功之殤長③、中言之。○爲，于僞反。長，丁丈反④。**兼服之服重者，則易輕者也。** 服重者，謂特之也。則者，則男子與婦人也。凡下服，虞、卒哭，男子反其故葛帶，婦人反其故葛絰。其上服除，則固自受以下服之受矣。

三年問第三十八 <u>陸</u>曰：“<u>鄭</u>云：‘名三年問者，善其以知喪服年月所由也。’”⑤

鄭氏注

38·1 三年之喪，何也？曰：稱情而立文，因以飾羣，別親疏

（接上頁注）本、毛本、殿本、阮刻本有“男子”二字，是。

①“注及”，彙校卷第十四、撫釋一、<u>余仁仲</u>本、和本、十行本、閩本、監本、毛本、殿本、阮刻本同，<u>岳</u>本無此二字。

②“著張慮反”，彙校卷第十四、撫釋一、<u>余仁仲</u>本、和本、十行本、閩本、監本、毛本、殿本、阮刻本同，<u>岳</u>本無此四字。

③“主”，撫州本、<u>余仁仲</u>本、<u>岳</u>本、嘉靖本、八行本、和本、閩本、監本、毛本、殿本、阮刻本同；十行本作“上”，非。

④“長丁丈反”，彙校卷第十四、撫釋一、<u>余仁仲</u>本、和本、十行本、閩本、監本、毛本、殿本、阮刻本同，<u>岳</u>本無此四字。

⑤“陸曰鄭云名三年問者善其以知喪服年月所由也”，<u>余仁仲</u>本、和本、十行本、閩本、監本、毛本、殿本、阮刻本同，<u>岳</u>本無此二十字，彙校卷第十四、撫釋一無“陸曰”二字。

貴賤之節，而弗可損益也。故曰：無易之道也。稱情而立文，稱人之情輕重而制其禮也。羣，謂親之黨也。無易，猶不易也。○稱，尺證反，注及下皆同①。別，彼列反。易，音亦，注同②。創鉅者其日久，痛甚者其愈遲。三年者，稱情而立文，所以爲至痛極也。斬衰，苴杖，居倚廬，食粥，寢苦枕塊，所以爲至痛飾也。飾，情之章表也。○創，音瘡，初良反。鉅，音巨，大也。愈，徐音庾，差也。遲，徐直移反。倚，於綺反。枕塊，之鳩反③。重意“居倚廬，寢苦枕塊”四，一見喪大記二十二，一見問喪三十五，一見間傳三十七。○“斬衰，杖苴”，前篇：“斬衰何以服苴。”三年之喪，二十五月而畢。哀痛未盡，思慕未忘，然而服以是斷之者，豈不送死有已，復生有節也哉？復生，除喪反生者之事也。○思，如字，一音息吏反④。斷，丁亂反。復，音伏⑤。

38·2 凡生天地之間者，有血氣之屬必有知，有知之屬莫不知愛其類。今是大鳥獸則失喪其羣匹，越月踰時焉，則必反巡，過其故鄉，翔回焉，鳴號焉，蹢躅焉，蜘蹰焉⑥，然後乃能去之。小者至於燕雀，猶有啁噍之頃焉，然後乃能去之。故有血氣之屬者，莫知於人，故人於其親也，至死不窮。匹，偶也。言燕雀之恩不如大鳥獸，大鳥獸不如人，含血氣之類，人最有知而恩深也。於其五服之親，念之至

---

① “稱尺證反注及下皆同”，余仁仲本、和本、十行本、閩本、監本、毛本、殿本、阮刻本同，岳本無“注及”二字，彙校卷第十四、撫釋一“尺”作“赤”。

② “注同”，彙校卷第十四、撫釋一、余仁仲本、和本、十行本、閩本、監本、毛本、殿本、阮刻本同，岳本無此二字。

③ “初良反鉅音巨大也愈徐音庾差也遲徐直移反倚於綺反枕塊之鳩反”，彙校卷第十四、撫釋一、余仁仲本、和本、十行本、閩本、監本、毛本、殿本、阮刻本同，岳本無此二十八字。

④ “思如字一音息吏反”，彙校卷第十四、撫釋一、余仁仲本、和本、十行本、閩本、監本、毛本、殿本、阮刻同，岳本無此八字。

⑤ “復音伏”，彙校卷第十四、撫釋一、余仁仲本、和本、十行本、閩本、監本、毛本、殿本、阮刻本同，岳本無此三字。

⑥ “蜘”，余仁仲本、嘉靖本、和本、十行本同；撫州本、岳本、八行本、閩本、監本、毛本、殿本、阮刻本作“踟”，是。釋文“蜘”字同。

死無止已。○屬，音蜀①。喪，息浪反，又如字。巡，徐詞均反②。過，徐音戈③，一音古卧反。號，音豪，户羔反④。蹢，本又作"躑"⑤，直亦反，徐治革反⑥。躅，直録反。蹢躅，不行也⑦。踶，音馳，字或作"蹄"。蹢，音厨⑧。燕，於見反。雀，本又作"爵"⑨。啁，張留反。噍，子流反。啁噍，聲。頃，苦潁反⑩。知，音智。

將由夫患邪淫之人與？則彼朝死而夕忘之，然而從之，則是曾鳥獸之不若也，夫焉能相與羣居而不亂乎？ 言惡人薄於恩，死則忘之，其相與聚處，必失礼也。○由夫，音扶，下皆同。邪，似嗟反⑪。人與，音餘，下"君子與"同⑫。曾，則能反。焉，於虔反。**將由夫脩飾之君子與？則三年之喪，二十五月而畢，若駟之過隙，然而遂之，則是無窮也。** 駟之過

---

① "屬音蜀"，彙校卷第十四、撫釋一、余仁仲本、和本、十行本、閩本、監本、毛本、殿本、阮刻本同，岳本無此三字。

② "巡徐詞均反"，彙校卷第十四、撫釋一、余仁仲本、和本、十行本、閩本、監本、毛本、殿本、阮刻本同，岳本無此五字。

③ "徐"，彙校卷第十四、撫釋一、余仁仲本、和本、十行本、閩本、監本、毛本、殿本、阮刻本同，岳本無此字。

④ "號音豪户羔反"，彙校卷第十四、撫釋一、余仁仲本、和本、十行本、閩本、監本、毛本、殿本、阮刻本同，岳本無此六字。

⑤ "本又作躑"，彙校卷第十四、撫釋一、余仁仲本、和本、十行本、閩本、監本、毛本、殿本、阮刻本同，岳本無此四字。

⑥ "徐治革反"，彙校卷第十四、撫釋一、余仁仲本、和本、十行本、閩本、監本、毛本、殿本、阮刻本同，岳本無此四字。

⑦ "蹢躅不行也"，彙校卷第十四、撫釋一、余仁仲本、和本、十行本、閩本、監本、毛本、殿本、阮刻本同，岳本無此五字；又，"蹢躅"上，彙校卷第十四、撫釋一、余仁仲本、和本、十行本、閩本、監本、毛本、殿本、阮刻本有"徐治六反"四字。

⑧ "踶音馳字或作蹄蹢音厨"，岳本作"踟音馳蹢音厨"，彙校卷第十四、撫釋一、余仁仲本、和本、十行本、閩本、監本、毛本、殿本、阮刻本"踶"下有"徐"字。

⑨ "燕於見反雀本又作爵"，彙校卷第十四、撫釋一、余仁仲本、和本、十行本、閩本、監本、毛本、殿本、阮刻本同，岳本無此九字。

⑩ "啁噍聲頃苦潁反"，彙校卷第十四、撫釋一、余仁仲本、和本、十行本、閩本、監本、毛本、殿本、阮刻本同，岳本無此七字。

⑪ "邪似嗟反"，彙校卷第十四、撫釋一、余仁仲本、和本、十行本、閩本、監本、毛本、殿本、阮刻本同，岳本無此四字。

⑫ "下君子與同"，彙校卷第十四、撫釋一、余仁仲本、和本、十行本、閩本、監本、毛本、殿本、阮刻本同，岳本無此五字。

隙，喻疾也。遂之，謂不時除也。○駟，音四，馬也①。過，古臥反，徐音戈②。隙，本又作"郤"③，去逆反，空隙之地也④。**故先王焉爲之立中制節，壹使足以成文理，則釋之矣。** 立中制節，謂服之年月也。釋，猶除也，去也。○爲，于僞反，下注"爲母"同。中，如字，又丁仲反，注同⑤。去，起呂反。

38·3 **然則何以至期也？** 言三年之義如此，則何以有降至於期也？期者，謂爲人後者，父在爲母也。○期，音基，注及下同⑥。**曰：至親以期斷。** 言服之正，雖至親，皆期而除也。○斷，丁亂反，下注同⑦。**是何也？** 問服斷於期之義也。**曰：天地則已易矣，四時則已變矣，其在天地之中者，莫不更始焉，以是象之也。** 法此變易，可以期也。

38·4 **然則何以三年也？** 言法此變易可以期，何以乃三年爲？**曰：加隆焉爾也，焉使倍之，故再期也。** 言於父母，加隆其恩，使倍期也⑧。下"焉"猶"然"。○加隆焉爾，一本作"加隆爲爾"⑨。焉，徐如字，一音於乾反。焉，猶然也，一

---

① "馬也"，彙校卷第十四、撫釋一、余仁仲本、和本、十行本、閩本、監本、毛本、殿本、阮刻本同，岳本無此二字。
② "徐"，彙校卷第十四、撫釋一、余仁仲本、和本、十行本、閩本、監本、毛本、殿本、阮刻本同，岳本作"又"。
③ "本又作郤"，彙校卷第十四、撫釋一、余仁仲本、和本、十行本、閩本、監本、毛本、殿本、阮刻本同，岳本無此四字。
④ "空隙之地也"，彙校卷第十四、撫釋一、余仁仲本、和本、十行本、閩本、監本、毛本、殿本、阮刻本同，岳本無此五字。
⑤ "下注爲母同中如字又丁仲反注同"，彙校卷第十四、撫釋一、余仁仲本、和本、十行本、閩本、監本、毛本、殿本、阮刻本同，岳本無此十四字。
⑥ "注及"，彙校卷第十四、撫釋一、余仁仲本、和本、十行本、閩本、監本、毛本、殿本、阮刻本同，岳本無此二字。
⑦ "下注同"，彙校卷第十四、撫釋一、余仁仲本、和本、十行本、閩本、監本、毛本、殿本、阮刻本同，岳本無此三字。
⑧ "期"，撫州本、余仁仲本、岳本、嘉靖本、八行本、十行本、閩本、監本、毛本、殿本、阮刻本同；和本作"斯"，非。
⑨ "加隆焉爾一本作加隆爲爾"，彙校卷第十四、撫釋一、余仁仲本、和本、十行本、閩本、監本、毛本、殿本、阮刻本同，岳本無此十一字。

云“發聲也”，注及下同①。倍，步罪反，注同②。由九月以下，何也？曰：焉使弗及也。言使其恩，不若父母。故三年以爲隆，緦、小功以爲殺，期、九月以爲間。上取象於天，下取法於地，中取則於人，人之所以羣居和壹之理盡矣。取象於天地，謂法其變易也。自三年以至緦，皆歲時之數也。言既象天地，又足以盡人聚居純厚之恩也。〇殺，色界反，徐所例反③。重意“上取象於天，下取法於地”，郊特牲篇：“取則於地，取法於天。”

38・5 故三年之喪，人道之至文者也。夫是之謂至隆，言三年之喪，喪禮之最盛也。是百王之所同，古今之所壹也，未有知其所由來者也。不知其所從來，喻此三年之喪，前世行之久矣④。孔子曰：“子生三年，然後免於父母之懷。夫三年之喪，天下之達喪也。”達，謂自天子至於庶人。

深衣第三十九 陸曰：“鄭云：‘以其記深衣之制也。名曰深衣者，謂連衣、裳而純之以采也。有表則謂之中衣，以素純則曰長衣也。’”⑤

鄭氏注

39・1 古者深衣，蓋有制度，以應規、矩、繩、權、衡。言聖人制

---

①“焉徐如字一音於乾反焉猶然也一云發聲也注及下同”，余仁仲本、和本、十行本、閩本、監本、毛本、殿本、阮刻本同，岳本作“焉如字一於乾反下同”，彙校卷第十四、撫釋一“猶”作“由”。

②“注同”，彙校卷第十四、撫釋一、余仁仲本、和本、十行本、閩本、監本、毛本、殿本、阮刻本同，岳本無此二字。

③“徐所例反”，彙校卷第十四、撫釋一、和本、十行本、閩本、監本、毛本、殿本、阮刻本同，岳本無此四字；余仁仲本“反”作“矣”，非。

④“之久矣”，撫州本、余仁仲本、岳本、嘉靖本、八行本、和本、阮刻本同；十行本、閩本、監本、毛本、殿本作“良久矣”，非。阮校曰：“前世行之久矣　惠棟校宋本作‘之’，岳本、嘉靖本、衛氏集説同，考文引古本、足利本同。此本‘之’誤‘良’，閩、監、毛本同。宋監本亦作‘之’，‘矣’作‘也’。”鍔案：阮説不確。

⑤“陸曰鄭云以其記深衣之制也名曰深衣者謂連衣裳而純之以采也有表則謂之中衣以素純則曰長衣也”，余仁仲本、和本、十行本、閩本、監本、毛本、殿本、阮刻本同，岳本無此四十二字，彙校卷第十四、撫釋一無“陸曰”二字。

事,必有法度。○應,於證反①。**短毋見膚,**衣取蔽形。○毋,音無,下同②。見,賢遍反。**長毋被土。**爲汗辱也。○被,彼義反。爲,于僞反。汗,"汗辱"之汗,一音烏臥反③。**續衽鉤邊,**續,猶屬也。衽,在裳旁者也。屬連之,不殊裳前後也。鉤,讀如"鳥喙必鉤"之鉤。鉤邊,若今曲裾也。續,或爲"裕"。○衽,而審反,又而鴆反④。鉤,古侯反。屬,音燭,下皆同。喙,許穢反⑤。裕,以樹反。**要縫半下。**三分要,中減一以益下,下宜寬也。要,或爲"優"。○要,一遥反,注同⑥。縫,扶用反⑦,下注同⑧。**袼之高下,可以運肘。**肘不能不出入。袼,衣袂當掖之縫也。○袼,本亦作"胳"⑨,音各,掖也。肘,竹九反,又張柳反。掖,本又作"腋",音亦⑩。重意"可以運肘",玉藻:"可以回肘。"**袂之長短,反詘之及肘。**袂屬幅於衣,詘而至肘,當臂中爲節。臂骨上下各尺二寸,則袂,肘以前尺二寸。肘,或爲"腕"。○袂,彌世反,袪末曰袂⑪。詘,丘勿反。腕,烏

---

① "應於證反",彙校卷第十四、撫釋一、余仁仲本、和本、十行本、閩本、監本、毛本、殿本、阮刻本同,岳本無此四字。

② "毋音無下同",彙校卷第十四、撫釋一、余仁仲本、和本、十行本、閩本、監本、毛本、殿本、阮刻本同,岳本無此五字。

③ "被彼義反爲于僞反汗汗辱之汗一音烏臥反",彙校卷第十四、撫釋一、余仁仲本、和本、十行本、閩本、監本、毛本、殿本、阮刻本同,岳本無此十八字。

④ "衽而審反又而鴆反",彙校卷第十四、撫釋一、余仁仲本、和本、十行本、閩本、監本、毛本、殿本、阮刻本同,岳本無此八字。

⑤ "喙許穢反",彙校卷第十四、撫釋一、余仁仲本、和本、十行本、閩本、監本、毛本、殿本、阮刻本同,岳本無此四字。

⑥ "注同",彙校卷第十四、撫釋一、余仁仲本、和本、十行本、閩本、監本、毛本、殿本、阮刻本同,岳本無此二字。

⑦ "扶用反",彙校卷第十四、撫釋一、余仁仲本、和本、岳本、閩本、監本、毛本、殿本、阮刻本同;十行本"反"作"父",非。

⑧ "下注同",彙校卷第十四、撫釋一、余仁仲本、和本、十行本、閩本、監本、毛本、殿本、阮刻本同,岳本無此三字。

⑨ "本亦作胳",彙校卷第十四、撫釋一、余仁仲本、和本、閩本、監本、毛本、殿本同,岳本無此四字;十行本、阮刻本"亦"作"又",非。

⑩ "又張柳反掖本又作腋音亦",彙校卷第十四、撫釋一、余仁仲本、和本、十行本、閩本、監本、毛本、殿本、阮刻本同,岳本無此十一字。

⑪ "袪末曰袂",彙校卷第十四、撫釋一、余仁仲本、和本、十行本、閩本、監本、毛本、殿本、阮刻本同,岳本無此四字。

亂反。**帶，下毋厭髀，上毋厭脅，當無骨者。**當骨，緩急難爲中也。○厭，於甲反，徐於涉反①，下同。髀，畢婢反，徐亡婢反②，一音步啓反。脅，許劫反③。當，丁浪反，注同④，又丁郎反。中，丁仲反，又如字。

39·2 制：**十有二幅，以應十有二月，**裳六幅，幅分之，以爲上下之殺。應，"應對"之應，下同⑤。○殺，色界反，徐所例反⑥。**袂圜以應規，**謂胡下也。○圜，音圓。胡下，下垂曰胡。**曲袷如矩以應方，**袷，交領也。古者方領，如今小兒衣領。○袷，音劫，下注同⑦。**負繩及踝以應直，**繩，謂裻與後幅相當之縫也。踝，跟也。○踝，胡瓦反。裻，音督。跟，音根。**下齊如權衡以應平。**齊，緝。○齊，音咨，亦作"齋"，下同。緝，七入反⑧。**故規者，行舉手以爲容。**行舉手，謂揖讓。**負繩抱方者，以直其政、方其義也。故易曰："坤六二之動，直以方也。"**言深衣之直方，應易之文也。政，或爲"正"。**下齊如權衡者，以安志而平心也。**心平志安，行乃正。或低或仰⑨，則心

---

①"徐"，彙校卷第十四、撫釋一、余仁仲本、和本、十行本、閩本、監本、毛本、殿本、阮刻本同，岳本作"又"。

②"徐亡婢反"，彙校卷第十四、撫釋一、余仁仲本、十行本、閩本、監本、毛本、殿本、阮刻本同，岳本無此四字，和本"亡"作"匹"。

③"脅許劫反"，彙校卷第十四、撫釋一、余仁仲本、和本、十行本、閩本、監本、毛本、殿本、阮刻本同，岳本無此四字。

④"注同"，彙校卷第十四、撫釋一、余仁仲本、和本、十行本、閩本、監本、毛本、殿本、阮刻本同，岳本無此二字。

⑤"應應對之應下同"，彙校卷第十四、撫釋一、余仁仲本、和本、十行本、閩本、監本、毛本、殿本、阮刻本同，岳本無此七字。

⑥"徐所例反"，彙校卷第十四、撫釋一、余仁仲本、和本、十行本、閩本、監本、毛本、殿本、阮刻本同，岳本無此四字；"應應對之應"以下十五字皆是釋文文字，應將"殺"上"○"號移至"應"字上。

⑦"下注同"，彙校卷第十四、撫釋一、余仁仲本、和本、十行本、閩本、監本、毛本、殿本、阮刻本同，岳本無此三字。

⑧"亦作齋下同緝七入反"，彙校卷第十四、撫釋一、余仁仲本同，岳本無此九字；和本、十行本、閩本"齋"作"齊"，監本、毛本、殿本、阮刻本作"齋"，十行本、閩本、監本、毛本、阮刻本"七"作"古"，皆非。

⑨"或低或仰"，余仁仲本、岳本、嘉靖本、和本、十行本、閩本、阮刻本同，監本、毛本、殿本作"或低或卬"；撫州本、八行本作"或低若仰"，是。考異曰："各本'若'作'或'，（轉下頁注）

有異志者與？○行，下孟反，又如字。卬，音仰，本又作"仰"，一音五郎反。與，音
餘①。**五法已施，故聖人服之。**言非法不服也。**故規、矩取其無私，
繩取其直，權、衡取其平，故先王貴之。**貴此衣也。**故可以爲文，可
以爲武，可以擯相，可以治軍旅，完且弗費，善衣之次也。**完且弗
費，言可苦衣而易有也②。深衣者，用十五升布，鍛濯灰治，純之以采。善衣，朝、
祭之服也。自士以上，深衣爲之次。庶人吉服，深衣而已。○相，息亮反。完，音
丸。費，芳貴反，又孚沸反，注同③。苦衣，於既反。易，以豉反。鍛，丁亂反。
濯，音濁④。純，之允反，又之閏反，後皆同。朝，直遙反。上，時掌反⑤。

39・3 **具父母、大父母，衣純以繢；具父母，衣純以青；如孤
子，衣純以素。**尊者存，以多飾爲孝。繢，畫文也。三十以下，無父稱孤。○
大父母，音泰。大父母，祖父母也⑥。繢，胡對反。重言"衣純以素"，曲禮上："冠
衣不純素。"

39・4 **純袂、緣，純邊，廣各寸半。**純，謂緣之也。緣袂，謂其口也。緣，
緆也。緣邊，衣裳之側。廣各寸半，則表裏共三寸矣。唯袷廣二寸。○緣，悦絹反，

―――――――――

案作'或'者，誤。釋文以'若卬'作音，六經正誤載此句是'若仰'，可見監本亦
　　不作'或'也，俗注疏本又依釋文改'仰'爲'卬'，不知釋文固曰'本又作仰'矣。"阮校曰：
　　"或低或仰　閩本、岳本、嘉靖本、衞氏集説同。考文引古本、監、毛本'仰'作'卬'，惠棟
　　校宋本'或仰'作'若卬'，宋監本同，六經正誤下'或'亦作'若'。釋文出'若卬'云：'本
　　又作"仰"。'○按：'卬'與'仰'音同義近，故古多互用。"
①"卬音仰本又作仰一音五郎反與音餘"，彙校卷第十四、撫釋一、余仁仲本、和本、十行
　　本、閩本、監本、毛本、殿本、阮刻本同，岳本無此十五字。
②"苦"，撫州本、余仁仲本、岳本、八行本、和本、十行本、閩本、監本、毛本、殿本、阮刻本
　　同；嘉靖本作"善"，非。
③"完音丸費芳貴反又孚沸反注同"，彙校卷第十四、撫釋一、余仁仲本、和本、十行本、閩
　　本、監本、毛本、殿本、阮刻本同，岳本無此十三字。
④"濯音濁"，彙校卷第十四、撫釋一、余仁仲本、和本、十行本、閩本、監本、毛本、殿本、阮
　　刻本同，岳本無此三字。
⑤"朝直遙反上時掌反"，彙校卷第十四、撫釋一、余仁仲本、和本、十行本、閩本、監本、毛
　　本、殿本、阮刻本同，岳本無此八字。
⑥"大父母祖父母也"，彙校卷第十四、撫釋一、余仁仲本、和本、十行本、閩本、監本、毛本、
　　殿本、阮刻本同，岳本無此七字。

注同①。廣，古擴反，注同②。緆，徐音以豉反，皇音錫。案鄭注既夕禮云："飾衣領袪口曰純，裳邊側曰綼，下曰緆也。"③○重言"廣各寸半"，玉藻："緣廣寸半。"

纂圖互注禮記卷之十八④

---

①"注同"，彙校卷第十四、撫釋一、余仁仲本、和本、十行本、閩本、監本、毛本、殿本、阮刻本同，岳本無此二字。

②"廣古擴反注同"，余仁仲本、十行本、閩本同，岳本無"注同"二字；彙校卷第十四、撫釋一、和本、監本、毛本、殿本、阮刻本"擴"作"曠"，是。

③"緆徐音以豉反皇音錫案鄭注既夕禮云飾衣領袪口曰純裳邊側曰綼下曰緆也"，彙校卷第十四、撫釋一、余仁仲本、和本、十行本、閩本、監本、毛本、殿本、阮刻本同，岳本作"緆以豉反又音錫"。

④撫州本卷十八末頁 B 面第三行頂格題"禮記卷第十八"，空二格題"經三千六百三十八字，注三千四百八十八字"。余仁仲本卷十八末頁 A 面第七行頂格題"禮記卷第十八"，第八行空四格題"經叄仟陸伯叄拾肆字"，第九行空四格題"注叄仟柒伯丹伍字"，第十行空四格題"音義貳仟壹伯柒拾伍字"，B 面第二行空十格題"余氏刊于萬卷堂"。嘉靖本卷十八末頁 B 面第五行題"經三千六百三十四字，注三千七百五字"。阮刻本記"宋監本禮記卷第十八，經三千六百三十八字，注三千四百八十八字。嘉靖本禮記卷第十八經三千六百三十四字，注三千七百五字"。

纂圖互注禮記卷之十九

投壺第四十陸曰："鄭云：'投壺者，主人與客燕飲、講論才藝之禮也。別録屬吉禮，亦實曲禮之正篇也。'皇云：'與射爲類，宜屬嘉禮。'或云：'宜屬賓禮也。'"①

禮記　　　　　　　　　　　　　　　　　鄭氏注②

40·1 投壺之禮。主人奉矢，司射奉中，使人執壺。矢，所以投者也。中，士則鹿中也。射人奉之者③，投壺，射之類也。其奉之，西階上，北面。○投壺，壺，器名，以矢投其中，射之類④。奉，音捧，芳勇反⑤，下及注皆同⑥，

---

① "陸曰鄭云投壺者主人與客燕飲講論才藝之禮也別録屬吉禮亦實曲禮之正篇也皇云與射爲類宜屬嘉禮或云宜屬賓禮也"，余仁仲本、和本、十行本、閩本、監本、毛本、殿本、阮刻本同，岳本無此五十字，彙校卷第十四、撫釋一無"陸曰"二字。

② 撫州本題"禮記卷第十九"，首行頂格書寫；次行頂格題"投壺第四十"，空二格題"鄭氏注"。余仁仲本題"禮記卷第十九"，首行頂格書寫；次行頂格題"投壺第四十"，下雙行小字；第三行雙行小字下題"禮記"，空六格題"鄭氏注"。嘉靖本題"禮記卷第十九"，首行頂格書寫；次行頂格題"投壺第四十"，空三格題"禮記"，空二格題"鄭氏注"。

③ "奉"，撫州本、余仁仲本、岳本、嘉靖本、八行本、和本、閩本、監本、毛本、殿本、阮刻本同；十行本作"案"，非。

④ "投壺壺器名以矢投其中射之類"，彙校卷第十四、撫釋一、余仁仲本、和本、十行本、閩本、監本、毛本、殿本、阮刻本同，岳本無此十三字。

⑤ "芳勇反"，彙校卷第十四、撫釋一、余仁仲本、和本、十行本、閩本、監本、毛本、殿本、阮刻本同，岳本無此三字。

⑥ "及注"，彙校卷第十四、撫釋一、余仁仲本、和本、十行本、閩本、監本、毛本、殿本、阮刻本同，岳本無此二字。

徐音如字，下“奉中”同①。**主人請曰：“某有枉矢哨壺，請以樂賓。”賓曰：“子有旨酒嘉肴，某既賜矣，又重以樂，敢辭。”**燕飲酒，既脫屨升坐②，主人乃請投壺也。否則或射，所謂燕射也。枉、哨，不正貌，爲謙辭。○枉，紆往反。哨，七笑反，徐又以救反③。枉、哨，不正貌。王肅云：“枉，不直。哨，不正也。”④樂賓，音洛，下同，一讀下“以樂”⑤，音岳，言投壺以樂。肴，户交反。重，直用反，下及注同。税，本亦作“脱”，吐活反。請，七井反，下文同⑥。**主人曰：“枉矢哨壺，不足辭也，敢固以請。”賓曰：“某既賜矣，又重以樂，敢固辭。”**固之言如故也，言如故辭者，重辭也。**主人曰：“枉矢哨壺，不足辭也，敢固以請。”賓曰：“某固辭不得命，敢不敬從。”**不得命，不以命見許。○重意“某固辭，不得命，敢不敬從”，雜記二十：“固辭不獲命，敢不敬從。”**賓再拜受，主人般還，曰：“辟。”**賓再拜受，拜受矢也。主人既辟，進授矢兩楹之間也。○般，步干反⑦，下同。還，音旋，下同。辟，音避，徐扶亦反⑧，注及下同⑨。**主人阼階上拜送，賓般還，曰：“辟。”**拜送，送矢也。辟亦於其階上。**已拜受矢，進**

---

① “徐音如字下奉中同”，彙校卷第十四、撫釋一、余仁仲本、十行本、閩本、監本、毛本、殿本、阮刻本同，岳本作“又如字”。

② “坐”，正字謂衛湜禮記集説作“堂”。

③ “徐”，彙校卷第十四、撫釋一、余仁仲本、和本、十行本、閩本、監本、毛本、殿本、阮刻本同，岳本無此字。

④ “枉哨不正貌王肅云枉不直哨不正也”，彙校卷第十四、撫釋一、余仁仲本、和本、十行本、閩本、監本、毛本、殿本、阮刻本同，岳本無此十五字。

⑤ “一讀下”，彙校卷第十四、撫釋一、余仁仲本、和本、殿本、阮刻本同，岳本無此三字；十行本、閩本、監本、毛本“下”作“上”，非。

⑥ “言投壺以樂肴户交反重直用反下及注同税本亦作脱吐活反請七井反下文同”，彙校卷第十四、撫釋一、余仁仲本、和本、十行本、閩本、監本、毛本、殿本、阮刻本同，岳本無此三十二字。

⑦ “步干反”，彙校卷第十四、撫釋一、余仁仲本、和本、岳本、閩本、監本、毛本、殿本、阮刻本同；十行本“干”作“二”，非。

⑧ “徐”，彙校卷第十四、撫釋一、余仁仲本、和本、閩本、監本、毛本、殿本、阮刻本同，岳本作“又”；十行本作“係”，非。

⑨ “注及下同”，彙校卷第十四、撫釋一、余仁仲本、和本、十行本、閩本、監本、毛本、殿本、阮刻本同，岳本無此四字。

即兩楹間。退反位，揖賓就筵。主人既拜送矢，又自受矢。進即兩楹間者，言將有事於此也。退乃揖賓即席，欲與階進，明爲偶也。賓席、主人席，皆南鄉，間相去如射物。○鄉，許亮反。

40·2 司射進度壺，間以二矢半，反位，設中，東面，執八筭，興。度壺，度其所設之處也。壺去坐二矢半，則堂上去賓席、主人席邪行各七尺也。反位，西階上位也。設中，東面，既設中，亦實八筭於中①，橫委其餘於中西，執筭而立，以請賓俟投②。○度，徒洛反，注同。“以二矢半”，一本無此四字，依注則有。筭，悉亂反，下皆同。處，昌慮反。坐，才臥反，又如字，下同。邪，似嗟反③。

請賓曰：“順投爲入，比投不釋，勝飲不勝者。正爵既行，請爲勝者立馬。一馬從二馬，三馬既立，請慶多馬。”請主人亦如之。請，猶告也。順投，矢本入也。比投，不拾也。勝飲不勝，言以能養不能也。正爵，所以正禮之爵也。或以罰，或以慶。馬，勝筭也。謂之馬者，若云技藝如此，任爲將帥乘馬也。射、投壺，皆所以習武，因爲樂。○比，毗志反④，頻也，徐扶質反，注同⑤。勝飲，上乃證反，下於鴆反，注及下同⑥。爲，于僞反⑦。勝者立馬，俗本或

────────

① “於”，撫州本、余仁仲本、岳本、嘉靖本、八行本、和本、閩本、監本、毛本、殿本、阮刻本同；十行本作“故”，非。
② “俟投”，撫州本、余仁仲本、岳本、嘉靖本、八行本、和本、閩本、監本、毛本、殿本、阮刻本同；十行本作“橫委”，非。
③ “注同以二矢半一本無此四字依注則有筭悉亂反下皆同處昌慮反坐才臥反又如字下同邪似嗟反”，彙校卷第十四、撫釋一、余仁仲本、和本、殿本、阮刻本同，岳本無此四十字；十行本、閩本“此四”二字作墨釘，監本缺，十行本、閩本、監本、毛本“慮”誤作“許”，十行本“下同”之“同”誤作“何”。
④ “毗志反”，彙校卷第十四、撫釋一、余仁仲本、岳本、和本、閩本、監本、毛本、殿本、阮刻本同；十行本“毗”作“毗”，非。
⑤ “注同”，彙校卷第十四、撫釋一、余仁仲本、和本、十行本、閩本、監本、毛本、殿本、阮刻本同，岳本無此二字。
⑥ “勝飲上乃證反下於鴆反注及下同”，岳本作“勝飲於鴆反”。十行本作“上”誤作“二”，彙校卷十四、和本、十行本、閩本、監本、毛本、殿本、阮刻本“乃”作“尺”；撫釋一、余仁仲本“乃”作“尸”，是。
⑦ “于僞反”，彙校卷第十四、撫釋一、余仁仲本、岳本、和本、閩本、監本、毛本、殿本、阮刻本同；十行本“于”作“下”，非。

此句下有"一馬從二馬"五字,誤①。拾,其劫反,下文及注皆同②。技,其綺反③。任,而林反④。將,子匠反。帥,色類反⑤。樂,音洛。**命弦者曰**:**"請奏貍首,間若一。"大師曰**:**"諾。"**弦,鼓瑟者也。貍首,詩篇名也,今逸。射義所云:"詩曰'曾孫侯氏'是也。"間若一者,投壺當以爲志,取節焉。〇貍,吏持反⑥。間,"間厠"之間,注同⑦。大,音泰。

40・3 **左右告矢具,請拾投。有入者,則司射坐而釋一筭焉。賓黨於右,主黨於左。**拾,更也。告矢具,請更投者,司射也。司射東面立,釋筭則坐。以南爲右,北爲左也。已投者退,各反其位。〇更,古衡反,下同⑧。

40・4 **卒投,司射執筭曰**:**"左右卒投,請數。"二筭爲純,一純以取,一筭爲奇。遂以奇筭告曰**:**"某賢於某若干純。"奇則曰"奇",鈞則曰"左右鈞"。**卒,已也。賓主之黨畢已投⑨,司射又請數其所釋左右筭,如數射筭,一純以取,實於左手,十純則縮而委之。每委異之,有餘則橫諸純下。一筭爲奇,奇則縮諸純下。兼斂左筭,實於左手,一純以委,十則異之。

---

① "勝者立馬俗本或此句下有一馬從二馬五字誤",彙校卷第十四、撫釋一、余仁仲本、和本、十行本、閩本、監本、毛本、殿本、阮刻本同,岳本無此十九字。

② "文及注皆",彙校卷第十四、撫釋一、余仁仲本、和本、十行本、閩本、監本、毛本、殿本、阮刻本同,岳本無此四字。

③ "技其綺反",彙校卷第十四、撫釋一、余仁仲本、和本、十行本、閩本、監本、毛本、殿本、阮刻本同,岳本無此四字。

④ "任而林反",余仁仲本、岳本、殿本同,彙校卷第十四、撫釋一"任"下有"爲"字;十行本"任爲"作"恬立",和本、閩本、監本、毛本、阮刻本作"任音",十行本"林"作"休",皆非。

⑤ "將子匠反帥色類反",彙校卷第十四、撫釋一、余仁仲本、和本、十行本、閩本、監本、毛本、殿本、阮刻本同,岳本無此八字。

⑥ "貍吏持反",彙校卷第十四、撫釋一、余仁仲本、和本、十行本、閩本、監本、毛本、殿本、阮刻本同,岳本無此四字。

⑦ "間間厠之間注同",彙校卷第十四、撫釋一、余仁仲本、和本、十行本、閩本、監本、毛本、殿本、阮刻本同,岳本作"間去聲"。

⑧ "下",彙校卷第十四、撫釋一、余仁仲本、岳本、和本、閩本、監本、毛本、殿本、阮刻本同;十行本作"不",非。

⑨ "主",撫州本、岳本、嘉靖本、八行本、和本、十行本、閩本、監本、毛本、殿本、阮刻本同;余仁仲本作"王",非。

其他如右獲。畢則司射執奇筭,以告於賓與主人也。若告云"某賢於某"者①,未斥主黨勝與,賓黨勝與。以勝爲賢,尚技藝也。鈞,猶等也。等則左右手各執一筭以告。○數,色主反,注同。爲純②,音全,下及注同③;鄭注儀禮如字,云"純④,全也"。奇,紀宜反,下同。遂以奇筭告,一本此句上更有"勝者司射"五字,誤。鈞,居旬反。縮,色六反,直也。其它,音他⑤。醻與⑥,音餘,下"勝與"同。技,其綺反⑦。

40·5 命酌曰:"請行觴⑧。"酌者曰:"諾。"司射又請於賓與主人,以行正爵。酌者,勝黨之弟子。○觴,失羊反,字或作"勝",同⑨。**當飲者皆跪奉觴曰:"賜灌。"勝者跪曰:"敬養。"**酌者亦酌奠於豐上。不勝者坐取,乃退而跪飲之。灌,猶飲也。言"賜灌"者,服而爲尊敬辭也。周禮曰:"以灌賓客。"賜灌⑩、敬養,各與其偶於西階上,如飲射爵。○跪,其委反。奉,芳勇反,下注

————————

① "若",撫州本、余仁仲本、岳本、嘉靖本、八行本、和本、閩本、監本、毛本、殿本、阮刻本同;十行本作"君",非。

② "注同爲",彙校卷第十四、撫釋一、余仁仲本、和本、十行本、閩本、監本、毛本、殿本、阮刻本同,岳本無此三字。

③ "及注",彙校卷第十四、撫釋一、余仁仲本、和本、十行本、閩本、監本、毛本、殿本、阮刻本同,岳本無此二字。

④ "云純",彙校卷第十四、撫釋一、余仁仲本、和本、十行本、閩本、監本、毛本、殿本、阮刻本同,岳本無此二字。

⑤ "下同遂以奇筭告一本此句上更有勝者司射五字誤鈞居旬反縮色六反直也其它音他",余仁仲本、和本、十行本、閩本、監本、毛本、阮刻本同,岳本無此三十五字;彙校卷第十四、撫釋一、殿本重"有"字,是。

⑥ "醻",彙校卷第十四、撫釋一、余仁仲本、岳本、和本、十行本、閩本、監本、毛本、殿本、阮刻本作"勝",是。

⑦ "下勝與同技其綺反",彙校卷第十四、撫釋一、余仁仲本、和本、十行本、閩本、監本、毛本、殿本、阮刻本同,岳本無此八字。

⑧ "觴",十行本、閩本、監本、毛本、殿本同,唐石經、撫州本、余仁仲本、岳本、嘉靖本、八行本、和本、阮刻本作"醻",下同。阮校曰:"醻、觴,正俗字。"

⑨ "字或作勝同",岳本無此五字;十行本、閩本"字"、"作勝"三字作墨釘,監本缺;彙校卷十四、撫釋一、余仁仲本、和本、毛本、殿本、阮刻本"勝"作"醻",是。

⑩ "賜灌",撫州本、余仁仲本、岳本、嘉靖本、八行本、和本、閩本、監本、毛本、殿本、阮刻本同,十行本脱"灌"字。

“奉觶”同。灌，古亂反①。養，羊尚反，注同。飲，於鴆反，下“飲不勝”同②。

40·6 正爵既行，請立馬，馬各直其筭。一馬從二馬，以慶。慶禮曰：“三馬既備，請慶多馬。”賓主皆曰：“諾。”飲不勝者畢，司射又請爲勝者立馬，當其所釋筭之前③。三立馬者，投壺如射，亦三而止也。三者，一黨不必三勝④，其一勝者，并其馬於再勝者以慶之，明一勝不得慶也。飲慶爵者，偶親酌，不使弟子，無豐。○直⑤，如字，又持吏反。爲，于僞反。**正爵既行，請徹馬。**投壺禮畢，可以去其勝筭也。既徹馬，無筭爵乃行。○去，起吕反⑥。

40·7 筭多少，視其坐。筭用當視坐投壺者之衆寡爲數也。投壺者人四矢⑦，亦人四筭。○坐，如字，又才卧反，注同⑧。**籌，室中五扶，堂上七扶，庭中九扶。**籌，矢也。鋪四指曰扶。一指按寸⑨。春秋傳曰：“膚寸而合。”投壺者或於室，或於堂，或於庭，其禮褻，隨晏早之宜，無常處。○籌，直由反⑩。

---

① “下注奉觶同灌古亂反”，彙校卷第十四、撫釋一、余仁仲本、和本、阮刻本同，岳本無此九字；十行本、監本、毛本、殿本脱“下”字，閩本作墨釘。

② “注同飲於鴆反下飲不勝同”，彙校卷第十四、撫釋一、余仁仲本、和本、十行本、閩本、監本、毛本、殿本、阮刻本同，岳本作“猶飲去聲下同”。

③ “之前”，撫州本、余仁仲本、岳本、嘉靖本、八行本、和本、阮刻本同；十行本、閩本、監本、毛本、岳本作“時也”，非。

④ “必”，撫州本、余仁仲本、岳本、嘉靖本、八行本、和本、阮刻本同；十行本、閩本、監本、毛本、殿本作“得”，非。

⑤ “直”，彙校卷第十四、撫釋一、余仁仲本、岳本、和本、閩本、監本、毛本、殿本、阮刻本同；十行本作“有”，非。

⑥ “去起吕反”，余仁仲本、殿本同，彙校卷第十四、撫釋一“去”下有“其”字；和本、十行本、閩本、監本、毛本、阮刻本“其”作“音”，岳本“反”下有“下同”二字，皆非。

⑦ “四”，撫州本、余仁仲本、岳本、嘉靖本、八行本、和本、閩本、監本、毛本、殿本、阮刻本同；十行本作“曰”，非。

⑧ “坐如字又才卧反注同”，彙校卷第十四、撫釋一、余仁仲本、和本、十行本、閩本、監本、毛本、殿本、阮刻本同，岳本無此九字。

⑨ “按”，撫州本、余仁仲本、岳本、嘉靖本、八行本、和本、十行本、閩本、監本、毛本、殿本、阮刻本作“案”。

⑩ “籌直由反”，彙校卷第十四、撫釋一、余仁仲本、和本、十行本、閩本、監本、毛本、殿本、阮刻本同，岳本無此四字。

扶，芳于反，下及注同①。鋪，普烏反，又芳夫反。襲，息列反。處，昌慮反②。**筹，長尺二寸。**其節三扶可也。或曰：“筹長尺有握。”握，素也③。○長，直亮反，注同④。**壺，頸脩七寸，腹脩五寸，口徑二寸半，容斗五升。壺中實小豆焉，爲其矢之躍而出也。壺去席二矢半。**脩，長也。腹容斗五升，三分益一，則爲二斗，得圜囷之象，積三百二十四寸也⑤。以腹脩五寸約之所得，求其圜周，圜周二尺七寸有奇，是爲腹徑九寸有餘也。實以小豆，取其滑且堅。○頸，吉井反，又九領反，徐其聲反⑥。爲，于僞反。躍，羊略反⑦。圜，音圓。囷，去倫反。奇，紀宜反。滑，乎八反⑧。**矢，以柘若棘，毋去其皮。**取其堅且重也。舊説云：“矢大七分。”或言去其皮節⑨。○柘，止夜反，木名。毋，音無，下皆同。去，起吕反，注同⑩。

　　40·8 魯令弟子辭曰：“毋憮，毋敖，毋偝立，毋踰言。偝立、

────────

①“及注”，彙校卷第十四、撫釋一、<u>余仁仲</u>本、<u>和</u>本、十行本、<u>閩</u>本、<u>監</u>本、<u>毛</u>本、<u>殿</u>本、阮刻本同，<u>岳</u>本無此二字。

②“襲息列反處昌慮反”，彙校卷第十四、撫釋一、<u>余仁仲</u>本、<u>和</u>本、十行本、<u>閩</u>本、<u>監</u>本、<u>毛</u>本、<u>殿</u>本、阮刻本同，<u>岳</u>本無此八字。

③“素”，撫州本、<u>余仁仲</u>本、<u>岳</u>本、<u>嘉靖</u>本、八行本、<u>和</u>本、十行本、<u>閩</u>本、<u>監</u>本、<u>殿</u>本、阮刻本同；<u>毛</u>本作“數”，非。

④“注同”，彙校卷第十四、撫釋一、<u>余仁仲</u>本、<u>和</u>本、十行本、<u>閩</u>本、<u>監</u>本、<u>毛</u>本、<u>殿</u>本、阮刻本同，<u>岳</u>本無此二字。

⑤“積三百二十四寸也”，撫州本、<u>余仁仲</u>本、<u>岳</u>本、<u>嘉靖</u>本、<u>和</u>本、十行本、<u>閩</u>本、<u>監</u>本、<u>毛</u>本、<u>殿</u>本、阮刻本同；八行本“三”作“七”，非。阮校曰：“積三百二十四寸也　<u>閩</u>、<u>監</u>、<u>毛</u>本、<u>岳</u>本、<u>嘉靖</u>本、<u>衛氏集説</u>同，宋本‘三’作‘七’。<u>惠棟</u>云：宋本‘七’字誤。”

⑥“又九領反徐其聲反”，彙校卷第十四、撫釋一、<u>余仁仲</u>本、<u>和</u>本、十行本、<u>閩</u>本、<u>監</u>本、<u>毛</u>本、<u>殿</u>本、阮刻本同，<u>岳</u>本無此八字。

⑦“躍羊略反”，彙校卷第十四、撫釋一、<u>余仁仲</u>本、<u>和</u>本、十行本、<u>閩</u>本、<u>監</u>本、<u>毛</u>本、<u>殿</u>本、阮刻本同，<u>岳</u>本無此四字；又，<u>岳</u>本“躍”上衍“下注同”三字。

⑧“滑乎八反”，彙校卷第十四、撫釋一、<u>余仁仲</u>本、<u>和</u>本、十行本、<u>閩</u>本、<u>監</u>本、<u>毛</u>本、<u>殿</u>本、阮刻本同，<u>岳</u>本無此四字。

⑨“言去其皮”，撫州本、<u>余仁仲</u>本、<u>岳</u>本、八行本、<u>和</u>本、阮刻本同；十行本、<u>閩</u>本、<u>監</u>本、<u>毛</u>本作“以棘去無”，<u>殿</u>本作“以棘取其”，皆非。

⑩“木名毋音無下皆同去起吕反注同”，彙校卷第十四、撫釋一、<u>余仁仲</u>本、<u>和</u>本、<u>殿</u>本、阮刻本同，<u>岳</u>本無此十四字；十行本、<u>閩</u>本、<u>監</u>本、<u>毛</u>本“毋音無”作“去上声”，十行本“去”作“云”，<u>閩</u>本作墨釘，<u>監</u>本、<u>毛</u>本作“又”，皆非。

踰言，有常爵。"薛令弟子辭曰："毋憮，毋敖，毋偕立，毋踰言。若是者浮！"弟子，賓黨、主黨年穉者也，爲其立堂下相褻慢，司射戒令之①。記魯、薛者②，禮衰乖異，不知孰是也。憮、敖，慢也。偕立③，不正鄉前也。踰言，遠談語也。常爵，常所以罰人之爵也。浮，亦謂是也。晏子春秋曰："酌者奉觴而進曰：'君令浮。'"晏子時以罰梁丘據。浮，或作"匏"，或作"符"。俞④，或爲"遙"。〇憮，好吾反，下同，敖也⑤。敖，五報反，舊五羔反⑥。敖，慢也⑦。偕，音佩，徐符代反⑧，舊又蒲來反⑨。浮，縛謀反，罰也⑩。穉，直吏反。爲，于僞反。敖，五報反，又五羔反，下同。傲也，五報反⑪。鄉，許亮反⑫。據，本又作"處"，

―――――――

①"戒"，撫州本、余仁仲本、岳本、嘉靖本、八行本、和本、閩本、監本、毛本、殿本、阮刻本同；十行本作"者"，非。

②"記"，撫州本、余仁仲本、岳本、嘉靖本、八行本、和本、阮刻本同；十行本、閩本、監本、毛本、殿本作"謂"，非。阮校曰："記魯薛者　惠棟校宋本作'記'，宋監本、岳本、嘉靖本同，考文引古本同。此本'記'誤'謂'，閩、監、毛本同。衞氏集説誤'詞'。"

③"立"，撫州本、余仁仲本、岳本、嘉靖本、八行本、和本、閩本、監本、毛本、殿本同；十行本、阮刻本作"者"，非。

④"俞"，撫州本、余仁仲本、岳本、嘉靖本、八行本、和本、十行本、閩本、監本、毛本、殿本、阮刻本作"踰"，是。

⑤"憮好吾反下同敖也"，余仁仲本、和本、十行本、閩本、監本、毛本、殿本、阮刻本同，岳本無"下同敖也"四字；彙校卷第十四、撫釋一"憮"作"憮"，非。

⑥"舊五羔反"，彙校卷第十四、撫釋一、余仁仲本、殿本同，岳本作"舊平聲"；和本、十行本、閩本、監本、毛本、阮刻本"舊"作"又"，非。

⑦"敖慢也"，彙校卷第十四、撫釋一、余仁仲本同，岳本無此三字；和本、十行本、閩本、監本、毛本、阮刻本"敖"上衍"下同"二字。

⑧"徐"，彙校卷第十四、撫釋一、余仁仲本、和本、十行本、閩本、監本、毛本、殿本、阮刻本同，岳本作"又"。

⑨"舊又蒲來反"，彙校卷十四、撫釋一、余仁仲本、和本、閩本、監本、毛本、殿本同，岳本無此五字；十行本、阮刻本"蒲來"作"薛敗"，非。

⑩"浮縛謀反罰也"，彙校卷十四、撫釋一、余仁仲本、岳本、殿本同；和本、十行本、閩本、監本、毛本、阮刻本"浮"下衍"音"字。

⑪"穉直吏反爲于僞反敖五報反又五羔反下同傲也五報反"，彙校卷十四、撫釋一、余仁仲本同，岳本無"穉直吏反"、"敖五報反又五羔反下同傲也五報反"十九字，和本、十行本、閩本、監本、毛本、殿本、阮刻本脫"敖五報反又五羔反下同傲也五報反"十五字；和本、十行本、閩本、監本、毛本、阮刻本"直"上"于"上各衍一"音"字。

⑫"鄉許亮反"，彙校卷第十四、撫釋一、余仁仲本、和本、十行本、閩本、監本、毛本、殿本、阮刻本同，岳本作"鄉音向"。

同音据①。匏,薄交反。

40·9 鼔②:○□○○□□○□○○○□半○□○□○○○□□○□○,魯鼔。　○□○○○□□○○○□○□○○□□半○□○○○□□○,薛鼔。 此魯、薛擊鼔之節也。圜者擊鼙,方者擊鼔。古者舉事,鼔各有節,聞其節,則知其事矣。○圜,音員③。鼙,薄迷反,鄭呼爲鼓也④,其聲下,其音榻榻然。榻,音吐臘反。□,方鼓,鄭呼爲鼓也,其聲高,其音鏜鏜然。鏜,音吐郎反⑤。取“半”以下爲投壺禮,盡用之爲射禮。 投壺之鼔,半射節者,投壺,射之細也。射,謂燕射。

40·10 司射、庭長及冠士立者,皆屬賓黨。樂人及使者、童子,皆屬主黨。 庭長,司正也。使者,主人所使薦羞者。樂人,國子能爲樂者。此皆與於投壺。○長,丁丈反⑥,注同⑦。冠,古亂反⑧。與,音預。

40·11 魯鼔:○□○○□□○○半○□○□○○○○○□○

---

①“據本又作處同音据”,彙校卷第十四、撫釋一、余仁仲本、和本、十行本、閩本、監本、毛本、殿本、阮刻本同,岳本無此八字。

②“鼔”,撫州本、余仁仲本、岳本、嘉靖本、和本、閩本、監本、殿本同,十行本、阮刻本作“鼓”,毛本作“皷”,下同。阮校曰:“閩、監本作‘鼔’,石經、岳本、嘉靖本、衛氏集說同,毛本作‘皷’,下‘皷’並同。○按:‘鼔’從‘支’,凡從‘支’、從‘皮’、從‘攴’,皆俗誤也。段玉裁云:‘說文弓部弢下云,從弓從攴,攴,垂飾,與鼔同意,則鼔之從攴,憭然矣。毛本注疏,凡皷字,並從攴,甚是。’”

③“員”,彙校卷第十四、撫釋一、余仁仲本、岳本、和本、十行本、閩本、監本、毛本、殿本、阮刻本作“圓”,是。

④“鼓薄迷反鄭呼爲鼓也”,撫釋一同,岳本無此九字;彙校卷第十四、撫釋二、余仁仲本、和本、十行本、閩本、監本、毛本、殿本、阮刻本“鼓”作“鼙”,是。

⑤“其声下其音榻榻然榻音吐臘反□方鼓鄭呼爲鼓也其声高其音鏜鏜然鏜音吐郎反”,彙校卷第十四、撫釋一、余仁仲本、和本、閩本、監本、毛本同,岳本無此三十四字;十行本、阮刻本“方鼓”之“鼓”作“皷”,殿本“吐臘反”之“吐”作“呼”,皆非。

⑥“丁丈反”,彙校卷十四、撫釋一、余仁仲本、岳本、和本、閩本、殿本、阮刻本同,監本、毛本“丁”作“竹”;十行本“丁丈”作“下文”,非。

⑦“注同”,彙校卷第十四、撫釋一、余仁仲本、和本、十行本、閩本、監本、毛本、殿本、阮刻本同,岳本無此二字。

⑧“古亂反”,彙校卷十四、撫釋一、余仁仲本、岳本、和本、閩本、監本、毛本、殿本、阮刻本同;十行本“古”作“者”,非。

□□①。**薛鼓**：○□□○○○○○□○□○□○○○□○□○○□○
半○□○□○○○○□○。此二者，記兩家之異，故兼列之②。

儒行第四十一
陸曰："行，音下孟反。鄭云：'以其記有道德之所行。儒之言優
也，和也，言能安人、能服人也。'此注云：'儒行之作，蓋孔子自衛初反魯之時也。'"③

禮記④　　　　　　　　　　　　　　　　　鄭氏注

41·1 魯哀公問於孔子曰："**夫子之服，其儒服與**？"哀公館孔
子，見其服與士大夫異，又與庶人不同，疑爲儒服而問之。○服與，音餘。**孔
子對曰："丘少居魯，衣逢掖之衣；長居宋，冠章甫之冠。丘聞之
也，君子之學也，博；其服也，鄉。丘不知儒服。**"逢，猶大也。大掖
之衣，大袂禪衣也，此君子有道藝者所衣也。**孔子生魯**，長而之宋而冠焉。**宋，**
其祖所出也。衣少所居之服，冠長所居之冠，是之謂鄉。言不知儒服，非哀公意
不在於儒，乃今問其服。庶人禪衣，袂一尺二寸⑤，袪尺二寸。○少，詩照反，注
同⑥。衣，於既反，注"所衣也"、"衣少所居"同⑦。逢掖，上如字，下音亦。長，丁

---

① "半○□□○"，唐石經、撫州本、余仁仲本、岳本、嘉靖本、八行本同；和本、十行本、閩
本、監本、毛本、殿本，阮刻本下"○"重，非。阮校曰："半○□□○○　　閩、監、毛本同。
石經無第四'○'，作'半○□□○'，岳本同，衛氏集說同，通解同，考文引足利本同，石
經考文提要引南宋巾箱本同。"
② "兼列"，撫州本、余仁仲本、岳本、嘉靖本、八行本、和本、閩本、監本、殿本、阮刻本同；十
行本"兼"作"非"，毛本"列"作"別"，皆非。
③ "陸曰行音下孟反鄭云以其記有道德之所行儒之言優也和也言能安人能服人也此注云
儒行之作蓋孔子自衛初反魯之時也"，余仁仲本、和本、十行本、閩本、監本、毛本、殿本、
阮刻本同，岳本無此五十一字，彙校卷第十四、撫釋一無"陸曰"二字。
④ "禮記"，撫州本、余仁仲本、岳本無此二字。
⑤ "一"，撫州本、余仁仲本、岳本、嘉靖本、八行本、和本、十行本、閩本、監本、毛本、殿本、
阮刻本作"二"，是。
⑥ "注同"，彙校卷第十四、撫釋一、余仁仲本、和本、十行本、閩本、監本、毛本、殿本、阮刻
本同，岳本無此二字。
⑦ "衣於既反注所衣也衣少所居同"，彙校卷第十四、撫釋一、余仁仲本、和本、（轉下頁注）

丈反,注同①。冠章,古亂反,注"而冠焉"③、"冠長所居"同④。章甫,殷冠也。單
衣,本亦作"襌"④,音丹。袪,去居反。**哀公曰:"敢問儒行?"孔子對曰:**
"遽數之,不能終其物;悉數之,乃留,更僕,未可終也。"遽,猶卒也。
物,猶事也。留,久也。僕,大僕也⑤,君燕朝,則正位、掌擯相。更之者,爲久將
倦,使之相代。○行,下孟反,下"力行"同。遽,其據反,急也⑥。數,色主反,下
同⑦。更,古衡反,代也,注同,一音加孟反⑧。卒,七忽反。大,音泰。朝,直遥
反。擯,必慎反。相,息亮反⑨。爲,于僞反,下"爲孔子"同⑩。

41·2 哀公命席。爲孔子布席於堂,與之坐也。君適其臣,升自阼
階⑪,所在如主。**孔子侍曰:"儒有席上之珍以待聘,夙夜强學以待問,**
懷忠信以待舉,力行以待取,其自立有如此者。席,猶鋪陳也。鋪陳往

（接上頁注）十行本、閩本、監本、毛本、殿本、阮刻本同,岳本無"也"、"所居"三字。

① "長丁丈反注同",彙校卷第十四、撫釋一、余仁仲本、和本、十行本、閩本、監本、毛本、殿
本、阮刻本同,岳本無此六字。

② "而冠焉",彙校卷十四、撫釋一、余仁仲本、岳本、殿本同;和本、十行本、閩本、監本、阮
刻本脱"冠焉"二字,毛本脱"焉"字。

③ "所居",彙校卷第十四、撫釋一、余仁仲本、和本、十行本、閩本、監本、毛本、殿本、阮刻
本同,岳本無此二字。

④ "章甫殷冠也單衣本亦作",彙校卷第十四、撫釋一、余仁仲本、和本、十行本、閩本、監
本、毛本、殿本、阮刻本同,岳本無此十字。

⑤ "大僕",撫州本、余仁仲本、岳本、嘉靖本、八行本、和本、閩本、監本、毛本、殿本、阮刻本
同;十行本"僕"作"○",非。

⑥ "遽其據反急也",彙校卷第十四、撫釋一、余仁仲本、和本、十行本、閩本、監本、毛本、殿
本、阮刻本同,岳本無此六字。

⑦ "下同",彙校卷第十四、撫釋一、余仁仲本、和本、十行本、閩本、監本、毛本、殿本、阮刻
本同,岳本無此二字。

⑧ "更古衡反代也注同一音加孟反",彙校卷第十四、撫釋一、余仁仲本、和本、監本、毛本、
殿本、阮刻本同,岳本作"更平聲";十行本、閩本"古"作"十"字,非。

⑨ "大音泰朝直遥反擯必慎反相息亮反",彙校卷第十四、撫釋一、余仁仲本、和本、十行
本、閩本、監本、毛本、殿本、阮刻本同,岳本無此十五字。

⑩ "下爲孔子同",彙校卷第十四、撫釋一、和本、閩本、監本、毛本、殿本、阮刻本同,岳本作
"下注同";余仁仲本、十行本"下"作"一",非。

⑪ "阼階",撫州本、余仁仲本、岳本、嘉靖本、八行本、和本、閩本、監本、毛本、殿本、阮刻本
同;十行本"階"作"皆",非。

古堯、舜之善道，以待見問也。大問曰聘。舉，見舉用也。取，進取位也①。○鋪，普吾反，又音孚，下同②。重言“其自立有如此者”二，一見下文。

41·3“儒有衣冠中，動作慎；其大讓如慢，小讓如僞，大則如威，小則如愧。其難進而易退也。粥粥若無能也。其容貌有如此者。中，中間，謂不嚴屬也。如慢如僞，言之不愊怛也。如威如愧，如有所畏。○慢，音慢。易，以豉反，下“險易”同③。粥，徐本作“䬖”④，章六反，卑謙貌，一音羊六反。愊，普力反，一音逼，謂愊怛也⑤。怛，丹達反，驚怛也，本或作“恨”者，非⑥。重言“其難進而易退也”，表記二十二⑦：“事君難進而易退。”

41·4“儒有居處齊難，其坐起恭敬，言必先信，行必中正，道塗不爭險易之利，冬夏不爭陰陽之和，愛其死以有待也，養其身以有爲也。其備豫有如此者。齊難，齊莊可畏難也。行不爭道，止不選

---

① “席猶鋪陳也鋪陳往古堯舜之善道以待見問也大問曰聘舉見舉用也取進取位也”，撫州本、余仁仲本、岳本、嘉靖本、八行本、和本、阮刻本同；十行本、閩本、監本、毛本、殿本脱“猶鋪”二字，“陳也”下衍“珍善也”三字，“見問也大問曰聘舉”作“聘召懷忠信之德以待”，非。阮校曰：“席猶鋪陳也鋪陳往古堯舜之善道以待見問也大問曰聘舉見舉用也取進取位也　惠棟校宋本如此，宋監本、岳本、嘉靖本、衛氏集説同，考文引古本同。此本多闕。閩、監、毛本意補多誤，‘猶鋪’二字脱，‘陳也’下衍‘珍善也’三字，‘見問也大問曰聘舉’八字誤‘聘召懷忠信之德以待’九字。”
② “鋪普吾反又音孚下同”，彙校卷十四、撫釋一、余仁仲本、和本同，岳本無“下同”二字；十行本、閩本、監本、毛本、殿本、阮刻本作“强居兩反又如字下同”，非。
③ “慢音慢易以豉反下險易同”，彙校卷第十四、撫釋一、余仁仲本、和本、十行本、閩本、監本、毛本、殿本、阮刻本同，岳本無此十一字。
④ “徐本作䬖”，彙校卷第十四、撫釋一、余仁仲本、和本、十行本、閩本、監本、毛本、殿本、阮刻本同，岳本無此四字。
⑤ “謂愊怛也”，彙校卷第十四、撫釋一、余仁仲本、和本、十行本、閩本、監本、毛本、殿本、阮刻本同，岳本無此四字。
⑥ “驚怛也本或作恨者非”，彙校卷第十四、撫釋一、余仁仲本、和本、十行本、閩本、監本、毛本、殿本、阮刻本同，岳本無此九字。
⑦ “二十二”，乃“三十二”之誤，表記是禮記第三十二篇。

處，所以遠鬭訟。○齊，側皆反，注同①。難，乃旦反；注同②。行，皇如字③，舊下孟反。夏，户嫁反④。爲，于僞反。處，昌慮反。遠，于萬反⑤。

41・5"儒有不寶金玉，而忠信以爲寶；不祈土地，立義以爲土地；不祈多積，多文以爲富；難得而易禄也，易禄而難畜也。非時不見，不亦難得乎！ 非義不合，不亦難畜乎！ 先勞而後禄，不亦易禄乎！ 其近人有如此者。祈，猶求也。立義以爲土地，以義自居也。難畜，難以非義久留也。勞，猶事也。積，或爲"貨"。○積，子賜反，又如字。易，以豉反，又如字。畜，許六反。見，賢遍反。近，"附近"之近，下"可近"同⑥。重意"先勞而後禄"。坊記："欲民先事而後禄也。"

41・6"儒有委之以貨財，淹之以樂好，見利不虧其義；劫之以衆，沮之以兵，見死不更其守；鷙蟲攫搏，不程勇者；引重鼎，不程其力；往者不悔，來者不豫；過言不再，流言不極，不斷其威，不習其謀。其特立有如此者。淹，謂浸漬之劫。劫，脅也。沮，謂恐怖之也⑦。鷙蟲，猛鳥猛獸也，字從鳥鷙⑧，省聲也。程，猶量也。重鼎，大鼎也。搏猛引重，不量勇力堪之與否，當之則往也，雖有負者，後不悔也。其所未見，亦不豫備，平行自

---

① "注同"，彙校卷第十四、撫釋一、余仁仲本、和本、十行本、閩本、監本、毛本、殿本、阮刻本同，岳本無此二字。

② "注同"，彙校卷第十四、撫釋一、余仁仲本、和本、十行本、閩本、監本、毛本、殿本、阮刻本同，岳本無此二字。

③ "皇"，彙校卷第十四、撫釋一、余仁仲本、和本、十行本、閩本、監本、毛本、殿本、阮刻本同，岳本無此字。

④ "夏户嫁反"，彙校卷第十四、撫釋一、余仁仲本、和本、十行本、閩本、監本、毛本、殿本、阮刻本同，岳本無此四字。

⑤ "處昌慮反遠于萬反"，彙校卷第十四、撫釋一、余仁仲本、和本、十行本、閩本、監本、毛本、殿本、阮刻本同，岳本無此八字。

⑥ "近附近之近下可近同"，彙校卷第十四、撫釋一、余仁仲本、和本、十行本、閩本、監本、毛本、殿本、阮刻本同，岳本作"近去聲"。

⑦ "怖"，撫州本、余仁仲本、岳本、嘉靖本、八行本、和本、閩本、監本、毛本、殿本、阮刻本同；十行本作"俺"，非。

⑧ "鷙"，撫州本、余仁仲本、岳本、嘉靖本、八行本、和本、十行本、閩本、監本、毛本、殿本、阮刻本同，考異謂當作"摯"。

若也。不再，猶不更也。不極，不問所從出也。不斷其威，常可畏也。不習其謀，口及則言，不豫其説而順也。斷，或爲“繼”。○淹，於廉反。樂，五孝反，又音岳。好，呼報反。劫，居業反。沮，在吕反，注同①。鷙，與摯同音“至”②。攫，俱縛反，一音九碧反③。搏，音博。程，音呈④。斷，音短，直卯反，絶也，又丁亂反⑤，注同。浸，子鴆反。漬，才賜反。脅，許劫反。恐，曲勇反。怖，普路反。省，所景反。量，音亮，又音良，下同。更，居孟反⑥。

41·7“儒有可親而不可劫也，可近而不可迫也，可殺而不可辱也。其居處不淫，其飲食不溽，其過失可微辨而不可面數也。其剛毅有如此者。淫，謂傾邪也。恣滋味爲溽，溽之言欲也。○溽，音辱⑦。數，所具反。毅，魚既反。邪，似嗟反⑧。

41·8“儒有忠信以爲甲胄，禮義以爲干櫓；戴仁而行，抱義而處，雖有暴政，不更其所。其自立有如此者。甲，鎧。胄，兜鍪也。干櫓，小楯大楯也。○胄，直又反。櫓，音魯。載，音戴，本亦作“戴”。鎧，開代反。兜，丁侯反。鍪，莫侯反。小楯，時準反，又音允，徐辭尹反⑨。

---

① “劫居業反沮在吕反注同”，彙校卷第十四、撫釋一、余仁仲本、和本、十行本、閩本、監本、毛本、殿本、阮刻本同，岳本無此十字。

② “與摯同”，彙校卷第十四、撫釋一、余仁仲本、和本、十行本、閩本、監本、毛本、殿本、阮刻本同，岳本無此三字。

③ “音”，彙校卷第十四、撫釋一、余仁仲本、和本、十行本、閩本、監本、毛本、殿本、阮刻本同，岳本無此字。

④ “程音呈”，彙校卷第十四、撫釋一、余仁仲本、和本、十行本、閩本、監本、毛本、殿本、阮刻本同，岳本無此三字。

⑤ “直卯反絶也又丁亂反”，彙校卷十四、撫釋一、余仁仲本、和本、監本、毛本、阮刻本同，岳本無“直卯反絶也”六字；十行本、閩本“丁”作“下”，非。

⑥ “注同浸子鴆反漬才賜反脅許劫反恐曲勇反怖普路反省所景反量音亮又音良下同更居孟反”，彙校卷第十四、撫釋一、余仁仲本、和本、十行本、閩本、監本、毛本、殿本、阮刻本同，岳本無此三十八字。

⑦ “溽音辱”，彙校卷第十四、撫釋一、余仁仲本、和本、十行本、閩本、監本、毛本、殿本、阮刻本同，岳本無此三字。

⑧ “毅魚既反邪似嗟反”，彙校卷第十四、撫釋一、余仁仲本、和本、十行本、閩本、監本、毛本、殿本、阮刻本同，岳本無此八字。

⑨ “胄直又反櫓音魯載音戴本亦作戴鎧開代反兜丁侯反鍪莫侯反小楯時準反（轉下頁注）

41·9“儒有一畝之宮，環堵之室，篳門圭窬，蓬户甕牖；易衣而出，并日而食；上荅之，不敢以疑；上不荅，不敢以諂。其仕有如此者。言貧窮屈道，仕爲小官也。宮，爲牆垣也。環堵，面一堵也。五版爲堵，五堵爲雉。篳門，荆竹織門也①。圭窬，門旁窬也，穿牆爲之，如圭矣。并日而食，二日用一日食也。上荅之，謂君應用其言②。○堵，音覩，方丈爲堵。篳，徐音畢，杜預云：“柴門也。”③圭窬，徐音豆。説文云：“穿木户也。”郭璞王蒼解詁云④：“門旁小窬也，音臾。”左傳作“竇”，杜預云：“圭窬，小户也。上鋭下方，狀如圭形也。”蓬，步紅反，蓬户，以蓬爲户也⑤。甕，烏貢反。牖，音酉，以甕爲牖⑥。并，必政反，注同。日，而一反。諂，本又作“謟”，勑檢反。穿，音川。應，“應對”之應⑦。

41·10“儒有今人與居，古人與稽，今世行之，後世以爲楷；適弗逢世，上弗援，下弗推，讒諂之民有比黨而危之者；身可危也，而志不可奪也；雖危，起居竟信其志，猶將不忘百姓之病也。其憂思有如此者。稽，猶合也。古人與合，則不合於今人也。援，猶引也，取也。推，猶進也，舉也。

（接上頁注）又音允徐辭尹反”，彙校卷第十四、撫釋一、余仁仲本、和本、十行本、閩本、監本、毛本、殿本、阮刻本同，岳本無此三十八字。

①“統”，撫州本、余仁仲本、岳本、嘉靖本、八行本、和本、十行本、閩本、監本、毛本、殿本、阮刻本、吳氏朱批、叢刊本作“織”，是。

②“謂君應用其言”，撫州本、余仁仲本、岳本、嘉靖本、和本、十行本、閩本、監本、毛本、殿本、阮刻本同；八行本“應用”作“甕前”，非。

③“堵音覩方丈爲堵篳徐音畢杜預云柴門也”，彙校卷第十四、撫釋一、余仁仲本、和本、十行本、閩本、監本、毛本、殿本、阮刻本同，岳本無此十七字。

④“圭窬徐音豆説文云穿木户也郭璞王蒼解詁云”，十行本、閩本、監本、毛本同，岳本作“窬音豆穿木户也”，阮刻本“王”作“玉”；彙校卷第十四、撫釋一、余仁仲本、和本、殿本“王”作“三”，是。三倉指李斯倉頡篇、揚雄訓纂篇、賈魴滂喜篇，郭璞注之，隋志載之。

⑤“門旁小窬也音臾左傳作竇杜預云圭窬小户也上鋭下方狀如圭形也蓬步紅反蓬户以蓬爲户也”，彙校卷第十四、撫釋一、余仁仲本、和本、閩本、監本、毛本、殿本、阮刻本同，岳本作“一音臾左傳作竇”；十行本“臾”作“更”，非。

⑥“以甕爲牖”，彙校卷第十四、撫釋一、余仁仲本、和本、十行本、閩本、監本、毛本、殿本、阮刻本同，岳本無此四字。

⑦“注同日而一反諂本又作謟勑檢反穿音川應應對之應”，彙校卷第十四、撫釋一、余仁仲本、和本、十行本、閩本、監本、毛本、殿本、阮刻本同，岳本無此二十二字。

危，欲毀害之也。起居，猶舉事動作。信，讀如"屈伸"之"伸"，假借字也。猶，圖也。信，或爲"身"。○稽，古奚反，注同。楷，苦駭反，法式也①。援，音爰②，注下同。推，昌誰反，注同。讒，仕咸反③。比，毗志反，徐扶至反④。信，依注爲伸⑤，音申。思，息嗣反。

41·11"儒有博學而不窮，篤行而不倦，幽居而不淫，上通而不困；禮之，以和爲貴，忠信之美，優游之法；舉賢而容衆⑥，毀方而瓦合。其寬裕有如此者。不窮，不止也。幽居，謂獨處時也。上通，謂仕道達於君也。既仕，則不困於道德不足也。忠信之美，美忠信者也。優游之法，法和柔者也。毀方而瓦合，去己之大圭角，下與衆人小合也。必瓦合者，亦君子爲道不遠人。○行，下孟反。上，時掌反，又如字，注同。裕，羊樹反⑦。去，起呂反。遠，于萬反，又如字⑧。

41·12"儒有内稱不辟親，外舉不辟怨；程功積事，推賢而進達之，不望其報；君得其志，苟利國家，不求富貴。其舉賢援能有如此者。君得其志者，君所欲爲賢臣成之。○辟，音避，下同⑨。怨，於元反，

---

① "稽古奚反注同楷苦駭反法式也"，彙校卷第十四、撫釋一、余仁仲本、和本、十行本、閩本、監本、毛本、殿本、阮刻本同，岳本無此十三字。

② "爰"，彙校卷第十四、撫釋一、余仁仲本、岳本、和本、十行本、閩本、監本、毛本、殿本、阮刻本作"袁"，是。

③ "注下同推昌誰反注同讒仕咸反"，彙校卷第十四、撫釋一、余仁仲本、和本、閩本、監本、毛本、殿本、阮刻本同，岳本無此十三字；十行本"注同"之"注"作"生"，非。

④ "徐扶至反"，彙校卷第十四、撫釋一、余仁仲本、和本、十行本、閩本、監本、毛本、殿本、阮刻本同，岳本無此四字。

⑤ "依注爲伸"，彙校卷第十四、撫釋一、余仁仲本、和本、十行本、閩本、監本、毛本、殿本、阮刻本同，岳本無此四字。

⑥ "舉"，余仁仲本、岳本、嘉靖本、和本、十行本、阮刻本同；唐石經、撫州本、八行本、閩本、監本、毛本、殿本作"慕"，是。

⑦ "上時掌反又如字注同裕羊樹反"，彙校卷第十四、撫釋一、余仁仲本、和本、十行本、閩本、監本、毛本、殿本、阮刻本同，岳本無此十三字。

⑧ "遠于萬反又如字"，彙校卷第十四、撫釋一、余仁仲本、和本、十行本、閩本、監本、毛本、殿本、阮刻本同，岳本無此七字。

⑨ "下同"，彙校卷第十四、撫釋一、余仁仲本、和本、十行本、閩本、監本、毛本、殿本、阮刻本同，岳本無此二字。

又於願反。“推賢而進達之”，舊至此絕句，皇以“達之”連下爲句①。

41·13“儒有聞善以相告也，見善以相示也，爵位相先也，患難相死也，久相待也，遠相致也。其任舉有如此者。相先，猶相讓也。久相待，謂其友久在下位不升，己則待之乃進也。遠相致者，謂己得明君而仕，友在小國不得志，則相致遠也②。○難，乃旦反。舉，如字，徐音據③。

41·14“儒有澡身而浴德，陳言而伏，静而正之，上弗知也，麤而翹之，又不急爲也；不臨深而爲高，不加少而爲多；世治不輕，世亂不沮；同弗與，異弗非也。其特立獨行有如此者。麤，猶疏也，微也。君不知己有善言正行，則觀色緣事而微翹發其意使知之。又必舒而脱脱焉，己爲之疾，則君納之速。君納之速，怪妬所由生也。不臨深而爲高，臨衆不以己位尊自振貴也。不加少而爲多，謀事不以己小勝自矜大也。世治不輕，不以賢者並衆，不自重愛也。世亂不沮，不以道衰廢壞己志也。○澡，音早。静，如字，徐本作靜，音争④。麤，本亦作“麁”⑤，七奴反。翹，祈饒反。治，直吏反，注同。沮，徐在吕反，注同。行，下孟反，注及下注同，又如字。脱，並吐外反。妬，丁路反。壞，乎怪反，又音怪⑥。重意“不臨深而爲高”。曲禮上：“不臨深，不登高。”

41·15“儒有上不臣天子，下不事諸侯；慎静而尚寬⑦，强毅以與人，博學以知服；近文章，砥厲廉隅；雖分國，如錙銖，不臣不

---

① “推賢而進達之舊至此絕句皇以達之連下爲句”，彙校卷第十四、撫釋一、余仁仲本、和本、十行本、閩本、監本、毛本、殿本、阮刻本同，岳本無此十九字。
② “遠”，余仁仲本、十行本、閩本、監本、毛本、殿本、阮刻本同；撫州本、岳本、嘉靖本、八行本、和本、吳氏朱批作“達”，是。
③ “舉如字徐音據”，彙校卷第十四、撫釋一、余仁仲本、和本、十行本、閩本、監本、毛本、殿本、阮刻本同，岳本無此六字。
④ “静如字徐本作靜音争”，彙校卷第十四、撫釋一、余仁仲本、和本、十行本、閩本、監本、毛本、殿本、阮刻本同，岳本無此九字。
⑤ “本亦作麁”，岳本無此四字；彙校卷第十四、撫釋一、余仁仲本、和本、十行本、閩本、監本、毛本、殿本、阮刻本“亦”作“又”，是。
⑥ “翹祈饒反治直吏反注同沮徐在吕反注同行下孟反注及下注同又如字脱並吐外反妬丁路反壞乎怪反又音怪”，余仁仲本、和本、十行本、閩本、監本、毛本、殿本、阮刻本同，岳本作“沮在吕反行下孟反又如字脱吐外反”；彙校卷第十四、撫釋一無“並”字，是。
⑦ “慎静而尚寬”，余仁仲本、岳本、嘉靖本、和本、十行本、閩本、監本、毛本、殿（轉下頁注）

仕。其規爲有如此者。強毅以與人，彼來辨言行而不正，不苟屈以順之也。博學以知服，不用己之知，勝於先世賢知之所言也。雖分國如錙銖，言君分國以禄之，視之輕如錙銖矣。八兩曰錙。近，“附近”之近①。砥，音脂，又音旨。厲，力世反。分，如字②。錙，測其反，説文云：“六銖。”③銖，音殊。説文云：“權分十黍之重。”④賢知，音智。

　　41·16“儒有合志同方，營道同術；並立則樂，相下不厭⑤；久不相見，聞流言不信；其行本方立義，同而進，不同而退。其交友有如此者。同方同術，等志行也。聞流言不信，不信其友所行，如毁謗也。○並，如字，又步頂反，本亦作“並”⑥。樂，音洛，又音岳。下，户嫁反⑦。厭，於豔反。行，皇音衡⑧，又下孟反。“本方”絶句，“立義”絶句⑨。志行，下孟反，下“儒

（接上頁注）本、阮刻本同，撫州本、八行本作“慎静而寬”；唐石經作“慎静尚寬”，是。考異曰：“此經本是‘慎静尚寬’，有唐石本可據，監本及撫本皆誤‘尚’作‘而’，建大字等本當因校改‘而’作‘尚’，遂誤兩有耳，不當從也。”

①“近附近之近”，彙校卷第十四、撫釋一、余仁仲本、和本、十行本、閩本、監本、毛本、殿本、阮刻本同，岳本無此五字。“近附近”下四十三字是釋文文字，當在“近附”上補“○”號。

②“厲力世反分如字”，彙校卷第十四、撫釋一、余仁仲本、和本、十行本、閩本、監本、毛本、殿本、阮刻本同，岳本無此七字。

③“錙測其反説文云六銖”，岳本無“説文云六銖”五字；彙校卷第十四、撫釋一、余仁仲本、和本、十行本、閩本、監本、毛本、殿本、阮刻本“測”作“側”，是。

④“説文云權分十黍之重”，彙校卷第十四、撫釋一、余仁仲本、和本、十行本、閩本、監本、毛本、殿本、阮刻本同，岳本無此九字。黄焯曰：“宋本同，鈔本作‘權分一黍之重也’。案今説文作‘權十分黍之重也’，盧本從之。段注改‘分’爲‘絫’，又引淮南子天文訓‘十二分爲一銖’之説，然皆與鈔本異。鈔本但訛‘十’爲‘一’，又‘重’下有‘也’字，與宋本微異耳。”鍔案：“分十”當作“十分”。

⑤“相”，唐石經、撫州本、余仁仲本、岳本、嘉靖本、八行本、和本、閩本、監本、毛本、殿本、阮刻本同；十行本作“眛”，非。

⑥“本亦作並”，岳本無此四字；彙校卷第十四、撫釋一、余仁仲本、和本、十行本、閩本、監本、毛本、殿本、阮刻本“並”作“竝”，是。

⑦“下户嫁反”，彙校卷十四、撫釋一、余仁仲本、和本、閩本、監本、毛本同，岳本無此四字；十行本、阮刻本“户”作“立”，非。

⑧“皇”，彙校卷第十四、撫釋一、余仁仲本、和本、十行本、閩本、監本、毛本、殿本、阮刻本同，岳本無此字。

⑨“本方絶句立義絶句”，彙校卷第十四、撫釋一、余仁仲本、和本、十行本、閩（轉下頁注）

行”同。謗,補浪反①。

41·17“溫良者,仁之本也。敬慎者,仁之地也。寬裕者,仁之作也。孫接者,仁之能也。禮節者,仁之貌也。言談者,仁之文也。歌樂者,仁之和也。分散者,仁之施也。儒皆兼此而有之,猶且不敢言仁也。其尊讓有如此者。此兼上十有五儒②,蓋聖人之儒行也。孔子嫌若斥己,假仁以爲説。仁,聖之次也。○孫,音遜。接,似輒反,又如字。分,方云反,徐扶問反③。施,始豉反。斥,音尺④。

41·18“儒有不隕穫於貧賤,不充詘於富貴,不慁君王,不累長上,不閔有司,故曰儒。隕穫,困迫失志之貌也。充詘,喜失節之貌⑤。慁,猶辱也。累,猶係也。閔,病也。言不爲天子、諸侯、卿大夫、羣吏所困迫而違道,孔子自謂也。充,或爲“統”。閔,或爲“文”。○隕,于敏反。穫,本又作“獲”,同,户郭反,注同⑥。詘,求勿反,注同,徐音丘勿反⑦。慁,胡困反,注同⑧。累,力僞反,注同,一音力追反。長,丁丈反。閔,本亦作“愍”,武謹反⑨。不爲,

---

（接上頁注）本、監本、毛本、殿本、阮刻本同,岳本無此八字。

① “下儒行同謗補浪反”,岳本無此八字;彙校卷第十四、撫釋一、余仁仲本、和本、十行本、閩本、監本、毛本、殿本、阮刻本“儒”上有“注”字,是。

② “此兼上十有五儒”,余仁仲本、岳本、嘉靖本、和本、十行本、閩本、監本、毛本、殿本、阮刻本同;撫州本、八行本無“有”字。

③ “徐”,彙校卷第十四、撫釋一、余仁仲本、和本、十行本、閩本、監本、毛本、殿本、阮刻本同,岳本作“又”。

④ “斥音尺”,余仁仲本、和本、十行本、閩本、監本、毛本、殿本、阮刻本同,岳本無此三字,彙校卷第十四、撫釋一“斥”作“斥”。

⑤ “喜失節之貌”,撫州本、余仁仲本、岳本、嘉靖本、八行本、和本、十行本、閩本、阮刻本同;監本、毛本“喜”上有“歡”字,殿本“歡”作“欲”,皆非。

⑥ “隕于敏反穫本又作獲同户郭反注同”,彙校卷第十四、撫釋一、余仁仲本、和本、閩本、監本、毛本、殿本、阮刻本同,岳本無此十五字;十行本“本”作“木”,非。

⑦ “注同徐音”,彙校卷第十四、撫釋一、余仁仲本、和本、十行本、閩本、監本、毛本、殿本、阮刻本同,岳本作“又”。

⑧ “注同”,彙校卷第十四、撫釋一、余仁仲本、和本、十行本、閩本、監本、毛本、殿本、阮刻本同,岳本無此二字。

⑨ “注同一音力追反長丁丈反閔本亦作愍武謹反”,彙校卷第十四、撫釋一、余仁仲本、和本、十行本、閩本、監本、毛本、殿本、阮刻本同,岳本無此十九字。

于僞反。**今衆人之命儒也妄，常以儒相詬病。**"妄之言無也，言今世名
儒，無有常人，遭人名爲儒，而以儒靳，故相戲。此<u>哀公</u>輕儒之所由也。詬病，
猶恥辱也。○命儒，命名也①。妄，<u>鄭</u>音亡，亡，無也，<u>王</u>音忘尚反，虚妄也②。
詬，<u>徐</u>音遘③，又呼候反。靳，居覲反。<u>杜預</u>云："戲而相愧爲靳也。"

　　**41·19　<u>孔子</u>至舍，<u>哀公</u>館之。聞此言也，言加信，行加義：
"終没吾世，不敢以儒爲戲。"**儒行之作，蓋<u>孔子</u>自<u>衛</u>初反<u>魯</u>時也。<u>孔子</u>歸
至其舍，<u>哀公</u>就而禮館之④，問儒服，而遂問儒行，乃始覺焉。言没世不敢以儒
爲戲，當時服。○行加，下孟反，注同⑤。

大學第四十二 <u>陸</u>曰："<u>鄭</u>云：'大學者，以其記博學，可以爲政也。'"⑥

鄭氏注

　　**42·1　大學之道，在明明德，在親民，在止於至善。知止而后
有定，定而后能静，静而后能安，安而后能慮，慮而后能得。物有
本末，事有終始。知所先後，則近道矣。** 明明德，謂顯明其至德也⑦。

---

①"命儒命名也"，<u>彙校</u>卷第十四、<u>撫釋</u>一、<u>余仁仲</u>本、<u>和</u>本、十行本、<u>閩</u>本、<u>監</u>本、<u>毛</u>本、<u>殿</u>
　本、<u>阮刻</u>本同，<u>岳</u>本無此五字。
②"妄鄭音亡亡無也王音忘尚反虚妄也"，<u>余仁仲</u>本、<u>和</u>本、十行本、<u>閩</u>本、<u>監</u>本、<u>毛</u>本、<u>殿</u>
　本、<u>阮刻</u>本同，<u>岳</u>本作"妄音亡無也又忘尚反"，<u>彙校</u>卷第十四、<u>撫釋</u>一無"王音"之"音"
　字，"忘"作"亡"。
③"徐"，<u>彙校</u>卷第十四、<u>撫釋</u>一、<u>余仁仲</u>本、<u>和</u>本、十行本、<u>閩</u>本、<u>監</u>本、<u>毛</u>本、<u>殿</u>本、<u>阮刻</u>本
　同，<u>岳</u>本無此字。
④"哀公就而禮館之"，<u>余仁仲</u>本、<u>岳</u>本、<u>嘉靖</u>本、<u>和</u>本、十行本、<u>閩</u>本、<u>監</u>本、<u>毛</u>本、<u>殿</u>本、<u>阮</u>
　刻本同；<u>撫州</u>本、八行本"而"下有"以"字，是。
⑤"注同"，<u>彙校</u>卷第十四、<u>撫釋</u>一、<u>余仁仲</u>本、<u>和</u>本、十行本、<u>閩</u>本、<u>監</u>本、<u>毛</u>本、<u>殿</u>本、<u>阮刻</u>
　本同，<u>岳</u>本無此二字。
⑥"陸曰鄭云大學者以其記博學可以爲政也"，<u>余仁仲</u>本、<u>和</u>本、十行本、<u>閩</u>本、<u>監</u>本、<u>毛</u>本、
　<u>殿</u>本、<u>阮刻</u>本同，<u>岳</u>本無此十七字，<u>彙校</u>卷第十四、<u>撫釋</u>一無"陸曰"二字。
⑦"顯"，<u>撫州</u>本、<u>余仁仲</u>本、<u>岳</u>本、<u>嘉靖</u>本、八行本、<u>和</u>本、<u>阮刻</u>本同；十行本、<u>閩</u>本、<u>監</u>本、<u>毛</u>
　本、<u>殿</u>本作"在"，非。

止，猶自處也。得，謂得事之宜也。○大，舊音泰，劉直帶反。近，“附近”之近①。

古之欲明明德於天下者，先治其國；欲治其國者，先齊其家；欲齊其家者，先脩其身；欲脩其身者，先正其心；欲正其心者，先誠其意；欲誠其意者，先致其知；知，謂知善惡吉凶之所終始也。○其知，如字，徐音智，下“致知”同②。**致知在格物。**格，來也。物，猶事也。其知於善深，則來善物；其知於惡深，則來惡物，言事緣人所好來也。此致，或爲“至”。○格，古百反③。好，呼報反。**物格而后知至，知至而后意誠，意誠而后心正，心正而后身脩，身脩而后家齊，家齊而后國治，國治而后天下平。自天子以至於庶人，壹是皆以脩身爲本，其本亂而末治者否矣；其所厚者薄，而其所薄者厚，未之有也。此謂知本，此謂知之至也。**壹是，專行是也。○治國治，並直吏反，下同。重言未之有也。下文、檀弓、射義各一。重意“自天子以至於庶人”，王制第五：“自天子達于庶人。”中庸三十一：“天子之禮達乎諸侯、大夫及士、庶人。”

42·2　**所謂誠其意者，毋自欺也，如惡惡臭，如好好色，此之謂自謙。故君子必慎其獨也。小人閒居爲不善，無所不至，見君子而后厭然，揜其不善而著其善。人之視己，如見其肺肝然，則何益矣！此謂誠於中，形於外，故君子必慎其獨也。**謙，讀爲“慊”，慊之言厭也。厭，讀爲黶。黶，閉藏貌也。○毋，音無④。惡惡，上烏路反，下如

---

①“大舊音泰劉直帶反近附近之近”，彙校卷第十四、撫釋一、余仁仲本、和本、十行本、閩本、監本、毛本、殿本、阮刻本同，岳本作“大舊音泰劉直帶反文公云今讀如字親程子云當作新近去聲”。岳本考證曰：“大學章義文公云今讀如字親程子云當作新：案音義乃唐陸德明所輯，不應有程子、朱子云云，此蓋岳氏節取二子之言以補陸氏所未及，故爲諸注疏本所無，後凡引程、朱語倣此。”

②“其知如字徐音智下致知同”，彙校卷第十四、撫釋一、余仁仲本、和本、十行本、閩本、監本、毛本、殿本、阮刻本同，岳本作“治文公云平聲後放此知如字徐音智下同”。

③“格古百反”，彙校卷第十四、撫釋一、余仁仲本、和本、十行本、閩本、監本、毛本、殿本、阮刻本同，岳本無此四字。

④“毋音無”，彙校卷第十四、撫釋一、余仁仲本、和本、十行本、閩本、監本、毛本、殿本、阮刻本同，岳本無此三字。

字。臭，昌救反①。好好，上呼報反，下如字。謙，依注讀爲慊，徐苦簟反②。閒，音閑。厭，讀爲黶③，烏斬反，又烏簟反。揜，於檢反。著，張慮反，注同④。肺，芳廢反。肝，音干⑤。言厭，於琰反，一音於涉反⑥。重言“故君子必謹其獨也”四，本篇二，一見禮器第十篇，一見中庸三十一篇。曾子曰：“十目所視，十手所指，其嚴乎！”富潤屋，德潤身，心廣體胖，故君子必誠其意。嚴乎，言可畏敬也。胖，猶大也。三者，言有實於内，顯見於外。○胖，步丹反，注及下同⑦。見，賢遍反。

42·3 詩云：“瞻彼淇奥，菉竹猗猗。有斐君子，如切如磋，如琢如磨。瑟兮僴兮，赫兮喧兮。有斐君子，終不可諠兮！”“如切如磋”者，道學也。“如琢如磨”者，自脩也。“瑟兮僴兮”者，恂慄也。“赫兮喧兮”者，威儀也。“有斐君子，終不可諠兮”者，道盛德至善，民之不能忘也。此“心廣體胖”之詩也。奥，隈崖也。菉竹猗猗，喻美盛。斐，有文章貌也。諠，忘也。道，猶言也。恂，字或作“峻”，讀如“嚴峻”之“峻”，言其容貌嚴栗也。民不能忘，以其意誠而德著也。○淇，音其⑧。奥，本亦作“奥”⑨，於六

───────────────

①“臭昌救反”，彙校卷第十四、撫釋一、余仁仲本、和本、閩本、監本、毛本、殿本、阮刻本同，岳本無此四字；十行本“救”作“赦”，非。

②“謙依注讀爲慊徐苦簟反”，彙校卷第十四、撫釋一、余仁仲本、和本、閩本、監本、毛本、殿本、阮刻本同，岳本作“謙讀爲慊文公云又苦劫反”；十行本“徐”作“祚”，非。

③“讀爲黶”，彙校卷第十四、撫釋一、余仁仲本、和本、十行本、閩本、監本、毛本、殿本、阮刻本同，岳本無此三字。

④“揜於檢反著張慮反注同”，余仁仲本、和本、十行本、閩本、監本、毛本、殿本、阮刻本同，岳本無此十字；彙校卷第十四、撫釋一“注”作“後”，是。

⑤“肝音干”，彙校卷第十四、撫釋一、余仁仲本、和本、十行本、閩本、監本、毛本、殿本、阮刻本同，岳本無此三字。

⑥“於涉反”，彙校卷十四、撫釋一、余仁仲本、岳本、和本、監本、殿本、阮刻本同；十行本、閩本、毛本“涉”作“步”，非。

⑦“注及下同”，彙校卷第十四、撫釋一、余仁仲本、和本、十行本、閩本、監本、毛本、殿本、阮刻本同，岳本無此四字。

⑧“淇音其”，彙校卷第十四、撫釋一、余仁仲本、和本、十行本、閩本、監本、毛本、殿本、阮刻本同，岳本無此三字。

⑨“本亦作奥”，彙校卷第十四、撫釋一、余仁仲本、和本、十行本、閩本、監本、毛本、殿本、阮刻本同，岳本無此四字。

反，本又作“澳”①，一音烏報反。菉，音緑。猗，於宜反②。斐，芳尾反，一音匪，文章貌③。磋，七何反。琢，丁角反。摩，本亦作“磨”，末何反。爾雅云：“骨曰切，象曰磋，玉曰琢，石曰磨。”④僩，下板反，又胡板反。赫，許百反⑤。喧，本亦作“咺”，況晚反。諠，許袁反，詩作“諼”，或作“喧”，音同⑥。恂，依注音“峻”，思俊反，一音思旬反⑦。慄，利悉反。澳，於六反⑧。隈，烏回反。詩云：“於戲前王不忘！”君子賢其賢而親其親，小人樂其樂而利其利，此以没世不忘也。聖人既有親賢之德，其政又有樂利於民，君子、小人，各有以思之。○於，音烏，下“於緝熙”同。戲，好胡反，徐、范音義⑨。樂其樂，並音岳，又音洛，注同⑩。

42·4 康誥曰：“克明德。”大甲曰：“顧諟天之明命。”帝典曰：“克明峻德。”皆自明也。皆自明，明德也。克，能也。顧，念也。諟，猶正也⑪。帝典，堯典，亦尚書篇名也。峻，大也。諟，或爲“題”。○誥，古報反⑫。

───────

① “本又作澳”，岳本無此四字；彙校卷第十四、撫釋一、余仁仲本、和本、十行本、閩本、監本、毛本、殿本、阮刻本“澳”作“隩”，是。
② “宜反”下，岳本有“文公云叶韻音阿”七字。
③ “一音匪文章貌”，彙校卷第十四、撫釋一、余仁仲本、和本、十行本、閩本、監本、毛本、殿本、阮刻本同，岳本無此六字。
④ “摩本亦作磨末何反爾雅云骨曰切象曰磋玉曰琢石曰磨”，彙校卷第十四、撫釋一、余仁仲本、和本、十行本、閩本、監本、毛本、殿本、阮刻本同，岳本無此二十三字。
⑤ “赫許百反”，彙校卷第十四、撫釋一、余仁仲本、和本、十行本、閩本、監本、毛本、殿本、阮刻本同，岳本無此四字。
⑥ “詩作諼或作喧音同”，彙校卷第十四、撫釋一、余仁仲本、和本、十行本、閩本、監本、毛本、殿本、阮刻本同，岳本無此八字。
⑦ “恂依注音峻思俊反一音思旬反”，彙校卷第十四、撫釋一、余仁仲本、和本、十行本、閩本、監本、毛本、殿本、阮刻本同，岳本作“恂音峻一思旬反”。
⑧ “澳於六反”，彙校卷第十四、撫釋一、余仁仲本、和本、十行本、閩本、監本、毛本、殿本、阮刻本同，岳本無此四字。
⑨ “徐范”，彙校卷第十四、撫釋一、余仁仲本、和本、十行本、閩本、監本、毛本、殿本、阮刻本同，岳本作“又”。
⑩ “樂其樂並音岳又音洛注同”，彙校卷第十四、撫釋一、余仁仲本、和本、十行本、閩本、監本、毛本、殿本、阮刻本同，岳本作“樂音岳又音洛文公只音洛”。
⑪ “正”，余仁仲本、岳本、嘉靖本、八行本、和本、十行本、閩本、監本、毛本、殿本、阮刻本同；撫州本作“止”，非。
⑫ “誥古報反”，彙校卷第十四、撫釋一、余仁仲本、和本、十行本、閩本、監本、（轉下頁注）

大,音泰。顧諟,上音故,本又作"顧",同,下音是①。峻,徐音俊③,又私俊反④。題,徐徒兮反④。

42・5 湯之盤銘曰:"苟日新,日日新,又日新。"康誥曰:"作新民。"詩曰:"周雖舊邦,其命惟新。"是故君子無所不用其極。 盤銘,刻戒於盤也。極,猶盡也。君子日新其德,常盡心力,不有餘也。○盤,步干反。銘,徐音冥,亡丁反⑤。

42・6 詩云:"邦畿千里,惟民所止⑥。"詩云:"緡蠻黃鳥,止于丘隅。"子曰:"於止! 知其所止。可以人而不如鳥乎?"於止,於鳥之所止也⑦。就而觀之,知其所止,知鳥擇岑蔚安閒而止處之耳⑧。言人亦當擇禮義樂土而自止處也。論語曰:"里仁爲美。擇不處仁,焉得知?"○畿,音祈,又作"幾",音同⑨。緡蠻,音緜,一音亡巾反,毛詩作"緜",傳云:"緜蠻,小鳥貌。"⑩

---

① "上音故本又作顧同下音是",岳本作"音是";彙校卷第十四、撫釋一、余仁仲本、和本、十行本、閩本、監本、毛本、殿本、阮刻本"顧"作"顧",是。

② "徐",彙校卷第十四、撫釋一、余仁仲本、和本、十行本、閩本、監本、毛本、殿本、阮刻本同,岳本無此字。

③ "私俊反",彙校卷第十四、撫釋一、余仁仲本、岳本、和本、閩本、監本、毛本、殿本、阮刻本同;十行本"私"作"弘",非。

④ "題徐徒兮反",彙校卷第十四、撫釋一、余仁仲本、和本、十行本、閩本、監本、毛本、殿本、阮刻本同,岳本無此五字。

⑤ "盤步干反銘徐音冥亡丁反",彙校卷第十四、撫釋一、余仁仲本、和本、十行本、閩本、監本、毛本、殿本、阮刻本同,岳本無此十一字。

⑥ "惟",撫州本、余仁仲本、嘉靖本、八行本、和本、十行本、閩本、監本、毛本、殿本、阮刻本同;唐石經、岳本作"止"。

⑦ "於",撫州本、余仁仲本、岳本、嘉靖本、八行本、和本、阮刻本同;十行本、閩本、監本、毛本、殿本作"言",非。

⑧ "岑",余仁仲本、十行本同;撫州本、岳本、嘉靖本、八行本、和本、閩本、監本、毛本、殿本、阮刻本作"岑",是。

⑨ "畿音祈又作幾音同",彙校卷第十四、撫釋一、余仁仲本、和本、十行本、閩本、監本、毛本、殿本、阮刻本同,岳本作"畿音祁"。

⑩ "緡蠻音緜一音亡巾反毛詩作緜傳云緜蠻小鳥貌",彙校卷第十四、撫釋一、余仁仲本、和本、殿本、阮刻本同,岳本作"緡音緜一亡巾反";十行本、閩本、監本、毛本、阮刻本"巾"作"取",非。

岑，仕金反。蔚，音欝，又音尉。閒，音閑。處，齒渚反。樂，音洛。焉，於虔反。知，音智①。詩云：“穆穆文王，於緝熙敬止！”爲人君，止於仁；爲人臣，止於敬；爲人子，止於孝；爲人父，止於慈；與國人交，止於信。緝熙，光明也。此美文王之德先明②，敬其所以自止處。○緝，七入反。熙，許其反③。子曰：“聽訟吾猶人也，必也使無訟乎！”無情者不得盡其辭，大畏民志。情，猶實也。無實者，多虛誕之辭。聖人之聽訟，與人同耳，必使民無實者不敢盡其辭，大畏其心志，使誠其意不敢訟。○吾聽訟，似用反。猶人也，論語作“聽訟吾猶人也”。毋訟，音無。誕，音但④。此謂知本。本，謂誠其意也。

42·7所謂脩身在正其心者，身有所忿懥，則不得其正；有所恐懼，則不得其正；有所好樂，則不得其正；有所憂患，則不得其正。心不在焉，視而不見，聽而不聞，食而不知其味。此謂脩身在正其心。懥，怒貌也，或作“懫”⑤，或爲“懻”⑥。○忿⑦，弗粉反。懥，勅值反，范音稚，徐丁四反⑧，又音勤。恐，丘勇反⑨。好，呼報反，下“故

①“岑仕金反蔚音欝又音尉閒音閑處齒渚反樂音洛焉於處反知音智”，彙校卷十四、撫釋一、余仁仲本、殿本同，岳本作“岑仕金反蔚音欝閒音閑”；和本、十行本、閩本、監本、毛本、阮刻本脱此二十七字。

②“先”，撫州本、余仁仲本、岳本、嘉靖本、八行本、和本、十行本、閩本、監本、毛本、殿本、阮刻本、吳氏朱批、叢刊本作“光”，是。

③“緝七入反熙許其反”，彙校卷第十四、撫釋一、余仁仲本、和本、十行本、閩本、監本、毛本、殿本、阮刻本同，岳本作“於緝文公音烏”。

④“吾聽訟似用反猶人也論語作聽訟吾猶人也毋訟音無誕音但”，彙校卷第十四、撫釋一、余仁仲本、和本、閩本、監本、毛本、殿本、阮刻本同，岳本無此二十五字，嘉靖本作“論語作聽訟吾猶人也一本作吾聽訟猶人也”，嘉靖本漏删；十行本“音”作“者”，非。

⑤“懫”，撫州本、余仁仲本、岳本、嘉靖本、八行本、閩本、監本、毛本、殿本、阮刻本同；和本、十行本作“質”，非。

⑥“懻”，撫州本、余仁仲本、岳本、嘉靖本、八行本、和本、十行本、閩本、監本、毛本、殿本、阮刻本作“寘”，是。

⑦“忿”上，岳本有“身有文公云程子曰當作心”十一字。

⑧“徐”，彙校卷第十四、撫釋一、余仁仲本、和本、十行本、閩本、監本、毛本、殿本、阮刻本同，岳本作“又”。

⑨“又音勤恐丘勇反”，彙校卷第十四、撫釋一、余仁仲本、和本、十行本、閩本、（轉下頁注）

好而知”同①。樂，徐五孝反③，一音岳。憒④，音致。憓⑤，音致，又得計反。重意“視而不見，聽而不聞”，中庸：“視之而弗見，聽之而弗聞。”○“食而不知其味”，中庸：“鮮能知味也。”

42·8 所謂齊其家在脩其身者，人之其所親愛而辟焉⑤，之其所賤惡而辟焉，之其所畏敬而辟焉，之其所哀矜而辟焉，之其所敖惰而辟焉，故好而知其惡、惡而知其美者，天下鮮矣。故諺有之曰：“人莫知其子之惡，莫知其苗之碩。”此謂身不脩不可以齊其家。之，適也。譬，猶喻也。言適彼而以心度之，曰：吾何以親愛此人，非以其有德美與？吾何以敖惰此人⑥，非以其志行薄與？反以喻己，則身脩與否，可自知也。鮮，罕也。人莫知其子之惡，猶愛而不察。碩，大也。○辟，音譬，下及注同，謂譬喻也⑦。賤惡，烏路反，下“惡而知”同。敖，五報反。惰，徒臥反。其惡惡，上如字，下烏路反⑧。鮮，仙善反，注同⑨。諺，魚變反，俗語也⑩。度，徒洛反。

（接上頁注）監本、毛本、殿本、阮刻本同，岳本無此七字。

① “下故好而知同”，彙校卷第十四、撫釋一、余仁仲本、和本、十行本、閩本、監本、毛本、殿本、阮刻本同，岳本無此六字。

② “徐”，彙校卷第十四、撫釋一、余仁仲本、和本、十行本、閩本、監本、毛本、殿本、阮刻本同，岳本無此字。

③ “憒”，彙校卷十四、撫釋一、余仁仲本、岳本、和本、十行本、閩本、監本、毛本、殿本、阮刻本作“憒”，是。

④ “憓”，彙校卷十四、撫釋一、余仁仲本、岳本、和本、十行本、閩本、監本、毛本、殿本、阮刻本作“憓”，是。

⑤ “辟”，余仁仲本、岳本、和本、十行本、閩本、監本、毛本、殿本、阮刻本同；撫州本、嘉靖本、八行本作“譬”，是，下同。考異曰：“作‘辟’者，依釋文所改也。”

⑥ “敖惰”，撫州本、余仁仲本、岳本、嘉靖本、八行本、和本、閩本、監本、毛本、殿本、阮刻本同；十行本作“故指”，非。

⑦ “音譬下及注同謂譬喻也”，彙校卷第十四、撫釋一、余仁仲本、和本、十行本、閩本、監本、毛本、殿本、阮刻本同，岳本作“下同文公讀爲僻”。

⑧ “其惡惡上如字下烏路反”，彙校卷第十四、撫釋一、余仁仲本、和本、十行本、閩本、監本、毛本、殿本、阮刻本同，岳本無此十字。

⑨ “注同”，彙校卷第十四、撫釋一、余仁仲本、和本、十行本、閩本、監本、毛本、殿本、阮刻本同，岳本無此二字。

⑩ “俗語也”，彙校卷第十四、撫釋一、余仁仲本、和本、十行本、閩本、監本、毛本、殿本、阮刻本同，岳本無此三字；又，岳本“魚變反”下有“碩文公云叶韻時若反”九字。

與,音余,下"薄與"同①。行,下孟反②。

　　42·9所謂治國必先齊其家者,其家不可教而能教人者,無之。故君子不出家而成教於國。孝者,所以事君也;弟者,所以事長也;慈者,所以使衆也。康誥曰:"如保赤子。"心誠求之,雖不中不遠矣。未有學養子而后嫁者也。養子者,推心爲之,而中於赤子之耆欲也③。○弟,音悌。長,丁丈反,下"長長"并注同④。中,丁仲反,注同。耆欲,時志反⑤。一家仁,一國興仁;一家讓,一國興讓;一人貪戾,一國作亂。其機如此。此謂一言僨事,一人定國。一家、一人,謂人君也。戾之言利也。機,發動所由也⑥。僨,猶覆敗也。春秋傳曰:"登戾之。"又曰:"鄭伯之車僨於濟。"戾,或爲"吝"。僨,或爲"犇"。○戾,力計反。僨,徐音奮,本又作"債",注同⑦。覆,芳福反。濟,子禮反。犇,音奔⑧。堯、舜率天下以仁,而民從之。桀、紂率天下以暴,而民從之。其所令反其所好,而民不從,言民化君行也。君若好貨而禁民淫於財利,不能止也⑨。○好,呼報反,注同⑩。行,

---

①"薄與",彙校卷第十四、撫釋一、余仁仲本、和本、十行本、閩本、監本、毛本、殿本、阮刻本同,岳本無此二字。

②"行下孟反",彙校卷第十四、撫釋一、余仁仲本、和本、十行本、閩本、監本、毛本、殿本、阮刻本同,岳本無此四字。

③"耆欲",余仁仲本、岳本、殿本同,撫州本、嘉靖本、八行本、和本、十行本、閩本、監本、毛本、阮刻本作"嗜欲"。

④"下長長并注同",彙校卷第十四、撫釋一、余仁仲本、和本、十行本、閩本、監本、毛本、殿本、阮刻本同,岳本無此六字。

⑤"注同耆欲時志反",彙校卷第十四、撫釋一、余仁仲本、和本、十行本、閩本、監本、毛本、殿本、阮刻本同,岳本無此七字。

⑥"發",叢刊本同;撫州本、余仁仲本、岳本、嘉靖本、八行本、和本、十行本、閩本、監本、毛本、殿本、阮刻本、吳氏朱批作"發",是。

⑦"僨徐音奮本又作債注同",彙校卷第十四、撫釋一、余仁仲本、和本、閩本、監本、毛本、殿本、阮刻本同,岳本作"債音奮";十行本"僨"作"貴",非。

⑧"濟子禮反犇音奔",彙校卷第十四、撫釋一、余仁仲本、和本、十行本、閩本、監本、毛本、殿本、阮刻本同,岳本無此七字。

⑨"止",撫州本、余仁仲本、岳本、嘉靖本、八行本、和本同;十行本、閩本、監本、毛本、殿本、阮刻本作"正",非。

⑩"注同",彙校卷第十四、撫釋一、余仁仲本、和本、十行本、閩本、監本、毛本、(轉下頁注)

下孟反,或如字。重意"而民從之",表記:"則民從之。"是故君子有諸己而后求諸人,無諸己而后非諸人。所藏乎身不恕,而能喻諸人者,未之有也。故治國在齊其家。有於己,謂有仁讓也。無於己,謂無貪戾也。詩云:"桃之夭夭,其葉蓁蓁。之子于歸,宜其家人。"宜其家人,而后可以教國人。詩云:"宜兄宜弟。"宜兄宜弟,而后可以教國人。詩云:"其儀不忒,正是四國。"其爲父子兄弟足法,而后民法之也。此謂治國在齊其家。夭夭、蓁蓁,美盛貌。之子者,是子也。○夭,於驕反。蓁,音臻。忒,他得反①。

42·10 所謂平天下在治其國者,上老老而民興孝,上長長而民興弟,上恤孤而民不倍,是以君子有絜矩之道也。老老、長長,謂尊老敬長也。恤,憂也。民不倍,不相倍弃也②。絜,猶結也,挈也。矩,法也。君子有挈法之道,謂常執而行之③,動作不失之。倍,或作"偝"。矩,或作"巨"。○弟,音悌。倍,音佩,注同④。絜,音結⑤。拒之,音矩,本或作"矩"。偝弃,音佩,本亦作"倍",下同⑥。挈也,苦結反。巨,音拒,本或作"拒",其吕反⑦。

所惡於上,毋以使下;所惡於下,毋以事上;所惡於前,毋以先後;

(接上頁注)殿本、阮刻本同,岳本無此二字。

① "忒他得反",彙校卷第十四、撫釋一、余仁仲本、和本、十行本、閩本、監本、毛本、殿本、阮刻本同,岳本無此四字。

② "倍弃",撫州本、余仁仲本、岳本、嘉靖本、八行本同,和本、閩本、監本、毛本、阮刻本作"倍棄";十行本作"倍奪",殿本作"偝棄",皆非。阮校曰:"不相倍棄也 閩、監、毛本作'棄'。岳本'棄'作'弃',嘉靖本、衛氏集説同。此本'棄'誤'奪'。各本'倍'字同。釋文出'偝棄'云:'本亦作"倍"。'○按:'偝'乃'倍'之或體。"

③ "常",撫州本、余仁仲本、岳本、嘉靖本、八行本、和本、閩本、監本、毛本、殿本同;十行本、阮刻本作"當",非。

④ "注同",彙校卷第十四、撫釋一、余仁仲本、和本、十行本、閩本、監本、毛本、殿本、阮刻本同,岳本無此二字。

⑤ "音結"下,岳本有"文公胡結反"五字。

⑥ "拒之音矩本或作矩偝弃音佩本亦作倍下同",彙校卷第十四、撫釋一、余仁仲本、和本、十行本、閩本、監本、毛本、殿本、阮刻本同,岳本無此十八字。

⑦ "巨音拒本或作拒其吕反",彙校卷第十四、撫釋一、余仁仲本、和本、十行本、閩本、監本、毛本、殿本、阮刻本同,岳本無此十字。

所惡於後，毋以從前；所惡於右，毋以交於左；所惡於左，毋以交
於右。此之謂絜矩之道。絜矩之道，善持其所有，以恕於人耳。治國之要
盡於此。○惡，烏路反，下皆同。毋，音無①，下同②。重意"所惡於上，毋以使
下；所惡於下，毋以事上。"祭統二十五篇："所不安於上，則不以使下；所惡於下，
則不以事上。"

42・11 詩云："樂只君子，民之父母。"民之所好好之，民之所
惡惡之，此之謂民之父母。言治民之道無他，取於己而已。○只，音紙。好
好，皆呼報反。重意"此之謂民之父母"。孔子閒居二十九："斯可謂民之父母矣。"
詩云："節彼南山，維石巖巖③。赫赫師尹，民具爾瞻。"有國者不可
以不慎，辟則爲天下僇矣④。 巖巖，喻師尹之高嚴也。師尹，天子之大臣，
爲政者也。言民皆視其所行而則之⑤，可不慎其德乎？邪辟失道，則有大刑⑥。○
節，徐音截，前切反，又音如字⑦。巖，五銜反⑧。辟，匹亦反，注同。僇，音六。

———————

① "下皆同毋音無"，彙校卷第十四、撫釋一、余仁仲本、和本、十行本、閩本、監本、毛本、殿
　本、阮刻本同，岳本無此六字。
② "下同"下，岳本有"文公作去聲"五字。
③ "石"，詩經小雅節南山、唐石經、撫州本、余仁仲本、岳本、嘉靖本、八行本、和本、閩本、
　監本、毛本、殿本、阮刻本同；十行本作"右"，非。
④ "僇"，唐石經、撫州本、余仁仲本、岳本、八行本、和本、十行本、閩本、監本、毛本、殿本、
　阮刻本同；嘉靖本作"戮"。
⑤ "也言民皆視其"，撫州本、余仁仲本、岳本、嘉靖本、八行本、和本、阮刻本同；十行本、閩
　本、監本、毛本、殿本作"在下之民俱視"，非。阮校曰："爲政者也言民皆視其所行而則
　之　惠棟校宋本如此，宋監本、岳本、嘉靖本、衛氏集説同，考文引古本同。此本'者也
　言民皆視其'七字闕。閩、監、毛本誤'者在下之民俱'。"鍔案：十行本不缺，阮説不確。
⑥ "有大刑"，撫州本、余仁仲本、岳本、嘉靖本、八行本、和本、阮刻本同；十行本、閩
　本、監本、毛本、殿本作"天下共誅之矣"，非。阮校曰："邪辟失道則有大刑　惠棟
　校宋本作'有大刑'，宋監本、岳本、嘉靖本同，衛氏集説同，考文引古本同。此本
　'有大刑'三字闕。閩、監、毛本'有大刑'三字誤作'天下共誅之矣'六字。"鍔案：十
　行本不缺，阮説不確。
⑦ "節徐音截前切反又音如字"，彙校卷第十四、撫釋一、余仁仲本、和本同，岳本作"節音
　截又如字"；十行本"節"誤作"藏"，十行本、閩本、監本、毛本、殿本、阮刻本脱"徐音截"
　三字。
⑧ "巖五銜反"，彙校卷第十四、撫釋一、余仁仲本、和本、十行本、閩本、監本、毛本、殿本、
　阮刻本同，岳本無此四字。

行，下孟反，又如字。邪，似嗟反①。詩云："殷之未喪師，克配上帝。儀監于殷，峻命不易。"道得衆則得國，失衆則失國。是故君子先慎乎德。有德此有人，有人此有土，有土此有財，有財此有用。德者，本也；財者，末也。外本内末，争民施奪。是故財聚則民散，財散則民聚。是故言悖而出者，亦悖而入；貨悖而入者，亦悖而出。師，衆也。克，能也。峻，大也。言殷王帝乙以上，未失其民之時。德亦有能配天者，謂天享其祭祀也。及紂爲惡，而民怨神怒，以失天下。監視殷時之事，天之大命，持之誠不易也。道，猶言也。用，謂國用也。施奪，施其劫奪之情也。悖，猶逆也，言君有逆命，則民有逆辭也。上貪於利，則下人侵畔。老子曰："多藏以厚亡。"○喪，息浪反。峻，恤俊反。易，以豉反，注同。争，"争鬭"之争②。施，如字。悖，布内反，下同。上，時掌反③。藏，才浪反。康誥曰："惟命不于常。"道善則得之，不善則失之矣。于，於也。天命不於常，言不專祐一家也。○專祐，音又④。楚書曰："楚國無以爲寶，惟善以爲寶。"楚書，楚昭王時書也。言以善人爲寶，時謂觀射父、昭奚恤也。○射父，食亦反，又食夜反⑤，父音甫⑥。舅犯曰："亡人無以爲寶，仁親以爲寶。"舅犯，晉文公之舅狐偃也。亡人，謂文公也。時辟驪姬之讒，亡在翟，而獻公薨，秦穆公使子顯弔，因

---

① "辟匹亦反注同僚音六行下孟反又如字邪似嗟反"，彙校卷十四、撫釋一、余仁仲本、和本同，岳本作"辟匹亦反僚音六行下孟反又如字"；十行本"匹"作"四"，十行本、閩本、監本、毛本、殿本、阮刻本"注同"作"又必益反與僻同"，十行本"僚"作"㸌"，十行本、閩本、監本、毛本、殿本、阮刻本"音六行下孟反又如字邪似嗟反"作"力竹反與㸌同注同"，皆非。

② "注同争争鬭之争"，彙校卷第十四、撫釋一、余仁仲本、和本、十行本、閩本、監本、毛本、殿本、阮刻本同，岳本無此七字。

③ "上時掌反"，彙校卷第十四、撫釋一、余仁仲本、和本、十行本、閩本、監本、毛本、殿本、阮刻本同，岳本無此四字。

④ "專祐音又"，閩本、監本、毛本同，彙校卷十四、撫釋一、余仁仲本、和本、阮刻本作"專佑音又"，殿本無"專"字；十行本作"專信音文"，非。

⑤ "食夜反"，彙校卷第十四、撫釋一、余仁仲本、和本、閩本、監本、毛本、殿本、阮刻本同；十行本"夜"作"衣"，非。

⑥ "父音甫"，彙校卷第十四、撫釋一、余仁仲本、和本、十行本、閩本、監本、毛本、殿本、阮刻本同，岳本無此三字。

勸之復國,舅犯爲之對此辭也。仁親,猶言親愛仁道也。明不因喪規利也。○
辟,音避。驪,力宜反,本又作"麗",亦作"孋",同①。翟,音狄。顯,許遍反。爲
之,于僞反。

42・12 秦誓曰:"若有一个臣②,斷斷兮無它技③,其心休休焉,
其如有容焉。人之有技,若己有之,人之彦聖,其心好之,不啻若自其口
出,寔能容之,以能保我子孫黎民,尚亦有利哉! 人之有技,媢疾以惡
之,人之彦聖,而違之俾不通,寔不能容,以不能保我子孫黎民,亦曰殆
哉!"秦誓,尚書篇名也④。秦穆公伐鄭,爲晉所敗於殽,還誓其羣臣,而作此篇也⑤。
斷斷,誠一之貌也。它技,異端之技也。有技,才藝之技也⑥。"若己有之","不啻若
自其口出",皆樂人有善之甚也。美士爲彦⑦。黎,衆也,尚,庶幾也。媢,妬也。違,
猶戾也。俾⑧,使也。佛戾賢人所爲⑨,使功不通於君也。殆,危也。彦,或作

①"驪力宜反本又作麗亦作孋同",彙校卷第十四、撫釋一、余仁仲本、和本、閩本、監本、毛
本、殿本、阮刻本同,岳本無此十二字;十行本"又"作"内",非。

②"个",余仁仲本、嘉靖本、和本、十行本、閩本、監本、毛本、殿本、阮刻本同,唐石經、撫州
本、岳本、八行本作"介"。

③"它",唐石經、撫州本、余仁仲本、岳本、嘉靖本、八行本、和本、十行本、閩本、監本、毛
本、殿本、阮刻本作"他",注同。

④"尚書",撫州本、余仁仲本、岳本、嘉靖本、八行本、和本、阮刻本同;十行本、閩本、監本、
毛本、殿本"尚"上衍"周書"二字。阮校曰:"秦誓尚書篇名也　惠棟校宋本如此,宋監
本、岳本、嘉靖本同,衛氏集説同,考文引古本同。此本'秦誓'二字空闕。閩、監、毛本
補'秦誓',又衍'周書'二字。"鍔案:十行本不缺"秦誓"二字。

⑤"而作此篇也",撫州本、余仁仲本、岳本、嘉靖本、和本、阮刻本同;八行本脱"也"字,十
行本、閩本、監本、毛本、殿本"而"作"故",非。

⑥"之技",撫州本、余仁仲本、岳本、嘉靖本、八行本、和本、阮刻本同;十行本作"土曰",閩
本、監本、毛本、殿本作"之士",皆非。

⑦"美士爲彦",撫州本、余仁仲本、岳本、嘉靖本、八行本、和本、阮刻本同;十行本作"美之
士彦",閩本、監本、殿本作"美士曰彦",毛本作"美士也彦",皆非。

⑧"俾",撫州本、余仁仲本、岳本、嘉靖本、八行本、和本、閩本、監本、毛本、殿本、阮刻本
同;十行本作"伊",非。

⑨"佛",撫州本、余仁仲本、岳本、八行本、和本、十行本、阮刻本同;嘉靖本、閩本、監本、毛
本、殿本作"拂",非。

"盤"。○一个，古賀反，一讀作介，音界①。臣，此所引與尚書文小異②。斷，丁亂反。無它，音他③。技④，其綺反，下及注同。休休，許虬反，尚書傳曰"樂善也"，鄭注尚書云"寬容貌"，何休注公羊云"美大之貌"⑤。好，呼報反⑥。啻，音試，詩豉反。媢，莫報反，尚書作冒，音同，謂覆蔽也⑦。惡，烏路反，下"能惡人"同⑧。俾，本又作"卑"，必爾反⑨。敗，必邁反。殽，户交反。樂，音岳，又音洛。妒，丁路反。佛戾，上扶弗反，下力計反⑩。**唯仁人放流之，迸諸四夷，不與同中國。此謂唯仁人爲能愛人，能惡人。**放去惡人媢嫉之類者，獨仁人能之。如舜放四罪而天下咸服。○迸，比孟反，又逼諍反。諍，音"爭鬭"之爭。皇云："迸，猶屏也。"⑪去，丘吕反⑫。　**見**

---

①"一讀作介音界"，彙校卷第十四、撫釋一、余仁仲本、和本同，岳本作"一音界"；十行本、閩本、監本、毛本、殿本、阮刻本"一讀"作"尚書"，非。

②"臣此所引與尚書文小異"，彙校卷第十四、撫釋一、余仁仲本、和本、十行本、閩本、監本、毛本、殿本、阮刻本同，岳本無此十字。

③"無它音他"，彙校卷第十四、撫釋一、余仁仲本、和本、閩本、監本、毛本、殿本、阮刻本同，岳本無此四字，十行本"他"作墨釘。

④"技"，彙校卷第十四、撫釋一、余仁仲本、岳本、和本、閩本、監本、毛本、殿本、阮刻本同；十行本作墨釘。

⑤"下及注同休休許虬反尚書傳曰樂善也鄭注尚書云寬容貌何休注公羊云美大之貌"，彙校卷第十四、撫釋一、余仁仲本、和本同，岳本無此三十四字；十行本、閩本、監本、毛本、殿本、阮刻本下"尚書"作"休休"，非。

⑥"呼報反"，彙校卷第十四、撫釋一、余仁仲本、和本、十行本、閩本、監本、毛本、殿本、阮刻本同，岳本作"去聲"。

⑦"詩豉反媢莫報反尚書作冒音同謂覆蔽也"，彙校卷第十四、撫釋一、余仁仲本、和本、殿本、阮刻本同，岳本無此十七字；十行本、閩本、監本、毛本"豉"作"洛"，非。

⑧"惡烏路反下能惡人同"，彙校卷第十四、撫釋一、余仁仲本、和本、十行本、閩本、監本、毛本、殿本、阮刻本同，岳本作"惡去聲下惡人同"。

⑨"俾本又作卑必爾反"，彙校卷第十四、撫釋一、余仁仲本、和本、十行本、閩本、監本、毛本、殿本、阮刻本同，岳本無此八字。

⑩"殽户交反樂音岳又音洛妒丁路反佛戾上扶弗反下力計反"，彙校卷第十四、撫釋一、余仁仲本、和本、十行本、閩本、監本、毛本、殿本、阮刻本同，岳本無此二十四字。

⑪"迸比孟反又逼諍反諍音爭鬭之爭皇云迸猶屏也"，彙校卷第十四、撫釋一、余仁仲本、和本、十行本、閩本、監本、毛本、殿本、阮刻本同，岳本作"迸北孟反文公云讀爲屏古字通用"。

⑫"去丘吕反"，彙校卷第十四、撫釋一、余仁仲本、和本、十行本、閩本、監本、毛本、殿本、阮刻本同，岳本作"去上聲"。

賢而不能舉，舉而不能先，命也；見不善而不能退①，退而不能
遠，過也。命，讀爲"慢"，聲之誤也②。舉賢而不能使君以先己，是輕慢於舉人
也③。○命，依注音"慢"，武諫反④。遠，于萬反。**好人之所惡，惡人之所**
好，是謂拂人之性，菑必逮夫身。拂，猶佹也。逮，及也。○好，呼報反，
下皆同。惡，烏路反，下同⑤。拂，扶弗反，注同⑥。菑，音哉，下同⑦。逮，音代，
一音大計反。夫，音扶。佹，九委反。**是故君子有大道，必忠信以得之，**
驕泰以失之。道，行所由。

　42·13 **生財有大道，生之者眾，食之者寡，爲之者疾，用之者**
舒，則財恒足矣。是不務禄不肖，而勉民以農也。○肖，音笑⑧。**仁者以財**
發身，不仁者以身發財。發，起也。言仁人有財，則務於施與以起身⑨，成其
令名。不仁之人有身，貪於聚斂以起財，務成富。○施，始豉反。予，由汝反⑩。
未有上好仁而下不好義者也，未有好義其事不終者也，未有府庫

①"不善"，唐石經、撫州本、岳本、嘉靖本、八行本、和本、閩本、監本、毛本、殿本、阮刻本
　同；余仁仲本、十行本脱"不"字。
②"誤"，撫州本、余仁仲本、岳本、嘉靖本、八行本、和本、閩本、監本、毛本、殿本、阮刻本
　同；十行本作"謂"，非。
③"舉"，撫州本、余仁仲本、岳本、嘉靖本、八行本、和本、閩本、監本、毛本、殿本、阮刻本
　同；十行本作"果"，非。
④"命依注音慢武諫反"，彙校卷第十四、撫釋一、余仁仲本、和本、十行本、閩本、監本、毛
　本、殿本、阮刻本同，岳本作"命音慢文公云程子云當作怠未詳孰是"。
⑤"好呼報反下皆同惡烏路反下同"，彙校卷第十四、撫釋一、余仁仲本、和本、十行本、閩
　本、監本、毛本、殿本、阮刻本同，岳本作"好惡皆去聲下同"。
⑥"注同"，彙校卷第十四、撫釋一、余仁仲本、和本、十行本、閩本、監本、毛本、殿本、阮刻
　本同，岳本無此二字。
⑦"下同"，彙校卷第十四、撫釋一、余仁仲本、和本、十行本、閩本、監本、毛本、殿本、阮刻
　本同，岳本無此二字。
⑧"肖音笑"，彙校卷第十四、撫釋一、余仁仲本、和本、十行本、閩本、監本、毛本、殿本、阮
　刻本同，岳本無此三字，有"恒文公云胡登反"七字。
⑨"與"，撫州本、余仁仲本、岳本、八行本、和本、十行本、閩本、監本、毛本、殿本、阮刻本
　同；嘉靖本作"予"，非。
⑩"予由汝反"，彙校卷第十四、撫釋一、余仁仲本、和本、十行本、閩本、監本、毛本、殿本、
　阮刻本同，岳本無此四字。楊氏札記曰："按，本文及注並無'予'字，但上行正文有'用
　之者舒'句，恐是'舒'字音義誤入此段也。"

財非其財者也。言君行仁道，則其臣必義，以義舉事無不成者，其爲誠然，如己府庫之財爲己有也。**孟獻子曰："畜馬乘，不察於雞豚；伐冰之家，不畜牛羊；百乘之家，不畜聚斂之臣。與其有聚斂之臣，寧有盜臣。"此謂國不以利爲利，以義爲利也。**孟獻子，魯大夫仲孫蔑也。畜馬乘，謂以士初試爲大夫也。伐冰之家，卿大夫以上，喪祭用冰。百乘之家，有采地者也。雞豚牛羊，民之所畜養以爲財利者也。國家利義不利財，盜臣損財耳，聚斂之臣乃損義。論語曰："季氏富於周公，而求也爲之聚斂，非吾徒也，小子鳴鼓而攻之可也。"○畜，許六反，下同①。乘，徐繩證反，下及注同②。蔑，莫結反。以上，時掌反。采，七代反，本亦作"菜"。爲之，于僞反③。**長國家而務財用者，必自小人矣。**言務聚財爲己用者，必忘義，是小人所爲也。○長，丁丈反。**彼爲善之，小人之使爲國家，菑害並至，雖有善者，亦無如之何矣！**彼，君也。君將欲以仁義善其政，而使小人治其國家之事，患難猥至。雖云有善，不能捄之，以其惡之已著也。○難，乃旦反。猥，烏罪反。捄，音救，本亦作"救"。著，張慮反④。**此謂國不以利爲利，以義爲利也。**

纂圖互注禮記卷之十九⑤

---

① "下同"，彙校卷第十四、撫釋一、余仁仲本、和本、十行本、閩本、監本、毛本、殿本、阮刻本同，岳本無此二字。

② "及注"，彙校卷第十四、撫釋一、余仁仲本、和本、十行本、閩本、監本、毛本、殿本、阮刻本同，岳本無此二字。

③ "蔑莫結反以上時掌反采七代反本亦作菜爲之于僞反"，彙校卷第十四、撫釋一、余仁仲本、和本、十行本、閩本、監本、毛本、殿本、阮刻本同，岳本無此二十二字，有"斂文公云去聲"六字。

④ "猥烏罪反捄音救本亦作救著張慮反"，彙校卷第十四、撫釋一、余仁仲本、和本、十行本、閩本、監本、毛本、殿本、阮刻本同，岳本無此十五字。

⑤ 撫州本卷十九末頁B面第四行頂格題"禮記卷第十九"，空二格題"經三千四百三十二字，注三千五百一十三字"。余仁仲本卷十九末頁B面第十行頂格題"禮記卷第十九"，第十一行空三格雙行小字題"經叁仟肆伯伍拾伍字"，空二格小字題"注叁仟肆伯捌拾玖字"，另行空三格小字題"音義貳仟柒伯叁拾玖字"，空九格題"仁仲比校訖"。嘉靖本卷十九末頁B面第四行題"經三千四百三十二字，注三千五百一十三字"。阮刻本記"宋監本禮記卷第十九，經三千四百三十二字，注三千五百一十三字，嘉靖本同"。

纂圖互注禮記卷之二十

冠義第四十三_{陸曰：“冠，音古亂反。鄭云：‘名冠義者，以其記冠禮成人之義。’”①}

禮記　　　　　　　　　　　　　　　　　　鄭氏注②

43·1 凡人之所以爲人者，禮義也。禮義之始，在於正容體，齊顏色，順辭令。言人爲禮，以此三者爲始。容體正，顏色齊，辭令順，而后禮義備。以正君臣，親父子，和長幼。言三始既備③，乃可求以三行也。○長，丁丈反，下同。行，下孟反。重言“以正君臣，親父子，和長幼”二，後見聘義。禮運第九：“以正君臣，以篤父子。”君臣正，父子親，長幼和，而

---

①“陸曰冠音古亂反鄭云名冠義者以其記冠禮成人之義”，余仁仲本、和本、十行本、閩本、監本、毛本、殿本、阮刻本同，岳本無此二十二字，彙校卷第十四、撫釋一無“陸曰”二字。

②撫州本題“禮記卷第二十”，首行頂格書寫；次行頂格題“冠義第四十三”，空二格題“鄭氏注”。余仁仲本題“禮記卷第二十”，首行頂格書寫；次行頂格題“冠義第四十三”，下雙行小字；第三行空三格題“禮記”，空九格題“鄭氏注”。嘉靖本題“禮記卷第二十”，首行頂格書寫；次行頂格題“冠義第四十三”，空二格題“禮記”，空二格題“鄭氏注”。

③“備”，撫州本、余仁仲本、岳本、嘉靖本、八行本、和本、監本、毛本、殿本、阮刻本同，閩本作墨釘；十行本作“人”，非。阮校曰：“言三始既備　毛本作“備”，岳本、嘉靖本、衛氏集說同，考文引古同。此本‘備’字闕，閩、監本同。”鍔案：阮説不確。

后禮義立。立，猶成也。**故冠而后服備，服備而后容體正，顏色齊，辭令順。**言服未備者，未可求以三始也。童子之服，采衣紒。○冠，古亂反，除下文“玄冠”及注“緇布冠、玄冠”以外，並同。紒，音計。**故曰：“冠者，禮之始也。”是故古者聖王重冠。**

43·2 **古者冠禮：筮日、筮賓，所以敬冠事。敬冠事，所以重禮。重禮，所以爲國本也。**國以禮爲本。○筮，市志反，著曰筮。重，直用反，後同①。匭言“冠者，禮之始也”二，一見下文。又下篇：“夫禮，始於冠。”○“禮之始也”，曲禮上：“禮之質也。”下篇：“禮之本也。”**故冠於阼，以著代也。醮於客位，三加彌尊，加有成也。**阼，謂主人之北也。適子冠於阼，若不醴，則醮用酒於客位，敬而成之也。戶西爲客位。庶子冠於房戶外，又因醮焉，不代父也。冠者，初加緇布冠，次加皮弁②，次加爵弁，每加益尊，所以益成也。○阼，才故反。著，張慮反。醮，子笑反。彌，音弥③。適，音嫡。醴，音禮④。匭言“以著代也”，又出昏義四十四。**已冠而字之，成人之道也。**字，所以相尊也。匭言“冠而字之”，重見郊特牲。“成人之道也”二，一見祭義四十四。**見於母，母拜之；見於兄弟，兄弟拜之，成人而與爲禮也。玄冠、玄端，奠摯於君，遂以摯見於鄉大夫、鄉先生，以成人見也。**鄉先生，同鄉老而致仕者⑤。服玄冠、玄端，異於朝也。○見，賢遍反，下皆同⑥。摯，

---

① “筮市志反著曰筮重直用反後同”，岳本無此十三字，彙校卷第十四、撫釋一、余仁仲本、和本、十行本、閩本、監本、毛本、殿本、阮刻本“志”作“至”。

② “加”，撫州本、余仁仲本、岳本、嘉靖本、八行本、和本、閩本、監本、毛本、殿本、阮刻本同；十行本作“各”，非。

③ “彌音弥”，彙校卷第十四、撫釋一、余仁仲本、和本、十行本、殿本、阮刻本同，岳本無此三字；閩本、監本“弥”作“彌”，毛本作“迷”，非。

④ “醴音禮”，彙校卷第十四、撫釋一、余仁仲本、和本、十行本、閩本、監本、毛本、殿本、阮刻本同，岳本無此三字。

⑤ “同”，撫州本、余仁仲本、岳本、嘉靖本、八行本、和本、十行本、阮刻本同；閩本、監本、毛本、殿本作“謂”，非。

⑥ “下皆同”，彙校卷第十四、撫釋一、余仁仲本、和本、十行本、閩本、監本、毛本、殿本、阮刻本同，岳本無“皆”字。

本亦作“贊”，同音至①。鄉大夫、鄉先生，並音香，注同。朝，直遥反②。**成人之者，將責成人禮焉也。責成人禮焉者，將責爲人子、爲人弟、爲人臣、爲人少者之禮行焉。將責四者之行於人，其禮可不重與！** 言責人以大禮者，已接之，不可以苟。少，詩照反③。之行，下孟反，下同。與，音余④。

43·3 **故孝弟忠順之行立，而后可以爲人，可以爲人，而后可以治人也，故聖王重禮，故曰：“冠者，禮之始也，嘉事之重者也。”是故古者重冠，重冠，故行之於廟；行之於廟者，所以尊重事；尊重事，而不敢擅重事；不敢擅重事，所以自卑而尊先祖也。** 嘉事，嘉禮也。宗伯掌五禮，有吉禮、有凶禮、有賓禮、有軍禮、有嘉禮，而冠屬嘉禮。周禮曰：“以昏冠之禮，親成男女也。”○弟，音悌。治，直吏反⑤。擅，市戰反。重言“冠者，禮之始也”二，篇首一。○“聖王重禮”，下篇昏義：“聖王重之。”

昏義第四十四 陸曰：“鄭云：‘昏義者，以其記娶妻之義，内教之所由成也。’”⑥

鄭氏注

44·1 **昏禮者，將合二姓之好，上以事宗廟，而下以繼後世也，**

---

① “本亦作贊同”，彙校卷第十四、撫釋一、余仁仲本、和本、十行本、閩本、監本、毛本、殿本、阮刻本同，岳本無此五字。

② “鄉大夫鄉先生並音香注同朝直遥反”，彙校卷第十四、撫釋一、余仁仲本、和本、十行本、閩本、監本、毛本、殿本、阮刻本同，岳本無此十五字。

③ “少詩照反”，彙校卷第十四、撫釋一、余仁仲本、十行本、閩本、監本、毛本、殿本、阮刻本同，岳本作“少去聲”；“少詩照反”以下是釋文文字，當在“少”上補“○”號。

④ “余”，彙校卷十四、撫釋一同，余仁仲本、岳本、和本、十行本、閩本、監本、毛本、殿本、阮刻本作“餘”。

⑤ “弟音悌治直吏反”，彙校卷第十四、撫釋一、余仁仲本、和本、十行本、閩本、監本、毛本、殿本、阮刻本同，岳本無此七字。

⑥ “陸曰鄭云昏義者以其記娶妻之義内教之所由成也”，余仁仲本、和本、十行本、閩本、監本、毛本、殿本、阮刻本同，岳本無此二十一字，彙校卷第十四、撫釋一無“陸曰”二字。

故君子重之。是以昏禮納采、問名、納吉、納徵、請期，皆主人筵几
於廟，而拜迎於門外，入，揖讓而升，聽命於廟，所以敬慎重正昏禮
也。聽命，謂主人聽使者所傳壻家之命。○昏者，一本作“昏禮者”。婚禮用昏，
故經典多止作昏字①。合，如字，徐音閣②。好，呼報反。采，七在反，采擇也③。
請④，徐音情，又如字。筵，音延。使，色吏反。傳，直專反⑤。重意“將合二姓之
好，上以事宗廟，而下以繼後世也”，哀公問：“合二姓之好，以繼先聖之後，以爲天
地宗廟社稷之主。”

44・2　父親醮子而命之迎，男先於女也。子承命以迎，主人筵
几於廟，而拜迎于門外。壻執鴈入，揖讓升堂，再拜奠鴈，蓋親受之
於父母也。降，出，御婦車而壻授綏，御輪三周，先俟于門外。婦
至，壻揖婦以入，共牢而食，合卺而酳，所以合體、同尊卑，以親之
也。酌而無酬酢曰醮，醮之禮，如冠醮，與其異者，於寢耳。壻御婦車輪三周，御
者代之，壻自乘其車，先道之歸也。共牢而食，合卺而酳，成婦之義。○醮，子妙
反。迎，魚敬反，下“以迎”同。先，悉薦反。“子承命”，本或作“子承父命”，誤。
壻，本又作“聟”，悉計反，女之夫也，依字從“士”從“胥”，俗從“知”下作“耳”。奠，
大見反。綏，音雖⑥。合，徐音閣，又如字。卺，徐音謹，破瓢爲巵也⑦，説文作

---

①“昏者一本作昏禮者婚禮用昏故經典多止作昏字”，彙校卷第十四、撫釋一、余仁仲本、
　和本、十行本、閩本、監本、毛本、殿本、阮刻本同，岳本無此二十字。
②“徐”，彙校卷第十四、撫釋一、余仁仲本、和本、十行本、閩本、監本、毛本、殿本、阮刻本
　同，岳本作“又”。
③“采擇也”，彙校卷第十四、撫釋一、余仁仲本、和本、十行本、閩本、監本、毛本、殿本、阮
　刻本同，岳本無此三字。
④“請”，彙校卷十四、撫釋一、余仁仲本、岳本、殿本同；和本、十行本、閩本、監本、毛本、阮
　刻本作“期”，非。
⑤“筵音延使色吏反傳直專反”，彙校卷第十四、撫釋一、余仁仲本、和本、十行本、閩本、監
　本、毛本、殿本、阮刻本同，岳本無此十一字。
⑥“子承命本或作子承父命誤壻本又作聟悉計反女之夫也依字從士從胥俗從知下作耳奠
　大見反綏音雖”，彙校卷第十四、撫釋一、余仁仲本、和本、十行本、閩本、監本、毛本、殿
　本、阮刻本同，岳本無此四十二字。
⑦“巵”，余仁仲本、岳本、和本、十行本、閩本、監本、毛本、殿本、阮刻本同，彙校卷第十四、
　撫釋一作“杯”。

“薈”，云“蘙”也，字林几敏反，以此咎爲警身有所承，説文云讀若“赤烏几”①。
酳，徐音胤②，又仕覲反。酢，音昨③。如冠，古亂反，下文“始於冠”同。與，音餘。
道，音導④。⬚重意“御婦車而壻授綏”，郊特牲“壻親御授綏”。⬚重言“共牢而食，
同尊卑”二，一見郊特牲。

44·3　敬慎重正，而后親之，禮之大體，而所以成男女之別，
而立夫婦之義也。男女有別，而后夫婦有義；夫婦有義，而后父
子有親；父子有親，而后君臣有正。故曰：“昏禮者，禮之本也。”言
子受氣性純則孝⑤，孝則忠也。○別，彼列反，下同。⬚重意“所以成男女之別”，經
解二十六篇：“所以明男女之別也。”⬚重言“男女有別”四，郊特牲、喪小記、大傳各
一。○“禮之本也”二，禮器一，冠義：“禮之始也。”

44·4　夫禮，始於冠，本於昏，重於喪祭，尊於朝聘，和於
射鄉⑥，此禮之大體也。始，猶根也。本，猶幹也。鄉，鄉飲酒。○朝聘，直
遥反，下匹政反⑦。⬚重意“夫禮，始於冠”，冠義：“冠者，禮之始也。”

44·5　夙興，婦沐浴以俟見。質明，贊見婦於舅姑。執笲棗、
栗、段脩以見。贊醴婦。婦祭脯醢，祭醴。成婦禮也。成其爲婦之

---

① “説文作薈云蘙也字林几敏反以此咎爲警身有所承説文云讀若赤烏几”，彙校卷第
　十四、撫釋一、余仁仲本、和本、十行本、閩本、監本、毛本、殿本、阮刻本同，岳本無
　此二十九字。
② “徐音胤”，彙校卷第十四、撫釋一、余仁仲本、和本、十行本、閩本、監本、毛本、殿本、阮
　刻本同，岳本作“音靭”。
③ “酢音昨”，彙校卷第十四、撫釋一、余仁仲本、和本、十行本、閩本、監本、毛本、殿本、阮
　刻本同，岳本無此三字。
④ “道音導”，彙校卷第十四、撫釋一、余仁仲本、和本、十行本、閩本、監本、毛本、殿本、阮
　刻本同，岳本無此三字。
⑤ “性純”，撫州本、余仁仲本、岳本、嘉靖本、八行本、和本、閩本、監本、毛本、殿本、阮刻本
　同；十行本作“正曰”，非。
⑥ “射鄉”，唐石經、撫州本、余仁仲本、岳本、嘉靖本、八行本、和本、十行本、閩本、阮刻本
　同，監本、毛本、殿本倒作“鄉射”。
⑦ “朝聘直遥反下匹政反”，彙校卷第十四、撫釋一、余仁仲本、和本同，岳本無此九字；十
　行本、閩本、監本、毛本、殿本、阮刻本“政”作“正”。

禮也。贊醴婦，當作“禮”，聲之誤也。○沐，音木。浴，音欲①。見，賢遍反，下及
注同②。筥，音煩，一音皮彥反，器名，以葦若竹爲之，其形如筥，衣之以青繒，以
盛棗、栗、腶脩之屬。棗，音早。爾雅云：“棘實謂之棗。”俗作“柰”，誤③。腶脩，
丁亂反，本又作“腶”，或作“鍛”，同；脩，脯也，加薑桂曰腶脩。何休云：“婦執腶
脩者，取其斷斷自脩飾也。”贊醴，依注作“禮”。醢，音海④。重意“贊婦見舅
姑”，內則篇：“婦事舅姑。”**舅姑入室，婦以特豚饋，明婦順也。** 以饋明婦
順者，供養之禮，主於孝順。○婦以特豚饋，其位反，一本無“婦”字。供，俱用反。
養，羊尚反⑤。**厥明，舅姑共饗婦以一獻之禮。奠酬，舅姑先降自西**
階，婦降自阼階，以著代也。 言既獻也⑥，而授之以室事也。降者，各還其
燕寢。婦見，及饋饗於適寢⑦，昏禮不言“厥明”，此言之者，容大夫以上禮多，或
異日。○適，丁歷反。上，時掌反⑧。重言“舅姑先降自西階，婦降自阼階”二，
郊特牲一，無“先”字。○“以著代也”三，郊特牲一，冠義一。

　　44·6 成婦禮，明婦順，又申之以著代，所以重責婦順焉也。
婦順者，順於舅姑，和於室人，而后當於夫，以成絲麻布帛之事，

---

①“沐音木浴音欲”，彙校卷第十四、撫釋一、余仁仲本、和本、十行本、閩本、監本、毛本、殿
本、阮刻本同，岳本無此六字。

②“及注”，彙校卷第十四、撫釋一、余仁仲本、和本、十行本、閩本、監本、毛本、殿本、阮刻
本同，岳本無此二字。

③“其形如筥衣之以青繒以盛棗栗腶脩之屬棗音早爾雅云棘實謂之棗俗作柰誤”，彙校卷
第十四、撫釋一、和本、監本、毛本、殿本、阮刻本同，岳本無此三十二字；余仁仲本、十行
本“誤”作“設”，閩本作墨釘，非。

④“本又作腶或作鍛同脩脯也加薑桂曰腶脩何休云婦執腶脩者取其斷斷自脩飾也贊醴依
注作禮醢音海”，彙校卷第十四、撫釋一、余仁仲本、和本、十行本、閩本、監本、毛本、殿
本、阮刻本同，岳本無此四十二字。

⑤“婦以特豚饋其位反一本無婦字供俱用反養羊尚反”，彙校卷第十四、撫釋一、余仁仲
本、和本、十行本、閩本、監本、毛本、殿本、阮刻本同，岳本無此二十一字。

⑥“也”，叢刊本同；撫州本、余仁仲本、岳本、嘉靖本、八行本、和本、十行本、閩本、監本、毛
本、殿本、阮刻本，吳氏朱批作“之”，是。

⑦“饗”，撫州本、余仁仲本、岳本、嘉靖本、八行本、和本、閩本、監本、毛本、殿本、阮刻本
同，十行本作“享”。

⑧“上時掌反”，彙校卷第十四、撫釋一、余仁仲本、和本、十行本、閩本、監本、毛本、殿本、
阮刻本同，岳本無此四字。

以審守委積蓋藏。 室人，謂女姒①、女叔、諸婦也。當，猶稱也。後言“稱夫”者，不順舅姑，不和室人，雖有善者，猶不爲稱夫也。○當，丁浪反，一音丁郎反②，下注同，下注“和當”亦同③。委，於僞反。積，子賜反④。藏，才浪反。猶稱，尺證反，下同。**是故婦順備而后內和理，內和理而后家可長久也。故聖王重之。** 順備者，行和當，事成審也。○行，下孟反。重意“故聖王重之”，冠義：“故聖王重禮。”

44·7 是以古者婦人先嫁三月，祖廟未毀，教于公宮；祖廟既毀，教于宗室。教以婦德、婦言、婦容、婦功。教成祭之，牲用魚，芼之以蘋藻，所以成婦順也。 謂與天子、諸侯同姓者也。嫁女者，必就尊者教成之。教成之者⑤，女師也。祖廟，女所出之祖也。公，君也。宗室，宗子之家也。婦德，貞順也。婦言，辭令也。婦容，婉娩也。婦功，絲麻也。祭之，祭其所出之祖也。魚、蘋藻，皆水物，陰類也。魚爲俎實，蘋藻爲羹菜。祭無牲牢，告事耳，非正祭也。其齊盛用黍，云“君使有司告之宗子之家，若其祖廟已毀，則爲壇而告焉。”○先，悉薦反。芼，莫報反。蘋，音頻。藻，音早。毛詩傳云：“蘋，大萍。藻，聚藻。”詩箋云：“蘋之言賓，藻之言早。”婉，紆免反。娩，音晚。詩箋云：“婉娩，貞順貌。”又音挽。齊，音咨。壇，徒丹反⑥。

44·8 古者，天子后立六宮、三夫人、九嬪、二十七世婦、八十一

---

① “姒”，撫州本、余仁仲本、岳本、八行本、和本、十行本、閩本、監本、殿本、阮刻本同；嘉靖本、毛本作“姑”，非。

② “當丁浪反一音丁郎反”，彙校卷第十四、撫釋一、余仁仲本、岳本、殿本同，和本上“丁”作“下”，和本、十行本、閩本、監本、毛本、阮刻本下“丁”作“于”，皆非。

③ “下注同下注和當亦同”，彙校卷第十四、撫釋一、余仁仲本、和本、十行本、閩本、監本、毛本、殿本、阮刻本同，岳本無此九字。

④ “子賜反”，彙校卷第十四、撫釋一、余仁仲本、岳本、十行本、閩本、監本、毛本、殿本、阮刻本同，和本“子”作“字”。

⑤ “教成之”，余仁仲本、嘉靖本、和本、十行本、閩本、監本、毛本、殿本、阮刻本同，岳本作“其教之”；撫州本、八行本無“成”字，是。

⑥ “蘋音頻藻音早毛詩傳云蘋大萍藻聚藻詩箋云蘋之言賓藻之言早婉紆免反娩音晚詩箋云婉娩貞順貌又音挽齊音咨壇徒丹反”，彙校卷第十四、撫釋一、余仁仲本、和本、閩本、監本、毛本同，岳本無此五十二字；殿本脫“又音挽”三字，十行本、阮刻本“傳云蘋大萍藻聚藻”作“于以采蘋于以采藻”，十行本“音晚”作“貞順”，皆非。

御妻，以聽天下之内治，以明章婦順，故天下内和而家理。天子立六官、三公、九卿、二十七大夫、八十一元士，以聽天下之外治，以明章天下之男教，故外和而國治。故曰：天子聽男教，后聽女順；天子理陽道，后治陰德；天子聽外治，后聽内職①。教順成俗，外内和順，國家理治，此之謂盛德。 天子六寢，而六宮在後②，六官在前③，所以承副④，施外内之政也。三夫人以下，百二十人，周制也。三公以下，百二十人，以夏時也⑤。合而言之，取其相應，有象天數也⑥。内治，婦學之法也。陰德，謂主陰事陰令也。○嬪，毗人反。治，直吏反，下及注“除后治陰德”皆同。應，如字，音“應對”之應⑦。重言“此之謂盛德”二，一見聘義四十八。

44・9　是故男教不脩，陽事不得，適見於天，日爲之食。婦順不脩，陰事不得，適見於天，月爲之食。是故日食，則天子素服，而脩六官之職，蕩天下之陽事；月食則后素服，而脩六宮之職，蕩天下之陰

---

① “職”，唐石經、撫州本、余仁仲本、岳本、嘉靖本、八行本、阮刻本同；和本、十行本、閩本、監本、毛本、殿本作“治”，非。阮校曰：“后聽内職　惠棟校宋本作‘職’，石經、宋監本、岳本、嘉靖本同。此本‘職’誤‘治’，閩、監、毛本同，衛氏集說同。石經考文提要云：‘案禮記集說引呂大臨禮記解云：“凡天子所聽皆外治，后所聽皆内職。”馬晞孟禮記解云：“治者，職之總；職者，治之別。故曰天子聽外治，后聽内職。”’宋大字本、宋本九經、南宋巾箱本、余仁仲本、至善堂九經本並作‘職’。”

② “六”，撫州本、余仁仲本、岳本、嘉靖本、八行本、和本、閩本、監本、毛本、殿本、阮刻本同；十行本作“八”，非。

③ “官”，撫州本、余仁仲本、岳本、嘉靖本、八行本、和本、閩本、監本、毛本、殿本、阮刻本同；十行本作“宫”，非。

④ “副”，撫州本、余仁仲本、岳本、嘉靖本、八行本、和本、十行本、閩本、阮刻本同；監本、毛本、殿本作“嗣”，非。

⑤ “以”，余仁仲本、和本、十行本、叢刊本同；撫州本、岳本、嘉靖本、八行本、閩本、監本、毛本、殿本、阮刻本、吳氏朱批作“似”，是。

⑥ “象天”，撫州本、余仁仲本、岳本、嘉靖本、八行本同；十行本作“事大”，和本、閩本、監本、毛本、殿本、阮刻本作“象大”，皆非。阮校曰：“有象大數也　閩、監、毛本作‘象大’，此本‘象大’二字闕。岳本‘大’作‘天’，嘉靖本、衛氏集說同。”鍔案：阮說不確。

⑦ “嬪毗人反治直吏反下及注除后治陰德皆同應如字音應對之應”，彙校卷第十四、撫釋一、余仁仲本、和本、閩本、監本、毛本、殿本、阮刻本同，岳本無此二十六字，十行本“毗”字作墨釘。

事。故天子之與后，猶日之與月，陰之與陽，相須而後成者也。適之言
責也。食者，見道有虧傷也。蕩，蕩滌去穢惡也。○適，直革反，下注同①。見，賢遍
反，下及注同②。曰爲，于僞反，下文皆同③。蕩，徒浪反。滌，直歷反，又杜亦反。
去，起呂反。穢，紆廢反④。**天子脩男教，父道也；后脩女順，母道也。故**
曰：天子之與后，猶父之與母也。故爲天王服斬衰，服父之義也；爲后
服資衰，服母之義也。父母者，施教令於婦子者也，故其服同。資，當爲“齊”，声
之誤也。○衰，七雷反，下同⑤。資，依注作“齊”⑥，音咨，注又作“齊”音同⑦。

鄉飲酒義第四十五陸曰：“鄭云：‘鄉飲酒義者，以其記鄉大夫飲賓於
庠序之禮，尊賢養老之義也。別録屬吉禮。’”⑧

禮記⑨　　　　　　　　　　　　　　　　　　鄭氏注

45·1 鄉飲酒之義。主人拜迎賓于庠門之外，入，三揖而后

---

①“注”，彙校卷第十四、撫釋一、余仁仲本、和本、十行本、閩本、監本、毛本、殿本、阮刻本
同，岳本無此字。

②“及注”，彙校卷第十四、撫釋一、余仁仲本、和本、十行本、閩本、監本、毛本、殿本、阮刻
本同，岳本無此二字。

③“文”，彙校卷第十四、撫釋一、余仁仲本、和本、十行本、閩本、監本、毛本、殿本、阮刻本
同，岳本無此字。

④“蕩徒浪反滌直歷反又杜亦反去起呂反穢紆廢反”，彙校卷第十四、撫釋一、余仁仲本、
和本、十行本、閩本、監本、毛本、殿本、阮刻本同，岳本無此二十字。

⑤“下同”，彙校卷第十四、撫釋一、余仁仲本、和本、十行本、閩本、監本、毛本、殿本、阮刻
本同，岳本無此二字。

⑥“依注作齊”，彙校卷第十四、撫釋一、余仁仲本、和本、十行本、閩本、監本、毛本、殿本、
阮刻本同，岳本無此四字。

⑦“注又作齊音同”，岳本無此六字；彙校卷第十四、撫釋一、余仁仲本、和本、閩本、監本、
毛本、殿本、阮刻本“齊”作“齋”，十行本作“齊”。“音”，和本同，彙校卷第十四、撫釋一、
余仁仲本、十行本、閩本、監本、毛本、殿本、阮刻本作“者”，是。

⑧“陸曰鄭云鄉飲酒義者以其記鄉大夫飲賓於庠序之禮尊賢養老之義也別録屬吉禮”，余
仁仲本、和本、十行本、閩本、監本、毛本、殿本、阮刻本同，岳本無此三十四字，彙校卷第
十四、撫釋一無“陸曰”二字。

⑨“禮記”，撫州本、余仁仲本、岳本無此二字。

至階，三讓而后升，所以致尊讓也。庠，鄉學也。州、黨曰序。○庠，音詳。學記云："古之教者，家有塾，黨有庠，術有序，國有學。"①重言"入，三揖而後至階，三讓而後升，所以致尊讓也"二，重見聘義四十八。盥洗揚觶，所以致絜也。揚，舉也，今禮皆作"騰"。○盥，音管。觶，之豉反；説文云："鄉飲酒角也。"字林音支②。絜，音結，下同，一本作"致絜敬也"③。拜至、拜洗、拜受、拜送、拜既，所以致敬也。拜至，謂始升時拜，拜賓至。重言"所以致敬也"四，郊特牲二，聘義一。尊讓、絜、敬也者，君子之所以相接也。君子尊讓則不争，絜、敬則不慢。不慢不争，則遠於鬥辨矣；不鬥辨，則無暴亂之禍矣。斯君子所以免於人禍也④。故聖人制之以道。道，謂此禮。○争，"争鬥"之争，下同⑤。遠，于萬反。辨，如字，徐甫免反⑥，下同。重言"則無暴亂之禍矣"三，見下篇射義。

　　45•2鄉人、士、君子，尊於房户之間，賓主共之也。尊有玄酒，貴其質也。鄉人，鄉大夫也。士，州長、黨正也。君子，謂卿大夫、士也⑦。卿大夫、士飲國中賢者，亦用此禮也。共尊者，人臣卑，不敢專大惠。鄉人、士、君

---

① "學記云古之教者家有塾黨有庠術有序國有學"，彙校卷第十四、撫釋一、余仁仲本、和本、十行本、閩本、監本、毛本、殿本、阮刻本同，岳本無此十九字。

② "説文云鄉飲酒角也字林"，彙校卷第十四、撫釋一、余仁仲本、和本、十行本、閩本、監本、毛本、殿本、阮刻本同，岳本作"又"。

③ "絜音結下同一本作致絜敬也"，彙校卷第十四、撫釋一、余仁仲本、和本、十行本、閩本、監本、毛本、殿本、阮刻本同，岳本無此十二字。

④ "斯君子所以"，余仁仲本、嘉靖本、和本、十行本、閩本、監本、毛本、殿本、阮刻本同；唐石經、撫州本、岳本、八行本"所"上有"之"字，是。阮校曰："斯君子之所以　惠棟校宋本有'之'字，石經、宋監本、岳本、嘉靖同。衛氏集説'之'字空闕，此本'之'字脱，閩、監、毛本同。通典七十三亦有'之'字。"

⑤ "争争鬥之争下同"，彙校卷第十四、撫釋一、余仁仲本、和本、十行本、閩本、監本、毛本、殿本、阮刻本同，岳本無此七字。

⑥ "徐"，彙校卷第十四、撫釋一、余仁仲本、和本、十行本、閩本、監本、毛本、殿本、阮刻本同，岳本作"又"。

⑦ "謂卿大夫士也"，余仁仲本、岳本、嘉靖本、和本、閩本、監本、殿本、阮刻本同；十行本、毛本"卿"作"鄉"，撫州本、岳本、八行本無"士"字，皆非。阮校曰："君子謂卿大夫士也　閩、監本作'卿'，嘉靖本'卿'誤'鄉'，有'士'字，此本同，毛本同。岳本亦作（轉下頁注）

子,周禮:"天子六鄉。"鄭司農云:"百里内爲六鄉,外爲六遂。"司徒職云:"五家爲
比,五比爲閭,四閭爲族,五族爲黨,五黨爲州,五州爲鄉。"鄉大夫,每鄉卿一人;
州長,每州中大夫一人;黨正,每黨下大夫一人;族師,每族上士一人;閭胥,每閭
中士一人;比長,五家下士一人。諸侯則三鄉①。長,丁丈反,篇内皆同。謂卿,
去京反,注同。飲,於鴆反②。重言"貴其質也"三,二見郊特牲。羞出自東

(接上頁注)'鄉',無'士'字,衛氏集説同,考文引宋板、古本亦無'士'字。段玉裁校云:
　　'案:下文"卿大夫士飲國中賢者",即承此"君子謂卿大夫士"而釋之也,宋監本無"士"
　　字,非。'"

①"鄉人士"至"三鄉",余仁仲本、和本、十行本、閩本、監本、毛本、殿本、阮刻本同,且"鄉
　人士"上有"○"號,作釋文,撫州本、岳本無此一百八字;彙校卷第十四,撫釋一除此一
　百八字外,於"鄉人士君子"下,有"鄭云鄉人鄉大夫士州長黨正也君子謂卿大夫士也"
　二十一字;八行本將此一百八字連爲注文,於"周禮"下有"云"字,非。阮校曰:"不敢專
　大惠　此本注止此句,閩、監、毛本、岳本、嘉靖本、衛氏集説同。山井鼎云:'釋文"鄉人
　士君子"至"諸侯則三鄉"百八字,宋板與注"不敢專大惠"連接爲注,古本無,但後人依
　宋板誤補入之。'案:山井鼎所據宋板,即惠棟所校宋本,惠棟於此處無明言,但於釋文
　'周禮'下添注一'云'字,似亦從宋本校者。此宋本在未附釋音之前,何由羼入釋文,疑
　百八字爲鄭氏注文所本有。釋文云:'鄭云:"鄉人,鄉大夫。士,州長、黨正也。君子,
　謂卿大夫、士也。"周禮:"天子六鄉。"鄭司農云:"百里内爲六鄉,外爲六遂。"司徒職云:
　"五家爲比,五比爲閭,四閭爲族,五族爲黨,五黨爲州,五州爲鄉。"鄉大夫,每鄉卿一人;
　州長,每州中大夫一人;黨正,每黨下大夫一人;族師,每族上士一人;閭胥,每閭中士一
　人;比長,五家下士一人。諸侯則三鄉。'自'周禮天子六鄉'至'諸侯則三鄉'百三字,統承
　上'鄭云'之下,未見'謂卿大夫士也'以上爲鄭云,'周禮天子'以下,必不爲鄭云。考異
　曰:"不敢專大惠:山井鼎曰:'釋文"鄉人士君子"至"諸侯則三鄉"百八字,宋板與注"不敢
　專大惠"連接爲注,古本無,但後人依宋板誤補入之,非亦甚矣。'今案:山井鼎此論甚
　是。宋板注疏附此釋文,誤連注末,既釋文元書及經注各本具存,即十行以來本注疏亦不
　接連,便非難辨,古本補入注中,最爲巨謬。試思此百八字,首五字乃釋文標題,其不得越
　之而下取周禮云云入注,明矣。乃陸自引周禮解鄭此注之'鄉'、'州'、'黨',如其上在'于
　庠'之下,先引鄭注,後自引學記以解庠序,同是一例,無煩遠擧,何至認作鄭注,生此轇輵
　乎? 校古本者,亦可謂不善讀書矣。或謂山井鼎所據不附釋音,故此當作注,不知不附釋
　音而又間載一二條,在宋刻書中,最多如此者,今山井鼎所據,既無由驗果不附以否,而況
　用此又不足決其必注乎? 凡書必博稽而後知其例,知其例而後是非無惑,否則隨所見而
　懸揣之,正難免於因誤立説也。"鍔案:山井鼎、張敦仁所言甚是,阮説非。

②"長丁丈反篇内皆同謂卿去京反注同飲於鴆反",彙校卷第十四,撫釋一、余仁仲本、和
　本、十行本、閩本、監本、毛本、阮刻本同,殿本作"卿去京反飲於鴆反",岳本無此十
　九字。

房，主人共之也。羞，燕私可以自專也。○羞，音脩①。共，音恭。**洗當東榮**，主人之所以自絜而以事賓也。絜，猶清也。○榮，如字，屋翼也，劉音營。清，如字，皇才性反②。**賓、主象天地也，介、僎象陰陽也，三賓象三光也。讓之三也，象月之三日而成魄也。四面之坐，象四時也。**陰陽，助天地養成萬物之氣也。三賓象天三光者，繫於天也。古文禮"僎"皆作"遵"。○介，音戒，下放此，輔賓者。僎，音遵，輔主人者。魄，普百反，說文作"霸"，云"月始生魄然也"。坐，才臥反，又如字③。**天地嚴凝之氣，始於西南而盛於西北，此天地之尊嚴氣也，此天地之義氣也。天地温厚之氣，始於東北而盛於東南，此天地之盛德氣也，此天地之仁氣也。**凝，猶成也。○凝，魚矜反④。**主人者尊賓，故坐賓於西北，而坐介於西南以輔賓。賓者，接人以義者也，故坐於西北。**賓者接人以義，言賓來以成主人之德⑤。**主人者，接人以德厚者也⑥，故坐於東南，而坐僎於東北，以輔主人也。**以僎輔主人，以其仕在官也。**仁義接，賓主有事，俎豆有數，曰聖。聖立而將之以敬曰禮，禮以體長幼曰德。**聖，通也，所以通賓主之意也。將，猶奉也。**德也者，得於身也。故曰古之學術道者，將以得身也，是故聖人務焉。**術，猶藝也。得身者，

---

① "羞音脩"，彙校卷第十四、余仁仲本、和本、十行本、閩本、監本、毛本、殿本、阮刻本同，岳本無此三字，撫釋一"脩"作"修"。

② "劉音營清如字皇才性反"，彙校卷第十四、撫釋一、余仁仲本、和本、十行本、閩本、監本、毛本、殿本、阮刻本同，岳本無此十字。

③ "介音戒下放此輔賓者僎音遵輔主人者魄普百反説文作霸云月始生魄然也坐才臥反又如字"，彙校卷第十四、撫釋一、余仁仲本、和本、十行本、閩本、監本、毛本、殿本、阮刻本同，岳本無此三十八字。

④ "凝魚矜反"，彙校卷第十四、撫釋一、余仁仲本、和本、十行本、閩本、監本、毛本、殿本、阮刻本同，岳本無此四字。

⑤ "言賓來以成主人之德"，撫州本、余仁仲本、岳本、嘉靖本、八行本、和本、閩本、監本、毛本、殿本同；十行本、阮刻本"來"作"故"，"德"作"惠"，皆非。

⑥ "接人"，余仁仲本、十行本、阮刻本同；唐石經、撫州本、岳本、嘉靖本、八行本、和本、閩本、監本、毛本、殿本"人"下有"以仁"二字，是。

謂成己令名，免於刑罰也。言學術道，則此説賓賢能之禮。

　　45・3 **祭薦，祭酒，敬禮也。嚌肺，嘗禮也。啐酒，成禮也。於席末，言是席之正，非專爲飲食也，爲行禮也。此所以貴禮而賤財也。卒觶，致實於西階上，言是席之上，非專爲飲食也，此先禮而後財之義也。先禮而後財，則民作敬讓而不争矣。** 非專爲飲食，言主於相敬以禮也。致實，謂盡酒也。酒爲觶實。祭薦、祭酒、嚌肺於席中，唯啐酒於席末也。○薦，本亦作“蘦”，同①。嚌，才細反。肺，芳廢反②。啐，七内反。專爲，于僞反，下及注“專爲”同③。重意“先禮而後財，則民作敬”，坊記：“先財而後禮，則民争利。”聘義：“輕財重禮，則民作讓矣。”

　　45・4 **鄉飲酒之禮：六十者坐，五十者立侍，以聽政役，所以明尊長也。六十者三豆，七十者四豆，八十者五豆，九十者六豆，所以明養老也。民知尊長養老，而后乃能入孝弟；民入孝弟，出尊長養老，而后成教；成教而后國可安也。君子之所謂孝者，非家至而日見之也，合諸鄉射，教之鄉飲酒之禮，而孝弟之行立矣。** 此説鄉飲酒，謂黨正“國索鬼神而祭祀，則以禮屬民而飲酒于序，以正齒位”之禮也。其鄉射，則州長“春秋以禮會民而射于州序”之禮也。謂之鄉者，州、黨，鄉之屬也，或則鄉之所居州、黨，鄉大夫親爲主人焉。如今郡國下令長於鄉射飲酒，從大守相臨之禮也。○弟，音悌，下同④。行，下孟反。索，色百反⑤。屬，音燭。大

---

① “薦本亦作蘦同”，岳本無此六字，彙校卷第十四、撫釋一、余仁仲本、和本、十行本、閩本、監本、毛本、殿本、阮刻本“薦”上有“祭”字，是。

② “肺芳廢反”，彙校卷第十四、撫釋一、余仁仲本、和本、十行本、閩本、監本、毛本、殿本、阮刻本同，岳本無此四字。

③ “下及注專爲同”，彙校卷第十四、撫釋一、余仁仲本、和本、十行本、閩本、監本、毛本、殿本、阮刻本同，岳本無此六字。

④ “弟音悌下同”，彙校卷第十四、撫釋一、余仁仲本、和本、十行本、閩本、監本、毛本、殿本、阮刻本同，岳本無此五字。

⑤ “索色百反”，彙校卷第十四、撫釋一、余仁仲本、和本、十行本、閩本、監本、毛本、殿本、阮刻本同，岳本無此四字。

守,音泰,下手又反①。相,息亮反。漢制,郡有大守,國有相,或息羊反,則以連下句②。**孔子曰:"吾觀於鄉,而知王道之易易也。"**鄉,鄉飲酒也。易易,謂教化之本,尊賢尚齒而已。○易易,皆以豉反,注及下"易易"同③。

　　45·5主人親速賓及介,而衆賓自從之。至于門外,主人拜賓及介,而衆賓自入。貴賤之義別矣。速,謂即家召之。別,猶明也。○別,彼列反,注及下注同④。**三揖至于階,三讓以賓升,拜至、獻酬辭讓之節繁;及介,省矣。至于衆賓,升受,坐祭,立飲,不酢而降。隆殺之義辨矣⑤。**繁,猶盛也。小減曰省。辨,猶別也。尊者禮隆,卑者禮殺,尊卑別也。○省,所領反,徐疏幸反⑥,注同。酢,音昨⑦。殺,色戒反,注及下同⑧。**工入,升歌三終,主人獻之。笙入三終,主人獻之。間歌三終,合樂三終。工告樂備,遂出。一人揚觶,乃立司正焉。知其能和樂而不流也。**工,謂樂正也。樂正既告備而降。言"遂出"者,自此至去,不復升也。流,猶失禮也。立司正以正禮,則禮不失可知。一人,或爲"二人"。○笙,音生⑨。

---

① "下手又反",彙校卷第十四、撫釋一、余仁仲本、和本、十行本、閩本、監本、毛本、殿本、阮刻本同,岳本無此四字。
② "則以連下句",彙校卷第十四、撫釋一、余仁仲本、和本、十行本、閩本、監本、毛本、殿本、阮刻本同,岳本無此五字。
③ "易易皆以豉反注及下易易同",彙校卷第十四、撫釋一、余仁仲本、和本、十行本、閩本、監本、毛本、殿本、阮刻本同,岳本作"易以豉反下同"。
④ "注及下注同",彙校卷第十四、撫釋一、余仁仲本、和本、十行本、閩本、監本、毛本、殿本、阮刻本同,岳本無此五字。
⑤ "辨",唐石經、撫州本、余仁仲本、岳本、嘉靖本、八行本、和本、閩本、監本、毛本、殿本、阮刻本同;十行本作"別",非。
⑥ "徐疏幸反",彙校卷十四、撫釋一、余仁仲本、和本、毛本、殿本、阮刻本同,岳本"徐"作"又";十行本、閩本、監本"幸"作"辛",非。
⑦ "注同酢音昨",彙校卷第十四、撫釋一、余仁仲本、和本、十行本、閩本、監本、毛本、殿本、阮刻本同,岳本無此五字。
⑧ "注及",彙校卷第十四、撫釋一、余仁仲本、和本、十行本、閩本、監本、毛本、殿本、阮刻本同,岳本無此二字。
⑨ "笙音生",彙校卷第十四、撫釋一、余仁仲本、和本、十行本、閩本、監本、毛本、殿本、阮刻本同,岳本無此三字。

間，“間厠”之間①。合，如字，徐音閣②。復，扶又反③。**賓酬主人，主人酬介，介酬衆賓，少長以齒，終於沃洗者焉。知其能弟長而無遺矣。**遺，猶脫也，忘也。○少，詩照反④。沃，於木反。弟，音悌，下“弟長”同。脫，徒活反，又音奪⑤。**降，說屨，升坐，脩爵無數。飲酒之節，朝不廢朝，莫不廢夕。賓出，主人拜送，節文終遂焉。知其能安燕而不亂也。**朝、夕，朝、莫聽事也。不廢之者，既朝乃飲，先夕則罷，其正也。終遂，猶充備也。○廢朝，直遥反，注“朝夕”、“既朝”同。莫，音暮，下同⑥。先，悉薦反。**貴賤明，隆殺辨，和樂而不流，弟長而無遺，安燕而不亂，此五行者，足以正身安國矣，彼國安而天下安。故曰：“吾觀於鄉，而知王道之易易也。”**

45・6 **鄉飲酒之義：立賓以象天，立主以象地，設介僎以象日月，立三賓以象三光。古之制禮也，經之以天地，紀之以日月，參之以三光，政教之本也。**日出於東，僎所在也。月生於西，介所在也。三光，三大辰也。天之政教，出於大辰焉。○行，下孟反。**亨狗於東方，祖陽氣之發於東方也。**祖，猶法也。狗所以養賓，陽氣主養萬物。○亨，普耕反⑦。**洗之在阼，其水在洗東，祖天地之左海也。**海，水之委也。○阼，才路反。委，於僞反。**尊有玄酒，教民不忘本也。**大古無酒，用水而已。○大，音

---

①“間間厠之間”，<u>彙校</u>卷第十四、<u>撫釋</u>一、<u>余仁仲</u>本、<u>和</u>本、<u>十行</u>本、<u>閩</u>本、<u>監</u>本、<u>毛</u>本、<u>殿</u>本、<u>阮刻</u>本同，<u>岳</u>本作“間去聲”。
②“徐”，<u>彙校</u>卷第十四、<u>撫釋</u>一、<u>余仁仲</u>本、<u>和</u>本、<u>十行</u>本、<u>閩</u>本、<u>監</u>本、<u>毛</u>本、<u>殿</u>本、<u>阮刻</u>本同，<u>岳</u>本作“又”。
③“復扶又反”，<u>彙校</u>卷第十四、<u>撫釋</u>一、<u>余仁仲</u>本、<u>和</u>本、<u>十行</u>本、<u>閩</u>本、<u>監</u>本、<u>毛</u>本、<u>殿</u>本、<u>阮刻</u>本同，<u>岳</u>本無此四字。
④“少詩照反”，<u>毛</u>本“詩”誤“司”；<u>彙校</u>卷十四、<u>撫釋</u>一、<u>余仁仲</u>本、<u>岳</u>本、<u>和</u>本、<u>十行</u>本、<u>閩</u>本、<u>監</u>本、<u>殿</u>本、<u>阮刻</u>本“照”作“召”，是。
⑤“弟音悌下弟長同脫徒活反又音奪”，<u>彙校</u>卷第十四、<u>撫釋</u>一、<u>余仁仲</u>本、<u>和</u>本、<u>十行</u>本、<u>閩</u>本、<u>監</u>本、<u>毛</u>本、<u>殿</u>本、<u>阮刻</u>本同，<u>岳</u>本無此十四字。
⑥“下同”，<u>彙校</u>卷第十四、<u>撫釋</u>一、<u>余仁仲</u>本、<u>和</u>本、<u>十行</u>本、<u>閩</u>本、<u>監</u>本、<u>毛</u>本、<u>殿</u>本、<u>阮刻</u>本同，<u>岳</u>本無此二字。
⑦“亨普耕反”，<u>彙校</u>卷十四、<u>撫釋</u>一、<u>余仁仲</u>本、<u>岳</u>本、<u>和</u>本、<u>十行</u>本、<u>閩</u>本、<u>監</u>本、<u>毛</u>本、<u>殿</u>本、<u>阮刻</u>本“耕”作“萌”。

泰。**賓必南鄉。東方者春，春之爲言蠢也，產萬物者聖也。南方者夏，夏之爲言假也，養之、長之、假之，仁也。西方者秋，秋之爲言愁也，愁之以時察，守義者也。北方者冬，冬之爲言中也，中者藏也。是以天子之立也，左聖鄉仁，右義偝藏也。**春，猶蠢也。蠢，動生之貌也。聖之言生也。假，大也。愁，讀爲揫。揫，斂也。察，猶察察，嚴殺之貌也①。南鄉，鄉仁，貴長大萬物也。察，或爲“殺”。○鄉，許亮反，下及注“鄉仁”、“南鄉”、“東鄉”皆同②。蠢，尺允反。蠢，動生之貌。夏，戶嫁反，下同③。假，古雅反，下同④。愁，依注讀爲“揫”⑤，子留反，下同。爾雅云：“揫，聚也。”⑥藏，如字，下同，徐才浪反⑦。偝，音佩。殺，如字，又色戒反。**介必東鄉，介賓主也。**獻酬之禮，主人將西，賓將南，介覘其間也。○覘，音“間廁”之間⑧。**主人必居東方。東方者春，春之爲言蠢也，產萬物者也。主人者造之，產萬物者也。**言禮之所共⑨，由朱人出也⑩。○共，音恭。**月者，三日則**

------

① “嚴殺”，撫州本、余仁仲本、岳本、嘉靖本、八行本、和本、閩本、監本、毛本、殿本同；十行本、阮刻本脫“殺”字。阮校曰：“嚴之貌也　閩、監、毛本‘嚴’下有‘殺’字，岳本、嘉靖本同。此本‘殺’字脫。衛氏集説‘殺’誤‘毅’。釋文出‘嚴殺’。”

② “及注鄉仁南鄉東鄉”，彙校卷第十四、撫釋一、余仁仲本、和本、十行本、閩本、監本、毛本、殿本、阮刻本同，岳本無此八字。

③ “蠢尺允反蠢動生之貌夏戶嫁反下同”，彙校卷第十四、撫釋一、余仁仲本、和本、十行本、閩本、監本、毛本、殿本、阮刻本同，岳本無此十五字。

④ “下同”，彙校卷第十四、撫釋一、余仁仲本、和本、十行本、閩本、監本、毛本、殿本、阮刻本同，岳本無此二字。

⑤ “依注讀爲揫”，彙校卷第十四、撫釋一、余仁仲本、和本、十行本、閩本、監本、毛本、殿本、阮刻本同，岳本無此五字。

⑥ “下同爾雅云揫聚也”，彙校卷第十四、撫釋一、余仁仲本、和本、十行本、閩本、監本、毛本、殿本、阮刻本同，岳本無此八字。

⑦ “徐才浪反”，彙校卷第十四、撫釋一、余仁仲本、和本、閩本、監本、毛本、殿本、阮刻本同，岳本無此四字；十行本“徐”作“你”，非。

⑧ “音間廁之間”，彙校卷第十四、撫釋一、余仁仲本、和本、十行本、閩本、監本、毛本、殿本、阮刻本同，岳本作“音諫”。

⑨ “共”，撫州本、余仁仲本、岳本、嘉靖本、和本、十行本、閩本、監本、毛本、殿本、阮刻本同；八行本作“在”，非。

⑩ “朱”，撫州本、余仁仲本、岳本、嘉靖本、八行本、和本、十行本、閩本、監本、毛本、殿本、阮刻本、吳氏朱批、叢刊本作“主”，是。

成魄，三月則成時。是以禮有三讓，建國必立三卿。三賓者，政教之本，禮之大參也。言禮也①，陰也，大數取法於月也②。○卿，去京反。參，七南反③。

射義第四十六　陸曰："鄭云：'射義者，以其記燕射、大射之禮，觀德行取其士之義也。別録屬吉禮。'"④

禮記　　　　　　　　　　　　　　　　　　　　　鄭氏注⑤

46・1 古者諸侯之射也，必先行燕禮；卿、大夫、士之射也，必先行鄉飲酒之禮。故燕禮者，所以明君臣之義也；鄉飲酒之禮者，所以明長幼之序也。言別尊卑老穉，然後射⑥，以觀德行也。○長，丁丈反。別，彼列反。穉，音值。行，下孟反，下文、注"德行"皆同⑦。重言"燕禮者，所以明君臣之義也"二，一見下篇燕義。又經解二十六："朝覲之禮，所以明君臣之義也。"○"鄉飲酒之禮，所以明長幼之序也"，重見經解。故射者，進退周還必中禮。内志正，外體直，然後持弓矢審固；持弓矢審

---

①"也"，余仁仲本同；撫州本、岳本、嘉靖本、八行本、和本、十行本、閩本、監本、毛本、殿本、阮刻本、吳氏朱批、叢刊本作"者"，是。

②"取法"，撫州本、余仁仲本、岳本、嘉靖本、八行本、和本、阮刻本同；十行本、閩本、監本、毛本、殿本"法"上衍"象"字。阮校曰："大數取法於月也　惠棟校宋本如此，宋監本、岳本、嘉靖本、衛氏集説同。閩、監、毛本"法"上衍'象'字，此本空闕。"鍔案：阮説不確。

③"卿去京反參七南反"，彙校卷第十四、撫釋一、余仁仲本、和本同；岳本無此八字；十行本、閩本、監本、毛本、阮刻本"卿去京反"作"成魄普伯反"，殿本無"成"字，皆非。

④"陸曰鄭云射義者以其記燕射大射之禮觀德行取其士之義也別録屬吉禮"，余仁仲本、和本、閩本、監本、毛本、殿本、阮刻本同，岳本無此三十字；彙校卷第十四、撫釋一無"陸曰"二字，"取其"之"其"作"於"，是；十行本"云"作"名"，非。

⑤"禮記鄭氏注"，撫州本、岳本無"禮記"二字，余仁仲本、八行本無"禮記鄭氏注"五字。

⑥"然後"，余仁仲本、嘉靖本、和本、十行本、閩本、監本、毛本、殿本、阮刻本同，撫州本、岳本、八行本作"乃後"。

⑦"穉音值行下孟反下文注德行皆同"，彙校卷第十四、撫釋一、余仁仲本、和本、十行本、閩本、監本、毛本、殿本、阮刻本同，岳本無此十四字。

固，然後可以言中。**此可以觀德行矣**。內正外直，習於禮樂有德行者
也。正，鵠之名，出自此也。○中，丁仲反，下同。正，音征。鵠，古毒反，徐又
如字①。重言"持弓矢審固"，重見篇末。重意"此可以觀德行矣"，樂記："可以
觀德矣。"

46・2其節：天子以騶虞爲節，諸侯以貍首爲節，卿、大夫以
采蘋爲節，士以采繁爲節②。騶虞者，樂官備也。貍首者，樂會
時也。采蘋者，樂循法也。采繁者，樂不失職也。是故天子以
備官爲節，諸侯以時會天子爲節，卿、大夫以循法爲節，士以不
失職爲節。故明乎其節之志，以不失其事，則功成而德行立；德
行立，則無暴亂之禍矣。功成則國安，故曰：射者，所以觀盛德
也。騶虞、采蘋、采繁，今詩篇名③。貍首逸，下云"曾孫侯氏"是也。樂官備者，
謂騶虞曰："壹發五豝。"④喻得賢者多也。"于嗟乎騶虞"，嘆仁人也。樂會時者，
謂貍首曰："小大莫處，御于君所。"樂循法者，謂采蘋曰："于以采蘋，南澗之濱。"
循澗以采蘋，喻循法度以成君事也。樂不失職者，謂采繁曰："被之童童，夙夜在
公。"○騶，側尤反，徐側侯反⑤。貍，力之反。貍之言不來也⑥。首，先也。此逸
詩也。鄭以下所引"曾孫侯氏"，爲貍首之詩也。蘋，音頻。繁，音煩。循，徐辭均
反。豝，百麻反，獸一歲曰豝。詩傳云："豕牝曰豝。"澗，音諫，山夾水曰澗。濱，音

①"徐"，彙校卷第十四、撫釋一、余仁仲本、和本、十行本、閩本、監本、毛本、殿本、阮刻本
　同，岳本無此字。
②"繁"，唐石經、撫州本、余仁仲本、嘉靖本、八行本、和本、十行本、阮刻本同，岳本、閩本、
　監本、毛本、殿本作"蘩"。考異曰："岳本、俗注疏本'繁'作'蘩'，依釋文改也，其實'繁'
　即'蘩'之假借。"
③"今"，撫州本、余仁仲本、岳本、嘉靖本、八行本、和本、閩本、監本、毛本、殿本同，十行
　本、阮刻本作"毛"。
④"豝"，余仁仲本、岳本、嘉靖本、和本、十行本、閩本、殿本、阮刻本同；撫州本、八行本、監
　本、毛本作"豝"，非。
⑤"騶側尤反徐側侯反"，彙校卷第十四、撫釋一、余仁仲本、和本、十行本、閩本、監本、毛
　本、殿本、阮刻本同，岳本無此八字。
⑥"貍之言不來也"，彙校卷第十四、撫釋一、余仁仲本、和本、十行本、閩本、監本、毛本、殿
　本、阮刻本同，岳本無此六字，十行本"不"字作墨釘。

賓,涯也。被,皮義反,徐扶義反。僮,音童,本亦作“童”,毛詩傳云:“竦敬也。”①
重言“則無暴亂之禍矣”二,一見上篇鄉飲酒義。**是故古者天子以射選諸
侯、卿、大夫、士。射者,男子之事也,因而飾之以禮樂也。故事
之盡禮樂而可數爲以立德行者,莫若射,故聖王務焉。**選士者,先
考德行,乃後決之於射。男子生而有射事,長學禮樂以飾之。○數,色角反,下
同。長,丁丈反②。重意“故聖王務焉”,上篇:“是故聖人務焉。”

**46·3是故古者天子之制:諸侯歲獻,貢士於天子,天子試之於
射宫。其容體比於禮③,其節比於樂,而中多者,得與於祭;其容體不
比於禮,其節不比於樂,而中少者,不得與於祭。數與於祭而君有慶,
數不與於祭而君有讓。數有慶而益地,數有讓而削地。故曰:射者,
射爲諸侯也。**歲獻,獻國事之書及計偕物也。三歲而貢士。舊説云:“大國三人,
次國二人,小國一人。”○比,毗志反,下同,親合也④。中,丁仲反,下同。得與,音
預,下皆同⑤。削,胥略反。偕,音皆,俱也⑥。**是以諸侯君臣盡志於射,以
習禮樂。夫君臣習禮樂而以流亡者⑦,未之有也。**流,猶放也⑧。書

---

① “首先”至“竦敬也”,彙校卷第十四、撫釋一、余仁仲本、和本、十行本、閩本、監本、毛本、
　殿本、阮刻本同,岳本無此八十四字。
② “長丁丈反”,彙校卷第十四、撫釋一、余仁仲本、和本、十行本、閩本、監本、毛本、殿本、
　阮刻本同,岳本無此四字。
③ “禮”,唐石經、撫州本、余仁仲本、岳本、嘉靖本、八行本、和本、閩本、監本、毛本、殿本、
　阮刻本同;十行本作“樂”,非。
④ “親合也”,彙校卷第十四、撫釋一、余仁仲本、和本、十行本、閩本、監本、毛本、殿本、阮
　刻本同,岳本無此三字。
⑤ “下皆同”,彙校卷第十四、撫釋一、余仁仲本、和本、十行本、閩本、監本、毛本、殿本、阮
　刻本同,岳本無此“皆”字。
⑥ “削胥略反偕音皆俱也”,彙校卷第十四、撫釋一、余仁仲本、和本、十行本、閩本、監本、
　毛本、殿本、阮刻本同,岳本無此九字。
⑦ “夫”,唐石經、撫州本、余仁仲本、岳本、嘉靖本、八行本、和本、閩本、監本、毛本、殿本、
　阮刻本同;十行本作“大”,非。
⑧ “放”,撫州本、余仁仲本、岳本、嘉靖本、八行本、阮刻本同;和本、十行本、閩本、監本、毛
　本、殿本作“族”,非。

曰："流共工於幽州。"○共，音恭①。重言"未之有也"，重見大學四十二篇。故詩曰："曾孫侯氏，四正具舉。大夫君子，凡以庶士，小大莫處，御于君所。以燕以射，則燕則譽。"言君臣相與盡志於射，以習禮樂，則安則譽也。是以天子制之，而諸侯務焉。此天子之所以養諸侯而兵不用，諸侯自爲正之具也。此"曾孫"之詩，諸侯之射節也。四正，正爵四行也。四行者，獻賓、獻公、獻卿、獻大夫，乃後樂作而射也。莫處，無安居其官次者也。御，猶侍也。以燕以射，先行燕禮乃射也。則燕則譽，言國安則有名譽。譽，或爲"與"。

46·4　孔子射於矍相之圃，蓋觀者如堵牆。矍相，地名也。樹菜蔬曰圃。○矍，俱縛反，注同②。相，息亮反。矍相，地名③。圃，音補，徐音布④。觀，如字，又古亂反。堵，丁古反。蔬，一本作"疏"，所魚反⑤。射至於司馬，使子路執弓矢出延射，曰："賁軍之將，亡國之大夫，與爲人後者，不入。其餘皆入。"蓋去者半，入者半。先行飲酒禮，將射，乃以司正爲司馬。子路執弓矢出延射，則爲司射也。延，進也。出進觀者欲射者也。賁，讀爲"僨"，僨，猶覆敗也。亡國，亡君之國者也。與，猶奇也。後人者，一人而已，既有爲者，而往奇之，是貪財也。子路陳此三者，而觀者畏其義，則或去也。延，或爲"誓"。○賁，依注讀爲"僨"⑥，音奮，覆敗也⑦。將，子匠反。與，音預，注同。不入，一本作"不得入"者，非

---

①"共音恭"，彙校卷第十四、撫釋一、余仁仲本、和本、閩本、監本、毛本、殿本、阮刻本同，岳本無此三字；十行本"恭"作"泰"，非。

②"注同"，彙校卷第十四、撫釋一、余仁仲本、和本、十行本、閩本、監本、毛本、殿本、阮刻本同，岳本無此二字。

③"矍相地名"，彙校卷第十四、撫釋一、余仁仲本、和本、十行本、閩本、監本、毛本、殿本、阮刻本同，岳本無此四字。

④"徐"，彙校卷第十四、撫釋一、余仁仲本、和本、十行本、閩本、監本、毛本、殿本、阮刻本同，岳本作"又"。

⑤"堵丁古反蔬一本作疏所魚反"，彙校卷第十四、撫釋一、余仁仲本、和本、十行本、閩本、監本、毛本、殿本、阮刻本同，岳本無此十二字。

⑥"依注讀爲僨"，彙校卷第十四、撫釋一、余仁仲本、和本、十行本、閩本、監本、毛本、殿本、阮刻本同，岳本無此五字。

⑦"覆敗也"，彙校卷第十四、撫釋一、余仁仲本、和本、十行本、閩本、監本、毛本、殿本、阮刻本同，岳本無此三字。

也。賁，讀音"奔"。覆，芳卜反①。奇，居宜反，下同。後，如字，又音候②。**又使公罔之裘、序點揚觶而語。公罔之裘揚觶而語曰："幼壯孝弟，耆耋好禮，不從流俗，脩身以俟死者不？——在此位也！"蓋去者半，處者半。序點又揚觶而語曰："好學不倦，好禮不變，旄期稱道不亂者不？——在此位也！"蓋廑有存者。**之，發聲也。射畢，又使此二人舉觶者，古者於旅也語。語，謂説義理也。三十曰壯。耆、耋，皆老也。流俗，失俗也。處，猶留也。八十、九十曰旄，百年曰期，頤。稱，猶言也，行也③。者不，言有此行不，可以在此賓位也。序點，或爲"徐點"。壯，或爲"將"。旄期，或爲"旄勤"。今禮"揚"皆作"騰"。○公罔，人姓也，又作"罔"④。之裘，裘，名也；之，語助。序點，多簟反，序，姓。點，名也。觶，之豉反。弟，音弟。耆，音祁，巨支反。六十曰耆。耋，大結反，七十曰耋，一云"八十曰耋"⑤。好，呼報反，下同。"脩身以俟

<hr>

① "注同不入一本作不得入者非也賁讀音奔覆芳卜反"，彙校卷第十四、撫釋一、余仁仲本同，岳本無此二十一字，和本、十行本、閩本、監本、毛本、殿本、阮刻本"芳"作"方"；閩本、監本"卜"作"上"，殿本作"六"，皆非。

② "下同後如字又音候"，彙校卷第十四、撫釋一、余仁仲本、和本、十行本、閩本、監本、毛本、殿本、阮刻本同，岳本無此八字。

③ "稱猶言也行也"，撫州本、余仁仲本、嘉靖本、和本、十行本、閩本、監本、毛本、殿本、阮刻本同；岳本、八行本作"稱猶言也道猶行也言行也"，非。阮校曰："稱猶言也行也　嘉靖本、閩、監、毛本、衛氏集説同，惠棟校宋本作'稱猶言也道猶行也言行也'，多五字，岳本同。盧文弨校云：'岳云：越、建本有此五字，監、興、余本皆無。案："道猶"二字，當有；"言行也"三字，衍文。'段玉裁云：'依宋監本，則"言行也"三字贅。'"拾補曰："稱猶言也行也：宋本'行也'之上有'道猶行也言'五字，此不當從。蓋'稱'兼所'言'所'行'而言，謂其皆合道也，'道'字不當釋爲'行'，又'言行也'三字複沓無取，屬上則贅，連下又非辭，自當依監本、毛本、官本爲是。"考異曰："越、建本失其讀而妄加五字，有失無得。岳氏反謂越、建本所謂'道，猶行也'爲是，不知'言行也'三字固非，而'道猶'二字，又甚不是也，今訂正之。"鍔案：阮説不確，盧、張説是也。

④ "公罔人姓也又作罔"，撫釋一、余仁仲本同，岳本無此八字，彙校卷第十四、撫釋二、殿本"罔"作"岡"；和本、十行本、閩本、監本、毛本、阮刻本"罔"作"罔"，非。

⑤ "之裘裘名也之語助序點多簟反序姓點名也觶之豉反弟音弟耆音祁巨支反六十曰耆耋大結反七十曰耋一云八十曰耋"，岳本無此四十九字；彙校卷第十四、撫釋一、余仁仲本、和本、十行本、閩本、監本、毛本、殿本、阮刻本"音弟"之"弟"作"悌"，是。

死”，絕句。“者不”，此二字一句，下及注皆同①。旄，本又作“耄”，莫報反②。八十、九十曰耄。期，本又作“旗”，音其，如字，百年曰期，頤。頤，養也。稱，如字。“不亂”，絕句，本或作“而不亂”③。勵，音勤，又音覲④，少也。期頤，以支反。鄭注曲禮云：“期，要也。頤，養也。”“言有此行不”，絕句⑤。行，音下孟反⑥。

46·5　射之爲言者，繹也，或曰舍也。繹者，各繹己之志也。故心平體正，持弓矢審固；持弓矢審固，則射中矣。故曰：爲人父者，以爲父鵠；爲人子者，以爲子鵠；爲人君者，以爲君鵠；爲人臣者，以爲臣鵠。故射者各射己之鵠。故天子之大射，謂之“射侯”。射侯者，射爲諸侯也。射中則得爲諸侯，射不中則不得爲諸侯。大射，將祭擇士之射也。以爲某鵠者，將射，還視侯中之時，意曰：此鵠乃爲某之鵠，吾中之則成人，不中之則不成人也。得爲諸侯，謂有慶也；不得爲諸侯，謂有讓也。○繹，音亦，徐音釋。舍，如字，舊音捨。中，丁仲反，下及注皆同⑦。鵠，古毒反，徐如字⑧，注同⑨。射，食亦反，下“射天地四方”同。

---

① “脩身以俟死絕句者不此二字一句下及注皆同”，彙校卷第十四、撫釋一、余仁仲本、和本、十行本、閩本、監本、毛本、殿本、阮刻本同，岳本無此十九字。

② “旄本又作耄莫報反”，彙校卷第十四、撫釋一、余仁仲本、和本、十行本、閩本、監本、毛本、殿本、阮刻本同，岳本作“旄音耄”。

③ “八十九十曰耄期本又作旗音其如字百年曰期頤頤養也稱如字不亂絕句本或作而不亂”，彙校卷第十四、撫釋一、余仁仲本、和本、十行本、閩本、監本、毛本、殿本、阮刻本同，岳本無此三十六字。

④ “覲”，彙校卷十四、撫釋一、余仁仲本、岳本同；十行本作“勤”，閩本作墨釘，和本、監本、毛本、殿本、阮刻本作“僅”，皆非。

⑤ “少也期頤以支反鄭注曲禮云期要也頤養也言有此行不絕句”，彙校卷第十四、撫釋一、余仁仲本、和本、十行本、閩本、監本、毛本、殿本、阮刻本同，岳本無此二十五字。

⑥ “音”，彙校卷第十四、撫釋一、余仁仲本、和本、十行本、閩本、監本、毛本、殿本、阮刻本同，岳本無此字。

⑦ “及注皆”，彙校卷第十四、撫釋一、余仁仲本、和本、十行本、閩本、監本、毛本、殿本、阮刻本同，岳本無此三字。

⑧ “徐”，彙校卷第十四、撫釋一、余仁仲本、和本、十行本、閩本、監本、毛本、殿本、阮刻本同，岳本作“又”。

⑨ “注同”，彙校卷第十四、撫釋一、余仁仲本、和本、十行本、閩本、監本、毛本、殿本、阮刻本同，岳本無此二字。

46·6 天子將祭，必先習射於澤。"澤"者，所以擇士也。已射於澤，而后射於射宮。射中者得與於祭，不中者不得與於祭。不得與於祭者有讓，削以地；得與於祭者有慶，益以地。進爵絀地是也。澤，宮名也。士，謂諸侯朝者，諸臣及所貢士也。皆先令習射於澤，已乃射於射宮，課中否也。諸侯有慶者先進爵，有讓者先削地。○與，音預，下皆同[1]。絀，勑律反。朝，直遥反。令，力呈反。已，音以。課，口卧反[2]。故男子生，桑弧蓬矢六，以射天地四方。天地四方者，男子之所有事也。故必先有志，於其所有事，然後敢用穀也，飯食之謂也。男子生則設弧於門左，三日負之，人爲之射，乃卜食子也。○桑弧，音胡，以桑木爲弓。蓬，步工反[3]。飯，扶晚反。食，音嗣，注同。爲，于僞反[4]。重言"桑弧蓬矢六，以射天地四方"二，一見内則十二篇，有"射人以"三字。

46·7 射者，仁之道也。射求正諸己，己正而后發。發而不中，則不怨勝己者，反求諸己而已矣[5]。諸，猶於也。孔子曰："君子無所爭，必也射乎？揖讓而升下，而飲。其爭也君子。"必也射乎？言君子至於射，則有爭也。下，降也。飲射爵者，亦揖讓而升降。勝者袒、決、遂，執張弓；不勝者襲，説決、拾[6]，郤左手[7]，右加弛弓於其上而升飲。君子耻

---

① "皆"，彙校卷第十四、撫釋一、余仁仲本、和本、十行本、閩本、監本、毛本、殿本、阮刻本同，岳本無此字。

② "朝直遥反令力呈反已音以課口卧反"，彙校卷第十四、撫釋一、余仁仲本、和本、十行本、閩本、監本、毛本、殿本、阮刻本同，岳本無此十五字。

③ "桑弧音胡以桑木爲弓蓬步工反"，彙校卷第十四、撫釋一、余仁仲本、和本、十行本、閩本、監本、毛本、殿本、阮刻本同，岳本無此十三字。

④ "注同爲于僞反"，彙校卷第十四、撫釋一、余仁仲本、和本、十行本、閩本、監本、毛本、殿本、阮刻本同，岳本無此六字。

⑤ "反求"，余仁仲本、岳本、嘉靖本、和本、十行本、閩本、監本、毛本、殿本、阮刻本同；唐石經、撫州本、八行本作"求反"，是。

⑥ "拾"，撫州本、余仁仲本、岳本、嘉靖本、和本、十行本、閩本、監本、毛本、殿本、阮刻本同；八行本作"括"，非。

⑦ "郤"，余仁仲本、嘉靖本、和本、十行本、毛本同；撫州本、岳本、八行本、閩本、監本、殿本、阮刻本作"卻"，是。

之，是以射則争中。○争，“争鬭”之争，下及注“有争”皆同。“揖讓而升下”，絶
句。“而飲”，一句①。袒，音但。決，古穴反②。説，吐活反。拾，音十。郤，丘逆
反，又羌略反③。弛，式氏反，又始氏反。中，丁仲反，下文、注同④。重意“反求諸
己而已矣”，中庸：“反求諸其身。”

　　46·8　孔子曰：“射者何以射？何以聽？循聲而發，發而不失正
鵠者，其唯賢者乎！若夫不肖之人，則彼將安能以中？”何以，言其難也。
聲，謂樂節也。畫曰正⑤，棲皮曰鵠。正之言正也。鵠之言梏也，梏，直也。言人正直
乃能中也。發，或爲“射”。○正，音征，注同⑥。夫，音扶。肖，音笑。棲，音西⑦。
梏，音角，下同⑧。○重言“何以射？何以聽”二，重見郊特牲。“發而不失諸正鵠
者”，中庸：“失諸正鵠。”詩云：“發彼有的，以祈爾爵。”祈，求也，求中以
辭爵也。酒者，所以養老也，所以養病也。求中以辭爵者，辭養也。
發，猶射也。的，謂所射之識也。言射的必欲中之者，以求不飲女爵也。辭養，讓
見養也。爾，或爲“有”。○的，丁歷反⑨。養，如字，徐羊尚反⑩。職，音式，一音

---

① “争争鬭之争下及注有争皆同揖讓而升下絶句而飲一句”，彙校卷第十四、撫釋一、余仁
　仲本、和本、十行本、閩本、監本、毛本、殿本、阮刻本同，岳本無此二十三字。
② “決古穴反”，彙校卷第十四、撫釋一、余仁仲本、和本、十行本、閩本、監本、毛本、殿本、
　阮刻本同，岳本無此四字。
③ “拾音十郤丘逆反又羌略反”，撫釋一、余仁仲本、和本、十行本、毛本同，岳本無此十一
　字；彙校卷第十四、閩本、監本、殿本、阮刻本“郤”作“卻”，是。
④ “弛式氏反又始氏反中丁仲反下文注同”，余仁仲本、和本、十行本、閩本、監本、毛本、殿
　本、阮刻本同，岳本無此十六字；彙校卷第十四、撫釋一“始氏”之“氏”作“是”。
⑤ “畫曰”，撫州本、余仁仲本、岳本、嘉靖本、八行本、十行本、阮刻本同；和本、監本、毛本、
　殿本“曰”上衍“布”字，吳氏朱批補之，非。阮校曰：“畫曰正　閩本、嘉靖本同，考文引
　宋板同，岳本同，監、毛本‘畫’下衍‘布’字，衛氏集説同。”
⑥ “注同”，彙校卷第十四、撫釋一、余仁仲本、和本、十行本、閩本、監本、毛本、殿本、阮刻
　本同，岳本無此二字。
⑦ “肖音笑棲音西”，彙校卷第十四、撫釋一、余仁仲本、和本、十行本、閩本、監本、毛本、殿
　本、阮刻本同，岳本無此六字。
⑧ “下同”，彙校卷第十四、撫釋一、余仁仲本、和本、十行本、閩本、監本、毛本、殿本、阮刻
　本同，岳本無此二字。
⑨ “的丁歷反”，彙校卷第十四、撫釋一、余仁仲本、和本、十行本、閩本、監本、毛本、殿本、
　阮刻本同，岳本無此四字。
⑩ “徐”，彙校卷第十四、撫釋一、余仁仲本、和本、十行本、閩本、監本、毛本、殿（轉下頁注）

志。女，音汝①。

燕義第四十七 陸曰：“鄭云：‘名燕義者，以記君與臣燕飲之禮，上下相報之義也。’”②

鄭氏注

47・1古者<u>周</u>天子之官，有庶子官。庶子官職諸侯、卿、大夫、士之庶子之卒，掌其戒令與其教治，別其等，正其位。職，主也。庶子，猶諸子也。<u>周禮</u>諸子之官，司馬之屬也。卒，讀皆爲“倅”，諸子，副代父者也。戒令，致於大子之事。教治，脩德學道。位，朝位也。○卒，依注音“倅”③，七對反④，又蒼忽反，副也。治，直吏反，注及下同⑤。別，彼列反。大子，音泰，後“大子”、“太學”同⑥。朝，直遥反⑦。國有大事，則率國子而致於大子，唯所用之。若有甲兵之事，則授之以車甲，合其卒伍，置其有司，以軍法治之，司馬弗正。國子，諸子也。軍法，百人爲卒，五人爲伍。弗，不

（接上頁注）本、<u>阮</u>刻本同，<u>岳</u>本作“又”。

①“女音汝”，彙校卷第十四、撫釋一、<u>余仁仲</u>本、<u>和</u>本、十行本、<u>閩</u>本、<u>監</u>本、<u>毛</u>本、<u>殿</u>本、<u>阮</u>刻本同，<u>岳</u>本無此三字。

②“陸曰鄭云名燕義者以記君與臣燕飲之禮上下相報之義也”，<u>余仁仲</u>本、<u>和</u>本、十行本、<u>閩</u>本、<u>監</u>本、<u>毛</u>本、<u>殿</u>本、<u>阮</u>刻本同，<u>岳</u>本無此二十四字；彙校卷第十四、撫釋一無“陸曰”二字。

③“依注”，彙校卷第十四、撫釋一、<u>余仁仲</u>本、<u>和</u>本、十行本、<u>閩</u>本、<u>監</u>本、<u>毛</u>本、<u>殿</u>本、<u>阮</u>刻本同，<u>岳</u>本無此二字。

④“七對反”，彙校卷第十四、撫釋一、<u>余仁仲</u>本、<u>和</u>本、十行本、<u>閩</u>本、<u>監</u>本、<u>毛</u>本、<u>殿</u>本、<u>阮</u>刻本同，<u>岳</u>本無此三字。

⑤“治直吏反注及下同”，彙校卷第十四、撫釋一、<u>余仁仲</u>本、<u>和</u>本、十行本、<u>閩</u>本、<u>監</u>本、<u>毛</u>本、<u>殿</u>本、<u>阮</u>刻本同，<u>岳</u>本無此八字。

⑥“太學”，彙校卷十四、撫釋一、<u>余仁仲</u>本、<u>岳</u>本、<u>殿</u>本作“大學”；<u>和</u>本、十行本、<u>閩</u>本、<u>監</u>本、<u>毛</u>本、<u>阮</u>刻本脱“太”字。

⑦“朝直遥反”，彙校卷第十四、撫釋一、<u>余仁仲</u>本、<u>和</u>本、十行本、<u>閩</u>本、<u>監</u>本、<u>毛</u>本、<u>殿</u>本、<u>阮</u>刻本同，<u>岳</u>本無此四字。

也。國子屬大子，司馬雖有軍事，不賦也。○合，如字，徐音閣①。卒伍，子忽反，注同。伍，音五②。弗正③，音征。**凡國之政事，國子存游卒，使之脩德學道，春合諸學，秋合諸射，以考其藝而進退之。** 游卒，未仕者也。學，大學也。射，射宮也。燕禮有庶子官，是以義載此以爲説。○卒，七內反，注同④。

47·2 諸侯燕禮之義：**君立阼階之東南，南鄉爾，卿大夫皆少進，定位也。君席阼階之上，居主位也。君獨升立席上，西面特立，莫敢適之義也。** 定位者，爲其始入踧踖，揖而安定也。○鄉，許亮反。適，音敵，大歷反，本亦作“敵”⑤。爲，于僞反，下文“爲疑”同⑥。踧，本亦作“蹴”，子六反⑦。踖，子昔反，又積亦反⑧。**設賓主，飲酒之禮也。使宰夫爲獻主，臣莫敢與君亢禮也。不以公卿爲賓，而以大夫爲賓，爲疑也，明嫌之義也。賓入中庭，君降一等而揖之，禮之也。** 設賓主者，飲酒致歡也。宰夫，主膳食之官也。天子使膳宰爲主人。公，孤也。疑，自下上至之辭也。公卿尊矣，復以爲賓，則尊與君大相近。○亢，苦浪反。使宰夫，本亦作

---

① “徐”，彙校卷第十四、撫釋一、余仁仲本、和本、十行本、閩本、監本、毛本、殿本、阮刻本同，岳本作“又”。
② “注同伍音五”，彙校卷第十四、撫釋一、余仁仲本、和本、十行本、閩本、監本、毛本、殿本、阮刻本同，岳本無此五字。
③ “弗正”，彙校卷第十四、撫釋一同，余仁仲本、岳本、和本、十行本、閩本、監本、毛本、殿本、阮刻本無“弗”字。
④ “注同”，彙校卷第十四、撫釋一、余仁仲本、和本、十行本、閩本、監本、毛本、殿本、阮刻本同，岳本無此二字。
⑤ “大歷反本亦作敵”，彙校卷第十四、撫釋一、余仁仲本、和本、十行本、閩本、監本、毛本、殿本、阮刻本同，岳本無此七字。
⑥ “下文爲疑同”，彙校卷第十四、撫釋一、余仁仲本、和本、十行本、閩本、監本、毛本、殿本、阮刻本同，岳本無此五字。
⑦ “踧本亦作蹴子六反”，彙校卷第十四、撫釋一、余仁仲本、和本、十行本、閩本、監本、毛本、殿本、阮刻本同，岳本無此八字。
⑧ “又積亦反”，彙校卷第十四、撫釋一、余仁仲本、和本、十行本、閩本、監本、毛本、殿本、阮刻本同，岳本無此四字。

“使膳夫”。上,時掌反①。復,扶又反。大,音泰,舊他佐反。近,“附近”之近②。

47・3君舉旅於賓,及君所賜爵,皆降,再拜稽首,升,成拜,明臣禮也。君荅拜之,禮無不荅,明君上之禮也。臣下竭力盡能以立功於國,君必報之以爵禄,故臣下皆務竭力盡能以立功,是以國安而君寧。禮無不荅,言上之不虛取於下也。上必明正道以道民,民道之而有功,然後取其什一,故上用足而下不匱也。是以上下和親而不相怨也。和寧,禮之用也。此君臣上下之大義也。故曰:燕禮者,所以明君臣之義也。言聖人制禮,因事以託政。臣再拜稽首,是其竭力也。君荅拜之,是其報以禄惠也。○稽,徐本作“䭫”③,音啓。以道,音導,下同。什,音十。匱,求位反④。重言“燕禮者,所以明君臣之義也”二,一見上篇射義。又經解二十六:“朝覲之禮,所以明君臣之義也。”

47・4席:小卿次上卿,大夫次小卿,士、庶子以次就位於下。獻君,君舉旅行酬;而后獻卿,卿舉旅行酬;而后獻大夫,大夫舉旅行酬;而后獻士,士舉旅行酬;而后獻庶子。俎豆、牲體、薦羞,皆有等差。所以明貴賤也。牲禮⑤,俎實也。薦,謂脯醢也。羞,庶羞也。○差,初佳反,又初宜反。醢,音海⑥。重言“所以明貴賤也”三,重見下篇。

---

① “使宰夫本亦作使膳夫上時掌反”,彙校卷第十四、撫釋一、余仁仲本、和本、十行本、閩本、監本、毛本、殿本、阮刻同,岳本無此十三字。

② “舊他佐反近附近之近”,彙校卷第十四、撫釋一、余仁仲本、和本、十行本、閩本、監本、毛本、殿本、阮刻本同,岳本無此九字。

③ “徐本作䭫”,彙校卷第十四、撫釋一、余仁仲本、和本、十行本、閩本、監本、毛本、殿本、阮刻本同,岳本無此四字。

④ “以道音導下同什音十匱求位反”,彙校卷第十四、撫釋一、余仁仲本、和本、十行本、閩本、監本、毛本、殿本、阮刻本同,岳本無此十三字。

⑤ “禮”,撫州本、余仁仲本、岳本、嘉靖本、八行本、和本、十行本、閩本、監本、毛本、殿本、阮刻本、吳氏朱批、叢刊本作“體”,是。

⑥ “醢音海”,彙校卷第十四、撫釋一、余仁仲本、和本、十行本、閩本、監本、毛本、殿本、阮刻本同,岳本無此三字。

聘義第四十八陸曰：“鄭云：‘名聘義者，以其記諸侯之國交相聘問，重禮輕財之義。’”①

鄭氏注

48·1 聘禮：上公七介，侯、伯五介，子、男三介，所以明貴賤也。此皆使卿出聘之介數也。大行人職曰：“凡諸侯之卿，其禮各下其君二等。”○介，言界，下及注同。下，户嫁反②。重言“所以明貴賤也”二，重見前篇。**介紹而傳命，君子於其所尊弗敢質，敬之至也。**質，謂正自相當。○傳，丈專反，下同③。重言“敬之至也”九，禮器一，祭義五，郊特牲三。**三讓而后傳命，三讓而后入廟門，三揖而后至階，三讓而后升，所以致尊讓也。**此揖讓，主謂賓也④。三讓而後傳命，賓至廟門⑤，主人請事時也。賓見主人陳擯，以大客禮當己，則三讓之；不得命，乃傳其君之聘命也。三讓而後入廟門，讓主人廟受也。小行人職曰：“凡四方之使者，大客則擯，小客則受其幣，聽其辭。”○擯，必刃反，本又作“儐”，下文及注皆同。説文云：擯，或“儐”字⑥。

---

① “陸曰鄭云名聘義者以其記諸侯之國交相聘問重禮輕財之義”，余仁仲本、和本、十行本、閩本、監本、毛本、殿本、阮刻本同，岳本無此二十五字；彙校卷第十四、撫釋一無“陸曰”二字。

② “介言界下及注同下户嫁反”，岳本無此十一字；彙校卷第十四、撫釋一、余仁仲本、和本、十行本、閩本、監本、毛本、殿本、阮刻本“言”作“音”，是；十行本“下及注同”誤作“及注同同”。

③ “傳丈專反下同”，彙校卷第十四、撫釋一、余仁仲本、和本、十行本、閩本、監本、毛本、殿本、阮刻本同，岳本無此六字。

④ “主”，撫州本、余仁仲本、岳本、嘉靖本、八行本、和本、閩本、監本、毛本、殿本、阮刻本同；十行本作“三”，非。

⑤ “廟門”，撫州本、余仁仲本、岳本、嘉靖本、八行本、和本、十行本、閩本、監本、毛本、殿本、阮刻本同，考異謂衍“廟”字，是。

⑥ “本又作儐下文及注皆同説文云擯或儐字”，彙校卷第十四、撫釋一、余仁仲本、和本、十行本、閩本、監本、毛本、殿本、阮刻本同，岳本無此十七字。

使,所吏反。重意"三揖而後至階,三讓而後升,所以致尊讓也",前見鄉飲酒。君使士迎于竟,大夫郊勞。君親拜迎于大門之內而廟受,北面拜貺。拜君命之辱,所以致敬也。貺,賜也。賓致命,公當楣再拜,拜聘君之恩惠①,辱命來聘者也。○竟,音境。勞,力報反。拜況,本亦作"貺",音同。楣,音眉②。重意"拜君命之辱",曲禮上:"拜君言之辱"。重言"所以致敬也"四,二見郊特牲十一,一見鄉飲酒四十五。敬讓也者,君子之所以相接也。故諸侯相接以敬讓,則不相侵陵。君子之相接,賓讓而主人敬也。

48・2 卿爲上擯,大夫爲承擯,士爲紹擯。君親禮賓,賓私面、私覿。致饔餼,還圭璋,賄贈,饗、食、燕,所以明賓客、君臣之大義也③。設大禮則賓客之也。或不親而使臣,則爲君臣也。○覿,大曆反,見也。雍,字又作"饔",音同。餼,許既反④。還,音旋,下及注同。璋,音章。賄,呼罪反,字林音悔。享,許兩反,本又作"饗"。食,音嗣,下同⑤。

48・3 故天子制諸侯,比年小聘,三年大聘,相屬以禮。使者聘而誤,主君弗親饗食也,所以愧屬之也。諸侯相屬以禮,則外不相侵,內不相陵。此天子之所以養諸侯,兵不用,而諸侯自爲正之具也。比年小聘,所謂"歲相問"也。三年大聘,所謂"殷相聘"也。○比,必履反。使,色吏反。媿,本又作"愧",音同⑥。

48・4 以圭璋聘,重禮也。已聘而還圭璋,此輕財而重禮之

---

①"公當楣再拜拜聘君之恩惠",撫州本、余仁仲本、岳本、嘉靖本、八行本同,和本、十行本、閩本、監本、毛本、殿本、阮刻本脱一"拜"字。

②"拜況本亦作貺音同楣音眉",彙校卷第十四、撫釋一、余仁仲本、和本、十行本、閩本、監本、毛本、殿本、阮刻本同,岳本無此十一字。

③"大義",撫州本、余仁仲本、岳本、嘉靖本、八行本、和本、十行本、閩本、監本、毛本、殿本、阮刻本皆無"大"字,是。

④"覿大曆反見也雍字又作饔音同餼許既反",彙校卷第十四、撫釋一、余仁仲本、和本、十行本、閩本、監本、毛本、殿本、阮刻本同,岳本無此十七字。

⑤"下及注同璋音章賄呼罪反字林音悔享許兩反本又作饗食音嗣下同",彙校卷第十四、撫釋一、余仁仲本、和本、十行本、閩本、監本、毛本、殿本、阮刻本同,岳本無此二十八字。

⑥"媿本又作愧音同",彙校卷第十四、撫釋一、余仁仲本、和本、十行本、閩本、(轉下頁注)

義也。諸侯相屬以輕財重禮，則民作讓矣。圭，瑞也。尊圭璋之類也。用之還之，皆爲重禮。禮必親之，不可以己之有，遥復之也。財，謂璧、琮、享幣也。受之爲輕財者，財可遥復，"重賄反幣"是也。○皆爲，于僞反。琮，才工反①。重意"諸侯相屬以輕財重禮，則民作讓矣"，坊記二十一篇②："先財而後禮，則民爭利。"鄉飲酒四十五："先禮而後財，則民作敬。"

48・5 主國待客，出入三積。餼客於舍，五牢之具陳於内。米三十車，禾三十車，芻薪倍禾，皆陳於外。乘禽日五雙，群介皆有餼牢。壹食再饗，燕與時賜無數。所以厚重禮也。厚重禮，厚此聘禮也。○積，子賜反。芻，初俱反③。倍，步罪反。乘，繩證反。壹食，壹又作"一"④。食，音嗣。古之用財者不能均如此，然而用財如此其厚者，言盡之於禮也。盡之於禮，則内君臣不相陵，而外不相侵，故天子制之，而諸侯務焉爾。不能均如此，言無則從其實也。言盡之於禮，欲令富者不得過也。

48・6 聘、射之禮，至大禮也。質明而始行事，日幾中而后禮成，非强有力者弗能行也。故强有力者，將以行禮也。禮成，禮畢也，或曰"行成"。○幾，徐音畿⑤，又音基。行成，下孟反。重言"質明而始行事"二，一見禮器第十。酒清，人渴而不敢飲也；肉乾，人飢而不敢食也；日莫人倦，齊莊正齊而不敢解惰。以成禮節，以正君臣，以親父子，以和長幼。此衆人之所難，而君子行之，故謂之有行。有行之謂有義，有義之謂勇敢。故所貴於勇敢者，貴其能以立義也；

（接上頁注）監本、毛本、殿本、阮刻本同，岳本無此七字。

① "琮才工反"，彙校卷第十四、撫釋一、余仁仲本、和本、十行本、閩本、監本、毛本、殿本、阮刻本同，岳本無此四字。

② "二十一"，乃"三十"之誤，坊記是禮記第三十篇。

③ "芻初俱反"，彙校卷第十四、撫釋一、余仁仲本、和本、十行本、閩本、監本、毛本、殿本、阮刻本同，岳本無此四字。

④ "壹食壹又作一"，彙校卷第十四、撫釋一、余仁仲本、和本、十行本、閩本、監本、毛本、殿本、阮刻本作"一食一又作壹"，岳本無此六字。

⑤ "徐"，彙校卷第十四、撫釋一、余仁仲本、和本、十行本、閩本、監本、毛本、殿本、阮刻本同，岳本無此字。

所貴於立義者，貴其有行也；所貴於有行者，貴其行禮也。故所
貴於勇敢者，貴其敢行禮義也。故勇敢強有力者，天下無事，則
用之於禮義；天下有事，則用之於戰勝。用之於戰勝則無敵，用
之於禮義則順治。外無敵，内順治，此之謂盛德。故聖王之貴勇
敢強有力如此也。勇敢強有力而不用之於禮義、戰勝，而用之於
争鬭，則謂之亂人。刑罰行於國，所誅者亂人也。如此，則民順
治而國安也。勝，克敵也，或爲“陳”。○渴，苦葛反。乾，音干。莫，音暮。
齊，側皆反。解，佳買反。惰，徒卧反。長，丁丈反。有行①、有行，並下孟反，下
“有行”同②。治，直吏反③。陳，直靳反。重言“以正君臣，以親父子，以和長幼”
二，一見冠義；又禮運：“以正君臣，以篤父子。”

48·7 子貢問於孔子曰：“敢問君子貴玉而賤碈者何也？爲
玉之寡而碈之多與？”碈，石似玉，或作“玟”也④。○碈，武巾反，字亦作“瑉”，
似玉之石⑤。爲，于僞反，下同⑥。與，音餘。玟，武巾反，又音救⑦。

48·8 孔子曰：“非爲碈之多，故賤之也；玉之寡，故貴之也。夫
昔者，君子比德於玉焉。温潤而澤，仁也；色柔温潤，似仁也。潤，或爲
“濡”。○濡，音儒。重意“昔者君子比德於玉焉”，玉藻第十三：“君子於玉比德焉。”

①“惰徒卧反長丁丈反有行”，彙校卷第十四、撫釋一、余仁仲本、和本、十行本、閩本、監
　本、毛本、殿本、阮刻本同，岳本無此十字。
②“有行”，彙校卷第十四、撫釋一、余仁仲本、和本、十行本、閩本、監本、毛本、殿本、阮刻
　本同，岳本無此二字。
③“治直吏反”，彙校卷第十四、撫釋一、余仁仲本、和本、十行本、閩本、監本、毛本、殿本、
　阮刻本同，岳本無此四字。
④“玟”，撫州本、余仁仲本、岳本、八行本、和本、十行本、閩本、監本、毛本、殿本、阮刻本
　同；嘉靖本作“玫”，非。
⑤“字亦作碈似玉之石”，岳本無此八字；彙校卷第十四、撫釋一、余仁仲本、和本、十行本、
　閩本、監本、毛本、殿本、阮刻本“碈”作“瑉”，是。
⑥“下同”，彙校卷第十四、撫釋一、余仁仲本、和本、十行本、閩本、監本、毛本、殿本、阮刻
　本同，岳本無此二字。
⑦“救”，余仁仲本、岳本、和本、十行本、閩本、監本、毛本、殿本、阮刻本同；彙校卷十四、撫
　釋一作“枚”，是。

縝密以栗，知也；縝，緻也。栗，堅貌。○縝，音軫，一音真。知，音智。致，直智反，本亦作"緻"①。廉而不劌，義也；劌，傷也。義者，不苟傷人也。○劌，九衛反②，字林云："利傷也。"③又音己芮反④。垂之如隊，禮也；禮尚謙卑。○隊，直位反，又音"遂"。叩之，其聲清越以長，其終詘然，樂也；樂作則有声，止則無也。越，猶揚也。詘，絕止貌也。樂記曰："止如槀木。"○叩，音口。詘，其勿反。槀木，苦老反，亦作"槁"⑤。瑕不揜瑜，瑜不揜瑕，忠也；瑕，玉之病也。瑜，其中間美者。玉之性，善惡不相揜，似忠也。○瑕，音遐。揜，音掩。瑜，羊朱反，玉中美⑥。孚尹旁達，信也；孚，讀爲"浮"。尹，讀如竹箭之"筠"。浮筠，謂玉采色也。采色旁達，不有隱翳，似信也。孚，或作"稃"⑦，或爲"扶"。○孚，依注音"浮"⑧。尹，依注音"筍"⑨，又作"筠"，于貧反。翳，於計反⑩。稃，音孚，徐芳附反⑪。氣如白虹，天也；精神見于山川，地也；精神，亦謂

---

① "致直智反本亦作緻"，岳本無此八字，彙校卷第十四、撫釋一、余仁仲本、和本、十行本、閩本、監本、毛本、殿本、阮刻本"智"作"置"。

② "九衛反"，彙校卷十四、撫釋一、余仁仲本、岳本同；和本、十行本、閩本、監本、毛本、殿本、阮刻本"九"上衍"音"字。

③ "字林云利傷也"，彙校卷第十四、撫釋一、余仁仲本、和本、十行本、閩本、監本、毛本、殿本、阮刻本同，岳本無此六字。

④ "音"，彙校卷第十四、撫釋一、余仁仲本、和本、十行本、閩本、監本、毛本、殿本、阮刻本同，岳本無此字。

⑤ "亦作槁"，彙校卷第十四、撫釋一、余仁仲本、和本、十行本、閩本、監本、毛本、殿本、阮刻本同，岳本無此三字。

⑥ "瑕音遐揜音掩瑜羊朱反玉中美"，彙校卷第十四、撫釋一、余仁仲本、和本、十行本、閩本、監本、毛本、殿本、阮刻本同，岳本無此十三字。

⑦ "稃"，撫州本、余仁仲本、岳本、嘉靖本、八行本、和本、閩本、監本、毛本、殿本、阮刻本同；十行本作"筟"，非。

⑧ "依注"，彙校卷第十四、撫釋一、余仁仲本、和本、十行本、閩本、監本、毛本、殿本、阮刻本同，岳本無此二字。

⑨ "依注"，彙校卷第十四、撫釋一、余仁仲本、和本、十行本、閩本、監本、毛本、殿本、阮刻本同，岳本無此二字。

⑩ "于貧反翳於計反"，彙校卷第十四、撫釋一、余仁仲本、和本、十行本、閩本、監本、毛本、殿本、阮刻本同，岳本無此七字。

⑪ "徐芳附反"，岳本無此四字，彙校卷第十四、撫釋一、余仁仲本、和本、十行本、閩本、監本、毛本、殿本、阮刻本"芳"作"方"。

精氣也。虹，天氣也。山川，地所以通氣也。〇虹，音紅①。見，賢遍反。圭

璋特達②，德也。特達，謂以朝聘也。璧、琮則有幣，惟有德者③，無所不達，

不有須而成也④。〇朝，直遥反⑤。天下莫不貴者，道也。道者，人無不由

之。詩云：‘言念君子，温其如玉。’故君子貴之也。”言，我也。貴玉

者，以其似君子也。

喪服四制第四十九⑥陸曰：“鄭云：‘以其記喪服之制，取其仁、義、禮、

智四者也。別録屬喪禮。’”⑦

49·1 凡禮之大體，體天地，法四時，則陰陽，順人情。故謂

之禮。訾之者，是不知禮之所由生也。禮之言體也，故謂之禮。言本有

法則而生也⑧。口毀曰訾。〇訾，徐音紫，毀也，一音才斯反⑨。

49·2 夫禮，吉凶異道，不得相干，取之陰陽也。吉禮、凶禮異

---

①“虹音紅”，彙校卷第十四、撫釋一、余仁仲本、和本、十行本、閩本、監本、毛本、殿本、阮
　刻本同，岳本無此三字。
②“圭”，撫州本、余仁仲本、岳本、嘉靖本、八行本、和本、十行本、閩本、監本、殿本、阮刻本
　同；毛本作“珪”，非。
③“惟”，撫州本、余仁仲本、岳本、嘉靖本、八行本、和本、十行本、閩本、監本、毛本、殿本、
　阮刻本同。考異曰：“案‘惟’當作‘唯’，凡鄭注例用‘唯’，無有用‘惟’者，各本皆誤。”
④“有”，撫州本、余仁仲本、岳本、嘉靖本、八行本、和本、閩本、監本、毛本、殿本、阮刻本
　同；十行本作“直”，非。
⑤“朝直遥反”，彙校卷第十四、撫釋一、余仁仲本、和本、十行本、閩本、監本、毛本、殿本、
　阮刻本同，岳本無此四字。
⑥“喪服四制第四十九”下空兩格，撫州本、岳本有“鄭氏注”三字，余仁仲本無。
⑦“陸曰鄭云以其記喪服之制取其仁義禮智四者也別録屬喪禮”，余仁仲本、和本、十行
　本、閩本、監本、毛本、殿本、阮刻本同，岳本無此二十五字；彙校卷第十四、撫釋一無“陸
　曰”二字。
⑧“本”，余仁仲本、岳本、嘉靖本、八行本、和本、十行本、閩本、監本、毛本、殿本、阮刻本
　同；撫州本作“大”，非。
⑨“訾徐音紫毀也一音才斯反”，彙校卷第十四、撫釋一、余仁仲本、和本、十行本、閩本、監
　本、毛本、殿本、阮刻本同，岳本作“訾音紫一才斯反”。

道,謂衣服、容貌及器物也。**喪有四制,變而從宜,取之四時也。有恩有理,有節有權,取之人情也。恩者仁也,理者義也,節者禮也,權者知也。仁、義、禮、知①,人道具矣。**取之四時,謂其數也。取之人情,謂其制也。○知,音智,下同。

49・3 **其恩厚者其服重,故爲父斬衰三年,以恩制者也。**服莫重斬衰也。○爲,于僞反,下及注同。衰,七回反,注及下同②。**門内之治恩揜義,門外之治義斷恩。資於事父以事君而敬同。貴貴尊尊,義之大者也。故爲君亦斬衰三年,以義制者也。**資,猶操也。貴貴,謂爲大夫、君也。尊尊,謂爲天子、諸侯也。○治,直吏反,下同。揜,於檢反。斷,丁亂反。操,七刀反,皇云"持"也③。

49・4 **三日而食,三月而沐,期而練,毁不滅性,不以死傷生也。喪不過三年,苴衰不補,墳墓不培。祥之日,鼓素琴,告民有終也,以節制者也。資於事父以事母而愛同。天無二日,土無二王,國無二君,家無二尊,以一治之也。故父在爲母齊衰期者,見無二尊也。**食,食粥也。沐,謂將虞祭時也。補、培,猶治也。鼓素琴,始存樂也。三年不爲樂,樂必崩。○期,音基,下同。苴,七餘反。墳,扶云反④。培,步回反,徐扶來反。爲,于僞反,下注"爲君"同。齊,音咨⑤。見,賢遍反。粥,之六反⑥。

49・5 **杖者何也? 爵也。三日授子杖,五日授大夫杖,七日授**

---

① "知",唐石經、撫州本、余仁仲本、岳本、嘉靖本、八行本、和本、閩本、監本、毛本、殿本、阮刻本同;十行本作"智",非。

② "下及注同衰七回反注及下同",彙校卷第十四、撫釋一、余仁仲本、和本、十行本、閩本、監本、毛本、殿本、阮刻本同,岳本無此十二字。

③ "治直吏反下同揜於檢反斷丁亂反操七刀反皇云持也",彙校卷第十四、撫釋一、余仁仲本、和本、十行本、閩本、監本、毛本、殿本、阮刻本同,岳本無此二十二字。

④ "墳扶云反",彙校卷第十四、撫釋一、余仁仲本、和本、十行本、閩本、監本、毛本、殿本、阮刻本同,岳本無此四字。

⑤ "下注爲君同齊音咨",彙校卷第十四、撫釋一、余仁仲本、和本、十行本、閩本、監本、毛本、殿本、阮刻本同,岳本無此八字。

⑥ "粥之六反",彙校卷第十四、撫釋一、余仁仲本、和本、十行本、閩本、監本、毛本、殿本、阮刻本同,岳本無此四字。

士杖。或曰擔主①，或曰輔病。婦人、童子不杖，不能病也。百官備，百物具，不言而事行者，扶而起；言而后事行者，杖而起；身自執事而后行者，面垢而已。禿者不髽，傴者不袒，跛者不踊，老病不止酒肉。凡此八者，以權制者也。五日、七日授杖，謂爲君喪也。扶而起，謂天子、諸侯也。杖而起，謂大夫、士也。面垢而已，謂庶民也。髽，婦人也。男子免而婦人髽。髽，或爲“免”。○擔，是豔反，又食豔反②，又餘塹反。不言而事行者扶而起，一本作“扶而後起”，扶，或作“杖”，非③。垢，音苟。禿，吐木反④。髽，側爪反。傴，紆主反。袒，徒旱反。跛，彼我反⑤。免，音問，下同。⬜重言“杖者何也”二，一見問喪三十五。○“禿者不髽，傴者不袒，跛者不踊”二，一見問喪三十五。

49·6 始死，三日不怠，三月不解，期悲哀，三年憂，恩之殺也。聖人因殺以制節。不怠，哭不絕聲也。不解，不解衣而居，不倦息也。○解，佳買反。期，音基。之殺，色戒反。解衣，古買反。○⬜重言“三日不怠，三月不解，期悲哀，三年憂”二，一見雜記下二十一。此喪之所以三年，賢者不得過，不肖者不得不及，此喪之中庸也，王者之所常行也。書曰：“高宗諒闇，三年不言。”善之也。諒，古作“梁”，楣謂之梁。闇，讀如“鶉鷇”之鷇。闇，謂廬也。廬有梁者，所謂柱楣也。○肖，音笑⑥。諒闇⑦，依

---

①“擔主”，唐石經、撫州本、余仁仲本、岳本、嘉靖本、八行本、和本、閩本、監本、毛本、殿本、阮刻本同；十行本作“檐王”，非。

②“又食豔反”，彙校卷第十四、撫釋一、余仁仲本、和本、十行本、閩本、監本、毛本、殿本、阮刻本同，岳本無此四字。

③“不言而事行者扶而起一本作扶而後起扶或作杖非”，彙校卷第十四、撫釋一、余仁仲本、和本、十行本、閩本、監本、毛本、殿本、阮刻本同，岳本無此二十一字。

④“禿吐木反”，彙校卷第十四、撫釋一、余仁仲本、和本、十行本、閩本、監本、毛本、殿本、阮刻本同，岳本無此四字。

⑤“袒徒旱反跛彼我反”，彙校卷第十四、撫釋一、余仁仲本、和本、閩本、監本、毛本、殿本同，岳本無此八字；十行本、阮刻本“徒”作“節”，非。

⑥“肖音笑”，彙校卷第十四、撫釋一、余仁仲本、和本、十行本、閩本、監本、毛本、殿本、阮刻本同，岳本無此三字。

⑦“諒”，彙校卷第十四、撫釋一、余仁仲本、岳本、和本、閩本、監本、毛本、殿本、阮刻本同；十行本作“誅”，非。

注“諒”讀爲“梁”①，“闇”讀爲“鶉”②，音烏南反③，下同，徐又並如字④。案徐後音是依杜預義⑤。鄭謂卒哭之後，翦屏柱楣，故曰諒闇，闇即廬也，孔安國讀爲“諒陰”，諒，信也，陰，默也。楣，音眉。鶉，音淳⑥。柱，知主反。重意“賢者不得過，不肖者不得不及”，中庸篇：“賢者過之，不肖者不及也。”王者莫不行此禮，何以獨善之也？曰：高宗者，武丁，武丁者，殷之賢王也，繼世即位，而慈良於喪。當此之時，殷衰而復興，禮廢而復起，故善之。善之，故載之書中而高之，故謂之“高宗”。三年之喪，君不言，書云“高宗諒闇，三年不言”，此之謂也。然而曰“言不文”者，謂臣下也。言不文者，謂喪事辨不，所當共也。孝經説曰：“言不文者，指士民也。”⑦○衰，色追反⑧。復，扶又反，下同⑨。文，如字，徐音問⑩。辨，本又作“辯”，同，皮莧反⑪。共，音恭。重意“高宗

---

① “依注”，彙校卷第十四、撫釋一、余仁仲本、和本、十行本、閩本、監本、毛本、殿本、阮刻本同，岳本無此二字。

② “闇讀爲”，彙校卷十四、撫釋一、余仁仲本、岳本、殿本同；和本、十行本、閩本、監本、毛本、阮刻本脱此三字。

③ “音”，彙校卷第十四、撫釋一、余仁仲本同，岳本、和本、十行本、閩本、監本、毛本、殿本、阮刻本脱此字。

④ “下同徐”，彙校卷第十四、撫釋一、余仁仲本、和本、十行本、閩本、監本、毛本、殿本、阮刻本同，岳本無此三字。

⑤ “案徐後音是依杜預義”，彙校卷第十四、撫釋一、余仁仲本、和本、十行本、閩本、監本、毛本、殿本、阮刻本同，岳本作“案後音是”。

⑥ “鄭謂卒哭之後翦屏柱楣故曰諒闇闇即廬也孔安國讀爲諒陰諒信也陰默也楣音眉鶉音淳”，彙校卷第十四、撫釋一、余仁仲本、和本、十行本、閩本、監本、毛本、殿本、阮刻本同，岳本無此三十七字。

⑦ “士”，余仁仲本、岳本、八行本、和本、十行本、閩本、監本、毛本、殿本、阮刻本同；撫州本、嘉靖本作“小”，非。

⑧ “衰色追反”，彙校卷第十四、撫釋一、余仁仲本、和本、閩本、監本、毛本、殿本、阮刻本同，岳本無此四字；十行本“追”作“官”，非。

⑨ “下同”，彙校卷第十四、撫釋一、余仁仲本、和本、十行本、閩本、監本、毛本、殿本、阮刻本同，岳本無此二字。

⑩ “徐”，彙校卷第十四、撫釋一、余仁仲本、和本、十行本、閩本、監本、毛本、殿本、阮刻本同，岳本作“又”。

⑪ “本又作辯同”，彙校卷第十四、撫釋一、余仁仲本、和本、十行本、閩本、監本、毛本、殿本、阮刻本同，岳本無此五字。

諒闇，三年不言”，檀弓上：“高宗三年不言。”

49•7 禮：斬衰之喪，唯而不對；齊衰之喪，對而不言；大功之喪，言而不議；緦、小功之喪，議而不及樂。此謂與賓客也。唯而不對，侑者爲之應耳。言，謂先發口也。○唯，余癸反，徐以水反①，注同②。齊，音咨，本又作“齊”③。侑，音又。爲，于僞反。應，“應對”之應④。

重言“斬衰之喪，止議而不及樂”二，重見間傳三十七，無“之喪”二字。雜記下：“斬衰之喪，言而不語，對而不問。”父母之喪，衰冠、繩纓、菅屨，三日而食粥，三月而沐，期十三月而練冠，三年而祥。比終兹三節者，仁者可以觀其愛焉，知者可以觀其理焉，强者可以觀其志焉。禮以治之，義以正之。孝子，弟弟，貞婦，皆可得而察焉⑤。仁，有恩者也。理，義也。察，猶知也。○衰，七雷反⑥。菅，音姦。屨，徐紀具反⑦。粥，之六反⑧。期，音基。比，必利反。知，音智，本或作“智”⑨。

①“徐”，彙校卷第十四、撫釋一、余仁仲本、岳本、和本、閩本、監本、毛本、殿本、阮刻本同；十行本作“癸”，非。

②“注同”，彙校卷第十四、撫釋一、余仁仲本、和本、閩本、監本、毛本、殿本、阮刻本同，岳本無此二字；十行本“注”作“生”，非。

③“齊音咨本又作齊”，彙校卷第十四、撫釋一、余仁仲本、和本、閩本、監本、毛本、殿本、阮刻本作“齋”，岳本無此七字；十行本“齊”作“齊”，非。

④“應應對之應”，彙校卷第十四、撫釋一、余仁仲本、和本、十行本、閩本、監本、毛本、殿本、阮刻本同，岳本無此五字。

⑤“皆可得而察焉”，唐石經、撫州本、余仁仲本、岳本、嘉靖本、八行本、和本、十行本、閩本、監本、殿本、阮刻本同；毛本“皆可”作“可以”，非。

⑥“衰七雷反”，彙校卷第十四、撫釋一、余仁仲本、和本、十行本、閩本、監本、毛本、殿本、阮刻本同，岳本無此四字。

⑦“徐”，彙校卷第十四、撫釋一、余仁仲本、和本、十行本、閩本、監本、毛本、殿本、阮刻本同，岳本無此字。

⑧“粥之六反”，彙校卷第十四、撫釋一、余仁仲本、和本、十行本、閩本、監本、毛本、殿本、阮刻本同，岳本無此四字。

⑨“本或作智”，彙校卷第十四、撫釋一、余仁仲本、和本、十行本、閩本、監本、毛本、殿本、阮刻本同，岳本無此四字。

弟弟,上音悌,下如字。

纂圖互注禮記卷之二十①

---

①撫州本卷二十末頁 B 面第七行頂格題“禮記卷第二十終”,空一格題“經五千三百三十
　二字,注二千九百八十一字”。第九行低一格題“凡二十萬一千九百九十二字”。第十
　行低三格題“經九萬七千七百五十九字,注一十萬四千二百三十三字”。余仁仲本卷二
　十頁 B 面第十一行頂格題“禮記卷第二十”,下雙行小字題“經伍仟壹伯玖拾陸字”,
　空一格小字題“注叁仟貳拾壹字”,另行小字題“音義貳仟捌伯伍拾字”,空六格題“仁仲
　比校訖”。嘉靖本卷二十末頁 B 面第二行題“經五千一百七十三字,注二千九百四十二
　字”。阮刻本記“宋監本禮記卷第二十終,經五千三百三十二字,注二千九百八十一字。
　凡二十萬一千九百九十二字,經九萬七千七百五十九字,注一十萬四千二百三十三
　字”。考異曰:“經九萬七千七百五十九字,唐石本末題云‘九萬八千九百九十四字’,
　案:互異者,數標題與不數耳。”“注一十萬四千二百三十三字:岳本皆無字數,嘉靖本無
　此總計,其每卷有,但小異,今不出。”“撫州公使庫新刊注禮記二十卷并釋文四卷:案:
　或目此爲宋監本,最誤。蓋不知此一葉元連二十卷尾,其別出在釋文首者,特工人裝時
　錯之耳,今訂正。凡此撫本與宋監本,有同有異,略見毛居正六經正誤中,茲於其異者
　未悉出,因毛所舉大概皆監之誤,而此多不誤故也。”“淳熙四年:案:孝宗丁酉也。或目
　此爲北宋刻而南宋修改,亦誤,當據此訂正。”

禮記鄭注彙校跋

　　禮記之版本，大致可分爲石經、經注和注疏三大類。唐開成石經是現存最早之禮記經文本。經注類有宋撫州本、余仁仲本、婺州本、紹熙本、岳本、嘉靖本等六種，注疏類有八行本、十行本、閩本、監本、毛本、殿本、四庫本和阮刻本等八種，其中撫州本、余仁仲本、紹熙本、岳本、八行本、毛本、殿本和阮刻本等，清代以來，或翻刻，或影印。

　　清武英殿校刻禮記注疏，翻刻自岳本禮記注，於每卷之後，皆附"考證"，實即"校勘記"也。清嘉慶年間，顧廣圻爲張敦仁校刻撫州本，代撰撫本禮記鄭注考異，阮元校刻十三經注疏，撰禮記注疏校勘記六十三卷，二者皆是彙校體式，羅列衆本異文，考辨是非。吕友仁先生整理之禮記正義，以潘宗周重雕八行本爲底本，校以撫州本、紹熙本和阮刻本等，是目前最佳之整理本。然囿於條件，前賢校勘，所用版本，參校成果，皆有遺憾！

　　紹熙本禮記注，源於余仁仲本，除經文、注文和釋文外，尚附纂圖、互注、重言、重意等内容，對於研讀禮記，比較便利。禮記鄭注彙校以紹熙本爲底本，以宋撫州本、余仁仲本、婺州本、岳本、嘉靖本、叢刊本、八行本、和珅本、十行本、阮刻本、撫州本釋文等爲對校本，以足利本、潘宗周重雕八行本、閩本、監本、毛本、殿本、日本藏禮記釋文四卷（即傅增湘舊藏者）等爲參校本，並吸收岳本考證、殿本考證、四庫全書考證、十三經注疏正字、撫本禮記鄭注考異、阮元禮記注疏校勘記、孫詒讓十三經注疏校記等成果，進行彙校，撰寫校記，近七千條，羅列異文，擇善而從，判斷是非，兼下己意。

　　禮記經注類版本中，撫州本最佳，余仁仲本次之，紹熙本最差；注疏類版本中，和珅本最佳，八行本次之，十行本最差。八行本經注來源於撫州本、紹熙本、岳本、嘉靖本、和珅本、十行本經注和釋文來源於余仁仲本，和珅翻刻之宋劉叔剛刻十行本禮記注疏是元十行本、閩本、監本、毛本、殿本、四庫本和阮刻本之源頭。同一版本，印次不同，間有差異，足利本與八行本、國圖藏撫州本禮記釋文四卷與日本所藏，皆屬此類；清末民國影宋本與原本之間，亦有差異，八行本與潘氏重雕本、紹熙本與四部叢刊影印本，皆屬此類。此等異文，不可忽略，用以校勘，當作別本。前賢之禮記校勘成果，撫本禮記鄭注考異最精，阮元禮記注疏校勘記最詳。以上結論，皆得益於禮記鄭注彙校之作。

　　整理禮記注之定本，當以余仁仲本爲底本；整理禮記注疏，當以和珅本爲底本，校勘他本，糾謬補缺，乙正衍倒，方是正途，此來日之目標也。從事禮記鄭注彙校，始於丙戌仲秋，至今十載，校書甘苦，無法言説！讀書之人，十年寒窗，孜孜矻矻，惟此事爾！

　　感謝山東大學劉曉東教授賜序題簽！

　　　　　　　　　　丙申中秋節後三日，王鍔識於桂香書屋